無錫年鑒

Wuxi Yearbook 2024

无锡市档案史志馆　编

方志出版社
Publishing House of Local Records

图书在版编目（CIP）数据

无锡年鉴. 2024 / 无锡市档案史志馆编. -- 北京：方志出版社，2024.9. --ISBN 978-7-5144-6385-9

Ⅰ. Z525.33

中国国家版本馆 CIP 数据核字第 2024CB6899 号

责任编辑：陈　菁
责任校对：张玉霞
责任印制：梅中英
出 版 者：方志出版社
地　　址：北京市朝阳区潘家园东里 9 号（国家方志馆 4 层）
邮　　编：100021
网　　址：http://www.zgfzcb.cn
发　　行：方志出版社图书营销中心（010-67110500）
印　　刷：无锡市金广顺包装有限公司
开　　本：889 毫米 ×1194 毫米 1/16
印　　张：36
字　　数：1244 千字
版　　次：2024 年 9 月第 1 版
印　　次：2024 年 9 月第 1 次印刷
定　　价：200.00 元

《无锡年鉴（2024）》编纂人员

主　　　编：张曙峰

执 行 主 编：吴　刚

执行副主编：葛　红

编　　　辑：葛　红　罗秋云　胡　慧　何　峰

特 约 审 稿：李皆奇　张铁民

各撰稿单位主审人员

（按姓氏笔画为序）

丁　琳　于伟治　王　琳　王　颖　王志好　王　兵　王凯宁
王建峰　王南春子　王　勇　王　菲　王　萍　王敏军　太铁斌
尤志斌　孔祥年　邓小伟　史成飞　冯玲娜　冯爱东　邢　盈
邢益新　过　焰　百　炼　成晶晶　吕雪松　朱　敏　朱双清
朱华章　朱　芳　朱良平　朱　明　朱星钢　朱海录　伍诚达
任小龙　任国伟　华佳佳　华　剑　华海岭　华惠芳　刘启雄
刘宗桥　刘战伟　刘　铭　刘槟宾　刘韶岭　刘震宇　江　涛
安锡友　孙　电　孙协军　杜　敏　李东生　李志宏　李沛武
李明新　李　晓　杨　旻　杨百海　杨　建　杨建忠　杨柏生
肖剑峰　肖健炜　吴　昊　吴立群　吴智跃　吴意中　邱锡冀
邹立群　沈　扬　沈峥杰　沈　钧　张　军　张志浩　张佐宇
张宏峰　张明飞　张顺伟　张　亮　张晓波　张浩宇　张影陆
张　赟　陆　融　陆　东　陆　伟　陆建军　陈　曦　陈文寅
陈明辉　陈建东　陈　栋　陈莺歌　陈烈蓉　陈　彬　陈靖宇
陈　熙　邵康奕　郜云飞　林　好　季安娜　周　山　周　卉
周　彤　周　军　周学军　郑立平　赵　华　胡才鸿　胡　杨
胡君松　胡海龙　胡　碧　钟小白　段　欣　俞　刚　施宇星
姜　波　娄子丹　姚　佶　姚　菲　顾亦辰　钱　烽　钱　军
钱　玲　钱　前　钱勤学　钱　慎　徐　叶　徐佳琰　徐建峰
徐　艳　徐真柱　徐　雯　殷亚红　殷　伟　接玉松　黄建平
曹　琪　曹燕青　崔时松　彭松志　蒋宁鹏　蒋运钧　蒋　健
蒋凌燕　蒋勤芳　韩剑操　谢金海　蓝天月　鲍献东　阙明坤
窦礼念　蔡大钢　缪根宝　颜春水　薛春芳　薛浩彬　戴　林
魏燕英　蹇　俊

编辑说明

一、《无锡年鉴》是由无锡市委、市政府组织领导，无锡市档案史志馆编纂的年度资料性文献，首次出版于1991年，一年一卷，本卷为第34卷。

二、《无锡年鉴（2024）》以马克思列宁主义、毛泽东思想、邓小平理论、“三个代表”重要思想、科学发展观、习近平新时代中国特色社会主义思想为指导，坚持辩证唯物主义和历史唯物主义的立场、观点和方法，全面、系统地记载2023年度无锡市政治、经济、文化、社会、生态等各方面的基本面貌和发展情况，旨在为各级领导决策和管理提供参考依据，为社会各界了解无锡、建设无锡提供最新信息，并为续修地方志书积累资料。

三、《无锡年鉴》按照分类编辑法，设类目、分目、条目3个层次，部分分目下设副分目，条目为记述的基本单元。

四、《无锡年鉴（2024）》设市情概览、中国共产党无锡市委员会、无锡市人民代表大会、无锡市人民政府、中国人民政治协商会议无锡市委员会、中国共产党无锡市纪律检查委员会　无锡市监察委员会、民主党派·工商联、群众团体、法治、军事、经济管理、经济综情、区域协同发展、太湖湾科技创新带建设、数字经济、总部经济、枢纽经济、园区经济、经贸合作、农业、制造业、建筑业、商贸服务业、金融业、旅游业、房地产业、城市建设、乡村振兴、生态建设、水利、科学技术、教育、文化、大众传媒、卫生健康、体育、就业创业、收入与消费、社会保障、社会事务、公共安全、人物·荣誉、辖区建设43个类目。卷首设专题彩页、专文、大事记，卷末设附录、索引。

五、《无锡年鉴（2024）》记述起讫时间原则上为2023年1月1日至2023年12月31日。卷首专题彩页选用了2023年度以前资料，地图资料截至2024年5月。

六、按2023年行政区划，年鉴中的“无锡市”“全市”，范围包括江阴、宜兴2个县级市，梁溪、锡山、惠山、滨湖、新吴5个区和经开区；“市区”，仅指上述5个区和经开区。本鉴所称“经开区”，特指无锡经济开发区。

七、年鉴中的条目，由各部门、各单位和各市（县）、区专人撰写，并经各自单位领导审阅。撰稿人姓名加括号列于相关条目之后，审稿人名单列于卷首。

八、数字用法、标点符号用法分别采用国家标准《出版物上数字用法》（GB/T 15835—2011）、《标点符号用法》（GB/T 15834—2011），计量单位采用国家技术监督局 1993 年 12 月发布的《量和单位》系列国家标准。因统计口径等原因，年鉴供稿单位提供的个别数据与统计部门的统计数据或不一致；部分数据合计数或相对数由于四舍五入等因素而产生的计算误差，均未做机械调整。大事记中，“△”表示“同日”。表格中，“#”表示总项中的主要项。

九、本年鉴的检索方法有目录和索引两种。目录在卷首，编排至条目；索引在卷末，采用主题分析法编制。

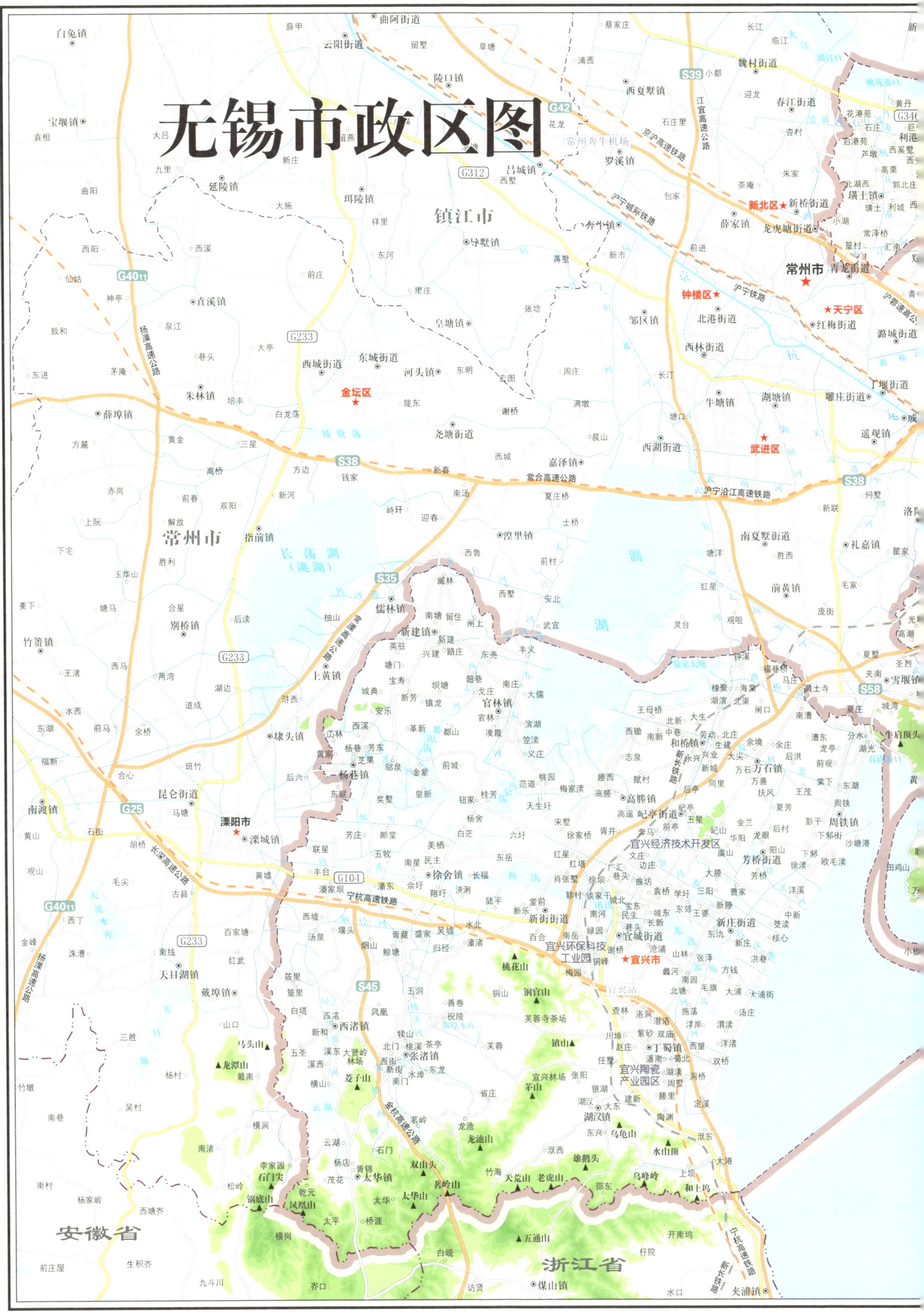

无锡市政区图
镇江市
常州市
金坛区
溧阳市
常州市
新北区
钟楼区
天宁区
武进区
宜兴市
安徽省
浙江省
长荡湖（洮湖）
滆湖
宜兴经济技术开发区
宜兴环保科技工业园
宜兴陶瓷产业园区
常州奔牛机场
扬溧高速公路
长深高速公路
常合高速公路
宁杭高速铁路
沪宁沿江高速铁路
沪宁铁路
沪宁城际铁路
京沪高速铁路
金杭高速公路
宁杭高速公路
江宜高速公路
常溧高速公路
新长铁路

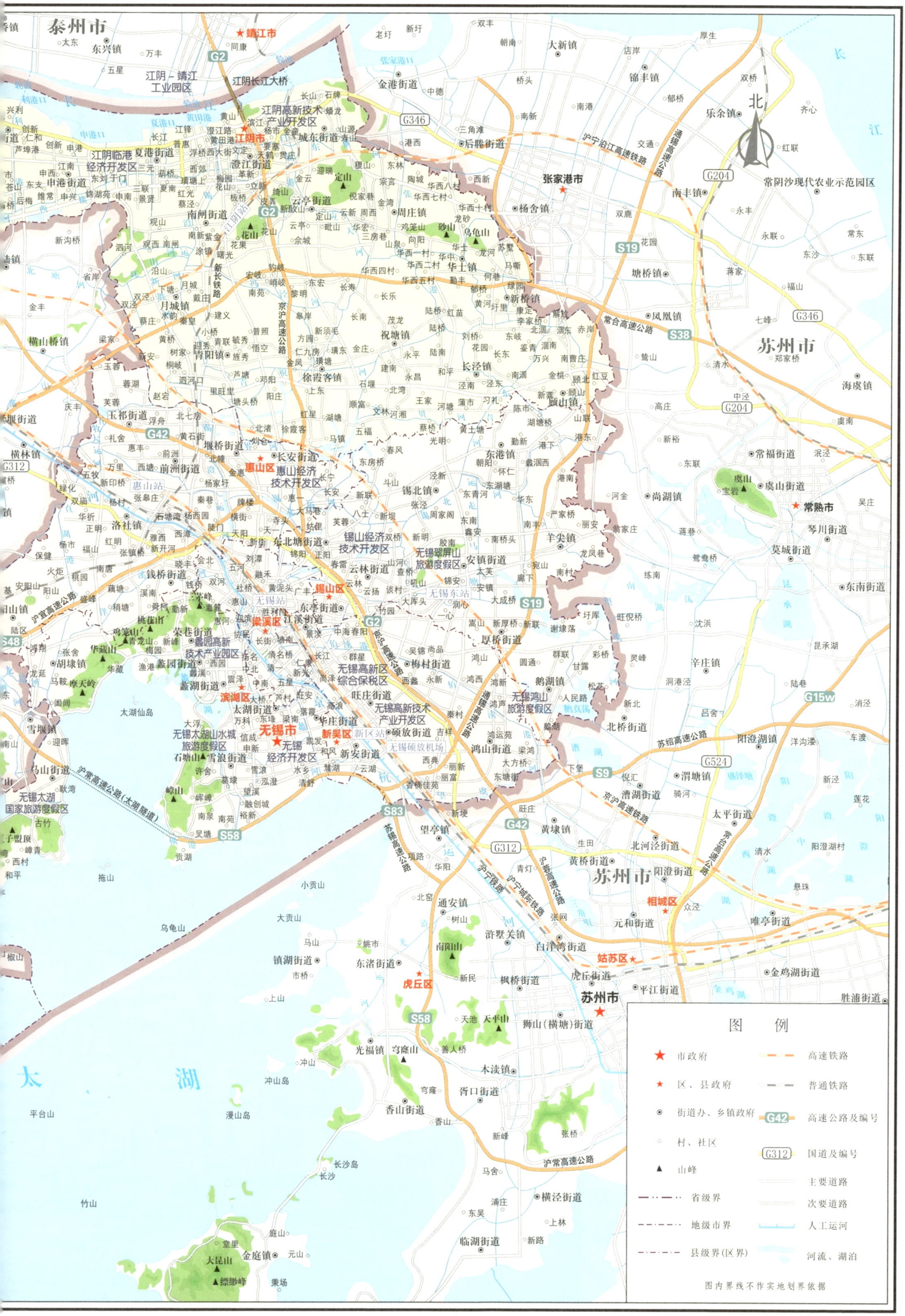

地图审图号：苏B（2024）003号　资料截至2024年5月

2023年度主要荣誉

世界智慧城市

营商环境最佳口碑地级市

中国消费活力城市

中国最佳引才城市

中国最佳促进就业城市

中国最具幸福感城市

国家知识产权强市建设示范城市

全国公交都市创建示范城市

全国民族团结进步示范市

全国跨境贸易便利化试点城市

全国健康城市建设样板市

全国婴幼儿照护服务示范城市

国家儿童友好城市建设试点

全国安宁疗护试点市

年度视点

聚力“465”产业集群建设，人均GDP保持全国第一

2023年，无锡市发展深海装备未来产业，“奋斗者”号创下中国载人深潜10909米新纪录

（市科技局　供图）

2023 年，无锡市集成电路地标产业集群营业收入超 4500 亿元。图为中环领先半导体材料有限公司

（中环领先公司　供图）

推动智能网联产业发展，打造“车联网第一城”

3月，无锡市首批商用智能网联汽车在无锡经开区投入运行　（无锡经开区管委会　供图）

3月，无锡市智能网联汽车产业创新联盟揭牌　　（无锡经开区管委会　供图）

提高对外开放水平，打造创新合作高地

7月18日，全国首家中法合作示范区——中法（无锡）产业合作园在无锡高新区揭牌成立，一批重大项目签约落地

（新吴区档案史志馆　供图）

11 月 8 日，中欧（无锡）产业创新合作大会召开，无锡中欧产业创新区启动　（新吴区档案史志馆　供图）

加快科创载体建设，打造产业创新高地

2 月 21 日，无锡香港科创中心揭牌　　（市科技局　供图）

3月2日，无锡召开全市科技创新大会，无锡市产业创新研究院揭牌　　（市科技局　供图）

加快引进高素质人才，增强人才“锡”引力

5月24日，以“新时代、聚英才、优生态”为主题的2023太湖人才峰会在无锡开幕　　（市委组织部　供图）

12月15日，举行2023中国年度最佳雇主奖颁奖盛典，无锡连续5年获评中国最佳引才城市（省市）

（市人力资源社会保障局　供图）

持续优化营商环境，民营经济高质量发展

2月，东北小伙在锡山区安镇街道的店铺因没有接通天然气无法营业，向街道求助后10分钟内便解决问题，因而“怒赞”无锡营商环境。图为相关视频截图

（锡山区政府办　供图）

6月10日，“无难事 悉心办”锡企服务平台上线　　（市发展改革委　供图）

10 月 30 日，国家发展改革委民营经济发展局成立后首次促进民营经济发展壮大现场会在无锡召开　　（市委办　供图）

融入长三角粤港澳，推进区域融合发展

5 月 27 日，“双湾灵犀，文心慧聚”2023 无锡（粤港澳大湾区）文化产业合作大会在深圳举行　　（市委宣传部　供图）

9月28日，沪宁沿江高铁通车运营，加快长三角一体化进程。图为江阴段　　（丁家骏　摄）

地铁工程"五线共建"，城轨交通多元融合

10 月 7 日，无锡至江阴城际轨道交通工程 S1 线启动空载试运行　　（无锡地铁集团　供图）

12月30日，无锡地铁6号线工程开工，轨道交通形成“五线共建”　　（无锡地铁集团　供图）

公共设施建设发力，打造城市新地标

12月20日，全市首个综合性国际会议场馆——无锡国际会议中心启用　（无锡经开区管委会　供图）

12 月，全市首个具有国际水准的网球场馆——无锡国际网球中心建成　　（无锡经开区管委会　供图）

城市生态持续向好，打造美丽宜居城市

2003年，太湖湖心水质首次达到三类水标准。图为太湖贡湖湾水域　（无锡经开区管委会　供图）

9 月，梁溪河整治提升工程完工，建成“十里画廊”　　　　（聂爱华　摄）

持续推进民生工程，打造最具幸福感城市

2023 年，稻香社区完成连片改造，入选全国首批完整社区建设试点　　（滨湖区政府办　供图）

2023 年，无锡市倾力打造“锡心香伴”惠老助餐品牌。图为太湖街道老年人助餐中心耘林阅府点

（无锡经开区管委会　供图）

智慧无锡

无锡市始终站在全国智慧城市建设的第一阵营。“十四五”期间，无锡市持续深入推进城市全面数字化转型，以系统化、精细化、普惠化、智能化精心绘制“数字无锡百景图”，建设宜居宜业的新型智慧城市。2022年，无锡市获世界智慧城市大奖·宜居和包容大奖，2023年获世界智慧城市大奖·使能技术大奖。

2023年11月1日，无锡市获世界智慧城市大奖·使能技术大奖　　（市大数据管理局　供图）

2023年11月1日，在2023世界智慧城市大奖·中国各组别奖项颁奖会上，“e路通”交通事故一体化处理新机制入选“场景驱动倡议大奖”十大案例。图为市公安局交警支队民警向记者介绍“e路通”全链条交通事故处理新机制　（陈　旭　摄）

2016 年起，无锡市每年举办世界物联网博览会。图为 2023 年 10 月 20 日举办的世界物联网博览会无锡峰会

（无锡物联网创新促进中心　供图）

2016 年起，无锡市启动建设鸿山、慧海湾、雪浪 3 个物联网小镇。图为雪浪小镇　（无锡经开区管委会　供图）

2021 年 10 月，中国电子学会、中国通信学会与无锡物联网创新促进中心联合成立中国（无锡）物联网集群创新研究院

（无锡物联网创新促进中心　供图）

在 2023 世界物联网博览会上，市民体验 AI 产品　　　　（无锡物联网创新促进中心　供图）

2023 年，无锡市出台全国首部关于数字化转型的地方性法规《无锡市数字化转型促进条例》。图为 6 月 20 日召开的新闻发布会 （市委网信办　供图）

2023 年，红豆男装厂获评全国首批 5G 全连接工厂 （锡山区政府办　供图）

2023 年，雪浪云工业互联网平台入选国家级“双跨”工业互联网平台　（无锡经开区管委会党政办　供图）

2023 年 12 月 14 日，兴澄特种钢铁有限公司获评全球特钢行业首家“灯塔工厂”　（江阴市档案史志馆　供图）

2019 年 9 月 8 日，在世界物联网博览会中国（国际）新型智慧城市建设峰会上，无锡市城市大数据中心二期上线发布

（市大数据管理局　供图）

2021 年 9 月 2 日，全省首个以数字底座为核心的城市运行中心在无锡建成投用，无锡率先建成全域覆盖、全时感知、全效管理的城市数字治理平台

（市应急管理局　供图）

2023 年 11 月 17 日，无锡市召开发布会，启用“无锡数字底座能力中台·锡能汇”　（市大数据管理局　供图）

无锡市城运中心以“城市之眼”系统为抓手，通过 AI 智能算法分析视频图像数据。图为南禅寺片区全景

（市大数据管理局　供图）

2023 年 2 月，在第五届 CCF 中国区块链技术大会上，发布《无锡市政务区块链创新应用指南》

（市委网信办　供图）

2023 年 8 月 30 日，无锡市农业农村大数据平台上线，同时，全国首个部—省—市—县四级农业农村大数据互联互通市级试点在无锡落地

（市大数据管理局　供图）

2023 年 10 月 7 日，无锡数据资产服务平台正式发布　　（市大数据管理局　供图）

2023 年 9 月 21 日，无锡市红十字会综合信息系统暨数字身份正式发布

（市红十字会　供图）

2020 年 9 月，无锡移动公司在无锡经开区打造全市首个“5G 智慧道路停车”示范项目
（无锡经开区党政办　供图）

2022 年 11 月，严家桥农机专业合作社使用无人收割机在农田作业　（市农业农村局　供图）

2020年5月，无锡首个城市App“灵锡”上线启用。至2023年，已迭代发布5.0版本，上线功能服务1078项　（市档案史志馆　供图）

2023年，市大数据管理局推出“灵锡”电视版　（市大数据管理局　供图）

2019 年，无锡市获批全国首个国家级车联网先导区。图为位于锡山区的中国南山·无锡车联网小镇

（锡山区政府办　供图）

2021 年，无锡轻舟智航自主研发的小巴龙舟 ONE 投入布点城市微循环公交

（无锡经开区管委会　供图）

2023 年，无锡交通集团在无锡经开区推出无人驾驶公交车　　（无锡经开区管委会　供图）

2023 年，无锡经开区推出无人环卫清扫车　　（无锡经开区管委会　供图）

数字无锡

2023年无锡市地区生产总值构成

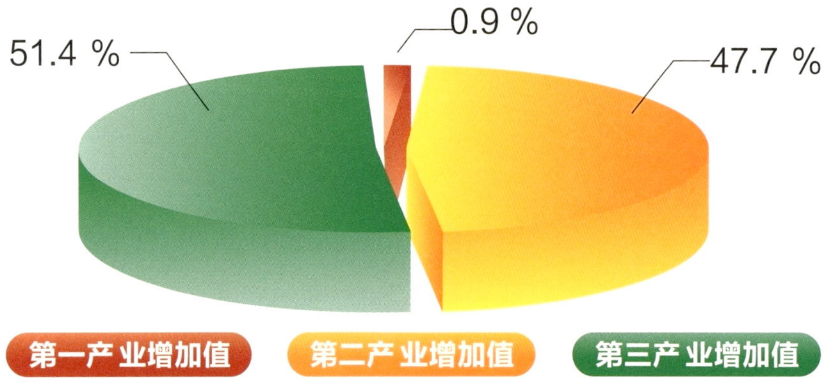

2019—2023年无锡市地区生产总值　亿元

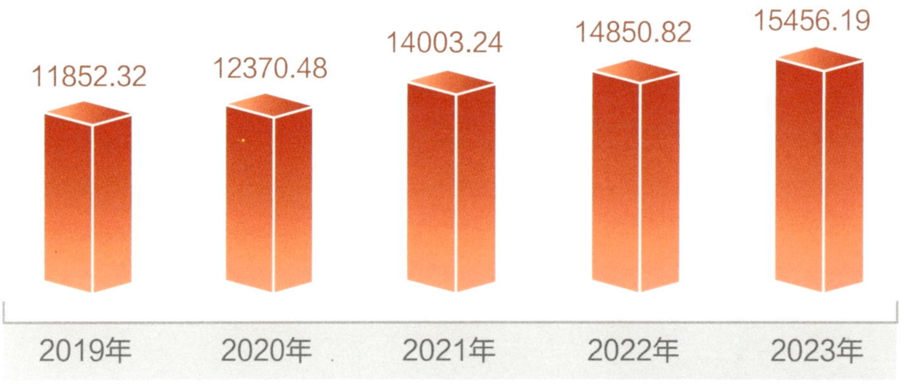

2019—2023年无锡市固定资产投资总额　亿元

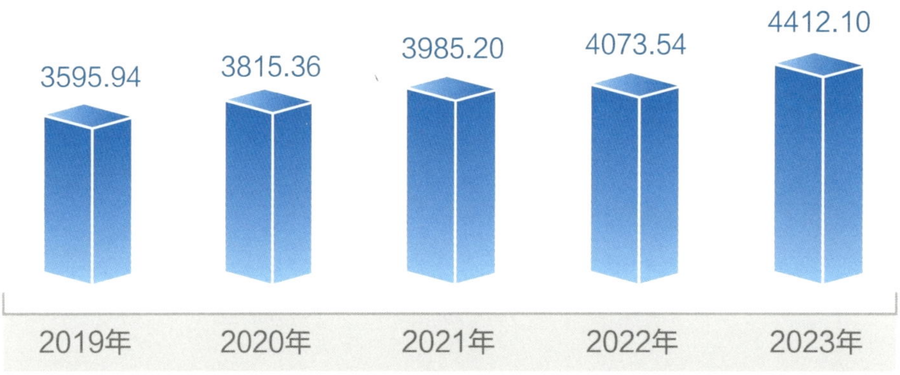

2019—2023年无锡市社会消费品零售总额　亿元

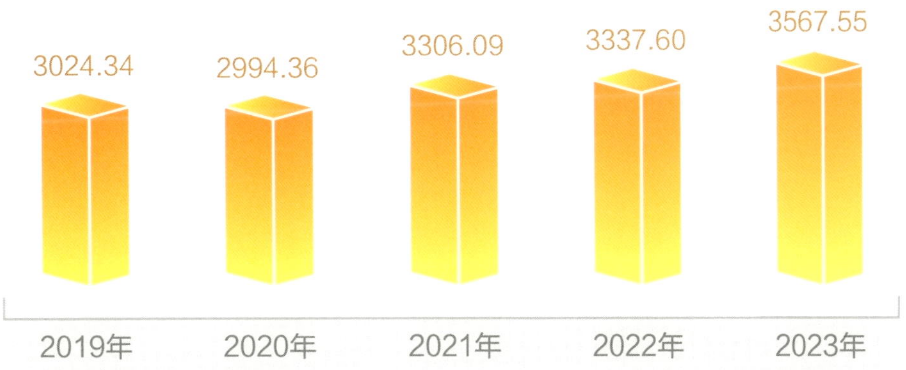

2019—2023年无锡市一般公共预算收入　亿元

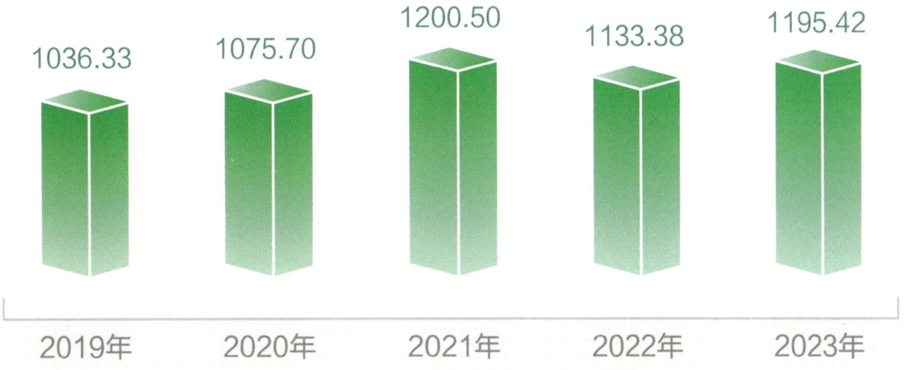

2019—2023年无锡市进出口总值　亿美元

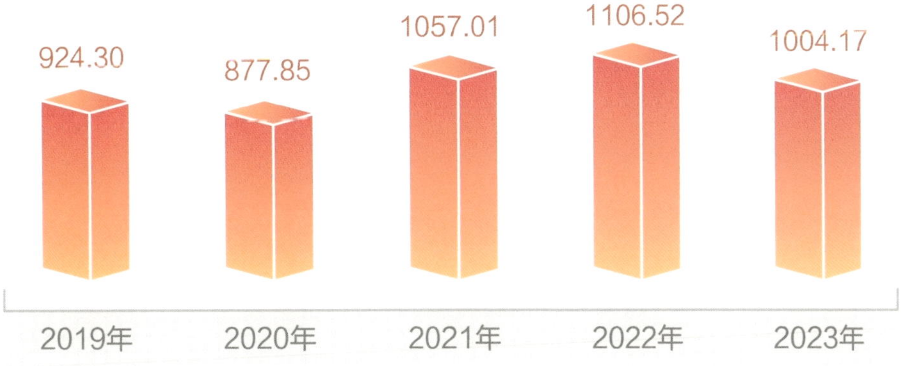

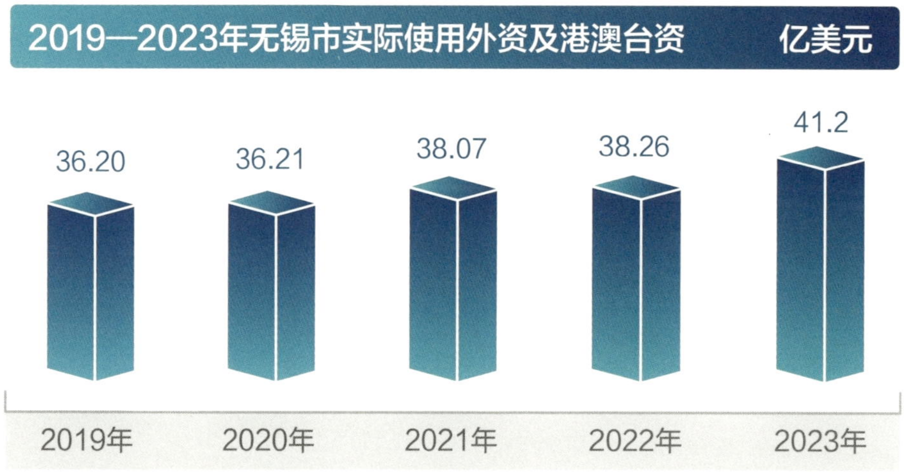
2019—2023年无锡市实际使用外资及港澳台资
亿美元
36.20
36.21
38.07
38.26
41.2
2019年
2020年
2021年
2022年
2023年

2019—2023年无锡市城镇居民人均可支配收入
元
61915
64714
70483
73332
76644
2019年
2020年
2021年
2022年
2023年

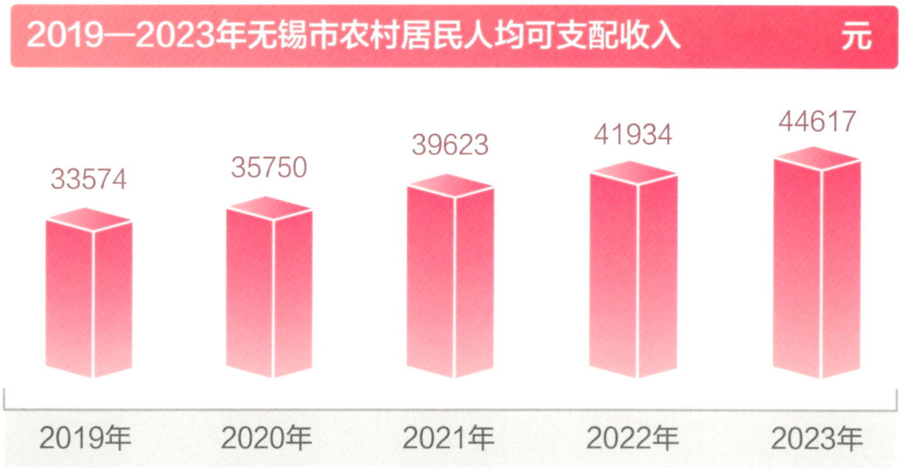
2019—2023年无锡市农村居民人均可支配收入
元
33574
35750
39623
41934
44617
2019年
2020年
2021年
2022年
2023年

2019—2023年无锡市城市道路长度　千米

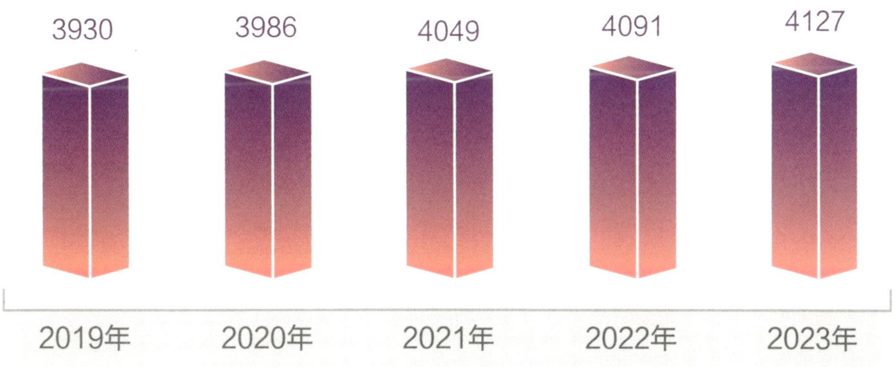

2019—2023年无锡市城市道路面积　平方千米

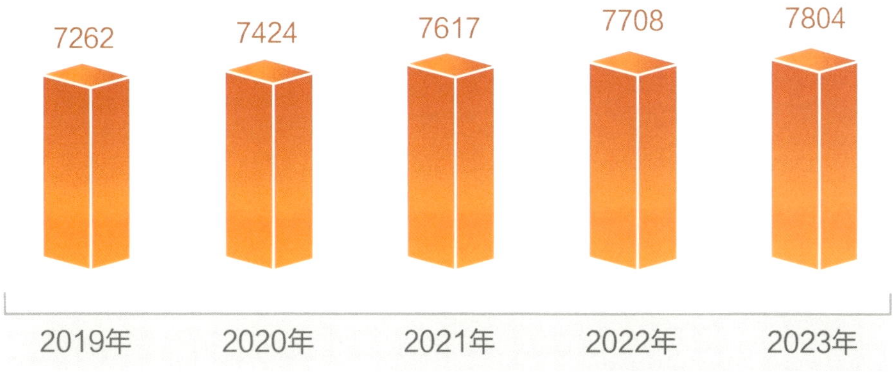

2019—2023年无锡市园林绿地面积　万平方米

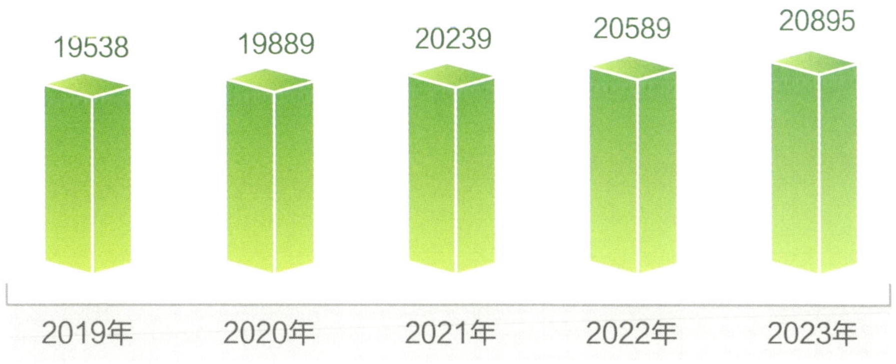

2023年长三角27市主要经济指标一览表

城市名称	地区生产总值（亿元）	规模以上工业营业收入（亿元）	规模以上服务业营业收入（亿元）	进出口总值（亿元）	社会消费品零售总额（亿元）	城镇常住居民人均可支配收入（元）	农村常住居民人均可支配收入（元）
上海市	47218.66	45859.00	50728.86	42121.61	18515.50	89477	42988
南京市	17421.40	15863.29	8407.10	5659.94	8201.07	79858	36789
无锡市	15456.19	23717.05	2094.20	7065.32	3567.55	76644	44617
常州市	10116.36	18108.55	1152.30	3183.63	3050.13	71744	40401
苏州市	24653.37	45042.62	5430.50	24514.10	9582.92	82989	46385
南通市	11813.27	13133.17	1155.90	3500.29	4215.14	62512	32977
盐城市	7403.87	8449.00	906.30	1452.35	2872.53	48526	29744
扬州市	7423.26	7117.41	778.10	1055.77	1660.64	56781	31488
镇江市	5264.07	5497.28	476.10	986.41	1481.74	64602	35466
泰州市	6731.66	7325.30	669.40	1344.39	1709.71	59604	31810
杭州市	20058.98	21074.21	19138.14	8029.72	7670.57	80587	48180
宁波市	16452.83	24799.95	5199.21	12779.33	5212.56	80144	48350
温州市	8730.63	7432.49	873.39	2821.90	4257.08	77973	41622
嘉兴市	7062.45	15389.02	1382.71	4409.94	2513.46	75909	49643
湖州市	4015.09	7348.71	429.25	1618.79	1707.92	74400	47455
绍兴市	7791.14	8196.10	525.56	4224.71	2820.35	80392	48825
金华市	6011.27	7083.71	1033.23	7697.52	3141.76	73639	38136
舟山市	2100.76	3951.15	450.65	3578.57	617.84	76435	49379
台州市	6240.68	6839.05	527.12	2744.48	2766.23	73879	40153
合肥市	12673.80	12834.56	2840.01	3588.13	5270.83	59609	31140
芜湖市	4741.10	7272.54	1105.52	1274.75	2091.77	54189	31517
马鞍山市	2590.60	3953.36	303.32	435.52	1047.66	62510	32670
铜陵市	1229.80	2747.71	174.81	793.36	433.03	48767	21865
安庆市	2878.30	2384.83	560.71	358.45	1409.14	43609	19526
滁州市	3782.00	5496.79	174.88	409.39	1694.35	43423	20176
池州市	1112.20	1624.25	138.14	137.69	486.25	43440	22415
宣城市	1951.90	2667.04	90.24	212.67	851.72	51318	23979

目 录

专 文

大事记

市情概览

中国共产党无锡市委员会

无锡市人民代表大会

无锡市人民政府

中国人民政治协商会议无锡市委员会

中国共产党无锡市纪律检查委员会无锡市监察委员会

民主党派·工商联

群众团体

法 治

军　事

经济管理

经济综情

区域协同发展

太湖湾科技创新带建设

数字经济

总部经济

园区经济

经贸合作

农　业

制造业

建筑业

商贸服务业

金融业

旅游业

房地产业

城市建设

乡村振兴

生态建设

水　利

科学技术

教　育

文　化

大众传媒

卫生健康

体 育

就业创业

公共安全

人物·荣誉

辖区建设

附　录

索　引

精绘“数字无锡百景图” 建设宜居宜业智慧城市

无锡市大数据管理局

国家“十四五”经济和社会发展规划纲要明确，要加快数字化发展，建设数字中国。无锡作为产业强市、创新重镇，持续深入推进城市全面数字化转型，以系统化、精细化、普惠化、智能化精心绘制“数字无锡百景图”，建设宜居宜业的新型智慧城市。2023年11月，世界智慧城市大奖·中国各组别奖项颁奖，无锡市获“使能技术大奖”。

一、建立“全周期管理”体系，实现城市善建善治

实处着力，构建强有力的组织领导机制。无锡市构建覆盖经济、生活、政务、治理、基建、贸易等方面的“一办八组”领导推进机制。以“开年第一会”发出数字无锡建设动员令，召开重点工作推进会议百余次，持续释放大事大抓的强烈信号。建立“两评一报”运行监测机制，阶段化开展“好中差”工作评价，常态化进行“短平快”情况通报。在群众中招募“数字无锡体验官”，广泛开展满意度调查和意见征集，并将数字无锡纳入“强富美高”新无锡现代化建设年度评比和“担使命、做贡献”季季评，形成监督考核激励闭环。

大处着眼，完善顶层设计和配套制度。无锡市围绕城市“全周期管理”，研究编制“十四五”信息化规划、数字经济发展规划、新型智慧城市顶层设计方案，以及配套建设标准，把“高质量发展看无锡、高品质生活在无锡、高效能治理有无锡”美好愿景转化为数字城市规划图景。2020年，牵头出台全国地级市层面首个公共数据管理的地方规章《无锡市公共数据管理办法》，对全市公共数据的采集、汇聚、共享、开放等管理活动进行规范，创造性地将公共数据工作纳入国民经济和社会发展规划。2023年，出台全国首部关于数字化转型的地方性法规《无锡市数字化转型促进条例》，在全省率先建立首席数据官制度，并率先采取数字化场景“红黄牌”管理、星级评定、绩效评价机制。

细处着手，夯实“城市数字底座”能力基础。“十四五”期间，无锡市按照系统性、领先性、安全性的原则推进城市数字底座建设，建成全省首个、国内领先的基于城市数字底座，统筹支撑城市各级治理单元、动态把握城市运行态势、精准处置各类城市问题的城市运行管理中心，构建覆盖市、县（区）、镇（街道）的全市一体化市域社会治理现代化指挥体系，开辟了城市善建善治新路径。一是全面搭建场景平台。2021年，无锡市启动“一网统管”城市运行管理相关建设工作。至2023年末，市城市运行管理中心累计接入部门系统98个、应用场景24个、观测视频32万路，部署识别算法59种，初步实现三级集约化部署应用，基本实现数字底座“看见、预见、应急调度”。二是全面提升关键能力。2023年，无锡市正式启用“无锡数字底座能力中台·锡能汇”，首批发布统一电子证照、统一电子印章、统一政务短信等8项共性能力，开发完成15个成熟的轻量级应用，为城市智慧治理赋能赋智；建设布局全市一体化协同办公平台“锡心办”，实现“文电在线、组织在线、沟通在线”，已完成市县两级210家单位全覆盖，移动端政务微信实名用户超2.5万人。三是全面加强AI赋能。以生成式大模型等先进技术为依托，面向市域治理、政务办公、指挥调度等重点场景，构建1个通用算力底座、1个政务大模型平台（包含大模型能力，以及配套的训练工具和算力管理组件等）及事件分析助手、公文写作助手、视频调度助手、政务知识助手和数字人交互助手等5个原生应用，在全省领先打造全场景城市数字治理人工智能解决方案，推动城市数字化转型。四是全面夯实数据基础。持续推进城市大数据中心建设，实施全市政务数据资源“一本账”管理，汇聚全市58个部门共229.71亿条数据，有效打通信息壁垒，实现按需申请使用。公共数据开放水平连续四年全省第一、全国前十。建立城市生命体征指标体系，以对城市运行全景的深刻洞察，及时准

确掌握城市动态体征,精准推出接地气、暖人心、惠民生的实际举措,构建和谐共生美好人城关系。

二、推进数字无锡建设,实现普惠便捷数字生活

知心意,打造"新开门七件事"优质服务平台。按照政府指导推动、市场建设运营的模式,无锡市精心打造数字城市总门户"灵锡"App,推动政务公共服务和城市生活服务入口向"灵锡"App聚合,贴心为群众办好"衣食住行康育娱"数字城市"新开门七件事"。该项目于2021年获无锡市首届民心工程奖金奖,"灵锡"电视版助老便民应用被纳入市"微幸福"民生工程。至2023年末,"灵锡"App已迭代发布5.0版本,注册用户超2000万人,实名用户数超1600万人,上线功能服务1078项,其中政务和公共服务507项,市民使用政务和公共服务超5800万次。

知冷暖,在融入人居生活中达成共建共治共享。近年来,无锡市采用数字技术还原城市人文,重构数字小镇、数字街区、数字园区,让城市烟火气在有温度的数字化应用场景中发展延伸。先后推出由点及面不断拓宽让就医更方便的"一站式导航""停车就诊联动",让家长更省心的"阳光招生""入学掌上办",让出行更畅快的"一码通乘""无障碍出行""先离场后付费",让美好生活更贴近的"15分钟便民生活圈""智慧新农贸"等"市景""街景"等便民数字举措,用群众可见可知可感的"小确幸",实践共建共治共享的"大智慧"。

知责任,更好兜牢民生安全"双底线"。2023年,无锡市全面建成"低收入人口数智救助"(3610)"锡心医养"(332)重点场景,提升兜底服务能力。"阳光惠民区块链"在国家区块链创新应用试点现场会作为案例推广并列为典型应用。AED地图、乐游无锡、爱家平台、掌上养老、老年大学等惠民助民场景受到群众好评。同时,着眼增强城市韧性,构建完善"雨雪冰冻智联处""防汛防台秒响应"等面向极端灾害的应急处置联动场景,并通过"消防隐患智感知""工程运输全景控""超限超载无遁形""危化企业智监管""智慧燃气一屏安"等安全场景,为城市撑起数字化的安全防护伞。

三、加快智能化智慧化,实现最具未来感的无锡篇章

向创新要生产力。2023年,无锡市以创新驱动数字经济与实体经济"双向奔赴",大力培育新质生产力,全市数字经济核心产业规模突破7000亿元。累计建成"灯塔工厂"3座,位居全国前列;建成国家级智能制造标杆企业3家,位居全国第一;建成省级智能制造示范工厂30家、省级示范智能车间268个。雪浪云工业互联网平台成功入选国家级"双跨"工业互联网平台,威孚高科公司入选国家级智能制造示范工厂,捷普电子"基于5G边缘计算的数字工厂"入选全国首批10个"5G+工业互联网"集成创新应用名单,红豆男装厂获评全国首批5G全连接工厂。

向企业和人才施展向心力。无锡在"2023年度万家民营企业评营商环境"中获评"最佳口碑地级市"。"无难事、悉心办"锡企服务平台直接服务无锡114多万家经营主体,实现政策精准推送、扶持"免申即享"、政企随时互动、问题快速闭环,打通政策落地和服务企业的"最后一公里"。无锡还致力于将智能化

2023年无锡市建成的"数心引力"空间展厅　　(市大数据管理局　供图)

智慧化的数字基础设施作为数字经济时代的“新七通一平”，为企业和人才提供“快人一步”的优质创业环境。建设涵盖通用计算、智能计算、超级计算的城市算力网，并创新“算力券”“算力招商”为企业提供高质低价算力供给；不断丰富完善的数据要素市场，为畅通数据要素循环、降低数字经济运行成本提供便利条件；建成全球最大的车联网城市级网络；5G 基站覆盖密度、人均基站数居全省前列，重点场所 5G 网络通达率 100%。2023 年，无锡获国务院“建设信息基础设施和推进产业数字化”督查激励。

*向构建网络空间命运共同体勾画发展潜力。*在无锡，人形机器人展览会走进政府大楼；城市运行管理中心成为国内首款大语言模型“文心一言”的首批生态合作伙伴；生成式人工智能（AIGC）创业项目在无锡国家数字电影产业园加快聚集；基于数字孪生的“智慧社区”为基层和群众双向赋能；城市之眼每天通过 AI 算法智能分析 30 万路视频图像数据，处置超过 500 个城市治理问题；无人驾驶公交车、无人环卫清扫车、无人机巡管有条不紊运行。创新的涌现使数字无锡影响力不断扩大，荣获 2022 世界智慧城市“宜居和包容大奖”、2023 世界智慧城市“使能技术大奖”。

面向未来，无锡不断加强与上海、杭州等长三角周边城市及京津冀、粤港澳大湾区的联接互动，并加快建设“长三角未来城市数字法治研究院”，积极对标《数字经济伙伴关系协定》（DEPA）等国际高标准经贸规则，提升数字型开放水平。

全力推进普惠托育体系建设　创建婴幼儿照护服务示范城市

无锡市卫生健康委员会

2023 年，无锡市深入学习贯彻习近平新时代中国特色社会主义思想，认真落实国家、省关于 3 岁以下婴幼儿照护服务工作系列文件精神，以创建全国婴幼儿照护服务示范城市为契机，全力推进托育事业发展。至年末，全市 3 岁以下婴幼儿托位数 32325 个，每千人拥有托位数 4.3 个。无锡市、梁溪区、惠山区获省政府普惠托育专项督查激励，无锡市被评为首批全国婴幼儿照护服务示范城市。

强化组织领导　强力统筹推进

*一是突出高位推动。*无锡市委、市政府高度重视 3 岁以下婴幼儿照护服务工作，建立以分管副市长为召集人的市级婴幼儿照护服务联席会议制度，成立无锡市“一老一幼”工作协调小组及托育服务发展工作专班，及时协调解决难点堵点问题。市委、市政府将托育服务发展列为年度重点工作任务，将新增普惠托育机构 20 家纳入市政府重点民生实事项目，制定月度计划统筹推进落实。

*二是注重规划引领。*无锡市将促进 3 岁以下婴幼儿照护服务事业发展纳入《无锡市国民经济和社会发展第十四个五年规划和二〇三五年远景目标纲要》，并在全市每年的国民经济和社会发展计划中进行具体安排，将任务计划分解下达至各市（县）、区，为托育服务发展提供有力保障。市发展改革委印发《2023 年“一老一幼”重点工作任务清单》，有针对性地推进托育服务各项配套支持政策和工作任务落实落地。

*三是强化政策支撑。*市卫生健康委主动协调，将为 0 ~ 3 岁婴幼儿家庭提供科学育儿服务纳入《无锡市基本公共服务实施标准》，确定服务项目和标准。会同市住房城乡建设部门做好新建居住区托育服务设施规划配建工作，全年共有 21 个新开发地块将托育服务设施纳入建设规划。联合相关部门制定托育机构登记备案管理、消防安全监督、幼托一体发展、卫生保健工作等相关规定。市卫生健康委、市发展改革委等多部门联合发布《无锡市促进和规范利用存量建筑资源改建养老托育服务设施工作指南》，盘活存量闲置资源发展托育服务设施，为促进托育服务多元化发展提供强力保障。

突出普惠优先　加大支持激励

*一是大力支持社会力量办托。*无锡市全面落实备案托育机构水、电、气价格优惠，民办托育水、电、气价格按居民价格执行。认真落实《关于进一步推进托幼一体化建设发展的意见》，鼓励支持有条件的幼儿园开设 3 岁以下托班，有效补充托育服务供给。继续开展托育服务消费券发放活动，市财政安排预算引导资金，在全市推广托育体验活动，取得良好社会反响。开展“福娃禧宝”亲子运动展示活动，组织托育机构组队参与，通过各类媒体广泛宣传报道，提高了托育服务社会影响力。

*二是着力加强普惠托育项目建设。*无锡市连续 4 年将普惠托育项目列入全市重点民生实事项目，市政府实行月度督查推进。至 2023 年，全市累计创成普惠托育机构 79 家，其中 26 家为示范项目。市级财政分

10 月 30 日，无锡市举办第二届“福娃禧宝爱运动”亲子活动

（市卫生健康委　供图）

别给予每家 3 万元与 5 万元经费奖补，各市（县）区均相应配套奖补经费。市卫健委还会同市总工会培育推动企业办托，宜兴市伟丰建筑安装集团被全国总工会评为 2023 年全国爱心托育用人单位，有力提高了全市普惠托育体系建设影响力。

三是积极推进社区托育服务。无锡市鼓励指导各地建设社区托育服务设施，就近就便提供“家门口的托育”服务。惠山区长安街道与贝倍聪婴幼儿托育有限公司合作，在惠南社区和惠城社区的居住小区内分别建设 3 个社区托育分园，建设场地由街道免费提供，设置全日制托位 230 个，受到群众普遍欢迎。锡山区东北塘街道与青青树托育中心签订协议，共同建设青青树御澜湾托育中心，同时根据需求在周边小区开设托育点，形成一个中心加“N”个托育点的社区托育模式，为群众送托提供极大便利。2023 年 2 月，国家卫生健康委人口家庭司司长杨文庄带队到无锡调研，充分肯定无锡“1+N”社区托育服务建设模式取得的成效。

注重内涵提升　优化托育品质

一是重视人才队伍培养。无锡市将婴幼儿发展引导员、保育师、育婴员纳入全市职业技能培训和高技能人才紧缺职业（工种）目录，对取得技能等级证书的人员给予职业培训补贴。市卫健委会同市人社局，以项目制方式培训托育机构保育人员 160 人，获得市职业技能提升专项资金 22 万元补贴。市卫生健康委组织专家编印出版《婴幼儿家庭照护指导手册》，免费向托育机构和婴幼儿家庭发放 9.3 万册，累计投入经费 56 万元。

二是大力推进医育结合。市卫生健康委积极指导各地婴幼儿照护服务指导中心建设，至 2023 年，成立市、区级婴幼儿照护服务指导中心 7 家，签约实训基地 24 家，负责托育从业人员学习培训，开展科学育儿和家庭照护指导。市婴幼儿照护服务中心印发《无锡市托育机构婴幼儿喂养及配餐指导意见》，为托育机构科学养育提供悉心指导。市中医院组织专家走进七彩童年托育中心，开展“龙砂护幼托举未来”活动，为保育人员和入托幼儿开展中医药健康服务。无锡市儿童医院与金童苗苗园合作建立无锡市婴幼儿“医育融合”照护实践基地，在儿童早期发展、养育照护工作的基础上，进一步聚焦婴幼儿照护安全健康、膳食营养、早期学习、回应性照护等内容，开展相关课题研究及适宜技术推广，探索以医促养、医育结合新途径，构建婴幼儿“医育融合”照护无锡模式。

三是建设无锡托育信息系统。2023 年，市卫生健康委以满足群众实际需求为导向，开发建设无锡市托育服务管理系统，通过政府门户和卫生健康委微信公众号，将托育地图、服务机构端和家长端提供给群众和托育机构。市、县级管理员通过系统可以适时了解机构的运营和收托情况，对相关数据进行统计分析；托育机构可以通过系统或机构端及时填报和修改机构信息，上传图片资料；群众在“健康无锡”微信公众号上可以直接查看托育机构基本情况，实现按需选托。

编辑　葛　红

1月

1 日 《无锡市关于建立健全职工基本医疗保险门诊共济保障机制的实施方案》正式施行。参保人员在定点医疗机构发生的符合基本医疗保险的政策范围的普通门诊费用，超过起付标准的，纳入门诊统筹基金支付范围，最高支付限额提高至 1.2 万元。

△《无锡市医疗保障局关于统一基本医疗门诊特殊病保障政策的通知》实施，新增恶性肿瘤等 7 类病种纳入职工医保，恶性肿瘤等 9 类病种纳入居民医保。

△国内首个量子人工智算中心——太湖湾量子智算中心在滨湖区太湖湾科创带成立。

△锡山区举行 2023 年重大建设工程项目开竣工暨锡沪路城市化改造工程开工仪式，总投资约 486 亿元的 150 个项目集中开工、竣工。

△ 340 省道最后一段——无锡惠山区西段通车，苏锡常段全线贯通。

6 日 "四线四路"（地铁 5 号线、无锡至宜兴城际轨道交通工程、地铁 4 号线二期、无锡至江阴城际交通轨道交通工程，与江阴靖江长江隧道南接线工程、锡宜高速扩建工程、锡太高速新建和沪武高速扩建工程无锡段）重大交通工程建设项目集中开工。市委书记杜小刚宣布开工，市长赵建军讲话。

7 日 无锡高新技术开发区（新吴区）举行 2023 年重点工程项目开竣工暨伯渎河文化中心开工仪式。开竣工项目总计 210 个，总投资 613 亿元。其中，竣工项目 78 个，总投资 138 亿元。

8—10 日 政协无锡市第十五届委员会第二次会议在市人民大会堂召开。市委书记杜小刚发表讲话，市政协主席项雪龙作十五届政协常委会工作报告。会议选举张叶飞为市政协副主席，选举汪克强、周学东、胡海龙为市政协常委。

9—11 日 无锡市十七届人大二次会议在市人民大会堂开幕。市委书记、市人大常委会主任杜小刚主持

1 月 11 日，无锡地铁 3 号线一期工程获中国建筑工程鲁班奖。图为地铁 3 号线幸福停车场

（无锡地铁集团 供图）

大会，市长赵建军作政府工作报告。大会选举出席江苏省第十四届人大代表61人，选举市十七届人大常委会委员11人。

11日　2022无锡市第三届“民心工程奖”颁奖仪式举行，现场揭晓2022年“民心工程奖”金奖、银奖项目，以及“微幸福”民生工程金奖、银奖项目和优秀组织奖获奖单位。市委书记杜小刚为获奖单位颁奖，并启动2023年“微幸福”民生工程和为民办实事重点项目。

△无锡地铁3号线一期工程获中国建筑业最高奖——中国建筑工程鲁班奖（国家优质工程）。12月25日，该工程入选中国土木工程詹天佑奖。

13日　由无锡市委组织部和延安市委组织部合作共建的延安精神无锡学习天地启用。

△无锡市社区共享健身房揭牌仪式暨2023无锡全民健身线上赛在经开区华庄街道万欣社区举行，推出首批7家社区共享健身房。

27日　苏南硕放国际机场改扩建工程项目、无锡国际邮件互换局项目启动建设以及DHL快递无锡口岸正式投运现场会举行。市委书记杜小刚出席，市长赵建军讲话。

△2022年城市重点道桥工程竣工暨2023年城市重点道桥工程启动建设现场会举行，广益路新建工程等6个项目竣工，新锡快速路新建工程等12个项目启动。

30日　全市深入打好污染防治攻坚战大会召开。市委书记杜小刚讲话，市长赵建军作具体部署。

△市委、市政府出台《关于推动无锡现代职业教育高质量发展的实施意见》，规划构建纵向贯通、横向融通、校企联通的现代职业教育体系。

△无锡经济开发区（以下简称“无锡经开区”）总投资近268亿元的200个城建项目启动建设，其中新开工项目投资近140亿元。

△梁溪科技城核心区2023年重大项目集中开工暨征收攻坚行动启动仪式举行，总投资324.19亿元的19个重大项目集中开工。

2月

1日　无锡国家软件园（比利时）创新中心、无锡国家软件园（德国）创新中心、无锡国际生命科学创新园—启迪比利时联合创新中心揭牌成立。

△是日起，无锡市施行医保个人账户家庭共济，允许个人医保账户的资金给参加本省基本医疗保险的家庭成员使用。

2日　欧洲最大医学中心实验室Cerba研究院与无锡观合医学检验所有限公司在比利时举行合作签约仪式，双方将合作总投资1亿美元，在无锡国际生命科学创新园设立顶尖医学中心实验室。

3日　省委书记信长星到无锡一棉纺织集团有限公司、雪浪小镇、深海技术科学太湖实验室、荡口古镇等地调研，听取无锡市工作情况汇报。

△惠山区多地举行重大项目开工和签约仪式，其中惠山经济技术开发区（以下简称“惠山经开区”）和玉祁街道有总投资额近200亿元的47个项目集中开工，堰桥街道有14个项目签约入驻智能电气产业园，总投资额130多亿元。

△全国首部车联网产业领域立法《无锡市车联网发展促进条例》颁布，3月1日起施行。

△《无锡图书馆藏地方孤本丛书·第二辑》出版。该书收录清代安国撰《夏时考》、清代薛丙元编《礼社忠义录》以及清代杭肇撰《研斋琴谱集录》3部古籍。

5日　江阴市与锡山区、惠山区签订联动发展战略合作协议，共建区域协同创新体系，加快锡澄一体化发展。

△在女子网球协会（WTA）华欣站比赛决赛中，中国选手朱琳（无锡籍）获WTA巡回赛女单冠军。

6日　省生态环境厅与无锡市召开厅市会商会，签订战略协议，发布《关于支持江阴建设生态治理现代化县域示范的意见》。

10日　全市2023年一季度重大产业项目集中开工仪式举行，总投资1444.2亿元的176个重大产业项目同时开工。

△市政府与中国能源建设集团签订战略合作协议。市长赵建军参加座谈并见证签约。

△国家区块链创新应用综合性试点交流会在无锡举行，中国科学院院士郑志明作专题报告。

△市食品安全委员会发布《无锡市食品产业高质量发展规划（2023—2025）》，围绕转型升级传统食品产业，打造千亿级“东方食品谷”。

11日　比亚迪集团与无锡市召开合作洽谈视频会议，比亚迪集团董事长兼总裁王传福与市委书记杜小刚通过“云端”进行洽谈。

13日　市委、市政府召开产业强市高质量发展大会。市委书记杜小刚强调，要以敢为、敢闯、敢干、敢首创的担当作为，纵深推进产业强市主导战略，加快构建现代化产业体系，展现无锡新时代工商名城风采。市长赵建军主持，市政协主席项雪龙等出席会议。

14日　德纳亚太区车辆核心系统和部件研发及制造总部项目签约落地锡山区。市委书记杜小刚出席签约仪式。

15日　无锡市举行长电科技环保与健康慈善基金暨首批资助项目签约仪式，市委书记杜小刚出席。该基金由市慈善总会与江苏长电科技股份有限公司共同设立，是融合“慈善+财富管理”和“慈善+信托”等新型捐赠模式设立的首个慈善基金。

△全球供暖龙头企业德国威能集团在欧洲以外布局建设的唯一研发生产基地——德国威能亚太区研发制造基地项目签约落户无锡高新区。

15—17日　青海省海东市代表

团一行到无锡开展东西部协作考察交流活动。无锡市委书记杜小刚参加相关活动。

16日　蠡湖未来城建设启动现场会举行，首批6个重大项目集中开工。市委书记杜小刚出席启动仪式，市长赵建军讲话。

△药明生物科技园二期在无锡太湖国家旅游度假区正式开工。市委书记杜小刚出席开工仪式。

18日　58集团本地服务、汽车服务总部项目签约落户无锡高新区。市长赵建军参加工作会谈并见证项目签约。

18—24日　市委书记杜小刚率代表团到深圳、香港、澳门开展以“双湾融合·共创未来”为主题的系列活动，开启2023无锡全球城市推介活动帷幕。

20日《无锡市市场监督管理局关于进一步支持市场主体发展壮大的若干措施》出台，提出30条举措助企纾困。

22日　江南文脉研究中心成立。

23日　市自然资源和规划局组织开展的无锡野生植物调查终期成果出炉，无锡调查到高等植物1417种。

26日　一汽解放动力超级工厂投产，首台奥威16升发动机下线。

3月

1日　无锡市首批商用智能网联汽车投入运行，车联网建设运营主体——无锡市车城智联科技有限公司挂牌。

2日　山西省副省长汤志平率考察团到宜兴市考察以县城为重要载体的城镇化建设情况。

△市大数据管理局组织城市大数据中心涉疫个人数据销毁仪式，首批销毁10亿余条。

2—3日　副省长徐缨到无锡调研教育、文化旅游和体育工作。

3日　苏南瑞丽航空和巴西航空工业签署合作意向书。市委书记杜小刚出席签约仪式，并与到访的巴西驻华大使馆公使参赞马嘉良会谈。

8日《无锡年鉴(2022)》入选第七批“中国精品年鉴”。

9日　中国出口信用保险有限公司江苏分公司无锡营业部揭牌。

11日　“奋斗者”号全海深载人潜水器完成历时157天的国际首次环大洋洲载人深潜科考航次任务，共完成63次有效下潜作业，其中4次下潜深度超万米。

12日　东风威孚轮毂驱动乘用车示范运营项目全球首发仪式在无锡举行。

15日　国联集团竞得民生证券股份有限公司34.71亿股股权，成为该公司第一大股东。

18日　一期投资59亿元的中车中低压功率器件产业化项目在宜兴经济技术开发区(以下简称“宜兴经开区”)开工。副省长胡广杰会见中国中车董事长孙永才，并宣布项目开工。

19日　第七届中国工业大奖发布会在北京举行，江苏新扬子造船有限公司、江阴兴澄特种钢铁有限公司获“中国工业大奖”企业奖，中国船舶科学研究中心(中国船舶集团有限公司第七○二研究所)“奋斗者”号全深海载人潜水器获“中国工业大奖”项目奖，无锡先导智能装备股份有限公司获“中国工业大奖”表彰奖。

△锡山区东港镇黄土塘村、惠山区阳山镇阳山村、新吴区鸿山街道大坊桥村、宜兴市张渚镇祝陵村、宜兴市徐舍镇芳庄村、宜兴市周铁镇洋溪村、宜兴市太华镇胥锦村、宜兴市丁蜀镇三洞桥村、宜兴市新庄街道茭渎村入选第六批中国传统村落。

△2023无锡马拉松暨全国马拉松锦标赛(无锡站)、布达佩斯世锦赛及杭州亚运会马拉松选拔赛、大运河马拉松系列赛(无锡站)开赛。

20日　惠山区入选第二批江苏省数字乡村综合试点地区，锡山区入选智慧绿色乡村特色专项试点。

22日　以“开放创造机遇，合作共赢未来”为主题的国际产业投资合作系列活动·江苏站在无锡市举办。副省长王晖出席开幕式并致辞，市长赵建军发言。

△副省长王晖在无锡专题调研农业农村工作。

23日　江苏省农业科学院无锡分院、无锡市农业科学院在惠山区挂牌，市长赵建军、副市长马良参加挂牌仪式。

23—24日　中央台办、国务院台办主任宋涛一行到无锡调研对台工作。

3月19日，新吴区鸿山街道大坊桥村入选第六批中国传统村落

(新吴区档案史志馆　供图)

25日　博世动力总成与无锡高新区签署战略合作项目协议，推动博世氢燃料电池和商用车电动化产品的本土化开发和商业化进程。市委书记杜小刚、市长赵建军见证项目签约。

△装载40辆大通汽车的20节货运车厢从无锡西站始发直达上海洋山港，随后出口英国。这是无锡西站首次通过海铁联运发运商品车。

26日　省内首个由国家知识产权局批复支持建设的产业知识产权运营中心——半导体产业知识产权运营中心在无锡启动，北京市金杜（无锡）律师事务所、金杜长三角知识产权中心同步揭牌。

△市长赵建军带队到湖南省株洲市考察中车株洲电力机车研究所有限公司并签署合作备忘录，惠山经济技术开发区与株洲中车时代电气股份有限公司签订关于百万套电驱项目投资合作协议。

28日　无锡市与上海市青浦区、浙江省湖州市、安徽省宣城市、江苏省常州市、江苏省苏州市共同签署环太湖六市联合林长制合作备忘录。

30日　首届中国硅光大会暨太湖湾硅光产业创新中心建设大会在无锡举行。市委书记杜小刚与中国工程院院士庄松林、刘文清等共同启动建设太湖湾硅光产业创新中心。

△玉柴芯蓝氢能源总部项目签约落地无锡高新区。市委书记杜小刚见证项目签约，市委常委、常务副市长蒋敏参加活动。

31日　无锡智能网联汽车生态大会在无锡经开区召开。会上，12个智能网联汽车生态链项目签约无锡智能网联汽车生态产业园，由湖南大学无锡智能控制研究院发起的无锡市智能网联汽车产业创新联盟揭牌，由中国汽车工程学会成立的汽车传感器分会落户无锡经开区，中国工程院院士丁荣军受聘为主任委员。

△全省首个城市居民创业状况白皮书——《2022年度无锡市居民创业情况白皮书》发布。

△江苏无锡女足获全国女子足球锦标赛亚军。

△荣氏企业家精神培训基地在中国企业管理无锡培训中心揭牌。

4月

1日　宜兴市丁埂遗址发现一块极为罕见的两面刻有虎纹、卷云纹和飞鸟纹的良渚文化时期的石钺，对研究太湖西岸良渚文化社会复杂化进程具有重大学术意义。

2日　全市文化高质量发展大会召开，市委书记杜小刚讲话，市长赵建军主持会议，市政协主席项雪龙等出席。

△无锡美术馆、市文化艺术中心、无锡交响音乐厅集中开工，项目总投资超26亿元。

2—4日　青海省海东市党政代表团到无锡考察。3日，召开无锡市海东市东西部协作工作第11次联席会议。

3日《2022城市营商环境创新报告》在北京发布，无锡在“对外开放提升”“投资建设完善”2个维度中，连续4年入选城市营商环境创新城市。

6日　香港隆源控股有限公司董事局主席荣智健及荣氏亲属回无锡探亲。市委书记杜小刚与荣智健一行会谈，并向其颁发首届无锡慈善奖“最具爱心慈善捐赠个人”“最具影响力慈善项目”证书。

△中国青年企业家无锡行暨首届长三角——粤港澳大湾区青年企业家对话活动在无锡举行。市长赵建军参加启幕仪式并致辞，副市长卢敏作无锡城市推介。

7日　甘肃省武威市委书记王国斌率党政代表团到无锡考察，共同探索东西部协作新路径。市委书记杜小刚，市委常委、常务副市长蒋敏参加相关活动或陪同考察。

7—8日　广西壮族自治区人大常委会副主任、桂林市委书记周家斌率党政代表团到无锡考察文旅产业发展情况。市委书记杜小刚、市长赵建军等参加相关活动或陪同考察。

10日 注册资金2.5亿美元的汽车激光雷达项目签约落地惠山经开区。

11日　无锡市入选第三批国家安宁疗护试点市。

12日《无锡市服务融入上海大都市圈行动方案》印发，全市域全方位接轨融入上海大都市圈。

△2023无锡慈善晚会暨第一届“无锡慈善奖”颁奖典礼举行，76个捐赠企业、爱心个人、慈善组织、慈善项目受表彰。省慈善总会会长李小敏出席并讲话，市委书记杜小刚启动2023年无锡首批慈善项目。

13日　法国国际私募股权投资大会高层到无锡考察。市委书记杜小刚与创始人吉勒·巴赫萨会谈。

14日　瑞士布勒集团大中华区创新研发中心及食品项目落户无锡高新区。市长赵建军出席签约仪式。

17日　“聚京惠萃，筑梦空天”无锡航天产业园发布会暨投资环境推介会在北京举行，21个总投资234亿元的航空航天产业相关项目签约落户惠山高新技术产业开发区。

△第24届中国专利奖评选结果公示，无锡13个项目上榜，其中3项获专利奖银奖、10项获专利奖优秀奖。

18日“‘沪’拥机遇·‘锡’望未来”无锡城市推介会在上海举行，总投资近200亿元的8个城市开发建设合作项目集中签约。

18—19日　省委常委、常务副省长马欣到无锡调研构建新发展格局工作。

20日　胡润研究院发布《2023年全球独角兽榜》，无锡有华云数据、盛合晶微等5家企业上榜。

23日　江苏省太湖水污染防治委员会第16次全体（扩大）会议暨太湖安全度夏应急防控工作会议在无锡召开。省长许昆林出席并讲话。

24日　市政府命名首届10名“无

4 月 26 日，举行上港 ICT（无锡）项目签约暨河海直达船首航仪式　（新吴区融媒体　供图）

锡大工匠”和 25 名“无锡工匠”。26 日，无锡“工匠号”地铁专列首发暨无锡工匠杯·第六届无锡技能精英大赛启动仪式在地铁市民中心站举行。

25 日　梁溪科技城长三角北斗空间信息数字产业示范园区项目启动。市委书记杜小刚、市长赵建军出席启动仪式。

26 日　上港集团和无锡高新区举行上港 ICT（无锡）项目签约仪式，上港 ICT（无锡）中心揭牌。

27 日　中华全国总工会召开大会表彰 2023 年全国五一劳动奖和全国工人先锋号获得者。无锡市 1 家单位获全国五一劳动奖状，4 人获全国五一劳动奖章，4 个班组获评全国工人先锋号。

△海关总署公布跨境贸易便利化试点城市名单，无锡成为江苏首批被纳入该项试点的城市。

28 日　无锡国际商事法庭揭牌成立，为全国第七家国际商事法庭，省高级人民法院院长夏道虎、市委书记杜小刚为其揭牌。无锡知识产权法庭新址同步启用。

△多媒体光影芭蕾舞剧《二泉映月》在市运河汇完成首演，无锡运河文化带建设增添新地标。

5 月

1 日　是日起，《无锡市优化营商环境条例》施行。

4 日　“‘锡’有青年，‘青’力护城，城市焕新计划——十大城市空间打卡地”发布，“城市空间观察员”征集活动同步启动。

△由团市委联合惠山区打造的无锡市首家青年主题公园启用。

4—12 日　市长赵建军率无锡代表团出访新加坡、韩国、日本三国。5 日，“开放合作·携手未来”无锡（新加坡）城市国际化发展合作交流会在新加坡举行，总投资近 80 亿美元的 18 个合作项目集中签约。7—8 日，“合作共赢·携手未来”中韩（无锡）科技创新合作交流会在韩国举行，总投资 19.7 亿美元的 24 个合作项目签约，无锡（首尔）商务创新交流中心揭牌。10—12 日，在日本东京、大阪开展经贸产业交流合作，总投资 22.95 亿美元的 34 个项目签约。

5 日　江阴苏南国际集装箱码头、宜兴港、无锡新安港 3 个集装箱港口签署《无锡市港口集装箱联盟战略发展框架协议》。

△数字医疗发展论坛暨度假区生命健康产业项目签约仪式在滨湖区举行，总投资超 10 亿元的 8 个项目签约。

6 日　无锡在省内率先出台《无锡市关于推进中小学工程教育的指导意见》，全面、系统架构中小学工程教育体系。

8—10 日　全国人大常委会副委员长、民进中央主席蔡达峰率调研组到无锡市，就“推动创新链人才链深度融合，促进制造业重点产业链优化升级”开展考察调研。

9 日　无锡代表团到韩国蔚山市参加两市结好十周年纪念活动。市长赵建军与蔚山市市长金斗谦会谈，签署两市进一步加深友好合作协议，并为无锡“大阿福”走进蔚山揭幕。

13 日《无锡市关于加快特色产业园区建设的实施意见》出台，计划

5 月 18—19 日，2023 太湖湾生命健康未来大会在无锡召开
（市科技局　供图）

至 2025 年，全市培育认定特色产业园区不少于 50 个，其中打造千亿级特色产业园区 5 个、百亿级特色产业园区 20 个以上。

17 日　无锡市人大常委会与延安市人大常委会在延安共同签订协商合作协议。

18—19 日　2023 太湖湾生命健康未来大会在无锡召开。62 个生物医药基金和产业化项目达成合作，投资金额超 260 亿元。

19 日　“2023 福布斯中国消费活力城市榜”发布，无锡首次上榜，成为全国最具商业活力与全球化愿景的 20 个城市之一。

21 日　第三届江苏发展大会无锡行暨第六届全球锡商大会举行。第十届、十一届全国政协副主席，全国工商联原主席黄孟复及省人大常委会副主任陈星莺出席并讲话。

22 日　全国政协副主席、民革中央常务副主席何报翔率调研组到无锡，围绕“新时代新征程加强中国特色社会主义参政党建设”主题开展调研。

△“一带一路”倡议十周年西港特区成果展在柬埔寨西哈努克港经济特区开幕。柬埔寨首相洪森等出席。

23 日　国联集团与香港新世界集团签署战略合作协议，深化在科创、金融、产业等领域的合作。

24 日　无锡市与中国节能环保集团签署战略合作框架协议。

26 日　全国政协副主席、九三学社中央常务副主席邵鸿率全国政协调研组到无锡，就“推进全媒体传播体系建设”开展专题调研。

△滨湖区政府与中国航空工业集团公司雷华电子技术研究所签署战略合作协议，共建民用航空电子系统项目。工业和信息化部党组成员、总工程师田玉龙致辞，市委书记杜小刚出席。

30 日　中国科协公布第三届全国创新争先奖名单，中国电子科技集团公司第五十八研究所的蔡树军获全国创新争先奖章，江南大学教授王兴国、顾正彪、蒋高明获全国创新争先奖状。

31 日　奥特维新能源装备研发制造基地开工暨奥特维智能装备生态圈项目签约仪式在无锡高新区举行。

6 月

1 日　无锡市召开全市制造业与金融业融合发展大会，34 家银行与 4209 家（次）企业达成授信合作意向 2791 亿元。

2 日　上汽大通 GST 系列产品项目签约落地惠山区。市委书记杜小刚出席签约仪式。

△“品质无锡·安心餐厅”频道上线暨政企合作签约仪式举行，首批 108 家商户入驻美团外卖频道。

3 日　第十八届“春晖杯”中国留学人员创新创业大赛法国赛区暨 2023 中国无锡“太湖杯”国际精英创新创业大赛启动仪式在法国巴黎举行。“春晖杯”首次将国际赛区举办权交由地级市。

4 日　经省委批准，陆志坚任无锡市委副书记。

5—7 日　市委书记杜小刚带队到北京拜访重点央企、知名民企和知名高校，就重点事项推进、重大项目落地、重要资源导入等开展交流洽谈。

6 日　无锡市召开集成电路专项政策新闻发布会，发布《关于加快建设具有国际影响力的集成电路地标产业的若干政策》。

8 日　第二届长三角跨境电商行业发展峰会暨长三角跨境电商交易会开幕式在无锡举行，发布长三角省级公共海外仓和无锡市“一区一品”跨境电商品牌出海行动，无锡（前海）跨境电商综合服务平台揭牌，14 个重点合作项目集中签约。

△华虹无锡集成电路研发和制造基地二期项目签约仪式在南京举行。30 日，总投资 67 亿美元的华虹无锡集成电路研发和制造基地二期项目开工。省长许昆林视频致辞并宣布开工，副省长胡广杰为项目奠基培土。

9 日　双良新能源产业一期项目在江阴临港经济开发区开工。市委书记杜小刚启动项目并培土奠基。

△市政府与上海建工集团股份有限公司签署战略合作框架协议。

10 日　“无难事、悉心办”锡企服务平台上线，无锡市在省内率先打造覆盖企业全生命周期、线上线下高度融合的数字化惠企服务平台。

11 日　辽宁省盘锦市考察团到无锡考察。市委书记杜小刚与盘锦市委书记王炳森会谈，市长赵建军陪同考察。

12日　市侨联第十次代表大会开幕。市委书记杜小刚到会讲话，省侨联副主席艾卉到会祝贺。

14日　无锡市首家“互联网+无偿献血”智慧献血屋在海岸城购物中心广场启用。

△省人社厅公布2023年度江苏省卓越博士后计划拟资助名单，无锡市17人入选。

15日　德国费森尤斯卡比集团高层到无锡考察。市委书记杜小刚与费卡集团首席执行官皮耶路易吉·安东内利会谈。

16日　“潮起太湖湾，开放向未来”滨湖企业迈向国际化签约大会举行，21个项目集中签约，涉及集成电路、生命健康、智能制造等领域。设在日本、韩国的滨湖区海外商务协同创新中心同日揭牌。

17日　无锡市《关于建立健全全自然保护地体系的实施意见》发布，首次明确要加快建设统一的全覆盖、全天候、全要素的自然资源和生态环境监测系统。

19日　国家标准化癌症筛查与早诊早治无锡分中心揭牌，无锡市与国家癌症中心签署战略合作框架协议。中国科学院院士、中国医学科学院肿瘤医院院长赫捷，市委书记杜小刚共同为中心揭牌。

20日　2023中国·江苏太湖影视文化产业投资峰会暨电影科技周在无锡举行。市委书记杜小刚致辞。

△交通运输部公布2022年“十大最美农村路”名单，无锡市、苏州市、湖州市、常州市共建的环太湖公路入选。

△深圳市大数据研究院无锡创新中心项目签约落户无锡经开区。

△无锡硕放机场蝉联2022年度最佳机场（吞吐量200万~1000万级）。

21日　无锡市发布《“太湖人才计划”宣传文化人才引育实施办法》，符合条件的个人和团队分别可获最高100万元和200万元项目资助。

25日　盘古钠祥钠离子电池研发总部及制造基地项目签约落户锡山经济技术开发区。

26日　总投资近30亿元的瑞典阿特拉斯·科普柯工业压缩机业务研发制造中国总部项目开工。市委书记杜小刚为项目培土奠基。

27日　总投资约50亿元的锡北运河流域EOD项目开工仪式在锡北镇举行，标志着全市首个同步实现入库融资的EOD项目启动实施。

△历时1年的五里湖节制闸桥、犊山防洪大堤堤顶及沿湖侧生态提升改造工程竣工。

△由梁溪公安分局打造的全市首艘体验式反诈游船“心盾号”在清名桥启航。

29日　无锡市质量强市建设暨2022年度市长质量奖颁奖大会举行。市长赵建军讲话并颁奖。3家企业获市长质量奖，5家企业获质量管理优秀奖，10人获评首届无锡市“十大质量工匠”。

△锡澄一体化快速通道锡暨大道（新锡快速路）主体工程开工建设。

30日　2023“重返始终”——江南可持续生活大会暨无锡运河汇项目开业仪式举行。

△梁溪河整治提升工程南北两岸改造基本完工，两岸13千米亲水绿带实现“三道贯通”，全线焕新，呈现“十里画廊”美景。

6月20日，环太湖公路入选十大最美农村路。图为太湖十八湾段　　（市生态环境局　供图）

7月

2日　国内规模最大的超高压跨越长江输变电工程——泰州凤城至无锡梅里500千伏输变电工程建成投运。

3日　京杭运河无锡段跨度最大桥梁——菱湖大桥建成通车。

4日　高飞任无锡市委委员、常委、组织部部长。

△以"'芯'聚滨湖，引领未来"为主题的集成电路专精特新产业赋能大会在滨湖区召开。会上，全国首个市级集成电路学会——无锡市集成电路学会宣告成立。

5日　2023欧洲企业无锡行暨产业合作对接会举行。市长赵建军、奥地利维也纳州议长恩斯特·沃勒出席并致辞。

6日　美国德纳动力技术及新能源全球总裁华安东一行到无锡考察。7日，总投资1.5亿美元的德纳亚太区车辆核心系统和部件研发及制造总部在锡山经济技术开发区宛山湖生态科技城奠基。

△以"面向低碳社会的燃气轮机技术"为主题的第十届亚洲燃气轮机聚焦大会在无锡召开。副市长周文栋参会。

8日　无锡市与南京邮电大学就深化合作共建举行会商。市委书记杜小刚、南京邮电大学党委书记刘陈讲话。

△在第九届CREDAWARD地产设计大奖颁奖大会上，无锡交响音乐厅项目获"未来（方案）项目优秀奖"。

△总投资10亿元的惠山循环经济产业园开园，国家级无锡市惠山资源循环利用基地投用。

11日　在2023年巴黎世界残疾人田径锦标赛女子F64级铁饼决赛上，无锡籍运动员姚娟获冠军。

12日　太湖湾高校媒体融合共享联盟成立大会在无锡举行。该联盟由江南大学牵头，无锡、苏州、常州、湖州、嘉兴等环太湖城市的25所普通高校及职业院校共同发起。

14日　松下冰箱全球研发中心开业仪式在无锡高新区举行，由此实现从冰箱的关键零部件（冰箱压缩机）到冰箱整机的独立自主研发。

△市地产食品（金桥）展示交易中心揭牌成立，成为首个无锡食品生产企业和食品小作坊展示交易的长期窗口。

15日　江阴市、锡山区和惠山区三地负责人在惠山区院士小镇签订《江阴市—锡山区—惠山区联动发展合作事项清单》，协同推进锡澄一体化发展。

17日　市亲清政商廉洁教育基地启用。这是全省首个以"构建亲清政商关系，打造一流营商环境"为主题的市级廉洁教育基地。

18日　全国首家中法合作示范区——中法（无锡）产业合作园在无锡高新区揭牌成立，总投资超10亿美元的6个重大项目集中签约。市委书记杜小刚与法国驻沪总领事王度一行会谈。

△"总有一颗蜜桃为你等待"2023惠山投资合作恳谈会在阳山院士小镇举行，总投资520亿元的35个优质重大项目现场签约。

20日　副省长夏心旻带队到无锡调研特色田园乡村建设和城市更新工作。

21日　苏港澳基础教育合作联盟成立仪式在无锡举行。香港特别行政区行政长官李家超视频致辞，副省长徐缨出席并致辞，市长赵建军致辞。

△航空航天（无锡）产业创新发展大会在无锡惠山区举行，13名中国科学院、中国工程院院士参加。

△2023中国新媒体蓝皮书发布会暨新媒体发展研讨会在无锡举行。会上，发布《中国新媒体发展报告（2023）》。

21—23日　2023年WDSF亚洲体育舞蹈节在无锡举办。开幕式上，世界体育舞蹈（无锡）中心揭牌成立。

22日　无锡高新区（新吴区）—锡山区第一次联席工作会议召开，共商合作共建新综合保税区。

23日　苏锡常地区首家亚运会特许商品零售店在灵山景区开业。

25日　联合飞机航空发动机生产研发总部签约落户无锡高新区，无人直升机产业化基地项目同步落地。市委书记杜小刚出席签约仪式。

26日　无锡（江阴）港开通由江阴到挪威奥斯陆中心港口的首条集装箱外贸直航远洋航线。

28日　国家发展改革委公布2023年新一批30个国家物流枢纽建设名单，无锡生产服务型国家物流枢纽入选。

8月

1日　市政府启动为期1个月的第二届"政府开放月"活动。

3日　无锡首支救援队伍——999救援队抵达河北涿州展开水灾救援。

4日　全省燃气安全工作现场推进会在无锡召开。副省长夏心旻出席会议并讲话。

△中国工商银行无锡分行、无锡市创新投资集团有限公司与工银资本管理有限公司在无锡共同签署总规模100亿元的工融锡创科技产业基金战略合作协议。市长赵建军出席签约仪式。

5日　总投资30亿元的新疆伊犁州霍城县果子沟阿力麻里项目开工。市委书记杜小刚与伊犁州党委书记杨秀理共同启动项目。

6—8日　第十四届中国大学生服务外包创新创业大赛决赛在无锡举行，30支代表队获一等奖。

7日　梁溪区都市工业项目集中签约仪式举行，总投资164亿元的29个项目现场集中签约。

8日《苏锡常湖四地联动环太

8月5日，霍城县果子沟阿力麻里项目奠基　（市发展改革委　供图）

湖交通综合执法一体化合作框架协议》签订。

△长三角国家高新区党建联盟第二次联席会议暨党建引领高水平科技自立自强研讨会在无锡召开。市长赵建军、科技部火炬中心党委书记吕先志等出席。

8—12日　无锡经贸代表团到英国考察。

9—11日　2023集成电路（无锡）创新发展大会在无锡召开。开幕式上，无锡国家“芯火”双创基地汽车芯片可靠性检测平台、总规模50亿元的无锡市集成电路产业专项基金、江苏省（无锡）集成电路产业融合集群揭牌，总金额超200亿元的30多个重点产业项目签约。副省长胡广杰、市长赵建军、工业和信息化部电子信息司副司长杨旭东等出席。

10日　市第九人民医院挂牌“苏州大学微创骨科研究中心”。

13—17日　市委书记杜小刚率无锡经贸代表团到沙特阿拉伯、阿拉伯联合酋长国考察，并举办中阿（联酋）产能合作示范园无锡市专场投促交流会、金融合作交流会。

△全国首只以碳普惠绿色发展为核心的公益慈善信托产品——“无锡碳普惠绿色发展公益慈善信托”签约仪式举行，首期规模100万元。

15日　省自然资源厅与市政府签署厅、市共建自然资源节约集约示范城市合作协议。

17日　无锡企业远景科技集团远景电动方程式车队在伦敦举行的第九赛季世界汽联电动方程式锦标赛（FE）获得冠军。

19日　无锡市2023首届企业运动会开幕式暨三人篮球32强赛在太湖国际博览中心举行。

22日　2023未来技术合作（无锡）大会开幕。市委书记杜小刚，中国科学院院士程和平、丁汉，中国工程院院士陈卫等出席。

23日　《现代化新征程丛书·氢能产业》发布暨2023无锡氢能产业发展生态圈会议召开。国务院发展研究中心原副主任王安顺，中国工程院院士、原副院长干勇，市委书记杜小刚出席。

24日　中国航发燃机轻型燃机产业化项目落户无锡惠山区。

△申张线纺织大桥建成通车，可满足千吨级船舶航行。

25日　无锡高新区、韩国纳科新公司、市产业集团签约合作，总投资2亿美元的半导体高端检测量测装备生产研发基地项目签约落地。

△首届太湖湾特殊食品生态圈大会在无锡高新区举办。会上，无锡特殊食品与营养健康研究院一期投用、二期启动。

26日　一汽解放动力总成事业部在无锡发布全球首款解放智慧动力域产品和评价标准。全国政协常委、中国工程院院士黄震，副市长周文栋参加发布会。

27日　本土创新型生物医药公司迪哲医药新一轮基地化发展合作协议签约暨新药舒沃哲获批上市启动。市委书记杜小刚出席。

28日　市快递协会、市锡商公益基金会共同设立全省首个“快递小哥关爱基金”。

△霞客湾创智园开园，首批入园项目集中签约。

29日　无锡市地理信息公共服务平台“天地图·无锡”首次发布无锡市及各区标准地图。

30日　无锡市农业农村大数据平台上线，全国首个部—省—市—县四级农业农村大数据互联互通试点在无锡落地。

△市盲聋学校启动建设。市委书记杜小刚出席启动仪式，市长赵建军讲话。

31日　无锡市与青海省海东市以视频连线方式，签约共建零碳产业园，一批东西部合作项目同步签约。市委书记杜小刚讲话。

△总投资31亿元的长城汽车智能核心部件无锡基地项目开工。

9月

1日　以“数实融合，百业互联”为主题的2023第四届无锡互联网大会开幕。

3日　九三学社无锡地方组织成立70周年庆祝大会在无锡大剧院举行。九三学社中央主席、中国科学院院士武维华到会祝贺。

4日　市委书记杜小刚主持召开

市委常委会会议，审议通过《关于进一步促进民营企业高质量发展的实施意见》。

5日　无锡市与新华社江苏分社合作成立新华社无锡城市品牌传播和智库研究中心。

△“驻华使节江苏行”走进无锡。市委书记杜小刚与新西兰驻华大使毛瑞、以色列驻华大使潘绮瑞等使节会谈。

5—6日　陕西省延安市党政代表团到无锡考察。5日下午，召开无锡延安东西部协作暨革命老区重点城市对口合作联席会议。陕西省委常委、延安市委书记蒿慧杰，无锡市委书记杜小刚讲话。

7日　无锡顺丰速运首批25台无人快递车在滨湖区投用。

7—9日　由中央广播电视总台和江苏省人民政府联合主办的2023年中国国际智能传播论坛在无锡举办。市委书记杜小刚出席开幕式并致辞。

8日　第十七届无锡现代农业博览会暨“推进乡村振兴、促进共同富裕”对口支援协作农产品展销会开幕。

9日　第十八届中国（无锡）国际设计博览会开幕式暨第二十四届中国专利奖（外观设计）颁奖大会在无锡举行。世界知识产权组织总干事邓鸿森视频致辞。国家知识产权局局长申长雨、副省长徐缨到会讲话，市委书记杜小刚致辞。

11日　奕拓医药总部项目签约落地，无锡高新区生物与化学交叉研究成果转化平台同步揭牌。市委书记杜小刚出席签约仪式并为平台揭牌。

12日　无锡与泰州签署加快江阴—靖江工业园区建设发展协议。市委书记杜小刚讲话。

△在全国工商联在济南举办2023中国民营企业500强峰会上，无锡26家企业入围中国民营企业500强，入围数居全省首位。

△隆基氢能无锡二期扩建项目签约落地。市委书记杜小刚出席签约仪式。

13日　欧美同学会海归小镇（无锡·物联网）全球合作发展大会举行。民盟中央副主席、欧美同学会副会长曹卫星到会讲话，市委书记杜小刚致欢迎词，市欧美同学会荣誉会长唐英年视频祝贺。

14日　由中央社会主义学院主办，中共江苏省委统战部、江苏省社会主义学院、中共无锡市委共同承办的中国政党制度研究中心第二十一届年会在无锡召开。中央社会主义学院党组书记、第一副院长吉林到会讲话。全国政协常委、民革中央专职副主席陈星莺，民盟中央专职副主席徐辉，省委常委、统战部部长惠建林出席并致辞。

14—15日　全国政协常委、民革中央专职副主席陈星莺率队到无锡调研，并为博爱基地揭牌。

16日　无锡市党政代表团到连云港考察，无锡连云港南北结对帮扶合作第三次联席会议召开。无锡市委书记杜小刚、连云港市委书记马士光讲话。

17日　考古发掘现场文物保护国家文物局重点科研基地华东工作站在无锡揭牌成立。市文物考古研究所和复旦大学联合发布《无锡市马鞍遗址马家浜文化时期人骨检测报告》。这是中国考古界首次成功获取马家浜文化时期的古人类基因组数据。

18日　著名实业家唐翔千诞辰百年纪念活动在锡山区羊尖镇严家桥村举行。其子唐英年和20余名唐氏宗亲参加纪念活动。

△无锡市举行第19期中国（江苏）援圭亚那、援马耳他医疗队出征仪式，副市长秦咏薪为医疗队授旗。

19日　总投资50亿元的思源电气股份有限公司功率型储能器件产业基地项目奠基。市委书记杜小刚为项目培土奠基。

19—20日　无锡市妇女第17次代表大会召开。选举产生无锡市妇联第17届执委会，夏琰当选为市妇联主席。

20日　中国企业联合会、中国企业家协会在合肥发布2023中国企业500强、中国制造业企业500强、中国服务业企业500强3张榜单，无锡分别有13家、24家、17家企业入围，入围总数连续5年居全省首位。

21—22日　委内瑞拉统社党青年干部考察团到无锡，开展“乡村振兴中的青年担当”中委青年对话主题活动。

22日　无锡市自然资源科普基地授牌仪式在大溪港湿地公园举行，

9月18日，副市长秦咏薪（中）为第19期中国（江苏）援马耳他医疗队授旗并讲话
（市卫生健康委　供图）

无锡现代农业博览园等6家单位获评市首批自然资源科普基地。

23日 “庆丰收促和美”2023年中国农民丰收节无锡市主场活动暨首届百合文化节在宜兴市新庄街道百合花开农场开幕。

25日 以国家民委副主任、党组成员边巴扎为团长的全国少数民族参观团到无锡参观考察。

△总投资超百亿元的一汽解放远景动力智能电池制造基地项目签约。26日，举行奠基仪式。市委书记杜小刚出席相关仪式。

△市城市运行管理中心、市大数据集团与百度智能云联合签署战略合作协议，在无锡合作打造全国首个城市政务大模型。

26日 江阴高铁站徐霞客雕像揭幕仪式举行。

27日 总投资30亿元的蓝箭航天火箭产业基地项目战略合作协议签约落户惠山区。市委书记杜小刚出席签约仪式。

28日 无锡西站至哈萨克斯坦的笼车国际联运班列首发开行。

△全国首个服务于智能网联汽车运营的一站式服务中心——无锡市智驾运营服务中心试运营。

29日 “梁溪河十里画廊”开卷暨River Walk中秋国庆嘉年华系列活动在梁溪河畔开幕。

10月

7日 全市生物医药产业发展推进会召开，中国药科大学无锡创新研究院同步签约。

△2023江苏省省长质量奖揭晓，双良节能系统股份有限公司获省长质量奖，无锡宝通科技股份有限公司获省长质量奖提名奖。

9日 总投资50亿元的国电投新型钠离子电池及储能项目签约落地无锡经开区。市委书记杜小刚出席签约仪式。

10日 2023—2024年度国家文化出口重点企业和重点项目名单发布，无锡8家企业、2个项目入选，入选数全省第一。

12日 长三角（无锡）电动车跨境产业园启用仪式在锡山区映月湖科技园举行，长三角（无锡）电动车跨境电商产业园揭牌并开园。

13日 “道德的力量”——新时代江苏道德模范与身边好人事迹巡演在江南大学举行。

△2023中国（无锡）国际轻型电动车创新技术大会在锡山区举行。

14日 首届老龄文明国际会议在宜兴窑湖小镇开幕。

17日 宜兴经开区总投资273亿元的31个重大项目集中开竣工。

18日 规模百亿级的建源锡产股权投资基金项目签约落地。市委书记杜小刚出席签约仪式。

△2023中国陶都（宜兴）金秋经贸洽谈会开幕，总投资800亿元的64个项目集中签约。

△总投资25亿元的氢枫（中国）研发制造宜兴基地开工，现场举行全球首批镁基固态储运氢车交付仪式。

19日 为期6周的2023太湖文化艺术季暨第22届中国上海国际艺术节无锡分会场活动开幕。

20日 省委书记信长星到无锡江阴市、惠山区调研，走访华中科技大学无锡研究院、海澜集团云服智慧工厂、江阴长江大保护展示馆。

△无锡市首个新能源专项政策——《无锡市促进新能源产业发展若干政策》发布。

△总投资6.63亿元的无锡市粮食和物资应急保障服务中心落成。

20—21日 产业技术基础公共服务平台发展大会暨科技成果赋智中小企业“深度行”活动在无锡举行。工业和信息化部副部长徐晓兰、副省长胡广杰出席。

21日 2023世界物联网博览会在无锡开幕，世界物联网无锡峰会举行。省委书记信长星出席峰会并为博览会启动开幕，工业和信息化部副部长徐晓兰到会祝贺，副省长胡广杰讲话。峰会上，无锡新型城市算力中心、中欧（无锡）物联网合作创新中心、香港城市大学无锡产业技术创新中心、国家智能汽车交通运行安全质量检验检测中心揭牌，总投资1080亿元的53个项目签约。

△米其林二星餐厅喜粤8号无锡首店在湖滨商业街开业。

24日 计划总投资2亿美元的瑞士安姆科“三总部三基地”项目在江阴临港经济开发区开工。

△无锡市科技人才协会揭牌成立，中国科学院院士丁汉任名誉会长。

△无锡市首次在太湖水源地取水口附近开展生态清淤。

25日 全国政协副主席、农工党中央常务副主席杨震率队到无锡，就长江生态环境保护民主监督工作开展专题调研。

△无锡籍开国将军朱启祥纪念馆在流云广场启用。

△无锡籍运动员姚娟以11.40米的成绩夺得亚残运会女子铅球F64级比赛金牌。

26日 为期1个月的第14届中国菊花展览会在无锡惠山古镇景区开幕。

27日 为期5天的第13届中国（无锡）国际文化艺术产业博览交易会在太湖广场开幕。

△“甜美江南·寻味梁溪”——2023中国旅游城市美食文化发展论坛在梁溪区举行。

28日 生态环境部发布第七批生态文明建设示范区和“绿水青山就是金山银山”实践创新基地名单，新吴区入选生态文明建设示范区名单，宜兴市入选“绿水青山就是金山银山”实践创新基地名单。

△总投资百亿元的中信泰富能源江阴利电五期扩建工程开工。市委书记杜小刚启动项目。

△“情系江阴，共创未来”第四届江阴发展大会暨2023经贸洽谈会开幕，当天签约项目217个，总投资超千亿元。

△惠山区在玉祁街道举行礼社历史文化名村保护修复提升工程暨孙冶方经济科学基金会文献馆奠基仪式。

30 日　国家发展改革委在无锡召开促进民营经济发展壮大现场会。国家发展和改革委员会副主任丛亮、副省长胡广杰、市委书记杜小刚出席。

△ 2023 紫金文化艺术节在江苏大剧院闭幕。锡剧《涓生之路》获优秀剧目奖，儿童剧《今天我是升旗手》获优秀剧目特别奖，民族交响音画《梦华江南》获大型音乐作品奖，无锡市锡剧院国家一级演员王子瑜获优秀表演奖。

△无锡市综合交通模型平台建成投用。

11 月

1 日　2023 世界智慧城市大奖·中国各组别奖项颁奖，无锡市获使能技术大奖，“e 路通”交通事故一体化处理新机制入选“场景驱动倡议大奖”十大案例。

2 日　第十五届中国（无锡）国际新能源大会暨展览会在无锡开幕。省委常委、常务副省长马欣，中国贸促会副会长于健龙，市委书记杜小刚，联合国原副秘书长、国际绿色经济协会名誉主席沙祖康，中国能源研究会理事长史玉波等出席。

△香港理工大学无锡科技创新研究院启用，一批产学研合作项目签约。

△ 2023 全球光伏产业峰会暨 CREC2023 中国十大光伏品牌颁奖典礼在无锡举行。

△省民政厅等联合公布 2023 年省级地名文化遗产名单，无锡 7 处地名入选。

△市慈善总会与市委老干部局联合设立“锡阳正红”慈善公益基金。

△无锡梅里古镇步行街入选第二批江苏省示范步行街。

3 日　省政府公布第五批省级非物质文化遗产代表性项目名录，无锡 18 个项目入选。

△系统展示无锡地域性、综合性医学流派的《龙砂医派》正式出版。

3—4 日　新疆维吾尔自治区克孜勒苏柯尔克孜自治州党政代表团到无锡考察。市委书记杜小刚与克州党委书记王学东一行会谈并出席两地产业合作项目签约仪式。

4 日　2023 无锡（上海）生物医药产业发展圆桌咨询会在上海“无锡会客厅”召开。市委书记杜小刚出席并讲话。

5 日　中能瑞信方形铝壳磷酸铁锂储能电池产业项目、新能源产业园项目、无锡惠山钱桥绿色航运产业园区和科教城产业片区项目同步签约，总投资 520 亿元。市委书记杜小刚见证项目签约。

6 日　“新能源、新基建、新产业”联盟 2023 年度大会在无锡举行。省委常委、常务副省长马欣，“三新”联盟理事长、中国能源建设集团董事长宋海良，市委书记杜小刚出席。

△长三角远程异地评标协调系统在无锡上线。

8 日　2023 中欧（无锡）产业创新合作大会召开，无锡中欧产业创新区启动，一批合作项目集中签约。副省长方伟、市委书记杜小刚、法国驻沪总领馆科技领事方圆出席。

8—11 日　国家民委调研组到无锡市调研民族团结进步创建工作。市委书记杜小刚参加有关活动。

9 日　2023 IPEM 国际私募股权投资大会首届中国论坛在无锡开幕。法国前总理、法国展望与创新基金会主席拉法兰，市委书记杜小刚，IPEM 国际私募股权投资大会创始人、主席吉勒·巴赫萨出席。

△在第二十届中国国际农交会上，“乾红·早春茶”红茶、“晴兰”笋 2 个农业品牌入选中国农业品牌目录 2022 农产品品牌。

9—10 日，新西兰驻沪总领事及新西兰中国商会代表团到无锡访问。

14 日　德国默克集团高层到无锡考察。市委书记杜小刚会见德国默克集团执行董事会成员兼生命科学业务首席执行官贺毅哲一行。

△国内在建最长干线公路湖底隧道——竺山湖隧道实现全线贯通。

15 日　友好城市韩国金海市代表团到无锡访问，两市签署加强生物医药与医疗器械产业合作备忘录。无锡市委书记杜小刚与金海市市长洪泰龙一行会谈并见证签约。

16 日　美国通用电气医疗集团高层到无锡考察。市委书记杜小刚与通用电气医疗集团全球总裁兼首席执行官彼得·安杜尼一行会谈。

17 日　浙江省台州市委书记李跃旗率党政代表团到无锡考察。市委书记杜小刚陪同考察。

△“无锡数字底座能力中台·锡能汇”启用，市城市运行管理中心集中发布首批建设的 8 项共性能力。

△崇安寺二泉映月广场钟楼图书馆试运营。

△乡村因你“蕙”更美——无锡市巾帼助农百千万亿工程启动。

18 日　谈家桢生命科学奖第十六届颁奖大会在无锡举行。中国科学院院士、谈家桢生命科学奖奖励委员会主任饶子和主持，市委书记杜小刚致辞，十多名两院院士参加活动。

19 日　位于惠山高新区的无锡生产服务型国家物流枢纽揭牌，多个无锡枢纽数字化平台项目签约落地。

21 日　市委书记杜小刚主持召开市委常委会第 94 次会议，审议通过《无锡市深化市属国有文艺院团改革实施意见》。

△无锡高新区与迪哲医药签约，合作孵化皮肤制剂创新药研发生产新公司。市委书记杜小刚出席签约仪式。

△《无锡市关于推进数据基础制度建设的实施意见》出台，是省内率先落实国家“数据二十条”的地方政策。

22 日　市慈善总会召开第六次会员大会，选举产生新一届理事会、

11 月 22 日，无锡市慈善联合会揭牌成立　　（市慈善总会　供图）

监事会。市慈善联合会揭牌成立。

△江南大学食品学院教授金征宇当选为中国工程院环境与轻纺工程学部院士。

23 日　副省长赵岩带队到无锡调研科技创新和教育事业发展工作。

24 日　在 2023 中国幸福城市论坛上，无锡连续 4 年获评中国最具幸福感城市。

25 日　2023 中国物联网大会在无锡开幕。市委书记杜小刚出席。

27 日　施耐德电气无锡绿色智慧产业园在无锡中欧产业创新园奠基。市委书记杜小刚出席。

28 日　全市促进民营经济高质量发展大会召开。市委书记杜小刚讲话。

30 日　全市首个 AI 食品安全智慧监管平台在无锡高新区上线。

12 月

1 日　无锡市首届“最美外卖骑手”发布仪式举行，12 人获“最美外卖骑手”称号，3 人获“最美外卖骑手”提名。

6 日　2023 全球汽车芯片创新大会暨第二届中国汽车芯片高峰论坛在无锡举行。市委书记杜小刚出席并致辞。中国工程院院士倪光南、孙逢春发表主旨演讲。

△全国爱卫办通报 2022 年度全国健康城市建设样板市名单，无锡市再次位居全国第二、全省第一。

△韩国 LS 集团高层到无锡考察。市委书记杜小刚与 LS 集团会长具滋股一行会谈。

7 日　中华医学会烧伤外科学分会 2023 年学术年会在无锡开幕。中国工程院院士付小兵出席并作大会报告，市委书记杜小刚致辞。

△ 2023 ECI 国际数字创新节暨 ECI（无锡）数字创新产业论坛在无锡高新区举办，ECI Academy 国际数字经济产业（无锡）创新研究院揭牌。

△首届无锡市大学生科技节在无锡学院开幕。副市长秦咏薪出席并致辞。

8 日　2023 无锡金融赋能大会暨中阿（无锡）产业金融峰会举行。中国驻阿联酋大使张益明视频祝贺。市委书记杜小刚、阿联酋塔克投资主席穆罕默德·阿尔达赫里致辞。

△产业集团 2023 高质量发展签约大会举行，总金额约 315 亿元的 34 个项目集中签约。市委书记杜小刚、中国工程院院士张全兴出席并见证签约。产业集团未来技术创新园、合成生物科技孵化器两大科创平台现场揭牌。

△由中国摄影家协会、省文联、市政府主办的“中华文脉，千年运河”首届大运河文化摄影展暨全国摄影名家看梁溪采风活动在清名桥广场启动。

9 日　无锡获评中国生物医药发展重点地级市，蝉联全国 20 强。

10 日　省委常委、南京市委书记韩立明，南京市市长陈之常率党政代表团到无锡考察。市委书记杜小刚陪同考察并与代表团会谈。

11—12 日　无锡市红十字会第十一次会员代表大会召开，选举产生新一届理事会、监事会。

△连云港（无锡）“1+N”苏南联动招商联合推介会在无锡举行。无锡市委书记杜小刚、连云港市委书记马士光致辞。

△坐落于太湖新城核心区域的无锡 K11 Select 购物艺术中心开工，为省内首座。

12 日《无锡市海绵城市建设管理条例》公布，自 2024 年 2 月 1 日起施行。

12—14 日　市委书记杜小刚率无锡市学习考察团，先后到上海浦东新区、浙江省湖州市、安徽省合肥市考察。

13 日　市科技局公布首批 32 家市级重点实验室名单。

△无锡北京大学 EDA 研究院在无锡高新区揭牌。

△无锡弘昕达能源科技有限公司、江苏东鋆电力科技有限公司、江阴市中鼎能源有限公司 3 家无锡企业成功领取全国首批分布式光伏绿色电力证书。

14 日　中信泰富特钢旗下江阴兴澄特种钢铁有限公司获评全球特钢行业首家“灯塔工厂”。

△国家邮政局、工业和信息化部公布第一批快递业与制造业融合发展典型项目和试点先行区，中国邮政速递物流股份有限公司无锡市分公司服务红豆集团项目入选快递业与制造业深度融合典型项目，无锡空港经济开发区作为全省唯一试点入选快递业与制造业融合发展试点先行区。

15 日　2023 中国年度最佳雇主评选结果公布，无锡连续 5 年获评中

12月17日，举办“大音希声”——海内外纪念华彦钧（阿炳）诞辰130周年国乐盛典
（锡山区政府办　供图）

国年度最佳引才城市，连续4年获评年度最佳促进就业城市。

△无锡市与中信集团签署新一轮战略合作框架协议。市委书记杜小刚与中信集团党委书记奚国华会谈并共同见证签约。

△鲍迪克（无锡）技术有限公司、佛吉亚（无锡）座椅部件有限公司入选江苏省第十四批跨国公司地区总部和功能性机构认定名单。

17日　“大音希声”——海内外纪念华彦钧（阿炳）诞辰130周年国乐盛典在锡山区举行。

△无锡市季益顺、乔锦洪、赵红育、王南仙、蔡瑜入选2023福布斯中国杰出匠人TOP100。

△无锡交通集团组建20周年仪式现场，多个重大项目集中签约，总投资316亿元。

18日　无锡新加坡工业园合作开发30周年暨无锡新加坡科创城高质量建设大会召开。副省长方伟到会讲话，市委书记杜小刚、新加坡驻上海总领事蔡簦合致辞。

19日　2023世界跆拳道团体世界杯锦标赛总决赛在太湖国际博览中心举行，无锡运动员崔阳和队友夺得夺冠。

20日　连云港经济技术开发区与江苏长电科技股份有限公司在南京签署战略合作协议。省长许昆林出席并见证签约。

△全市首个综合性国际会议场馆——无锡国际会议中心启用。

△2023第四届中国会展活动新技术新设备新服务展览会暨中国会展跨界合作交流峰会开幕，无锡国际会展产业园启动建设。

△无锡市首批开放151个避寒场所。

22日　市委书记杜小刚与博世集团中国总裁陈玉东一行就推动双方合作举行会谈。

△锡山区东港镇黄土塘村获评江苏省历史文化名村。

24日　周新里一期北岸区开街。

27日　中国共产党无锡市第十四届委员会第六次全体会议举行。市委常委会主持会议，市委书记杜小刚讲话。

△全国工商联发布2023年度万家民营企业评营商环境，无锡市获评最佳口碑地级市。

△2023首届无锡国际人工智能算法大赛举行。中国工程院院士谭建荣，市委常委、常务副市长蒋敏出席活动并致辞。

28日　市十七届人大常委会举行第十六次会议。市委书记、市人大常委会主任杜小刚主持第二次全体会议并讲话。

△全市医疗卫生科技与人才高质量发展大会召开。市委书记杜小刚为上海市精神卫生中心长三角一体化无锡中心揭牌。

△无锡新加坡航空产业交流促进会举行，无锡硕放机场举行无锡至新加坡客运航线复航暨捷星亚洲航空新加坡无锡航线首航仪式。

△无锡《全力打造“美食之都、购物天堂”加快培育创建国际消费中心城市三年行动计划（2024—2026年）》发布。

30日　无锡地铁6号线工程暨无锡硕放机场配套设施工程开工。市委书记杜小刚出席，市长赵建军讲话。

编辑　葛　红

市情概览

自然地理

【位置面积】 无锡市，别名梁溪，简称锡，江苏省省辖市。位于北纬31°07′～32°，东经119°31′～120°36′，地处长江三角洲江湖间走廊部分，江苏省东南部。东邻苏州，距上海128千米；南濒太湖，与浙江省交界；西南与浙江长兴、安徽广德交界；西接常州，距南京183千米；北临长江，与泰州市所辖的靖江市隔江相望。全市总面积4627.47平方千米，其中市区面积1643.89平方千米；陆地面积3724.98平方千米，水域面积902.49平方千米。

【地形地貌】 无锡市境内以平原为主，星散分布着低山、残丘。南部为水网平原；北部为高沙平原；中部为由低地辟成的水网圩田；西南部地势较高，为宜兴的低山和丘陵地区。无锡市地貌雏形，形成于中生代印支期（距今约1.8亿年）的华夏系构造，因褶皱成陆。燕山运动（距今约1.5亿～7000万年）因强烈的火山活动和新块褶皱构造的形成，使原来比较稳定的基底又生新复活升高。距今约2500万年的喜马拉雅运动，以差异性升降运动为主，在老构造的基础上，加强了东西间褶皱和断裂，使江阴、宜兴一线以东形成以现代太湖为中心的坳陷盆地，即太湖盆地。宜兴地区山体均作东西向延伸，绝对高度500米以上，最高峰为黄塔顶，海拔611.5米。江阴和无锡市区的山丘总体上呈北东、北东东走向，其高度由西南往东北逐级下降。最高峰为惠山三茅峰，海拔328.98米。

（锡　鉴）

【气候】 2023年，无锡市气温显著偏高，年平均气温为历史第三高，降水、日照总量正常。1月，寒潮降温幅度大、强度强、最低气温创新低；2月，连续9天连阴雨，部分地区无日照；春季气温显著偏高，平均最高、最低气温均创历史新高；梅雨典型，梅期正常，雨量偏多，梅雨强度达最强等级；7—8月，多短时强降雨、雷暴大风等局地强对流性天气；12月18日，出现首场暴雪。

年平均气温16.6℃（宜兴）～17.8℃（无锡），无锡、江阴仅低于2021、2022年，为历史第三高。冬夏正常，春季显著偏高，秋季偏高，12月正常。其中，春季平均气温16.6℃（宜兴）～17.7℃（无锡），无锡平均最高气温22.9℃、平均最低气温13.2℃，均创历史新高。年极端最高气温38.2℃（宜兴）～38.8℃（江阴），年极端最低气温-11.2℃（宜兴）～-8.7℃（江阴）。年高温日数（日最高气温≥35℃）20天（无锡、宜兴）～21天（江阴），年低温日数（日平均气温＜0℃或最低气温≤-5℃）10天（无锡）～20天（宜兴）。根据气候学定义，2022年11月30日入冬、2023年3月1日入春、5月13日入夏、10月2日入秋。

年降水量1264.6毫米（江阴）～1593.6毫米（宜兴），年雨日120天（江阴）～130天（宜兴）。年降水总量正常，冬、春季降水正常偏少，夏季偏多，秋季和12月正常。一日最大降水量为100.1毫米（宜兴9月13日）～168.4毫米（江阴6月18日），年暴雨日数（日降水量≥50毫米）3天（江阴）～7天（宜兴）。

年日照时数1806.7小时（无锡）～1966.7小时（江阴）。与常年同期相比，冬季正常，春季正常略多，夏季偏多，秋季正常略少。

【灾害性天气】 2023年，影响无锡的灾害性天气主要有寒潮、暴雪、低温冰冻、连阴雨、暴雨、强对流等，其中“7·20”暴雨和“12·18”暴雪影响较大。

寒潮 1月13—16日，全市出现强寒潮天气，24小时和48小时降温幅度分别为14℃和18.2℃，均为1月历史同期最强降幅；1月23—25日再次出现强寒潮天气，1月25日无锡最低气温-9.2℃，创1977年以来气温新低。

连阴雨 2月5—13日，全市出现1次连阴雨过程，雨日7天（江阴）～9天（宜兴），降水量57.3毫米（江阴）～74.6毫米（宜兴），日照时数仅有0小时（无锡）～0.1小时（江阴、宜兴）。

梅雨 全市6月17日入梅，7月11日出梅，梅雨期25天，其间出现5次较强降雨过程。累计梅雨量369.4毫米（无锡）～481.2毫米（江阴），为常年梅雨量的1.4（宜兴）～1.9倍（江阴）。

强对流 2023年，全市强对流天气出现早（4月18日）、结束晚（11月

表 1　2023 年无锡市气象要素初终日期表

单位：天

要素名称	上年度			本年度
	初　日	终　日	初终间日数	初　日
霜	12 月 6 日	3 月 4 日	88	11 月 14 日
雪	11 月 30 日	1 月 24 日	56	12 月 16 日
积雪	1 月 15 日	1 月 15 日	1	12 月 18 日
最低气温≤ 0℃	12 月 2 日	2 月 27 日	88	12 月 2 日
地面最低温度≤ 0℃	12 月 2 日	2 月 27 日	88	12 月 2 日
草面最低温度≤ 0℃	12 月 2 日	3 月 6 日	95	11 月 14 日
当年无霜期天数	254			

（市气象局）

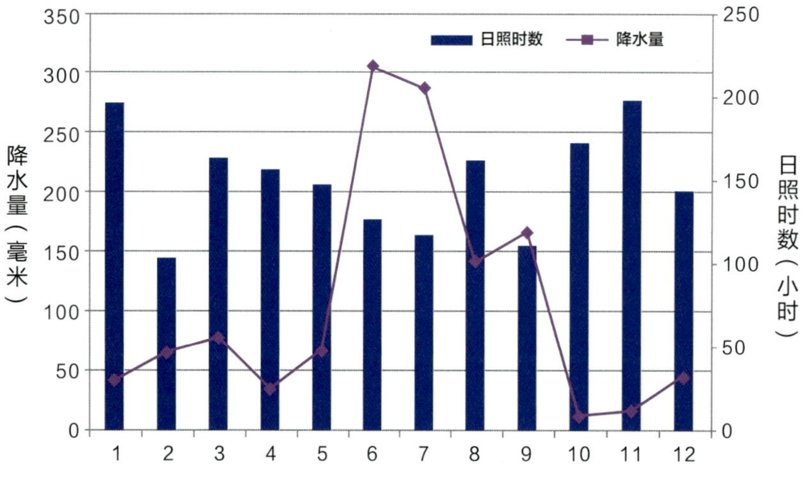

图 1　2023 年无锡市逐月降水量和日照时数示意图　　（市气象局）

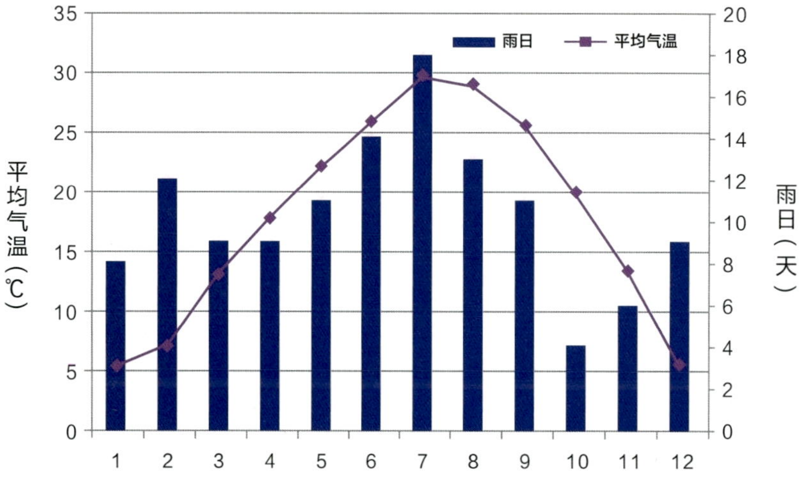

图 2　2023 年无锡市逐月平均气温和雨日示意图　　（市气象局）

5 日）。7—8 月，多局地短时强降雨、雷暴大风，其中 7 月中旬的两次强对流过程呈现叠加影响。7 月 16—17 日，出现短时强降水，全市 27 站大雨、8 站暴雨、1 站大暴雨；7 月 19—21 日，再次出现短时强降水和暴雨天气，全市 43 站暴雨、24 站大暴雨、1 站特大暴雨；过程雨量最大为锡山区安镇街道，48 小时累积雨量 317.7 毫米。

台风　7 月 28—29 日，受超强台风“杜苏芮”（2305 号）外围影响，无锡市风力增大，出现分散性阵雨或雷雨天气，全市 47 站中雨、12 站大雨，2 站暴雨，最大风雨量均出现在马山古竹站，过程雨量 90.9 毫米，极大风速 19.2 米 / 秒（8 级）。

低温暴雪　12 月中旬起，受强冷空气频繁影响，无锡出现低温寒潮和暴雪等天气，12 月 16—17 日、20—26 日，连续多日平均气温低于 0 ℃，宜兴 21—26 日最低气温连续≤ −5℃。12 月 18 日，全市范围出现暴雪，宜兴大暴雪，过程雨雪量 16.8 毫米（江阴）～ 22.8 毫米（宜兴），积雪深度 1 厘米（无锡、江阴）～ 7 厘米（宜兴）。

（马境菲）

【水文】 2023 年，无锡市有水位站 16 处（其中潮水位站 2 处），雨量站 24 处，流量站 13 处，16 个测流断面，蒸发站 2 处，浅层地下水位站 16 处，深层地下水位站 23 处，地表水温站 1 处，地下水温站 39 处。全年降水量 1246.7 毫米，比上年增多 24.8%，较多年平均降水量偏多 8.4%。最大年降水量站点出现在湖㳇站，年降水量 1533.1 毫米。全年日降水量≥ 0.5 毫米的雨日 108 天，比常年少 17 天。水面年蒸发量 778.9 毫米，最大日水面蒸发量 8.4 毫米（9 月 10 日）。

梅雨　2023 年，无锡市梅雨期呈现梅雨日基本正常、高温日多、梅雨量偏多、梅雨强度大的特点。6 月 17 日入梅，较常年偏晚 1 天；7 月 11 日出梅，出梅日正常；梅雨期 24 天，较常年少 1 天左右。梅雨量 378.6 毫米，

表 2　2023 年无锡市主要雨量站降水量特征值统计表

地　区	站　名	年降水量（毫米）	年降水日数（天）	年最大日降水量（毫米）	出现日期
梁溪区	无　锡	1318.9	108	95.5	6 月 18 日
滨湖区	直湖港闸	1312.3	114	116.0	7 月 19 日
惠山区	洛　社	1076.4	103	89.0	6 月 18 日
锡山区	甘　露	1422.5	115	100.5	6 月 30 日
江阴市	江　阴	1162.6	103	86.0	7 月 7 日
江阴市	青　阳	1374.2	105	96.5	6 月 18 日
宜兴市	横山水库	1141.3	114	65.0	6 月 30 日
宜兴市	宜　兴	1363.7	122	67.5	9 月 12 日
宜兴市	大浦口	1494.0	114	94.5	9 月 13 日

（市水文局）

较多年平均梅雨量偏多 48.6%。梅雨期内，降水分布不均，无锡市区、江阴和宜兴的梅雨量分别为 377.7 毫米、427.5 毫米和 355.7 毫米。

汛期（5—9 月）2023 年，无锡市汛期降水量 947.2 毫米，是上年 416.0 毫米的 2.3 倍，较多年平均降水量 705.5 毫米多 34.3%。汛期全市最大单日面雨量为 70.4 毫米（6 月 18 日），汛期雨日 94 天，日均降水量超过 25.0 毫米的天数 12 天，超过 50.0 毫米的天数 1 天。

河道水情　1—4 月，无锡地区降水偏少，区域骨干河道水位总体维持低位运行。锡澄地区代表站大运河无锡站平均水位 3.46 米，比上年同期低 0.02 米，较多年平均水位高 0.23 米。汛期，锡澄地区河湖水位有 6 月 18—20 日、7 月 8—10 日、7 月 20—21 日 3 次超警（警戒水位 4.00 米）过程，超警时间均不长；宜兴地区水位运行平稳。全站区内河各站在 6 月中下旬或 7 月上旬出现年最高水

表 3　2023 年无锡市主要水位站水位特征值统计表

河　名	站　名	年最高水位（米）	出现日期	年最低水位（米）	出现日期	年平均水位（米）
大运河	洛　社	4.55	6 月 19 日	3.19	1 月 3 日	3.53
大运河	无　锡	4.58	6 月 19 日	3.13	1 月 4 日	3.52
太　湖	犊山闸	3.85	7 月 21 日	2.56	5 月 22 日	3.26
太　湖	大浦口	3.92	7 月 29 日	2.75	12 月 16 日	3.31
锡澄运河	青　阳	4.54	6 月 19 日	3.19	1 月 3 日	3.56
望虞河	甘　露	4.00	6 月 20 日	2.96	6 月 24 日	3.44
西　氿	宜　兴	3.89	7 月 9 日	3.02	12 月 16 日	3.35
横山水库	横山水库	33.27	9 月 26 日	27.63	1 月 5 日	30.27
长　江	江　阴	5.57	9 月 2 日	1.14	1 月 25 日	—

说明：表内水位为吴淞基面以上数值

（市水文局）

位，在1月上旬出现年最低水位。年内，大运河无锡站（警戒水位4.00米）最高水位4.58米，最低水位3.13米；大运河洛社站（警戒水位4.00米）最高水位4.55米，最低水位3.19米；锡澄运河青阳站（警戒水位4.00米）最高水位4.54米，最低水位3.19米；西氿宜兴站（警戒水位4.20米）最高水位3.89米，最低水位3.02米；望虞河甘露站（警戒水位3.80米）最高水位4.00米，最低水位2.96米。

太湖水情 2023年，太湖平均水位3.27米，比上年同期高0.04米，比多年同期高0.06米；最高水位3.99米（7月2日），最低水位2.69米（5月2日）。大浦口站平均水位3.31米，最高水位3.92米（7月29日），最低水位2.75米（12月16日）。犊山闸站平均水位3.26米，最高水位3.85米（7月21日），最低水位2.56米（5月22日）。

长江水情 2023年，长江江阴站（警戒潮水位5.90米）9月2日（农历七月十八日）出现年最高潮水位5.57米，1月25日（农历一月初四）出现最低潮水位1.14米。

横山水库水情 2023年，横山水库最高水位33.27米（9月26日），最大蓄水量4818万立方米；最低水位27.63米（1月5日），最小蓄水量1499万立方米。

（朱　玲）

【自然资源】 水资源 无锡地处水乡，全市有村级以上（长度150米以上）河道5635条，总长度7328.4千米。其中，市区2193条，总长度3261.5千米。地表水资源较为丰富，外来水源补给充足。2023年，全市水资源总量269917万立方米，其中地表水资源量244046万立方米、浅层地下水资源量53660万立方米，扣除重复计算量27789万立方米。全年入境水量111.36亿立方米，出境水量118.08亿立方米，可供水量179.68亿立方米。

矿产资源 无锡地区矿产资源相对匮乏，已查明矿产有4类29种。其中：金属类矿产有铁、锰、铜、铅、锌、银、锡7种，非金属类矿产有石灰岩、白云岩、大理岩、陶土（包括白泥、甲泥、紫泥、嫩泥）、瓷（石）土、耐火黏土、水泥配料用黏土、砖瓦用黏土、水泥配料用黄土、石英砂岩、黄铁矿、沸石、磷矿、重晶石、耐火耐酸石材、铸型黏土、铸石17种，能源类矿产有煤炭、泥炭、浅层天然气、地热4种，水气类矿产有矿泉水。已探明资源储量的有：煤炭4413.44万吨，铁矿248.88万吨，耐火黏土137.3万吨，泥炭114.57万吨，水泥用灰岩89356.37万吨，水泥配料用砂岩725.27万吨，陶瓷土5803.38万吨，水泥配料用黏土1580.67万吨，水泥配料用黄土490万吨，饰面用花岗岩21.87万立方米，饰面用大理岩176.236万立方米。矿产资源分布不均匀，绝大部分矿种和储量分布在宜兴。

野生植物 据2021年无锡市野生植物调查，有苔藓植物44科94属221种（含种下单位），包括苔类15科18属31种、藓类29科76属190种，其中发现无锡市新记录苔藓2科（羽苔科、光萼苔科）3属（羽苔属、光萼苔属、长喙藓属）11种（落叶羽苔、刺叶羽苔、密叶光萼苔、小胞仙鹤藓、比拉真藓、双色真藓、裸萼凤尾藓、南亚灰藓、深绿褶叶藓、淡叶长喙藓、灰羽藓）。维管植物157科571属1189种（含种下等级），其中蕨类植物19科28属46种、裸子植物6科11属14种、被子植物132科532属1129种。银缕梅、银杏为国家一级保护植物，金钱松、秤锤树、大叶榉树、榧树、天竺桂、野大豆、细果野菱、香果树、金荞麦为国家二级保护植物。蕨类植物的石松属、卷柏属、木贼属，裸子植物中的金钱松属，被子植物中的木兰科、金缕梅科、五加科、安息香科、大血藤科等，均为古老成分。发现一年蓬、加拿大一枝黄花、大狼杷草、钻叶紫菀、土荆芥、喜旱莲子草、皱果苋、凤眼莲、曼陀罗、阿拉伯婆婆纳10种入侵植物。

野生动物 无锡市有鱼类107种（不含引进种），分属于13目25科，其中包括国家一级保护鱼种中华鲟、白鲟，国家二级保护鱼种松江鲈鱼、胭脂鱼。2021—2022年，无锡市开展陆生野生动物调查，发现陆生脊椎动物27目85科314种，其中国家重点保护动物66种。哺乳动物6目14科26种，宜溧山地地区兽类资源最为丰富。其中：中华姬鼠是最为常见的种类，小家鼠、华南兔、黄鼬为常见物种；国家二级保护动物3种（貉、豹猫、中华鬣羚），省重点保护动物7种（东北刺猬、黄鼬、猪獾、花面狸、貉、豹猫、中华鬣羚），中华鬣羚属无锡市兽类分布新记录；中华鬣羚和猪獾被世界自然保护联盟（IUCN）濒危物种红色名录评为易危级，豹猫被中国生物多样性红色名录评为易危级。鸟类18目61科264种，占全省鸟类总数的52.5%。其中：雀形目鸟类物种数最多，有26科102种；国家一级保护动物9种（东方白鹳、卷羽鹈鹕、黑脸琵鹭、黄嘴白鹭、中华秋沙鸭、青头潜鸭、白颈长尾雉、黑嘴鸥、黄胸鹀），国家二级保护动物49种（白琵鹭、白鹇等），省重点保护动物78种（小䴙䴘、凤头䴙䴘、苍鹭等）；青头潜鸭和黄胸鹀为IUCN极危级鸟类，东方白鹳、黑脸琵鹭、中华秋沙鸭、大杓鹬为IUCN濒危级鸟类。两栖动物1目3科8种，以叉舌蛙科的物种最多，其中虎纹蛙为国家二级保护动物，黑斑侧褶蛙为IUCN近危级物种。爬行动物2目7科16种，以泽陆蛙和黑斑侧褶蛙最为常见，有毒蛇类仅见短尾蝮。其中，国家二级保护野生动物3种（乌龟、平胸龟、脆蛇蜥），省重点保护野生动物8种（中华大蟾蜍、乌龟、平胸龟、赤链蛇、王锦蛇、黑眉曙蛇、乌梢蛇、短尾蝮）。昆虫12目185种。其中：在宜兴林场发现中国特有物种、国家二级保护野生动物硕步甲一只，为江苏省新记录物种；国家“三有保护”昆虫2种（东方蜜蜂又名中华蜜蜂、双齿多刺蚁)；蝴蝶5科40种，虎斑蝶、粗突稻弄蝶、黎氏刺胫弄蝶、白缨孔弄蝶为省蝶类新记录物种。

(芮资涵　刘梦蛟)

政区人口

【建置沿革】 无锡是江南文明发源地之一，六七千年前已经有先民生息。有文字记载的历史可追溯到3000多年前的商朝末年。公元前11世纪末，周太王的长子泰伯为让王位于三弟季历，偕二弟仲雍，从现属陕西的岐山南奔梅里(今无锡梅村)，筑城立国，自号句吴。周灭商后，因泰伯无子，周武王追封仲雍的五世孙周章为吴君，建吴国。周元王三年(前473年)，越灭吴，无锡属越国。周显王三十五年(前334年)，楚灭越，无锡属楚国。秦王政二十四年(前223年)，秦灭楚，置会稽郡，无锡属之。汉高祖五年(前202年)始置无锡县，属会稽郡。王莽始建国元年(9年)改名为有锡县，东汉建武元年(25年)复名无锡县。三国时，分无锡县以西为屯田，置毗陵典农校尉。西晋太康元年(280年)复置无锡县，属毗陵郡。隋、唐、宋相沿。元元贞元年(1295年)升无锡为州，属江浙行省常州路。明洪武元年(1368年)降州为县，属常州府。清雍正二年(1724年)，分无锡为无锡、金匮二县，同城而治，均属常州府。民国元年(1912年)，二县合并，复称无锡县，属苏常道。民国16年(1927年)，无锡县直属江苏省。

1949年4月23日无锡解放，析无锡为无锡市、无锡县，市、县同城，无锡市属苏南人民行政公署。1953年建江苏省，无锡市为省辖市；无锡县属多次变化，先后属常州专区、无锡市、苏州专区管辖。无锡市区于1958年6月基本形成四区格局，即崇安、南长、北塘三区和郊区。1983年3月，实行市管县体制，原属苏州地区的无锡县、江阴县与原属镇江地区的宜兴县划为无锡市管辖。1988年，在马山镇包括马圩地区设立马山区。国务院恢复撤县设市工作后，1987年4月、1988年3月、1995年6月，江阴县、宜兴县、无锡县先后撤县设市，设立江阴市、宜兴市、锡山市。1995年3月，无锡市区和无锡县行政区划进行部分调整，组建无锡新区。郊区旺庄乡、无锡县硕放镇和坊前、新安、梅村3个镇的19个行政村，连同无锡国家高新技术产业开发区、无锡新加坡工业园，由无锡新区管理。2000年12月，撤销锡山市，设立锡山区和惠山区；撤销马山区，马山区的行政区域和锡山市的部分9个镇并入郊区，郊区

表4　2023年无锡市乡镇街道一览表

单位:个

区　域	所辖街道、乡镇	镇	街道
梁溪区	街道：崇安寺、山北、清名桥、惠山、北大街、广益、扬名、黄巷、瞻江	—	9
锡山区	街道：东亭、安镇、东北塘、云林、厚桥 镇：　羊尖、鹅湖、锡北、东港	4	5
惠山区	街道：堰桥、长安、钱桥、前洲、玉祁 镇：　洛社、阳山	2	5
滨湖区	街道：河埒、荣巷、蠡湖、蠡园、华庄、太湖、雪浪、马山 镇：　胡埭	1	8
新吴区	街道：新安、旺庄、硕放、江溪、梅村、鸿山	—	6
江阴市	街道：澄江、南闸、云亭、城东、夏港、申港、利港 镇：　璜土、月城、青阳、徐霞客、华士、周庄、新桥、长泾、顾山、祝塘	10	7
宜兴市	街道：新庄、宜城、屺亭、新街、芳桥 镇：　张渚、西渚、太华、徐舍、官林、杨巷、新建、和桥、高塍、万石、周铁、丁蜀、湖㳇	13	5
合　计	—	30	45

(市民政局)

表 5　2023 年无锡市行政区划统计表

区　域	市（县）（个）	市辖区（个）	镇（个）	街道（个）	村委会（个）	居委会（个）	面　积（平方千米）	户籍人口（人）
梁溪区	—	1	—	9	—	148	72.12	804495
锡山区	—	1	4	5	66	66	399.11	518755
惠山区	—	1	2	5	51	70	324.88	554612
滨湖区	—	1	1	8	7	113	627.99	591909
新吴区	—	1	—	6	5	114	219.79	413414
小　计	—	5	7	33	129	511	1643.89	2883185
江阴市	1	—	10	7	192	82	986.97	1267016
宜兴市	1	—	13	5	206	104	1996.61	1059258
小　计	2	—	23	12	398	186	2983.58	2326274
合　计	2	5	30	45	527	697	4627.47	5209459

（市民政局　市统计局）

更名为滨湖区。2015 年 10 月，撤销崇安区、南长区、北塘区，合并设立梁溪区；析锡山区的鸿山街道和滨湖区的江溪、旺庄、硕放、梅村、新安 5 个街道，设立新吴区。

【行政区划】 2023 年，无锡市辖梁溪、锡山、惠山、滨湖、新吴 5 个区，江阴、宜兴 2 个县级市。全市有 30 个镇、45 个街道，下设 527 个村民委员会、697 个居民委员会。

（韩科峰）

【人口】 2023 年末，无锡市有户籍家庭 184.91 万户，户籍人口 5209459 人，比上年增加 19373 人，年人口增长率 3.73‰。其中：男性 2537236 人，占 48.7%；女性 2672223 人，占 51.3%。户籍人口城镇化率 87.56%。全市常住人口 749.50 万人，比上年增长 0.06%，其中城镇常住人口 624.39 万人，增长 0.32%。常住人口城镇化率 83.31%，比上年末提高 0.22 个百分点。

（顾厚文）

【民族】 全市有汉族、蒙古族、回族、藏族、维吾尔族、苗族、彝族、壮族、布依族、朝鲜族、满族、侗族、瑶族、白族、土家族、哈尼族、哈萨克族、傣族、黎族、傈僳族、佤族、畲族、高山族、拉祜族、水族、东乡族、纳西族、景颇族、柯尔克孜族、土族、达斡尔族、仫佬族、羌族、布朗族、撒拉族、毛南族、仡佬族、锡伯族、阿昌族、普米族、塔吉克族、怒族、俄罗斯族、鄂温克族、德昂族、保安族、裕固族、京族、乌孜别克族、珞巴族、独龙族、鄂伦春族、赫哲族、门巴族、基诺族 55 个民族。少数民族人口 89667 人。

【宗教】 无锡是江苏省宗教工作重点市之一，佛教、道教、伊斯兰教、天主教、基督教五大宗教齐全，有佛教协会、道教协会、伊斯兰教协会、天主教爱国会、基督教三自爱国会、基督教协会 6 个全市性爱国宗教团体。2023 年，全市经登记并赋码换证的宗教活动场所 280 处，省民宗委授权托管的宗教院校 1 所，教职人员 619 人。

（朱奕奕）

历史人文

【史迹遗存】 无锡历史悠久，境内曾先后发现仙蠡墩、江阴佘城、高城墩、宜兴骆驼墩等先民遗址，还分布众多历史遗迹、名人故居。2023 年，全市有全国重点文物保护单位 34 处，省级文物保护单位 74 处，市县级文物保护单位 359 处。全国重点文保单位有：寄畅园、薛福成故居建筑群、鸿山墓群、泰伯庙和墓、惠山镇祠堂、东林书院、昭嗣堂、天下第二泉庭院及石刻、阿炳故居、荣氏梅园、大运河、阖闾城遗址、大窑路窑群遗址、惠山寺经幢、小娄巷建筑群、无锡县商会旧址、秦邦宪旧居、茂新面粉厂旧址、荡口华氏老义庄、徐霞客故居及晴山堂石刻、佘城遗址、兴国寺塔、适园、黄山炮台旧址、刘氏兄弟故居、国民党江阴要塞司令部旧址、江阴蚕种场、国山碑、骆驼墩遗址、宜兴窑址、西溪遗址、蜀山窑群、周王庙及碑刻、洑溪徐氏宗祠。

【非物质文化遗产】 2023年,无锡市有国家级非物质文化遗产(以下简称非遗)代表性项目11项(梁祝传说、吴歌、无锡道教音乐、锡剧、无锡留青竹刻、惠山泥人、无锡精微绣、宜兴紫砂陶制作技艺、致和堂膏滋药制作技艺、宜兴均陶制作技艺、泰伯庙会),省级非遗代表性项目69项,市级非遗代表性项目168项,县(区)级非遗代表性项目131项;国家级非遗代表性传承人9人,省级非遗代表性传承人54人,市级非遗代表性传承人337人,县(区)级非遗代表性传承人188人;国家级非遗生产性保护示范基地1个(宜兴紫砂工艺厂),省级非遗生产性保护示范基地3个,省级非遗传承示范基地2个,市级非遗传承示范基地46个,市级非遗生产性保护示范基地18个;省级非遗工坊5家,市级非遗工坊15家,市(县)区级非遗工坊29家,形成非物质文化遗产传承保护的基本梯队。

(周　文)

【历史名人】 无锡历史厚重,文化昌明,名人辈出。春秋时期,有三让王位的季札;魏晋时期,有画圣顾恺之、书圣王羲之。自隋朝开创科举取士至清末废除科举,无锡先后诞生5名状元、3名榜眼、6名探花和3名传胪,共有540名进士、1200多名举人,出现"一榜九进士""六科三解元"的科考佳话。有写出《悯农诗》的李绅,有藏书家尤袤,有"南渡第一名臣"李纲,有"元四家"之一的画家倪瓒,有"风声雨声读书声,声声入耳;家事国事天下事,事事关心"的顾宪成等东林学人,有地理家徐霞客,有"棋圣"过百龄,有史学家计六奇,有历史地理学家顾祖禹,有编选《唐诗三百首》的孙洙,有水利专家嵇曾筠、嵇璜父子。近代以来,涌现出以薛福成、李金镛为代表的洋务运动先驱,以荣宗敬、荣德生兄弟为代表的近代民族工商业者,以胡雨人、胡敦复、高阳等为代表的教育家,以徐寿徐建寅父子、华蘅芳、钱伟长、顾毓琇、王选为代表的科学家,以缪荃孙、钱穆、刘半农、钱基博钱锺书父子等为代表的文史学家,以孙冶方、钱俊瑞、陈翰笙、薛暮桥为代表的经济学家,以徐悲鸿、吴观岱、胡汀鹭、吴冠中、华君武、华秋苹、杨荫浏、华彦钧、刘天华、薛佛影等为代表的艺术家,更有秦邦宪、陆定一、王昆仑、严朴、荣毅仁等无产阶级革命家。至2023年,无锡籍中国科学院和中国工程院院士有96人。

【风俗】 无锡人民长期生活在太湖之滨,在特定的自然和社会环境以及共同的生产实践和社会交往中,逐渐形成具有无锡地方特色的风俗。随着时代的发展,有些风俗沿袭至今,有些则已经消亡。至今无锡依然传承的重要传统节俗有:春节祭祖、吃年夜饭、守岁、贴春联、拜年、发压岁钱、初一吃糕丝团子等,元宵节赏花灯、猜灯谜,清明节上坟祭祖,端午节吃粽子、赛龙舟,夏至吃馄饨,中秋赏月、吃月饼,重阳节登高、吃重阳糕,冬至吃汤团、吃冬至夜饭等,与苏州、常州基本相同。无锡人庆寿讲究"做九不做十",即在60、70、80虚岁时做寿,寿宴选择在春节期间举行,与别处不同。小孩满月,要"做满月",办面筵,第一次为孩子剃头;孩子满100天或周岁时,也需办面筵宴请亲友,称为"做百日""做周岁",此类风俗流行于无锡城乡。饮食方面,无锡民间主食为大米,兼食面粉。菜肴口味偏甜,讲究浓油赤酱,咸中带甜。喜饮茶,城市居民以饮绿茶居多,秋冬亦饮红茶。旧时喝酒以黄酒居多,乡间常在深秋用糯米自酿甜酒(俗称"老白酒"),用于自饮和待客。

【方言】 无锡(不含江阴、宜兴)方言属吴方言,处于常州小片和苏沪嘉小片的过渡地带。随着社会、历史的长期发展,逐步形成自己的特点。无锡音系有声母34个,其中清声母18个、浊声母16个;浊声母再可分为全浊11个、次浊5个;有韵母48个;声调8类:平、上、去、入,各分阴阳,每个调类各有调值。语言学家赵元任在《现代吴语的研究》中说:无锡的"阴上字(好、走)的声调特别",这是构成"无锡腔"的重要因素。无锡方言中,声母[ts][tc]两组并存不混;连读变调对某些语法现象有区别作用,为太湖片仅有。无锡方言存在地域差异,"十里不同音"。东片的厚桥、甘露、荡口、鸿声、后宅、硕放一带,语音与苏州接近;东北部的羊尖、港下一带,语音与常熟接近;西片的陆区、马山以及胡埭一带,语音与武进接近。新中国成立后,随着普通话的推广、外来人口的涌入,以及受周边方言的影响,无锡方言在语音上发生一些变异。

(锡　鉴)

城市标识

【城市名片】 *太湖佳绝处*　无锡位于烟波浩渺的太湖西北岸,太湖在此形成了多个水湾和曲折有致的精华水岸。山脚下、水岸边,则分布着鼋头渚、蠡园、唐城、三国城、水浒城、宝界山森林公园等园林景观,造就无数美景。鼋头渚独占太湖风景最美一角,融太湖美景淡雅清秀与雄奇壮阔于一体。著名诗人郭沫若在游览太湖时欣然作诗,赞誉"太湖佳绝处,毕竟在鼋头"。

运河绝版地　京杭大运河在长江以南称江南运河,在无锡境内有40千米。无锡有这么一句民谣:"先有古运河,后有无锡城。"大运河的开凿,畅通的南北漕运,给无锡带来无限繁荣和生机。运河两岸集中无锡的米码头、布码头、丝码头、钱码头、书码头,诸多著名的人文景观亦大多分布于古运河之畔。其中南长古街、南下塘沿线长度约1500米,两岸建筑密集,房屋错落,人家枕河,集寺、塔、河、街、窑、宅、坊、弄、馆等人文景观

于一体，被誉为“江南水弄堂、运河绝版地”。2014年6月，中国大运河成功跻身《世界遗产名录》，古运河无锡段和清名桥历史文化街区也成为大运河乐章中最华美的乐段之一。

千年古吴都 公元前11世纪的商朝末年，周太王的长子泰伯、次子仲雍，为避让王位，南奔梅里（今无锡梅村），断发文身，建句吴国，中原文明与江南土著文化发生一次历史性邂逅，形成极具开放性和包容性的吴文化，无锡也由此成为吴文化的主要发祥地。泰伯庙和墓被国务院公布为第六批全国重点文物保护单位，阖闾城遗址被公布为第七批全国重点文物保护单位。魏晋南北朝时期，北方战乱频仍，中原世家大族大批南迁，经济文化中心逐渐南移，推动教育的繁荣和人才的蔚起，无锡成为江南人文的渊薮之地。

百年工商城 优越的地理位置、发达的农业和手工业经济，使得无锡率先迈进了工商文明的大门。明清时期，无锡在运河两岸形成了全国著名的米市、布市、丝市，并伴生大批钱庄。1895年业勤纱厂的创办，开无锡民族工商业发展之先河，无锡成为近代民族工商业的发源地之一。1937年，无锡的产业工人数仅次于上海，工业产值仅次于上海、广州，被誉为“小上海”。1956年，中国最早的社队企业之一春雷造船厂在无锡诞生，乡镇企业“异军突起”，开创著名的“苏南模式”，无锡成为中国乡镇企业的发源地。“十三五”期间，无锡经济率先实现转型发展。2023年，地区生产总值15456.19亿元，人均地区生产总值蝉联全国大中城市首位。

【市树】 1983年2月，市政府确定无锡市市树为香樟树。香樟树干通直，树姿优雅，常年翠绿，木有芳香，纹理漂亮，树形、树色与无锡山明水秀特质相协调。

【市花】 1983年2月，市政府确定无锡市市花为梅花、杜鹃花。梅花凌寒飘香，迎春报喜，喻有高洁品质和坚贞气节。1912年，荣宗敬、荣德生兄弟在无锡西郊建梅园，植梅数千株，成为江南赏梅胜地，誉满中外。杜鹃花是中国十大名花之一，花色艳丽，无锡有300余年栽培历史，锡惠公园内的杜鹃园是中国杜鹃花的品种基地。

【市歌】 2002年11月，市人大常委会决定《太湖美》为无锡市市歌，并授予《太湖美》作词者任红举、作曲者龙飞“无锡市荣誉市民”称号。《太湖美》创作于1978年，讴歌太湖优美的自然风光和丰盛的物产，歌词朗朗上口，曲调颇具江南韵味。

【市徽】 2008年4月，市政府确定“玉飞凤”造型为城市徽标。市徽以玉飞凤为造型主体，与山水、市花共同构成一个完整、圆满的文化符号。玉飞凤出土于鸿山越国墓葬遗址，是无锡的珍贵文化遗存。水纹是长江、太湖、古运河、二泉的写照，与三山造型相呼应。

无锡市徽

【城市精神】 2004年9月，市委常委会确定无锡的城市精神为：尚德、务实、和谐、奋进。“尚德”典出孔子赞誉泰伯的“至德名邦”，该牌坊立在无锡梅村，为吴文化的核心内容。“尚德”“务实”反映无锡历史文化的优秀传统，“和谐”“奋进”反映无锡人追求美好未来的精神状态。

（锡 鉴）

经济和社会发展

【古代】 无锡历史悠久，六七千年前，已有先民在此生息繁衍，从事原始农业兼渔猎、采集，先民文化先后属于马家浜文化、崧泽文化和良渚文化。有文字记载的历史可追溯至商末泰伯奔吴，促进中原文化与江南文化的交流与结合，开创具有尚德务实、开拓创新精神的吴文化，无锡成为吴文化的发源地之一。自泰伯至诸樊，前后600多年，无锡为吴国都邑所在地。春秋时期，吴国政治上、军事上一度十分强大。吴王夫差任用伍子胥和孙武，打败楚国、越国，并北伐齐国，一度称霸。夫差为了北伐，先是开挖江南河道，也就是江南运河的初始；后开挖邗沟，用于沟通江淮。越王勾践灭吴，无锡属越；后越国又为楚所灭，无锡成为春申君黄歇的封地。汉高祖五年（前202年），始置无锡县，并筑县城。东汉末年至魏晋南北朝时期，大批山越人被迫迁居平地，北方人口因战乱大量南迁，加之兴修水利，农业生产得到较快发展，农村“鸡犬之声，阡陌相属”。其时，商业贸易开始形成，佛教、道教兴起，崇安寺、惠山寺、南禅寺均属“南朝四百八十寺”。王羲之在城中舍宅建兴宁寺（宋代改称崇安寺），对无锡城市建设、商贸发展与文化传承带来重大影响。中原士族的大批南下，也带动了无锡文教的兴盛，民风由尚武转为崇文。

随着大运河的开通，以及唐中期安史之乱后全国经济重心的进一步南移，无锡人口滋生，农业和手工业、商业日趋繁荣，唐大历十二年（777年）升为望县。宋代，无锡农业生产形成稻麦两熟制，“香粳”“红莲稻”等优质稻米成为朝廷贡品，运河中“商旅往返，船乘不绝”。宋时，无锡始建县学，杨时创办龟山书院，无锡教育的根基得以培植。宋室南渡，北方人口又一次南迁，无锡人口突破10万人。元时，无锡城中建亿丰仓，成为四邻地区的粮食储备中心与漕运中心。明清时期，无锡依凭优越的自然条件、便利的水陆交通和相对安定的社会环境，社会生产力得到较快的发展。芙蓉湖经过几次大规模的整治，形成大批良田。农业上由于精耕细作，粮食产量逐年增加，成为全国"米仓一区"。清雍正、乾隆年间，无锡"米豆之业甲于省会"，"皖豫米商纷然麇集，浙东籴贩，靡不联樯"；纺纱织布成为无锡农村的主要副业，"机杼声遍村落"，全县有织布机四五万台，年产土布300万匹以上，年交易土布700万～1000万匹。随着手工业的兴盛和商品经济的发展，形成闻名全国的"四大码头"——米码头、布码头、丝码头、钱码头。

【近代】 鸦片战争后，无锡主动汲取上海的辐射，成为中国民族工商业的重要发祥地。甲午战争后，杨宗濂、杨宗瀚兄弟创办业勤纱厂，荣宗敬、荣德生兄弟创办保兴面粉厂，匡仲谋创办亨吉利布厂，周舜卿开办裕昌丝厂，以棉纺织业、缫丝业、面粉加工业为三大支柱的近代民族工商业如雨后春笋般在无锡兴起，形成杨氏、荣氏、周氏、薛氏、唐蔡、唐程六大民族资本集团。至1937年日军侵占无锡前夕，无锡已拥有工厂315家，产业工人6.3万人，年产值7726万元。缫丝厂和缫丝车数量分别占全省的94%和95%，居全国城市首位。纱锭24万多枚，布机3500多台，分别占全省的38%和92%。面粉工业无论是工厂数还是生产能力，均居全省第一位。1937年，无锡在全国6个主要工业城市（上海、天津、武汉、广州、青岛、无锡）中，产业工人数占第二位，工业产值居第三位，资本总额居第五位，有"小上海"之美誉。民族工商业的发达，造就了无锡独有的工商文化，即尚德诚信、奋发进取、智慧灵动、开放务实。无锡的政治、文化、教育、人才也以前所未有的靓丽之姿展现于历史舞台，在中国的历史进程中发挥重要作用。抗日战争全面爆发后不久，无锡沦陷，日本侵略军烧杀抢掠，无锡城市和工商业遭受重大摧残。抗日战争胜利后，虽有所恢复，但随着国民党政权挑起内战，加之贪腐横行，无锡民族工商业处于困境之中。

【现当代】 1949年4月23日，无锡解放，市委、市政府在城市恢复生产建设，在农村进行土地改革，无锡经济社会得以迅速恢复和发展。社会主义改造完成后，无锡对地方工业进行较大规模调整改组，发展和开辟新的工业门类，着重发展基础薄弱的机械、化工等工业，建成一批国有骨干企业。中共十一届三中全会以后，无锡市以经济建设为中心，坚持改革开放，进入社会主义建设新时期。1983年，无锡市实行市管县体制，原苏州地区的江阴县、无锡县和原镇江地区的宜兴县划归无锡市管辖，为无锡的发展提供了更广阔的平台。其间，无锡县堰桥乡"一包三改"经验的总结推广，促使乡镇企业异军突起，以集体经济为主的经营体制被誉为对中国改革开放产生重大示范作用的"苏南模式"。1990年，全市乡镇工业企业总产值247.55亿元，占全市工业总产值的53.15%。在中国农村综合实力百强县（市）评比中，无锡县（锡山市）和郊区连年夺冠，分别被誉为"华夏第一县"和"神州第一郊"，江阴、宜兴两市名列全国百强县（市）前列。20世纪90年代，乡镇工业企业全面实施产权制度改革和结构调整，形成华西、双良、红豆、海澜、远东等具有一定规模的集团公司和江阴市新桥镇、锡山市查桥镇等明星镇、特色镇，一批乡镇企业成功转制上市。1984年起，以搞活国有大中型企业为中心环节的城市经济体制改革在无锡相应展开，外向型经济开始起步，利用外资项目和金额逐年增加，对外开放领域越来越广，外商投资规模越来越大，外商独资企业越来越多，一批国家级和省级重点开发园区脱颖而出。1998年，无锡市地区生产总值首次突破1000亿元，达到人均24042元。

进入21世纪，无锡市委、市政府提出转型发展、科学发展、可持续发展，主动淘汰落后产能，发展高新技术产业和现代服务业。2015年起，实施"产业强市"政策，发展数字经济、总部经济、枢纽经济，加快科技创新，推进生态建设，完善社会保障，提高民生幸福。2023年，实现地区生产总值15456.19亿元，一般公共预算收入1195.42亿元，全体居民人均可支配收入69016元。

（锡　鉴）

编辑　葛　红

中国共产党无锡市委员会

综 述

【一体推进三件大事】 2023年，无锡市委把深入学习宣传贯彻中共二十大精神、学习贯彻习近平总书记对江苏工作重要讲话重要指示精神、开展学习贯彻习近平新时代中国特色社会主义思想主题教育这三件大事紧密结合起来，作为首要政治任务和贯穿全年工作的主题主线，分层分类对各级干部开展培训，着力在全面学习、全面把握、全面落实上下功夫，切实用中共二十大精神统一思想、统一意志、统一行动。

3月5日，习近平总书记参加第十四届全国人大江苏代表团审议并发表重要讲话，强调江苏应当在高质量发展上继续走在前列，明确“四个走在前”的重大任务。全国两会后，市委围绕学习贯彻总书记重要讲话精神，制定八项工作安排，市委理论学习中心组分专题多次开展学习交流研讨，市委常委带头开展专题调研，市委常委、副市长牵头领办6个专题和18个调研课题，带动各级党组织广泛开展学习宣传，结合实际谋划贯彻措施。

7月初，习近平总书记到江苏考察并发表重要讲话，强调江苏有能力也有责任在推进中国式现代化中走在前、做示范，明确“四个新”的重大任务。无锡市及时传达学习研讨，召开市委十四届五次全会，对深入学习贯彻习近平总书记对江苏工作重要讲话精神作出《决定》，进行全面部署，细化深化落实省委十四届四次全会强调的“十个聚焦”要求，突出“多作贡献”。瞄准2025年、2030年、2035年3个时间节点递进确定目标任务。

9月起，在第二批学习贯彻习近平新时代中国特色社会主义思想主题教育中，无锡市牢牢把握“学思想、强党性、重实践、建新功”总要求，持续深入推进以学铸魂、以学增智、以学正风、以学促干，突出“五个更加注重”，以“四下基层”（宣传党的路线、方针、政策下基层，调查研究下基层，信访接待下基层，现场办公下基层）为重要抓手，坚持“牢记嘱托、感恩奋进、走在前列”贯穿始终。集中7天时间举办市级领导干部读书班，先后8次开展市委理论学习中心组学习交流，举办专题党课，开展推进“465”现代产业集群建设、构建现代化产业体系和江阴—靖江园区安置房建设问题等解剖式调研，扎实推进老旧小区改造质量管理问题等3个专项整治，推动形成“三分四联五制”（区分不同层级、区分不同领域、区分不同对象实际；聚焦上下多级联动、学用结合联抓、调查研究联审、风险隐患联防；健全完善工作例会、情况周报、推演督导、跟踪问效、综合评估系列制度）分类指导等经验做法，央视《新闻联播》报道无锡市基层党组织推进党员学习全覆盖的经验做法，中央第六巡回指导组和省委第三巡回督导组对无锡市主题教育工作予以高度肯定。

12月初，习近平总书记到江苏盐城考察，作出重要指示。无锡市委及时召开市委常委会会议传达学习，将习近平总书记2023年对江苏的三次重要讲话重要指示一体学习、一体把握、一体贯彻，推动学习宣传贯彻往深里走、往实里走、往心里走。

【全面从严治党】 2023年，市委坚持以政治建设统领党的各方面建设。实施习近平新时代中国特色社会主义思想研修计划，举办5期市管干部学习贯彻中共二十大精神集中轮训，引导全市党员干部坚定拥护“两个确立”、坚决做到“两个维护”。把习近平总书记重要指示批示作为党内政治要件抓好贯彻落实，实现闭环跟踪问效。持续强化政治监督，积极主动配合开展省委巡视，及时跟进修订十四届无锡市委巡察工作规划。

着力打造高素质干部人才队伍。深化开展“千名干部百项攻坚行动”和“担使命作贡献”季季评活动，全市409名处级以上、928名科级及以下干部认领210个攻坚项目，92名担当作为表现突出的干部被提拔或晋升职级。加强“五先五强”（学习领先、对党忠诚政治强；奋勇争先、担当作为活力强；开拓创先、干事创业本领强；发展为先、结构优化功能强；示范率先、勤奋敬业作风强）领导班子建设，选树19个“五先五强”好班子。深化实施“琢璞”计划20条，选派152名优秀年轻干部到国家部委、战略高地、先进地区和前沿一线压担锻炼。突出“一把手”权力运行监督，开展“一把手”用权情况民主测评，累计对各级“一把手”提醒谈话890余人次。深入实施新时代人才强市战略，构建生态、计划、平台、服务“四位一体”人才发展格局，吸纳高层次人才17.75万人。

切实抓好基层党组织建设。落实基层党建“五聚焦五落实”深化提升行动，深入推进党建赋能乡村振兴20条举措和党建引领基层治理“红梅领航”计划的实施，积极探索“小区党建”，推进“把支部建进小区”，成立小区（网格）党组织5861个。推行“六联六共”党建联建机制，“一村（社区）一策”抓好8个软弱涣散村（社区）党组织整顿提升，实施乡村振兴“书记项目”368个。围绕“465”现代产业集群推进产业链党建，共成立产业链党建联盟或产业链党委93个。

持续深化正风肃纪反腐。锲而不舍落实中央八项规定精神，坚决纠治“四风”问题。围绕不敢腐、不能腐、不想腐，深化“全周期”腐败治理，紧盯金融、国企、政法、开发区等重点领域清存量、遏增量，惩治居家养老援助服务、基层国有资产管理、公共停车收费管理、物业管理等方面存在的“蝇贪蚁腐”，坚决清除影响党的先进性和纯洁性的消极因素。分级分类开展警示教育，推动办案、整改、治理贯通联动，惩处、监督、教育有机融合。

11月9日，市委、市政府举行全市三季度重大项目建设暨“担使命作贡献”季季评活动推进大会　（市委组织部　供图）

【经济运行整体好转】 2023年，无锡市持续巩固经济回升向好势头。保持“每周数据监测、每月经济分析、每季项目观摩”的节奏，制定落实“稳增长10条”“促进经济持续回升向好22条”等政策措施，高效运行“三专班一平台”服务体系，安排资金4亿元对各地区稳增长促发展工作予以专项补助。创建国际消费中心城市，启动打造“美食之都、购物天堂”的六大行动。实施“五百工程”建设计划，推动华虹二期、中车IGBT、中信泰富江阴利电五期等百亿级项目开工，获批中央预算内资金的项目数和总金额均创历史新高，获批专项债的项目数和总金额均居全省第一位。出台“民营经济21条”，承办国家发展改革委促进民营经济发展壮大现场会。扎实推进第五次全国经济普查，国家统计局干部教育基地正式挂牌。与上年比，全市地区生产总值增长6.0%，一般公共预算收入增长5.5%，规模以上工业增加值增长7.8%，社会消费品零售总额增长6.9%，固定资产投资增长8.3%，均高于全省平均，省重大项目投资完成率178.2%。

着力构建现代化产业体系。加快发展“465”现代产业集群，出台19个重点产业三年行动计划及年度工作要点，建成9个较为成熟的集群促进机构，全年规模以上工业总产值突破2.5万亿元，营业收入超2000亿元的产业集群6个，比上年增加4个；战略性新兴产业、高新技术产业产值占规上工业比重分别达41.8%、51.8%。举办2023世界物联网博览会，成立无锡新型城市算力中心、中欧（无锡）物联网合作创新中心、国家智能汽车交通运行安全质量检验检测中心，4家企业入选工业和信息化部2023物联网赋能行业典型案例，数量居全国同类城市首位。出台建设具有国际影响力的集成电路地标产业若干政策，设立专项基金50亿元，集成电路产业集群获评首批省战略性新兴产业融合集群。成立生物医药产业发展促进中心，第二次入选中国生物医药发展20大重点地级市。出台新能源产业发展若干政策和新能源产业集群、氢能储能产业集群发展三年行动计划。制定未来产业发展实施意见和无锡国家人工智能创新应用先导区建设实施方案，成立全国高校未来技术学院无锡合作联盟，布局人工智能、元宇宙、商业火箭、人形机器人、量子科技等新产业新赛道。正式施行《无锡市数字化转型促进条例》，推动制造业“智改、数转、网联”，新增国家级智能制造优秀场景14个，数量居全省第一位，中信泰富特钢建成全球特钢行业首家“灯塔工厂”。无锡市成为全省唯一获评“2022年度建设信息基础设施和推进产业数字化工作成效明显市”的地级市，首次入选中国产业区块链城市十强，数字经济核心产业规模突破7000亿元。编制新一轮服务业三年行动计划，出台生产性服务业倍增计划，获批建设生产服务型国家物流枢纽。

把创新作为引领发展的第一动力。出台科技创新“1+4”政策意见，科技进步贡献率实现全省“十一连冠”。制定苏南国家自主创新示范区建设“四重清单”，健全科技新城建设评价体系，加快太湖实验室条件能力建设，正式运行市产业创新研究院，获批国家级科技企业孵化器3家。壮大创新型企业集群，有效期内高新技术企业超6300家，入选省"链主"企业37家，占全省四分之一；新增国家专精特新企业146家，全省占比升至15.6%。实施"太湖之光"科技攻关计划，12个项目获国家重点研发计划立项，11个项目获省重点研发计划产业前瞻与关键核心技术项目立项，12个项目获省科技成果转化专项立项，36个项目获省科学技术奖。升级"太湖人才计划"，给予丁荣军院士团队1亿元顶格支持，1位在无锡的人才入选中国工程院院士。

【深化改革开放】 2023年，市委召开深改委会议4次，明确市领导、市（县）区领导联系重点改革任务18项和142项。制定加快功能区建设实施意见，编制完成功能区建设总体方案。深化金融改革创新，举办国际私募股权投资大会首届中国论坛、中阿（无锡）产业金融峰会，尚贤湖基金PARK入选全国十大特色基金小镇，注册基金总规模突破5000亿元，QFLP基金数量和规模均居全省首位。出台促进上市公司高质量发展实施意见，启用北交所无锡服务基地，新增境内外上市企业14家，A股上市企业总数增至122家。深入谋划新一轮国企改革行动，运营市大数据集团，组建市医疗健康集团，完成国联证券收购中融基金、国联集团收购民生证券，华光环能入选国务院国资委创建世界一流专精特新示范企业。

加快打造市场化、法治化、国际化一流营商环境。颁布《无锡市优化营商环境条例》，出台优化营商环境6.0版方案，成立无锡国际商事法庭，启动建设国家级半导体产业知识产权运营中心，启用金杜长三角知识产权中心，获批建设滨湖国家知识产权服务业高质量集聚发展示范区、宜兴（陶瓷）国家级知识产权快速维权中心，无锡市入选国家知识产权强市建设示范城市，全市99%政务服务事项可网上办理，上榜"2022城市营商环境创新城市"。全市新登记经营主体增长11.7%、总量超113万户。入围中国企业、制造业企业、服务业企业500强企业数连续五年全省第一名，入围民营企业500强企业数连续四年全省第一名。

不断扩大高水平对外开放。实施促进外贸稳规模优结构16条措施，开展"千企万人海外商洽拓订单"行动，组织企业参加进博会、广交会等活动，承办稳定提升中欧班列可持续发展能力"班列＋经贸"论坛。入选国家跨境贸易便利化试点城市，在省内率先启动"跨境电商＋产业带"培育计划，开展"一区一产业"跨境电商出海行动，引进跨境电商公共服务平台7个，布局省级海外仓8个，数量居全省第一位。开展全球城市推介活动，先后组团赴中国粤港澳地区及新、日、韩、英、沙、阿等国家开展经贸交流合作。推进外商投资最满意城市建设，13个外资项目被纳入全国重大外资项目，居全省第一位。对RCEP成员国投资68个项目，中方协议投资额11.5亿美元，增长110.1%。

【全面服务融入国家战略】 2023年，市委扛起"成为长三角重要支撑"责任使命，出台服务融入上海大都市圈行动方案，有序实施苏锡协同发展六大战略性合作工程，举办连云港（无锡）"1+N"苏南联动招商联合推介会，与泰州签署加快江阴—靖江工业园区建设发展协议。全力打造长三角与粤港澳战略联动走廊支点，加快建设长三角—粤港澳（无锡）科创产业融合发展区，共建无锡国联—阿斯利康（香港）创新中心、澳门—无锡离岸孵化中心等合作平台。出台支持宜兴绿色转型高质量发展打造区域性国际化中心城市、梁溪区更新焕新高质量发展打造现代化精彩城区的意见。与青海省海东市开展东西部协作，与陕西省延安市开展革命老区对口合作，与新疆维吾尔自治区阿合奇县、霍城县开展对口支援，启用"延安精神无锡学习天地"。

加快打造全国性综合交通枢纽名城。适度超前开展交通基础设施建设，同步推进地铁4号线二期、5号线、6号线、S1线、S2线"五线"项目，实施江阴靖江长江隧道南接线工程、锡宜高速扩建工程、锡太高速新建、沪武高速扩建工程无锡段等"四路"项目，沪宁沿江高铁江阴段开通运行，地铁S1线启动试运行。启动建设江阴港5号、6号码头15万吨级泊位升级提档项目，上港ICT（无锡）中心挂牌成立，京杭运河江苏段绿色现代航运综合整治工程无锡段航道施工项目实现交工。苏南硕放机场二期扩建工程全面开工，宜兴丁蜀通用机场正式开航。"动态公交"上线运营，无锡市获评省公交优先示范城市。

不断提升城市建设管理水平。开展新型城镇化高质量发展先行区建设行动，统筹推进最干净城市、全域海绵城市建设。全面启动省城市管理示范市创建，市区新增停车泊位2万个、城乡公厕220座，完成30条背街小巷品质提升、108座桥下空间利用提升，居民小区生活垃圾分类投放设施覆盖率92%。全面启动火车站南广场、老东门片区等13个重点更新单元，梁溪区南长街古运河和滨湖区运河湾更新单元先导示范段实现竣工，国际会议中心交付投用。完成8批次164幅经营性用地出让，改造老旧小区166个，稻香社区入选国家完整社区建设试点。

高水平建设农业强市。深入实施乡村振兴战略，健全完善农业强市建设工作体系。全力稳产保供，获批整区域推进高标准农田建设国家试点，新改建高标准农田面积超过8000公顷，粮食生产再获丰收。深入学习运用"千万工程"经验，加快建设宜居宜业和美乡村，开展"三清三治"农村环境卫生专项整治行动，新增省级农村人居环境整治提升示范县1个、省级特色田园乡村13个，新启动165个规划发展村庄现代"美丽农居"建设，持续提高乡村治理效能。稳步提升富民强村水平，坚持“一村一策”思路，推动集体经济转型发展，全市集体经济相对薄弱村年收入全面达超250万元，城乡居民收入比保持苏南最优。

【“美丽无锡”建设】 2023年，市委连续第八年将生态环境保护会议作为新春第一个全局性会议，在全省率先出台生态环境保护督察整改工作调度、验收销号、奖惩挂钩实施办法，制度化推进中央生态环境保护督察整改任务的落实，交办全市信访事项办结率98.7%，在省内率先完成国家长江经济带警示片披露问题整改。推进“绿刃2023”生态环境保护专项行动，案件办理数量、质量全省领先。

深入打好污染防治攻坚战。治水方面，制定推动太湖无锡水域水质根本性好转三年行动方案和九大专项行动方案，统筹推进投资超110亿元的169项年度治太重点工程，13条主要入湖河流水质均达Ⅲ类及以上，太湖无锡水域水质藻情创2007年以来最好水平，蓝藻水华发生次数、平均集聚面积均大幅减少，实现连续16年安全度夏和更高水平“两保两提”，生态环境部首次将太湖水质评为“良好”等级。加快大运河无锡段、梁溪河“两河”整治提升六大示范段建设，开展新一轮598条河道治理专项行动、污水处理提质增效精准攻坚“333”行动、重点水体消黑消劣整治专项行动，新增城镇污水日处理能力6.6万吨，国省考河流断面水质优Ⅲ比例连续两年保持100%。治气方面，全市$PM_{2.5}$平均浓度、空气质量优良天数比率改善幅度均居全省第一位。治土方面，深化国家土壤污染防治先行区建设，重点建设用地安全利用率100%。治固废方面，出台“无废城市”建设实施方案，推进环太湖地区城乡有机废弃物处理利用示范区建设。

推动发展方式绿色低碳转型。出台工业领域、农业农村领域专项实施方案和减污降碳关键环节保障方案，形成“1+1+N+X”政策体系。复制推广“双碳”十大典型案例，锡东新城获评全省首批城乡建设碳达峰碳中和先导区，13家绿色工厂、5家绿色供应链管理企业、1个绿色园区入围国家级绿色制造示范名单。稳步推进国家绿色金融改革创新试验区创建，发行全国首单转型碳资产债券、全国首单绿色碳资产债券，落地全省首笔“环保担”贷款业务、全省首笔国家库EOD项目贷款。

10月19日，江苏人才周系列活动——2023无锡市“百企千才高校行”北京专场暨2023无锡·北京人才合作发展大会开幕式在北京举行

（市委组织部　供图）

加大生态保护修复力度。在全省率先完成国土空间生态保护和修复规划，推进“一市两县”自然资源领域生态产品价值实现机制试点，江阴市成功实现生态券交易。无锡市深化生态环境基础治理能力提升三年行动计划，完成全市域生物多样性本底调查。积极创建国家生态园林城市，获评省公园绿地开放共享第一批试点城市（群）。宜兴市获评国家“绿水青山就是金山银山”实践创新基地，新吴区创成国家生态文明建设示范区（市）。

【扎实推进共同富裕】 2023年，无锡市接续实施民生服务“十百千”行动，高质量完成10大类60项118个为民办实事项目，滚动实施“微幸福”民生事项5711件，下发年度20批重点督办事项555项，办结满意率100%。坚持“过紧日子”，合理确定预算收支规模，民生支出占一般公共预算支出比重近80%。

更加突出就业优先导向。落实新一轮稳岗扩就业政策，制定实施共同富裕行动计划，全年城镇新增就业16.4万人，发放稳岗返还补贴6.2亿元，连续4年获评中国最佳促进就业城市。

致力创造人民群众高品质生活。组织实施百项基本公共服务项目，45项服务标准在全省提档进位，连续4年获评中国最具幸福感城市。出台建设现代化教育强市的三年行动纲要，开工新建幼儿园12所、义务教育学校18所，新改扩建高中4所、新成立高品质高中4所，启动建设市盲聋学校，苏锡常都市圈职业教育高质量发展样板建设顺利收官。推进“健康无锡”建设，深化“三名”战略，实施市妇儿中心、江大附院国家创伤区域医疗中心等项目，完成市人民医院新血液净化中心、市二院北院血透中心、市精卫中心二期建设和江大附院二期、市二院南北院区功能布局调整，以全国第二名的成绩获选2022年度全国健康城市建设样板市。深化运动友好型城市建设实践，举办无锡马拉松、宜兴阳羡100越野跑挑战赛等品牌赛事，奥体中心开工建设，无锡国际网球中心、世界跆拳道无锡中心建成开放。出台房地产新政20条和高品质住区建设标准2.0版，全力满足居民刚性和改善性住房需求。坚持兜住、兜准、兜牢民生底线。关爱“一老一幼”，建设全国首个为老医养服务平台，入选建设国家儿童友好城市名单、首批全国婴幼儿照护服务示范城市。推进城乡居民基本养老保险集体补助试点、新就业形态就业人员职业伤害保障试点、工伤保险联网结算试点。开展低收入人口动态监测和精准帮扶“3610行动”，完成市救助管理站异地新建，居民最低生活保障标准、特困人员基本生活标准增至每人每月1095元和1645元。

【统筹发展和安全】 2023年，市委落实省委涉粮问题专项巡视反馈问题整改工作长效机制，深化国家食品安全示范城市创建，扎实做好迎峰度夏、迎峰度冬能源电力保供，保障粮食、能源资源安全。完善金融领域风险防控“四项机制”，稳妥处置上市公司等大型企业流动性风险、潜在退市风险。落实全年三大类18项债务管控目标，稳妥推进隐性债务化解工作，防范政府融资平台公司经营性债务风险。实施激励房地产企业经营的政策措施，推进问题楼盘化解行动，扎实做好“保交楼、保民生、保稳定”工作。

毫不松懈抓好安全生产。扎实推动风险专项整治和重大事故隐患排查整治行动，集中攻坚安全生产领域49个“老大难”问题，修订《无锡市安全生产条例》。实施《无锡市燃气安全管理条例》，开展燃气安全专项整治行动，统筹做好“瓶改管”、“瓶改电”、瓶装液化气市场整合工作。推进消防安全整治提升，完成劳动密集型工业企业烟感报警装置安装4.6万余个、“厂中厂”治理2.2万多家，全市所有群租房配备逃生四件套。有效应对短时强降水等灾害天气影响，开展全国综合减灾示范社区创建。

切实维护社会安全稳定。高标准推进平安无锡建设，创成全国市域社会治理现代化试点合格城市。坚持和发展新时代“枫桥经验”，依托“精网微格”，推进“信访突出问题攻坚化解巩固提升年”行动，加强四级矛盾纠纷多元化解“一站式”平台一体化建设，矛盾纠纷调处化解率接近100%，求决类事项一次性化解率全省领先。深化突出矛盾排摸化解、重点人员排查管控、治安乱点排患整治、雪亮工程排盲提质“四个百日攻坚”专项行动，严厉打击各类违法犯罪行为，电信网络诈骗发案数、损失数大幅下降，群众安全感位居全省前列。

（市委办）

重要会议

【市委十四届五次全会】 8月1日，市委十四届五次全会举行。全会坚持以习近平新时代中国特色社会主义思想为指导，按照省委十四届四次全会要求，全面部署深入学习贯彻习近平总书记对江苏工作重要讲话精神，深化部署全面推进中国式现代化无锡新实践，总结上半年工作，安排下半年工作，纵深推进全面从严治党，动员全市上下以习近平总书记考察江苏为强大动力，不负省委对无锡的期许重托，高质量完成全年目标任务，在推进中国式现代化中走在前做示范多作贡献，奋力谱写“强富美高”新无锡现代化建设新篇章。市委常委会主持会议。市委书记杜小刚作讲话。全会审议通过《中共无锡市委关于深入学习贯彻习近平总书记对江苏工作重要讲话精神在推进中国式现代化中走在前做示范谱写“强富美高”新无锡现代化建设新篇章的决定》，把深入学习贯彻习近平总书记对江苏工作重要讲话精神作为鲜明主线，深刻理解把握习近平总书记殷切期望中蕴含的深邃思考与战略考量，自觉把无锡的发展放在中国式现代化理论体系和实践路径中思考和谋划，把无锡的工作放在国家战略全局和全省发展大局中认识和定位，聚焦“走在前、做示范”这一重大要求，全面对标对表，强化落地见效，动员全市各级始终沿着习近平总书记指引的方向团结奋斗、接续奋斗，努力把习近平总书记擘画的宏伟蓝图和省委制定的施工图变为实景图。全会审议通过《中国共产党无锡市第十四届委员会第五次全体会议决议》。

8月1日，中国共产党无锡市第十四届委员会第五次全体会议举行

（市委办　供图）

【市委十四届六次全会】 12月27日，市委十四届六次全会举行。全会以习近平新时代中国特色社会主义思想为指导，全面贯彻中共二十大和二十届二中全会精神，认真落实中央经济工作会议部署，按照省委十四届五次全会和省委经济工作会议要求，对学习贯彻习近平总书记关于江苏工作重要讲话重要指示精神进行阶段性总结和进一步部署推进，动员全市上下始终坚定自觉地牢记嘱托、感恩奋进、走在前列，锚定目标真正挑起大梁，奋发进取矢志多作贡献，把中国式现代化宏伟蓝图在无锡一步步变成美好现实。全会由市委常委会主持。市委书记杜小刚作讲话。全会听取和讨论杜小刚受市委常委会委托作的工作报告，审议通过《中国共产党无锡市第十四届委员会第六次全体会议决议》，书面审议《中共无锡市委常委会2023年度落实全面从严治党主体责任情况的报告》。市委委员、市委候补委员出席会议。市纪委委员、有关方面负责人，市基层一线中共二十大代表，市第十四次党代会部分基层代表列席会议。

【市委常委会会议】 2023年，市委召开常委会第60次至第99次会议。会议传达学习贯彻习近平总书记在中共中央政治局民主生活会、二十届中央纪委二次全会、全国政协新年茶话会上的系列重要讲话，2023年新年贺词，在中共中央政治局第二次集体学习时、2023年春节团拜会上、同党外人士座谈、在学习贯彻党的二十大精神研讨班开班式上的重要讲话，对政法工作的重要指示，在中共中央政治局常务委员会会议、中共中央政治局会议、中共中央政治局第三次集体学习时的重要讲话精神和对内蒙古阿拉善左旗——露天煤矿坍塌事故作出的重要指示精神，以及在新进中央委员会的委员、候补委员和省部级主要领导干部学习贯彻习近平新时代中国特色社会主义思想和党的二十大精神研讨班开班式上的重要讲话精神，在中共中央民主协商会、中央党校建校90周年庆祝大会暨2023年春季学期开学典礼上的重要讲话精神，关于太湖治理重要指示批示精神等；传达学习省委书记信长星在省委理论学习中心组学习会、省推动长江经济带发展领导小组会议暨长江经济带生态环境突出问题整改推进会议上的讲话要求，在省管主要领导干部学习贯彻习近平新时代中国特色社会主义思想和党的二十大精神研讨班开班式上、在江苏省党政代表团到沪浙皖学习考察时和赴沪浙皖学习考察总结交流会上、关于太湖治理工作的讲话要求，以及在无锡市 、宜兴市、江阴市、惠山区调研时的讲话要求等；会议听取中央、省委农村工作会议，全国全省组织部部长会议，全省老干部局局长会议，全国全省统战部部长会议，省委统一战线工作领导小组等会议精神，以及2022年度省市高质量发展综合考核结果、2022年全市深入打好污染防治攻坚战成效考核、对口支援协作合作和南北结对帮扶合作工作、市（县）区委和市委相关党（工）委书记抓基层党建工作述职等情况汇报；会议审议通过《无锡市卫生健康医疗科技能力提升三年行动实施方案（2023—2025）》《无锡市关于推进中小学工程教育的指导意见》《无锡市服务融入上海大都市圈行动方案》《中共无锡市委关于深入学习贯彻习近平总书记参加十四届全国人大一次会议江苏代表团审议时重要讲话精神的通知》《关于进一步促进上市公司高质量发展的实施意见》《关于全面加强和改进新时代学校体育工作的实施意见》《关于全面加强和改进新时代学校美育工作的实施意见》《关于在全市各级党组织和广大党员干部中大兴调查研究的实施方案》《关于全面推动学习贯彻习近平新时代中国特色社会主义思想主题教育先学先行开展“四学四担当”行动的实施方案》《无锡市优化营商环境提升行动方案（2023）》《关于学习贯彻习近平总书记重要讲话精神常态化调度推进督查的工作机制》《2023年中共无锡市委全面从严治党主体责任清单》《关于支持梁溪区更新焕新高质量发展，打造现代化精彩城区的意见》《无锡市“百匠千品”非物质文化遗产传承创新工程三年行动计划（2023—2025）》《关于建立健全自然保护地体系的实施意见》《关于全力打造“美食之都、购物天堂”加快培育创建国际消费中心城市的实施方案》《关于促进全市经济持续回升向好努力走在前做示范多作贡献的若干政策措施》《关于进一步促进民营企业高质量发展的实施意见》《无锡市深化市属国有文艺院团改革实施方案》《贯彻落实省委〈关于进一步激励广大干部在推动高质量发展中担当作为的若干措施〉的实施方案》《无锡市人大常委会2024年立法计划（草案）》《在社会主义文化强省建设中多作无锡贡献行动方案》《建设具有世界聚合力的双向开放枢纽无锡行动方案》《无锡市关于贯彻落实国家文化数字化战略实施方案》《关于加快建设具有国际影响力的生物医药地标产业的若干政策意见》，审议通过《加快建设现代化教育强市，努力办好人民满意教育三年行动纲要（2023—2025年）》及配套文件、《中共无锡市委关于深入开展学习贯彻习近平新时代中国特色社会主义思想主题教育的实施方案》和成立市委主题教育领导小组《建议方案》等文件。

【市委党的建设工作领导小组会议】 4月17日，市委党的建设工作领导小组召开会议。会议深入学习贯彻中共二十大和习近平总书记在参加江苏代表团审议时的重要讲话精神，传达省委党建工作领导小组会议精神，研究部署2023年党建工作目标任务。市委书记、市委党建工作领导小组组长杜小刚主持会议并讲话。

【市委深改委会议】 4月27日，市委书记、市委深改委主任杜小刚主持召开市委深改委第27次会议。会议学习贯彻中央深改委和省委深改委会议精神，讨论《市委全面深化改革委员会2022年工作总结报告》《市委全面深化改革委员会2023年工作要点》。6月15日，市委书记、市委深改委主任杜小刚主持召开市委深改委第28次会议。会议听取创建全国双拥模范城“九连冠”事项和2023年度综合考核办法有关情况汇报，审议通过《关于支持梁溪区更新焕新高质量发展，打造现代化精彩城区的意见》《无锡市“百匠千品”非物质文化遗产传承创新工程三年行动计划（2023—2025）》《关于建立健全自然保护地体系的实施意见》。7月21日，市委书记、市委深改委主任杜小刚主持召开市委深改委第29次会议。会议学习贯彻中央深改委第二次会议精神，讨论《无锡市深化新时代教育评价改革实施方案》。

【市委审计委员会会议】 2月17日，市委审计委员会召开第10次会议，会议传达学习省委审计委员会第11次会议精神，听取2022年审计工作情况汇报，研究通过《无锡市审计局2023年度审计项目计划（草案）》。8月21日，市委审计委员会召开第11次会议，会议听取2023年上半年审计工作情况汇报，研究部署下阶段重点审计工作，审议《2022年度市级预算执行和其他财政收支审计工作报告（草案）》。

【市委全面依法治市委员会第五次会议】 5月10日，市委书记、市委全面依法治市委员会主任杜小刚主持召开市委全面依法治市委员会第五次会议，会议听取2022年度全面依法治市工作开展情况汇报，审议通过《中共无锡市委全面依法治市委员会2023年工作要点》、市委全面依法治市委员会和“一办四组”2022年工作总结报告、《市政府2023年立法工作计划》等文件。

【市委经济运行分析会】 4月27日，市委书记杜小刚主持召开市委经济运行分析会，会议深入学习贯彻习近平总书记重要讲话精神，传达贯彻第83次省委常委会会议精神，分析全市一季度经济形势，研究部署下一阶段工作。6月20日，市委书记杜小刚主持召开市委经济运行分析会，会议听取经济运行情况汇报，部署安排重点工作。

【全市经济运行分析会】 2023年，市委书记杜小刚主持召开全市经济运行分析会共6次，会议听取经济运行情况汇报，部署安排下一阶段重点工作。市领导赵建军、蒋敏、许峰、张立军、周文栋、吴建元，市政府秘书长陈寿彬，各板块主要负责人参加会议。

【全市经济运行基层座谈会暨投资工作汇报会】 2023年，市委书记杜小刚主持召开全市经济运行座谈会暨投资工作汇报会共4次，会议学习贯彻中共中央政治局会议精神，认真落实省委常委会会议暨省委财经委员会会议要求，总结复盘上半年经济运行情况，复盘分析2023年度经济运行情况，对下一阶段工作进行安排部署。市领导蒋敏、许峰、秦咏薪、张立军、马良、吴建元在主会场或分会场参加会议。

（市委办）

组织工作

【概况】 2023年，全市党组织认真学习贯彻习近平总书记关于党的建设的重要思想，深入贯彻新时代党的建设总要求和新时代党的组织路线，全面落实全国、全省组织工作会议精神，市委召开全市组织工作会议，制定实施《无锡组织工作高质量发展五年行动纲要》，统筹做好理论武装、选贤任能、强基固本、育才聚才各项工作。

【党员及党组织】 2023年末，全市党员总数451517人，比上年增加5254人。全年新发展党员5718人，其中35岁及以下4200人。全市党员中，女党员155413人，占34.42%；35岁及以下的97452人，占21.58%；36～45岁的94656人，占20.96%；46～55岁的74796人，占16.57%；56～60岁的37119人，占8.22%；61岁及以上的147494人，占32.67%。党员中研究生学历的33537人，占7.43%；大学本科学历的161215人，占35.71%；大学专科学历的83432人，占18.48%。

全市基层党组织20295个，其中党委811个、总支部1655个、支部17829个。城市社区建立党委170个、总支部395个、支部37个，乡镇社区建立党委1个、总支部63个、支部33个；建制镇建立党委30个、村党委47个、总支部462个、支部17个。公有经济控制的企业法人单位建立党委114个、总支部68个、支部534个；非公有制经济控制的企业法人单位建立党委146个、总支部158个、支部3933个；事业法人单位建立党委100个、总支部125个、支部1420个；机关法人单位建立党委95个、总支部137个、支部262个。

【强化理论武装】 2023年，全市组织实施习近平新时代中国特色社会主义思想研修计划，开展5期市管干部“学习贯彻习近平新时代中国特色社会主义思想和党的二十大精神”集中轮训，举办市管干部进修班、副处职干部任职班、公务员任职班共11期，举办学习贯彻中共二十大精神培训班及专题宣讲2000余期，培训干部11万人次。挂牌成立中央党校无锡科研基地；建成启用“延安精神无锡学习天地”，全年接待100万人次参观学习。

【抓实主题教育】 2023年，全市扎实开展学习贯彻习近平新时代中国特色社会主义思想主题教育，结合无锡实际，创新实施“四学四担当”举措（以学铸魂、永葆忠诚强担当，以学增智、践行宗旨勇担当，以学正风、廉洁奉公善担当，以学促干、推动发展敢担当），构建“三分四联五制”分类指导工作机制（区分不同层级、区分不同领域、区分不同对象实际；聚焦上下多级联动、学用结合联抓、调查研究联审、风险隐患联防；健全完善工作例会、情况周报、推演督导、跟踪问效、综合评估系列制度），建立调查研究“三级把关”机制（单位内部把关、联络组审核把关、主题教育办统筹把关），抓查摆、促找准问题，抓分类、促靶向解题，抓专项、促攻坚破题，抓联动、促合力答题，抓问效、促全面验题，推进问题清单整改落实，确保主题教育走深走实。推动宣传党的路线、方针、政策下基层，调查研究下基层，信访接待下基层，现场办公下基层，解决老旧小区更新等民生诉求，以务实举措推动主题教育取得实效。

【建强干部队伍】 2023年，市委坚持发展为先、实干为重、担当为要的选人用人导向，在各级领导班子和领导干部中开展“一建设、五争当”活动。其中，市管领导班子建设“‘五先五强’好班子”，市（县）区党政正职争当“‘强富美高’领头雁”，市级机关部门正职争当“服务发展排头兵”，开发区负责人争当“产业强市急先锋”，市属企事业单位正职争当“兴业有为领军人”，市管领导班子副职争当“独当一面攻坚手”。通报表扬22个“五先五强”（学习领先、对党忠诚政治强；奋勇争先、担当作为活力强；开拓创先、干事创业本领强；发展为先、结构优化功能强；示范率先、勤奋敬业作风强）好班子、21名担当作为“好班长”、52名独当一面“好助手”。开展班子建设情况分析，深化机构改革，优化班子配置。推进实施“琢璞”计划，新建11家“青干讲习所”实践平台，2500余名年轻干部参加讲习锻炼，选派152名优秀年轻干部到国家部委、先进地区和前沿一线等压担历练，择优选调世界排名50强和国内顶尖高校的142名毕业生。细化出台贯彻落实省委激励干部担当作为若干措施无锡“40条”实施方案，制定全市组织系统激励“四敢”担当“1+N”制度举措，深化推进“千名干部百项攻坚”行动。成立无锡干部考核评价研究中心，惠山区成为省激励干部担当作为工作联系点。制定《无锡市干部能上能下纪实报备工作操作规程（试行）》，稳妥有序调整不适宜担任现职干部。

（市委组织部）

12月27日，市委常委会专题听取各市（县）区委和市委相关党（工）委书记抓基层党建工作述职。图为述职会现场 （市委组织部 供图）

人才队伍建设

【概况】 2023年，无锡市深入实施新时代人才强市战略，完善人才生态、计划、平台、服务“四位一体”工作格局。全市人才总量218万人，其中高层次人才17.9万人、高技能人才55.6万人、海归人才2.38万人。

【造优人才生态】 2023年，无锡市升格成立市委人才工作领导小组，由市委书记、市长担任双组长，形成38个市级部门协同配合的人才工作领导体系。制定《关于深入实施新时代人才强市战略的意见》，部署“强智聚才”工程，再次兑现1亿元资金支持顶尖人才，连续五年获评“全国最佳引才城市”。

【建强人才平台】 2023年，无锡市大力建设太湖实验室，布局共建清华大学智能产业创新中心等一批新型研究机构，市产业研究院正式运行，建成全国首批、全省唯一的海归小镇，设立长三角（国际）人才港，推动高端人才“全球选、无锡用”。

【办好人才活动】 2023年，举办无锡·北京人才合作发展大会，现场签约9个项目、7个产业科创基金，总金额45.95亿元。举办2023太湖人才峰会，44名中外院士参加，222个项目现场签约，投资超83.11亿元。承办“春晖杯”法国赛区赛事，“太湖杯”创新创业大赛推荐项目获奖数在“创业江苏”总决赛中蝉联全省第一。组团到比利时等开展“双招双引”活动；多次到北上广深考察对接，撰写的《关于赴大湾区开展人才工作专题调研的情况汇报》获省委领导批示。

【做实人才服务】 2023年，无锡市加强人才金融全周期服务，发布规模1亿元的太湖人才种子基金，举办18期“创投无锡”路演，为8位外籍人才集中颁发永居证。开展“2023人才服务季”主题活动，服务保障310名高层次人才子女入学。

（市委组织部）

【人才引进】 2023年，市人力资源社会保障局实施新时代人才强市战略，聚焦发展和人才“双向需求”，打好人才“引育用留”组合拳。无锡市连续5年上榜“年度最佳引才城市”。全年引进各类人才10.8万人，其中大学生10.5万人、高层次人才1.3万人，新增数字经济人才1.35万人、留学回国人员创新创业2880人，全市人才总量218万人。优化实施优秀大学生“锡引”工程，升级完善大学生住房补贴、生活补贴审核系统，提高政策兑现效率，全市新增申领“锡引”工程补贴1.7万人，为超3万名大学生提供交通文旅优惠。创新青年人才引育模式，开展“校园无锡日”“百企千才高校行”等各类线上、线下引才活动760场次，累计提供岗位47万个次。打造立体式招聘矩阵，开展“无锡云聘”直播活动151场，推出集成电路行业等高层次人才“求贤令”4期，举办太湖湾“465”产业高层次人才对接交流会等高端人才招聘会5场，发布优质岗位超3700个。

【人才服务】 2023年，市人力资源社会保障局编制青年人才到无锡发展“一本通”，发布全市青年人才政策导览，开展“惠才强企”人才政策直通车活动56场，有效提升人才政策知晓度。落实人才分类评价机制改革，完成年度人才分类认定1082人。36544名专业技术人员获得初、中、高级职称。做好高层次人才服务保障，发放高层次人才购房补贴及贡献奖励373人次。持续推进薪酬制度改革，实行以增加知识价值为导向的分配政策，完善工资分配形式，逐步形成符合人才特点、体现人才价值、激发人才活力、规范有序的高层次人才工资分配激励机制。举办“百名青年靓才话无锡”系列访谈活动11场，通过分享百余位青年人才在无锡事业发展、社会交往、家庭生活等方面的美好故事，柔性宣传无锡人才政策力度和服务温度，活动浏览量超50万人次。

【博士后人才引育】 2023年，市人力资源社会保障局积极培育博士后科研平台，加大载体建设力度，5家单位获批国家级科研工作站，11家单位获批江苏省博士后创新实践基地。引导博士后人才投身“卡脖子”技术攻关，获得首届江苏省博士后创新创业大赛团队奖5项、第二届全国博士后创新创业大赛金奖和铜奖各1项，奖牌总数位居全省前列。大力发掘青年科技人才，支持重点产业领域龙头企业和本地重点高校新引进优秀博士申报高水平人才项目，入选省级人才工程人数位居全省前列，17人获批2023年度江苏省卓越博士后计划、13个项目入选揭榜领题榜单。

【乡土人才队伍建设】 2023年，市人力资源社会保障局培育2023年度优秀乡土人才12人。以载体拓展为乡土人才搭建舞台，获评3家省乡土人才大师示范工作室、8家省乡土人才大师工作室。推荐6名乡土人才省赛获奖选手晋升相应技能等级，组织3名乡土人才参加省高级研修班，安排2名优秀乡土人才参加省疗休养。

【支持留学人员到无锡发展】 2023年，无锡市鼓励留学人员到无锡创新创业，新增1家省级留创园、2家省级留创示范园，帝尔激光等3家企业入选为2022年度最具成长潜力留学人员创业企业。2位选手的参赛项目获评首届江苏省留学回国人员创新创业大赛优秀项目，获奖数居全省第二位。1人入选2023年中国留学人员回国创业启动支持计划。

【产才融合】 2023年，市人力资源社会保障局围绕全市“465”现代产业集群建设，编制《无锡市2023年重点产业紧缺人才需求目录》，发布178个紧缺人才岗位需求，相关调研报告获评2023年度江苏省人才人事课题二等奖。举办“集成电路技术与应用”全球博士后青年科技人才扬子江国际论坛、“新时代人才高峰

2月26日，2022年“我在无锡挺好的”靓才年度庆典暨2023年“百名青年靓才话无锡”（首场）访谈——梁溪区创新创业人才专场活动举办

（市人力资源社会保障局 供图）

建设”思享汇等重大活动，为无锡实施新时代人才强市战略凝智聚力。

【人才合作】 2023年，无锡市持续深化与大湾区在科学技术、社会事业等领域青年人才就业创业方面的全方位合作，在香港科技大学、无锡香港科创中心等高校机构开展7场交流对接活动，举办2023“智汇无锡”港澳青年人才对接暨“百万青年看祖国”无锡站活动，邀请香港理工大学、香港中文大学等高校学子30余人到无锡交流。不断深化与南京大学、哈尔滨工业大学等全国30余所重点高校的校地合作，建立一批人才工作联络站和引才联盟。

【完善“云培训”体系】 2023年，市人力资源社会保障局推进各类人才“云培训”体系建设，“锡才云”上线课程超1000课时，于省内率先开展事业单位工作人员线上公共科目培训，优化专技人员继续教育平台功能，全年培训专技人员27.8万人次。

【事业单位人事管理】 2023年，市人力资源社会保障局制定事业单位公开招聘人员考察办法，推动考察工作规范化。出台市属事业单位人员调动办法，推行“能上能下”的竞聘上岗制度，强化考核结果运用，稳步实行县以下事业单位管理岗位职员等级晋升制度，助力优秀人才脱颖而出。

（孙皓晨）

宣传工作

【概况】 2023年，全市宣传思想文化战线坚持以习近平新时代中国特色社会主义思想为指导，全面贯彻中共二十大和习近平总书记对江苏工作重要讲话重要指示精神，按照中央和省、市委部署要求，突出主题主线，把牢根本任务，聚焦新的文化使命，举办近十年来文化产业领域首次综合性招商活动，江苏卓易信息科技股份有限公司获第15届“全国文化企业30强”提名，全国首个5G智慧虚拟拍摄联合实验室在无锡落地，市广电集团《一访定心》栏目获第33届中国新闻奖一等奖。召开全市宣传思想文化工作会议，举办学习贯彻习近平总书记对宣传思想文化工作重要指示精神和习近平文化思想座谈会，出台《在社会主义文化强省建设中多作无锡贡献行动方案》，聚力推进文化强市建设。

【思想理论武装】 2023年，市委宣传部围绕学习贯彻习近平新时代中国特色社会主义思想和中共二十大精神，命名24家党委（党组）理论学习中心组践学基地，推进中心组常态化现场践学。结合主题教育，在市、区两级和条线板块同步全覆盖开展巡学旁听。紧扣“新质生产力”“新时代文化建设”等主题，举办“梁溪大讲堂”等学习辅导报告讲座10场。创新开展基层党员冬训工作，举办全市基层党员冬训工作部署会暨骨干培训班，编发《冬训工作快报》20期，制作冬训系列微课88部，市委宣传部获评“2022年度全省基层党员冬训工作优秀组织单位”。做强“理响无锡”品牌，推出24集电视理论节目《理响无锡》，“理小响学习时”短视频登陆“学习强国”学习平台，“理响无锡”宣讲大联盟开展宣讲1万余场次。大力传承红色基因，常态化长效化开展党史学习教育，举办“红旗渠精神永在——红旗渠精神图片无锡巡回展”“信仰的力量——雨花英烈生平事迹展”等。成立江南文脉研究中心，组织开展全市社科招标，确定2023年度全市哲学社会科学招标课题共立项175项。举办“中国式现代化无锡新实践”理论研讨会、“加快实现高水平科技自立自强”主题研讨会等多场社科理论活动，为高质量发展提供理论支撑。

【宣传教育】 2023年，无锡市持续深化“强国复兴有我”主题宣传教育，围绕8个主题、53个大项，开展300余项特色鲜明、成效显著的活动。在全省率先成立“最美人物走基层报告团”，开展宣讲活动30余场，受益群众近10万人次。在第四届全国红色故事宣讲大赛中，无锡市1名红色宣讲员获评全国“优秀解讲员”，并参加全国展演。新命名17家市级爱国主义教育基地、15家无锡市国防教育基地，在第十个烈士纪念日，市委宣传部组织30对新婚夫妇向革命烈士献花。推动思想政治工作常态化开展，承办江苏省“奋进新征程”企业文化建设观摩交流活动。全年获评全省思政工作课题研究优秀成果一等奖1项、二等奖1项、三等奖4项，无锡政研会、市总工会及3名个人分别获评全省政研系统优秀单位和个人。启动文化科技卫生“三下乡”集中服务活动，全市22个部门单位捐资金额161.45万元，组建1个志愿服务总团、8个志愿服务分团，现场设置124个服务点，并举办文艺惠民慰问演出，丰富农村精神文化生活。

【重大主题报道】 2023年，无锡市围绕学习贯彻习近平总书记三次对江苏工作重要讲话重要指示、主题教育等重大主题，大力开展新闻宣传活动。市委宣传部组织市主要媒体办好“新时代 新征程 新伟业”“沿着总书记的足迹”等20余个专题专栏，推出《总书记江苏行》《无锡行动》等新媒体栏目。强化“强信心”正面宣传，围绕全球锡商大会、太湖人才峰会、物博会等重要会议活动，以及产业强市、科技创新、民营经济等重点工作推出系列报道，创新策划“中国式现代化无锡新实践”宣传报道，举办“长三角主流媒体看无锡”融媒体新闻采访、“全国地方媒体总编辑看无锡”等活动，全网涉无锡重点新闻报道近62万篇，其中中央媒体9.3万篇、省级媒体近20万篇。

5 月 10 日，“中国式现代化无锡新实践”2023 长三角主流媒体看无锡活动启动
（市委宣传部　供图）

【城市形象宣传】 2023 年，市委宣传部组织开展无锡城市全球推广行动，赴中国港澳地区及英国、沙特、阿联酋、柬埔寨等国家开展对外文化交流，举办“在伦敦遇见无锡”城市视觉展、“共建‘一带一路’十周年西港特区成果展”等活动，挂牌“江苏省对外文化交流基地”“对外文化交流基地无锡之窗”，覆盖海外潜在受众 2.5 亿人次。打造 IP WUXI 城市形象传播平台，上线 IP WUXI 城市形象资源库、微信公众号、视频号，组建城市形象宣传创作联盟。推出新版“阿福阿禧”表情包、《2024 无锡城市周历》等一批城市外宣品，集中展映《外国人在无锡·生活指南》、系列专题片《认识无锡》等一批共 59 部、累计时长 290 分钟的专题视频。组织举办“遇见锡引力”城市文化交流节、“走进无锡”海外媒体无锡行暨外籍“粉丝”线下行等活动，邀请外国驻华大使、外媒记者和外籍粉丝等参访体验无锡。举办“2023‘太湖美’音乐会”，在中央电视台综合频道黄金时段播出，相关视频播放量超 1100 万次，全网传播量突破 1 亿次。

【国际传播】 2023 年，市委宣传部健全无锡市对外宣传工作联席会议机制，召开市对外宣传工作联席会议机制第二次会议，形成《全市新闻发布会工作管理口径（试行）》。深化国际传播能力建设，建设无锡国际传播融媒体中心、国际传播联盟。推进海媒账号矩阵建设，在全省范围率先实现市（县）、区官方海媒账号全覆盖。升级“魅力无锡”国际传播矩阵，覆盖全球 70 个国家和地区，粉丝超 200 万人次，形成面向海外，集新闻宣传、形象展示、文化交流为鲜明特色的对外交流及宣传推广格局。在国际月暨赏樱周、2023 中国国际智能传播论坛、世界物联网博览会等重要活动期间，积极策划开展国际传播报道，邀请 120 余家境外主流媒体和通讯社到无锡采访报道。英国《泰晤士报》整版刊登深度稿件《长江上的城市（无锡）：既有丰厚底蕴，又有光明未来》，美国《时代》周刊网站发布报道《无锡：用物联网智慧联接世界》。

【文艺精品创作】 2023 年，市委宣传部制定 2023—2025 年度文艺精品创作重大题材库推介和舞台艺术作品三年创作规划，面向各板块和重点创作单位下发文艺精品年度创作计划书。舞剧《10909》、群舞《能不忆江南》分别获第 14 届全国舞蹈展演优秀剧目、优秀节目，锡剧《涓生之路》完成国家艺术基金首演，原创动画《太湖少年》《嗨！三宝》登录中央电视台，《茶婆婆渔婆婆蚕婆婆》获广电总局优秀网络视听作品推选，推出小剧场锡剧《红豆》、纪录片《无锡国专》和《钱伟长》、广播剧《南国红豆别样红》、动画片《沙孩儿》等多部精品。推进国家重点影片《澎湖海战》《狂爆》《飞向开普勒 22B》等拍摄制作，无锡出品影片《封神第一部：朝歌风云》获第 36 届金鸡奖三项大奖，刷新江苏影史纪录。文学创作喜获丰收，小说《包浆》入选 2023 年度中国作家协会重点作品扶持项目和中宣部主题出版重点出版物，15 部作品获首届艾青诗歌奖、首届杨升庵文学奖散文奖、冰心散文奖、朱自清散文奖、紫金山文学奖等国家和省级文学奖项，获奖作品数量居全省前列。

【重大文化活动】 2023 年，无锡市举办太湖文化艺术季暨第 22 届中国上海国际艺术节无锡分会场，在为期 6 周的时间里，为市民提供精品舞台剧目演出 37 场、社会文化活动 14 场、梦想艺术汇 11 场、艺术作品展览 15 场和惠民文化活动 30 场，引进瓦莱里·捷杰耶夫与马林斯基交响乐团音乐会、舞剧《红楼梦》、昆剧全本《牡丹亭》等国际、国内重磅演出，现场参与超 30 万人次，受益近百万人次。承办中国作协网络文学视听转化研讨会暨网络作家培训班，发布“网络文学 IP 创作扶持计划”。举办数百场 2023 紫金文化艺术节群文活动，无锡市蝉联优秀组织奖。举行无锡交响乐团启动仪式，聘请指挥家林大叶担任无锡交响乐团艺术总监、首席指挥，聘请尹锋担任无锡交响乐团常务副团长，聘请青年作曲家李劭晟担任无锡交响乐团音乐指导。举办无锡交响乐团首演暨 2024 新年音乐会，省委常委、宣传部部长张爱军出席活动并观看演出。钢琴家马祖耶夫，大提琴家王健，歌唱家吴碧霞、宋倩、薛皓垠现场演绎中外经典作品。由著名词作家凯文和无锡交响乐团音乐指导李劭晟共同创作的首部无锡城市主题交响乐作品《无锡序曲》全球首演。

【先进典型选树】 2023年，无锡市打响“做文明有礼无锡人”公民道德建设品牌，6人入选省道德模范候选人，4人上榜“中国好人”、11人上榜“江苏好人”，4人获评江苏“最美人物”，推出无锡“最美人物”70人、“无锡好人”45人，2个典型入选全国学雷锋志愿服务“四个100”名单；承办“文明中国·看无锡”研讨会、新时代江苏道德模范与身边好人事迹巡演江南大学专场活动，“道德模范讲师团”开展宣讲活动千余场。年内，4人当选为“新时代江苏好少年”。

【新时代文明实践】 2023年，全市高质量、全覆盖建成1270个文明实践中心（所、站），整合1.2万多个功能设施形成文明实践网络，新增生态文明教育实践基地35个。持续开展崇德乐善“一月一主题”“文明实践集中活动日”“文明家门口 服务进社区”等活动8000余场次，创新打造“点亮星夜”“温暖秋冬”“市民夜校”等“四季”场景，在全省首个试点开展新时代文明实践乡情地情教育活动。

【志愿服务】 2023年，市委宣传部学习贯彻习近平总书记关于学雷锋活动的重要指示精神，举办第21届无锡市学雷锋志愿服务活动月活动。常态化开展志愿服务活动，组织南禅寺学雷锋志愿服务广场活动12期，探索“校地结对”模式丰富场景、壮大力量。做好大型活动服务保障，完成太湖人才峰会、世界物联网博览会等近10场大型活动志愿服务工作。

【公民道德建设】 2023年，市委宣传部围绕“善序礼爱”开展系列活动，提质打造“做文明有礼无锡人”公民道德品牌，组织道德讲堂、开放大学、市民学校等阵地广泛开展公民道德教育，“道德模范讲师团”全年开展专题宣讲超千场。持续拓展道德宣传阵地，在全市20家星巴克小屋设立首批文明驿站，运用“空杯行动、静享美味、减碳自带杯”等场景开展植入式宣传。制作发布“我为文明无锡代言”宣传海报121期。坚持法德并举，开展《无锡市文明行为促进条例》《无锡市民文明公约》宣传活动近300场。

【未成年人思想道德建设】 2023年，无锡市开展“扣好人生第一粒扣子”系列活动，组织举办“清明祭英烈”活动，各中小学校线上祭扫寄语8.6万余条。举办2023年度无锡市少儿文化艺术节，组织开展第11届“童声里的中国”少儿歌谣创作大赛，开展第四届“童真里的色彩”儿童画创作大赛。加强“八礼四仪”养成教育，推出新一批156家“行知大学堂”——无锡市中小学生社会实践基地，举办江苏省2023年“七彩的夏日”未成年人暑假活动启动仪式，各平台直播观看200万人次。协调组建未成年人成长指导中心运行团队，举行无锡市第14届未成年人心理健康服务月活动，开展各类心理健康活动100余场，服务6万余人次。

【文明城市创建】 2023年，无锡市深入实施《关于进一步深化文明城市创建工作的意见（2021—2023年）》，突出文明城市“一把手”工程定位，进一步健全完善“1+3+N”工作责任体系，市委常委会2次专题研究文明城市创建工作，召开4次专题会议部署推进相关工作，推动各地各部门将创建任务落实到日常。完成2022年度中央精神文明建设办公室实地测评、问卷调查以及2个全国文明村网上申报工作，测评结果为“优秀”等次，受到通报表扬。9月，中央精神文明建设办公室专职副主任胡凯红一行到无锡实地调研文明城市创建情况，对无锡创建成效给予充分肯定。国家统计局无锡调查队问卷数据显示，市民群众对文明城市创建的满意度为99.5%。

【群众性基础创建】 2023年，无锡市以文明城市创建为龙头，统筹文明单位、文明村镇、文明校园、文明家庭创建，下发《关于进一步改进和加强群众性精神文明创建活动的通知》，加强对800个市级以上文明单位、267个市级以上文明村（社区）、27个市级以上文明镇、110个市级以上文明校园、68个市级以上文明家庭的动态管理。开展“‘我爱我家 文明共建’寻找星级楼道”主题活动，全年推评100个星级楼道。

【弘扬社会新风】 2023年，市委宣传部加强条块联动，突出时间节点，开展文明巡访、文明交通、文明旅游、文明养犬、文明诚信经营等各类宣传实践活动300余场，开展“我们的节日”主题活动600余场，高质量办好“移风易俗主题宣传月”系列活动。搭建无锡市公益广告库，与市市场监管局等单位联合开展常态化督查检查，建筑工地、公共广场、主次干道、公园景区等场所的公益广告覆盖率均为100%。

（锡　轩）

统战工作

【概况】 2023年，全市统一战线全面贯彻落实中共二十大精神和习近平总书记关于做好新时代党的统一战线工作的重要思想，把握团结奋斗的时代要求，落实中央和省委、市委关于统战工作的决策部署，着力解决统战工作重点难点问题，着力防范化解统战领域风险隐患。年内，无锡市获评“全国民族团结进步示范区示范单位”，无锡统战信息工作连续三年获评全国三等奖，连续四年获评全省一等奖。在全省设区市高质量综合考核中，无锡统战工作连续六年保持第一名，市委统战部被评为市级机关部门和直属单位第一等次，并获“四千四万”开拓奖。

【思想政治引领】 2023年，市委统战部学习贯彻中共二十大和习近平总书记对江苏工作重要讲话精神，召开市委统战工作会议，通过召开部务会、各级党委(党组)会、各统战团体理事会等，引导广大统战成员和统战干部牢记嘱托、感恩奋进、走在前列。市委统战部主要领导带头开展宣讲辅导，组织全市统战系统学习贯彻习近平总书记对江苏工作重要讲话精神。支持市各民主党派、无党派人士和党外知识分子、新的社会阶层人士开展“凝心铸魂强根基、团结奋进新征程”主题教育，举办首届海峡两岸陶文化创意设计大赛、港澳文化交流节、锡港美食节、香港中文大学中医学院中医药访学等活动，在香港中文大学举办《似是故人来》音诗画演出，在梁溪区运河汇举办统战主题沉浸式实景演出《万里与君同》；在省第四届少数民族舞蹈展演中，无锡市选送的《心粹布达拉》《阿吾勒之舞》《心月》等民族团结题材艺术作品，分别获优秀作品奖、优秀编导奖和优秀表演奖。

【多党合作】 2023年，市委统战部举办纪念“五一口号”发布75周年系列活动。组织第30期民主党派代表人士培训班，协助市委承办中国政党制度研究中心第21届年会，梳理编印《无锡多党合作实践创新案例》汇编、《无锡多党合作阵地巡礼》画册，拍摄《今昔梦同薪火传》等。探索开展“五强化五提升”系列活动，扎实开展全市民主党派“基层组织建设年”活动。牵头成立无锡高校院所统战工作联盟，拓展民主党派选人用人视野，有效优化党外代表人士队伍结构。

【参政议政民主监督】 2023年，市委印发《2023年度政党协商计划》。市委统战部组织市各民主党派、工商联和无党派人士围绕“砥砺四敢担当、赓续实业基因，打造新时代工商名城”“加快建设国际化品质现代气派新都市”进行调查研究。协助市委召开专题民主协商座谈会、专题民主协商意见建议办理落实推进会，落实政党协商工作闭环，为市委科学决策提供参考。深化实施“民主监督+改革督查”，围绕全面深化改革重点攻坚项目等课题，实施3轮专题民主监督，形成调研报告14篇，梳理分析问题50余项，提出意见建议60余条。遴选5名党外代表人士担任无锡市第11届特约教育督导员，定期向党外人士通报党风廉政建设情况。10月25日，全国政协副主席、农工党中央常务副主席杨震率农工党中央调研组到无锡调研长江水域治理情况并给予肯定。

【党外知识分子工作】 2023年，市委统战部召开全市无党派人士和党外知识分子“凝心铸魂强根基，团结奋进新征程”主题教育推进会，在全市范围内开展“重温团结奋斗史，聚力共赴新征程”主题征文活动。打造“知联护新”品牌，组织党外知识分子开展“知联护新　聚力发展”助力专精特新企业发展行动，为助力专精特新中小企业知识产权保护提供精准服务。组织“学习西迁精神　强化使命担当”培训班。组织开展“联知联行　赋智赋能”——挂钩结对江阴助残活动。围绕“预防先天残疾，守护美好未来”主题，开展残疾预防宣传活动，并捐赠1万余元的健康辅具。推进“筑梦未来　爱心助学”“城市微更新”等服务，参与公益慈善活动12场次，开展结对助学30人次，捐款金额20万余元。助推国联集团打造“三联一汇”统战品牌，鼓励和支持党外知识分子在企业生产经营与改革发展中发挥作用。

【欧美同学会工作】 2023年，无锡市召开全市留学人员学习习近平总书记致欧美同学会成立110周年重要贺信精神座谈会，深刻领会习近平总书记重要贺信的重大意义和深刻内涵。在福建上杭举办第3期市欧美同学会骨干会员培训班。举办第3期市欧美同学会新会员见面会活动，聘请唐英年为市欧美同学会荣誉会长。开展“学长帮学长”活动，举办沙龙和经验分享会，分享海归创业经验，助力无锡高质量发展。组队参加欧美同学会第二届“双创”大赛长沙总决赛，无锡赛区获全国四大赛区总决赛

9月13日，市委统战部联合梁溪区委统战部，在梁溪区运河汇举办《万里与君同》统战主题沉浸式实景演出　　（市委统战部　供图）

总分第一名。哈佛大学无锡校友会及创新中心招引入驻海内外创新创业科技项目20多个，申报高科技创新创业人才10多人，其中国家级人才3人、海外博士后专项1人。海创基金首期2亿元募集到位，投资海归企业6家，储备关注20多家。惠山区成立全市首个区级经开区欧美同学会——惠山经开区欧美同学会（惠山经开区留学人员联谊会）；江阴市成立首个街道级欧美同学会——云亭街道欧美同学会（云亭街道留学人员联谊会）。成立全市首家国企欧美同学会——无锡市国联集团欧美同学会，并挂牌无锡市留学人员金融创新实践基地。成立帝国理工无锡校友会。市欧美同学会足球队获2023苏港“同心杯”足球友谊赛冠军。组建欧美同学会网球队。

【非公有制经济领域统战工作】 2023年，市委统战部贯彻落实中央经济工作会议、中央统战工作会议等精神，持续实施年轻一代企业家健康成长促进计划，推进“基业长青”工程。成立无锡太湖企业家书院，搭建民营经济理想信念教育、企业全过程咨询服务平台。加强社会责任引领，开展“万企兴万村”行动，全市459家企业实施兴村项目511个，投资总额31.68亿元，捐款捐物总额9.8亿元。市光彩事业促进会累计实施光彩项目455个，捐助资金5100万元，获评第一届“无锡慈善奖”最具影响力慈善组织。发起成立无锡市锡商公益基金会，首批落实26个、总额1900多万元的公益项目。组织开展“民营企业服务月”和“稳经济、进万企”银企对接活动，为民企追加授信批复金额54.23亿元。建立“民企心声”专报制度，组织“产业链+”法企服务、法律助企进商会活动，解决各类困难和问题600多个。组建商会商事调解实体化平台，成功调解商事案值金额12.6亿元。

【新的社会阶层人士统战工作】 2023年，市委统战部修订《市新的社会阶层人士统战工作联席会议成员单位联系代表人士工作制度》，提升新的社会阶层人士统战工作覆盖面和联系范围。召开无锡市新的社会阶层人士联谊会换届大会暨二届一次会员大会。在广州暨南大学举办“无锡新英汇”第七期培训班。组织开展新的社会阶层人士统战工作实践创新基地建设评审活动，评选出10家市级“无锡新英汇”实践创新基地。参加新华网组织开展的“2023全国乡村振兴优秀案例征集”评选活动，获优秀案例。会同市文旅集团举办“同心聚力·寻美无锡”中秋民乐赏听会暨行走的园林音乐会。举办“寻美无锡，寻美梁溪”北仓门春季文创周开幕式活动、“寻美屺亭，同心端午”宜兴主题活动、“寻美无锡，锡山出发”网络新生活启动仪式等活动，获“寻美·江苏优秀组织奖”。

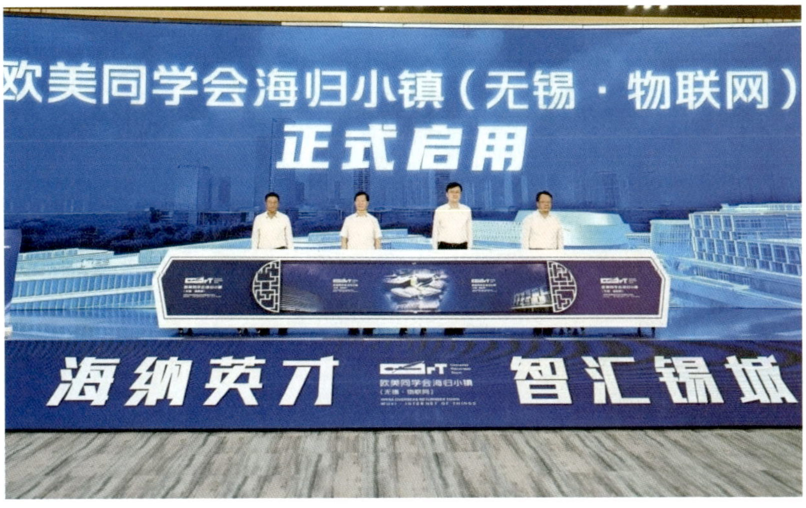

9月13日，欧美同学会海归小镇（无锡·物联网）全球合作发展大会举行，欧美同学会海归小镇（无锡·物联网）正式启用　（市委统战部　供图）

【党外代表人士队伍建设】 2023年，市委统战部制定《无锡市党外干部“双重评价”工作实施方案（试行）》，深化实施党外干部队伍建设“321人才计划”，持续推进统战部—组织部部际会商，开展全市党外干部及“321人才计划”大调研，扩容高校和科研院所党外干部数据，开展“话‘四敢’争先锋”青年干部座谈会，推动党外干部双岗建功，提升综合素质能力。推荐党外代表人士担任全国、省、市人大代表和政协委员，参选全国三八红旗手等，做好党外代表人士政治安排，加大优秀典型选树力度。

【统战部门自身建设】 年内，市委统战部加强统战系统干部教育培养、实践锻炼、科学使用，出台《关于进一步激励干部在推动统战工作高质量发展中担当作为的具体举措》，激励干部担当作为，启动第二批培优提能挂职锻炼，举办全市基层统战干部培训班，组织“开拓创新奖”“创先争优奖”“务实奉献奖”评选，开展“双月培训”等活动，引导统战干部主动在高质量发展和现代化建设中履职建功。

【“聚贤惠锡”工作】 2023年，市委统战部精心组织乡贤参加江苏发展大会和全球锡商大会，邀请荣智健、唐英年、杜江峰、王磊、许倬云作主题演讲，为江苏和无锡高质量发展贡献力量。召开“聚贤惠锡”工作会议，建立完善工作机制和乡贤数据库，编发“聚贤惠锡”工作简报，挂牌成立“聚贤惠锡乡情驿站”和“聚贤惠锡乡贤会客厅”，开展“聚贤惠锡”系列活动。市委统战部与无锡市政协、上海唐君远教育基金会联合主办纪念唐翔千100周年诞辰座谈会（无锡）相关活动；与江南大学、上海唐君远教育基金会联合主办“江南大讲堂——香港的发展与机遇”活动，邀请香港特别行政区第七届立法会主席梁君彦作主旨演讲；与江南大学、荣鸿庆基金会（筹）、无锡市荣巷古镇历史文化研究会共同主办纪念荣宗敬150周年诞辰暨荣鸿庆100周年诞辰座谈会。

【完善大统战工作格局】 2023年，市委制定出台《贯彻落实党中央关于统一战线决策部署和省、市委关于统战工作部署安排重点任务分工方案》，推动统战工作纳入市委专项督查和政治巡察，压紧压实各级党委（党组）主体责任。研究制定加强基层统战和国有企业统战工作的意见，举办“海创江南 同心向锡”统战部部长主题沙龙，升级完善“无锡掌上统战”系统，推动统战工作与机关群团、高校院所、开发区、国有企业等互促共进。年内，中央统战工作领导小组简报专刊报道无锡市基层统战工作的做法，省委书记信长星专门作出批示。

（施 勇）

党建工作

【机关党建】 至2023年末，市委市级机关工委有直属党组织88个，下辖党的基层组织1114个，其中党委77个、党总支62个、党支部975个。党员17553人。全年发展预备党员137人。组织132名预备党员、240名入党积极分子、177名发展对象开展培训。组织270余名直属党组织书记、党支部书记参加培训班，组织655名机关党组织书记参加全省学习贯彻习近平新时代中国特色社会主义思想主题教育示范培训班。2个机关党支部被评为无锡市示范型党支部。

党内关怀帮扶 元旦春节走访慰问350余人次，向173人发放党内关爱资金38.8万元。“七一”期间，举办市级机关“光荣在党50年”纪念章颁发仪式，颁发纪念章200枚。开展“春送关怀、夏送清凉、金秋助学、冬送温暖”系列关爱活动，向劳模、困难干部职工、一线工作者等发放慰问金、慰问品共100余万元。

纪律作风建设 组织1万余名参评代表对89个市级机关单位高质量发展绩效进行满意度评价，将129条意见建议反馈至89个部门单位。开展“强作风、优服务、促发展”活动，在88个直属党组织开展“微调查”工作，回收调查问卷9920份。建立“微建言”平台，收集意见建议118条。到基层一线开展“一线微调研”，评选出44篇优秀调研报告。组织召开13场市级机关“与企业面对面”座谈会，相关部门现场解决300多个问题。扎实开展“5·10”思廉月活动，全年审理违法案件73件。

（李 娟）

【村（社区）党建】 2023年，全市深入实施党建赋能乡村振兴20条，推进368个“书记项目”和751个“驻村项目”，成立江阴—锡山—惠山“党建共同体”，设立北京大学乡村振兴研究与实践江阴基地，4个村入选全国村典型案例。实施党建引领基层治理“红梅领航”计划，推行“六联六共”党建联建机制，推动党政机关、企事业单位等与1216个村（社区）结对共建，6个社区入选全国先进典型社区案例；积极探索“小区党建”，推进“把支部建进小区”，初步建立小区党支部2652个。全面开展党支部建设分类晋级指数评价，推行基层党建工作指导员队伍“三分三化”管理体系，出台《优秀村（社区）书记选任事业编操作办法》。年内，无锡市获评省“百名示范”村（社区）书记7人、“千名领先”59人。

【“两新”组织党建】 2023年，无锡市开展“红链赋能”行动，成立产业链党委或党建联盟93个，组建产业链专委会党支部10个，推出惠企服务项目近500项，帮助链上企业协调贷款超300亿元，引进人才1.2万余人；扎实推动新业态新就业群体党建工作，建立健全协同推进、联建共建、作用发挥、关心关爱等8项机制，出台“四敢助‘新’”20条一揽子措施，成立全省首个“快递小哥关爱基金”。

（市委组织部）

6月28日，以“党旗在一线飘扬”为主题的市级机关“党支部的故事”情景党课在市人民大会堂“开讲”　（市委市级机关工委　供图）

侨务工作

【为侨服务】 2023年，市侨办承办全省部分高校校友会负责人座谈会；开展为侨服务——侨企上市辅导无锡专场活动；召开全市侨务事务工作座谈会暨侨企情况专项调研工作会议；推荐5人参加海外新生代人士国情研修班。指导省侨办命名的“无锡华创苑”——无锡国际生命科学创新园开展各类活动，加大无锡市华侨华人创新创业服务力度，建好为侨服务平台和载体。5月，在全市范围内开展为期1个月的“侨务法治宣传月”系列活动。完成“八五”普法中期评估工作及2022年度法治无锡建设监测评价相关工作。做好无锡市侨界民生实事“统战+‘侨爱工程’——适老化改造”工程验收工作。春节期间共走访慰问侨界群众70人次、发放慰问金7万元，慰问去世归侨家属16人并发放慰问金。发放困难归侨及企业退休归侨生活补助金共25.68万元。年内，接待华侨华人归侨侨眷等到访53人次，办理17件网上信访件（“12345”政府网）。指导办理“三侨考生”身份及认定工作，为4名“三侨考生”进行身份认定，对5名归侨侨眷进行身份认定；指导各市（县）、区做好华侨回国到江苏定居工作。推进侨务“进三区”工作，锡山区羊尖镇严家桥村、惠山留学归国人员创业园“惠侨之家”、滨湖区河埒街道“侨胞之家”获评2023年度全省“三区”为侨服务工作经费支持单位。

【华文媒体宣传】 2023年，市侨办加强华文媒体宣传，制作海外宣传专版4期，分别为：《美国侨报》无锡文旅专版——《无锡，千年古城等你来》、《加中时报》无锡“聚贤汇锡”专版——《无锡：赓续传统文脉 绽放江南盛地新华章》、《欧洲时报》无锡开发区专版——《江苏无锡：特色园区为现代产业助力》、《中文导报》无锡推介专版——《吴韵高风传唱千年 二胡弦音闪耀今朝》，通过江南文脉、运河风光、古镇故事等多角度图文介绍，多视角、多维度向海外读者推介无锡。举办“E路苏心”无锡市中医惠侨云平台启动仪式，特医食品研究院、市跨境电商协会与马来西亚侨团签订中药健康食品推广合作协议；无锡市中医医院、新吴区中医医院等与马来西亚有关中医医院签订战略合作协议。举办“锡有佳肴”无锡市“中餐繁荣”海外推广活动。成立“中餐繁荣推广联盟”，聘任5位“中餐繁荣海外推广大使”，授牌8家“中餐繁荣惠侨基地”，支持海外中餐业发展，推助无锡传统美食文化走向世界。

【海归小镇启用】 9月，全国首批、全省唯一的欧美同学会海归小镇（无锡·物联网）建成启用，同期召开全球合作发展大会，全国政协常委、欧美同学会副会长曹卫星参加活动。11月13日，全国人大常委会副委员长、欧美同学会会长丁仲礼在无锡召开入住海归小镇留学人员座谈会，欧美同学会党组书记、秘书长李民参加活动，入驻、签约优质海归企业24家，签约金额超10亿元，制定出台欧美同学会海归小镇专项政策，从“6大维度、27项政策”给予海归人才创新创业全过程支持，海归小镇展厅同时开放。年内，组织2期2023“海外名校优生无锡行”海归人才产业考察暨创新创业洽谈活动。60余位来自剑桥大学等世界名校及中国香港地区8大名校的海内外博士，到锡山区、滨湖区、新吴区重点企业及高校实地考察，数名海外博士与相关单位签约，达成合作意向。

（施　勇）

对台事务

【概况】 2023年，无锡市对台工作战线学习贯彻习近平总书记关于对台工作的重要论述，拓展深化以经贸合作为重点的锡台各领域交流合作，各项工作取得新成效。年内，全市新批台资项目45个，增资项目19个，投资总额3.46亿美元，注册台资1.44亿美元，到位台资1.58亿美元。全市赴台商务团组291批、735人次，因公赴台团组1批、14人次。

【海峡两岸食品科技产业（无锡）合作试验区获批】 2021年8月，市委台办立足江南大学食品科研优势和无锡良好的食品工业基础，经过充分调研、反复论证，提出创建“太湖湾科创带食品硅谷”构想，该项目被列为市“千名干部百项攻坚行动”项目。2022年4月，正式提出创建“海峡两岸食品科技产业（无锡）合作试验区”；同年8月，无锡市召开创建工作启动会，进一步明确试验区的目标定位和规划要求。2023年1月，省政府正式向国台办发文申请创建“海峡两岸食品科技产业（无锡）合作试验区”；11月，国台办、科技部、工业和信息化部等6个部门联合发文批准。在第三届海峡两岸食品营养与健康产业高峰会上，海峡两岸食品科技产业（无锡）合作试验区揭牌。

【第三届海峡两岸食品营养与健康产业高峰会】 11月30日—12月1日，无锡市举办第三届海峡两岸食品营养与健康产业高峰会暨江南创新创意食品展，国台办经济局、两岸企业家紫金山峰会分别发来贺信，海峡两岸食品业界的专家教授、企业家、行业负责人等400余人参加峰会，共同就两岸食品产业合作和融合发展进行研讨。高峰会期间还举办海峡两岸食品科学与技术研讨会，与会专家结合各自研究领域作了精彩报告，40多家两岸专业厂商携带食品参展，50多位嘉宾到海峡两岸食品科技产业（无锡）合作试验区现场考察。

【推进台企转型升级】 2023年，市、区两级台办积极推进台企转型升级，支持和帮助台企向区域总部、绿色节能、智能车间等方向发展。年内，1家台企获评工业和信息化部5G工厂，2家台企获批省级工程技术研究中心，2家台企获评省级入库科技型中小企业，2家台企获批省级企业技术中心，4家台企获评省级智能制造示范车间，7家台企获评省级专精特新中小企业，1家台企获评省级工业互联网示范工程，4家台企获评省级两化融合管理体系贯标示范企业，30余家台企获市级标杆工厂、专精特新企业等认证，三能器具入选“中华人民共和国第二届职业技能大赛”设备设施支持单位名单。持续协调无锡市地方金融监管局、上海证券交易所、厦门金圆统一证券开展台企上市指导工作，大力推进新麦机械等台企上市进程。

【为台企台胞服务】 2023年，市委台办走访调研台企100余家，帮助解决台胞台企困难问题31件次。联合消防、应急、红十字会等单位举行安全讲座、安全培训、安全检查10余次，发放资料400余本。邀请市税务部门和社会专业机构联合举办专题培训讲座，联合江苏海辉律师事务所开展法律服务进台企活动，为台企提供法律服务。联合中国报关协会举办“问需台企听心声，把脉问诊解难题”台资专场座谈会，联合市工信局到台企了解发展需求，向台商宣讲专精特新“转贷应急资金”等全市支持中小企业发展的相关政策，为台企提供个性化发展辅导。落实台胞台企同等待遇，积极推动各项惠台政策落地落细落实，持续关注台胞子女入学、购房、临时驾照申领等“微幸福”小事，为台企、台胞在无锡发展提供良好环境。

【千名台胞参访无锡】 10月10—14日，来自台湾的1015名同胞在无锡市参加“两岸和合，共生吉祥”活动。其间，国台办主任宋涛在无锡分别会见台湾各界代表及佛光山代表，并参加点亮心灯等相关活动。无锡为到访台胞精心设计两条参访线路，内容涵盖非遗文化、美丽乡村、物联网和数字电影等，活动得到参访台胞的一致认可。该次活动是在民进党当局极力阻挠两岸正常交流的情况下，以两岸民间宗教交流为突破口的两岸民间交流活动，新华社、央视新闻直播间、《台湾联合报》等30余家媒体对活动进行报道，活动得到国台办和省台办的高度肯定。

10月12日夜，无锡市在拈花湾小镇举办“两岸和合，共生吉祥”千名台胞参访无锡活动。图为“点亮心灯”仪式后部分台胞合影（市委台办　供图）

【推进对台交流】 2月，根据中央安排，无锡市委台办联合市（县）、区台办，利用两天时间做好中央吊唁团赴宜兴大觉寺吊唁星云法师的各项工作，确保星云法师圆寂吊唁活动圆满举行。4月，台湾彰化花坛小学师生代表团到无锡参访。该团系2019年四季度以来首个到江苏省参访的台湾师生代表团。在无锡期间，代表团与无锡市联合举办因疫情原因中断三年的“百灵之声”锡台青少年音乐会。4月，台湾新党主席吴成典到无锡出席泰伯祭祀典礼活动。年内，全市共举办各类交流活动50场，参加人数6000余人，为提升台胞对大陆的情感认同、文化认同、民族认同做出积极贡献，锡台两地在文化、教育、体育、社区等领域的交流合作得到深化。

【“千名台青看无锡”系列活动】 2023年，无锡市开展“千名台青看无锡”系列活动，让更多台青了解无锡发展历史与发展成就。5月，组织举办第14届海峡两岸纪念徐霞客公祭典礼暨海峡两岸徐霞客文化学术交流会，台湾徐霞客研究会副会长蒋维泰率队出席公祭典礼活动。6月，举办第三届海峡两岸青年篮球邀请赛，参赛队伍23支，比上一届增加7支，参赛人数近500人。邀请台湾新北市黎明科技大学、庄敬高职2支岛内学校球队40人参赛，该活动首次邀请岛内队伍参加，球队人员均为首次到访大陆。邀请赛期间，举行太湖湾海峡两岸青年创新发展论坛，100余名台湾青年企业家代表参加。7月，台湾地区新党组织20名岛内青年大学生到无锡参访。

（沈　波）

6月30日，2023海峡两岸(江苏)体育嘉年华启动仪式暨第三届海峡两岸青年篮球邀请赛在无锡市博览中心B馆举行　　（市委台办　供图）

【服务经济发展】 2023年，市委研究室服务全市经济发展大局，组织召开市委财经委会议2次，服务市委围绕引导发展预期、发挥政策效应、呵护市场主体等重点工作作出相应部署。健全完善财经“双联”机制，强化联系对接和联席会商，组织市主要经济部门召开经济运行分析联席会7次。会同市税务局、市统计局、市工商联等部门针对经济运行中的难点、重点、热点问题开展协同研究，定期走访企业、访谈企业家，打造形成“财经视界·税务观察”品牌，形成一批高度聚焦的调研文章。健全财经月报工作机制，常态化收集整理月度经济数据和材料，向省委财经办报送《无锡市月度经济运行情况报告》11期，服务省、市经济形势常态化分析研判。

（顾　望）

调查研究

【服务市委决策】 2023年，市委研究室学习贯彻习近平新时代中国特色社会主义思想，认真落实大兴调查研究之风要求，发挥参谋助手作用，聚焦长三角一体化发展、产业集群打造、功能区建设、科创圈协同创新、重大产业项目建设和社会民生、城市建管、生态环境、社会治理等重大战略和重点任务，形成一批高质量调研成果。全年累计编发《锡研专报》42期，相关调研报告得到市委主要领导批示肯定31次、省领导批示肯定4次，《环保产业科技创新的生动实践》《一个湾，探索区域协同创新路径》《打造高能级平台，融入新发展格局》等6篇调研报告在省级刊物发表，《拥抱数字时代，共创数字未来》被省委研究室评为优秀调研报告，综合调研处被市委、市政府表彰为服务“强富美高”新无锡现代化建设先进集体。构建“走出去+走在前”调研机制，积极对接上级部门开展联合调研，聚焦长三角、粤港澳、成渝等重点区域前沿城市，学习先进经验做法。在基层设立调研联系点、财经观测点，着力打造“大调研”工作格局。推进新型智库建设，组织智库专家参加“调研·问道”沙龙研讨和《锡研专报》高质量办刊座谈会，为市委决策凝聚高端智力资源。

【服务改革攻坚】 2023年，市委研究室着眼全局系统谋划改革任务，制定市委深改委《2023年工作要点》，配套出台细化实施方案，明确9个方面、33条、219项改革任务，服务召开市委深改委会议4次。严格落实领导联系重点改革任务制度，分别确立市领导、市(县)区领导联系重点改革任务18项和142项。承办全省改革办系统工作推进会，组织召开全市改革工作座谈会，建立与各改革专项小组办公室会商交流机制。深化“改革督察+民主监督”工作，完善改革工作考评办法，着力发挥考核的“指挥棒”作用。用好《无锡导刊》“改革进行时”专栏宣传主阵地，组稿刊发12篇各地各有关部门主要负责人抓改革落实署名文章，推动预算管理制度改革、食品安全智慧监管等6个具有无锡特色的实践经验在《江苏改革简报》刊发，传播无锡改革“好声音”。

网信工作

【2023年无锡市重大主题宣传暨第11届网络文化季】 4月21日，2023年无锡市重大主题宣传暨第11届网络文化季活动在“延安精神无锡学习天地”举行。2023年无锡市重大主题宣传、无锡市第11届网络文化季、惠山区网络文化节活动、“太湖明珠，‘四敢’聚力，鲲鹏迭变”无锡市短视频大赛正式启动，“锡引力·新思享——太湖讲习所”专题网页同步上线。2023年网络文化季活动紧扣“弘扬‘四敢’精神，奋进时代征程”主题，坚持走好网上群众路线，发挥网民主体作用，通过“e起学习”“e路奋进”“e网同心”“e往无前”4个篇章，聚焦网络文明、网络思政、网络公益、网络安全、网络普法、网络文化、网络体育等领域，号召广大网民在“e点e滴”中凝聚思想共识，在“e言e行”中书写网络文明。无锡市第11届网络文化季将延续到2024年1月。

【太湖湾高校媒体融合共享联盟成立】 7月12日，太湖湾高校媒体融合共享联盟成立大会在无锡举行。太湖湾高校媒体融合共享联盟由江南大学牵头，无锡、苏州、常州、湖州、嘉兴等环太湖城市的25所普通高校及职业院校共同发起，旨在搭建环太湖区域高校成员共创、共建、共管、共享平台，致力探索教育媒体融合发展新模式，推进校园媒体深度融合，共同构建区域高校主流舆论传播新格局。会上，由江南大学、无锡市委宣传部、无锡市委网信办三方共建的江南大学—无锡互联网传播研究中心签约仪式举行。校地双方将深化战略协作，推动“党建＋业务”深度融合，在理论宣讲、新闻宣传、对外传播、课题研究、党建联盟等方面深化合作。

【2023无锡市互联网大会】 9月1日，以“数实融合 百业互联”为主题的2023第四届无锡互联网大会开幕。来自国家和省、市各有关单位领导、分管负责人，各市（县）、区委网信办主要负责人，市基础运营商企业、市重点互联网企业代表等300余人参会。会上发布《无锡互联网发展报告（2023）》，报告内容涉及无锡市互联网基础资源状况、网民和网络应用状况、互联网企业发展状况、网络安全状况等方面，并提出进一步促进无锡市互联网行业发展的对策建议。

【中国国际智能传播论坛】 9月9日，中国国际智能传播论坛在无锡举行。论坛由中央广播电视总台、江苏省人民政府联合主办，由中央广播电视总台CGTN、中央广播电视总台技术局、中央广播电视总台江苏总站、央视网、省委宣传部、省政府新闻办、省委网信办、省广播电视局、无锡市人民政府共同承办。论坛以“新征程‘智’无界”为主题，采用线上、线下相结合的方式，举办开幕式暨主论坛、“世界青年说”圆桌对话、3场分论坛、无锡“够”世界全球直播和“遇见锡引力”城市文化交流节等系列特色活动。会议期间，中央广播电视总台发布“总台算法”，央视网与无锡市滨湖区人民政府签署战略合作协议。

（肖冬灵）

机构编制管理

【系统规划功能区建设】 2023年，市委编办认真贯彻市委、市政府部署要求，立足全市发展大局，系统谋划33个功能区，实现全域覆盖。会同市发展改革委研究制定《无锡市关于加快功能区建设推动城乡融合高质量发展的实施意见》，以市委、市政府名义印发，并配套印发具体工作方案，细化责任分工，明确各项改革“实施路径”。结合各功能区发展定位，“一区一策”研究管理体制机制保障，无锡太湖山水城旅游度假区获批副处级管理机构，为其加快转型发展提供机构编制保障。江阴—靖江工业园区获批副处级管理机构，党工委、管委会核定双正职领导职数，从根本上解决两地跨江融合发展的体制障碍。

【机构编制法规制度建设】 2023年，市委编办实施《无锡市市级编制周转使用管理办法》《无锡市事业单位雇员制改革试点工作方案》，进一步加大对名校优生、海内外公开选调人才、高层次人才的支持保障力度。印发《关于进一步加强基层安全生产和消防监管能力建设的通知》，强化人员配备，落实落细各方责任。制定《规范性文件备案审查解释清理工作规程》，对涉及机构编制工作的规范性文件的审核、备案、清理、解释4个环节作出统一规范，强化闭环管理。研究拟订市文物考古研究所“三定”规定，市级文物考古研究机构编制增长比例在长三角城市中名列前茅。推进编办内部制度建设，出台进一步鼓励激励干部担当作为、规范文件流转报送、网络信息发布管理、公务员平时考核实施办法等制度文件。严格落实党内法规备案管理，健全完善市（县）、区机构编制规范性文件备案审核制度，全年指导各地完成机构编制规范性文件备案9件，经验做法在省委编办《机构编制理论研究动态参考》上刊发。年内，市委编办蝉联“无锡市党内法规工作优秀单位”。

（高道峰）

【重点领域改革】 2023年，市委编办根据中央和省、市疾控改革工作部署要求，完成市、市（县）区两级疾病预防控制机构改革任务，市、县两级均依托同级卫健部门挂牌设立疾病预防控制局，市、县两级疾病预防控制中心和卫生监督所整合组建新的疾病预防控制中心。贯彻落实中央和省关于深化国防动员体制改革的部署要求，完成市、县两级国动机构的设置，结合职责调整优化，重新制定市级国动部门“三定”规定。

（付文涛）

【优化完善重点领域体制机制】 2023年，市委编办系统重塑全市招商机构职能体系，以强化招商统筹为抓手，优化完善市投资促进中心“三定”规定，构建商务抓总、部门协同、板块发力、上下联动、职责清晰的“1+N+1”大招商工作体系。健全完善市投融资工作体系，优化保障市财政局内设机构职能配置和编制配备。推进全市数字化转型提速增效，市级51个部门（单位）数字经济提速和数字化转型工作职责纳入部门“三定”规定，细化落实工作职责。

（蔡大江）

【创新保障东南大学无锡校区建设】 2023年，市委编办制定《东南大学无锡校区使用无锡市支持高等教育人才引进专项事业编制及人员管理实施细则（试行）》，在全省首创由设区市审批设立事业单位，专门用于保障部属高等院校地方校区高层次人才引进，严格入编标准，规范双方义务，为保障部属高校本地化办学在本土化教师招引、编制使用、人员管理、人才交流、优化高等教育资源布局等方面提供制度化、规范化、长效化保障。

（苏兆熙）

【探索基层“医养结合”新模式】2023年，无锡市贯彻中共二十大关于“实施积极应对人口老龄化国家战略”部署要求，积极推进“锡心医养”服务行动。市委编办牵头市、区两级卫健、民政、医保等部门，围绕机构名称、医疗机构许可、医保结算等关键环节，积极向上争取，打通政策堵点，明确支持具备条件的社区卫生服务中心在不改变职能、不增加编制的前提下，利用现有资源建设护理院。至年末，全市共有9家依托社区卫生服务中心设置的护理院，有力提升基层医疗卫生体系的整体服务能力，首创举措获省委编办、省卫健委高度肯定。

（茜　坤）

【基层管理体制改革】2023年，无锡市贯彻落实中央和省委关于推动基层治理体系和治理能力现代化建设的部署要求，巩固深化基层“三整合”改革成效。市委编办全面推进“基层吹哨，部门报到”党建引领基层治理工作机制落地落实，市级统建“吹哨报到”事件流转处置系统，梳理7个方面、37项事项清单模板，构建市、县、镇、村四级指挥调度体系，推动纵向条线一体联动、横向部门协同响应。全年解决基层难点、堵点问题1300余个；“吹哨报到”信息系统入选省政府数字政府建设创新发展案例，形成的专题调研报告入选市委主题教育办《无锡市县处级领导班子优秀案例剖析报告汇编》，作为基层减负工作优秀案例被市减负办通报表扬。扎实开展基层精准赋权事项评估，会同市委政法委、市司法局、市行政审批局等26个部门组建工作专班，到各市（县）、区和镇（街道）开展实地调研论证，形成市级赋权指导目录，建立健全事项动态调整机制，强化市和市（县）区职能部门指导培训、协调配合等职责，确保赋权事项“放得下、接得住”。

（许宇峰）

【推进经济发达镇改革实践】2023年，市委编办聚焦新型城镇化战略，系统谋划并全力保障经济发达镇支持配套政策落地落实，发挥其在县域经济中辐射带动周边、优化产业布局、引领高质量发展的作用。7个发达镇和5个培育镇获批专项债券项目共21个，中央预算内资金项目2个，获批中央、省级资金22.52亿元；下达市级补助资金2603.3万元，4个项目被列入省级重大项目，12个项目被列入市级重大项目，共完成投资额14.5亿元。全面开展经济发达镇赋权事项专项评估，推动动态调整，实现精准赋权，有效提升基层治理成效。围绕省考核评估指标，开展专题调研督导，在上年度全省经济发达镇改革评估苏南区域排名前10位中，无锡市占据6席，江阴市周庄镇基层治理“多元共治”改革经验在省经济发达镇改革经验交流会上作交流发言。

（孙　淼）

【权责清单管理运用评估试点】2023年，市委编办全面完成政府部门全口径清单编制试点工作，相关建议被省《权责清单编制规范及审核标准（试行）》吸收采纳。在省内率先全面开展权责清单应用执行情况监督评估，出具45份评估意见书，提出180余条整改意见，推动部门高效规范履职行权。承办全省部门核心权责事项履行情况评估课题研究座谈会、政府部门核心职能履行情况评估华东片区研讨会。市委编办开发“1+4+N”权责清单评估系统，推动数字化、智能化评估，在第二届中国机构编制管理论坛上，作为全国唯一地级市代表作交流发言。强化权力清单日常管理，对市卫健委等25个市级部门的1367项省标准化权力事项和市住建局等5个部门的36项市设权力事项进行动态调整，确保权力清单完整准确。

【审批服务便民化改革】2023年，市委编办加强系统设计和统筹研究，围绕优化营商环境、激发市场活力目标，进一步强化体制机制保障，完善审批服务便民化改革配套制度，在全省编办主任会议上以《创新权责清单管理运用执行评估，为持续擦亮最优营商环境“金字招牌”提供体制机制保障》为题作交流发言。结合权责清单评估，推动与企业群众关系密切的依申请类高频事项优化办理程序，减少办事环节，提升办事效率，助力民生实事落地见效。按照《无锡市政务服务事项动态调整管理办法》有关要求，常态化做好政务服务事项线上动态调整工作。会同市行政审批局梳理“互联网+监管”事项，明确部门监管职责，建立健全运行高效的监管机制，配合梳理《无锡市行政许可事项清单》和《无锡市行政备案事项清单》，持续提升许可备案事项标准化、规范化、便利化水平。

（陈可依）

【事业单位信用监管】2023年，无锡市公示信用等级评价事业单位242家，评价等级为A的241家，其评价结果列入市级机关单位高质量考核计分。完成318家事业单位法人年度报告审核，通过“双随机、一公开”的方式，随机抽查11家事业单位对其业务开展和核心业务指标等情况进行实地核查，并现场核查台账，对检查中发现的问题向相关单位进行通报并督促其整改。推进机关事业单位统一社会信用监管机制，全年发放机关、群团统一社会信用代码证书32份，事业单位法人证书103份。

（高天颖）

老干部工作

【全市离休干部概况】 至2023年末，全市有离休干部577人（其中江阴市50人、宜兴市85人），平均年龄93.8岁。按参加革命工作时期分，抗日战争前期11人，抗日战争后期59人，解放战争时期507人；按享受待遇分，享受副省级医疗待遇20人，享受地市级待遇23人，享受县处级待遇281人，享受科级及其他待遇253人；按机构性质分，机关单位148人，事业170人，企业259人；按年龄分，85～89岁22人，90～99岁536人，100岁（含）以上19人。另有在无锡的部省属单位离休干部137人，外省市安置在无锡的离休干部32人。

【离退休干部作用发挥】 2023年，市委老干部局实施"银发生辉·锡阳正红"行动，召开全市离退休干部作用发挥工作现场推进会，深化"千名银发人才服务千家企业""万名'五老'关爱帮扶万名青少年""与党同心，与社区同行"等活动，通报表扬61名先进典型，形成30个老干部助力社区治理典型案例。召开"锡阳正红"党建基地现场推进会，在建好6类30个"锡阳正红"党建基地基础上，推出10条学习教育线路，成立首支老干部党建基地宣讲员队伍，其做法被省委组织部编入《江苏党员教育工作典型案例汇编》。开展老干部真人图书馆活动，全市打造"锡阳正红"老干部真人图书馆45个，举办分享活动197场次，录制真人图书微视频23个，获评全省老干部工作最佳创新项目。

【离退休干部服务管理】 2023年，无锡市全面落实离休干部各项政策待遇，市委老干部局巩固拓展"三有一落实"工作成果，家庭医生签约服务满意率提升至92.7%。规范"一人一策"精准服务工作，健全完善

10月19日，举办"放歌新时代，重阳颂党恩"老干部艺术团文艺会演

（市委老干部局　供图）

"一对一"结对联系制度。认真落实走访慰问制度，有针对性地加强思想关怀和精神慰藉。开展"面对面、心连心"走访调研活动，走访离休干部598人，帮助协调解决急难愁盼问题40余个。试点建立"养老顾问"体系和志愿互助团队，探索打造"锡缘"互助养老服务平台，服务离退休干部500余人次。联合市慈善总会设立"锡阳正红"慈善公益基金，实施抗美援朝老战士困难家庭适老化改造和"银发生辉"智慧助老等实事项目。

【离退休干部精神文化生活】 2023年，无锡市推进市老年大学升级改造，市委老干部局实施市老干部活动中心和市老年大学融合发展，筹划构建四级老年教育服务网络，推动市、市（县）区老年大学和街道、社区家门口老年大学建设。年内，市老干部活动中心被评为"全省示范性老干部活动中心"，市老年大学被授予"江苏省示范老年大学"和"江苏省社会教育先进集体"称号。

举办全市离退休干部党支部书记主题教育示范培训班，组织268名支部书记参加全省离退休干部党组织书记主题教育示范培训班。开展"学思践悟二十大，锡阳正红在行动"主题党日活动562场次、"学习二十大，奋进新征程"银发宣讲微讲堂153场次、"老书记论坛"37场次。贯彻落实中央和省、市委加强新时代离退休干部党建工作部署要求，以全省试点为契机，扎实推进离退休干部党支部书记、联络员、党务干部"三支队伍"建设。全市离退休干部党支部书记平均年龄下降6岁，80%的离退休干部党支部书记由领导班子退休或退居二线干部党员担任，书记队伍年龄结构和能力素质得到整体优化。举办第33期离退休干部党支部书记学习班和首期联络员培训班，指导推动各市（县）、区落实支部书记和联络员培训制度。建立"片组长＋顾问团＋联络员"学习活动联动机制，培育9个省级"六好"示范党支部。

建好用好"锡阳正红"微信公众号、视频号、网站和内部资料，联动主流媒体平台宣传老干部工作。《中国老年报》头版12次报道无锡市老干部工作经验做法，310余篇信息宣传稿件被省级及以上平台录用，8篇调研成果获省委老干部局优秀调研成果一、二、三等奖，2项工作分别被省委老干部局评为"最佳创新项目"和"最佳创新提名项目"。

（姜正伟）

关心下一代工作

【概况】 至2023年末，全市各级关心下一代工作委员会(以下简称关工委)组织5399个，热心关心下一代工作的老干部、老战士、老教师、老专家、老模范(以下简称“五老”)5.88万余名。

年内，全市关工委深化预防和减少青少年违法犯罪工作，组织261个法治教育报告团、2183名法治教育报告员作普法宣讲报告3217场次，受益青少年64万余人次；组织4761名“五老”结对帮教帮扶3691名失足、后进青少年，转化率94.7%；发动“五老”参与调解案件435起；发动社会力量资助贫困学生1.77万余人次。全市未成年人“零犯罪”村(社区)占比持续保持在98%以上。加强校外教育辅导站建设，全市各类辅导站(点)3760个，村(社区)中心辅导站电子阅览室956个，配置计算机6266台；参加辅导站工作的“五老”13654人，在职教师13416人，其他志愿者4834人，全年辅导学生100.8万余人次，到电子阅览室活动的学生100.8万余人次。推进企业关工委工作创新发展，成立市企业关心下一代工作指导小组，有民营企业关工委3508个、外资企业关工委227个、国有企业关工委23个。

【开展主题教育实践活动】 2023年，市关工委组织开展“老少心向党、奋斗新征程”主题教育实践活动，铸魂育人工作取得新成效。各级关工委注重发挥“五老”报告团作用，注重强化部门协同联动，注重利用社会教育资源，注重创新教育方式方法，组织2764名“五老”报告员编写宣讲材料1670篇，作宣讲报告4085场次，受益青少年123万余人次；开展征文、演讲、寻访等主题教育各类活动2911场次，参与青少年67.9万余人次。

2023年6月，举办“家校同心 阳光成长”青少年心理健康专题电视访谈活动
（市教育电视台 供图）

【推动关心下一代工作高质量发展】 2023年，全市各级关工委全面贯彻落实中办、国办《关于加强新时代关心下一代工作委员会工作的意见》和省、市实施意见精神，健全完善“党建带关建”工作机制，着力加强基层关工委建设。建立市关工委成员单位联席会议制度，成员单位扩充至30家；召开成员单位联席会议，强化责任要求，凝聚工作合力。坚持问题导向，深入基层开展专题调研，树典型抓薄弱，帮助基层解决突出问题和实际困难；撰写基层关工委建设情况调研报告，省关工委领导和市委主要领导相继作出批示予以肯定。

（高 樱）

党校工作

【概况】 2023年末，中共无锡市委党校(市行政学院)有教职工84人，其中专职教师26人，具有副教授以上职称的16人，同时聘请一批国内专家、学者、企业家和市有关方面领导担任兼职教师。市委党校挂有无锡市社会主义学院、无锡市国防教育学院、中央党校无锡科研基地、中央社会主义学院主体班教学基地、江苏省高层次创新创业人才培训基地、江苏省社会科学院无锡分院、苏南发展研究院、国家统计局干部教育基地、江苏省习近平新时代中国特色社会主义思想研究中心省委党校基地调研中心等牌子。内设职能机构(处室)18个，其中教研处室7个、教学管理处室4个、行政管理与教学辅助处室7个。校(院)内图书馆藏书7.2万余册，常年订阅报刊240多种。校园实际占地面积8.67公顷，建筑面积6.5万平方米，能同时容纳600人住宿、800人培训就餐。

2月13日，市委书记杜小刚为中共无锡市委党校(市行政学院)新校区揭牌。11月14日，国家统计局干部教育基地在市委党校揭牌成立。12月17日，江苏省习近平新时代中国特色社会主义思想研究中心省委党校基地调研中心在市委党校揭牌成立。

【干部培训】 2023年，市委党校紧贴新时代“为党育才”形势任务要求，聚焦主业主课，不断提升教学质量，完成教学培训任务。高标准举办无锡市学习贯彻习近平新时代中国特色社会主义思想和中共二十大精神集中轮训班，用时43天分5期对全市1387名市管领导干部集中轮训一遍。积极推进领导干部上讲台，市领导和市各职能部门领导到党校授课110人次。打造具有无锡特色的“四个走在前”“四个新”现场教学精品线路10条，开发教学新专题11门和本土特色课程3门。5次承担省委党校主体班现场教学任务。实施《精品课建设三年行动计划（2023—2025）》，在无锡市“三精三名”党课创优活动中，获评名师1人、名案1个、名课2堂，打造全市党校系统精品课程1门、优秀课程2门。引进博士2人、副教授1人；全年教师晋升教授1人、副教授3人。加强学员管理，首创实行行政、教研“双班主任制”，有效加强导学、促学、督学。举办市管干部专题进修班、青干班、公务员任职培训班等主体培训班35期，承办对外培训班172期，其中14期为部省及所属单位班次，累计培训学员1.8万余人次。

【科研咨政】 2023年，市委党校聚焦重大理论问题和现实问题，深入调查、潜心研究，彰显党校“为党献策”独特价值。承办或联合主办第31期江海论坛暨“中国式现代化的地方新实践”研讨会、中国式现代化无锡新实践理论研讨会等高层次会议5次。全年共立项课题41项；结项32项；发表理论和宣传文章65篇（含核心期刊8篇），1篇被人大复印报刊资料《政治学》全文转载。出版著作3部。编报《领导参阅》23期。咨政成果获市领导批示14人次。1篇咨政报告被《改革内参》刊登。获省哲学社会科学优秀成果奖三等奖2项，获市哲学社会科学优秀成果奖5项。在全省党校系统第11届科研评奖中，第九次蝉联优秀科研工作组织奖，获全省党校系统优秀科研成果奖6项、优秀决策咨询奖3项，获奖数量居全省前列。

【理论宣讲】 2023年，市委党校编辑出版《江南论坛》正刊12期、增刊1期；编发内刊《太湖论丛》4期。《江南论坛》杂志被中国社科院评价研究院评定为“中国人文社会科学期刊AMI综合评价”（A刊）扩展期刊；被国家哲学社会科学文献中心全文收录；入选省委宣传部和省新闻出版局首届江苏“期刊主题宣传好文章”1篇。加大宣传宣讲力度，利用《江南论坛》校办刊物、“无锡党校”微信公众号以及校园网站等平台，以理论研讨、宣传文章、微党课视频等形式，宣传、宣讲、阐释中共二十大精神。注重党建引领，用好师资优势，到党建联盟单位开展理论宣讲。弘扬“四下基层”优良传统，设立“知行学社”社区服务点5个，开展“送课下基层”等志愿服务，落实“五讲五进到基层”宣讲活动百余场次，受益群众超万人次。

（张友余）

2月13日，市委书记杜小刚为中共无锡市委党校新校区揭牌

（市委党校　供图）

史志工作

【党史编研】 2023年，无锡市档案史志馆（以下简称“市档案史志馆”）注重发挥资政功能，撰写完成的调研资政报告《1929年无锡农村经济调查研究历史及现实启示》，获市委主要领导肯定性批示，市委主题教育简报以专刊形式全文转发，省委党史工办主要领导批示要求全省各地党史部门学习借鉴。扎实推进《中国共产党江苏省无锡市历史第三卷（1978—2012）》编撰工作。完成前三编（1978—2002）统稿，启动第四编（2002—2012）征编并形成纲目初稿。对《中国共产党江苏省无锡市历史第二卷（1949—1978）》进行修订，形成出版送审稿。开展党史著作征编。组织开展《投身革命历史的洪流——无锡革命史料选辑》征编出版。加强部门史编撰指导，审阅完成《无锡人大70年》初稿。

年内，积极推进口述史征集工作。按标准规范汇总抗美援朝战争口述史相关资料并进行校对，形成电子目录和文档，共86篇口述历史，约17万字，152张插图照片；完成《江苏改革开放亲历者口述历史》无锡部分组织征编工作。完成省委党史工办交办任务，撰写《新时代 新发展 新成就（江苏篇）》无锡部分，记录反映中共十八大以来无锡市委贯彻新发展理念、推动高质量发展的生动实践和宝贵经验；完成《江苏党史专题文集》无锡部分，上报专题文章《无锡市的抗美援朝运动》《荣氏在无锡企业的社会主义改造》。

【宣传教育】 2023年，市档案史志馆用好用活红色资源，积极拓展宣传阵地。在省档案局、省档案馆组织开展的全省档案文化精品奖评选中，无锡市档案史志馆主办的“光辉的历程——中国共产党无锡历史”主题展获展陈(画册)类二等奖；《跨越百年的“船”承》获音视频类三等奖。市档案史志馆获评2023年度优秀江苏省科普教育基地(社会科学普及基地)。

开展“节日里的党史教育”活动。9月28日，烈士纪念日前夕，举办“点亮红色无锡——乘着地铁去打卡”启动仪式。通过融媒体平台，在city walk中注入红色元素，近万人参与打卡体验，形成多类受众群体网宣格局。12月13日，第十个国家公祭日到来之际，举办“铭记历史，珍爱和平——南京大屠杀死难者国家公祭日座谈会”。为纪念毛泽东主席130周年诞辰，联合市委讲师团召开“从毛泽东思想看‘两个结合’”学习交流会。率先形成省、市、区三级党史教育基地网络。指导滨湖区创建全省首个区级党史教育基地大联盟，会同市委组织部命名“延安精神无锡学习天地”等5家单位为第五批无锡市党史教育基地。无锡工委机关旧址(培南小学)和江阴市革命烈士纪念馆、张闻天旧居分别入选第四批和第五批江苏省党史教育基地。全市有省、市级党史教育基地分别为8家、55家。持续推进党史教育基地3D实景场馆建设；推介红色跈学线路，至年底共推出19条红色跈学线路；积极推动党史书橱基地布点，推动党史知识普及和党史文化传播。以“党史七进”为抓手，推出红色主题活动。组建无锡党史青年讲习团队伍。指导制作“历史关头的荣毅仁”等4堂多媒体沉浸式党课。联合市教育局举办清明思政E课堂“高擎信仰火炬 燃烧青春光辉——走近无锡籍烈士顾衡”，向全市小学生开放；走进锡师附小课堂、结对丁村社区等宣讲《高文华烈士的光辉人生》。联合媒体发布《档案中的解放记忆》《无锡籍雨花英烈文物史料还乡》视频短片，推出《清明·念你》微视频；发布无锡解放纪念日、中国共产党纪念日主题宣传文案。开展理论学术研究，12月7日，会同市中共党史学会、江南大学中共党史党建研究院举办弘扬伟大建党精神研讨会，推出一批研究成果。

【主题展览】 4月21日，市档案史志馆联合南京市雨花台烈士陵园管理局举办“红星计划”无锡籍雨花英烈文物史料共享互换仪式，无锡成为国内首个响应“红星计划”文物史料征集倡议的城市。举办“信仰的力量——雨花英烈生平事迹展”，展览宣传弘扬雨花英烈精神，激发党员干部的爱国情怀、奉献精神。全市各机关、学校、企事业单位党员干部群众踊跃观展。9月25日，会同市委组织部、市委宣传部及中共一大纪念馆举办“点亮中国——马克思主义在中国早期传播文物史料图片展”开幕式，全市各级机关企事业单位党员干部及市民群众观展。年内，联合河南省红旗渠纪念馆、无锡市委党史学习教育领导小组办公室，举办“红旗渠精神永在——红旗渠精神图片展”，展示回顾红旗渠精神的孕育、形成和发展过程，先后在地铁市民中心站、荣巷街道文化中心、地铁河埒口站、梁溪区、滨湖区等地巡回展出。

【方志编研】 2023年，《无锡史》正式进入史稿编写阶段。4月4日，市档案史志馆对2022年度《无锡史》编纂工作开展绩效评估。6月26日，《无锡史》总编与各卷主编签订编纂协议。年内，市档案史志馆和江南大学两次召开《无锡史》编纂工作专项推进会，《无锡史·民族工商卷》等专题卷和部分通史形成初稿或资料汇编。10月，“无锡四大历史文化街区志”均入选2024年度省重点史志作品编纂出版培育项目名单。12月，市档案史志馆召开全市镇村志编纂文化工程推进会。至年末，全市出版(含内部出版)《张镇桥村志》等镇村志10部、地情书《城市记忆：无锡》等5部。《鸿山镇志》移交出版，《新街街道志》等3部完成终审。

【地情宣传】 2023年，市档案史志馆承办两项全国性活动。5月，承办中国历史文献研究会第44届年会暨2023年无锡滨湖历史文献学术研讨会，得到市委主要领导的批示肯定。承办中国地方志指导小组暨全球锡商大会“中国地方志与中华优秀传统文化论坛·问道惠山”分论坛，获中志办、省志办高度肯定。联合市委宣传部、市文明办在省内率先开展“新时代文明实践乡情地情教育”试点工作。7月27日，“新时代文明实践乡情地情教育”启动式在江阴市周庄镇山泉村举行。全年全市共开展活动11场，参与人数超千人。举办江苏方志大讲堂暨无锡方志大讲堂“荣氏公益文化及其时代启示”、《江苏名村·严家桥村志》首发式暨方志大讲堂·锡客有约专场活动，均获“江苏方志大讲堂十佳奖”。出品首部“人文无锡·精彩阅城”系列读物作品《杨绛全传》，举办《杨绛全传》无锡首发式暨无锡方志大讲堂“百年杨绛”专场活动，活动网上直播观看人数210万人次以上。

【年鉴编纂】 2023年，无锡市编纂出版年鉴12部。其中，市级综合年鉴1部(《无锡年鉴(2023)》)，市(县)区综合年鉴7部，乡镇年鉴1部(《洛社年鉴(2023)》)，功能区年鉴1部(《无锡经济开发区年鉴(2023)》)，部门(行业)年鉴2部(《无锡统计年鉴(2023)》《无锡交通年鉴(2016—2020)》)。市档案史志馆编纂的《无锡年鉴(2023)》由方志出版社出版，主编张曙峰。全书设43个类目，卷首设“抗疫回眸”“数字无锡”专题彩页和大事记，卷末设附录和索引。该卷年鉴紧紧围绕国家发展战略和市委、市政府中心工作，设置太湖湾科技创新带建设、数字经济、总部经济、枢纽经济、园区经济等特色类目，并新设经济综情和区域协同发展2个类目。

推进精品年鉴创建工作。3月，中国地方志指导小组办公室印发《关于公布第七批入选中国年鉴精品工程“中国精品年鉴”的通知》，《无锡年鉴（2022）》获中国年鉴最高荣誉——中国精品年鉴，成为苏锡常地区首部国家级精品年鉴。以此为契机，推进省级精品年鉴创建工作。《梁溪年鉴（2023）》入选省级精品年鉴创建单位，并于12月创成江苏精品年鉴；《锡山年鉴（2023）》入选省级精品年鉴培育单位。在第九届全国地方志优秀成果（年鉴类）评比中，《无锡年鉴（2022）》获评特等年鉴，《新吴年鉴（2022）》获评二等年鉴，《梁溪年鉴（2022）》获评三等年鉴。

推进乡镇街道年鉴编纂工作。10月，在惠山区洛社镇召开无锡市乡镇（街道）、功能区年鉴编纂工作现场推进会。会上，揭牌成立无锡市首家史志工作站——洛社镇史志工作站。年内，启动《空港经济开发区（硕放街道）年鉴》编纂工作。

（市档案史志馆）

档案工作

【档案开放审核】 2023年，市档案史志馆利用“智能软件初审＋人工二审＋专业人员复核”的方式对数字化档案进行开放审核。完成馆藏文书档案开放审核295.7万件，开放101.8万件，开放比例34.44%，馆藏工商业档案开放率63.98%。为涉改单位设置进馆绿色通道，做到应收尽收，有效实现馆室衔接。全年接收38家进馆单位档案36200卷、8807件。完成工商业档案全宗卷整理工作，完善工商业档案196个全宗卷内目录内容。

【查档服务】 2023年，市档案史志馆利用国家档案局档案查询网、长三角一体化查档平台、查档系统及“灵锡”App，创新推出“电话接通，查档畅通”服务，通过添加个人微信，远程视频身份验证，寄送档案上门，做到线上、线下查档服务不间断，先后为单位及市民提供6017人次窗口查档服务，3528人次电话和网络咨询查档服务，复印档案27055页，为市民退休工龄论证等提供服务。民生档案自助查询利用服务站全年接待民生档案专业查询服务287人次，调阅案卷2000余卷。年内，接待长三角及异地查档249人次，受到查档群众好评，收到群众锦旗表扬。

【专题档案数据库建设】 2023年，围绕无锡近20年来重特大事件，市档案史志馆抓好太湖博览会、党史学习教育等各种专题档案数据库建设。围绕疫情防控，开展疫情防控档案收集工作，完成疫情档案专题数据库建设。围绕城市重大建设项目做好服务，组织召开锡北线航道整治工程竣工档案专项指导会、验收会，推动工程项目通过竣工验收，有效服务重大工程建设项目。利用档案元素助力企业老字号传承宣传，非物质文化遗产项目“王源吉”获评“中华老字号”。积极参与无锡慈善博物馆等多个项目的策划布展和编纂，利用档案资料助力推进。

【档案日宣传】 6月9日，市档案史志馆在滨湖区荣巷街道文化中心举办“奋进新征程，兰台谱新篇——无锡市‘6·9’国际档案日”主题宣传活动。现场推出“档案故事我来说”系列微视频，举行“阅读老建筑”全集影像档案捐赠仪式，为居民发放档案宣传资料，并开展业务咨询。同日，无锡市档案技能实训基地在无锡地铁集团档案管理中心挂牌。会同市档案局，组织发动主题征文活动，利用线上平台及资源，观看档案专题讲座。与江南文化杂志社合作，制作“6·9”国际档案日宣传专版；联合“无锡博报”推出《档案——就在我们身边》微视频。

【红色珍贵档案评选】 3月，市档案史志馆与市档案局、市退役军人事务局联合印发《关于开展全市红色珍贵档案评选活动的通知》，在全市范围内开展红色珍贵档案评选活动。经过专家评审，有37件/组红色档案列入《无锡市红色珍贵档案名录》，16件/组红色档案列入《无锡市红色档案入选名单》。11月29日，江苏省档案局、江苏省档案馆举办的“书信家国 尺牍情深——弘扬伟大建党精神长三角档案联展江苏巡展”在市档案史志馆展出。

【档案开发利用】 2023年，市档案史志馆积极推进档案开发利用。7—8月，开展“奋进新征程，档案伴我行”青少年暑期实践活动，接待全市多个学校的学生参加活动。年内，编辑、出版老照片集《城市记忆：无锡》，该书全景描绘无锡城市面貌，生动展现城市的时空变迁。组织编纂《荣氏内迁企业档案选编》，系统整理馆藏原始档案、资料，与江南大学共同研究荣氏迁渝企业档案。在省档案局、省档案馆组织开展的全省档案文化精品奖评选中，无锡选送的16项作品获奖，其中特等奖1项、一等奖1项、二等奖3项、三等奖11项。

【档案工作交流】 2023年，市档案史志馆落实苏青对口支援协作工作座谈会部署要求，联系并两次接待青海省海东市档案系统干部共77人到无锡交流学习培训，并签订《无锡市海东市档案跨馆利用合作专项协议》《无锡市海东市互为档案数据异地异质备份基地协议》，开展档案数据异地备份工作，完成海东市重要档案数据交接和备份入库任务。年内，接待吉布提国际档案管理研修班一行34人到馆参观交流学习。

【档案资料征集】 2023年,市档案史志馆征集各类档案史料1730件。其中,资料1728件,实物2件。征集资料包括王小幸十九本真草隶篆历代名碑帖临写158米长卷,“阅读老建筑”50集历史建筑视频以及各类画册、“印象梁溪”原钤印谱等。开展无锡市早期援藏人员口述史采集工作,收集无锡市1972年援藏机要员29人信息。制定“无锡援藏工作者口述史料征集采集工作的实施方案”,对12位早期援藏人员分3轮开展口述史视频采集,整理录音文字9.75万字,收集照片99幅。征集“新中国成立前后部分纸质档案”资料,内容分“民国资料”“房地产资料”“拆迁资料”等5个类别,共1275份。征集《中华人民共和国年鉴》《广东省志(1979—2000)》《长泰历代文献辑刊》等史志类书籍400本。其中,志书63本,年鉴93本,地情资料244本。与国内28个省(自治区、直辖市)的100个城市开展志书、年鉴互寄交换。与大运河沿岸30个城市开展地方志书交换,征集到运河沿岸城市志书、年鉴和地情资料31本。

(市档案史志馆)

表6 2023年无锡市档案事业基本情况统计表

指标名称	单位	全市	市区	江阴	宜兴
档案馆机构数	个	9	7	1	1
档案馆专职人员数	人	155	88	30	37
馆藏纸质档案数	卷	3096857	1961768	460450	674639
馆藏纸质档案数	件	5063926	2720528	1325616	1017782
馆藏电子档案数	GB	8893.34	1491.34	720	6682
当年接收纸质档案数	卷	61518	55827	1520	4171
当年接收纸质档案数	件	473120	245668	16744	210708
当年接收电子档案数	GB	562.45	101.85	110	350.6
本年举办档案展览数	次	13	11	1	1
利用档案人次	人次	36763	17825	8796	10142
档案馆库面积	平方米	79397.2	49370.5	12538	17488.7
档案网站点击数	次	192584	102896	22546	67142
档案文件机读目录	–	–	–	–	–
# 案卷级	条	3015000	1839600	460400	715000
# 文件级	条	33343100	19971800	7348300	6023000

(市档案局)

编辑 罗秋云

无锡市人民代表大会

综　述

【履职尽责】 2023年，无锡市委常委会专题研究人大工作重要事项9次，市委书记杜小刚就人大工作作出批示39次，支持和保障人大及其常委会依法履行职责。市人大常委会全年向市委请示报告25次，高质量完成燃气管理立法和安全生产修法、民生实事项目监督等市委点题任务，切实履行全面从严治党主体责任，严格落实党风廉政建设和意识形态工作责任制，扎实开展“忠诚向党”活动，抓实党支部分类晋级评价。全年共召开常委会会议7次、主任会议16次，制定、修改、废止法规15件（含2022年接续的4件），调研论证19件；听取审议43个专项工作及计划、预决算、审计报告，开展22次执法检查、专题询问、专项视察和评议测评，共完成75项重点监督；督办代表议案建议195件，高质量完成各项目标任务。

围绕省委、市委部署的“十个聚焦”重点工作，市人大常委会逐项对标对表、制定贯彻意见，优化落实年度审议议题31项，建立常态化推进督查机制；市人大常委会党组牵头开展省委、市委加强和改进人大工作实施意见专项督查，在总结成效经验基础上，梳理形成具体问题清单24项，立说立行带头整改，协同各方推动落实。

【全过程人民民主实践创新年】 2023年，市人大常委会部署开展“全过程人民民主实践创新年”活动，明确21项重点任务，在建平台、拓渠道、优机制上积极探索实践、树立特色品牌，助力无锡打造践行全过程人民民主示范城市。健全民主制度体系，抓住法规立项起草、常委会会议审议、人大履职公开等重点环节，重点优化7项制度机制；创建鲜活民主载体，聚力打造基层立法联系点、代表“家站点”、“代表议事厅”、开发区民主实践基地等7大平台载体；打造民主实践品牌，贯穿全年开展民生实事季季督、开发区人大看无锡、向专家学者寻良策等7项实践活动。提档升级、建好用好1407个人大代表“家站点”，推出线上“码上通、码上办”，全年近2.4万人次代表进家入站接待选民群众4.5万人次，收集群众意见20504条，推动解决群众“微幸福”和急难愁盼问题19022个。深化拓展开发区人大工作“1+1+X”体系内涵，省级以上经济开发区全覆盖建立人大工作联络委、规范召开代表联席会议。全省开发区人大工作推进会在无锡召开，无锡经验在全省推广。总结推介80多项实践案例，展示全过程人民民主的无锡实践。

3月7日，市人大常委会召开机关干部大会暨“全过程人民民主实践创新年”活动动员会　（许子江　摄）

【常委会自身建设】 2023年，市人大常委会深入开展学习贯彻习近平新时代中国特色社会主义思想主题教育，按照“学思想、强党性、重实践、建新功”的总要求，将理论学习、调查研究、推动发展、检视整改相互贯通，将主题教育与常委会年度重点工作、学习实践活动有机融合，常委会党组第一议题领学促学、机关各党支部第一时间深学共学，多形式、分层次开展集中学习、交流研讨，推动党的创新理论入脑入心入行。市人大常委会立足“四个机关”新定位新要求，把大兴调查研究与学习推广“四下基层”“千万工程”经验紧密结合起来，全年完成调研成果60余项。围绕提高常委会会议审议质量，即时修改相关制度意见，夯实人大工作基础。建成全省首个覆盖全部代表“家站点”的数字化平台系统，无锡“数字人大”基本建成，省、市、县、乡系统率先实现纵向贯通、数据融合、高效运行。制定相关文件规范新闻发布，130余篇履职实践报道在全国、省级主流媒体刊发。加强协同联动，分别与苏州市、延安市人大常委会签订协议，建立协商合作机制。

（市人大常委会办公室）

重要会议

【市十七届人大二次会议】 会议于1月9—11日举行，出席会议的代表418人，市政协委员和部分在无锡的全国、省人大代表等列席大会。会议听取和审议《无锡市人民政府工作报告》《无锡市人大常委会工作报告》《无锡市中级人民法院工作报告》《无锡市人民检察院工作报告》；审查和批准《无锡市2023年国民经济和社会发展计划执行情况与2024年国民经济和社会发展计划草案的报告》《无锡市2023年预算执行情况与2024年预算草案的报告》；批准《无锡市2024年国民经济和社会发展计划》《无锡市2024年市级预算》；作出《关于进一步推动养老事业和产业高质量发展，加快养老服务体系建设的议案决议》；审议无锡市人民代表大会常务委员会关于提请审议《无锡市人民代表大会议事规则(修订草案)》的议案；选举出席江苏省第十四届人民代表大会代表61人，选举无锡市第十七届人民代表大会常务委员会委员11人；票决2023年无锡市民生实事项目。

【市十七届人大常委会第十次至第十六次会议】 3月1日，无锡市第十七届人大常委会举行第十次会议。会议听取和审议《市政府关于无锡市国土空间总体规划(2021—2035)编制情况的报告》；一审《无锡市燃气管理条例(草案)》；二审通过《无锡市优化营商环境条例》《无锡市公路条例》；审议并通过《无锡市第十七届人大常委会2023年工作要点》《无锡市人大常委会2023年立法、监督、讨论决定重大事项、代表工作计划》；决定有关人事任免，并举行宪法宣誓仪式。

4月26日，无锡市第十七届人大常委会举行第十一次会议。会议传达学习习近平总书记参加十四届全国人大一次会议江苏代表团审议时的重要讲话精神；听取和审议《市政府关于2022年度环境状况和环境保护目标完成情况的报告》《关于和美乡村建设推进情况的报告》《“关于进一步推动养老事业和产业高质量发展，加快养老服务体系建设的议案决议”实施方案的报告》《市政府关于〈无锡市消防条例〉实施情况的报告》；审议并通过市十七届人大二次会议主席团交市人大常委会审议的《关于强化落实保障、解决中心城区和重点场所停车难的议案》处理意见的报告；二审通过《无锡市数字化转型促进条例》；三审通过《无锡市安全生产条例》；审议并通过关于个别代表的代表资格的报告；决定有关人事任免，并举行宪法宣誓仪式。

6月26—27日，无锡市第十七届人大常委会举行第十二次会议。会议听取和审议《市政府关于2023年无锡市民生实事项目实施进展情况的报告》，听取《市人大社会委关于2023年无锡市民生实事项目实施进展情况的督查报告》，并开展询问；听取和审议《市政府关于2022年企业国有资产管理情况的专项报告》，审议《关于2022年市级国有资产管理情况的综合报告》；听取和审议《市政府关于高标准农田建设情况的报告》《市十七届人大二次会议主席团提交市人大常委会审议的〈关于强化落实保障、解决中心城区和重点场所停车难的议案〉办理方案的报告》《市中级人民法院关于全市法院行政审判工作情况的报告》，审议并通过《无锡市人民代表大会常务委员会关于进一步加强行政审

3月1日，无锡市第十七届人大常委会第十次会议第二次全体会议召开

（宦　玮　摄）

5月6日，市人大常委会举办首期“无锡人大代表讲坛”　（吕　枫　摄）

判工作，深化法治政府建设的决定》；听取和审议《〈江苏省太湖水污染防治条例〉〈无锡市水环境保护条例〉执法检查情况的报告》；审议《〈无锡市促进中小企业转型发展条例〉实施情况的报告》；一审《无锡市海绵城市建设管理条例（草案）》；二审通过《无锡市燃气管理条例》；审议并通过《无锡市人大常委会关于进一步提高常委会会议审议质量的意见》；决定有关人事任免，并举行宪法宣誓仪式。

8月29—30日，无锡市第十七届人大常委会举行第十三次会议。会议听取和审议《市政府关于无锡市2023年上半年国民经济和社会发展计划执行情况的报告》《关于无锡市2022年市级预算执行和其他财政收支的审计工作报告》《关于加快功能区建设情况的报告》《关于退役军人服务保障工作情况的报告》；审议《市政府关于无锡市2023年上半年预算执行情况的报告》；审查和批准无锡市2022年市级财政决算；审议《〈无锡市供水条例〉实施情况的报告》；一审《无锡市和美乡村条例（草案）》《无锡市教育督导条例（修订草案）》；听取和审议《部分检察官履职情况的报告》，并开展满意度测评；听取和审议《市政府部分工作部门履职情况的报告》，并开展评议。

10月26—27日，无锡市第十七届人大常委会举行第十四次会议。会议听取和审议《市政府关于全市道路交通秩序管理情况的报告》，并开展满意度测评；听取和审议《市政府关于〈无锡市国民经济和社会发展第十四个五年规划和二〇三五年远景目标纲要〉实施情况中期评估的报告》《市政府关于无锡市2023年市级预算调整方案（草案）的报告》《市政府关于推进科技自立自强情况的报告》《关于基本医疗卫生与健康促进工作情况的报告》《关于无锡对接粤港澳大湾区工作情况的报告》；审议并通过《无锡市人民代表大会常务委员会关于批准无锡市2023年市级预算调整方案的决议》；审议《〈无锡市不动产登记条例〉实施情况的报告》；一审《无锡市居家养老服务条例（草案）》；二审通过《无锡市海绵城市建设管理条例》；审议《无锡市制定地方性法规条例（修正草案）》及相关议案（草案）；审议《无锡市城市道路管理条例（修正草案）》《无锡市地名管理条例（修正草案）》《无锡市测绘管理条例（修正草案）》《无锡市实施〈江苏省大气污染防治条例〉办法（修正草案）》，通过《无锡市人民代表大会常务委员会关于修改〈无锡市城市道路管理条例〉等四件地方性法规的决定》；审议市人大常委会主任会议关于提请审议《废止〈无锡市暂住人口管理条例〉的议案》，通过《无锡市人民代表大会常务委员会关于废止〈无锡市暂住人口管理条例〉的决定》；审议并通过《无锡市人民代表大会常务委员会关于加强整区域推进高标准农田建设的决定》、关于个别代表的代表资格的报告；决定有关人事任免，并举行宪法宣誓仪式。

12月12日，无锡市第十七届人大常委会举行第十五次会议。会议听取和审议《市政府关于梁溪科技城发展情况的报告》《关于无锡市2022年市级预算执行和其他财政收支审计发现问题整改情况的报告》《关于市十七届人大二次会议主席团交市人大常委会审议的〈关于强化落实保障、解决中心城区和重点场所停车难的议案〉办理情况的报告》《市人大常委会法工委关于备案审查工作情况的报告》《部分单位审计查出突出问题整改情况的报告》，并开展满意度测评；审议《〈无锡市养犬管理条例〉实施情况的报告》《〈无锡市城乡规划条例〉实施情况的报告》；审议并通过《无锡市人民代表大会常务委员会关于召开无锡市第十七届人民代表大会第三次会议的决定》。

12月28日，无锡市第十七届人大常委会举行第十六次会议。会议听取和审议《市政府关于2023年无锡市民生实事项目实施情况及2024年无锡市民生实事候选项目基本情况的报告》《市政府“关于进一步推动养老事业和产业高质量发展，加快养老服务体系建设的议案决议”实施方案进展情况的报告》《市政府关于市十七届人大二次会议代表建议办理情况的报告》《关于促进文化事业和文化产业高质量发展情况的报告》《市检察院关于公益损害预防工作情况的报告》，听取《市人大社会建设委员会关于2023年无锡市民生实事项目实施情况的督查报告》，并开展评议；听取市人大社会建设委员会关于议案决议督办情况的报告；审议并通过《无锡市人民代表大会常务委员会关于加强公益损害预防工作的决定》；二审通过《无锡市和美乡村条例》《无锡市教育督导条例》；讨论市人大常委会工作报告（征求意见稿）；决定有关人事任免，并举行宪法宣誓仪式。

（市人大常委会办公室）

人大立法

（参见《法治·人大立法》）

人大监督

【助推经济运行监督】 2023年，市人大常委会系统谋划35项重点工作，常态化开展经济运行分析研判，持续跟踪省、市级重大产业项目建设，加强计划预算、国资管理、政府债务、审计整改监督，助力稳住经济基本盘。把握“十四五”时期规划实施中期评估“关键节点”，调研掌握主要目标完成进度、重大工程实施进展等情况，听取审议专项报告，从6个方面提出18条具体建议，为全市跑好“十四五”后半程建言献策。针对房地产市场、外资外贸等领域遇到的困难开展视察调研，督促职能部门及时优化政策措施，咬定目标加压奋进。扎实开展中小企业转型发展条例执法检查，深入调研民营企业发展情况，及时提出10个方面对策建议，助力全市出台促进民营企业高质量发展“21条”。

【助推产业科技创新监督】 2023年，市人大常委会围绕高水平科技自立自强，通过调研掌握情况、听取审议专项报告，抓重点进行专项监督、跟踪创新驱动战略实施，推动创新赋能产业高质量发展。围绕无锡对接粤港澳大湾区工作走访重点部门企业、考察重大合作平台，从建立长效机制、加强互联互通、持续深化改革、汇聚创新资源等方面提出审议意见，推动“太湖湾”与“大湾区”在产业链、创新链、人才链上深度互联。围绕梁溪科技城发展、新能源产业集群建设开展专题调研、听取专题汇报，助力以体制创新激发区域焕新、以科技创新推动产业创新。

【助推城乡品质能级提升监督】 2023年，市人大常委会听取审议市国土空间总体规划（2021—2035）编制情况报告，提出完善建议，强化规划刚性，督促“一张蓝图绘到底”、全面提升空间治理能力。以交通基础设施互联互通为重点，深化苏锡常人大工作协同，推动苏锡常都市圈建设。围绕实施主体功能区战略、新型城镇化战略，深入全市各板块调研功能区建设情况，因地制宜形成4篇系列调研报告，基于各地实际和发展定位提出相应对策建议。就耕地保护、粮食仓储能力建设等开展监督，全力守护人民群众“米袋子”，推动农业强市建设迈出坚实步伐。

【助推“美丽无锡”建设监督】 2023年，省、市、县三级人大联动开展省太湖水污染防治条例和市水环境保护条例执法检查，有关意见建议纳入新一轮太湖综合治理实施方案。听取审议年度环境状况及环境保护目标完成情况报告，组织湿地保护“一法两条例”执法检查，围绕“美丽幸福河湖”、重点水利工程建设等开展监督，以清单制方式交办19个具体问题，通过守护生态“好基底”提升城市“高颜值”。支持推进文化事业和文化产业高质量发展，专题视察大运河文化带和大运河长江国家文化公园建设，围绕振兴锡剧调研，推动非遗文化保护传承，在坚定文化自信、厚植文化根基中助推现代文明建设。

【助推民生福祉改善监督】 2023年，全市域推进民生实事项目人大代表票决制，以“双通道”征集形成实事项目建议158条并集中移交市政府；全程跟踪督办10项42个票决民生实事项目，创新设立人大代表监督员，首次采用“双测评”机制问效“打

11月14日，市委书记、市人大常委会主任杜小刚（右三）在江阴市调研基层人大代表之家，走访人大代表和基层群众　（宦　玮　摄）

分”，促进老旧小区改造、燃气管网更新等“民生愿景”实化为“幸福图景”。聚焦加快养老服务体系建设“一号议案”，督促政府开展“锡心医养”社区居家“332”服务行动，建成区域性助餐中心133家、社区助餐点619个，全面完成16项年度任务。紧盯督办“解决中心城区和重点场所停车难”代表议案，推动制定两年攻坚行动方案，政府加大停车资源供给、加快数字赋能应用，出台10项停车便民惠民举措，新增及挖潜停车泊位3.6万个，全市“停车一张网”初具规模。围绕道路交通秩序管理、就业促进、“15分钟医保服务圈”建设、退役军人服务保障等20余项民生议题开展监督。

（市人大常委会办公室）

11月24日，市人大常委会对2023年无锡市民生实事项目实施情况进行集中视察　（许子江　摄）

重大事项决定

【事项议决】 2023年，市人大常委会紧盯粮食安全这一“国之大者”，在省内率先就整区域推进高标准农田建设作出相应决定、强化法治保障；把握“法治无锡”建设新使命新要求，在省内率先就加强行政审判工作深化法治政府建设作出决定，推动提高依法行政水平、实质性化解行政争议；作出公益损害决定，依法推动风险防控，优化法治化营商环境，并就计划、预算执行和调整等议题作出常规性决定。全年依法作出决议决定8项。

【人事任免】 2023年，市人大常委会在人事任命过程中，严格落实法律知识考试、任前承诺发言、宪法宣誓等制度。制定出台市人大常委会任命人员报告履职情况办法；对8个政府部门开展工作评议，对9名员额检察官开展履职评议，并以“评议+测评+问效”方式，力促政府部门、司法机关依法履职，执法为民。年内，任免地方国家机关工作人员46人次。

（市人大常委会办公室）

代表工作

【学习实践活动】 2023年，市人大常委会根据省人大常委会统一部署，上下联动开展“牢记嘱托、感恩奋进”学习实践活动，并与“扛起光荣新使命、展现履职新风采”代表实践活动相结合，组织8300余名五级人大代表和街道议政代表，按照“学思践行”目标要求，投身大学习、大讨论、大调研、大走访、大实践“五大行动”。全市各级人大共组织5740名代表开展履职培训，举办122期“人大代表讲坛”，370人次代表站上讲坛谈认识、讲感悟、传经验；引导代表小组、专业组扎根一线调研，形成调研成果484篇；每月定时定点开展“132、找代表”联系服务群众活动。全体代表立足本职岗位，发挥模范作用。

【密切联系代表】 2023年，市人大常委会全面落实“三个全覆盖”要求，建立健全联系代表工作机制，常委会主任会议成员通过“主任接待代表日”、定期走访等形式，直接联系272名基层代表；各专工委有重点、分领域密切联系181名专业组代表；常委会会议制度化邀请72人次代表列席并面对面座谈交流，通过真联系，取得真效果。

【议案建议办理】 2023年，市人大常委会制定关于推动代表议案建议工作高质量发展的实施意见，提出改进加强的4个方面、16项举措，确保“内容高质量、办理高质量”。就十七届人大二次会议以来193件代表建议形成“一个目录”，就12件重点督办建议、12件上年度计划解决建议和7件连续3年“反复提”建议形成“三项清单”，既重答复，更重落实，贯穿全年紧抓跟踪督办。全年代表建议办成率88.54%，代表满意率100%。

【代表履职服务】 2023年，市人大常委会组织2期“双提双强”履职培训班、1期全市基层人大工作培训班。代表履职平台增设“政情通报”“履职学习”专栏，保障代表知情知政，高效履职。健全代表履职报告、履职登记等制度，评选一批星级“家站点”、优秀代表建议和调研报告、代表活动积极分子等，激发代表履职担当的荣誉感和使命感。

（市人大常委会办公室）

表7　无锡市十七届人大二次会议重点督办代表建议一览表

序号	案号	领衔人	标题	意向主办单位	市人大牵头督办领导	市人大督办机构
1	0123	姚志勇	关于进一步加强无锡尖端科技力量建设的建议	市科技局	徐　劼 高亚光	教科文卫工委
2	0174	于晓仲等7人	关于支持蠡湖科创中心增设附属建筑解决停车难问题的建议	市城管局	徐　劼 陆　洪	环资城建工委
3	0024	张君君	关于无锡市创建国家农产品质量安全市的建议	市农业农村局	曹佳中 蔡叶明	农经工委
4	0162	吴美燕	关于加强高标准农田建设的建议	市农业农村局	曹佳中 蔡叶明	农经工委
5	0011	孙　凯	关于在行人通行数量较多的人行横道安装“由行人可以控制的信号灯”的建议	市公安局	袁　飞	监察和司法工委
6	0084	李　风	关于刑事审判阶段为律师提供电子卷宗阅卷的建议	市中级人民法院	袁　飞	监察和司法工委
7	0189	薛晓兰等3人	关于提升基层医疗卫生服务能力的建议	市卫生健康委	高亚光	教科文卫工委
8	0116	钱　靖	关于进一步推进紫砂产业高质量发展的建议	市工业和信息化局	沈　建 黄蓉华	经济工委
9	0139	陆炳兴	关于加强太湖无锡水域治理专项监督的建议	市生态环境局	沈　建 黄蓉华	环资城建工委
10	0164	吴惠明	关于推进无锡市高端纺织服装产业链（集群）工作的建议	市工业和信息化局	沈　建 黄蓉华	经济工委
11	0074	顾行行	关于壮大专业化社会应急队伍建设发展的建议	市应急管理局	王传军	社会委
12	0088	陆炳兴	关于乡镇街道慈善事业工作的建议	市民政局	王传军	社会委

（市人大常委会办公室）

编辑　罗秋云

综 述

【政务督查】 2023年，无锡市充分发挥政务督查职能作用，不断开拓工作思路，创新工作机制，提升工作质量，有力推动市委、市政府各项决策部署的全面落实。积极做好国务院、省“互联网＋督查”平台留言办理工作，共收到国务院和省交办件384件，均按时办结。督促各地区和市相关部门积极做好对接国家和省督查激励工作，无锡市获得2022年国务院办公厅督查激励2项、省政府办公厅督查激励44项。制定下发《市政府2023年重点督办事项责任清单》150项，对《政府工作报告》重点工作推进情况进行定期调度，针对进度滞后项目开展专项督办。对市政府主要领导在季度经济运行分析调度会、重大项目建设推进会、市长碰头会明确的重点任务进行分解和跟踪督办，对市级重大产业项目推进情况按月开展督查通报，开展2023年惠企政策落实情况“回头看”专项调研，对“三清三治”（清理各类垃圾、清理违建乱放、清理家河家塘，治理农村厕所、治理农村污水、治理农田风貌）农村环境卫生专项整治行动、京杭大运河整治太湖蠡湖治理重点工程、环卫工人“爱心早餐”落实情况、全市重点医疗机构停车场收费情况及城市精细化管理“红黑榜”等一批关键领域和社会关注热点问题开展现场督办，加强节点控制，推动工作高效落实。高质量完成555件“微幸福”民生工程事件和158件“市长在线·民声留言板”重点督办事项的督查和情况反馈任务。加强对市政府领导批示件办理的督促检查，全年跟踪办理市政府主要领导批示1213件，编发各类督办专报90余期，确保件件有着落、事事有回音。

【建议提案办理】 2023年，市政府扎实做好市十七届人大二次会议代表议案建议和市政协十五届二次会议提案办理工作，创新办理形式，提升办理水平，推动一批事关全市经济社会发展的重大问题和人民群众普遍关心关注的热点难点问题得到有效解决。全年接收、办理人大代表建议193件，人大代表满意率100%；政协提案372件，政协委员满意率100%。

【政府信息公开】 2023年，市政府全面贯彻落实国家和省关于政务公开工作的部署要求，不断提升政务公开工作质量和水平。通过市政府门户网站主动公开各类政府信息43441条，其中政府公报12期、规章1件、市政府行政规范性文件9件、市政府和市政府办公室文件42件、市政府常务会议报告17期、重大行政决策意见调查征集44期。融合文字、图片、视频等形式进行政策解读，召开市政府新闻发布会16场，发布文字解读45次、图解政策40次。全年共办理政府信息公开申请168件。

【市长信箱办理】 2023年，无锡市“12345”政务服务便民热线共受理各类网上来源诉求22978件，其中市长信箱6622件，办结率100%。网上工单处理量居前五位的成员单位为梁溪区（2643件）、新吴区（2572件）、锡山区（1780件）、滨湖区（1452件）、惠山区（1414件），主要涉及消费维权、拖欠薪资和物业管理等领域。

【政府自身建设】 2023年，市政府高标准开展学习贯彻习近平新时代中国特色社会主义思想主题教育，持续推进廉政建设和作风建设，切实提升政府治理体系和治理能力现代化水平。坚定树立和践行正确政绩观，坚决防治统计造假，持续防范化解政府性债务风险和地方金融风险。扎实推进法治政府建设，积极开展“八五”普法，严格落实依法行政，有效规范重大行政决策程序，配合完成地方性法规立法6件、地方性法规修改5件，制定市政府行政规范性文件9件。认真落实“担使命作贡献”季季评要求，持续激发奋勇争先精气神。坚持政府“过紧日子”，强化预算约束和绩效管理，继续压减“三公”经费。坚持严的主基调不动摇，加强政务督查督办，推动审计监督全覆盖，切实强化权力运行监督制约。

（陈智奕）

重要会议

【市政府全体会议】 2023年，市政府召开一次全体会议。

8月7日，市政府召开第二次全体（扩大）会议暨廉政工作会议。会议学习贯彻习近平总书记对江苏工作重要讲话重要指示精神，按照省委和市委全会部署，总结上半年工作，部署下阶段重点任务，并对加强全市政府系统党风廉政建设工作提出明确要求。会议认为，上半年，全市上下坚持稳中求进工作总基调，完整、准确、全面贯彻新发展理念，牢牢把握高质量发展这个首要任务和构建新发展格局这个战略任务，从头抓紧、紧张快干，经济运行呈现生产平稳、内需改善、质效提升、信心回暖的特征，形成率先整体好转的良好态势。会议要求，要把“牢记嘱托、感恩奋进、走在前列”贯穿工作始终，学深悟透习近平总书记对江苏工作重要讲话重要指示精神，努力在以学铸魂、以学增智、以学正风、以学促干上下功夫、求实效，全力以赴奋战下半年，决胜全年度，为全省发展大局作出新的更大贡献。重点做好9个方面工作：稳固经济回升向好势头，加大强链补链延链力度，塑造创新驱动发展优势，奋抢数实融合新兴赛道，激发开放经济发展活力，提升城乡区域功能品质，擦亮“美丽无锡”生态底色，办好富民惠民利民实事，守牢安全稳定发展底线。会议强调，要坚定不移把政府系统党风廉政建设向纵深推进，持之以恒转作风、严纪律、抓落实、促发展，努力建设人民满意的法治政府、创新政府、廉洁政府和服务型政府。

【市政府常务会议】 2023年，市政府召开17次常务会议，讨论和审议会议议题123项。

1月20日，市政府召开第17次常务会议。会议听取关于无锡市开展儿童友好城市建设工作的情况汇报，讨论《无锡市服务融入上海大都市圈行动方案》《无锡市燃气管理条例(草案)》，审议《市政府2023年重点督办事项责任清单》。

2月14日，市政府召开第18次常务会议。会议听取第一届“无锡慈善奖”评选情况、2023年市政府拟向市人大常委会报告的重大事项有关情况、《无锡市国土空间总体规划(2021—2035年)》编制工作情况的汇报，讨论《无锡市关于进一步提高政府监管效能推动高质量发展的实施方案》《无锡市省级青年发展型城市建设试点实施方案》《市政府2023年立法工作计划(草案)》，审议《无锡市节能环保产业集群发展三年行动计划(2023—2025年)》《无锡市第三代半导体产业发展三年行动计划(2023—2025年)》《无锡市元宇宙创新发展三年行动计划(2023—2025年)》《无锡市量子科技产业发展三年行动计划(2023—2025年)》《无锡市市区共有产权保障房管理办法》《无锡市应急物资储备管理办法》。

3月16日，市政府召开第19次常务会议。会议听取《无锡市高端装备产业集群发展三年行动计划(2023—2025年)》《无锡市高端纺织服装产业集群发展三年行动计划(2023—2025年)》《无锡市新材料产业集群发展三年行动计划(2023—2025年)》《无锡市深海装备产业发展三年行动计划(2023—2025年)》编制情况，无锡市城市极端暴雨洪涝灾害风险评估及对策研究成果，2022年度无锡市市长质量奖和市质量管理优秀奖评选结果的汇报，讨论《关于全面加强和改进新时代学校体育工作的实施意见》《关于全面加强和改进新时代学校美育工作的实施意见》《关于进一步促进上市公司高质量发展的实施意见》，审议《无锡市2023年度促进新能源汽车推广消费的若干政策措施》《关于促进养老服务消费的若干政策措施》及无锡市第16届哲学社会科学优秀成果奖获奖项目。

4月12日，市政府召开第20次常务会议。会议讨论2023年度市级重大行政决策事项，审议无锡市物联网、新能源、汽车及零部件、“两机”、智能传感器、人工智能、氢能储能7个产业发展“三年行动计划”以及《关于开展重点行业领域安全生产风险专项整治巩固提升年行动的通知》《无锡市历史文化街区消防安全规定(草案)》《无锡市数字人民币试点工作实施意见》《2023年度无锡市市级政务信息化项目建设计划》《无锡市关于加快特色产业园区建设的实施意见》《无锡市创建江苏省城市管理示范市实施方案》《关于进一步推动养老事业和产业高质量发展加快养老服务体系建设的议案决议的实施方案》。

4月26日，市政府召开第21次常务会议。会议听取全市一季度经济运行情况汇报并研究部署下一阶段重点工作，听取关于做好2023年市人大代表建议和市政协提案办理工作的汇报，讨论《无锡市优化营商环境提升行动方案2023》，审议《无锡市关于促进外贸稳规模优结构的若干政策措施》《关于加快建设具有国际影响力的集成电路地标产业的若干政策》《关于深化美丽幸福河湖行动(2023—2025年)的实施意见》《2023年房屋征收工作方案》。

5月14日，市政府召开第22次常务会议。会议听取全市外贸工作情况汇报，讨论《无锡市海绵城市建设管理条例》，审议《无锡市人民政府关于清理市政府规范性文件的决定(草案)》《无锡市全面提升污水集中收集处理率三年行动计划(2023—2025年)》《无锡市人民政府关于贯彻落实江苏省被征地农民社会保障办法的实施意见》。

6月7日，市政府召开第23次常务会议。会议听取2022年度无锡市本级审计发现问题整改情况、全市信访工作情况汇报，讨论《关于支持梁溪区更新焕新高质量发展打造现代化精彩城区的意见》《关于改革完善体制机制加强无锡市战略和应急物资储备安全管理的行动方案》《关于建立健全自然保护地体系的实施意见》《无锡市“百匠千品”非物质文化遗产传承创新工程三年行动计划（2023—2025年）》。

6月25日，市政府召开第24次常务会议。会议听取市安委办、城市地下管网和燃气安全生产专委会工作汇报，研究贯彻落实具体举措；听取关于2023世界物联网博览会、2023集成电路（无锡）创新发展大会及第11届半导体设备材料与核心部件展示会筹备情况汇报；讨论《全市集中开展“三清三治”农村环境卫生专项整治行动方案》《2022年度国有资产管理情况综合报告》《2022年度无锡市企业国有资产管理情况专项报告》《关于无锡市深化新时代教育评价改革实施方案》，审议《大运河无锡段核心监控区国土空间管控细则（试行）》。

7月7日，市政府召开第25次常务会议。会议听取2023上半年全市高新技术企业培育情况汇报，讨论《无锡市关于加快功能区建设推动城乡融合高质量发展的实施意见》《关于成立无锡市深入推进功能区建设工作领导小组的通知》《无锡市加快功能区建设推动城乡融合高质量发展工作方案》《推动太湖无锡水域水质根本性好转“1+9”三年行动方案》《无锡市和美乡村条例（草案）》《无锡市生物医药产业集群发展三年行动计划（2023—2025年）》《全民癌症防控行动方案》《无锡市教育督导条例（草案）》，审议《2023年无锡市促进跨境贸易便利化专项行动方案》。

7月19日，市政府召开第26次常务会议。会议讨论打造国内一流具有国际影响力的产业科技创新高地、建设新时代工商名城、深化融入长三角一体化发展、高水平建设农业强市、强化基层治理和民生保障等“大兴调查研究”专题调研成果系列行动方案和《2023年无锡市转业军官与安排工作退役士兵及驻锡部队军人随军家属就业安置工作方案》。

8月2日，市政府召开第27次常务会议。会议听取上半年为民办实事项目进展情况、2022年市级财政决算（草案）的汇报，讨论《关于全力打造“美食之都、购物天堂”加快培育创建国际消费中心城市的实施方案》。

8月28日，市政府召开第28次常务会议。会议听取2024年市级预算编制政策、提升普通高中招生占比及市区普通高中建设布局、新建无锡师范高等专科学校、《无锡市防御台风应急预案》修订、争创集成电路封测领域国家技术创新中心有关事项等情况汇报，讨论《关于促进全市经济持续回升向好努力走在前做示范的若干政策措施》《关于进一步促进民营企业高质量发展的实施意见》《加快建设现代化教育强市努力办好人民满意教育三年行动纲要（2023—2025年）》《无锡市优化教育资源供给三年行动计划（2023—2025年）》《无锡市高质量实施集团化办学三年行动计划（2023—2025年）》《无锡市推进高校高质量发展三年行动计划（2023—2025年）》《关于进一步加快江阴—靖江工业园区建设发展的协议》，审议《无锡市促进新能源产业发展若干政策》《关于推进外资企业总部化基地化发展三年行动计划（2023—2025年）》《关于打造更具特色的“水运无锡”的实施方案》《江苏无锡经济开发区开展相对集中行政处罚权工作方案》《无锡市耕地保护“三提两严”行动方案》《关于加强新形势下招商引资工作的若干措施》以及2022年度无锡市招商能手、金银铜牌招商项目、护商先进集体建议名单。

9月18日，市政府召开第29次常务会议。会议讨论《关于进一步加强市属国有企业监管工作的若干意见》，审议《无锡市居家养老服务条例（草案）》《无锡市臭氧污染治理三年专项行动方案（2023—2025年）》《关于推动市属国有企业全面参与“465”现代产业集群建设的实施意见》。

10月17日，市政府召开第30次常务会议。会议听取全市重大事故隐患专项排查整治行动、2023—2025年区域骨干路网项目三年建设计划、无锡市2023年市级预算调整、2023年无锡市有突出贡献中青年专家选拔工作等情况汇报，讨论《〈无锡市国民经济和社会发展第十四个五年规划和二〇三五年远景目标纲要〉实施中期评估报告》《关于开展政府投资基金问题专项治理的方案》。

8月28日，市政府召开第28次常务会议，审议《无锡市促进新能源产业发展若干政策》等（李　刚　摄）

11月7日，市政府召开第31次常务会议。会议听取2023年度全市社会救助标准调整、2022年度无锡市腾飞奖评选、深化市属国有文艺院团改革工作等情况汇报，讨论《无锡市关于加强“465”现代产业集群发展促进组织建设的实施意见》《关于对各地区稳增长促发展工作予以专项补助的方案》，审议《无锡市加快建设全国统一大市场重点工作举措》《无锡市关于推进数据基础制度建设的实施意见》《2024年无锡市居民医保个人缴费标准调整方案》。

12月11日，市政府召开第32次常务会议。会议讨论《无锡市全力打造“美食之都、购物天堂”加快培育创建国际消费中心城市三年行动计划（2024—2026年）》，审议《无锡市审计发现问题整改销号的实施意见（修订稿）》《无锡市关于加快推进算力发展和应用的实施意见》《无锡市住宅小区物业管理水平全面提升行动实施方案》《贯彻落实〈中华人民共和国噪声污染防治法〉部分条款部门职责分工方案》。

12月25日，市政府召开第33次常务会议。会议听取关于2023年为民办实事项目实施和2024年为民办实事项目安排，2023年市人大代表建议及《关于进一步推动养老事业和产业高质量发展加快养老服务体系建设的议案》《关于强化落实保障、解决中心城区和重点场所停车难的议案》办理情况的汇报；听取关于第15届无锡市专利奖评选、2023年度“无锡友谊奖”评审推荐、第四届青少年科技创新市长奖评审情况的汇报；听取2023年“太湖人才计划”优秀乡土人才、先进制造技能领军人才项目申报评审，创新创业团队及人才申报、评审和支持建议，医疗卫生人才项目申报评审等情况的汇报；讨论《在社会主义文化强省建设中多作无锡贡献行动方案》《无锡市关于贯彻落实国家文化数字化战略实施方案》《建设具有世界聚合力的双向开放枢纽无锡行动方案》《无锡市国有企业改革深化提升行动实施方案（2023—2025年）》《关于加快建设具有国际影响力的生物医药地标产业的若干政策意见》；审议《无锡市人民政府关于修改和废止部分政府规章的决定（草案）》《无锡市历史建筑保护管理办法》《无锡市市区商品房预售资金监管办法》《无锡市网络预约出租汽车经营服务管理实施细则（修订）》《无锡市国家“公交都市”建设示范工程行动计划》《关于重新公布无锡市市区征地区片综合地价标准的通知》《无锡市市区医疗机构设置规划（2023—2025年）》。

（陈智奕）

民生实事项目

【概况】 2023年，市委、市政府确定为民办实事项目10大类、60项、118个，由市本级43个部门（单位）和8个地区负责实施，主要涉及生态环境、宜居住区、城乡面貌、城市安全、交通出行、帮扶服务、科技教育、文化体育、卫生养老、智慧城市等方面。其中，包含人代会票决产生的10项、42个重点民生实事项目。至年末，全面完成各项年度目标任务。

【生态环境方面】 2023年，京杭大运河（无锡段）整治提升工程累计征收67.71万平方米，完成梁溪区南尖公园先导段、经开区段景观整治等项目，完成梁溪河景观带环境提升工程。建设“美丽幸福河湖”680条，完成太湖生态清淤280万立方米。开工建设环蠡湖景区先导段提升工程（渤公岛—双虹桥段）、蠡湖水环境深度治理工程，完成蠡湖生态清淤40万立方米。完成北尖公园净水厂箱体主体结构建设，建成投用惠联飞灰填埋场二期项目。完成自然村生活污水治理新改建工程340个。

【宜居住区方面】 2023年，完成老旧小区改造工程166个，同步完成技防设施、电力设施和公共消防设施建设，新建市政消火栓1207个，完成既有住宅加装电梯385台。新开工（筹集）保障性租赁住房3.34万套（间）、基本建成2.02万套（间），建成共有产权保障房1729套。完成多层住宅屋顶水箱取消改造项目850个、市区二次供水设施改造项目81个、市区农村供水设施改造2.04万户、老旧自来水管网改造50.8千米。新增及改造非机动车充电位2万个。

【城乡面貌方面】 2023年，完成植物园一期启动区建设，新（改）建各类公园游园73个，完成运河公园B、C区景观建设，完成锡惠景区西侧登山步道功能提升工程，分阶段实施尚贤河公园环境提升工程。165个规划发展村庄启动现代“美丽农居”建设，开工建设市级特色田园乡村20个、建成18个。建成一刻钟便民生活圈示范社区25个，完成社区综合服务设施改造提升项目20个，新改建公共空间休憩座椅2303处。完成背街小巷品质提升改造30条，开工建设长江北路（学前东路—太湖大道）和通惠西路（青石路—惠山横街）品质提升项目。新改建城乡公厕220座，市区210个小区完成生活垃圾四分类设施建设。创建“美丽农村路”89千米，打造平安放心路6条。

【城市安全方面】 2023年，完成低保户和市区范围使用瓶装液化石油气餐饮商户的灶具更换工作，完成管道燃气居民用户自闭阀安装及金属包覆软管更换61.3万户、老旧燃气管网改造21.54千米。打造儿童友好试点社区19个、儿童友好学径示范段5条，免费检测学生眼镜镜片3.04万副。建成无锡市粮食和物资应急保障服务中心、惠山区地方粮食储备库，完成人行横道交通安全提升110条。免费检定市区4217台公共在用电动汽车充电桩、1.24万台（件）农贸市场在用电子秤、

3579把公用加油站点加油枪，建成消费咨询公益小站52家。

【交通出行方面】 2023年，地铁6号线开工建设，锡太高速与凤翔路高架连接线工程、312国道无锡锡沪路至锡虞立交段改扩建工程施工单位进场，开展钱荣快速路（G312—梅园立交）一期先导段和新锡快速路项目胶阳路至锡虞路段主体结构施工，建成蠡湖大道（旺庄路—运河西路）、高浪路（蠡湖大道—长江南路）快速化改造（一期）。新增机动车停车泊位2万个，129个停车场、5968个停车泊位实现错时共享。新辟、优化调整公交线路35条，更新、新增新能源公交车200辆，新增地铁“爱心驿站”4个。

【帮扶服务方面】 2023年，城镇新增就业16.4万人，就业困难人员实现就业2.4万人，扶持成功自主创业2.7万人。完成救护员、心肺复苏等取证培训3.17万人，开展普及性培训13.81万人，新增AED82台、智慧自救互救急救站12个。为5829名残疾人提供托养服务。提供青年见习、实习岗位4986个，帮助276名困难家庭学生和优秀学生勤工俭学。建成镇（街道）未成年人保护工作站（关爱之家）10个、“梦想小屋”112间，完成市救助管理站新建工程。

【科技教育方面】 2023年，新增基层科普馆2家，开工建设义务教育学校19所、幼儿园12所，新增70所基础教育学校纳入集团化办学，新增55所省、市优质幼儿园。建成5所江苏省中职“领航学校”，5所学校入选江苏省中职“优秀学校”建设单位和培育单位，建成17个江苏省中职优质专业。建立市级学校课后服务体育活动（体教融合）基地50个、学校课后服务美育体验（文美融合）基地50个。新增普惠托育机构24家，开设“七彩公益安心托班”“爱心暑托班”510个。开展“求学圆梦行动”学历提升补贴申报，2060人符合奖学金发放条件。

【文化体育方面】 2023年，新建“钟书房”优质公共阅读空间53家、市级图书馆特色分馆2家，完成“百宅百院”活化利用工程38个。举办惠民演出和展览活动331场、“太湖韵·艺术行”服务社会年系列活动演出10场，开设全民艺术普及公益培训班90个。利用城市闲置用地建设公共体育设施项目160个，举办“无锡杯”足球联赛、篮球联赛，无锡市青少年足球超级联赛（小学生校园足球超级联赛），无锡市小学生阳光体育竞赛16项次比赛和“跃动锡城”无锡青少年体育十大联赛，建成体教融合项目实践基地10个。

【卫生养老方面】 2023年，完成80家社区（村）助餐点提升改造、2061户老年人家庭适老化改造、11家综合性养老服务中心改造提升，为746人次中、重度失能患者提供家庭病床服务，发放支出型困难救助资金17.71万元。建成投用市二院北院血透中心，完成江大附院国家创伤区域医疗中心主体结构建设。开设医生工作室149家，成立影像中心、心电中心、病理中心、检验中心各5家，新增互联网医院3家，76家二级以上医疗卫生机构实现发热门诊咨询专线全覆盖，114家基层医疗卫生机构设置发热门诊或诊室。对3.39万人次开展癌症筛查工作，无锡市门诊特殊病保障范围新增23个病种（治疗方式），累计建成“医保便民药店”411家。

【智慧城市方面】 2023年，完成市人民医院、市二院、市中医医院“停车就诊联动”智慧场景建设，完成“先离场后付费”场景建设1003个。落地自动驾驶微循环接驳小巴车61辆，开行微循环接驳线路11条。“太湖e警”公安政务服务平台累计办理各类事项94.6万余件，“e路通”道路交通事故一体化处理平台累计处理轻微交通事故15.3万余起，视频远程处理占市区同时段轻微交通事故总量的95%。推进办税服务厅数字化转型，195个事项实现全程网上办。新建新能源汽车公共充电桩4553个。建成智慧广电镇（街道）15个。

（盛　蔚）

4月2日，举行无锡美术馆、无锡市文化艺术中心和无锡交响音乐厅开工仪式。图为无锡交响音乐厅奠基仪式　（市委宣传部　供图）

行政审批和政务服务

【概况】 2023年，无锡市坚持政务服务需求牵引与数字化转型赋能增效双轮驱动，巩固深化行政审批制度改革成果，系统推进数字政府建设，不断提升政务服务标准化、规范化、便利化水平，持续打造“便利高效、热情周到”的一流政务环境，持续擦亮“无难事、悉心办”营商环境品牌，全市市场主体总数突破114万户，全市政务服务事项好评率持续保持在99.99%以上。在省内率先打造覆盖企业全生命周期、线上线下高度融合的“无难事、悉心办”锡企服务平台，成为全市惠企服务总入口，为企业提供政策服务、政务服务、发展服务等“一站式”服务。聚焦项目全生命周期需求，推动“三提三即”（通过评估论证再提前、审批服务再提效、验收发证再提速，实现重大项目策划即入库、拿地即开工、建成即投用）改革由“1.0”向“2.0”版迭代升级，发布推广工程建设项目审批制度改革10大创新案例，持续赋能重大项目建设“加速跑”。长三角远程异地评标协调系统在无锡发布上线，有力推动长三角区域内公共资源交易一体化。开通全省首家“苏税援”无锡涉税专业服务专区，改革成果在全省复制推广。启动《作风面对面》开播十周年“幸福加力”计划。无锡市“一照通办”“投资建设完善”工作上榜央视“2022城市营商环境创新报告”。

【锡企服务平台升级上线】 6月10日，无锡市全新升级上线“无难事、悉心办”锡企服务平台，“政策精准推送、扶持免申即享、政企随时互动、问题快速闭环”四大核心功能打通政策落地和服务企业“最后一公里”。建立政策标签和企业标签体系，全面归集各级惠企政策3958条，精准触达企业125.6万余次。把正在实施的惠企政策拆分成535个办理事项，全市共有42个事项实现“免申即享”，9个事项实现“即申即享”，484个事项通过“减材料、减环节、减跑动”进入综合评审，累计汇总兑现资金12.09亿元，惠及企业9.9万家。组建由449人组成的“锡企小助手”团队，开设“锡企直播间”“惠企留言板”，每周宣讲惠企政策，开展在线互动交流。年内，43场惠企直播共有305万人次观看，9081件涉企诉求回访满意率100%。

【市场准入准营退出优化】 2023年，依托企业全链通综合服务平台，实现企业开办“一环节、一日结、零费用”常态化，全年全市新增企业法人4.93万户，企业开办全程电子化率90%以上；免费为新办企业刻制印章5.2万套，节约企业成本4156.32万元。全面打通优化一般注销、快速简易注销、公益清算注销、破产裁定注销4条退出路径，全市2.55万家企业完成注销登记，简易注销登记1.19万户。扩大住所（经营场所）信息申报承诺制实施范围，无锡市“一照多址”登记数位居全省前列。强化府院协同，有力破解冒名登记、经营异常企业公益清算等难题。

【项目审批优化提升举措】 6月21日，无锡市工程建设项目审批制度改革领导小组办公室印发《无锡市2023年工程建设项目审批制度改革“三提三即”工作优化提升方案》，推出“三提三即”2.0版38项举措，打造“事项集中、业务集成、服务集聚”的项目审批新模式。开展“服务保障重大项目”省级试点，启动工程建设项目审批管理系统三期建设，围绕“策划即入库”，出台《无锡市工程建设项目前期策划生成管理办法》，依托“多规合一”业务协同管理平台统筹项目实施，为重大项目提供前期策划生成服务；围绕“拿地即开工”，出台《无锡市关于分阶段办理房屋建筑工程施工许可证的通知》，全市共有63个项目“拿地即开工”，34个项目“拿地快开工”；围绕“建成即投用”，出台《无锡市工程建设项目联合验收实施细则（试行）》，限定联合验收用时从法定的不超过90个工作日压缩至12个工作日以内。常态化运行重大项目服务专班，开设“投资建设服务会客厅”，以“导诊＋坐诊＋会诊”等方式解决

2023年11月，长三角远程异地评标协调系统上线发布仪式举行

（市行政审批局　供图）

好重大项目在审批服务过程中遇到的难题，全年市区两级重大项目服务专班累计为 90 余个省、市重大项目开展专班服务 300 余次，协调解决审批难题 650 余个。

【公共资源交易】 11 月 6 日，由无锡市承办建设的长三角远程异地评标协调系统在无锡上线，实现长三角三省一市主副场试点项目全覆盖。至年底，系统共实施区域内远程异地评标项目 1827 个，累计抽取评标专家 13365 人次。全面启用智能辅助评标功能，自动生成智能评审报告，节省评标时间，累计应用项目数 347 个。严格落实交易管理制度，试点以信用承诺替代投标担保，累计减少 1.14 亿元保证金占用。推出“工程建设项目评审费支付”等 15 个数字人民币应用场景，累计交易金额 35.34 亿元。实现保证金自动退付，1.23 亿元历史沉淀保证金 100% 清退。全年全市公共资源交易 6351 宗，交易额 2506.82 亿元，“不见面交易”项目占比 98.52%，节约金额 181.87 亿元。

【政务服务“三化”建设】 2023 年，无锡市加快推进政务服务标准化、规范化、便利化建设，着力构建一体联动、高效运行的市、县、乡、村四级政务服务体系，全力打造普惠均衡的“政务圈”，让老百姓家门口办“政”事更好办。

严格“一张清单”管理。市政府办印发《无锡市行政许可事项清单（2023 年版）》，共计 428 项。印发《无锡市行政备案事项清单（试行）》，共计 256 项。发布全市镇（街道）政务服务事项清单和帮办代办事项清单，修订完善村（社区）公共服务事项和帮办代办事项清单。开展“政务服务事项动态管理”省级试点，建立“一办法两清单”动态调整机制（政务服务事项动态调整管理办法，基础性事项清单、个性化事项清单），做到“清单之外无审批、大厅之外无审批”。

9 月 6 日，举行无锡市首届政务热线职业技能竞赛决赛活动

（市行政审批局　供图）

深化“一件事一次办”改革。依托省数字政府政务中台，有序推动开餐饮店、开办药店等 20 个省定“一件事”上线运行，累计办件量超 25 万件。推动信用修复等 35 个市设“一件事”场景落地，实现“指尖办”“掌上办”。“个转企”“一件事”为全市 348 家个体工商户提供转型升级服务。开办药店“一件事”办件量全省领先，全市新开药店数比上年增长 110%。

强化“一站服务”功能。持续建强“15 分钟政务服务圈”，全市建成“8+121+332”市（县）区、镇、村三级政银合作服务区（点），在 14 家银行网点配置证照登记自助服务一体机，实现营业执照“全城通办”。在人流密集点布局“成全 e 站”自助服务终端 1314 个，在产业园区、商务楼宇设立惠企“一站式”政务服务“融驿站”52 个，在村（社区）建成 24 小时自助服务便民服务点 19 个，市级“免证办”事项累计 209 个。开展职业技能等级认定省级试点，全市 2124 名窗口人员考核通过政务服务办事员职业技能等级认定。持续用好“好差评”“政务服务体验师”和“办不成事”反映窗口等工作机制。开展“局长走流程”活动，及时有效回应企业群众期盼。

【市“12345”政务服务热线】 2023 年，聚焦“接得更快、分得更准、办得更实”，持续发挥好“12345”热线“总客服”作用，构建“语音 + 网络”一体化受理渠道，全年热线总服务量 511.2 万余件，期限内办结率 99.94%。举办“天翼杯”无锡市首届政务热线职业技能竞赛，选拔并组队参加省赛，获江苏省首届政务热线职业技能大赛优胜奖。创新推出“12345+”模式，畅通“微幸福”民生工程、“市长在线·民声留言板”，扎实办好企业群众身边的“头等大事”和“关键小事”。全年“微幸福”民生工程重点督办事项 555 件，办结满意率 100%；“市长在线·民声留言板”办理“我的烦心事”3.06 万件，反馈“我向市长提建议”5325 件。举行《作风面对面》开播十周年主题活动，年内开展《作风面对面》12 个专场、50 期电台（网络）直播、12 场电视直播。深化热线数据分析应用，报送高质量分析专报 24 期，为市委、市政府决策提供参考。

【无锡市网上中介超市】 2023 年，市行政审批局部署应用无锡市网上中介超市 2.0 版，累计邀请 1779 家中介机构入驻，发布采购公告 1.4 万余笔,成交率98%,成交金额3.51亿元。组织各地各部门认领中介服务事项,市级93项、县级平均72项行政审批中介服务事项在无锡市网上中介超市对外提供服务。依托网上中介超市,开展"涉税专业服务专区"省级试点,建立起从"事项认领、机构入驻、交易选取、评价反馈、电子留档"全链条涉税专业服务体系,累计入驻涉税专业服务机构1240家,促成交易1.15万笔,成交金额8284万元。全省"一企来办·苏税援"涉税专业服务平台建设推进会在无锡召开,试点成果被确定为"苏税援"省定品牌。

(刘兆萍)

港澳事务

【重大锡港澳活动】 2023年,无锡市主动服务长三角—粤港澳(无锡)科创产业融合发展区建设,承办"双湾融合,共创未来"系列活动,全面推动与港澳在产业发展、科技创新、人文交流等重点领域对接合作。活动期间,举办2023无锡—香港科创产业融合发展交流会、无锡—澳门合作发展交流会等活动40余场,签约项目73个,金额超1248亿元,300多位跨国公司和知名企业代表参加。举行港澳人才"465"现代产业集群高端人才对接会,无锡市28家重点企业携448个优质岗位到活动现场,与32名港澳硕士、博士面对面对接交流。5月30日,承办由省生态环境厅、省港澳办主办的"服务港澳企业政策宣讲与交流活动",宣讲绿色金融、绿色发展惠企创新政策,鼓励减污降碳。

(薛建新　施　勇)

【锡港澳交流合作】 3月,香港亚高达投资有限公司董事长吴坚率香港企业家代表团一行76人访问无锡,并出席2023无锡"国际月"暨国际赏樱周活动。无锡港资企业联谊会会长吴健新率团参加2023无锡"国际月"暨国际赏樱周活动。香港贸易发展局江苏代表佘培培一行到无锡参加2023无锡"国际月"暨国际赏樱周活动。5月,澳门女企业家商会创会会长江美芬和会长徐洁一行20人访问无锡,拜会市妇女联合会和市女企业家协会,考察并推动澳门与无锡市经贸文化多领域合作。香港特区政府驻沪办主任蔡亮一行9人访问无锡,拜会无锡市主要领导,与市相关部门探讨加强双方在经贸、文旅等多领域的交流与合作。7月,香港中文大学上海校友会会长苏雄一行30人访问无锡,参加庆祝香港回归26周年活动,考察无锡市经济社会发展情况。香港特区政府创新科技及工业局副局长张曼莉一行5人访问无锡,同新吴区开展座谈交流,并考察新吴区展示中心及阿斯利康等3家企业。香港贸易发展局江苏代表佘培培一行4人访问无锡,与市港澳办一起召开无锡港人港企座谈会。9月,香港理工大学上海校友会会长钟耀光一行38人访问无锡,与相关市、区就产业需求、人才政策、营商环境等开展交流。

(薛建新)

【联络联谊】 2023年,无锡市组织无锡旅港乡亲春茗联欢活动,200多位无锡旅港乡亲共聚一堂,共叙乡情;无锡海外联谊会举办第五期国情研修班,举办"春天从梅园开始——2023中国·无锡梅花文化旅游节开幕式暨港澳文化交流节启动仪式"。组织举办香港中文大学中医学院中医药访学培训班。推动香港九龙城区居民联会与锡山区羊尖镇结对共建。以"双湾融合,共创未来"香港大学生暑期实习活动暨百万青年看祖国(无锡站)活动的形式,开展锡港澳青年交流活动7场。市委统战部会同团市委、市青联在香港共同举办"同心筑梦,Young帆双湾——锡港澳青年说"活动,推动锡港青年人文交流。支持和帮助境外无锡商会、同乡联谊会加强自身建设。香港无锡商会会长荣明棣带领"2023香港无锡商会金融科创考察交流团"到无锡考察交流。

【开展公益事业】 2023年,香港无锡商会名誉顾问、长江制衣有限公司执行董事陈永棋参加陈荫川慈善捐赠纪念基金捐赠仪式,陈永棋代表陈荫川慈善捐赠纪念基金捐赠1000万元,用于支持无锡教育事业发展。无

2月24日,澳门大学—江阴市人民政府举行"太湖奖教金/奖学金"和"太湖创新基金"《捐赠意向备忘录》签署仪式　(市外办　供图)

锡海外联谊会组织开展无锡商业职业技术学院、无锡科技职业学院无锡海外联谊会奖学金，江南大学设计学院奖学金，无锡市辅仁中学“唐君远奖学金”，荣鸿庆、荣智权、荣康信奖学金（奖教金）“丁天立”奖学金（奖教金）评选工作，表彰师生356人，奖金总额61.5万元。

（施　勇）

外事工作

【概况】 2023年，无锡外事工作按照省、市外事委工作部署有序推进。举办2023无锡“国际月”暨国际赏樱周、“驻华使节无锡行”、“西港特区十周年成果展”等重大外事活动。创新开展“外事Plus”小而专系列，举办精准、专业、务实的产业对接活动14场。全年接待外事来宾183批1023人次，鼓励支持市、区两级友协多形式举办民间对外活动，服务推动基层机构和企业多主体推进对外交流合作。完成赴新、韩、日、英、沙、阿、比、法等全市性重大境外“双招双引”活动保障任务，支持全市经贸、科技、人才各领域国际交流取得预期成效。服务全市“一带一路”建设持续推进，对柬埔寨经贸产业合作和多领域交流不断深化，对非交流及投资合作不断拓展。促成欧盟项目创新中心东部中心、比利时鲁汶科创“飞地”等国际合作平台相继落地。无锡市对美工作获省外办主要领导书面批示肯定，境外安保的经验做法在全省推广，“驻华使节无锡行”被《人民日报》图文并茂宣传，无锡“国际月”活动的相关报道登上《新华日报》头版头条。

【重大涉外活动】 3月20日，2023无锡“国际月”暨国际赏樱周活动启动。活动以“向世界重新推介无锡，让无锡更好链接世界”为主旨，围绕文化教育、体育赛事、经贸产业、科技人才、社会事业5大领域，搭建内外融合的“产业＋金融＋科创＋人才”综合性合作平台载体。活动期间，举行中德“中欧班列”经贸合作对接会、“走向‘一带一路’对接RECP”国际投资说明会等经贸合作活动18场；中国生命科学领航者峰会等科技人才领域活动6场；2023无锡国际赏樱周暨纪念中日樱花友谊林建设36周年国际游园会、“趣巴西”文化推广专场活动等文化教育领域活动17场；2023无锡国际马拉松、“一带一路”师生足球、排球友谊赛等体育赛事领域5场；国际社区环境提升月之外国友人进社区活动等社会事业领域活动3场。市长赵建军出席启动仪式并会见与会嘉宾代表。中国人民对外友好协会副会长袁敏道参会并致辞。外交部原部长、全国人大外事委主任、驻美国大使李肇星，外交部原副部长、驻巴西大使李金章及夫人黄敏慧（前驻秘鲁大使），省人民对外友好协会会长柏苏宁，省外事办公室副主任杨菁，市领导沈建、周文栋、顾铮铮，市人民对外友好协会会长王锡南，市政府秘书长陈寿彬参加活动。日本驻沪总领事赤松秀一（大使衔）、新加坡驻沪总领事蔡犟合、比利时驻沪总领事颜博诺、泰国驻沪总领事乐达·普玛、马来西亚驻沪总领事赛义德·法瑞泽·艾米尼、新西兰驻沪总领事鲍晓笛、巴西驻沪代总领事范天阳、斯洛文尼亚驻沪领事馆馆长李美霞等14个国家驻沪总领事及领馆官员，德国博霍尔特市市长托马斯·科霍夫、蒙古国戈壁苏木贝尔省省长葛博多尔吉·巴特苏日、匈牙利萨瓦市市长米哈利·巴巴克、波兰绿山市议长彼得·巴扎克、巴西洛维拉市副市长里卡多·巴博萨等国际友城领导及代表，日本、英国、法国、挪威、越南、丹麦、爱尔兰等40余个国家的国际友城、驻华领馆、机构、商协会、企业、运动员、媒体代表等境内外嘉宾3万余人参加相关系列活动。活动期间还揭牌成立欧盟项目创新中心（东部中心）、环球网国际传播基地长三角（无锡）中心、中国—巴西青少年足球训练基地3个国际合作平台；评选出14家国际友好事业先进基层单位，授奖表彰；评选并授予11位外籍人士“无锡市人民友好使者”称号；评选新一届“无锡市荣誉市民”，并向获奖者颁发金章。无锡与匈牙利萨瓦市、德国博霍尔特市分别签署深化合作意向书；梁溪区与巴西圣保罗州洛维拉市、梁溪科技城与巴西高科技园区索罗卡巴科技园分别签

3月21日，无锡国际赏樱周暨中日樱花友谊林建设36周年纪念活动植树仪式

（市外办　供图）

约结好;无锡学院与波兰绿山大学签约合作。活动中共签约合作项目77个,其中经贸项目63个,金额41.1亿美元。

3月21日,由江苏省外办主办、无锡市外办和梁溪科技城承办的2023年欧洲非洲驻江苏机构代表与无锡梁溪科技城合作对接会在无锡召开。省外办副主任杨菁率领来自荷兰、德国、英国、匈牙利、罗马尼亚、爱尔兰、法国、南非等欧洲、非洲驻江苏机构代表到无锡参加对接会。各方就加强经济贸易、数字经济和食品科技等领域合作交流开展讨论。

9月5日,由外交部、省外办举办的“驻华使节江苏行”无锡站活动举行,新西兰驻华大使毛瑞、以色列驻华大使潘绮瑞,以及蒙古国、澳大利亚、卡塔尔、德国、新加坡、美国、奥地利、匈牙利、荷兰等13个国家的16名驻华使节和外交官到无锡参观交流,市委书记杜小刚与代表团会谈。在无锡期间,代表团围绕绿色低碳主题,考察远景科技集团、南山车联网小镇和贡湖湾湿地公园。

11月8日,2023中欧(无锡)产业创新合作大会在无锡召开,无锡中欧产业创新区启动。副省长方伟到会并讲话,市委书记杜小刚、法国驻沪总领馆科技领事方圆、国家发展改革委国际合作中心主任袁锋、商务部投资促进事务局副局长李勇致辞。欧洲中小企业协会联盟主席马库斯·博格,欧盟成员国驻华官员,欧盟行业协会和商协会代表,知名欧盟跨国公司代表等参加活动。

【外事Plus系列活动】 5—11月,无锡市举办外事Plus系列活动14场。5月23日,举办无锡—爱尔兰经贸交流对接会。爱尔兰中国科学技术交流协会代表团与市体育局、市贸促会、市工商联、市科协、市投促中心等相关部门开展对口洽谈。6月30日,举办无锡—马来西亚合作座谈会。马来西亚国际旅游发展委员会副主席拿督阿兹里·哈林、马来西亚驻沪总领馆文化旅游领事韦札尼等一行与市外办、市体育局、市贸促会、市文旅集团等部门开展座谈,就双方在体育、贸易会展、旅游等领域友好合作进行深入探讨。7月4日,举办2023无锡金融赋能大会暨中欧可持续发展投资峰会。来自希腊、葡萄牙、丹麦、意大利、德国等国的金融机构代表围绕绿色与ESG领域的产业现状、投资机会、未来展望等内容进行交流讨论,分享经验,探讨中欧金融创新与合作。7月28日,举办“学长帮学长”新能源海外发展座谈会。新吴区、市委统战部、市商务局、市外办、法中孵化器联盟协会、晟能科技股份有限公司、无锡市欧美同学会等相关人员参会,围绕中法及中欧在新能源领域的合作进行交流探讨。8月11日,举办欧盟产业合作交流会。市外办、市工商联、各区工商联、市生物医药协会、物联网协会、智能制造协会、专精特新联盟、青年企业家协会、祥生医疗、雅迪集团代表与欧盟项目创新中心,就相关领域对欧产业及技术合作进行交流。8月15日,在惠山高新区(洛社镇)举办亚洲国家产业发展研修班交流座谈会。来自巴基斯坦工业和生产部、商务部,马来西亚总理府,塔吉克斯坦总统办公厅、工业和新技术部、国家投资与国有资产管理委员会,乌兹别克斯坦投资工业和贸易部等“一带一路”沿线的4个国家的14名官员,就园区建设、产业合作等与市外办及惠山高新区座谈交流。8月16—19日,举行刚果(金)发展项目跟踪与评估研修班梁溪行活动。刚果(金)外交部、总统办公厅、交通部、农业部、国企部等部门官员到梁溪区,考察无锡云感科技股份有限公司和金茂对外贸易有限公司,就在刚果投资合作进行座谈交流。9月9日,举办“叙友谊 话合作”——无锡海归代表与德中友协联合会座谈会。德国德中友协联合会代表团与欧美同学会留德分会以及尚贤湖投资有限公司相关负责人开展交流讨论。9月13日,召开中丹水技术交流会。丹麦王国驻沪总领事馆商务领事、环境与水资源负责人倪迈森一行、丹佛斯、格兰富、埃维柯等7家知名丹麦水务企业和市市政集团、水务集团等深入交流,就“双碳”背景下水务领域可持续发展与合作进行探讨。9月21日,市外办联合市专精特新企业联盟、高新技术企业协会共同举办“出海行动”专题交流分享会。市商务局、普华永道、宁波银行、无锡华源专利商标事务所、欧盟项目创新中心等机构和企业代表参会交流。11月1日,举办美国投资促进座谈会。美国圣贝纳迪诺郡、圣安东尼奥市代表团,市外办、市工商联、梁溪区政府等10多个部门代表以及市机场集团、无锡先导智能、大公坊等近40家企业参加活动。同日,举行无锡—罗马尼亚哈尔吉塔郡经贸对接会。罗马尼亚哈尔吉塔郡第二大城市奥多尔黑尤—塞库耶斯克市市长及企业家代表团与无锡市企业代表对口洽谈,并就光伏板和整车采购及共建合资企业等达成多项合作协议。11月10日,举办无锡电商企业—新西兰中国商会合作座谈会。新西兰中国商会会长祁军一行访问无锡并参加座谈会。副市长周文栋会见客人。新西兰毛利演艺团在地铁三阳广场站厅进行毛利战舞表演。11月25日,在无锡市江南新城实验中学举办第二届无锡市中德校园文化交流艺术节。德国勒沃库森市市长乌韦·里奇拉特录视频祝贺。无锡市德语教学学校联盟与相关在无锡的德企就推进工程教育、劳动教育领域合作签署共建协议。

【重要外宾到访】 2月6日,瑞典驻华大使宋莲,瑞典驻沪总领事司梅到无锡参观阿斯利康健康物联网创新中心。

2月22日,市长赵建军会见通用医疗全球超声业务首席执行官罗兰德一行,双方就加大GE医疗在无锡业务布局、深化生物医药领域合作共叙友谊、共话发展。

2月23日，市长赵建军会见英飞凌首席运营官鲁特格·维伯格一行，副市长周文栋、市政府秘书长陈寿彬参加会谈。

2月24日，松下冷热电三联供氢能示范项目启用仪式在无锡举行。市长赵建军与到无锡参加仪式的松下集团代表董事全球副总裁本间哲朗一行举行工作会谈。日本驻沪总领事赤松秀一（大使衔）出席项目启用仪式。松下中国东北亚公司总裁堂埜茂、副市长周文栋、市政府秘书长陈寿彬参加相关活动。

同日，市长赵建军与到无锡考察的LG化学副社长李香穆一行举行工作会谈，双方就加快新项目落地、拓展新能源领域合作等进行深入交流。LG化学常务、乐友新能源材料（无锡）有限公司总经理张道基，市委常委、常务副市长蒋敏，市政府秘书长陈寿彬参加会谈。

2月26日，日本驻华大使垂秀夫一行到无锡出席松下·雅达社区落成典礼。

3月3日，巴西驻华大使馆公使衔参赞马嘉良到无锡访问，市委书记杜小刚会见客人。双方共同见证苏南瑞丽航空和巴西航空工业签署合作意向书。

3月20日，市长赵建军会见到无锡参加2023无锡“国际月”暨国际赏樱周活动的新加坡驻沪总领事蔡簦合一行，就推动无锡与新加坡两地经贸合作进行交流探讨。

3月21日，市长赵建军会见到无锡参加2023无锡“国际月”暨国际赏樱周活动的日本驻沪总领事赤松秀一（大使衔）一行，双方就深化合作、促进互利共赢进行深入交流。副市长周文栋、市政府秘书长陈寿彬参加。

3月22日，圭亚那驻华大使周雅欣、苏里南驻华大使张碧芬以及来自古巴、智利、巴哈马等14个拉美和加勒比地区的驻华使节代表团在无锡参加第二届中国（无锡）会展目的地建设大会，及其分论坛“无锡—拉美经贸交流会暨第16届中国—拉美企业家高峰会推介会”。21日，市长赵建军会见代表团一行。访问无锡期间，周雅欣专程前往无锡市人民医院看望援圭医疗队员并座谈。

3月23日，市委书记杜小刚在南京与阿斯利康全球首席执行官苏博科会谈，共商合作、共话发展。

4月1日，市长赵建军会见在无锡出席2022年（延期）世界跆拳道大满贯冠军系列赛暨奥运直通卡赛的世界跆拳道联盟主席赵正源一行，双方就深化跆拳道赛事合作进行深入交流。

4月13日，市委书记杜小刚会见法国国际私募股权投资大会创始人吉勒·巴赫萨一行，双方就推动全方位合作、实现互利共赢进行会谈。

4月14日，市长赵建军会见瑞士布勒集团董事会主席卡尔文·葛礼德，并共同见证瑞士布勒集团大中华区创新研发中心及创新食品项目签约仪式。

4月19日，俄罗斯联邦储蓄银行高级副行长塔季娅娜·弗拉基米罗夫娜·扎维亚洛娃一行7人访问无锡，围绕两地在金融、低碳、教育、国际产业园区等领域合作与无锡市相关部门对口洽谈。

4月27日，市长赵建军会见韩国驻沪总领事金英俊一行，双方就深化拓展投资、经贸、人文等领域交流合作深入交流。

5月10日，斯里兰卡驻华大使帕利塔·科霍纳、毛里求斯驻华大使王纯旺到无锡参加第五届国际企业资源交流峰会。

5月26日，荷兰驻沪总领事郭媚瑶到无锡出席芝兰雅新工厂开业典礼。

6月6日，越南驻沪总领事阮世松一行到无锡访问，参加“无锡—越南投资促进专场说明会”。

6月8日，英国驻华贸易副使节杜涛一行到无锡参加“中英数字经济论坛创新论坛系列活动”，副市长周文栋会见客人。

6月15日，市委书记杜小刚会见到无锡考察的费森尤斯卡比集团首席执行官皮耶路易吉·安东内利一行，就推动合作提速增质深入交流。副市长秦咏薪、滨湖区主要负责人参加会谈。

6月28日，市长赵建军在无锡会见阿尔卑斯阿尔派株式会社社长栗山年弘一行，双方就加快项目建设、深化务实合作进行深入交流。阿尔卑斯（中国）有限公司常务副总经理殷建虹、副市长周文栋、市政府秘

4月20日，意大利驻沪商务领事艾珊访问无锡并参加“意大利遇见中国——无锡锡山区意大利产业投资交流会”　（市外办　供图）

书长陈寿彬参加会见。

7月5日，奥地利维也纳州议长恩斯特·沃勒率德奥企业家代表团到无锡出席无锡会客厅——2023欧洲企业无锡行暨产业合作对接会，市长赵建军会见客人一行。

7月6日，市长赵建军会见美国德纳动力技术及新能源全球总裁华安东一行，双方就进一步加快项目建设、深化氢能等领域合作深入交流。副市长周文栋、市政府秘书长陈寿彬参加会见。

7月14日，日本驻沪总领事赤松秀一（大使衔）到无锡出席无锡养乐多乳品有限公司第二工厂竣工仪式。市委常委、常务副市长蒋敏出席活动。

7月18日，市委书记杜小刚会见法国驻沪总领事王度，并共同揭牌启动中法（无锡）产业合作园。

7月20日，以色列驻沪总领事白乐濰一行访问无锡，副市长周文栋会见客人，双方就友谊与合作开展交流。

7月20日，市长赵建军会见到无锡考察的艾迈斯欧司朗首席执行官兼董事会主席奥多·坎普一行，双方就做大做强无锡生产基地、共建产业生态圈等进行深入交流。副市长卢敏、市政府秘书长陈寿彬参加会见。

8月8日，市长赵建军在无锡会见康明斯副总裁、电子软件全球总裁玛丽娜一行，共同见证康明斯与卓品智能在无锡成立合资公司签约仪式。

8月9—10日，智利驻华大使毛里西奥·乌尔塔多到无锡参与拍摄纪录片《大使的中国行记》。

8月10日，市长赵建军会见到无锡考察的博世智能交通业务董事会成员乌维·伽赫史塔特一行。双方就深化博世集团在无锡发展以及氢能产业等领域互利合作进行深入交流。

8月18日，市长赵建军出席无锡高新区阿斯利康无锡供应基地战略发展签约仪式，并会见阿斯利康全球执行副总裁潘斌一行。

8月25日，市委书记杜小刚会见到访的韩国纳科新代表理事朴泰勋一行，并共同见证韩国纳科新半导体高端检测量测装备生产研发基地项目签约。

9月8—10日，多米尼克驻华大使马丁·查尔斯、泰国驻华大使阿塔育·习萨目、厄瓜多尔驻华代大使克里斯蒂安·曼切诺、塞拉利昂驻华副大使萨法·沃亚·罗杰斯应邀到无锡参加2023年中国国际智能传播论坛相关活动，出席“遇见锡引力”城市文化交流节启动仪式。

12月6日，乌兹别克斯坦经贸代表团参观无锡一棉纺织集团有限公司
（市外办　供图）

9月13日，土耳其驻沪总领事赛因·埃姆莱·恩金一行访问无锡，与市外办、市商务局、市贸促会等部门召开无锡土耳其商务协调推进会。

10月20—21日，古巴总审计长贝赫拉诺一行到无锡访问，考察物联网创新展示中心、惠山区桃源村等处，省委书记信长星在无锡会见客人一行。

11月1—2日，阿联酋驻沪总领事穆哈纳德·苏莱曼·纳克比到无锡参加第15届中国（无锡）国际新能源大会暨展览会，并在开幕式上致辞。

11月9日，法国原总理、法国展望与创新基金会主席让－皮埃尔·拉法兰到无锡参加2023Ipem国际私募股权投资大会首届中国论坛。

11月9—10日，新西兰驻沪总领事鲍晓迪及新西兰中国商会代表团到无锡访问，副市长周文栋会见客人一行，双方就推动无锡与新西兰务实合作进行深入交流。

11月13日，中国江苏省—柬埔寨西哈努克省工商推介会暨2023中柬（锡西）协作平台工作会议在无锡召开，柬埔寨西哈努克省省长郭宗仁率团参加会议并致辞，省工商联主席刘聪出席会议并致辞。省外办党组成员、省友协副会长钱文华，省工商联党组成员、副主席熊杰，无锡市副市长卢敏等有关领导和红豆集团董事局主席周海江等70多名企业家参会。

11月14日，市委书记杜小刚会见德国默克集团执行董事会成员兼生命科学业务首席执行官贺毅哲一行。双方就丰富合作内涵、拓展合作空间进行会谈。

11月16日，市委书记杜小刚会见美国通用电气医疗集团全球总裁兼首席执行官彼得·安杜尼一行，双方就强化项目对接、深化产业协作、优化创新生态进行会谈。通用电气医疗集团全球执行副总裁、中国区总裁兼首席执行官张铁昊，副市长周文栋，无锡高新区主要负责人参加会谈。

12月6日，市委书记杜小刚会见韩国LS集团会长具滋殷一行，就共同把握新机遇、实现新发展进行会谈。

12月7—8日，荷兰驻沪总领事郭媚瑶、以色列驻沪总领事白乐潍到无锡参加2023 ECI Festival国际数字创新节暨ECI（无锡）数字创新产业论坛活动。

12月17—18日，新加坡驻沪总领事蔡鋆合到无锡参加无锡新加坡工业园合作开发30周年暨无锡新加坡科创城高质量建设大会并致辞。

【国际交流合作】 2月1日，市外办相关负责人到上海拜访法国驻沪总领事王度和巴西驻沪总领事马赛罗，双方开展座谈交流，推进各领域合作。

2月15日，市外办与巴西驻沪总领馆举行线上工作对接会，巴西驻沪副总领事范天阳和巴西航空工业公司相关人员参加对接会，双方就无锡“国际月”期间举办“巴西日”系列活动相关细节进行洽谈对接。

2月23日，无锡市人民友好使者荷兰博士何达纳、意大利瓦雷泽市意达洛·波里尼、无锡外商俱乐部副会长许琼文应邀参加江苏省“中国共产党第二十次全国代表大会精神专题宣介会——解读‘强富美高’新江苏‘发展密码’，在新征程上全面推进中国式现代化江苏新实践”活动。

3月18日，在巴西驻沪总领馆支持下，市外办会同市教育局在市少年宫举办“趣巴西”儿童文化交流活动，无锡市融成观顺实验小学和市少年宫合唱团的300余名小朋友及其家长、老师参加活动。

3月28日，市外办相关负责人在参加江苏（南通）—西班牙、葡萄牙、意大利合作交流会期间，与葡萄牙驻沪总领事夏思雅进行工作交流，洽谈推进无锡对葡萄牙及与卡斯卡伊斯市友城合作。

3月29日，无锡作为会员城市参加世界城地组织“国际城市多边交流研讨会”（线上）。

4月6日，泰国农业部蚕桑司司长帕拉科布·坡蓬一行访问无锡，并拜访江苏省蚕种所，双方围绕促进两地蚕桑产业发展合作进行座谈交流。

4月20日，意大利驻沪商务领事艾珊率团到无锡参加无锡“国际月”系列活动“意大利遇见中国——无锡锡山区意大利产业投资交流会”并致辞。

4月中旬，无锡市选送来自柬埔寨、美国、摩洛哥、白俄罗斯等7个国家、7个友城的111幅青少年绘画作品参加第六届江苏省“友城绘”国际青少年绘画展，其中7幅作品获一等奖、12幅获二等奖、18幅获三等奖。

5月9日，受韩国蔚山市邀请，无锡代表团到蔚山参加两市结好十周年纪念活动。市长赵建军与蔚山市市长金斗谦举行工作会谈，共同签署加深友好合作协议，并为无锡“大阿福”走进蔚山揭幕。

5月9—13日，瑞士沃州政府中国事务顾问、瑞中协会常务副主席白鹄到无锡访问，同江南大学医学院和耘林集团就推动两地医疗和教育领域深度合作进行座谈交流。

5月10日，副市长周文栋率团到日本友城明石市，拜访新任市长丸谷聪子，向其当选为市长表示祝贺，并递交无锡市市长赵建军的贺信，双方回顾友好交往历史，相互介绍各自文化、经贸和经济发展情况。

5月22日，“一带一路”倡议十周年西港特区成果展在柬埔寨西哈努克港经济特区开幕。柬埔寨首相洪森、中国驻柬埔寨大使王文天、中国驻柬埔寨大使馆经济商务参赞邬国权出席活动。省政府、市政府分别向活动致贺信。市委常委、宣传部部长李秋峰参加活动。

5月23日，“友城绘”国际青少年绘画展美国加州站开幕式举办，无锡市副市长马良、圣郡副郡长戴安娜·亚历山大、美国江苏总商会会长蔡成华致辞，中国驻洛杉矶总领事馆文化领事柴赟等出席活动。

6月初，无锡市经贸代表团访问比利时鲁汶市，与鲁汶市市长魏模翰及思门组织负责人杨·皮尔森座谈交流。鲁汶（无锡）创新中心启用，中国驻比利时大使曹忠明出席启动仪式，鲁汶市经济贸易局、鲁汶思门组织、法兰德斯中比商会、法兰德斯投资贸易局、鲁汶中国学联等机构参加。为纪念宜兴人钱秀玲的国际人道主义

11月15日，无锡市与韩国友城金海市加强生物医药与医疗器械产业合作备忘录签约仪式举行

（市外办　供图）

精神，钱秀玲奖学金在鲁汶大学自然科学院设立。

6月12—16日，无锡市代表团访问柬埔寨，拜访西哈努克省政府，就无锡和西哈努克市职业技能培训合作事宜进行对接，并与西哈努克省柬中友谊理工学院和柬埔寨西港经济特区有限公司共同签订培训合作备忘录。

6月19日，副市长周文栋会见法国Seqens集团总裁皮埃尔·卢泽奥一行，就生物医药产业合作进行深入交流。

7月3日，由埃及、莱索托、尼日利亚、南非等国家高级官员组成的非洲国家国企改革治理研修班一行30人访问无锡，考察无锡地铁集团和无锡一棉纺织集团有限公司等。

7月4日，市外办相关负责人到上海拜访阿联酋驻沪总领事穆哈纳德·纳克比、英国驻沪代总领事麦安迪和巴西圣保罗州投资促进局首席代表殷吉，洽谈推进交流合作。

7月7日和12月8日，江南大学附属医院护理部、无锡卫生高等职业技术学校护理专业代表先后出席由得克萨斯大学圣安东尼奥健康科学中心护理学院主办的第11次和第13次线上全球健康论坛。

7月9—13日，柬埔寨卫生领域人才（江苏）进修班学员访问无锡，在江苏省血吸虫病防治研究所进行血吸虫和疟疾防治培训，同市卫健委相关人员座谈交流，并参访市人民医院、新吴区梅村街道社区卫生服务中心和红豆集团等。

7月14日，市委常委、常务副市长蒋敏会见到无锡访问的德国机械设备制造业联合会（VDMA）主席、哈威集团监事会主席卡尔·豪斯根一行。

7月14日，无锡市小白鸽少儿舞蹈艺术团170余名师生访问韩国友城金海市并开展艺术交流。

7月16—22日，无锡市江南中学师生一行8人应邀到德国参加博霍尔特市一年一度的欧洲青少年夏令营活动，同来自德国、荷兰、比利时、法国、英国、立陶宛、阿尔巴尼亚等国的青少年，围绕气候变化和环保主题进行探讨交流。

7月28—30日，“相约锡城，筑梦未来”2023夏第三届运河城市模拟联合国大会在无锡举行，世界各国近300名学生代表到无锡参加会议。中国驻纽约总领事馆总领事黄屏，联合国难民署高级对外关系官员Steven O'Berien视频致辞，无锡市副市长卢敏出席活动并致辞。

7—8月，市侨联、市外办和无锡市新闻媒体联合开展“‘一带一路’上的无锡力量”新闻行动，先后到马来西亚、泰国、越南、老挝采访“一带一路”共建国家中的无锡人和无锡企业，记录这些人和企业为共建“一带一路”作出的贡献。

7月14日，松下控股株式会社集团代表董事、全球副总裁、中国东北亚总代表本间哲朗访问无锡，并出席松下冰箱全球研发中心开业仪式。市委常委、常务副市长蒋敏出席活动。

8月15日，市委书记杜小刚率无锡代表团访问阿联酋艾因市，同艾因市政厅总干事阿里·哈利法·阿勒·卡姆齐会谈，共同庆祝两市建立友好交流城市关系5周年。

8月17日，市外办相关负责人到上海拜访哈萨克斯坦驻沪总领事拉合莫夫·拉合穆江、乌兹别克斯坦驻沪总领事馆领事拉赫马诺夫·哈米德焦恩、美国加州旧金山湾区委员会全球项目副总裁兼中国区运营负责人邹艳玲，洽谈深化交流合作。

8月25—27日，“驻沪领馆签证官江苏行”活动在无锡举行，罗马尼亚、芬兰、匈牙利等国家驻沪签证官代表团应邀到无锡参加活动。

9月，无锡市向葡萄牙卡斯卡伊斯市赠送大阿福一对，卡斯卡伊斯市市长卡洛斯·卡雷拉斯致信无锡市市长赵建军表示感谢。

9月1日，“金色光影”短视频大赛暨第五届“一带一路”百国印记短视频大赛柬埔寨分赛区评选结果揭晓，无锡市卫健委报送的作品《“一带一路”渊源长，仁心催开友谊花》获大赛友好光影单元二等奖。

9月4日—10月27日，由大公坊|雪浪小镇共享国际创新中心、大公坊iMakerbase国际加速器、无锡太湖学院、韩国蔚山创造经济革新中心、蔚山大学LINC3.0事业团、蔚山大学工学教育革新中心主办的2023全球大学生智能移动出行（mobility）创客马拉松大赛在无锡市和韩国蔚山市举办。大赛自9月4日开始至10月27日闭幕，闭幕式采用线上形式举办。

9月6日，市委常委、常务副市长蒋敏会见日本THK株式会社寺町彰博社长一行，并见证THK直线导轨智造基地项目投资备忘录签约。

9月19—22日，毛里塔尼亚基础设施建设与规划研修班和刚果（金）战略规划研修班共60名官员到无锡访问，参观无锡高新区（新吴区）科技商务综合展示中心和锡山区锡东环保能源有限公司。

9月21—23日，委内瑞拉玻利瓦尔共和国统一社会主义党青年干部考察团访问无锡，参访无锡经开区万欣社区和信成花园社区、清名桥古运河历史文化街区、阳山镇等地，开展“乡村振兴中的青年担当”中委青年对话主题活动。

9月25—26日，巴基斯坦旁遮普省警察总监乌斯曼·安瓦尔率旁遮普省警察厅代表团访问无锡并开展交流。

10月9—15日，副市长周文栋率团出访巴布亚新几内亚和澳大利亚，向巴布亚新几内亚东新不列颠省省会科可波市捐赠医疗物资；参加澳大利亚布里斯班举行的2023亚太城市峰会，并应邀在“城市互联互通”主题论坛上发言；在墨尔本，同弗兰克斯顿市市长南特·康罗伊一起参加深化友城合作座谈会。

10月24日，意大利瓦雷泽市代表、意大利FGI公司总裁意达洛·波里尼访问无锡，接受“无锡市人民友好使者”证书，与市国联集团就国际康养项目合作进行座谈，参加梁溪区山北街道中意国际项目签约仪式。

10 月 30 日—11 月 2 日，美国友好交流城市圣贝纳迪诺郡郡政委员、第二区行政长官杰西·阿门达雷兹一行访问无锡，考察无锡棒球运动训练基地、无锡科技职业学院、江南大学附属医院、雪浪小镇、古运河、惠山古镇等。

10 月 31 日—11 月 2 日，无锡市荣誉市民、美国友好城市圣安东尼奥市前议员战婉瑜一行访问无锡，考察新体育中心全明星篮球馆，无锡市儿童医院、古运河、惠山古镇等。

10 月 31 日—11 月 2 日，爱尔兰科克市副市长肯尼斯·奥弗林率代表团一行访问无锡，与市外办、市教育局和江南大学等相关人员座谈交流，并出席第 15 届中国（无锡）国际新能源大会暨展览会，参加 2023 碳中和行动 50 人论坛并作交流发言。

11 月 2 日，无锡市和美国友城圣安东尼奥市、友好交流城市圣贝纳迪诺郡及江阴友城阿拉米达市的代表，共同出席在苏州举办的第五届中美友城大会。

11 月 8 日，特立尼达和多巴哥凤凰工业园投资说明会在无锡举办。特立尼达和多巴哥共和国参议员、贸易和工业部部长葆拉·戈皮－斯库恩，驻华大使刘娜，国家投资促进署署长塞科·阿莱恩，无锡市政府副秘书长李亚萍及相关企业代表约 150 人出席会议。

11 月 8—9 日，“无锡市人民友好使者”荷兰博士何达纳一行访问无锡，考察江南大学，推动荷兰蒂尔堡大学、埃因霍温理工大学和位于无锡市荷兰友城登博斯市的希罗尼穆斯数据科学学院与江南大学的合作。

11 月 10—12 日，无锡市芯火微电子研究中心与欧洲微电子研究中心（IMEC）联合举办第十期 IMEC 集成电路高端人才培训班。

11 月 12—15 日，江南大学商学院代表团访问荷兰，与埃因霍温理工大学工程管理学院、蒂尔堡大学经济管理学院共同签署三方合作备忘录。

11 月 13—15 日，无锡作为会员城市参加世界城地组织亚太区第九届会员大会，成为世界城地组织亚太区物流委员会创始成员单位。

11 月 15 日，市委书记杜小刚会见韩国友城金海市市长洪泰龙、议长柳明烈一行，两市签署《加强生物医药与医疗器械产业合作备忘录》。

11 月 20 日，无锡市举办“汇聚星光，童享锡望”无锡世界儿童日主题活动暨妇女儿童大厦焕新启航发布会，并举办城市亮灯活动。联合国儿童基基会驻华办事处社会政策处处长上田岬到无锡出席活动并致辞。

11 月 25 日，无锡市歌舞剧院和无锡民族乐团代表到澳大利亚访问，参加第 21 届布里斯班中华文化艺术节，献演舞蹈《能不忆江南》《一意拈花》《天涯共此时》，歌舞《永远的江南》和唢呐独奏《百鸟朝凤》等节目。

12 月 4—7 日，新加坡南洋理工大学高级副校长蓝钦扬一行到无锡访问，考察无锡市教育资源情况。

12 月 6—7 日，乌兹别克斯坦撒马尔罕州副州长科比洛夫·鲁斯塔姆率经贸代表团访问无锡，市委常委、常务副市长蒋敏会见客人一行。在无锡期间，代表团考察海澜集团、无锡一棉纺织集团有限公司、长三角（无锡）电动车跨境电商产业园。

12 月中旬，无锡市教育代表团访问比利时鲁汶市和德国勒沃库森市。勒沃库森市市长乌韦·里奇拉特、鲁汶市副市长莱琳·瓦德拉分别与代表团座谈交流。

（薛建新）

5 月 22 日，“一带一路”倡议十周年西港特区成果展在柬埔寨西哈努克港经济特区开幕　（市外办　供图）

信访工作

【概况】 2023 年，无锡市各级各部门全面贯彻中央和省、市委关于信访工作的决策部署，扎实推进信访问题源头治理和突出问题攻坚化解，国家、省、市和市（县）区四级共受理涉及无锡市信访问题 4.36 万件（人次），全市信访形势平稳有序，连续三年信访工作绩效居全省前列。

【解决群众实际问题】 2023 年，市委、市政府主要领导带头“四下基层”，协调解决道路建设、老旧小区加装电梯、延期交付楼盘学生入学等群众急难愁盼问题，结合主题教育深入实地研判问题楼盘和物业管理难题，示范带动市和市（县）区两级137名党政领导接待群众1430批1756人次。市信访局与市行政审批局、市广电集团建成"一访定心""市长在线·民声留言板"等政媒联动民生栏目矩阵，形成"定期会商、协同策划、联动发力、工作闭环"解决基层治理问题新路径，一访定心栏目获评全国新闻作品最高奖项中国新闻奖一等奖。组织"锡汇民智"人民建议征集活动，改进工作类建议意见全部及时转交、妥善办理，政策类建议研究完善后转送省、市相关部门采纳借鉴，其中多篇建议获省政府主要领导批示、专刊录用并推动转化。加强人民网"领导留言板"规范化办理工作，制定"13510"工作法，举办专题培训，留言回复率和群众满意度大幅提升，无锡市被人民网评为2023年度民心汇聚单位，成为全省唯一一个市、市（县）区两级均入围的设区市。

【矛盾攻坚化解】 2023年，无锡市开展"百日会战""双月攻坚"等专项行动，落实包案领导深入基层一线研究会办6379次，中央信访联席办3批交办案件报结率100%，市、市（县）区党政主要领导指定包案的103件疑难信访案件全部化解，梁溪区"千名干部大下访、排忧解难促发展"行动被省信访局作为县域践行"枫桥经验"典型经验宣传。部署开展重点领域信访突出问题专项攻坚行动，市信访工作联席会议总牵头，房地产、金融和涉法涉诉3个领域专项工作小组具体承办，形成"一个专班、一个方案、一次会议、一个任务书"的机制，重点领域矛盾"一案双交"，推动联席会议成员单位和属地同向发力，国家信访局登记的涉法涉诉信访量下降至全省第十位、房地产领域第四位，金融领域信访量比上年下降超过40%。

【信访问题源头治理】 2023年，无锡市充分发挥市社会矛盾纠纷调处服务中心作用，推进四级矛盾纠纷多元化解"一站式"平台一体化建设，按照"信访前置分流、部门依法办理、调解程序优先、非诉全面服务"的理念优化工作流程，推动进驻职能部门、人民调解组织和非诉服务单位各负其责、高效联动，律师协会等行业组织积极参与化解信访事项，通过访调对接、诉访分离、依法分类等途径有效分流率79.2%。全省信访问题源头治理三年攻坚行动现场部署会在无锡召开，无锡相关经验在"推动信访工作法治化，服务深入推进长三角一体化发展"专题研讨会上作交流。每日组织全市信访业务视频调度会，加强对重点案件的跟踪推动。对化解事项设置抽查回访电话专线，实现线上线下双提速、实体程序双推进，求决类事项一次性化解率98.38%。江阴市、宜兴市获评全国信访工作示范县（市）区，江阴市是全省唯一一个连续3年获评的地区。

【信访法治培训和宣传】 2023年，市信访局在全市信访系统开展践行"枫桥经验"、信访工作法治化专题培训，大力提升全市各级党员干部运用法治思维和法治方式做好信访工作的能力和水平。举办"人民信访为人民"主题报告会，制作《信访为民》专题宣传片，选送节目参加全省信访系统"用情为民解难 用心为党分忧"主题汇报活动并获一等奖，市信访局获评优秀组织单位。依托各级信访接待场所主阵地，制作宣传展板、宣传横幅和宣传手册，宣讲《信访工作条例》42场，开展宣传活动100余次，发放宣传用品3万余份。

（陈　颖）

编辑　罗秋云

中国人民政治协商会议无锡市委员会

综　述

【委员构成及委员活动】 2023年末，政协无锡市第十五届委员会（以下简称“市政协”）实有政协委员446人。其中，常委88人，占委员总数的19.73%；中共党员委员179人，占40.13%；女性委员107人，占24%。年内，市政协组织政协委员开展协商议事和调研视察，形成建议案、重点调研报告、专题建言献策共23篇，立案提案372件，督办重点提案13件，批办重点和重要提案90件。各委员联系小组累计开展各类视察、调研、专项民主监督及读书学习活动107次，1498人次参加相关活动。各市（县）、区政协组织开展服务为民和民生专题协商议事月活动，全市各级政协委员参与944次基层协商议事活动，推动解决问题979个。各开发区建立完善联系服务委员机制，全年开展提案办理、民主监督、基层协商议事等履职活动110余场次，形成提案130余件，反映社情民意180余条。市政协组织“书香政协·同心筑梦”委员读书活动视频直播26场，百余名委员参加，56万人次观看。市政协领导全年走访146名政协委员及其联系的界别群众。

【民主协商】 2023年，市政协进一步健全以政协全体会议协商、常委会专题议政、主席会议通报协商和专题协商、立法协商、对口协商、界别协商、提案办理协商、远程协商、“有事好商量”协商议事为主体的政协协商体系。市政协十五届二次会议组织大会发言和大组专题协商讨论，常委会会议协商议政2次，主席会议协商6次，专题协商4次，立法协商2次。各专委会和20个委员联系小组结合调研视察等活动，开展经常性的对口协商、界别协商、提案办理协商。积极参加省政协专题议政和远程协商，助力党委、政府和有关部门科学决策、有效施策。

4月3日，市政协深入开展“助力民营经济健康发展高质量发展”深度走访调研
（市政协　供图）

【协商式监督】 2023年，市政协进一步修订完善《中国人民政治协商会议江苏省无锡市委员会协商工作规则》，健全建言资政制度机制，完善民主监督形式，推动协商成果转化，着力提升协商工作质效。召开市政协常委会会议5次、主席会议11次，专题听取市政府及有关部门通报全市经济运行情况和相关工作情况。建立健全政协领导联系党政领导共商选题和党政领导领办重点提案、批办重要提案以及集中交办提案等机制。市委、市政府督办批办重点和重要提案103件，市委主要领导2次领办督办重点提案，对22篇政协建议案和重点调研报告分别批示。市政协探索委员联系小组集中监督与委员个人监督“双驱动”，围绕“助推深化文明城市创建”连续第2年开展全市两级政协联动监督，省级以上媒体先后3次专题报道。

（贾健航）

重要会议

【市十五届政协二次会议】 1月8—10日，政协无锡市第十五届委员会第二次会议召开。市委、市人大常委会、市政府全体领导和市中级人民法院、市人民检察院主要领导参加大会开幕式。大会应到委员445人，实到委员382人，占全体委员的85.8%。

会议回顾总结市十五届政协2023年的工作情况，审议通过市十五届政协二次会议议程，审议同意项雪龙代表市十五届政协常务委员会所作的工作报告和叶勤良所作的提案工作情况报告，对市政府工作报告、其他报告和全市经济社会发展大计进行协商讨论、建言献策。围绕加快数字乡村建设、抢抓人工智能新机遇、壮大科创企业队伍、加快医康养融合、建设青年发展型城市等多个方面，13名委员分别代表市各民主党派、工商联、无党派知识分子联谊会，以及工会、共青团、妇联、科协等社会团体作大会发言。市政府主要领导和有关领导应邀听取发言。会议期间，收到提案368件，其中集体提案79件，委员及委员联名提案289件；预立案提案346件，其中经济建设方面86件，占24.9%；城市建设与管理方面78件，占22.5%；文教卫体方面79件，占22.8%；政法统战方面40件，占11.6%；人民生活及其他方面63件，占18.2%。大会选举张叶飞为市政协第十五届委员会副主席，增补选举汪克强、周学东、胡海龙为市十五届政协常务委员。

【市十五届政协五次至九次常委会会议】 1月7日，市十五届政协召开第五次常委会会议，会议通过增补市十五届政协委员名单；通过增补市十五届政协副主席候选人建议名单及选举办法（草案）。

3月20日，市十五届政协召开第六次常委会会议。会议学习贯彻习近平总书记在参加十四届全国人大一次会议江苏代表团审议时的重要讲话精神；学习贯彻全国政协十四届一次会议精神；协商通过《市十五届政协2023年工作要点》。全国政协委员、副市长卢敏到会传达全国政协十四届一次会议精神。

6月20日，市十五届政协召开第七次常委会会议。市长赵建军应邀参加会议，并代表市政府通报无锡市上半年经济运行情况；会议围绕“打造全国最干净城市”开展协商议政；协商通过打造“全国最干净城市”建议案；协商通过有关人事事项。

9月19日，市十五届政协召开第八次常委会会议。会议听取市政府2023年提案办理情况通报，组织对市科技局、民政局、商务局的提案办理工作进行民主评议；围绕“推进养老服务发展”开展协商议政；协商通过《市政协关于深入学习贯彻习近平总书记对江苏工作重要讲话精神更好服务在推进中国式现代化中走在前做示范谱写“强富美高”新无锡现代化建设新篇章的决议》；协商通过有关人事事项。

12月28日，市十五届政协召开第九次常委会会议。会议协商通过关于召开市十五届政协三次会议的决定；协商通过市十五届政协三次会议议程（草案）、日程；协商通过市政协常委会工作报告及报告人；协商通过市政协提案工作报告及报告人；协商通过有关人事事项。

（贾健航）

参政议政

【建言资政】 2023年，市政协围绕打造全国最干净城市和推进养老服务发展开展常委会专题议政。围绕生物医药产业人才引育、侨务工作高质量发展、宜居住区改造建设、提升医保服务水平等方面，邀请市委、市政府领导和市政府有关部门、政协委员等开展专题协商。发挥市政协法律事务咨询组作用，就《无锡市海绵城市建设管理条例》《无锡市居家养老服务条例》组织立法协商。主席会议专题听取重大项目建设、打造全国健康城市建设样板市、智改数转和产业升级、侨联工作、“百宅百院”活化利用、应急管理6个方面的工作情况通报，举行法院、检察院工作情况通报会；修订《中国人民政治协商会议江苏省无锡市委员会协商工作规则》。

6月20日，市政协视察打造“全国最干净城市”工作　（市政协　供图）

【凝聚共识】 2023年，市政协加强专门委员会与党派团体、界别委员的沟通联系，通过大会发言、党派团体提案、联合调研、专题协商会等形式，联合开展活动50余次。认真落实市政协领导联系界别、走访委员制度，2次集中组织党外委员和非公有制经济人士、新的社会阶层人士视察学习活动。完善走访港澳委员制度，到深圳举办座谈会，引导港澳委员发挥好双重积极作用。加强与少数民族和宗教界人士的交流，巩固和发展安定团结的政治局面。

【提案工作】 2023年，市政协共收到提案394件，经审查立案372件，立案率94.4%。其中，集体提案88件，个人及联名提案284件。党政领导领办、政协领导协办重点提案13件，其中，市委书记带头领办"加强协同创新，推进产教融合，促进职业教育高质量发展""关于提升道路交通数字化、智慧化管理和服务水平的建议"两件重点提案，市长带头领办"关于加快推动无锡市新能源产业融合集群发展的建议"重点提案。遴选10件民生微提案作为基层协商议事主题，梳理汇总协商建议5大类19条，函送办理单位参考。持续优化提案办理工作考核办法，对市科技局、市民政局、市商务局的提案办理工作开展民主评议。

【社情民意】 2023年，市政协制定《政协无锡市委员会反映社情民意信息实施办法（试行）》，以制度规范加强改进反映社情民意信息工作。全年共收到社情民意信息3169篇，采用811篇，省政协、市委办分别采用101件、121件，关于推动战略性新兴产业加快集群发展的社情民意信息，得到省政府领导批示。编发专报4份，呈报市委主要领导和市政府主要领导各2份；编发《社情民意》18篇，2篇得到市委主要领导批示，6篇得到部门回复，一批涉及教育医疗、交通出行、环境治理等方面的问题得到妥善解决。

【民主监督】 2023年，市政协围绕"助推深化文明城市创建"连续第二年开展两级政协联动监督；委员联系小组分别挂钩20个重点攻坚项目开展集中监督，与有关部门协商调研，促进整改落实；两级政协委员通过政协微信公众号开展"创建随手拍"监督活动，通过"上传—转办—处置—反馈"的闭环，提供线索220条、建议400余条，相关部门办理回复率100%，省级以上媒体先后3次专题报道。

（贾健航）

调研视察

【重点调研】 2023年，市政协就打造"全国最干净城市"开展深入调研，形成《打造"全国最干净城市"的建议案》；围绕企业"智改数转绿提"、深化产教融合、推动慈善事业发展、加强锡港科技合作、提升侨务工作水平、提升医保服务水平、非物质文化遗产保护、推进国家生态园林城市建设、提升产业链供应链稳定性和竞争力、提升城市道路交通数字化和智慧化管理水平等方面进行重点调研，形成《加快推进无锡市制造业"智能化改造数字化转型绿色化提升"》《深化产教融合，促进职业教育高质量发展》《多措并举，推动无锡慈善事业高质量发展》《加强与香港全方位科技合作的建议》《进一步提升侨务工作水平助力推进中国式现代化无锡新实践》《聚焦高质量，进一步提升医疗保障服务水平》《建设中华民族现代文明背景下推进无锡非物质文化遗产保护传承与利用的建议》《推进国家生态园林城市建设，厚植绿色生态底色》《提升无锡市产业链供应链稳定性和竞争力》《提升交通数字化智慧化管理服务水平，助力无锡数字经济提速和数字化转型建设》10份重点调研报告。

【专题调研】 2023年，市政协围绕"助力民营经济健康发展、高质量发展"主题，开展"同心担使命、'四敢'谱新篇"专题活动，200多名委员调研300余家企业，了解情况、听取建议、协调解决困难，形成政协提案、社情民意信息百余件，企业代表送锦旗致谢。专题调研报告为无锡市出台《促进民营企业高质量发展的实施意见》提供智力支持，得到市委主要领导2次批示肯定，《中国政协》《人民政协报》先后进行专题报道。

10月26日，市政协率领部分政协委员对无锡市重大交通基础设施建设情况进行重点视察并召开情况通报会 （市政协 供图）

围绕贯彻落实中办《关于加强和改进新时代市县政协工作的意见》及省委办公厅、市委办公室实施意见的有关工作情况，市政协党组全体成员分组到各市（县）、区开展监督性调研。组织开展7次监督性调研，座谈听取各地政协有关工作情况汇报，进一步统一思想、总结经验、查找问题、研究对策。

【重点视察】 2023年，市政协开展重点视察5次。5月24日，市政协组织各部门负责人及部分政协委员，对全市公安道路交通管理开展重点视察，实地视察国家智能交通综合测试基地、“交通e中心”，现场了解综合测试基地功能以及“e路通”交通事故一体化处理服务平台，并召开座谈会听取全市公安道路交通管理工作情况通报。6月19日，市政协组织各部门负责人及部分政协委员，对全市打造“全国最干净城市”工作开展重点视察，实地察看五湖大道景观提升工程、蠡园产城融合环境综合提升、梁溪河景观带“城市客厅”、内环高架花箱整体更新、柏庄街精品特色街改造、东亭街道“一体化”保洁等项目，并就下一步如何着力补短板、强弱项、提质效，持续提高精细化管理水平建言献策。6月28日，市政协组织各部门负责人及部分政协委员，对全市粮食安全和物资储备工作情况开展重点视察，实地视察市粮食和物资储备应急保障服务中心、阳光粮仓等地，并召开座谈会听取全市粮食安全和物资储备工作情况通报。10月18日，市政协组织各部门负责人及部分政协委员，对全市卫生健康信息化工作开展重点视察，实地视察市卫生健康统计信息中心、市人民医院，了解全市健康卫生信息化工作推进和便民服务开展情况，并召开座谈会听取市卫生健康委相关工作汇报。10月26日，市政协组织各部门负责人及部分政协委员，对全市重大交通基础设施建设情况进行重点视察，实地视察宜马快速通道竺山湖隧道、太湖隧道湖中岛等，并召开座谈会听取市交通运输局关于全市交通基础设施建设和交通运输事业工作情况通报。

10月18日，市政协率部分政协委员对无锡市卫生健康信息化工作开展重点视察　（市政协　供图）

【专题视察】 2023年，市政协各专门委员会围绕预制菜产业、质量强市、新材料产业、全域水生态修复模式、“15分钟医保服务圈”建设、新农村建设、科技创新产业发展等方面开展专题视察，组织委员围绕有关重点方面开展调查研究，就群众普遍关心的热点问题提出意见建议。

（贾健航）

“有事好商量”协商议事

【联系服务群众】 2023年，市政协开展“三走进一联系”活动，组织政协委员开展走进企业、走进社区、走进乡村和联系界别群众活动，发挥专业优势和技术特长帮助解决困难，协助党委、政府发现问题、引导情绪、动员群众、推动工作。加强对各委员联系小组履职工作的统筹协调和指导推进，通过主题活动、专项民主监督、撰写高质量提案等形式，丰富履职载体，各委员联系小组累计开展活动107场次，1498人次参加相关活动，充分发挥委员主体作用。

【协商议事活动】 2023年，市政协认真贯彻落实省政协推进“有事好商量”协商议事工作的部署要求，推动建好用好各级协商议事平台，拓展“有事好商量、有事商量好”的制度化实践。开展“我为群众办实事”活动，有序组织开展服务为民和民生专题协商议事月活动，引导广大委员到一线参与基层协商议事，2162名全市各级政协委员参与944次活动，推动解决问题979个。

【“3232”平台改版升级】 2023年，市政协结合《关于提升3232平台，助力打造全过程人民民主示范城市的提案》办理工作，加强调研，积极会同江苏有线无锡分公司对“3232”有线电视平台进行改版升级，科学设定协商议事标签。服务为民和民生专题协商议事月活动期间，“3232”有线电视台平台点击量42104次，全市基层共上传协商议事案例353件，助推政协协商及基层协商的有效衔接。

（贾健航）

表8　市政协2023年度重点提案及督办分工一览表

序号	提案号	提案者	标　题	主办单位	党政领办领导	市政协督办领导	督办责任部门
1	152005	市政协文教卫体委员会	加强协同创新，推进产教融合，促进职业教育高质量发展	市教育局	杜小刚 秦咏薪	主席会议成员	文教委、提案委
2	152007	市政协社会法制委员会	关于提升城市道路交通数字化、智慧化管理和服务水平的建议	市公安局	杜小刚 张　镇	主席会议成员	社法委、提案委
3	152001	市政协经济科技和农业农村委员会	关于加快推动无锡市新能源产业融合集群发展的建议	市发展改革委	赵建军 蒋　敏	主席会议成员	经科农委、提案委
4	152016	民革无锡市委	关于加快推进现“美丽农居”建设的建议	市住房城乡建设局	张立军	张叶飞	城乡委、民革无锡市委
5	152038	民进无锡市委	关于长三角一体化背景下推动无锡深度对接上海的对策建议	市发展改革委	蒋　敏	叶勤良	提案委、民进无锡市委
6	152065	无锡市工商业联合会	关于积极、渐进提速无锡市制造企业“智改数转”步伐的建议	市工业和信息化局	周文栋	叶勤良	提案委、工商联
7	152045	农工党无锡市委	关于加大人才队伍建设力度促进中医药传承创新发展的建议	市卫生健康委	秦咏薪	韩晓枫	文教委、农工党无锡市委
8	152025	民盟无锡市委	实施环卫一体化保洁助推最干净城市建设	市城管局	张立军	许立新	研究室、民盟无锡市委
9	152057	九三学社无锡市委	关于推进产业用地精准配置和高效利用的建议	市自然资源规划局	张立军	许立新	委工委、九三学社无锡市委
10	152050	致公党无锡市委	关于进一步统筹整合全市域相关力量与资源，提高招商能力与水平的建议	市商务局	周文栋	吴红星	经科农委、致公党无锡市委
11	152032	民建无锡市委	关于持续推动臭氧污染治理打赢蓝天保卫战的建议	市生态环境局	马　良	毛加弘	文史委、民建无锡市委
12	152071	市无党派知识分子联谊会	高质量推进适老化改造和无障碍环境建设 彰显城市的“温暖底线”	市民政局、市住房城乡建设局、市残联	卢　敏	顾铮铮	民宗委、市无党派知识分子联谊会
13	152003	市政协人口资源环境和城乡建设委员会	高质量推进城镇老旧小区改造 推动“住有所居”向“住有宜居”跨越	市住房城乡建设局	张立军	陈锡伦	城乡委

（市政协办公室）

编辑　罗秋云

综　述

【履行纪检监察职责】 2023年，中共无锡市纪委、无锡市监察委员会（以下简称“市纪委监委”）学习贯彻中共二十大精神和习近平总书记对江苏工作重要讲话重要指示精神，统筹推进学习贯彻习近平新时代中国特色社会主义思想主题教育和纪检监察干部队伍教育整顿。严格执行“第一议题”制度，市纪委常委会开展集体学习23次、交流研讨27人次；开展政治教育、党性教育、纪律教育42场次，1.3万余人次参与；大兴调查研究之风，制定《市纪委监委大兴调查研究实施方案》，市纪委常委会围绕13个方面重点开展领题式调研，围绕正、反典型案例开展解剖式调研；严管严治纯洁组织，开展专项清查，强化问题整改，注重建章立制，刀刃向内清除害群之马，巩固淬炼全市纪检监察干部忠诚之魂、担当之志、敬畏之心。强化政治监督，聚焦优化营商环境、助力乡村振兴，开展专项监督、深化专项整治；聚焦统筹发展和安全、守护“美丽无锡”，开展专项督查、监督保障治理；聚焦营造干事创业良好环境，协助市委制定《关于支持和鼓励干部敢为的行动方案》，精准运用“四种形态”批评教育帮助和处理4091人次，运用第一、二种形态占比90.7%。落实“三个区分开来”要求，实施容错纠错11起、容错备案40起、澄清正名23起。一体推进不敢腐、不能腐、不想腐，协助市委制定《无锡市监督促治以案促改全周期管理办法》及具体实施办法，查找地域性、行业性、领域性腐败的典型特征和深层原因，全市形成专题分析报告71份，制发纪检监察建议126份。深化作风建设，坚持每月公布查处结果，重要节点通报曝光，常态化监督检查，加固中央八项规定精神堤坝。协助市委加强对全市党风廉政建设和反腐败工作的统一领导，配合制定全面从严治党主体责任、领导班子成员责任、监督责任三张清单，建立重要违纪违法案件、“四风”问题、纪检监察信访举报情况“三必听”制度，市纪委监委规范审慎回复党风廉政意见72批1327人次。深化政治巡察，强化统筹谋划，健全联动格局，突出整改落实。坚持固本强基，完成市、县两级监察官等级首次确定工作；系统推进数字纪检监察体系建设，全面启用央地信息协查系统，数字监督应用场景得到拓展；持续开展案件质量评查，3个案件获评省高质量精品案件。

【完善监督体系】 2023年，市纪委监委积极主动探索构建基于无锡实践的监督体系。建设“四项监督”统筹衔接平台，嵌入巡察监督、巡察整改模块，打通内部信息壁垒，实现既单项提能又集成增效。深化项目化监督实践探索，有机串联“室”“组”“地”各项协同机制，立项36项，发现问题1393个，立案498件，留置36人，推动完善制度297项。贯通协调各类监督，加强与组织、信访、财政、审计等部门的协作配合，移交的问题线索均核查处理到位。健全监检法衔接机制，推动办案质效有效提升。

【廉洁教育】 2023年，市纪委监委坚持警钟长鸣，注重固本培元，构建“1+8+N”崇德倡廉宣讲体系，组织宣讲61场，在市委党校主体班次开展政德教育4场，举办全市年轻干部廉洁主题分享会。分级分类开展警示教育，市、县两级共拍摄警示教育片13部，召开警示教育大会11场。建成全省首个以“构建亲清政商关系，打造一流营商环境”为主题的市级亲清政商廉洁教育基地，上线“廉洁无锡数字地图”，释放廉洁教育集群效应。年内，无锡市廉洁文化建设获评省“廉洁文化在江苏”十佳成果奖。

（市纪委监委）

重要会议

【中共无锡市第十四届纪律检查委员会第三次全体会议】 2月9日，中共无锡市第十四届纪律检查委员会举行第三次全体会议。会议学习贯彻中共二十大和习近平总书记在二十届中央纪委二次全会上的重要讲话精神，全面落实中央纪委全会和省纪委全会部署要求，总结2022年全市党风廉政建设和反腐败工作，部署2023年重点任务。市委书记杜小刚到会讲话。市领导赵建军、项雪龙

2月9日，中共无锡市第十四届纪律检查委员会第三次全体会议举行

（市纪委监委　供图）

等出席会议。市委常委、市纪委书记、市监委主任周凤琴主持会议并作工作报告。会议以电视电话会议形式召开。与会人员集体观看警示教育片《自我革命永远在路上》。市委常委，市人大常委会、市政府、市政协全体领导，市中级人民法院、市人民检察院负责人，市各部门各单位主要负责人，市纪委委员、市监委委员，市委巡察组组长等在主会场参加会议。

【市党风廉政建设和反腐败工作情况通报会】 2月17日，无锡市召开党风廉政建设和反腐败工作情况通报会。市委常委、市纪委书记、市监委主任周凤琴向市各民主党派、工商联和无党派知识分子联谊会通报相关情况，市委常委、统战部部长周常青主持会议。市各民主党派、工商联、无党派知识分子联谊会负责人参加会议。

【无锡市巡察整改工作会议】 4月24日，无锡市巡察整改工作会议暨十四届市委第四轮巡察工作动员部署会召开，会议传达全国巡视工作会议精神，通报全市巡察整改工作情况，部署开展十四届市委第四轮巡察。市委书记、市委巡察工作领导小组组长杜小刚强调，要认真学习贯彻中共二十大精神和习近平总书记参加十四届全国人大一次会议江苏代表团审议时的重要讲话精神，全面落实党中央和省委关于巡视工作最新要求，有效发挥巡察监督“利剑”作用，持续营造风清气正的政治生态，为争当中国式现代化建设城市范例开好局、起好步“保驾护航”。市领导柏长岭、周凤琴、周常青，市人大常委会秘书长陆洪、市政协秘书长钱文琴参加会议。会上，市粮食和物资储备局党委、空港经济开发区党工委、国联集团党委、江阴市周庄镇党委作交流发言。

【市委集体廉政谈话会】 12月27日，市委书记杜小刚主持召开领导干部集体廉政谈话会议。会议通报2023年以来全市查处“四风”问题情况，巩固拓展主题教育成果，警示教育各级领导干部锲而不舍严格执行中央八项规定精神，带头大兴务实之风、弘扬清廉之风、养成俭朴之风，示范带动全市上下牢记嘱托、感恩奋进、走在前列，把2024年改革发展稳定各项任务特别是省、市委全会部署要求不折不扣落到实处，以优良作风展现新气象新作为。市政协主席项雪龙，市委副书记、秘书长陆志坚等出席会议。市委、市人大常委会、市政府领导，各市（县）、区党委、政府，无锡经开区党工委、管委会主要负责人，有关方面负责人参加会议。

（市纪委监委）

监督检查

【围绕优化营商环境开展监督检查】 2023年，市纪委监委全面落实省、市两级机关作风建设暨优化营商环境大会部署要求，开展行政执法、农贸市场转供电等领域“小切口”监督14项，推动建立健全多部门联合检查、免费帮办代办等为企业减负机制。全年查处破坏营商环境突出问题193起，通报曝光31起，涉企保证金“免申即退”等3个案例入选省纪委监委监督保障民营经济发展壮大指导性案例。

【围绕护航乡村振兴开展监督检查】 2023年，市纪委监委认真贯彻落实党中央全面推进乡村振兴部署要求，开展全市高标准农田建设专项监督，深化粮食购销领域腐败问题专项整治，全力稳固基层基础，查处靠农吃农的不正之风和腐败问题170件，党纪政务处分163人，推动涉粮巡视巡察和审计发现的59个问题全部整改到位。

【围绕统筹发展和安全开展监督检查】 2023年，市纪委监委立足“监督的再监督”职责定位，开展燃气、消防、起重机械等领域安全工作专项督查，推动提升全市本质安全水平，获市委主要领导批示肯定。深化安全生产第三方服务领域专项治理，查处问题95个，留置3人，党纪政务处分78人。

【围绕生态文明建设开展监督检查】 2023年，市纪委监委严格压实2022年中央生态环保督察反馈问题整改责任，推动224件交办信访事项全部

8月7日，市纪检监察干部深入民营企业走访调研了解情况

（市纪委监委　供图）

办结、确认销号171件。监督保障太湖治理、安全度夏以及防汛抗旱，推动河道整改、涉磷企业规范化整治等工作走深走实，助力太湖无锡水域藻情创2007年以后最好水平。

【“四风”问题监督检查】 2023年，市纪委监委持续纠治作风顽疾，全市共查处违反中央八项规定精神问题314起346人，通报曝光典型问题180起191人。部署开展违规吃喝、酒驾醉驾等问题专项整治，严肃查处违规公款吃喝、违规接受管理服务对象宴请等问题248起，党纪政务处分262人。深挖彻查政绩观错位、权力观扭曲等问题，配合开展统计造假屡禁难绝专项治理。在元旦、春节、中秋、国庆等关键节点集中通报曝光72批180起“四风”典型案例。

（市纪委监委）

审查调查

【概况】 2023年，市纪委监委共立案2158件，其中县处级60件、乡科级208件；党纪政务处分1965人，留置102人，移送审查起诉113人。坚持受贿行贿一起查，从严查处巨额行贿、多次行贿等行为，惩治行贿人41人。

【查处关键少数和重点领域违纪违法案件】 2023年，市纪委监委坚持以重点突破带动整体推进，查处各级“一把手”173人，严肃查处宜兴市人大常委会原副主任王某良等大搞权钱交易、破坏政治生态典型案件。聚焦金融、国企、政法、环保等行业领域，加大案件查处力度，严肃查处建设银行无锡分行原副行长徐某峰、无锡华润燃气有限公司原总经理张某、无锡苏南国际机场集团有限公司原总裁朱某健、无锡产业发展集团有限公司原董事局主席蒋某雄、省高级人民法院原执行庭审判员刘某祥、惠山区人大常委会原副主任岳某云、惠山区政协原副主席陈某松等一批领导干部。配合开展医药领域腐败问题集中整治，立案51件，留置3人，党纪政务处分20人。

【惩治“蝇贪蚁腐”】 2023年，市纪委监委坚持执纪执法为民、纠风治乱为民，严肃查处群众身边的腐败和作风问题382起429人，其中查处新发生问题占比由2022年的22.64%下降至13.35%。持续推进“打伞破网”，严肃查处涉黑涉恶腐败以及充当黑恶势力“保护伞”，切实维护群众利益。

（市纪委监委）

专项治理

【镇(街道)国有资产领域专项治理】 2023年，市纪委监委持续深化镇(街道)国有资产领域专项治理，完成67个镇(街道)、开发区国有资产清查。在多轮清产核资基础上，推动建设资产监管系统，促进资产管理从多头、无序逐步走向集约、高效。把资产盘活利用作为专项治理工作的落脚点和着力点，推动构建资产盘活机制，有效盘活利用资产。江阴市被省纪委监委确认为全口径国有资产清查利用专项行动试点。

【居家养老援助服务领域专项治理】 2023年，市纪委监委贯通运用实地监督检查、大数据精准筛查、工单分析比对等方式，严查居家养老援助服务领域套取政府资金、违规分包转包、质效评估弄虚作假等问题，推动修订援助服务实施办法、建立服务资金监管与“阳光惠民”监管系统智能预警联动机制，有效规范资金结算。

【公共停车收费管理专项整治】 2023年，市纪委监委持续推进公共停车收费管理专项整治，将规范公共停车收费管理和解决“停车难”问题协同推进、一体发力。整治过程中，着力深化公共停车资源管理体制改革成效，推动研发公共停车场库智慧收费监管模块，实现493个场库停车收费全过程监管。

【住宅小区人防车位租金收入管理专项监督】 2023年，市纪委监委针对物业服务企业违规侵占、使用人防车位租金问题，督促相关责任部门全面清查人防车位数量，优化街道层级监管制度、信息系统使用规定等政策体

4月14日，市纪检监察干部就居家养老援助服务情况进行实地走访
（市纪委监委　供图）

系，推动相关人防工程使用管理单位按照规定开设监管账户并缴存资金，新增缴存维修资金6002万元。该项工作获市委主要领导批示肯定。

（市纪委监委）

巡察工作

【概况】 2023年，市委巡察工作全面贯彻中央巡视工作方针，深入落实全省巡视巡察工作会议精神，不断推动巡察向深拓展、向专发力、向下延伸。跟进修订《十四届无锡市委巡察工作规划》，把巡察纳入市委年度重点工作和综合考核内容。健全联动格局，建立"办组地"分片挂钩联系巡察工作机制，健全信息共享的协同监督机制，全年市、县两级巡察共发现问题5889个，移交问题线索323件，推动立案243人、留置21人、为民办实事345件。强化整改落实，建立整改责任提醒、专项督查等机制，印发《市委巡察整改工作操作指南》，出台《市委巡察整改成效评估办法》，以量化评价推动成果运用。

【省委第三轮巡视市委联动巡察】 2023年，在省委第三轮巡视无锡期间，市委巡察机构对江阴市、梁溪区、滨湖区纪委监委机关、组织部以及江阴高新技术产业开发区、江阴临港经济开发区、江阴—靖江工业园区、无锡太湖国家旅游度假区、无锡蠡园经济开发区、无锡太湖山水城旅游度假区6个省级以上开发区开展联动巡察，并对巡视组交办的重要问题开展专项监督，有效增强联动监督效能，推动挽损到账7485万元。

【十四届市委第四轮巡察】 2023年，市委第四轮巡察聚焦职能部门履职情况，以干部作风、下级单位管理等为监督重点，对市委宣传部、市委统战部、市委研究室、市委编办、市委市级机关工委、市委老干部局、市委机要保密局、市委党校、市报业集团、市民宗局、市外办、市机关管理局、市总工会13个市级机关部门单位党组织开展常规巡察，发现各类突出问题132个，督促即知即改33件。围绕制约高质量发展的重点难点问题深入研判，形成专题报告9篇，提交市委决策参考。

【十四届市委第五轮巡察】 2023年，市委第五轮巡察创新采取"市县联动、镇村同巡、常专结合"模式，市和市（县）、区巡察组同步对锡山区东亭街道、东北塘街道，惠山区堰桥街道、玉祁街道，新吴区旺庄街道、梅村街道共6个街道及所辖98个村（社区）开展巡察，共推动排查各类安全生产隐患问题84个，协调解决为民办实事26件。

【十四届市委第六轮巡察】 2023年，市委第六轮巡察突出对乡村振兴、民生保障、营商环境等重点领域的监督检查，对市教育局（市委教育工委）、市民政局、市司法局、市自然资源规划局（含派出分局）、市水利局、市农业农村局、市卫生健康委、市应急局、市审计局、市国资委、市信访局、市广电集团12个市级机关部门单位党组织开展常规巡察，首次探索对党政"一把手"及关键岗位负责人形成情况反映专题材料，对巡视巡察整改情况逐一过堂，推动打通政策落实中的堵点、痛点、难点，破解影响改革发展的"瓶颈"制约。

（市纪委监委）

编辑　罗秋云

综　述

【组织建设】 至2023年末，全市有民主党派成员11376人，全年发展新成员505人，发展率4.6%，净增率3.66%。市无党派知识分子联谊会（以下简称“市无党派知联会”）有会员213人，全市各级有无党派知联会会员700余人。年内，市新的社会阶层人士联谊会（以下简称“市新联会”）有会员242人，市（县）、区新联会会员有800余人。

全市各级商协会组织建立党组织335家，应建尽建率100%，党建入章程100%。其中市级商协会建立实体党支部29个、功能型党支部128个。市工商联组织举办商协会党支部书记“赋能提升”培训班，深化“红梅花香·锋彩商会”党建领航三年行动，开展商协会党支部发挥“把方向、议大事、促落实”作用试点工作，实施书记项目125个、遴选优秀书记项目25个。

【思想建设】 2023年，无锡市各民主党派、工商联、无党派知联会学习贯彻中共二十大精神和习近平总书记关于江苏工作重要讲话指示精神，开展“凝心铸魂强根基、团结奋进新征程”主题教育活动，围绕主题召开主委会、常委会、理论学习中心组学习会等，举办基层组织负责人、中青年骨干培训班，通过主题宣讲会、报告会、座谈会、专题学习、网络课堂、集中交流等形式，组织党派成员、工商界人士、无党派人士学习宣传贯彻中共二十大精神和习近平新时代中国特色社会主义思想，实现领导班子、机关、基层组织学习全覆盖。开展纪念中共中央“五一口号”发布75周年系列活动，深化政治交接，巩固多党合作思想政治基础。

【参政议政】 2023年，无锡市各民主党派、工商联、无党派人士根据中共无锡市委《2023年度政党协商计划》，围绕“砥砺四敢担当，赓续实业基因，打造新时代工商名城”“加快建设国际化品质现代气派新都市”专题开展调查研究，为中共无锡市委、市政府科学决策提供参考。各民主党派形成重点调研报告14篇，助力无锡高质量发展。

【社会服务】 2023年，无锡市各民主党派、工商联、无党派知联会发挥各自资源特色和界别优势，优化调整民主党派与县区板块挂钩结对，完善双向“1+2”挂钩结对体系（7个民主党派、无党派知联会各结对2个板块），做细做实“聚力惠民”社会服务品牌，推动民主党派、无党派知联会资源下沉基层、服务基层，开展法律援助、电商直播、医疗康复、无声伴读等服务活动百余场次。打造形成“灿烂梦工坊”“点亮星创园”“惠爱无声”等服务品牌，助残惠及群众万余人。在京津冀水灾救援中，全市民营企业筹集善款、物资价值共2000余万元。市光彩事业促进会到青海省海东市实施“锡心助学·石榴花开”捐资助学等项目，全年捐赠东西部协作资金501.43万元。

（施　勇）

表9　2023年度无锡市各民主党派、工商联、无党派人士参政议政统计表

单　位	完成专题调研报告（份）	被刊用专题调研文章（份）	被采纳社情民意（条）	两会提出议案、提案（条）	被有关部门采纳意见、建议（条）
民　革	40	2	70	8	13
民　盟	137	15	96	12	15
民　建	63	30	144	45	65
民　进	40	2	311	66	3
农工党	55	15	36	50	9
致公党	40	13	80	9	10

续表 9

单　位	完成专题调研报告（份）	被刊用专题调研文章（份）	被采纳社情民意（条）	两会提出议案、提案（条）	被有关部门采纳意见、建议（条）
九三学社	31	1	128	151	143
工商联	41	4	156	6	676
无党派人士	9	6	5	40	34
合　计	456	88	1026	387	968

（市委统战部）

表 10　2023 年度无锡市各民主党派组织及成员统计表

党派名称	组织情况					成员情况		
	市委会（个）	市（县）委（个）	基层委员会（个）	总支部（个）	支部（个）	女成员（人）	新成员（人）	成员总数（人）
民　革	1	0	4	2	43	24	41	740
民　盟	1	2	7	2	93	44	92	2256
民　建	1	1	8	5	89	781	105	2179
民　进	1	2	6	1	88	880	72	1860
农工党	1	1	8	4	91	952	77	1913
致公党	1	0	4	2	42	20	46	751
九三学社	1	1	14	0	70	675	72	1677
合　计	7	7	51	16	516	238	505	11376

（市委统战部）

表 11　2023 年度无锡市各民主党派、工商联、无党派知识分子联谊会组织各类特色活动一览表

单　位	特色活动
民　革	1. 推进“凝心铸魂强根基、团结奋进新征程”主题教育 2. 举办“中山博爱讲堂”暨“中山议政会” 3. 民革中央常务副主席何报翔到无锡开展“新时代新征程加强中国特色社会主义参政党建设”调研活动 4.“基层组织建设年”暨无锡市统一战线示范支部创建活动 5.“主委接待日”暨“高素质参政党基层组织主委怎么干”沙龙、民革江苏省委“主委接待日”暨妇女工作委员会“巾帼创新荟”座谈会 6.“五一口号”发布 75 周年征文评比、演讲比赛、座谈交流 7. 开展“观故居，走多党合作之路”活动 8. 赴贵州省毕节市纳雍县乐咪营村开展定点帮扶 9. 开展“点亮微心愿”助残主题活动 10. 联合举行“放飞职业梦，启航在科虹”活动，建立“博爱”法律助残科虹工作站 11. 联合开展“法援惠民生，关爱残疾人”普法助残活动 12. 实施“博爱相伴，与星同行”无锡民革—锡山区挂钩结对爱心助残项目，举办“我的画让你听见”孤独症儿童巡回画展 13. 在市儿童福利院捐赠建成“太阳树儿童建构室” 14. 联合承办首届“太湖湾海峡两岸青年创新发展论坛” 15.“中山博爱讲堂”邀请市台办主任陈明辉作《对台实务讲座》 16. 联合市台联会走访慰问民革党员中的黄埔后代、台胞以及抗战老兵 17. 祖国和平统一促进委员会开展读书分享会 18. 举行“九九重阳节，浓浓民革情”重阳节老党员座谈会 19. 举办“与法相伴，呵护成长——‘中山博爱’”法律讲堂 20. 举行“助力乡村振兴，科技兴农助农”活动

续表 11

单　位	特色活动
民盟	1. 深入开展"凝心铸魂强根基、团结奋进新征程"主题教育，邀请全国政协常委、东南大学副校长金石到无锡作理论宣讲，邀请厦门大学台湾研究院教授唐永红作解读中共二十大报告讲座 2. 民盟中央副主席徐辉到无锡调研荡口古镇文化遗产保护工作 3. 举行主题教育成果交流会，盟市委班子成员人人领题，带队调研，为中共市委专题民主协商会、民主监督和改革督察工作议政建言 4. 举办无锡民盟首届青年论坛，形成调研报告 73 篇 5. 建设钱伟长爱国精神纪念馆，纪念馆获批"中国民主同盟传统教育基地"，民盟中央副主席吴为山到无锡为教育基地揭牌
民建	1. 定期召开专题学习会，学习习近平总书记重要讲话精神、习近平新时代中国特色社会主义思想主题教育工作会议精神，邀请民建省委领导作主题教育宣讲 2. 组织班子成员和会员前往"延安精神无锡学习天地"开展实地践学暨廉政警示教育；组织特定界别会员定期听取金融领域等专项警示教育讲座 3. 开展"七秩芳华庆"系列活动：开办民建会史微课堂；举办会史宣讲比赛并推选优胜者作为讲师定期讲学；举办民建地方组织成立 70 周年庆祝大会 4. 定期召开企业家座谈会，聚焦纾困，畅谈发展；联合无锡职业技术学院、无锡市中小企业服务中心举办民营经济高质量发展思享会；联合民建省委举办"绿色未来·共建可持续明天"民营经济发展论坛 5. 围绕"思源·爱民"品牌开展活动，联合会员企业家定期举行特色捐赠，建设"蠡湖文明之友"志愿者服务实践基地并定期开展助老志愿活动 6. 联合民建省委举办"百名丰宁村镇干部江苏行"活动暨第二期丰宁县乡村振兴培训班；联合锡山区多形式开展"8+8 挂钩结对"助残活动
民进	组织召开主题教育咨政建言会，成立"无锡民进开明议政会"
农工党	1. 开展"同心惠康"系列活动 2. 开展"同心拾遗共建幸福家园"系列活动 3. 举办党史教育基地"志愿讲解员"骨干培训班 4. 举办农工党江苏省级组织成立 70 周年书画巡展（无锡站）暨"农工惠同心，翰墨颂中华"迎国庆主题书画展 5. 举行"学党章"线上知识竞赛 6. 联合农工党省委驻无锡"音频工作室"推出线上音频学习窗 7. 举办无锡农工"云课堂" 8. 实施"只此青绿·共绘山水"滨湖统一战线"同心生态"项目 9. 实施"暖阳"志愿联盟成立仪式暨母亲节关爱行动 10. 开展"艺术伴童 润苗成长"爱心结对助学系列活动
致公党	1. 立足侨海特色，创新约客载体，牵手新吴区打造"侨海报国·智汇高新"合作共建项目，以海外协作为重点，创新设立 5 个海外引凤工程联络站，聘任 7 名"引凤招才大使"，与新吴区联合承办"2023 引凤工程创新营"开幕式和无锡站活动，着力打造创新创业交流营、科技项目孵化营、海外人才成长营，40 多个海外高层次创新创业项目与新吴区各镇街园区对接，20 多个项目参加路演，7 个项目落地，助力太湖人才计划、飞凤人才计划的实施 2. 在新吴区发起"致美施善·有爱无碍"残疾人专项帮扶计划，实施助残"六个一"项目。设立 1 个残疾人"筑梦车间"，建设残疾人集中就业示范点，帮助 21 名听障及言语障碍人士实现就业；筹建 1 个"筑梦仓储"，为全区 16 个残疾人之家和辅助性就业点手工产品储存、中转提供 1500 平方米仓储中心；建设 1 个"圆梦中心"，为全区 81 名残疾人开展花卉栽培、果树种植、快递收发等免费培训技能培训；同栽 1 片 "追梦林"，每年 500 棵水蜜桃树的产出收益将持续不断支持残疾人事业；组建 1 支助残志愿者服务队伍，40 多位致公党员参与；形成 1 份高质量调研报告

续表 11

单　位	特色活动
九三学社	1. 举办基层组织能力建设暨第二期基层领导班子培训班 2. 开展“以青春之我 聚同心之力 担时代之责”青年论坛暨社史学习教育活动 3. 举办“凝心铸魂强根基、团结奋进新征程”主题教育暨庆祝九三学社无锡地方组织成立 70 周年社史知识竞赛 4. 举办“求真务实 科技筑梦——弘扬科学家精神”王选事迹专题讲座 5. 举办“跨越岁月 履职尽责 感悟初心”老中青社员代表沙龙暨庆祝九三学社无锡地方组织成立 70 周年活动 6. 举办“岁月长歌 大道同行——九三学社无锡地方组织成立 70 周年”主题展 7. 举行九三学社无锡地方组织成立 70 周年庆祝大会 8. 举办“新时代 新征程 新超越”庆祝九三学社无锡地方组织成立 70 周年徽跑活动
工商联	1. 举办主题为“激扬新征程四敢动能，共铸新时代工商名城”的第三届江苏发展大会无锡行暨第六届全球锡商大会系列活动，发布 2023 无锡民营企业 100 强榜单、新时代工商名城建设锡商宣言，颁发第九届无锡市唐翔千卓越工程师奖、唐鹤千卓越青年文化创意人才奖；无锡太湖企业家书院揭牌成立；成立无锡市锡商公益基金会，首期募集资金超 5000 万元，用于市低收入智慧精准救助服务项目、“困境儿童先天性心脏病救助”公益项目、“锡商有爱”特需人群社会干预系列项目等；签约投资项目总额 258.42 亿元 2. 与市委统战部共同发起“我为新时代工商名城建设献良策”征集活动，收到产业人才、一体化及营商环境、消费及城市、绿色低碳、社会治理等方面建议共 676 条 3. 在全市工商联系统开展“民营企业服务季”活动，走访企业 300 家、商协会 60 家，召开座谈会 20 次，谈心谈话 100 人次，收到企业意见建议 90 余份，积极反馈相关部门推动解决 4. 推动宁波银行与市级 16 家商协会联办活动，合作客户 450 家，其中实际授信客户 85 家，授信总额 3.01 亿元。与区级商协会 369 家会员企业合作，其中授信客户 70 家，授信总额 1.77 亿元 5. 组织发动全市工商联系统参加全国工商联“党的二十大精神和中央经济工作会议精神”云课堂在线学习，99 家常执委企业、20 家行业协会、23 家在锡异地商会和 34 个基层商会共 7486 人接受网络培训 6. 组织参加省工商联系统和民营经济人士学习贯彻中共二十大精神知识竞赛，无锡市工商联代表队获一等奖 7. 持续实施青年企业家基业长青培育工程，举办 2023 年度无锡市青年企业家基业长青培训班，组织全市 40 名年轻一代民营企业家赴深圳市委党校，围绕政治引导、形势分析、数字化转型等专题进行为期 5 天的培训 8.“五四”青年节期间，组织“百位锡商百强锡企、答青年之问”活动，与 200 余名江南大学青年学子共话“无锡建设新时代工商名城”主题，凝聚发展共识，弘扬锡商精神 9. 在“无锡企业家日”，开展“一个公益海报、一个短视频、一篇专题评论”活动
无党派知联会	1. 开展“重温团结奋斗史，聚力共赴新征程”主题征文活动 2. 举行“不忘初心，携手前行”户外拓展活动 3. 举办“学习西迁精神，强化使命担当”培训班 4. 组织开展“联知联行 赋智赋能”——挂钩结对江阴助残活动

（市委统战部）

表12　2023年度无锡市各民主党派、工商联、无党派知识分子联谊会社会服务一览表

单　位	社会服务品牌项目	社会服务主要内容	参与公益慈善活动（场次）	结对助学（对）	捐款（万元）
民　革	博爱志愿服务	1. 到贵州省毕节市纳雍县乐咪营村开展定点帮扶 2. 开展"点亮微心愿"助残主题活动 3. 联合举行"放飞职业梦 启航在科虹"活动，建立"博爱"法律助残科虹工作站 4. 联合开展"法援惠民生 关爱残疾人"普法助残活动 5. 实施"博爱相伴，与星同行"无锡民革—锡山区挂钩结对爱心助残项目，举办"我的画让你听见"孤独症儿童巡回画展 6. 在市儿童福利院捐赠建成"太阳树儿童建构室" 7. 太湖新城基层委员会、锡山区总支部与2户困难家庭6名困难学生结对助学	5	6	18.00
民　盟	1. 凉山支教行 2. 黄丝带帮教	教育帮扶、社会矫正、社区服务、扶贫济困	10	20	21.00
民　建	1. "点亮你的微笑"助残项目 2. "同心砼力·乐土助残"同心活动 3. "思源爱民·益启爱"社会服务品牌 4. "蠡湖文明之友"志愿敬老项目 5. 思源工程——生育关怀行动 6. "足行天下，乐齿不疲"公益活动	公益法律讲座、敬老爱老、公益助残、计生困难家庭帮扶、公益集市、特殊教育帮扶、反诈宣传、插画绘扇等	45	70	515.00
民　进	1. 春联万家 2. 美育共建 3. "蓝星妈妈"关爱行动 4. 文化助残 5. 消费助农	1. 开展6场癸卯"春联万家·奔赴新征程"活动 2. 新增美育共建基地学校6所，累计18所，开展美育共建活动20场次 3. 承办"爱，让星空蓝起来"江苏省"世界孤独症关注日"活动暨蓝星关爱计划启动仪式，主办"蓝星妈妈'灵锡'App上线仪式" 4. 持续开展文化助残项目，开展公益讲座4场，设立助残文创中心与阳山镇桃文化残疾人之家开展共建活动 5. 购买省委统战部结对帮扶地区徐州市铜山区棠张镇前谷堆村特色农产品，共5.7万元	159	—	293.63
农工党	"同心惠康"系列活动	1. 开展中医文化进社区活动 2. 在长安街道打造同心健康站 3. 打造惠心惠残共享直播间 4. 成立同心中医堂实践创新基地 5. 组建健康惠山名医专家团，开展"惠农医行百千万"社会服务活动	134	—	22.00

续表 12

单　位	社会服务品牌项目	社会服务主要内容	参与公益慈善活动（场次）	结对助学（对）	捐款（万元）
致公党	致公致善	1. 同心帮扶。围绕“致福工程”，在贵州省毕节市七星关区实施光伏发电项目定点帮扶；以“优选毕货”电商平台为纽带助力消费帮扶，支持七星关区特色农副产品消费；向青海省海东市、江西省宜春市、新疆维吾尔自治区霍城县等捐赠专用医疗设备以及专项资金等。聚智聚力“致德扶智”，在云南芒宽民族中学设立“江南奋进”奖学金，在陕西省、四川省、青海省等地开展捐资助学 2. 同心致善。围绕打造“致美施善·有爱无碍”特色服务品牌，新吴区基层委在全国助残日联合区残联举办残疾人趣味体育赛，在爱满园儿童康复中心开展第七次关爱孤独症儿童活动，在叙康里社区安装爱心座椅 15 张，在公益集市上设立“叙说康爱”特色摊位助力残疾人手工艺品售卖。梁溪区基层委党员引进社会公益力量，成立上善余香助残中心，举办“为爱行走·救在身边”公益活动。滨湖区基层委党员关注“一老一小”特殊群体，开展美丽乡村志愿服务。惠山区支部党员开展“医惠万家零距离服务”名医进社区义诊、学生暑期公益课活动	40	12	350.00
九三学社	1. 九三专家工作站 2. 国际科学与和平周 3. 九三讲堂 4. 校地合作联盟	技术指导、科普讲座 医卫服务、法律讲座、扶贫助学等	167	15	78.58
工商联	光彩项目	1. 市光彩事业促进会到青海省海东市实施“锡心助学·石榴花开”捐资助学等东西部协作项目 2. 组织全市民营企业参与京津冀水灾救援捐助活动	12	—	2501.43
无党派知联会	1.“筑梦未来 爱心助学” 2.“联知联行 赋智赋能” 3. 城市微更新	1. 到山西省开展爱心助学活动 2. 到江阴市开展助残活动 3. 参与滨湖区稻香社区城市微更新活动	12	30	6.00

（市委统战部）

中国国民党革命委员会无锡市委员会

【组织建设】 至2023年末，中国国民党革命委员会无锡市委员会（以下简称“民革无锡市委”）有党员736人、基层委员会4个、总支部2个、支部42个、小组2个。各级基层组织领导班子成员共200人，除退休支部外，班子成员平均年龄不到40岁。全年发展新党员41人，发展率为5.56%；去世3人，年净增人数为37人，净发展率为5.03%。新党员中，博士1人、硕士12人，占比32%；中高级职称22人，占比54%；高层次人才16人（其中国家级2人、省级2人、市级12人），占比39%；机关和国企事业人员34人（其中政府和司法机关实职干部7人），占比83%。与梁溪区挂钩结对，1名“90后”民革党员选派到区部门任副职挂职锻炼；市级部门中，1名“90后”民革党员选派到市级国企平台任公司副总、1名“90后”民革党员提任正科职。选派4名党员参加市第34期党外中青年干部培训班。龚婷婷获评“2023年度中国社工人物”，刘骏荣获评“江苏省优秀企业家”并参加民革中央第九期非公经济人士培训班，匡华获评“江苏省三八红旗手标兵”。4人参加省妇女第14次代表大会，6人参加市妇女第17次代表大会。张昕入选2023年度无锡市“太湖人才计划”医疗卫生高端人才和麻醉学顶尖医学专家团队，周亚红获评“无锡市名中医”；李雪慧、谢涛涛获评无锡市优秀青年律师；吴晓波当选为无锡市新的社会阶层人士联谊会副会长并获评“惠山工匠”；董思文获评“新吴工匠”；唐鹏被民革省委评为组织工作先进个人、民革无锡市委被评为组织工作先进集体。江南大学支部、锡山区总支、太湖新城基层委员会等基层组织完成届中调整，13名“80后”骨干党员充实到各级班子，1名“90后”正科职党员担任支部主委。民革无锡市委成立“青年工作委员会”。

【思想建设】 2023年，民革无锡市委在民革中央和民革省委主题教育动员部署会召开后，成立主题教育领导小组，围绕“学思想、强根基、重履职、建新功”总要求，确立“一把手”挂帅“领学”机制，制定方案，细化措施，加强引导推动、调研指导、交流互鉴、总结深化。举行主题教育部署会及中期推进会、班子与基层结对挂钩宣讲、“主委接待日”、“高素质参政党基层组织主委怎么干”沙龙、“九九重阳节·浓浓民革情”重阳节老党员座谈会、各板块主题教育工作宣传等系列活动30余场次。主委徐雯带领基层组织负责人、参政议政骨干，采取“专题学习+交流研讨”融合的方式，到广州、深圳开展课题调研，到宜兴市、湖州市召开主题教育推进会、举办参政议政培训班等，在江南大学举办民革江苏省委副主委邢卫红出席的民革江苏省委“主委接待日”暨妇女工作委员会“巾帼创新荟”座谈会，就女性创新创业展开交流。

发挥“一网一号一掠影”和“中山博爱”讲堂等阵地宣传作用，全年在无锡民革网站、微信公众号发稿500余篇，在民革中央网站发稿25篇、《团结报》发稿5篇，省、市级媒体发稿50余篇，江苏民革网站发稿41篇、杂志发稿3篇，无锡政协网站发稿21篇、杂志发稿2篇，《江苏政协》《无锡统战》《无锡日报》《江南晚报》合计发稿8篇。《团结报》刊发《做“有话能说、有话尽说”的新载体》《三领三促 对标对表 培研结合》等专题报道。展示全市民革党员风采，总结组织建设、参政议政工作经验，开设主题教育专栏，加强对先进典型、优秀履职成果的宣传。加强与王昆仑故居、市文化遗产保护和考古研究所联系，推动民革党史研究常态化、长效化，拓展宣传新阵地。在中共无锡市委统战部举行的党派历史沿革讲解比赛中，丁昱获二等奖，张如丹被民革省委评为宣传思想工作先进个人。民革无锡市委被评为民革省委宣传思想工作先进集体，获2023年度《团结报》宣传发行工作先进集体一等奖。

民革无锡市委围绕中共中央发布“五一口号”发布75周年等重要时间节点，组织开展理论学习、征文评比、演讲比赛、座谈交流等系列纪念活动10余场次，先后组织到广东省、浙江省等地开展“观故居，走多党合作之路”活动，丰富民革党史教育形式。5月，全国政协副主席、民革中央常务副主席何报翔到无锡开展“新时代新征程加强中国特色社会主义参政党建设”调研，对民革无锡市委依托5G技术打造智慧中山博爱之家给予肯定。协助做好在无锡举办的中央社会主义学院中国政党制度研究中心第21届年会，民革中央专职副主席、民革省委主委陈星莺参会，《无锡市多党合作实践创新案例》中收录民革无锡市委撰写的《发挥党员之家阵地功能，提升基层组织建设水平》《筑牢“博爱”品牌，增强服务效能》和锡山区总支部《凝聚合力，汇聚力量，打造“博爱相伴·与星同行”社会服务品牌》3篇文章；“无锡市多党合作阵地巡礼”中，展示了中国国民党革命委员会党史教育基地、江苏省统一战线传统教育基地——王昆仑故居和位于日联科技股份有限公司内的民革无锡市委及新吴区基层委员会“中山博爱之家”；在《万里与君同》统战主题沉浸式实景演出中，民革第五、六届中央主席王昆仑和党员刘骏分别作为原型人物编入节目跨时空对话《无问西东》和音乐剧《摘星》，周雁参演音诗画《万里与君同》，胡懿参演音乐剧《摘星》。年内，新建成“民革江苏省妇女工作委员会调研和社会服务基地”“民革江苏省企业家联谊会科技创新实践基地”省级活动基地2个、“中山博爱之家”4个，全市共建成28个“中山博爱之家”，共建共用率95%。

【参政议政】 2023年，民革无锡市委优选30名党员列入参政议政骨干队伍并动态调整，优先推荐参与各级各类培训、调研、座谈、提案答复等活动。依托“中山博爱讲堂”开展4次专题参政议政培训活动，通过举办主题论坛、小型沙龙、交流分享会等扩大培训面，受训人员250余人。各专委会、基层组织和党员也积极开展调查研究，聚焦科技创新、农业、司法、文旅等领域，调研立项40余篇，形成一批高质量的调研报告。举办“中山议政会”，13名年轻党员代表各基层板块、专委会上交流调研成果。

上半年，围绕“砥砺四敢担当、赓续实业基因，打造新时代工商名城”课题，主委徐雯带队到深圳市和新吴区、市工信局等板块、部门开展专题民主协商调研，形成《培育专精特新企业，赋能新时代工商名城》调研报告，得到中共无锡市委书记杜小刚的高度评价。下半年，围绕“致力打造现代气派新都市”开展专题调研，主委徐雯带队到市城运中心、锡山区、新吴区，完成调研报告《加强城市治理“一网统管”，打造现代智慧新都市》。开展“双督”调研，以“‘一网统管’城市治理体系建设”为主题，组织党员赴梁溪区、经开区等地，开展两轮监督调研，形成《关于推动梁溪区“一网统管”城市治理体系建设的建议》民主监督建议书。

民革无锡市委加大与对口联系部门联动，通过与中共党组织结对共建、联合调研等方式，着力提升参政议政的深度和专业度。全年报送各类信息、社情民意共579条次。各级各类录用70余条次，其中市政协、中共市委办、中共市委统战部等采用59条，省政协、民革省委采用41条次，民革中央采用4条，全国政协采用8条，杨华撰写的《关于加快无锡市多式联运发展的建议》被国办采用。姚琦、唐剑芳被民革省委评为参政议政先进个人，王涛、赵王莹、陈瑜、杨颖、杨志钢、井菲、仝浩被民革省委评为反映社情民意信息先进个人。在市政协十五届二次会议上，民革无锡市委提交集体提案8篇，2篇集体提案被市政协评为优秀集体提案、1篇调研报告被评为优秀调研报告。拍摄1期《政协话题》，反映67名区级、21名市级、5名省级人大代表、政协委员尽心履职，在科技创新、改革发展、社会法治、乡村振兴、生态保护、教育医疗等方面建言献策情况。

【社会服务和祖统工作】 2023年，民革无锡市委制定《2023年度定点帮扶纳雍县猪场乡乐咪营村工作方案》，将定点帮扶工作纳入“中山博爱工程”，建立“一把手”负责、各级组织和党员积极参与的工作责任制，与贵州省纳雍县猪场乡乐咪营村保持常态化联系，动态掌握其在推进乡村全面振兴工作进度和遇到的困难，就医疗义诊、助学助困、村环境改造提升等项目达成一致意见。全年民革无锡市委领导带队3次到乐咪营村开展定点帮扶，签订《定点帮扶协议》，通过各种途径捐赠各类物资价值近15万元，党员购买纳雍农产品共3万余元，现场开展医疗义诊、帮扶助困等活动，太湖新城基层委员会、锡山区总支部与该村2户困难家庭6名困难学生结对助学。

民革无锡市委在梁溪区黄巷街道开展“点亮微心愿”帮助残疾人完成微心愿的主题活动；联合市科虹标牌有限公司举行“放飞职业梦，启航在科虹”活动，并建立“博爱”法律助残科虹工作站，助力残疾人防范风险、维护权益；联合梁溪区北大街街道残联、莲蓉园社区开展“法援惠民生，关爱残疾人”普法助残活动；在锡山区，针对孤独症儿童，举办“博爱相伴，与星同行”无锡民革—锡山区挂钩结对爱心助残项目暨“我的画让你听见”孤独症儿童巡回画展等，累计助残价值9万元。甘肃省积石山县发生6.2级地震后，民革党员赵雪迅速筹集价值3万元的厚绒毯200条送到市慈善总会，支援灾区抗震救灾。

民革无锡市委在市儿童福利院新址捐赠建成“太阳树儿童建构室”，将其打造为无锡民革社会服务新阵地，民革中央副主席陈星莺为“民革江苏省委会妇女工作委员会调研和社会服务基地”等揭牌。关爱儿童服务团定期在市儿童福利院开展志愿者活动。法律服务团到无锡师范附属阳光小学，为师生开展普法讲座，坚持开设“博爱普法微课堂”，开展线上普法工作；医疗服务团到社区开展“两癌”防治健康知识和免费筛查宣传活动，到纳雍县开展医疗义诊，参与走访老党员关心关爱问诊活动；抗战老兵团定期慰问、走访抗战老兵、黄埔老人及其遗属，关心他们生活的点点滴滴；书画分团开展新春送春联、顾飚精心创作雕塑福娃捐赠市儿童福利院；水上搜救团协助“中山博爱”龙舟队训练备战；中山书画院参与民革省委纪念民革成立75周年书画作品展、开展春节送春联、联合办书画展、外出写生等活动；企业家联谊会每季度开展多种形式的调研、社会服务、公益徒步、联谊等活动，协办首届太湖湾海峡两岸青年创新发展论坛，在扬名街道成立助残帮扶基地。蒋莉萍被民革省委评为社会服务工作先进个人。

民革无锡市委在新吴区与市委台办联合承办首届“太湖湾海峡两岸青年创新发展论坛”，“中山博爱讲堂”邀请市委台办主任陈明辉作“对台实务讲座”；常态化联合市台联会走访慰问民革党员中的黄埔后代、台胞以及抗日战争参战老兵；祖国和平统一促进委员会开展读书分享会，委员交流对台关系观点和看法；就举办中秋蠡湖泳渡嘉年华、台企在大陆融合发展等积极进行建言。年内，民革无锡市委被民革省委评为祖统工作先进集体，陈瑜被评为祖统工作先进个人。

（温　明）

中国民主同盟无锡市委员会

【组织建设】2023年末，中国民主同盟无锡市委员会（以下简称“民盟无锡市委”）有盟员2256人。全年发展新盟员92人，其中本科以上学历91人，获博士学位5人、硕士学位29人。全年在行政事业和国企单位中发展盟员55人，包括副科级青年干部2人、省级人才计划人员2人，市级人才计划人员4人、正高级职称代表性人士4人。推荐6名盟员参加无锡市党外中青年干部培训班，推荐10名盟员参加无锡市党外代表人士培训班。年内，民盟无锡市委获评民盟江苏省委组织建设工作先进集体、活力基层组织建设先进集体。

【思想建设】2023年，民盟无锡市委制定“凝心铸魂强根基、团结奋进新征程”主题教育暨年度经常性教育学习总体方案，把增强盟员履职成效作为主题教育的落脚点。邀请全国政协常委、民盟江苏省委副主委、东南大学副校长金石到无锡作全国两会精神及理论宣讲。形成6篇高质量研究文章。指导各级基层组织到教育基地、高质量发展先进乡村、企业、学校等地开展现场教学累计43场次，宣扬不同领域盟员50余人次双岗建功事迹，被民盟省委、中共市委统战部转发12人次。在无锡民盟微信公众号设立“盟员心声”栏目，组织“共读经典、书香润盟”读书活动。民盟中央副主席徐辉到无锡调研荡口古镇文化遗产保护工作、参观钱穆钱伟长故居，与新吴区委统战部共同建设钱伟长爱国精神纪念馆，纪念馆被民盟中央确认为“中国民主同盟传统教育基地”，民盟中央副主席吴为山为基地揭牌。举办“笔墨同心”“墨韵华章”等书画展。中共市委统战部领导调研考察锡山区基层委员会“盟员之家”。民盟无锡市委全程参与由中央社会主义学院在无锡主办的中国政党制度研究中心年会保障工作。召开庆祝第39个教师节“耕耘不辍、善心随行”座谈会。积极组织开展新闻报道工作，全年在《团结报》发稿7篇、《人民政协报》发稿2篇、《新华日报》发稿3篇、新华网等中央级网络媒体发稿13篇。年内，民盟无锡市委获评民盟中央思想政治建设和宣传工作先进集体，民盟江苏省委宣传工作先进集体特等奖、新媒体建设先进集体一等奖、盟史与理论研究工作先进集体一等奖。

【参政议政】2023年，民盟无锡市委围绕中共无锡市委工业遗产保护与传承、城市文化品牌建设民主协商专题开展实地调研。民主监督小组开展三轮民主监督活动，实地考察并形成民主监督建议。创新举办首届青年论坛，有效发挥青年工作委员会、研究室的作用，动员“85后”盟员100多人参与活动，形成调研报告73篇。动员盟员积极参加各类论坛、研讨会，全年向民盟中央、民盟省委投稿57篇。2篇获评特等奖，11篇获评一等奖。举行专题研讨活动，50余位盟员骨干提交调研报告及信息近30篇。全年共报送信息442篇，其中市级信息平台录用59篇、省级信息平台录用16篇。全国政协会议期间，2篇调研报告被采纳为民盟中央集体提案。省政协会议期间，两篇调研报告被采纳为集体提案。另有2篇调研报告分别被民盟江苏省委采纳为省政协主席会议、常委会会议书面发言。市政协会议期间，提交集体提案10件，1篇获评优秀集体提案，3件提案获评优秀个人提案。年内，民盟无锡市委获评民盟江苏省委参政议政工作先进集体特等奖、反映信息工作先进集体特等奖。

【社会服务】2023年，民盟无锡市委会继续组织开展“凉山支教行”活动，筹资5万元用于资助四川省凉山州普格县10名应届贫困大学生，并承诺资助其中1人大学期间所有生活和学习费用。协调推进“护蕾行动”项目，举办2场教师能力培训讲座，开展学生艺术指导活动20余次。民盟江阴市委第六次承办民盟中央“农村教育烛光行动”校长培训班，88名来自甘肃、河南、河北、贵州等地区的校长、骨干教师接受培训，民盟中央副主席曹卫星出席开班仪式。滨湖区基层委员会捐资近6万元，解决陕西省延安市第一中学物理器材紧缺问题。惠山区基层委员会到青海省海东市捐赠一批价值5万元的文化体育用品，并开展课程展示、教学研讨等活动。继续开展“非遗传承E7同行”活动，宜兴14位残疾人士参加紫砂授艺工作。“六一”期间，联合滨湖区基层委员会走访无锡市特殊教育学校，捐赠价值5000余元的慰问品。新吴区基层委员会捐款1万余元资助6位自闭症儿童，并到青海省互助县向当地残疾人捐赠20辆轮椅。惠山区基层委员会到惠山区特殊教育学校，捐建爱心厨房并进行课程教学展示。科技总支联合宜兴市南京商会、宜兴市特殊教育学校开展“爱心帮扶、让爱无碍”结对共建活动。民盟无锡市委会同梁溪区基层委员会将社区矫正工作纳入“8+8”行动，组织盟员为矫正对象开展5场青瓷制作培训活动，受训人员30余人次。民盟宜兴市委在宜兴市特殊教育学校、陶都中专等处开展“宜兴民盟公益讲堂”活动，全年开展各类讲座、授课30余场。民盟江阴市委发挥“澄盟有爱”志愿者服务队的资源优势，开展各类公益活动，其中教育分队全年开展“名师团队送教到校”活动16次。梁溪区基层委员会依托无锡民盟青少年“黄丝带”同心护航基地，组织开展赠书、登山捡垃圾等活动，帮助矫正对象回归社会。滨湖区基层委员会坚持在重要时间节点开展多场社区服务活动。锡山区基层委员会向阿福颐养院捐赠价值约1万元的慰问品。新吴区基层委员会坚持15年开展春联慈善义卖活动，全年义卖所得6000元全部用于帮扶贫困学生。年内，民盟无锡市委获评民盟中央社会服务工作先进集体，民盟中央、司法部"黄丝带帮教"工作先进集体，民盟江苏省委农村教育烛光行动（教育帮扶）先进集体、同心服务先进集体。

（秦　健）

中国民主建国会无锡市委员会

【组织建设】　至2023年末，中国民主建国会无锡市委员会（以下简称"民建无锡市委"）有会员2179人，在职会员比例为72.1%，经济界人士以及相关专家学者占76.1%。全年共发展新会员105人，平均年龄37岁。其中，本科及以上学历100人，中高级职称28人（其中正高级职称1人），民营经济人士16人，政府机关15人，市政协委员1人，县区级人大代表、政协委员共10人，太湖人才成员1人。做好会员推荐使用，5名骨干会员被推荐当选为民建中央相关专门委员会委员，1名会员被推荐担任省欧美同学会副会长，15名女会员分别被推荐为省、市妇女代表大会代表，8家会员企业作为全市统战领域重点民营企业推荐上报。1名会员获评全国三八红旗手，1名会员获授第三届全国创新争先奖状，多名会员获国家级、省部级荣誉。

【思想建设】　2023年，民建无锡市委以"凝心铸魂强根基、团结奋进新征程"主题教育为主线，制定实施方案，及时召开动员部署会议、推进会议，组织开展系列活动，召开民建无锡地方组织成立70周年庆祝大会，通过理论学习中心组学习和"同心·悦读会"等学习平台，自上而下推动主题教育走深走实。至年底，无锡民建微信公众号刊文380篇，关注人数突破1800人，关注率为全市民建会员数的80%；网站用户点击浏览量超过3.9万人次；编辑印发《无锡民讯》4期；投稿刊用民建中央网站70篇次、民建省委网站218篇次、《江苏民建》7篇次、江苏民建微信公众号11篇次。在《团结报》刊发专版，宣传民建无锡地方组织70年来履职成果，《团结报》、《人民政协报》、新华网、江苏新闻网、《无锡日报》、无锡电视台等媒体对无锡民建采访报道121篇次，获会外省级及以上媒体刊登70篇次、其中中央级媒体刊登33篇次。年内，民建无锡市委被民建江苏省委评为新闻宣传先进单位、网站供稿先进单位。

【参政议政】　2023年，民建无锡市委围绕中央重点调研课题以及中共市委、市政府重点工作，开展考察调研活动25次，配合省级及以上和其他省、市到无锡开展的调研活动18次，完成调研文章63篇，4篇获中共市委、市政府主要领导批示，5篇被民建省委作集体提案报省政协会议。就"促进专精特新企业高质量发展"专题，开展三轮民主监督调研，形成1篇民主监督成果。在市政协十五届二次会议上，提交8篇集体提案、1篇大会发言，其中1篇提案被确定为市政协重点督办提案，2篇提案被评为优秀集体提案，1篇调研成果被评为市政协优秀调研成果。全年报送信息144篇，其中38篇被民建省委录用，12篇被民建中央录用，25篇被省政协录用，1篇被省委统战部单篇录用，2篇获市委、市政府主要领导批示。年内，获评民建江苏省委社情民意信息工作二等奖。

【社会服务】　2023年，民建无锡市委班子成员共走访会员企业50多家，多次召开民营企业座谈会，上报涉企信息20余条。率企业家会员到深圳、珠海、宁波等地考察交流。组织企业家会员到越南、柬埔寨开展深度考察，并举办无锡布局东盟—柬埔寨曼哈顿经济特区研讨会。承办"绿色未来·共建可持续明天"江苏民建民营经济发展论坛，推动省内外企业家会员间的交流互通和经济合作。做优"思源·爱民"社会公益品牌，持续开展"思源·爱民——生育关怀行动"，创建"思源爱民·益启爱""点亮你的微笑"等服务品牌。重新组建"蠡湖文明之友"志愿者服务团队，与梁溪区瞻江幸福颐养院开展合作共建。组织会员向河北省丰宁满族自治县胡麻营镇捐赠童装200件，价值2.3万余元。全年认养梨树共107棵，助力宿迁市宿城区王官集镇花园村乡村振兴。承办民建中央河北省丰宁县乡村振兴培训班，助推丰宁帮扶项目可持续发展。年内，民建无锡市委各类助残、助农、助学、助困帮扶金额515万元。

（王羽佳）

中国民主促进会无锡市委员会

【组织建设】　至2023年末，中国民主促进会无锡市委员会（以下简称"民进无锡市委"）有会员1860人。全年发展会员72人，平均年龄37.4岁，其中本科以上学历70人（占比97.22%）博士4人，中高级职称27人。举办发展对象入会教育培训班、新会员培训班、青年节开明读书会，提交多党合作创新案例《搭建青年成长舞台 书写靓丽青春篇章》。7位会员参加市第34期党外中青年干部培训班，3位会员参加2023年民进全省骨干会员培训班。完成锡山区基层委员会、惠山区基层委员会、市综合一支部的届中调整工作。完成各级组织情况分析，建立后备骨干会员库，提前谋划2025年基层换届工作。推荐1位会员参评省"叶圣陶教师奖"，3位会员作为民进省委青工委委员人选，2位会员作为市妇女第17次代表大会代表候选人人选,11位会员、4家会员企业参加省中华职教社。推荐20个组织参加全市各民主党派示范基层组织评比。打造“静俞书院”民进会员之家,设立“开明文展”。探索监督机制创新,制定“1+1+N”重点监督计划,即常态化会费监督+年度基层组织建设监督+多项实时工作监督。结合“基层组织建设年”工作部署,组织监委会成员提前对参评基层组织开展核查,提出整改意见。开展“5·10”廉政系列活动,组织民进市委委员、机关干部赴“延安精神无锡学习天地”学习参观。

【思想建设】 2023年,民进无锡市委开展“凝心铸魂强根基、团结奋进新征程”主题教育活动,制定学习方案并召开动员会。组织开展专题学习会、理论学习培训、“同心共进”宣讲会、现场教学、咨政建言座谈会、“民进会员之家”阵地评定、同心服务品牌研讨等活动,开辟学习专栏。成立主题教育领导小组,组织民进市委委员等到上海、杭州开展会史学习。班子成员赴挂钩板块举行主题教育宣讲会,指导基层以多种形式推进主题教育活动。坚持读原著、学原文、悟原理,逢会必学近期时政要点、领导讲话,引领会员学习民进中央新修订的会章和各项条例。无锡民进网站、微信公众号刊发各级组织主题教育工作动态和会员学习心得,共收集学习心得85篇。成立“作风建设主题年”工作领导小组,制定主题年实施方案,召开机关作风建设推进会。民进无锡市委主要领导带队到民进中央汇报工作,得到全国政协副主席、民进中央常务副主席朱永新的充分肯定。细化领导班子下基层制度,听取广大会员意见建议,及时检视整改。加强《无锡民进》会刊、网站、微信公众号等自有平台建设。全年微信公众号推送宣传报道329篇,编发杂志4期。转发民进网“民进优良作风”专栏。向主流媒体、民进上级组织、中共市委统战部等报送相关稿件,全年在国家级主流媒体刊发22篇。组织会员参与“我眼中的新江苏”江苏统一战线手机摄影大赛,择优上传作品13件。年内,3人获评民进全国宣传思想工作先进个人,9个基层组织获评民进全省宣传思想工作先进集体,13人获评民进全省宣传思想工作先进个人。中标民进省委理论研究招标课题,高质量完成《民进会史研究对推动民进思想政治建设作用探究》的课题调研报告,全年共完成《坚持建言资政与凝聚共识双向发力研究》等理论研究课题5篇。强化无锡叶圣陶研究会理论研究核心作用,会同市教育局、教科院、新华书店联合开展“二泉阅谈”第五季活动,致力推动全市课外阅读活动高质量发展。

【参政议政】 5月8—10日,全国人大常委会副委员长、民进中央主席蔡达峰率民进中央调研组到宜兴市、江阴市开展2023年度重点视察调研,民进无锡市委主委惠莲、副主委曹罕硕参加调研。调研期间,蔡达峰一行先后接见民进宜兴、江阴市委班子成员,并对无锡民进各项工作予以肯定。民进无锡市委全年完成37篇调研报告,实现专委会、基层委员会、直属支部全覆盖。依托课题招标推进民主协商、民主监督、大会发言、政协集体提案、省重点课题调研等各层级履职任务完成。高质量完成《打造软件产业高地,深入推进无锡新时代工商名城建设》和《高质量推进百宅百院保护利用,打造城市文化品质新空间》2篇民主协商课题。与惠山区挂钩结对、联手落实的民主监督课题《加快主体功能区布局优化,区镇合一推动城乡融合高质量发展》完成全年三轮调研。完成3篇民进省委调研课题申报、8篇市政协集体提案,其中1篇为政协主席重点督办提案,并积极响应各部门提案答复。召开主题教育咨政建言会,全面展示履职能力建设成果,成立“无锡民进开明议政会”。提交多党合作创新案例成果《民进无锡市委首创部委办局智库顾问团》。参与“我为新时代工商名城建设献良策”金点子活动,提交10篇民进会员金点子。集合会内外力量查访考证画家程及曾加入民进组织的史实,为研究民进会史和中国美术史提供重要历史依据。参加苏锡常湖嘉五地民进组织交流研讨活动并作主题发言。年内,民进无锡市委报送信息626条,上级录用337条次,其中民进中央录用25条,在民进省委的专项考核中得分492分,蝉联第一。《完善债券融资机制,大力支持优质民企债券融资》被国务院发展研究中心《经济要参》录用。

【社会服务】 2023年,民进无锡市委启用社会服务工作信息化系统,承办民进全省地方组织经联会会长工作会议。参与统战服务活动,会员购买中共省委统战部结对帮扶地区徐州市铜山区棠张镇前谷堆村特色农产品5.7万元,组织会员参加全市统一战线纪念“五一口号”发布75周年龙舟比赛。举办6场癸卯(2023)“春联万家·奔赴新征程”活动,参加民进省委举办的书画展,承担“同心楼”4幅主题书画作品创作。根据挂钩结对要求,持续开展文化助残项目,举办公益讲座4场,设立助残文创中心并完成销售收入3000元,会员购买残疾人农产品2万余元,与阳山镇桃文化残疾人之家开展共建活动。坚持做好“蓝星妈妈关爱行动”公益项目,承办“爱,让星空蓝起来”江苏省“世界孤独症关注日”活动暨蓝星关爱计划启动仪式,主办“蓝星妈妈‘灵锡’App上线仪式”,全年开展各类活动66次,直接参与对象1029人次,辐射3000余人,“99公益日”期间2167人次参与“一起捐”,募集善款8.34万元。建有美育共建基地学校18所,其中年内新增6所,实现美育共建基地在全市各板块的全覆盖。推动无锡美术馆、无锡市歌舞剧院、无锡江南棋院等单位共同参与,为美育共建公益项目持续性、常态化开展奠定资源基础。各级组织落实“服务在身边、人人能参与”的社会服务工作理念。江阴民进强化“有了爱,就有了一切”主品牌效应,宜兴民进着力打造“大师进校园”服务项目,梁溪民进依托“梁溪民进在行动”品牌开展“开明翼少年”夏令营等活动,滨湖民进扩大“文化惠民”品牌影响,锡山民进深化“阳光进校园”品牌建设,惠山民进发挥“同心惠美”效能助力西部乡村振兴,新吴民进打造“春风送教”品牌,江大民进擦亮“乡村振兴、科技扶农”品牌,经开民进与太湖街道共同建设成立“向美而行”美育科普共建基地。全年江阴、宜兴及市区各基层组织共开展社会服务159场次,参与会员3284人次,各类公益捐赠、捐款及消费助农助残共293.63万元。

(张润泽)

中国农工民主党无锡市委员会

【组织建设】 至2023年末,中国农工民主党无锡市委员会(以下简称“农工党无锡市委”)有市本级1个,下辖县级市委1个、基层组织103个,其中基层委员会8个、总支部4个。全市共有党员1913人,207人次担任各级人大代表、政协委员,2人获授省“五一劳动奖章”,3人获授市“五一劳动奖章”。全年发展新党员77人,其中主界别53人、担任单位(部门)中层职务的70人,市(县)、区人大代表2人、政协委员1人,符合党外干部“321人才计划”标准的22人,“太湖人才计划”顶尖医学专家团队成员1人。年内,成立农工党无锡职业技术学院支部,完成惠山区基层委员会、妇幼保健院支部和锡山区综合二支部领导班子届中调整。推进“农工之家”建设,5个入选全省第二批“示范农工之家”。积极开展“基层组织建设年”活动,通过对标提升、评比验收,推荐22个组织参加全市各民主党派示范基层组织评比。农工党无锡市委主要领导赴农工党江阴市委、农工党宜兴市基层委员会和各对口联系政府部门走访调研,交流了解工作,10月,全国政协副主席、农工党中央常务副主席杨震到无锡就长江生态环境大保护民主监督工作开展专题调研,农工党无锡市委作专题汇报,得到充分肯定。

【思想建设】 2023年,农工党无锡市委理论学习中心组开展4次专题集中学习,机关工作人员开展10次专题学习。举办“学党章”线上知识竞赛,推出“线上音频”学习窗等学教活动,举办宣传思想、参政议政骨干培训班,开展“统战行”系列活动。参加上级理论研究征文活动,获评农工党中央二等奖1篇、三等奖1篇,农工党江苏省委一等奖1篇、二等奖6篇、三等奖1篇。开展“凝心铸魂强根基,团结奋进新征程”主题教育,带领全市各级农工党组织开展学习、调研、座谈等各类活动。携手滨湖区、惠山区共同举办“只此青绿,共绘山水同心生态”项目和“农工惠同心,翰墨颂中华”书画展,发布江阴渡江战役纪念馆、惠山“惠心惠残”共享直播间和滨湖《金匮潜龙》同心文化“元宇宙”基地主题教育路线图。依托农工党中央党史教育基地,更新线下布展,筹建线上基地。专题文章入选2023年中国政党制度研究中心第21届年会《多党合作无锡实践案例》。办好农工“云课堂”,组建“同心讲坛”专家宣讲团,参与“大运河文化”分论坛。全年微信公众号发布稿件350篇,网站更新372次,微信公众号入选农工党中央发布的“农工党市级组织十大靓号”,微信刊文入选2023年度市委统战部“十大新闻”。在“同心楼”基地解说竞赛中,农工党无锡市委选手取得第一名。

5月6日,滨湖区统一战线举行“同心生态”项目启动仪式,农工党无锡市委会生态文明研究院揭牌 (农工党无锡市委 供图)

【参政议政】 2023年,农工党无锡市委撰写提交《推进职业教育高质量发展,助力打造新时代工商名城》和《高标准推进生态清淤,擦亮“太湖明珠”城市品牌》调研报告,完成与中共无锡市委民主协商课题。开展3轮民主监督,完成《做强滨湖区高新技术产业,有力支持国际知名“靓丽太湖湾”建设》民主监督报告。在市政协十五届二次会议上,提交6件集体提案,《让“中”味更醇“医”更强》作大会交流发言,该建言被列为2023年度重点督办提案。在市政协“立足本职促发展,当好委员献良

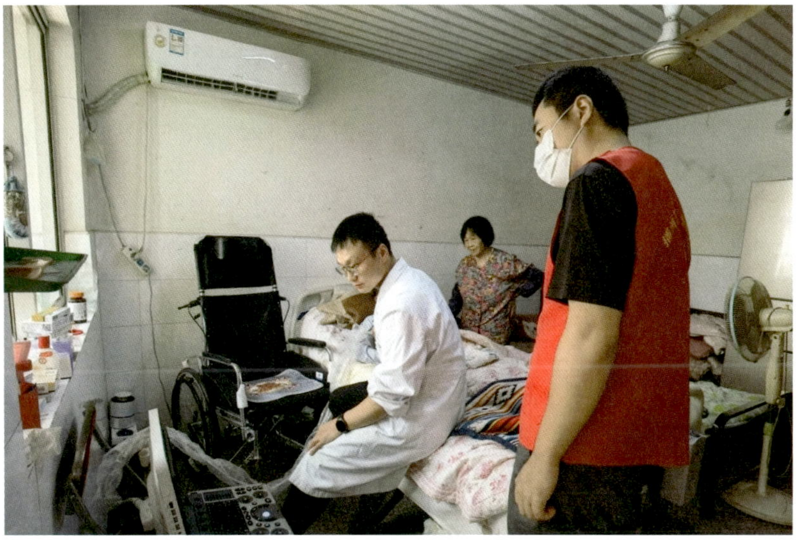

9月5—8日，农工党无锡市委为滨湖区40多名重度残疾人开展上门健康检测服务 （农工党无锡市委 供图）

策”主题活动中，2位委员获评“优秀市政协委员”，2篇提案获评“优秀个人提案”，2件集体提案获评“优秀集体提案”，1篇报告获评“优秀调研成果”。完成50个调研课题，其中7项为农工党江苏省委重点立项课题，2项为中标课题，2个被遴选为2024年省两会集体提案；2篇在全省“农工论坛”中分获二、三等奖；1篇获原副省长王晖批示；1篇获农工党中央长江生态环境保护民主监督优秀调研报告三等奖。报送社情民意信息432件，其中农工党江苏省委采纳266件，市政协平台采纳67件，特供信息采纳7件，党政信息采纳25件，省统每日综合采纳2件，江苏信息采纳2件，1篇获中共无锡市委主要领导批示。上报“我为新时代工商名城建设献良策”金点子建议16件，9人次获得表彰。

【社会服务】 2023年，农工党无锡市委在滨湖区建设“同心拾遗 共建幸福家园”大龄心智障碍者服务中心，开展“康福滨湖”医疗援助服务，为滨湖区40多名重度残疾人进行上门健康检测。筹建“暖阳”志愿联盟，与惠山区共同打造“同心惠康”社会服务品牌，成立“同心健康站”“惠心惠残”共享直播间和“同心中医堂”实践创新基地，组建“健康惠山”名医专家团，捐赠多功能健康体检一体机，发放健康干预物品1000余套，开展“惠农医行百千万”社会服务活动20余场次，受益群众1万多人。向贵州省大方县定点扶贫捐赠2万元。会同中共惠山区委统战部到青海省海东市开展“同心惠康”对口帮扶交流活动，与海东市平安区卫生健康局签订“同心惠康”项目协议书，党员企业家分别向平安区中医医院和循化县文都养老院捐赠资金10万元。成立农工党无锡市经联会滨湖区分会，筹建“陶艺研究院”，助推“无锡太湖企业家书院”成立。农工党江阴市委周庄镇山泉村同心服务基地、农工党宜兴市基层委员会陶瓷文化服务基地、梁溪区小娄巷樊登书店3个基层社会服务点被农工党江苏省委评为第二批社会服务基地。发动农工党江阴市委和有关基层组织开展“2023年环境与健康宣传周”活动，举办科普讲座、发放宣传手册、捐赠环保图书、提供法律咨询和义诊服务等各类活动10余场。全年全市各级组织开展社会服务活动130余次，捐赠资金和物品价值近百万元。

（程 华）

中国致公党无锡市委员会

【组织建设】 至2023年末，中国致公党无锡市委员会（以下简称“致公党无锡市委”）有基层组织48个、党员751人，侨海比例80%以上。全年发展致公党党员46人，平均年龄36.3岁，男女比例为1.3∶1。其中，具有大学本科学历的32人，占比69.56%；研究生14人，获硕士学位的12人，占比26.09%；获博士学位的2人，占比4.35%；人大代表、政协委员5人，“321人才计划”5人。出台《致公党无锡市委会关于新时代中国致公党党员发展的实施细则》《致公党无锡市委会专委会通则》等6项制度。新增1个“致公凤巢”、1个“致公书屋”。举办新党员培训班，50人参训。举办30名骨干党员参加的信息专题培训班，推进“1+7+N”（市委会为中心、专委会为核心、基层组织为重心）大体系建设，完成7个专委会组成人员的调整与增设，根据“基层组织建设年”活动方案要求，9个基层组织开展创建活动，致公党惠山区支部完成届中调整。

【思想教育】 2023年，致公党无锡市委出台《致公党无锡市委会开展“凝心铸魂强根基、团结奋进新征程”主题教育活动方案》，成立主题教育领导小组，召开专题部署会、理论学习会共15次，致公党无锡市委领导班子成员撰写主题教育学习体会5篇，带头开讲主题教育课6次，召开理论学习中心组专题学习会5次，开设主题教育微信专栏，编发简报30篇；邀请市委讲师团作专题讲座，学习领会全国两会精神；自我查摆问题、发现不足，对检视出的调研、信息、组织建设等方面的6个问题，及时整改、不断完善、健全机制。持续推进学习型、服务型、效能型、和谐型、廉洁型党派机关建设，致公党无锡市委召开机关专题会7次，严格落实主委会议、中心组理论学习、民主决策、民主生活会、述职和民主评议等制度。坚持和完善民主集中、民主监督机制，健全和完善党内监督制度，召开内部监督委员会议3次。推进政治监督，从“关键少数”、廉洁教育、纪律建设、作风建设等方面入手，确保责任落实到位。赴“延安精神无锡学习天地”开展思廉日主题教育，举办国家安全主题教育活动。

【参政议政】 2023年，致公党无锡市委、各基层组织、专委会开展调查研究100多人次，完成调研报告60篇，比上年增长45%，其中各专委会完成20篇，7篇被列为致公党江苏省委2023年立项重点调研课题，3篇被致公党江苏省委评为优秀调研报告，6件集体提案被列为市政协重点提案，4件获评市政协优秀提案；围绕“砥砺‘四敢’担当，赓续实业基因，打造新时代工商名城”“加快建设国际化品质现代气派新都市”开展调查研究和专题民主协商，召开调研座谈会6次，实地调研4次，形成2份民主协商调研报告；围绕深化改革重点任务，聚焦“主体功能区布局和区镇（街道）管理体制改革”，到新吴区开展专题民主监督，召开多部门调研座谈会4次，形成民主监督调研报告；创新设立议政沙龙，举办4期专题活动，参与党员近60人次，致公党无锡市委班子成员人均提交3篇以上信息稿，发展对象累计提交30篇信息稿。全年提交社情民意信息共360篇，比上年增长80%，5篇信息被致公党中央录用，4篇信息被省政协采用；致公党江苏省委、中共无锡市委、无锡市政协录用信息近60篇次，累计录用率30%，录用率比上年提升15个百分点；在第三届江苏发展大会无锡行暨第六届全球锡商大会上，党员阙尧尧、萧岗提出的建议获评“金点子建议”。

【社会服务】 2023年，致公党无锡市委联合党员企业在贵州省毕节市七星关区实施光伏发电项目定点帮扶，捐赠支持资金5.96万元；党员颜厥枝支持民盟江苏省委筹建“江苏致公致福基金”。致公党梁溪区基层委员会党员企业设立慈善基金500万元。致公党新吴区基层委员会党员向青海省海东市、江西省宜春市等地捐赠专用医疗设备以及专项资金等120万元。致公党无锡经开区总支部党员定向支持基金会、新疆维吾尔自治区霍城县等120万元，党员联合江南大学研究生支教团在云南芒宽民族中学设立“江南奋进”奖学金。甘肃省临夏州发生地震灾情后，致公党梁溪区基层委员会和太湖新城基层委员会共同捐款2万元。致公党无锡市委联合市侨联、市台联、市政协社保组委员到无锡市儿童福利院，关心看望失依儿童。致公党新吴区基层委员会成立一支由41名党员组成的助残志愿服务队，在叙康里社区安装爱心座椅15张，在公益集市上设立“叙说康爱”特色摊位助力残疾人手工艺品售卖；开展免费培训活动5次，81人次参加，帮助21名残疾人实现就业增收。致公党梁溪区基层委员会成立上善余香助残中心。致公党滨湖区基层委员会党员关注“一老一小”特殊群体，多次开展美丽乡村志愿服务。致公党惠山区支部党员开展“医惠万家零距离服务”活动，名医到社区义诊，开展学生暑期公益课活动。致公党无锡市委到四川省泸州市开展产业合作共建，到连云港市与致公党连云港市委共签合作框架协议。致公党无锡市委到北京市、青岛市以及徐州市考察调研，加强区域交流。致公党梁溪区基层委员会与瞻江街道共同打造“瞻道致远”同心品牌。致公党新吴区基层委员会与致公党盐城市大丰支部签订友好基层组织结对共建协议，在促进地区经济建设、文化建设和社会服务等方面开展交流与合作。致公党惠山区支部牵手网球世界冠军，到省锡中实验第三小学助推网球特色教育发展。党员向无锡市长安中心小学捐赠黄养辉亲笔手稿、通信及出版著作，传承和发扬优秀文化。党员企业牵手中甲吴钩足球俱乐部，互带互动，优势互补，资源共享，共同发展。年内，据不完全统计，全市党员捐款捐物约350万元。

【海外联谊】 2023年，致公党无锡市委联合新吴区以“创新创业、侨海报国”为主题，举办“引凤工程”创新营无锡站活动，设立“引凤工程太湖湾科创城创新创业基地”，聘任7位“引凤招才大使”，40多个海外高层次创新创业项目与新吴区各镇街园区对接，20多个项目参加路演，12个项目实现意向性签约，7个项目落地。3位海归党员企业承担国家重点研究课题“长江刀鱼高效繁殖及工程化养殖技术研发示范”，助力乡村农业现代化产业发展。致公党无锡市委联合有关部门共同举办“侨见春来到”新春元宵活动，50多个国家的80多个侨社团、140多个海外无锡乡情驿站、20多万海外侨胞及留学生在现场和线上共听侨声、共叙乡情、共话发展；联合主办“读懂中国、感知无锡”主题活动、无锡“国际月”暨国际赏樱周——锡港澳青年创新创业周、“低碳绿色、可持续发展”中外企业交流对接会，推动中外企业加强合作。致公党无锡市委带领10家党员企业开展“桥头堡”计划，对有“一带一路”“走出去”意向的企业进行问卷调查，联合中共新吴区委统战部对辖区内的81家企业开展专项调研。为入党30周年以上的老党员颁发纪念杯、纪念章，举办“敬老传统、代代相传”活动，致公党新吴区基层委员会党员开展夏日送清凉上门走访慰问老归侨活动。

（吴　洁）

九三学社无锡市委员会

【组织建设】 至2023年末，九三学社无锡市委员会（以下简称“社无锡市委”）有社员1677人。制定实施

《九三学社无锡市委发展社员工作规程(试行)》。全年新发展社员72人,平均年龄37.8岁,高级职称占比49%,研究生以上学历占比61%;主界别占比80.3%。社梁溪基层委员会、惠山基层委员会、尚贤基层委员会等基层组织完成届中调整。完成对油泵油嘴研究所基层委员会、江大附院基层委员会、教育基层委员会、经开区支社、社会事业综合支社、教育二支社、妇幼支社、淡水渔业研究中心支社8个基层组织的社务督导调研。组织社无锡市委委员、监督委委员等到“延安精神无锡学习天地”、东坡书院等处开展廉政教育活动。推进“基层组织建设年”活动,举办基层组织建设观摩活动和专题研讨会。支持惠山基层委员会、新吴基层委员会、油泵油嘴研究所基层委员会、经开区支社、社会事业综合支社等基层组织建成新的“九三之家”。协助中共市委统战部举办“联谊互动增交流,集聚合力促发展——院所联盟产学研对接会”。江南大学基层委员会、滨湖基层委员会开展深度结对共建,探索基层组织融合发展新路径。社江阴市委与社同济大学委员会、江南大学基层委员会与社南京大学委员会、锡山基层委员会与江苏省社科院支社分别签署结对共建协议。全年推荐和组织社员340余人次参加中共江苏省委统战部、无锡市委统战部和社中央、社江苏省委会、社无锡市委组织的骨干或专题培训班。钮海彦当选为中国工会第18次全国代表大会代表;季安娜、龙佳骊当选为江苏省妇女十四大代表,季安娜当选为江苏省妇联第14届执委会委员;季安娜、王琴当选为无锡市妇女十七大代表,季安娜当选为无锡市妇联第17届执委会常委。走访慰问80周岁以上老社员200余人次,为248名老社员制作颁发“光荣在社40周年/30周年”纪念章。举办“探寻鸿山文化,打卡湿地公园”重阳节活动和70、80、90整岁社员集体祝寿会。开展“携手春风里,同心向未来”女社员专题活动。承办九三学社全国办公室主任工作座谈会、社江苏省委第五届“九三杯”乒乓球邀请赛。

【思想建设】 2023年,社无锡市委以“凝心铸魂强根基、团结奋进新征程”主题教育为主线,开展各类思想宣传活动。制定工作方案,召开主题教育动员会,在微信公众号平台开设主题教育专栏,开展知识竞赛、青年社员论坛、老中青社员沙龙和征文等活动。参加九三学社中央2023年全国两会精神视频学习会、九三学社中央四期政治辅导“网络课堂”等。

全年对外投稿500余篇,《人民政协报》《团结报》采用18篇,《新华日报》《华人时刊》《无锡日报》等媒体采用30余篇,社江阴市委的报道《跨越千里的“清”“澄”之约》获《团结报》大篇幅刊用,丁文洋、王程、王巨榛、周晓东等社员的先进事迹在《人民政协报》《团结报》上刊登。推送微信公众号251篇,围绕纪念“五一口号”发布75周年等主题,报送征文、案例等15篇。编发《无锡九三》2期、庆祝九三学社无锡地方组织成立70周年特刊1期。编印《同心风华录》《岁月长歌 大道同心——九三学社无锡地方组织成立70周年纪念集》。周培源故居和王选事迹陈列馆全年接待社内各级组织40余批次、社员800余人次。年内,社无锡市委获评社江苏省委“2023年度宣传工作先进集体”。

【参政议政】 2023年,社无锡市委主要领导先后在中共无锡市委专题民主协商会上作题为《以“科创之力”赋能新时代工商名城打造具有国际影响力的产业科创高地》《从“城市消费”向“消费城市”进阶 打造有内容、有特色、有温度的消费中心城市》的发言,得到中共市委主要领导的肯定。

全国两会期间,卢敏提交的《关于促进养老服务人才队伍建设的提案》入选全国政协重点提案。省、市两会期间,社员中的人大代表提交建议10件、政协委员提交个人提案28件,社无锡市委提交集体提案8件,获评市政协优秀集体提案2篇、优秀个人提案2篇。《推进技术要素市场化配置改革,提升太湖湾科技创新驱动力》被评为市政协优秀调研成果。任克奇代表社无锡市委在市政协大会上作题为《瞄准“针尖”领域,闯出“强芯”之路》的发言。《关于推进产业用地精准配置和高效利用的建议》《加快推进驻地高校院所科技成果高效精准转化》2件提案被列为市政协重点督办提案。

2023年,社无锡市委出台《九三学社无锡市委员会关于参政议政工作计分标准的意见》。全年向各级平台报送社情民意275篇,被全国政协录用2篇,被中共中央统战部《零讯》录用1篇,被九三学社中央录用18篇,被省级平台采用107篇。获中共无锡市委、市政府主要领导批示5件。中标社江苏省委课题5个,其中2篇入选省政协集体提案;完成28个市级招标课题,22篇转化为社情民意信息,8篇转发为市政协集体提案。根据“8+8”挂钩结对工作部署,社无锡市委到无锡经开区就加快创建新发展理念实践示范区三年行动实施意见的落实情况,与中共无锡市委深改办联合开展3轮专题民主监督+改革督查活动,提交调研报告3篇。年内,社无锡市委获评九三学社中央“2021—2022年参政议政先进集体”,获评社江苏省委“2023年度信息工作先进单位一等奖”。主委卢敏获评九三学社中央“2023年度信息工作先进个人”、社江苏省委“2023年度信息工作贡献奖”。

【社会服务】 2023年,社无锡市委各级组织举办科普讲座、科技服务、医卫服务、法律讲座、演出、捐赠等活动114场,惠及群众超万人次,人民医院基层委员会、二院支社与宜兴基层委员会联合开展的“国际科学与和平周”活动被人民政协网报道，社无锡市委再次获国际科学和平周中国组委会颁发的“和平使者”称号。举办“九三大讲堂”4场、“九三微讲堂”10场，并通过“无锡九三视频号”直播，惠及群众2万余人次。江大附院基层委员会、精卫中心支社到经开区开展义诊1场、举办公益讲座4次，为26名精神残疾人进行免费残疾鉴定。梁溪基层委员会为特殊学校、残疾人之家捐赠书籍、衣物，并为残疾人举办文艺演出。社无锡市委承办2023年九三学社中央“同心树人”工程，向贵州省毕节市威宁第五小学捐赠价值5万元的教学设施设备，做好14名教师到无锡跟岗交流工作。江阴市顾山镇红豆村、锡山区鹅湖镇、惠山区前洲街道等地的九三专家工作站开展科技下乡活动。傅洪拓团队到安徽省、贵州省和省内的淮安、泰州等10余个地区开展技术指导、技术下乡18场次，捐赠各类物资折款10万元。

【开展“10+N”系列活动】 2023年是九三学社无锡地方组织成立70周年。社无锡市委成立领导小组，制定以“赓续爱国民主科学传统，凝聚团结合作强国力量”为主题的“10+N”活动方案，即社无锡市委牵头举办“十个一”主题活动，社江阴市委、各基层组织、各工委根据自身实际举办N项系列庆祝活动。9月3日，庆祝九三学社无锡地方组织成立70周年大会在无锡大剧院举行，九三学社中央主席武维华、中共无锡市委书记杜小刚到场并讲话，肯定社无锡市委取得的成绩。在庆祝大会现场，社无锡市委与清华大学等全国8所知名高校社组织签约成立校地组织合作联盟，并聘请41名专家、学者为首批“无锡九三学社智库”专家。同步在《团结报》《无锡日报》发布专版，反映无锡九三学社地方组织成立70周年的光荣历程。8月31日—9月18日，在市民中心举办“岁月长歌，大道同行”主题展活动，中共无锡市委常委、统战部部长周常青参加开展仪式并讲话，社中央主席武维华、社江苏省委主委周岚等上级社组织领导参观展览。5月28日，社无锡市委、青年工委举办以“以青春之我，聚同心之力，担时代之责”为主题的青年论坛。7月20日—8月18日，举行“凝心铸魂强根基，团结奋进新征程”主题教育暨庆祝九三学社无锡地方组织成立70周年（线上线下）知识竞赛活动，1100余名社员参加，油泵油嘴研究所基层委员会获线下决赛一等奖。8月25日，邀请王选纪念室主任丛中笑作题为《“科学报国的最美奋斗者——‘当代毕昇’王选”》的主题报告，弘扬以王选为代表的科学家精神。举办“跨越岁月，履职尽责，感悟初心”社员代表沙龙，通过老中青三代社员对话，重温发展历程，展望美好未来，推动双岗建功。10月22日，举办“新时代，新征程，新超越”微跑活动，“十个一”活动圆满收官。此外，还开展以“共同走过——庆祝九三学社无锡地方组织成立70周年”为主题的征文和“固本强基，提升能力”系列培训活动。

（程　欣）

无锡市工商业联合会

【组织建设】 2023年，全市工商联系统会员总数4.5万家，所属商会和所联系服务的商会组织397家，其中市级行业协会126家，在无锡的异地商会32家，乡镇（街道）商会73家，海内外无锡商会27个，园区商会9个。实现全国“五好”县级工商联全覆盖，15家商协会获评全国“四好”商会，21家商协会获评江苏省“四好”商会。

【商协会党建】 2023年，无锡市工商联有市级商协会实体党支部29家、功能型党支部128家。9家商协会完成换届，6家功能型商协会党支部调整负责人，5家实体商会党支部成立支委会。市总商会党委与宁波银行无锡分行党委结对共建，达成向商协会授信100亿元协议。全年发展预备党员10名，9名预备党员按时转正。深化“红梅花香·锋彩商会”党建领航三年行动，遴选确定第三批商协会党支部书记项目43个，评定

5月4日，第三届江苏发展大会无锡行暨第六届锡商大会系列活动“百位锡商百强锡企 答青年之问”活动在江南大学举办　（市工商联　供图）

3月，市公安局与市工商联警企联系协作第十三次联席会议举行
（市工商联　供图）

第二批优秀书记项目15个，获评全省工商联实践创新成果引领示范奖。市工商联所属相关商协会党组织分别与市公安局交警、经侦、食药环党组织开展党建结对，推动党建与护企深度融合。

【非公有制经济人士理想信念教育】2023年，全市工商联系统参加全国工商联"党的二十大精神和中央经济工作会议精神"云课堂在线学习，99家常执委企业、20家行业协会、23家在无锡的异地商会和34个基层商会共7486人接受网络培训。参加省工商联系统和民营经济人士学习贯彻中共二十大精神知识竞赛，无锡市工商联代表队获得一等奖。总结无锡民营经济人士理想信念教育的做法和经验，在全国工商联副主席汪鸿雁到无锡调研期间，无锡市工商联"'四抓四育'推进无锡民营经济人士理想信念教育走深走实"经验举措受到充分肯定。承办全省民营企业"厚植文化根基 勇立发展潮头"文艺节目展演，受到省工商联主要领导认可。实施青年企业家基业长青培育工程，举办2023年度无锡市青年企业家基业长青培训班，组织全市40名年轻一代民营企业家到深圳市委党校，围绕政治引导、形势分析、数字化转型等专题进行为期5天的培训，着力建设一支适应经济社会高质量跨越式发展的高素质企业家队伍。推荐指导无锡探矿机械总厂有限公司总经理朱蓉洁在全省年轻一代民营经济人士理想信念报告会上作交流发言，展示年轻一代锡商良好风貌。"五四"青年节期间，组织"百位锡商百强锡企 答青年之问"活动，与200余名江南大学青年学子共话"无锡建设新时代工商名城"主题，凝聚发展共识，弘扬锡商精神。在"无锡企业家日"，以"一个公益海报、一个短视频、一篇专题评论"的方式，旗帜鲜明地把支持民营经济高质量发展作为打造新时代工商名城的时代主旋律，受到市委、市政府主要领导的关注和点赞。

【参政议政】 2023年上半年，无锡市工商联调研选题《关于新时代工商名城建设的调研建议》通过市社科联招标课题（统战专项）立项，获评市政协"2023年度优秀调研成果"，主要内容在《无锡日报》《无锡导刊》发表。下半年撰写的调研报告《扩大制度型开放，增进城市竞争力——关于进一步优化无锡市国际化营商环境的调研建议》，在12月下旬召开的市委专题民主协商会上进行建言交流，相关建议受到市委主要领导重视。《从治理端、营销端、供给端发力，加快推进无锡市中小企业数字化转型》被国家税务总局无锡市税务局《税收经济动态》收录，并与民主协商调研报告《壮大创业群体，夯实"共富"基础》被《无锡日报》"探索"版刊用，还与调研报告《关于疫情影响下无锡市民营企业运行情况的调研分析报告——基于全市261家民营企业的问卷分析》，分别获省联年度优秀调研成果一、二等奖。开展无锡市民营企业代际传承调查研究，撰写《开放传承，接力未来——关于无锡市民营企业代际传承的调研建议》，获市委主要领导批示。在市政协第十五届二次会议上，针对金融赋能、民生保供、智改数转、科创梯队培育、推进"内循环"等事关经济社会发展的重要方面，提交6件集体提案。其中，《关于积极、渐进提速我市制造企业"智改数转"步伐的提案》被列为重点提案及民主监督性提案。在第二次全体大会的主界别发言环节，提交建言成果《壮大科创企业队伍，增强城市竞争优势》，并由市工商联副主席、无锡化工装备股份有限公司董事长曹洪海作了主旨交流，受到大会关注。年内，获评市政协"优秀集体提案"2件、"优秀社情民意"5篇、"优秀调研成果"1篇。成立市工商联议政建言骨干小组，遴选聘任24名成员，聘期3年。组织全市民企调查点完成全国工商联、省工商联关于民营企业季度运行状况、万家民企评营商环境、鼓励民间投资政策落实情况等调查问卷11次，填报问卷3061份，超额完成省工商联任务要求。无锡市民企调查点工作获全国工商联、省工商联通报表扬。其中，2个基层调查点分别获评全国工商联、省工商联先进单位，另有1人获评全国工商联先进个人，2人获评省工商联先进个人。9月上旬，组织发动代表性较强的有关调查点参加全国工商联2023年"万家民企评营商环境"问卷调查，提交有效问卷283份，经全国工商

5月21日，第三届江苏发展大会无锡行暨第六届全球锡商大会举行

（市工商联　供图）

联研判分析后发布主要调查结论，无锡在全国各地级市中的营商环境得分进入前十名，按行政区划排序居第二位，同时进入最佳口碑地级市前十名，按行政区划排序居第一位。

【服务非公有制经济发展】 2023年，市工商联举办主题为“激扬新征程四敢动能，共铸新时代工商名城”的第三届江苏发展大会无锡行暨第六届全球锡商大会系列活动，发布2023无锡民营企业100强榜单、新时代工商名城建设锡商宣言，颁发第九届无锡市唐翔千卓越工程师奖、唐鹤千卓越青年文化创意人才奖；无锡太湖企业家书院揭牌成立；成立无锡市锡商公益基金会，首期募集资金超5000万元，用于市低收入智慧精准救助服务项目、“困境儿童先天性心脏病救助”公益项目、“锡商有爱”特需人群社会干预系列项目等；签约投资项目总额258.42亿元。与市委统战部共同发起“我为新时代工商名城建设献良策”征集活动，收到产业人才、一体化及营商环境、消费及城市、绿色低碳、社会治理等方面建议共676条。做好中国民营企业500强的申报工作，全市有178家民企参加上规模调研，其中26家入围2023中国民营企业500强榜单，企业入围数居全省第一名。依托科技服务团专业和资源优势，组织30名专家实地走访民营企业，召开民企座谈会2场，为企业科技赋能、答疑解惑，助力民营企业科技创新、转型升级。发挥法律服务团作用，强化“产业链+法律服务”匹配度和精准度，帮助企业“治未病”、消隐患。联合出台《关于完善产权保护机制，联动优化法治营商环境的实施意见》《涉案企业合规第三方监督评估人员管理及保障办法》，在全省首推设立公共独立账户保障第三方监督费用模式，全年合规案件第三方机制适用率100%，案件数量、质效位居全省前列，“依法保护产权优化营商环境协作”机制获全国工商联发文表彰。出台《深化新时代警企联系协作工作八项措施》，全力提升服务效能；召开警企联系协作第13次联席会议，市公安局各条线部门负责人与企业家代表面对面座谈交流，协调解决企业急难愁盼问题。在全市工商联系统开展“民营企业服务季”活动，走访企业300家、商协会60家，召开座谈会20次，谈心谈话100人次，收到企业意见建议90余份，积极反馈相关部门推动解决，其中《支持民营企业境外投资的建议》获中央统战部《零讯》专刊采用。组织智能工业、机器人与智能制造协会负责人参加市领导召开的座谈会，举行新兴产业、传统制造业和服务业专场座谈会，为企业纾困解惑，促企业健康发展。邀请70多家企业参加江苏省—柬埔寨西哈努克省工商推介会，组织40家民营企业参加走向“一带一路”对接“RCEP”国际投资说明会，弘元绿色能源股份有限公司在第三届“一带一路”国际合作高峰论坛企业家大会上签约5000万美元投资项目。推动宁波银行与市级16家商协会联办活动，合作客户450家，其中实际授信客户85家，授信总额3.01亿元，并与区级商协会369家会员企业合作，其中授信客户70家，授信总额1.77亿元。

【商协会规范化管理】 2023年，无锡市工商联完成易制毒、民营口腔医疗机构、电梯、石油化学、跨境网商等共13家商协会换届审核工作。完成1名市管领导商协会兼职审批工作。联合市民政局、市市场监督局开展涉企收费专项行动，印发《无锡市行业协会商会涉企收费专项整治工作方案》，明确专项整治范围、内容，专门召开“收费政策提醒会”，到二手车、科技装备、医疗器械、消防等商协会开展实地抽查。市泰州商会、市道路交通安全协会获评“无锡市文明单位”。商事调解工作稳步推进，全年调解中心调解成功案值超5000万元，累计调解成功案值超13亿元。7月，某资产公司调解案例获全国工商联发文表彰。11月，联合市中级人民法院、无锡仲裁委召开商事纠纷多元化解工作新闻发布会，共同推进商事调解工作。

【光彩公益事业】 2023年，无锡市实施光彩项目12个。其中，市光彩事业促进会到青海省海东市实施“锡心助学·石榴花开”捐资助学等项目，全年捐赠东西部协作资金501.43万元，超额完成省定任务；在京津冀水灾救援中，全市民营企业筹集善款、物资价值共2501.43万元。

（张　卿）

表 13　2023 无锡市入围中国民企 500 强企业情况表

序号	企业名称	区域	营业收入（万元）	全国排名（名）
1	海澜集团有限公司	江阴市	12032549	74
2	江苏新长江实业集团有限公司	江阴市	11427782	82
3	三房巷集团有限公司	江阴市	8237045	112
4	红豆集团有限公司	锡山区	7738008	125
5	远景能源有限公司	江阴市	6908477	151
6	双良集团有限公司	江阴市	5509639	197
7	江苏扬子江船业集团	江阴市	5212537	219
8	江苏阳光集团有限公司	江阴市	5204919	223
9	远东控股集团有限公司	宜兴市	5113433	228
10	江苏大明工业科技集团有限公司	锡山区	5008850	236
11	雅迪科技集团有限公司	锡山区	4623984	259
12	法尔胜泓昇集团有限公司	江阴市	4611222	261
13	江苏三木集团有限公司	宜兴市	4455909	276
14	江苏西城三联控股集团有限公司	江阴市	4362491	279
15	江苏江润铜业有限公司	宜兴市	3914514	313
16	江阴长三角钢铁集团有限公司	江阴市	3505522	348
17	江阴市金桥化工有限公司	江阴市	3219680	396
18	江苏无锡朝阳集团股份有限公司	梁溪区	3198710	403
19	兴达投资集团有限公司	锡山区	3120851	425
20	无锡新三洲特钢有限公司	惠山区	3040837	440
21	江南集团有限公司	宜兴市	3040097	450
22	江苏大经集团有限公司	江阴市	3011532	461
23	江阴市琅乐合金科技有限公司	江阴市	3005833	465
24	江苏华宏实业集团有限公司	江阴市	2985023	468
25	江苏中超投资集团有限公司	宜兴市	2956733	474
26	江苏华地国际控股集团有限公司	宜兴市	2956688	475

（市工商联）

编辑　罗秋云

无锡市总工会

【工会组织建设】 2023年，无锡市有市本级总工会1家，市（县）、区及无锡经济开发区总工会共8家，镇（街道）工会81家，全市共有基层工会14069个，涵盖单位65060个，工会会员262.79万人。市总工会紧贴无锡经济社会发展推进行业工会建设，建成行业工会98家，覆盖用人单位8786家、职工19.5万人。回应新就业形态劳动者需求和期盼，推进新就业形态劳动者“入会＋服务”一体化工作，全市已成立涉及新业态的工会组织39家，覆盖单位4162家，吸纳新就业形态劳动者会员5.71万人。市总工会加强工会组织建设基础工作，实施25人以上企业建会三年行动计划，推进专精特新等重点企业工会组建工作。

【职工思想引领】 2023年，市总工会创新职工理论武装工作，深入推进“新时代 新思想 新宣讲”暨“劳模工匠进校园、思政教师进企业”活动，开发思政课题30个、劳模宣讲课题37个，开展示范宣讲70场次，打造直播精品课10个，带动全市工会开展宣讲200余场次，参加职工30多万人次；实施“思政进班组”工程，组织班组思政学习200余场次，推出“党的二十大精神·劳模说/职工说”活动，获评全市宣传思想文化工作优胜项目；启动新时代无锡市职工思想引领基地建设，推动职工思政工作持续创新。市总工会获评全省政研会系统先进单位。深入开展“中国梦·劳动美——凝心铸魂跟党走，团结奋斗新征程”主题宣传教育活动，举办全市职工宣讲比赛、知识竞赛、主题作品征集等活动，全面学习贯彻中共二十大精神。引导职工践行社会主义核心价值观，开展省文明职工、市最美职工及优秀劳模职工志愿服务队项目选树工作；开展“建功新时代·奋跃她力量”庆“三八”主题宣传和服务月活动，选树女职工“双争”（争创五一巾帼标兵岗、争当五一巾帼标兵）典型149个。

【职工文体活动】 2023年，市总工会深化“职工读书月”系列活动，加大“书香企业”培育力度，构建“职工书屋”示范点、车间阅读驿站、户外劳动者驿站阅读吧等多形态职工阅读阵地体系；举办长三角（5+10）城市职工共读一本书、女职工主题读书活动；依托职工阅读推广联盟，走进产改特色产业园区开展“读咖会”读书沙龙20场次。举办第二届市职工文化艺术节，开展第十届市青年职工歌手大赛、“送关爱·送法律·送文化”、职工合唱音乐会、职工书画摄影展等活动，升级“职工体育嘉年华”品牌赛事。

【先进典型选树】 2023年，市总工会做好2023年全国、省、市五一劳动奖选树工作，276个集体和个人获评。牵头制定《无锡工匠选树管理办法（试行）》，选树首届“无锡大工匠”10名、“无锡工匠”25名，陈亮入选首届“长三角大工匠”。大力弘扬劳模精神、劳动精神、工匠精神，召开

4月11日晚，2023年无锡市第二届职工文化艺术节启动仪式暨“送关爱·送法律·送文化”（产业工人）专场活动在市工人文化宫举行

（市总工会 供图）

全市庆“五一”劳模工匠先进代表座谈会，举办首届“无锡工匠日”系列活动，孙华芹、胡震等8位劳模当选为全国人大代表或全国政协委员，无锡工匠邱明辉入选“中国网事·感动2023”网络感动人物。

【劳动和技能竞赛】 2023年，市总工会发挥劳动竞赛的引领作用，开展全市“建功‘十四五’，奋进新征程”主题劳动竞赛，聚焦“465”现代产业集群，在全市重点工程（项目）、重点企业、重点行业开展示范引领性劳动竞赛。深海装备无锡研发基地建设工程劳动竞赛入围全省十大引领性劳动竞赛项目，入选“十四五”全国引领性劳动和技能竞赛项目库。全年累计开展劳动竞赛638场次，参赛企业1834家，参赛职工11.48万人次。广泛开展职工职业技能竞赛。出台《无锡市职工职业技能竞赛管理办法（试行）》，推动技能竞赛规范化建设，构建市、市（县）区、企业三级技能竞赛体系。组织第16届市职工职业技能大赛，组队参加中国职工技术协会城市主产业职业技能联赛、长三角环太湖城市电梯维修职业技能竞赛、省首届外卖配送员技能竞赛并取得较好成绩；举办2023年长三角城市暨江苏省物联网工程技术人员技能竞赛、长三角城市餐饮服务创新大赛；创新推出竞赛网上练兵平台。全年开展技能竞赛260场次，5921人通过竞赛实现技能晋级。

【职工科技创新】 2023年，市总工会组织开展第14届市职工十大科技创新成果等推荐工作，一线职工40项创新成果脱颖而出，2个项目获省级认定。开展市职工“五小”优秀项目推荐，评选优秀项目五类50项。组织“大国工匠”顾秋亮和18项“五小”优秀成果参加第二届大国工匠创新交流大会、第七届全国职工优秀技术创新成果交流。无锡获全国“五小”课堂评选精品课堂、优选课堂“双第一”。

【职工教育培训】 2023年，市总工会深化农民工“求学圆梦行动”，联合开设新就业形态劳动者“求学圆梦”邮政专班，年内获得学历提升的农民工达2649人；无锡工会会员教育普惠平台线上课程不断丰富，累计在线学习1076万人次；举办“无锡职工大讲堂”，开办艺术生活类等线上线下课程277场次。

【职工民主权利保障】 2023年，市总工会出台《关于加强企事业单位民主管理工作的实施意见》，启动厂务公开民主管理工作五年计划；召开全市厂务公开民主管理推进会，常态化征集厂务公开民主管理“金点子”、优秀职工代表提案等；选树厂务公开先进单位。推动集体协商工作扩面提质，加强专职集体协商指导员队伍建设，推进薪酬激励和女职工特殊权益保护专项集体协商，实施集体协商质效评估，已建工会企业集体协商建制率动态保持在98%以上。

【工会劳动保护】 2023年，市总工会以“安康杯”竞赛为载体，深入开展工会劳动保护主题活动，组织职工参加争做“职业健康达人”等活动；加强安全培训工作，全市工会开展职业健康知识进企业活动1500场次，组织班组长安全培训1.1万人。提高职工参与度，12.1万名职工参加全市工会“安全隐患随手拍”活动。加强高温天气劳动保护，全市工会筹集2359万元开展夏季安康“三送”工作。

【维护和谐劳动关系】 2023年，市总工会维护劳动领域政治安全，加强劳动关系矛盾隐患排查，组织专题培训，凝聚筑牢劳动领域政治安全防线的共识。增强普法宣传针对性，开展五一劳动法治宣传服务月、“以法护‘新’·与‘新’同行”、“送法进工地”等活动。连续16年开展工会劳动法律监督活动，纵横联动向新业态、非建会企业拓展。

【职工就业创业】 2023年，市总工会联动协作促创业，实施职工众创行动，推出“工惠贷”职工创业贷款。创新方式稳就业，建设线上“零工市场”，开展“春风行动”“工会帮你来就业”等就业服务活动。做优品牌助就业，“关爱·圆梦”工程连续5年被列入市政府为民办实事项目，募集爱心企业661家，确认“关爱·圆梦”实习基地21家，帮助2073名学子走上勤工俭学岗位。

【职工困难帮扶】 2023年，市总工会全面摸排全市困难职工情况，将受疫情影响导致基本生活困难的职工纳入工会帮扶体系；全市工会筹集1300余万元送温暖资金，走访慰问困难职工、新业态劳动者等群体。启动价格补贴联动机制，为221名困难职工及其家庭成员发放价格临时补贴；推出困难（特困）职工家庭成员居民医保缴费资助政策；深入了解困难职工家庭需求，帮助实现85个“微心愿”，满足59项职业培训需求。

【工会普惠服务】 2023年，市总工会持续开展工会普惠“节节高”活动，依托“江苏工会服务一张网”、“灵锡”App走好网上群众路线。关心职工心理健康，开通24小时免费心理咨询热线，进企业开展心理健康宣讲。联动开展“缘起工会·携手逐梦”单身职工交友联谊活动11场次，举办首场无锡市职工集体婚礼。职工互助保障理赔6343人次、864.3万元。做好一线职工疗休养工作，打造高品质疗休养基地矩阵，市总工会组织千名职工赴沪疗休养，全市工会组织近3000名一线职工参加疗休养。实施职工生活品质提升行动，推进幸福企业示范单位和“锡”心关爱服务职工品质项目建设。

【精准服务不同群体】 2023年，全市工会落实党委、政府关心关爱，向6000余名劳模及时精准发放“四金”485.45万元；出台《无锡市工匠疗休养暂行办法》，全市工会组织2900余名劳模工匠参加疗休养活动；完成无锡劳模管理系统一期建设，推出国内首个劳模工匠荣誉数字身份证。面向新就业形态劳动者开展送“暖新礼包”、“清凉礼包”、休养体检等活动，为全市1.36万名新就业形态劳动者赠送价值68万余元的医疗互助保障。持续推进“锡馨”康乃馨服务计划，开展康乃馨志愿服务行动，为千名女职工提供公益“两癌”筛查服务，发放女职工健康互助计划互助金40.5万元。举办“工娃小家”工会爱心托管班102个，惠及职工子女4000余名。

9月21日，“匠心逐梦 技能报国”无锡市“劳模工匠进校园”示范宣讲暨无锡商业职业技术学院新生“开学第一课”在学院学术报告厅举行

（市总工会　供图）

【职工服务阵地建设】 2023年，市总工会开展职工服务中心赋能创优活动，选树市级示范单位12家。职工文化艺术中心、无锡市职工书房（观山书店）相继建成投用。在全省率先出台《工会户外劳动者服务站点管理办法（试行）》，累计建成户外劳动者服务站点889家（其中省级以上“最美站点”110家）、女职工康乃馨服务站318家。

【基层工会组织规范化建设】 2023年，市总工会编印《基层工会组织规范化建设工作指南》《新就业形态劳动者建会入会与权益维护实用手册》，指导基层工会规范化建设。持续推动基层工会常态化交流互动，提升职工之家建设和服务水平。选树基层先进典型，全市获评省模范职工之家37个、模范职工小家25个、优秀工会工作者40名；选树市模范职工之家100个、模范职工小家50个、优秀工会工作者119名。

【工会干部队伍建设】 2023年，市总工会深化工会干部教育培养，举办全市工会领导干部专题读书班、全市工会学习贯彻中共二十大精神专题培训班、基层工会干部综合能力提升暨康乃馨服务提质赋能培训班等，深化“工会干部讲坛”，持续打造“观山随笔”专栏。加强基层工会干部规范建设，编印《基层工会干部实用手册》，提升各级工会干部政治素养和履职能力。落实市总工会系统年轻干部常态化教育培养工作机制，组织基层蹲点、双向挂职、实践体验活动等，提升工会干部能力素质。加强社会化工会工作者队伍建设，修订《无锡市社会化工会工作者管理办法》。

【产业工人队伍建设改革】 2023年，市总工会履行新时代无锡产业工人队伍建设改革联席会议办公室职能，加强产业工人队伍建设改革（以下简称“产改”）部署推进。有序推进产改试点扩面。推出第五批产改试点企业，全市五级试点企业突破1000家。进一步深化园区试点工作，制定《无锡市推进特色产业园区产业工人队伍建设改革工作指南（2023版）》，遴选第三批产改特色产业园区，园区产改由“特定产业园区”向“不特定产业主题园区”拓展。全市产改特色产业园23家，覆盖企业1780家，受益职工11万人。无锡作为唯一设区市，在全国非公企业产改推进会上作经验交流。深化国企产改试点工作。制定《关于充分发挥国有企业在推进产业工人队伍建设改革中示范带动作用的实施意见》，市总工会联合市国资委举办全市国企产改推进会暨国企产改培训班，部署市属国有企业产改三年行动，发布国企产改样本手册，成立国企产改试点联盟，构建驻锡央企、市属国企、区属国企三级产改试点新格局，形成国企产改“雁行阵”。出台市产改示范企业、示范产业园区标准（试行），选树市产改示范企业10家、示范园区3家，总结产改优秀案例（第四辑）20篇。依托主流媒体及工会宣传平台，创新推出“王大刚带你学《产改50问》”“无锡产改进行时”，全年推介产改典型案例70篇，持续放大典型示范引领作用。

【助力经济社会发展】 2023年，市总工会积极助力长三角区域一体化发展，长三角（5+10）城市工会工作联盟联动开展职工读书活动、皮划艇邀请赛、技能竞赛、创新大赛等跨区域活动。扎实推进小微企业工会经费减免，向6.78万家小微企业返还工会经费3.9亿元。

【深化工会改革创新】 2023年，市总工会连续第11年实施工会工作项目化管理，连续10年公开征集并发布为职工办实事项目。落实工会代表、委员工作提案制度。推进数字工会建设,建成"江苏工会服务一张网"平台无锡站点,在"灵锡"App上线"工会服务"应用场景。持续深化工会工作项目化管理,加强工会经费资产管理、工会经费审查审计工作,工会直属事业单位工作质效得到新提升,工会调查研究、督查统计、对外交流、对口援疆工作有序推进。

(市总工会)

共青团无锡市委员会

【全市团员和团组织建设】 至2023年末,共青团无锡市委员会(以下简称"团市委")共有各级组织25258个(比上年增加2512个),其中团的领导机关7个、团委524个、团工委71个、团总支部1029个、团支部23489个、毕业生团组织2868个。全市共有团员280722人,全年新发展团员22290人。全市共有专挂兼职团干部42809人,其中团的领导机关团干部72人、基层团干部42737人。推进行业系统团建,组建外卖配送、重点工程2家市级行业团工委,指导市(县)、区成立集成电路、电商、影视文化等区级行业团工委10家,3篇经验做法被《中国青年报》等国家级媒体报道,其中行业团建"四化工作法"在《团建头条》作经验交流。团市委在团省委年度考核中位列全省第一方阵。经团市委推报,甘霖获第27届"中国青年五四奖章",成为全省唯一获得该奖项的个人;3名青年和1个青年团体获"江苏青年五四奖章",3名青年获提名奖,获奖数列全省第一位。评选市级"青年五四奖章"集体和个人各10个,提名奖10个。全市获评全国五四红旗团委(团工委)1个、全国五四红旗团支部(团总支)2个、全国优秀共青团员2人、全国优秀共青团干部2人。

【县域共青团改革】 2023年,团市委坚持大抓基层的导向,强化赋能基层的理念和举措,紧扣"干部来源多元化、组织方式多样化、引领动员网络化、工作内容项目化、生存资源社会化、运行机制扁平化"目标要求,全面推进县域共青团基层组织改革。协调争取党委、政府及社会的政策、力量、资金等方面支持,年内党政支持的青年工作经费4000余万元,筹措社会资源(含物资)4000余万元;全市挂职、兼职、聘用等各类编制外工作力量比改革(试点)前增加超300%,整体工作力量增长142.6%,县域内基层团组织工作力量增幅109.3%。进一步完善党建带团建机制,出台制度文件90余项,多项县域共青团改革案例在《中国共青团》等媒体刊载,在省级以上平台宣传改革案例90余次。

12月23日,"强国复兴有我——我们身边的新时代好青年分享会暨2023江苏好青年揭榜"在红豆集团有限公司举行 (团市委 供图)

【"青年之家"建设】 2023年,团市委召开全市深化"青年之家"阵地建设推进会,出台《关于高质量建设"青年之家"阵地体系的实施方案》,创新推出"1+8+N"阵地体系,协力促进"青年夜校"市县联动,推出12项培训、活动菜单供基层选择,努力满足青年文化生活和技能提升等方面的实际需求。全年新增"青年之家"28家,青年社团组织数增幅181.4%,举办活动8000余场,打造"青年之家"标志性品牌活动,"青年之家"全市活跃度整体提升,获《中国青年报》、团中央公众号等报道。

【团干部培训】 2023年,团市委统筹制定团干部培训工作方案,培训范围覆盖全市优秀团干部、非公企业团组织负责人、市直机关团组织负责人、行业团工委团干部等,举办无锡市共青团系统学习贯彻中共二十大精神培训班暨"头雁领航"研修班、学习贯彻习近平总书记同团中央新一届领导班子成员集体谈话时的重要讲话精神暨全面落实团十九大部署培训班,赴延安、井冈山等红色教育基地开展党性锤炼和素质锻造活动。强化为党育人政治功能,大力培养青年政治骨干,开设市级班3个班次、县级班11个班次,培训学员2000余人。

【团属单位管理改革】 2023年,团市委根据团中央和团省委部署,全面排查全市共青团组织所属单位55家(已脱钩5家),逐一对单位运行情况、风险点进行综合研判,进行分类改革及处置工作。年内，完成4类应当彻底脱钩协会的脱钩程序，市、县两级青年商会全部完成脱钩，1家其他类型协会完成注销。对保留的团属单位强化管理改革，不断提升社会组织的组织力，切实发挥在服务青年创业就业、青少年发展等方面的独特优势。

【团员和青年思想政治建设】 2023年，团市委聚焦学习贯彻习近平新时代中国特色社会主义思想主题教育这一根本任务，有序开展团员和青年主题教育，第一时间落实工作方案，成立领导机构，严格落实党建带团建和团干部挂钩联系基层团支部工作机制。团中央基层建设部副部长李辉专题调研无锡团组织主题教育开展情况，团市委在全省团员和青年主题教育工作推进会上作经验交流，相关经验做法得到团省委主要领导和团中央第三指导组的充分肯定。团市委推报的视频《寻找中国式道路的成功密码——让我们从无锡讲起》入选全省团支部学习课件，相关经验做法获团中央、团省委简报，《中国青年报》《新华日报》等主流媒体刊发。承办全省"思想的力量"主题宣讲进青年示范活动，采取1名"青年讲师团"成员和2名青年榜样组建"1+2"宣讲小分队的形式，到基层团支部和一线青年身边，做法得到央视"朝闻天下"新闻报道。全年青年讲师团开展示范宣讲、"诵读学传"活动共600余场次，覆盖青年10万余人。聚焦"红色主题""创新创造""乡村振兴"等主题，结合区域资源禀赋，启动"青年学习社"线路上新，推动"信仰之路"运维升级，"古陶青韵"等2条青年学习社线路获评省级青年学习社线路，"超算码农"等3家青年学习社获评省级青年学习社。

4月6日，中国青年企业家无锡行暨首届长三角—粤港澳大湾区青年企业家对话活动在无锡拈花湾波罗蜜多酒店举行　　（团市委　供图）

【青年文化建设】 2023年，全省"强国复兴有我——我们身边的新时代好青年分享会"首次走出南京，由无锡承办，华中科技大学无锡研究院两机平台力控总监陈凡等8名优秀青年入选2023年江苏省"我们身边的好青年"，数量居全省第一名。承办2023年江苏省网络安全宣传周"青少年日"走进无锡活动，发布无锡市"'e路守护'青少年网络安全素养课"品牌，团市委获评2023年度全省网络安全宣传周先进单位。团属新媒体文化影响力提升，"团聚无锡"微信公众号粉丝量从23万人增长至32万人，全年增长率40%，多篇精品推文阅读量超万人次，长期位居无锡政务新媒体前列。《百人百年正青春》入选2022中国正能量网络图片，为全国唯一设区市团委推荐的作品。《跟着"红小军"去寻宝》获评2023"革命文物看江苏——文物印初心，青春颂风华"主题活动优秀作品，无锡市阅塘青年城市书房获评2023年度"江苏省青年书香号"，宜兴市阙阁文化传媒工作室负责人顾思思入选2023年"江苏青年好网民"。会同市委统战部、市委网信办联合举行网络青年作家进校园活动。

【宣传报道】 2023年，团市委围绕学习宣传贯彻中共二十大精神，系统推进团员和青年主题教育、青年发展型城市宣传工作，相关做法经验的报道在中央级媒体刊发30余篇、省级媒体刊发百余篇。其中，无锡市2023届大学生集体毕业典礼获新华社、《中国日报》、《新华日报》、《瞭望》周刊等中央和省、市多家媒体报道。《"锡式服务"助推青年高质量发展》《"拴心留人"谱写"青城之约"》《青年创新 活力奔涌》等多篇报道在《中国青年报》头版头条刊登。立足"团聚无锡"新媒体矩阵，开展"青说二十大"系列网络宣传，收集和宣传展播各级团组织及广大团员青年投身产业强市、乡村振兴、社会治理等方面的生动故事和先进事迹，以"青言青语"加强党的创新理论青年化阐释原创，制作《五四·青春当燃》《"青"说二十大》《在他乡，挺好的》《千山万水》《青春放歌》等MV作品。

【青年发展型城市建设】 2023年，团市委积极推进青年发展型城市建设，在省级试点中率先以市委、市政府名义印发《无锡市青年发展型城市实施方案》，并积极探索青年发展型社区建设。推进青年人才驿站建设，出台《无锡市"青年人才驿站"星级评定实施细则》，为毕业两年内外地到无锡求职的高校毕业生提供7—90天的免费住宿，建成49家青年人才驿站，全年合计开放1182个房间、2104张床位，入住青年1681人，服务青年6803天。以“法护青春 引航成长”为主题，开展2023年青少年“法治公开课”活动537场，覆盖青少年52.3万人次。举办第六届无锡市青少年模拟法庭大赛，以“沉浸式”“体验式”教学，提升中职、中学组青少年法治宣传教育的针对性和实效性。充分发挥“12355”热线效能，以互动式了解疏导青少年的生活困惑，促进沟通交流，全年共接听青少年来电581件，处理个案264个。承办全省《江苏省预防未成年人犯罪条例》座谈会，助力全省未成年人犯罪的预防教育工作持续推进。

【青年联合会工作】 2023年，团市委发挥青联核心枢纽作用，推动各级青联组织把学习习近平新时代中国特色社会主义思想作为日常学习交流活动第一主题，发布“奋斗者 正青春”青联榜样说14期，举办新年青联思享汇暨喜迎元宵联谊、青联思享汇暨金融领域青年人才沙龙，推动市、县两级青联委员学习中共二十大精神全覆盖。扎实推进青联“5+13+N”计划，开展“青联行动周”活动25次，组建“无锡青羽梦之队”，举办“青联常青 无锡青羽梦之队”羽毛球联谊活动30场、“青春篮不住 锡台迎端午”青年篮球友谊赛1场、“青联和好朋友的露营日”主题露营活动5场。新建1家青联读书社，举办“小屋传大爱 希望筑未来”——“青联希望小屋”爱心捐赠活动，各级青联委员积极报名、捐款捐物，累计募集物资超15万元。参与对口援疆工作，落地实施“民族团结·锡青行动”，举办2023无锡—阿合奇青少年手拉手民族团结融情夏令营、2023年无锡·克州“石榴籽一家亲”少先队夏令营、江阴·霍城少年儿童手拉手民族融情夏令营、无锡江阴—伊犁霍城各族青少年“多一克温暖”社会实践交流活动，扎实推动无锡与新疆两地青少年互学互通、互促互融，100名新疆青少年通过“红领巾”少先队学习社线路、“锡城奇缘”青年研学线路、“大国重器”科研创新线路、“美丽乡村”魅力寻访线路，体验无锡城市特色和人文情怀。青联委员成立“微天使公益”11年，开展“微天使爱心双城记”活动，走访偏远地区50户家庭，资助结对28组，为特困学子延续读书梦想。2023年“微天使爱心双城记”项目申报“各族青少年交流计划2023年全国试点示范项目”。锡港澳青联签署青年融合发展合作项目，以“锡港澳青年人才交流计划”和“百万青年看祖国”合作项目为统揽，有序推进“企业实习计划”“考察交流团”“文化研学旅”“国民教育实验点”“创新创业大赛”5个合作项目。启动“双湾融合 共创未来”香港大学生暑期实习活动暨百万青年看祖国(无锡站)，建设“双湾青年人才实训基地”，发布“‘百万青年看祖国’(无锡站)精品交流路线”“香港大学生暑期实习活动”系列子活动，为港澳青年提供学习成长、实习实践、文化交流等多元化服务。

【青年人才工作】 2023年，团市委联合市委统战部、市教育局举办“学长课堂”启动仪式，发布“赤子计划”3.0，面向全球寻访海外高层次人才，积极发掘一批40岁以下最具影响力和潜力的青年人才，入库海外博士55人，招募无锡青年人才“锡引大使”55人。联合市委人才办等单位，成立无锡太湖人才奖学金项目工作专班，设立面向无锡籍学生及“锡引大使”最高可获1万元数字人民币的“太湖人才奖学金”。开展2023年“新引力”海外学子江苏就业见习，“百万青年看祖国——江苏行”项目，累计提供25类共102个无锡企业的岗位，招募海归青年人才参与就业见习。启动“无比爱才 锡望您来”城市邀约，发布“百万青年看祖国——江苏行”(无锡站)、无锡产业人才实训学院、青年创新创业赛事港澳定向赛道等项目。启动“苏港澳青年分享会——拥抱大湾区 书画创未来”，锡澳书法协会结对，推动两地青少年交流交融。举办“遇见锡引力”2023年江苏大学生志愿服务乡村振兴计划无锡专场宣讲会，推动市校合作助力无锡乡村振兴工作，积极与南京大学、江南大学、无锡学院等多所高校

5月26日，2023届无锡大学生集体毕业典礼在无锡学院体育馆举行

（团市委　供图）

实现校地对接，吸引108名应届大学毕业生入职基层一线，投身乡村振兴实践，从2022年乡村振兴计划志愿者中选拔18人续签，为乡村振兴培养青年人才骨干。打造"无锡海归青年精品交流线路""江苏港澳台青年交流精品线路无锡段"，发布"无锡海归青年创新创业实践基地"，为归国到无锡发展的青年提供一站式服务。举办2023青年人才沙龙暨科技成果直通车活动2场，引导集成电路产业、轨道交通产业青年在科技创新最前沿建功立业。

【青年志愿服务】 2023年，团市委承办2023年江苏共青团社会联络（志愿者）工作条线会议。参与筹备2023无锡马拉松[与全国马拉松锦标赛（无锡站）、布达佩斯世锦赛马拉松选拔赛、杭州亚运会马拉松选拔赛、大运河马拉松系列赛（无锡站）"五赛合一"]，组织无锡青年志愿者100余人参与赛事保障工作。参与2023"无锡杯"足球联赛，组织青年志愿者50余人参与赛事保障工作。组织青年志愿者参加与市人民检察院联合开展的"携手'益心为公'共护乡村振兴"检察开放日活动。开展无锡市2023年江苏大学生志愿服务乡村振兴计划志愿者出征仪式暨"青马工程"培训班开班仪式。积极开展大学生志愿服务乡村振兴计划志愿者体检工作。报送孔维银为第二届"全国乡村振兴青年先锋"推荐人选。开展无锡市志愿者爱心车队"爱心送考"行动。联合市委宣传部、市文明办、军分区政治工作处、市民政局举办"向雷锋学习 与文明同行"第21届学雷锋志愿服务活动月启动仪式。联合太湖流域水文水资源监测中心举办"节水中国 你我同行"无锡水务水厂开放日活动。联合无锡市城市管理局举办"学雷锋 树新风"青年志愿者服务社区"四个一"行动启动仪式。组织各级团组织开展"河小青"21天打卡学习工作，积极参与净滩行动。联合各级团组织开展"美丽中国 青春行动"系列活动，多层次、多形式、多方位开展生态文明教育活动。

【青年社会组织管理服务】 2023年，团市委优化青年社会组织管理，加强社会组织服务阵地建设，打造特色服务品牌。开展全市31家团属社会组织活力评估工作，常态化举办青年社会组织"伙伴讲堂"与青年社会组织骨干培训班，凝聚青年社会组织力量。参与社区治理，融入城市发展大局。开展社区青春行动，确立27家省级试点、2家团中央试点。关注青少年身心健康，积极推进中央专项彩票公益金支持青年社会组织服务社区青少年的"伙伴计划"示范项目（枫隐社区）、"团团活力圈"项目。组织筹办社区青春行动试点单位共创会，协同发挥青年社会组织、青少年事务社工等社会力量作用，汇聚社会治理创新的青春力量。

【服务新兴领域青年】 2023年，团市委聚力搭建新兴领域青年交流平台，承办江苏省新兴领域青年"青社学堂"（无锡专场），全年共计举办3场"青社学堂"。联合泰州团市委开展长三角城市青年对话暨青年社会组织"伙伴讲堂"沙龙活动，帮助新兴青年提高专业素养、增强理性认同。走访慰问希望小屋、快递小哥、一线工人、户外工作者、网约车司机、消防救援大队战士，送去慰问物资。联合市委人才办每月开展"心心向锡"无锡青年人才交友联谊活动，覆盖单身青年1000余人次，促成牵手15对。推荐8对因"心心向锡"结缘的情侣参加2023太湖人才峰会开幕式，市领导为其颁发纪念礼物。推选10人参加央视《向幸福出发》无锡专场2期。举办"新时代 艺起来"新文艺青年艺术节，演出"新喜剧盲盒"即兴喜剧20场。

【青年创业就业】 2023年，无锡市举办中国青年企业家无锡行暨首届长三角—粤港澳大湾区青年企业家对话活动，港澳等7地的400多名青年企业家走进无锡、共谋发展。团市委联合市委人才办等7个部门，开展2022—2023年度无锡市"青年双创英才"寻访和风采展示活动，评选表彰20位市级青年双创英才，推荐郭芳等3人获评省级青年双创英才。聚焦"465"现代产业集群建设，举办第十届"创青春"无锡青年创新创业大赛和训练营，100余个项目参赛，24个项目市赛获奖，1个项目获国赛铜奖，8个项目省赛获奖，团市委连续8年获评省赛优秀组织奖。联合市纪委监委、国有企业等单位，举办青商开放日、青咖思享汇等品牌活动7场次，参与青年企业家近200人次。协办首届C10菁英峰会，无锡代表队参与城市推介、青年创业主题分享、产业考察等活动。团市委服务青年创新创业工作经验《"锡式服务"助推青年高质量发展》被《中国青年报》头版头条报道。举办3场"名企优岗"送岗直通车就业招聘活动，覆盖青年近63万人次。

【青年成长成才】 2023年，团市委开展全国、省级青年文明号、青年安全生产示范岗创建备案工作，培育第21届全国青年文明号9家，指导204家省级青年文明号通过复核，命名第23届无锡市青年文明号67家，举办1期备案集体培训班。推荐1家集体获评2023年度全国青年安全生产示范岗、3家集体获评2023年度江苏省青年安全生产示范岗，储备2022年度无锡市青年安全生产示范岗33家。举办"无锡工匠"第18届"振兴杯"无锡职业技能大赛，1位选手获国赛铜奖，3位选手省赛获奖，19位选手市赛获奖，团市委获优秀组织奖。联合3所在无锡的中高职院校，全年开展"青匠之光"工匠精神宣讲会10余场，聘任"匠人匠心"导师10人，覆盖青年超1000人。举办2023年度无锡市青年岗位能手（标兵）、第八届无锡市最美（优秀）青年工匠寻访活动，寻访各类青年典型近200人、青年岗位能手（标兵）36人、最美（优秀）青年工匠20人。实施安全生产“四护”（保护生命安全、保护财产安全、保护环境安全、保护社会安全）主题行动，组织全市300多名团干部走进110余家企业，开展结对共建63场次、宣讲100场次。编纂出台《无锡青年职业发展岗位建功重点项目工作指导手册》，培育各领域青年突击队80余支，表扬2022—2023年度十佳产业项目攻坚青年突击队10支，无锡城运中心青年突击队事迹入选共青团中央优秀案例。联合市文明办，开展第二届“号队建功”VLOG创作竞赛，评选表彰“青影奖”6个，“优秀作品奖”8个。

【青春探店工作】 2023年，团市委联合无锡荟聚购物中心签署战略合作协议，签约“青睐”品牌合作农场6家，挖掘青年创新创业项目50余个。联合美团（无锡）公司开展特色直播活动，提供探店推介、活动联办、创业赋能等多项服务。开展万名大学生“青蓝接力”优秀直播青年交流分享会，以“品牌主理人＋种草达人＋福利品鉴”模式，聘任新一年度青春探店“种草达人”16人，与具有超万粉丝的“丁泽西”建立常态化合作模式，超5万人次观看探店视频。与市委网信办共同发起成立“无锡MCN青春伙伴”，搭建资源共享平台。联合市文旅集团举办“青春绽fun趣游无锡”致敬青年奋斗者系列活动，联合市地铁集团举办“启新城市 嗨GO一夏”2023年地铁818购物节、特种兵打卡地铁美食等活动，全年发布“青春探店”专题宣传共15条，涵盖特色美食、非遗技艺、潮玩趣物等内容。

【助力乡村振兴】 2023年，全市新增乡村振兴青年先锋20人，其中无锡市“最美新型青年农民”10人，1人获评“第二届全国乡村振兴青年先锋”，7人获评“江苏省乡村振兴青年先锋”。在第17届无锡现代农业博览会青农风采展示专区，12位青年农民向市领导专题汇报。团市委举办“乡村振兴中的青年担当”——中委青年对话主题活动，促进中国和委内瑞拉青年在农业技术交流、产品贸易、乡村治理创新等方面开展常态合作。承办第三届江苏省“青绘乡村”青年文化创意设计大赛，先后开展赛事宣讲20余场，评定高质量竞赛基地14个。与无锡农村商业银行签订战略合作协议，在金融服务、人才培育、阵地共建等方面开展深度合作，全年共放款396笔，金额3.9亿元，270余名青年获益。利用农展会、农民丰收节等契机，邀请200位青年主播参与“青耘中国·我为家乡代言”助农（东西部协作产品）直播，1人获评团中央“‘青耘中国’乡村振兴青年新锐主播”。

【学校共青团工作】 2023年，团市委扎实推进学校共青团、学联学生会改革，召开市学联第11次代表大会。推进中学、中职“星级团校”建设，在无锡高校持续开展“青马工程”大学生培训班、团干部技能大比武、团员青年主题教育活动。全市获评“江苏省最美职校生”40人、“江苏省最美中学生”55人；在江苏省中学中职学校“微团课”大赛中获得特等奖5个、一等奖1个。围绕帮助无锡高校青年学子融入无锡城市、成长成才，开展“百校千企万岗”大学生就业帮扶暨“送岗直通车”直播荐岗活动30场，提供就业岗位38500多个，覆盖大学生22万余人次。举办2023届无锡大学生集体毕业典礼、“无锡青年说”高校青年主题分享、“学长学姐带你看无锡”游学、“最青春”无锡大学生音乐节等活动。

【少先队工作】 2023年，无锡市少先队聚焦“为党育人”和“增强队员荣誉感”，进一步推动少先队工作守正创新、提质增效。深化少先队理论研究，坚持问题导向，开展“辅导员核心素养与专业发展”主题研讨活动，积极参加江苏省少先队研究课题活动，申报课题9项，完成结题5项。围绕提高少先队辅导员政治素质和开展青少年思想政治教育的能力，组织全市少先队辅导员集中培训和基本功比赛，选拔优秀骨干参加省少先队辅导员专业技能大赛，获得团体特等奖。推动荣誉激励体系纵向衔接，开展省、市两级“优秀少先队员”“优秀少先队辅导员”“优秀少先队集体”推选工作，无锡市有15名少先队员、19名少先队辅导员和33个集体分别获评“江苏省优秀少先队员”“江苏省优秀少先队辅导员”“江苏省优秀少先队集体”。举办第五届全市大中小学生诵读大赛、书信大赛、“红领巾讲解员”大赛等活动，引导培养少年儿童从小听党话、跟党走的政治自觉。发挥少先队网络新媒体矩阵作用，推出“红领巾爱学习”网上主题队课特别专栏78期，引导促进全市少先队员积极参加学习实践活动。

【希望工程】 2023年，团市委联合灵山慈善基金会设立“‘锡’望点亮梦想”关爱基金。继续实施“希望之星”“优秀受助生”“慈善助学”“圆梦行动”等助学项目，资助大、中、小学生62人。“梦想改造＋”关爱计划连续第三年纳入市政府“为民办实事”项目，建成交付“梦想小屋”112间，联合50余家社会组织、257所学校、812名由团干部、辅导员、大学生志愿者、心理咨询师、“希望社工”、整理规划师组成的“1+6”“希望家长”帮扶团队参与项目，举办“心向党·致希望”无锡市希望工程“‘锡’望点亮梦想＋”分享会，延伸后续关爱服务。“爱心暑托班”项目入选省、市两级民生实事项目，以“集中式课程化精品班、立体式多维化特色班、活动式社会化主题班”为办班思路，开办超过28天以上的班次190个，提供6000多个招生名额，实现全市乡镇街道100%覆盖。

（团市委）

无锡市妇女联合会

【组织建设】 2023年末,市、市(县)区、乡镇(街道)、村(社区)共有妇联组织1278家,“妇女儿童之家”“妇女微家”基层服务阵地2106个。各级专挂兼职妇联主席4183人,各级妇联执委13746人,各级妇女代表41945人。加强阵地建设,推动新领域妇建纳入党建,联合市委“两新”工委印发《关于推进新业态新就业群体妇联组织建设的实施意见》,新增新领域妇联组织56家,推出暖心服务142场,超2万人次受益。深化“在你身边·百家争亮”妇女微家建设,举办“微家主人素能提升训练营”、“在你身边·百家争亮”无锡市新领域妇女微家家长会、妇女微家互学互访等活动。

【妇女思想引领】 2023年,无锡市妇女联合会(以下简称“市妇联”)学习贯彻习近平新时代中国特色社会主义思想,组建“锡蕙言心”巾帼宣讲团,举行“锡蕙言心·巾帼说”“小院思享会”等宣讲近1500场次,服务10余万人次,打造“锡蕙兰心·悦读分享会”无锡女性读书品牌。获评全国三八红旗手1人,获评省三八红旗手标兵1人、省三八红旗手9人、省三八红旗集体3个、省三八红旗手(集体)示范工作室9个,通报表扬市三八红旗手标兵10人、市三八红旗手100人、市三八红旗集体50个,打造市三八红旗手(集体)示范工作室12个。举办第五届无锡女性融媒体创意大赛,连续第二年开展“寻访巾帼好网民讲好故事”主题活动。举办市妇联宣传思想工作队伍能力提升培训班。

【三八红旗手数字身份】 2023年,市妇联着力构建数字荣誉认证体系,依托“灵锡”App,在全省率先推出“三八红旗手数字荣誉身份”,在无锡的全国、省、市三八红旗手都可在线完成实名身份识别和认证,自主兑现各项礼敬待遇。年内,500余名各级三八红旗手申领“三八红旗手荣誉证”,实现在线“回娘家”。礼遇内容涵盖免费游园、健康体检、文创体验等内容,吸引10余家爱心护旗单位加入。

【巾帼志愿服务】 2023年,市妇联成立“锡蕙愿心·巾帼志愿联盟”,集聚全市69个巾帼志愿团队、4千多名志愿者,开展服务近3千场次,服务2万多人次。全市涌现一批巾帼志愿服务典型,彭德英获评“全国最美志愿者”和“第五届全国巾帼志愿服务十大感动人物”,贾嘉获评全国第三届公益慈善类“百个巾帼好网民”,无锡宜兴市“陶都木兰驿站“获评全国文明实践巾帼志愿阳光站。

8月3日,无锡市妇联礼敬三八红旗手项目爱心护旗单位授牌仪式举办

(市妇联 供图)

【科技创新巾帼行动】 2023年,市妇联通过深入挖掘、培养宣传、关爱帮扶等形式,推动女性科技人才、技术技能人才积极发挥作用。实施“爱女性 爱科技”项目,推动5家用人主体出台支持女科技工作者的政策举措。建立无锡市“巾帼科创”知识产权赋能基地,推广落实“巾帼科创贷”。与上海市虹口区科协签订“她力量”深度合作协议,畅通锡沪两地交流渠道。扎实开展高层次女性人才关爱活动,提供成人美育课堂、亲子研学、暑期托管等服务,成立“无锡市女科技工作者联盟科普公益宣讲团”。在无锡科技职业学院,举办“锡蕙启心”女大学生创业导航校园行活动。组织“创投无锡”太湖人才“她力量”专场路演,激发女性创业活力。

【乡村振兴巾帼行动】 2023年,市妇联启动“乡村因你‘蕙’更美——无锡市巾帼助农百千万亿工程”,广泛链接资源,展现乡村振兴“她力量”。年内,创建全国巾帼现代农业示范基地1个、省级巾帼示范基地9个、“美丽家园”省级示范点10个。命名“美丽家园”市级示范点13个、“巾帼新农人”20人,年内推广发放“乡村振兴巾帼贷”5000余万元,开展乡村振兴巾帼领头雁培训活动。

【家庭教育工作】 2023年,市妇联贯彻落实《中华人民共和国家庭教育促进法》和《江苏省家庭教育促进条例》,依法履行家庭教育职能。实施《无锡市家庭教育工作“十四五”

规划》，召开全市家庭教育工作推进会。在全市127个社区开展家庭教育支持行动，入户家访采集家庭教育档案4000余份，探索建设家庭教育指导服务站点26家。开展社区家长学校工作培训，“家教大篷车”每周进社区，丰富社区家长学校形态，提升社区家长学校业务能力。成立无锡市“苔花公益家庭服务联盟”，全市关注家庭教育、家庭服务的65家单位加入联盟。落实《无锡市关于依法训诫和责令未成年人监护人接受家庭教育指导实施办法（试行）》，加强对涉案涉罪未成年人监护人开展家庭教育指导。年内，全市公检法部门发放家庭教育指导令155份，开展家庭教育指导751次。

11月20日，在“汇聚星光 童享锡望”世界儿童日主题活动中，无锡市发布儿童友好主题歌曲《送你一颗小星星》 （市妇联 供图）

【家庭文明建设】 2023年，市妇联深化家庭文明建设，发挥榜样家庭示范带动作用，全市获评全国最美家庭4户、省级最美家庭15户，通报市级“教子有方”家庭20户。弘扬优良家风，以“激扬家国情 奋斗新征程”为主题，举办全市家风家教宣传月活动。组织开展最美家庭参加移风易俗宣传、到婚姻登记处为新婚夫妇颁证、分享最美家庭故事、书香家庭亲子阅读会等活动。联合无锡广电阿福聊斋栏目，传播最美家庭故事70组。以“我们的节日 精神的家园”为主题，开展第三届“连根养根 家风薪传”百姓少年成长礼活动。举办首届无锡市家庭诗词大赛，全市近3万个家庭关注。

【“爱家”婚姻家庭教育平台】 2023年，市妇联在“灵锡”App开发并上线“爱家”婚姻家庭教育服务平台，聚焦婚姻家庭教育指导，实现咨询预约、课程播放、志愿者申请、参加活动、服务地图导航等功能，7月1日试运行至年末，注册用户超万人，入驻婚姻家庭教育服务机构23家，上线婚姻家庭教育课程56套（个），发布各类活动107场。联手“灵锡”App发行“锡犀宝贝·妇联爱家”联名卡，作为城市公益类消费卡，提供线上、线下的亲子互动学习、活动等总价值超15万元，具体权益服务内容1706项。

【儿童友好城市建设】 4月，无锡市入选建设国家儿童友好城市名单，探索形成无锡儿童友好“543π”的建设模式。打造儿童友好试点社区19个，建设儿童友好学径示范段5条。编制完成《无锡市推进儿童友好城市建设战略规划（2022—2035年）》，形成儿童友好社区、公园、校园家长等候区和4～5岁学龄前儿童膳食营养手册4个分领域建设指引。举办“汇聚星光 童享锡望”世界儿童日主题活动，联合国儿童基金会来信感谢肯定，打造“童话里”“童享锡望”等儿童参与品牌，发布“锡望小队”IP形象、主题曲《送你一颗小星星》。参展首届儿童友好博览会，无锡—深圳缔结儿童友好姐妹城市。

【妇女儿童权益维护】 2023年，市妇联发挥市妇女儿童维权中心、公益性心理咨询服务中心、婚姻家庭教育指导服务中心等窗口作用，全年接访服务1570余人次。召开政策法规性别平等咨询评估会，参与《江苏省红色资源保护利用条例（草案）》《无锡市居家养老条例（草案）》《无锡市临时救助实施细则（征求意见稿）》等24部政策法规的审核，从性别视角提出修改建议。妇女议事助力基层治理，新吴区江溪街道太二社区楼道美化案例入选省十大妇女议事案例，惠山区洛社镇华圻村妇联主席丁凤获评省十佳妇女议事能手，梁溪区扬名街道芦村社区“围芦议事厅”获交汇点新闻点赞。探索多元的法治宣传形式，联合市中级人民法院举行“切实维护妇女合法权益，推进和谐社会统筹发展”新闻发布会，发布8起保护妇女儿童合法权益典型案例。实施“平安家庭 法润万家”项目，走进全市1400余户家庭，实现普法宣传进家门入户门。招募妇女权益维护和儿童安全守护公益讲师85人，开讲普法课700余节。在“无锡女性”官微每周推出1期维权关爱以案释法，累计推出200余期。

【反对家庭暴力】 2023年，市见义勇为基金会、市公安局、市妇联联合出台《关于对举报或制止家庭暴力行为的人员实施见义勇为奖励的通知》，将举报或制止家庭暴力行为人员纳入见义勇为褒扬奖励范围，举报者即便没有被认定为见义勇为人员，仍可视情况获得一次性奖励。依托中国妇女法律援助行动，果断保护恋爱分手后遭遇暴力行为的女性，推动无锡法院系统作出首份违反人身安全保护令予以司法拘留的处罚决定。联合宜兴市人民检察院推出反家暴短视频《回家的路》，被最高人民检察院首发。实施“惠善微光”反家暴社会支持项目，构建“接案＋评估＋预筛＋干预＋支持＋回归”家庭暴力全阶段处置流程，举办“惠善微光携手安家”反家暴培训和研讨活动，1700余人参加。

【妇女儿童关爱帮扶】 2023年，市妇联扎实开展困境妇女儿童家庭关爱帮扶工作。打造“苔花向阳”妇儿慈善工作品牌，获得长电科技环保与健康慈善基金定向资助，将在三年内募资2000万元，首批“护蕾计划”、铿锵玫瑰“四失”女性关爱支持计划等5个项目进展顺利。省妇女儿童和家庭公益社工服务项目结项，超1万人次受益。持续依托腾讯99公益平台开展“童她益起来”网络筹款，全年募资超301万元，7家单位获评“江苏妇女儿童慈善·优秀组织奖”，67名个人获评“江苏妇女儿童慈善·先进工作者”。开展“一户一策微关爱”活动，帮扶困境家庭72户。“情暖锡城 与爱同行”女性公益保险项目共捐赠35901份，提供保险保障金额17950万元。

【无锡市妇女第17次代表大会】 9月19—20日，无锡市妇女第17次代表大会召开。市委书记、市人大常委会主任杜小刚出席开幕式并讲话。省妇联党组书记、主席朱劲松到会祝贺。来自全市各个领域、各条战线、各个界别的400名妇女代表参加大会。大会总结前五年全市妇女工作和妇女事业发展成绩，谋划确定后五年全市妇女工作的总体目标和重点任务。大会选举产生无锡市妇联第17届执行委员会和新一届领导班子。

【队伍建设】 2023年，市妇联抓住召开全国、省、市妇女代表大会的契机，选优配强新一届代表执委队伍，举办全市常执委履职培训班，开展代表、执委工作活动，完善工作机制。实施“锡蕙”青干赋能工程，通过“需求化点单、小班制授课、项目化研讨、季度化总结、积分化管理”的全链条培训和管理，开展学习攻坚等活动29场次，获2023年全市组织工作创新创优案例荣誉奖。培育关注女性社会组织，推进“苔花芬芳”女性社会组织成长互助平台3.0建设，服务凝聚全市170家女性社会组织。

（市妇联）

无锡市科学技术协会

【组织建设】 至2023年末，无锡市科学技术协会(以下简称“市科协”)有市本级学会111家，市(县)、区及无锡经济开发区科协8家、高校科协13家，有独立企业科协、联合企业科协和企业科协联盟446家，涉及企业670多家。2月28日，无锡市集成电路学会成立；4月25日，全市首家科技社团联合体——无锡市科协信息科技学会联合体成立；10月24日，无锡市科技人才协会成立；6月21日，无锡学院科协成立。年内，新建企业科协30家，其中1家为联合企业科协——江阴天安数码城科创载体，成员单位16家企业。

年内，无锡市获评“中国科协2023—2025年度创新驱动示范市”，无锡生物医药研发服务外包区获批中国科协“海智国际研发社区”，市科协获评“江苏省科技志愿服务工作及科普中国信息传播工作优秀单位”，江阴市科协入选省“科协代表之家”。

【优秀科技人才选树举荐】 2023年，市科协加强科技人才选树举荐。蔡树军被授予“国家卓越工程师”称号；蔡树军、顾正彪、蒋高明、王兴国荣获第三届全国创新争先奖章、奖状；郭秀峰、段晓辉、浦浙宁入选省科协青年科技人才托举工程；王雷、刘震、高网芹、周海军、宋伟、田贤鹏、朱二喜、程力入选2023年度“江苏科技智库青年人才计划”；中国电科首席科学家洪根深获评省“最美科技工作者”；江南大学邱超参加中国科协“领航计划”青年科技领军人才国情研修活动。联合市委宣传部、市科技局开展2023年度选树宣传工作，王立成、卢炳环、花海兵、沈新荣、洪根深、谈海强、糜菁熠被评为2023年无锡市“最美科技工作者”。

【服务创新创业】 2023年，市科协会同市工信局、市卫健委、市科技局、市教育局等7家单位，以“科技自立自强 双创驱动发展”为主题，共同举办2023年“科创无锡”“创响无锡”创新创业大赛。全市广大科技工作者积极参与大赛，共征集项目111个。其中，装备制造类项目25个，生命科学类项目25个，信息技术类项目23个，其他类别项目38个。经专家网络评审，近60个项目推荐申报省赛，并从中选出20个优秀项目参加市级决赛。“支持自动需求响应的ADR插座及聚合负荷动态控制策略”项目获一等奖，“纳米芒硝及其智能穿戴系统的研发和医学应用”等5个项目获二等奖，“一体化压铸车身机器人柔顺加工系统”等8个项目获三等奖。

开展“企会协作协同创新计划”项目征集工作，坚持问题导向，积极引导学会利用优势资源与企事业单位需求紧密结合，加快技术推广应用，协作开展产业技术创新和科技成果产业化活动，助力企事业单位提升技术创新能力，从申报课题中遴选出“暗河、涵管清淤机械化、智能化、无人化的研究与应用”等9项课题予以资助。

【“科创中国”试点城市建设】 2023年,市科协深化“科创中国”无锡试点城市建设,印发《关于发布2023年度服务科技经济融合发展专项行动计划项目的通知》,依托中小企业集聚的区域建立5家“科创中国”无锡科技工作站,对接网络平台累计推动需求服务签约126项、成果签约64项。加强科创联络员队伍建设,有效承接国家级学会创新资源,摸排企业创新需求150余项,对接并实施项目近30项,切实推动区域重点产业创新发展,在2023年“科创中国”全国试点城市(园区)样板间建设综合排行榜中列第二位,宜兴环科园节能环保创新基地获评2023年度“科创中国”创新基地示范项目。

【开展高端学术活动】 2023年,市科协积极争取国家级学会和省级学会创新资源向无锡集聚。在中国科协和江苏省科协的全力支持下,中国药学会、中国机械工程学会、中国电子学会等30家国家级学会与无锡相关单位合作举办高层次学术活动45场,两院院士107人次、各类专家1026人次受邀到会,落地平台19个;各级科协、学会举办年会、论坛、讲座等学术活动86场,服务科技人才近万人。

【学会管理】 2023年,市科协切实加强学会组织管理,以学会评价为抓手进行分类指导,力促学会提升服务能力和水平。指导学会理顺功能型党支部与学会决策、监督机构的关系,突出党建、科创、科普开展学会评价,推动创建五星、四星和特色学会46个。指导按期换届学会16家,注销学会2家。对不按时年检、不按期换届、不正常开展活动、评价认定为无等次的29家学会进行约谈,督促相关学会制定整改措施,完成学会整改3家。

【科技志愿服务工作】 2023年,市科协积极开展科技志愿能力培训和科技志愿服务先进典型选树工作。全市科技志愿者网上注册数量7.4万人,成立科技志愿服务组织1372个,创建服务品牌项目377个,均排名全省第一。江南大学退休教师姚鸿滨获评中国科协2023年度科技志愿服务先进典型,为全省唯一。

【全国科技工作者日】 5月30日是第七个“全国科技工作者日”。5月29日,市科协围绕“创新争先、自立自强”主题,举办“点亮精神火炬”庆祝第七个“全国科技工作者日”主场活动,市委常委、组织部部长柏长岭出席活动并讲话,市委副秘书长黄维恭,市科协党组书记、主席黄丽侠,市科技局副局长邹建春等参加活动。在庆祝活动发布会上,公布2023年度无锡市“最美科技工作者”名单,王立成、卢炳环、花海兵、沈新荣、洪根深、谈海强、糜菁熠入选。活动现场还发布无锡市科技工作者状况调查报告,举行第12届无锡市自然科学优秀学术论文颁奖,省工程师学会与无锡科协合作签约,市信息科技学会联合体、市智能制造学会联合体成立揭牌等仪式。主场活动邀请省科学家精神宣讲团成员、南京航空航天大学马克思主义学院副教授刘亮作了《大力弘扬科学家精神,实现高水平科技自立自强》主题演讲。

5月29日,市科协举行“点亮精神火炬”庆祝第七个“全国科技工作者日”主场活动 (市科协 供图)

【全域科普工作】 2023年,市科协积极履行全民科学素质工作领导小组办公室统筹协调职能,按照《无锡市全民科学素质规划纲要实施方案(2021—2025年)》开展相关工作。协调36家成员单位发挥职能优势,落实分解任务,协同推进全域科普工作。指导全市16家科普教育基地成立无锡市科普教育基地联盟;支持江阴市华士镇建设工业主题科普馆、江苏省梅村高级中学建设航天创新教育科普馆2家基层科普馆建设;联合无锡广电集团打造《科学第一问》直播公开课4期,辐射连云港、西安、阿合奇等全国5个省、7个城市近30所学校,累计受众百万人次,并与柬埔寨西港工商学院联动,首次走出国门,打造“一带一路”无锡科普名片。

【全国科技活动周暨无锡市第35届科普宣传周】 5月27日,全国科技活动周暨无锡市第35届科普宣传周“科普之光”主场活动在无锡广电音乐厅举行。活动以“热爱科学 崇尚科学”为主题,突出宣传科技法规,推进科技规划政策实施,聚焦国家重大战略,重点宣传科技创新成果。全市近400项重点科普活动围绕“科技志愿”“科普基地”“科普活动”“科普惠农”等主题在一周内通过分区陆续开展。

【全国科普日系列活动】 9月17—23日，围绕“提升全民科学素质，助力科技自立自强”主题，市科协组织开展2023年无锡市“全国科普日”系列活动。主场活动在无锡市少年宫举行，省科协二级巡视员周景山，市委常委、组织部部长高飞出席活动。活动现场，举办科普教育基地风采展，成立无锡市科普教育基地联盟，发布无锡市全域科普研学示范线路，并为2023年度江苏省科普教育基地进行授牌。科普活动周期间，围绕“加强政治引领，激发创新活力；聚焦创新发展，服务自立自强；坚持科技赋能，助力‘国之大者’；践行科普为民，共创美好生活”4个方面，全市陆续开展850余场特色鲜明、内容丰富、贴近群众的重点科普活动。

【青少年科技竞赛活动】 2023年，为扎实推进“双减”工作做深做细做实，市科协积极探索，广泛开展形式多样的青少年科普活动，先后举办青少年机器人竞赛暨工程教育素养提升大赛、青少年科技创新大赛、青少年科技模型竞赛、青少年编程大赛、市金钥匙科技竞赛5大比赛，吸引50余万名学生参与；组织参加省青少年科技创新大赛，获一等奖6个、二等奖12个、三等奖10个。

【海智工作】 2023年，无锡生物医药研发服务外包区获批中国科协“海智国际研发社区”；中国科协海智工作基地（无锡）、中国科协海智工作基地（无锡生物医药研发服务外包区）、中国科协海智工作基地（宜兴）3家省级工作基地、离岸基地通过评估认定；无锡生物医药研发服务外包区离岸基地、无锡江阴海智基地分别被省科协评定为优秀离岸基地和优秀海智基地。

市科协组织海智机构摸排推荐有意愿到无锡创新创业的海外人才10人，通过德国华人新能源协会引进创业项目——优睿谱半导体设备（无锡）有限公司，推动新型紫杉醇靶向递送系统联合开发项目、皮肤药研发团队与国际资源引进的合作项目、乳腺癌诊断AI医学影像算法和超声医疗器械的科研合作项目签约。

举办“智汇科创带”中日智能制造高端项目跨境路演、太湖（马山）生命与健康论坛暨2023转化医学与临床创新大会、2023中欧转化医学与临床创新研讨会暨项目路演、海峡两岸物联网发展论坛、首届海外人才创新创业大赛、无锡—欧洲产能合作对接活动、无锡市质量发展服务联盟QPDCA质量论坛等海智交流活动。

【国际交流活动】 10月19—26日，市科协副主席张鹏飞带队出访比利时、法国。在比利时期间，应邀参加第14届全欧华人专业协会联合会欧洲论坛——江苏专场实践分享和圆桌会议、江苏专场推介会和对接洽谈，进行经验分享和圆桌交流，组织滨湖区、新吴区2个园区推介和对接洽谈。访问法兰德斯中国商会，寻找无锡与海外高端智力、优质项目合作契机。在法国期间，拜访中国旅法工程师协会、全法中国科技工作者协会、法国科学工业城、法国大学科技学院、巴黎高等师范学院并参观相关科技园区，积极开展人才项目交流，宣传无锡“太湖人才政策”，推动海外引智联络站建设。

（市科协）

无锡市文学艺术界联合会

【组织建设】 至2023年末，无锡市文学艺术界联合会（以下简称“市文联”）有本级团体会员11个，分别是无锡市作家协会、无锡市戏剧家协会、无锡市美术家协会、无锡市书法家协会、无锡市摄影家协会、无锡市音乐家协会、无锡市曲艺家协会、无锡市电影电视家协会、无锡市舞蹈家协会、无锡市民间文艺家协会、无锡市文艺评论家协会；有市（县）、区团体会员7个，分别是江阴市文学艺术界联合会、宜兴市文学艺术界联合会、梁溪区文学艺术界联合会、滨湖区文学艺术界联合会、锡山区文学艺术界联合会、新吴区文学艺术界联合会和惠山区文学艺术界联合会。

市文联深化与新媒体合作，微信公众号坚持每日发布更新，共编审和推送信息258次，共435条。持续发

2月1日，市文联开展的“艺迎新春”主题活动走进市民中心

（市文联　供图）

挥文联组织“两个优势”，创新建立“无锡无疆艺术馆”项目获2023年度全省文联工作创新奖。

【主题实践活动】 2023年，市文联引导全市文艺家贯彻习近平总书记对文艺工作的要求，持续推进“深入生活实际、书写美丽无锡”主题实践活动，创作一批地域特色浓、时代性强的艺术作品，讲好“美丽无锡”故事。4月29日，由市委宣传部、市文联主办的第一届“梅花映月”文化艺术展演在无锡九里仓轻文旅街区演绎广场启幕。6月28日，市文联组织各艺术门类文艺家、国画院青年人才50人，到产业一线进行文艺采风创作，以艺术的视角发现展示无锡产业建设、产业工人之美。年内，无锡曲艺代表团赴甘肃开展曲艺交流，加强艺术领域跨区域合作，共建文化发展高地。举办首届“太湖境象”江苏美术设计双年展，立足江南文化、太湖文化的价值挖掘，彰显底蕴深厚、传承发展的江南文脉特色。开设国画院青年班第四、五、六期课程，举办第14届全国美展水彩粉画创作指导会、网络文学转化研讨会暨网络作家培训等，构建各层次、各门类文艺人才培养和成长平台。

黄一清的《看看年轻时的妈妈》、陈成的《金奖背后的故事》入选第五届全国青年摄影大展；王顺法的散文集《凰川湾里的中国》获冰心散文奖；谭耀林的《运河晨晓》、王云燕的《夏日晚风》被“盛世印迹”——2023·中国百家金陵画展（版画）收藏，成为入选作品；迟慧的《慢小孩》获江苏省第八届紫金山文学奖荣誉奖，阮夕清的《窗外灯》获江苏省第八届紫金山文学奖短篇小说奖（含微型小说集），徐风的《忘记我》获江苏省第八届紫金山文学奖报告文学奖。秦罗的《社戏》、孙芳的《顾衡的初心之路》入选2023年中国第三届插图装帧艺术展览。顾婷的紫砂作品《春华秋实》获“文艺大奖·民间文艺奖·优秀民间工艺美术作品金奖”；由赵红育设计、沈雨兰制作的精微绣作品《冠上莲香》，毛子健的紫砂作品《一鹭升莲》，徐顺琴的紫砂作品《虚谷凌云（套）》，季顺林的紫砂作品《亲密无间》获“文艺大奖·民间文艺奖·优秀民间工艺美术作品银奖”；何丽君的紫砂作品《夏日情趣》，赵曦鹏的紫砂作品《夏趣》，徐曲的紫砂作品《乘云》获“文艺大奖·民间文艺奖·优秀民间工艺美术作品铜奖”。王媛表演的双人舞《鹤之缘》获“江苏文艺大奖·第八届舞蹈奖评委会大奖”，孙佳雪、李思儒、曾琳雅表演的群舞《心净布达拉》获“江苏文艺大奖·第八届舞蹈奖创作奖·金奖”“江苏文艺大奖·第八届舞蹈奖表演奖·银奖”，裴梓行表演的独舞《云端》获“江苏文艺大奖·第八届舞蹈奖表演奖·银奖”，李婉欣表演的独舞《溯·跃》获“江苏文艺大奖·第八届舞蹈奖表演奖·铜奖”，黄莹表演的独舞《广寒》和杨陈文墨表演的独舞《渔篮吟》均获“江苏文艺大奖·第八届舞蹈奖创作奖·铜奖”。陈佳冀的评论文章《构建动物叙事的崭新话语体系》获中国文艺评论最高奖。

【筹备召开首届中国公共艺术大展】 7月19日，首届中国公共艺术大展工作推进会在中国文联举行。中国文联党组成员、副主席、书记处书记诸迪，中国美协分党组书记、驻会副主席、秘书长马锋辉，中国美协分党组成员、副秘书长王平，无锡市文联党组书记、主席杨建，以及清华美院、中央美术学院等各艺术院校的专家教授齐聚一堂，共同探讨如何用艺术赋能城市的发展，让无锡成为公共艺术的示范引领城市。

7月29日，首届中国公共艺术大展策展组第一次会议在线上召开。会上，王峰传达大展筹备工作推进会精神，公布首届中国公共艺术大展策展组人员名单、策展工作计划及媒体行动方案，并讨论任务分工、工作安排等议题。8月6日，首届中国公共艺术大展策展组第二次会议在线上召开。会上，讨论大展策展组案例推荐、展示方案、策展文案等板块任务具体分工，并明确任务侧重点。

【文艺大讲堂】 2023年，市文联继续办好文艺大讲堂，邀请国内专家学者、艺术家到无锡讲课，举办贴近实际的文艺家讲座，学习和解读党的文艺方针政策，分析研判文艺理论和思潮，旨在搭建一个高层次的专业学习交流平台，办成市民喜爱的“家门口的艺术课堂”。

11月23日，“匠心筑梦”无锡市职工书法作品展在无锡市工人文化宫职工文化艺术中心开幕 （市文联 供图）

12月20日，无锡市中青年文艺名家新创作品展暨无锡市国画院青年人才班成果展”在无锡东方美术馆举行　（市文联　供图）

5月6日，国家一级演员、第30届中国戏剧梅花奖得主、越剧毕派传承人李晓旭受邀做客“文艺大讲堂”，主讲“剧与城的诗——“诗韵越剧”系列主演漫谈”。在座谈中，李晓旭表达了自己的艺术期待：作为当代青年要能够了解中华优秀传统文化，自觉做中华优秀传统文化的弘扬者、传播者、建设者。10月25日，音乐学家、非物质文化遗产保护专家、教授田青受邀做客“文艺大讲堂”，作“杨荫浏与中国音乐”专题讲座。现场吸引160多位观众，近距离了解杨荫浏的音乐历程，共同感受中国音乐文化的独特魅力。11月5日，江苏省作协副主席、中国作协第九届、第十届全国委员会委员叶弥做客“文艺大讲堂”，作“文学艺术里的江南元素及其地域作用”专题讲座，从文学视角阅读江南，诠释江南文化。

【文艺人才队伍建设】 2月28日，由中国文联文艺研修院、无锡市文联联合举办的“第二期无锡市高层次文艺人才研修班”在中国文联文艺研修院景德镇基地开班。培训班学员40人，专业领域涉及书法、美术、民间文艺和文艺管理。5月3日，无锡市书法家协会第二期新会员培训班暨会员证颁证仪式在市文联举行。市文联党组书记、主席杨建作开班动员。市书协主席孙璘主持开班仪式。5月30日—6月1日，2023年无锡市国画院青年国画人才培训班开班，开展首次教学与采风活动。培训班由市文联主办，市国画院、新吴区文联承办，新吴区美协协办，共收到74名学员报名申请，经择优评审录取35人，涵盖市内各个市（县）区及周边城市，半数学员具有硕士研究生学历。教学活动持续至年末，进行了结业考核，举办了教学成果展。

【“文艺进万家”志愿服务活动】 2023年，市文联组织各文艺家协会、文艺类社会组织开展文艺志愿服务活动，走进基层、社区、学校、军营举办展览、演出、讲座等活动，开展“送欢笑下基层”惠民演出、送福送春联活动、钟书文学沙龙、非物质遗产展示、儿童文学作家进校园等形式多样的志愿服务活动，促进优秀传统文化普及和传承，满足群众的多元文化需求。

1月11日下午，市书法家协会组织书法家首次走进苏南硕放机场，开展迎春“送福送春联”活动，在近2个小时的活动中，送出春联200余副、“福”字300多个。活动由市文联与苏南硕放机场共同主办，书法家孙璘、程伟、顾大可、方芳、严春亚、王俊平、单公俊、朱沈彧、华若帆、刘建军、蒋西戎、顾霄清参加活动。

1月15日，市文联在太湖广场设置春联送福区，市书协书法家现场书写春联，赠送给到广场参加活动的市民群众。

2月5日，由市文联主办、市曲协承办的“阿福喜乐会”癸卯年首演——“江南笑星”夏吉平（大阿福）师徒新相声专场在无锡书码头举行。市曲协主席夏吉平携众弟子与曲艺名家新秀共11人，在元宵佳节到来之际，为观众献上一场精彩的曲艺盛宴。

【无锡市戏剧家协会京剧分会成立】 3月14日，无锡市戏剧家协会京剧分会成立仪式在无锡二亩半艺术空间举行。韩敏洁当选为会长，陈承红、顾津瑞、徐峰、马畅瑶当选为副会长，陈红任为秘书长。

【市评协召开2023年度理事会】 10月11日，市评协召开2023年度理事会，协会主席团成员、部分理事及骨干成员，以及新会员代表30多人参加会议。会上，市评协主席苏迅介绍了市评协近两年主要工作情况，市评协副主席朱宗明传达了学习贯彻习近平文化思想的相关要求，市评协副主席吴宇华宣读了2023新入会全国会员、省会员和市会员名单。市文联党组书记杨建到会讲话，号召文艺评论工作者要与无锡城市文化建设紧密相连，多创作和推出无锡本土文化发展相关的评论、理论作品。

【无锡市音乐家协会弦乐分会成立】 11月7日，无锡市音乐家协会弦乐分会成立大会召开。市文联党组书记、主席杨建，市文联党组成员、副主席卢俊峰，市音乐家协会主席周慧中、副主席张莲、王伟澍等出席大会。大会选举产生市音协弦乐分会第一届理事会，王伟澍当选为弦乐分会第一届理事会会长，朱泓当选为常务副会长，张晓恬、郭宁等4人当选为副会长。

【无锡市戏剧家协会越剧分会成立】 11月10日，无锡市戏剧家协会越剧分会成立。市文联党组成员、副主席卢俊峰，市剧协主席薛燕、副主席过之红、吴明龙、沈鸣华等出席大会。大会选举产生市剧协越剧分会第一届理事会，竺慧丽当选为会长，陈悦驰当选为常务副会长兼秘书长，徐志文、张惠芳、王凤华、陈星、王丽英当选为副会长。

（周静怡）

无锡市哲学社会科学界联合会

【组织建设】 至2023年末，无锡市哲学社会科学界联合会（以下简称“市社科联”）有市本级社科联1家、市（县）级社科联2家（江阴市社科联、宜兴市社科联）、高校社科联10家（江南大学社科联、无锡职业技术学院社科联、无锡商业职业技术学院社科联、江苏信息职业技术学院社科联、无锡城市职业技术学院社科联、无锡科技职业学院社科联、无锡开放大学社科联、无锡旅游商贸高等职业技术学校社科联、无锡工艺职业技术学院社科联、无锡学院社科联）；有会员单位134家（年内新增社科类社会团体1家、注销社科类社会团体1家）；全市社科普及示范基地87家，其中省级基地29家（年内新增省级基地11家）。年内，42家社科类社会团体参加2023年度无锡市社会组织等级评估，其中获评AAAA级社会组织5家。

【课题招标立项】 6月5日，市社科联与市委宣传部联合印发《关于公布2023年度无锡市哲学社会科学招标课题立项项目的通知》。2023年度无锡市哲学社会科学招标课题共立项175项，其中重点课题11项，精品课题164项（含立项资助课题26项，立项不资助课题138项）。4—12月，市社科联与市委组织部、市委宣传部、市委统战部、市委网信办、市教育局、团市委等单位联合开展部门专项课题研究，全年接受部门专项课题申报451项，立项138项。

【第13届学术大会】 4月1日，由市委宣传部、市社科联联合主办的“无锡市哲学社会科学界第13届学术大会”在无锡学院召开。省社科联党组书记、常务副主席张新科到会致辞，市委常委、宣传部部长李秋峰出席会议并讲话。全市哲学社会科学界的200多名专家学者围绕“推进区域协调发展，争当中国式现代化建设城市范例”主题展开研讨交流。第13届学术大会共评出优秀论文90篇，其中一等奖10篇、二等奖30篇、三等奖50篇。会上，江苏省第17届哲学社会科学优秀成果奖、无锡市第16届哲学社会科学优秀成果奖，以及这一届学术大会优秀论文的获奖代表获颁证书；大会为无锡市首批9家智库型社科学会授牌。

12月9日，由省委宣传部、省社科联主办，无锡市委宣传部、无锡市社科联承办，南京市社科联、常州市社科联、苏州市社科联、镇江市社科联联办，无锡城市职业技术学院协办的江苏省哲学社会科学界第17届学术大会苏南区域专场在无锡举行。省社科联党组成员、副主席刘西忠出席会议并讲话，无锡市委常委、宣传部部长李秋峰到会致辞，无锡城市职业技术学院党委副书记、校长瞿立新代表学校致欢迎词。无锡市委宣传部副部长高燕主持开幕式。省内外相关专家学者、苏南五市社科联领导和部门负责人、优秀论文获奖代表、无锡市专家学者代表、无锡城市职业技术学院师生代表共300余人参加专场会议。

【研讨与征文】 5月12日，由无锡市社科联、苏州市社科院联合主办，无锡高新区高质量发展研究中心承办的“苏锡协同发展：路径与对策”主题沙龙在无锡科技职业学院举行，来自无锡市级机关、党校、科研机构、社科学会、高新区高质量发展研究中心以及苏州社科院的专家学者参加活动。

8月3日，市社科联组织召开中国式现代化江苏新实践无锡样本研究工作汇报暨专家咨询会，省社科联党组书记、常务副主席张新科，党组

12月16日，由无锡市社科联、连云港市社科联共同主办的首届“锡连双城论坛”在连云港市举办 （唐　峰　摄）

成员、副主席刘西忠，研究室主任李启旺等出席会议，8位来自机关、党校、高校和学会等相关领域的社科专家参加会议研讨，会议还书面征求其他9位社科专家的意见建议。

10月29日，纪念孙冶方115周年诞辰学术研讨会在江南大学孙冶方经济科学研究院举办。研讨会由江南大学商学院、无锡市经济学会承办，并得到孙冶方经济科学基金会、江苏省社科院、上海市社科院经济研究所、无锡市委宣传部、无锡市社科联等单位的支持。

10月31日，省人大常委会副主任、省社科联主席曲福田带领《中国式现代化江苏新实践研究丛书》调研组一行10余名专家到无锡调研座谈，市委常委、宣传部部长李秋峰参加调研并主持座谈会，无锡市30个职能部门的分管负责人参加会议。

12月16日，由无锡市社科联、连云港市社科联共同主办的首届“锡连双城论坛”在连云港市举办。连云港市副市长、党组成员高圣华，无锡市社科联党组书记、主席李明新出席会议并致辞。论坛由连云港市社科联党组书记、主席商显福主持，两市社科界代表、连云港市相关部门和单位负责人、驻连云港市高校师生代表等100余人参加活动。

12月17日，“中国式现代化无锡新实践”理论研讨会在无锡市委党校召开。研讨会由学习时报社、省委党校、无锡市委共同主办，由市委宣传部、市委党校、市社科联承办。

12月25日，市委宣传部、市社科联联合开展“深入学习贯彻习近平总书记考察江苏重要讲话精神”主题征文活动，共收到征文200余篇，经专家评审，评选出优秀论文40篇。

【项目资助】 8月，市社科联发布《关于公布2023年无锡市社科学会重点学术活动资助项目的通知》，“编撰出版《无锡科技创新发展报告(2023)》”等8个社科学会重点学术活动获得资助。

11月，市社科联发布《关于公布2023年无锡市社科普及资助项目的通知》，“‘思享半月谈’系列讲座”等6个项目获重点项目资助；“新吴区第八届‘畅文遵字’汉字听写大赛”等33个项目获特色项目资助。

【年度获奖】 2023年，市社科联获评2022年度全省社科联工作先进单位、2022年度全市党委国家安全情报信息工作优秀单位、市级机关第九届运动会优秀组织奖。在省社科普及基地讲解员大赛中，报送的《让非遗扩大“宜”城影响，以文化赋能“兴”福生活》《弘扬工商文化，遇见美好生活》分别获得二等奖和优秀奖；在“人文社科之光”首届社科普及短视频大赛江苏赛区比赛中，报送的“指尖的魅力”获评第二等次；在2022年度全市宣传思想文化工作创新项目评比中，举办的“锡事明理”人文社科讲堂获评2022年度全市宣传思想文化工作优胜项目。

【社科普及】 6月6日，无锡市社会科学普及工作联席会议第五次会议召开。市委常委、宣传部部长，联席会议召集人李秋峰到会讲话。联席会议45家成员单位分管负责人参加会议。会上，市社科联党组书记、主席，联席会议副召集人李明新就2022年全市社科普及工作情况和2023年社科普及重点工作安排作了汇报；市委党校、市司法局、市广电集团、无锡科技职业学院作交流发言。

9月16日，无锡市第20届社会科学普及宣传周启动式暨国家安全教育进校园活动在无锡科技职业学院举行。启动式上，举办首届无锡市社科普及基地讲解员风采展示活动颁奖仪式和2023年度新命名的江苏省科普教育基地（社会科学普及基地）授牌仪式，并为大学生社科普及志愿者颁发证书。活动当天举办《江苏省社会科学普及促进条例》宣传、社科普及文创作品展、无锡市2023年新创建的省级社科普及基地图片展，邀请无锡市国家安全局负责人作“学习贯彻总体国家安全观，坚决筑牢国家安全屏障”专题讲座。

【市社科联七届五次理事会】 6月9日，市社科联第七届理事会第五次会议召开。会议由市社科联副主席孟菲主持。会议通过市社科联第七届理事会秘书长，部分常务理事、理事人选调整的决定；听取并通过市社科联党组书记、主席李明新代表理事会作的工作报告。市委宣传部副部长高燕出席会议并讲话。

【社科培训】 4月13—14日，市社科联举办2023年社科学会党建暨业务工作培训班。市社科联党组书记、主席，市社会科学学会党委书记李明新作开班动员，并作“以党建引领点亮社会组织发展‘航标灯’”的专题授课。全市80多家社科学会党支部书记和学会负责人参加培训。

12月6—8日，市社科联在南通大学举办2023年社科普及骨干培训班。市社科联党组成员、副主席帅建军作开班动员。江苏省社科联科普部主任朱建波、南通市社科联副主席曹小龙、如东县社科联主席孙陈建、连云港市革命纪念馆副馆长郝芳分别授课。全市社科普及示范基地业务骨干50余人及江阴市、宜兴市社科联有关人员参加培训。

（市社科联）

无锡市归国华侨联合会

【组织建设】 2023年，无锡市归国华侨联合会（以下简称“市侨联”）持续推进全市侨联基层组织建设，壮大侨联队伍，增强组织活力，夯实工作基础。召开市侨联第十次代表大会，选举产生新一届侨联委员会，聘任61位海外侨领担任市侨联海外荣职，吸引热心人士参与、支持侨联事业。开展新时代侨联组织建设提升行动，新增1家全国侨联系统“侨胞之家”典型选树单位、1个省双“五有”侨联组织。年内，2个集体、5名个人获评全国侨联系统先进。市侨联与组织、宣传、司法、外事、商务、教育、文旅、出入境管理等部门加强合作，开展招商、引才、宣传、服务工作，完善“大侨务”工作格局。推进基层侨联、企事业单位侨联、行业侨联缔结为友好侨联，牵线泰国青年总商会等海外侨社团、国内社团协会与基层侨联合作，组织侨智创新中心与上市公司协会交流座谈。举办“侨向未来奔跑”、中医专家义诊暨媒体采风、书画摄影金秋采风行等活动，组织侨界青年走进广电集团、高校、军营、文化交流基地，体验传统文化，接受国防教育，促进对外交流。

【思想政治教育】 2023年，市侨联开展“侨心向党 追梦有我”活动，将学习贯彻中共二十大精神与侨联工作相融合，形成贯穿全年的工作主线，开展学习贯彻习近平新时代中国特色社会主义思想主题教育，升级全市侨联党建联盟，围绕党政所需、侨联所能、群众所盼3个方面制定三大类15项党建服务清单。牵线省侨商总会与惠山街道、市新侨创新创业园成立党建联盟，为新侨创业者搭建平台、链接资源。各级侨联党组织之间广泛结对共建，推动党员联训、理论联学、工作联动。5名无锡优秀海归青年的事迹由中央电视台拍摄成5集专题片在央视播出；推荐2个侨界典型，一个录制江苏侨界典型人物专题片，一个编入《华侨华人家风故事集》；评选50名党员“侨先锋”，举办“侨先锋”事迹分享会；联合无锡广电、《扬子晚报》等媒体，开设“海归追梦人”“侨我优秀青年”等栏目，讲述近30位侨界青年昂扬奋进的追梦故事。举办侨界红色追寻延安培训班，组织赴姚桐斌故居、“延安精神无锡学习天地”等场馆开展专题教育，多次组织侨界干部群众观看爱国主义电影。

【发挥侨智侨力】 2023年，市侨联汇聚侨智侨力，积极融入中国式现代化无锡新实践。开展“读懂中国 感知无锡”系列活动，多次组织在无锡高校的外籍留学生到无锡各地交流学习，深入了解无锡进而读懂中国，培养知华、友华、亲华情怀，向世界讲述看到的中国，促进中外民心相通。举办“一带一路”中外青年交流座谈会，在学习交流中共同感受“一带一路”承载的友谊、合作和希望，外籍留学生与无锡侨界青年企业家在活动中建立友谊。联合无锡广电开展“一带一路上的无锡力量”新闻行动，赴“一带一路”共建国家采访当地企业和百姓，拍摄制作7集专题片，讲述无锡企业出海发展、与当地人民在互利共赢中建立深厚情谊的典型故事。举办侨企“一带一路”投资圆桌会议，邀请省发展改革委、省商务厅、泰国投促会驻上海办事处、中阿产能合作示范园、深圳侨商智库研究院等单位讲解扶持政策、海外发展环境等，服务企业项目和产品“走出去”；协助举办无锡越南投资促进专场说明会、无锡布局东盟—柬埔寨曼哈顿经济特区研讨会等活动，为企业对外合作提供金融、渠道、信息等服务；与泰国苏浙沪总商会、泰国江苏青年总商会等海外商会社团建立合作关系，为隆玛科技、爱邦辐射等侨企到“一带一路”国家开设工厂提供支持；用好“为侨发展服务中心”“侨智创新中心”等服务平台，对接无锡职业技术学院与澳普洛钻探工具（无锡）有限公司、俄罗斯SGC集团签订三方战略合作协议，促成无锡城市职业技术学院与菲律宾圣保罗大学签订合作协议，牵线无锡蓢全汽车、隆玛科技、顺达集团等企业海外合作项目，持续助推“一带一路”经贸合作走深走实。

【海外联谊】 6月，在泰国曼谷举办的第16届世界华商大会期间，市侨联向4000多位来自世界各地的华商宣传推介无锡，播放无锡城市宣传片，介绍无锡“无难事、悉心办”的营商环境品牌。在马来西亚、泰国参与举办江苏经贸推介会，组织无锡侨商与海外企业家交流投资环境、产业需求；开展“我在无锡等你”文旅推介活动。发挥海外典型代表人士联系广泛的优势，先后邀请美国、德国、新西兰、泰国等60余个国家80余家侨社团、300余位海外侨领乡贤和高层次人才到无锡交流访问；借助150多个海外无锡乡情驿站平台，构建太湖人才海外服务生态圈，服务无锡海外引才。举办侨界专家进宜兴活动，省农科院侨界专家为宜兴农业发展出谋划策，助力宜兴乡村振兴。推助海外项目合作，牵线侨企恒通集团现代农业项目、新加坡俊知集团宜兴文旅项目等。年内，全市侨联系统共协助引进项目22个，协议利用资金6.08亿美元。市侨联发挥主导作用，构建“1+5+N”交流传播矩阵，确定对外叙事内容和宣传策略，策划开展数十场主题交流活动；国内外新闻媒体、华侨文化交流基地、侨文化艺术团、海外华文学校、侨社团协同联动，300余家单位形成传播合力；华侨华人、归侨侨眷等各方力量共同参与，助推中华优秀传统文化和无锡特色地域文化走向世界。组织30余家海外华文媒体走进无锡，《欧洲时报》头版整版宣传无锡，美国侨报网、《西非华声》、《国际日报》、《太平洋日报》等全球50余家华文媒体在显著版面宣传无锡城市和产业。举办“侨见春来到”新春元宵活动，归侨侨眷、海外侨胞和留学生、国内外新闻媒体人等20余万人次以“线上＋线下”的方式共同参与，寻味中国年，共叙中国情。举办华裔青少年夏令营、网上营，30多个国家1.5万人次的家长和学生学做无锡美食，体验非遗文化，探寻吴文化起源，共同讲好中国故事、无锡故事，向世界展示真实、立体、全面的中国形象。先后多次组织上千名“一带一路”共建国家青年和海外侨领、华裔青少年到东林书院、泰伯庙等地，感受吴地文脉和非遗国粹，向世界传递中华传统文化“大道不孤，天下一家”的理念。举办海外侨领研修班无锡行、全球中餐业领袖无锡研习班、中医药文化体验等20余场文化交流活动。

【为侨服务】 2023年，市侨联实施五大护侨行动计划，致力当好侨界群众贴心人。做优“留学生全过程服务行动”，联合相关部门制定下发《关于做好留学人员全过程服务的实施意见》，会同市人才办、市教育局、市国家安全局、市公安局等单位，提供行前教育、留学指导、政策解读、海外联系、实习就业等服务。做深“海外侨胞联谊行动”，加强海外侨胞联系，关心海外侨界代表人士在无锡亲属的生活，组织走访慰问，让海外侨胞感受家乡温暖。跟踪国际形势变化，及时向海外侨胞推送签证、航班、救援、安全等重要资讯，帮助协调解决遇到的困难。主动对接相关单位为优秀新侨争取政治安排，帮助对接解决海归人才需求；组织举办数十场次创新创业沙龙、创新创业大赛等活动，加强侨创平台建设，蠡园经济技术开发区被授予“长三角侨创示范基地”称号；创新打造新侨创新创业园，定制新侨创业扶持政策，服务支持新侨发展。开展老归侨需求调研，发放健康监测手环，教授常用手机App使用方法，举办重阳敬老集体祝寿会，加强日常关怀和节日问候。开展中医惠侨、文化乐侨等活动，持续开展志愿服务老归侨行动。建立“侨界企业合规实践基地”“为侨法律服务联盟”等平台，新增涉侨民商事调解员入驻江苏微解纷平台，依法协调侨眷遗产继承、侨企资金冻结等求助事项。

（市侨联）

无锡市台湾同胞联谊会

【组织建设】 至2023年末，无锡市台湾同胞联谊会（以下简称“市台联”）有市本级组织1个，服务全市定居台胞130余人、两岸婚姻家庭300多对、在无锡的常住台胞2000余人。市台联贯彻落实新时代党解决台湾问题的总体方略，坚持“沟通、联谊、服务、团结”工作宗旨，团结在无锡的台湾同胞，不断壮大爱国统一力量。年内，组织和参加数十场联谊活动，获得2023年度省台联系统宣传工作先进单位三等奖、第23届世界华人学生作文大赛优秀组织奖。

【学习宣传】 2023年，市台联学习贯彻习近平新时代中国特色社会主义思想，加强台联理事、青年台胞骨干和专干的理论学习，提升台联理事、青年台胞骨干和专干的政治觉悟和能力；组织台联理事和青年台胞骨干学习全国和省、市两会精神。2月，组织11名无锡台胞代表到南京参加省台湾同胞第11次代表会议。4月，组织召开理事会，学习中共二十大精神和全省台联系统高质量发展工作会议精神，传达学习上级两会精神，引导在无锡的台胞“听党话跟党走”，以实际行动为建设“强富美高”新无锡作贡献。8月，推荐3名理事参加长三角地区台籍代表人士研修班学习。11月，组织4名台商参加省委统战部“奋进在江苏”台商沙龙活动，引导台商坚定两岸融合发展信心，助力全省高质量发展。

【服务台胞】 2023年，市台联坚持端午、中秋和春节等中华传统节日走访慰问老台胞、困难台胞家庭。全年转发省台联困补款6万余元、市台联困补款2万余元；会同民革中山博爱志愿团队走访慰问台湾老兵家属和困难老台胞3户；全年看望老台胞和困难台胞30人次，接待台胞到访20余人次，及时协调困难台胞求助并提供政策咨询。全年慰问6户去世老台胞（遗孀）亲属。协调市教育局，对台籍考生中考加分网上申请台籍家长身份录入问题进行完善；为台籍高考考生和中考考生提供相关政策咨询，并协调统战部门做好政策加分审核申报工作；协调解决两岸婚姻家庭朱婷婷小孩上学、常住台胞许校嘉护照过期等问题并提供帮助；实地走访调

4月8日，无锡市台联在无锡商业职业技术学院成蹊园举办“两岸同心 携手同行”无锡市台胞茶文化交流联谊活动　（市台联　供图）

研部分台企和台青，了解企业运行情况及台商、台青的工作生活状况。

4月，组织台联理事、青年台胞骨干和常住青年台胞举办"两岸同心 携手同行"在无锡的台胞茶文化交流联谊活动；推荐在无锡的台胞参加省台联老台胞重阳节活动、两岸婚姻家庭汉文化研习营活动、"江苏台商看江苏——走进连云港"及"放飞梦想"全省台籍中小学生夏令营活动，并完成在无锡活动的相关保障协调工作。

12月，组织在无锡的青年台胞（定居和常住）赴宜兴开展"两岸同心 携手同行"联谊交流活动，促进两岸青年台胞交流交心、走亲走近，增进台胞对"一国两制"的认同。收集完善常住台胞基本信息。参加市委统战部、市台办举办的常住台胞工作座谈会，交流常住台胞工作方法并建立工作对接机制。

【参政议政】 至2023年末，无锡市有台湾籍政协委员3人。市台联重视台籍政协委员的参政议政工作，参与并支持台籍政协委员参加的各类考察、学习和培训活动，引导台籍政协委员关注社情民意，履职履责，为建设"强富美高"新无锡积极建言献策。年内，台籍政协委员提交提案3件，分别是《关于在"灵锡"App搭建人力资源招聘平台的建议》《关于解决科研院所高端人才子女寒暑期托管及教育培养问题的建议》《关于提高养老护理人员整体护理水平的建议》。

（王志好）

无锡市残疾人联合会

【组织建设】 2023年，无锡市有市残疾人联合会（以下简称"市残联"）1家，市（县）、区残联7家，无锡经济开发区由区社会事业局负责残疾人工作。全市188个"残疾人之家"各项工作有序运行，其中16个残疾人之家获评AAAA等级，74个残疾人之家获评AAAAA等级。市残联连续2年获评市级机关优秀基层党建"书记项目"，市残疾人综合服务中心获评无锡市践行"四敢"要求、推动高质量发展贡献奖"高质量发展先进集体"。中国残联党组书记、理事长周长奎一行到无锡考察调研时，对残疾人工作"无锡实践"予以充分肯定。

【残疾人证管理】 2023年，市残联认真做好残疾人证核发管理和全国联网通办工作，持续对各市（县）、区开展残疾人证核发管理质量督查。市残联与市卫健委共同举办2期残疾评定医师培训班，市、区两级274名残疾评定医师参加培训并通过考核。年内，各市（县）、区共开展残疾评定96场、复评4场，为5755人作出残疾评定（其中上门评残519人），共发放残疾人证4845张，到期换证2566张。

【残疾人康复】 2023年，全市开展0～14岁残疾儿童康复救助2577人，白内障手术救助7098人，精神残疾人门诊服药救助4090人，辅助器具适配服务2743人，社区康复服务8572人。市残联、市财政局联合出台《关于优化残疾儿童康复救助工作的通知》，实现延链补链和新一轮的提标扩面。市特殊需要儿童早期干预中心（彩虹桥幼儿园）获评"市优质幼儿园"，通过省"特教工程"项目验收和首批全省残联系统康复机构规范建设质量评估。11月30日—12月1日，中国残联"十四五"残疾人精准康复服务工作现场会在无锡召开，中国残联副理事长胡向阳，中国残联下属4家康复机构负责人和处室负责人，全国各省、市、自治区、计划单列市分管理事长及康复处处长近100人出席会议，无锡市"锡心优康"工作在会上作交流发言。现场会期间，与会代表前往无锡市特殊需要儿童早期干预中心、梁溪区山北街道残疾人之家、锡山区残疾人康复中心、惠山区悦宁康复之家、滨湖区河埒街道残疾人之家、新吴区民生大厦参观调研。

【残疾人教育】 2023年，市残联积极与省残联和市教育、民政等部门对接，摸清残疾学生特别是低保低收入残疾学生家庭底数，据实足额发放相关资金。年内，全市共有174名残疾大学生享受免费教育，同时为319人

5月21日，无锡市残疾人托养中心举办"幸福同行 携手创梦"主题活动

（市残联 供图）

次残疾学生、低保和低收入残疾人家庭子女发放教育专项补贴142.3万元。市残联与市锡商公益基金会合作，为48位在无锡开放大学残疾人教育学院毕业的残疾人发放追梦奖学金6万余元。

【残疾人文化体育】 2023年，全市残疾人之家中，7家获评省“书香残疾人之家”，19家获评省“文艺残疾人之家”，列全省第一位。全市开展各类体育赛事72场次，参与活动的残疾人约8600人次，宜兴盲人板铃球队获苏锡常邀请赛冠军。全市4名残疾人运动员、教练员参加杭州第四届亚残会比赛共获得3金，优秀残疾人代表严三媛、姚娟当选为杭州第四届亚残会火炬手并参加火炬传递。“文化艺术周”“钟书阅读季”“体育嘉年华”等群众性文体活动常态化开展，“红梅生香”社会助残公益创投项目启动以来，在全市范围内开展文化体育、文创产品展能、残疾人事业推广等服务活动1326场次，累计服务全市残疾人及助残志愿者近万人次。

【社会力量助残】 2023年，市残联与市慈善总会、锡商基金会、市青企协等联合推动13个助残合作项目。无锡17个项目入选省残联社会助残服务项目（全省共63个），建立省残疾人福利基金会下属专户5个（全省共20个），均位居全省第一。“99公益日”筹款数位居全省前列。在第16个孤独症日当天，利用主城区户外大屏发起“点亮蓝灯”公益主题宣传活动。第七个残疾预防日期间，设立首批15家残疾预防宣传教育基地。

【残疾人工作宣传】 2023年，市残联继续加大主流媒体宣传力度，全年在市级及以上媒体发布各类文章390篇（次），其中新华社、中国残联微信公众号、江苏卫视、江苏教育和江苏省残联微信公众号等省级以上媒体（平台）报道无锡84篇（次）。残疾人工作“无锡实践”27次被《中国残疾人》、《三月风》、“中国残疾人”网站、微信公众号和《人民政协报》发文点赞。新华社客户端刊发的《无锡，文化助残赋能“春天的事业”》点击率超70万人次，《人民日报》刊发文章《紫砂非遗传承培训拓展新路》，梁溪区“辅具公园”的报道获央视《新闻联播》播出，“视障咖啡师运营的咖啡店”获央视《晚间新闻》和《新闻直播间》播出。残疾人工作“无锡实践”不仅登上第十七届中国残疾人事业发展论坛，还再次入选残疾人事业蓝皮书《中国残疾人事业研究报告（2023）》，残疾人工作“无锡案例”在《中国残疾人发展与社会进步年度纵览（2023）》上刊发，“帮扶就业困难残疾人就业做法”入选《江苏省“促进残疾人事业高质量发展走在前列做示范”学术研讨会材料汇编》，“无锡残疾人就业模式”在康复国际百年庆典残疾人就业分论坛上反响热烈。年内，接待各级各地到无锡调研交流共63批次。

（市残联）

无锡市红十字会

【组织建设】 至2023年末，无锡市有市级红十字会1个，市（县）、区红十字会8个。召开市红十字会第11次会员代表大会，经开区红十字会召开第一次会员代表大会，江阴市、宜兴市、惠山区、新吴区红十字会按期换届，进一步优化管理体制、配强领导班子，不断强化党对红十字工作的领导和“三重一大”制度落实。推动红十字基层组织向园区和“两新”阶层延伸拓展，累计建成红十字会基层组织1781个，列全省首位。其中，镇（街道）红十字会73个，村（社区）红十字会1134个，学校红十字会439个，医院红十字会73个，企事业单位及其他领域（园区、行业）红十字会62个。红十字会员28.7万人，其中成人会员4.1万人、青少年会员24.6万人。志愿服务组织147个，志愿服务基地47个，注册志愿者2.7万人。宋乐、唐建军获评“全国红十字志愿服务先进典型”，戈建忠、孙艳、周张风、葛睿思获评中国红十字会“会员之星”。

【思想政治建设】 2023年，市红十字会坚持把党的政治建设摆在首位，扎实开展学习贯彻习近平新时代中国特色社会主义思想主题教育，常态化推进“中心组示范引领学、专题读书班全员学、党员干部交流学、深入基层调研学、融入工作实践学”“五学”模式，组织全系统开展“赓续革命情怀、坚定报国之志”党性教育培训，举行专班学习7天、集中学习23次、专题研讨10次、专题党课辅导5次。聚焦群众急难盼愁问题，深入基层开展调研，召开座谈会12场，梳理5类“问题清单”和正反典型案例2个，制定针对性整改措施16项，修订完善管人管事管权等制度文件4项，形成调研成果4篇，推动“救在身边”“智慧红会”等民生实事落细落实，在市“主题教育”简报刊发经验信息3篇。认真贯彻落实中央八项规定和省委、市委实施细则精神，积极配合派驻纪检监察组开展执纪监督，制定会党组《全面从严治党责任清单》，扎实开展“5·10”思廉月活动，举办“锤炼党性修养、筑牢思想堤坝，永葆党员‘忠诚、干净、担当’政治本色”专题党课辅导。市红十字会获2023年度全市党政信息工作三等奖。市红十字党支部获评创新型党支部。

【造血干细胞捐献】 2023年，市红十字会积极履行人道领域特殊使命，开展“捐献造血干细胞、点燃生命新希望”广场主题宣传活动和成功捐献造血干细胞志愿者联谊活动。有序推进捐献服务工作，规范做好造血干细胞入库招募、捐献动员、捐献服务、跟踪随访等工作，全年新增造血

9月21日，无锡市红十字会举办综合信息系统启动仪式暨2023年“世界急救日”主题宣传活动（市红十字会 供图）

干细胞报名采样949人份，成功捐献16例，累计突破100例。

【遗体和人体器官捐献】 2023年，市红十字会开展遗体（器官、角膜）捐献缅怀纪念活动。新增遗体、器官捐献报名登记2821人，实现遗体捐献50例，实现器官捐献15例。

【红十字博爱家园建设】 2023年，市红十字会结合博爱家园星级管理评定，推动“质量建园”工程深入实施，新建博爱家园8个，累计建成122个。将“红十字服务事项”融入基层社区便民服务窗口，围绕群众需求精准开展救护培训、健康服务、助困帮扶、心理疏导、养老照护等活动1400余场次，受益群众20万人次。开展评先树优活动，评选市级优秀博爱家园30个，获评“省优秀博爱家园”12个，居全省首位。承办2023年全省博爱家园高质量建设推进会，无锡博爱家园建设经验在全省推广，树立阵地建设“无锡标杆”。

【红十字生命教育基地建设】 2023年，市红十字会依托全市10个应急救护培训基地、11个学校生命健康安全体验馆（教室），采取“精讲+实操”“体验+互动”的形式，累计开放各类场馆1000余场次，接待培训和参观体验6万余人次，有效提升群众自救互救能力和自我健康管理水平。宜兴市红十字人道教育中心获评中国红十字会总会“红十字生命教育示范基地”，无锡太湖学院红十字应急救护培训基地获评“省红十字应急救护培训示范基地”。

【红十字景区救护站建设】 围绕打造健康、安全的旅游生态环境，为锡惠古镇等国家AAAAA级旅游景区红十字救护站配备价值2万余元的应急救护器材。常态化组织救援队、志愿服务队赴灵山胜境、太湖鼋头渚、三国城等8个景区救护站，开展应急救护、便民扶弱、秩序维护、文明劝导等志愿服务活动，参与志愿服务3000余人次，受益群众180万余人。

【红十字文化宣传】 2023年，市红十字会将文化传播融入全市精神文明建设、总体格局，开展“5·8”世界红十字日、“生命教育、救在身边”、“红十字博爱周”、“捐赠人联谊会”、“信息系统启动仪式”等系列主题活动，组织“锡城这一抹红”“爱满锡城、向光而行”宣传片展播。组织全市红十字会系统参加省“学用新思想‘苏’写新时代”主题宣传活动，获一等奖1个、二等奖3个、三等奖11个、优秀奖7个，市红十字会获省优秀组织奖。会同无锡市新闻协会，征集推荐7件优秀新闻作品参加省第八届“博爱杯红十字好新闻”评选，获文字图片类一等奖1件，广播电视网络类二等奖、三等奖各1件，获优秀奖4件。定期专版刊登特色亮点工作，全年在中央和省、市级重要媒体刊发新闻报道340余篇，市红十字会获中国红十字会总会报刊宣传工作先进集体特等奖。

【志愿服务】 2023年，市红十字会以红十字生命教育为主题，培育红十字“博爱志愿行”志愿服务项目7个，新增志愿服务基地12个、红十字志愿服务队9支、注册志愿者700余人，服务时长2.5万小时。组织全市25家冠名（团体）红十字单位，开展“博爱送健康”“养老照护”等活动520余场，受益群众达5万余人。圆满完成15个省、市级“博爱青春”暑期志愿服务项目，规模及成效居全省前列，市红十字会获评省“博爱青春”志愿服务项目组织奖。宜兴市红十字人道教育中心获评“省级红十字志愿服务基地”“无锡市优秀科普教育基地”。

（刘 森）

编辑 罗秋云

人大立法

【概况】 2023年，市人大常委会聚焦服务保障全市发展大局，积极履职尽责，深入践行全过程人民民主，推进地方立法及规范性文件备案审查等工作，全年制定、修改、废止法规15件（含2022年接续的4件），出台《无锡市人大常委会立法规划项目库管理办法》，组织审查规范性文件39件（含2022年接续审查20件），为全面推进中国式现代化无锡新实践提供法治保障。

【《无锡市车联网发展促进条例》出台】《无锡市车联网发展促进条例》由无锡市第十七届人民代表大会常务委员会第九次会议于2022年12月29日通过，经江苏省第十三届人民代表大会常务委员会第三十四次会议于2023年1月12日批准，自3月1日起施行。条例共7章55条，包括总则、基础设施建设、推广应用、技术创新与产业发展、安全保障、促进措施以及附则。该条例是全国首部推动车联网发展的地方性法规。

【《无锡市大运河梁溪河滨水公共空间条例》出台】《无锡市大运河梁溪河滨水公共空间条例》由无锡市第十七届人民代表大会常务委员会第九次会议于2022年12月29日通过，经江苏省第十三届人民代表大会常务委员会第三十四次会议于2023年1月12日批准，自3月1日起施行。条例共7章50条，包括总则、规划与建设、设施设置与维护、共享与共治、历史文化保护、法律责任以及附则。该条例是江苏省内首部关于滨水公共空间的地方性法规。

【《无锡市优化营商环境条例》出台】《无锡市优化营商环境条例》由无锡市第十七届人民代表大会常务委员会第十次会议于3月1日通过，经江苏省第十四届人民代表大会常务委员会第二次会议于3月30日批准，自5月1日起施行。条例共7章88条，包括总则、市场环境、政务服务、监管执法、人文环境、法治保障以及附则。

【《无锡市公路条例》修订】《无锡市公路条例》由无锡市第十七届人民代表大会常务委员会第十次会议于3月1日修订，经江苏省第十四届人民代表大会常务委员会第二次会议于3月30日批准，自6月1日起施行。修订后的条例共7章67条，包括总则、规划与建设、公路养护、路政管理、超限超载运输治理、法律责任以及附则。

【《无锡市数字化转型促进条例》出台】《无锡市数字化转型促进条例》由无锡市第十七届人民代表大会常务委员会第十一次会议于4月26日通过，经江苏省第十四届人民代表大会常务委员会第三次会议于5月31日批准，自7月1日起施行。条例共7章55条，包括总则、数字技术创新与基础设施建设、经济数字化转型、生活数字化转型、治理数字化转型、数字生态以及附则。该条例是全国首部聚焦促进经济、社会、政府全面数字化转型的地方性法规，全面总结、提升、固化“数字无锡”建设成功经验。

【《无锡市安全生产条例》修订】《无锡市安全生产条例》由无锡市第十七届人民代表大会常务委员会第十一次会议于4月26日修订，经江苏省第十四届人民代表大会常务委员会第三次会议于5月31日批准，自7月1日起施行。修订后的条例共7章84条，包括总则、生产经营单位的安全生产保障、安全生产监督管理、安全生产社会共治、事故应急救援和调查处理，法律责任以及附则。

【《无锡市燃气管理条例》出台】《无锡市燃气管理条例》由无锡市第十七届人民代表大会常务委员会第十二次会议于6月27日通过，经江苏省第十四届人民代表大会常务委员会第四次会议于7月27日批准，自9月1日起施行。条例共7章65条，包括总则、规划与建设、经营服务与使用、设施保护与事故处置、监督管理、法律责任以及附则。

【《无锡市海绵城市建设管理条例》出台】《无锡市海绵城市建设管理条例》由无锡市第十七届人民代表大会常务委员会第十四次会议于10月27日通过，经江苏省第十四届人民代表大会常务委员会第六次会议于11月29日批准，自2024年2月1日起施行。条例共6章43条，包括总则、规划建设、运行维护、保障支持、法律责任以及附则。该条例从规划建设、运行维护、保障支持等方面全面规范海绵城市管理,保护和改善城市生态环境,促进人与自然和谐发展。

【《无锡市城市道路管理条例》等4件条例修正】 无锡市人民代表大会常务委员会关于修改《无锡市城市道路管理条例》《无锡市地名管理条例》《无锡市测绘管理条例》《无锡市实施〈江苏省大气污染防治条例〉办法》的决定,由无锡市第十七届人民代表大会常务委员会第十四次会议于10月27日通过,经江苏省第十四届人民代表大会常务委员会第六次会议于11月29日批准,自12月12日起施行。无锡市决定全面调整4件法规与行政处罚法等新修改或者新出台的上位法不一致的内容,并紧贴无锡实际,充实完善关于城市道路养护、维修等方面的内容。修正后的《无锡市城市道路管理条例》共6章45条、《无锡市地名管理条例》共8章59条、《无锡市测绘管理条例》共6章43条、《无锡市实施〈江苏省大气污染防治条例〉办法》共5章60条。

【《无锡市暂住人口管理条例》废止】 《无锡市人民代表大会常务委员会关于废止〈无锡市暂住人口管理条例〉的决定》由无锡市第十七届人民代表大会常务委员会第十四次会议于10月27日通过,经江苏省第十四届人民代表大会常务委员会第六次会议于11月29日批准,自12月12日起生效。

【基层立法联系点配套管理制度出台】 2月8日,无锡市第十七届人民代表大会常务委员会第十五次主任会议通过《无锡市人大常委会基层立法联系点工作指引》;4月4日,无锡市第十七届人民代表大会常务委员会第十七次主任会议通过《无锡市人大常委会基层立法联系点立法意见建议采纳确认办法》《无锡市人大常委会基层立法联系点挂钩结对实施办法》《关于征询市人大常委会基层立法联系点意见建议的实施意见》,健全完善基层立法联系点工作制度体系。

【《无锡市人大常委会立法规划项目库管理办法》出台】 《无锡市人大常委会立法规划项目库管理办法》由无锡市第十七届人民代表大会常务委员会第二十二次主任会议于7月7日通过。该办法明确立法规划项目库管理的责任主体,以及立法规划项目库调整的次数、时间、标准、要求和具体程序,将立法规划项目库管理纳入法治化轨道。

【全市规范性文件备案审查工作会议召开】 5月12日,市人大常委会召开全市规范性文件备案审查工作会议。会议学习贯彻中共二十大精神,全面落实新修改的立法法关于备案审查工作的新规定新要求,总结工作经验、查找问题不足、部署工作任务,推动全市备案审查工作向高质量高水平迈进。

(市人大常委会办公室)

【《无锡市人民政府关于修改和废止部分政府规章的决定》出台】 12月25日,市政府第33次常务会议审议通过《无锡市人民政府关于修改和废止部分政府规章的决定》,自2024年3月1日起施行。该决定涉及1件现行政府规章的修改、7件现行政府规章的废止。修改后的《无锡市人民防空规定》在加强人民防空工程建设和使用管理等方面作出规定。《无锡市燃气管理办法》《无锡市国旗管理暂行办法》《〈无锡市城市房屋安全管理条例〉实施细则》《无锡市建设工程质量监督管理办法》《无锡市建设工程造价管理办法》《无锡市建设工程招标投标管理办法》《无锡市社会医疗保险管理办法》7件政府规章的相关制度设计、权益事项、管理规范等内容,已经不能适应当前的新情况和新要求,主要内容被上位法替代,故予以废止。

【《无锡市历史建筑保护管理办法》出台】 12月25日,市政府第33次常务会议审议通过《无锡市历史建筑保护管理办法》,自2024年3月5日起施行。该办法共6章43条,分为总则、历史建筑的确定、历史建筑的保护、历史建筑的修缮利用、监督管理和附则。

(田 杰)

政法工作

【概况】 2023年,全市政法系统围绕“推进政法工作现代化”目标要求,聚焦“四个走在前”“四个新”重大任务,深入实施“铸魂强警、法治提效、风险防治”等六项工程,各项工作取得新进展。无锡市获评“全国市域社会治理现代化试点合格城市”。市政法各单位工作绩效均位居全省前列,市委政法委获评全国党委政法委系统“新时代政法楷模集体”,江阴市人民检察院获评“全国模范检察院”。省委常委、政法委书记刘建洋4次到无锡调研,对无锡市矛盾纠纷多元化解、维护高校安全维稳等工作予以高度肯定。

【政治思想建设】 2023年,全市政法系统通过辅导报告、撰写心得、知识竞答等方式,持续掀起学习宣传贯彻中共二十大精神热潮。扎实开展学习贯彻习近平新时代中国特色社会主义思想主题教育,全市政法机关梳理排查突出问题301个、制定落实整改措施495条。扎实组织政治轮训,中国法学会副会长姜伟作依法治国专题辅导,市委书记杜小刚带头给全市政法领导干部上党课,363名政

5月11日，无锡市委政法委被全国党委政法委系统授予“新时代政法楷模集体”称号
（市委政法委 供图）

法领导干部开展政治忠诚剖析。严格落实重大事项请示报告、重大敏感案事件提级处置和政治督察等制度机制，市、县两级党委常委会研究政法工作83次，党管政法落地生根。

【社会稳定风险评估项目实现平稳】 2023年，全市政法系统践行总体国家安全观，扎实筑牢政治安全屏障，无锡市国家安全“4·15”特色宣教活动的报道在《新闻联播》播出。紧盯重大项目、重大节点，强化源头防控，实施分类分级分色管控，448个社会稳定风险评估项目实现总体平稳。

【完善平安建设协调机制】 2023年，无锡市制定实施平安建设10个专项工作协调小组工作规则，完善平安建设协调机制，不断增强联创共建合力。严惩违法犯罪，侦破江阴“5·4”枪案，命案、“两抢”案件连续12年、7年实现全破，刑事警情数、刑事案件数、八大类案件数和破案数、抓获数、批捕数呈现“三降三升”良好势头。推进公共安全综合整治，道路交通亡人事故起数、亡人数实现历年最大降幅。开展打击治理电诈犯罪“天网”“心盾”行动，全市电诈警情、发案数环比分别下降55%、60.9%，为群众挽回经济损失1.8亿元。加大特殊人群服务管理力度，成立市专门教育指导委员会，做好专门学校选址工作，深化社区矫正“133”模式，严重精神障碍患者服务管理率居全省第三位、苏南第二位。

【法治体系建设】 2023年，无锡市加快推进法治体系建设，实施依法治市“双提双评”专项行动，立法制规项目全省最多。推进规范执法、能动司法，开展政法单位业绩考评备案试点、民商事管辖案件和涉企重点案件评查，法院14项审判执行质效指标居全省第一名，检察业务绩效列全省前三名，综合考核连续4年获评全省优秀。推出法院、检察院服务企业“双16条”措施，成立国际商事和知识产权法庭，建设15个重大类案检察监督场景，市国安局海外利益保护成果获省委主要领导肯定。在全省率先设立行政复议咨询委员会、开展首席公职律师制度试点，“e路通”交通事故线上、线下一体化处理新机制获全国推广，入评“苏式高质量发展三十六计”。新增建设和规范化改造法律援助工作站（联络点）200个，梳理排查并提升37个法治薄弱村（社区）。

【健全善治格局】 2023年，无锡市清单化落实市域社会治理现代化试点292项具体任务，以全省第三名、苏南第一名的成绩通过省验收，顺利通过中央复核。扎实组织开展强化基层治理和民生保障行动，项目化推进平安守护、为民服务等11个专项行动100项具体任务。坚持“党抓治理、党管民生”，加快健全党委领导、政府负责、部门联动的领导体系，构建运行“市级统筹、县级主责、镇街执行、村社自治”组织架构，建立健全议事决策、统筹协调机制，构建形成全域治理格局。实施综治中心（矛调中心）建设提档、运转提效、素质提优、品牌提升工程，推进矛盾纠纷多元化解“一站式”平台建设，县镇两级“一站式”平台规范化建成率分别为87.5%、93.3%，宜兴社会治理中心、新吴综治中心“一站式”服务平台建设走在全市前列。实施“精网微格”工程，网格工作绩效实时上屏排名，市命名100名最美网格员，网格化工作知晓率居全省第二名。

【政法人才工程建设】 2023年，无锡市扎实推进“四五”政法人才工程，培育入库政法人才436人。市委政法委开办“无锡政法大讲堂”“铸魂提能讲堂”“镇（街道）政法委员工作论坛”，举办全市首届政法系统青年干部培训班，组织政法干警跨单位挂职锻炼，每季度开展“三官一律”同堂培训，着力推动素能提升。严格执行新时代政法干警“十个严禁”，每季度例会分析研判作风建设情况，每半年通报反面典型案例，市政法各单位通过开展“家庭助廉”、违纪复盘、违规饮酒整治等活动，做到警钟长鸣。年内，全市政法干警违纪违法人数比上年下降65.38%。

（邵 磊）

法治政府建设

【概况】 2023年，无锡市贯彻落实习近平法治思想，聚焦深化法治政府建设目标，巩固拓展"全国法治政府建设示范市"创建成果，拉高建设标杆，提升建设标准，法治政府建设取得新成效。年内，滨湖区获评省级法治政府建设示范区，"e路通——推动法治公安建设跨入云时代"项目被列入第三批全国法治政府建设示范项目，"法治政府开放月"系列活动获评市政府"政府开放月"的"最具活力团队""最具创意活动""最具影响力活动"3个奖项。

【规划计划】 2023年，无锡市全面落实党政主要负责人履行推进法治政府建设第一责任人职责，与经济社会发展同谋划、同部署、同推进、同督促、同考核，自觉将政府各项工作纳入法治轨道。制定《无锡市2023年法治政府建设工作计划》，明确32项年度目标任务，加快推进落实。印发《关于开展第三批江苏省法治政府建设示范创建活动的实施方案》，积极推动法治政府示范创建活动，引领法治政府建设改革创新。出台《全市领导干部应知应会党内法规和国家法律法规共性综合清单》，发放《领导干部应知应会党内法规和国家法律公共清单读本》1000册，推动领导干部尊法、学法、守法、用法。下发《关于规范无锡市镇街法治建设议事协调机构及其办事机构领导机制和工作机制的通知》，进一步完善基层法治建设体制机制，全面提升基层治理法治化建设水平。联合江南大学法学院开展《无锡市贯彻落实〈法治政府建设实施纲要(2021—2025年)〉实施方案》中期评估，扬优势、补短板、强弱项，推动法治政府建设落实落地。

【重大决策规范化】 2023年，无锡市强化重大行政决策规范化运作，严格落实《无锡市重大行政决策事项目录管理办法实施细则》，将《长江国家文化公园无锡段建设保护规划》等5个事项列入2023年度无锡市重大行政决策目录管理事项，实施清单管理，狠抓推进落实。开发"重大行政决策信息化管理系统"，在无锡市政府门户网站设立"重大行政决策专栏"，对年度重大行政决策目录管理事项实行网上公开，对年度重大行政决策目录管理事项实行全链条管控、全过程监督、全闭环管理，全面接受社会监督。率先开展首席公职律师制度试点，持续优化市政府法律顾问"1+3"工作模式，做好市政府重大涉法事务办理及合法性审核工作，组织23次市政府法律事务会商，对9件规范性文件、135件普通文件、56件市政府合同协议、24件市政府决策进行审核并出具法制审查意见，参与市政府重大信访事项复查复核19件，对重大行政决策进行法律体检，构建决策合法性审查"双保险"系统，牢牢守住法律底线。

【立法制规】 2023年，无锡市开展地方性法规立法工作10项、政府规章立法工作2项、政府规章立法调研工作1项、政府规章立法后评估工作3项，协助省司法厅完成省级立法项目意见征求工作68项次，省级立法项目调研工作5项次，通过立法民意直通车征集修改意见9352条。强化规范性文件全生命周期管理，制定市政府规范性文件9件，备案审查市政府部门规范性文件37件、市(县)区政府规范性文件13件，审查率、备案率、合格率均100%；组织开展全市规章规范性文件集中清理，共清理市政府规范性文件259件，宣布继续有效140件，废止和宣布失效114件，转为非规范性文件管理5件。

【行政复议应诉】 2023年，无锡市开展"行政复议应诉能力提升年"活动，市政府全年收到行政复议申请609件，审结487件，省政府受理以市政府为被申请人的行政复议案件14件。市政府办公室印发《关于调整无锡市人民政府行政复议委员会组成人员和工作规则的通知》，在全省率先成立行政复议咨询委员会和行政复议专家组。市委依法治市办、市中级人民法院、市司法局联合印发《关于加强全市行政复议行政应诉监督工作的通知》，建立行政负责人出庭应诉和行政败诉"一案一析一通

8月21日，无锡市社会矛盾纠纷调处服务中心开展人民调解工作

(市司法局　供图)

报”工作机制。市政府行政复议委员会办公室印发《关于进一步规范市政府行政复议和行政应诉有关事项的通知》《关于明确实施行政复议应诉机构相关职责的通知》,确保行政复议应诉职责有序推进。出台《办理市场监管领域投诉举报类行政复议案件若干问题释明》,统一全市市场监管领域涉企举报投诉复议案件办理标准,获司法部和省司法厅批示肯定。

【规范行政执法】 2023年,无锡市全面推行自由裁量权基准工作,市设行政处罚事项262项,其中232项制定了行政裁量权基准,占事项的88.5%,涉及16个部门。推进证明事项告知承诺制,办理适用证明事项告知承诺制11.3万件,减少证明材料11.7万份,政务服务“免证办”事项累计达209项。组织1.5万余人次行政执法法律知识和业务培训,完成1.2万张行政执法证件在线年审。推行包容审慎执法,累计制定适用各级各领域免罚轻罚事项清单761项,办理涉企免罚轻罚案件7000余件,涉及金额2.07亿元。开展行政执法突出问题专项整治行动,对市应急管理局、市农业农村局、市文广旅游局、市城管局、市生态环境局、市交通运输局、市市场监管局开展专项执法检查。实施重点领域行政执法案卷评查专项行动,行政处罚类案卷平均分获全省设区市第二名,2份案卷获评全省“20佳”。

【普法依法治理】 2023年,无锡市委全面依法治市委员会办公室、市法治宣传教育领导小组办公室印发《无锡市公民法治素养提升行动方案(2023—2025年)》,在全市推动实施国家工作人员“尊法赋能”行动、青少年“学法护航”行动、市场主体“守法致远”行动、村(居)民“用法安居”行动。市法治宣传教育领导小组制定《全市“八五”普法中期实地评估验收工作方案》,组建5个实地评估验收小组,对全市8个市(县)区、22个市级普法成员单位进行“八五”普法中期实地评估验收,9月,高标准通过全省“八五”普法中期评估验收,宜兴市入选首批全国守法普法示范市(县、区)创建活动候选名单。出台《关于进一步落实普法责任制的实施意见》,制定出台年度市级机关部门月度普法项目清单、市级机关部门和媒体单位媒体公益普法项目清单、领导干部应知应会法律法规清单。开展优秀普法项目、优秀法治文化作品、“法治无锡·平安万家”优秀案例等征集评选活动,推动法治文化“十进”。

(田　杰)

公　安

【概况】 2023年,全市公安机关围绕“攻防转换年、机制优化年、基础提升年、队伍建设攻坚年”部署,实施攻防一体化实战改革,持续确保全市政治社会环境安全稳定。完成杭州亚运会、亚残运会等重大活动时期安保任务和各项警卫任务。会同法院、检察院、信访等部门共建矛盾纠纷联合化解平台,健全公调对接、警调对接机制,矛盾纠纷调处化解率99.96%。开展“主战主攻”“主巡主控”“主防主治”“主令主援”警务机制改革,构建职能科学、事权清晰、指挥顺畅、运行高效的实战化职能体系。开展打击治理电信网络诈骗犯罪“天网”“心盾”两大行动。实现全市警情案件、破案打击质态、全民防诈意识、公安整体实力“一降三升”。开展夏季治安打击整治百日行动、维护年终岁末安全稳定“冬季会战”、“2023太湖鹰击”专项攻势和“昆仑2023”等专项行动,严打突出违法犯罪,侦办新型犯罪案件,整治社会治安乱点和重点地区,全市刑事案件、八类案件、命案、侵财案件、盗窃案件、诈骗案件、电诈案件立案数与上年相比实现“七个下降”。推出服务经济护航发展16项举措,政务服务全流程网办事项总量居全省第一名,“3公里便民服务圈”全省密度最高,实现制度交易成本、改革获得感、服务便捷度、办事体验感“一降三升”。做好公共安全监管,加强交通安全整治、群租房治理、消防安全监管,道路交通亡人事故数、亡人数比上年分别下降10.41%、10.71%,至年末,群租房累计保持839天安全事故“零发生”。

【“法治公安”建设】 2023年,市公安局加强“法治公安”建设。开展“如果我是当事人”换位思考主题教育,组织案例评析会451场次、警民恳谈会363场次、模拟法庭辩论78场次。开展全市公安机关执法技能竞赛,推进“法治公安”人才高地建设。针对新型案件犯罪形态、证据标准,举办法治讲堂15期,组织旁听庭审23场,推行执法办案管理中心旁听审讯机制,提升民警对新型疑难复杂案件攻坚能力。加强市、县(区)两级执法办案中心建设,发挥保障安全、监督管理、赋能实战作用,刑事犯罪嫌疑人进入中心审查率78.4%。探索接报案与受立案制度改革,开展县级公安机关接报案中心建设试点。升级智慧法制系统,实现对核心要素智能管理。推行执法办案积分制,综合量化民警执法绩效。加强执法数据监控,排查警情24.7万起、案件4.5万起,发现整改问题1790个,实现行政诉讼“零败诉”、国家赔偿“零发生”。构建法治公安建设“大监督”格局,开展涉伤、斗殴、寻衅滋事类案件专项检查、“两清理两规范”(“僵尸案件”、违规调解和解案件专项清理,规范涉案财物管理、现场执法执勤言行)专项整治,查纠有案不立、压案不查、久办不结、程序违法等执法顽疾。执行“无锡版”现场执法规范用语、执法安全“十条铁规”、执法办案“六个必须”、调解和解“2+N”证据标准、涉案财物管理“四个严禁”等

1 月 17 日，市公安局举行全市公安交警系统摩托车警务驾驶实战技能大赛
（市公安局　供图）

制度规范，制定打击电诈、虚拟币违法犯罪、户外大屏传播有害信息等执法指引 8 件，出台涉案财物管理工作规范等执法制度 5 个。

【智慧公安建设】 2023 年，市公安局以省公安厅党委“一号工程”“苏警数智”行动试点为契机，深化智慧公安建设，实施科技兴警和公安大数据战略，推进公安工作数字化转型。与市科技局签订战略合作协议，联合印发《科技兴警三年行动计划（2023—2025 年）实施方案》，推进公共安全领域市级重点实验室创建，4 个项目获 2023 年度市级社会发展项目（科技兴警类）科研立项。构建全市公安大数据实战赋能体系，市公安局在全省率先建成大数据实战赋能中心，打造“数字会客厅”“模型生产线”“全警 110”，全天候响应上级交办、警种需求、基层请求，全维度提供查询查证、数据比对、实战建模、视频解析等服务支撑，组织 10 个警种完成 23 个重点课题攻坚任务，52 个模型投入实战应用。推进“一眼多维”（视频眼和人、车、物、码、证等“多维”智能前端）感知系统建设，开展“雪亮工程”排盲提质“清目 2023”行动和技防入户攻坚“扎篱”行动，进行“智慧版技防城”建设，推进 150 个老旧小区、570 万平方米技防设施改造。加强“感知、数据、地图”三大赋能支援数字基座建设，联网汇聚全市多路视频监控、多类数据、多级地图及人车码电等智能终端，向警种部门提供实战应用服务，依托公安数据公共服务平台为 15 个政府部门提供服务 1500 余万次。按照无锡市数字经济提速和数字化转型工作要求，完成市级人口基础库建设，治理形成 400 余万条标准地址和 40 个维度标签；“太湖 e 警”“e 路通”“交通大脑”“超图体系”“太湖之鹰”等成为全市数字化转型标志性项目，“太湖之鹰”等 3 个项目获评 2023 年度数字无锡建设星级场景，“e 路通”交通事故一体化处理新机制获评 2023 世界智慧城市大奖中国区“场景驱动倡议大奖”。开展新警综、情指行、大数据“三大主干”平台建设。建成无锡电子印章公共服务平台，与电子证照、一网通办、电子医保等 31 个系统对接，年内 7230 家企业、6879 名个人领取电子印章，提供调用服务 106 万次。清理整治移动警务应用，完善“情指通”“智慧巡防”“智慧治安”“交警勤务”等 22 个主干业务 App 功能，提升移动警务赋能实战效能。市公安局 1 个项目获全国公安基层技术革新大赛警用装备类赛项一等奖第一名，1 个项目获 2023 年公安部科学技术奖三等奖，6 个项目在全省公安科技创新大赛上获奖。会同市总工会开展“智慧公安我先行”基层技术革新专项活动，举办 2023 年全市公安科技创新大赛。加强数据安全保障体系建设，严密数据安全监管。

【“110”接处警服务】 2023 年，市公安局深化“攻防一体化”实战警务改革，按“公安最强大脑、警务实战中枢、一键启动按钮、全警坚强后盾”职能定位，推进“主令主援”警务机制建设，运行市、县两级新一代指挥调度、情报作战、赋能支援“三厅三区”情报指挥体系。升级完善“指挥超图”，封装“圈层防控”“可视化派警”“可视指挥”等实战场景，制定 9 类突发事件全流程指挥处置预案，提升快速反应处置“黄金 10 分钟”指挥作战效能，做到“现场可视、资源可视、行动可视”。确立“1、3、5 分钟”快速反应无锡标准，优化布警格局和联勤模式，重要警情到场用时平均提速 41.6%。贯彻警情处置“快早小、专业化、双现场”要求，一线民警用专业动作、专业装备、专业流程保障现场处置规范高效。“110”报警服务台全年接报警情 216 万余起，其中服务求助类警情 73.7 万起，救助困难群众 2.8 万余人；向“12345”公共服务热线转递“双非”（非警务、非紧急求助）事项 6800 余起，向 59 家社会求助服务成员单位分流处置联动类求助警情 8.4 万余起，群众对社会联动工作满意率 99.7%。

【社会面巡逻防控】 2023 年，全市公安机关开展“主巡主控”实战警务机制改革，加强“一主多联”街面巡控系统建设，构建街面大巡控格局。优化警务工作站布局，提升接警处警、服务群众、矛盾调处、快速反应处置能力，最大限度为巡区覆盖派出所减负增效。15家高等级警务工作站加挂“市公安局警务联勤中心”，统领街面巡控力量动态布防、联勤联巡。将原有“1、3、5分钟”快速反应圈细化为巡区，加强警务工作站对街面防控处突的牵引和掌控作用，一体牵引驻警务工作站警力、前置型街面公安方舟、铁甲武装巡逻车组、铁鹰警摩、交警铁骑和无人机常态开展攻势巡防，形成“站舟车摩航”全攻全守街面力量体系，实现一点触发、多点响应、共同处置。年内，重要敏感警情平均到场时间压降至3分32秒，较改革前提速41.6%，全市可防性案件较前4年均值下降13.34%。

【**刑事犯罪案件侦查**】 2023年，全市公安机关开展“主战主攻”警务机制改革，构建市县主战、合成作战、打大打新、打早打小的专业打击体系，破获刑事案件19058起，年内发生的26起现行命案全部破获，连续12年实现现行命案全破；破获现行抢劫、抢夺案件55起，连续7年实现抢劫案件全破；破获25年以上命案积案4起；全市金额100万元以上、50万元以上电信网络诈骗案件破案率分别为93%、86.4%；破获公安部督办的“6·4”等网络贩枪大案。开展打击性侵犯罪、打击未成年人盗窃、命案积案攻坚等19个专项行动。常态化开展扫黑除恶斗争，专项整治教育、金融放贷、市场流通、交通等重点行业领域，年内摧毁涉黑组织1个、恶势力犯罪集团11个，非法拘禁、聚众斗殴、寻衅滋事等9类涉恶案件发案数比上年下降13.1%。打击裸聊敲诈等涉网黑恶违法犯罪行为，摧毁涉网涉恶犯罪团伙20个，其中裸聊敲诈犯罪团伙15个。推动“小案快破”向“盗案必破”转变，盗窃案件24小时破案率44.2 %。落实核查涉枪线索500余条，抓获涉枪犯罪嫌疑人82人，缴获火药动力枪支107支、气动力枪支56支。运用声纹技术串并电诈案件423起。通过电子数据勘查采集，支撑抓获犯罪嫌疑人356人。抓获在逃人员2453人，其中命案在逃人员40人。运用刑事技术分别找回当年、历年走失人员789人、10人。

【**经济犯罪案件侦查**】 2023年，全市公安机关经济犯罪侦查部门立案查处各类经济犯罪案件774起，抓获犯罪嫌疑人682人，挽回经济损失12亿元。破获涉案金额26亿元的某国贸公司被合同诈骗案、宋某英涉嫌内幕交易案等一批重大案件和上级交办案件。破获涉案金额100余亿元的“5·18”虚拟币地下钱庄案、国内首例利用虚拟币向西方发达国家转移资金的“1·29”地下钱庄案、全市首起网络套现的“2·9”非法经营案等22起新型案件。云端打击各类突出经济犯罪，在商贸领域、假币领域、金融领域、反洗钱领域、涉税领域和传销、非法集资、证券、期货领域发起9起集群战役和36起数据协同。开展打击地下钱庄“歼击2023”行动，打击各类洗钱犯罪，破获地下钱庄案件8起，涉案金额200多亿元。开展境外追逃“猎狐行动”，从柬埔寨、菲律宾等国家抓获境外经济犯罪在逃人员22人。防范化解重大经济金融风险，打击非法集资犯罪，梳理非法集资陈年案件142起，办结91起。开展涉企“挂案”专项清理工作，梳理涉企挂案330起，清理281起。

【**禁毒工作**】 2023年，全市公安机关开展禁毒“清源断流·破冰2023”专项行动，破获公安部、省公安厅毒品目标案件9起，2起案件获公安部通令嘉奖。开展打击整治涉“笑气”违法犯罪专项会战，破获非法经营“笑气”刑事案件19起，抓获犯罪嫌疑人85人，缴获“笑气”1.8万余升。开展“拔钉追逃”专项工作，抓获涉毒在逃“钉子”对象3人。全市禁毒工作连续第七年被省禁毒委评为优秀等次，群众对禁毒工作满意率98.3%。开展吸毒人员核查管控工作，将吸毒人员管控纳入公安“社区超图”和社会网格化服务管理事项，落实吸毒人员“平安关爱”活动，全市未发生吸毒人员肇事肇祸案事件。完善智慧禁毒管控模型，滚动排查“涉毒失驾”人员，防范化解“毒驾”风险隐患，会同交通运管部门建立营运人员入职体检毒品毛发筛查机制。

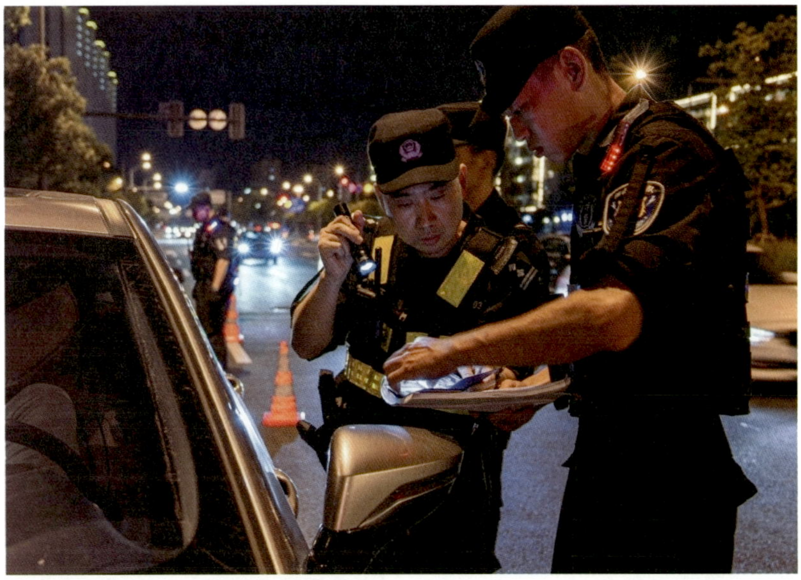

7月4日，市公安局巡特警在路面设卡盘查　（黄一清　摄）

加强易制毒化学品安全监管，全市核查易制毒化学品办证企业 2191 家，查处易制毒化学品行政案件 23 起。开展禁种铲毒工作，破获非法种植毒品原植物刑事案件 2 起，查处行政案件 64 起。推进全国禁毒示范城市创建，升级改造无锡市青少年禁毒教育基地，开展“青春不‘毒’行、健康伴成长”“6・26”国际禁毒日主题宣传活动，打造具有无锡特色的禁毒预防教育品牌。

12 月 7 日，市公安局办案民警在大数据赋能支援厅研判赋能实战

（黄一清　摄）

【食品药品和环境领域犯罪惩治】 2023 年，全市公安机关开展“昆仑 2023”、打击食品药品违法犯罪“猎鼠行动”、打击侵犯知识产权制售假违法犯罪“靖影行动”和打击破坏森林资源、污染环境、涉渔违法犯罪“清风行动”等专项攻势和专项行动，破获食品、药品、环境、知识产权和森林犯罪刑事案件 230 起，其中公安部和省公安厅督办案件 20 起，抓获犯罪嫌疑人 826 人，提起公诉 370 人。开展“主战主攻”警务机制改革，落实分级分类办案和“食药环侦 +N”合成作战机制。加强食品药品安全检验实验室建设，市公安局实验室取得全国公安系统首张食品药品安全检验领域“鉴定机构资格证书”，全年检出阳性样品 273 份，循线查办非法添加、掺杂造假、不符合安全标准等食品犯罪案件 10 起。与市市场监管、环保、自然资源、农业农村等行政部门沟通对接，落实信息共享、线索转递、联合执法等工作机制，年内开展联合执法 200 余次。开展第 41 个“3・15”消费者权益保护日、第 23 个世界知识产权日、食品安全宣传周以及假冒伪劣商品集中销毁行动等主题活动，为群众提供咨询服务 1 万余人次，发放宣传材料 2 万余份，销毁假冒伪劣商品 258.7 万件。

【打击防范电信网络诈骗犯罪】 2023 年，全市公安机关开展打击治理电信网络诈骗犯罪“天网”“心盾”两大行动。召开全市打击治理电信网络新型违法犯罪工作联席会议，落实各级党委、政府属地责任，市公安局组建工作专班推动两大行动开展。制定二次谈话、专业劝阻、挂牌整治等机制和方案，建立“红黑榜”、复盘倒查、奖励问责等督导推进机制。加强市、县（区）两级公安机关反诈中心和破案攻坚战队建设，全市打掉“百人级”电诈团伙 12 个，其中“千人级”团伙 2 个，侦办公安部挂牌案件 6 起，发起全国集群战役和集中抓捕 13 次，抓获涉诈刑事对象 6668 人，其中境外“回流”对象 3091 人、幕后“金主”26 人；铲除境内引流推广、资金结算等“黑灰产”团伙 274 个，其中打掉“两卡”（银行卡、手机卡）团伙 243 个，抓获涉“两卡”对象 5599 人。构建专业劝阻体系，建成 3 支“心盾”劝阻宣防专业队，全市公安派出所全部建成“心盾宣教室”，全年处置近 6 万条资金预警指令，成功唤醒 5.1 万余名预警对象，避免损失 29.5 亿元；对全市企业财会、高校师生、留学生家长和网络交友征婚、网络租房、网络贷款等重点群体开展过筛式宣防，全年面对面宣防 82.8 万人次；开展“反诈大篷车”巡回宣讲 107 场次，受教育群众 30 余万人次；推出反诈主题游船、“反诈景区体验点”、“平安无锡体验中心”和反诈主题公交车。

【社区警务】 2023 年，市公安局开展“主防主治”警务机构改革，在全市户籍派出所实行“两队一室”（社区警务队、案件办理队，综合指挥室）勤务模式。在警务工作站覆盖的派出所取消社区警务队白天值班，落实盯人、控事、搜情、防风险、解民困本职。在移动警务终端上线社区民警在社区打卡报备机制，对社区民警在社区时间、工作内容进行监测分析，每天在社区的民警 95% 以上，工作日 80% 的时间在社区。加强社区警务团队建设，推行以中心警务室为支点的社区民警结对编组模式，社区民警进村（社区）“两委”班子兼职率 100%，联动社区干部、辅警、网格员和社会力量等 11.2 万余名群防群治专业力量投入社区基础工作。加强“社区超图”体系建设，推动治安要素、工作任务全量实时上超图，打造社区民警基础工作平台，维护更新标准地址 105.6 万条、标准房间 404.5 万间、实有人口 827.6 万人、实有单位 50.8 万家。市、县（区）两级基础管控监测中心常态监测 44 项基础指标。开展社区反诈宣防工作，落实一般预警劝防、受害人二次谈话制度以及社区反诈宣传措施。

【治安管理】 2023年，全市公安机关治安管理部门开展“主战主攻”机制改革，成立市、县（区）两级治安行动队，组织夏季治安打击整治等系列攻坚战役。全年查处涉黄涉赌案件4685起10962人，其中涉黄涉赌刑事案件398起，公安部督办案件5起、省公安厅督办案件15起，市公安局被公安部治安管理局列为打击跨境跨区域黄赌犯罪部级战略支撑点。核查涉危涉爆线索365条，查处涉危涉爆刑事案件24起24人。查处涉烟刑事案件14起。推动公安派出所落实消防安全监管职责。加强涉危单位监管，建成启用全省唯一符合国家标准的废旧爆炸物品储存库，制定大型焰火燃放安全监管、销毁爆炸物品、销毁烟花爆竹“三个规定”，开展涉枪涉爆物品检查整治5次，整治危管单位治安防范隐患392处，查处行政案件230起161人、单位69家，收缴并销毁枪支274支、子弹5.3万发等危险物品，完成14项爆破作业和22项大型焰火燃放活动安全监管。加强民用无人机管理，完成11场次无人机表演现场安全监管，查处“黑飞”案件11起。开展社会治安乱点整治“清风2023”行动，对全市挂牌整治的22个治安重点地区开展清查，取缔关停无照场所73家，处罚违规经营场所22家。年内，全市处罚违法违规娱乐服务场所1260家次，停业整顿945家次，开展娱乐服务场所违规招用未成年人问题整治12次。推动建立旅馆住宿未成年人保护体系，处罚未履行接待未成年人入住“五必须”规定的旅馆90家。依托旅馆智慧监管模型，处罚违规经营单位461家。开展废品回收站点整治，核查生产性废旧金属回收站点508家，查处违法经营单位28家。排查印刷业经营实体4528家次、户外大屏5220块次。加强新业态治安管控，排查网约房源1.12万间，研发自助登记小程序，推广应用“智能锁具”，年内登记旅客42.83万人次；在全省率先制定电竞酒店经营管理标准，完成全市电竞酒店、电竞客房审验工作。依托“警邮联动协作机制”，开展寄递网点特别是易燃易爆等危化品生产销售企业周边网点排查，整改问题154处，处罚违规经营网点6家。加强保安行业监管，查办保安行政案件346起，建成保安联勤联防示范点16个，建立保安联勤联防协作区域622个。运用“智慧治安”采集维护单位基础信息2.9万余家次、从业人员31.8万余人，开展检查14万余家次，整改隐患1.14万余家次。加强犬类管理，查处违法养犬案件696起，“犬卫士”App线上审核办理养犬登记1.7万余只，审核犬证43964张、补办4898张。

10月1日，梁溪公安分局中山路警务站民辅警在崇安寺景区巡逻

（殷正天 摄）

【知识产权保护服务前哨建设】 2023年，全市公安机关加强知识产权刑事保护，在全市支柱产业、领军行业和龙头企业设立5个“知识产权保护服务前哨”，提供打击犯罪、风险防范、宣传走访、协同保护等服务事项，直接获取线索破获知识产权案件50余起，抓获犯罪嫌疑人156人，为企业挽回经济损失3.6亿元，帮助堵塞法律合规性及失泄密漏洞38个。该做法入选国务院知识产权强国建设第二批典型案例（全国公安系统仅2例），被公安部评为加强知识产权刑事保护支持全面创新典型事例（全国仅4例）。

【经盾服务站建设】 2023年，市公安局坚持警务前置、关口前移、服务前倾，在全市金融、企业聚集区建设经盾服务站4个，履行区域经济犯罪风险防控职责，为企业提供预警、合规、法律等服务。在经盾服务站设立经济案件受理分中心，第一时间接受企业报警、咨询和求助，打击合同诈骗、职务犯罪、挪用资金等危害营商环境涉企经济犯罪。涉企经济犯罪立案500余起，抓获犯罪嫌疑人400余人，挽回经济损失8亿元。通过预警风险提示，指导企业完善防范措施，堵塞可资犯罪漏洞，走访企业375家、发布涉企预警提示620条，帮助企业避免损失7300万余元，指导企业签订、优化民商及劳务类合同72份。成立经侦讲师团，开展宣传防范活动，当好企业法律顾问。

【警企联络服务工作】 2023年，全市公安机关加强警企联络服务工作，开展"解企忧、促公正、提效能、护发展"专项行动，走访企业430余家，帮助企业解决难点问题206个。开展公安政务服务事项统一受理、集中办理制度改革，在市、县(区)两级公安政务服务大厅设置涉企综合服务窗口，提供60余项涉企事项"一窗式"服务，精简33个公安政务服务事项申请材料、办理流程。落实监督管理职责，对市级22个抽查事项开展"双随机、一公开"抽查240批次，涉及1535家企业；会同市市场监管局、市商务局、市文广旅、市住建局、市卫健委、市体育局和银保监开展联合监管抽查49批次431家，发现并整改违规问题和安全隐患100余处。

【"太湖e警"平台建设】 2023年，市公安局正式上线"太湖e警"公安政务服务平台，9个警种部门的160项公安业务实行"全流程网上办"，新增法院服务专区，接入知识产权保护服务云哨、制章服务等功能，用户数86万人，累计办件105万件。在"太湖e警"公安政务服务平台汇聚房产证、结婚证、出生证、社保证明等20余类电子证照数据，向群众提供50余项公安业务"扫码办"服务，年内惠及群众1.12万人次，免提交实体证件材料5万余份。统一全市公安机关"太湖e警"线下服务网点建设标准和事项清单，开展适老化、无障碍环境改造，全市建成108个"太湖e警"综合服务中心和综合服务窗口，向企业和群众提供264项公安业务"一窗通办"服务，累计服务群众180万人次。在全市村、社区、重点企业、工业区、高校、商圈等区域建成20个公安政务服务延伸服务点，提供车驾管、户政、身份证、居住证及各类证明等5大类高频事项办理服务。线下服务网点全部配备"太湖e警"自助服务终端，与"成全e站""澄事之窗""怡心办"等市、县(区)两级政务服务一体机对接，在全市315个网点332台自助机设立"太湖e警"专区，提供23项公安业务自助服务。

【出入境管理】 2023年，全市公安出入境管理部门办理出入境证件43.1万件次，其中，中国公民出入境证件(护照、港澳台通行证)42.27万件次，外国人签证证件8065件次(其中居留许可7104份、签证228份、停留证件669份、外国人出入境证64份)。落实服务保障国家重点和区域协调发展战略，打造最优营商环境。服务太湖人才计划，开展"人才服务面对面""警企服务直通车"等活动，以"顶格政策"吸引"顶尖人才和顶级团队"。建立"专家顾问团"服务机制，对"高精尖""卡脖子"领域外籍高层次人才制定"一人一策"引才方案，全年走访外籍高层次人才3639人次，协助引进"卡脖子"领域人才29人，受理外国人在华永久居留申请91人次。推进新版外国人永久居留身份证便利化应用工作。在全省率先重启"长三角口岸签证代转"工作，年内办理紧急到无锡商务外籍人员口岸签证10人次、向长三角其他国际机场代转口岸签证申请12人次，这一做法被国家移民局宣传推广。在市、县(区)两级公安出入境窗口设立服务企业专窗，为"走出去"企业开辟"绿色通道"，确保市级有制证权事项当日办结。在派出所"综合服务窗口"推出三类主要出入境证件首次受理服务。会同市科技局、市行政审批局在市人才金融港和江阴市政务服务中心分别建设高层次人才出入境服务中心和外国人到华工作服务专窗，推进新吴区移民事务服务中心建设。市、县(区)两级公安出入境窗口实行周六正常受理和工作日延时受理服务，举办3场学生出入境证件办理夜间专场活动，开展"外国人无犯罪记录证明"业务。发挥"三非"(非法入境、非法居留、非法就业)外国人治理工作协调机制作用，开展"犁平""獴猎"行动，全年查获"三非"外国人174人，其中非法就业外国人98人，将307名妨害国(边)境犯罪人员移送起诉。开展缉捕境外跨境赌博犯罪嫌疑人"金雕—2023"专项行动，抓获在逃人员18人。完成蒙古国、巴基斯坦、越南警察和移民部门及泰国前政要到无锡参访等重大外事接待任务。

【重点单位治安保卫】 2023年，全市公安机关加强对关系国计民生、国家

4月29日，市公安局举行"心盾2023"警营开放日活动 (陈 旭 摄)

安全和公共安全,对国家或所在地区经济发展、社会稳定和人民生活具有重要影响的企业事业单位的安全保卫工作。经本级人民政府批准,全市判定治安保卫重点单位1860家,其中省级重点单位20家,市级重点单位274家,市(县)、区级重点单位1566家。市公安局单位内部安全保卫部门试点全市单位安全服务数据融通平台,应用"江苏公安服务企业平台",办理服务事项8897件。建立水电油气、加油站、校园、医院等安全检查"红黑榜"通报制度,下发"红黑榜"通报12期。督促各级党政机关落实治安保卫责任制。15所在无锡的高校建成警务室。在全市中小学幼儿园开展"护校安园"专项工作暨"护蕾之盾"行动,排查整改校内安全隐患659处,整治校园周边治安乱点31处,1120所中小学、幼儿园实现侵害师生人身安全和重大事故"零发生"。指导高科技企业和重要科研机构落实内部安全保卫工作。对202家银行业金融机构开展第八轮安全评估工作。会同市商务局开展加油(气)站新标准安防建设达标工作,汇聚486家加油站、131家散装汽油定点销售加油站视频资源。在全市211家各级医院开展治安隐患漏洞排查整治行动,推动全市101家二级以上医院实施安检工作、设置警务室或治安室,建立重大医患纠纷督办和涉医重大案事件复盘机制,预防和减少暴力伤害医护人员案事件发生。开展油气重点目标防范措施达标建设和"三电"(电力、电信、广播电视)领域违法犯罪打击整治专项行动,着重加强对燃气重点单位的安保指导监督。加强对市区太湖、长江双水源供水系统和5家水厂的监督检查、安全培训与应急预案演练。

【大型活动安全保障】 2023年,市公安局巡特警部门开展大型活动安全检查210次,整改各类安全隐患410处,组织协调各类安保力量9.1万余人次,完成银河左岸·无锡太湖音乐节、2023太湖鼋头渚中秋国庆水上音乐烟花大会等195项、632场次、220万人次参与的大型活动安保工作。

【见义勇为表彰】 2023年,市委第66次常委会专题听取全市见义勇为工作情况汇报。见义勇为工作被纳入全市综合考核平安建设内容。全市见义勇为基金会表彰奖励见义勇为人员1976人,颁发奖金283万元。市见义勇为基金会会同市公安局、市文明办、市妇联等部门制定人民群众参与平安建设、打防电诈犯罪、反家暴、保护未成年人和保安员等专项奖励办法,奖励见义勇为群众、公安辅警、网格员、保安员1088人次。开展第二届"无锡见义勇为环卫工(快递员、物管员)"评选,表彰1个群体、8名个人。建立"无锡市见义勇为勇士"季度评选发布机制,评选"无锡市见义勇为勇士"20人,于40米高空托举悬窗男童的王俊毅获评"全国见义勇为勇士"。推进市(县)、区政府见义勇为称号评定授予工作,江阴市、宜兴市、梁溪区、锡山区政府年内授予3个群体、41名个人见义勇为称号。推荐事迹突出人员参加各级称号评定和先进模范、各级好人评选表彰,11人次受到省级以上表彰奖励,其中孙成春被省政府授予"江苏省见义勇为英雄"称号,王坤、徐凤生被授予"江苏省见义勇为模范"称号,杜康被授予"江苏省见义勇为先进分子"称号,13人获评"中国好人""江苏好人"和"无锡好人"。开展第七届"无锡市见义勇为宣传日"活动,举办"正义在我身边——见义勇为宣传日颁奖晚会"。利用各级媒体讲好身边的见义勇为故事,把见义勇为宣传融入各级新时代文明实践中心,开展清明节网上祭奠见义勇为英烈活动,全市30个见义勇为主题公园、广场、长廊开展日常宣传。全市各级见义勇为组织走访慰问见义勇为人员402人,精准帮扶困难家庭78户,发放慰问金、补助金218万元。开展"问所期所盼、问难点堵点、问对策良方和促问题解决、促创新突破、促质效提升"见义勇为大走访活动,走访见义勇为人员392人、基层组织58个,召开座谈会15场次,征求意见建议73条,帮助解决见义勇为人员就医、就业、养老等实际困难25个。推进"暖心工程"建设,向104名见义勇为人员在读子女发放助学款27万元,为468名见义勇为人员购买保险,组织127人疗休养。依托见义勇为爱心超市,为市区162名见义勇为英烈遗属、伤残人员、获市级以上表彰人员及困难家庭发放见义勇为爱心券。

(耿永军)

检　察

【概况】 2023年,全市检察机关受理各类案件18298件,其中刑事案件11488件、民事案件687件、行政案件269件、公益诉讼案件686件。全市检察机关71件案件入选全国、全省典型案例;公益诉讼、检察侦查等26项工作的经验做法在全国、全省会议上作交流发言,473个典型事例和案件被中央级、省级媒体报道;21个检察改革创新项目获市级以上荣誉,数量居全省设区市院首位;94个集体、93名干警获省级以上表彰,市人民检察院连续三年获评"全省设区市检察工作考核先进单位",江阴市人民检察院被授予"全国模范检察院"称号,宜兴市人民检察院、滨湖区人民检察院获评"全省检察机关先进集体"。

【优化营商环境】 2023年,全市检察机关出台服务"企业敢干"16项措施,开展护航创新发展、民企司法保护等专项活动。保障科技创新,构建知识产权刑事、民事、行政、公益诉讼检察综合履职体系，办理涉知识产权案件82件。某高新企业被竞争对手恶意提起侵权诉讼导致上市中止，市人民检察院及时向法院发出提示函，推动恶意诉讼被驳回，保障该企业顺利上市。新吴区人民检察院获评“全国查处重大侵权盗版案件有功单位”。构建“检企联系点＋网格员”的服务网络，结合办案开展法律咨询、案例宣讲，帮助企业防范风险。市人民检察院与市工商联联动护企机制入选全国民企司法保护“百佳案例”。

【保护生态环境】 2023年，全市检察机关共办理破坏生态环境资源类案件403件，联合市纪委监委、市攻坚办开展专项督查15次，切实扛起“守护美丽无锡”的检察责任。推动长江、太湖流域协同共治，与苏州、常州等地检察机关建立线索移送、案情通报机制，办理排放危废、非法捕捞等案件9件。在办理跨市倾倒千吨危废案中，宜兴市人民检察院深挖彻查，追诉涉案单位，摧毁2条危废产业链，专案组获最高人民检察院(以下简称“最高检”)、公安部、生态环境部联合表彰。落实最高检部署，联动十一省市检察机关办理“长江船舶污染治理专案”，办案成效获央视《今日说法》专题报道。健全生态修复补偿机制，采取消除污染、货币补偿等方式，督促恢复水土3.3万平方米，增殖放流31万尾。新吴区人民检察院运用生态损害赔偿金，联合生态环境等部门建成全省首个昆虫多样性生态修复基地。锡山区人民检察院办理的一件非法倾倒危废案入选全省生态环境损害赔偿“十大典型案例”。

【保护民生民利】 2023年，全市检察机关贯彻食品药品安全“四个最严”要求，聚焦网络餐饮、保健品等重点领域，办理涉食药案件62件。梁溪区人民检察院针对群众反映强烈的违法销售中药制剂问题，联合职能部门查处违法行为12起，获评最高检“公益诉讼守护美好生活”典型案例。重拳惩治电信网络诈骗，参与“拔钉追逃”等专项行动，铲除诈骗团伙44个，起诉715人，对犯罪分子形成有力震慑。依法办理最高检、公安部挂牌督办的“6·16”特大涉缅北电诈专案，批捕幕后“金主”4人，起诉犯罪团伙成员153人。坚持惩治犯罪与追赃挽损并重，持续打击养老诈骗犯罪。江阴市人民检察院在办理“蓝天商厦”养老诈骗案中严审细查，为210名老年人追回财产损失金额1.1亿元。新吴区人民检察院办理的徐奇等22人诈骗案，入选全省“检察为民办实事十大典型案例”。开展民事支持起诉专项行动，帮助318名外来务工人员追回欠薪金额364万元。

7月24日，无锡市人民检察院领导带队走访江阴双良集团

（市检察院　供图）

【推进诉源治理】 2023年，全市检察机关落实领导包案、检察听证、刑事和解等机制，17件信访积案全部化解。惠山区人民检察院控告申诉办案团队获最高检表彰。坚持“办理一案、治理一片”，针对公共安全、社会保障、生态环境等领域治理隐患，制发社会治理检察建议114件，比上年上升62.9%，建议采纳率连续三年100%。宜兴市人民检察院针对“斑马线”交通事故频发问题制发检察建议，推动加强人防、技防措施，“斑马线”亡人事故减少82.1%，获省委依法治省办、省人民检察院(以下简称省检察院)联合表彰。推动司法救助与社会救助衔接互补，发放救助金951万元，比上年上升46.2%，救助率居全省第一名，充分彰显党和政府关怀。惠山区人民检察院对因阻止行凶受伤、经济陷入困顿的“外卖小哥”王坤发放司法救助金，促成相关部门对其授予“江苏省见义勇为模范”称号，央视报道点赞。

【刑事检察】 2023年，全市检察机关共批捕2000人、起诉10106人。常态化扫黑除恶力度不减，推行“涉黑涉恶九类案件”警情强制检索报告等机制，起诉涉黑涉恶犯罪22人。严惩故意杀人、抢劫等影响群众安全感的严重暴力犯罪，依法从严提出量刑建议；对3件案发20年以上命案报请最高检核准追诉。依法追诉资助境外势力、传播政治谣言、邪教组织等犯罪9人。严惩故意杀人、抢劫、强奸等严重暴力犯罪，共批捕172人、起诉311人。持续推进扫黑除恶斗争，共批捕10人、起诉37人，市人民检察院关于治理“套路贷”的检察建议获省扫黑办表彰，两级院10个集体、16名干警获全省检察机关扫黑除恶斗争、全市平安建设记功奖励。起诉涉安全生产犯罪49人、利用寄递渠道实施犯罪148人。维护金融安全，从严追诉洗钱、集资诈骗等犯罪136人，比上年上升34.7%。加强侦查监督，共监督立案438人、撤案480人，追加逮捕60人、追加起诉264人。加强刑事审判监督，依法提出抗诉47件，确保法律统一正确实施。加强刑事执行监督，在全市监管场所全面推行“派驻＋巡回”模式，对18473人的刑事执行活动全程监督，对减刑、假释、暂予监外执行案件提出监督意见317件；开展“判处实刑未交付执行”专项监督，收监执行罪犯1175人；联合法院开展“雷霆2023”职务犯罪案件财产刑执行专项行动，执行到位罚金、犯罪所得共7686万元。

【民事检察】 2023年，全市检察机关办理各类民事检察监督案件670件。开展深层次监督专项活动，对生效裁判提出抗诉、再审检察建议36件，对民事审判活动监督59件。持续开展防范和打击虚假诉讼专项行动，监督合同纠纷、离婚析产、破产清算等领域打“假官司”案件40件，涉案金额5334万元，经验做法获省检察院推广。江阴市人民检察院在办理一件民间借贷虚假诉讼案中，查明关键证据系伪造，帮助受害企业挽回损失330万元。综合运用释法说理、公开听证等方式，对法院128件正确的民事生效裁判，做好矛盾化解、服判息诉工作。

【行政检察】 2023年，全市检察机关共办理行政检察监督案件350件，提出书面监督意见225件，分别比上年上升71.6%和46.1%。梁溪区人民检察院发现杨某某冒名实施犯罪的线索后，主动督促行政机关撤销4份处罚决定，为无辜当事人澄清正名。用心推进行政争议实质性化解，通过督促纠正、促成和解等方式解纷止争，199件行政争议案件“案结事了政和”，比上年上升76.1%。滨湖区人民检察院在办理张某某申请政府信息公开监督案中，督促落实“应当通过邮政企业送达国家公文”的法律规则，实现维护法律权威、政府公信、公民权利的“多赢共赢”，该案入选省检察院参考性案例。深化强制隔离戒毒检察监督试点，敦促异地执法机关收治10名脱管戒毒人员，及时消除治安隐患。

【公益诉讼检察】 2023年，全市检察机关办理公益诉讼案件686件。市人民检察院办理的“督促整治京杭运河苏州望亭段船舶违法停靠行政公益诉讼案”，入选全国公益诉讼“十案示范”典型案例。坚持把诉前解决问题作为公益保护的最佳状态，向行政机关发出诉前检察建议249件，绝大多数公益损害问题在诉前得到解决。聚焦党委、政府关注、人民群众关切的重点领域，开展15个专项行动，市委主要领导批示肯定14次，“六长出题”保护公益做法被最高检推广。开展噪声污染治理专项监督，办理校园周边、建筑工地、居民小区等场所噪声扰民案件37件；中、高考前夕，两级院同步“静音护考”，对重点区域督促采取降噪控噪措施，为8.4万名学生保驾护航。汇聚公益保护合力，与其他司法机关、行政机关常态化互移线索、沟通信息、磋商案件，组织745名“益心为公”志愿者携手维护公共利益。市人民检察院提请市人大常委会在全国率先出台《关于加强公益损害预防工作的决定》，为严密公益保护法治体系提供无锡样本。

【职务犯罪检察】 2023年，全市检察机关共受理监委移送职务犯罪案件129人，起诉123人，其中处级以上干部19人，涉案金额千万元以上15人。市人民检察院对最高检交办的青岛市政协原党组书记、主席汲某昌受贿案提起公诉。深化监检协作，在涉粮领域专项整治、打击洗钱犯罪等方面持续发力，提前介入职务犯罪案件97件。结合认罪认罚从宽制度追赃挽损，敦促退赃4000余万元。市人民检察院入选全国检察机关重大职务犯罪案件办理基地。落实最高检“加大力度、务必搞准”的检察侦查工作总要求，大力推进专业化、规范化、信息化建设，依法立案查办司法机关工作人员侵犯公民权利、损害司法公正职务犯罪，办案质效居全省前列，省检察院召开现场会推广无锡经验。

【未成年人检察】 2023年，全市检察机关以“零容忍”态度惩治性侵、虐待、暴力伤害等侵害未成年人犯罪，共起诉223人。秉持教育感化挽救方针，对涉罪未成年人不起诉155人，向未尽责监护人发出“督促监护令”88份，敦促“甩手家长”悉心带好小孩。推动点播影院、密室剧本杀等新业态整治，针对向未成年人销售电子烟、“一元小彩票”等违法行为开展专项监督，新华社、《中国青年报》等媒体给予报道。加强青少年法治教育，全市112名检察官担任法治副校长、法治辅导员，到中小学、中职院校巡讲173场，覆盖师生13.4万人次。年内，新吴区人民检察院未检团队被授予“全国青年文明号”称号，锡山区人民检察院、滨湖区人民检察院未检团队均获评“江苏省三八红旗集体示范工作室”，7个基层检察院通过“全国维护青少年权益岗”复核评审。

（包芙蓉）

法 院

【概况】 2023年,全市法院系统紧紧围绕“公正与效率”工作主题,坚持“深化高质量司法、建设现代化法院”工作思路,牢记初心使命、忠诚履职担当,共受理案件222322件,审执结207699件,比上年分别上升18.91%和21.54%,14项审判执行质效指标居全省法院第一名。其中,无锡市中级人民法院(以下简称“市中院”)受理案件14675件,审执结13774件,比上年分别下降8.4%和7.56%。涌现出获得“人民法院知识产权审判工作先进集体”的无锡知识产权法庭、入选“2023年度人民法院十大亮点人物”的陆超、获评“全国法院先进个人”的柯菲菲等一批先进典型,53个集体、98名干警获省级以上表彰,28项创新经验被作为全国、全省法院典型事例发布,242个具有规则指导意义的案件入选全国法院典型案例,市中院和宜兴市人民法院、新吴区人民法院领导班子获评全省法院首批“五好五强”领导班子,市中院工作报告在市十七届人大三次会议上获全票通过。1月31日,最高人民法院院长周强到市中院视察调研。3月28日,最高人民法院院长张军给宜兴市人民法院回信,对宜兴市人民法院工作给予充分肯定。

1月31日,最高人民法院院长周强(左一)在无锡调研 (市中院 供图)

【惩治刑事犯罪】 2023年,全市法院系统审结刑事案件7511件,判处罪犯9977人。推进扫黑除恶常态化,开展打击惩治涉网黑恶犯罪专项行动,审结刘某某等11人涉网恶势力犯罪集团案。严厉打击严重暴力犯罪、多发性侵财犯罪,审结案件7170件8254人,其中判处5年有期徒刑以上刑罚678人。积极参与禁毒、扫黄打非等专项行动,审结毒品案件212件381人,全国扫黄打非办督办的为淫秽网站提供CDN加速服务案、陆某刚等跨境赌博案的主犯受到严惩。会同相关部门建立涉电信网络违法犯罪行政执法与刑事司法衔接机制,强化全链条打击,审结涉缅北跨境电信网络诈骗等案件243件744人,帮助受骗群众挽回经济损失4.8亿元。严惩危害食品药品安全犯罪,对走私冷冻肉制品3800余吨的余某玲判处有期徒刑13年。坚定不移惩贪治腐,审结职务犯罪案件98件108人。积极参与反腐败国际追逃追赃,判处潜逃菲律宾10余年的“百名红通人员”孙某有期徒刑15年6个月。设立全省首个法院驻监狱联合帮教基地,依法减刑、假释994人,提升罪犯教育改造效果。

【知识产权案件审判】 2023年,全市法院系统审结知识产权案件2566件,一起假冒注册商标罪案入选全国法院50件典型知识产权案例。出台服务半导体产业发展11条意见,助力加快打造具有国际竞争力的“芯”地标。协同相关单位建立湖湾知识产权院所保护联盟、电动车产业知识产权保护联盟和“知纷智调”调解工作站,举办知识产权法蠡湖论坛,推动健全协同保护大格局。依法规制利用“专利狙击”打击竞争对手的行为,助力灵鸽机械等高新技术企业上市。针对知识产权诉讼“举证难、周期长”问题,创新“4+N”技术调查官运行模式,建立“三位一体”多元技术事实查明机制,技术类案件平均审理周期由153天缩短至75天。聚焦“赔偿低、成本高”难题,加大侵权惩罚制裁力度,判决侵犯新百伦公司特有装潢的被告赔偿金额1500万元。

【国际商事案件审判】 2023年,市中院主动融入全面开放新格局,对标全国一流标准,高水平建设和运行国际化、现代化、智能化的无锡国际商事法庭,着力打造国际商事纠纷解决优选地。完善涉外司法研究中心运行机制,成立由6位著名国际法专家组成的国际商事法庭学术委员会,构建“专门审判机构+专业审判力量+专家智库支撑”的国际商事审判新模式。实施涉外审判精品战略,审结涉及33个国家和地区的国际商事案件162件,一起准确查明韩国法的股东知情权纠纷案被评为江苏法院涉外商事审判典型案例。在约旦某公司诉国内某公司国际货物买卖合同纠纷案中,法院全额支持原告诉讼请求,彰显平等保护中外当事人合法权益的法治导向。举办涉外商事争端解决机制建设研讨会，开展“走出去”企业应对风险挑战专题培训，联合八部门建立调解、仲裁与诉讼有机衔接的“一站式”涉外商事多元解纷平台，提升无锡涉外司法的公信力和影响力。

【环保案件审判】 2023年，全市法院系统审结环境资源案件282件，促进提升蓝天、碧水、净土“生态颜值”。认真贯彻《中华人民共和国长江保护法》，遏制非法捕捞、偷排废水等违法犯罪行为，中央第二生态环境保护督察组交办的远泽公司超标排放重金属污染物案入选全省法院环境资源审判典型案例。依法支持检察机关和社会组织提起环境公益诉讼，“跨省倾倒垃圾案”刊载于《最高人民法院公报》，为检察机关提起公益诉讼的撤诉审查确立规则指引。落实耕地保护制度，2件非法占用农用地案入选全省涉刑土地矿产违法典型案例。推动生态环境协同治理，联合常州、镇江等地建立要案会商、问题联破、成果共享等机制。深化恢复性司法实践，组织开展植树复绿、增殖放流活动，全力修复受损生态。

【监督和支持依法行政】 2023年，全市法院系统审结行政诉讼案件1841件，一起支持市场监管部门依法履职的行政处罚案获评全省法院服务保障建设全国统一大市场行政诉讼典型案例。推动设立3家涉诉行政争议化解中心，完善“集中管辖法院＋属地法院＋属地行政机关”跨区域协作解纷机制，一审案件协调化解率19.69%。深化司法与行政良性互动，定期召开行政复议行政应诉与行政审判府院联席会议，发布行政审判白皮书，推动建立行政行为自我纠正制度，行政机关负责人出庭应诉率95.29%。设立梁溪科技城城市更新巡回审判（调解）工作站，化解一起涉案金额2.8亿元的行政协议纠纷案。妥善处理涉城区改造、重点项

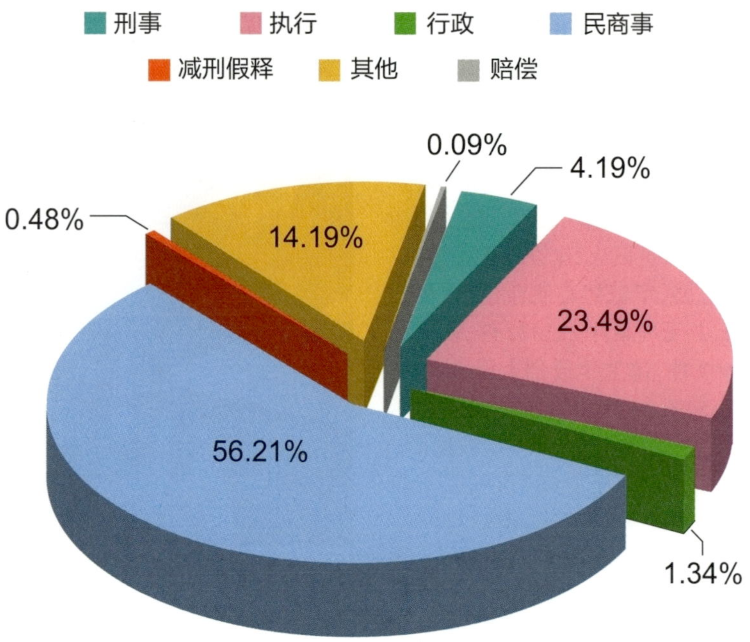

图3 2023年无锡市法院各类案件分布情况示意图

（市中院）

表14 2023年无锡市位居前十的民商事一审案件收案统计表

单位：件

序号	案 由	收 案
1	借款合同纠纷	20132
2	买卖合同纠纷	15487
3	机动车交通事故责任纠纷	8650
4	婚姻家庭、继承纠纷	7118
5	劳动争议纠纷	6228
6	租赁合同纠纷	4511
7	建设工程合同纠纷	3600
8	物业服务合同纠纷	3213
9	保险纠纷	3190
10	房屋买卖合同纠纷	2953

说明：民间借贷纠纷收案11445件，占借款合同纠纷案件的56.85%

（市中院）

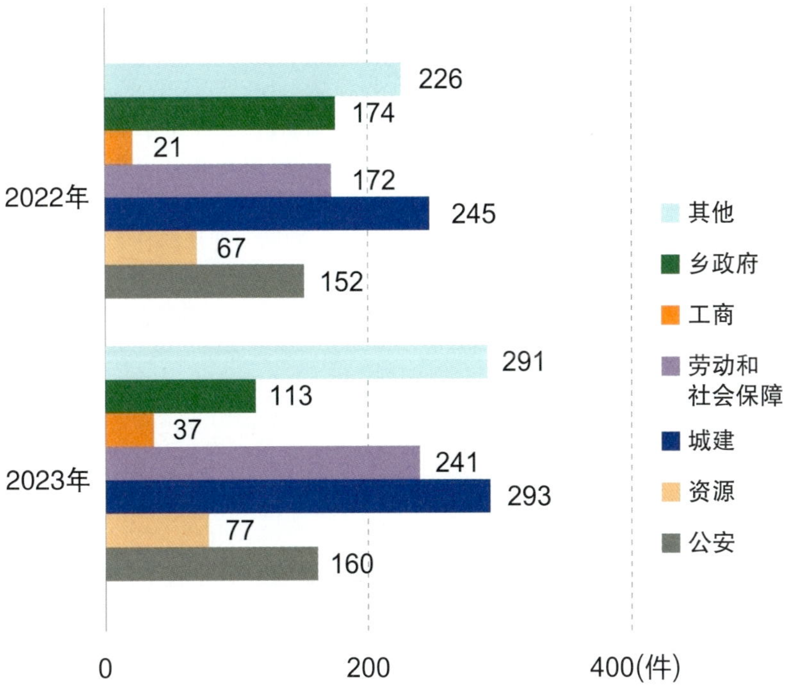

图 4　2022—2023 年无锡市行政一审案件收案情况对比图

（市中院）

表 15　2023 年无锡市位居前十的刑事案件收案统计表

单位:件

序号	案　由	收　案
1	危险驾驶罪	2643
2	盗窃罪	1212
3	诈骗罪	596
4	帮助信息网络犯罪活动罪	558
5	交通肇事罪	250
6	故意伤害罪	204
7	开设赌场罪	198
8	强奸罪	158
9	引诱、容留、介绍卖淫罪	113
10	掩饰、隐瞒犯罪所得、犯罪所得收益罪	85

（市中院）

目建设等行政案件 400 余件，涉及拆迁房屋和腾退土地 120 余万平方米。府院联动促进行政争议实质性化解的工作经验，获评 2023 年度全市政法工作创新一等奖。市中院配合市人大常委会在全省率先出台《关于进一步加强行政审判工作深化法治政府建设的决定》，为监督和支持依法行政提供坚实的制度支撑。

【优化法治化营商环境】 2023 年，全市法院系统实施“法润营商护发展”深化行动，设立法治化营商环境建设示范点，出台保障高标准市场体系建设 28 条意见，推出包括 22 项任务清单的优化法治化营商环境建设 5.0 版行动方案，精准提升市场主体的感知度和认同度。聚焦提升“商业纠纷解决”质效，采取严格审判质量管控、缩短诉讼周期等措施，确保高效率低成本解决商事纠纷；共审结商事案件 77973 件，诉讼标的额 459.78 亿元。聚焦优化“办理破产”指标，完善破产处置府院联动机制，审结破产案件 726 件，助推致诚置业等 686 家“僵尸企业”迅速出清，帮助泓海能源等 40 家重点企业脱困重生，共化解不良债务 913.15 亿元，盘活土地房产 748.26 万平方米，安置职工 7800 余人。在海润光伏破产清算案中，引入全国首单破产清算领域内的信托服务，化解债务金额 100 亿元、清缴税款 4800 余万元。深化“执破融合”，受理执转破案件 438 件，同步清理“执行不能”案件 6010 件；创新运用“执行 + 预重整”方式审理的兴澄钢管公司破产重整案，被评为江苏法院能动执行保障高质量发展典型案例。

【健全服务民营经济发展司法机制】 2023 年，全市法院系统推出服务民营企业发展 16 条措施，设立民营企业司法保护实践基地，常态化开展法企“双月谈”、走访企业等活动。加强民营企业产权和企业家权益保护，依法稳慎审理涉民营企业案件

6.78 万件，以法治方式引导民营企业稳预期、强信心，一起合伙协议纠纷案入选江苏法院助力民营经济高质量发展典型案例。坚持善意文明司法，灵活采用“活封活扣”“置换查封”等柔性措施，最大限度降低诉讼对企业的不利影响。联合市工商联开展商会调解培优行动，出台商会调解 14 条意见，推动建立 23 个调解组织，构建“商会调解员 + 商会会员”调解的双轮驱动模式，拓展民营企业维权渠道。

【防范化解风险】 2023 年，全市法院系统依法严惩非法集资、内幕交易等金融犯罪 68 件 121 人，审结涉案金额 10 亿元的陈某萍等人非法吸收公众存款案。完善防范和打击“套路贷”虚假诉讼长效机制，审结民间借贷案件 11309 件，坚决遏制高利贷和投机化倾向。健全金融纠纷专业化审判机制，审结金融商事案件 27855 件，助力规范资本市场秩序。联合住建等部门建立房地产风险防控协作机制，妥善处理恒大等房企“爆雷”引发的纠纷，着力服务“保交楼、稳民生”。灵活采取“大证换小证”措施，一次性解决涉恒大楼盘 720 余户业主产证问题。运用预重整方式帮助翠竹房产重生，保障“芙蓉山庄”楼盘复工，让 1190 余户业主圆了“安居梦”。开展突出矛盾“百日会战”和“涉诉信访突出问题攻坚化解巩固提升年”行动。

【矛盾纠纷诉源治理】 2023 年，全市法院系统坚持和发展新时代“枫桥经验”，实施“诉源治理促善治”攻坚行动，做深做实“抓前端、治未病”。积极参与党委领导的矛盾纠纷多元化解“一站式”平台建设，5 家基层法院诉讼服务中心以成建制或团队方式入驻，推动构建“社会解纷在前、法院诉讼断后”的递进式矛盾纠纷化解格局。宜兴市人民法院优化“法官 + 工作站”运行模式，建成 36 个老百姓家门口的“数字微法院”，受到省委常委、省委政法委书记刘建洋的肯定。市中院在全市推广宜兴经验，出台“法官 + 工作站”标准化建设指导意见，升级法院融入基层治理新平台。开展“枫桥式人民法庭”创建，新吴区人民法院江溪法庭创新“伯渎善治”诉源治理模式，案件受理数比上年下降 21.81%。加强与人民调解、行政调解等对接，诉前分流纠纷 134670 件，调解成功率 41.33%。针对执法办案中发现的社会治理问题，向有关部门发送司法建议 73 份，促进堵塞漏洞、防控风险。

【实施“司法公正感受度”提升行动】 2023 年，全市法院系统强化“如我在诉”意识，推出关注人民群众心理感受的 18 项举措，全面增强群众的“用户体验”。在全省率先开通全国户籍人口信息查询服务，便利当事人立案。树牢“小案事不小、小案不小办”理念，审结教育医疗、养老育幼等事关群众安危冷暖的案件 26681 件。注重老年人权益保护，“锡阳红”老年人权益保障中心项目入选全省老龄工作十佳案例，“继母改嫁仍需赡养案”获评全省法院老年人民事权益司法保护典型案例。呵护未成年人健康成长，协同妇联、学校建立“院校联动、德法同行”合作育人机制，设立少年家事纠纷调处中心，发出家庭教育令 28 份，开展家庭教育指导 39 次。坚持把法律的专业判断与群众的朴素认知相融合，“购置儿童滑梯被诉案”入选新时代推动法治进程年度十大案件，“涉老遗赠扶养协议案”获评人民法院抓实公正与效率践行社会主义核心价值观典型案例，“共享电动车未配头盔骑行受伤获赔案”得到《人民日报》“点赞”。

【加强民事执行工作】 2023 年，全市法院系统健全综合治理执行难工作格局，与出入境边防检查站建立联动机制，防止被执行人通过“黄牛购票”方式绕开“限高令”违规乘机，一起案例入选全国法院打击被执行人违反限高令乘机专项整治行动典型案例；与市公安局建立司法拘留协作机制，强化民事执行程序中拘留措施的规范适用。严厉打击拒执犯罪，移送线索 199 条，立案侦查 54 件，判处 21 人。开展“小标的、大民生”“安薪暖冬”等专项执行行动，执结涉民

4 月 28 日，无锡国际商事法庭揭牌成立　　（市中院　供图）

生案件 8023 件，帮助农民工追回“辛苦钱”9359 万元，向生活困难的申请执行人发放救助金 467 万元。组织“锡泰跨江联动司法网拍直播周”等活动，网上拍卖成交金额 51.7 亿元，为当事人节省佣金 1.55 亿元。专项整治执行案款管理，案款平均发放用时压缩至 7 天以内。组织实施“天擎 2023”系列执行行动，执结案件 49146 件，为胜诉当事人兑现金额 156.53 亿元。

【创新和加强审判管理】 2023 年，全市法院系统强化权力全覆盖监督，明晰各类人员权责清单，细化合议庭、专业法官会议、审委会运行规则，做到放权不放任。强化业务全方位指导，组织业务培训及专题研讨 120 余次，制定常见类型案件查明事实、适用法律的规则指引 24 份，院庭长示范办理案件 11.15 万件，占结案总数的 53.67%。强化案件全周期监管，优化升级“无锡法院大数据可视化平台”，对所有办案流程节点实行自动预警、智能跟踪。强化质效全要素管控，建立诉前风险评估、审中适时释明和判后及时答疑的息诉引导机制，常态化开展“三研三评”，审判质效稳中有进。平均结案时间 50.3 天，一审裁判被发回重审率 0.079%，生效裁判被改判率 0.069%，均居全省法院第一名；一审裁判被改判率 0.463%，上诉率 7.55%，分别居全省法院第二名、第三名。

【实施“改革创新增动力”培优行动】 2023 年，全市法院系统实施“改革创新增动力”培优行动，按照项目化管理方式培育 20 个创新项目，4 项创新成果入选江苏法院司法改革典型案例。建立 4 家刑事速裁案件一站式办案中心，运用“轻刑快审”模式审结案件 3429 件。深化民事诉讼繁简分流改革，在全省率先建立基层法院民商事速裁审判体系建设评价标准，设立婚姻家庭、道交事故、金融借款等“类案专审速裁”团队，高效审结速裁案件 81131 件，占民事案件审结数的 77.52%。联合市场监管、税务等部门建立“公益清算 + 破产”联动机制，推动 201 家“关而不清、倒而不破”的经营异常企业快速退出市场。开展与个人破产制度功能相当的改革试点，审结案件 162 件，豁免债务金额 3018.87 万元，让诚信的创业失利者可以“从头再来”。

【建设智慧法院】 2023 年，全市法院系统坚持科技赋能，拓展区块链、人工智能、物联网技术在审执领域的应用场景。在家事审判中创建“人身安全保护令”电子化执行场景，发出人身安全保护令 31 份，为家暴受害人构筑“电子化安全隔离墙”。联合市城运中心研发“擎剑”停车信息预警系统，破解执行“查人扣车”难题，创新成果入选“2023 政法智能化建设智慧法院创新案例”。完善“物联网 + 执行”模式，研发物联网主动式电子封条、鱼眼式电子封条等迭代产品，提升执行工作“智慧指数”。在全省首创“司法公正评价码”应用系统，推行线上监督“五星制评价法”，建立评价结果分析运行机制，实现“码”上投诉、评价和反馈的闭环管理。

【审判能力提升】 2023 年，全市法院系统创新教育培训模式，制定“业务骨干开讲啦”三年行动规划，审判业务专家、业务骨干以“每月一课、每人一讲”形式进行“法官教法官”式培训。完善人才培养锻炼机制，举办青年干警综合素质培训班，选派 20 余名年轻干部参加党政部门、援疆、援藏等挂职交流。持续开展岗位练兵、技能比武和“争先进位季季评”活动，市中院在全省书记员岗位业务技能竞赛中获评团体第一名，9 场庭审和 8 篇裁判文书获评全省法院“百优”。开展重点课题调研 31 项，21 篇论文在国家级刊物发表，5 篇论文在全国法院第 35 届学术讨论会上获奖。

（张圣斌）

司法行政

【概况】 2023 年，全市司法行政系统组织实施依法治市统筹工程、法治政府示范工程、服务大局护航工程、法治实事民心工程、法律服务精品工程、法治素养提升工程、“枫桥经验”发展工程、刑罚执行一体工程、基层基础强基工程和管党治警固本工程，

10 月 27 日，“法治无锡号”地铁专列首发仪式在地铁 4 号线吴都路站举行

（市司法局　供图）

争当中国式现代化的法治践行者、争创司法行政高质量发展新优势。司法部领导4次到无锡调研，省委政法委书记刘建洋先后3次考察无锡司法行政工作，司法部、省司法厅领导以及市委、市政府主要领导先后21次对司法行政工作作出批示。年内，全系统获得全国模范人民调解委员会等省级以上荣誉表彰145项。

【普法工作】 2023年，无锡市全面落实“八五”普法规划，制定《2023年市级机关部门月度普法项目清单》《2023年市级机关部门和媒体单位媒体公益普法项目清单》，开展“农民工学法活动周”“‘三八’妇女维权周”“中华人民共和国民法典宣传月”和“12·4”国家宪法日等主题宣传活动。打造全省首家“1+N”数字普法教育基地，开通无锡市首列“法治无锡号”地铁专列，加强“省级法治文化示范点”的动态管理和巩固提升，无锡市惠山区玉东法治文化公园、江阴市青少年法治教育基地（禁毒教育基地）被评选为第十批省级法治文化建设示范点，宜兴市芳桥街道“法蕴芳华”法治文化特色园被评为省第四批法治文化特色园。组织开展百场法治曲艺、百场法治电影、百场公益咨询、百场法治宣讲“四个一百”专项行动，联合市级机关十部门开展无锡市第三届优秀法治文化作品征集评选活动，征集创作法治动漫、微视频、书法、海报等作品1800余件。严格落实动态管理制度，撤销、注销民主法治示范村（社区）62个。培育农村“学法用法示范户”635户，村（社区）“法律明白人”1.26万余人，累计提供法律咨询和服务引导30万余人次，参与化解矛盾纠纷6.1万余件。

【公共法律服务】 2023年，市司法局打造“一站式”运行的市（县）、区公共法律服务中心，扎实推进现代公共法律服务体系建设改革创新项目，在全国政法智能化建设创新案例及论文征集宣传活动中，项目“‘互联网＋公共法律服务’助推营商环境建设”获奖。承办全国交通事故痕迹物证鉴定培训班暨交流研讨会、全省规范合作制公证机构建设座谈会、长三角仲裁一体化发展联盟宣传发布活动。在全国率先建立“公证＋仲裁”校外非学科培训监管平台，获中国公证十大典型案例提名奖，获评全国百佳数字化监管典型案例，道路交通事故非诉鉴定工作获中央政法委宣传推广，5名律师志愿者入选“1+1”中国法律援助行动，为全省最多。落实省政府民生实事项目，新增建设法律援助工作站9个，新增法律援助联络点41个，规范化改造法律援助联络点150个，设置远程公证服务点48个，梁溪公证处入选全国海外远程视频试点公证机构。律师事务所办理各类案件10万件，公证机构办理各类公证66489件，司法鉴定机构办理各类鉴定20513件，仲裁机构办理各类仲裁3332件，全市办理法律援助案件8551件，为群众提供法律咨询服务158962人次。

【人民调解】 2023年，无锡市有人民调解组织1857个，人民调解员6862人，化解矛盾纠纷117964件。开展践行“枫桥经验”强化“非诉服务”专项行动，新建企事业人民调解组织71家，商会人民调解组织13家，新业态、行业性专业性人民调解组织17家，建立全国首批海关践行新时代“枫桥经验”示范点。健全警调、医调、婚调对接机制，在紫砂、石材、茶叶、不锈钢、竹木业等行业成立行业性人民调解组织，在新业态劳动争议、教育、心理调解、刑事和解等领域建立专业性调解组织，建立标准化家事调解社区工作室858家。加快推进全市调解工作实战化、规范化、专业化建设，1家调解组织获评“全国模范人民调解委员会”，2名调解员获评“全国模范人民调解员”，4家调解组织、8名调解员获省级荣誉，2名调解员获市委表彰。

【社区矫正】 2023年，无锡市司法局健全完善社区矫正机构队伍建设，市级和各市（县）、区社区矫正机构实现执法主体适格并完成编办赋码。提升社矫安帮规范化、精细化建设水平，强化网格化协同机制，推动社矫安帮工作与属地社区网格化管理融合。开展省级阳光帮扶基地创建工作，全市7家过渡性安置基地均通过省司法厅验收，实现省级阳光帮扶基地在全市全覆盖，累计过渡安置刑释人员47人，开展就业培训46场次，

12月4日，无锡市第十个国家宪法日暨“宪法宣传周”启动仪式举行

（市司法局　供图）

培训人员1258人,推荐就业256人。实施后续照管精准帮扶,培育典型818人,1年内操守保持率100%,就业率85.2%。开展无锡解戒人员国家级标准化试点,积极构建“一体两翼”大戒毒工作布局,与戒毒所合作建立戒治康复中心6个,举办12批次戒毒技术推广应用活动,到社区、学校禁毒宣传160场次,年内,宜兴工作站创建省级贯标示范点。

【律师工作】 2023年,市司法局扎实开展律师行业主题教育,深化“做党和人民满意的好律师”主题活动,定期组织举办支部书记、行业党建培训班,选树培育13个“书记项目”,持续擦亮“红律护‘新’”“律护蓓蕾”等品牌,实现党建与业务融合发展。会同市公安局制定《无锡市律师(基层法律服务工作者)查询人口信息工作规范》,与市中院、市人民检察院等共同打造太湖人才“优盾行动”,推荐133名律师担任民事行政检察联络员,加强执业共同体建设。在全省率先开展首席公职律师试点工作,健全完善首席公职律师选拔、使用、考评机制。发挥律师专业优势,深化“产业链+法律服务”行动,到企业摸排法治需求、帮助解决法律问题,为困难群体提供法律援助、法律咨询等公益法律服务,助力经济社会高质量发展。分层分类举办涉外律师、名优律师、律所主任、合伙人培训班,开展律师论坛、青年律师辩论赛、优秀论文案例评选等活动,加大律师人才培养力度。开展优秀律所、优秀女律师、十佳和优秀青年律师等评优评先,1名律师获评全国律师行业优秀共产党员。加强行业专项排查整治,通过网上巡查、案卷抽查,完成对227家律师事务所、3977名律师年度检查考核工作,作出行政处罚6件次。

【司法所建设】 2023年,无锡市司法局探索试点司法所协理员制度,制发《无锡市司法所协理员制度试点实施方案》《关于在全市开展司法所协理员制度试点工作的通知》《关于建立司法所协理员制度的通知》《无锡市司法所协理员管理办法(试行)》等文件,统一设置法治协理员、调解协理员、社矫协理员、安帮协理员4类岗位、28项职责清单,对全市327名司法所辅助人员精准定岗,全市司法所协理员大专以上学历占比达86%,具有法学专业背景占比28%。贯彻实施基层基础建设“三年行动”和司法所规范化建设“四年行动”,3家司法所获评全省司法所分类建设表现突出单位。

(田 杰)

仲 裁

【概况】 2023年,无锡仲裁委员会(以下简称“无锡仲裁委”)共受理各类仲裁案件3462件(含调解案件),争议标的额40.17亿元,分别比上年增长82%和12%,无被法院撤销仲裁裁决的案件;办结案件3334件(含上年结转案件),结案率87.76%,其中审限内结案率84.09%,往年积案得到有效解决。运用调解手段化解矛盾纠纷,以调解和撤案方式审结案件2793件,调解和解率84%,群众满意度持续提升。受理案件类型从行业分类看,呈现多元化,受理案件案由达53种。新型案件逐年增多,仲裁化解纠纷涉及知识产权、股权投资、经营合作、物业服务、建设工程等领域。其中按受案数量排名,前三名案件分别为物业服务、经营合作和买卖纠纷;按受案标的额排名,前三名案件分别为经营合作、股权投资和国有土地出让合同纠纷,案件平均争议金额119.14万元。个案最大标的额超过13亿元,仲裁业务和服务范围实现双增长。受理涉外(涉港)案件3件,办理双方当事人均在本市域外案件529件,办理一方当事人在市域外案件811件。年内,全市共处理各类劳动人事争议案件44952件,立案受理劳动争议案件11747件,各类调解组织调解劳动争议案件33205件,劳动人事争议仲裁结案率99.37%,劳动人事争议调解成功率92.09%。

(蔡 毅 孙皓晨)

【市知识产权保护中心仲裁调解工作站挂牌】 2023年,无锡仲裁委主动对接国家知识产权强市工作重点任务,入驻全市知识产权保护中心,挂牌成立知识产权保护中心仲裁调解

3月15日,无锡仲裁委与北京市炜衡(无锡)律师事务所在无锡市不动产登记中心联合开展“3·15”购房消费者宣传咨询活动。图为工作人员正在解答市民有关购房问题

(蔡 毅 摄)

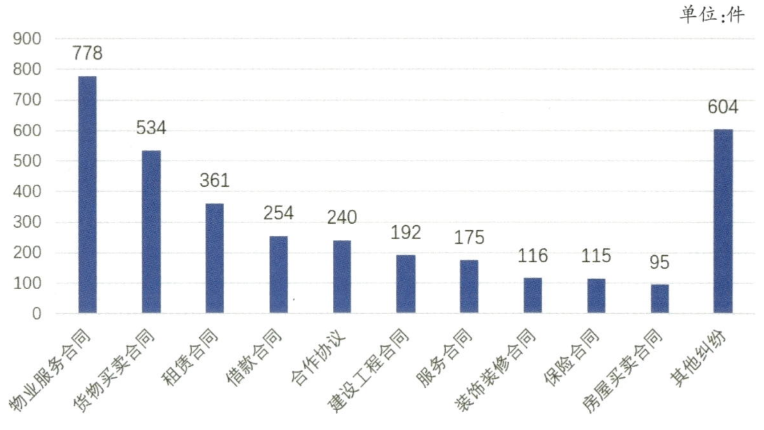

图 5　2023 年无锡仲裁委主要受案类型示意图

（无锡仲裁委）

工作站，提供仲裁服务。参与组建全国首家电动车产业知识产权保护联盟，运用联席会议、培训交流、需求调研、送法进园区进企业等方式，搭建仲裁与企业互动交流平台，畅通知识产权纠纷多元化解渠道，促进知识产权纠纷快速解决。1 篇典型案例入选全市知识产权保护案例。在世界知识产权日期间，联合南京仲裁委举办“知识产权转化利用，共话知识产权保护”主题宣传活动，首发长三角知识产权保护白皮书及典型仲裁案例。

【仲裁服务网上办】 12 月中旬，宜兴智慧仲裁庭投入使用，加上之前运行的江阴智慧仲裁庭，基本形成无锡市“一城二地”的仲裁服务新格局。与此同时，以仲裁委员会业务管理系统为核心打造仲裁员在线办案平台，同步建设当事人及代理人线上立案、仲裁员线上办案、视频庭审等多个系统，优化仲裁庭设施功能，上线无锡仲裁微信服务小程序，推行案件受理、开庭全程智慧化、网络化，优化全方位在线仲裁服务，初步实现当事人、仲裁员参与仲裁“不跑腿”“网上办”。年内，有 3161 人次注册使用该平台，完成 454 次在线立案、440 余次远程视频庭审，满足当事人争议解决需求。

【参与基层治理】 2023 年，无锡仲裁委联合市中院、市工商联举行商事纠纷多元化解工作新闻发布会，通报全市开展诉源治理，推动矛盾纠纷前端化解、多元化解，降低解纷成本的工作成效。先后设立 23 个商会调解组织和 3 个仲裁调解组织，首个驻法院联络站在新吴区人民法院落地，在胡埭仲裁工作站、市矛盾调处服务中心和新吴区综治中心派员值班，接受群众日常咨询，实现商事多元解纷网络全覆盖。就服务全国首家房地产线上交易平台建立合作机制，发挥职能优势，保障房地产线上交易市场的公平竞争，保障买卖双方的合法权益，促进房产交易健康发展。

【涉外法律服务】 2023 年，无锡仲裁委拓宽与市律协、市贸促会、无锡国商法庭学术委员会等相关单位的协作，加入“一站式”涉外商事纠纷多元解纷平台，搭建集咨询问答、纠纷调解、仲裁引流三大功能的“调解 + 仲裁 + 诉讼”三位一体的“1+2+3”涉外商事纠纷多元化解“无锡模式”。率先推动与市“一带一路”国际商事调解中心开展“嵌入式”合作，优先储备 11 名外籍仲裁员，搭建涉外仲裁平台，不断适应仲裁业务增长的需要。派员参与中国青年仲裁论坛、长三角仲裁律师论坛、无锡市涉外法律服务论坛并作主旨发言，其中入选的 1 篇论文成为唯一来自仲裁机构的获奖论文。11 月，受邀参加第二届太湖涉外法律服务分论坛，并以《国际商事仲裁发展趋势和前沿问题概览》为题作主旨演讲。

（蔡　毅）

【完善劳动争议调解机制】 2023 年，市人力资源社会保障局瞄准重点领域，创建陶瓷电商行业劳动争议调解工作室等具有领先示范作用的行业性、区域性调解组织。成立多部门参与的联合调处中心，创新构建多元化联动调解快速响应机制。加速推进镇（街道）调解中心建设，年内，创成全国工作突出基层调解组织 2 个、省级金牌调解组织 7 个、市级金牌调解组织 19 个。

【优化劳动仲裁办案流程】 2023 年，市人力资源社会保障局实施“简案快办、繁案精审”的案件繁简分流，实现类案高效归纳。与法院裁审衔接，办案全程有章可循。每季开展案例研究，集体研判疑难杂案，提升调解仲裁水平。年内，组织 2 次案件质量评查，密切与苏州仲裁委交流合作，互聘 2 名仲裁员为劳动人事争议案件质量评审专家，每年开展两地疑难案例研究和案件评查。

【加强劳动人事争议预防】 2023 年，市人力资源社会保障局加强典型案例线上、线下宣导，举办 21 场典型劳动争议案件公开庭审，到企业召开劳动纠纷预防座谈会，首次与市中院联合发布 2022 年度劳动权益保障典型案例 12 个，提出企业用工提醒和警示。开展“人社局长窗口接待日”活动，为群众提供导诉指引、裁后答疑等服务。

（孙皓晨）

编辑　罗秋云

无锡军分区

【概况】 2023年，无锡军分区（以下简称“军分区”）坚持以“旗帜鲜明讲政治、铸军魂，刻不容缓抓练兵、强备战，重心下移打基础、厚底蕴，全面从严纠积弊、正作风”为引领，部队全面建设呈现稳中有进、稳中向好的发展态势。年内，军分区被省军区确定为“心理健康服务体系试点”。

【政治思想建设】 2023年，军分区按照“三个全面”要求学习宣传贯彻中共二十大精神，突出学思践悟习近平强军思想，坚持常委会“第一议题”学习制度，领导干部带头领学必读书目，夯实专题组学、辅导讲学、交流促学等环节。统筹推进第二批主题教育、教育实践活动和经常性教育，组织60名中校以下军官、文职人员和基层理论骨干开展理论集训，邀请“南京路上好八连”、西陲第一哨官兵、开山岛民兵哨所名誉所长王仕花等作授课辅导，参观驻地博物馆、百年老校、红色场馆、新农村建设，按规落实“两个清单”“三项计划”。深刻体悟全面贯彻军委主席负责制的新实践新要求，推进政治整训常态化、制度化，抓好隐蔽斗争和“四反”工作，部队保持集中统一与纯洁巩固。深化“援疆名师云课堂”成效，举办第二届“太湖美·天山情”国防军事夏令营，完成宜兴市新芳村帮扶项目，得到军委帮扶工作检查组肯定。

年内，军分区认真贯彻全军党的建设会议精神，严格落实《军队党委落实全面从严治党主体责任检查评价指标体系（试行）》，解读《军队党委（支部）工作规定》，开展人武部党组织建设调研帮建，组织开展集体过政治生日活动，“七一”集中讲评党员队伍。严格落实党管武装工作制度，邀请军地专家做客“梁溪大讲堂”分析国际形势，协调召开市委常委议军会，代表驻无锡部队发出《支持无锡市高质量发展和争创全国双拥模范城“九连冠”联合倡议》。组织观看纪律教育片、传达案例通报、传阅忏悔录，邀请南京军事法院领导和市纪委相关人员剖析典型案例，到监狱现场接受警示教育，军地共建廉洁文化教育基地。认真落实省军区开展的违规喝酒、纯正风气专题教育整顿要求，集体约谈人武部纪委书记、干休所纪检委员，组织开展纪检监察干部队伍集训，大力整治基层微腐败和不正之风。

【练兵备战】 2023年，军分区坚持把备战打仗作为第一要务，召开小型作战会议，组织军事训练反思剖析，刚性落实议战议训，向战务战进一步凸显。全面整治战备值班秩序，认真落实“早准备”制度，加强业务培训和资格认证。镜鉴俄乌冲突深化国防动员重大理论和现实问题研究，滚动修订各类方案、预案，完成集智引导等战法创新攻关。全要素推开大练兵活动，组织全市民兵“四会”教练员比武竞赛，按纲抓实民兵轮训备勤，高质量参加各项演习演练，出动民兵完成江阴市“5·4”枪案搜捕、部队过境保障等任务。做好民兵训练基地升级改造，加快宜兴市民兵训练基地建设，出台加强民兵教练员队伍建设意见，训练保障效能不断提升。规范学生军训工作，协调配置现役与民兵相补充的承训力量，完成78所学校、12.5万名学生军训任务。

【援战准备】 2023年，军分区持续推进国防动员体制改革，召开市国动委第一次全体会议，规范国动办机构设置、职能配置、运行机制，推动两级机构依法顺畅运转。发挥无锡产业基础坚实、科教资源丰富优势，高质量承办江苏省首届国防动员特色潜力推介会，全军武器装备采购信息网无锡分中心保持高位运转。加强军事设施保护，建立协调机制，组织普查建库。召开全市民兵工作现场会，调整优化民兵队伍结构布局，新质力量、退役军人等指标明显提升，“兵网融合”建设为城市基层治理贡献“迷彩力量”。突出高素质兵员这个重点，在高校设立优质兵员储备基地，推进无锡学院兵役服务站建设，召开全市廉洁征兵工作会议，完成年度征兵任务。

【基层基础建设】 2023年，军分区学习贯彻国防动员部“江西集训”精神，推动基层治理规范化建设，扎实开展挂钩帮建工作，推动成立国防教育训练基地工会，承诺为基层办理的16件实事件件落实，军分区在省军区挂号的历史遗留问题全部解决。着力夯实基层武装根基，大抓专武干部业务能力提升、资格认证和履职量化考评，召开高校武装部、基层武装部规范化建设现场观摩会。走访慰问无锡籍现役军人家庭，协调落实随军家属安置、军人子女教育优待政策，在全省率先对接发放军队职工绩效，军地上下反响较好。实效开展百日安全活动和安全大检查，深化“每月巡查、交班讲评、季度通报”机制。

【综合保障】 2023年，军分区组织开展“五查五纠”清理整治、“五治八查树形象”专题教育整顿、后勤重点行业领域整肃治理和财务清查治理“回头看”专项活动，开展行业法规学习月活动，规范工程建设、物资采购、干休所药品供应等重点领域运行。制定为老干部办实事清单，组织干休所建设观摩会，举办“用心用情、精准服务”演讲比赛，参加省军区休干系统三项竞赛活动，获得1个一等奖、2个二等奖。军地联合出台《支持军队安置住房建设攻坚及住房遗留问题清理整治实施方案》，推动驻无锡部队16个老旧小区全部纳入地方3年规划，完成180套住房产权办证，办证率100%。全面落实资金集中收付改革，过细做好工资、住房政策调整落地执行，整治修缮机关营区基础设施、食堂餐厅等，官兵满意度持续提升。

（孙宇星）

武警无锡支队

【概况】 2023年，武警无锡支队（以下简称“支队”）以学习贯彻中共二十大精神为主线，按照上级决策部署，着眼武警部队实际，锚定“创安争先”建设目标不动摇，持续在“统思想强引领、抓备战谋打赢、打基础厚底蕴、解难题促发展、扬正气树新风、抓安全保稳定”上下功夫，部队发展稳中有进，全面建设向上向好。

【思想政治建设】 2023年，支队官兵认真学习贯彻中共二十大精神，踩实环节步骤，精心组织辅导宣讲，常态开展知识竞赛。支队学习贯彻中共二十大和全国两会精神的做法获《人民武警报》报道。精心抓好主题教育，统筹推进教育实践活动和警官队伍“稳心尽责、奉献有为”经常性教育，连续三年组织“认知六观”教育，探索“日学一段、月讲一课、季评一事”抓教措施，思想政治教育针对性实效性不断增强。2名干部参加武警部队和江苏省总队（以下简称总队）优秀政治教员比武集训。注重以文育人，围绕“硬骨头”精神新时代传承，着力构建新建执勤一中队营区政治文化环境，推动14个单位“书香军营”建设，开展“强军风采”群众性文化活动，浓厚官兵成长成才氛围。2名警士被总队表彰为“新时代强军践行者先锋”。

年内，严密组织武警部队和总队党代会代表推荐提名，召开支队第二次党代会和团代会，完成支队党委、纪委、团委和3个大队党委换届选举，系统规范各级党组织设置运行，对基层党组织逐一考评鉴定，6个基层党组织考评等次为“好”，1名团干部当选为武警部队团代表大会代表。端正用人导向，坚持靠素质立身、凭实绩进步，部队上下信服认可。推进基层风气整治，整改完成问题153个。

【练兵备战】 2023年，支队落实新时代执勤安保规范化集训精神，稳步推进9个中队执勤信息系统升级改造和拓展使用，整治整改执勤隐患125处，完成武装巡逻、“9·30”公祭仪式、亚运会洑东卡点警戒等任务。1个中队、2名官兵分别被总队表彰为执勤先进单位和先进个人。积极稳妥抓备战，扎实抓好专项任务准备，主动对接市应急管理局建立情报协作机制，常态开展突击检查和应急拉动，将防汛指挥部信息网接入支队作战勤务值班室，实时掌握无锡地区以及太湖和运河水情雨情，持续提升战备水平。执勤五中队、执勤一中队、江阴中队分别扑灭1起车辆自燃火情和2起目标周边火情，保护了人民群众生命财产安全。从难从严抓训练，开展“六小”、“三手”、创破纪录和“龙虎榜”活动，组织举办支队第三届军人体育运动会、“太湖勇士”枪王挑战赛和本级指挥员“过关”比武，高标准承训总队下半年苏南片区“魔鬼周”极限训练，部队实战能力稳步提升。7名班子成员参加总队指挥员军事素质考评全部过关，单位总评第二名，在总队“巅峰”比武中，支队获总评第四名，2名战士分别获个人全能第六名和第七名，4名官兵被总队表彰为军事训练先进个人。

【基层建设】 2023年，支队党委聚焦精准帮建，建立“常委重点帮、股室对口帮、有事及时帮”的帮建机制，组织开展“过中队”活动，科学制定“一队一策”帮建措施，全年集中组织党委机关4批38人次到一线把脉问诊，分别举行官兵恳谈会和双向讲评会，对基层反映的51个问题逐一回复解决。抓实人才培育，倡导“好本事要有好作为”“好地方干出好事业”的育才理念，统筹组织开展《军队基层建设纲要》应用性培训、保卫委员暨思想骨干培训和班长队伍“五个一遍”活动，培养一批“按纲抓建明白人”。突出解难帮困，用好利军惠兵政策，逐一兑现党委23件实事，救济慰问家庭困难、生病住院官兵98人次，3次协调11人次大龄未婚官兵参加军地联谊活动、7名官兵子女入学入托和子女中考优待加分、3名家属进社区安排工作，官兵获得感、归属感、向心力持续提升。支队政治工作处被总队表彰为“机关服务基层先进处”。

【安全管理】 2023年，支队注重从严抓秩序，开展“一周一规范、一周一养成”活动，从行为习惯、文件流转、库室摆放、环境布置等小处着眼，纠治陈规陋习，部队精细化管理水平不断提升。始终保持大抓安全鲜明导向，常态运行安全工作协调督导机制，每季召开安全形势分析会，每月组织“四不两直”检查，常态开展安全综合检查，定期开展安全常识教育，看安全警示录像，学安全防范手册，翻安全倒计时牌，坚持逢会必讲安全、工作必谋安全、蹲点必查安全、总结必评安全。突出重点抓整治，组织开展“大谈心、大交心”“深知兵、真爱兵”和“隐患大排查、矛盾大化解”活动，支队被武警部队表彰为“六无”先进单位。

【后勤保障】 2023年，支队动态修订完善后装保障方案，常态开展应急保障综合演练，组织冲锋舟操作手和后勤教练员集训，及时与军粮供应站、工商银行、中石油、汽车客运站等单位签订保障协议，优化应急采购保障链路，提高后装应急应战能力。提升服务质效，推进执勤一中队迁建和执勤三中队新建营房工程，有序组织官兵健康体检，协调转诊伤病员6人次，组织8个波次巡回服务，完成实弹射击保障56次、安全行车1300余次，1名警官被总队表彰为后装先进个人。深化行业治理，巩固深化“后勤管理年”和“装备管理质量提升年”活动，组织开展“后装法规学习月”“五治八查树形象”教育整顿活动，统筹开展油料、住房、基层伙食保障、物资采购等专项清理整治，推动资产可视化建设及“两年攻坚行动”落地落实。

（申必威　柯　威）

人民防空

【概况】 2023年，无锡市高度重视、切实开展国防动员工作，始终坚持把眼光向重点工作聚集，把精力向中心工作集中，把力量向关键环节投放，瞄准重点难点问题谋求创新突破。承办江苏省特色潜力推介活动，配合完成国动委联合办组织的能力评估活动，联合市纪委开展住宅小区人防车位专项整治，出台人防工程安装使用汽车充电设施管理办法，推广建设学校人防工程智慧接送系统。年内，无锡市国防动员办公室（以下简称“市国动办”）被评为2023年度全省国防动员工作综合考核先进单位、宣传教育先进单位。

【国防动员体制改革】 2023年，无锡市全面贯彻落实党中央、省委国防动员体制改革决策部署，研究制定市国防动员建设实施方案和国防动员委员会、国防动员委员会联合办公室相关工作制度；召开国动委第一次全体会议，调整市国动委组成人员和成员单位，设立市国动委联合办公室；落实“三定”规定，实现机构、编制、人员到位；加强战建统筹、军地统筹，推进国防动员改革工作落实落地，初步形成面向备战、服务保障、军地协同的国防动员新格局。

【援战能力建设】 2023年，市国动办修订完善各级人民防空袭预案和人员疏散隐蔽计划，推进指挥机构编成人员实名制工作，市和市（县）、区两级人防指挥机构编成人员实名制85%以上。组织市国动办机关及直属单位全体人员、市（县）区国动办分管领导开展按纲施训活动，参加东部战区组织的演习观摩活动，牵头组织苏锡常防护区机动指挥通信系统联训暨跨区支援演练活动，组织全市机动指挥通信系统到泰州、盐城地区开展跨区联训。结合“9·18”全市防空警报统一试鸣活动，组织开展人防指挥机关防空袭作战组织指挥演练、重要经济目标防护演练和人防专业队抢险抢修演练，组织社区、学校、企业和政府机关人员进行防空袭疏散演练，全市防空袭作战能力得到全面提升。完成人防专业队伍整组，组织一期

9月18日，惠山区堰桥街道林陆巷社区举行疏散演练活动

（市国动办　供图）

人防专业队伍骨干人员培训，接受省国动办组织的人防救援合成专业队伍拉动点验。加大全市人防指挥所建设、维护、管理的力度，推进市（县）、区人防指挥所老旧设备设施的更新改造，全面推进人防指挥所向街道（镇）和重要经济目标单位延伸，实现全市人防指挥所建设、维护、管理始终保持在全省领先水平。配合完成国家国动委联合办组织的能力评估活动，接受战区方向、跨海投送、海上援救等方面的抽评，交通运输专业队接受拉动点验。

结合“9·18”警报试鸣活动，市国动办在无锡市人防科普教育馆开展广场宣传活动。图为工作人员给市民发放宣传资料（王灵珠　摄）

【防护能力建设】 2023年，无锡市落实人防工程应建必建政策。自建人防工程安装自动防淹闸，确保防汛安全。督促市（县）、区开展人防工程维护管理和安全管理检查，及时查处相关问题，人防工程完好率保持在90%以上。对早期人防工程研究新型填充措施，制定早期人防工程安全处置计划。年内，出台《无锡市人防工程安装使用汽车充电设施管理办法（试行）》，方便市民新能源车充电，明确安装流程和规范管理的相关要求。

【信息化建设】 2023年，无锡市积极推进人防指挥所电子政务内网、政务外网、红机电话等保密通信网络建设，市本级完成国防动员涉密专网视频会议系统建设，启动并完成自主选频短波通信系统固定站和背负站建设。积极筹划第二代人防机动指挥通信系统建设，组织有关人员开展调查研究，完成《无锡市第二代人防机动指挥通信系统建设技术方案》。抓好重要经济目标毁伤评估系统和目标防护仿真系统的研究开发，指导惠山区启动无锡市人防地理信息指挥子系统建设。加强人防警报通信建设管理，按照“双随机、一公开”要求，落实人防警报巡查检查制度，撤除、升级改造多媒体警报器及新增固定警报器，保障防空警报试鸣任务完成。完成人防应急导引项目建设，在“灵锡”App平台提供国防、人防知识教育和应急状况下引导市民进入人防工程掩蔽等公共服务。宜兴市人防工程平战转换预案标准化编制与信息采集科研项目、滨湖区人防工程与应急避难场所相结合科研项目通过省国动办组织的专家评审。

【国防动员宣传教育】 2023年，全市国动办系统以“5·12”防灾减灾日、“9·18”防空警报试鸣等为契机开展宣传教育活动。做好人防知识进校园工作，继续在中小学开设人防知识课程，无锡市惠山区石塘湾中心小学每学年开展“民防小大人进社区”“我是民防小达人”等活动，培养“民防小讲解员”，助力学生健康成长，被评为江苏省人防知识进校园示范点。江苏广电组织“阳光小记者”3次到无锡市民防科普教育体验馆开展“城市印象”活动。在市委党校，3次讲授国防动员课程。在科普宣传周、防灾减灾日、国家公祭日等特殊节点，依托无锡市人防科普教育体验馆开展宣传活动。无锡市人防科普教育体验馆被命名为“无锡市国防教育基地”，全年接待参观者63560人次（团队152个）。

【优化营商环境】 2023年，市国动办贯彻落实相关政策，将防空地下室易地建设费标准下调20%。做好权力下放和行政监管职责调整承接、新版行政许可事项认领及办事指南维护等工作。配合市自然资源和规划局制定出台“多测合一”技术规程和数据标准，配合市住建局制定出台《无锡市建设工程项目联合验收办法（试行）》。制定发布《关于进一步做好人防领域优化营商环境工作的通知》，围绕营造公平竞争市场环境、提供高效便捷政务服务、建立公正透明监管机制、加强组织保障4个方面，制定具体措施16条。加强事中事后监管，常态化开展“双随机、一公开”监督检查。

【住宅区人防车位专项整治】 7—10月，市国动办联合市纪委监委在全市范围内开展住宅小区人防工程车位管理专项整治行动，基本建立全市住宅小区人防工程维修资金监管制度，为住宅小区人防工程维护维修提供资金保障。

（彭海东）

退役军人事务

【概况】 2023年，无锡市退役军人事务局贯彻落实《中华人民共和国退役军人保障法》和《无锡市“十四五”退役军人服务和保障规划》，坚持退役军人工作服务经济社会发展、服务国防和军队建设的方针，持续推动服务体系全面提档升级。先后到西藏、广东等地开展“走边防·看亲人”和“情系边海防”活动，打造军地共建“升级版”，举办新兵入伍欢送仪式、退役士兵返乡仪式和立功受奖送喜报活动，助力全市创建全国双拥模范城“九连冠”。3月29日，出台《无锡市退役军人和其他优抚对象免费乘坐公共交通工具免费游园实施方案》，发布无锡市优待证优待目录清单，为退役军人和其他优抚对象送上实实在在的“优待大礼包”。充分挖掘就业资源，主动与职能部门沟通协调，提供符合退役军人特点的就业岗位。挂牌成立无锡市军休老年大学和无锡开放大学双拥学院。跨地区开展退役军人就业创业帮扶合作，持续为退役军人提供“线上＋线下”优质就业创业服务。立足“调解＋仲裁＋劳动监察”，开展劳动政策法规宣讲和法律援助，服务退役军人500余人次，追讨劳动补偿金60余万元。年内，市退役军人事务局先后被江苏省退役军人事务厅表彰为服务体系建设工作先进单位、转业军官移交安置工作成绩突出单位、退役军人就业创业工作先进单位、抚恤工作先进突出单位、军休工作取得突出成绩单位。

【服务体系建设】 2023年，无锡市全面推进四级退役军人服务中心(站)建设从“建强”到“用好”、从“固基”到“提优”跨越式发展，退役军人服务体系建设工作继续走在全省前列，受到省厅通报表扬。1名服务中心主任获评全国退役军人服务中心(站)“百名优秀主任(站长)”，7名个人获评全省优秀服务中心(站)主任(站长)，3家服务站获评全省无矛盾上行服务中心(站)，评选表扬全市50家优秀服务站、20位优秀服务站站长；持续打造“部站融合 所站联建 跨越发展”建站新路径、政治指导员、“三色三心”工作法等特色亮点。积极开展退役军人志愿服务工作，全市3支志愿服务队伍入选全国千支“传承红色基因·赓续红色血脉”——退役军人关爱青少年志愿服务项目，8支退役军人志愿服务队和8名个人获评全省退役军人志愿服务“双百”先进典型。

【移交安置】 2023年，无锡市采取“双向选择”和“直通车”相结合的转业军官安置方法，全市转业军官进党政群机关比例86.6%。按照“积分选岗、阳光安置”政策，为退役士兵(包括退出消防员)筹措安置岗位143个，其中，提供事业编制岗位32个，退役士兵进事业编制比例稳步提升。驻无锡部队军人随军家属就业安置68人，其中对等对口或相近办法安置22人，进社区、退役军人服务站安排就业27人，货币化安置19人。安置质量持续提升，受到移交部队和服务对象好评。

【第一批优待清单发布】 4月7日，无锡市退役军人和其他优抚对象优待证及首批优待项目发布仪式在太湖广场举行，集中发布第一批涉及衣食住行医等方面的优待清单120余项，优惠度大、覆盖面广、含金量足、实用性强，在全省率先实现“优待清单”变身“优待地图”的线上数字化应用，优待项目一图掌控、一单尽列、一点直达。自4月10日起，全国范围内持“中华人民共和国退役军人优待证”“中华人民共和国烈士、因公牺牲军人、病故军人遗属优待证”的人员，在无锡市行政区域内免费乘坐公交(不含定制公交)、地铁，免费参观游览国有博物馆、纪念馆、美术馆等公共文化设施和实行政府定价或指导价管理的公园、展览馆、名胜古迹、景区(园中园、园内收费及夜游项目除外)。

【市军休老年大学揭牌】 12月22日，无锡市军休老年大学揭牌仪式在市军队离退休干部服务中心举行。市军休老年大学依托市军队离退休干

4月14日，市退役军人事务局举行2023年春季退役士兵专场招聘活动
(市退役军人事务局 供图)

12 月 13 日，无锡市首家双拥学院揭牌　（市退役军人事务局　供图）

部服务中心承办，开设思政、门球、合唱、书画、摄影等课程，致力打造集“教、学、乐、为”于一体的军休干部思政教育基地、学习交流园地和文化养老阵地。

【首家社区拥军食堂推出】 7 月 26 日，全市首家社区拥军食堂在梁溪区广益街道毛湾一社区挂牌成立，标志着无锡市率先在省内推出拥军食堂。拥军食堂面向无锡市所有现役军人（含驻无锡部队）、退役军人和其他优抚对象推出了一系列暖心举措：现役军人免费就餐，残疾军人享受 5 折优惠，退役军人和其他优抚对象享受 8 折优惠；对附近独居、出行不便的退役老兵，拥军食堂还提供上门送餐服务。

【军休干部服务保障】 2023 年，市退役军人事务局依据军休干部待遇调整、特殊津贴发放等政策，审核发放特殊津贴 64 人、一次性特别抚恤金 21 人，办理特约医疗证 55 人，组织军休干部荣誉疗养 56 人。首次构建军休干部体检机构数据库，提供体检机构“多选项”，确保军休干部获得优质满意的体检服务。持续改善军休服务设施、推进社会化服务改革，依托社区结对共建，为军休小区提供助餐服务。不断拓宽军休干部活动交流渠道，搭建军休干部风采展示平台，组织军休干部参加 2023 年全国军休干部歌唱评比活动，承办江苏省第九届军休干部门球比赛。

【红色基因传承】 2023 年，市退役军人事务局持续开展“发掘和宣传英烈事迹·传承和弘扬英烈精神”系列活动，营造崇尚英烈的浓厚氛围。举行散葬烈士墓集中迁葬仪式。开展“千人徒步祭英烈”主题活动，倡导和保障市民在清明时节徒步前往陵园祭扫先烈。持续开展为烈士寻亲和烈士资料征集工作，找寻到湖北籍烈士胡志兴的亲人，并为其亲人到无锡祭扫提供服务保障。9 月，在锡流纪念馆开展纪念抗战胜利 78 周年活动，纪念致敬浴血奋战的英雄，在全社会引起强烈反响。在“9・30”烈士纪念日，全力保障无锡各界开展向人民英雄纪念碑敬献花篮和缅怀英烈活动。年内，由市退役军人事务局牵头，锡山区退役军人事务局、江南大学马克思主义学院等单位联合发起的“‘致敬英雄’——无锡市抗美援朝老兵口述史”项目，通过抢救性发掘收集、采访拍摄等方式，收集到一批展现抗美援朝老兵革命风采、弘扬抗美援朝精神的珍贵文字和影像资料。在第 18 届“挑战杯”全国大学生课外学术科技作品竞赛红色专项赛中，“‘致敬英雄’——无锡市抗美援朝老兵口述史”项目获特等奖。

（陈国兵）

【首家双拥学院成立】 12 月 13 日，无锡市首家双拥学院揭牌仪式在无锡开放大学举行。无锡开放大学双拥学院由市退役军人事务局与无锡开放大学共建，依托江苏开放大学办学体系的教育资源，开展学历教育、专业技能培训和素质提升。学院对符合条件的现役、退役军人提供相应优待，退役军人可免试入学。通过考试后获得的国民教育系列文凭、学位（教育部承认学历），学信网可查询。

（陈国兵　顾光耀）

双拥共建

【概况】 2023 年，无锡市把双拥工作列为各级党委、政府的重要工作，纳入全市经济社会发展计划，纳入年度综合考核目标，纳入党政军年度工作、领导干部政绩考核范围，党政主要领导担任双拥工作领导小组第一组长或组长。健全完善双拥工作机构，实行双拥办军地合署办公，加强工作协调，着力解决重点难点问题，各镇（街道）、村（社区）有专人负责双拥工作。按照满足双拥工作需要的原则，将走访慰问部队、重点优抚对象和双拥机构运行等工作经费纳入年度财政预算。市委将推进双拥工作纳入对各市（县）、区党的建设年度综合考核。3 月，市双拥办向市委、市政府申报年度双拥重点工作计划安排。4 月，市双拥办制定《无锡市创建全国双拥模范城“九连冠”实施方案》。市双拥工作领导小组办公室印发《2023 年全市双拥工作要点》。5 月,组织开展第二届“江苏最美拥军人物”、“江苏最美退役军人”、首届“江苏最美军嫂”推荐申报宣传活动。6 月 15 日,市委书记、市双拥工作领导小组第一组长杜小刚主持召开市委常委会第 77 次会议,听取创建全国双拥模范城“九连冠”工作汇报。7 月 5 日,《新华日报》在第 6 版以整版篇幅刊登《用心用情用力推动双拥工作继续走在前列——无锡市争创全国双拥模范城“九连冠”风采录》专稿。7 月 17 日,无锡市召开“全市创建全国双拥模范城‘九连冠’推进会”,系统总结近年来双拥工作成效,部署推进新一轮创建工作。8 月,市向省申报无锡市、江阴市、宜兴市为第 12 届全国双拥模范城(县)创建单位。9 月至 10 月,无锡市和江阴市、宜兴市全面开展迎接创建第 12 届全国双拥模范城(县)省级考评准备。11 月 1—3 日,全国双拥宣传信息联络员培训班在无锡举办。12 月 13 日,省创建全国双拥模范城(县)考评调研组到江阴市进行现场考评。年内,无锡奥特维科技股份有限公司党委书记刘汉堂获评第三届江苏最美退役军人,江苏堰长建设工程有限公司董事长胡国良获评第二届江苏最美拥军人物,无锡超酷体育文化有限公司负责人徐银洁(女)获评首届江苏最美军嫂,市委政法委四级调研员周保荣获第三届江苏最美退役军人提名,江阴公用事业集团有限公司党委副书记钱江获第三届江苏最美退役军人提名,中国邮政储蓄银行宜兴市支行客户经理赵峰(女)获第二届江苏最美拥军人物提名,江阴出入境边防检查站二级警长张可儿(女)获首届江苏最美军嫂提名。

7 月 26 日,无锡市率先在省内推出拥军食堂

(市退役军人事务局　供图)

【第 12 届全国双拥模范城(县)创建考评】 2023 年是创建新一届全国双拥模范城(县)考评之年。根据《双拥模范城(县)创建命名管理办法》《江苏省创建全国双拥模范城(县)考评标准》和省市双拥办有关通知要求,无锡市及江阴市、宜兴市,从年初起认真对照考评标准 11 大类 84 项内容,逐年逐项逐类进行梳理,查漏补缺,落实措施,固强补弱,问题归零,确保考评的每个项目得满分、多加分、得高分,全面做好迎考准备。4 月,市双拥办制定《无锡市创建全国双拥模范城“九连冠”实施方案》。5 月 4 日,宜兴市召开双拥工作领导小组(扩大)会议,研究部署新一届全国双拥模范城(县)创建工作。6 月 8 日、29 日,无锡市分别召开市双拥办主任办公会议、创建第 12 届全国双拥模范城(县)业务工作会议。6 月 15 日,市委常委会第 77 次会议听取创建全国双拥模范城“九连冠”工作汇报。7 月 17 日,无锡市召开“全市创建全国双拥模范城‘九连冠’推进会”,市委书记、市双拥工作领导小组第一组长杜小刚作动员部署,市委副书记、市长赵建军主持会议,会议系统总结近年来无锡双拥工作成效,部署推进新一轮创建工作,并印发《无锡市创建全国双拥模范城“九连冠”责任分解表》。8 月,无锡市委、市政府、无锡军分区联名向江苏省双拥工作领导小组提交《关于申报无锡市、江阴市、宜兴市为全国双拥模范城(县)的请示》,并上报相关材料,确定无锡市、江阴市、宜兴市为第 12 届全国双拥模范城(县)创建单位。10—12 月,无锡市及江阴市、宜江市,通过江苏省双拥信息管理系统上传 2020—2023 年双拥工作台账资料分别为 591 份、1761 份、856 份,累计 3208 份,按“坚持政治首要标准、组织领导坚强有力”等 12 个考评项目分类,按年度时间顺序整理制作纸质台账资料,分别为 29 本、43 本、10 本,累计 82 本。无锡市和江阴市、宜兴市,均完成制作 12 分钟左右反映本地双拥工作成效的视频录像片。全市准备了包括双拥主题公园、双拥街区、双拥广场、双拥长廊、园区等在内的现场考评点 30 多个,并采取问卷调查等方法,完成驻无锡部队官兵、退役军人和其他优抚对象的满意度测评。11 月 1—3 日,全国双拥宣传信息联络员培训班在无锡市举行,鉴于培训期间,全国双拥办、省双拥办领导实地考察无锡市、江阴市、宜兴市的双拥创建情况,省双拥创建考评组决定:不再组织对无锡市和宜兴市创建新一届全国双拥模范城(县)现场考评。12 月 13 日,省双拥创建考评组到江阴市进行现场考评。省双拥创建考评组认为,无锡双拥工作整体呈现出

基础好、站位高、力度大、亮点多、氛围浓的喜人局面。双拥创建的台账资料检查、群众满意度测评结果较好。至此，无锡市、江阴市、宜兴市均通过第12届全国双拥模范城（县）省级考评。

【无锡舰形成战斗力】 3月，在某海域复杂电磁环境下，北部战区海军某舰艇训练中心（以下简称训练中心）连续3天组织无锡舰开展综合防空反导、对海攻击、对潜作战等海上全课目训练考核。考核中，训练中心协调水面舰艇、潜艇、歼击机等兵力，与无锡舰开展对抗，考核组随机下达考核课目，让无锡舰在水面、水下和空中多重威胁下临机处置各种突发情况。从无锡舰入列，到通过全训考核并形成战斗力，仅时隔一年。7月29日，无锡市委副书记、市长赵建军"八一"节慰问无锡舰官兵时，对无锡舰快速形成作战能力表示祝贺。

【双拥宣传教育】 2023年，无锡市开展纪念延安双拥运动80周年和抗美援朝战争胜利70周年活动，结合创建新一届全国双拥模范城（县）活动，总结宣传双拥工作经验做法和双拥先进典型，加强双拥宣传阵地建设，营造浓厚的双拥氛围。4月，组织宣传全国双拥模范、"最美拥军人物"、"最美军嫂"等先进事迹。5月，组织开展第二届"江苏最美拥军人物"、"江苏最美退役军人"、首届"江苏最美军嫂"推荐申报宣传活动。6月，市双拥办印发创建全国双拥模范城"九连冠"宣传标语22条。7月5日，《新华日报》在第6版以整版篇幅宣传报道《用心用情用力推动双拥工作继续走在前列——无锡市争创全国双拥模范城"九连冠"风采录》。8月，在《无锡日报》开辟双拥宣传专版，连续宣传报道2020年以来各市（县）、区双拥工作经验做法。10—12月，各市（县）、区在区域交通要道、铁路、公路、港口、地铁出入口、重要活动场所等，设置双拥宣传牌、标语或显示屏累计450条（幅、块、个），并对建成的双拥主题公园、双拥街区、双拥广场、双拥长廊、双拥园区等30多个双拥示范点进行完善提升。11月，无锡市在运河汇举行"纪念延安双拥运动80周年暨抗美援朝战争胜利70周年大型影像展"。各市（县）、区根据时间节点，向部队官兵和优抚对象致慰问信、挂光荣牌，新兵入伍欢送、老兵退役返乡欢迎、组织新婚夫妇向革命烈士献花等活动形成常态。年内，《无锡市双拥工作简报》刊发双拥宣传稿件205篇、照片384幅，市双拥网站《双拥动态》《双拥观察》栏目发布基层双拥稿件187篇、照片496幅。《解放军报》《中国国防报》《新华日报》《无锡日报》《江南晚报》等报纸刊用无锡市各类双拥宣传稿件共66篇。

【服务部队练兵备战】 2023年，无锡市为激励官兵安心部队、履行使命，为部队备战打仗提供地方保障，投入资金用于走访慰问部队、优抚对象帮扶、改善军营设施、退役士兵培训等。3月，收集梳理2023年度"军地相互支持互办实事需求"事项150多件。7月，印发2023年《无锡市军地相互支持互办实事需求"双清单"任务分解表》，全市先后帮助驻无锡部队办结实事157件。年内，全市参与拥军支前保障行动20次，出动342人次。启动4715平方米的市军供站迁建工程。无锡市投入资金支持"无锡舰"配套设施建设和文化共建，启动63983部队营区积水改造工程。宜兴市投入资金，支持刚入列的"宜兴舰"建设。滨湖区投入资金为十八湾沿线部队实施雨污分流水管网改造和泄洪沟整治。6月1日，江阴市组织慰问分队到广东南粤岛开展"情系边海防 浓浓军民情"主题慰问活动。11月，无锡市投入资金为3支驻无锡部队办好事办实事。市委常委、无锡军分区司令员王作才带队走访慰问4支在外执行任务的驻无锡部队官兵。11月25日，无锡市协调堰桥双拥关爱基金会向驻无锡部队11户特别困难的现役军人家庭，每户发放2万元慰问金，共22万元。

【拥军优属】 2023年，无锡市全面加强优抚对象服务保障体系建设，切实维护军人军属合法权益，不折不扣落实退役军人安置政策、优抚

4月7日，无锡市退役军人和其他优抚对象优待证首批优待项目发布仪式在太湖广场举行
（市退役军人事务局 供图）

对象优待措施，解决官兵普遍关注的“后路、后院、后代”等保障问题，让部队官兵安心、暖心、放心，让退役军人有获得感、幸福感、荣誉感。4月7日，无锡市首批发布7大类100余项社会化优待项目，涉及衣、食、住、行、医等方面。从4月10日起，面向全国退役军人和其他优抚对象免费乘坐城市公共交通工具和免费游园。5月28日，组织举行“爱在‘锡’望之城 共赴浪漫之约”军地联谊公益交友活动，军地150多名男女青年参加，20对军地男女青年成功牵手。8月7日，召开全市退役军人与随军家属安置工作会议，副市长、市双拥工作领导小组副组长卢敏出席并讲话。8月10日，新吴区举行“首届现役军人家庭日”启动仪式，开启新时代军人家庭服务保障“新里程”。6月6日，《中国国防报》在综合第2版以《江苏省无锡市新吴区拥军服务保障上台阶》为题，报道新吴区成立现役军人家庭关爱中心的做法。年内，市级接收安置的转业军官进党政群机关的达86.6%，符合相应安排条件的正团职军官均得到妥善安置。政府指令性安置随军家属就业97人，其中对口对等安置27人、就业和货币化补偿安置70人。军人子女享受入学入园优待、中高考加分优待累计404人。春节、“八一”建军节统一组织对无锡籍现役军人家庭分别慰问500元物品。无锡市的优抚标准高于全省平均10%。

【拥政爱民】 2023年，驻无锡部队恪守人民军队宗旨，发扬拥政爱民光荣传统，在支持地方抢险救灾、无偿献血、慈善事业、国防教育等方面勇挑重担、积极有为，有力促进无锡经济社会发展。驻无锡部队普遍开放军史馆、荣誉室为社会各界开展全民国防教育提供场所，武警机动第一支队为无锡市五爱小学、无锡市钱桥中学、江南大学等10多个单位开展国防教育提供支撑。武警无锡支队3次组织官兵赶赴地方火灾现场，奋勇灭火救险。武警机动第一支队、武警机动第二支队、武警机动第三支队出色完成杭州亚运会安保任务。94710部队、94926部队主动调整演训和执行任务时段，保障无锡地铁3号线南延下穿硕放机场项目顺利推进。63680部队、武警机动第一支队、武警机动第二支队、武警无锡支队组织官兵参加无偿献血共38万毫升，全年驻无锡部队官兵无偿献血共计60多万毫升。63680部队、73676部队及武警机动第一支队、武警机动第二支队、94710部队、94926部队、94756等部队，先后出动官兵1000多人次，为45所院校军训学生8.9万人次。63680部队、73676部队、武警机动第一支队、武警机动第二支队和武警无锡支队购买农副产品，助力乡村振兴。63983部队、武警机动第一支队、武警无锡支队积极参与“春蕾行动”，合计捐款29万元。解放军第904医院、武警第二机动总队医院、杭州特勤疗养中心疗养五区发挥医疗技术优势，坚持常态化为驻地群众开展巡诊义诊活动。解放军第904医院成立“军医下乡·助力乡村振兴”专家团队，6月3日，院长王东组织20多位医疗专家，到锡山区开展“走进锡山系列医疗活动”，让市民在家门口享受专家医疗服务。

【承办全国双拥宣传信息联络员培训班】 11月1—3日，全国双拥宣传信息联络员培训班在无锡举行。各省(自治区、直辖市)和新疆生产建设兵团，以及各军兵种从事双拥宣传工作的有关人员共170余人参加培训。在11月1日开班式上，全国双拥工作领导小组成员兼办公室副主任、退役军人事务部拥军优抚司司长王忠诚作动员讲话，江苏省双拥工作领导小组办公室副主任、退役军人事务厅厅长韩骅，无锡市双拥工作领导小组副组长、副市长卢敏先后致辞。江苏省退役军人事务厅拥军褒扬处处长许波、无锡市双拥办专职副主任徐真柱分别介绍省、市双拥工作开展情况。11月2日下午，参训人员到新吴区双拥公园、中船集团第702研究所、国家超级计算机无锡中心、94710部队和94926部队现场学习。其间，全国双拥办、江苏省双拥办领导和参训学员实地察看无锡市、江阴市、宜兴市的双拥创建情况。

（顾光耀）

编辑　罗秋云

经济管理

财政

【概况】 2023年，无锡市一般公共预算收入1195.4亿元，比上年增长5.5%。一般公共预算支出保持增长，全面保障重点领域支出。

【重点项目资金】 2023年，市财政局坚持积极的财政政策加力提效，强化市委、市政府重大战略财力保障，有力支撑全市经济社会发展。推动经济运行率先整体好转，支持“全市稳增长10条”“促进经济持续回升向好22条”等政策措施落地见效。坚持“应减尽减、应退尽退”，全市新增减税降费及退税缓费超230亿元，惠及各类纳税人、缴费人138.6万户次。统筹资金推动重点项目建设，全市积极争取获批地方政府新增债券271亿元，有力支持政府投资项目建设。推动完善“大消费”工作机制，全市累计发放消费券超1.5亿元，支持“太湖购物节”系列活动。市级拨付超3.3亿元，支持外贸重点地区、重点企业、重点平台发展，支持加快推进多式联运发展。支持“465”现代产业集群发展，加强政策设计和储备，聚焦支持全市产业发展。市级拨付6.5亿元，支持引进重大产业项目和集成电路等重点建设项目。拨付2.3亿元，支持培育专精特新“小巨人”企业、数字经济应用示范、智能化建设等项目。拨付7.6亿元，推进制造业智能化改造、数字化转型和绿色化提升，加快引育数字经济龙头企业。围绕科教兴市、人才强市、创新驱动发展战略，健全创新激励和保障机制，提高自主创新能力。市级拨付12.4亿元，支持深海实验室等重大科技平台建设和产业创新研究院等新型研发机构建设；支持实施“太湖之光”攻坚计划。拨付33.7亿元，支持各阶段教育优质发展，支持无锡学院发展，持续推进江南大学、东南大学“市校共建”。拨付4亿元，支持“实施新时代人才强市战略”和“登峰计划”，引进大学生10.5万人、高层次人才1.3万人。市级拨付65.8亿元，推动重点工程项目建设，保障市政道桥等公共设施维护。拨付14.2亿元，支持“美丽幸福河湖”工程、“碳达峰碳中和”项目、生态补偿和绿色无锡建设。拨付4.6亿元，支持加快农业农村现代化建设，推进特色田园乡村建设和农村人居环境整治提升长效管护。市级拨付2.5亿元，支持地方粮储备更换，支持新建和改造提升高标准农田，支持提升农产品品质和质量安全。拨付3.6亿元，支持完善应急预警、应急指挥、应急救援三大体系，加快推进城市生命线安全工程建设，支持“企业安全生产主体责任深化年”行动。拨付7.9亿元，支持深化市域社会治理现代化试点。

【财政惠民】 2023年，全市持续加强民生投入，民生支出占一般公共预算支出比重近80%，持续保持高水平民生投入，有力保障60项民生实事落实到位。多渠道统筹安排资金9.9亿元，保障就业政策落地落实；优化富民创业担保贷款服务，全市新增发放富民创业贷4.1亿元；发放稳岗返还6.2亿元，惠及参保企业13万家次、参保职工173.8万人。市级拨付24亿元，支持公共卫生服务体系建设及公共卫生服务项目开展，启动实施全民癌症防控行动，支持推进市精神卫生中心二期、市二院北院、市二院急诊楼等重大项目，支持江南大学医学院、南京医科大学无锡医学中心“市校共建”，支持落实“三名”（增名医、建名科、办名院）战略政策，对卫生健康专家团队、高层次人才给予专项资助，支持疫情防控阶段性工作开展。拨付6.9亿元，支持非物质文化遗产保护和发展，支持百宅百院活化利用工程，支持打造“无锡杯”足篮球赛等特色品牌文体活动。拨付2.8亿元，推进“3610”（关注政策认定的低收入群体、专项救助帮扶的困难群体、其他重点关注群体；落实主动发现机制、监测预警机制、分类施策机制、统管联办机制、动态更新机制、巡访关爱机制；实施兜底保障工程、医疗救助工程、圆梦助学工程、温暖安居工程、就业促进工程、法护平安工程、扶老助残工程、急难纾困工程、社会共助工程、服务优享工程）行动、城乡居民基本养老保险集体补助试点、“锡心医养”社区居家“332”（聚焦老年群体就医难、照护难、康养难，推进社区卫生服务中心+养老服务中心+呼叫服务中心，实现社区居家融合、医养康养融合）服务行动，推进多层次托育服务体系建设。拨付27.5亿元，健全社会保障体系，支持居民最低生活保障、特困人员基本生活保障等提标扩围,城乡低保标准提高到每月1095元,特困人员基本生活保障标准提高到每月1645元,惠及市区低保和特困对象1.5万人。拨付6.5亿元,推动150个、570万平方米老旧小区改造工程,支持公租房租金补贴、棚户区改造以及共有产权住房建设等。

【政府债务】 2023年末,全市地方政府债务余额2171.37亿元,其中一般债务余额564.68亿元,专项债务余额1606.69亿元。债务余额控制在法定限额内。

【财政治理】 2023年,市财政局推进管理改革,在全省率先制定《无锡市市级零基预算编制试行方案》,全面推行预算编制采用零基预算管理模式,增强重大战略保障能力和财政可持续性。加快预算支出标准体系建设,印发实施政务信息化项目建设和运维、政府投资市政道路工程、政府投资绿化景观工程等重点领域支出预算标准,强化预算管理支撑作用。加强财会监督,组织开展重点财政支出等20余项专项监督,强化各类问题整改跟踪落实。开展17项重点绩效评价,评价范围拓展至专用设备资产等方面,落实绩效评价结果与预算挂钩机制,推动形成评价、整改、预算安排的闭环管理。修订印发市级行政事业单位通用资产配置标准,加快推进资产盘活工作,推进镇街资产专项治理。

(市财政局)

税　务

【概况】 2023年,无锡市税费收入总量3779.58亿元,比上年增长6.7%,创历史新高;完成一般公共预算收入986.13亿元,比上年增长15.2%,列苏南第二位。落实社保费"统模式"改革,各项征管指标居全省前列,各项非税收入1102.82亿元,社保费791.55亿元。市税务系统形成123条调研成果转化清单和116项办实事见成效清单。市税务系统获全国工人先锋号、全国五四红旗团支部、全国巾帼文明岗等6项省部级荣誉及48项地厅级荣誉。

【减税降费】 2023年,市税务局健全完善税费优惠政策,新增减税降费及退税缓费突破230亿元,惠及纳税人缴费人138.6万户(人)次。落实增值税留抵退税84.54亿元,占全省比重11.6%;落实先进制造业、集成电路、工业母机加计抵减超20亿元,助力全市"465"现代产业集群建设;办理出口退(免)税439.85亿元,最大化释放政策效应。

【惠企便民服务】 2023年,市税务局发布"惠企利民十大税费服务创新示范项目",推进办税服务厅数字化转型、"12366"问办一体、"无柜台"服务,14个办税服务厅建立智慧办税体验区,9个办税服务厅建立涉税专业服务机构线下服务专区和数电票体验区。推出5批103项便民办税服务举措,实现195个事项"零跑动","非接触类"办税缴费率提升至98.55%。全面推广企业所得税"一键申报预先服",有效缩减70%申报时长,"纳税"指标连续多年在全省营商环境评价中获先进等次。

【税收服务品牌效应】 2023年,市税务局推出助力无锡经济率先好转"15条"、促进民企发展"23条"举措,持续优化重大产业项目服务机制,开展"春雨润苗"、中小企业服务月等活动20场次,走访服务重大项目、重点企业423家次,解决涉税诉求145项。在全省先行先试"苏税援"涉税专业服务平台建设,吸引1240家涉税专业服务机构入驻,累计为市场主体提供1.16万笔优质涉税专业服务,获省政务办、省税务局联合推广。编撰发布三大重点行业《税收遵从指引》,吸引57家无锡大企业加入税务共建内控体系服务项目,推动建设全市首个境外旅客购物离境退税代办点,"一路税行"和"税直达"纳税信用预警提醒服务2个项目入选全国税务系统第二批主题教育百佳案例。

【税务规范化建设】 2023年,市税务局统筹智慧税务中心、税收监管中

4月,在税收宣传月活动中,江阴市税务局工作人员在江苏富仁集团开展税费政策辅导

(市税务局　供图)

心、税费服务中心建设，以智能办、集约办、提级办实现税收管理服务减负增效。"欠税智能分析"等智慧产品在全省推广；开具全省首张数电发票，纯数电率94%；全市5C征管质量监控评价国家税务总局层面获评A+，连续2年全省第一；统筹集约处理线上线下业务139项近145万笔，集约化处理率90%；推进全省现代化税收风险防控试点，道路货物运输业现代化风险防控体系获国家税务总局推广，17个欠税监控指标被省税务局推广使用。市税务局成立税费服务工作室，建设市、县两级公职律师涉税争议咨询调解中心，市税务局获评全省公职律师规范化建设成绩突出单位。推广建立"社保费征缴争议联合处理中心"，畅通群众权益保护渠道。全市8家基层税务分局入选全省首批"枫桥式"税务所，江阴市青阳税务分局作为江苏省唯一代表在七省（市）税务系统现场会上作交流发言。

【税收法治建设】 2023年，市税务局探索试点全过程"说理式执法"，处罚合规管理做法获省税务局推广。建成税收法院信息交换平台，征收司法拍卖环节税费4.7亿元。创新推进案件执行，稽查立案检查663户，查补总额15亿元，存量积案和增量积案清理率分别为90.98%和88.29%。"法润税韵"普法品牌获评全省"大运河法治文化长廊品牌项目"称号。

（赵　力）

表16　2022年、2023年无锡市各项收入统计表

项　目	2022年金额（万元）	2023年金额（万元）	增减额（万元）	增幅（%）
税务部门收入合计	35413832	37795753	2381921	6.7
一、税收收入	16205959	18852062	2646103	16.3
（一）中央级	7642643	8990791	1348148	17.6
（二）省级	−847388	−278784	568604	−67.1
（三）市县级	9410704	10140055	729351	7.8
附：市县级（财政口径）	8522367	9827957	1305590	15.3
二、社会保险基金收入	7717517	7915486	197969	2.6
三、非税收入	11490356	11028204	−462151	−4.0
其中：国有土地使用权出让收入	10363549	9754898	−608650	−5.9
国有土地收益基金收入	512285	583971	71686	14.0
农业土地开发资金收入	2537	1673	−864	−34.1
附列：				
一、海关代征	1766492	1665008	−101485	−5.7
二、出口退（免）税小计	4597700	4037221	−560479	−12.2
（一）出口退税	3015700	2670000	−345700	−11.5
（二）免抵调库	1582000	1367221	−214779	−13.6

（市税务局）

表 17　2022 年、2023 年无锡市税收收入分税种统计表

项　目	2022 年金额（万元）	2023 年金额（万元）	增减额（万元）	增幅（%）
税收收入合计	16205959	18852062	2646103	16.3
其中：地方十税	2707422	2644633	−62789	−2.3
一、国内增值税	6643268	9408886	2765618	41.6
（一）中央级	3321668	4705137	1383469	41.6
（二）省级	−866270	−298866	567404	−65.5
（三）市县级	4187870	5002614	814745	19.5
其中：直接收入	5061268	8041665	2980397	58.9
免抵调库	1582000	1367221	−214779	−13.6
二、国内消费税	179547	187359	7812	4.4
三、企业所得税	4564452	4547326	−17126	−0.4
（一）中央级	2768091	2750221	−17870	−0.6
（二）省级	18881	20082	1201	6.4
（三）市县级	1777481	1777024	−458	0.0
四、个人所得税	1840555	1787312	−53242	−2.9
（一）中央级	1104408	1072519	−31889	−2.9
（二）省级	1	1	0	−13.8
（三）市县级	736146	714792	−21353	−2.9
五、资源税	41	332	291	711.3
六、城市维护建设税	530860	596420	65559	12.4
七、房产税	515085	526060	10975	2.1
八、印花税	174165	312109	137944	79.2
九、城镇土地使用税	203371	164034	−39337	−19.3
十、土地增值税	446227	218718	−227509	−51.0
十一、车船税	79996	78857	−1139	−1.4
十二、车辆购置税	267144	274564	7420	2.8
十三、耕地占用税	35548	15577	−19972	−56.2
十四、契税	672137	688355	16218	2.4
十五、环境保护税	49992	44173	−5819	−11.6
十六、其他税收	3571	1982	−1589	−44.5

（市税务局）

国有资产监管

【概况】 2023年，市属企业资产规模8492.33亿元，所有者权益2981.79亿元，实现营业收入1680.79亿元，利润总额87.56亿元，营业收入和利润总额分别列全省设区市第一位和第三位。

【国企改革】 2023年，市国资委围绕提升企业核心竞争力、增强核心功能，推进国企改革，成立无锡市国有企业改革领导小组，制定《无锡市国有企业改革深化提升行动实施方案（2023—2025年）》，明确今后三年全市国有企业改革发展方向和重点任务。无锡华光环保能源集团股份有限公司入选国务院国资委创建世界一流专精特新示范企业，江苏日托光伏科技股份有限公司、无锡市政公用新能源科技有限公司、无锡拈花湾文化投资发展有限公司等6家单位被列入省国资委全面参照"科改示范企业""双百企业"综合改革企业名单。

【优化布局结构】 2023年，市国资委围绕优化增量布局，调整存量结构，制定《关于推动市属国有企业全面参与"465"现代产业集群建设的实施意见》，引导市属企业加快现代产业重点领域投资，采取投资合作、整合并购等方式，拓展产业发展空间。先后完成国联新华基金、地铁投资大为科技等7个特别监管类投资项目审核和国联证券收购中融基金、国联集团收购民生证券等8个项目双重论证工作。牵头完成市属国有文化体育企业整合重组、市大数据集团挂牌运营、医疗健康集团组建。实施各类混合所有制项目44个，无锡拈花湾文化投资发展有限公司、无锡交通建设工程集团有限公司等企业上市进程有序推进。完成公开市场资产交易103宗，完成无锡华光环保能源集团股份有限公司引入战略投资者等一批重大股权变更报批。

【重大项目投资】 2023年，市国资委围绕国有资本战略布局方向和"465"现代产业集群建设，以重大项目投资带动社会经济发展，安排计划投资1024.88亿元。至年末，市属企业实施重大项目261个，完成投资1063.15亿元，达到年初投资计划的103.73%。推动全市8家市属企业、33家区属企业与45家中央企业开展合作投资，市、区两级国企与央企合作投资存量项目58项，年度新增项目21项，太初电子项目、中国航发燃机轻型燃机产业化项目、龙江广瀚中小型燃机产业化项目等一批高端装备领域项目先后落户无锡市。

【国资监管】 2023年，市国资委制定《进一步加强市属国有企业监管工作的若干意见》，成立市级国有企业重大投资审核委员会，建立分级分类审核机制，规范国资监管和市属企业合规合法投资行为。加快信息化与监管业务深度融合，完成全市国资国企在线监管系统一期项目建设，与省级在线监管平台对接，实现数据常态化采集和共享交换。突出风险防范，制定《市属国有企业实行职业经理人制度的实施意见》，部署开展平台公司经营性债务风险排查和国企类金融业务排查，建立健全风险预警、信息披露、定期报送等机制，加强发债审批管理，做好隐性债务核查备案和化解工作。制定《无锡市市属企业违规经营投资问题线索查处工作指引》，规范市属企业违规经营投资问题线索查处行为。制定《关于调整2023年度市属国有企业负责人经营业绩考核部分指标权重的通知》，将企业资产负债率作为共性指标，增加考核权重，督促企业持续降低资产负债率。

（王家宝）

【国联集团】 2023年，无锡市国联发展（集团）有限公司（以下简称"国联集团"）完成营业收入260亿元，实现利润40亿元。至年末，国联集团总资产2036亿元、净资产537亿元，列"中国服务业500强企业"第247位。

2月16日，无锡市大数据集团举行揭牌仪式，市委书记杜小刚（左）、市长赵建军（右）为无锡市大数据集团揭牌　（市国资委　供图）

国联集团持续优化产业布局。战略投资民生证券并获批成为其第一大股东，建设国联上海金融运营中心和无锡香港科创中心，对接融入长三角一体化和粤港澳大湾区发展。国联证券股份有限公司收购中融基金并更名为国联基金，取得公募基金牌照，获批设立资管子公司，首次入选证券公司“白名单”。国联信托股份有限公司发起设立全国首单破产清算领域内破产服务信托业务。江苏资产管理有限公司助力远程股份实现 ST“摘帽”。无锡产权交易所有限公司成立省内首个破产重整企业服务平台。无锡国联环保科技股份有限公司入选国务院国资委科改示范企业名单。无锡一棉纺织集团有限公司入选工业和信息化部“2023 年度智能制造优秀场景”。普瑞光电（厦门）股份有限公司获评“国家级企业技术中心”。无锡市创新投资集团有限公司累计参与管理基金总规模超 2400 亿元。锡洲国际有限公司完成国联新华、国联招证两只美元基金落地。

国联集团构建以“1+5+N”（市重点产业发展基金，上市公司高质量发展基金、集成电路基金、新能源基金、智能制造基金、生物医药基金，其他待募集基金）为框架的重点产业系列基金集群，发起设立目标规模各 50 亿元的无锡上市公司高质量发展基金、集成电路产业基金、新能源产业基金和生物医药并购基金，参与设立各 100 亿元总规模的锡创工融股权投资基金和国风投生物科技基金。牵头助力华虹无锡二期项目建设。牵引江苏昕感科技有限责任公司、联合飞机集团等总投资额 380 亿元重大产业项目落地。组建大数据集团，成立“无锡新型城市算力中心”，上线省内首个“数据资产服务平台”。推动市人才集团在中国香港地区、新加坡设立海外平台招才引智。筹建医疗健康集团，服务民生健康。

国联集团按照“管战略、控财务、防风险”原则，细化完善制度，实施子企业分类授权管理，优化集团管控。围绕“3+1+N”（打造覆盖业务、管理和监督 3 大数字管控平台，1 个“国联数字云”赋能基座，N 类数字创新应用生态圈）总体框架提速“数字国联”建设，投用 18 套信息系统，启动构建数据治理体系。形成具有国联特色的财务数智化建设体系，财务共享初具规模，启动司库体系建设。构建全面风险管理“三道防线”。无锡国联环保科技股份有限公司在省内率先以公开征集方式转让国有控股上市公司股份，引入中国国有企业结构调整基金股份有限公司、紫金财产保险股份有限公司等战略投资者。国联人寿保险股份有限公司、江苏资产管理有限公司、国联财务有限责任公司完成新一轮增资。开发晶照明（厦门）有限公司完成股份制改造并更名普瑞光电（厦门）股份有限公司。

（蒋灵惠）

自然资源管理

【生态产品价值实现机制】 2023 年，“一市两县”自然资源领域生态产品价值实现机制试点工作有序推进。市级层面形成无锡市生态产品“一张图”“1+4+4”成果报告体系，形成九大典型案例，中期汇报获省自然资源厅肯定。江阴市建立以生态券交易为核心的生态产品价值实现机制，完成敔山湾区域 64 号云溪谷地块、青阳金桥小学西侧地块 2 宗附带生态券交易的国有建设用地使用权出让，引导 6000 万元社会资本参与粑齿山 28 万平方米林相改造工程。宜兴市完成生态产品调查、核算，初步构建宜兴市生态产品价值实现成效评价体系，通过山水林田湖草一体化保护修复、“矿地融合 2.0”及乡村旅游等项目的实施，形成多元化的生态产品价值实现模式。

【低效用地再开发试点】 9 月，自然资源部印发《自然资源部关于开展低效用地再开发试点工作的通知》，在全国 43 个城市开展低效用地再开发试点，无锡市入选试点城市名单。

（刘梦蛟）

审　计

【概况】 2023 年，无锡市审计机关完成审计项目 197 个，查出主要问题金额 356.09 亿元，非金额计量问题 1430 个，出具审计报告和专项审计调查报告 213 篇，移送处理事项 67 件，核减投资额 6.47 亿元。审计提出建议 569 条，促进建立、健全规章制度 209 项。市审计局 1 个项目获评省优秀大数据审计项目，宜兴市审计局、滨湖区审计局各 1 个项目获省优秀审计项目。1 项成果获审计署办公厅通报表彰，2 个案例获评审计署审计教学优秀案例，1 项成果入选审计署和省厅科研所协作课题，1 篇论文获省哲学社科联学术大会二等奖，1 篇成果获评省审计厅优秀调研报告，全市 10 篇大数据审计案例获评省审计厅优秀案例。

【审计委员会工作】 2023 年，市委审计委员会召开会议 2 次，各市（县）区委审计委员会召开会议 14 次。全市向本级审计委员会报送审计建议专报 102 份。全省党委审计办工作研讨班在无锡市举办，市委审计委员会制定关于加强乡镇（街道）审计监督实施意见和加强改进内部审计工作实施意见，组织开展市（县）区审计机关主要负责人述职工作，党领导审计工作机制逐步健全。

【政策跟踪审计】 2023 年，市审计局开展产业政策实施情况、重大项目推进情况专项审计调查，推动有关部门整合 4 项产业扶持政策，收回 3 个项目的建设用地和奖补资金。

9月22日，审计人员在就业补助资金和失业保险基金审计中，查看社保基金管理中心申领办理流程情况　（市审计局　供图）

江阴市审计局、惠山区审计局、滨湖区审计局分别围绕科创江阴、科技创新政策落实等开展审计，助力政策落实落地。

【专项审计】 2023年，市审计局首次系统开展市级金融资产运营管理情况专项审计调查，助力增强金融服务实体经济能力，首次开展医疗卫生领域政府采购情况专项审计调查，推动健全完善该领域政府采购体系。

【国企审计】 2023年，市审计局按照省审计厅统一部署，在全市开展国企稳增长防风险政策落实审计，助力国有经济健康发展。宜兴市审计局实施的交通产业集团领导人员经济责任审计项目获评省优秀审计项目，锡山区实现对区属国企审计监督全覆盖。

【民生审计】 2023年，市审计局按照省审计厅统一部署，在全市开展就业补助资金和失业保险基金审计并统筹组织就业创业政策执行情况审计，推动实现高质量就业。滨湖区审计局实施的房屋征收专项审计获评省优秀审计项目，新吴区审计局实施的安置房专项审计调查，获评法治建设惠民实事工程项目。

【经济责任审计】 2023年，全市审计机关对64名领导干部开展经济责任审计，对行政事业单位、国有企业、乡镇街道三类经济责任审计结果进行分类综合分析，对审计中常见问题进行分类梳理，并对相关单位进行风险提示。

【资源环境审计】 2023年，全市审计机关对10名领导干部开展自然资源资产审计。首次开展全市生态环境基础治理项目系统性审计调查，促进项目高效推进，推动各类相关项目设备及时发挥作用。

（庄　严）

统　计

【概况】 2023年，市统计局推进依法统计、依法治统，做好统计调查监测，不断提升统计服务质效。创设“暮桥学社”青年干部成长平台，国家统计局干部教育基地在无锡市挂牌，薛暮桥纪念馆、孙冶方纪念馆被确定为国家统计局现场教学点。

【统计法治】 2023年，市统计局坚持以提升数据质量为核心，推动相关部门学习统计领域重要批示、法规、文件，不断强化各主体统计法治意识。与纪检监察机关建立案件移送新机制，健全与市委巡察机构协作新方式，推动统计监督与审计监督统筹衔接，统计监督与其他监督贯通协同取得明显进展。创新实施统计约谈，创新提出“市县联动、部门联合、县区互查”检查模式，选派统计执法骨干参与国家、省有关督察检查，全市统计干部执法证考试通过率居全省第二位。全年对4000余家联网直报企业开展数据质量专项核查，对近千家入退库单位进行专项检查，对600余家单位开展“双随机”执法检查，查处统计违法案件28起，对23家行政事业单位首次开展统计执法检查。

【统计服务】 2023年，市统计局提升统计服务水平，推进“四上”（规模以上工业、有资质的建筑业、限额以上批发和零售业、限额以上住宿和餐饮业、有开发经营活动的全部房地产开发经营业、规模以上服务业）单位入库纳统工作，“四上”单位数首次突破2万家，列全省第二位。加强地区生产总值统一核算，开展涵盖350余张报表的常规统计调查、6项专项调查和社情民意调查，严格做好统计报表数据查询审核、凭证提供、测算评估、现场核查等各项工作。持续用好经济运行动态监测平台，开展国民经济、社会发展、科技进步等分析研究，形成近200篇统计分析、监测报告。持续丰富《无锡统计概览》《无锡统计数据》等统计产品，不断提升数据手册时效性、实用性。

【统计改革】 2023年，市统计局推进“465”现代产业集群监测，15个产业集群有14个纳入监测范围，获评“465”现代产业集群发展先进集体。持续推进镇（街道）高质量发展、数字经济、太湖湾科创带、乡村振兴、无锡企业国内“投资”“引资”等统计监测，开展全省首个共同富裕统计监测专项试点，配合市委组织部开展高质量发展综合考核工作。调整设立数据管理处，制定《网络和数据安全工作要点》等文件，推进运行系统环境国产化，完善统计业务和数据中心建设，统计数字化转型加快推进。

【经济普查】 2023年，市统计局坚持以国家及省统一部署为指导，组织开展第五次全国经济普查。在省内率先成立无锡市第五次全国经济普查领导小组，完成苏南唯一省级经济普查综合试点，组建并有序培训1.2万名“两员”（普查员和普查指导员）队伍，组建经济普查党员先锋队、青年先锋队，创新开发4款经普计算器小程序并在全省开放应用，通过核酸小屋微改造，创设承载经普宣传窗口、自主申报点位、现场培训课堂、“两员”休整驿站四大功能的“经普驿站”。完成对全市5746个普查小区、19.58万件建筑物的单位清查，登记法人及产业活动单位数均较第四次全国经济普查实现较大增长。承办全省《中华人民共和国统计法》颁布40周年活动，依托地铁、公交、新媒体等构建立体式、多层次、全覆盖经济普查宣传格局，有效提升经济普查工作社会知晓度和普查对象配合度。

（张思杰）

市场监督管理

【概况】 2023年，市市场监督管理局激发各类经营主体活力，维护公平竞争市场环境，增强知识产权创新动能，守牢食品、药品、重点工业产品、特种设备安全底线，一体推进法治监管、智慧监管、信用监管。无锡市获省政府推进质量工作督查激励，在省质量工作考核、省公平竞争审查工作考核中获A级评定，在全国百城消费者满意度测评中排名第七。获批建设国家知识产权服务业高质量集聚发展示范区、国家级半导体产业知识产权运营中心、宜兴（陶瓷）国家级知识产权快速维权中心，建成运行省生物医药设备计量中心、省营养食品质检中心。

【优化营商环境】 2023年，市市场监督管理局聚焦经营主体降本减负和创新发展需求，制定进一步支持经营主体发展壮大“30条”、促进个体工商户高质量发展“10条”等8项措施。制定《进一步降低制度性交易成本优化外资企业登记的若干措施》，获批实现县域外资企业登记授权全覆盖，创新推出市场监管行政审批服务模式，为经营主体提供服务600余次。推动解决经营主体跨区迁移调档、变更登记重复申请等难题，实施企业迁移调档“一件事一次办”，在省内率先上线企业迁移调档网上办理功能，通过流程再造、系统集成、跨区联动，便利企业跨区迁移“网上办”。“市场主体退出综合改革”入选省市场监督管理局2023年重点创新项目。获批省“个转企”登记改革、个体工商户依职权注销改革、“个体工商户分型分类”改革试点，服务232家个体工商户转型升级为企业，挖掘培育全省首批30户“名特优新”个体工商户。全面推进“住所”（经营场所）登记申报承诺制改革，上线运行住所（经营场所）核验软件。实施“一照多址”改革，对从事一般经营活动的经营主体，在住所以外开展经营活动，属于同一设区市地域范围的，可免于设立分支机构，直接申请备案经营场所。不断提升经营主体规模，全市经营主体总量113.85万户，新登记经营主体14.48万户，比上年增长25.37%，增幅高于全省平均2.6个百分点，日均新增397户。

【信用监管】 2023年，市市场监督管理局深化“双随机、一公开”监管，全市制定抽查任务2350项，抽查对象35948家；制定《关于全面运用信用风险分类管理方式提升监管效能的实施方案》，运用通用型企业信用风险分类结果，对检查对象进行差异化抽取；制定《企业信用合规建设指南》，指导经营主体特别是大中型企业建立健全信用合规内控机制，与市工商联联合签署《无锡市行业信用提升合作框架协议》，围绕行业信用提升共同打造行业信用合规体系；制定《无锡市经营主体除名暂行办法》，建立更加规范透明、便利高效、规范有序的市场主体退出机制；制定《关于开展“465”现代产业集群“陪伴式”信用监管的实施方案》，针对全市物联网、集成电路、生物医药、软件与信息技术服务等“465”现代产业集群的经营主体，开展“陪伴式”信用

8月15日，在无锡市行业信用提升大会上，市市场监督管理局与市工商联签署《无锡市行业信用提升合作框架协议》 （市市场监督管理局 供图）

监管；引入大数据＋人工智能AI技术，自动比对后向未年报经营主体发送短信、机器人电话提醒，全市企业年报率为96.5%，创历史新高；扩大涉企信息归集范围和领域，归集行政许可信息42.8万条，行政处罚信息1.6万条；制定《市场监管全链路“信用修复”机制》，提升与“双公示”平台的协同修复水平，帮助全市8万户经营主体重塑信用。

【优化许可服务】 2023年，市市场监督管理局推行行政审批“三零三应”服务模式，针对不同类型企业，分别提供“零跑动”“零顾虑”“零距离”服务，实现窗口延伸“有效应”、解决难题“有回应”、实时答复“有响应”。印发《无锡市市场监督管理局食品生产许可评审人员管理办法》，解决许可评审人员结构不合理、数量无保障、管理缺依据等与实际需求脱节的问题，确保评审过程合法合规、科学公正、廉洁高效。会同市地方金融监管局，推动《无锡市外商投资股权投资企业试点办法》修订，放宽对投资人的审查条件，实现IDG、普洛斯、春华资本等36只QFLP基金顺利落地，注册规模约48亿美元。

【食品连锁经营企业许可评审承诺制】 2023年，市市场监督管理局继续推行食品连锁经营企业食品经营许可评审承诺制。7月1日起，升级出台2.0版本，进一步放宽准入门槛、调整禁入条件、扩大经营项目、规范资格管理，将适用对象从在本市范围内需有10家直营门店放宽到8家。企业取得该资质后新开直营门店时，免于现场核查，省去费时的环节，切实减轻企业开办经营成本，构建“企业作承诺、过程强监管、失信有惩戒、提速优服务”的高效审批模式。至年末，无锡有6家连锁企业的95家新开直营门店通过评审承诺制方式取得食品经营许可，新开门店领证时间由平均5个工作日压缩到当场办结。

【全国网络市场监管与服务示范区创建】 2023年，无锡市创建全国网络市场监管与服务示范区，部署市场监管总局网监平台应用，统一建立市、区、所三级用户体系，完成全量网络经营主体确认，依法依规研判监测信息，有效整治违法违规行为。创新“锡网云监”网络交易综合监测平台应用，按照线上线下一体化监管原则，在全系统率先开展网络交易综合监测，常态化监测80余个电商平台。整合网络交易监测中心和电子数据取证中心，有效破解网络交易违法行为发现难、证据采集固定难等问题，实现“事后取证难”向“同步存证易”的重大转变，全年电子数据存证总容量89G，移交下转网络违法线索2500余条，辖区内网络违法线索处置率100%，为网络交易综合监管高效运行提供有力支撑。无锡市获评国家区块链创新应用综合试点优秀地区，“太湖链”管理服务平台入选中国信息通信研究院公布的“2023年度优秀城市链”。深化智改数转网联，全市100个智能化重点项目完成投资超260亿元，新增省级智能工厂14家、省智能制造领军服务机构9家，雪浪云工业互联网平台获评国家跨行业跨领域工业互联网平台。拓宽一网通办范围，新增70项标准应用接入“苏服办”移动端，全市97.9%的事项可网办，电子证照归集数量和种类居全省第一位。优化数字营商环境，升级上线“无难事、悉心办”锡企服务平台，42个项目“免申即享”，9个项目“即申即享”，484个综合评审类项目实现“减材料、减环节、减跑动”。无锡市实现网络零售额约1300亿元，比上年增长7.5%；网络交易经营主体数量26.17万户，占市场主体比重的22.88%，网络零售市场规模和在业网络交易经营主体均达到有相关统计指标以来的最高值。

【计量服务】 2023年，市市场监管局服务产业发展，围绕市“465”现代产业集群新建社会公用计量标准28项，在用有效计量标准791项，保持全省前列。市政府与中国计量科学研究院签订战略合作框架协议，落地中国计量科学研究院院外研究生实习实践教学基地项目。国家新能源汽车电驱电控及电子系统产业计量测试中心高分通过国家市场监督管理总局现场核查，江苏省扭矩与力值仪器计量中心、江苏省生物医药设备计量中心先后通过省市场监督管理局验收。建成全省首家传感器领域“江苏省仪器仪表产业园”。开展“计量服务中小企业行”活动，走访服务企业670家。承办“2023年长三角产业计量创新技术挑战赛”江苏赛区活动，获评最佳活动组织单位奖。促成全省首笔测量管理体系认证领域“苏质贷”，为企业发放贷款1000万元。强化民生保障，全年完成192.2万台（件）计量器具强制检定，停征强检收费4738.6万元。获批在无锡市开展“江苏省新能源汽车充电桩强制检定计量数据应用试点”。指导锡山区创成全省首个按新标准通过考核验收的“江苏省计量惠民示范区”。组织开展全市电子计价秤市场秩序综合整治，查办案件位列全省典型案例榜首。完善体系建设，强化人才队伍建设，组队参加2023年江苏省计量检定校准技能竞赛，获评团体一等奖，个人获奖项数列全省第一位。加强计量文化建设，协助省市场监督管理局在无锡市举办江苏省“世界计量日”宣传启动活动。

【涉企行政合规全过程指导】 2023年，市市场监督管理局持续探索推行“事前指导企业积极预防，事中依法免罚轻罚审慎监管，事后跟踪整改提升执法质效”的涉企行政合规全过程指导工作。制定《无锡市场监管领域涉企行政合规指导清单》，涉及14个合规行为类型、79项行政合规事项，开展《市场主体信用合规建设规范》地方标准研制工作。开展合规普法宣传，举办各类涉企合规培训班。举办“新活力”抖音沙龙活动，引导直播电商企业合规运营。开展“广告宣法进园区”活动，规范互联网广告企业合规经营。依法实施免罚轻罚，开展包容审慎监管执法，推广不予处罚、从轻减轻处罚、不予实施行政强制措施“三张清单”，根据市场监管法律法规和包容审慎监管工作进度，对现行轻微违法行为免罚轻罚清单进行全面升级。落实《江苏省市场监督管理行政处罚裁量权适用规定》及基准，制定市场监管领域21项地方性法规、政府规章行政处罚事项裁量权基准，坚持过罚相当、宽严相济。建立市场监管“全链路”信用修复工作机制，持续推行行政处罚决定书和信用修复告知书同步送达机制，加大信用修复引导力度。建设完善市场监管系统信用修复在线申请通道，建立“不见面”信用修复工作机制。在江阴市市场监管局先行先试市场监管领域涉案企业合规评估审查工作的基础上，指导开展《市场监管领域涉案企业合规评估审查规范》地方标准的制定，并在全市范围内推广适用。

【重点工业产品质量监管】 2023年，市市场监管局推进落实工业品生产和销售单位质量安全主体责任，2768家企业完成在省工业产品质量安全主体责任信息系统的信息录入，组织制定电线电缆、电动自行车、食品用包装等辖区重点产业产品生产单位质量安全风险管控清单模板。开展燃气具及配件产品质量专项整治行动，开展18类重点工业产品质量安全隐患排查治理行动，开展春耕化肥、防爆电气、塑料污染治理、木质家具及家用双层床产品、儿童及学生用品安全守护行动等产品质量专项治理，全覆盖检查工业产品生产许可证获证企业859家，对重点工业产品企业实施市场准入、日常检查、监督抽查、行政处罚、信用分类“五位一体”的数字化精准监管。完成2075批次产品的市级监督抽查(风险监测)工作，不合格发现率5.2%。强化监督抽查不合格产品生产销售后处理工作，落实各项后处理措施，开展质量技术帮扶“提质强企”行动。

【消费环境建设】 2023年，市放心消费创建办、市市场监管局全国首创建立消费咨询公益小站，共建消费教育基地，推动消费投诉信息公示率为90%以上。建立市级厂商一体化无理由退货服务规范，推动覆盖海澜集团、无锡梦燕品牌管理有限公司、无锡小天鹅股份有限公司等51家知名消费品生产企业承诺厂商一体化无理由退货，推进100个单位获得省级放心消费示范单位参创资格，举办首届“长三角特色伴手礼”巡礼活动，入选“满意消费长三角”行动优秀案例。强化“消费后”的协同保护，综合运用跨部门协作、支持诉讼等方法，保障消费者合法权益，“12315”平台共接处咨询、投诉、举报超23.96万件，为消费者挽回经济损失6932.57万元，比上年增长32.14%。3月13日，中国消费者协会发布100个城市消费满意度测评报告，无锡市排名第一。

【公平竞争审查】 2023年，市市场监管局制定《无锡市公平竞争委员会工作章程》。开展市级部门和区县全覆盖的抽查工作，引入第三方评估机构全程参与，实现市级单位(部门)全覆盖，发放下发问题反馈意见函3份、行政建议函4份。开展中国公平竞争政策宣传周活动，全市审查新增涉及市场经济活动的规章、规范性文件和其他措施575件，梳理各类存量政策措施738件，其中梳理排除限制竞争3件、违反条款1件、适用例外1件、废除7件(其中4件到期废止)、调整1件。撰写《我国公平竞争审查制度存在问题及完善建议》，刊登在《市场监管总局信息(基层反映)》第137期，被中共中央办公厅单篇采用。

【商业秘密保护】 2023年，无锡市发布《无锡市优化营商环境条例》，专款明确商业秘密保护创新试点要求。开展“企业商业秘密保护能力提升服务月”活动，推广商业秘密保护服务小程序和商业秘密保护在线公证平台，建成全市首个产业公平竞争联盟，培育市级商业秘密保护示范点、维权联系点、基地254家。“无锡四向发力强化商业秘密保护”在《市场监管总局信息》第24期刊登，多项“无锡经验”“无锡案例”被国家市场监督管理总局采纳并推荐。市政府作为全国唯一的地级市代表，连续2年受邀参加中国公平竞争政策国际论坛，交流商业秘密保护实践；江阴贝卡尔特公司在“企业商业秘密保护能力提升服务月”活动启动仪式、第十届中国公平竞争政策国际论坛上分享企业获得感。江阴市、宜兴市、锡山区、滨湖区入选首批省商业秘密保护创新试点城市，数量居全省第一位，江苏省无锡蠡园经济开发区入选首批省商业秘密保护创新试点基地。

【质量强市战略】 2023年，市市场监管局制定《2023年全市质量工作要点》，明确6类22项重点工作。在全省率先开展质量工匠评选活动，评选出无锡市首届十大质量工匠。举行全市“质量月”启动仪式，发布“质HUI未来”无锡质量工作特色品牌，全市围绕质量强链、质量健企、质量惠民开展“质量月”系列主题活动78个。发布工匠事迹10篇、选树年度大事件29项、质量微创新成果21个。修订《无锡市市长质量奖评定管理办法》，双良节能系统股份有限公司获2023年度省长质量奖，无锡宝通科技股份有限公司获省长质量奖提名奖。梁溪区、滨湖区开展首届区长质量奖评选活动，全市实现市(县)区长质量奖活动全覆盖。28家企业获省质量信用AA级及以上认定，全市39个产品获2023年“江苏精品”认证。授予国家智能汽车交通运行安全质量检验检测中心等11家机构首批无锡市“465”现代产业集群质量基础设施“一站式”公共服务平台称号。举办国家质量基础设施（无锡）大会，发布《长三角质量基础设施发展指数白皮书》。1个案例入选全国首席质量官优秀案例20强，2个案例入选苏浙皖赣沪质量提升成果典型案例。全省率先推动“苏质贷”授信领域由市场监管领域向住建、农业等大质量领域延伸，率先将“苏质贷”列入区级奖补政策，累计助企融资逾72亿元。

【农贸市场文明创建】 2023年，市市场监管局推进农贸市场文明创建，全市市场监管系统出动执法人员2.4万人次，现场检查市场1.4万余家次，督促整改各类问题1万余个，通报红黑榜市场20家。开展文明诚信市场创建活动，促进市场常态长效规范管理、文明诚信、守法经营、健康持续发展，组织对全市152家市场组织文明城市创建农贸市场长效管理考评，评定红黑榜市场30家，评定53家市场为“无锡市2022年度文明诚信市场”。发挥市场监管职能，做好组织发动和辅导工作，助力全市7家商品交易市场入选国家市场监管总局主办的第13届中国商品市场峰会“中国百强市场”榜单，列全省地级市第一位。

【标准引领产业】 2023年，市市场监管局新增主导和参与制修订国家、行业及省级地方标准171项，总数累计2623项。获批筹建江苏省中药配方颗粒技术标准创新基地，江苏省纺织技术标准创新基地通过验收。新增主导参与制修订国际标准11项，由无锡市企业承担和参与的国际标准累计88项。新增企业自我公开声明标准5576份。新增2项国家级和8项省级标准化试点项目，累计建设国家和省级标准化试点示范项目135项。

【药品口岸工作】 2023年，市市场监管局会同市商务局、无锡海关、无锡苏南国际机场集团有限公司，深化药品进口口岸联席会议机制，发挥无锡航空港、江阴水港和江阴综保区3个药品进口通关点作用，兑现“提前申报”“即报即审”“无纸化申报”“365天无休”服务承诺，压缩药品进口通关时间90%以上。全年保障进口药品、药材109批次，共计79.44吨，通关货值1.97亿元。会同相关部门，推动江苏省自由贸易试验区工作办公室制定《无锡市生物医药研发用物品进口“白名单”制度试点方案》，无锡市3家单位6种研发用物品被纳入“白名单”，实现“白名单”内对应的物品，企业不需提交《进口药品通关单》即可办理通关手续。

11月14日，市市场监督管理局执法人员督查梁溪区山北农贸市场经营交易秩序（市市场监督管理局　供图）

【认证监管】 2023年，全市累计持有各类强制性认证证书、管理体系认证证书均居全省前三、全国前十。开展强制性认证活动“双随机”检查，对电动自行车、儿童用品、燃气燃烧器具及安全附件等重点领域的132家获证组织开展专项监督检查，加大对无证出厂销售等违法行为的督查整治。开展自愿性认证“双随机、一公开”监督检查，对84家自愿性认证获证开展现场检查，严厉查处虚假认证、减少遗漏认证规则等违法行为。开展有机产品有效性监管工作，对37家获证组织的产品全覆盖抽样，形成监管闭环。锡山区智能电动车高端装备产业入选首批省级小微企业质量管理体系认证提升行动区域试点。采用组合型帮扶措施和精准帮扶，为243家小微企业解决实际问题。4家企业获省级质量认证奖补。推动内外贸“同线同标同质”工作，6家企业获得“三同”证书，实现零的突破。首创质量认证智库课堂，依托锡企服务平台和各特色产业园区，通过线上线下相结合、专家授课与工厂实践相结合、专题沙龙和跨行业交流相结合的方式，协助企业提高质量管理水平，扩展生态圈。建立健全数字认证监管体系，加强对认证基础数据信息的监测和数据分析功能建设。

（束洁丹）

物价管理

【收费管理】 2023年，无锡市优化停车收费便民惠民措施，市发展改革委会同市城管局等部门实施《无锡市机动车停车便民惠民十项措施》,延长停车设施免费时长,为市民留足"一碗早面时间"。明确普惠养老服务签约价格区间,促进普惠养老服务发展。加强托幼保教收费政策支持,合理制定普惠托幼机构保教费标准,促进幼托一体化建设。

【价格调控】 2023年,无锡市CPI(居民消费价格指数)涨幅0.6%,完成全年价格调控目标。落实价格调控目标责任制,发布《无锡市2023年价格调控目标责任制的实施意见》。完善重要民生商品价格调控机制,做好重要民生商品储备调节工作。市区平价商店从常态化运营转为阶段性动态启动,更加突出重要时间、节点和价格异动时期的稳价惠民作用,全年销售平价农产品8857吨,为市民节约开支3307万元。及时启动社会救助和保障标准与物价上涨挂钩联动机制,牵头发放价格临时补贴667万余元,惠及困难群众7.4万人次。

【天然气价格调整】 自9月1日起,居民用户天然气第一、二、三档销售价格分别调整为每立方米3.02元、3.62元、4.23元;执行居民用管道天然气销售价格的非居民用户,销售价格调整为每立方米3.32元。经民政部门认定的低保对象、特困人员家庭,每户每年免费使用的管道天然气调整为150立方米,实际年用气量不足150立方米的按实际用气量减免。

(市发展改革委)

【价格收费监管】 2023年,市市场监督管理局开展涉疫药品和医疗用品稳价保质专项行动、涉企收费专项整治、电气暖领域价格、农贸市场转供电环节收费、节日期间市场价格监管等多项专项检查。开展"线上+线下"价格监测预警,运用"互联网+"思维,建立价费信息动态监管机制,该项工作获《中国市场监管报》报道。开展涉疫药品和医疗用品稳价保质专项行动,全链条监管涉疫物资价格的做法获《市场监管信息交流》专刊刊登,被央视《新闻联播》报道。开展旅游市场价格监管,丰富普法宣传、合规指南、行政指导等阶梯式监管手段,召开酒店行业价格、旅游景区、停车收费约谈会。开展殡葬服务收费监管,检查殡葬服务单位113家,出动258人次,顶格处罚无锡市顺民殡葬礼仪有限公司违法明码标价规定案,入选全省行政处罚案卷评查优秀卷和全省殡葬服务领域典型案例。依托"价格监管+第三方审计"核算违规金额模式,提升监管效力,全市价费领域罚没款1700万元,主动清退违规金额4480万元。

(束洁丹)

知识产权管理

【概况】 2023年,市知识产权局制定《无锡市知识产权强市试点城市建设工作方案》,着眼增强知识产权保护效能,打通知识产权创造、运用、保护、管理和服务全链条,形成知识产权保护新格局。知识产权创造水平快速提升,全市有效发明专利量与万人高价值发明专利拥有量均居全省第三位。无锡市获国家知识产权局支持建设半导体产业知识产权运营中心,建成物联网、工业陶瓷、生物医药等市级产业知识产权联盟,全年知识产权质押融资首超百亿元。滨湖区被国家知识产权局确定为国家知识产权服务业高质量集聚发展示范区。举办第18届中国(无锡)国际设计博览会。推进知识产权信息公共服务网络体系建设,获批江苏省知识产权信息公共服务网点;承担江苏省数据知识产权地方试点工作,指导8家数商企业完成平台注册及12项数据知识产权登记。获评第四届全国知识产权协同保护业务竞赛三等奖、第二届全国知识产权公共服务机构专利检索分析大赛优秀奖。12月,无锡市入选国家知识产权强市建设示范城市公示名单。

【知识产权保护效能】 2023年,市知识产权局联合市法院、市检察院等8个部门成立知识产权纠纷解决一站式服务平台。宜兴市获批建设江苏省知识产权保护示范区,宜兴(陶瓷)知识产权快速维权中心建设获国家知识产权局批准,"阳山"地理标志网络保护联盟、电动车产业知识产权保护联盟成立。全市市场监管(知识产权)系统组织打击侵犯知识产权和制售假冒伪劣商品、知识产权保护专项执法等行动,全年受理专利侵权纠纷案件48件,电商平台知识产权案件侵权判定396件,查处知识产权类案件318件。无锡市金卡印刷厂擅自印制地理标志证明商标案入选国家市场监管总局知识产权执法典型案例。指导无锡市知识产权保护中心紧贴权利人需求,主动对接开展知识产权维权援助服务,受理知识产权维权援助申请97件,出具维权援助意见55份,出具326项专利侵权判定咨询意见书;开展知识产权纠纷人民调解案件139件,调结105件;协助行政机关处理专利侵权纠纷案件46件,出具专利侵权判定意见14份。会同市法院系统推进行政调解司法确认工作,促成双方当事人在达成调解后进行司法确认,年内确认7件。会同市贸促会印发《关于印发〈关于建立健全涉外知识产权风险防控体系和海外知识产权纠纷应对机制建设的实施意见〉的通知》,明确10项具体任务,公布市、县两级25个涉外知识产权风险防控和海外知识产权纠纷应对服务网点。全年监测到无锡企业遭遇美国337调查案件等海外知识产权侵权诉讼的案情5件,涉及无锡企业8家,均逐一安排走访，帮助企业合理应对。引导企业主动投保海外侵权责任险，时代天使生物科技有限公司和无锡小天鹅电器有限公司分别投保知识产权海外侵权责任险，保险金额合计770万元。年内2家企业通过国家知识产权保护规范化市场延续审查，1家企业新获批省级正版正货街区建设，8家商贸街区被列为市级“正版正货”示范街区培育对象。全市累计建成国家知识产权保护规范化市场3家，省级正版正货承诺商城（街区）15家。设立滨湖区法院在保护中心首个知识产权巡回审判点及知识产权纠纷调解工作室，在无锡大东方百货设立无锡市首个流通领域维权援助工作站。

3月26日，半导体产业知识产权运营中心启动仪式在无锡市举行

（市市场监管局　供图）

【知识产权质押融资】 2023年，市知识产权局召开无锡市知识产权金融工作座谈会，推广“互联网＋知识产权＋金融”模式，推动知识产权金融平台建设，鼓励银行等金融机构创新知识产权金融产品。至年末，全市完成知识产权质押融资项目509个，质押备案金额100.98亿元，排名全省第二，创近年来历史新高。

【半导体产业知识产权运营中心】 3月26日，省内首个由国家知识产权局批复支持建设的半导体产业知识产权运营中心在无锡市举行启动仪式。该运营中心是由滨湖区和金杜长三角知识产权运营中心合作建设，遵循“创新引领、资产运营、资本助推、产业融合”的路径，通过数据和导航服务平台、综合服务平台、交易平台、投资运营平台、金融服务平台、国际合作平台六大服务板块，引导创新方向与创新投入，推动提高半导体产业知识产权的核心价值，加速半导体产业高价值专利项目的创造产出和产业化应用。市、区两级知识产权部门将运营中心打造成知识产权创新资源整合、创新成果培育和创新价值实现的综合性平台。

【知识产权服务业集聚区】 2023年，无锡市知识产权服务业集聚区集知识产权创造、运用、保护、管理、服务等功能为一体，累计引进5家国家级平台和58家知识产权服务机构，形成10个服务区域品牌，累计为3000余家企业开展托管服务，实现10000余件可运营专利。12月，滨湖区获评国家知识产权服务业高质量集聚发展示范区。

【知识产权全生命周期保险】 7月28日，在市市场监督管理局的指导下，人保财险无锡市分公司和江苏微导纳米科技股份有限公司签订全国首单知识产权全生命周期综合保险。这是无锡市单笔保额最大的一笔知识产权保险保单，也是全国首例知识产权全生命周期综合保险服务项目，该综合保险服务项目，改善以往知识产权保险服务内容匮乏的情况，将保险服务从单一的专利“侵权与被侵权”责任扩展到知识产权成果转化环节等全流程服务。

【高价值专利培育】 2023年，市知识产权局聚焦重点产业领域经济发展重大需求，在家电控制器、线缆、医疗器械等产业中，在3家单位开展市级高价值专利培育中心项目，获批立项省级高价值专利培育中心1个，培育高价值专利组合。6家企业入选国家知识产权示范企业，18家企业入选国家知识产权优势企业，新增数量居全省第三位。

【产业知识产权联盟】 2023年，市知识产权局指导建立无锡市生物医药产业知识产权联盟。无锡市工业陶瓷知识产权联盟、无锡市生物医药产业知识产权联盟入选省知识产权局产业知识产权联盟备案名单。江南大学入选第一批省级专利导航服务基地，立项支持医疗器械、数字经济领域2个产业专利导航项目。无锡集成电路（半导体）产业集群“产才对接”活动在无锡蠡园经济开发区举行。

【商标品牌培育】 2023年，市知识产权局实施商标品牌战略。法尔胜、海澜之家、俊知技术等9件商标，西望紫砂、惠山泥人（“大阿福”牌）2件区域商标品牌，10家商标品牌指导站入选国家知识产权局首批“千企百城”商标品牌价值提升行动名单。阳山水蜜桃入选国家知识产权

9月9日，第十八届中国（无锡）国际设计博览会开幕式在无锡市举办

（市市场监管局　供图）

局第二批地理标志运用促进重点联系指导名录，全省地理标志交流研讨活动在惠山区阳山镇举办。

【知识产权管理贯标】 2023年，无锡市新增贯标备案企业307家，42家企业通过贯标绩效评价，新增贯标国标认证企业213家。举办企业知识产权贯标培训班，提升企业知识产权管理水平。51家企业入选全省首批创新管理知识产权国际标准实施试点名单，入选企业总数居全省第二位。

【知识产权强市建设试点示范城市】 4月，无锡市召开首次全市知识产权强市建设工作推进会，印发年度工作要点、部门年度任务书，解读工作方案，部署重点工作任务，印制试点城市宣传海报，开展知识产权强市宣传。市知识产权局支持滨湖区召开省级知识产权建设示范（县域）启动会、江阴市召开国家知识产权强县建设工作研讨交流会。无锡国家高新技术产业开发区在全省知识产权试点示范园区建设示范现场会上作交流发言。宜兴市、惠山区被确定为国家知识产权强县建设示范试点县。梁溪区、新吴区获评省知识产权建设示范（县域），宜兴经济技术开发区、江苏无锡经济开发区获评省知识产权建设示范（园区），全市市（县）区实现省级知识产权建设示范全覆盖。

【第18届中国（无锡）国际设计博览会】 9月9—11日，第18届中国（无锡）国际设计博览会在无锡市举办。博览会以“凝心聚智，知创未来”为主题，举行1场开幕会、2场高峰论坛、3个颁奖环节和4大展览板块活动。现场展馆面积1.8万平方米，参展品牌及设计机构超300家，参与的设计师超500人，来自各个国家和地区的300余位专家、学者、企业家与会，近3万名观众参会观展。

（束洁丹）

信用体系建设

【概况】 2023年，市发展改革委以社会信用体系建设高质量发展为目标，以信用赋能经济发展、提升民生品质、助推社会治理为重点，创新信用监管和信用服务，推进信用理念、信用制度、信用手段与经济社会发展各方面有效融合。制定《无锡市“园区＋信用＋N”监管服务创新试点工作方案》，首次量化79家成员单位年度指标，推动全市社会信用体系建设高质量发展。无锡市入选国家文化和旅游市场信用经济发展试点，综合信用指数在全国地级市中位列第一方阵。获评信用建设成果观摩会城市组全国第一，被授予“2023年度信用建设成果观摩会城市组示范单位”称号。

【数据归集】 2023年，市发展改革委归集信用数据总量2.39亿余条，其中社会法人数据总量5935.3万余条、自然人数据总量1.8亿条。完成39个部门和8个地区30.15万条“双公示”信息公示与报送；建立行政奖励、行政强制、行政管理等5类信息报送渠道，制定5类行政管理信息责任清单，向省报送5类信息行政管理21.6万余条；骗保信息、知识产权和专利登记信息、法人公积金欠缴信息等7类信息报送实现零的突破。信用数据与市场监管平台、工业大数据服务平台、企业征信平台、财政大数据平台等10个平台共享共用；“双公示”信息与市场监管平台实现跨平台全量实时共享。

【信用应用服务】 2023年，全市社会法人公共信用评价报告“一网通办”成效显著，自助式提供社会法人公共信用评价报告16224份，比上年增长7.6%，涵盖资金申报、应急转贷、评优评先等54个政务服务领域。率先完成“双屡”（屡禁不止、屡罚不改）专项治理国家和省定目标任务，提前实现“清零”目标，退出企业家数（74家）、退出失信记录数（2315条）均列全省第一。公共信用服务平台和智慧信用一体化服务窗口上线，增加“失信专项治理子系统”核心模块、信用修复新模块，同时启用部门电子公章58家。创新使用信用修复“3+1”（行政处罚“3次告知，一网通办”）新模式，全年通过“信用中国”完成信用修复9119件，线上“信用异议”办理9件。法人信用核查在所有行政管理部门中应用，实现116261家次，创历史新高。自然人信用核查5201人次，为其他部门评优、政审提供依据；在开展全市公务员录用、调任、转任工作的人选考察环节中，累计查询相应人选的社会信用记录798人次。深化个人信用积分管理平台运行管理，“阿福分”累计开通人数31.1万余人，信用分应用累计110万人次。开发“阿福分”信用赋能工具“幸福豆”，征集首批激励对象10099人。

10月27日，在“跨江环湖”信用经济发展大会上举行“跨江环湖”个人信用积分互认签约仪式　　（市发展改革委　供图）

【政务诚信建设】 2023年，无锡市完善政府部门信用信息常态化归集机制，形成政务诚信目录制管理。构建“全打通、全共享、全对接、全统一”的公共信用信息服务体系，将79个市级政府部门、5个市辖区、2个县级市及公职人员履职过程中的违法违规、失信违约等信息纳入政务失信记录，涉及主体近9000个，归集信息7万余条。制定信用承诺报送事项清单，根据国家信息中心最新要求优化调整报送目录，印发《关于开展政府信用承诺工作的通知》，建立政府承诺、履约践诺信息常态化归集机制，形成政府信用承诺闭环管理，归集信用承诺信息53万余份，践诺信息2476万余条。梳理并制定政府信用承诺事项清单，实现政务服务信用承诺清单化管理，有效提升行政效率和公信力。

【城市信用环境建设】 2023年，市发展改革委持续实施信用管理创建，召开首届“跨江环湖”信用经济发展大会，无锡市与苏州市、常州市、南通市、盐城市、湖州市签署“跨江环湖”个人信用积分互认和信用文旅合作备忘录，在景点门票优惠、住宿房型升级、景区购物优惠、出行优惠等领域推出守信激励场景。举办2023年度社会信用体系建设专题培训、“诚信建设万里行”、“信用宣传月”等主题活动，营造诚实守信社会氛围。组织开展信用应用“创新开放日”活动，评选出10个创新示范案例、14个创新优秀案例，推广各行业领域信用创新应用经验成效。

（魏加齐）

编辑　胡　慧

综 述

【经济运行】 2023年，市委、市政府坚持稳中求进工作总基调，完整准确全面贯彻新发展理念，全力以赴稳经济、促发展、惠民生，经济运行稳定向好，经济总量再创新高，综合实力持续增强。全年实现地区生产总值15456.19亿元，按可比价格计算，比上年增长6.0%。按常住人口计算，人均地区生产总值20.63万元，连续4年居全国大中城市首位。全市规模以上工业企业实现增加值6005.31亿元，增长7.8%。完成固定资产投资4412.10亿元，增长8.3%。实现社会消费品零售总额3567.55亿元，增长6.9%。全年批准外资及港澳台资项目498个，新增合同外资及港澳台资64亿美元，实际使用外资及港澳台资41.2亿美元。新增境内外上市公司14家，上市公司总数202家。一般公共预算收入1195.42亿元，增长5.5%。

（市统计局）

【产业政策】 2023年，无锡市全面贯彻落实“苏政42条”“苏政28条”，制定实施“稳增长10条”“促进经济持续回升向好22条”等政策，兑现各类助企惠企资金350亿元，高效运行市级稳增长服务专班，累计解决涉企问题626个，较好实现经济社会发展主要预期目标，总体呈现“稳”“进”“好”特征。全年地区生产总值比上年增加605.37亿元，增长6%，高于全省0.2个百分点，在全省万亿级城市中位居前列。持续扩大有效投资，出台“促进民间投资12条”，分两批向民间资本推介工程项目221个、总投资4625.6亿元。全年固定资产投资完成4412.1亿元，增长8.3%，高于全省平均3.1个百分点。加大促消费力度，建立促消费“1+3+N”政策和工作体系，出台打造“美食之都、购物天堂”实施方案，发放惠民消费券8000余万元，撬动消费超30亿元，社会消费品零售总额3567.55亿元，增长6.9%，高于全省平均0.3个百分点。持续壮大现代

2023年建成开放的宜兴大有秋(大拈花湾)项目一期 （市发展改革委 供图）

产业集群,落实“465”现代产业集群建设实施意见和19个重点产业行动计划,6个产业集群营业收入超2000亿元,集成电路产业融合集群被评为省级发展示范。推动现代服务业提质增效,制定现代服务业优质高效发展三年行动计划、生产性服务业倍增计划,规模以上服务业营业收入增长7.5%,无锡宝通科技股份有限公司、双良节能系统股份有限公司、江阴高新技术产业开发区获评省两业深度融合标杆引领典型称号,12个集聚区和企业入选省现代服务业高质量发展“331”工程。

(盛　蔚)

【重大项目建设】 2023年,无锡市超额完成省市重大项目建设、重大产业项目招引备案目标任务。33个省重大项目完成投资357.3亿元,投资完成率178.2%;13个计划新开工项目全部开工建设,年度高质量发展考核指标“省重大项目建成率”居全省第一。全年滚动实施449个市重大产业项目完成投资超1500亿元,超额完成年度投资目标;全年新开工重大产业项目166个,竣工投产项目124个,超额完成年度“百个项目开工、百个项目竣工”任务。备案总投资10亿元以上重大产业项目91个,比上年增加7个,招引项目数为历年最多,其中50亿元以上项目15个。

(陈晓菁)

【营商环境优化】 2023年,市委、市政府制定出台《无锡市优化营商环境提升行动方案2023》,印发实施营商环境230条重点任务清单,推进落实年度11项市领导联系营商环境攻坚突破事项。《无锡市优化营商环境条例》自5月1日起正式施行,标志着全市营商环境迈入法治化新阶段。4月,召开2023年全市机关作风建设暨优化营商环境工作大会。10月,国家发展改革委民营经济发展局成立后首次促进民营经济发展壮大现场会在无锡召开。11月,召开全市民营经济高质量发展大会。2023年,无锡市获评江苏省2022年推动优化营商环境成绩突出的地区、全国工商联发布的2023年度万家民企评营商环境“最佳口碑地级市”、信用建设成果观摩会城市组全国第一。

(赵　雯)

【“十四五”规划中期评估】 3月初,无锡市全面启动“十四五”规划中期评估工作,4月中旬举办全市“十四五”中期评估工作启动暨培训会。10月26日,《〈无锡市国民经济和社会发展第十四个五年规划和二〇三五年远景目标纲要〉实施中期评估报告》经市17届人大第14次会议审议通过。评估报告显示,“十四五”时期全市主要目标指标和重点任务进展顺利,基本实现“时间过半,任务过半”,获全省发展改革系统规划中期评估单项工作先进表彰。年内,市发展改革委统筹组织完成30个市本级重点专项规划、11个提级印发专项规划及8个地区规划纲要实施中期评估工作。

(姜海龙)

经济总量

【地区生产总值】 2023年,全市实现地区生产总值15456.19亿元,按可比价格计算,比上年增长6.0%。按常住人口计算,人均地区生产总值20.63万元,连续4年居全国大中城市首位。

【民营经济】 2023年,全市民营经济实现增加值10255.08亿元,比上年增长6.2%;占地区生产总值的比重为66.3%,比上年提高0.1个百分点。民营规模以上工业实现产值15769.16亿元,增长6.7%。民间投资完成2374.63亿元,下降1.2%。

【对外经贸】 2023年,全市实现进出口总值1004.17亿美元,比上年下降9.2%。其中:出口总值662.19亿美元,下降8.9%;进口总值341.98亿美元,下降9.7%。一般贸易实现进出口总值591.36亿美元,下降6.6%。服务外包产业接包合同总额284.8亿美元,增长53.7%;执行金额139.4亿美元,增长9.1%。离岸合同总额212.7亿美元,增长68.1%;离岸执行金额87.55亿美元,增长6.1%。

【财政金融】 2023年,全市一般公共预算收入1195.42亿元,比上年增长5.5%;其中税收收入982.80亿元,增长15.3%。一般公共预算支出1390.19亿元,增长1.8%。年末金融机构各项本外币存款余额27237.18亿元,增长11.5%;各项本外币贷款余额22581.68亿元,增长13.6%。

(市统计局)

经济结构

【产业结构】 2023年,全市第一产业实现增加值136.50亿元,比上年增长2.4%;第二产业实现增加值7376.85亿元,增长6.9%;第三产业实现增加值7942.84亿元,增长5.3%。三次产业比例为0.9 ∶ 47.7 ∶ 51.4,第二产业占比下降0.6个百分点,第三产业占比提高0.6个百分点。

【行业结构】 2023年,全市实现农林牧渔业增加值157.97亿元,占地区生产总值的1.02%;工业增加值6616.42亿元,占42.81%;建筑业增加值760.87亿元,占4.92%;批发和零售业增加值2259.48亿元,占14.62%;交通运输、仓储及邮政业增加值332.99亿元,占2.15%;住宿和餐饮业增加值199.13亿元,占1.29%;金融业增加值1391.01亿元,占9.00%;房地产业增加值872.54亿元,占5.65%;其他服务业增加值2865.78亿元,占18.54%。

表 18　2023 年无锡市地区生产总值构成表

指　标	单　位	数　值	比上年增长（%）
地区生产总值	亿元	15456.19	6.0
1. 按产业分			
第一产业	亿元	136.50	2.4
第二产业	亿元	7376.85	6.9
第三产业	亿元	7942.84	5.3
2. 按行业分			
农林牧渔业	亿元	157.97	2.6
工业	亿元	6616.42	6.5
建筑业	亿元	760.87	11.3
批发和零售业	亿元	2259.48	4.8
交通运输、仓储及邮政业	亿元	332.99	9.5
住宿和餐饮业	亿元	199.13	8.5
金融业	亿元	1391.01	9.9
房地产业	亿元	872.54	−1.1
其他服务业	亿元	2865.78	4.9
地区生产总值构成	%	100.0	—
第一产业	%	0.9	平
第二产业	%	47.7	(−0.6 点)
第三产业	%	51.4	(+0.6 点)

（市统计局）

【所有制结构】 2023 年，全市新登记各类企业 5.46 万家。至年末，全市各级登记机关登记的各类企业 45.17 万家，其中国有及集体控股公司 4.11 万家、外商投资企业 0.71 万家、私营企业 40.35 万家。新登记个体工商户 9.37 万户，至年末，有个体工商户 68.55 万户。

（市统计局）

投资与消费

【固定资产投资】 2023 年，全市完成固定资产投资 4412.10 亿元，比上年增长 8.3%。其中：第一产业投资 4.09 亿元，增长 76.4%；第二产业投资 1714.43 亿元，增长 9.5%；第三产业投资 2693.58 亿元，增长 7.5%。第三产业投资中，房地产开发投资 1263.91 亿元，下降 8.9%。从重点行业看，高新技术产业投资 1138.25 亿元，增长 18.6%；先进制造业投资 1510.93 亿元，增长 15.5%；战略性新兴产业投资 2072.88 亿元，增长 11.8%。

【社会消费品零售总额】 2023 年，全市实现社会消费品零售总额 3567.55 亿元，比上年增长 6.9%。其中，限额以上社会消费品零售总额 1672.31 亿元，增长 6.4%。限额以上社会消费品零售额中，通过公共网络实现的商品零售额 247.93 亿元，增长 2.2%。

（市统计局）

编辑　葛　红

区域协同发展

长三角一体化发展

【政策措施】 5月19日，无锡市印发《无锡市推进长三角一体化发展2023年工作要点》，围绕构建区域协调发展新格局、协同推进产业科技创新、加强基础设施互联互通、强化生态环境共保联治、加快公共服务便利共享、推进更高水平协同开放、加强统筹协调配合7个方面，制定50项政策举措，确定深远海装备无锡研发基地（二期）、长三角（江阴）数字创新港、长三角太阳能光伏技术创新中心等50个重点项目。

【接轨上海大都市圈】 4月12日，市委、市政府印发《服务融入上海大都市圈行动方案》，围绕区域空间共构、科技创新联动、产业集群共建、区域交通互联、开放合作共促、生态蓝网共治、市政设施共建、文化旅游协作、规划研究协同等9个方面明确36项重点行动任务，编制68项重点工作任务清单。年内，长三角集成电路工业应用技术创新中心等重大科创平台落地，长三角（无锡）国际人才港建成投用。推动落实《上海大都市圈空间协同近期行动计划》，参与《上海大都市圈国土空间总体规划》编制。

【苏锡常都市圈建设】 2023年，无锡市与苏州市、常州市以及湖州市签订《环太湖四城市河湖长制协作机制》《苏锡常湖四地联动环太湖交通综合执法一体化合作框架协议》，与苏州市、常州市以及上海市青浦区、湖州市、宣城市共同签署环太湖六市联合林长制合作备忘录。联合认定苏锡常首台套项目60个、信创产品247个，建成苏锡常都市圈职业教育信息化管理平台。启动轨道交通融合发展规划，共同推进盐泰锡常宜铁路、苏锡常城际铁路前期工作。加快无锡地铁3号线与苏州地铁3号线西延联通、S4线接张家港、S3线接常熟等前期研究。完成编制《无锡常州临界地区空间协同规划》，加快建设“漕湖—鹅真荡”生态绿色一体化协同发展示范区、锡常协同发展先行区。

【跨江融合发展】 9月12日，无锡市与泰州市签署加快江阴—靖江工业园区建设发展协议。围绕打造高质量跨江融合发展试验区，两市共谋合作、共创优势，聚焦产业创新，坚持以港兴城、港以城兴、港产城融合发展思路，完善体制机制，推动互利合作，加强南北纵向联动，助力两地高质量发展。

（钱怡静）

【苏锡常通信用交通一体化联动发展】 3月31日，苏州、无锡、常州、南通四市信用交通一体化联动发展签约仪式在无锡举行。四地审议2023年信用交通一体化联动发展任务清单，明确信用等级评定结果互认、严重失信主体名单互通、预警信息数据互享、重点领域联合执法、严重失信问题联合治理、诚信企业同等优惠待遇等12项具体目标任务。苏州、无锡、常州、南通四市通过分工协作、优势互补、共享共建，计划至2025年全面建成省级信用交通城市。

9月12日，无锡市、泰州市举行加快江阴—靖江工业园区建设发展协议签约仪式

（江阴—靖江工业园区　供图）

【环太湖交通综合执法一体化合作】 8月8日，江苏无锡、苏州、常州与浙江湖州四地交通运输执法部门启动环太湖交通综合执法一体化合作。四地交通运输执法部门联合开展长三角交通运输跨区执法协作试点示范，包括环太湖水上联动封航、污染防治、路上超限治理、大件运输等。执法人员在各地辖区水域登船开展"72小时不间断"环太湖区域船舶污染防治"蓝盾"专项整治行动，出动交通执法艇7艘，重点检查船舶油污水、生活污水排放、船用燃油质量、船舶防污染证书以及文书持有和记录等情况。

（吴小芹）

【上港ICT（无锡）中心启用】 4月26日，上港ICT（无锡）项目签约暨河海直达船"汉唐无锡号"首航仪式在无锡高新区举行，上港ICT（无锡）中心揭牌启用。该中心由上海国际港务（集团）长三角公司与无锡高新区合作成立，依托上港集团国际龙头港地位、无锡高新区产业优势及新安港独特区位，接入上港信息化系统，打造一站式多式联运平台，通过设立上港ICT（集装箱内陆码头）无锡中心，缓解属地企业出口缺箱问题。新辟无锡至洋山港的河海直达航线，通过河海联运，提升无锡及周边地区通过上海港进出口货物的通关效率，降低运输成本，实现"沪锡同港"。

（李　河）

融入粤港澳大湾区发展

【政策措施】 5月19日，市推进长三角一体化发展领导小组印发《长三角—粤港澳（无锡）科创产业融合发展区建设2023年工作要点》，围绕科技创新协同、重点产业联动、要素资源合作、公共服务领域、人文交流合作、发挥核心区作用、组织保障7个方面，明确任务分工、提出35项重点任务。

【科创合作】 2023年，横琴粤澳协同创新中心、锡港协同创新中心、江阴临港前海国际联合创新中心、宜兴环科园（深圳）、梁溪（深圳）离岸科创孵化基地等科创飞地投入运营，无锡市滨湖区投资促进香港代表处挂牌成立。香港理工大学无锡科技创新研究院建成启用，刘良院士—江阴中药产业研究中心、华南理工大学未来技术学院、深圳市大数据研究院无锡创新中心等合作平台加快建设。

【"双湾融合·共创未来"活动】 2月18—24日，无锡市组团到深圳、香港、澳门开展以"双湾融合·共创未来"为主题的系列活动，签约项目总金额超1560亿元。中信泰富特钢深加工及港口联动中心、利港电厂五期、华润集团第三代半导体、德昌集团生产研发总部项目等一批与"465"现代产业集群相契合的项目集中签约。其间，举办2023无锡—香港科创产业融合发展交流会，揭牌成立无锡香港科创中心；"似是故人来"2023无锡（香港）文化旅游推介会在香港中文大学举行，成立无锡文化旅游（香港）推广中心。

【香港理工大学无锡科技创新研究院启用】 11月2日，香港理工大学无锡科技创新研究院启用，一批产学研合作项目同步签约。研究院位于无锡空港经开区航空产业孵化园内，使用面积约2800平方米，涵盖科研、教学等功能。启用后，将在科技创新、成果转化、人才培养等领域深化合作，更好推动香港创新资源与无锡的创新链、产业链、人才链等深度融合。

（钱怡静）

【无锡（粤港澳大湾区）文化产业合作大会】 5月27日，"双湾灵犀，文心慧聚"——2023无锡（粤港澳大湾区）文化产业合作大会在深圳举行，粤港澳大湾区政、产、学、研各领域的200多名嘉宾参加，全国政协常委、中国香港友好协进会会长唐英年致视频贺词。会上，唐贡茶文化村、牛耳商用机器人研发生产基地等38个重点文化产业项目集中签约，涵盖数字内容、前沿业态、文化旅游、文化制造、影视产业、创意设计等文化产业各领域，总金额超135亿元；无锡（粤港澳大湾区）文化产业招商中心揭牌，中心落户惠山区深圳科创飞地。

（庞　勋）

【锡港美食节】 2月，无锡君来酒店管理集团有限公司（以下简称"君来集团"）与香港LUBUDS餐饮集团（以

11月，君来集团锡帮菜传承人和LUBUDS集团粤菜大师同台献艺

（君来集团　供图）

下简称“LUBUDS集团”）签订“锡港美食节交流合作备忘录”，约定双方选派骨干厨师互至香港、无锡开展美食交流活动。5月和11月，无锡市人民政府分别在无锡、香港两地举办“珠联璧合龙凤呈祥”无锡（香港）美食节和“寻味江南·锡港美食节”，美食节菜品由君来集团和LUBUDS集团联袂呈现，获得香港知名乡贤充分肯定。

（华敏敏）

对口支援

【对口支援阿合奇县】 2023年，无锡市完成对口支援新疆克州阿合奇县第十批、第十一批工作组交接轮换。全年实施援疆项目24个，到位援疆资金6917.74万元。开展就业培训5000余人次，推动当地劳动力在疆内就业创业700余人次、疆外就业创业1000余人次。无锡后方单位和社会各界支援计划外资金466.4万元和价值257.7万元的各类图书、助学礼包等。支持阿合奇县发展药蒜产业，推进“新疆埃乐欣胡蒜加工”一期建设，至年末，到位投资1.2亿元。推动中科沙棘“茶叶车间”项目建设，形成有效投资1500万元。推动锡山区与阿合奇县签订《电动车产业发展与跨境贸易战略合作协议》，协调飞凤电动车项目解决筹建中的实际困难，项目全部建成后年产量预期为2.3万辆。在无锡新建4家“无锡—阿合奇生活馆”，拓展阿合奇冰川羔羊等特色农产品销售渠道。传承柯尔克孜民族特色文化，助推阿合奇县文工团晋京演出的原创民族歌舞剧《玛纳斯》开启线上展播。加大对阿合奇民族特色人文保护传承的支持，高标准打造阿合奇县猎鹰文化旅游节系列活动，吸引疆内外游客3.8万余人。宜兴市推动8个乡镇（街道）与阿合奇县8个乡镇（场）结对共建，计划外援助资金200万元。

【对口支援霍城县】 2023年，无锡市完成对口支援新疆伊犁州霍城县第十批、第十一批工作组交接轮换。全年实施援疆项目25个，总投资15523万元。实施党政干部、专业技术人才培训项目22个，培训干部人才6100余人次。持续拓展“组团式”援疆成效，帮助引进柔性人才78人，组织公开课及讲座60余场，培训当地教师1200余人次。实施“名医援疆工作站”“远程会诊”等项目，全年处理危急重症165例，填补医疗技术空白16项，推广先进技术12项。开展“医疗大巴扎”“幸福呼吸中国”义诊活动54场次，当地受益群众5200余人次。举办2023年“霞路相逢·芳香霍城”百人规模商学院越野接力赛暨霍城县营商环境推介会，果子沟阿力麻里项目、玉米种子加工及技术研发中心项目顺利落地。协助举办第十二届薰衣草文化国际旅游节，组织开展“我们的中国梦·文化进万家”送演下乡活动，完成各类演出100余场。创编完成舞台剧《伊犁将军》，谋划音乐剧《我的想念已经开始》。开展交流交往交融，实现对霍城县、乡镇、园区、医院结对率100%，学校结对率55%。开展“鸿雁万里传真情”书信交往、“最美家庭”江苏行、“江阴—霍城少年儿童手拉手民族融情夏令营”等活动，增进民族感情。

【对口支援云阳县】 2023年，无锡市落实《2023年江苏省对口支援合作三峡库区工作要点》，拨付援助资金600万元，为云阳县举办“建设现代产业体系”专题培训班1期，培训当地基层干部人才50人。组织市中医院及各县区中医院、中医药企业、文旅企业共8家单位赴云阳县考察交流，推动中药材、中药饮片采购和文旅合作。

（韦　锋）

对口协作

【与延安市协作合作】 9月5—6日，召开无锡市延安市东西部协作暨革命老区重点城市对口合作工作联席会议，签订《惠山区 宝塔区对口合作框架协议》《共建“无锡·延安”智算中心合作协议》等10项协议，丰富协作合作领域。围绕东数西算、数据运营等领域，推动数字技术与两市实体经济融合发展，推动无锡政务大数据在延安异地灾备。选派新一批8人工作组和支教、支医、支农人才59人。实施援建项目13个，落实援

2023年，江阴市资助霍城县开展“我们的中国梦·文化进万家”送演下乡活动

（市发展改革委　供图）

助资金3640万元;江阴市、宜兴市、新吴区计划外支持财政资金2671万元,实施帮扶项目28个。帮助延安市新增引导落地企业17家,到位资金6.91亿元。帮助农村劳动力实现就业340人,其中到江苏及无锡就业115人。采购及帮助延安市销售农副产品2.45亿元。组织无锡各界向延安市捐赠款物1100万元。1月,合作建成“延安精神无锡学习天地”,全年接待访客100多万人次。依托延安革命圣地、黄帝陵等景区资源,联合推出延安红色体验之旅、黄河文化之旅等10条红色旅游精品线路。推进“四方双结对”共建工作,进一步深化与延安市26对乡镇(街道)、55对村(社区)、13对企村、1对社会组织和村、40对学校、6对医院的结对共建关系。

【与海东市对口协作】 4月,召开无锡市海东市东西部协作工作第十一次联席会议,签订《人才交流合作专项协议》。8月,通过视频异地签约方式签订《共建青海零碳产业园区合作协议》,启动共建工作,无锡市低碳研究院、亿能电力设备股份有限公司等7家企业(单位)与零碳产业园签订光储充、储能系统等领域战略合作协议。向海东市选派新一批14人工作组和支教、支医、支农人才121人。采取“组团式”帮扶模式,向海东市第二人民医院选派9名专家骨干,向青海高等职业技术学院选派3名优秀教师。实施援建项目103个,落实援助资金2.68亿元。帮助海东市引进落地企业9家,到位投资8544万元,其中无锡亚太科技总投资4.5亿元项目落户民和县。采购及帮助海东市销售农副产品5827万元。组织无锡各界向海东市捐赠款物4556万元,其中支援海东市抗震救灾款物2079万元。帮助海东市农村劳动力实现就业1081人,其中到江苏及无锡就业231人。无锡海东实现乡镇(街道)结对38对、村(社区)结对37对、学校结对43对、医院结对15对、企村结对11对、社会组织与村结对7对,帮助海东市打造乡村振兴示范村6个。

(韦　锋)

对口合作

【与连云港市南北结对帮扶合作】 9月,无锡市政府在连云港市承办中欧班列国际合作论坛“班列+经贸”分论坛,召开南北结对帮扶合作工作第三次联席会议。12月,连云港市党政代表团到无锡考察并举办招商推介会,签约项目18个,总投资211亿元。全年筹集帮扶连云港3个重点县财政资金6000万元,实施“小而美”民生项目49个。《江阴灌云工业园区高质量发展总体方案》获省发展改革委、省商务厅批复。惠榆新兴产业合作园市场化合作模式获省发展改革委鼓励支持。年内,两市联合打造中欧(亚)国际物流通道,设立连云港中哈物流基地无锡配给中心和上合组织(连云港)国际物流园无锡配给中心。太湖实验室连云港中心7000吨级深远海绿色智能技术试验船在江阴开工建造。两市60对学校缔结共建关系,接收连云港市260多名教师到无锡挂职跟岗,实施港城名师培养“双导师”项目,建设“锡慧云海”智慧教育云平台;13家市级医疗卫生机构、32家基层医疗机构全面缔结帮扶合作关系,完善医保异地就医“免备案”机制,康缘药业与无锡中医院合作共建中药制药过程新技术国家重点实验室;推进4对康养机构建立合作,基于社会保障卡实现交通互乘、旅游观光、博物院“同城待遇”。两市粮食部门在粮源基地建设、应急成品粮供应、深化粮食产销合作、建立利益补偿机制等方面达成多项合作事项;农业部门完成在连云港市建设1万亩蔬菜外源生产基地选址,建立无锡连云港域外生猪保供基地。无锡市向连云港推荐就业岗位2万多个,全年新录用连云港劳动者1.13万人次。

【与盘锦市对口合作】 6月,盘锦市党政代表团到无锡考察,两市召开对口合作工作座谈会。江南大学、盘锦市人民政府签订《战略合作框架协议》,江南大学、盘锦临港经济开发区签订《共同成立江南大学国家技术转移中心盘锦分中心合作协议书》,宜兴环保科技工业园、盘锦高新技术产业开发区签订《环境医院盘锦分院共建协议》。8月23日,在盘锦市食品科技青年学者交流论坛暨“锦蠡之约·青春爱粮”暑期社会实践成果交流座谈会上,江南大学与盘锦市签订“共建江南大学学生社会实践基地协议”。年内,江苏鹏鹞环保股份有限公司出资3亿元,在盘锦市注册成立盘锦鹏鹞生物能源有限公司,一期投资5000万元对盘锦宏业石化加氢装置进行技术改造,建成后可年产15万吨生物柴油。江苏碧诺环保科技有限公司投资7000万元的盘锦“田园牧歌城乡综合体”项目一期建成投产,有机废弃物年处理能力16万吨,年产出有机肥6万吨、炭基肥1万吨。协助盘锦市举办2023年盘锦旅游发布会,邀请盘锦市参加第十七届无锡现代农业博览会,扩大“盘锦大米”“盘锦河蟹”市场影响力。

(韦　锋)

编辑　葛　红

太湖湾科技创新带建设

综　述

【发展状况】 2023年，太湖湾科技创新带打造新发展理念实践示范区，全方位构建“科产城人”融合发展的优质生态圈。召开太湖湾科技创新带建设指挥部工作会议，印发《2023年无锡太湖湾科技创新带建设工作要点》，加快重点项目建设。推进创新能力建设，统筹规划众创空间、孵化器和大学科技园等各类创新创业载体的布局，加快推动孵化育成链条的形成；持续发展物联网、集成电路、生物医药等战略性新兴产业，着力打造现代产业集群；加快引育科创产业人才，推进双招双引、产学研融合和各类创新人才发展体制机制；坚持绿色低碳发展，以推动科创带环境质量改善为核心，推进污染防治攻坚战，加强太湖湾科创带生态环境建设。

（封裕琴）

【无锡高新区太湖湾科创带建设】 2023年，无锡高新区太湖湾科创城聚焦打造“一号工程”“创新智核”建设目标，企业应税销售超1480亿元，比上年增长15%；完成规模以上工业产值190.17亿元，比上年增长31%，规模以上服务业营业收入328.45亿元，其中营利性服务业301.5亿元，市、区占比分别为22%、57%；固定资产投资70.3亿元，比上年增长15.5%；实现纳税总额44.07亿元，比上年增长17.7%，一般公共预算收入22.3亿元，比上年增长24%。华进半导体国家技术创新中心项目通过工业和信息化部验收；无锡物联网创新中心MEMS-8寸线投产运行；北大EDA研究院揭牌启用，华大九天EDA创新联合实验室与线上实训中心落地；无锡国家“芯火”双创基地汽车芯片可靠性检测平台成立；中国药科大学无锡创新研究院启动建设；无锡特殊食品与营养健康研究院一期投用、二期启动；无锡特殊食品与营养健康研究院、北京大学未来技术学院分别与澳门科技大学中药质量研究国家重点实验室、医学部签约。设立无锡国际生命科学创新园（欧洲）创新中心、无锡国家软件园（比利时）创新中心、无锡国家软件园（德国）创新中心3家海外创新中心；与沙特阿卜杜拉国王科技大学合作成立中沙长三角创新中心。创成省级中小企业特色产业集群（物联网MEMS传感器产业），物联网、集成电路、生物医药、数字经济四大主导产业营业收入分别实现246亿元、132亿元、613亿元、237亿元。围绕“双碳”目标，集聚低碳产业相关企业近300家，全年营业收入突破50亿元。举办首届中国硅光大会、首届太湖湾特殊食品生态圈大会；参与2023中国先进感知产业高峰论坛、阿斯利康中国生态圈大会、第三届中国集成电路设计创新大会暨无锡IC应用博览会、2023中国物联网新物种企业大会、慧海湾小微特机器人高峰论坛、全球临床研究与新药研发领军人才创新论坛、2023开放原子开发者大会等产业招商活动。

（李　河）

3月30日，首届中国硅光大会暨太湖湾硅光产业创新中心建设大会在无锡市举行

（新吴区档案史志馆　供图）

【经开区太湖湾科创带建设】 2023年，无锡经开区制定《无锡经济开发区2023年太湖湾科技创新带建设工作要点》，持续完善《无锡经济开发区太湖湾科技创新带政策实施细则及其资金管理办法》等政策，制定“五类企业培优工程”等文件，累计兑付、发放各类资金超4.2亿元。构建“众创空间—孵化器—加速器—科技园区”全链条孵化体系；湖南大学丁荣军院士团队获“太湖人才”计划1亿元政策支持；无锡太湖科技中心获评国家级科技企业孵化器，新增省级科技企业孵化器2个，占全市比重40%；新增声学滤波器、智能网联汽车座舱域控制器2个省级工程技术研究中心；无锡市好达电子股份有限公司“面向5G的高频大带宽声表面波滤波器研发及产业化”项目获省科技成果转化立项；新增无锡市工程技术研究中心8个，新增无锡市异地孵化器1个。太湖湾信息园启动区一期、雪浪小镇未来园区近40万平方米载体竣工投用，黄金湾科创园启动区一期载体计划2024年6月竣工。加快雪浪(上海)创新中心、无锡深港协同创新中心、横琴粤澳协同创新中心、锡港协同创新中心建设，牵引更多优质资源及项目落户无锡经开区。

(张念娇)

国土空间规划

【太湖湾科创带规划传导落实】 2023年，无锡市推进太湖湾科创带规划传导落实，强化与市(县)、区级总体规划的衔接。分解落实太湖湾科创带国土空间规划成果要点，结合市(县)、区国土空间总体规划编制，将太湖湾科创带的目标定位、产业布局、创新空间格局等核心内容，落实到各级法定规划中，确保规划核心意图的逐层传导落实。结合各地详细规划编制，进一步细化太湖湾科创带用地分类、规模与布局，强化“一城十元”规划成果的落地可操作性。开展雪浪地区、南泉地区等管理单元的控规动态更新审查，其中，无锡(太湖)国际科技园孵化区、太湖新城科教产业园许舍管理单元等控规动态更新获市政府批复，为太湖湾科创带的后续建设提供坚实基础。

【重点片区城市设计】 2023年，蠡湖未来城规划加快完善，构建“专项规划+城市设计+控规”规划编制体系，综合交通、水系、地下空间、海绵城市、市政综合等专项规划形成规划方案。同步开展城市设计深化，完成详细规划修编，推进论证报批。宜兴市落实太湖湾科创带国土空间规划，深化培源科学城城市设计，完成国际方案征集，基本形成规划成果，为科创带建设提供兼具科学性和前瞻性的规划引导。太湖湾科创城深化城市设计，优化科创城地块功能和项目策划，细化规划管控要求，支撑项目招引，精准指导片区开发建设。完成《无锡运河文化科技产业园城市设计》，引导太湖湾科创城国际社区建设和沿运河产业更新。经开区优化重点片区规划。“无锡中心”及周边地区、金城湾—贡湖大道片区、华庄老镇区以及方桥历史风貌区等4个片区城市设计成果基本稳定，强化核心区用地复合开发；黄金湾科创园和经开智造园城市设计成果通过专家论证。

【综合交通建设】 2023年，无锡市统筹太湖湾科创带区域内综合交通建设。按照“西客东货”发展布局，推动无锡硕放机场改扩建工程建设，完成飞行区跑道端垂直联络道安全等候区地基处理与恢复工作。谋划轨道交通互联互通，配合开展苏锡常城际铁路前期工作，无锡段内线站位方案初步稳定，梅园段周边地块、具区路段周边地块建设规划优化完善；加快推进锡宜轨道S2线站点方案的审批；完成地铁6号线部分站点规划前期手续，继续推进剩余站点的规划前期手续办理工作。持续推进区域公路网体系建设。锡太高速无锡至苏州段惠山新城隧道段保通道路先导段工程完工；锡宜高速雪堰枢纽至西坞枢纽段施工招标完成，全面启动建设。341省道(宜马快速通道)马山侧陆域段建成通车，宜兴侧陆域段、竺山湖隧道等进入主体工程扫尾阶段。312国道改扩建工程飞凤路至金城东路段进行主体结构施工。

【公共设施完善】 2023年，无锡市加强资源整合利用，以高质量城市功能赋能太湖湾科创带建设。推进市级公共服务设施建设，加快推进市文化艺术中心、无锡交响音乐厅、无锡美术馆等重大公共设施建设，国际会议中心一期、二期投入试运营；雪浪小镇未来中心(海归小镇)开园。提升空间环境品质，中瑞生态城双碳示范街区项目开工；环蠡湖景观提升、太湖植物园、国家考古遗址公园、大拈花湾等文旅项目建设加快推进。

【强化区域协同】 2023年，无锡市以太湖湾科创带国土空间规划为基础，启动《环太湖科技创新圈空间协同规划》编制，完成项目招投标，会同苏州市、常州市、湖州市自然资源规划部门共同举办“环太湖科创圈，战略与空间”研讨会，凝聚共识，协同共治，共同推进环太湖科技创新圈协同发展。

(刘梦蛟)

科技创新平台

【太湖实验室建设推进】 2月，深海技术科学太湖实验室连云港中心揭牌成立。太湖实验室连云港中心以

深海技术科学太湖实验室（2021 年） （市科技局 供图）

太湖实验室整体战略定位和需求为牵引，聚焦海洋智能装备测试技术、绿色船舶创新节能技术、高端海洋装备总体技术以及海洋装备智能控制技术等方向，强化应用基础研究，重点打造从连云港出发面向海洋的试验技术体系和研发平台，加强与江苏省海洋资源开发技术创新中心合作，促进海洋产业发展，服务海洋强国战略。5 月，深海技术科学太湖实验室与中国舰船研究院签署战略合作协议，双方发挥各自在深海装备与科技前沿引领、系统创新、战略论证等方面的基础和优势，共建太湖实验室技术科学战略研究部，共同针对深远海装备领域前沿技术发展、技术体系论证、产业战略研究等方面开展联合研究，为船舶行业高质量发展提供全面、科学的顶层支撑。6 月，南海科学试验中心在三沙市举行揭牌仪式，7 月，完成注册登记，南海科学试验中心开展组织架构、规章制度的建设，编制试验中心建设方案、深海试验场论证报告，利用南海研发和试验天然环境禀赋，建立并发展深远海装备技术试验体系与能力，提升深远海试验和应用基础研究创新水平。

（朱 莹）

【清华无锡院智能产业创新中心】 6 月 6 日，滨湖区与清华大学签约共建清华大学无锡应用技术研究院智能产业创新中心。创新中心聚焦智慧交通、智慧医疗、智慧物联三大方向，秉承“背靠清华、扎根无锡、专注智能、面向产业”的理念，依托滨湖区的良好产业生态，以清华大学无锡应用技术研究院为平台，充分发挥清华智能产业研究院的人才与科研优势，加快科技创新与成果转化，推动无锡智能产业升级与经济高质量发展。

（杨振铨）

【中国药科大学（无锡）创新研究院】 10 月 7 日，无锡高新区与中国药科大学签署中国药科大学（无锡）创新研究院（暂定名）共建协议。中国药科大学（无锡）创新研究院以建成国际领先水平的生物医药创新平台为目标，构建面向重大临床需求、面向企业创新需求的有组织科研体系，在 3 ～ 5 年内培育一批生物医药核心技术和产品，孵化一批创新药、疫苗、化妆品、特医食品等领域创新型企业，引入一批生物医药高层次人才，争创国家级技术创新中心。

（王春耕）

重大科技项目

【无锡新加坡科创城】 12 月 18 日，无锡新加坡工业园合作开发 30 周年暨无锡新加坡科创城高质量建设大会在无锡高新区召开。活动现场，无锡高新区与新加坡胜科工业集团签署新一轮战略合作协议，联手打造无锡新加坡科创城；无锡高新区与新加坡丰树集团、新加坡盛裕集团等签署项目合作协议，总投资 464 亿元的 23 个项目集中签约进驻科创城，推动无锡新加坡科创城由传统工业园区转向现代科创新城建设；无锡新加坡科创城生命科学创新园、集成电路产业园、专精特新产业园举行揭牌仪式。

【无锡中欧产业创新区】 11 月 8 日，2023 中欧（无锡）产业创新合作大会在无锡高新区召开，28 个项目集中签约，其中新签约欧洲重大产业项目 14 个，签约项目总投资近 20 亿欧元。无锡中欧产业创新区启动，将持续加强与知名欧盟跨国公司的产业投资合作，深化与欧盟以及欧

2 月 15 日，德国威能亚太区研发制造基地项目签约仪式在无锡市举行

（新吴区档案史志馆 供图）

盟各成员国科研院校、商（协）会的创新合作。

【德国威能亚太区研发制造基地】 2 月 15 日，德国威能亚太区研发制造基地项目签约落户无锡高新区。德国威能亚太区研发制造基地项目占地 10.67 公顷，其中一期 6.4 公顷，是全球供暖龙头企业德国威能集团在欧洲以外布局建设的唯一研发生产基地，计划引入世界一流的壁挂炉、热水器、新风系统等产品的研发和生产。

（李　河）

【智能技术试验船】 10 月，全球首艘智能技术试验船开工建造，该船由太湖实验室和太湖实验室连云港中心共同投入，中船澄西船舶修造有限公司负责建造，试验船总长近 110 米、排水量约 7000 吨，采用全电力推进，续航力达到 10000 海里。试验船集结太湖实验室自主研发的智能信息系统、首套国产智能中速机等多个“首次应用”，可为国内智能船新型技术提供试验场。试验船配备直升机平台和直通海底的月池系统，是一座移动的“海上实验室”。

（朱　莹）

科技活动

【2023 太湖湾生命健康未来大会】 5 月 18—19 日，2023 太湖湾生命健康未来大会在无锡市举行。大会由市政府、江南大学联合主办，以“创新开放、数智健康”为主题，由 1 场主峰会、8 场平行会议、7 场生态圈会议以及 2 场同期会议组成，邀请 15 位院士、98 位行业专家交流研讨，集主旨报告、圆桌讨论、项目路演、信息发布和政企对接等多种形式于一体，现场观众超过 3000 人次。主峰会上，国家消化系统疾病临床医学研究中心江苏省分中心揭牌，江阴天江药业有限公司、江苏知原药业股份有限公司、时代天使医疗器械科技有限公司、祥生医疗科技股份有限公司、江阴宝柏包装有限公司 5 家生物医药龙头企业分别与江苏省产业技术研究院签约共建企业联合创新中心，62 个牛物医药基金和产业化项目集中签约，总金额超 260 亿元。大会首次聚齐上海证券交易所、深圳证券交易所、北京证券交易所和香港联合交易所有限公司参会，新增无锡药明生物技术服务有限公司、通用电气医疗系统（中国）有限公司、费森尤斯卡比华瑞制药有限公司、绿叶生命科学集团 4 家战略合作伙伴，覆盖创新药、高端医疗器械、研发服务外包和特医食品等主赛道，国风投 100 亿元生物医药产业基金落地，有力助推无锡市生物医药产业发展。

（吴呈熹）

【中国无锡“太湖杯”国际精英创新创业大赛】 7—11 月，2023 中国

11 月 1 日，2023 中国无锡“太湖杯”国际精英创新创业大赛颁奖仪式在惠山区举行

（市科技局　供图）

无锡“太湖杯”国际精英创新创业大赛在深圳市、武汉市、天津市、北京市、大连市、合肥市、上海市、重庆市和无锡市举办9场城市赛。大赛设立100个奖项、总奖金230万元，吸引7702个海内外人才团队和企业报名参赛。大赛分别联合太湖湾高校创新创业促进会举办东南大学、复旦大学、中山大学、浙江大学、南京大学5场校友赛和“才聚梁溪”高校全球校友赛；与第18届“春晖杯”中国留学人员创新创业大赛并轨举办“太湖杯”国际赛法德专场（线下）赛，以及在无锡市独立举办国际赛（其他）和国际赛新日韩专场2场线上赛。至年末，168个获得参赛资格的创业团队项目中有50个项目在无锡市落地成立企业，注册资金总额3.29亿元。在第11届“创业江苏”科技创业大赛总决赛中，“太湖杯”项目获1个一等奖、4个二等奖和9个三等奖，获奖项目数量蝉联全省第一；在第12届中国创新创业大赛中，“太湖杯”企业有5家入围全国创新创业100强，23家获评优秀企业称号。

（陈　洁）

科创金融

【金融基金集聚效应】 2023年，太湖湾科创带内新增上市公司3家，新增上市公司科创属性突出。3月31日，日联科技股份有限公司在上海证券交易所科创板上市，成为国内工业X射线第一股，公司募资金额超24亿元，获上市委员会无条件免聆讯（免答辩）直接过会，创造无锡企业上市历史上的首例。太湖湾科创带内上市公司主要集中分布在“465”现代产业集群中，科创示范引领作用逐步增强。推进“尚贤湖基金PARK”等股权投资集聚区发展，太湖湾科创带内形成3家省级创投集聚区，其中尚贤湖基金PARK入驻投资机构有300家，基金注册总规模超2000亿元，基金集聚效应凸显，尚贤湖基金PARK入选全国十大特色基金小镇。汇丰银行无锡分行迁址经开区金融商务街区，进一步提升金融服务效能。

（康冬舟）

【“高新金融谷”建设】 2023年，无锡高新区加快“高新金融谷”品牌，新增基金注册规模60亿元，累计聚集基金183只，资金总规模超680亿元，总规模50亿元的无锡市集成电路产业专项基金落户。累计培育上市企业7家，其中科技创新板4家；药明合联生物技术有限公司在香港交易及结算所有限公司主板上市，无锡盛景微电子股份有限公司在上海证券交易所主板过会；江苏云工场信息技术有限公司在香港交易及结算所有限公司递交招股书，江苏虎虎机电科技有限公司、江苏萝贝电动车有限公司在美国纳斯达克递交招股书。

（李　河）

【太湖湾知识产权股权投资基金】 2023年，太湖湾知识产权股权投资基金，在13个细分行业龙头项目投资1.86亿元，项目覆盖多个重要领域，包括集成电路、物联网、半导体、工业互联网等以及“两机专项（航空发动机和燃气轮机）”和“465”重点产业领域。

（束洁丹）

编辑　胡　慧

综　述

【数字经济提速发展】2023年，无锡市实施数字化转型战略工程，推进数字经济提速和数字化转型向纵深发展，推动数字无锡建设整体性规划、全方位布局。2月16日，召开全市数字经济提速和数字化转型大会。5月27日，召开数字经济提速和数字化转型重点工作推进会。创新实施数字化转型领导机制改革，在“一办六组”（市数字经济提速和数字化转型领导小组，下设数字经济、数字治理、数字政务、数字生活、数字生态、数字基础设施6个工作组）基础上增加“数字贸易”“数字安全”工作组，优化形成“一办八组”，加强市、市（县）区两级数字化转型体系协同，形成工作合力。7月1日，颁布实施全国首部数字化转型地方性法规《无锡市数字化转型促进条例》，为统筹数字化转型提供法治保障。9月，参加中国国际数字经济博览会，无锡市获一等奖4个，占全部一等奖总数比重的26.7%，入围百强创新成果3个。11月，参加数字长三角发展大会，无锡市与长三角其他15个城市共同发起长三角共建共享数字文明“乌镇对话”合作机制，成为“数字长三角”发起城市之一。按照“一景一融合、一景一示范、一年一迭代”的思路，编制全市场景“一张图”，打造“数智百景图”，推动场景多跨融合，建成“数心引力”空间展厅，4个场景入选2023数字江苏建设优秀实践成果，1个场景入选全省“十佳”案例。

【数字化产业】2023年，无锡市把数字经济作为引领性、战略性工程，立足城市禀赋，高起点谋划、高效率推进。全市数字经济核心产业规模以上企业1475家，净新增142家，实现营业收入7012.33亿元，比上年增长4.3%。《江苏省智能制造发展指数报告》中显示，无锡市智能制造发展指数以127分列全省第二位，无锡高新区（新吴区）企业智能制造能力成熟度列全省县（区）第一位。无锡市获国家“建设信息基础设施和推进产业数字化”督查激励。2023世界物联网博览会上53个重大项目签约落地，合作金额1080亿元。首届集成电路（无锡）创新发展大会等系列行业活动签约91个项目，总金额363亿元。景嘉微GPU项目、小度科技AIoT总部项目、蔚来资本2.5亿美元激光雷达项目签约落地，长三角北斗空间信息数字产业示范园区项目、物联网产业发展赋能中心、感知协调创新中心启动建设。“三类企业”2023年度两批入库名单中，数字经济领域雏鹰企业736家、瞪羚企业368家、准独角兽企业30家。中国电子科技集团公司第五十八研究所获批国家集成电路与微系统全国重点实验室，申威服务器芯片等116项产品入围国家信创目录。朗新科技集团股份有限公司、无锡华云数据技术服务有限公司等6家企业入围中国软件百强、中国互联网百强、中国大数据50强企业名录。省、市产业前瞻及关键技术项目涉及数字经济领域分别为14项和57项，无锡市科技创新创业资金立项367项，其中数字经济领域占比超40%。无锡华润华晶微电子有限公司、无锡中微高科电子有限公司等5家企业入选2023年度长三角科技创新共同体联合攻关重点任务5项（集成电

9月6—8日，2023中国国际数字经济博览会在河北石家庄举行。图为无锡展厅
（市大数据管理局　供图）

路领域发布 9 项）。聚焦创新、平台、人才，强化科技支撑，与国家首批 12 家高校未来技术学院合作事项落地，上海交通大学溥渊未来技术学院锡山实践基地、哈尔滨工业大学（威海）未来技术江阴创新基地等落地建设。新增省级以上工程研究中心 5 家，其中集成电路领域 3 家、智能制造领域 1 家、数字科技领域 1 家，新增企业技术中心 111 家。开展企业首席数据官培训，在江南大学举办高级研修班，成为全省首个由工业和信息化部认证的"首席数据官"人才培训项目。建成首批 20 家数字化人才实训基地，促进数字化人才供需匹配。全年新增数字经济专业技术人才 8777 人、数字技能人才 22042 人，无锡学院、江苏无锡技师学院分别获批国家、省全民数字素养与技能培训基地。

【产业数字化转型】 2023 年，无锡市推进制造业"智改数转网联"，新增省级智能工厂 14 家、省智能制造领军服务机构 9 家，数量均为全省第二；新增工业和信息化部跨行业跨领域工业互联网平台 1 个，实现零的突破，省级重点工业互联网平台 3 个，数量列全省第二位；中信泰富特钢江阴工厂成为无锡市第三家全球"灯塔工厂"；认定制造业中小企业数字化转型能力中心（试点）6 家，创建综合型、行业型、企业型数字化转型促进中心 16 家。加快推进服务业数字化，新引进 7 家跨境电商公共服务平台，培育 100 家企业转型跨境电商，支持 80 家企业免费建站，累计有 26 家企业在 19 个国家布局 49 家海外店；红豆实业股份有限公司被商务部确定为国家级电子商务示范企业，江阴市电子商务产业园获评江苏省电子商务示范基地，江阴市顾山镇获评省级县域电商产业集聚区；江阴市、宜兴市在商务部举办的数字经济时代县域商业创新发展大会上获评第一批全国县域商业"领跑县"。推动农业数字化，无锡市被确定为江苏省农机数字化先行市、厅市共同推进农业数字化建设整市推进试点市和全国首个农业农村大数据四级互联试点市，建成市级农业农村大数据平台，全市农产品网络销售额年度增幅超过 10%，惠山区、锡山区被列入第二批省级数字乡村试点地区名单，惠山区获批国家数字农业创新应用基地。持续创新新型数字消费业态，开展"灵锡数字消费年"活动，拉动消费超 2 亿元，数字人民币钱包累计月活数 246.97 万个。

（张国辉）

6 月 13 日，2023 年无锡市全民数字素养与技能提升月活动启动仪式暨数字生态工作发布会召开 （市委网信办 供图）

【数字产业集群】 2023 年，无锡市加快数字技术与实体经济深度融合，推动数字经济产业向产业链、价值链高端迈进。全市数字经济核心产业规模以上企业规模 7012.33 亿元，比上年增长 4.3%，数字经济核心产业增加值占地区生产总值比重为 11.9%。物联网产业营业收入 4511.6 亿元，比上年增长 13.2%，2023 世界物联网博览会上 53 个重大项目签约落地，合作金额 1080 亿元。集成电路产业规模以上企业营业收入 2071.01 亿元，比上年增长 6.5%，总投资 362 亿元的 91 个新项目签约落地。软件和信息服务业实现业务收入 2082.22 亿元，比上年增长 12.08%，获批二星级软件名城，新增省首版次软件产品 11 件，获市"飞凤奖"的优秀软件产品 10 件。

（叶 晨）

【全民数字素养与技能提升月】 6 月 13 日，2023 年无锡市全民数字素养与技能提升月活动启动仪式暨数字生态工作发布会召开。全市 14 个部门联合举办全民数字素养与技能提升系列活动 16 项。会上，为 2022 数字无锡建设优秀实践成果、2023 年无锡市中小学信息素养提升实践活动、第四届无锡女性融媒体创意大赛的获奖单位、个人以及优秀组织单位代表进行集中颁奖，发布"提升数字素养与技能"系列课程，举行"蓝马甲"数字助老公益行动启动仪式。

（肖冬灵）

数字基础设施建设

【概况】 2023 年，无锡市深化"千兆城市"建设，4G 网络全域覆盖，累计建成 4G 基站 4.9 万余个；5G 网络加速建设，累计投入运营 5G 基站 2.52 万余个，每万人 5G 基站数达到 33.7 个，重点场所 5G 网络通达率 100%，覆盖密度、网络质量保持全省领先；千兆光网深度覆盖，累计部署 10G 无源光网络（10G PON）端口近 13.8 万个，城市家庭平均接入带宽超 550Mbps，城域网出口带宽超 13.8Tbps，IDC 出口带宽达到18.4Tbps。统筹布局算力基础设施，全市累计建成规模数据中心16个，建成机柜2.38万余个，折合标准机架5万个。全市数据中心平均利用率78.5%。扩大车联网覆盖面，累计完成1200千米智能网联道路建设，在锡山区、经开区等地加密、加厚部署创新型基础设施。车联网平台共享全市1512个路口灯态数据，形成百度地图702个路口稳定在线的灯态信息服务，5条基于车联网的公交优先线路常态化运行，路口平均等待时间缩短36.1%，平均停车次数减少25.5%。

（叶　晨）

【5G网络建设】 2023年，中国电信股份有限公司无锡分公司（以下简称“无锡电信”）建成5G基站约6500个（套）、5G室内分布系统约3000套，5G人口覆盖率90%，5G驻留比超82%。聚焦居民区5G网络使用感知，完成1289个居民区覆盖优化，居民区综合达标率提升至90%。聚焦高铁、地铁、交通枢纽、高校、政务中心等重点场景打造5G口碑场景，完成331个场景优化整治。中国移动通信集团江苏有限公司无锡分公司（以下简称“无锡移动”）累计建成5G基站14000个，5G人口覆盖率95%，5G驻留比超96%。聚焦居民区5G网络使用感知，完成超1300个居民区覆盖优化。聚焦高铁、地铁、交通枢纽、高校、政务中心、商务楼宇等重点场景，完成近千个场景5G优化整治。中国联合网络通信有限公司无锡市分公司（以下简称“无锡联通”）与无锡电信实施5G共建共享，建成5G基站887个（套），完成密集市区、一般市区、县城、重点乡镇5G覆盖。点、线、面结合针对重点楼宇、中央商务区等区域打造5G高质量精品网络，完成地铁、机场、高铁、重点高校等重要场景的5G覆盖。

【数据中心建设】 2023年，无锡电信加快数据中心基础设施建设，完成国际数据中心三期A栋5层的机房建设，交付机架500余架；完成马山数据中心一号机楼的房屋建设，交付机架100余个；完成国际数据中心三期B栋的项目可研编制。推进绿色低碳数据中心节能改造，国际数据中心一期部署高效蒸发冷一体化冷冻机组，国际数据中心二期机楼实施冷却塔改造，国际数据中心三期实施AI节能改造。无锡移动马山数据中心土建工程竣工验收，项目获评2023年度江苏省三星级标准化工地（最高级别）。推进绿色低碳数据中心节能改造，太科园数据中心1号楼实施屋面光伏改造，2号、3号楼实施AI节能改造，3号楼启动冷却泵变频改造。无锡联通华东数据中心二期工程完成建筑规划许可、能耗审批、全过程咨询单位招标、地质勘探等项目准备工作。蠡园局数据中心改造工程完成机房土建改造、机电设备招标采购，完成338架机柜安装。

2月25日，无锡电信工程师进行5G网络高空检测作业（无锡电信　供图）

【光网建设】 2023年，无锡电信聚焦10G PON资源优化调配、分光优化、双路由改造、用户接入能力提升，持续开展千兆网络的升级部署。建成10G PON端口数超12万个，FTTH光端口超320万个，完成71个小区分光优化改造、32段中继光缆双路改造、93段双路由改造，光缆整体接入距离压缩至百米级，大客户开通响应及时性压缩至3天以内。无锡移动持续推进千兆光网建设，聚焦用户持续推进PON网络升级。在全省率先完成FTTR组网试点部署，优化FTTR扩容流程，确保无锡市所有小区具备48小时之内FTTR放装条件。建设SPN切片分组网络，开启2.0新时代。从面向5G到面向行业用户，引入最小10Mbps带宽颗粒度的业务切片，实现多业务差异化承载。无锡联通开展光缆网建设，主干光缆近4.96万纤芯千米，接入光缆近37.83万纤芯千米，光纤覆盖率100%，户均带宽950Mbps。加厚10G PON端口的部署，至年末，无锡联通全区局点全部部署10G PON设备，新增10G PON端口7280个，10G PON端口占比提升至55.5%，全市千兆宽带接入提供普遍服务。

（吴　洁　张玲珠　赵琬琦）

【新型城域网试点】 2023年，无锡电信新型城域网开展规模商用和业务创新。完成全量公众业务迁移，将无锡市打造为全国首个500万用户级大型城域网全业务规模运营城市。对接电教馆专网需求，完成教育切片专网的测试及部署。面向家庭和小微企业，提供区别于传统的公有云、近源、实时、安全、自助化云网服务。无锡联通完成滨湖区北、江阴市南、宜兴市北、惠山区、梁溪区北 10 台汇聚设备 MER 新建上线入网，实现汇聚区汇聚设备的全覆盖。梁溪区北、滨湖区北、惠山区 3 个汇聚区 44 台接入设备 MAR 新建上线成环入网纳管工作，至年末，现网总计 51 台接入设备。8 月，无锡联通完成核心设备 MCR 的设备替换工作，保证了在替换期间其上经过的 5000 余个共建共享的 4G 基站小区流量和自建 5G 基站流量的正常切换，新设备具备可以 SRv6 部署的能力，进一步推动该网络的 IPv6 演进，完成新华三设备的 2 个接入环的 SRv6 试点部署。

（吴　洁　赵琬琦）

【算力网络建设】 2023 年，无锡移动建设落地双 3AZ 算力节点，打造苏锡常 1ms 低时延算力服务圈，支持大带宽超高速互联、双 3AZ 安全布局。建设省内云专网，实现 PON/PTN/OTN/SPN/5G 等多样化灵活入算网络能力。孵化 VR 云游戏、神机弹性网络、算力 + 大模型融合 3 项算力产品，与国家超级计算无锡中心完成运营层对接，上线首个云市场超算产品——神工坊，为工业企业提供高计算精度、短设计周期、低实验成本的工业仿真服务。

（张玲珠）

物联网产业

【概况】 2023 年，无锡市物联网产业规模 4511.6 亿元，比上年增长 13.2%，产业规模居全省首位、全国前列。全市物联网相关企业超 3500 家，覆盖信息感知、传输组网、计算存储、应用处理完整链条，培育物联网相关上市公司 82 家、国家专精特新"小巨人"企业及国家单项冠军企业 72 家。无锡镜子信息技术有限公司和滨湖区蠡湖街道入选 2023 年智慧健康养老应用试点示范名单，入选数量居全省前列。

【产业链聚焦发展】 2023 年，无锡市健全物联网产业发展规划体系，制定《无锡国家传感网创新示范区（无锡市物联网产业集群）发展三年行动计划》《无锡市智能传感器产业高质量发展三年行动计划》《无锡市车联网及智能网联汽车发展三年行动计划》。抓好重点企业培育，新增物联网领域国家级专精特新"小巨人"企业 28 家，累计 60 家。无锡雪浪数制科技有限公司的雪浪云工业互联网平台上榜工业和信息化部 2023 年新增跨行业跨领域工业互联网平台清单，成为无锡市首个国家级"双跨"工业互联网平台。中建材（宜兴）新能源有限公司的基于物联网的光伏玻璃制造经营管控一体化平台、无锡高科物联网科技发展有限公司的"感知环境、智慧环保"环境监控物联网系统应用、江苏天安智联科技股份有限公司的面向智慧交通的车路协同数据服务平台、朗新科技集团股份有限公司的智慧能源数字化服务平台 4 项案例入选工业和信息化部 2023 年物联网赋能行业典型案例，入选数量居全国同类城市首位、全省第一。9 家企业入选长城战略咨询《中国物联网新物种企业发展报告 2023》物联网新物种企业名单，入选数量全国第四、同类城市首位。加快特色产业园区建设，打造高品质产业空间载体，中国物联网国际创新园、无锡（梁溪）传感信息园入选无锡市首批特色产业园区认定名单。

【国家级车联网先导区】 2023 年，无锡市完善国家级江苏（无锡）车联网先导区感知孪生平台，完成"市交通产业集团—车联网产业集团—车城智联及相关子公司无锡车联网"三级运营体系组建，投运无锡市智驾运营服务中心，多措并举提升智能网联汽车运行环境。车联网及智能网联汽车政策法规体系实现跨越式发展，实施全国首部车联网领域地方性法规《无锡市车联网发展促进条例》，发布《无锡市智能网联汽车道路测试与示范应用管理实施细则》3.0 版本。

【创新资源集聚】 2023 年，无锡市物联网创新资源集聚，中欧（无锡）物联网合作创新中心、香港城市大学无锡产业技术创新中心、国家智能汽车交通运行安全质量检验检测中心揭牌，无锡新型城市算力中心、智能制造评估评价公共服务平台 2.0 上线，无锡智驾运营服务中心、智能网联汽车和车联网联合实验室投用；国内首家物联网国家级产业计量测试中心——国家物联网感知装备产业计量测试中心建成。无锡市编制《物联网产业技术创新体系白皮书》，是首个运用工业和信息化部《制造业技术创新体系建设和应用实施意见》成果的区域。

【世界物联网博览会】 10 月 20—23 日，无锡市举办 2023 世界物联网博览会，博览会以"智联世界，融合赋能"为主题，聚焦"打造世界级物联网产业集群""物联网赋能制造业数字化转型"2 条主线，设计新基建与行业综合、物联智造、车联网与数字生活、智能传感器 4 个展馆。10 月 21 日，2023 世界物联网无锡峰会上，53 个重大项目签约，合作金额 1080 亿元；无锡市与亚洲国际贸易投资商会就物联网赋能智造领域合作签署备忘录，与国家制造业转型升级基金、太平洋财产保险公司、软通动力集团等单位签署战略合作协议；西班牙巴塞罗那物联网展与物博会签约建立"双展联动"伙伴关系。2023 世界物联网博览会期间，聚焦智能传感器、车联网、工业互联网"一感两网"主赛道，举办中国先进感知产业高峰论坛、第四届中国（无锡）车联网产业发展高峰论坛、无锡智能网联汽车生态大会、中国（无锡）智能制造高峰论坛、IEEE 通信技术国际会议、物联网密码应用峰会等系列活动，吸引国内外院士、业界专家、企业高管等 5000 余人参会。

（李　辉）

10月21日，2023世界物联网博览会在无锡市举行开幕仪式　（市工业和信息化局　供图）

集成电路产业

【概况】2023年，无锡市拥有集成电路产业链企业超400家，列入统计的规模以上集成电路企业219家，营业收入2071.01亿元，比上年增长6.5%；产值2419亿元，比上年增长7.7%。其中设计产业营业收入319.01亿元，比上年增长13.8%；晶圆制造产业营业收入461.6亿元，比上年下降8%；封装测试产业营业收入474.34亿元，比上年下降3%；半导体装备产业营业收入325.77亿元，比上年增长49.8%；半导体材料产业营业收入490.28亿元，比上年增长7.7%。无锡集成电路设计业规模为589.7亿元，比上年增长11%，达到历史新高。无锡市制定《关于加快建设具有国际影响力的集成电路地标产业的若干政策》，从支持产业发展壮大、企业创新发展、项目加快建设、人才引进培育、产业协同发展、产业环境提优6个方面制定36条政策意见，将专项资金提高3倍，增至3亿元，有力支撑无锡市建设具有国际影响力和核心竞争力的集成电路地标产业集群。根据江苏省半导体行业协会发布的2022年度数据显示，无锡市集成电路产业核心三业（设计、制造、封测）发展规模在全省范围内占比均为第一名。在全省集成电路配套支撑产业中，无锡市销售额占比超过50%。在2024半导体投资年会发布的《中国集成电路园区综合实力TOP30》中，无锡高新区获评全国第二。

【集成电路封测业】2023年，无锡市列入统计规模以上集成电路封测企业50家，芯片封装技术处于国内领先地位，具备多层次封装、异构封装等高级封装工艺。国内半导体封测业前十大企业中，无锡市占据三家，分别是江苏长电科技股份有限公司、全讯射频科技（无锡）有限公司、海太半导体（无锡）有限公司。江苏长电科技股份有限公司是全国唯一的一个特色工艺和封装测试领域的国家创新中心。盛合晶微的芯粒（Chiplet）、华进半导体的硅通孔（TSV）、长电科技的系统级封装（SiP）、晶圆级封装（WLP）、星科金朋的封装层叠技术（POP）都处于国内领先水平，高端封装产品占到国内30%以上的产能份额。

【产业发展】2023年，无锡市集成电路装备和材料企业在产品影响力和产业规模方面取得较大进展。无锡日联科技股份有限公司开发的精密X射线技术和检测装备，核心技术实现自主可控；无锡邑文微电子科技股份有限公司、拉普拉斯新能源科技股份有限公司的装备产品通过2022年江苏省首台（套）重大装备认定；无锡中环应用材料有限公司领先成为全球前十位的硅片供应商。无锡市拥有集成电路设备、零部件重点企业近100家，除前道光刻机、离子注入机、真空计等细分领域外均有布局。半导体材料方面，无锡市在大硅片、掩模版、封装基板、化学气体等方面有中环领先半导体材料有限公司、无锡中微掩模电子有限公司、无锡深南电路有限公司、江阴江化微电子材料股份有限公司等龙头企业，在第三代半导体衬底、外延领域拥有无锡吴越半导体有限公司、晶湛半导体无锡基地等企业，无锡市半导体材料企业已初具产业规模。

10月7日，无锡高新区新港集成电路装备零部件及材料产业园开园暨2023年四季度重大项目集中开竣工仪式举行　　（新吴区档案史志馆　供图）

【重大项目】 6月20日，无锡盛景微电子股份有限公司IPO成功过会，成为全面注册制改革实施后，无锡高新区首家获得上海证券交易所主板过会的企业。6月30日，华虹无锡集成电路研发和制造基地二期项目开工仪式在无锡市举行，二期项目总投资67亿美元，新建一条月产能8.3万片的12英寸特色工艺集成电路芯片生产线，至年末，厂房主体建设完成70%。12月13日，北京大学无锡电子设计自动化研究院（无锡北大EDA研究院）揭牌，分别与行业龙头单位签署先进模型联盟合作协议；与北京华大九天科技股份有限公司、杭州行芯科技有限公司签署联合实验室建设协议；与上海合见工业软件集团有限公司、北京深维科技有限公司签署战略合作协议。

【新港集成电路装备零部件及材料产业园】 10月7日，无锡高新区新港集成电路装备零部件及材料产业园开园暨2023年四季度重大项目集中开竣工仪式举行。无锡高新区新港集成电路装备零部件及材料产业园是无锡高新区集成电路产业布局中的重点承载园区之一，重点发展集成电路整机设备、集成电路核心零部件及材料的研发与制造，园区签约项目总投资超20亿元。

【集成电路（无锡）创新发展大会】 8月9—11日，2023集成电路（无锡）创新发展大会召开。大会以“芯联世界，锡创未来”为主题，举办1场开幕式、1场展览展示、10场系列活动和15场生态圈活动等。大会上，无锡国家“芯火”双创基地汽车芯片可靠性检测平台、总规模50亿元的无锡市集成电路产业专项基金、江苏省（无锡）集成电路产业融合集群揭牌成立，总金额超200亿元的30余个重点产业项目签约。

【集成电路产业集群建设季度推进会】 8月4日，无锡市召开全市集成电路产业集群建设季度推进会。会议根据集成电路产业发展呈现承压前行、危中有机、空间巨大的总体态势，提出无锡市拥有先发优势、产能优势、人才优势和全产业链优势，要抢抓逆势投资期、重组兼并期、发展窗口期，发挥有为政府、有效市场协同作用，锻造更具安全和韧性的产业链供应链体系，增强产业竞争力和话语权，加快建设具有国际影响力的集成电路地标产业集群。

（朱立新）

软件和信息服务业

【概况】 2023年，无锡市软件和信息服务业实现业务收入2082.22亿元，比上年增长12.08%。新增省首版次软件产品11件，获市“飞凤奖”的优秀软件产品10件；新增江苏省规划布局内的重点软件企业培育库企业8家、江苏省专精特新软件企业12家、江苏省软件企业技术中心2家。至年末，6家企业入围中国软件百强、中国互联网百强、中国大数据50强企业名录，涉软的国家专精特新“小巨人”企业59家，省规划布局重点软件企业29家。全市新增12个产品和解决方案入选国家、江苏省工业软件优秀产品和工业App推广名单，获评省级工业软件与应用解决方案19个。拥有国家级软件园1家，江苏省软件园4家、互联网产业园2家、互联网众创园5家、大数据产业园3家、区块链技术创新应用试验区3家。无锡（国家）软件园汇聚各类软件创新企业超500家，获国家级荣誉8项、省级荣誉10余项，在工业和信息化部信息技术发展司组织的园区评选中排名第八。无锡山水城集聚软件企业300余家，先后获评江苏省基础软件园、无锡市软件名园、无锡市大数据产业园、江苏省信创先导区。

【集群发展】 2023年，无锡市软件集群实施国家软件发展战略，深化中国软件名城建设，立足软件业和制造业协同发展、互动赋能的产业定位，持续推进强链补链延链工作。无锡市制定《无锡市软件产业集群发展三年行动计划（2023—2025年）》《无锡市元宇宙创新发展三年行动计划（2023—2025年）》，明确工作重点和指标，指导各市、县、区出台支持软件产业发展政策。召开工业软件联合创新体筹建推

12 月 16 日，2023 开放原子开发者大会在无锡高新区举行

（市工业和信息化局　供图）

进会，推动组建船舶领域工业软件制造业创新中心；按照工业和信息化部中国软件名城评估工作要求，系统梳理名城发展情况，完成评估答辩工作，获批二星级软件名城。举办第八届“i 创杯”互联网创新创业大赛、2023 开放原子开发者大会、2023 无锡市软件和信息技术产业创新项目投融资路演会等，组织企业参加 2023 世界物联网博览会、中国（南京）国际软件产品和信息服务交易博览会等重大活动，搭建产业交流合作平台。

【信创生态建设】 2023 年，无锡市持续推动省、市共建全省唯一的省级信创产业生态基地，在生态环境、数字城市领域建设 2 个省级的信创先导区，其中无锡山水城生态环境信创先导区打造的信创解决方案，在海南省、无锡市等省内外的 7 个试点项目中成功应用。多次召开申威产业化专项行动工作会议，以申威为核心的信创产业生态逐步完善，申威服务器芯片、意源科技密码设备等 116 项产品入围国家信创目录，获评 2023 年江苏省信创优秀解决方案 11 个、2023 年江苏省信创优秀应用示范案例 2 个、省级信创标杆工程 1 个。

（徐凡乔）

【国家区块链创新应用综合性试点交流会】 2 月 10 日，国家区块链创新应用综合性试点交流会在无锡市举行。交流会以“畅谈应用、共谋创新”为主题，会上，中国科学院院士郑志明作专题报告；工业和信息化部产业发展促进中心与无锡锡东新城商务区管委会签署区块链成果转化与技术服务中心战略合作协议；上海交通大学无锡市区块链高等研究中心揭牌；北京市海淀区、广州市、雄安新区等 15 个城市地区围绕生态培育、技术创新、应用创新等主题作交流发言。全国区块链特色领域相关部门和试点地区及区块链企业代表约 700 人通过线上、线下参加会议。

【第五届 CCF 中国区块链技术大会】 2 月 10 —12 日，第五届 CCF 中国区块链技术大会在无锡市举行。会议是国内首场大型区块链学术会议，以“新应用、新赋能、新生态”为主题，邀请 50 余名演讲嘉宾，包括区块链学术领域的高校教授、业界应用领域的权威专家，共同探讨区块链技术新进展、区块链安全与 Web3、区块链隐私保护与监管、区块链数字资产交易、区块链与密码学、区块链领域人才培养等热点话题。会上发布《CCF 区块链专委会区块链高水平学术期刊和学术会议目录》《CCF 区块链学术研究白皮书》《无锡市政务区块链创新应用指南》。

（肖冬灵）

通信产业

中国电信股份有限公司无锡分公司

【数字经济基础设施建设】 4 月 12 日，无锡电信发布信创政务云，提供完整、安全可靠的政务云运营方案。5 月 17 日，率先建成全国范围内第一张城市级全域 5G 泛低空覆盖网络。7 月 31 日，发布密码服务平台，融合密码服务与政务云，保障数据的安全可控、高效运营和可靠共享。9 月 15 日，无锡电信新型城域网承载全量公众业务，助力无锡市成为全国首个 500 万用户级大型城域网全业务规模运营城市。10 月 24 日，发布 5G+ 双域融合专网、申威天翼信创云电脑。11 月 24 日，无锡电信揭牌成立智能算力中心，开启安全性好、灵活性强、定制度高、7 天 24 小时的算力服务供应。

【数字服务管理】 2023 年，无锡电信推进研发、云网、产数工程师队伍建设，实施人才特区计划，成立 CIOC 团队，主动适应数字化时代新要求。CIOC 团队全面服务企业生产、城市治理和政府服务中的数字化需求，通过“对外代表电信、对内代表客户”的定位，建立“运营经理 + 虚拟团队 + 大后端专家团队”为核心的支撑机制，自主研发运营平台实现规模化、标准化、全流程服务，突破传统管理模式下被动、低效的服务弊端，实现客户的全面服务和头部客户的差异化服务，客户满意度稳定超 98%。

10 月 23 日，在第十届江苏互联网大会上，无锡电信基于“5G+ 全连接” X-Cloud 工业互联网云平台入选 2023 数字江苏建设优秀实践成果十佳案例

（陈仁娜　摄）

【助力社会治理】 2023 年，无锡电信搭建无锡市（县）区网格化联动处置平台，围绕“大数据 + 网格化 + 铁脚板”的总要求，实现要素“全汇集”、区县“全覆盖”、处置“全链条”，助力社会治理系统性、整体性、协同性提升，发挥市域治理各级部门互联互通优势。无锡电信搭建“5G+ 无人机”低空巡管共享服务平台，融合 5G 网络能力、无人机、AI、云计算等技术，实现无人机城市治理，获评 2022 年度无锡市数字化转型五星场景。无锡电信围绕城市治安巡逻、湖泊禁捕巡视、交通道路执法、应急通信指挥等应用场景，深入探索多行业多领域应用，联合无人机重点企业和科研院所，创造出一系列无人机“智理”新场景。

【助力企业数字化转型】 2023 年，无锡电信根据地方企业的数字化、智能化需求，推进“5G+ 工业互联网”融合应用，赋能传统产业转型升级。聚焦重点行业、重点区域、重点企业的工业应用场景，发挥云网融合优势。无锡电信基于“5G+ 全连接” X-Cloud 工业互联网云平台入选 2023 数字江苏建设优秀实践成果十佳案例，先后在无锡小天鹅电器有限公司和江苏新日电动车企业落地，以企业在产业中的影响力，辐射产业链上下游企业，接入上下游企业的相关订单信息、库存信息，实现信息互通、订单互联、资源互用、合作共赢“三互一赢”。年内，江苏省 5G 工厂名录中，无锡电信服务的 4 家“5G 工厂”上榜。聚焦典型智能制造场景，开展“5G+ 云 +AI”的研究和部署，关注交通、智能电气、物联网和新型医疗器械、纺织等重点行业的头部客户，打造标杆示范。无锡电信围绕江阴港“港口数字化、数字产业化”方向，通过搭建应用软件系统、定制云计算平台、打造云指挥中心、构建港航生态服务体系，打造出服务 3 万艘次船舶、承载 3.3 亿吨货物贸易的线上“数字港、贸易港、金融港”。聚焦中小微企业信息化应用场景，以“千企上云”等中小企业信息化解决方案为抓手，依托中小企业云服务平台，助力全市中小企业信息化水平提升。

【赋能民生服务】 2023 年，无锡电信持续整合医疗、教育、民生等领域垂直应用，建成智慧城市服务平台，将智慧应用、智能终端等有机联结，构建“云 + 网 + 应用”的生态共同体。医疗领域，以一体化管理建设为要求，依托“互联网 +、大数据、5G 及医疗 AI”等新兴技术，建立平台化运行、智慧化管理、互联网应用三位一体的“智慧医院”。教育领域，基于智慧校园平台架构，融合物联网、5G 移动互联、人工智能、云计算与大数据技术，打造出安全、节能、便捷的“智慧校园”。交通领域，无锡电信以音视频能力为核心，将实时视频通话、OCR 证件识别、事故关键要素抓拍与云端存储等服务有机结合，打造成翼平安视频快处平台，改变交通事故处理“定责慢、理赔慢”的情况，直通维修、医疗、保险行业，打造“数字化治理服务民生”样板，该服务试行以来，节约事故处理时间 75%，降低交警出警率 50%，节省警务成本 98%，至年末，共计 100 余个城市使用。

【爱心翼站】 2023 年，无锡电信以城乡营业厅为基础，设立 245 个爱心翼站，全面配置休息座椅、便民箱、手机充电器及充电线，提供免费饮水、Wi-Fi 网络及智能手机使用辅导等服务，组织 620 场公益活动，关爱服务 5.9 万人次，入选无锡市全民数字素养公益活动项目。爱心翼站开展适老、助残服务，提供包括现金在内的多种支付方式，设置无障碍设施并醒目标明厅店服务电话，配备老花眼镜、针线包等爱心服务设施，设置“爱心专席”为老年人、残疾人提供引导解释、业务办理、纸质协议和账单打印服务，开设“相约星期二”课堂培训手机使用、防骚扰与防诈骗知识技能。爱心翼站配置创可贴、酒精棉片、清凉油等，开展元宵节团聚活动、送春联等活动暖心户外劳动者。利用寒暑假契机，开展青少年通信知识科普及防诈骗教育。

【通信保障】 3 月 19 日，无锡电信完成 2023 年无锡马拉松通信保障，出动现场、远程维护保障人员百余人次，配备通信保障专车 10 余台，预布放光缆 214 芯，紧急扩容、修复赛事沿线光缆 24 芯，应急开通租纤、互联网专线等赛事专用业务 46 条，梳理赛事相关的132个站点，扩容、新增设备、基站20处，DT测试优化65千米。无锡电信抓紧汛前准备期，全力保障防汛抗旱通信工作，准备重要保障单位通信保障预案82个，组织防汛突击队员378人、防汛培训10次，开展各类场景演练13次，提前配备防汛车辆23辆、冲锋舟3条、光缆99千米、海事卫星电话2部及其他各类防汛物资3522件。组织汛前检查37次，汛前检查覆盖326个局站次、1304个基站，巡查线路3560千米，完成整治措施消除隐患5处。10月，无锡电信完成世界物联网博览会通信保障，开展线信号测试和优化，覆盖9条重点线路和26个重点场所、酒店及21个主要场景，确保无线覆盖无盲区、有线网络高速稳定。展会现场保障团队实时跟进需求，调度应急通信保障车1辆，开通临时站点3个、扩容8个扇区，快速开通高速宽带、数字电路、高密度AP等业务76条，提供会议平板设备250台，保障公安、媒体及各会场、展区与会参展人员网络体验。

【智慧红村】 2023年，无锡电信凭借云技术和智慧乡村平台，助力宜兴市太华镇发掘红色教育资源，传承红色基因，打造智慧红村项目。该项目以数字乡村平台为底座，汇聚旅游、生态、人居、治安等基层治理项目，实现跨地域数据交换、跨时空交流互动，立足宜兴市太华镇地方特色，通过飞线整治、网络升级、设备加载，运用视频监控、智能识别比对、云存储等信息技术手段，实现村民信息归集、环境监测报警、景点VR展示、治安精细管理。该项目列入省委2022年度大事记。

【创新网络优化】 2023年，无锡电信携手合作伙伴持续推进创新方案试点，加强基础设施建设，打造高品质的4G、5G精品网。为解决居民区站点规划难、资源获取难、部署施工难等问题，12月，无锡电信与华为技术有限公司合作，在太湖国际社区完成新一代4G、5G杆微站创新方案的商用部署。

（吴　洁）

中国移动通信集团江苏有限公司无锡分公司

【科技赋能地方服务】 1月，无锡移动创新服务形式，为无锡市两会提供“无纸化会议”服务系统。系统整合“平板终端+物联网+软件系统”服务，取代高能耗的传统会议模式，为与会人员提供一整套集材料阅读、会议签到、投票表决等功能于一体的信息化系统，实现会议前、中、后一体化管控，提高办会效率，节约办公资源，会议管理更加规范便捷高效率。打造全省首家元宇宙体验厅，通过大数据、云计算、AI人工智能、5G传输、人机交互、CG特效、实时互动、AR/VR等前沿数字技术，为用户提供沉浸式体验。

【助力智慧城市建设】 3月，无锡移动为国网江苏省电力有限公司无锡供电分公司量身打造“世界最高”输电塔无人机5G智能巡检技术方案，在输电铁塔相邻的跨越塔脚下，联合建设2座5G基站，选用2.6G 700M双层组网模式对高空巡飞区域进行分层覆盖，并为无人机分配5G电力专网的专用切片，定向增强长江上空400米处的信号强度。在5G通信技术和边缘计算的支撑下，巡检无人机快速接收地面控制系统的指令，实现实时数据回传、超视距飞行、线路隐患智能研判、设备异常快速推送，巡检现场全程可视、数据可看、决策可指挥，提高巡检效率，更好地保障生产生活可靠供电。在江苏佳利达落地智慧物流运营场景，利用人工智能、无人驾驶、5G通信、云计算和车路协同等领域的先进技术优势，通过无人驾驶智慧运输串联智慧工厂和智慧仓库，实现智能供应链上制造业和物流业的无缝衔接。落地全省首个城市级物联网平台——江阴城市运营“一网通管”数字底座项目，协助参与江阴数字政府建设，加快数字治理、数据交易、数字孪生等城市实际应用。配合无锡市城运中心大屏调度要求，参与统一短信、政务云等平台建设，为城市数字化转型提供有力支撑。

【适老服务】 2023年，无锡移动响应工业和信息化部适老化改造要求，主动融入政府“适老化”工作大局。开设“老年手机课堂”，围绕课件、讲师队伍、手册等各环节为老人搭建全场景

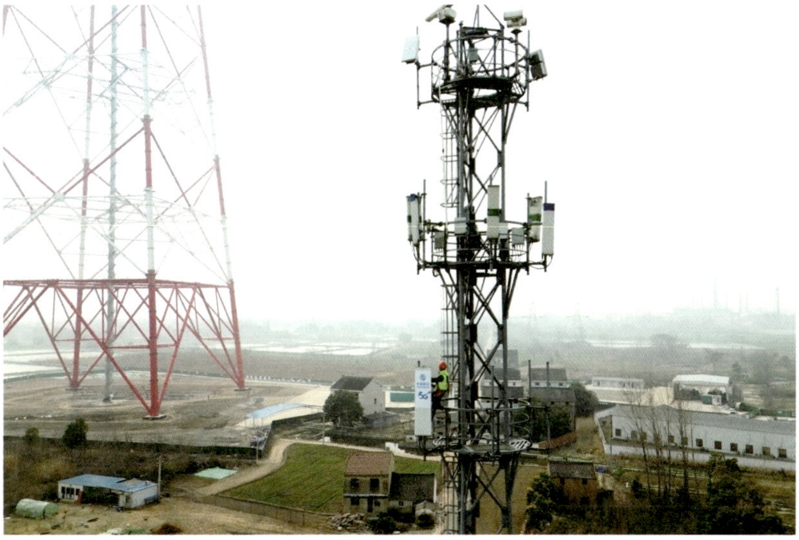

3月，无锡移动联合国网江苏省电力有限公司无锡供电分公司在输电铁塔相邻的跨越塔脚下建设5G基站 （无锡移动　供图）

的教学体验环境，一对一教学，确保掌握到位。与市卫健委、市老龄委联合发文，发挥网格触点优势，深入社区组织收集老人数字化需求，积极响应社区敬老志愿活动，帮助老人解决困难。针对反诈等热点工作，动态更新课程内容，通过直播、社区培训等方式加强宣传，引导老年人正确识别，防止受骗。举办老年手机课堂200余场，场均服务老年客户超百人。

【数字赋能产业转型升级】 7月，无锡移动会同江苏通用科技股份有限公司打造5G黑灯智能工厂，基于移动5G高速网络，整个生产运输链条全部智能化，在无照明条件下，生产车间实现24小时不间断生产，助力企业进一步降本增效。10月，无锡移动依托工业互联网平台能力，协助无锡派克新材料科技股份有限公司打造园区级5G专网，助力海量终端设备进行实时动态数据采集、机器视觉质检等工作，实现国产环形锻件高质量稳定生产，赋能航空航天锻造产业发展，通过5G技术赋能，综合运营成本降低，生产效率综合提升。无锡移动通过移动5G网络与多接入MEC（移动边缘计算）系统结合，在施耐德电气无锡工厂建立“柔性生产制造＋生产现场监测”场景积木式柔性生产单元，部署柔性生产制造应用，动态制定最优生产方案，实现小批量多品种的柔性高效生产，工厂生产运营效能提升。

【超算融合并网联合实验室】 7月，无锡移动与中国移动通信有限公司研究院、国家超级计算无锡中心、无锡市大数据集团有限公司共同筹建“超算融合并网联合实验室”，四方开展国产异构超级算力融合并网的研究和示范工作，推动算力网络以及数字经济发展，推进算力网络以及超算中心国产超级算力协同发展，强化以算为中心、网为根基，网、云、数、智、安、边、端、链的深度融合。联合成立实验室学术委员会，围绕超算智算并网调度、绿色算力关键技术、国产算力生态建设、国产智算示范项目四大领域开展方案设计和规划，在算力感知、算力调度、算力交易、存算一体等关键技术领域进行攻关，共同推进算力网络以及超算中心国产超级算力协同发展。

【数智赋能乡村振兴】 7月，无锡移动助力政府部门落地全国首个农业农村大数据“部—省—市—县”四级互联互通平台。利用5G、云计算、人工智能等技术与农业业务深入融合，打造“一个标准、一个中心、一个平台和N个业务场景”布局，汇聚省农业农村厅、市农业农村局业务应用系统数据以及市气象局等数据资源，打破各农业数据分割的现状，提供跨部门、跨区域、跨行业的农业农村共享交互枢纽，实现农业信息互联互通、数据挖掘、分析预测。平台建成2个基础信息数据资源库、10个业务信息数据资源库、1个专题数据资源库和1个卫星影像资源库，全面连通部、省、市、县四方涉农数据资源。推进农村5G网络建设，在全省率先实现所有行政村具备光纤千兆接入能力，为乡村旅游、直播带货架起信息高速公路。

【世界物联网博览会参展与保障】 10月，无锡移动以“智融万物，创见未来”为主题参展2023世界物联网博览会。内部展区聚焦算力网络、人工智能、量子通信、物联网等20余项创新技术，展示智能制造、智慧交通、智慧农业、智慧城市等领域相关应用，让观展市民深入了解中国移动5G赋能数智未来的生动实践。外部展区设置物联元宇宙区、物联游戏、物联家居、物联体育、咪咕咖啡、数智人直播间等展区，观展市民通过元宇宙鼓浪屿、机器人冲泡咖啡等沉浸式体验，感受中国移动带来的数智新生活。展会期间，无锡移动做好通信网络保障工作，对物联网展馆、1个会议中心、3个交通枢纽、11个酒店、18条重要道路及27个重要场馆进行全面保障，确保网络运行平稳、各项指标及业务正常。

【网信安全】 2023年，无锡移动致力防范打击电信网络诈骗等活动，切实加强数据安全风险排查，组织开展网络与信息安全普法宣传，推进网络安全保险创新试点。落实“数安护航”专项行动工作要求，开展数据安全重点工作，全面加强数据安全管控。创新探索运营商网络安全保险服务，为政务云等重大项目提供网络安全保障。强化网络安全人才培养，建立标准化安全服务队伍，网络运维团队获评2023年中国信息通信研究院全国5G网络运行安全能力提升大赛团体一等奖。

【绿色节能减排】 2023年，无锡移动落实国家“双碳”节能战略规划，实施“C2三能”——碳达峰碳中和行动计划，全面推进节能降耗。数据中心采用多项创新节能措施，获评江苏省信息通信基础设施绿色低碳发展典型案例。深化绿色实践，推进智慧楼宇改造，实现对楼宇能耗的智慧监控分析，完成无锡移动大楼7个点位光伏电站并网发电。促进绿色赋能，围绕公共充电桩、专用充电桩和居住社区三类场景，提供“充电桩＋车位地锁＋场地监控视频”一体化建设运营解决方案。

【助力文明城市建设】 2023年，无锡移动做好老旧小区改造的进度、质量及用户满意服务工作。完成老旧小区改造项目百余个。配合各区县、街道、村委开展文明城市整治、雨污分流、“四乱一高”等改造工作。在改造过程中，做好文明施工管理和短信告知用户等沟通，优化服务质量，提升改造工作质量和用户满意度。配合做好环境卫生整治工作，60分钟内响应调度，120分钟现场处理。在营业厅公告栏和LED显示屏展播公益广告，助力宣传文明创建。开展营业厅服务自查提升，营业厅服务合格率提升至100%。连续16年开展“社会妈妈伴成长，移动真情献爱心”活动，彰显社会公益作为。

【通信演练与保障】 3月19日，无锡移动为2023无锡马拉松提供全程网络保障。提前对起点、全马终点、半马终点、欢乐跑终点和赛道沿线，从网络覆盖、容量、质量、维护、应急等方面进行全面提升，在起点和终点开通应急保障站点15个。赛事期间，安排20名管理人员和30支联合保障团队现场驻点，确保保障站点和应急站点运行正常网络畅通。经过专项优化和保障，赛事期间保障站点无线接通率99.69%，全程网络运行平稳畅通。4月20日，无锡移动参加2023年江苏省公路特长水下隧道应急演练，演练活动地点设置在太湖隧道。演练期间，无锡移动彰显装备齐全、技术先进优势，出动保障人员20余名、应急通信车2辆，在隧道内开通小型便携式5G基站，并配备高增益天线，与隧道外应急通信车组网，进行信号补盲，展现应急场景下通信行业的快速响应能力。无锡移动做好2023无锡太湖女子半程马拉松、2023年全国太极拳公开赛总决赛开幕式、2023年中国铁人三项联赛、2023无锡荡口民谣音乐节、江南大悦城开业等重大赛事活动和五一、中秋、国庆节等节假日，以及地铁S1线通车等的通信网络保障，各项网络指标平稳顺畅。

（张玲珠）

中国联合网络通信有限公司无锡市分公司

【900M低频网建设】 2023年，无锡联通加快新型信息基础设施建设，聚焦农村网络覆盖难、信号差的问题，推进900M低频网建设。900MHz频段是公众移动通信“黄金频段”，基站最远覆盖距离可达2.5千米，更适合农村村组之间距离远、村民居住分散的现状。无锡联通打造900M精品网，在乡村实地勘测80人次，实现主干道、生活区覆盖率近100%，完成乡镇900M打底网建设，累计建设站点220个。

【网络保障】 2023年，无锡联通在各类重大保障中践行“数字信息运营服务国家队、数字技术融合创新排头兵”的企业使命。完成35场通信保障工作，无锡联通配齐保障团队，出动保障和故障抢修人员965人次，车辆450辆次，巡检线路6425.64千米。

【凌乱架空线缆整治】 2023年，无锡联通按照创建文明城市空中通信线缆整治方案的要求，开展整治凌乱架空线缆工作。以“除废线、并散线、理乱线”为原则，对居民小区、农贸市场农村等场景内废弃不用的线缆予以拆除，整改不规范线缆，做到线路规范整齐、安全，提升居民小区、农贸市场等环境。完成整治点5131处，其中缆线整治2327处、井盖整治1453处、箱体整治1324处、杆路整治27处。

（赵琬琦）

数字社会建设

数据共享赋能

【数据资源一体化】 2023年，无锡市推进数据资源一体化体系建立，加强数据汇聚利用，开展政务信息资源目录核查，实施“一本账”管理，梳理3086个政务信息系统、12264条部门目录信息、12万余条信息项。完成省市目录级联，上报组织架构1841条、目录分类645条、数据目录45218条、文件资源37062条、接口资源615条、应用系统38个；获取省级目录7938条，1120条数据资源。

【数据共享】 2023年，无锡市围绕“放管服”改革和优化营商环境建设，匹配“互联网+监管”数据需求1081.91万条、“互联网+政务服务”数据需求2.48亿条、“阳光惠民”数据1752.23万条、“综合金融服务”需求6489.28万条、“工业大数据中心”需求8.29亿条，全年共享数据超139.01亿条，按需共享率100%。

【数据开放】 2023年，无锡市制定公共数据开放工作要点，编制《无锡市公共数据开放实施细则》，优化提升数据开放平台能力，发布开放数据集2355个、数据接口4489个、数据总量约4.74亿条，开放率100%，数据开放水平无锡市连续四年全省第一，全国排名第14，地级市排名第8。

【无锡市大数据集团】 2月16日，无锡市大数据集团揭牌成立，集团注册资金20亿元，布局和拓展数据资产运营、数字基础设施建设、数字政府服务、数字产业投资、数字生态集聚五大业务板块。

【数据要素市场】 2023年，无锡市在全省率先印发《市政府办公室关于推进数据基础制度建设的实施意见》（“数据二十条”）；发布全国首创的《基于区块链的数字媒体数据确权规范》团体标准，参与制定数据经纪人、数据要素流通、跨境数据流通等全国数据要素市场相关标准或白皮书10个。制定《无锡市公共数据授权运营管理办法》，在全省首推公共数据授权运营落地实施，探索授信质押融资、公共数据授权运营模式。在全国率先上线数据资产服务平台，完成首批数据知识产权登记，数据交易成交金额超2265万元。“无锡市数据要素市场培育”获评中国国际数字经济博览会组委会新模式创新成果一等奖、中国软件测评中心2023“数字政府类优秀创新案例”、中国信息通信研究院“2023数据要素流通标杆案例”、新京报社“2023数字政府建设创新引领案例”。江苏无锡大数据交易有限公司获评2023全球数商大会年度优秀数据交易机构（平台）奖。

【第四届江苏大数据开发与应用大赛】 8月7日，2023第四届江苏大数据开发与应用大赛在无锡市举行，无锡市连续四年承办该省级赛事。大赛设置医疗卫生、新能源、智慧交通、智慧康养4个赛道，参赛队伍2266支，

8月7日，2023第四届江苏大数据开发与应用大赛在无锡市举行

（市大数据管理局　供图）

参赛人数2318人，吸引英国、俄罗斯、澳大利亚等10个国家的海外选手，参赛队伍中国内外高校380所、企业及科研院所174家，“985”“211”高校占比60%，提交作品1000余份。

（张国辉）

智慧政务

【人社服务标准化】 2023年，市人力资源社会保障局全面梳理人社政务服务事项，在全省率先发布市级“1+3”政务事项标准化清单，涵盖市级人社政务服务事项基本清单、区（县）级人社政务服务事项基本清单、延伸乡镇（街道）级基层服务事项清单、延伸村（社区）级基层服务事项清单316项服务事项，逐一编制办事指南，为全市各类单位、个人依法合规顺畅办理人社业务提供准确指引。有效整合镇（街道）、社区、合作银行等基层资源，梳理46项下沉事项清单，建成21个“就近办”示范点、109个合作银行网点，全年下沉示范点街道窗口办件量3.2万件，下沉合作银行窗口办件量3070件，方便企业、市民就近办理。持续推动人社领域“清事项、减材料、压时限”工作，全面推进退休、就业登记等4个省定跨部门“一件事”改革任务，打造“一件事”集成服务专窗，引导企业、市民体验“一件事”办理，全年退休、就业登记等“一件事”办理17428件。市级人社“一窗式”服务大厅围绕“星窗口·心服务”品牌，优化大厅综合管理，实施服务升温行动，助力跨越“数字鸿沟”，大厅年办理业务总量近10万笔，综服窗口日均接待办事市民500余人次，年咨询服务接待超过12万人次。

（孙皓晨）

【市场监管数字化建设】 2023年，市市场监管局制定《无锡市场监管数字化提速三年行动计划（2023—2025）》，确定统一主导、多元共建、整体转变、全面赋能的数字化提速总体原则。规划到2025年，初步形成“体系化数据驾驭能力显著增强、智慧化市场监管成效显现、一体化协同指挥基本形成、数字化政务服务成效明显”的数字化提速格局。持续完善大数据中心建设，重点强化食品安全、质量基础设施等方面的数据归集能力。新增企业信用信息数据、新案件系统数据、“12315”投诉举报数据、食品安全“三本账”等数据资源。大数据中心汇集数据资源目录227项、数据项8803项，数据量2.26亿条。推进数据共享互通，“一体化综合监管平台”与省市场监管信息平台、省信用综合监管平台、市公共信用评价系统双向对接，提升数据传输质效。建设市市场监管局统一主导、全面统筹的市场监管“数字矩阵”，制定《市场监管一体化监管平台建设规范》地方标准和《市场监管数据分级分类

1月，市民在市级人力资源社会保障“一窗式”服务大厅办理业务

（市人力资源社会保障局　供图）

指南》，印发《市场监管大数据分中心建设指引》，指导开展数据分中心建设，铺设自上而下的数据通道，畅通全市市场监管数据链路。推动数字食安、无锡数字标准馆、智慧市场监管（二期）、特种设备安全监察信息化平台（三期）等重点项目建设。上线企业住所在线核验系统，为全面推开“住所登记申报承诺制”打下数字化基础。建设经营主体档案在线迁移数字化平台，实现各类经营主体迁移调档“网上办、不见面”。推动“一个门户管服务”，依托电子营业执照应用，建设法人信息服务门户，面向全市113万户经营主体提供“全景画像”自主查询、自查上报、整改反馈、在线学习、证照到期提醒、信用修复提醒，落实主体责任。

【码头吊智慧监管】 2023年，市市场监管局经调研及试点，探索码头吊“物联网+信息化”监管方式，通过技术手段提升码头吊使用本质安全水平。全市448台码头吊安装智慧监管系统，通过人员认证手段实现“持证启动”，杜绝无证驾驶行为；通过盲区AI摄像头的设置，当识别到人员进入危险区域时实时声光报警提醒，防范重大事故风险；通过驾驶数据收集、行为监控等方式，实现大数据背景下的智慧监管新模式。

【数字食安】 2023年，市市场监管局打造全省首个打通食品全链条数字底座，并在此基础上实施丰富场景的项目——“数字食安”，形成3大平台、1个评估体系、N个场景应用的“3+1+N”总体建设框架。在全省率先整合分散在不同层级、不同监管部门、企业主体的食品安全相关数据，建设食品安全大数据中心、食品安全一体化监管平台和食品安全服务平台，实现全域食品安全从农田到餐桌“监管+产业+共治”共建共享。通过建设食品一体化监管平台，整合监管应用，强化态势分析，打造多个食品安全综合治理场景应用，推进线上线下一体化服务，为决策者、监管者、生产者、经营者、消费者以及科研人员提供无忧保障。“数字食安”工作获中央改革办督查组和江苏省副省长胡广杰的批示肯定，国务院食品安全委员会办公室《食品安全简讯》作专题报道。

（束洁丹）

【一体化受理平台】 2023年，市自然资源和规划局推动不动产交易、缴税、登记及水电气联办由物理集中向信息集中转变，联合市住房城乡建设局、市税务局等部门建成“一体化受理平台”，实现综合收件、无差别受理。大厅设立多个综合窗口，登记人员将收件信息一并录入一体化受理平台，相关部门后台审核，平台实时获取交易信息、电子税票，做到信息嵌入式互通共享和实时交互，受理结束后业务推送至登记系统，全程实现“一窗办理、一表申请、一套材料”。登记机构将业务登簿后，不动产电子证照实时推送至水电气系统完成后续过户事项。

【支付方式拓展】 2023年，市自然资源和规划局开展不动产登记数字人民币应用场景建设，让市民可以使用数字人民币一次性扫码支付税款、登记费，后台自动清分入账。在线下窗口或者江苏政务服务网无锡不动产登记网上“一窗办事”平台、“灵锡”App申请办理涉税不动产登记业务时，可选择微信、支付宝、数字人民币、银行卡、云闪付等方式一次支付税款、登记费，做到服务场景全覆盖、支付方式再拓展，住宅类涉税业务全部适用一次收费模式。

【登记大厅智能服务】 2023年，市自然资源和规划局打造不动产登记智能服务大厅，运用“登记业务数据可视化智能服务系统”，窗口配备电子大屏实时显示已办业务量、高峰时段统计、窗口平均办理时间等数据，为市民办理各类业务提供数据参考。部分大厅引入智能引导机器人，实现无声叫号，开启短信叫号提醒，市民扫描号票上的二维码可实时查询叫号排队等候情况，有效改善大厅办事环境。“无锡不动产登记”公众号提供进度推送等服务，方便市民及时领证。

【“不动产登记+金融”系统直联模式】 2023年，市自然资源和规划局强化政银合作，应用技术手段推动“不动产登记+金融”业务协同，以“系统直联”方式实现电子材料直接推送和双方数据实时共享，做到贷前查询、贷款审批、申请登记、业务状态回传、电子证照查询等环节无缝衔接，贷款抵押“一件事”全流程线上办理。“不动产登记+金融”系统直联模式覆盖全市8家金融机构，实现贷前审批精准查询、贷中办理一键申请、贷后推送防控风险，通过直联方式办理业务1.9万笔。

【不动产“亮证办事”应用场景】 2月，无锡市不动产登记电子证照在公安涉房事项中全面应用，“太湖e警”公安政务服务平台可直接获取经申请人授权的不动产电子证照。不动产登记电子证照实现在贷款审批、入学报名、办水办电办气、户口迁移等场景中的应用，创新形成线下“亮码办”、线上“刷脸办”两种服务模式。7月，市自然资源和规划局、市行政审批局、市大数据管理局、市城市运行管理中心联合发文在政务服务领域全面推广不动产“亮证办事”。

（刘梦蛟）

【“一网通办”改革】 2023年，无锡市迭代升级全市“一网通办”平台，实现四级政务服务体系全覆盖。上线新版“苏服办”PC和App无锡旗舰店，新增70项便民利企移动应用接入“苏服办”移动端，全市99.53%的政务服务事项可网办。建设电子证照库，发布2023版市级电子证照目录清单和共享目录清单，全市注册电子证照438类，归集照面盖章信息479万条，累计调用电子证照 806.8 万次。开展全国一体化政务服务平台网络身份认证服务应用试点，在“个人住房证明”等应用场景开通网络身份认证功能，累计完成认证服务 1.7 万余次。推动 162 个“跨省通办”、200 个“省内通办”事项在无锡市落地。深化“互联网 + 监管”，依托一体化在线监管平台，全年汇聚各类监管数据 290.2 万条。

（刘兆萍）

智慧民生

【服务平台建设】 2023 年，“一网统管”平台核心能力不断增强，累计接入数字治理场景 12 个、市级系统 40 个、驾驶舱 11 个、板块应用系统 43 个；城市生命体征系统完成工业科技、重大产业项目等 21 张大屏建设；事件协同处置系统打通“12345”市民热线、法院执法、网格化等系统；城市之眼系统汇聚“雪亮平台”视频图像资源，每日可自动发现约 500 个各类城市治理问题，并自动推送给事件协同处置平台进行分析处置。“一网通办”平台服务范围不断拓展。新增 46 项标准应用接入“苏服办”移动端，全市 99.53% 的事项可网上办理，集成全域通办、马上办、就近办、网上办、掌上办、零材料办、秒办秒批 7 类事项 1172 项业务办理，电子证照归集数量和种类位居全省第一。推动城市大数据中心“一人一档”“一企一档”主题库建设，扩容“跨省通办”项目，与其他部门对接 689 个数据项，构建 213 个党政部门和事业单位的机构知识图谱。升级上线“无难事、悉心办”锡企服务平台，42 个项目“免申即享”，9 个项目“即申即享”，484 个“综合评审”类项目实现“减材料、减环节、减跑动”，“免申即享”事项惠及企业 7.8 万余家，兑现资金 3.98 亿元。启用“无锡数字底座能力中台·锡能汇”，发布首批建设的 8 项共性能力。城市大数据中心实现全市各部门、各板块基础社会治理数据综合采集，汇聚全市 52 个部门的 225 亿条数据，提供对外服务数据接口 264 个。“一体化协同办公系统”获国家专利，获评国家“数字技术融合创新应用优秀实践案例”。

（张国辉）

【社保卡服务功能拓展】 2023 年，市人力资源社会保障局拓展“一卡通”应用范围，实现就业创业、社会保障等一体化服务和异地就医报销应用；实现全国交通互联互通功能，可在全国 300 余个城市乘坐公交、地铁等公共交通；实现尊老金通过社保卡无感发放、新生儿一件事的应用场景；实现农民工工资入卡等农民工服务“一卡通”应用，社保卡居民服务应用场景不断丰富。全面实施即时办理模式，合作金融机构全面扩容到 16 家，合作金融机构服务网点数量 863 个，构建覆盖城乡的“社保卡 15 分钟服务圈”，全年累计发放第三代社会保障卡 171.66 万张，电子社保卡常住人口覆盖率 75.2%。

（孙皓晨）

【智慧农业】 2023 年，无锡市以“产业数字化、数字产业化”为主线，以打造农业数字经济创新发展新高地为目标，坚持规模化、设施化、智能化、融合化、绿色化发展，加快推进数字技术、数据要素全面融入农业农村各行业、各领域和各环节，被确定为江苏省农机数字化先行市、全国首个农业农村大数据四级互联试点市，惠山区、锡山区入列第二批省级数字乡村试点地区名单、惠山区获批国家数字农业创新应用基地。加快市级农业农村大数据平台建设，建成 2 个基础信息数据资源库、10 个业务信息数据资源库、1 个专题数据资源库和 1 个卫星影像资源库，打造“农业资源分析”“稳产保供监测”“业务分析管理”“数字乡村”等一批具有本土特色的应用场景。持续推进厅、市共同推进农业数字化建设整市推进试点，加强物联网、云计算、大数据、区块链、人工智能等新一代信息技术在农业生产各领域深化应用，推进农业大数据、农作物智慧管理、智能农机装备等技术装备研发集成，创建省级数字农业农村基地 4 个，建设智慧农业园区 3 个、数字农场 6 个。

（市农业农村局）

【无锡文化云平台】 2023 年，无锡公共文化服务云平台更新“云上学习”“梁溪艺谈”“艺术展览”“舞台艺

8 月 30 日，无锡市农业农村大数据平台上线仪式举行

（市农业农村局　供图）

术”等30期专栏，推出“2023无锡文化和自然遗产日主题系列活动”“第四届文化场馆月线上专栏”等33个专题，转播歌剧《二泉》、舞剧《解忧公主》等。开设线上“西水公益课堂慕课”，提供书画、音乐、非遗制作等门类30余节慕课。年内，文化云平台发布信息1075条，点击量789.74万次，累计关注用户71821人。

（周　文）

【推行远程公证服务】 2023年，市司法局制定《无锡市“推行远程公证服务”的实施方案》，强化组织实施，推动工作落实，持续增强公证法律服务的均衡性、可及性，方便企业、市民在家门口办理公证。全市建成远程公证服务点48个，覆盖全市60%以上乡镇街道，明确远程公证服务辅助人员56名，累计为企业、市民提供远程公证咨询2000余件次，办理远程公证事项500余件。

【数字赋能法律援助】 2023年，市司法局在“灵锡”App推出“智慧法务·公共法律服务电子地图”2.0版，手机端法律援助申请正式上线，通过“前端统一受理，后台分流转办”，构建入口统一、网上运转、结果反馈的法律援助“云流程”，真正实现市民申请法律援助“最多跑一次”。在全市法律援助实体窗口启用电子证照“亮证受理”，已被民政部门认定的、在册在保的低收入人口，包括最低生活保障对象、特困人员、低保边缘家庭和支出型困难家庭，在办理法律援助申请时，通过出示低收入人口电子证照，法律援助机构依法直接受理。

（田　杰）

【智慧医疗建设】 2023年，无锡市在全国卫生健康信息化发展指数排名中列地级市第六。全市取得互联网医院牌照增至17家，11家完成医保支付接入。完成互联网医院挂号47518人次，在线咨询18050人次，就诊量14888人次，处方10182人次，药品配送5706人次。建成全市医疗设备共享系统，实现市属医院131台大型医疗设备集中共享，完成设备院际共享3768台次。响应便民服务需求，7家市属医院实现医技集中预约，减少患者往返于多个医技部门；7家市属医院完成预住院管理流程改造，有效缩短平均住院日；12家医院完成低收入人口功能对接改造，对接率92.3%，为低收入人群看病就医提供便捷。上线健康导航地图，集成市属医院号源、医生、科室信息，支撑精准医疗健康服务。建立健全网络安全工作规范，落实网络安全责任制。扩大区块链技术应用范围，在电子病历数据对账、宫颈癌体检数据传输加密、医学影像数据开放鉴权和健康档案开放等业务场景实际落地，完成区块链交易78万次，助力数据安全共享与开放。

（刘星宇）

【医保移动支付服务】 2023年，无锡市全面推广医保移动支付服务，全市医保码（医保电子凭证）激活率超74.2%，医保码刷码结算实现定点医药机构全覆盖，1731家定点医药机构开通医保刷脸支付，33家定点医疗机构开通医保移动支付，全年服务33.9万余人次，115家定点医药机构开通电子处方流转服务，完成处方流转2.1万次，结算金额1.1亿元。无锡市深化医保服务数字化场景应用案例被《中国医保年鉴（2023年卷）》收录。

（俞　翔）

【“数字红会”建设】 2023年，市红十字会深化数字场景应用，率先在全省建成融“捐赠捐献、人道救助、救护培训、会员志愿者管理”等数字模块于一体的“市红十字会综合信息管理系统”，实现对捐赠人、服务对象的动态联系和精准服务。

（刘　森）

【“碳时尚”App平台】 2023年，市生态环境局持续打造“碳时尚”App纯公益平台项目，涵盖绿色出行、互动体验、大型活动“碳中和”等多项功能，平台累计参与突破120万人次，实现减碳6242吨。

（市生态环境局）

智慧治理

【数字生活新场景】 2023年，无锡市推进“低收入人口数智救助”“锡心医养”为代表的数字化公共服务，提升普惠性、基础性、兜底性服务能力。推出“锡学通”入学服务，汇聚整合户籍、社保、房产、居住证、出生证、疫苗接种等多部门数据资源，覆盖比例100%，服务全市近16.5万名学生。“停车就诊联动”由市妇幼保健院拓展至市人民医院、市二院和市中医院，预约次数超2.6万人次。“先离场后付费”停车场由38个拓展至971个，实现车辆离场平均耗时从30秒下降到2秒以内。“掌上就医”开通在线复诊、在线开具电子处方、在线支付、药品快递到家等服务，推动11家互联网医院在省内率先开通线上医保支付，数量全省领先。无锡市获评“中国领军智慧城市”“智慧城市十大样板工程”，连续2年获全球智慧城市“宜居和包容大奖”“使能技术大奖”奖项。

【智慧社区】 2023年，无锡市创新运用数字孪生技术建设“智慧社区”管理系统，减少社区重复工作量80%，“基于数字孪生的智慧社区管理系统”入选国家信息中心2023数字城市创新成果、中国信息协会2023数字城市创新成果、省“双化协同”典型案例。持续推广滨湖蠡桥社区数字孪生试点经验，形成“场景—应用—工作台”三级联动，实现城运人口库、网格化平台数据和智慧社区数据的实时互通。拓展社区智慧社会治理场景、便民服务场景，新建协商自治、医疗健康、志愿服务等功能模块，探索“互联网+群众自治”模式，形成基于社区地缘的数字化服务系统。智慧社区平台入选智慧江苏重点工程。

8 月，无锡市举办 2023 灵锡数字生活节　　（市大数据管理局　供图）

【“灵锡”App 建设】 2023 年，“灵锡”App 迭代发布至 5.0 版本，入选 2023 第二届中国云计算和大数据技术与应用大会“年度优秀实践案例”。实名注册用户超 1690 万户，日均活跃 17.6 万户，上线功能服务 1078 项，市民使用政务和公共服务超 5800 万次，数字身份（荣誉）体系、各类服务设施上图、政务“一件事”办理入口等民生项目持续推进，政务、生活“一体两面”服务功能日益丰富。先后上线“灵锡”电视版、“灵锡”社区食堂地图，2 个项目被纳入市“微幸福”民生工程。“‘灵锡’城市服务 App”入围 2023 第二届中国云计算和大数据技术与应用大会“年度优秀实践案例”。

（张国辉）

【国土空间规划智能化审查系统】 2023 年，无锡市国土空间规划“一张图”实施监督信息系统，按照“共建、共用、互联、共享”原则，统筹各级各类国土空间现状及规划数据，提升国土空间规划的数字化、智能化水平，以不同场景构建国土空间智能审查规则，推动实现国土空间规划方案智能化审查。结合国土空间规划审查与管理要求，对规划成果与相关材料、审查意见等建立审查任务、规划成果，有效提升规划成果管理效率。

【智能空间检测】 2023 年，市自然资源规划局提高对规划实施项目审核的精准性、规范性，开设“一键检测”平台功能，设立“国土空间现状分析”“合规性分析”“传导要素分析”3 大类、26 项检测指标，涉及相关空间检测图层 54 个，逐项制定检测规则，统一审核标准，明确各项检测指标对应的空间图层和图层时效要求，确保“智能空间检测”工具科学性和现势性。

【城市设计三维审查】 2023 年，市自然资源规划局结合地块城市设计项目，以市重点地区城市设计引导图为基础，对主城区重点发展地段与主要城市干道沿线区域，进行现状精细模型场景建设。在城市设计审查中，将地块城市设计方案置于实景三维环境中进行模拟展示，综合考量设计方案与现实场景的协调性。通过对建筑控高、退线、贴线率等分析，审查城市设计三维符合性，从而获取最优方案，并在移动端向公众发布展示，提升管理效能和公信力。

（刘梦蛟）

编辑　胡　慧

综　述

【发展质效】 2023年，无锡市71家总部企业实现销售收入3228亿元，户均45亿元，实现纳税额60亿元，户均0.85亿元。入围“2023中国企业500强”“中国民营企业500强”“中国制造业企业500强”“中国服务业企业500强”的分别有6家、10家、10家、2家总部企业。

【规模与机构】 2023年，无锡市71家总部企业按照产业领域分类，先进制造业41家，现代服务业30家，形成六大重点产业总部集群，包括强茂电子(无锡)有限公司、无锡先导智能装备股份有限公司等企业在内的集成电路总部集群，包括无锡威孚高科技集团股份有限公司、博尔豪夫(中国)紧固件有限公司等企业在内的汽车及零部件总部集群，包括江南模塑科技股份有限公司、中科微至科技股份有限公司等企业在内的高端装备总部集群，包括无锡药明康德新药开发股份有限公司、上药控股江苏股份有限公司等企业在内的生物医药总部集群，包括朗新科技集团股份有限公司、易视腾科技股份有限公司等企业在内的信息服务总部集群，包括海澜之家集团股份有限公司、江苏云蝠服饰股份有限公司等企业在内的高端纺织服装总部集群。按照企业性质分类，外资企业35家，内资企业36家；按照总部类型分类，综合型总部51家，功能型总部20家；按照板块分布分类，江阴市12家，宜兴市6家，梁溪区4家，锡山区15家，惠山区2家，滨湖区7家，新吴区24家，经开区1家。至年末，全市累计50家外资企业被认定为省级跨国公司地区总部企业和功能性机构，其中省级跨国公司地区总部30家、省级跨国公司功能性机构20家。

（陈景芹　刘孔水）

总部企业

【政策方案】 2023年，无锡市立足顶层设计，明确发展新路线。为发展更高能级的总部经济，制定总部经济高质量发展年度工作要点，下达目标任务，通过加强目标总部企业储备、开展头部企业精准招商、支持本地企业做大做强等措施，进一步完善总部经济发展的政策体系和服务环境，实现总部企业数量稳步增加、结构持续优化。为鼓励外资企业在无锡总部化基地化发展，进一步提高全市利用外资质量和水平，制定《无锡市推进外资企业总部化基地化发展三年行动计划(2023—2025年)》，引导鼓励外资企业充分发挥资本和技术优势，围绕“465”现代产业集群加大投资，实现规模做大、产业链延伸、能级提升。各地区落实市级政策文件，结合实际谋划本地总部经济发展，梁溪区制定《加快推进总部经济高质量发展三年行动计划(2023—2025年)》，实施总部企业引育壮大、集聚发展、营商环境优化三大行动；滨湖区优化升级《加快建设太湖湾科创带引领区的政策意见2.0版》，支持总部经济项目引育，重点在项目落户、固定资产投资、经济社会贡献等方面给予政策扶持。

【总部企业提升】 2023年，无锡市发挥众多跨国公司生产制造基地的优势，推进制造企业工厂总部化进程，引导推动有潜力的制造企业向产业链、价值链两端延伸，引入更高技术含量的产能、更先进的管理运营模式、更高附加值的业态和更多中高端人才，在全市形成区域性营运管理中心、研发创新中心、销售中心、结算中心、物流中心等。在市级外资总部企业培育库的基础上，不断挖掘更新，挑选潜力大、成长性好的企业进入省级跨国公司地区总部和功能性机构培育库。根据省商务厅公布的第14批江苏省跨国公司地区总部和功能性机构名单，鲍迪克(无锡)技术有限公司、佛吉亚(无锡)座椅部件有限公司分别被新认定为江苏省跨国公司地区总部、功能性机构。无锡药明生物技术股份有限公司入围2023年省级平台型数字贸易龙头企业，弘元绿色能源股份有限公司入围中国制造业企业500强，远景能源有限公司入选2023年度国家级绿色供应链管理企业名单，江苏长电科技股份有限公司、江阴天江药业有限公司入围2023年度国家智能制造优秀场景。

【项目招引】 2023年，无锡市引导全市加大对总部型项目的招商开拓，举办金秋招商月、2023无锡(深圳)投资推介会等系列活动，强化总部型项目招引。江阴市引进锡纯半导体材料及高端装备总部基地、盛合晶微总部、中

10月24日，瑞士安姆科"三总部三基地"项目举行开工仪式

（江阴临港经济开发区　供图）

澄房产交易平台总部、数智化生产研发及地区总部、慧居科技总部及研发中心、英国金顶资本中国总部、立帆数字化综合服务平台总部、采纳医疗器械总部等一批总部型项目，总投资2亿美元的瑞士安姆科"三总部三基地"项目分2年实施，亚太研发总部投用，其他事业部、生产基地按计划建设。宜兴市签约由灵谷化工集团投资117亿元的新型煤化工绿色新材料一体化循环产业链示范项目、总投资50亿元的先进封装测试项目、总投资50亿元的高性能锂离子电池聚酰亚胺隔膜项目、总投资40亿元的盛泰光科半导体先进封装项目等。梁溪区招引快仓智能机器人、迈瑞康检生物基地等。锡山区落户总投资33亿元的平川速购中心总部项目、总投资10亿元的贵金属交易中心总部大楼、总投资1.5亿美元的德纳亚太区车辆核心系统和部件研发及制造等总部型项目，南国控股总部大楼主楼封顶，计划2024年投用，范德威尔总部项目、兰聚科技总部项目、农商行总部大楼等有序推进建设。惠山区签约果下科技智慧储能总部项目、东方鸿鹄（江苏）科技有限公司总部、尚诚集团平台总部等项目。滨湖区签约乌节国际集团科技文旅总部、中科西王特钢苏南总部、领健医疗信息技术服务平台及研发生产基地总部等一批总部型项目，健适医疗无锡创新总部启用，弘元绿能集团总部大楼项目启动建设，采木网平台总部落户。新吴区招引比利时AQIO GROUP集团中国区总部、德国Sensitec中国总部项目、卓品智能科技总部、奕拓医药总部、钠远新材新能源总部等国内外总部型项目。经开区签约落地总投资50亿元的国电投新型钠离子电池及储能项目、总投资1.4亿美元的小度科技IoT总部项目、智联招聘全球第二总部等总部型项目。

【惠企服务】 2023年，无锡市持续发挥重大项目用地审批专班作用，开展超前服务、上门服务、容缺服务、定制服务，先后保障耐思生物全球总部、江苏伟博科技研发中心及总部基地等重点项目建设，推进总部型项目顺利落地、加快见效。打造惠企服务总入口，推动"锡企服务平台"6月上线运行，归集各级各类惠企政策3958条，建立政策标签和企业标签体系，精准触达市场主体125.6万余次。提升金融精准服务支持，依托"金融会客厅"，对有发展意愿的上市公司实行"一对一"分类指导，构建"政府、企业、金融机构"三方对接机制，建立上市公司高质量发展服务专班，为上市公司链接更多金融要素、嫁接优质金融资源，助推产业升级、市值做大。不断提升贸易便利化水平，制定"关长送政策上门"实施方案，围绕"手册、政策、测评"3个方面构建政策"送、用、评"全周期、全链条工作闭环，获得海关高级认证总部企业15家，无锡药明生物技术股份有限公司等3家公司9项物品作为无锡市首批企业及物品上报推荐生物药企研发用药进口"白名单"。开展人才引培服务，做好总部企业高层次人才分类认定工作，为在无锡总部企业人才提供生活补贴、子女教育、医疗保障、培训提升等服务保障。优化出入境便利，推出"优先办、加急办、专场办"服务举措，对全市重点外资总部企业、海外高层次人才有在无锡市办理外国人签证证件需求的，优先受理申请，加快审批流程，开设签证证件办理专场，开设专场9次，办理外国人签证证件8448份，提供加急服务71次。

（陈景芹）

总部经济集聚区

【江阴高新区】 2023年，江阴国家高新技术产业开发区持续营造市场化、法治化、国际化的世界一流营商环境，不断完善总部经济鼓励政策体系，推动高水平对外开放。至年末，累计有贝卡尔特（中国）技术研发有限公司、见龙投资有限公司、瀚宇博德科技（江阴）有限公司、江阴兴澄特种钢铁有限公司、江阴天江药业有限公司、见龙国际贸易有限公司、江阴信邦电子有限公司7家经省商务厅认定的跨国公司地区总部（功能性机构），无锡总部或研发总部6家，成为江阴总部经济集聚地、示范区，7家省级总部企业开票513亿元。企业创新意识和能力持续增强，品牌知名度持续提升。中信泰富特钢江阴工厂建成全球特钢行业首家"灯塔工厂"；江阴兴澄特种钢铁有限公司入选2023江苏省优秀企业、百强企业；中国贝卡尔特钢帘线有限公司入选国家级绿色工厂。聚力招引一批集聚性强、带动性强、辐射力强的总部经济项目，投资项目从生产项目逐渐向研发、销售等总部经济项目拓展延伸。作为高新区开放型经济的先行者，贝卡尔特（中国）技术研发有限公司自落户江阴市以来，持续发展壮大，建成在国内投资最大、功能最全的总部型基地，不断开拓新兴市场，年内，总投资3000万美元的AC精细帘线项目落户江阴国家高新技术产业开发区。盛合晶微半导体（江阴）有限公司在江阴国家高新技术产业开发区投资设立盛合晶微中国总部，总投资3000万美元，新建总部大楼，在江阴市打造全球领先的中段硅片制造总部基地。根据中粮集团战略要求，中粮贸易沿江大区总部落户江阴国家高新技术产业开发区，沿江大区是中粮贸易“四大区一平台”的重要战略节点，经营区域覆盖11个省市，沿江大区下属20家法人单位注册资金32.8亿元，总资产约74亿元。中粮贸易沿江大区成立以来，各项指标逐年增长，开票53.73亿元，纳税1.02亿元。

【锡东新城商务区】 2023年，锡东新城商务区立足新城产业定位、资源优势、区位条件，发展先进制造业、现代服务业、战略性新兴产业等领域的总部经济。总投资10亿元的贵金属交易中心总部完成签约及土地出让工作；总投资10亿元的锡东智能车联产业园完成工业用地评审工作，拿地并开工建设；总投资10亿元的中电智造谷完成挂牌出让。锡东新城商务区有区级及以上总部企业7家，其中，电动车总部企业3家，开票404.6亿元，比上年增长1.5%；服务业总部3家，开票14.4亿元，比上年增长1%。有创融大厦、信达大厦、红豆财富广场、金控大厦、新日总部大厦等在内的商务楼宇10余栋，新落地总部楼宇无锡银行大楼土方施工中，总部经济集聚发展成果明显。至年末，商务区有楼宇载体142.3万平方米，注册企业超1200家，在建新增载体楼宇68万平方米。

锡东新城商务区（2023年）　　（市发展改革委　供图）

【无锡高新区】 2023年，无锡国家高新技术产业开发区持续推进总部经济高质量发展，继续构建完善省、市、区三级总部经济体系。扩大总部经济规模，注重总部经济板块高端扩容，申报省商务厅跨国公司总部5家，获批2家，累计获批省级总部经济企业23家，全市占比40%以上。市级总部经济企业累计24家，占全市比重34%。在近300家初评区级总部经济企业基础上进行复核，最终认定区级总部经济企业227家，区级总部经济企业板块以占全区纳税主体0.27%的企业数量比例，缴纳超60%的财税收入。加大总部项目引培，工厂总部化持续推进，完成40家企业的工厂总部化。强化双招双引，比利时AQIO GROUP集团中国区总部、卓品智能科技总部、奕拓医药总部等国内外龙头总部项目落户无锡高新区（新吴区），新增各层级总部概念项目40个，2020年至2023年累计新引进各层级总部概念项目157个。促进总部经济集聚发展，推动阿斯利康制药有限公司、SK海力士半导体（中国）有限公司、中电海康集团有限公司、无锡先导智能装备股份有限公司、朗新科技集团股份有限公司、无锡特康精密科技有限公司等行业领军企业为主体建设“龙头生态产业园”，在用地、资金、人才等方面优先保障，全力支持龙头企业投资、培育、招引生态链相关企业，打造细分行业创新生态圈。优化总部经济发展环境，紧抓苏南国家自主创新示范区、太湖湾科技创新带建设两大机遇，发布《关于实施创新驱动建设一流高科技园区的若干政策意见》，打造1000亿元总规模创投基金，提供1000亿元新兴产业专项贷款优惠扶持。

（陈景芹）

编辑　胡　慧

枢纽经济

综　述

【提质增效】 2023年，无锡市按照“枢纽+通道+网络+服务+产业”的整体布局，开展“区域枢纽强基扩容、运输通道提档升级、联运网络广覆深达、服务体系创新赋能、临港产业集优增势”五大行动，推进“双联双提”工程暨运输结构调整示范市创建工作。无锡硕放机场改扩建工程全面开工，推进“四路共建”“六航齐治”工程。深化运输结构调整示范城市创建工作，运输结构调整呈现新面貌，水运“大进大出”基本盘稳固，铁路“优进优出”供应链增强，航空“快进快出”增长形成“一港双核、区域联动”发展格局。现代物流服务推出“枢纽+”“物流+”等新业态新模式，推动现代物流向价值链发展。无锡西站获批生产服务型国家物流枢纽和省级多式联运示范工程。完成铁路货运发送量177万吨，比上年增长18.8%。中欧接续班列发送50.5列，发送货物4138标准箱。完成始发笼车国际联运班列2列、国内笼车班列1列。无锡（江阴）港完成货物吞吐量3.78亿吨，比上年增长7.79%；集装箱吞吐量完成57万标准箱，比上年增长7.55%；全市内河集装箱完成集装箱吞吐量9.45万标准箱，比上年增长50%。海铁联运集装箱发送量完成4.33万标准箱，比上年增长25.5%，增速居全省第一位。无锡硕放机场完成货邮吞吐量12.56万吨，比上年增长28.1%，增速排名全省第二，其中国际快件、跨境电商业务实现跨越式发展，保障货量超5000吨，国际快件量全省口岸第一。

（吴小芹）

江阴港（2023年）　　（市综合交通运输学会　供图）

【重大交通项目】 2023年，无锡市加速推进重大交通项目。江阴靖江长江隧道南接线全面开工；锡太高速主体工程施工图完成审查待批；锡宜高速扩建工程开工；沪武高速扩建江阴段在全线各地市中率先完成用地报批组卷。锡北线完成竣工验收；锡澄运河市区段黄石大桥建成；锡溧漕河航道疏浚及局部护岸项目通过交工验收；申张线纺织大桥提前2个月验收通车；京杭运河无锡段绿色现代航运综合整治工程竣工验收，建成智慧运河无锡港航运行中心。无锡（江阴）港外贸进口铁矿石码头扩能改造项目入选全国首批交通强国港口专项试点。京杭运河惠山段绿色航运一期工程获国家开发银行首批授信22.8亿元。无锡硕放机场改扩建工程（东部货运区项目）开工，机场快速脱离道工程建成投用，国际邮件互换局（交换站）主体结构封顶，完成航油库项目可行性研究，DHL快递口岸建成运营。

【运输结构转型】 2023年，无锡市推动运输结构转型升级。加速海铁联运新业态发展，首创国产新能源汽车“一箱制”出口新模式，开通无锡西站—上海港—欧洲的海铁联运新能源商品车运输业务，推进铁路笼车“海铁联运”落地。新开波兰马拉方向班列，实现中欧班列重载回程班列运行。无锡西站物流园区获批生产服务型国家物流枢纽和省级多式联运示范工程，落成中欧班列海关监管所，通过无锡海关核验，实现海关手续“一站式”办结。创建城市绿货配送“无锡样板”，解决“通行难、停靠难、装卸难”问题，建设市区配送中心6个，推行邮件上地铁、热链配送等先进模式，形成示范举措3项、个性化特色指标2项。推动无人驾驶、无人仓储、无人配送等智能化场景应用与城市绿配融合发展，建设配送信息平台，构建可视化城市货运配送热力图。举办“一带一路”国际合作论坛“班列＋经贸”分论坛活动，论坛期间，达成重要合作成果5项，中哈物流基地、上合组织国际物流园2个共建共享中心挂牌成立。举办首届“双联双提”物流供应链对接会，签约重大项目14个，搭建物流要素资源精准对接平台，举办多轮推介会和产品发布沙龙活动，与全市60余家重点外贸企业建立合作。制定区域骨干路网建设提升三年行动计划，制定“水运无锡”建设实施方案和三年行动计划，无锡内河港总体规划修编方案启动报批，完成无锡(江阴)港总体规划修编方案，完成无锡硕放机场总体规划修编方案报审批。

(吴小芹　黄　彦)

无锡硕放机场(2023年)　　(市综合交通运输学会　供图)

产业发展

【航空】 2023年，无锡市民航事业持续发展，无锡硕放机场连续实现第20个安全飞行年。旅客吞吐量879.9万人次，比上年增长133.4%，创历史新高。货邮吞吐量12.56万吨，比上年增长28.1%，增速排名全省第二。其中国际货运量1.3万吨，国际快件量全省口岸第一。航班起降7.2万架次，比上年增长90.3%，日均航班量196架次，平均客座率76.1%，平均载运率68.3%。货运航线运行92条，平均单月航班量和客流量超2019年同期，恢复率居国内200万～1000万量级机场第一。至年末，无锡苏南国际机场集团有限公司固定资产原值27.08亿元，净值16.43亿元，业务总收入5.66亿元，实现利润500万元，缴纳税费3116.13万元。无锡硕放机场驻场飞机29架。客货运通航城市70个，其中国内通航城市60个、国际通航城市10个。加密无锡至深圳、沈阳、成都、哈尔滨、大连、太原、日本大阪等城市和地区的航班，恢复无锡至泉州、日本东京、日本大阪、韩国首尔、越南芽庄、新加坡等7条客运航线，全年恢复到每周65航班，恢复至2019年水平的75%，恢复水平位居全省前列。国际货运航线稳定运行欧洲航线、新开韩国首尔(仁川)航线，实现国际航空货运每周“3+3”班运行。协助集成电路企业和生物医药企业原材料进口，助力周边企业轻工业和电子产品“出海”；保障青海省海东市灾区救援物资运送；完成20余次活体器官快速运送、百余架次公务机等航空运输保障任务。加快提升航空口岸能级，无锡硕放机场改扩建工程开工，机场快速脱离道工程建成投用，国际邮件互换局主体结构封顶，航油库项目完成项目可研，DHL快递口岸建成运营。无锡丁蜀机场引进8家通航企业，推进低空经济产业园开发及机场二期跑道扩建工程，打造研发、服务、消费三大平台，全年接待各类游客超1.5万人次。

无锡硕放机场有中国东方航空江苏有限公司无锡分公司、深圳航空有限责任公司无锡分公司、苏南瑞丽航空有限公司、顺丰航空有限公司等18家国内航空公司，捷星亚洲航空、阿特拉斯航空、敦豪航空、越南航空、越南越捷航空5家外籍航空公司。无锡丁蜀通用机场完成通用航空生产作业飞行1150小时，起落6539架次，驻场航空器11架。亚捷通用航空无锡有限公司完成通用航空生产作业飞行7587.9小时，比上年增长46.4%，起落9965架次，比上年增长47.3%。无锡硕放机场获评二星级“双碳机场”；入选中国民航服务测评机构CAPSE颁布的第九届CAPSE航空服务奖获奖名单，获评吞吐量200万～1000万级2022年度最佳机场。

(杨　华　顾江枫)

【铁路】 2023年，中国铁路上海局集团有限公司无锡站主动承接服务长三角一体化发展、长江经济带发展、共建“一带一路”等项目，推进安全基础建设三年行动和重大事故隐患排查整治，健全内外部预警会商和应急联动机制，经受住多轮台风、强降雨和降雪极寒恶劣天气考验，常态化开展检查整治和重点时期督导，顺利实现安全年。客运增运增收，货运做好“后厂”服务保障，全年车站办理到发旅客4247.43万人次，较2019年恢复91.36%；沪宁沿江高铁顺利开通，江阴站运营良好，单日客发最高突破1万人。货物发送完成177万吨，比上年增长18.83%；运输总收入完成24.52亿元，较2019年恢复94.82%。无锡国际铁路物流中心在无锡西站物流园区落成，直属站管内全年开行各类中欧接续班列逾50列，笼车国际联运班列等铁路外贸新通道为畅通地方经济双循环助力。配合无锡站南广场城市更新项目建设，牵头站区各家铁路单位完成办公场所以及单身宿舍搬迁过渡工作，实施南广场进出站口封闭，完成无锡火车站客站验检合一，保障旅客进出站顺畅有序。年内完成杭州第19届亚运会、第六届中国国际进口博览会运输服务和安全保障。

（魏　玉）

【公路】 2023年，无锡公路建设完成投资226.06亿元。全市公路客运量6276.41万人次，客运周转量34.49亿人千米；货运量2.12亿吨，货运周转量207.51亿吨千米。至年末，无锡市域内公路总里程7646.9千米。其中，高速公路325.7千米，一级公路1264.1千米，二级公路1860.74千米，三级公路1533.44千米，四级公路2662.92千米。公路密度每百平方千米167.88千米。加速推进“四路共建”项目，江阴靖江长江隧道南接线全面开工，推进路基、桥梁上下部结构等施工；锡太高速主体工程及惠山新城隧道段施工图完成审查待批，推进隧道段先行开工；锡宜高速扩建工程全线开工，先导段全面开展道路软基处理及桥梁下部结构施工；沪武高速扩建江阴段在全线各地市中首个完成用地报批组卷，江阴先导段全面开展道路软基处理、桥梁下部结构及上部结构现浇箱梁施工。国省干线“内畅外联”，推进341省道无锡马山至宜兴周铁段工程；竺山湖隧道全线贯通，隧道全长7.81千米；312国道快速化改造工程提速；锡虞立交至通江大道段改扩建工程建成通车；推进飞凤路至金城东路段改扩建工程，全线进行钢箱梁安装、隧道和路基路面施工；261省道无锡南段改扩建工程主体贯通；新改建农路64.4千米、农桥12座，创建“美丽农村路”80千米、安全精品线路5条。完善路网管理和桥梁检测，新建路网监测设施16处，建成346国道长济桥等普通国省道桥梁结构健康监测系统28座，建设农村公路桥梁健康监测系统3座。推进“科技兴安”示范路创建，首条“科技兴安”示范路229省道江阴海港大道段通过验收。推动道路客运转型，发展小微智能车站，打造“城市客厅”，实现汽车客运站多点布局，构建“1+N”配客站点网络体系，打造功能复合的服务节点，实现信息化调度服务，相关做法入选交通运输部客运转型发展典型案例。无锡客运集团有限公司跻身“2022年度江苏交通运输企业25强”，在2023年度中国道路运输百强诚信百强企业榜单中列第29位。无锡养排中心获评第一届全国高速公路优秀救援团队、第一届全国高速公路救援十大杰出团队。

（吴小芹　付春霞　惠　勤　张　磊）

【航运】 2023年，无锡航道建设完成投资2.68亿元。完成水路客运量423.5万人次，水路客运周转量2044.13万人千米；水路货物运输量3797.6万吨，水路货物周转量447.05亿吨千米。至年末，无锡航道总里程1577.97千米，达到等级航道里程481.09千米，其中三级航道103.68千米、四级航道61.44千米、五级航道95.79千米、六级航道90.57千米、七级航道129.61千米。等级航道密度每百平方千米10.4千米，处全省领先水平。加速推进干线航道“六航齐治”，锡北线航道整治工程通过竣工验收；锡澄运河市区段完成总工程量的95%，黄石大桥建成通车，涉铁段航道工程进场施工；锡溧漕河航道疏浚及局部护岸项目通过交工验收，迎宾大桥、归美桥等6座桥梁改建同步推进；申张线纺织大桥提前2个月完工验收并通车，剩余航道工程开工建设；京杭运河无锡段绿色现代航运综合整治工程航道护岸提升、水上服务区综合提升等4个项目工程通过验收，建成智慧运河无锡港航运行中心；完成芜申线宜兴段航道整治工可初步调整报告。江阴船闸放行各类船舶19.18万艘（集装箱船舶558艘次），船舶通过量8712万总吨、货物通过量8499万吨，均创历史新高，减免过闸费1836.92万元。加快“水运强市”建设，推动“水运网”升级提档，聚焦主干航道“二级新增、三级倍增、四航攻坚”，实施“234”工程和通港达园内河运输专支线航道，制定市级水运高质量发展行动方案及三年行动计划。锡澄运河、锡溧漕河、芜申运河作为二级航道纳入省干线航道网规划。六庄桥项目创建为市级平安百年品质工程示范项目，江苏省公路水运工程平安工地建设获评省级“示范工地”，锡澄运河江阴北段航道工程获评江苏交通优质工程，新夏港船闸工程获评2022—2023年度国家优质工程奖。

（吴小芹　费　悦）

【港口】 2023年，全市完成港口货物吞吐量45979.6万吨，比上年增长8.2%；集装箱吞吐量66.45万标准箱，比上年增长12%；内河集装箱吞吐量9.45万标准箱，比上年增长50%，增速在全省名列前茅。无锡港口重点项目完成投资8亿元。新增泊位66个、货物通过能力4650万吨、集装箱吞吐量20万标准箱。加快推进石利港区扬子嘉盛液化天然气码头、长山港区兴澄特钢码头等重点项目。申夏港区3号码头内港池完成竣工验收，新增每年8万～10万标

2023年，中信中煤江阴码头有限公司获评江苏省五星级绿色港口。图为中信中煤江阴码头有限公司 （市综合交通运输学会 供图）

准箱作业能力，恢复8类、9类危险货物集装箱作业资质，推进联合物流件杂货码头二期工程申报建设，探索园区贸易及供应链金融，推进疏浚砂综合利用，加快LNG集散基地、长江集团期货交割运营中心建设。加速智慧港口建设，完成江阴智慧港口公共服务平台项目一期建设。实施交通强国专项试点，外贸进口铁矿石码头扩能改造项目入选港口功能优化提升交通强国国家级试点，项目聚焦码头等级提升、装卸工艺专业化改造，实施港口集团5号、6号码头改扩建工程，提升港口发展能级，实现智慧绿色发展。宜兴港集装箱码头二期扩建工程建成投用，新增千吨级集装箱泊位2个，年吞吐量从2.5万标准箱扩展至7.5万标准箱，首艘64TEU公共驳船投运，船边直提、抵港直装、水陆联运“散改集”等创新模式快速发展。开通“宜兴—上海宜东码头”“宜兴—上海外高桥港”2条精品航线和“宜兴港—江阴港”“宜兴港—无锡港”集装箱班轮，宜兴港全年集装箱吞吐量4万标准箱，比上年增长超70%，提前2年完成既定目标。无锡市在全省率先制定市级港口岸线集约高效利用综合评价方案、有资金扶持的市级绿色港口评价实施方案、港口企业三年滚动培养计划、港口经营“红黄灰榜”信用分级监管制度，在全省试点建设绿色港口监管信息化平台、编制《江苏省件杂货码头智慧化建设技术指南》。新增全国四星级绿色港口1家、省级绿色港口8家，数量质效全省领先，实现全市内河省级绿色港口零的突破。江阴港获评全国四星级绿色港口。

年内，无锡港务公司完成营业收入1627.8万元，操作量62.8万吨，吞吐量45.5万吨。港务公司科学调整场地货位，确保货物堆放质量和效率，铁路货运到车1310车。

（朱怡洁 费 悦 刘晓炎）

【物流】 2023年，无锡市物流发展保持稳中有进态势，全市货物运输总量25219.86万吨，比上年增长18.8%，其中，铁路货运量177万吨，比上年增长19%；公路货运量21238万吨，比上年增长21.8%；航空货邮吞吐量12.56万吨，比上年增长28.1%；港口吞吐量45979.6万吨，比上年增长8.2%；集装箱吞吐量66.5万标准箱，比上年增长12%；快递业务量81818.34万件，比上年下降14.89%；快递业务收入103.67亿元，比上年下降4.12%。

（谢路遥）

项目建设

航空项目

【无锡丁蜀机场】 2023年，无锡丁蜀机场引进北京乐享通用航空有限公司、朝阳通用航空有限公司、翱坤飞测通用航空（江苏）有限公司、红牛华彬集团等8家通航企业，驻场各型号飞机13架。无锡丁蜀机场被确定为无锡市唯一综合性A类通用机场、江苏省10个区域级通航机场之一。3月4日，无锡丁蜀机场开辟宜兴—射阳转场航线，航线全长约300千米，较以往在两地驾车通行，航线开通后可缩短2小时通行时间。4月10日，无锡丁蜀机场开设2023年首期全国固定翼警用无人机培训班。无锡丁蜀机场航空时尚运动场景入选2023年江苏省体育消费场景典型案例。

（沈 璞）

【无锡硕放机场工程项目】 1月27日，苏南硕放机场改扩建项目、无锡国际邮件互换局项目开工和DHL快递无锡口岸投运在无锡硕放机场举行现场会。无锡硕放机场改扩建工程项目总投资约35亿元，主要包括飞行区工程、货运站工程、供油工程等，计划在2024年前完成主体工程、2025年竣工投用，项目建成后可有效提升无锡硕放机场容量和保障能力。无锡国际邮件互换局项目，建成后将发挥国际邮件互换局兼交换站、跨境电商、商业快件“三关合一”监管功能，承接长三角区域外特快专递出口和无锡邮区快递包裹出口业务，一期建筑面积约66200平方米，总投资约4.5亿元。项目建成后，将优化完善无锡市跨境电商关、检、税、汇等综合监管机制，提高国际邮件的出入境通关速度、邮件处理及传递时效，达到一次申报、一次查验、一次放行，实现国际邮件在本地直通关。位于无锡硕放机场国际空港物流中心的DHL快递无锡口岸，一期项目正式投运，建有先进的自动分拣设备；二期项目将新建超级口岸作业仓库，通达无锡市与全球主要贸易目的国家的航空货运网络，提升无锡航空口岸能级。4月3—4日，无锡硕放机场飞行区改扩建及附属工程通过民航华东地区管理局的民航行业验收。行业验收项目包括3条快速出口滑行道、1条预留道口及6个机位工程，具体包括土石方及地基处理、道面、排水、目视助航、消防、机坪监控等工程。项目投用后将提升跑道利用效率20%以上，6个机位投用将缓解停机坪紧张情况，满足机场航空业务量持续增长的需要。

（顾江枫　浦　珏）

1月27日，苏南硕放机场改扩建项目、无锡国际邮件互换局项目开工和DHL快递无锡口岸投运在无锡硕放机场举行现场会　　（赵丹于　摄）

【苏州至无锡硕放机场定制快线】 5月6日，苏州至无锡硕放机场定制快线开通运行仪式在无锡硕放机场举行。定制快线由苏州汽车客运集团有限公司、无锡客运有限公司、无锡硕放机场合作开设，在原有苏州火车站北广场线路的基础上，新增开南北2条线路，其中南线每天12班次，北线每天11班次；无锡硕放机场前往苏州方向的巴士每日42班次。机场定制快线将苏州方向南北线路运营时间延长，运营时间由每日20时延长至次日1时。

（顾江枫）

【客货运航线】 2月12日，深圳航空A330宽体客机“深圳—无锡”航线成功首航。执飞的空客A330-300宽体机采取两级客舱布局，可以搭载307名乘客，腹舱货运运力可达15吨，是常规客机的5倍，利用宽体机的座位和腹舱容量，提升无锡硕放机场运营效率和保障水平。8月15日，无锡至鄂州往返定期货运航线正式开通，15.5吨快件类货物搭乘顺丰航空波音757全货机从无锡硕放机场直飞湖北鄂州花湖机场，经中转后飞往厦门市、西安市、重庆市、郑州市等地。

（杨　华）

【首条国际全货运航线】 7月17日，无锡首家本土货运航司苏南国际货航的首条国际全货运航线——无锡至仁川正式开通。该航线采用波音737-300F机型执飞，按照一周4班频次执行航班，后期计划加密到每周6班。航班最大可用业载14吨，可提供普货、快递、生鲜、特种货物、危险品等包机、包舱、包板、散舱货运服务。

【无锡硕放机场苏州高新区城市候机楼揭牌】 5月17日，无锡硕放机场苏州高新区城市候机楼揭牌运营。该候机楼能办理所有从无锡硕放机场出行的航班值机手续，设有2台自助值机设备，配套提供贵宾休息、定制专车等服务，乘坐定制专线从苏州高新区至无锡硕放机场约30分钟。

【无锡苏南国际机场集团子公司成立】 8月13日，无锡苏南国际机场集团下属航空建设有限公司、航空服务有限公司和航港置业有限公司3家子公司举行成立揭牌仪式。航空建设有限公司以建筑工程全周期管理为主营业务，航空服务有限公司聚焦打造延伸和增值类航空服务产品，航港置业有限公司集地块开发、酒店服务、物业管理、商业运营等功能于一体。

【无锡新加坡航空产业交流促进会】 12月28日，无锡新加坡航空产业交流促进会在无锡市举行。交流促进会上，举行新加坡捷星亚洲航空公司驻长三角代表处揭牌仪式，无锡硕放机场与捷星亚洲航空合作，加大航班航线开发，加快航空市场布局；无锡硕放机场T3航站楼及GTC综合交通中心概念设计方案启动全球征集，方案计划新建T3航站楼设计规模25万平方米，可满足旅客吞吐量2500万人次，GTC综合交通中心将完善无锡硕放机场交通设施，加快长三角地区互联互通、空铁联运提供助力；无锡苏南国际机场集团有限公司、无锡市文化旅游发展集团有限公司、新加坡优佳旅游上市公司签订城市旅游三方合作框架协议，围绕推动两地城市旅游建设与发展，建立战略合作关系；无锡飞扬国际旅行社、新加坡星和旅游公司签订旅游服务互助合作协议；无锡苏南国际机场集团有限公司与新加坡樟宜机场签订机场管理高端人才合作交流协议和无锡硕放机场商业合资项目主要条款清单。

（顾江枫）

【低空领域经济发展论坛】 12月14日，低空领域经济发展论坛在无锡市举办。论坛由市交通运输局、市综合交通运输学会、市交通运输协会承办，市交通产业集团、市综合交通运输学会民航专业委员会、市无人机协会协办，30余家单位参加。论坛以“研讨低空经济，共谋锡城未来”为主题，通过专家主题演讲和高端对话，全面分析低空领域发展的趋势，解读无人驾驶航空器飞行法规，推动低空经济在无锡市的快速发展。

（吴小芹）

铁路项目

【沪宁沿江高铁江阴站】 9月28日，沪宁沿江高铁江阴站正式开通运营。江阴站作为南沿江高铁沿线新建体量最大的车站，为高架式站房，采用上进下出的旅客流线，站房主体建筑以“江尾海头、巨轮启航”为设计理念，总建筑面积99202平方米，站场规模为4台10线，站场占地面积4.2万平方米。

【无锡国际铁路物流中心】 9月28日，无锡国际铁路物流中心在无锡西站物流园区落成。物流中心建成后，铁路货场规模扩大至原先3倍，实现通关货物“零等待”。首发列车为一列挂满29节车厢的笼车国际联运班列，经霍尔果斯口岸出境，最终抵达哈萨克斯坦只需15天，是无锡市首次通过笼车运输商品车全程出境，标志着苏南新增一条运量大、安全稳定性高、前景广阔的外贸新通道。

【客运车站实施“验检合一”】 12月26日起，无锡站取消实名制验证口正式实施“验检合一”。“验检合一”是指旅客持购票时的有效身份证件只需进行一次检验工作即可乘车。通过实施“验检合一”，旅客可在检票处通过人脸识别和身份证验证同步实施人、证、票核验。“验检合一”后，旅客乘车流程从原来的“购票—验证—安检—检票—乘车”五步骤精简为“购票—安检—验检—乘车”四步骤。减少旅客乘车环节，节省旅客上车的时间，提高旅客乘车效率，出行更高效、更便捷。检票口闸机具备自助实名制验证和自助检票功能，在检票口刷有效证件通过闸机“扫脸”验证，即可乘车。无锡直属站管辖范围内所有客运车站（无锡火车站、无锡东站、无锡新区站、惠山站、江阴站）均已实施“验检合一”。

（魏　玉）

9月28日，沪宁沿江高铁江阴站开通运营　　（无锡火车站　供图）

公路项目

【公路养护】 2023年，无锡市普通国省道养护管理效能升级，加强新材料、新工艺、新技术、新设备技术应用，制定普通公路“苏式养护”品牌建设方案，路况水平持续提高。全市管养普通国省道604.05千米、桥梁472座（不含施工段桥梁），农村公路7029千米、桥梁3237座。完成国省道路面养护大中修项目5个，实施里程120.83千米，总投资1.8亿元。实施路面预防性养护项目2个，实施里程29.3千米，路面技术状况保持较高水平。推行智能施工管控，通过监控系统综合智能传感技术、无线通信技术实现沥青混合料全过程监控，探索应用TAC-10、SMA-10薄层罩面，SFP-20半柔性灌浆路面，泡沫沥青就地冷再生等多项新材料、新技术。完成230省道宜兴段、342省道锡山段、342省道惠山段、232省道江阴段、444省道江阴段5条线路150.13千米路面大中修。完成桥梁专项维修、桥梁预防性养护和桥梁防护设施改造项目64个，总投资3833万元。实施农村公路安防工程154.4千米，农村公路桥梁安全评估119座。全年开展公路安全督查检查95次，隐患整改175处，发布养护检查缺陷整改通知书49份。推进104国道、230省道无锡段113.52千米部级安全精品路创建，完成普通国省道交通安全设施精细化提升工程40.75千米，相关经验获交通运输部公路研究院推介。开展农村公路路域环境整治，提升沿湖路段绿化景观，完成十八湾大咧嘴桥段中分带透湖项目、342省道直湖港桥至常州界段绿化改造提升工程。全市高速公路互通区、出入口和铁路沿线环境景观全面提升，无锡互通、无锡东收费站区更新改造。江苏、浙江两省四市（无锡市、苏州市、湖州市、常州市）环太湖公路

常宜高速公路（2023年）　（市综合交通运输学会　供图）

入选交通运输部办公厅公布的2022年“十大最美农村路”名单；惠山区通过“四好农村路”全国示范县验收；342省道阳山服务区“惠畅驿站”获评普通国省道公路服务设施省级“公路驿站”；312国道无锡飞凤路至金城东路改扩建工程获评江苏省普通国省道建设工程十佳项目、全省公路水运工程平安工地建设省级“示范工地（工程）”；341省道无锡马山至宜兴周铁段工程入选无锡市公路水运工程平安工地建设“示范工程”。

【公路惠民服务】 2023年，市公路管理部门推进全市公路事业发展，提升惠民利民服务品质。全年落实通行费减免优惠政策14项，免费放行7座及以下小型客车10.28万余辆，免收车辆通行费102.82万元。制定优化交通行业营商环境工作举措25条，发放交通物流专项再贷及“交运易贷”“四好农村路贷”9.26亿元，惠及企业384家。推行开办运输企业、开网约车“一件事一次办”，办理各类事项9200余件。试点大件运输许可“信用＋承诺＋批量”审批新模式，实现大件运输车货勘验“零”等待，办理时间缩短2～3个工作日。拓展电子证照应用场景，实施道路运输经营企业和车辆自动审验，实现“免申即享”，惠及全市道路运输企业8000家、运输车辆7万台。全年发布路网信息61000余条，编写无锡路网信息专报周报50期、月报12期、节假日专报6期，受理工单995件，及时办结率100%。

（吴小芹　付春霞）

【农村公路品牌】 2月17日，在江苏省交通运输厅公路事业发展中心颁布的2022年度农村公路品牌提升成效评选结果中，惠山区“智惠通途”获评省级优秀农村公路品牌；锡山区胶阳路、惠山区玉钱线、宜兴市龙箭路、江阴市云顾路获评省级“美丽农村路”样板路；宜兴市连心路—骆潘线、滨湖区钱胡线、锡山区锡山大道获评省级“平安放心路”样板路。

（付春霞　刘晓燕）

【常宜高速一期工程】 3月29日，常州至宜兴高速公路一期工程通过竣工验收，正式交付。常州至宜兴高速公路一期工程起自常州西绕城高速武进高新区枢纽，途经武进高新区，止于锡宜高速万石枢纽，全长17.72千米。项目于2017年12月开工建设；2020年12月通过交工验收开通运营；3月，竣工质量评定为优良。项目建设过程中推广运用新技术、新工艺，在省内八车道新建高速公路路面首次应用3D摊铺技术，首次引入自动焊接机器人，累计获新型实用专利8项，科研创建成果10余项，获评江苏省公路水运平安工程、品质工程。

【341省道周杨公路（东段）新建工程】 9月11日，341省道周杨公路（东段）沉塘河中桥首片预制板梁完成架设。341省道周杨公路（东段）新建工程有桥梁10座，其中预应力混凝土空心板梁中桥7座、组合箱梁＋变截面悬臂现浇箱梁大桥3座。同期，341省道周杨公路（东段）新建工程水稳基层试验段摊铺顺利完成，标志着该项目水泥稳定基层进入全面施工阶段。341省道周杨公路（东段）项目起点与341省道宜马段周铁互通衔接，终点位于和桥镇203县道交会处，双向六车道一级公路，全长11.78千米，路基宽33.5米，是宜兴市北部地区的重要干线公路。

（管　浩）

【342省道滨湖段绿化整治提升工程】 9月，342省道滨湖段（直湖港大桥—常州界）绿化整治提升工程完

工。342省道滨湖段总里程6.14千米，东至惠山区，西接常州市武进区。提升后的道路中分带绿化布置有序，两侧绿化带植物种植疏密有致，提升了公路行车安全性和整体美观性。

（王　栋）

【湖山路“三桥”改造提升工程】 9月12日，湖山路佛笑桥、神骏桥、醉我桥“三桥”改造提升工程竣工通车。湖山路改造段起点位于环太湖公路，终点位于宜马公路与十里明珠堤交会口，总长1.03千米，是无锡城区与宜兴市、马山联系的重要通道。这3座桥均始建于20世纪80年代，因使用年限和道路承载量不断增加，桥梁安全性和耐久性降低，改造工程对道路沿线佛笑桥、神骏桥和醉我桥进行修缮提升，总投资4000余万元。改造后的湖山路沿线增设人行步道，采用透水混凝土铺设面层，提高路面雨水渗透和缓释能力，外侧设置连续防撞护栏和照明设施，提升道路安全性能。全线路面增加亮化设施，提升道路整体形象。

（乔翔宇）

【四类公路交通量比重和车速调查】 10月10日8时至10月11日8时，无锡交通公路部门组织开展2023年全市国道、省道、县道、乡道交通量比重调查和车速调查工作。四类公路交通量比重调查和车速调查是对全省国道、省道、县道、乡道四类普通公路的交通量以及车速利用“自动观测设备+人工观测”的方式采集交通量数据，为公路规划、建设、路网运行管理、应急处置和公众出行等提供数据支撑。该次调查，对全市1198条四类公路中的258条2791千米路段进行连续24小时调查统计，全市设置观测站点278个，其中自动观测站点40个、人工观测站点238个，投入观测人员1000余名、观测车辆400余辆，实现国、省、县道100%覆盖率，并对部分乡道进行抽查。

（蔡珏瑛）

【沪武高速改扩建工程】 10月，沪武高速改扩建工程江阴先导段项目徐霞客枢纽互通式立体交会C跨主线桥首件盖梁浇筑完成，是接通江阴靖江长江隧道南接线工程的重要控制性工程。沪武高速公路太仓至常州段位于苏南沿江区域，是国家高速公路网中G4221沪武高速公路的重要组成部分，该段扩建工程起于苏沪界，止于常州南互通，路线全长约134.86千米，其中无锡段路线长度约34.17千米。江阴段全线采用两侧拼宽的总体扩建方案，采用双向八车道高速公路标准进行扩建，设计速度每小时120千米，路基宽度42米。扩建后设互通式立交5处，其中原位扩建3处互通式立交，分别为新桥互通、华西互通、峭岐枢纽；移位新建1处互通式立交，与江阴市长寿镇互通；新增1处互通式立交，与江阴市徐霞客镇互通。

（朱怡洁）

【市级平安百年品质工程】 2023年，市交通运输局对全市8个项目组织开展“平安百年品质工程”年度评价与验收考核工作。市交通运输局全面梳理市级公路水运平安百年品质工程参评项目创建亮点，示范项目形成71项创建成果，包括行业标准1项，地方标准1项，团体标准5项，部级工法3项，省级工法24项，发明专利28项，获国家级行业协会发文表彰2项，获项目、集体、个人荣誉7项。12月1日，在2023年江苏交通运输现代化示范区平安百年品质工程建设工作要点任务成果验收会上，无锡市提交的《空间异型斜拉桥基于BIM的正向设计指南》《桩基泥浆低碳化处置技术及碳排放测算指南》《预制立柱及盖梁安装施工标准化作业指南》3项研究成果通过省级验收，填补了相关领域的空白。

（张馨月）

【“科技兴安”示范路】 9月12日，229省道江阴市海港大道“科技兴安”示范路通过江苏省交通厅公路中心验收。“科技兴安”示范路以“智能感知、动态分析、智能决策、智慧服务”为导向，综合运用成熟、先进的科技手段解决公路安全突出问题，实现路段的全方位全过程管理。229省道江阴市海港大道“科技兴安”示范路段总长4.3千米，包括秦望山隧道、凤凰山隧道和焦山大桥。

（孙　晟）

【230省道宜兴段大中修养护工程】 11月，230省道宜兴段大中修养护工程完工，正式通车。230省道宜兴段大中修养护工程分为丁蜀段和周铁段，总长9.4千米。其中，丁蜀段起点位于230省道与104国道交会口，终点位于230省道与通蜀路交会口，总长6.1千米。周铁段起点位于230省道与北环路交会口，终点位于230省道与兴旺路交会口，总长3.3千米。该工程采用功能性修复方案，设计采用一级公路标准，修复方式为铣刨沥青面层，对下面层及基层病害处治后，回铺沥青中面层及上面层。

【竺山湖隧道全线贯通】 11月14日，341省道宜兴段竺山湖隧道主体结构完成施工，标志着国内在建最长干线公路湖底隧道——竺山湖隧道实现全线贯通。竺山湖隧道全长7.81千米，是在建341省道宜兴段的控制性工程。隧道采用围堰明挖法施工，最大围堰断面宽228米，隧道底板每节长25米至30米，最厚处1.7米。施工团队通过加强技术创新、原材料质量把控、制定严密的施工方案，确保混凝土浇筑和主体结构质量。竺山湖隧道建成通车后，从宜兴市周铁镇到无锡市区车程将缩短至半小时，实现与苏锡常南部高速公路的快速转换。

（管　浩）

【江阴靖江长江隧道工程】 3月30日，江阴靖江长江隧道项目江南明挖段首件顶板浇筑完成。4月6日，江南明挖段地下连续墙施工完成。4

月 27 日，江南明挖段 B 匝道主体结构施工完成。5 月 17 日，江阴靖江长江隧道盾构右线隧道贯通。5 月 28 日，江南工区工作井后续段主体结构顺利封顶。9 月 11 日，江阴靖江长江隧道 BIM 协同智慧管理平台获第 29 届智能交通世界大会创新大赛江苏赛区一等奖第一名。11 月 25 日，江南明挖隧道主体结构顺利封顶。12 月 2 日，南引线桥上跨五星路首榀钢箱梁成功吊装。至年末，江阴侧明挖隧道段主线主体结构总体全部完成。

（朱怡洁）

太湖隧道马山风塔夜景（2023 年）　　（市综合交通运输学会　供图）

【太湖隧道马山风塔夜景照明设计获奖】 3 月，无锡照明股份有限公司照明设计院作品《碧玉螺之光——太湖隧道马山风塔夜景照明设计》获 2023 美国缪斯设计奖最高大奖铂金奖。位于苏锡常南部高速公路太湖隧道马山侧的风塔，离湖岸 500 米，高 39 米，直径 45 米，与太湖梅梁湖景区的自然风貌相融合，供太湖隧道通风之用。无锡照明股份有限公司照明设计院结合项目特点，采用 17.4 万颗 LED 像素灯打造红色螺带防眩光亮化夜景，在塔顶设计一道醒目光束，在内侧钢架处则辅以投光照明，打造低调、质朴、坚实的背景光，与塔身外侧飘带形成视觉对比和空间转换，塑造塔内外两面朝气蓬勃、活力四射的气质，利用倒影与寂静的湖面形成互补，夜色中风塔可呈现出“舞动中国”“出水芙蓉”“飞升腾实”“许愿流星”多氛围灯光秀。

（市交通局）

【绿色货运配送示范工程】 11 月 12—13 日，无锡市城市绿色货运配送示范工程创建通过交通运输部、公安部、商务部联合专家组组织的验收考评。专家组认为，无锡市坚持以“锡心绿配、惠畅万家”为主线，统筹实施“六大任务、二十项具体目标、八个配套政策、二十三类重点项目”，采取完善协调机制、多角度试点培育、网络布局全覆盖、路权新能源优先、创新配送组织模式、搭建智慧公共平台等一系列创新举措，构建形成“集约、高效、绿色、智能”的城市货运服务体系，具有“无锡特色”的城市绿色货运配送体系。

（张馨月）

航运项目

【“智慧港航”建设】 2023 年，无锡市推进智慧航道建设，申张线、锡北线等省干线航道实现高清视频监控全覆盖，京杭运河无锡段智慧运河工程航道外场感知设施项目交工验收，升级改造 28 个点位外场感知设施。首次应用“广电 5G+ 视播云控系统”，对京杭运河无锡段 39 千米的重点航段、水上服务区、码头与航道交汇处等重点部位进行覆盖。加强航道基础设施智慧化管理，利用多波束测深仪等新型扫测设备对境内航道进行多次水下扫床测量，累计扫测航道 1037.54 千米，精准获取水下三维数据，掌握航道设施、护坡、临跨河及过河建筑设施、船闸引航道助航设施水下变化情况，为航道疏浚和养护工作提供支持保障。推广应用基于激光传感器的船舶交通量自动观测系统，实现自动观测、精准判别船舶载货、流向、密度等基础信息，全市干线航道有 12 个船舶流量观测点。全市 95 座航标加装航标遥测遥感装置，实现对航标灯远程无线遥测，便于设备维护，为船舶安全航行提供保障。推进船闸运调智能化，实现运调中心“统一集中控制、统一区域调度、统一信息服务”和船闸现地“少人值守”的区域性船闸运行管理新模式。江阴船闸推行新版水上 ETC 系统，通过 App 实现船舶远程登记和缴费，提高过闸效率和通航能力，船闸管理实现减员增效。推动港口码头数字化监管，制定《件杂货码头智慧化建设技术指南》，助力智能化系统在港口应用。全市港口安装 716 套粉尘在线监测系统，实现干散货码头粉尘在线监测全覆盖。

（费　悦　周　涵）

【锡溧漕河无锡段航道整治工程】 2 月 17 日，锡溧漕河无锡段航道整治工程（疏浚及局部护岸等项目）通过交工验收。该项目于 2022 年 3 月 26 日开工，2022 年 12 月底完工。疏浚及局部护岸项目 XLCH-YX-HDSG 标段按三级航道标准实施，利用现有河槽，减少对沿岸原有设施的拆迁和影响进行疏浚扩挖，航道疏浚里程 20.8 千米，开挖疏浚土方

6月30日，锡北线航道整治工程通过竣工验收。图为锡北线航道

（市综合交通运输学会　供图）

68.9万方；修复老驳岸3029米，新建护岸496米，河口防护380米，补浇筑护岸贴面、压顶80米；设置标志标牌17块、里程牌26块。

（周　涵　倪凌坤）

【锡滏线大桥全线贯通】 6月29日，宜马快速通道宜兴段的重大节点——锡滏线大桥全线贯通。锡滏线大桥是宜马快速通道04标段的重要组成部分，桥长858.7米，于2021年10月开始施工，在实施桩基工程、立柱工程等工程后，完成基础、下部结构的建设。

（管　浩）

【锡北线航道整治工程】 6月30日，锡北线航道整治工程通过竣工验收，标志着无锡市"六航齐治"中的"一航"率先完成航道整治任务。锡北线航道西连惠山区锡澄运河、东接江阴申张线，串联贯通京杭运河等高等级骨干航道，航道整治工程被列为江苏省水运重点工程，旨在改善该航道河窄、桥矮、水浅的通航条件。该工程按四级标准预留、五级标准实施，整治航道36.424千米，改新建跨河桥梁12座。

（费　悦）

【申张线航道整治工程】 8月24日，申张线纺织大桥提前2个月交工验收并通车，剩余航道工程开工建设。申张线（张家港—江阴段）航道整治工程南起江阴市与张家港市交界周家码头处，北至申张线与东横河交汇处，整治长度29.94千米。新建的纺织大桥道路设计等级为三级公路，路线全长584.78米，桥梁全长251.28米，宽13.5米，通航净高7米，满足三级航道通航标准，可实现千吨级船舶畅行无阻。10月25日，包含新桥段、华西段6.13千米航道整治和北国大桥、陆家桥2座桥梁改建工程在内的剩余段项目签约。12月15日，剩余段进入正式施工阶段。

（倪凌坤）

【航道扫测工作】 7月，无锡市港航事业发展中心开展全市450千米航道扫测工作，搭载高精度定位系统并采用姿态仪和表面声速仪辅助校正水深数据，提升测量精度，采用多波束T50–R双探头扫测系统集声纳传感器、高精度北斗定位导航系统、高性能计算机、高分辨率显示器等设备系统，每秒可发射50次波束、采集51200个水深点。

（王敏丰）

【锡溧漕河迎宾大桥主跨完成吊装】 8月31日，锡溧漕河无锡段航道整治桥梁工程迎宾大桥主跨完成吊装。迎宾大桥位于宜兴经济技术开发区，按内河三级航道标准改建，主跨90米，横跨锡溧漕河。新建的迎宾大桥全长256米，桥梁净宽由12米增至15米，通航孔净宽由50米拓宽至60米、侧高由5米抬升至7米。

（倪凌坤）

【京杭运河无锡段绿色现代航运综合整治工程】 9月7—8日，江苏省交通运输综合行政执法监督局在无锡市开展京杭运河江苏段绿色现代航运综合整治工程（江南段）无锡段航道施工4个项目交工质量核验。该次交工质量核验的项目是京杭运河无锡段绿色现代航运综合整治工程的4个分项工程。其中航道施工项目于2022年9月开工，2023年5月完工，对沿线护岸倒塌段、废弃码头段进行修复，对护岸破损段、常水位1.2米以上护岸进行生态提升，采用8种生态护岸结构形式，完成护岸提升2.69千米。新安镇、洛社镇水上服务区综合提升及航运文化标识项目于2022年8月开工，2022年11月完工，对水上服务区进行设施提升、功能完善，并沿运河建设8个航运文化标识，打造集便民服务、生态保护、文化传承、船民教育、休闲观光于一体的现代化水上服务区。智慧运河工程航道外场感知设施项目于2022年7月开工，2022年12月完工，升级改造26个点位外场感知设施，覆盖京杭运河无锡段全长39千米范围。

（费　悦）

【黄石大桥双幅桥梁】 12月27日，锡澄运河无锡市区段航道整治工程黄石大桥北半幅通过交工验收，标志着黄石大桥双幅桥梁全面建成。黄石大桥位于无锡市城区北部城市主干道广石路（振石路—水澄路），跨越长三角高等级航道锡澄运河，该项目是江苏省重点水运工程锡澄运河三级航道整治工程的重要组成部分。原桥通航净高只有5米、净宽12米，为打通水陆交通瓶颈，新黄石大桥按三级航道标准升级建设，为下承式钢管混凝土系杆拱桥，桥梁总长567.4米，桥面总宽40～46米，通航净空高度7米，分南北两幅桥梁，双向六车道，设计时速40千米，桥梁净空可保障千吨级船舶畅行无阻。

（陈　冲　赵宁睿）

【水上自助服务站】 9月，无锡市交通执法水上自助服务站启用。服务站位于苏南运河新安水上服务区，提供新型政务服务模式，配有自助证照办证终端、自助培训考试终端、VR一体机等4台自助服务终端，以“远程＋自助”不见面审批为主，辅助传统人工窗口，提供7×24小时全天候水上政务服务。

（李　勋）

【“太湖之星1号”】 10月11日，在宜兴市交通运输综合行政执法大队全程护航下，超大型环保一体化清淤船舶“太湖之星1号”顺利进入太湖。“太湖之星1号”是一艘集清淤、淤泥固化、尾水处置功能于一体的无动力生态清淤船舶，总吨位2022吨，船长75米，最大船宽20.6米，水线以上高度6.1米，“太湖之星1号”从江苏润扬船业码头启程，沿途经镇江市、丹阳市、常州市金坛区、溧阳市进入宜兴市，最终通过陈东港太湖出口驶往梅梁湖水域执行生态清淤任务。

（管　浩）

【“无锡造”新能源游船】 8月31日，由无锡船艇企业为杭州亚运会水上游览定制的5艘“无锡造”新能源船舶通过复检。其中1艘新能源船舶是由无锡东方高速艇发展有限公司设计建造的水上巴士，名为“新黄龙”，总长40.05米，船宽10米，型深1.8米，设计航速每小时16.5千米，载客量为150人。另外4艘新能源游船由无锡东方船研高性能船艇工程有限公司建造，分别名为“江翠号”“江薇号”“江芦号”“江雪号”，船体总长40.06米，船宽8米，型深1.8米，设计航速每小时16千米，载客定额100人。其中，“江芦号”于8月21日抵达杭州市交付。

（李　勋）

超大型环保一体化清淤船舶“太湖之星1号”（2023年）

（市综合交通运输学会　供图）

【《无锡市水运“十四五”发展规划中期评估》通过审查】 11月17日，《无锡市水运“十四五”发展规划中期评估》通过审查。《无锡市水运“十四五”发展规划中期评估》是无锡市第一个水运综合发展规划。自规划实施以来，全市按照既定的发展目标、路线图、时间表，推动重大水运项目建设，做好水运物流保通保畅，主要指标完成情况符合预期。年内，无锡市优化调整水运发展目标和重点任务，设置3大类18项指标，其中6项指标优化调整，着力打造畅通高效的内河航道网，打造组合式高能级港口集群，打造经济开放的水运物流网，提高水运服务保障能力，提升运输船舶现代化水平，注入水运发展智慧动能，推动水运绿色低碳转型。

【苏南运河无锡段航道疏浚工程可行性研究报告】 12月25日，苏南运河无锡段航道疏浚工程可行性研究报告通过审查。苏南运河无锡段起自苏南运河无锡与常州交界处，终于无锡与苏州交界处的丰乐桥，全长约39千米，是《江苏省干线航道网规划（2023—2035年）》“两纵五横”中“一纵”京杭运河通道的重要组成部分，现状航道等级为三级内河航道，能够保障1000吨级船舶全线畅行，年船舶通过量约3亿吨。

（阮强蓓）

港口项目

【申夏港区3号码头工程】 6月30日，无锡（江阴）港申夏港区3号码头港池（东侧）码头工程竣工通过验收。该工程位于长江下游江阴水道申夏港区，新沟河口至老夏港河口之间，距锡澄运河口上游约3.5千米。

建设8个3000吨级多用途泊位，货物通过能力219万吨，集装箱吞吐量16万标准箱，是江阴苏南国际集装箱码头的重要组成部分。

（周 涵 费 悦）

【无锡（江阴）港扩能改造项目】 11月，无锡（江阴）港外贸进口铁矿石码头扩能改造试点项目（综合类）入选交通运输部办公厅公布14个港口功能优化提升交通强国专项试点项目（第一批）。该项目于9月开工，包括3个15万吨级散货泊位，水工结构均按靠泊20万吨级散货船舶设计和建设，总投资约18亿元。项目聚焦码头等级提升、装卸工艺专业化改造，实施5号、6号码头改扩建工程，建成后将成为沿江最大外贸进口矿石接卸转运基地。

【绿色港口创建】 5月，江阴港港口集团股份有限公司大澄分公司码头获评全国四星级绿色港口。12月，无锡港口8家企业入选2023年度江苏省绿色港口等级认定结果公示名单，获评江苏省绿色港口五星级1家、四星级2家、三星级5家，获评数量居全省第一。位于惠山区的内河港口企业华东材料无锡有限公司创建为江苏省三星级绿色港口，实现无锡市内河创建省级绿色港口零的突破。自江苏省绿色港口创建活动开展以来，江阴港累计创建成功江苏省五星级绿色港口2家、四星级2家、三星级9家，港口绿色发展水平在全省保持前列。

（朱怡洁 徐秋石）

【航线航班开辟】 2023年，江阴港加强与上海港、宁波港等沿海沿江港口联动，开辟航线航班，多途径拓展集装箱货源。4月，宁波远洋运输股份有限公司开通"江阴—宁波"点对点直航。5月5日，江阴港、宜兴港、无锡新安港共同签署《无锡市港口集装箱联盟战略发展框架协议》，三港之间通航的内河运输船舶实行优先靠泊、优先保障、优先通过。7月26日，江阴港开通江阴—挪威首条集装箱外贸直航远洋航线。8月17日，江阴港开通江阴—日本客户定制航线，首批60标准箱的货物顺利运抵日本。11月20日，江阴港开通江阴—宜兴内河定班集装箱班轮。至年末，江阴港有集装箱班轮航线53条，航班密度每周122班。

（朱怡洁）

【宜兴市至无锡市、江阴市货运航线】 11月20日，宜兴市至无锡市、江阴市货运航线正式开航。新航线加密航班密度，加强宜兴航运与长江沿线各港口及海口、营口等沿海港口的联系，助力内外贸业务集疏运，提升宜兴港口岸辐射能力，打通连接海内外的全新水路通道。

【宜兴港64TEU公共驳船首航】 7月11日，最大运载量为64TEU（标准集装箱）的公共驳船016号驶出宜兴港开始首航。公共驳船016号由宜兴市交通能源集团下属宜兴港自营，是宜兴港自营的最大公共驳船。公共驳船016号投运后，每周执行1班宜兴至上海的货运航线。

（管 浩）

物流项目

【国家物流枢纽创建】 7月28日，无锡生产服务型国家物流枢纽入选国家发展改革委2023年国家物流枢纽建设名单。11月18—19日，无锡市举办2023年（第二十二次）中国物流学术年会，年会上举办主题为"聚焦产业融合，提升枢纽能级"的无锡枢纽发展论坛，举行无锡生产服务型国家物流枢纽揭牌仪式，多个枢纽项目签约落户，进一步集聚产业资源，强化交流合作，扩大城市品牌力和影响力。

【物流设施网络完善】 2023年，无锡硕放机场快速脱离道建成投用；苏州工业园区异地货站设立；国内货运航线开通9条，国际货运航线开通4条；国际邮件互换局加快建设；国际快件、跨境电商等业务加快拓展，全年累计跨境电商出口清单首次突破100万票，出口贸易额2.11亿元。无锡（江阴）港申夏港区3号

11月18—19日，2023年（第二十二次）中国物流学术年会在无锡市举办

（市发展改革委 供图）

宜兴港集装箱码头（2023 年）　　（市综合交通运输学会　供图）

内港池码头竣工验收，5 号、6 号码头开工扩建，集装箱班轮航线累计开辟 53 条。宜兴港旺达物流集装箱码头二期工程完工投运。西环线北延全线贯通，锡宜高速改扩建、锡太高速、江阴靖江长江隧道南接线等项目加快实施。

【物流项目建设】 2023 年，省、市"十四五"重点物流建设项目中，无锡市粮食和物资应急保障服务中心、深国际（江阴）高端制造业供应链、江阴普凯标准厂房及仓储项目（一期）、中粮仓（江阴）扩建 12 万吨立筒仓储设施等项目竣工投运，红豆股份智能配送中心主体工程竣工，禾健智慧物流产业园加快转型升级，无锡硕放机场二期改扩建工程（东部货运区项目）、贝莱特华东（江阴）医药冷链数字化中心等项目开工建设。

【物流平台主体培育】 2023 年，无锡上源物流有限公司、江苏志宏商贸市场管理有限公司、江阴市江顺物流有限公司 3 家单位被认定为省重点物流企业；无锡西站物流园区、苏南快递产业园、江阴长江港口综合物流园 3 家园区被评为年度省级示范物流园区 10 强；江苏江阴港港口集团股份有限公司等 2 家单位被评为年度省重点物流企业 30 强；无锡邮政速递 EMS 服务红豆项目入选全国快递服务制造业重点项目；无锡空港经开区入选全国快递业与制造业深度融合发展试点先行区。

【新业态新模式】 2023 年，无锡市中欧（亚）班列运行数量和质量逐步提升。在俄罗斯、中亚线路稳定接续的基础上，推动新线路开辟，全市累计开行中欧接续班列 50.5 列，发送货物 4138 标准箱，货值约 7.3 亿元，开行始发笼车国际联运班列 2 列、国内笼车班列 1 列。铁海联运服务网络不断织密，开行无锡西站、宜兴北站至上海芦潮港、宁波港铁海联运班列，创新启用"一箱制"模式，全市累计发送铁海联运集装箱 4.33 万标准箱，比上年增长 25.5%。

【智慧物流业态】 2023 年，无锡市物流数字化转型加快步伐。海澜之家集团股份有限公司、江苏红豆实业股份有限公司等企业推广全自动智慧化仓储应用，助力物流提质降本增效，提升产业链供应链价值链；中科微至科技股份有限公司、无锡中鼎集成技术有限公司等企业加强物流装备创新研发，提高物流全过程智能化服务能力。创新技术应用不断涌现，车联网、工业互联网等新一代信息技术赋能物流信息化建设，汽车及零部件集群建设带动新能源货车迭代更新，快递企业探索使用无人配送车进行快件接驳。

（谢路遥）

编辑　胡　慧

园区经济

综 述

【提质增效】 2023年，无锡市开发区坚持实施“创新驱动”“产业强市”两大主导战略，经济运行呈现稳中有进、进中提质的良好态势。全市15个省级以上开发区持续发挥经济发展主力军作用，完成规模以上工业增加值4257亿元，比上年增长7.7%，占全市比重71%；完成规模以上工业总产值16412.3亿元，比上年增长6.1%，占全市比重64.5%；实现规模以上服务业营业收入1424.1亿元，比上年增长8.7%，占全市比重68%；一般公共预算收入655.3亿元，比上年增长10%，占全市比重54.8%。新增上市企业10家，占全市比重75.1%。

【营商环境】 2023年，全市开发区建立系统高效的协同保障体系，对项目立项（备案）、规划、用地、环保、报建、安全生产等全流程开展跨前服务，推动项目早开工、早建设、早投产。通过告知承诺、容缺受理等方式，推广“拿地即开工”模式，提高项目审批效率。全市开发区有序推进各项区域评估事项，应用区域评估成果，有767个项目运用区域评估成果，提升工程建设项目审批效率，减轻入区企业负担，优化营商环境。《锡山经济技术开发区全面推行区域评估审批改革案例》和《无锡市新吴区地质灾害危险性区域评估案例》作为省区域评估改革第二批实践案例在全省推广。

【对外开放】 2023年，全市开发区发挥外资外贸“压舱石”作用，实际使用外资及港澳台资37.9亿美元，比上年增长7.7%，占全市比重92.2%；进出口总额894.6亿美元，比上年下降9.2%，占全市比重89.1%，年内，在全市进出口总额下降的背景下，仍有4家开发区实现正增长，外贸体量较大的开发区降幅明显好于全市平均，为全市外贸稳中提质提供有力支撑。

【科技创新】 2023年，无锡市实施创新驱动发展战略，构建完善“465”现代产业体系。全年开发区实现高新技术产业产值10459.3亿元，比上年增长8.5%，占全市比重78.5%，比上年提升2.3个百分点；完成技术合同成交额474.2亿元，比上年增长14.7%；实现科技型中小企业评价入库8695家，比上年增长24.3%；有效发明专利授权33675个，比上年增长14.7%；新增领军人才524人，比上年增长48%，均显著高于全市平均水平。

【生态集约】 2023年，无锡市严把资源节约集约准入门槛，推行低碳化、循环化、集约化发展。锡山经济技术开发区、宜兴环保科技工业园被中国国际投资促进会评为绿色低碳示范园区，无锡惠山经济技术开发区、无锡空港经济开发区被工业和信息化部评为国家级绿色工业园区，无锡蠡园经济开发区获评省级绿色低碳示范园区。江阴临港经济开发区内港口集团获评全国四星级绿色港口。无锡新加坡工业园《打造中新合作绿色低碳示范园》建设成果案例获省商务厅在全省推广。

【安全生产】 2023年，无锡市落实全市经济开发区《安全专项整治三年行动实施方案》，推进工作协同、信息共享、定期例会、请示报告、考核奖惩等工作制度，强化“回头看”督查机制，全面推动专项整治任务落实。全市经济开发区落实安全生产主体责任，按照属地要求制定2023年度安全生产工作计划，完善领导班子安全生产重点工作清单，签订安全生产目标责任书，开展安全生产教育培训，提高安全监管信息共享平台建设水平，提高集约化可视化安全监管信息共享平台的使用效率及预警能力。全年经济开发区排查隐患85474处，整改83624处，整改率97.8%，整体安全生产形势平稳良好。

【海关特殊监管区】 至2023年末，全市有江阴综合保税区和无锡高新区综合保税区两个综合保税区。江阴综合保税区新注册企业97家，新增区内企业39家，累计在册企业967家，活跃企业数70家；实际使用外资及港澳台资2238万美元；实现进出口总额7.47亿美元，比上年增长32.6%，在外贸整体下行压力下保持良好增势。无锡高新区综合保税区总体平稳向好，工业总产值、固定资产投资、财政总收入等经济指标实现正增长。全年跨境电商海外仓出口金额6296万美元、三角电子元器件分拨中心进出口货值12亿美元、维修检测进出区货值1.7亿美元、新型离岸贸易收支金额60亿美元。

【共建共享】 2023年,无锡市各开发区围绕各自产业优势、技术资本优势,结合共建园区交通区位优势、生产要素优势,加快推进合作共建园区建设。在与中西部地区共建方面,无锡惠山经济技术开发区与乌鲁木齐经济技术开发区合作共建新惠国际贸易产业协同中心,与泰中罗勇工业园、成都国际铁路港经开区共建中欧班列沿线友好园区;锡山经济技术开发区深化与新疆准东经开区、阿拉尔经开区合作共建,开展与云南河口边合区的对口支援工作。在省内南北共建方面,推进无锡市与连云港市两地产业发展的深度融合,无锡连云港工业园区、江阴灌云工业园区创建“省级创新试点园区”和“省级特色园区”;锡山经济技术开发区与东海经济开发区、宜兴经济技术开发区与赣南经济开发区、无锡惠山经济技术开发区与赣榆经济开发区、无锡蠡园经济开发区与连云经济开发区的合作有序推进。在苏陕协作共建方面,宜兴经济开发区与延安高新区开展常态化交流合作,持续深化产业、人才、资金、劳务等方面的协作和合作,不断提升“区中园”建设水平。

(计昱宸)

无锡国家高新技术产业开发区

【概况】 2023年,无锡国家高新技术产业开发区(以下简称“无锡高新区”)完成地区生产总值2515.69亿元,比上年增长6.1%;人均地区生产总值34.58万元,全省市(县)区第一;完成规模以上工业总产值6508.71亿元,比上年增长4.9%,规模以上工业增加值比上年增长7.8%,贡献度全市第一。高新技术产业实现产值4813.67亿元,比上年增长7.4%,占规模以上工业总产值比重74%。完成固定资产投资804.62亿元,比上年增长9.4%。数字经济核心产业营业收入3000亿元,居全市第一位。产业园区“三优化三提升”三年行动收官,腾退低效用地100公顷,建成高标准工业载体80万平方米。物联网MEMS传感器产业集群入选省级中小企业特色产业集群,获批集成电路国家级创新型产业集群,获评中国集成电路园区综合实力第二名。创建省信息技术应用创新先导区,智能制造能力成熟度蝉联全省区县第一。新增国家级智能制造示范工厂1家,实现全市零的突破。无锡高新区获评2023世界半导体大会“2022—2023年度中国集成电路高质量发展优秀园区”;在2024半导体投资年会暨IC风云榜颁奖典礼上,无锡高新区获评2023年中国集成电路园区综合实力第二名。联合江南大学举办第十届IEEE下一代电子国际学术会议(INSE2023)高峰论坛、第三届中国集成电路设计创新大会暨无锡IC应用博览会(ICDIA 2023)。“无锡高新区集成电路设计企业孵化器”获集成电路领域专业“国家级科技企业孵化器”。无锡空港经济开发区入选全国首批快递业与制造业融合发展试点先行区。

【项目建设】 2023年,无锡高新区启动海外全球招商,实施“百渠工程”、一线城市驻点、会展定向等招商措施,新批超亿元重大产业项目145个,总投资超1087亿元,项目主要集中在生物医药、智能制造、集成电路、物联网、新能源等主导产业。其中10亿元以上项目18个,包括华虹无锡集成电路研发和制造基地、SK海力士半导体(中国)有限公司七期2个百亿元项目。152个省市级重大产业项目完成投资400亿元,投资完成率114.3%,省重大项目开工率、省市重大项目投资完成总量全市第一,无锡奥特维科技股份有限公司二期、无锡航亚科技股份有限公司等17个市级以上重大项目竣工投产。新设立外资企业88家,新增世界500强企业投资项目2个,新认定省级跨国公司总部和功能性机构2家,新批协议外资及港澳台资超3000万美元项目15个。新增认定国家级专精特新“小巨人”企业33家、省级专精

12月24日,华虹制造(无锡)项目主厂房钢屋架吊装仪式举行

(新吴区档案史志馆 供图)

特新企业215家，累计认定单项冠军、专精特新企业534家，总数占全市的22%，全市第一。新增国家级智能制造示范工厂、优秀场景、工业互联网平台各1家(个)，省级智能制造示范工厂3家、工业互联网标杆工厂6家、智能制造领军服务机构1家，智能制造标杆新增数量全市第一。

【科技创新】 2023年，无锡高新区科创空间不断扩容提效，中电海康一期、亿利科创产业园等园区建成开园，引进中国药科大学无锡创新研究院，香港理工大学无锡科技创新研究院揭牌启用，北京大学长三角未来技术生命健康研究院、北京大学无锡EDA研究院、无锡特殊食品与营养健康研究院等相继投用。集成电路设计企业孵化器、中科智慧信息产业园孵化器入围国家级科技企业孵化器名单，建有省级以上科技企业孵化器20家、众创空间22家、科技企业加速器4家、孵化链条3家，累计建设数居全市首位。全年新招引科技企业2976家，国家科技型中小企业年入库2503家；有效期内高新技术企业1525家，年度新认定首次超过600家，全市第一。2家企业获中国专利奖，无锡宝通科技股份有限公司获省长质量奖提名奖。新增上市企业3家，累计科创板上市企业10家。入围中国潜在独角兽企业榜单企业9家，上榜中国物联网“新物种”企业榜单企业7家；入选省独角兽、潜在独角兽、瞪羚企业76家，市“三类企业”72家，居全市第一位。认定省市级工程技术研究中心81个，获批无锡市重点实验室6个、新增12个首台(套)重大装备，全市第一。入围省新型研发机构12家、全市第一；成立比利时、德国、韩国、新加坡等异地创新中心6个，推进以粤港澳大湾区、美国、欧盟等创新资源集聚区为主的全球离岸创新中心建设。国家重大人才工程有效申报189个，入选国家重大人才工程A类项目16人、B类项目7人；新招引科技人才项目2017个、高层次人才超3100人、外籍高端人才1030人。加快“高新金融谷”建设，投放风险补偿类科技贷款19.3亿元，新增基金136家，注册规模192.5亿元。举办首届中国硅光大会、中国物联网新物种企业大会、开放原子开发者大会等重大品牌活动，行业创新影响力持续扩大。

【中法(无锡)产业合作园】 7月18日，中法(无锡)产业合作园启动暨重大项目签约仪式在无锡高新区举行。仪式上，中法(无锡)产业合作园、中法合作示范区揭牌成立，总投资超10亿美元6个法资重大项目签约。中法(无锡)产业合作园规划面积200公顷，其中核心区面积19.67公顷，由法国埃顿集团投资建设、招商运营，被中国法国工商会授牌为中国第一家“中法合作示范区”。

【无锡国家集成电路设计产业园】 2023年，无锡国家集成电路设计产业园招引企业243家，其中引进符合科技人才项目38个，符合高新技术企业培育项目54个；集成电路企业30家。注册资金超千万元项目53家，投资过亿元项目3个，到位外资及港澳台资317万美元。北大EDA研究院、西安创新中心揭牌；芯素科技5nmXPU芯片、扬贺扬存储芯片、比利时Agio总部等重大项目落地。完成国家重大人才项目有效申报9个，入选国家重大人才项目1个；完成“WR计划”申报1个、“HJ计划”1个，力芯微电子股份有限公司袁敏民入选2023年度科技部创业人才，并被中央电视台报道；入选“BSH”引进计划1人、省“双创人才”项目1个、市“太湖人才”创新创业项目3个；入选区领军人才创新创业项目26个(含1个团队)。完成高科技企业入库23家；国家级专精特新企业入选4家，省级专精特新企业入选2家，专精特新企业入库11家；完成股改1家，新增上市后备企业2家；完成雏鹰企业入库8家、瞪羚企业入库4家、准独角兽企业入库1家、科技中小企业入库70家。通过无锡国家“芯火”双创基地(平台)建设规划二期方案(2023—2025)；召开首次国家“芯火”(无锡)闭门研讨会和省市区级政策解读会等活动9场；无锡国家“芯火”双创基地汽车芯片可靠性检测平台揭牌成立；华大九天EDA创新联合实验室与线上实训中心成立。力芯微电子股份有限公司获评省科技进步三等奖，揭榜首批长三角联合攻关项目；无锡尚积半导体科技有限公司、芯带科技(无锡)有限公司入选省潜在独角兽企业；无锡迪思微电子有限公司、无锡安趋电子有限公司入选省瞪羚企业；优睿谱半导体设备(无锡)有限公司获全国创新创业大赛百强，无锡微纳核芯电子科技有限公司、瓴芯电子科技(无锡)有限公司的芯片产品获评第18届“中国芯”“芯火”新锐产品奖。

【无锡国际生命科学创新园】 2023年，无锡国际生命科学创新园获批省级创业投资集聚示范区、市级服务业集聚示范区，入选江苏省国际合作园区发展典型案例；连续3年上榜“未来医疗100强澎橙奖年度医疗健康标杆产业园区”；跻身国家生物医药产业园区综合竞争力前20强；全国留学人员创业园区孵化基地被评为优秀等次；获评省委统战部授牌“华创苑”，是无锡市唯一获评园区。全年营业收入86亿元，比上年增长15%；上缴税收5亿元，比上年增长32%。招引科技企业390家，其中超亿元项目4个，符合科技人才培育项目60个，符合高新技术企业培育项目93个，“一事一议”重大科技项目22个；实际使用外资及港澳台资1400万美元；新增上市后备企业5家。全球8个产业机构和10余个投资机构与园区达成战略合作，在上海和比利时两地设置I·Campus飞地创新中心，其中无锡国际生命科学创新园（上海）创新中心认定为市级孵化器。科笛生物医药（无锡）有限公司登陆香港交易所，成为无锡高新区首家生物医药境外上市企业。无锡高新区与中国药科大学无锡创新研究院举行签约仪式，项目落地园区二期；无锡特殊食品与营养健康研究院举行首届太湖湾特殊食品生态圈大会暨无锡特殊食品与营养健康研究院投用仪式；无锡美丽健康产业园开园；“无锡—澳门‘药食同源’创新平台”稳步推进。CGT全球创新中心落成；QFLP基金合作落地；莱特葳芯半导体（无锡）有限公司、中科星动力科技（无锡）有限公司等一批基金拟投项目落地。高新技术企业申报41家，通过27家，区外引进高新技术企业13家，园区高新技术企业75家；完成市雏鹰企业入库27家、瞪羚企业入库申报4家、准独角兽企业入库3家；完成科技型中小企业评价281家；国家高新技术企业通过33家，净增高新技术企业19家；新增国家级专精特新企业2家、省级专精特新企业3家；新增无锡市科技创业载体2家。5个项目获2023中国无锡“太湖杯”国际精英创新创业大赛总决赛晋级名单；科贤未来（无锡）科技有限公司“高空幕墙清洁机器人项目”获评第五届“创响无锡”全民创业大赛新吴选拔赛一等奖；恰瑞生物获第八届“创客中国”暨2023年江苏省中小企业创新创业大赛无锡市区域赛二等奖；莱特葳芯半导体（无锡）有限公司、无锡复生智慧医疗科技有限公司、江苏恰瑞生物科技有限公司三家企业入围第12届中国创新创业大厦全国赛。江苏省营养食品质量监督检验中心（筹）通过省市场监督管理局验收；无锡特殊食品与营养健康研究院“一株可缓解ETEC致腹泻的格氏乳杆菌及其应用”专利投保“专利实施失败费用损失保险”，为全省首创；东劢医疗获《医疗器械生产许可证》，实现无锡医疗器械CDMO零的突破；无锡启益医疗科技有限公司入选2023年未来医疗100强中国创新数字医疗创新榜，并获中国首张肺功能康复数字疗法医疗器械证书；新增培育市级众创空间锡望星空1家。举办樱花季——消费医疗高端峰会、细胞与基因治疗行业（CGT）峰会、无锡“I·Campus”药食同源高端峰会，承办首届太湖湾国际创新核药产业论坛、阿斯利康生态圈大会、2023无锡首届特殊食品生态圈产业论坛暨无锡特殊食品与营养健康研究院一期投用仪式等20余场重大活动。完成300间人才公寓装修、外立面升级迭代和周边景观改造等工程；创新园二期建设全面加速，完成固定投资3.58亿元，12月底竣工投用。

【无锡（国家）软件园】 2023年，无锡（国家）软件园园区企业营业收入346亿元，税收15.94亿元。招引科技企业459家，其中超亿元项目2家。加强重点项目招引，58集团本地服务、汽车服务及昇迪凡科亚太总部基地、区块链测评中心相继落地。招引企业中，符合科技人才项目75个，符合高新技术企业培育项目130家，“一事一议”过会项目31家。推进科创飞地建设，分别在比利时和德国成立无锡国家软件园创新中心，依托外部资源优势，加强在科技人才培训、技术转移、创新创业、项目孵化等方面的深度合作，推动中欧科技创新成果转化；在南京市建立无锡软件园（南京）创新中心，利用各自的行业优势、技术资源、客户资源及业务优势开展合作。申报专精特新企业培育入库51家，新增股改摸排企业2家、上市后备企业5家；科技型中小企业评价入库274.5家，净增高新技术企业17.5家，其中迁入15家；科技企业孵化载体（市级以上）认定通过2家。完成国家重大人才计划申报31个（含启明计划、火炬计划、博士后计划），入选1个（无锡市华辰芯光半导体科技有限公司冷祥），实现国家级人才项目零的突破；省“双创”人才项目入围3个，“太湖人才”项目入选7个，区领军企业入选38个。推进园区双创服务生态建设，联合宁波银行、江苏银行等金融机构举办融资对接活动4场，参会企业29家次；举办太湖湾科创城IT人才专场招聘会、无锡市数字化人才交流会，吸引近20家企业参会，达成就业意向100人左右；联合开放原子开源基金会，共同承办2023首届开放原子开发者大会；承办软博会无锡城市馆；联合江南大学、普华永道分别举办2023视觉与学习青年学者研讨会（VALSE）ChatGPT与计算机视觉论坛、无锡高新区数字经济及AIGC行业研讨会等各类活动。按时推进国家软件园五期、六期项目建设，五期项目固定资产投资约7.2亿元，六期项目固定资产投资约5.1亿元，总计12.3亿元。投入近8000万元对园区进行提升改造，提升园区商业配套品质、补齐园区文体设施短板、完成公寓专业化运营服务、完善园区停车管理，进一步完善配套设施和公共空间。

【中国物联网国际创新园】 2023年，中国物联网国际创新园全年总产值突破200亿元；纳税总额8.8亿元，比上年增长10%；资产出租率超92%，净资产收益率1.57%；在园企业272家，从业人员7000余人。园区有上市筹备企业22家，市级雏鹰、瞪羚、准独角兽企业累计183家；入选国家重大人才项目4个。新增国家级专精特新“小巨人”企业3家，累计7家，专精特新企业总数40家，高新技术企业总数138家。华进半导体国家级技术创新中心项目、总投资超25亿元的中国联通长三角光电通信产业园项目、估值超5亿元的半导体前道套刻设备总部项目，以及睿创光子（无锡）技术有限公司、无锡青辉光科科技有限公司等12个硅光项目签约落地。招引科技企业395家，其中引进高新技术企业培育项目111个、人才培育项目50个，签约落地一事一议重大项目23个，在谈重点项目50个。完成3万平方米载体建设。无锡高新区（大湾区）创新中心获评无锡市异地孵化器，孵化引进科技项目20余个，推动无锡市与香港中文大学、华南理工大学、哈尔滨工业大学等知名院校开展产学研合作，举办金融、人才、智能装备、科技招商专场推介等系列品牌活动21场。集聚国家重大人才32人、江苏省“双创人才”84人、无锡市“太湖人才”129人、新区“飞凤”人才111人；高层次人才及团队141个，省级以上研发机构25个；园区引进华进半导体国家集成电路特色工艺及封装测试创新中心、无锡物联网创新中心MEMS（硅基光电）先进感知研发中心、无锡锡产微芯跨国半导体IDM集团、国家物联网感知装备产业计量测试中心4个重大科技创新平台。万人发明专利拥有量超1800件。与一村资本合作成立的无锡同威淞灵1亿元合作基金，与太科城国资园区成立创投基金，引进由无锡市创新投资集团有限公司牵头成立的50亿元集成电路专项基金，与华英证券合作举办上市后备企业金融沙龙。启动无锡首家国有科技园区资产证券化——公募REITs基金试点工作。举办首届中国硅光大会，三度入围赛迪顾问传感器十大园区，获评江苏省首批仪器仪表产业园、无锡市首批特色产业园区、无锡市“465”现代产业集群优秀园区，连续6年获省级科技企业孵化器绩效评价A类。江苏芯潭微有限公司、无锡芯享科技有限公司等多个企业上榜德勤、长城咨询等权威榜单，江苏晟能科技有限公司为全省唯一入选工业和信息化部“平台类工业互联网平台+绿色低碳试点示范类”名单，无锡锡产微芯半导体有限公司获评省独角兽企业，无锡谱视界科技有限公司获评中国产学研界最高荣誉奖“中国产学研合作创新奖”，江苏中科西北星信息科技有限公司上榜“长三角百家品牌软件企业”名单。

（李 河）

中国宜兴环保科技工业园

【概况】 2023年，中国宜兴环保科技工业园（以下简称“环科园”）完成一般公共预算收入21.6亿元，比上年增长6.5%，总量居宜兴市第一；规模以上工业产值、工业增加值分别为956.7亿元、164.5亿元，比上年分别增长7.1%、4%；全社会固定资产投资100.1亿元，比上年增长9.3%；外资及港澳台资到账1.2亿美元，比上年增长292.7%。全年新增规模以上企业76家，其中规模以上工业企业30家，累计总数503家，总量居宜兴市第一；新入专精特新培育库85家，累计专精特新入库企业215家，数量在宜兴市各板块中列第一位；新增国家级专精特新“小巨人”5家、累计8家，新增省级专精特新企业33家、累计74家，数量居宜兴市第一位，其中环保企业超过50%。

【项目建设】 2023年，环科园新审批备案项目148个，其中亿元以上项目30个，超10亿元项目6个，投资总量177亿元。2个项目列入省重大储备项目，19个项目列入无锡市级重大项目，45个项目列入宜兴市级重点项目。宜兴市级以上重大项目完成投资73.72亿元，比上年增长13%，固定资产投资首次突破100亿元。总投资103亿元的无锡海容超级陶瓷电容器与智能传感器制造、总投资30.5亿元的湖畔光芯超高清、高亮硅基OLED微型显示芯片生产制造项目一期、总投资10亿元的无锡天华超净新材料产业园等一批在建项目全面推进；总投资20亿元的氢储能源固态储氢装置、加氢设备及相关定制设备等研发制造项目、总投资10.8亿元的清优动力电池及储能电池密封结构件项目以及总投资10.2亿元的金泰科新能源动力电池和储能系统配套生产基地等一批重特大项目逐步落户；总投资10.9亿元的鑫林环保工业难降解有机特种废水处理专用设备制造、总投资10.53亿元的中建材太阳能装备用光伏电池封装材料、总投资7亿元的百事德机械高效风机设计及智能化制造基地建设等项目竣工投产。

【科技创新】 2023年，环科园入选生态环境部与科技部联合公布的国家生态环境科普基地名单，是江苏省3家入选单位之一，也是无锡市唯一入选单位。获评“科创中国”创新示范基地，是江苏省唯一入选该类别的创新基地示范项目。环科园知识产权工作站（商标品牌指导站）获国家知识产权局首批“千企百城”商标品牌价值提升行动的商标品牌指导站。举办第四届太湖湾国际青年精英科创挑战赛——医疗器械产业（深圳）赛，第二届江苏产学研合作对接大会——宜兴绿色低碳技术对接会。全年有效高新技术企业241家。新增无锡市雏鹰企业、瞪羚企业、准独角兽企业分别为1家、6家、1家，无锡市雏鹰企业、瞪羚企业、准独角兽企业培育入库总数分别为229家、107家、8家。科技型中小企业评价入库数累计561家，数量列宜兴市第一位。园区2家企业获评国家知识产权局颁发的国家知识产权优势企业、1家企业获无锡市专利奖金奖。新增国家级专精特新“小巨人”企业5家，入选国家级人才计划7人、省“双创”计划3人、省“科技副总”9人、无锡市“太湖人才”计划5人、宜兴市“陶都英才”项目15个。新增无锡市工程技术研究中心14个、江苏省工程技术研究中心6个。新增院士工作站1家、省级孵化器1家、省级众创空间1家、无锡市级孵化器4家。

【**无锡天华新材料产业园**】 10月17日，无锡天华新材料产业园暨固态电池正极材料项目奠基仪式举行，标志着无锡天华新材料产业园一期落成、固态电池正极材料项目开工建设。无锡天华新材料产业园项目由苏州天华新能源科技股份有限公司投资建设，项目总投资12亿元。产业园一期相关厂房、投资2亿元的防静电超净技术材料项目建成，总投资4.4亿元的固态电池正极材料项目启动建设。

【**氢枫（中国）研发制造宜兴基地**】 7月，氢枫（中国）研发制造宜兴基地与上海浦江特种气体有限公司签订供货协议，氢枫（中国）研发制造宜兴基地按照国际标准设计制造，最终经过中国船级社认证，实现全球首批镁基固态储运氢车交付。10月，氢枫（中国）研发制造宜兴基地开工暨全球首批镁基固态储运氢车交付仪式在环科园举行。活动现场，氢枫（中国）研发制造宜兴基地向上海浦江特种气体有限公司移交船级社证书，举行上海交通大学校级联合实验室签约仪式。氢枫（中国）作为氢能综合技术解决方案供应商，业务涵盖氢气制取、储存、运输和氢能应用。开工的氢枫（中国）研发制造宜兴基地总投资25亿元，用地面积约6公顷，总规划建筑面积约10万平方米。基地建成后，可形成万吨级储氢装置、加氢设备以及定制设备的生产能力，增强企业氢能产品供应能力。

【**金泰科新能源动力电池配套产品生产基地**】 11月11日，金泰科新能源动力电池配套产品生产基地开工奠基暨供应链合作签约仪式在环科园举行。金泰科新能源动力电池配套产品生产基地项目计划总投资10.2亿元，规划总建筑面积5.5万平方米。其中，总投资2.1亿元的“年产8.35亿片新能源配套产品”为江苏远航精密合金材料股份有限公司2022年上市募投项目之一，是江苏金泰科精密科技有限公司打造“新能源动力电池配套产品生产基地”的重要组成部分。

11月11日，金泰科新能源动力电池配套产品生产基地开工奠基仪式在环科园举行

（环科园　供图）

【**江苏省药监局审评核查宜兴工作站**】 8月26日，江苏省药监局审评核查宜兴工作站揭牌暨宜兴国际生命科学产业园项目签约仪式在宜兴市举行。活动现场，江苏省药监局审评核查宜兴工作站、宜兴市生命健康产业创新服务中心揭牌成立；总投资约47亿元的9个生命健康产业项目集中签约落户环科园。

（俞涤非）

无锡太湖国家旅游度假区

【**概况**】 2023年，无锡太湖国家旅游度假区（以下简称“度假区”）实现地区生产总值152.42亿元，比上年增长7%；完成一般公共预算收入17.9亿元；完成规模以上工业总产值236.78亿元，比上年增长8%；完成全社会固定资产投资61.83亿元，其中工业投入18.66亿元；完成规模以上服务业营业收入25.7亿元，比上年增长21%；完成限额以上社会消费品零售额7.54亿元，比上年增长51.2%；完成限额以上贸易总额23.92亿元，比上年增长14.2%；完成商务部确认到位外资及港澳台资2.55亿美元，为年度目标任务的189%。度假区推进国企改革，组建成立无锡马山投资控股集团有限公司，推动国资国企集团化、市场化运营，获评AA+主体信用等级。

【**重大项目**】 2023年，度假区新招引注册资本1000万元以上企业203家，招引落地糖吉医疗、品臻影像、宏大纺机等重大项目15个，总投资额近50亿元。聚焦生命健康、文化旅游等重点领域，到北京市、上海市、深圳市等国内重点城市以及日本、韩国等海外地区开展招商，储备深圳中科翎碳生物科技有限公司、武汉欧必诺生物科技有限公司、北京力达康科技有限公司等优质项目。利用现有基金支持平台强化优质项目培育，通过无锡鼎祺金马投资合伙企业（有限合伙）、无锡国联开弦健康产业投资合伙企业（有限合伙）等合作基金新增投资企业10余家。重点关注扶持上市意向企业，形成江苏马盛生物科技股份有限公司、无锡睿龙新材料科技有限公司、无锡方成包装科技股份有限公司等近20家上市企业储备梯队。开展土地收储工作，陆马三号地块挂拍完成。中国移动长三角数据中心、中国电信无锡马山数据中心、人民银行无锡开发测试云数据中心等8个省、市重大项目全年计划投资完成率275%。

2月10日，无锡方盛换热器股份有限公司新能源热管理系统智能工厂建设项目举行开工仪式　　（度假区　供图）

【生物医药】 2023年，度假区生命健康产业实现销售收入138.48亿元，产业规模突破150亿元。健适医疗二期配套用房竣工投用。贝勒抗衰医院落成开业。无锡悦见医疗科技有限公司基地投产。费森尤斯卡比华瑞制药有限公司获批特殊医学用途配方食品注册证书，实现滨湖区特医食品注册证书"首证突破"。辉瑞制药（无锡）有限公司引入白血病治疗药物产业化项目。举办太湖（马山）生命与健康论坛暨2023转化医学与临床创新大会、《麻省理工科技评论》生命科学创业大赛、无锡"太湖杯"创新创业大赛等大型活动，完成签约项目超20个。无锡生物医药研发服务外包区获批中科协"海智国际研发社区"，入选科技部中国生物技术发展中心"国家生物医药产业园区综合竞争力前50强"。

【文化旅游】 2023年，度假区接待游园人数1280万人次。龙头渚公园开园。小南湾乡创园。举办无锡太湖女子半程马拉松、乐跑马山天使跑、"金石同眠、大唐望族阎氏夫妻墓文物精品展"、全国考古前置背景下出土文物预防性保护修复研讨会开幕式暨考古发掘现场文物保护国家文物局重点科研基地华东工作站揭牌仪式、小田生活艺术季等活动。阖闾城遗址博物馆入选文化和旅游部推出的10条长江主题国家级旅游线路之一。拈花湾小镇获评第一批江苏省特色小镇、江苏省放心消费创建示范区域，入选全国首批智慧旅游沉浸式体验新空间培育试点名单。"小南湾田园生活美学"获评江苏省乡村旅游业态创新示范产品，小田里项目规划获评2023年国际风景园林师联合会亚太区风景园林奖——农业规划类卓越奖。

【科技创新】 2023年，度假区换热器骨干企业进军新能源汽车、风能、高铁等高附加值领域。无锡方盛换热器股份有限公司节能高效换热系统及换热器生产基地建设项目主体封顶。无锡鑫盛换热器科技股份有限公司流体及热管理产品研发制造基地项目土建竣工，启动试生产。江苏宏图高科技股份有限公司的全资子公司宏图光电线缆（无锡）有限公司成立。江苏马盛生物科技股份有限公司、无锡睿龙新材料科技有限公司、无锡方成包装科技股份有限公司入选市"三类企业"，无锡方盛换热器股份有限公司获评市级智能车间，爱克普换热器（无锡）有限公司获评市级企业技术中心，无锡鑫盛换热器科技股份有限公司、无锡睿龙新材料科技有限公司获评国家级专精特新企业。推进科创载体建设，外包区二期C地块科创载体全面封顶，马山高性能医疗装备全球产业中心等新载体规划建设有序推进。

（石业伟）

江阴国家高新技术产业开发区

【概况】 2023年，江阴国家高新技术产业开发区（以下简称"江阴高新区"）完成地区生产总值809.52亿元，比上年增长6.3%；规模以上工业产值1162.57亿元；全社会固定资产投入171.83亿元，其中，工业投入106.41亿元、比上年增长5.4%，服务业投入65.41亿元；一般公共预算收入36.88亿元，比上年增长17.9%；进出口总额79.58亿美元；到位注册外资及港澳台资3.52亿美元。

【主导产业】 2023年，江阴高新区以特钢新材料为主导，微电子、生命健康、高端装备为特色，新能源为战略的“1+3+1”先进制造业体系进一步发展壮大。特钢新材料方面，新材料（特钢制造）国家新型工业化产业示范基地在工业和信息化部发展质量评价中被评为五星级（全国28家、江苏省4家），江阴兴澄特种钢铁有限公司建成全球特钢行业首座“灯塔工厂”，法尔胜泓昇集团有限公司入选中国制造业500强企业、国家服务型制造示范企业，江苏龙山管件有限公司、江阴全华丰精锻有限公司入选国家专精特新“小巨人”企业，中国贝卡尔特钢帘线有限公司入选国家绿色工厂。全区特钢新材料产业规模以上产值561.2亿元，比上年增长8.5%。集成电路方面，初步形成集成电路设计、芯片制造、封装及测试的全产业链，同步带动电子产品及零部件、5G通信等细分领域发展，江苏长电科技股份有限公司入选中国制造业500强企业、国家智能制造试点示范（优秀场景），江苏新顺微电子股份有限公司、江苏法尔胜光电科技有限公司、江苏斯菲尔电气股份有限公司入选国家专精特新“小巨人”企业，微电子产业园区域工改取得明显成效，全区微电子产业规模以上产值302.4亿元。生命健康方面，着重构建集中药配方、创新药、诊断试剂盒于一体的产业链，形成现代中药、医疗器械、新药研发、智慧康养四大发展方向，江阴天江药业有限公司入选国家智能制造试点示范（优秀场景），江阴佩尔科技有限公司、江苏风和医疗器材股份有限公司、江苏佰澳达生物科技有限公司一期等重点项目竣工投产，全区生命健康产业规模以上产值53.9亿元，比上年增长9.7%。高端装备方面，江阴大地装备股份有限公司、江阴市博汇机械成套设备有限公司获评省级企业技术中心，江苏国范智能科技有限公司等3家企业入选省级中小企业公共服务示范平台，全区高端装备产业规模以上产值80.1亿元，比上年增长14.4%。新能源方面，全区新能源产业规模以上产值18.7亿元。

【重要项目】 2023年，江阴高新区加快建设微电子、生命健康、新能源和智能制造三大主题产业园区，编制专项规划，优化产业配套，严格项目准入。深化链式招商、基金招商、驻点招商，到海内外一线城市开展高频次招商活动，累计签约超亿元项目25个，其中超50亿元项目1个、超10亿元项目3个、超5亿元项目4个；签约超1000万元文化产业项目3个。备案超亿元项目21个，其中超10亿元、超5亿元项目各5个。新开工项目32个、新投产项目27个。长电微电子、盛合晶微、昕感科技等3个项目入选省重大项目，省、市重大项目投资完成率分别为280%、115%。创新实施“综窗改革”，3个项目实现“拿地即开工”，1个项目实现“报建即开工”，20项高频事项实现“跨区域通办”。

【创新提质】 2023年，江阴高新区启动建设科创载体超30万平方米、投用超50万平方米，“两基地三中心”（哈工大未来技术江阴创新基地、西交大科技成果转化基地，比利时、俄罗斯、哈萨克斯坦海外创新中心）成功落地，121未来产业园开园，星河科创园建成投用。高效运营各类研发机构、科创飞地，引育科创项目62个。建成科技招商全生命周期管理平台，完成科技招商项目超500个，有效高新技术企业增至225家，科技型中小企业评价入库465家，获评省独角兽企业1家、省潜在独角兽企业1家、省瞪羚企业10家。新增国家级专精特新“小巨人”企业5家、省级专精特新中小企业21家、省工程技术研究中心10家、省企业技术中心5家。入选国家重大人才工程6人、省“双创人才”5人、省“双创团队”1个。推进“智改数转”，实施技改项目54个，投入技改资金超65亿元，新增国家智能制造试点示范2个、国家绿色工厂1家、省级智能车间4家。获“十四五”国家重点研发计划等省级以上项目13个，争取上级资金超7000万元。推进绮山湖科创谷一期建设，运行新兴产业投资基金，高新技术产业产值占比76.6%，科技创新成效获省政府督查激励。

（陈　健）

10月28日，2023江阴国家高新区开放创新合作交流会举行

（江阴高新区　供图）

锡山经济技术开发区

【概况】 2023年，锡山经济技术开发区（以下简称“锡山开发区”）完成地区生产总值1121.88亿元，比上年增长7.3%；规模以上工业总产值2119.9亿元，比上年增长7.3%；出口总额472.8亿元，比上年增长1.8%。年内，在230家国家级经开区综合发展水平考核评价中，排第72位，比上年上升3位；在全省118家经济开发区高质量发展综合考核评价中，排第7位，比上年上升3位，创历史新高。2月，2022年度国家级开发区土地集约利用监测统计结果排序，锡山开发区列全国工业主导型开发区第7位。4月，锡山开发区获评江苏省知识产权建设示范园区。

【项目招引】 2023年，锡山开发区聚焦重点城市、重点区域、重点产业，组织粤港澳经贸招商活动、锡山氢能和储能产业发展论坛、中国高端仪器与测试测控创新发展论坛等各类专题活动33场，签约总投资120亿元的一汽远景智能电池制造基地、总投资1.5亿美元的德纳亚太区车辆核心系统和部件研发及制造总部、总投资1.5亿美元的中车博戈亚太总部及二期制造基地、总投资26.2亿元的盘古纳祥钠离子电池、总投资20亿元的隆达航空级高温合金制造基地和研发中心等38个总投资超354亿元的重大产业项目。其中，10亿元以上产业项目13个，20亿元以上产业项目6个，100亿元以上项目1个，注册资本3000万美元以上项目9个，项目签约落地率100%。完成土地挂牌51.04公顷、27.13公顷准备挂牌中。高质效推进重大项目梯次建设，实施的5个省重大、20个市重大、35个区重点项目投资完成率分别为185.4%、193.3%、140.4%，中航试金石先进材料及结构性能评价设计研发中心、凯威特斯半导体装备零部件再制造、中欧产业园北区等17个项目实现竣工，德力佳二期风电用变速箱、天奇动力电池梯次利用、众能GW级钙钛矿太阳能器件和装备生产线等13个项目实现投产。高效运作基金，云林基金年内完成对外投资项目8个、投资金额7854.45万元，累计直投项目22个、投资总额12.42亿元。科创飞地加速项目孵化，北京、上海、深圳、西安离岸孵化器举办各类招商项目路演及宣传活动36场，累计导入科技人才项目28个。1月28日，锡山区重大产业项目暨中欧智能装备产业园（南区）开工仪式举行，锡山开发区总投资137亿元的10个项目集中开工。2月14日，德纳亚太区车辆核心系统和部件研发及制造总部项目签约落地锡山开发区。4月12日，总投资30亿元的极电光能钙钛矿产业基地项目在锡山开发区举行开工仪式。

1月28日，2023年锡山区重大产业项目暨中欧智能装备产业园（南区）开工仪式举行
（锡山开发区　供图）

【产业升级】 2023年，锡山开发区坚持“产业集群＋特色专业园区”协同打造，中欧产业园一期正式投用，启动项目招引。长三角工业芯谷全面封顶，医疗器械产业园完成主体施工，云林滨水公园健康文化活动中心、钠电产业园揭牌成立。成立兮智产业园运营公司并启动实体化运营，在管园区20个、代管园区2个。实施平台提升工程，集萃创新中心纳入长三角国家技术创新中心体系，湖南大学无锡半导体先进制造创新中心获省级新型研发机构列统，上海交通大学无锡碳中和动力技术研究院启动碳中和智能系统工程中心建设，无锡市产业创新研究院完成筹备组建并正式运行。推进新型工业化，高质高效开展企业技改、企业上市、对上争取等重点工作，全年实施超千万元技术改造项目67个，其中超5000万元项目46个，累计完成技改投资108.2亿元。品牌创建成效明显，通过国家专精特新“小巨人”企业认定5家，获评省智能制造领军服务机构1家、省工业互联网标杆工厂2家、省绿色工厂2家、省级智能车间7家、省两化融合管理体系贯标示范企业9家、省级专精特新中小企业28家、省星级上云企业50家、市级企业

技术中心12家、市级智能车间10家。积极推动惠企政策快速兑现，累计协助开发区企业争取省、市、区各类扶持资金360笔、金额4.76亿元。打造企业梯次上市格局，无锡鑫宏业线缆科技股份有限公司成功上市，新麦机械（中国）股份有限公司、江苏利特尔绿色包装股份有限公司、国宏工具系统（无锡）股份有限公司提交IPO（首次公开募股）申请，江苏全盛座舱股份有限公司、德力佳传动科技（江苏）股份有限公司报省证监会辅导备案，无锡理奇智能装备股份有限公司、无锡万耐特自动化设备股份公司完成股改。全年完成各类行政审批事项6198件、办结率100%，其中，企业设立登记1623件。

【科技创新】 2023年，锡山开发区完成高新技术产业产值550亿元、占规模以上工业产值58%。签约球形机器人项目、流体控制设备项目、车用执行器自动化生产项目等科创项目22个，其中重点科创项目9个。创新型企业集群培育再攀新高，完成国家科技型中小企业评价入库477家，有效期内高新技术企业269家，新增市雏鹰、瞪羚、准独角兽入库企业96家。获评中国潜在独角兽企业2家，新增省级工程技术研究中心4家、市级工程技术研究中心16家。推进科技成果转化，全年完成技术合同成交额13.19亿元，产学研合同备案登记69个，有效发明专利拥有量2340件，万人有效发明专利拥有量189.94件，获评江苏省知识产权建设示范园区。高精尖人才加速引聚，入选国家“万人计划”1人、重大人才工程A类1人、博士后海外人才7人，省“登峰计划”产业科技创新人才1人、“双创计划”项目5个、科技副总项目1个，市“太湖人才计划”项目18个，“锡山英才计划”项目15个。

（陆金艳）

无锡惠山经济技术开发区

【概况】 2023年，无锡惠山经济技术开发区（以下简称“惠山经开区”）实现地区生产总值259.87亿元，比上年增长6.5%，一般预算收入31.42亿元，比上年增长20.4%；获评全国先进制造业百强园区，智能基础零部件制造产业集群入选全国首批“中小企业特色产业集群”。

【招商引资】 2023年，惠山经开区探索海外并购、设立QFLP基金等模式，实现规模以上工业产值839.9亿元，比上年增长7.6%；全社会固定资产投资130.38亿元，比上年增长12.8%，其中工业投资完成70亿元，比上年增长17.8%；完成到位外资及港澳台资5.3亿美元，比上年增长69.8%。加强与境外经贸和投资促进机构的联系合作，新设立惠山经开区（德国）产业经贸合作交流中心等英国、德国、日本、韩国4个对外合作新窗口。组建海外招商小分队，与世邦魏理仕实业投资（上海）有限公司等机构达成战略合作，多渠道赋能外资招引。招引晶澳新能源装备和华彬集团华东区域总部、战马中国总部等项目，药明生基细胞及基因疗法一体化平台签约落地。联合上海临港集团，推进总投资30亿元的长三角氢能谷项目签约落地。深化与上海外高桥集团战略合作，共建苏南外惠国际贸易产业创新中心。与江西赣州龙南经开区签署《惠龙碳中和产业园合作共建协议》，产业园进入基础设施建设阶段。与赣榆高新区合作共建的惠榆新兴产业合作园一期形成初步方案。与青海省海东市平安区平安牦牛产业园合作，设立惠山平安东西部协作电商平台示范区。与乌鲁木齐经开区东西部共建战略合作签约，搭建以新惠国际贸易产业协同中心为引擎的产业赋能体系。与泰中罗勇工业园合作，共建中欧班列沿线友好园区，拓展RCEP（区域全面经济伙伴关系）等“一带一路”市场。

【项目建设】 2023年，惠山经开区实施省、市级重大项目27个，比上年增长22.7%，签约1亿元以上项目60个，总投资635亿元，落地上

9月27日，长三角氢能谷项目合作签约仪式在惠山经开区举行

（惠山经开区　供图）

能电气5吉瓦、上汽大通GST、图达通激光雷达、晶澳光伏装备、药明生基细胞及基因疗法等一批重大内外资项目。吉利电驱产值近10亿元；晶澳新能源产值23亿元，纳税1.21亿元；云程光伏产值25亿元，纳税3亿元；58集团HRG销售55亿元，纳税1.95亿元；华彬集团销售20亿元，纳税1.1亿元。上能电气股份有限公司获评国家企业技术中心，是无锡市唯一一家国家级技术中心，产值49.3亿元，比上年增长106%；一汽解放汽车有限公司无锡柴油机厂产值31.6亿元，比上年增长25%；上汽大通汽车有限公司税收8.2亿元，比上年增长112%，上汽大通GST成为建区以来最大技改项目，技术投资超14亿元。上能储能变流器及储能系统集成建设项目为惠山经开区唯一一个省重大项目。

【科技创新】 2023年，惠山经开区新增国家级专精特新"小巨人"企业10家，累计16家；新增省级专精特新中小企业26家，累计80家；累计有国家、省、市级专精特新企业137家；有效申报国家级人才计划58个，比上年增长223%；入选国家级人才8个、省"双创人才"16个、市"太湖人才"15个。中科院外籍院士、诺贝尔奖得主康斯坦丁入选省首批顶尖人才工程"登峰计划"，是全市唯一获5000万元资金顶格支持。完成资源信息平台（EHR）的建设，创新性开发完成灵活用工平台"惠开灵工"并通过试运行测试。省药监局审评中心惠山服务站和省医疗器械检验所惠山服务站先后落户。推进省产业知识产权运营中心建设，超通智能发明专利获中国专利优秀奖，上能电气股份有限公司、无锡透平叶片有限公司入围国家知识产权优势企业，航空发动机和燃气轮机产业知识产权运营中心成为无锡市唯一获评江苏省知识产权战略推进计划项目。无锡时代天使医疗器械科技有限公司的"隐形矫治器个性化定制批量生产工业互联网平台"入选工业和信息化部工业互联网试点示范项目，无锡京运通科技有限公司、无锡新大力电机有限公司获评国家级绿色工厂。

【金融资本】 2023年，惠山经开区新增合作子基金5只，新入驻基金机构32家，新增认缴规模超17亿元；通过综合金融工具促成项目落地11个，其中超10亿元重大项目3个；新落地飞叶QFLP、云海私募管理人2个外资主体，通过债券融资、融资对接等方式服务企业70家，帮助企业融资超3.5亿元；新增QFLP（合格境外有限合伙人）实缴到位外资及港澳台资2950万美元；统筹推进头部GP（普通合伙人）总部落地，投资企业16家，本金及收益回流1.32亿元，创收税源5960万元。惠山经开区政府引导基金获评清科研究院2023年中国区县级政府引导基金第2名、中国政府引导基金第19名。推行"管委会＋公司"模式，重组惠山高科集团，并成为全市首家通过AAA主体信用评级的国家级开发区下属国控公司。

【产业集群】 2023年，惠山经开区制定产业集群高质量发展规划和7个配套行动方案，构建"433"（新能源、生命健康、智能装备、数字信息地标产业，石墨烯、人工智能、空天和深海装备新兴产业，现代科技服务、现代金融服务、现代商贸服务特色服务业）产业格局。新能源产业产值810亿元，比上年增长27%；智能装备产业产值582亿元，比上年增长15.6%；生命健康产业产值75亿元，比上年增长39%；数字信息产业产值195亿元，比上年增长38%。惠山软件园、惠山生命科技园获评"江苏省现代服务业高质量发展集聚示范区"，高端技术装备园、生命科技产业园入选无锡市首批特色产业园区。

（徐小明）

宜兴经济技术开发区

【概况】 2023年，宜兴经济技术开发区（以下简称"宜兴经开区"）完成地区生产总值934亿元，比上年增长10.7%，完成规模以上工业产值3209.4亿元，工业增加值613.2亿元，分别比上年增长4.7%、10.2%；完成全社会固定资产投资252亿元，其中工业投资166.9亿元，分别比上年增长1.4%、7.6%，分别占宜兴市的38.1%、51.5%；完成一般公共预算收入42.4亿元，比上年增长11.9%；完成限额以上贸易总额1087.1亿元、规模以上服务业营业收入29.8亿元，分别比上年增长34.4%、10.9%；完成进出口总额431.3亿元，比上年增长1.5%，其中出口204.3亿元，比上年增长1.9%，实际到账外资及港澳台资2.5亿美元，比上年增长94.6%，占宜兴市的57.3%；全区有税收超2000万元企业58家，其中13家企业税收超亿元。国家级经开区综合发展水平考核居111位，在全省118个省级以上开发区综合考评中居14位。

【招商引资】 2023年，宜兴经开区组建总规模5亿元的兴宜国金投资基金，成立韩国双招双引海外中心，开展"韩中丝绸之路园区行"活动，总投资2亿美元的新加坡诺顿国际学校、总投资1亿美元的中港能智慧能源总部生产基地等外资项目签约；江苏雅克科技股份有限公司收购韩国SKC、SK英帕斯公司，江苏中广润新材料科技有限公司、中环领先半导体材料有限公司等企业开展海外布局，对外直接投资额列宜兴市第一位。

10月17日，2023宜兴经济技术开发区开放创新合作大会在宜兴市举行
（宜兴经开区　供图）

【重大项目】 2023年，宜兴经开区新备案亿元以上重大项目35个，其中10亿元以上5个、50亿元以上2个、100亿元以上1个。中环领先高端硅基材料、先科半导体电子信息材料等28个项目建成投产；中车IGBT项目主体封顶，华平光伏POE封装膜项目开工，天钧精密新能源汽车PACK件制造等9个重大项目计划开工建设。总投资40亿元的盛泰光科先进半导体封装、总投资10.5亿元的柔性基板材料（PI）国产化等12个重大项目签约落地；总投资50亿元的高性能锂电池聚酰亚胺隔膜、总投资30亿元的高功率半导体器件集成电路IDM等6个项目计划签约。

【科技创新】 2023年，宜兴经开区召开2023宜兴经济技术开发区开放创新合作大会；启动建设集成电路产业园、科创慧谷二期，新增载体面积22万平方米；东南大学、西南交通大学技术转移中心建成投运，汽车电子研究院、碳中和绿氨能源及动力产业研究院开工建设，光电芯谷、深圳北航投科创中心等科创飞地落地，褚君浩省级院士工作站揭牌成立。新认定高新技术企业60家，有效高新技术企业增加11%，新增科技型企业465家、入库科技型中小企业493家、“三类企业”56家，均创历史最高；入选省两化融合管理体系贯标示范企业4家、省级互联网标杆工厂1家、省级众创空间1家，培育市级以上智能工厂4家、智能车间3家、智能制造应用场景11家，分别获批国家级、省级专精特新“小巨人”企业4家、21家，新增省级以上研发机构10家；江苏恒兴新材料科技股份有限公司上海证券交易所主板上市，首发募集资金10.29亿元；中环领先半导体材料有限公司成为宜兴市首家省独角兽企业，江苏雅克科技股份有限公司、无锡帝科电子材料股份有限公司获省科学技术三等奖，并获无锡市腾飞奖，江苏嘉耐高温材料股份有限公司获宜兴市唯一省级成果转化立项项目。国家知识产权局宜兴工作站落地投用，中环领先半导体材料有限公司获评国家级知识产权优势企业，江苏国信协联能源有限公司获无锡专利奖金奖。新增发明专利授权203件、PCT专利申请9件，万人发明专利拥有量79件，比上年增加14件。入选国家级人才12人、省级人才5人、市级人才6人，引进两院院士9人、发达国家外籍院士1人。

（戴　波）

江苏无锡经济开发区

【概况】 2023年，江苏无锡经济开发区（以下简称“无锡经开区”）完成地区生产总值544.64亿元（含胡埭），比上年增长10.81%。一般公共预算收入35.5亿元，比上年增长1%。其中，税收收入28.6亿元，比上年增长6.81%，占一般公共预算收入比重的80.7%。规模以上工业总产值483.97亿元（含胡埭）。固定资产投资216.85亿元（含胡埭），比上年增长18.44%。其中，制造业投资8.05亿元（含胡埭），比上年增长14.92%，基础设施投资13.4亿元（含胡埭），比上年增长10.72%。社会消费品零售总额83.93亿元。到位注册外资及港澳台资7332万美元。文化产业增加值占地区生产总值比重的3.82%。全省经济开发区高质量发展综合考核评价排名由上年的73名上升至66名。

【招商引资】 2023年，无锡经开区举办2023全球招商合作大会、2023锡港创业及私募投资合作交流座谈会、智能网联汽车生态大会、长三角—粤港澳大湾区第二届集成电路“太湖之芯”创业大赛等70余场招商活动。围绕“333+5”（物联网、集成电路、软件与信息技术3个产业；高端装备、节能环保、汽车及零部件〈含新能源汽车〉3个产业；人工智能、第三代半导体、深海装备3个产业；智能网联汽车、工业软件、储能和新能源、精密医疗器械和精准医学、集成电路设计和装备5个产业生态圈）现代产业集群、产业生态圈和“天生机智”

未来产业，招引总投资超亿元项目14个、科技企业467家、现代服务业企业34家，签约深圳市大数据研究院无锡创新中心、深圳大学无锡智能传感产业研究院，落地东南大学无锡双创基地等产学研平台4个。深圳市、上海市、珠海市“三大飞地”招引科创企业41家，横琴粤澳协同创新中心正式启用，无锡深港协同创新中心获批无锡市异地孵化器。重点引育院士1人、国家级人才15人、省市高层次人才24人，完成国家重大人才工程项目有效申报131项，完成率163.8%，市“太湖人才计划”入选率92%，创历年新高。

【产业发展】 2023年，无锡经开区深化“333+5”现代产业集群建设，出台物联网、集成电路、第三代半导体等9个重点产业集群和智能网联汽车、工业软件、储能和新能源、精密医疗器械和精准医学、集成电路设计和装备五大产业生态圈发展三年行动计划。按照新产业、高品质、定制化要求，加快推进170万平方米都市工业新空间建设，太湖湾信息园启动区一期、国家传感园一期完成改造，粮仓ME PARK加速推进，国际会展园、跨境电商产业园推进建设，“一镇五园”产业发展格局全面形成。全年数字经济64家规模以上企业实现营业收入199.7亿元，比上年增长26.4%，超全市平均20.1个百分点。重点产业集群137家规模以上企业实现营业收入239.72亿元，比上年增长17.6%。上榜国家级专精特新“小巨人”企业2家，新增省级专精特新中小企业22家，比上年增长215%。浪潮卓数大数据产业发展有限公司连续5年入选“中国大数据企业50强”，恒通电器有限公司获评省级绿色工厂，好达电子股份有限公司获评市级智能工厂。

【项目建设】 2023年，无锡经开区落实领导挂钩联系、定期调度、实时沟通机制，推动项目建设提速增效。129个市、区重大项目完成投资216.84亿元，比上年增长18.4%。其中，国电投新型钠离子电池及储能、微纳星空卫星制造基地、优必选工业人形机器人总部、绿叶诊断总部等重大项目签约落户，安尼迈仿生技术亚太区总部、车联天下二期等工业项目开工建设，柯诺威热储能管理系统项目顺利投产。加快建设黄金湾科创园启动区、新发大厦等科创载体，改造提升悦来大厦人才公寓等保障性租赁住房，统筹推进无锡奥体中心、K11购物艺术中心、落霞睦邻中心等现代服务业项目，欧美同学会海归小镇（无锡·物联网）、国际会议中心、国际网球中心建成使用。

【科技创新】 2023年，无锡经开区培育高能级创新产业，高新技术产业产值125.12亿元，比上年增长22.46%，占规模以上工业总产值比重的63.3%。加快推动5类企业“培优工程”，新增高新技术企业48家，有效期内高新技术企业184家，比上年增长35.3%。入库科技型中小企业361家，比上年增长30.3%。新增雏鹰、瞪羚、准独角兽入库企业分别为38家、22家、2家，雪浪云工业互联网平台获评全市首个国家级“双跨”工业互联网平台。全年特色金融产品解决企业融资需求超1.4亿元，其中发放“经开贷”7550万元、“园区保”6800万元。依托尚贤湖基金PARK，引进投资主体96家，新增基金注册规模582亿元，全国首只外资募集人民币S基金落地，完成全市首笔QFLP基金收益分配出境，设立尚贤天使基金和尚贤产投基金，为孵化期、成长期项目提供金融支持，尚贤湖基金PARK获评“中国十大特色基金小镇”称号。

（张念娇）

欧美同学会海归小镇（2023年） （无锡经开区 供图）

江苏省无锡蠡园经济开发区

【概况】 2023年，江苏省无锡蠡园经济开发区（以下简称“蠡园开发区”）完成一般公共预算收入14亿元，比上年增长23.7%；税收收入28.5亿元，比上年增长21%；规模以上工业总产值176.3亿元,比上年增长7.2%;规模以上服务业营业收入49.5亿元;限额以上贸易总额339.3亿元,比上年增长15.5%;限额以上社会消费品零售额32.5亿元,比上年增长11.3%;实际使用外资及港澳台资3650万美元;全社会固定资产投资63.95亿元,比上年增长105.6%,其中工业投入18.14亿元。限额以上贸易总额、全社会固定资产投资、实际使用外资等主要经济指标完成情况列滨湖区前二位。

4月10日,柏诚系统科技股份有限公司在上海证券交易所上市

(蠡园开发区　供图)

【招商引资】 2023年,蠡园开发区新增市场主体2595家,其中企业1404家,注册资本金超125亿元。招引注册资本金千万元以上企业408家,其中科技型企业391家。完成10亿元以上重大产业项目招引3个,分别为芯卓产业园二期项目,总投资33.9亿元;第五代移动通信技术研发与应用项目,总投资15亿元;高端精密电子研发设计及产业化项目,总投资11亿元。完成总投资超2亿元功能性服务业项目招引2个,分别为无锡新光渔港综合体项目,总投资3亿元;先进制程半导体纳米级光刻胶公共研发测试平台和新型结晶性多孔材料公共研发测试及概念验证平台项目,总投资3.5亿元。完成落地5000万元以上新兴产业项目12个。

【产业发展】 2023年,蠡园开发区规模以上工业企业通过政府政策鼓励和调控引导,规模以上工业企业营业收入155.96亿元,比上年增长7%;实现利润总额14.28亿元,比上年增长25.4%。工业企业实现税收8.6亿元,比上年增长67.3%。76家规模以上服务业企业上报营业收入49.5亿元,3015家一般服务业企业完成税收12.68亿元,432家房地产、建筑业完成税收3.25亿元。蠡园开发区围绕滨湖区产业体系布局,结合自身产业基础推进发展,集成电路在库企业160家,其中规模以上企业41家,完成营业收入94.71亿元,比上年增长15.28%。集成电路在库企业中,设计类企业19家,完成营业收入66.33亿元,比上年增长23.45%;系统集成类企业14家,完成营业收入22.4亿元,比上年增长0.8%;封装测试类企业4家,完成营业收入2.04亿元,比上年增长11.2%;装备类企业2家,完成营业收入2819万元,比上年下降61.71%;配套服务类企业2家,完成营业收入3.63亿元,比上年增长0.24%。软件信息产业在库企业93家,其中规模以上企业25家,完成营业收入70.97亿元,比上年增长20.46%。创意设计产业在库企业25家,完成营业收入33亿元,比上年增长10%。量子科技产业中,上海交大无锡光子芯片联合研究中心项目加快施工。人工智能产业完成营业收入14.7亿元,比上年增长28.9%。

【项目建设】 2023年,蠡园开发区实施亿元以上重大产业项目17个,总投资144.23亿元,其中7个省市重大项目完成投资31.05亿元。卓胜微12英寸射频芯片产业化、聚芯源创产业园、源清动力燃气轮机关键部件智能制造工厂技术改造、华测电子射频微系统开发制造数字化转型升级设备改造、贝斯特年产200万件新能源汽车零部件扩建等项目顺利开工。柏诚股份装配式机电模块生产基地及研发中心一期、工装自控高端智能控制阀制造基地、华星东方先进环保设备产业化一期、微研新能源汽车关键零部件研发及产业化、太湖智谷科技园三期等项目竣工。

【科技创新】 2023年,蠡园开发区全社会研发投入完成填报13.36亿元,完成全年目标的219%;高新技术产业产值占规模以上工业产值比重为71.1%;有效期内高新技术企业193家;科技型中小企业评价入库252家;市"三类企业"培育入库42家,其中雏鹰25家、瞪羚15家、准独角兽2家;认定滨湖区总部企业3家。新增国家级专精特新"小巨人"企业5家,认定数量滨湖区第一。新增苏南国家自主创新示范区瞪羚企业1家、省级专精特新企业15家、省星级上云企业19家、省潜在独角兽企业3家、省级技术中心1家、市级技术中心4家、市智能车间6家。4月,柏诚系统科技股份有限公司在上海证券交易所上市,成为蠡园开发区培育的第六家上市企业。江苏采木工业互联网科技有限公司入围中国服务业企业500强，工装自控工程（无锡）有限公司入围中国机械500强企业，无锡市亚迪流体控制技术有限公司获省工业和信息化厅2023年江苏省首台（套）重大装备认定，无锡恒大电子科技有限公司、江苏乾度智造高科技有限公司获2023年苏锡常首台（套）重大装备认定。申报国家级QM项目30个、入选6个，入选数滨湖区第一。申报博士后专项19个、省“双创计划”32个，入选博士后专项2个、省“双创计划”11个。发布“蠡想合伙人”人才品牌，制定《蠡园开发区人才公寓分级管理意见》，在建人才公寓390套。无锡国家集成电路设计中心入选无锡市首批“太湖人才·人才友好型基地”。

【特色园区】 2023年，滨湖创投产业集聚区引进企业66家，完成实缴资金48.54亿元，税收5.85亿元。滨湖创投产业集聚区累计有企业603家，其中股权投资类企业422家、投资管理类企业82家、金融中介及其他相关企业99家，企业认缴资金规模651.06亿元，已到位资金270.81亿元。“太湖金谷”滨湖创新创业路演活动举办6场线上线下路演对接活动。12月，知识产权服务业集聚区获评“国家知识产权服务业高质量集聚发展示范区”，成为无锡市唯一入选的地区，也是全国唯一的直接从省级集聚区跳级申报成功的地区。完成知识产权质押融资217笔，质押额45亿元；累计服务企业2750家，完成可运营专利数量1697件，知识产权成果转化198笔1105万元。

（缪　晴）

江苏省无锡太湖山水城旅游度假区

【概况】 2023年，江苏省无锡太湖山水城旅游度假区（以下简称“山水城”）完成一般公共预算收入15.3亿元，比上年增长28.5%；规模以上工业总产值123.33亿元，比上年增长6%；全社会固定资产投资99.2亿元；限额以上社会消费品零售总额18亿元，比上年增长52%；对外投资、外贸等外向型经济指标再上新台阶；全年实现全域旅游产业总收入127亿元，接待游客1095万人。现代农业产业高质量发展示范园通过省级示范园建设绩效监控；太湖影视小镇入选江苏省级特色小镇；无锡太湖新城科教产业集聚区获评江苏省现代服务业高质量发展集聚示范区；雪浪街道便民服务中心入选2023年度“15分钟医保服务圈”省级示范点。

【重点项目】 2023年，山水城推进重点项目建设，8个省、市重点项目完成投资7.45亿元，深远海装备无锡研发基地二期、智能网联信息终端实验室及产品测试基地、中航雷达所研发试验中心、电影产业园四期等重点项目顺利推进。投入5000万元完成仙河科技园改造提升，总投资2亿元的吴塘门一期启动建设。无锡影视基地推陈出新，雪浪山公园开园，山水西路和峄嶂古道完成提升，太湖郊野公园推进建设。发挥商会、侨联、产业联盟纽带作用，全面深化与中国船舶科学研究中心（七〇二研究所）、江南大学、无锡职业技术学院等科教院所和软通动力技术服务无锡有限公司、蓝深远望科技股份有限公司等龙头企业合作，推进车联网创新应用中心、海洋装备技术协同创新中心、江大科技园等创新平台发展壮大。总投资50亿元的民用航空电子系统项目签约落地并完成过渡载体交接使用；无锡锡南科技股份有限公司成功上市。

【产业引育】 2023年，山水城引进10亿元以上产业项目3个，引进2亿元以上功能性服务业项目3个，引进5000万元以上新兴产业项目8个，弘元绿能、中航光电、南方国信等一批重大项目落地建设。引进核心产业集群企业1050家，落地数字影视企业151家，完成影视剧立项248部，承接影视剧拍摄制作206部，《北上》《他从火光中走来》《庭外》等21部影视剧被列入国家、省级重点项目，《封神第一部：朝歌风云》获中国电影金鸡奖“最佳故事片”等三大奖项，创造江苏省影史新纪录，《封神第一部：朝歌风云》《八角笼中》两部影片票

9月9日，2023年中国国际智能传播论坛在无锡市举行（山水城　供图）

房超48亿元，占江苏省出品影片票房90%。国内首个5G智慧虚拟联合实验室、全国最大电影级LED拍摄巨幕建成投用；最高人民法院影视中心创作拍摄基地揭牌成立；弘元绿色能源股份有限公司获评中国制造业企业500强；无锡埃姆维工业控制设备有限公司获评省智能制造领军服务机构；3家企业获评江苏省绿色工厂；3家企业获评国家级专精特新"小巨人"企业。完成国家科技型中小企业评价入库231家，实现有效期内高新技术企业143家，新增"市三类"企业培育入库37家。

【改革创新】 2023年，山水城持续优化产业空间布局，确立以红沙湾科学城为核心，山水东路科创谷、电影产业园、科教产业园、南泉科技园、西林科创园、太湖郊野公园协同发展的"一城（一区）五园，多点融合"的产业发展格局。国家网络安全产业园创建方案通过工业和信息化部评审，江苏省滨湖高新技术产业开发区完成总体规划和产业规划编制，国家电影产业创新实验区创建有序推进。按照"政企分开、管办分离"要求，实现"三中心"和"三公司"的组建和实体化运转；无锡山水城市发展集团有限公司获评AA+主体信用评级。

【文旅融合】 2023年，山水城配合完成滨湖区国土空间规划和太湖风景名胜区——梅梁湖景区详细规划，完成风景名胜区重点地块修建性详细规划编制。南方国信、乡味园等省现代农业产业示范园项目建设有序推进。举办鼋头渚国际樱花节、雪浪山观花节、龙寺赏花节等各类节庆活动80余场次，策划举行2023年中国国际智能传播论坛、太湖影视文化产业投资峰会暨电影科技周等重大活动6场。涵盖63家景区景点、特色餐饮、精品住宿、旅行社的旅游产业联盟成立，发布启用山水城旅游IP山水小渚。举办融创文旅城、雪浪山夜公园、鼋头渚夜樱观赏等夜经济活动，推进亲子游、暑期研学游等活动。

（朱凌赟）

江苏无锡空港经济开发区

【概况】 2023年，江苏无锡空港经济开发区（以下简称"空港经开区"）完成规模以上工业总产值620亿元，比上年增长18%，总量居新吴区第一位，占新吴区9.5%；重点服务业实现营业收入70.85亿元；固定资产投资完成61.68亿元，其中工业投资完成23.8亿元，比上年增长36.8%。完成一般预算收入19.78亿元，比上年增长24.4%，占新吴区比重7.5%。

【招商引资】 2023年，空港经开区完成安道供应链、三联生物、尚实发动机等超亿元重大项目备案15个，总投资60亿元，其中超10亿元项目1个、超5亿元项目2个。新开工项目13个，竣工11个，其中列入省重大项目1个、市区级13个。深南电路IC载板产品项目、格林美二期等6个项目竣工。外资及港澳台资到位1118万美元，完成嘉能电机、新银叶机电、军工智能等8宗14.53公顷土地出让。

【项目建设】 3月31日，空港经开区（硕放街道）举行2023年一季度重大项目集中开竣工暨江松科技光伏自动化设备二期项目开工仪式，集中开竣工项目20个，总投资100.18亿元。其中，集中开工江松科技光伏自动化设备二期、三联生物化学发光免疫检测系统等项目10个；集中竣工深南电路W2W9、格林美新能源正极材料及高值化循环利用等项目10个，涉及集成电路、智能装备、生命医药、新能源、新材料等战略性新兴产业，全部建成达产后，预计年销售246亿元，实现税收约13.7亿元。

【科技创新】 2023年，空港经开区加快培育以科技型企业、高新技术企业、专精特新企业和"三类企业"为主体的创新矩阵，形成科技型企业良性成长机制，持续壮大创新型科技企业集群。新引进科技企业

11月2日，在香港理工大学无锡科技创新研究院启用仪式上，举行产学研合作项目签约仪式

（空港经开区 供图）

197家，申报国家高新技术企业121家，完成率列街道板块第一；入选国家级专精特新“小巨人”企业5家；通过认定入库企业雏鹰23家、瞪羚18家、准独角兽1家。促进科技创新载体建设，香港理工大学无锡科技创新研究院启用并入选2023无锡“十大新闻”，哈尔滨工程大学联合创新中心揭牌，“I硕坊”“H硕坊”均入围无锡市科技创业孵化器。加强人才引育，入选国家重大人才工程1个，入选省“双创人才”1人，高新区（新吴区）唯一的省级最高人才计划“登峰计划”1个，获省级专项扶持资金3000万元，市“太湖人才计划”项目5个，辖区创业团队企业恒益健康科技有限公司实现全市特医食品注册证书零的突破。

【香港理工大学无锡科技创新研究院】 11月2日，位于空港经开区（硕放街道）航空产业孵化园的香港理工大学无锡科技创新研究院举行启用仪式。启用仪式上，香港理工大学无锡科技创新研究院与江苏亚太航空科技有限公司、无锡祥生医疗科技股份有限公司、无锡航亚科技股份有限公司等10家高新技术企业签约合作，将通过香港理工大学专家团队及其技术创新成果、研究院创新平台为企业提供技术服务，打造产学研合作新标杆，助力空港经开区（硕放街道）经济社会发展，加快形成新质生产力。

【航空航天产业链党建专项行动】 11月9日，2023无锡高新区（新吴区）航空航天产业链党建“‘擎’动太湖畔，聚‘链’探苍穹”专项行动启动，中航工业雷华电子技术研究所民机中心党支部与空港经开区（硕放街道）党工委签署航空航天产业链党建共建结对备忘录，探索创新党建和产业的双向融入，加强互动合作。活动现场，组建无锡市航空航天产业联盟，联盟由空港经开区（硕放街道）联合无锡市航空航天领域具有代表性和影响力的研究、开发、制造、运营、服务企事业单位和有关机构共同发起，旨在充分集聚无锡市航空航天领域优势资源，促进航空航天相关企事业间协同合作，推动“政产学研用融”一体化发展，提升无锡市航空航天产业凝聚力和竞争力，推进航空航天产业“建圈强链”发展。

（唐钰倩）

江苏江阴临港经济开发区

【概况】 2023年，江苏江阴临港经济开发区（以下简称“江阴临港经济开发区”）完成地区生产总值1001.99亿元，比上年增长5.9%；一般公共预算收入45.8亿元，比上年增长12.8%；规模以上工业产值1686.52亿元；限额以上批发零售业销售额3145.32亿元；进出口总额69.97亿美元；到位注册外资及港澳台资4.23亿美元，比上年增长10.9%。全社会固定资产投资162.11亿元。获评江苏省服务贸易基地、省中小企业特色产业集群。

【港口发展】 2023年，江阴临港经济开发区依托长江经济带，面向太湖科创湾，深度融入长三角，加快港、产、城融合发展，推动无锡（江阴）港转型升级、提质增效。无锡（江阴）港完成货物吞吐量3.78亿吨，比上年增长7.8%，其中江阴临港经济开发区完成3.61亿吨，比上年增长8.2%；完成集装箱运量76万标准箱。无锡（江阴）港货物吞吐量排名全球港口第16、全国港口第12、全国内河港口第3。不断深化配套服务，江阴市进境肉类指定监管场地通过海关总署验收；苏南码头取得港口危险货物作业附证，内港池750米岸线取得港口经营许可证。无锡（江阴）港航线航班全面提升，开通江阴市至挪威、英国远洋航线2条，江阴市至日本、越南近洋航线2条，江阴市至河北省唐山市、浙江省宁波市内贸直航航线2条，江阴市至宜兴市内河航线1条，累计开辟集装箱班轮航线53条，航班每周122班。推进“生态岸线、绿色港口、零碳园区”绿色联盟行动，7个港口企业被认定为绿色港口。其中，江苏江阴港港口集团股份有限公司被认定为国家四星级绿色港口，中信中煤江阴码头有限公司被认定为省五星级绿色港口，江苏丽天石化码头有限公司、

江阴临港经济开发区中央商务区（2023年）

（江阴临港经济开发区　供图）

江阴苏龙热电有限公司被认定为省四星级绿色港口，江苏利士德化工有限公司、江阴新西港物流有限公司、江阴东升仓储有限公司被认定为省三星级绿色港口，绿色港口数量和质量均处于全省前列。

【江阴综合保税区】 2023年，江阴综合保税区完成进出口总值7.47亿美元，比上年增长32.6%；外资及港澳台资到账2238万美元；入库税金1.66亿元；区内新增企业39家，活跃企业数70家，累计在册企业967家；完成报关单20713笔；监管货值23.53亿美元，在海关总署全国综保区绩效评估中东部地区排名上升2位。新招引项目13项，举办综保区项目集中开工仪式、长三角创新合作项目签约活动，江阴凯迈机械有限公司、无锡光思伏新能源科技有限公司实现签约投产，江苏德海汽车科技股份有限公司、蓝齐尔新材料有限公司等项目快步推进。开工建设中园慧创科创载体、筷牧食品冷链销售检测中心、乌克兰盛馆冷链物流加工等项目。引进科技型企业20家，新增“双创人才”项目5项、实用新型专利19个，新增市“太湖人才”和临港开发区“港城英才”项目各1项，入选市雏鹰企业培育库1家。完成跨境进出口值4291万美元，实现高价值进口药品首单，完成1笔租赁贸易。推动“区港一体化”工作，实施西卡口改造，推进大宗商品物流分拨场地建设。办理“内外贸分类监管业务”1项，“自动到货确认业务”2项，“一般纳税人资格试点企业”3项。

【招商引资】 2023年，江阴临港经济开发区坚持“一切为了项目、为了项目一切”，以产业链招商、以商引商、活动招商、基金招商等多种方式开展项目招引。全年签约重大项目72个，总投资501亿元，其中固定资产投资超50亿元项目2个，超10亿元项目4个；备案总投资超100亿元项目1个，超50亿元项目1个，超10亿元项目5个，超5亿元项目5个。

【主导产业】 2023年，江阴临港经济开发区围绕“123”（1个千亿元级新材料特色产业，新能源和高端装备2个千亿元级新兴产业，节能环保、智能制造和现代物流3个未来产业）现代产业集群，加快推进12个特色主题产业园区建设，新能源产业规模以上产值完成577.71亿元，比上年增长27.45%。投运长三角（江阴）数字创新港二期等科创载体超18万平方米，北京市、上海市、深圳市科创飞地建成投运。净增高新技术企业34家，新入库雏鹰、瞪羚、准独角兽企业81家，创历史新高。新增国家级专精特新“小巨人”企业3家、省级专精特新中小企业24家。新增省级研发机构11家，累计有效期内高新技术企业237家，有效发明专利拥有量1615件。慧居科技股份有限公司上市；双良节能系统股份有限公司“主动服务客户”入选2023年度国家智能制造优秀场景，双良节能系统股份有限公司获省长质量奖；远景能源有限公司入选工业和信息化部绿色供应链管理企业名单。

【重大项目】 2023年，江阴临港经济开发区坚持以重大项目为抓手，持续打造新材料、新能源和高端装备、节能环保、智能制造、现代物流等产业集群，加快形成更具竞争力的临港“123”现代产业体系集群，推进经济高质量发展。远景大兆瓦传动技术产品、海伦石化PTA（精对苯二甲酸）技改扩能等27个项目被列入无锡市重点项目，恒润传动风电轴承、凯迈机械光伏设备等53个项目被列入江阴市重点项目，其中，弘元光能、双良新能源产业基地等42个项目开工建设，远景动力电池二期、中建材高效异质结电池等30个项目竣工投产。

（陈喜凤）

江苏江阴—靖江工业园区

【概况】 2023年，江阴—靖江工业园区（以下简称“靖江园区”）完成地区生产总值121.87亿元，比上年增长5.6%；规模以上工业产值261.14亿元，比上年增长11.5%；一般公共预算收入9.43亿元，比上年增长6.3%；固定资产投资额27.57亿元，比上年增长14.5%；限额以上批发业销售额474.28亿元，比上年增长2.8%；进出口总额12.77亿美元，比上年增长161.9%；到账外资及港澳台资7433万美元；港口货物吞吐量6400万吨。

【招商引资】 2023年，靖江园区聚焦智能制造、高端装备、节能环保和现代物流等发展方向，外出拜访100余次、对接企业100余家，举办2023经贸合作洽谈会和园区产业发展恳谈会、第八届全国大型工程运载施工车辆数智化产业技术高峰论坛，参加新加坡—江苏开放创新合作交流会等活动并全方位介绍园区。完成重大产业项目招商签约8个，其中固定资产投资10亿～50亿元项目1个；固定资产投资5亿～10亿元项目2个；固定资产投资1亿～5亿元项目4个；重大产业项目招商备案4个，其中总投资10亿～50亿元项目2个，总投资5亿～10亿元项目2个。新开工项目7个，总投资52.74亿元；在建产业项目14个，总投资134.5亿元；竣工项目5个。

【产业发展】 2023年，靖江园区坚持产业强区主导战略，聚焦产业基础高级化和产业链现代化两大方向，做好补链、延链、强链建设。开票销售总收入754.37亿元，规模工业总产值比上年增长11.5%，铁路、船舶、航空航天和其他运输设备制造业销售比上年增长33%；金属制品业销售比上年增长21%；通用设备制造业销售比上年增长45%，产业特色更加鲜明。高新技术产业、战略性新兴产业指标取得较大突破，高新技术产业产值占比比上年提升3.16个百分点；战略性新兴产业产值占比比上年提升3.77个百分点。园区重点骨干企业运行稳中有进，扬子江船业集团完工交付55艘，合同金额31亿美元；造船主业营业收入近240亿元，利税总额超50亿元；新接订单97艘，合同金额超70亿美元；现有订单187艘，合同金额超140亿美元。

12月24日，江阴—靖江工业园区高质量跨江融合发展大会在靖江市举行
（靖江园区　供图）

【项目建设】 2023年，靖江园区坚持项目为王、招商为要，产业项目的质量、重大项目的数量、有效投资的总量取得突破。全生命周期平台有无锡市级重大产业项目8个、总投资108.7亿元，江阴市级重大产业项目14个、总投资134.51亿元。其中，总投资50亿元的大明大型装备项目主体建设完成，部分生产线进场安装调试试运行；总投资13亿元的中建材绿色低碳建筑新材料项目水域部分码头平台主体及配套建设完成；总投资10亿元的骥鑫航空装备制造项目5幢厂房主体建设完成；总投资10亿元的长强5G+智能制造127特种钢管项目完成厂房主体建设。

【科技创新】 2023年，靖江园区坚持实施创新驱动发展战略，新增高新技术企业3家，通过科技型中小企业认定20家，战略性新兴产业产值占规模以上工业产值比重比上年提升3个百分点，研发投入占地区生产总值比重为7%；江苏新扬子造船有限公司、江苏格尔顿传动有限公司获评省级工业互联网示范工程标杆工厂，中建钢构江苏有限公司获评智能制造工厂示范基地；新增国家重点人才项目1个、省“登峰计划”人才1人、省“双创人才”1人、省卓越博士后1人。国内用户侧单体最大的铅碳电池储能项目建成启用，园区企业屋顶光伏项目装机容量52.3兆瓦；完善和优化园区公共上岸点功能，全港船舶污染物接收、转运和处置率超过90%。

【跨江融合发展】 2023年，靖江园区围绕高质量跨江融合发展主题，举办园区成立20周年系列主题活动，服务推动无锡市、泰州市、江阴市、靖江市就新一轮跨江合作对接洽谈。9月12日，无锡市、泰州市共同举行加快江阴—靖江工业园区建设发展合作协议签约仪式；12月24日，江阴—靖江工业园区高质量跨江融合发展大会举行，江阴市、靖江市签订新一轮合作协议。

（毛　璧）

江苏宜兴陶瓷产业园区

【概况】 2023年，江苏宜兴陶瓷产业园区（以下简称“陶瓷产业园区”）有规模以上工业企业148家，完成规模以上工业产值254.81亿元。应税销售收入481.55亿元，其中工业295.31亿元、流通128.1亿元。全社会固定资产投资62.42亿元，其中工业15.61亿元、服务业46.69亿元。规模以上服务业营业收入8.18亿元，规模以上营利性服务业营业收入5.72亿元。实际使用外资及港澳台资694.2万美元。

【项目建设】 2023年，陶瓷产业园区的沪宜农旅产业融合联动示范区建设项目列入省重点服务业项目，总投资50.16亿元；列入无锡市级重大产业项目11个，总投资174.43亿元；列入宜兴市级重大产业项目21个，总投资167.05亿元。江苏拜富科技股份有限公司2个玻璃微珠项目、丁山耐火窑炉智能化节能化改造项目、青龙水泥粉磨技术装备节能减排升级改造项目、宜兴市名凯炉具科技有限公司整厂搬迁及其智能化提升改造项目通过高耗能和高排放项目合规性论证。

【招商引资】 2023年，陶瓷产业园区开展上海行、广深行、京津行、国外行等“双招双引”活动10余场。

4月21日,宜兴(上海)产业科创合作项目集中签约仪式在上海市举行
(陶瓷产业园区 供图)

举办欧洲工业合作暨中法航空人才交流会、深圳招商周、深耕上海招商月、上海产业科创合作项目集中签约等活动。举办宜兴丁蜀低空经济产业发展推介会,活动现场邀请客商200余人。举行中匈航空产业合作示范园等10个项目集中签约仪式,投资总额102亿元。发布《宜兴丁蜀低空经济产业创新发展白皮书》,举行中国民航大学马昕院士蓝天实验室、上海通用航空行业协会宜兴实践基地、华彬航空低空经济研发中心的揭牌仪式。

【科技创新】 2023年,陶瓷产业园区组织申报认定科技型中小企业301家,入库雏鹰企业培育库30家、瞪羚企业12家,技术合同完成登记额7.45亿元;申报高新技术企业51家,其中复审33家、新申报认定18家;组织申报国家海外引才计划12项,其中江苏亨鑫科技有限公司宋海燕入选;申报青年人才项目(博士后专项)3项;申报省"双创人才"项目3项,其中进入省级评选1项;申报市"太湖人才"项目5项、宜兴市"陶都英才"项目11项;新增发明专利授权105件;完成知识产权质押融资7732万元。新增认定宜兴市工程技术研究中心9家、市工程技术研究中心9家,申报省工程技术研究中心9家。在建和拟建载体7家,建成后总面积50万平方米,已建成16.8万平方米,创历史新高。陶瓷新材料孵化器新引进企业10家,申报科技型中小企业20家并申报省科技企业孵化器;陶瓷智能装备孵化器引进企业3家,申报科技型中小企业7家并申报省级专业化众创空间。宜兴和陶科技创业有限公司认定为市级孵化器,宜兴市兆蓝科技发展有限公司认定为市级众创空间;派尔实验装备有限公司、江苏国豪耐火科技有限公司认定为市级异地孵化器。举办第四届太湖湾国际青年精英科创挑战赛——航空航天产业赛,丁蜀镇人民政府与中国中信集团有限公司签订航空航天产业创投基金;21项创新创业项目参加路演,10项进入宜兴决赛,其中飞行器热防护系统用陶瓷纤维及其产业化项目获宜兴决赛铜牌,风驰固态钠离子材料和电池技术项目,获评宜兴市优秀项目。

【主体经济】 2023年,陶瓷产业园区工业经济提质增效。腾退低效用地65.2公顷,盘活低效用地46.71公顷,连片开发地块2块,连片开发面积73.47公顷。收储企业10家,收储面积26.78公顷,投入资金37401万元。举办2023中国(宜兴)国际陶瓷全产业链展览会,强化引导和高效优质服务,增强企业发展内生动力,扶持培育一批附加值高、市场发展前景好的重点企业。江苏亨鑫科技有限公司依托5G技术领先优势和创新能力,持续赋能行业数字化转型,被省商务厅纳入《江苏省内外贸一体化试点企业名单》,其产品"无线通信用50Ω泡沫聚烯烃绝缘皱纹铜管外导体射频同轴电缆"获"江苏精品"称号;江苏汉光集团坚持专利、商标、品牌"三位一体",和江南大学长期合作开发新项目;无锡市宜刚耐火材料有限公司攻克完成"十三五"科技支撑计划的"超超临界循环流化床"相关项目支课题;江苏省宜兴电子器件总厂有限公司筹建自动化、信息化、数字化的高端HTCC陶瓷外壳生产线;江苏省宜兴非金属化工机械厂有限公司蜂窝陶产品由国五向国六标准转型,该公司的国六标准柴油机尾气净化用蜂窝陶瓷载体的制造项目获江苏省工业和信息产业转型升级专项资金扶持。

(刘全忠 张 峰)

编辑 胡 慧

综 述

【发展提质】 2023年，无锡市外贸进出口总值7065.3亿元，增速列全省主要城市第二位，占全省比重13.5%，保持千亿美元规模。跨境电商进出口完成99.4亿元，比上年增长37.4%。全年实际使用外资及港澳台资41.2亿美元，比上年增长7.7%，增速全省第一；占全省比重16.3%，规模创历史新高、稳居全省第三，其中，制造业和高技术产业外资规模均居全省第二位，QFLP累计合同外资规模保持全省第一。全年对外直接投资额13.3亿美元，总量列全省第二位，对RCEP成员国投资96个项目，中方协议投资额比上年增长33.5%。全市商务系统协同推动225个重大项目正式签约或立项备案，总投资金额超5000亿元，其中外资项目74个，投资总额177.5亿美元。统筹推动全球经贸招商活动363场，签约项目1852个，布局11家市级境外综合性服务平台。13个重大项目入选国家级重大项目库，列全省第一位；16个项目入选省级重点外资项目库，数量居全省前列。新认定2家省级跨国公司地区总部和功能性机构，总数增至50家。

【外贸发展】 2023年，无锡市制定“外贸稳规模优结构16条”。实施“千企万人海外商洽拓订单行动”，支持1300家次企业参加172场境外展会，意向成交金额超6亿美元。第六届中国国际进口博览会意向采购金额12.9亿美元，再创新高。在省内率先启动“跨境电商＋产业带”培育计划，举办第二届长三角跨境电商行业发展峰会及交易会。新引进7家跨境电商公共服务平台，3家企业入选省级跨境电商知名品牌。加快发展服务贸易，首次发布《无锡市数字贸易高质量发展研究报告》，4家企业入选省首批数字贸易创新案例，数量全省第二，获评国家文化出口重点企业8家、重点项目2个，数量全省第一。

【国际合作拓展】 2023年，无锡市举办共建“一带一路”倡议十周年柬埔寨西港特区成果发布会和中欧班列合作论坛“班列＋经贸”分论坛。加强对外投资体制机制建设，完善动态监测机制，组建“走出去”企业联盟，支持企业积极稳妥拓展国际合作。

（楼利锋）

10月17日，共建“一带一路”倡议十周年柬埔寨西港特区成果发布会在北京市举办

（周国兴　摄）

利用外资及港澳台资

【概况】 2023年，无锡市完成实际使用外资及港澳台资（部口径）41.2亿美元，规模列全省第三位，比上年增长7.7%。新增外资及港澳台资项目498个，新增合同外资及港澳台资64亿美元（不含减资金额），比上年下降27.1%。新增合同外资及港澳台资3000万美元以上项目60个，项目平均规模0.91亿美元。制造业投资高于全省平均水平，全市新增制造业合同外资及港澳台资24.9亿美元，比上年下降20.9%；制造业实际使用外资及港澳台资18.8亿美元，比上年增长8.5%，占全市比重45.6%，占全省制造

业比重20%，比上年提升5.6个百分点。全市制造业实际使用外资及港澳台资主要分布在计算机通信和其他电子设备制造业、电气机械和器材制造业、通用设备制造业、专用设备制造业、医药制造业、金属制品业、汽车制造业、纺织业、仪器仪表制造业占全市实际使用外资及港澳台资比重分别为21.2%、12.3%、2.1%、2.1%、2.1%、1.6%、1.3%、0.9%、0.6%。服务业投资稳中有升，全市新增服务业合同外资及港澳台资39.1亿美元，比上年下降30.4%；服务业实际使用外资及港澳台资22.4亿美元，比上年增长7%，占全市比重为54.4%。全市服务业实际使用外资及港澳台资主要分布在租赁和商务服务业、科学研究和技术服务业、金融业、批发和零售业、信息传输软件和信息技术服务业、建筑业、房地产业、电力热力燃气及水生产和供应业、卫生和社会工作占全市实际使用外资及港澳台资比重分别为17.6%、16.6%、9.7%、3.5%、2%、1.3%、1.2%、1.1%、0.6%。

【外资及港澳台资主要来源地】 2023年，全市实际使用外资及港澳台资主要来源地有升有降。全市实际使用外资及港澳台资主要来源于中国香港、台湾地区，以及新加坡、英属维尔京群岛、开曼群岛、日本、意大利、阿联酋、英国、比利时、韩国等国家，占全市实际使用外资及港澳台资比重分别为78.8%、3.8%、3.6%、3.5%、3.1%、1.1%、1.1%、0.8%、0.8%、0.7%、0.6%。其中，来源于中国香港、台湾地区以及英国、日本、比利时、意大利、卢森堡、荷兰、英属维尔京群岛、新加坡等国家的实际投资呈现增长态势，实际使用外资及港澳台资比上年分别增长19%、276.4%、3099.2%、1205.8%、504.7%、464.8%、86.6%、83.6、67.6%、2.1%；来源于韩国、德国、法国、美国、瑞典的实际投资呈现下滑趋势，实际使用外资及港澳台资比上年分别下降95.6%、99.1%、100%、82.2%、27.3%。来源于亚洲、欧洲、大洋洲、北美洲、离岸金融中心、"一带一路"国家地区、RCEP成员国的实际使用外资及港澳台资分别占比88.8%、3.6%、0.6%、0.4%、6.7%、4.4%、5.8%。

【重大外资项目提质增效】 2023年，全市新增合同外资及港澳台资超3000万美元以上的重大项目60个，新增重大项目合同外资及港澳台资54.9亿美元，项目平均规模0.9亿美元；新增重大项目投资总额累计152.1亿美元，平均投资规模2.5亿美元，其中投资总额超亿美元项目22个，累计投资总额133.9亿美元；投资总额超3亿美元重大项目7个，累计投资总额112.4亿美元；投资总额超5亿美元重大项目5个，累计投资总额105.8亿美元，其中包括投资总额67亿美元的华虹半导体制造（无锡）有限公司、投资总额7.5亿美元的图达通智能科技（无锡）有限公司。年内，全市实际使用外资及港澳台资3000万美元（含）以上重大项目37个，累计到资29.9亿美元，占全市比重72.6%。

【外商及港澳台资投资企业】 2023年，全市累计有117家世界500强跨国公司在无锡市投资设立247家外资及港澳台资企业。全市外商及港澳台资投资企业进出口3865亿元，比上年下降7.9%，占全市外贸进出口总值的54.7%。

（刘孔水）

对外及对港澳台贸易

【概况】 2023年，无锡市外贸进出口7065.3亿元（比上年减少302.1亿元），比上年下降4.1%；差于全省平均0.9个百分点，列全省第九位；占全省外贸进出口的13.5%，与上年同期持平。其中，出口4658.1亿元，比上年下降3.9%，差于全省平均1.4个百分点；进口2407.2亿元，比上年下降4.5%，差于全省平均0.2个百分点。以美元计算，全市进出口1004.17亿美元，比上年下降9.2%，其中出口662.19亿美元，比上年下降8.9%；进口342亿美元，比上年下降9.7%。

年内，全市一般贸易进出口4162.2亿元，比上年下降1.5%，占全市外贸总值的58.9%，比上年提升1.6个百分点。其中，出口2894.1亿元，比上年下降1.3%；进口1268.1亿元，比上年下降1.9%。加工贸易进出口2401.8亿元，比上年下降8.8%，占34%。其中，出口1437.1亿元，比上年下降11.7%；进口964.6亿元，比上年下降4.2%。

年内，全市对前5大贸易伙伴东盟、韩国、欧盟、美国和日本进出口比上年分别下降3.9%、3.2%、4.9%、3.8%和13.5%。出口方面，对东盟比上年增长2.9%，对韩国、欧盟、美国和日本比上年分别下降15.3%、11.7%、4.8%和6.7%；进口方面，自欧盟和韩国比上年分别增长11.8%和18.1%，自东盟、日本和美国进口比上年分别下降19%、17.8%和1.2%。对"一带一路"共建国家进出口2012.7亿元，比上年增长0.3%，占28.5%，比上年提升1.3个百分点；对RCEP其他协定国进出口3012.5亿元，比上年下降5.4%，占42.6%。

【外贸高质量发展体系建设】 2023年，无锡市制定《高质量实施〈区域全面经济伙伴关系协定(RCEP)〉行动方案》，是全省第一家出台这一方案的城市。行动方案围绕货物贸易、服务贸易、双向投资、原产地规则、电子商务、知识产权等提出16条举措，为全市高质量实施RCEP提供对接模式和实施路径。无锡市制定《促进外贸保稳提质增效十项措施》，帮扶外贸企业应对困难挑战，着力稳住外贸基本盘，为全市外贸高质量发展提供有力支撑。

【创新外贸载体】 2023年，无锡市持续推进长三角电子元器件分拨中心建设，召开分拨中心工作推进会，明确目标任务，强化支持举措。会同相关部门制定长三角电子元器件国际分拨中心资金支持方案，“一事一议”支持博世系统原材料、健适医疗、爱尔康等重点项目落地，全年长三角分拨中心进出口15亿美元。

【外贸稳规模】 2023年，无锡市在省内率先制定《无锡市关于促进外贸稳规模优结构的若干政策措施》，提出16条举措，设立1亿元稳外贸专项资金支持外贸企业，组织开展专项竞赛，按季度发布“进出口20强”名单，对进出口成效显著的企业予以激励，下达各类稳外贸资金2.54亿元。无锡市推动外贸稳定和创新发展获省政府督查激励。以正负向拉动前100位企业和占全市外贸进出口近八成的十大外贸重点行业，加强形势分析研判，落实板块任务分解，抓好定期通报督促，市、区两级联动“一对一”“点对点”精准施策，及时协调解决企业在生产经营中的痛点、难点问题，推动全市外贸稳定创新发展。

【市场拓展】 2023年，无锡市持续开展“千企万人海外商洽拓订单”行动，市商务局制定《2023年对外贸易促进计划》，助力新能源、机械装备、纺织服装等优势企业拓展“一带一路”和RCEP市场，组织上千家次企业参展，支持1300家次企业参加172场货物贸易境外展会，意向成交金额超6亿美元。做好第133届、第134届中国进出口商品交易会组展工作，组织803家企业、1552个展位参展。组织全市企业参加第31届中国华东进出口商品交易会、第24届江苏省出口商品展览会（日本大阪）等重点展会，分别有56家企业、81个展位和22家企业、27个展位参展。组织参加第六届中国国际进口博览会，全市意向采购金额12.9亿美元，规模再创新高，列全省第二位。

【外贸金融服务】 2023年，无锡市推动“外贸小微贷”业务持续优质发展，保持良好运行态势，为223家企业发放392笔贷款12.8亿元；加权平均利率3.77%，比上年下降1.9%，保持较低的利率水平。统筹运用“苏贸贷”，为全市中小微外贸企业缓解“融资难”“融资贵”等问题，支持企业发展。

【积极应对国际贸易摩擦】 2023年，无锡市在商务部安管局、省商务厅公平贸易处指导下，积极协调美国商务部驻华商务代表对无锡市列入“未经核实清单（UVL）”企业进行逐一走访，无锡药明生物技术股份有限公司、无锡透平叶片有限公司、无锡恒领科技有限公司3家外贸企业先后从“未经核实清单（UVL）”中移除，捍卫了无锡市企业的合法权益。7月，国内宣布对镓锗相关物项实施出口管制后，无锡市第一时间在集成电路（无锡）创新发展大会期间安排召开全国范围内首次镓锗产业链专题闭门会议，通过政企对话方式，向国家层面争取加快镓锗出口管制审批速度，消除镓锗产业链上下游企业顾虑，进一步扩大无锡市涉及镓锗集成电路企业进出口规模，确保全市集成电路产业链、供应链安全稳定。

（朱祎敏）

表19　2023年无锡市开放型经济统计表

指　标	单　位	金　额	比上年增长（%）
进出口总值	亿美元	1004.17	−9.2
#一般贸易	亿美元	591.36	−6.6
加工贸易	亿美元	341.71	−13.6
来料加工	亿美元	75.94	−14.8
进料加工	亿美元	265.76	−13.3
出口总值	亿美元	662.19	−8.9
#一般贸易	亿美元	411.23	−6.5
加工贸易	亿美元	204.63	−16.1
来料加工	亿美元	41.20	−33.8
进料加工	亿美元	163.44	−10.1

（市统计局）

对外及对港澳台经济合作

【概况】 2023年，无锡市对外及对港澳台经济合作呈现稳健的发展态势。备案境外企业（机构）191家，中方协议投资额26.6亿美元，列全省第二位，占全省总额的23.8%。其中备案1000万美元以上重大境外投资项目30个，完成对外直接投资额13.3亿美元，列全省第二位，占全省总额的19.6%。对外承包工程和劳务合作方面，完成外经营业额140万美元，外经合同额113万美元，新派劳务人员25人，至年末有在外劳务人员176人。对外援助方面，全市具有国家援外资格机构的中国水科院淡水渔业研究中心和江苏省血吸虫病防治研究所，以其专业领先优势继续承担和发挥在渔业养殖和寄生虫防治方面的培训基地作用。

【**研发类境外投资**】 2023 年，全市研发类境外投资快速增长，备案研发类境外投资项目 23 个，中方协议投资额 15.5 亿美元，分别占全市总量的 12% 和 58.4%，项目数和投资额比上年分别增长 15% 和 214%。

（陆　方）

参与“一带一路”建设

【**概况**】 2023 年，无锡市对“一带一路”共建国家投资项目 100 个，中方协议投资额 16.7 亿美元，项目数和投资额比上年分别增长 58.7% 和 79.4%，分别占全市总量的 52.4% 和 63%。推进柬埔寨西哈努克港经济特区（以下简称“西港特区”）2.0 升级版建设，全区企业实现进出口总额 33.62 亿美元，比上年增长 34.86%。组团到阿联酋调研考察中阿（联酋）产能合作示范园，召开专场投促交流会，推动无锡企业与当地深度对接，促成总投资 8 亿美元的 4 个入园项目签约。

（王亦娴　陆　方）

【**西港特区建设**】 5 月 22 日，西港特区举办共建“一带一路”倡议十周年西港特区成果展。9 月，西港特区再次被写入《中华人民共和国政府和柬埔寨王国政府联合公报》。10 月 17 日，共建“一带一路”倡议十周年柬埔寨西港特区成果发布会在北京市举办。西港特区推进 2.0 升级版建设，完成土地平整 9.67 公顷，路基建设 1498 米，浇筑砼道路 1396 米，砌筑挡土墙 2202 米，铺设污水管 292 米；自来水厂、污水处理厂、热电厂正常运行。西港特区新增企业 12 家，累计引入来自国内、欧美、东南亚等国家及地区的企业（机构）180 家，创造就业岗位约 3 万个。西港特区企业实现进出口总额 33.62 亿美元，比上年增长 34.86%，占柬埔寨进出口贸易总额约 7.18%，为柬埔寨“工业发展走廊”建设起到积极的示范引领作用。年内，西港特区建区企业投资额 7522.27 万美元，入区企业投资额 38973.44 万美元，实现总产值 156105.4 万美元。至年末，西港特区累计实现总投资约 22.8 亿美元、总产值约 64.57 亿美元。

（陆　方　周　蜜）

【**丝路贸易**】 2023 年，无锡市对“一带一路”共建国家和对 RCEP 其他协定国进出口总额分别为 2012.7 亿元、3012.5 亿元，占全市进出口比重分别为 28.5%、42.6%。入选国家促进跨境贸易便利化专项行动试点城市，全面启动专项行动。推进生物医药研发用物品进口“白名单”制度试点落地，药品口岸、冰鲜水产品指定口岸正常运营。全市口岸货运量 4.14 万吨，比上年增长 17.5%。

【**跨境电商**】 2023 年，无锡市新引育 7 家跨境电商公共服务平台，举办第二届长三角跨境电商行业发展峰会及交易会、首场公共海外仓资源对接会、第八届跨境电商创新创业大赛等活动，积极推动需求对接，营造良好环境氛围。据无锡跨境电商综服平台统计，全市跨境电商进

西港特区鸟瞰（2023 年）　　（西港特区公司　供图）

出口额104.5亿美元，比上年增长135.9%。累计有8家企业在“一带一路”国家设立13个海外仓。

【中欧班列】 2023年，无锡市牵头承办“班列＋经贸”分论坛，发布8项运贸成果，其中2项在主论坛签约展示，为无锡“班列＋经贸”发展注入新动能。班列公司发送中欧接续班列50列、4138标准箱，货值约7.3亿元。在俄罗斯、中亚国家国际班列稳定运行的基础上，新开波兰马拉方向的班列。

【交通体系】 2023年，无锡硕放机场持续拓宽客货运航线网络，保障飞机起降71892架次、旅客吞吐量879.9万人次、货邮吞吐量12.56万吨，比上年分别增长90.3%、133.4%、28.1%，呈现客货繁荣良好发展态势。江阴港新开通江阴—挪威远洋航线，与世界200余个国家和地区的600余个港口建立通航关系，建立江海河联运的全方位集疏运网络体系。

【项目合作】 2023年，江苏省血防研究所与桑给巴尔卫生健康研究所签署合作协议，成立中国（江苏）—桑给巴尔热带病防治合作中心，为桑给巴尔消除血吸虫病奠定坚实基础。中国水产科学研究院淡水渔业研究中心与印度尼西亚、泰国、缅甸、柬埔寨、坦桑尼亚等“一带一路”国家就稻渔综合种养、罗非鱼网箱养殖、渔业资源管理等开展技术合作，扩大中国渔业技术在当地的辐射面和影响力。

【丝绸之路】 2023年，无锡市派出第六批援柬医疗队，并组织柬埔寨卫生领域人才（江苏）研修班学员到无锡市参访学习，深化两国卫生领域互动交流。深化推进匈牙利彼得夫医院“国际友好医院”建设，推动两国传统医药领域合作交流。承办龙砂医学流派名家顾植山“五运六气”临床应用海外师承培训班（无锡站），来自德国、法国、英国、瑞士、美国等7个国家和地区的20余名海外学员到无锡市研学，推动龙砂医学流派海外传播。

【人文交流合作】 2023年，无锡商业职业技术学院联合省内外10余所共建院校成立国际化办学协同推进中心，共同助力西港工商学院建设，并依托西港工商学院申报建设柬埔寨郑和学院，入选首批江苏高校“郑和学院”立项建设单位。举办2023无锡“国际月”暨国际赏樱周活动，深化与阿联酋艾因市、爱尔兰科克市等友城经贸文化往来。

（王亦娴）

国际贸易投资促进

【概况】 2023年，市贸促会抢抓“一带一路”和RCEP发展机遇，以服务产业强市和助力“稳外贸”“拓市场”为工作重点，推动海外联络点扩点布局，完成澳大利亚、新西兰、日本、韩国、阿拉伯联合酋长国、埃塞俄比亚的设点工作，实现海外联络点RCEP成员国全覆盖并向“一带一路”沿线中东及非洲新兴国家市场延伸的新格局。举办“跨境电商国际研讨会”“产业数字化出海暨‘苏企出海·贸促服务新e站’”“跨境电商与数据出境宣讲会”等活动。

【国际参会参展】 2023年，市贸促会立足无锡市产业特点，精准对接新能源、汽车及零部件、高端装备、两轮车、高端纺织服装等行业国际市场开拓需求。组织318家企业参加新加坡工业展、日本国际自行车博览会、南非五大行业建材展等56个国际知名展会，其中新兴市场大型国际展会22个，累计布展面积2424平方米，实现意向成交订单约1.1亿美元。

【国际经贸网络建设】 2023年，市贸促会主动对接中国贸促会、江苏省贸促会及各海外商协会国际资源，与新加坡、泰国、阿拉伯联合酋长国等10国驻华经贸机构及商协会组织建立常态化联络机制，邀请爱尔兰、波兰、日本等国经贸代表及拉美14国驻华使节团等52批次国际团组到无锡市考察洽谈，举办13场国际经贸交流活动，吸引30余个国家和地区企业代表2148人次参会，与多家机构签署战略合作协议。

3月21—22日，无锡—拉美经贸交流会暨第十六届中国—拉美企业家高峰会推介会在无锡市举办（市贸促会　供图）

【国际商事法律服务】 2023年，市贸促会签发各类国际经贸单证、文书8.47万份，其中非优惠原产地证书5.73万份，货值56.02亿美元；RCEP等各类自贸协定原产地证书2.21万份，货值10.53亿美元。为市644家企业减免关税4400.98万美元。办理国内国际商标注册申请13件，涉及73个国家、地区和组织。受理国际商事调解申请9件，涉案金额184.75万美元。在市知识产权保护中心设立贸促会工作站，参与组建无锡市电动车产业知识产权保护联盟和无锡一站式涉外商事多元解纷中心平台，为企业提供全链条、一站式、国际化商事法律服务。获得中国贸促会“地理标志产品品牌证明书”“出口商品品牌证明书”“自由销售证明书”3项新业务授权，帮助宜兴市茶叶协会“宜兴红（茶）”和宜兴市陶瓷行业协会“宜兴紫砂”获得中国贸促会首批地理标志产品品牌认证。

（卢　珊）

口　岸

【概况】 2023年，无锡市口岸货物吞吐量3.8亿吨，比上年增长7.7%；外贸货物吞吐量6403.19万吨，比上年下降0.1%；集装箱吞吐量66.42万标准箱，比上年增长3.9%。无锡空港旅客吞吐量879.87万人次，比上年增长133.4%，其中出入境旅客吞吐量35.24万人次，比上年增长26299.6%。货邮吞吐量12.56万吨，比上年增长28.1%，其中出入境货邮1.33万吨，比上年下降10.7%。在全国259个民用运输机场排名中，客运排名第40位（比上年上升1位），货运排名第29位（比上年下降5位）。

【药品进口口岸实现常态化运作】 2023年，无锡市推进生物医药研发用物品进口“白名单”制度试点工作，由市商务局（口岸办）牵头，会同无锡海关、市市场监管局、市科技局制定市级生物医药研发用物品进口“白名单”制度联合工作机制。7月4日，阿斯利康制药有限公司从美国进口到国内的8.2吨“安达唐”（达格列净片）半成品到达无锡市，从飞机落地到该批药品运进企业，仅用时4小时，较之前通过上海市等地药品口岸进口后再转运回无锡市，运输时间缩短1天以上，确保了进口药品的品质，降低了企业物流成本。

【机场进境冰鲜水产品指定监管场地运行】 3月22日，一架载有进口冰鲜海鱼的全货机航班抵达无锡硕放机场，是无锡机场口岸首次进口冰鲜水产品，标志着无锡硕放机场进境冰鲜水产品指定监管场地正式投入运行。

【江阴进境肉类指定监管场地验收】 12月6日，临港开发区江阴苏南国际集装箱码头进境肉类指定监管场地通过验收。

【江阴港首条外贸直航远洋线开通】 7月26日，江阴—挪威远洋干线正式开通，填补无锡江阴港外贸集装箱远洋直航服务的空白，提升港口对外开放服务功能。

【航空口岸建设】 4月6日，深圳航空ZH8073从无锡硕放机场起飞，标志着无锡至大阪航班正式复航，是时隔3年后，无锡重新开通往返大阪的起飞客机航线。7月17日，无锡首家本土货运航司——苏南国际货航首架全货机从无锡硕放机场飞往仁川国际机场，无锡航空口岸再添一条国际货运航线。年内，无锡硕放机场开通中国香港、澳门地区客运航线2条，开通东京、首尔、大阪、芽庄、新加坡国际客运航线5条；开通国际（地区）货运航线4条，通航城市分别为莱比锡、纳什维尔、芝加哥、首尔。

（祝敏威）

海　关

【概况】 2023年，无锡海关审核结关报关单48.5万份，比上年增加4.9%；监管进出口申报货运量59.6万吨，比上年下降13.3%；监管申报进出口总值330亿美元，比上年下降11.6%；监管集装箱9.4万箱次，比上年下降10.4%；监管运输工具3494艘（架）次，比上年增长884.2%；验放进出境人员38万人次，比上年增长117%。税收入库81.2亿元，比上年下降14%。

5月，海关关员在无锡硕放机场利用“智慧旅检”项目开展监管

（无锡海关　供图）

8 月，海关关员在新安口岸对进出口货物进行监管　（无锡海关　供图）

【依法监管】 2023 年，无锡海关实行危化品检验模式改革缩短进口时间 70%，指导无锡硕放机场建设运行危险品暂存区，保障 142 票、89 吨光刻胶快速提离、安全进口。开展“打击进出口危险品伪瞒报”专项行动，查处发低少报 9 起、伪报 1 起，办理知识产权侵权处罚案件 11 起。入库税收 81.2 亿元，稽查查发率 89.8%，稽查追补税比上年增长 95%。

【监管改革创新】 2023 年，无锡海关推进智慧海关建设、“智关强国”行动。持续优化升级自主创新项目，“智慧旅检”获评全国海关旅检现场“微创新”典型案例；“智慧快件”项目助力快件监管总量列全省第一，出口跨境电商业务创历史新高；“智慧检验”模式压缩进口属地查检时间至 3 小时，减少人力、用车等成本 80%。相关场景应用成效被《光明日报》《科技日报》等多次宣传报道。

【服务地方发展】 2023 年，无锡海关落实优化营商环境系列措施，细化 7 方面 64 条举措，开展促进跨境贸易便利化专项行动，工作成效获国家口岸管理办公室表扬。空港快件场所物流卡口系统完成改造，省内首次实现货物快件“同车验放”“同卡口进出”，进口药品、食用水生动物等特色口岸功能全面运行，特殊物品驻地风评、长三角风评结果互认成功落地，境外旅客购物离境退税代办点挂牌启用。推广“直装直提”模式，无锡新安港“内外贸同船运输”内贸箱占比 79%，集装箱吞吐量创历史新高。无锡西站海关监管场所通过验收，首条笼车国际联运班列开通运行。“综保区 23 条”持续落地生效，“跨关区保税展示交易”等 3 项“全国首票”业务先行先试，保税维修、保税研发等新业态得到突破性发展，长三角电子元器件国际分拨中心辐射企业近百家。

【优化企业服务】 2023 年，无锡海关开展“关长送政策上门”活动，清零企业问题 54 个。RCEP 签证 1.27 万份，出口、进口企业分别享受优惠 900 万美元、895 万元。经认证经营者（AEO）高级认证企业年内新增 8 家，应用高新技术货物布控查验模式便利企业 16 家。扩面“减免税快速审核 +ERP 联网”试点，实现免税确认业务“秒办通关”。征集税政建议 13 条、上报总署 5 条，获国务院税则委员会采纳 1 条。落实税收优惠政策为企业减免税款 2.8 亿元，加工贸易集团保税减免企业保证金 1875 万元，主动披露减免滞纳金 1721 万元。

【打击违法行动】 2023 年，无锡海关开展“国门利剑 2023”联合行动，办理刑事案件 12 起、行政案件 120 起。开展常态化统计数据监督，严控虚假贸易，严打骗证、骗税、骗补贴和进出口企业虚假备案等违法行为，累计注册备案企业近 1.9 万家。查获象牙制品 2.3 千克、赌博筹码和非法出版物等 152 批，查处不合格进出口商品 435 批。坚持“多病同防”，检出新冠、甲流等各类病例 57 例，开展“国门绿盾 2023”，严防外来物种入侵等行动，检出外来有害生物 66 种、539 种次。

（黄首先）

出入境边防检查

【概况】 2023 年，无锡出入境边防检查站开展“五行”（管控服务行、业务素质行、品牌创建行、作风建设行、职业保障行）建设，推进边检工作现代化。年内查验出入境航班 3545 架次，验放出入境人员 382235 人次，获评省级优秀“戎耀之家”称号，站党委连续 4 年获评全省边检机关站级单位“优秀党委班子”。无锡出入境边防检查站、边检处荣立集体三等功，夏月、高洁获国家移民管理局表彰，无锡出入境边防检查站、执勤一队及 8 名个人获省级以上表彰奖励。

【出入境管控】 2023 年，无锡出入境边防检查站融入口岸安全体系建设，与公安国保支队、反恐支队、新疆派驻口岸工作组等单位建立口岸重点敏感时期预警机制，研究制定涉政涉恐类措施指引 3 个，健全完善暴力闯关、网络攻防等预案 8 类 15 种，完成第 18 届海峡两岸暨香港澳门警学研讨会专项勤务保障和杭州第 19 届亚运会重要安保任务。建设机场工作人员智能管理系统，完成空港视频监控智能化改造工程，增添人员轨迹分析、调包漏检、通关候检计时、旅客流量监测等模块，实现出入境人员全流

5月17日，无锡出入境边防检查站边检民警为出入境旅客办理通关手续

（许鹏昊　摄）

程监管。创建边检"数据池"系统，搜集基础数据30万余条，研发内地居民骗取出入境证件、出入境人员轨迹跟踪等数据模型7个，为口岸风险等级评估、多跨协同打击涉出入境违法犯罪提供有效支撑。组建"情报专班"，搜集研判情报信息575条，推动"犁平"行动行政立案149起、"獴猎"行动刑事立案25起，情报数量、成案转化和积分排名在全省边检机关列第一。固化"边检＋出入境＋N"联合打击机制，查获在控人员22人、在逃人员6人、涉嫌"走线"偷渡人员12人、涉赌诈人员36人、"三非"（非法就业、非法出入境和非法居留）外籍人员7人、失信被执行人员8人，循线发现一个以多人入股方式筹措资金到澳赌博团伙，涉案金额520余万元，其经验做法获国家移民管理局通报肯定。

【边检法治建设】 2023年，无锡出入境边防检查站规范三类案件（外国人非法居留案件、监护人致使未满16周岁外国人非法居留案件、航空公司未按规定申报案件）执法办案流程，制定《边检执法办案信息系统案件办理操作指引》《行政复议流程图》和常遇案件卷宗模板，落实"包容审慎"执法要求，查处办理违法违规案件32起。拓展边检政务服务窗口，对接纳入"12345"市政府公共服务热线，规范涉诉问题处置，年内处理反馈"12345""12367"平台投诉10起，办理涉诉澄清2起，实现平台投诉问题解决率、热线服务满意率100%。深入口岸一线和社区街道开展普法活动，发放《国家安全法》《反电信网络诈骗法》等宣传册1000余份，提供法律咨询80余次。

【服务地方发展】 2023年，无锡出入境边防检查站服务策应地方发展，开展"边检大走访"活动，到市商务局、无锡海关、机场集团、香港特区驻沪经贸办等20余家部门单位走访交流。设立"提案议事堂"，研究报送市政协涉非法就业外国人管理等提案4个。参与机场国际邮件互换局、东部货站项目建设研究论证，制定实施服务高质量发展举措，开通光刻胶等高附加值产品绿色通道，累计保障国际货运航班400余架次、搭载货物1.5万余吨。深化"温情无界、事事锡心"政务服务品牌，参加机场服务承诺发布会，落实空港勤务改革，实行"边检处前置指挥"勤务指挥模式，新建人工查验通道4条，恢复启用快捷通道12条，旅客通关效率比上年提升30%以上。组建"锡心护航"服务队，开展"12367与您同行"宣传推广活动，在旅检现场为老弱妇幼提供通关帮扶120余人次，帮助8名旅客找回遗失财物，协助救治危重病旅客7名，劝返离家青少年1名。

（刘　迪）

编辑　胡　慧

农　业

综　述

【农业经济发展】 2023 年，全市农林牧渔总产值为 223.39 亿元，比上年增长 2.6%，农业农村经济运行稳中向好。粮食种植面积 81867.08 公顷，比上年增长 0.9%；总产量 56.41 万吨，比上年增长 1.4%。蔬菜种植面积 38687 公顷，比上年增长 0.9%。果园种植面积 10194.77 公顷，比上年下降 2.2%；园林水果总产量 18.54 万吨，比上年增长 1.9%。肉类总产量 1.05 万吨，比上年增长 30.8%；禽蛋总产量 1.02 万吨，比上年下降 2.9%；水产品产量 10.33 万吨，比上年增长 0.9%。无锡市获批整区域推进高标准农田建设国家试点。宜兴市改善人居环境、惠山区富民强村帮促工作获省政府督查激励。锡山区、惠山区入选江苏省数字乡村试点地区名单。惠山国家现代农业产业园通过认定，惠山区阳山镇、江阴市璜土镇、宜兴市万石镇、锡山区东港镇获评首批国家农业产业强镇，惠山区洛社镇获批创建国家农业产业强镇。惠山区洛社镇获评全国乡村治理示范镇。江阴市顾山镇、宜兴市丁蜀镇、锡山区羊尖镇、惠山区阳山镇入选江苏省乡村振兴示范乡镇创建名单。宜兴市太华镇乾元村获评中国美丽休闲乡村。

【农业创新工作】 2023 年，无锡市创新实施耕地保护“三提两严”（提增数量、提优布局、提升质量和严守底线、严格执法）行动，开展粮食种植面积核查工作，获批并全面开展整区域推进高标准农田建设国家试点。江苏省农科院无锡分院（无锡市农科院）正式运行，“太湖三白”“河荡三青”种质资源保护利用创新中心、水稻生物育种全国重点实验室（无锡）粳稻产业技术中心等科创平台落地建设。上线市级农业农村大数据平台，率先落地全国“部—省—市—县”四级农业农村大数据互联互通试点。

（市农业农村局）

江阴市观西村高标准农田（2023 年）　　（市农业农村局　供图）

农业产业

种植业

【粮食作物】 2023 年，无锡市粮食种植面积 81870 公顷，亩产 459.4 千克，总产量 56.41 万吨。夏粮种植面积 37200 公顷，亩产 323.8 千克，总产量 18.07 万吨。其中，小麦种植面积 35920 公顷，比上年增加 380 公顷；亩产 329 千克，比上年增加 1.3 千克；总产量 17.74 万吨，比上年增加 0.27 万吨。秋粮种植面积 44670 公顷，亩产 572.3 千克，总产量 38.34 万吨。其中，水稻种植面积 40313 公顷，比上年增加 353 公顷；亩产 606 千克，比上年增加 2.54 千克；总产量 36.64 万吨，比上年增加 0.47 万吨。

【油料作物】 2023 年，无锡市油料作物总产量 9431.6 吨，比上年增长 23.4%。其中，油菜籽总产 8544 吨，比上年增长 24.1%；亩产 167.74 千克，比上年降低 3.5%。芝麻产量 529 吨，比上年增长 11.65%；花生产量 297 吨，

表 20　2023 年无锡市农业产值、农产品产量统计表

指　标	单　位	数　值	比上年增长（%）
农林牧渔业总产值	亿元	223.39	2.6
农作物播种面积	千公顷	135.71	1.4
#粮食	千公顷	81.87	0.9
夏粮	千公顷	37.20	0.9
秋粮	千公顷	44.67	0.9
粮食产量	万吨	56.41	1.4
夏粮	万吨	18.07	1.4
秋粮	万吨	38.34	1.4
粮食年亩产	千克 / 公顷	6891	0.5
夏粮	千克 / 公顷	4857	0.6
秋粮	千克 / 公顷	8585	0.4
油菜籽产量	吨	8544	24.1
茶叶产量	吨	4192	0.3
水果产量	吨	185441	1.9
牛奶产量	吨	4812	29.7
禽蛋产量	吨	10151	−2.9
水产品产量	吨	103333	0.9

（市统计局）

比上年增长 3.4%。油料作物播种面积 3880 公顷，比上年增长 26%。

【蔬菜】 2023 年，无锡市蔬菜播种面积 38687 公顷，比上年增加 0.9%；总产量 122.61 万吨，比上年增加 1.4%。

【茶叶】 2023 年，无锡市茶园面积 5476.16 公顷，其中可采摘面积 4472.96 公顷。总产量 4192.2 吨。其中，绿茶 1708.4 吨，红茶 2326 吨，其他茶叶 157.8 吨。

【水果】 2023 年，无锡市果园种植面积 10194.77 公顷，其中，梨 1028.33 公顷、柑橘 245.13 公顷、桃 3907.1 公顷、葡萄 2018.27 公顷、猕猴桃 75.03 公顷、其他果园 2920.91 公顷。水果总产量 185441 吨。其中，梨 23916.5 吨，柑橘 5281.8 吨，桃 69398.5 吨，葡萄 50838.8 吨，猕猴桃 813.79 吨，红枣 165 吨，柿子 537 吨，其他水果 34489.61 吨。

【优质稻米产业化】 2023 年，无锡市继续扩大优质食味稻米品种种植面积，继续推广南粳 46、苏香粳 100、南粳 5055、宁香粳 9 号、银香 38 等优良食味稻米品种，全市优质食味稻米品种种植面积占比 81%，比上年提高 5 个百分点。推广优质稻米绿色防控、水稻集中育秧壮秧培育、机插稻绿色高效配套栽培、稻田综合种养等优质稻米标准化生产技术（模式）。宜兴市万石镇获评“味稻小镇”。在第八届“华西村”杯“江苏好大米”品鉴推介评奖活动中，无锡市获评特等奖 3 个、金奖 2 个，“十大品牌”2 个。

【高标准农田建设】 2023 年，无锡市获批整区域推进高标准农田建设国家试点，制定《整区域推进高标准农田建设试点行动方案》，按照亩产 1000 千克“吨粮田”核心标准，逐步把符合条件的永久基本农田全部建成高标准农田。全市高标准农田新增建设和改造提升任务 6666.67 公顷，至年末，完成新增建设和改造提升面积 8006 公顷。

【粮食绿色高质高效示范片创建】 2023 年，无锡市创建省级水稻绿色高质高效示范片 17 个，其中五千亩示范片 1 个，位于宜兴市；千亩示范片 16 个，其中江阴市 7 个、宜兴市 6 个、锡山区 2 个、惠山区 1 个；落实市级百亩示范片 12 个，全市落实省、市级水稻示范片 29 个。

【夏熟耕地轮作】 2023 年，无锡市推进耕地轮作工作，加大稻油（豆）轮作种植推广力度，扩大油料种植，提升油料产能，加快构建用地与养地相结合、生产与生态相协调的绿色高效种植制度。全市耕地轮作面积为 733.33 公顷，其中宜兴市 333.33 公顷，市辖区 400 公顷。

【生态补偿工作】 2023 年，无锡市继续推进生态补偿政策制度化、规范化，促进生态保护和治理，提升生态文明建设水平。全市申报水稻田生态补偿面积 6205.49 公顷，其中锡山区 4585.51 公顷，惠山区 1005.84 公顷，滨湖区 50.01 公顷，新吴区 564.13 公顷；市属蔬菜基地生态补偿面积 371.72 公顷，其中锡山区 171.41 公顷、惠山区 175.8 公顷、新吴区 24.51 公顷；水蜜桃种质资源保护区生态补偿面积为 779.84 公顷。

【生态茶园】 2023 年，无锡市入选五星级、四星级生态茶园数列全省第一

宜兴市乾元茶场(2023 年)　　（市农业农村局　供图）

位。无锡市江苏九香茶业有限公司、无锡市茶叶研究所有限公司、宜兴市兰山茶场入选江苏省五星级生态茶园;江苏乾元茶业有限公司、宜兴市碧绿春茶场、宜兴市盛道茶业有限公司、江苏省芙蓉茶场有限公司、无锡市茶都茶业有限公司、宜兴市茗苑茶场入选江苏省四星级生态茶园;宜兴市灵谷有机茶场、宜兴市苏茗茶业有限公司入选江苏省三星级生态茶园。参加 2023 "花果山杯" 第二届江苏省茶席设计大赛,无锡市选手获 1 个金奖、1 个铜奖。

【蔬菜产业】 2023 年,无锡市深化政产学研合作,对接中国农科院蔬菜花卉所,建立长期合作关系。引进番茄新品种原味 1 号获试种成功,市场反应良好,平均售价每斤 20 元。引进中蔬快菜 1 号、中蔬快菜 2 号、京研快菜、福禧月宝快菜 4 号、绿翡翠、速生绿宝 1 号快菜新品种 6 个,完成品比试验。筛选出适合本地种植、消费及高产抗逆性强的品种 2 个,丰富无锡地产速生绿叶蔬菜品种。与扬州大学合作,在无锡市阳溪生态蔬果种植专业合作社、宜兴市可丰家庭农场开展适合湿旱轮作春茬的多子芋品种筛选,主要品种为金坛红香芋、如皋香堂芋、太仓新毛芋、扬大 1 号等春季促成栽培、前期耐低温弱光、后期耐高温的多子芋品种,并开展各品种间的植物学性状调查、生育期观察记载、抗病性调查。在第五届江苏"好西(甜)瓜" 品鉴推介活动中,无锡市组织包括宜兴市大东蔬菜专业合作社在内的 8 家单位 14 组样品参加活动,无锡市农业技术推广中心获优秀组织奖;2 家单位获十大 "好基地" 称号;1 家单位获十大 "好品牌" 称号;2 家单位选送的厚皮甜瓜分别获甜瓜组特金奖;3 家单位选送的西瓜获中大果型组金奖;宜兴市周铁镇可丰家庭农场选送的 "渎一" 牌厚皮甜瓜获 "瓜王"称号。在第二届江苏 "好黄瓜" 品鉴推介活动中,无锡益健生态农业科技有限公司获江苏黄瓜 "好基地" 称号;江阴市文林苏锡杭家庭农场 "苏锡杭" 牌密刺黄瓜、江苏神力生态农业科技有限公司 "神力" 牌特色黄瓜、江苏晴兰生态农业有限公司 "晴兰" 牌特色黄瓜获金奖。在首届长三角 "好鲜菇" 品鉴推介活动中,宜兴市恒春菌业有限公司 "恒氿" 牌羊肚菌获特等奖;宜兴市恒春菌业有限公司 "好禧" 牌蛹虫草、无锡春丰农业科技有限公司 "春丰" 牌真姬菇获金奖。

（市农业农村局）

林 业

【苗木生产】 2023 年,无锡市育苗面积 5714.19 公顷,苗木产量 9661 万株,其中良种 190.9 万株、容器苗 117.9 万株。主要品种为香樟、榉树、桂花、南天竹和红豆杉等。

【种质资源管理】 2023 年,全市有 3 个省级林木良种基地和 1 个国家级种质资源基因库,分别为江阴市色叶树种良种基地、宜兴市湿生树种良种基地、宜兴市珍稀乡土树种良种基地、无锡市红豆杉国家林木种质资源库。江阴市色叶树种良种基地利用组培中心、自动化基质车间、智能温室等,实现年产组培瓶苗 500 万株产能,主要培育品种为"小叶红罗宾 "红叶石楠、冬青、"无尽夏" 绣球、豆梨等。宜兴市湿生树种良种基地采取扦插繁育方式,以中山杉、落羽杉为主开展良种繁育工作,年内,生产穗条 50 万株。宜兴市珍稀乡土树种良种基地主要开展银缕梅、金钱松种质资源原地保护和红豆树、秤锤树等江苏特色珍稀乡土树种的异地保护。无锡市红豆杉国家林木种质资源库是集种质资源研究、规模化种植、盆景培育、苗木绿化、保健品开发、中药饮片、紫杉醇等抗癌药物提炼于一体的生态健康产业链,基地总面积 200 公顷,核心区 20 公顷,拥有曼地亚、南方红豆杉、云南红豆杉、东北红豆杉、欧洲红豆杉等多个品种。

（刘梦蛟）

畜牧业

【概况】 2023 年,无锡市地产存栏生猪 11.33 万头,其中本地能繁母猪存栏 1.32 万头,比上年增长 17.35%,能繁母猪域外协议存栏 1.19 万头,累计生猪出栏 10.11 万头,比上年增长 54.04%;存栏家禽 139.14 万羽、奶牛 0.08 万头、羊 1.01 万只,出栏家禽 140.64 万羽、羊 0.99 万只,畜牧业生产稳定。

【生态健康养殖】 2023年，市农业农村局制定《加快推进养殖业高质量发展三年行动方案》，指导规模养殖场提档升级，应用自动饲喂、环境控制、节水减排、臭气减控等设施和技术，普及生态健康养殖。建立年度畜禽粪污资源化利用规模场整治提升清单，组织县级农业农村部门联合生态环境、自然资源规划部门开展检查认定，开展常态化巡查，确保粪污规范化处理。发放市级畜牧业健康发展专项资金550万元，对生猪保供等进行奖补。全市省级畜牧生态健康养殖示范场新创建2个、复核通过4个。全市有省级畜牧生态健康养殖示范场25个（含特禽场3个）、市级畜禽生态健康养殖场20个，生态健康养殖比重100%，畜禽粪污综合利用率稳定在95%以上。

【饲料兽药生产】 2023年，无锡市有饲料和饲料添加剂生产企业35家，其中饲料添加剂生产企业23家，饲料生产企业20家，有8家同时生产饲料和饲料添加剂。全市饲料生产企业生产配合饲料324203.78吨、浓缩饲料7593.27吨、添加剂预混合饲料25137.59吨、饲料添加剂54649.08吨、混合型饲料添加剂36766.08吨、单一饲料1553.53吨，饲料及饲料添加剂工业总产值313997.54万元。无锡市有兽药生产企业4家，其中生物制品生产企业1家、中药和化药生产企业3家，生产兽药产品1675批次，年产值33677.37万元。

【饲料兽药监管】 2023年，无锡市推进兽用抗菌药减量化试点行动，实施“减抗”试点达标养殖企业动态管理，新增“减抗”试点达标企业5家，新增参与“减抗”试点企业26家，实现全市规模养殖企业参与率100%。规范畜禽养殖用药记录，开展“双随机、一公开”等检查，检查畜禽规模养殖企业49家，责令改正16起，立案查处3起。组织开展牛羊屠宰环节“瘦肉精”违法犯罪问题专项联合打击整治行动。组织开展兽药饲料监督抽检、执法抽检，抽检饲料50批次、兽药30批次，检出不合格兽药1批次（经营环节），按规定作出处理。组织开展兽药残留监督抽检，抽检畜禽产品619份，检出不合格样品21批次，全部按规定处置。开展“瘦肉精”快速检测，全年屠宰环节快速检测生猪“瘦肉精”样品113405份，养殖环节抽检737份，结果全部合格。

【畜禽屠宰管理】 2023年，无锡市制定《无锡市畜禽屠宰行业发展规划（2023—2025年）》，持续推进生猪屠宰标准化建设，完成全国生猪屠宰兽医卫生检验员无锡试点培训考核工作。全市有获证生猪定点屠宰企业11家，其中部级生猪屠宰标准化建设示范单位1家、省级生猪屠宰标准化建设示范企业3家。全年屠宰生猪221.47万头，比上年增加11.92%。检出病害猪7943.62头，无害化处理9320.62头，无害化处理率100%。全年未发生因屠宰环节引起的肉品质量安全事故。

【动物疫病防控】 2023年，无锡市新创建省级动物疫病净化场2家。全市未发生重大动物疫情。对高致病性禽流感、口蹄疫、小反刍兽疫等重大动物疫病实施强制免疫，口蹄疫免疫生猪22.45万头次、牛1100头次、羊1.81万头次；高致病性禽流感免疫鸡202.85万羽次、鸭19.81万羽次、鹅19.09万羽次；小反刍兽疫免疫羊3.14万头次，强制免疫病种应免尽免率100%；犬猫狂犬病免疫45711只。组织开展4轮“三灭四消”（灭蚊、灭蝇、灭鼠和日常消毒、重要时点消毒、突击消毒、应急消毒）集中行动，完成洗消面积超652万平方米，洗消场点2144个；累计灭害面积369万平方米，灭害场点1878个。市级监测样品参数18327份，其中免疫学样品参数10182份、分子生物学样品参数8145份。

【动物诊疗】 2023年，无锡市组织开展规范宠物诊疗秩序专项整治行动，督促动物诊疗机构按要求布置诊疗室、观察室、免疫室等各功能间，建立健全兽药产品采购、使用，诊疗废弃物无害化处理等台账记录，规范处方笺、病历册等记录保存。对全市264家动物诊疗机构开展全覆盖监督检查，检查动物诊疗机构561家次，办理相关案件31起，责令改正14家。

（市农业农村局）

渔 业

【概况】 2023年，无锡市渔业经济总产值69.21亿元，渔业经济增加值23.34亿元，其中渔业一产产值34.62亿元、一产增加值18.01亿元。全市淡水养殖面积12836公顷，水产品总产量10.33万吨，其中淡水养殖总产量10.32万吨。引导发展投饲少、污染小、效益高的特色水产、精品渔业养殖，淡水特种水产养殖面积7540公顷。其中，河蟹6734公顷，产量1.17万吨；青虾453公顷，产量1946吨；克氏原螯虾27公顷，产量268吨。宜兴鹏鹞生态农业有限公司成功创建国家级水产健康养殖和生态养殖示范区。

【产业链中心建设】 2023年，无锡市依托中国水产科学研究院淡水渔业研究中心、南京农业大学无锡渔业学院等的技术支撑，在江阴市规划建设“长江三鲜”种质资源保护利用创新中心，在宜兴市规划建设“河荡三青”种质资源保护利用创新中心，在惠山区规划建设“太湖三白”种质资源保护利用创新中心，在锡山区规划建设无锡市“甘露青鱼”产业发展研究中心，围绕地方特色水产品种，发展现代种业，打造全产业链。

【设施渔业项目】 2023年，无锡市推动建设江苏中水东泽农业发展股份有限公司、江苏常宜海澄农业科技有限公司、宜兴群新家庭农场等一批设施渔业项目。至年末，全市有设施渔业企业 16 家,设施面积 26.35 万平方米、76.52 万立方米水体。

【池塘标准化改造】 2023 年,无锡市完成第二轮中央生态环境保护督察整改任务,对 2686.67 公顷百亩连片养殖池塘进行综合治理。按照省政府统一部署,对 4686.67 公顷规模以上养殖池塘进行综合治理。开展全市水产养殖水体水质状况监测项目。共设 25 个监测点,检测总氮、总磷、高锰酸盐指数等 10 个指标,采集样本 600 个,获得有效监测数据 3000 个。

【渔业增殖放流】 3 月,市农业农村局和市文旅集团联合举行蠡湖渔业资源增殖放流活动,向蠡湖投放花白鲢 190 万尾;10 月,宜兴市农业农村局会同宜兴市文明办在东氿水域举行金秋生态护渔文明实践行动,放流鲢鳙及翘嘴鲌 50 余万尾。

【水产养殖病害测报】 2023 年,无锡市设立水产病害测报点 21 个,测报种类 13 个,测报面积 331.72 公顷。各病害测报点每月定期对监测养殖品种开展病害测报,利用水生动物防疫实验室,开展疾病诊断,提高诊断的准确性。发布水产养殖病害测报信息 10 期、重大动物疫情监测报告 8 期,降低鱼病发生风险,减少养殖户经济损失。

(市农业农村局)

农业经营

【新型农业经营主体】 2023 年,无锡市新增江阴市谷盛农业专业合作社等 8 家国家农民合作社示范社,江阴市祝塘兰芬家庭农场等 10 家家庭农场被评定为 2023 年省级示范家庭农场,江阴市小满生态家庭农场等 28 家家庭农场被评定为 2023 年市级示范家庭农场。江阴故乡情果业专业合作社“建平台、优管理、带领果农走上富裕路”入选 2023 年全省农民合作社典型案例,江阴市游圣农业农机服务专业合作社“健全农机服务体系、引领现代农业发展”入选 2023 年江苏省农业社会化服务典型案例,无锡市新吴区寿南生态农场、宜兴市春强家庭农场入选 2023 年省家庭农场典型案例。无锡杨氏草莓农业专业合作社等 5 家合作社入选中国农民合作社 500 强,宜兴市志洪家庭农场等 4 家家庭农场入围 2023 年江苏省“百佳家庭农场”,江阴市月城优农家庭农场发展服务中心入围 2023 年江苏省“十佳家庭农场服务联盟”。全市 19 家“头雁”家庭农场、19 家“头雁”示范社以及 2 家农业生产性服务业知名品牌主体列入省厅农业高质量发展“四个一”建设工程。

【农业品牌】 2023 年,无锡市的阳山水蜜桃、宜兴红(茶)等 8 个品牌入选首批江苏省农业精品品牌培育计划,入选数量居全省第二位。乾红·早春茶、晴兰笋 2 个品牌入选中国农业品牌目录,入选数量居全省第一位。市农业农村局获“苏垦杯”第二届江苏省农业企业知名品牌 30 强大赛优秀组织奖,三凤桥、健安普获评江苏省农业企业知名品牌 30 强称号。

【无锡农产品品牌营销促销大赛】 2023 年,市农业农村局组织开展首届无锡市农产品品牌营销促销大赛,冰清水产、GXQ 故乡情葡萄、宜兴大闸蟹、湖汊杨梅、天资乳业、严家桥大米、蜜桃匠水蜜桃、益家康蔬菜、水军锅巴、鸿山葡萄获评无锡市农产品品牌营销促销大赛十强品牌。

(市农业农村局)

农业装备

【概况】 2023 年,无锡市农机总动力 90.15 万千瓦,比上年增加 0.55 万千瓦。农机化投入 11743.46 万元,其中财政资金投入 3853.42 万元、基本建设投入 2426.04 万元、农机购置投入 5464 万元。农机购置投入中,中央和省级补贴资金 1327 万元,占比 24.28%,补贴机具 1489 台(套),受益农户 921 户。农机服务收入 3.25 亿元,其中农机作业服务收入 2.7 亿元。全市机耕面积 13.64 万公顷,机播面积 11.13 万公顷,机植保面积 13.08 万公顷,机收面积 11.46 万公顷。全市农作物耕种收综合机械化水平超过 87%,特色农业机械化率为 76.34%。

【秸秆机械化还田】 2023 年,无锡市投入秸秆机械化还田作业补助资金

7 月,宜兴市和桥镇果农在直播水蜜桃带货　　(市农业农村局　供图)

7月，新吴区鸿山街道果农采摘葡萄　　（市农业农村局　供图）

732万元，完成秸秆机械化还田面积68218公顷，还田率85.27%。其中，麦秸秆机械化还田面积37712公顷，还田率97.38%；稻秸秆机械化还田面积30506公顷，还田率73.9%。

【"农机3·15"消费者权益日活动】 3月15日，市农业农村局在锡山区举办"农机3·15"消费者权益日活动。活动期间，检修农机具10余台，发放各类宣传资料和物品100余份，现场解答有关农机购置补贴、农机质量投诉等有关问题咨询30余人次，为农机手选购和使用农机具提供技术参考。

【农业机械展览会无锡展馆】 4月12—14日，第12届江苏国际农业机械展览会上首次特设无锡展馆。无锡展馆按照"一屏二图三区一模型"结构布局，集中展示中共十八大以来无锡市农机化发展成果；无锡市17家农机企业参展，集中展示智能化、绿色化现代农机；在江苏农机强省建设之路成果发布会上进行3场成果推介。

【农机数字化现场推进会】 6月12—13日，全省农机数字化现场推进会在无锡市召开。会议贯彻落实党中央国务院和省委、省政府关于发展数字经济、建设数字乡村的决策部署，总结交流全省农机数字化建设的推进情况和先进经验。会上，现场演示"机慧来"农业机械应用与管理服务平台的各项功能和建设情况，江苏省数字农机先行市、江苏省智能农机比武（严家桥）基地授牌，公布首批10家数字农机合作社、数字人民币试点应用农业经营主体。会议同期举办智能插秧机竞技比武和智能农机展示演示活动。参会人员实地观摩惠山区洛社镇天授蔬菜基地智慧大棚、阳山镇田园东方水蜜桃基地智慧桃园和锡山区羊尖镇严家桥数字农机合作社、数字"无人化"农场的建设及运营情况。

（市农业农村局）

农业科技

【农业科技创新】 3月23日，江苏省农业科学院无锡分院（无锡市农业科学院）挂牌启用。江苏省农业科学院无锡分院设置智慧智能农业、生物育种、绿色低碳农业、农产品加工与质量安全、农业农村经济5个学科，完成智慧智能农业、生物育种和农业农村经济团队的组建，阳山科研试验基地和洛社科研试验基地启动建设。市农业农村局、市财政局联合制定《无锡市种业振兴三年行动方案（2023—2025年）》，认定江苏威特凯鸽业有限公司、江阴市申港三鲜养殖有限公司、无锡市金大地惠农农业科技发展有限公司、无锡向山兰园科技有限公司和无锡市茶都茶业有限公司5家企业为市级农业种质资源保护单位。无锡哈勃生物种业技术研究院有限公司选育的哈勃208、浙大嘉两优610通过国家审定，无锡市茶叶品种研究所有限公司选育的紫英2号、3号、4号、5号和锡山区尚品园艺家庭农场选育的蝴蝶兰粉龙获得国家农业植物新品种权，中国水产科学研究院淡水渔业研究中心选育的环棱螺蠡湖1号获水产新品种审定。无锡市茶都茶业有限公司、江苏同人生物科技有限公司、宜兴市金港水产科技有限公司获评省特色优势种苗中心。

【农业科技推广】 2023年，无锡市实施省级现代农业产业技术体系项目12个，涵盖稻麦、蔬菜、葡萄、青虾等10个产业，拥有12个核心基地和63个示范基地，示范面积近1333.33公顷，形成美洲鲥养殖地方标准1个、肉鸽和青虾养殖企业标准2个。实施中央基层农技推广体系建设项目3个，形成农业科技示范展示基地6个，培育农业科技示范主体1400个。

【绿色防控】 2023年，无锡市推广应用高效低毒低残留农药和生物农药，分别在粮食、果蔬、茶叶等产业链上建立省级绿色防控基地8个，江阴市被评为江苏省第二批"省级农作物病虫害绿色防控县"。建成省级稻麦田周年杂草综合治理示范区3个，制定《2023年无锡市区稻麦病虫草害绿色防控产品主推目录》，包含稻麦病虫草防控药剂总计86个品种，其中小麦上杀菌剂9个、杀虫剂2个、除草剂14个，水稻上杀菌剂19个、杀虫剂19个、除草剂23个。

（市农业农村局）

编辑　胡　慧

综 述

【规模与效益】 2023年，无锡市推进“465”现代产业集群扩能提级，提升产业创新能力和数字化绿色化发展水平。完成规模以上工业总产值24765.26亿元，比上年增长5.1%；规模以上工业增加值比上年增长7.8%，增速高于全省平均0.2个百分点，列全省第7位、苏南第2位；全市规模以上工业企业实现营业收入23717.05亿元，比上年增长1.7%；实现规模以上工业利润总额1771.37亿元，比上年增长12.6%，高于全国14.9个百分点、全省10.1个百分点；完成工业投资1715亿元，比上年增长9.6%，工业技改投资总量占工业投资的比重为47.8%；列入省高质量发展指标的全市高技术产业投资占比为22.4%，比上年同期上升1.7个百分点，其中高技术制造业投资占高技术产业投资的85.6%；全市制造业贷款余额4185.4亿元，比上年增加481.6亿元，比上年增长13 %。工业对全市地区生产总值增长贡献率46.1%；全年净增规模以上工业企业403家；作为全省唯一的地级市入选国家“建设信息基础设施和推进产业数字化工作成效明显市”督查激励名单。江阴市、宜兴市保持位居“中国工业百强县（市）”十强，新吴区、惠山区、锡山区、滨湖区分别列“中国工业百强区”第10位、第36位、第41位和第65位。

【主要行业经济】 2023年，无锡市机械、冶金、电子、石化、纺织五大行业规模以上工业产值“四增一降”，机械、冶金、纺织、石化实现增长，合计完成规模工业产值22974.04亿元，占全市规模以上工业产值的92.77%。

【集群建设】 2023年，无锡市推进“465”现代产业集群和“3010”产业链建设，构建三位一体集群推进体系，打造物联网、集成电路、生物医药、软件与信息技术服务业4个地标产业，推动高端装备、高端纺织服装、节能环保、新材料、新能源、汽车及零部件（含新能源汽车）6个优势产业做大做强，加速发展人工智能、量子科技、商业航天、人形机器人、合成生物等前沿领域产业。制定19个产业集群（链）发展三年行动计划及年度工作要点，集成电路、新能源、生物医药3个专项扶持政策，特色产业园区建设、国有企业参与集群建设和集群促进组织建设3个实施意见。形成92家特色园区清单，认定首批市级特色产业园区15家，设立集成电路、生物医药等产业专项基金。全市规模以上营业收入超2000亿元产业集群数量由2个升至6个，入选国家和省级中小企业特色产业集群数量均为全省第一。

【创新链布局】 2023年，无锡市围绕产业链部署创新链，围绕创新链布局产业链。集成电路、软件、“两机”等领域重大创新平台建设取得新突破，国家集成电路特色工艺及封装测试创新中心高分通过工业和信息化部验收；中国电子科技集团公司第五十八研究所获批国家集成电路与微系统全国重点实验室；无锡航空发动机基础部件产业创新研究院完成首期建设并初步形成科研与试验验

表21 2023年无锡市五大行业运行情况统计表

行 业	规模工业产值（亿元）	比上年增长（%）	占全市比重（%）
机械行业	12085.94	9.8	48.80
电子行业	3385.9	−2.9	13.30
冶金行业	3432.1	2.6	13.50
石化行业	2139.2	2.5	8.40
纺织行业	1930.9	2.2	7.60
合 计	22974.04	—	92.77

（市工业和信息化局）

证能力；先进技术成果长三角转化中心无锡分中心加快实体化运营，5个产业化前景良好的转化项目签约落户；江苏省船舶工业软件应用创新中心创建稳步推进。1家企业获评国家医疗装备重点产业链链主企业，承担2项国家重点产业链高质量发展研制攻关任务，3家企业入围国家产业基础再造和制造业高质量发展专项，5家企业成功揭榜2023年度省“关键核心技术（装备）工程化攻关”项目。新增国家级企业技术中心1家，新增省级、市级企业技术中心113家、317家，数量均创历史新高；新增认定市级创新产品254个、市级软件飞凤奖产品10个；新增省首台（套）重大装备10个，数量居全省第一；65个产品入选第30批省新技术新产品推广应用目录，数量居全省前列。

【数智赋能建设】 2023年，无锡市聚焦数智深度赋能，全市数字经济核心产业规模以上企业营业收入超7000亿元，智能制造发展指数列全省第二位。全年创成各类智能制造标杆1900余个，数量创历史新高。雪浪云工业互联网平台获评工业和信息化部2023年跨行业跨领域工业互联网平台；无锡威孚高科技集团股份有限公司获评国家级智能制造示范工厂；中信泰富特钢江阴工厂成为无锡市第3家全球“灯塔工厂”；新增国家级智能制造优秀场景14个、省两化融合贯标示范企业13家，数量均为全省第一；新增省级智能工厂14家，数量居全省第二；新增省级重点工业互联网平台3个、省工业互联网示范工程项目570个、省工业互联网标杆工厂17家，数量均列全省第二位；新增省星级上云企业首次超千家；新增省智能制造领军服务机构9家，数量居全省第二。推进网络、算力等基础设施建设，全市新增10G PON端口2.47万个（累计13.8万个）、5G基站5177个（累计25216个），重点场所5G网络通达率100%。加快5G、千兆光网在各类园区、企业深度覆盖。红豆男装入围工业和信息化部首批5G全连接工厂；新增省级5G全连接工厂6家（累计8家），数量居全省第二；9个项目入选工业和信息化部5G工厂名录。系统推进算力发展和应用，制定《无锡市加快推进算力发展和应用的实施意见》，推进“算力券”政策落地实施，无锡新型城市算力中心揭牌，中国移动长三角（无锡）马山数据中心等重点项目加快建设。

【企业发展】 2023年，无锡市加强企业梯度培育、融通发展，持续建强以龙头企业为引领、专精特新企业为支撑、大中小企业协同发展的产业主体矩阵。全市37家企业入围江苏省“链主”企业名单，占全省四分之一；677家企业入选江苏省“筑峰强链”企业培育支持计划，数量居全省前列；全市入围“中国企业、制造业、服务业、民营企业”4个500强榜单企业总数84家次，连续五年列全省第一位。新增国家专精特新“小巨人”企业146家，比上年增长260%，累计232家，新增和累计数量均居全省第二；新增省级专精特新中小企业578家，数量居全省第二；新增认定创新型中小企业2033家，占全省的15.8%。召开全市大中小企业融通创新暨专精特新企业发展推进会，培育中小企业特色产业集群，锡山区电动车及零部件产业集群入选2023年度国家级中小企业特色产业集群，江阴节能环保集成装备产业集群等6个集群入选2023年度省级中小企业特色产业集群，数量居全省第一。

【绿色制造体系】 2023年，无锡市加快构建绿色制造体系，全市单位地区生产总值能耗下降4.98%，超额完成省下达目标，降幅列全省第二位。完成52个高耗能和高排放项目现场核查，组织重点用能企业实施节能改造项目，建立2023年市级节能与循环经济项目库，入库项目73项；制定2023—2025年绿色制造体系建设计划，全市13家绿色工厂、5家绿色供应链管理企业、1个绿色园区入围国家级绿色制造示范名单，数量均列全省第二位；制定工业领域及重点行业碳达峰实施方案，稳步推进工业碳达峰；推动印染行业“两减两提升”（企业总数减少、重点水污染物〈总氮、总磷〉排放总量减半，行业污染治理水平显著提升、整体经济效益和技术装备水平大幅提升），江阴市、宜兴市、锡山区、惠山区制定实施印染行业整治提升三年行动方案，加快印染行业绿色高端转型。推进工业企业资源利用绩效评价，全年A类企业享受城镇土地税优惠近1.5亿元，全市提升改造低效工业用地1200余公顷。

【营商环境优化】 2023年，无锡市构建常态化、面对面服务企业长效机制，持续深入为企业服务。开展“强化清单管理，提升减负效能”专项行动，常态化开展清理拖欠民营企业账款，推荐2536家先进制造业企业享受国家增值税加计抵减超10亿元。新增（升级）省级中小企业公共服务示范平台19家、省级小型微型企业创新创业示范基地4家。全市各级服务机构开展线上线下活动1万余场次，服务企业超5万家次。举办全市制造业与金融业融合发展大会，新增授信2791亿元，金额再创新高，比上年增加356亿元；全年市级转贷应急资金续贷金额126.47亿元，为企业节约成本超1.8亿元，“锡信贷”发放金额累计2.8亿元。召开全市产业强市高质量发展大会，聚焦“465”现代产业集群，举办2023世界物联网博览会、2023集成电路（无锡）创新发展大会、首届开放原子开发者大会、2023第十届亚洲燃气轮机聚焦大会、2023（首届）中国钢管产业创新发展大会、环保产业创新发展大会、汽车产业大中小融通对接大会、创意设计赋能品牌服装家纺产业链等重大活动，基本实现地标产业、优势产业“一集群一品牌”。

（孙崇人）

表 22　2023 年无锡市规模以上工业总产值统计表

指　标	金额（亿元）	比上年增长（%）
规模以上工业总产值（现价）	24765.26	5.1
1. 按经济类型分：		
内资企业	17593.24	6.5
港澳台商投资企业	2471.32	6.9
外商投资企业	4699.40	-0.3
2. 按轻重工业分：		
轻工业	5070.03	4.1
重工业	19695.23	5.4
3. 按规模分：		
# 大型企业	7138.24	6.6
中型企业	6079.05	4.4
小型企业	11071.66	5.0
4. 在总计中：		
# 国有控股	2018.41	4.7
# 民营企业	15769.16	6.7
5. 按产业类型分：		
# 纺织业	835.83	1.2
纺织服装、服饰业	547.38	3.1
印刷和记录媒介复制业	188.13	-2.9
石油、煤炭及其他燃料加工业	138.52	6.6
化学原料和化学制品制造业	1029.56	-2.3
医药制造业	482.38	22.5
化学纤维制造业	550.77	3.0
橡胶和塑料制品业	938.45	7.6
非金属矿物制品业	516.53	-4.2
黑色金属冶炼和压延加工业	1863.66	1.4
有色金属冶炼和压延加工业	1481.56	4.1

续表 22

指　标	金额（亿元）	比上年增长（%）
金属制品业	2014.67	4.7
通用设备制造业	1661.86	5.5
专用设备制造业	1608.86	8.0
汽车制造业	1637.68	6.1
铁路、船舶、航空航天和其他运输设备制造业	616.13	17.1
电气机械和器材制造业	4235.64	14.4
计算机、通信和其他电子设备制造业	3155.50	−2.9
仪器仪表制造业	311.10	20.5
电力、热力生产和供应业	318.96	−1.0

（市统计局）

表 23　2023 年无锡市规模以上工业增加值统计表

指　标	金额（亿元）	比上年增长（%）
规模以上工业增加值	6005.31	7.8
1. 按行业分：		
制造业	5873.79	7.9
电力、燃气、水的生产和供应业	131.53	3.9
2. 按轻重工业分：		
轻工业	1184.46	6.1
重工业	4820.85	8.2
3. 按规模分：		
# 大型企业	1987.19	8.0
中型企业	1547.40	7.4
小微型企业	2470.72	7.8
4. 在总计中：		
# 国有控股	477.29	9.1
# 民营工业	3350.66	10.2

（市统计局）

表 24　2023 年无锡市主要工业产品产量统计表

指　标	单　位	数　值	比上年增长（%）
（一）原材料工业			
粗钢	万吨	1080.93	-4.2
钢材	万吨	2400.41	6.0
铜材	万吨	177.11	-3.9
（二）装备制造工业			
钢绞线	万吨	23.85	-7.4
电站锅炉	万蒸发量吨	1.40	-9.8
工业锅炉	万蒸发量吨	1.41	-2.2
滚动轴承	亿套	5.97	-11.4
发动机	万千瓦	4366.48	10.5
电力电缆	万千米	271.21	7.7
光缆	万芯千米	611.47	21.4
光纤	万千米	231.27	-50.6
太阳能电池（光伏电池）	万千瓦	505.99	45.0
半导体分立器件	亿只	313.65	-21.5
集成电路	亿块	326.59	-1.6
电子元件	亿只	5908.79	1.4
印制电路板	万平方米	1211.83	-17.4
（三）消费品工业			
绒线（俗称毛线）	万吨	0.89	3.3
呢绒	万米	9020.01	-4.6
帘子布	万吨	1.25	16.8
化学纤维	万吨	451.47	1.9
合成纤维聚合物	万吨	88.73	152.5
锂离子电池	万只	30293.47	-18.8
硬盘存储器	万台	2274.91	-23.5
服装	万件	51664.45	-11.3
数码照相机	万台	71.86	-27.5
民用钢质船舶	万载重吨	212.12	16.0
电动自行车	万辆	313.55	-18.3
家用洗衣机	万台	1999.96	23.3
家用电热水器	万台	114.67	7.7
微型计算机设备	万台	36.31	-29.5

（市统计局）

表 25　2023 年无锡市规模以上工业经济效益统计表

指　标	单　位	数　值	比上年增长（%）
企业单位数	家	8495.00	—
# 亏损企业	家	1360.00	+3（家）
从业人员平均人数	万人	122.97	−3.0
营业收入	亿元	24096.93	1.7
利润总额	亿元	1771.37	12.6
亏损总额	亿元	156.01	8.3
资产总计	亿元	25688.95	5.7
负债总计	亿元	13384.81	4.7
流动资产合计	亿元	17030.04	6.5
应收账款	亿元	5385.43	5.1
存货	亿元	3771.28	5.0
# 产成品	亿元	1933.47	14.5

（市统计局）

表 26　2023 年无锡市规模以上工业利润总额统计表

指　标	金额（亿元）	比上年增长（%）
规模以上工业利润总额	1771.37	12.6
1. 按注册类型分：		
内资企业	1143.90	17.5
港澳台商投资企业	163.53	13.8
外商投资企业	463.91	1.4
2. 按规模分：		
# 大型企业	634.87	7.5
中型企业	478.62	6.8
小型企业	647.26	23.6
3. 在总计中：		
# 国有控股	186.94	28.0
# 民营企业	986.21	15.2

（市统计局）

高端装备制造业

【概况】 2023年，无锡市高端装备产业稳定增长，列入统计的534家高端装备企业，实现营业收入2129.63亿元，比上年增长10.4%；实现利润241.53亿元，比上年增长20.8%。

【高端装备产业集群】 2023年，无锡市制定《无锡市高端装备产业集群三年行动计划（2023—2025年）》和年度工作要点，统筹推进产业集群和重点产业链发展。江苏乾度智造高科技有限公司的“空天碳化硅陶瓷反射镜定制”入选国家级增材制造典型应用场景，江苏双友智能装备科技股份有限公司、无锡透平叶片有限公司2家企业获评省级关键核心技术（装备）工程化攻关项目，无锡贝斯特精机股份有限公司获评省级科学技术奖一等奖，无锡机床股份有限公司等8家企业通过国家级工业母机增值税加计抵减审核，无锡市明鑫机床有限公司、无锡市明鑫数控磨床有限公司获评机械工业科学技术奖科技进步奖二等奖。高端装备产业集群新增国家级专精特新“小巨人”企业50家、世界一流专精特新企业1家、工业互联网试点示范项目1个、中国机械500强企业22家（数量居全省第二），省首台（套）重大装备10个、苏锡常首台（套）重大装备20个。惠山区智能基础零部件制造产业集群入选国家中小企业特色产业集群，江阴市节能环保集成装备产业集群、惠山区智慧物流装备产业集群2个产业集群入选2023年省级中小企业特色产业集群，无锡（惠山）高端智能装备产业园、无锡（锡山）电动车辆产业园入选无锡市首批特色产业园区。

【重大产业项目】 2023年，无锡市发挥制造业基础优势，发展以商业航天为代表的战略性新兴产业，布局建设专业园区，培育壮大优势企业，招引落地专业院所，依托科技创新加快形成新质生产力，推动一系列重大产业项目落地。东方空间、蓝箭航天、微纳星空、天兵科技等一批商业航天项目在无锡市落地，形成从火箭发动机、火箭总装到商业卫星产业链能力布局。9月22日，首届北斗空间信息产业无锡创新发展大会举行，会上成立百亿级航空航天产业基金，集中签约22个产业项目。11月15日，在第22届中国国际内燃机及零部件展览会上，一汽解放动力总成事业部携智慧动力域、柴油、天然气、新能源12款主力展品参展，举行以“大气磅礴，燃擎巅峰”为主题的奥威16升天然气机CA6SX上市发布会。

【中国“工业X射线”第一股】 3月31日，无锡日联科技股份有限公司在上海证券交易所科创板上市，这是A股全面注册制改革后无锡市第一家IPO上市公司，也是无锡市历年来首发价格最高的上市公司，获上市委员会无条件免聆讯（免答辩）直接过会，创造无锡市企业上市历史上的首例。无锡日联科技股份有限公司从事精密X射线技术研究和X射线智能检测装备开发、制造，打破了国外厂商对封闭式热阴极微焦点X射线源的垄断，实现国内X射线精密检测核心部件100%自主可控，与集成电路、新能源电池、航天航空等战略性新兴产业融合互促。

【省首台（套）重大装备认定】 2023年，无锡市通过认定的首台（套）重大装备涉及集成电路、“两机”、基础工艺、核心部件等多个领域，部分产品填补国内空白，提升无锡装备制造业产品的市场竞争力和影响力。江苏微导纳米科技股份有限公司“先进集成电路生产制造用原子层沉积设备（iTomic Hik）”、无锡爱邦辐射技术有限公司“低能扫描性电子加速器（200KeV-500KeV可调）”等10家企业的装备产品通过江苏省首台（套）重大装备认定，数量居全省第一。

【获奖企业】 10月28日，在2023数字化转型助推制造业高质量发展（贵州）大会暨中国机械500强研究报告发布会上，无锡威孚高科技集团股份有限公司、双良集团有限公司、无锡先导智能装备股份有限公司等22家无锡企业入选2023中国机械工业

9月22日，首届北斗空间信息产业无锡创新发展大会在无锡市举行

（梁溪区宣传部 供图）

500强，比上年增长10%，数量列全省第二位。双良节能系统股份有限公司获评2023年度江苏省省长质量奖。

（王阿红）

电子信息产业

【概况】2023年，无锡市电子信息产业规模以上现价工业总产值6195亿元，比上年增长7.8%；实现利润266亿元，比上年增长31%。其中，计算机、通信、电子元器件、电子专用材料和其他电子设备制造业完成现价工业总产值3386亿元，比上年下降2.9%；实现利润157亿元，比上年下降17%。全行业规模（电子、计算机、通信、电子元器件、电子专用材料和其他电子设备）工业出口交货值1565亿元，外销率比上年下降1.9%。

【电子信息产业企业】2023年，16家电子信息产业企业跻身全市现价工业总产值前50强企业之列，分别是SK海力士半导体（中国）有限公司、远东电缆有限公司、无锡先导智能装备股份有限公司、新远东电缆有限公司、江南电缆有限公司、无锡夏普电子元器件有限公司、希捷国际科技（无锡）有限公司、绿点科技（无锡）有限公司、无锡阿尔卑斯电子有限公司、无锡帝科电子材料股份有限公司、无锡海峰聚思信息科技有限公司、捷普电子（无锡）有限公司、健鼎（无锡）电子有限公司、三星（无锡）电子材料有限公司、江苏长电科技股份有限公司、华虹半导体（无锡）有限公司。8家企业跻身全市工业效益前50强企业之列，分别是无锡先导智能装备股份有限公司、华润上华科技有限公司、SK海力士半导体（中国）有限公司、江南电缆有限公司、新远东电缆有限公司、远东电缆有限公司、无锡飞翎电子有限公司、健鼎（无锡）电子有限公司。

表27　2023年无锡市电子信息产业分行业完成情况统计表

分支行业	现价产值（万元）	比上年增长（%）	利　润（万元）	比上年增长（%）
计算机制造	2617969	−1.2	49057	51.6
通信设备制造	1556393	−3.3	69838	1.6
广播电视设备制造	511857	−5.6	24497	−4.6
电子器件制造	13824794	−5.5	506573	−36.8
电子元件制造	9562961	−1.4	766860	−13.1
其他电子设备制造	250042	−1.7	17375	2.9
通用仪器仪表制造	2859073	21.8	226562	15.2
专用仪器仪表制造	437163	14.4	12406	−21.6
智能设备制造	2639455	21.6	47834	−30.2

（市电子工业协会）

表28　2023年无锡市主要电子产品产量统计表

主要产品名称	单　位	产　量	比上年增长（%）
半导体分立器件	亿只	313.65	−21.5
锂离子电池	万只	36686.03	−12.6
集成电路	亿块	326.59	−1.6
数码照相机	万台	71.86	−27.5
硬盘存储器	万台	2274.91	−23.5
微型计算器设备	万台	36.31	−29.5
电子元件	亿只	5908.79	1.4
印制电路板	万平方米	1211.83	−17.4

（市电子工业协会）

【重大项目】 4月10日，汽车激光雷达项目签约落地惠山经开区，签约项目注册资金2.5亿美元，主要从事旗舰级远距离激光雷达、车规量产超远距激光雷达、一体式超远距AI激光雷达产品的生产、销售、研发等。5月26日，滨湖区政府与中国航空工业集团公司雷华电子技术研究所签署战略合作协议，共建民用航空电子系统项目，项目总投资50亿元，引进1000余名高层次人才，加大产品研发和产业化力度，推动民用航空综合监视系统、综合防撞系统等产品的产业化发展，导入产业链上下游企业，推进航空航天产业在无锡市发展形成集群效应。6月6日，东南大学集成电路学院揭牌成立，集成电路学院的主体落户无锡市，标志着市校合作的深度推进。8月25日，无锡高新区、韩国纳科新公司、无锡产业发展集团有限公司签约合作半导体高端检测量测装备生产研发基地项目，项目总投资2亿美元。

（任国伟）

新材料产业

【概况】 2023年，无锡市新材料产业集群化发展态势明显，形成特钢材料、高分子材料及电子专用材料3个优势领域。无锡市新材料产业集群有规模以上企业386家，营业收入2588亿元，实现营业利润191亿元，完成出口交货值381.3亿元。

【特钢材料】 2023年，无锡市特钢材料领域营业收入1107.3亿元，实现利润81亿元。形成特钢原材料、高端制品、下游应用的产业链条。上游特钢原材料制造聚集江阴兴澄特种钢铁有限公司、江阴华润制钢有限公司和江苏长强钢铁有限公司等重点企业；中游高端制品聚集法尔胜泓昇集团有限公司、贝卡尔特（中国）技术研发有限公司、江苏玉龙钢管科技有限公司、德新钢管（中国）有限公司、江阴长发耐指纹钢板有限公司、无锡派克新材料科技股份有限公司、江苏大明金属制品有限公司等重点企业；下游应用集聚中航卓越锻造（无锡）有限公司、江阴市振宏重型锻造有限公司、无锡华光锅炉股份有限公司、江苏沪宁钢机股份有限公司、江苏吉鑫风能科技股份有限公司、江阴中南重工股份有限公司等重点企业。无锡市特钢材料领域有产业链企业及服务机构211家，其中百亿元级企业6家、上市企业6家，国家级企业技术中心2个，国家专精特新“小巨人”企业14家，为汽车及零部件、新能源、高技术船舶和海工装备、高端装备等产业集群配套，提供关键原材料保障，并不断增强产业发展的自主可控性。

【高分子材料】 2023年，无锡市高分子材料领域营业收入686.1亿元，实现营业利润41.4亿元，形成涵盖PX（对二甲苯）、PTA（精对苯二甲酸）、涤纶纤维、聚酯切片、PET（差别化纤维和聚酯材料）薄膜、氨纶、PS（聚苯乙烯）、EPS（可发性聚苯乙烯）、PU（聚氨酯）、PA（聚酰胺）、聚醚胺、IBOMA（甲基丙烯酸异冰片酯）等在内的品类众多的高分子材料产业链体系。无锡市有高分子材料领域百亿元级企业3家、上市企业10家，国家级企业技术中心1个，国家专精特新“小巨人”企业10家。龙头企业无锡兴达泡塑新材料有限公司专业生产可发性聚苯乙烯树脂，总产能达到年产200万吨的规模，产品涉及轻级料、中级料、快速料、阻燃料、高阻料、杯料、石墨料、改性材料等，生产规模全球领先。

【电子专用材料】 2023年，无锡市电子专用材料领域营业收入795亿元，实现营业利润68.6亿元，形成涵盖大硅片、超高纯试剂、光刻胶、掩膜版、特种气体、环氧模塑料、锂电池隔膜、锂电池正负极材料、碳纳米管导电剂、风电聚氨酯涂料、光伏银浆、稀土磁性材料等在内的较为完善的产业链体系，有百亿元级企业1家、上市企业9家，国家专精特新“小巨人”企业14家，涌现出一批特色鲜明的领军企业。江阴江化微电子材料股份有限公司是国内湿电子化学品领先企业，江苏博砚电子科技股份有限公司是目前国内少数量产供应LCD用黑色光刻胶的企业，江苏广信感光新材料股份有限公司是国内PCB油墨重点企业之一，无锡帝科电子材料股份有限公司处于全球光伏导电银浆供应链第一梯队，江苏雅克科技股份有限公司的半导体前驱体材料和先进制程光刻胶填补国内空白。

（顾　颖）

生物医药产业

【概况】 2023年，无锡生物医药集群全口径产业规模2009.26亿元，近五年产业平均增长率超过13%。无锡市制定《无锡市生物医药产业发展三年行动计划（2023—2025年）》。无锡高新区、无锡马山生命科学园入选国家生物医药产业园区综合竞争力前50强榜单。根据中国生物医药产业发展指数CBIB 2.0，无锡市再次跻身全国地级市前20强，上市企业总市值全省第一。

【生物医药项目】 2023年，全市有26个一类新药项目获准开展临床研究，289个二类、三类医疗器械完成注册上市，均创历年新高。围绕创新药、高端医疗器械、特医食品、医疗大数据等重点领域强链补链，全市招引超亿元生物医药项目75个，签约金额457亿元。围绕创新药与改良新药、高端医疗器械、研发服务外包、现代中药、特殊食品与健康产品、精准医疗与智慧医疗、高端医美、医药流通贸易八大领域确立链主企业，充分发挥链主企业引领带动作用。推动设

10月7日，在全市生物医药产业发展推进会上，举行无锡市人民政府与中国药科大学市校战略合作签约仪式及无锡高新区管委会与中国药科大学共建中国药科大学无锡创新研究院签约仪式　（市科技局　供图）

立无锡市生物医药产业并购基金，成立首期规模10亿元基金。

【全市生物医药产业发展推进会】 10月7日，全市生物医药产业发展推进会召开。会上，无锡市与中国药科大学签订市校战略合作协议，双方将在科研攻关、创新孵化、产业赋能、人才培养等方面开展深入合作，无锡高新区与中国药科大学签约共建中国药科大学无锡创新研究院，着力打造生命健康领域国际顶尖科学及工程化研发平台、孵化基地和人才实习培训基地；无锡市生物医药产业发展促进中心揭牌成立，将整合市、区相关资源，建立专职机构，承担审评核查业务办理，打造专业化产业服务平台，为无锡医药企业提供更加便捷、高效、优质的注册申报、技术指导服务；阿斯利康制药有限公司、无锡药明生物技术股份有限公司、江阴天江药业有限公司、费森尤斯卡比华瑞制药有限公司、通用电气医疗系统（中国）有限公司、臻和精准医学检验实验室无锡有限公司、江苏知原药业股份有限公司、国药控股无锡有限公司获产业链"链主"企业授牌；第16批无锡市生物医药产业科技镇长团授旗，来自国家市场监督管理总局、南京大学、中国药科大学等单位的8位优秀专业人才加入镇长团队伍；18个生物医药项目集中签约，总投资168亿元。

（吴呈熹）

新能源产业

【概况】 2023年，无锡市新能源产业规模以上企业188家，比上年增加17家，其中上市公司21家，国家级专精特新企业25家，占全市总数的10.7%。全市新能源规模以上企业实现营业收入1954.61亿元，比上年增长20.6%；工业产值2075.45亿元，比上年增长30.7%。光伏产业营业收入1196.42亿元，比上年增长16.6%；风电产业营业收入530.91亿元，比上年增长39.6%；氢能产业营业收入140.74亿元，比上年增长2.6%；储能产业营业收入67.21亿元，比上年增长19.8%。

【产业产能】 2023年，无锡市光伏主要产品总产能实现115吉瓦，比上年产能倍增。光伏组件产能35吉瓦，约占全省的20%；光伏电池产能10吉瓦，约占全省的3%；光伏硅片产能60吉瓦，约占全省的30%；逆变器产能10吉瓦。在风电方面，整机产能规模7.09吉瓦，比上年增长77.3%。在氢能方面，电解槽产能约3吉瓦；在储能及动力电池方面，产能约25吉瓦，比上年增长68.5%。

【重大项目】 2023年，新能源产业新开工项目43个，总投资709.78亿元，年度投资148.04亿元。全年亿元以上在建新能源项目67个，总投资914.02亿元，完成投资209.05亿元，年度投资完成率103.71%。在建项目中，总投资10亿元以上项目32个，计划总投资791.79亿元，全年完成投资164.88亿元，年度投资完成率110.82%。纳入全市新能源产业集群发展三年行动计划的重大项目总投资1017.8亿元，计划投资206亿元，全年完成投资219.66亿元，年度投资完成率106.56%。

【产业平台建设】 2023年，无锡（江阴）新能源产业园、无锡（锡山）新能源产业园成为无锡市首批特色产业园区。无锡华光环保能源集团股份有限公司联合大连理工大学，实现产业化的国内首创最大单体电解水制氢设备——3.2兆帕斯卡、1500～2000标准立方每小时碱性电解水制氢系统，填补国内千方级高压力电解槽空白；国家高端储能产品质量检验检测中心（江苏）完成筹建任务，通过国家市场监管总局验收；无锡明阳氢燃动力氢燃气轮机燃烧室研发中心投运；清华大学无锡应用技术研究院电力储能高效集成技术研究中心组建成立。

（刘　海）

【第15届中国（无锡）国际新能源大会暨展览会】 2023年，无锡市举办第15届中国（无锡）国际新能源大会暨展览会。中国（无锡）国际新能

11月2日，第十五届中国（无锡）国际新能源大会暨展览会在无锡市举行开幕仪式
（市贸促会　供图）

源大会围绕各领域龙头企业举办9场产业生态圈会议，举办展厅面积2.5万平方米的主题展览，集中展示新产品、新技术、新应用。邀请中国贸促会、国家能源局和省政府领导及两院院士、中国能源研究会等行业专家出席，吸引国家电力投资集团有限公司、国家能源投资集团有限责任公司等中央企业，隆基绿能科技股份有限公司、协鑫集团控股有限公司、天合光能股份有限公司等龙头民营企业，以及来自荷兰、爱尔兰、西班牙等国政府领导、行业协会和企业专业人员等1.83万人参展、参会，现场签约项目73个，协议总额1286亿元，签约项目涵盖光伏、风电、氢能、储能、新能源基金、总部基地等领域。

（卢　珊　刘　海）

节能环保产业

【概况】 2023年，无锡市节能环保产业发展稳中有进。全市节能环保产业营业收入1415亿元，比上年增长0.6%；产值1613.1亿元，比上年增长5%。全市节能环保产业重点投资项目63个，总投资241亿元，进展良好。

【产业体系建设】 2023年，全市有节能环保企事业单位2000余家、配套企业4000余家，节能环保产业集群规模以上企业620余家，初步形成研发设计—装备制造—工程施工—运营服务的完整产业链。节能环保产品涵盖节能、水污染防治、大气污染防治、噪声污染防治、固体废物处置、土壤污染治理与修复、环境监测仪器、环境污染处理药剂与材料8大类、2000余个品种。

【企业培育】 2023年，无锡市节能环保产业的企业竞争力逐步增强，拥有领航企业1家、国家制造业单项冠军3家、国家级专精特新“小巨人”企业20家、A股上市企业17家。全市累计25家企业入围环保装备制造行业规范条件企业名单，入围数量居全省第一位。节能环保领域有319家高新技术企业、4个国家级技术研究中心、30个省级技术研究中心、7家新型研发机构。

【特色产业园区】 2023年，中国宜兴环保科技工业园入围无锡市首批特色产业园区，形成检测、监测、培训、孵化、交易、展示等全链条支撑体系，是国内环保产业最集中、产品最齐全、技术最密集的产业集聚区。江阴市节能环保集成装备产业集群入围2023年度省中小企业特色产业集群，年内推进秦望山资源循环利用基地建设。惠山区循环经济产业园开园。新吴区加快打造区域废旧动力电池回收与梯级利用中心。

（杨　骏）

新能源汽车产业

【概况】 2023年，无锡市汽车及零部件（含新能源汽车）产业444家企业营业收入2041.81亿元，比上年增长2.7%；营业利润205.4亿元，比上年增长7.2%；出口交货值307.91亿元，比上年增长2.3%。无锡市新能源汽车产业主要分布于江阴市、宜兴市、锡山区、惠山区、新吴区等地，形成包含整车制造、核心零部件、充换电装备制造、充换电基础设施建设与运营等环节的较为完整的产业集群。通过近年招商引进，全市在动力电池方面，特别是正、负极材料方面有较好优势，拥有格林美（无锡）能源材料有限公司、无锡先导智能装备股份有限公司、联动天翼科技有限公司、远东电池有限公司、无锡晶石新型能源股份有限公司、无锡东恒新能源材料有限公司、无锡恩捷新材料科技有限公司等行业知名企业。

【产业链发展】 2023年，在全市近600家汽车及零部件重点企业中，与新能源车紧密相关企业近90家。无锡星驱科技有限公司不断扩大产能，服务吉利集团及其他车企，相继投产电驱线1条、电机线2条、电控线1条，全年营业收入超2.7亿元，营业收入月均环比上年增长30%以上；格林美（无锡）能源材料有限公司聚焦新能源动力电池梯次利用，累计获得147项知识产权授权，参与制定国家标准2项，计划2024年实现动力电池高值化循环利用每年10万吨、新能源汽车高值化循环利用每年10万辆的目标。

【推广应用】 2023年,全市推广应用新能源汽车85110辆;建设充电桩66655个,其中公共充电桩4553个、专用充电桩781个、私人充电桩61321个;推广公共领域新能源车辆11209辆。

(杜 洵)

纺织服装业

【概况】 2023年,无锡市纺织行业有规模以上企业1007家。实现工业总产值2002.93亿元,比上年增长1.3%;营业收入2260.61亿元,比上年增长5.4%;实现利润120.39亿元,比上年增长4%;出口交货值208.71亿元,比上年下降18%。年内,受到主要贸易区外需萎缩、地缘政治干扰、全球化阻碍、部分产业链和供应链转移的影响,出现订单减少和开机不足等情况,在市委、市政府经济政策措施扶持下,纺织企业创新经营与生产模式,稳定产业发展。

【创意设计赋能服装家纺产业链活动】 7月28日,省工业和信息化厅在无锡市举办江苏省创意设计赋能品牌服装家纺产业链活动。活动促进创意设计资源与服装家纺企业对接,推进品牌服装家纺产业链强链补链延链和高质量发展,聚焦创意设计关键环节,搭建产业链供需对接交流平台。创意设计赋能品牌服装家纺产业链活动中,中国服装设计师协会、江南大学设计学院专家围绕AI设计、设计传承创新等进行分享,省内相关院校、创意设计机构及平台、服装家纺企业发布创意设计供需清单,并在前期对接基础达成19个合作意向项目签约。

【高端纺织服装产业集群专题调研会】 8月16日,全市高端纺织服装产业集群专题调研会召开。会议听取企业意见建议,提出相关工作要求,鼓励企业坚持创新发展,加快推动创新链与产业链的“双向融合”,让传统产业链集聚更多优势资源、焕发新的发展优势,推动纺织服装产业集群高质量发展。

【国家高端纺织先进制造业集群培育提升三年行动方案】 2023年,市工业和信息化局与苏州市工业和信息化局、南通市工业和信息化局共同制定《国家高端纺织先进制造业集群培育提升三年行动方案(2023—2025)》。行动方案提出产业高端化、智能化、绿色化、一体化发展4个方面19项举措,通过实施一系列具体措施,加快培育专业化、特色化、世界级高端纺织集群,进一步巩固提升纺织优势产业领先地位。

(孙 斐)

机械工业

【概况】 2023年,无锡市机械工业产业结构持续优化,全年主要经济指标在合理区间。国内市场需求有所改善,全年工业总产值、营业收入、利润总额等指标增速均在5%以上,外贸进出口基本稳定,产业规模持续扩大。至年末,无锡机械工业有规模以上工业企业4306家,比上年增加278家,占全市规模以上工业企业数量的52.9%,比上年增加6.4%;资产总计13049.8亿元,比上年增长11%,占全市工业资产总计的51.4%,比上年提高2.5个百分点。

【经营效益】 2023年,无锡市机械工业实现工业总产值12085.94亿元,比上年增长9.8%,增速高于全市工业4.7个百分点。无锡市机械工业主要涉及的7个行业大类的工业总产值增幅情况为,金属制品制造工业总产值比上年增长4.7%,通用机械制造业比上年增长5.5%,专用机械制造业比上年增长8%,汽车制造业比上年增长6.1%,铁路、船舶、航空航天和其他运输设备制造业比上年增长17.1%,电气机械和器材制造业比上年增长14.4%,仪器仪表制造业比上年增长20.5%。无锡市机械工业推进“智改数转”,产品结构升级有效带动行业效益增长。规模以上机械工业实现营业收入1.13万亿元,比上年增长5.5%;实现利润总额906.8亿元,比上年增长15.9%。利润总额增速分别高于全市工业3个百分点,高于全国机械工业3.8个百分点。年内,机械工

8月16日,全市高端纺织服装产业集群专题调研会召开

(市工业和信息化局 供图)

业景气指数2月高开，5月为年内低点，此后逐步回升，年末两月虽有所回落，但全年总体保持在景气区间，12月机械工业景气指数为105.98。虽然无锡机械工业整体利润总额比上年增长15.9%，环比却下降4.1个百分点；亏损企业增加77家，亏损企业亏损总额比上年增加22.2%。通过抽样调查，部分中小企业经营困难。抽样调查的50家中小企业中，营业收入比上年下降12%，利润总额比上年下降22%，合同金额比上年下降6%。亏损企业主要集中在机床制造、纺织机械、环保设备、小型电机、轴承、电容器、电站锅炉等行业。

表29　2023年无锡市机械工业经济主要指标统计表

指标名称	工业总产值（亿元）	比上年增长（%）	工业销售产值（亿元）	比上年增长（%）	出口交货值（亿元）	比上年增长（%）
金属制品业	2014.67	4.7	1919.22	4.2	103.81	3.8
通用设备制造业	1661.86	5.5	1699.48	3.0	268.52	−1.3
专用设备制造业	1608.86	8.0	1595.53	5.7	166.58	−0.7
汽车制造业	1637.68	6.1	1463.06	3.5	130.15	13.4
铁路、船舶、航空航天和其他运输设备制造	616.13	17.1	650.36	15.5	146.63	44.2
电气机械和器材制造业	4235.64	14.4	4044.30	12.0	512.61	−5.8
仪器仪表制造业	311.10	20.5	289.27	14.9	20.17	11.6
合　计	12085.94	9.8	11661.22	7.6	1348.47	2.3

（市机械工业联合会）

表30　2023年无锡市机械工业效益主要指标统计表

指标名称	营业收入（万元）	比上年增长（%）	利润总额（万元）	比上年增长（%）	投资收益（万元）	比上年增长（%）
金属制品业	17235403	2.1	858669	27.4	79106	9.2
通用设备制造业	16424011	1.1	2007992	9.8	336019	3.6
专用设备制造业	13478511	5.6	1519409	8.8	39432	51.3
汽车制造业	14000607	2.6	1470658	14.4	99405	−9.3
铁路、船舶、航空航天和其他运输设备制造	6345718	1.3	729195	21.6	189124	−47.4
电气机械和器材制造业	37001736	10.1	2105466	19.8	133983	74.8
仪器仪表制造业	2506769	15.0	376643	34.2	6827	63.7
合　计	106992755	5.5	9068032	15.9	883896	−9.2

（市机械工业联合会）

单位：万元

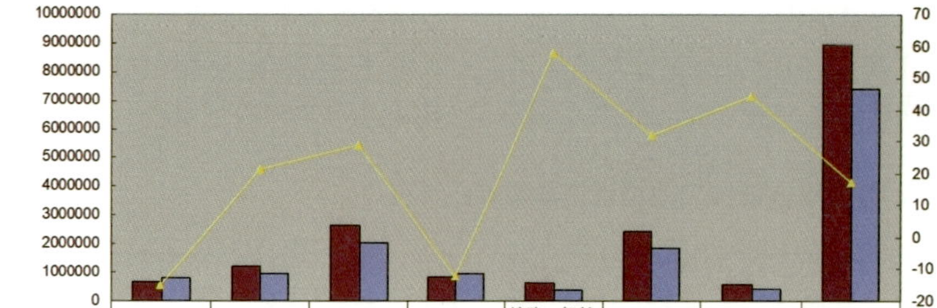

	金属制品业	通用设备制造业	专用设备制造业	汽车制造业	铁路、船舶、航空航天和其他运输设备制造业	电气机械和器材制造业	仪器仪表制造业	机械行业
2023年	687144	1193216	2623280	834039	606819	2408305	604028	8956831
2022年	808651	982730	2032734	950362	384051	1820790	418217	7397535
同比	-15%	21.4%	29.1%	-12.2%	58%	32%	44.4%	17.4%

图6　2022年、2023年无锡市机械工业固定资产投资情况示意图

（市机械工业联合会）

【机械工业产品产销】　2023年，无锡市机械工业实现销售产值11661.22亿元，比上年增长7.6%，产销率93.8%。机械工业主要监测的30种产品中产量比上年增长的有13种，占43.3%；产量下降的有17种，占56.7%。11种大宗产品中，产量比上年增长的占54.5%，比上年下降的占45.5%。产品产销特点主要表现为汽车及零部件产销实现增长，比上年增长6%；能源领域建设加速，带动发电设备、输变电设备和能源存储相关产品产量高速增长，电动机增长10.7%，太阳能电池产量增长45%，电力电缆产量增长7.7%；服务于原材料行业的装备产量增速比上年放缓，金属冶炼设备、水泥专用设备产量比上年分别增长0.7%和6.7%；服务于民生的产品产量增长较快，民用钢制船舶比上年增长16%，光缆比上年增长21.4%；加工制造类装备产量下降，金属切削机床、金属成型机床产量比上年分别下降13.1%和15.7%。电站锅炉、工业锅炉、滚动轴承、钢绞线等产品产量有较大幅度的下降。

【固定资产投资】　2023年，在企业投资意愿增加和低基数因素的共同作用下，无锡市机械工业固定资产投资呈现较快增长，比上年增长21.07%。其中，通用设备、专用设备、非道路交通动力设备、电气机械及器材、仪器仪表制造业固定资产投资比上年分别增长21.4%、29.1%、58%、32%、44.4%。其中，电气机械及器材制造业民间投资全年保持高速增长，是拉动电气机械及器材制造业投资较快增长的重要力量；金属制品业和汽车制造业固定资产投资呈现下降趋势，分别为-15%、-12.2%。

【新兴战略产业】　2023年，无锡市机械高端装备产业营业收入比上年增长10.4%，营业利润比上年增长20.8%，实现利润总额比上年增长22.1%。规模以上高新技术产业，实现高速增长，航空航天制造业产值比上年增长52.2%，仪器仪表制造业产值比上年增长20.9%，智能装备制造业产值比上年增长9.1%，新材料制造业产值比上年增长8.8%，新能源制造业产值比上年增长32.4%。无锡机械智能制造产业发展迅速。2月16日，市委、市政府召开无锡市数字经济提速和数字化转型大会，远东控股集团有限公司获评“江苏省智能制造示范工厂”的认定。2月26日，在一汽解放动力总成事业部惠山基地，首台智能型奥威16L发动机下线。3月1日，《无锡市车联网发展促进条例》实施，全国首个智能网联汽车智驾运营服务中心投用，由超100辆无人驾驶装备和21辆自动驾驶卡车构成的自动驾驶物流配送能力系统为重点制造业企业和快递企业提供服务。10月29日，工业和信息化部公示2023年度智能制造示范工厂揭榜单位，威孚高科技集团公司汽车柴油事业部入选，实现无锡市国家级智能制造示范工厂零的突破。无锡华光环保能源集团股份有限公司入选国务院国资委办公厅发布创建世界一流示范企业和专精特新示范企业名单，无锡市机械工业有国家级、省级专精特新“小巨人”企业600余家。

【产学研合作】　2013年，无锡市机械工业产学研合作进一步深化，多维度拓展创新。7月4日，双良节能系统股份有限公司与广州能源研究所就液冷储能达成战略合作，共同研发兆瓦级模块化液冷储能装备及调峰系统。7月6日，无锡华光环保能源集团股份有限公司与中国循环经济协会签署战略合作协议，在政策研究、科技服务、标准服务、品牌建设、资金申请等方面进行合作。7月8日，无锡市亨达电机有限公司与安徽工业大学共同举办2023流体传动与智能装备制造产教融合高端论坛，围绕电机及泵系统碳中和途径进行探讨。7月25日，双良节能系统股份有限公司与华为技术有限公司签署全面合作协议，通过管理数字化、产品智能化、数字工厂建设与数字产业化，推动产业结构优化升级与商业模式创新发展。

【科技创新】　2023年，无锡市机械工业研发费用比上年增长9.2%，持续保持较高增速。3月12日，东风威孚轮毂驱动乘用车示范运营项目全球首发仪式在无锡市举行，开创国内轮毂电机应用新纪录。3月14日，中国船舶集团有限公司第七〇三研究所无锡分部“30MW级叶轮式高速水力测功器”通过部省级新产品鉴定，填

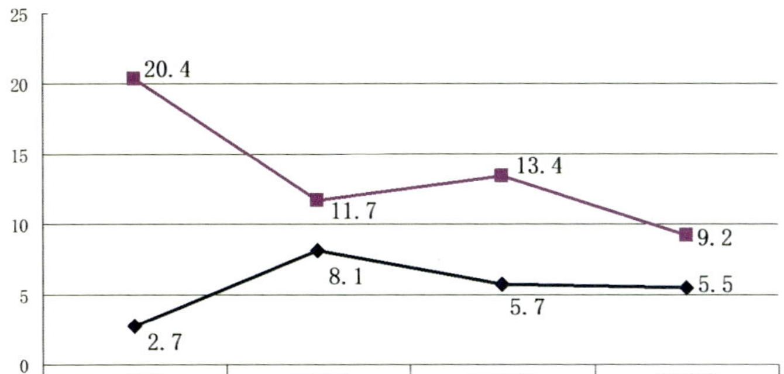

	一季度	二季度	三季度	四季度
业务收入(±%)	2.7	8.1	5.7	5.5
研发费用(±%)	20.4	11.7	13.4	9.2

图 7　2023 年无锡市机械工业业务收入与研发费用增速对比示意图

（市机械工业联合会）

补了该规格国内空白。4 月 3 日，无锡华光环保能源集团股份有限公司开发研制的“H 级燃机联合循环卧式余热锅炉”和与中国科学院工程热物理研究所合作完成的“90t/h 燃用固体废弃物的高温高压循环流化床锅炉”2 项产品通过中国机械工业联合会新产品鉴定。5 月 20 日，国资委发布，威孚天力增压技术股份有限公司提供的汽油 VGT 涡轮增压器获中央企业科技创新成果推荐。一汽无锡油泵油嘴研究所“组合动力关键技术及应用”项目和无锡市电力滤波有限公司“智能电网用高压干式直流支撑电容器关键技术及应用”项目获机械工业科学技术进步三等奖。

【绿色制造】 2023 年，无锡市机械工业一批绿色制造大项目落地。8 月，无锡华光环保能源集团股份有限公司汕头益鑫项目开工，一期总投资约 12 亿元，项目建成达产后年上网发电量约 7.5 亿千瓦时，年二氧化碳减排量 31.68 万吨。8 月 22 日，双良集团三期 50 吉瓦单晶硅项目全钢结构间冷塔封顶，作为行业首个采用智能化全钢结构间冷塔系统的硅材料项目，在减少“三废”排放、减少噪声污染、节约土地利用等方面具有突出优势。9 月 25 日，一汽解放远景动力智能电池制造基地项目签约，项目规划年产能 20 吉瓦时，分 2 期开发建设，用地面积约 30 公顷。

【高技术项目】 7 月 29 日，华光环能智能制造基地综合楼封顶，华光环能智能制造基地建设项目是无锡华光环保能源集团股份有限公司实现数字化转型的重点战略项目，项目总投资约 6 亿元。8 月，东方空间（江苏）航天动力有限公司在梁溪区建设航天动力总部，占地面积 8.07 公顷，园区总投资 30 亿元，面向可回收火箭技术，发展“原力－85”火箭发动机的研发、生产和实验等核心业务。9 月 22 日，首届北斗空间信息产业无锡创新发展大会举行，成立百亿元级航空航天产业基金，集中签约 22 个产业项目。年内，东方空间航天科技有限公司、蓝箭航天空间科技股份有限公司、微纳星空科技有限公司、天兵科技有限公司等一批商业航天项目在无锡市落地。11 月 29 日，无锡工装新工厂竣工投产，项目总投资 3 亿元。

【荣誉表彰】 6 月 28 日，在 2023 年第一季度“中国好人榜”发布仪式暨全国道德模范与身边好人现场交流活动中，一汽解放发动机事业部职工陈育利当选为见义勇为类“中国好人”。11 月 25 日，凯龙高科正高级工程师朱磊博士获评 2023 年度“史绍熙人才奖”，该奖是中国内燃机领域的最高荣誉。10 月 2 日，2023 中国企业 500 强榜单中，无锡市机械企业新长江实业集团、双良集团、远东控股集团、法尔胜泓昇集团、扬子江船业集团 5 家企业入选。远东控股集团合伙人、远东海缆执行总经理徐静被评聘为江苏省首批首席技师。

（姜鲁宁）

冶金工业

【概况】 2023 年，无锡市冶金行业完成产值 3432.1 亿元，比上年增长 2.6%，实现利润 125.14 亿元，比上年增长 23.2%。冶金行业产值占全市比重 13.5%，利润占比 8.5%。其中，黑色金属冶炼和压延加工业，完成产值 1863.66 亿元，比上年增长 1.4%，实现利润 90.28 亿元，比上年增长 16%，占冶金行业比重的 72.1%；有色金属冶炼和压延加工业完成产值 1481.56 亿元，比上年增长 4.1%，产值增速超过黑色金属冶炼和压延加工业，成为拉动冶金行业增长的主动力，同时利润实现快速增长，完成利润 34.86 亿元，比上年增长 46.8%。全市冶金行业有规模以上企业 640 家，其中冶炼企业 5 家，都为钢铁冶炼企业，集中在江阴市。

【钢材产品】 2023 年，全市粗钢产量 1080.9 万吨，比上年下降 4.2%；钢材产量 2400.41 万吨，比上年增长 6%。其中，占比超过 10% 的钢材产品有 4 种，分别是中板 373.7 万吨，占比 15.6%；棒材 334.5 万吨，占比 13.9%；无缝钢管 250.1 万吨，占比 10.4%；镀层板(带)244.3 万吨，占比 10.2%。主要品种中产量增速超过 20% 的钢材产品有 4 种，分别是热轧窄钢带产品产量 69.7 万吨，比上年增长 90.3%；高温合金产量 4811.5 吨，比上年增长 38.4%；冷轧薄板产量 107.7 万吨，比上年增长 31.2%；无缝钢管产量 250.1 万吨，比上年增长 30.9%。得益于能源用钢的增长，特钢产品中无缝钢管产量增长迅速。

【钢铁产业布局】 2023 年，无锡市特钢产业布局核心区域为江阴市，江阴兴澄特种钢铁有限公司、江阴华润制钢有限公司、江阴华西钢铁有限公司、江苏新长江实业集团有限公司、江苏西城三联控股集团有限公司 5 家钢铁冶炼企业集聚在江阴市。江阴市还有华新精密科技股份有限公司、塞特精密工具有限公司、全华丰精锻有限公司、六环合金线有限公司、恒业锻造有限公司、康瑞新材料科技股份有限公司等多家特钢材料方面的专精特新“小巨人”企业。惠山区有黑色金属冶炼及压延加工业规模以上企业 188 家，营业收入超 367.6 亿元，代表企业为大型不锈钢加工企业江苏大明金属制品有限公司，专注于彩钢板和热浸镀锌板等涂层板制造的无锡中彩新材料股份有限公司，华东地区制造双面埋弧螺旋钢管、直缝钢管及方矩形管规模最大的江苏玉龙钢管科技有限公司。锡山区代表企业有国内领先的特种钢丝绳和索具生产企业江苏赛福天集团股份有限公司，国内精密冷轧不锈钢带销售前三的无锡环胜精密合金材料有限公司。宜兴市代表企业有专业从事核电、航空航天等领域特殊管材制造的宝银特种钢管有限公司，以及与特钢产业链相关的国内轧辊制造业龙头企业江苏共昌轧辊股份有限公司。

【兴澄特钢】 2023 年，江阴兴澄特种钢铁有限公司（以下简称“兴澄特钢”）建成全球特钢行业首家“灯塔工厂”。兴澄特钢隶属中信泰富特钢集团，是全球单体规模最大、品种规格最全的特殊钢生产企业，是国家重点高新技术企业，取得的主要自主创新成果包括，获评国家科技进步奖一等奖 1 项、二等奖 2 项，“中国工业大奖”奖项；省部级科学技术奖特等奖 3 项、一等奖 6 项、二等奖 15 项、三等奖 19 项；先后承担国家级科技项目 30 项、省部级科技项目 14 项，获省部级以上鉴定新产品、新技术或科技成果 175 项；每年在国内外学术刊物上发表学术论文百余篇。兴澄特钢努力成为中国特钢市场的主导者、产业的引领者，品牌价值连续多年位于国内特钢行业首位，自主开发的高纯净钢生产技术和大规格连铸工艺技术领先世界。兴澄特钢高性能轴承钢曾获评工业和信息化部“制造业单项冠军产品”，产销量连续 23 年国内第一、连续 14 年世界第一；高端乘用车零部件用钢产销量连续 16 年国内第一；风电用钢、系泊链用钢市场占比分别为 87% 和 93%。兴澄特钢为全球 80 余个国家和地区的用户提供产品及整体服务方案。至年末，累计拥有中国授权专利 1220 件，其中发明专利 318 件；授权 PCT 发明专利 26 件。牵头制定国际标准 2 项。

【法尔胜泓昇集团】 2023 年，法尔胜泓昇集团有限公司（以下简称“法尔胜泓昇集团”）是一家从事以生产金属制品为主，产业涉及光通信、精工装备、金融服务、资产管理、物流贸易的多元化企业集团，是苏南地区首批首家国家级创新型企业，长期位列中国企业 500 强、中国民营企业 500 强。法尔胜泓昇集团拥有居全球前列的输送带用钢丝绳、桥梁缆索、预应力钢绞线生产能力，居行业前列的精细钢丝绳、轮胎用钢帘线（合资）、切割钢丝（合资）生产基地，居国内前列的不锈钢制品生产基地。连续 33 年综合经济指标位居全国同行第一，目前综合实力在行业内亚洲排名第二，进入全球同行前五强。在金属线材制品领域，输送带用钢丝绳市场占有率国内超过 90%、全球超过 70%；桥梁缆索在国内市场占有率超过 70%，法尔胜泓昇集团参与承建国内外累计 1186 座桥梁，世界十大斜拉桥中有 6 座、十大悬索桥中有 7 座的大桥缆索均为法尔胜泓昇集团提供。为沪苏通长江公铁大桥提供 2000MPa 的超高强度斜拉索，刷新了国内斜拉索承载力纪录。法尔胜泓昇集团具有机电自主研发和制造能力、各类非标设备的设计制造能力，产品包括环保型钢丝表面生产设备、直进式拉丝机设备、水箱式拉丝机设备、捻制及绞线设备等，产品运销全球 10 余个国家。

（顾　颖）

江阴兴澄特种钢铁有限公司厂区（2023 年）　（陆卫宇　摄）

石油化工业

【概况】 2023年，无锡市石油化工业完成产值2139.2亿元，比上年增长2.5%，占全市工业总产值比重7.8%，比上年下降1个百分点；实现利润143.46亿元，比上年增长5.5%，占全市比重的8.6%。其中石油加工、炼焦和核燃料加工业完成产值138.52亿元，比上年增长6.6%，实现利润5.59亿元，比上年增长150.1%；化学原料和化学制品制造业完成产值1029.56亿元，比上年下降2.3%，实现利润75.58亿元，比上年增长2.8%；橡胶和塑料制品业完成产值938.45亿元，比上年增长7.6%，实现利润62.29亿元，比上年增长3.4%。在化工产业安全环保整治大形势下，产品结构技改、产能扩能方面的政策逐年收紧，化学原料和化学制品制造业产值的变动主要来源于化工产品的价格波动，多数化工产品的价格出现近年新低，导致行业产值下降，不在化工整治范围之列的橡胶和塑料制品业的产值与利润均有较高幅度的增长。

【智慧化工园区】 2023年，无锡市推进智慧化工园区建设。江阴临港化工园区、锡山经济技术开发区新材料产业园列入全国"智慧化工园区名录"，宜兴市新材料产业园进入建设期。

【第二批化工重点监测点】 2023年，无锡市公布第二批化工重点监测点名单，确定江阴新树工程塑料有限公司、江苏雅克科技股份有限公司、江苏恒兴新材料科技股份有限公司等13家企业被列为无锡市第二批化工重点监测点，其中江阴市3家、宜兴市8家、锡山区1家、新吴区1家。

【上市企业】 9月25日，江苏恒兴新材料科技股份有限公司在上海证券交易所主板上市，股票首发4000万股，发行价格每股25.73元，募集资金总额10.29亿元。江苏恒兴新材料科技股份有限公司的有机酮、酯、酸类核心产品和技术在国内细分领域居于领先地位，拥有58项专利，其中发明专利14项，研发技术优势突出。9月26日，江苏科强新材料股份有限公司在北京证券交易所上市，发行股票3000万股，发行价格每股6.28元，募集资金1.88亿元，主要投向高性能阻燃棚布及密封材料生产项目以及厂区智能化升级改造项目。江苏科强新材料股份有限公司是一家高新技术企业，国家级专精特新"小巨人"企业，主要致力特种高性能橡胶（布、板、带）制品的研发、生产和销售，为全球客户提供密封、缓冲、传送等领域的系统解决方案。产品主要应用于光伏、轨道交通、石油石化、钢铁冶金等领域，拥有授权专利技术70余项，其中发明专利6项。

（顾　颖）

粮油工业

【概况】 2023年，无锡市粮油工业实现销售收入81.3亿元，涉及精深加工、主食生产、饲料生产等产业。全市粮油产业经济加速向优势企业集中，无锡通威生物科技有限公司特种料分公司、中粮麦芽(江阴)有限公司、无锡华顺民生食品有限公司、江苏国信协联能源有限公司4家企业销售收入均超10亿元，占全市粮油产业销售收入的72.23%。

【品牌建设】 2023年，宜兴市中谷粮油有限责任公司的"金玉满仓牌南粳46"获评"江苏好粮油"产品称号。在第三届"好吃苏米"品鉴大赛中，宜兴市安乐米业有限公司的"云香溪"牌大米获金奖，宜兴市百粮农业科技有限公司的"皇冠金贡"牌大米、宜兴市中谷粮油有限责任公司的"金玉满仓"牌大米获优秀奖。

（韩艳红）

无锡产业发展集团有限公司

【概况】 2023年，无锡产业发展集团有限公司(以下简称"无锡产业集团")全资、控股企业实现营业收入781.52亿元，利润21.61亿元，分别完成市国资委下达指标的102.83%、124.85%，现价工业总产值185.58亿元，保持平稳。资产总额1091.1亿元，比上年增长2%；净资产414.48亿元，比上年增长12.36%；资产负债率62.01%，比上年下降3.5个百分点。在2023中国500强企业综合榜单列第166位、制造业榜单列第79位。

【企业运营】 2023年，无锡产业集团抢抓发展机遇，加大有效投资力度。无锡威孚高科技集团股份有限公司解决历史遗留问题，坚持原有业务与新兴业务并重发展，加速产品研发力度，实现客户项目转产率62.8%。净化器产品市场份额、电驱零部件产品销量保持增长，完成氢隆金属双极板SOP、Borit比利时基地投资项目；氢燃料电池核心零部件产品完成产线建设、投入试生产；轮毂电机产品首款公告车型发布。无锡市太极实业股份有限公司持续增强半导体主业竞争力，海太半导体（无锡）有限公司保产能、控品质、强配套、稳供应，实现SK海力士半导体（中国）有限公司10纳米级芯片"CP"产品的导入及量产；太极半导体(苏州）有限公司高端封测实现创新突破，完成Disco机台激光隐切工程验证、产品可靠性验证和小批量生产；信息产业电子第十一设计研究院科技工程股份有限公司营业收入稳步提升，比上年增长6%，工程技术服务合同企稳向好，年内中标10亿元以上重大项目3个。无锡新宏泰电器科技股份有限公司优化提升企业治理品质，促进生产设备数字化转型，完成框架桥型触头、回路电阻等测试设备，拓展海格电器等项目。无锡宏源机电科技股份有限公司加速推进化纤加弹数字化，开发国内首台HY-9型双丝道全自动高速弹力丝机，获高端订单20台（套）。江苏太极实业新材料有限公司全球首套年产能5000吨生物基聚酰胺56工业丝生产线正式投产。江苏日托光伏科技股份有限公司电池、组件整体产能分别提升至4.5吉瓦和3吉瓦，轻柔组件累计出货232兆瓦。飞而康快速制造科技有限责任公司不断优化生产管理体系，产值比上年提升30%。探索开发民品市场，与北京天兵科技有限公司、华为技术有限公司等达成合作，全年交付近2000万元。江苏南大环保科技有限公司优化业务结构，非工程类业务合同总额突破1亿元，占比53%，亏损额比上年大幅下降51%。无锡南大绿色环境友好材料技术研究院有限公司可降解的聚乳酸项目首次试车成功。无锡布勒机械制造有限公司MRRK磨粉机等18种机型进入批量生产。

【项目推进】 2023年，无锡产业集团聚焦无锡“465”现代产业集群建设，完成市国资委下达的千亿元重大项目投资任务，全年投资金额156.91亿元，完成下达指标的107.6%，新项目开工率100%。参与出资设立无锡锡虹国芯投资有限公司加入华虹半导体制造（无锡）有限公司二期项目，完成2亿元份额华虹半导体有限公司IPO战略配售认购。积极推动中环领先半导体材料有限公司引进战略投资人，加快启动公司上市工作。支持完成换股收购总投资77.57亿元鑫芯半导体科技有限公司100%股权项目，入选无锡市“2023年度千名干部百项攻坚”行动。支持海辰半导体（无锡）有限公司发展，加快商务谈判，初步确定合资方案。实现安普瑞斯（无锡）有限公司一期项目满产达效，生产、销售均比上年增长近150%，利润创新高，达到7500万元，加快筹备二期建设，有序促进产能提升。完成无锡物联网创新中心公司MEMS 8寸线项目通线试产，推动20GWh AESC智能电池制造项目返投落地实施。年内，无锡产业集团牵头落地或完成签约招引新项目41个，中国航发燃气轮机有限公司、中船重工龙江广瀚燃气轮机有限公司、蓝箭航天空间科技股份有限公司、北京天兵科技有限公司等一批头部央企、行业领军企业产业合作项目招引落地。举办2023高质量发展签约大会，签约项目投资总金额315亿元，涵盖集成电路、先进制造、绿色低碳、数字经济、生物医药等多个领域；打造协作平台、畅通招引渠道，主办“芯地标，新作为”集成电路生态建设创新论坛、合作基金恳谈会、物博会商业航天主题沙龙、北方华创产业赋能合作交流会等特色活动；持续跟进新储备项目38个，建立充实优质项目资源库。

【改革创新】 2023年，无锡产业集团用好用足产业优势基础，持续践行“科技＋投资＋证券化”创新发展模式，构建科技、资本和产业的良性循环，增强创新驱动发展能力。通过合作基金寻找行业优质标的投资机会。至年末，无锡产业集团自主管理及合作基金61只，以集团实缴122亿元撬动基金总实缴规模451亿元。基金投资项目中入选瞪羚、雏鹰、独角兽及专精特新企业86家，新增6家上市企业，累计支持培育上市企业55家。年内，通过基金已投项目退出累计回笼资金23.67亿元。无锡创业投资集团有限公司新增5只基金，总规模20余亿元，完成市场化激励机制建设，加大人才引育力度。发挥无锡产业聚丰投资管理有限公司和无锡华鼎创业投资管理有限公司的基金管理人功能，加快布局设立自主管理基金、挖掘科技项目投资机会，聚焦集成电路等符合国家战略的重点行业，同建信金融资产投资有限公司设立规模100亿元的建源锡产股权投资基金，首期规模30亿元基金完成设立备案，与君海创芯（北京）咨询管理有限公司合作发起设立首期规模10亿元的中韩集成电路产业基金；聚焦新能源、储能、动力电池等领域，与国家能源集团资本控股有限公司和交银国际控股有限公司共同发起设立首期10亿元的无锡交能绿

12月8日，无锡产业集团举办2023高质量发展签约大会

（产业集团　供图）

色基金；聚焦汽车智能化、车用芯片等领域，与德国博世集团旗下博原（上海）私募基金管理有限公司洽谈推进设立规模15亿元的博世成长基金；聚焦数字医疗等领域，与阿斯利康（无锡）贸易有限公司共同发起设立产发高创基金；聚焦3D打印、"两机"产业链等领域，推进产发增材基金投资国内头部航空发动机及启动机企业尚实航空。强化尖端科技引领，支持太初（无锡）电子科技有限公司产业化，领投及支持资金7.7亿元，协助引进龙芯中科技术股份有限公司等战略投资人，投资建设无锡智能超算中心，完成无锡超算持有太初电子的股权划转接收；完成中电科申泰信息科技有限公司同比例增资6250万元，落实无锡先进技术研究院国家重大专项配套资金要求；牵头实施对华进半导体封装先导技术研发中心有限公司增资，持续优化方案，支持国家级集成电路特色工艺及封装测试创新中心建设。推动企业"智改数转"，集团所属工业企业研发投入强度为3.23%，高于中央工业企业平均水平；无锡威孚高科技集团股份有限公司入选国家级智能制造示范工厂揭榜单位，实现无锡市零的突破；牵头组建的江苏省氢燃料电池关键技术创新联合体，成功入围2023年度江苏省创新联合体拟建设试点名单，创无锡市唯一；2家企业新增入选国家级专精特新"小巨人"企业，2项成果获中国国际数字经济一等奖，13家企业新增入选省独角兽及省潜在独角兽企业，1家企业获评江苏省工业互联网标杆工厂。

【经营管理】 2023年，无锡产业集团以内控管理为基础，防范风险隐患，守住发展底线。提升融资服务质效，积极应对业绩波动影响，保持境内AAA、境外BBB信用评级。优化融资结构、控制融资成本，集团本部中长期融资占比调增至84%、综合融资成本控制在3.34%，合并口径融资成本控制在3.5%以内，保持市国资系统领先水平；无锡产业集团第11期中期票据获香港《财资》杂志评选的2023年度"最佳可持续挂钩债券"奖项。深入践行产融互动发展理念，综合运用各类创新融资工具，完成50亿元科创公司债注册，成功发行全国首单混合科创类REITs、全国首单数字人民币归集募集资金的绿色债券、专项用于集成电路的可续期债券、专项用于航天领域债券及可持续挂钩的混合型科创票据，集中资源资金支持产业科技创新。制定事故事件管理和安全生产考核管理办法，启动安全生产信息系统建设，持续完善集团安全管理体系。落实重大事故隐患系统排查，组织安全督导4轮，安全生产巡查检查96次，涉及企业、地块158处，排查整治问题隐患321项，安全生产形势持续稳定向好，全年未发生重大安全事故。织密风险防范网络，建立健全集团风控管理体系，召开风控会16次，审议28项重要经营风险事项；对企业重点风险事项实施清单式动态管理，稳妥应对处理突发风险事项，统筹推动历史遗留问题化解，挽回损失6.75亿元。发挥审计作用，开展内审项目11个，针对性提出审计意见建议60条，持续推动"三资"审计问题整改闭环管理。支持企业稳健规范经营，无锡产发金服集团有限公司持续增强风险管控能力，收回逾期项目资金约1.57亿元，有序投放业务25.3亿元。无锡国开金属资源有限公司加强贸易业务风险排查，担保总额比上年初下降约52.6%，实现利润总额、净资产收益率双增长。无锡展合科技发展有限公司围绕新能源等重点方向健全全链条风控模型，支持本地优质企业，增强自身盈利能力，净资产收益率8.8%。江苏汇联铝业有限公司成功追讨历史债权4250万元，积极谋划毛利转正方案。加大资产整合力度，进一步提高主业集中度，持续清理处置低效无效资产，统筹开展5家企业股权退出工作。强化资产安全管理，推动亭子桥改造项目、广瑞路、旺庄路等地块征收，征收补偿收入1.38亿元；出租房屋、土地面积超42万平方米，实现租金收入近1800万元。提升园区承载效能、强化规模效应和协同效应，制定资产类企业整合方案并有序推进实施，揭牌成立无锡产业集团未来技术创新园、合成生物科技孵化器两大平台，无锡锡东科技产业园股份有限公司加快聚智创富中心存量资产出租，"智慧园区"项目初步成形，出租率提升4.65%；无锡市北创科技创业园有限公司科技企业占比提升至55%，出租率超80%；无锡市金德资产管理有限公司稳妥推进花卉市场搬迁事宜，收回江阴华君股权债权转让违约金和损失赔偿金1338万元。

（彭旻婕）

编辑　胡　慧

建筑业

综　述

【建筑业发展】 2023年，无锡市建筑业总产值1421.7亿元，增速8.5%，高于全省平均增速1.8个百分点。至年末，全市建筑业企业6047家，其中具有施工总承包特级资质的企业2家、一级资质企业101家、二级资质企业316家。全市建筑业企业资质总数11975项，其中总承包资质2575项（特级资质2项、一级资质192项、二级资质372项、三级资质2009项）、专业承包资质7070项（一级资质549项、二级资质3546项、三级资质2155项、不分等级820项）、劳务资质2330项。全市具有建筑监理资质的企业124家，具有建筑检测资质的企业55家。4月10日，柏诚系统科技股份有限公司在上海证券交易所主板上市，是无锡市首家建筑业上市企业。4月19日，江苏恒尚节能科技股份有限公司在上海证券交易所主板上市。

（鲁丁坤　鲍煜晋）

【行业创优】 2023年，无锡市建筑行业持续开展争先创优活动，评定无锡工程建设QC小组活动成果奖495个，无锡锡山建筑实业有限公司和无锡锡山三建实业有限公司分别获2023年江苏省建设工程BIM应用大赛（技术综合应用）二类成果奖。23家企业入选无锡市外出施工优秀企业，52家企业入选2022年度无锡市建筑业优秀会员企业，10家进市建筑业企业入选2022年度进市建筑业优秀会员企业。无锡锡山建筑实业有限公司入选“2023无锡民营企业100强”，无锡交通建设工程集团有限公司、江苏沪宁钢机股份有限公司、中国电子系统工程第二建设有限公司、江苏恒尚节能科技股份有限公司、建基建设集团有限公司、江苏宜安建设有限公司6家企业入选江苏省建筑业百强企业。

（鲍煜晋　胡梦玲）

【BIM技术应用推广】 2023年，无锡市住房和城乡建设局首次在全市范围内开展建筑信息模型（BIM）技能竞赛，并将该竞赛纳入“无锡工匠”练兵活动与无锡工匠杯·第六届无锡技能精英大赛。最终评选产生“无锡工匠”1人、“市技能状元”1人、“市技术能手”6人、“市青年岗位能手”5人。2人获市五一劳动奖章。发布《无锡市建筑工程信息模型设计交付技术导则》《无锡市市政道路桥梁工程信息模型设计交付技术导则》，规范设计单位建筑信息模型技术应用，为城市信息模型（CIM）和新型城市基础设施建设的全面推进提供支撑和保障。

（陈素碧）

【行业教育培训】 2023年，市住房城乡建设局会同市建筑行业协会，

表31　2023年无锡市建筑业情况统计表

指　标	单　位	数　值	比上年增长（%）
企业数	家	733	3.4
建筑业总产值	亿元	1555.80	8.5
#装修装饰产值	亿元	72.12	17.1
建筑业在外省完成的产值	亿元	420.40	-5.5
#建筑工程产值	亿元	1222.99	9.4
安装工程产值	亿元	317.38	5.5
建筑业其他产值	亿元	15.43	5.8
建筑业竣工产值	亿元	875.49	25.0
房屋建筑施工面积	万平方米	5153.82	6.1
房屋建筑竣工面积	万平方米	1524.04	-9.8
建筑业直接从事生产经营活动的平均人数	人	315468	13.8
建筑业期末从业人数	人	248577	7.9
建筑业全员劳动生产率	元/人	493171	-4.6

（市统计局）

加强行业教育培训工作。联合无锡市企业安全生产风险防控中心开展"送教进工地"活动23场,组织创建精品工程交流培训、建筑行业政企青年交流等活动。会同市总工会、市人事局、市教育局、团市委举办无锡工匠·2023年无锡市"住建工匠"职业技能竞赛活动;组织无锡市地基基础工程高应变法检测能力验证活动,推动从业人员业务素质提升。

(鲍煜晋)

建筑勘察设计

【勘察设计资质管理】 2023年,市住房城乡建设局运用"江苏省勘察设计行业管理信息系统"采集勘察设计企业及人员信息,并通过"江苏省建筑市场监管与诚信信息一体化平台"进行网上建设工程勘察设计合同信息归集,进一步强化对企业和人员的资质、资格及市场行为的管理。至年末,全市有工程勘察设计单位307家,其中甲级单位89家、乙级单位193家、丙级单位25家。

【建筑业务培训】 2023年,市住房城乡建设局举办《无锡市建筑工程信息模型设计交付设计导则(试行)》《无锡市市政道路桥梁工程信息模型设计交付技术导则(试行)》专项培训,全市建设、设计、审图、施工、监理、质监、检测等单位相关专业技术人员参加培训。组织2023年度无锡市注册建筑师、注册结构工程师继续教育在线学习,235名注册建筑师、201名注册结构工程师和82名注册土木(岩土)工程师参加培训。

【勘察设计项目评优】 2023年,根据省住房城乡建设厅的统一部署,市住房城乡建设局组织开展2023年无锡市城乡建设系统优秀勘察设计大赛,评选出市级城乡建设系统优秀勘察设计项目306个,其中一等奖58个、二等奖118个、三等奖130个。组织参加第十届紫金奖·建筑及环境设计大赛活动,15个项目获得奖项,其中一等奖2个、三等奖10个、入围奖3个。

【施工图设计审查】 2023年,全市建设工程设计审查机构完成新建建筑工程施工图设计审查1702万平方米,市政工程施工图设计审查计总投资额126亿元,幕墙专项施工图设计审查112项,装饰工程完成量计建筑面积417万平方米,技防工程审查129项,海绵城市专项完成量计投资额61.8亿元。查处违反工程强制性条文的709条、违反强制性标准的17097条,提出合理化建议和改进意见3.9万条,有效保障工程设计质量安全。

(陈素碧)

建筑施工

【装配式建筑】 2023年,无锡市加快推进装配式建筑发展,全市新开工装配式建筑面积328万平方米,占全年新开工建筑面积的42.6%。"装配叠合整体式地下车站关键技术"获2023年度江苏省建设科技创新成果二等奖,2个创新基地被纳入省内首批装配式建筑施工员职业技能培训考核基地,9个省示范基地(项目)通过第五批省级建筑产业现代化示范验收评估,无锡奥林匹克体育产业中心等14个项目获评2023年度省级建筑产业现代化示范工程。在江苏省"盐阜杯"百万城乡建设职工职业技能竞赛中,无锡市参赛团队获"装配式建筑深化设计"团体第一名、"预制混凝土构件安装及灌浆"团体第二名。至年末,全市有各类国家、省级部品部件类示范基地、设计研发类示范基地、示范项目以及入选各类专业名录等共计116个(项),全市有装配式建筑预制构件生产厂12家、部品部件生产基地10家。

(鲁丁坤)

【建筑工程质量创优】 2023年,全市评定2023年度无锡市"太湖杯"优质工程奖106个,获2022年度江苏省"扬子杯"优质工程奖43个。中国电子系统工程第二建设有限公司获2022年度无锡市市长质量奖。由无锡鼎尚建设股份有限公司、无锡兢腾建筑装饰工程有限公司等13家企业承建的14个装饰装修工程项目获2023—2024年度(第一批)中国建筑工程装饰奖。XDG-2011-27号地块商业及商务办公项目、XDG-2013-32号地块开发建设项目(锡山八佰伴生活广场项目)、新发汇融广场西区地块房地产开发项目施工总承包二标段(B)地块工程、市委党校新校区建设工程4个项目获2022—2023年度国家优质工程奖。无锡广电数字动漫创业服务中心二期、无锡地铁3号线一期2个工程获2022—2023年度(第一批)中国建设工程"鲁班奖"(国家优质工程),无锡地铁3号线一期工程获第20届中国土木工程"詹天佑奖"。

(葛　琪　鲍煜晋)

【国内首座装配整体式地下车站竣工】 2023年末,国内首座装配整体式地下车站——无锡至江阴轨道交通工程(S1线)南门站竣工。该站位于规划长庆路与虹桥南路交叉口,沿虹桥南路敷设,为地下两层岛式车站,总建筑面积11264平方米,于2020年8月动工建设。该工程除大小里程端盾构井段采用现浇法施工外,其余约150米范围均为装配式施工,系国内首次在软土富水地区、基坑多道支撑条件下建造的预制装配整体式地下车站,解决车站所处地下环境复杂,施工构件种类较多等问题,并辅助应用全生产链、全寿命期信息化管理,其单面预制外墙板的叠合结构型式和上下预制墙板间环扣搭接节点新形式达到国际先进水平,采用的装配叠合整体式地下车站关键技术获2023年度江苏省建设科技创新成果二等奖。

6 月 13 日，无锡国际会议中心智能建造绿色示范观摩会举办

（陈江渝 供图）

【智能建造示范观摩会】 6 月 13 日，无锡国际会议中心智能建造绿色示范观摩会举办。观摩会以“智能建造，引领绿色低碳发展”为主题，集中展示建筑业智能建造的成熟技术成果。各市（县）、区住建部门，市有关国有建设平台、市建筑工程相关行业协会及部分企业代表共 300 余人参加观摩活动。观摩会展示国际会议中心项目全过程应用装配式建造技术、BIM 技术、智慧管理平台、智能建造等技术。其中，“万人会堂区域”项目为国内最大的单体会场，拥有 3 项高新数字化技术与先进智能作业装备应用创新纪录。

（鲁丁坤）

建筑业管理

【建设工程质量管理】 2023 年，市住房城乡建设局持续开展住宅工程质量信息公示试点工作，全市有 135 个住宅项目实行质量信息公示，占全市住宅项目总数的 59.2%，形成适合无锡实际的、可推广的住宅工程质量信息公示工作成果。推广智能建造新技术、新工艺，形成覆盖材料、设计、施工等多个环节的质量通病全链条治理机制。加快推进住宅工程渗漏问题治理试点，通过扶持和培育建设、设计、施工、监理、物业等企业，并与信用加分和评优奖励挂钩，建立企业层面的渗漏治理体系，完善住宅工程渗漏问题的综合治理机制。年内，在华盛苑安置小区、华发中央首府、国际会议中心一期、轨道交通 4 号线二期等不同类型项目中推进防渗漏治理试点，有效提升新建工程防渗漏治理水平。依托监管信息化平台，加强建筑原材料的质量监管，持续开展建设工程质量安全专项整治行动，对全市 40 家预拌混凝土企业开展监督巡查 123 次，签发整改通知单 26 份；监督检查工程项目 56 个、工程质量检测机构 40 家，出具整改通知单 52 份，从源头严把材料关，守住工程质量底线。完善智慧工地管理体系，落实重点建设工程质量安全影像追溯管理工作，全市纳入建设工程智慧管理平台的项目 889 个。

（葛 琪）

【文明施工管理】 2023 年，市住建部门建立无锡市建设工程文明施工联席会议制度，完善条块联动的文明施工治理长效机制。综合运用执法检查、信用考核、“红黑榜”考评等手段，强化监管力度，督促施工企业落实文明施工主体责任和工地现场扬尘污染治理“六个百分之百”要求。加强国控点保障和重污染天气应急响应工作，积极培育豁免工地，实施差别化监管。推进“智慧工地”建设，出台《2023 版智慧工地创建标准》。推广使用“高杆喷淋”等新型抑尘措施，试点推进全电工地，进一步提升挖机、渣土车、搅拌车等工程机械、车辆新能源替代率，推动“天幕工地”“水幕工地”等治污工作创新。

（邵晓文）

【建筑市场监管】 2023 年，全市开展建筑市场“双随机”检查 31 轮次，共计抽查招标标段 683 个，对 390 家次招标代理机构进行动态考核扣分，将 11 家次涉嫌违法违规行为的招标人和招标代理机构移交行政执法机构依法查处，对 14 家存在标后履约不良行为的中标人予以通报，对 68 名存在问题的评标专家予以考核扣分。开展工程建设招标投标领域突出问题专项治理，针对招标投标过程中的所有制歧视、地方保护、严重扰乱市场秩序违法行为、交易服务供给不足、监管执法存在短板等方面 15 项内容开展整治，解决市场主体反映强烈的突出问题。年内，全市随机抽查项目 358 个，抽查发现扰乱市场秩序违法行为 6 起，其中投标人串通投标行为 3 起、评标委员会不按照招标文件规定的评标标准和方法进行评标行为 3 起。严厉打击建筑市场违法违规行为，年内全市查处违法违规行为 91 起，其中招标投标方面 32 起、发承包方面 16 起、实名制管理方面 43 起。

（黄 熠）

【工程造价管理】 2023 年，市住建管理部门做好《江苏省建设工程造价管理办法》的宣传和解读，落实《江苏省建设工程造价咨询业务指导规程》的贯彻和执行，参与计价工作改革，有序推进建设工程施工过程结算试点工作。加强工程造价信息发布和工程造价指标指数系统建设，定期测算并发布材料信息价、人工工资指导价、苗木信息价、标准工

2023 年，市住房城乡建设局持续开展建设工程质量安全专项整治行动

（葛　琪　供图）

程造价指数，并完成无锡市建设工程指数指标系统一期建设，实现指标项目系统内填报。常态化开展计价政策解释和计价争议调解工作，全年调解计价纠纷 80 余起，受理电话咨询 300 余次。加强造价咨询行业的事中、事后监管，完善工程造价咨询行业诚信体系建设，对 104 家造价咨询企业的成果质量进行“双随机”检查，检查结果作为信用评价的依据。全市有 46 家企业参加年度工程造价咨询行业信用评价，评价结果进行公开公示。年内，全市造价咨询企业完成各类造价咨询项目填报 10631 个，咨询标的额 2455 亿元。

（胡辉群）

【工程招投标监管】 2023 年，市住房城乡建设局推进招标投标领域“放管服”改革和营商环境治理，探索完善招标投标监管机制，健全与纪检监察部门的协作配合机制，形成市场主体自治、行业自律、社会监督、政府监管的社会共治格局。印发《贯彻全市工程建设领域警示教育大会精神进一步做好建设工程招投标事中事后监管工作的意见（试行）》和《关于贯彻〈江苏省招标投标条例〉进一步规范我市建设工程招标投标活动的通知》，进一步压实招标人主体责任，优化完善招投标制度。联合市信用办、市发展改革委在无锡市工程建设招投标领域推广应用第三方信用报告，鼓励招标人接受信用良好的投标人免收投标保证金。制定《无锡市重点建设工程项目招投标全过程服务规则》，依据招标人的申请，在招投标各个环节做好服务工作，助力重点工程建设项目提速增效。年内，全市（含江阴市、宜兴市）招标发包标段 2137 个，比上年增长 3.74%。其中，公开招标标段 2129 个，比上年增长 4.06%；邀请招标标段 8 个，比上年下降 42.86%。中标额 1373.16 亿元，比上年增长 11.38%。其中，公开招标中标额 1370.31 亿元，比上年增长 12.62%；邀请招标中标额 2.85 亿元，比上年下降 82.19%。通过招投标节省投资 118.99 亿元，平均下浮 7.97%。

（黄　熠）

【农民工工资支付监管】 2023 年，市住房城乡建设局在全市住建领域推广农民工工资标准化台账、离场结算确认机制和护薪监督员制度，创新性地引入银行金融机构配合行业主管部门规范工资发放流程，全面打通商品房预售资金监管账户与农民工工资专用账户，基本形成有平台支撑、有机制推动、有政策保障的工作机制与事前防范、事中监管、事后处置全过程介入的管理体系，全市住建领域根治欠薪工作总体平稳向好，农民工工资月结月清制度推进情况、关键岗位人员到岗率、农民工考勤率等各项指标均位于全省前列。年内，全市通过实名制系统代发农民工工资 116.8 亿元。有 53 家房地产开发企业申请商品房预售监管资金直接拨付到农民工工资专用账户，金额 5.4 亿元，有效缓解建设、施工企业资金压力。对因拖欠农民工工资造成严重不良社会影响的 16 家企业和 10 名个人提请省住房城乡建设厅予以全省范围内限制建筑市场准入的处罚；对 3 家企业予以全省通报批评。

（戴一昂）

【既有建筑安全管理】 2023 年，市住建部门推进既有建筑安全隐患整治、公共建筑安全隐患排查、经营性自建房消防隐患排查整治等工作，累计排查自建房 80.06 万余栋，其中经营性自建房 10.58 万余栋、解危治理 199 栋。全市自建房隐患整治率 93.52%，其中经营性自建房隐患整治率 100%。推进其他既有建筑安全隐患整治，完成隐患建筑整治 671 栋。落实房屋安全鉴定单位备案管理，推行老旧房屋管理“保险 + 监测服务”模式，推动全市既有建筑安全管理水平提升。

（孙　杰）

【“红色工地”创建】 2023 年，市住建部门在全市建筑工地开展“红色工地”创建试点工作，以强党建、助发展、提质量、促安全为目标，以“红色工地”创建为载体，引导建筑施工参建单位将党建力量融入项目建设，促进工地党支部发挥引领带头作用，提升企业自身质量安全管理能力。至年末，全市培育“红色工地”试点项目 20 个。

（刘东亮）

编辑　何　峰

商贸流通

【市场建设】 2023年，无锡市持续推进一刻钟便民生活圈建设，制定《无锡市城市一刻钟便民生活圈示范社区建设工作指引（试行）》《一刻钟便民生活圈考核评价标准》，提升便民生活圈便利化、标准化、智慧化水平，培育认定25个无锡市第二批品质型、提升型、基础型城市一刻钟便民生活圈，2个社区案例、1个企业案例入选商务部《城市一刻钟便民生活圈典型案例集》。市商务局会同市发展改革委等10个部门制定《无锡市县域商业体系建设行动方案》，深化县域商业体系建设，指导江阴市、宜兴市开展县域商业体系建设分型验收，江阴市、宜兴市成功入选全国首批县域商业“领跑县”。至年末，全市有各类商品交易市场323个，其中专业市场101个、农贸市场222个。商品市场服务功能进一步提升，指导培育国联金属材料市场、硕放不锈钢市场等9家市级商品市场，优化升级试点市场开展绩效评价并申报全国最佳实践案例，无锡朝阳集团入选全国供应链创新与应用示范企业，朝阳市场、天鹏市场持续发挥农产品保供稳价的主渠道作用，全年成交量分别为224万吨、50万吨，成交额分别为180.9亿元、190亿元；完善农贸市场建设标准，制定《无锡市农贸市场标准化建设导则（2023版）》，突出业态创新和功能扩展，年内完成17家农贸市场升级改造。全市报废机动车回收拆解企业示范引领作用进一步显现，报废机动车“回用件拆卸技术”“溯源管理技术”2项国家标准研讨会在无锡市举办。

（袁志海）

【批发零售】 2023年，全市社会消费品零售运行平稳，社会消费品零售总额3567.6亿元，比上年增长6.9%；限额以上批零贸易业零售额1523亿元，比上年增长5.5%。无锡市区社会消费品零售总额2265亿元，占全市比重的63.5%；江阴市社会消费品零售总额711.7亿元，占全市比重的19.9%；宜兴市社会消费品零售总额590.9亿元，占全市比重的16.6%。18大类商品销售实现正增长的有12个类别，增长面为66.7%，通信器材类、烟酒类、体育、娱乐用品类增速居前。所有类别商品中，汽车类占比最大，销售额572亿元，比上年增长6.8%。限额以上粮油、食品类，饮料类，烟酒类，服装、鞋帽、针纺织品类等生活类消费比上年分别增长12.2%、13.3%、14.5%、12.5%；限额以上化妆品类、金银珠宝类、通信器材类等升级类消费比上年分别增长6.6%、11.7%、20.8%；限额以上汽车类、石油及制品类等出行类消费占比50.5%，稳定支撑消费增长。

（成亮铖）

表32　2023年无锡市规模以上服务业统计表

指　标	金额（亿元）	比上年增长（%）
规模以上服务业营业收入	2236.15	7.5
交通运输、仓储和邮政业	449.37	-4.9
信息传输、软件和信息技术服务业	640.20	10.0
房地产业	163.06	11.6
租赁和商务服务业	527.95	14.5
科学研究和技术服务业	260.20	8.7
水利、环境和公共设施管理业	71.85	1.5
居民服务、修理和其他服务业	22.79	16.1
教育	9.11	19.3
卫生和社会工作	52.32	7.3
文化、体育和娱乐业	39.30	28.6

（市统计局）

表 33　2023 年无锡市国内贸易统计表

指　标	金额（亿元）	比上年增长（%）
限额以上社会消费品零售总额	1672.31	6.4
#批发和零售业	1523.01	5.5
#粮油、食品类	215.24	12.2
饮料类	17.54	13.3
烟酒类	27.52	14.5
服装、鞋帽、针纺织品类	130.95	12.5
化妆品类	24.76	6.6
金银珠宝类	25.63	11.7
日用品类	44.87	−14.7
五金、电料类	26.25	−7.7
体育、娱乐用品类	3.56	13.8
书报杂志类	21.43	−32.5
家用电器和音像器材类	34.53	−4.0
中西药品类	59.11	11.0
文化办公用品类	15.40	−7.3
家具类	7.74	−0.3
通信器材类	53.53	20.8
石油及制品类	197.43	0.6
建筑及装潢材料类	25.65	6.6
汽车类	572.42	6.8

（市统计局）

【特许经营】 2023 年末，无锡市有特许经营备案企业 92 家。年内，新增备案企业 19 家，其中 14 家为餐饮业，4 家为居民服务业，1 家为其他商业服务业。

（李　锋）

【连锁经营】 2023 年，无锡市有连锁商店总店法人企业 43 家，产业活动单位 2092 家，销售总额 97.91 亿元，批发额 4.91 亿元，零售额 92.99 亿元，流动资金总额 48.79 亿元，主营业务收入 86.94 亿元，营业利润 3.59 亿元，利润总额 3.68 亿元。连锁商店分店法人企业 51 家，产业活动单位 437 家，销售总额 179.47 亿元，批发额 48.94 亿元，零售额 130.53 亿元，流动资产总额 189.64 亿元，主营业务收入 155.73 亿元，营业利润 3.36 亿元，利润总额 3.5 亿元。

（市统计局）

【电子商务】 2023 年，无锡市实现网络零售额约 1300 亿元，比上年增长 7.5%，增幅高于全省平均水平，总量居全省第三位。其中，实物商品网络零售额 1056 亿元，排名前三的为家用电器、服装服饰、日用品，占比超过 60%。红豆实业股份有限公司被商务部确定为国家级电子商务示范企业，江阴市电子商务产业园获评江苏省电子商务示范基地，江阴市顾山镇获评省级县域电商产业集聚区。无锡市首次开展“市级直播电商基地”认定，苏南（惠山）数字文化中心等 6 个基地成功获评。牵头承办无锡“够”世界大型全球直播活动，举办第三届无锡市直播电商达人赛，开展“锡有好物”对接、“锡味餐饮”、“锡游文旅”、“锡乡兴农”系列直播和“锡聚人才”技能培训等活动。年内，据无锡跨境电商综合服务平台统计，全市跨境电商进出口额 104.5 亿美元，比上年增长 135.9%。制定《无锡市推进跨境电商高质量发展的实施意见》，提出 18 条具体工作举措。进一步优化海外仓全球布局，提升海外仓服务能力，累计有 26 家企业在 19 个国家布局 49 家海外仓，其中省级公共海外仓 7 家，列全省第一位。新引育 7 家公共服务平台，在全市范围内开展“解难题、促转型、育人才、拓市场、增动能”专项服务行动，服务企业超 600 家，培训超千人次，为 80 家企业免费建设独立站。在省内率先启动“跨境电商 + 产业带”培育计划，推动跨境电商品牌培育工作，红豆实业股份有限公司、无锡尚佰环球电子商务有限公司、无锡新亚安全用品有限公司 3 家企业入选省级跨境电商知名品牌。举办第二届长三角跨境电商行业发展峰会及交易会、公共海外仓资源对接会、中国（无锡）跨境电商综试区研究院暨无锡电子商务协会专家论坛等品牌活动。市商务局、市教育局联合开展无锡市跨境电商实训基地评选，无锡商业职业技术学院等 5 家院校成功获评。

（吴　栋）

【粮食流通】 2023 年，全市各级粮食部门周密部署，实现两季收购“全规范、零投诉”。全市两季粮食优质优价收购 29.8 万吨，其中夏粮收购小麦 6.9 万吨，秋粮收购粳稻 22.9 万吨。全市粮食消费 216 万吨，其中居民口粮消费 128.4 万吨。

（陆　军）

【供销合作】 2023年，无锡市供销合作社系统实现销售总额618.13亿元，农产品销售额121亿元，电子商务销售额38.1亿元，冷链物流业营业额3.6亿元，连锁经营销售额18.1亿元。市本级利润总额6175万元，比上年增长3782万元；所有者权益5.09亿元，比上年增长1.1亿元。制定《无锡市供销合作社农业社会化服务体系建设方案》，构筑为农服务平台。新建江阴得渔、宜兴定化、锡山利佳农、滨湖山水城4家市级现代农业综合服务中心，全系统累计建成现代农业综合服务中心31个。市总社供销合作发展基金列支约60万元奖补组织开展农业社会化服务。开展土地托管服务面积超23733.33公顷，服务规模占全市主要粮食作物种植面积的54.8%。开展肥药集采集配工作，规范确定实施主体3个、基层服务网点约180个，累计集采统配绿色防控农药7896万元，全市肥药集采集配面积超26666.67公顷，约占全市主要粮食作物种植面积的70%，集配服务覆盖全市涉农乡镇（街道）。组织回收农药包装废弃物约1714.59万件，无害化处置农药包装废弃物265.11吨，助农增收近2400万元。制定《无锡市供销合作社农产品流通服务体系建设方案》，构建流通服务体系。推进落实《关于供销品牌建设三年行动计划的实施意见》，组织召开供销品牌发布会，安排社有资金23.5万元对上年度认定的供销品牌进行奖励。全系统35个供销品牌企业、产品、服务通过行业专家的评审认定。合作建成“供销小店”有限公司并运营，年内累计完成农副产品购销超过200万元。与村委合作新建村级供销小店6个。11月，组织参加长三角供销社名优农产品展销会。完成江阴南闸、江阴北国、宜兴官林、惠山堰桥和滨湖河埒5家基层供销社改造提升工作。建设江阴云亭、江阴长泾、宜兴宜城、宜兴官林、宜兴徐舍、滨湖胡埭6家高质量发展基层社。发展以“社有企业＋村委”村社项目共建模式，创建江阴市泽南村优品供销有限公司、江阴市佘城优品供销有限公司、江阴市蒲市村供销合作有限公司3家村级供销社。发展以“供销社＋村委＋农民专业合作社”为模式的村级供销社，建设滨湖区胡埭镇马鞍村、宜兴市官林镇滆湖村和江阴市华宏村3家村级供销社。年内，与江阴好旺谷农业专业合作社等11家农民专业合作社建立合作指导关系。培育发展江阴市雪峰农业专业合作社和宜兴市恒雪生态渔业服务专业合作社为全国总社专业合作社示范社。有序推进宜兴市新庄街道曹家村为农服务社等18家农村综合服务社改造升级。

（周　毅）

【烟草专卖】 2023年，全市烟草系统实现税利40.61亿元，比上年增长5.74%；开展“利剑10号”、平安寄递、联合打击雪茄烟走私等专项行动，查获涉烟违法案件2039起，涉案卷烟8102万余支、案值1.06亿元，获评全省卷烟打假打私标兵单位。开展全面推进“1+4+N”新型监管机制，推动营造规范有序的卷烟市场秩序和消费环境，统筹实施“双随机、一公开”、信用监管、重点监管、多网融合“四”种监管模式，综合应用隐身执法、交叉执法、异地执法、错时执法、委托执法、联合执法等“N”种监管方法，取得预期试点成果。严厉打击生产销售“奶茶杯”、“可乐罐”、水果味等非法电子烟产品及上头电子烟违法犯罪行为，查获电子烟案件45起、案值3993万元。查处向未成年人售烟案件3起。持续加强与市公检法、无锡海关、市市场监督管理局、市邮政管理局等部门的执法协作，成立烟邮联动办公室暨涉烟寄递物品联合查缉站。

（刘　静）

【盐业经营】 2023年，市盐业有限公司实现营业总收入1.45亿元，比上年增长3.72%；实现利润1070.41万元，比上年增长3.23%，连续三年超过千万元；小包装食盐销售27098.67吨，比上年增长0.51%。以“调优结构、提升形象”为目标，全年建设完成500家样板店，并建设示范店，培育13个样板农贸市场。常态化开展进机关、进学校、进农贸、进社区“用盐知识”宣传活动，市民健康用盐意识得到有效提升。

（潘爱农）

【成品油经营】 2023年，中国石油天然气股份有限公司江苏无锡销售分公司主要负责无锡市、江阴市、宜兴市3个区域成品油仓储、配送、批发、零售、非油、新能源以及加油站网络开发，完成油品销售总量37.51万吨，总体营业收入31.83亿元，实现利润4898.67万元，缴纳税金4496.69万元；拥有加油站80座，油库1座，罐容40万立方米；在岗职工550人。全年安全运营，未发生安全环保、数量、质量等事故。

2023年，中国石化销售股份有限公司江苏无锡石油分公司销售成品油83.5万吨，其中零售52.49万吨，直分销30万吨，天然气0.82万吨，燃料油0.19万吨。易捷服务品类营业额1.78亿元。制定安全管理强化年及HSE（健康、安全和环境管理体系）重点工作清单，增设物流运行分委会，成立县公司分委会，确保库站、工地平稳运行。建立安全环保数质量简报机制，发布43期简报，推动专项工作71项。开展全员啄木鸟行动，全年提报建议2699条，奖励金额4.75万元。完成省公司隐患治理项目1个。完成25座加油站危化证换证，4座站排污许可证重新申领。完成周库智能化改造项目，周泾巷油库被中国石化销售股份有限公司江苏石油分公司评为“三星油库”。组建教练团队助力市民营加油站参赛“石化杯”江苏省首届加油站（点）安全技能大比武，获评团体奖（甲组）第一名。累计建成投营充电站8座、充电终端71把，单枪利用率居省内前列。宜兴团氿肯德基汽车穿梭餐厅建成投营。

（刘华腾　熊　莎）

商务服务业

【人力资源服务业】 2023年，市人力资源社会保障局创建国家级人力资源服务产业园，完善人力资源服务机构管理体系，新批准人力资源服务机构103家，认定市级诚信机构16家、市级骨干企业10家，获评省级诚信机构9家。加强人力资源服务从业人员队伍建设，从业人员总量超过1.77万人。组织800名新从业人员参加从业资格培训；举办人力资源服务机构高管研修班，30名重点人力资源服务企业高管参加培训。市人力资源社会保障局持续提升人力资源管理和服务质量，举办5期无锡市HR经理俱乐部主题活动，评选2023年度无锡最佳聚才单位12家、最佳人才企业8家、优秀人事经理20人，无锡地铁集团有限公司等2家重点企业HR经理入选第九届中国长三角十佳HR经理人。启动全市人才数据库建设，分级分类梳理60余项人才标签，完成300余万名参保人员学历信息比对，为全市人才资源管理服务提供科学精准数据支撑。

（孙皓晨）

【律师服务】 2023年，无锡市有律师执业机构501家，包括律师事务所243家、公职律师办公室205家、公司律师事务部45家、法律援助中心8家。执业律师4565人，包括专职律师3806人、兼职律师36人、公司律师156人、公职律师544人、法律援助律师23人。市司法局围绕无锡“465”现代产业集群，开展法律服务行业大走访大调研大服务活动，同步建立法律服务常态化联系机制，新增链上律护企业联络员463人，对接配对链上企业律师“法律医生”316人。市司法局联合市律师协会、市“一带一路”法律服务中心举办第八届无锡律师论坛暨第二届太湖涉外法律服务论坛。开展“产业链+法律服务”“律企同行”“律护启航”等行动，编制电动车、汽车零部件制造、节能环保、纺织服装等产业链法律风险清单，发布《物联网企业法律服务指引》《生物医药合规建设蓝皮书》等法律服务指引，推出链企服务清单148份，开具企业风控建设“法律处方”2500余份，护航企业健康发展，2家律师事务所获评产业强市“最佳服务机构”。强化涉外法律服务供给，印发《关于深入推进涉外法律服务工作的实施意见》，新增1家美国海外法律服务分中心，组织律师摸排涉外企业法律服务需求，帮助解决货物通关、减费退税和加工贸易等方面法律问题近200件次，提供法律咨询700余次。

【公证服务】 2023年，无锡市有5家公证机构、62名公证员，办理各类公证66418件，收费6062.15万元，其中国内公证45990件（不含港澳台地区）、涉外公证19297件、涉港澳台公证1131件。市司法局建立为民办实事清单，组织实施省政府民生实事项目，推行远程公证服务，在全市乡镇和街道公共法律服务中心设立远程公证服务点48个，设计制作远程公证服务动漫宣传片，在全市100余个法治宣传阵地、公共法律服务中心等进行滚动宣传播放。5月，无锡市梁溪公证处入选司法部海外远程视频公证机构试点。推广商业秘密在线保护公证服务，打通知识产权保护事前、事中、事后公证服务全链条。利用“公证赋强”提升债权实现效率，防范金融活动风险，多元化解金融纠纷。无锡市锡城公证处在中国光大银行无锡支行成立全市首个“金融公证调解室”，实行“公证+调解”服务模式，促进信用卡债务纠纷的诉源治理。推进全市公证机构转型升级，提升行业规模化、专业化、品牌化水平，建成一家中型规模公证机构。

【司法鉴定】 2023年，无锡市有8家司法鉴定机构、102名司法鉴定人，受理鉴定委托19855件，收费3739.54万元。4月11日，2023年全

11月15日，第八届无锡律师论坛暨第二届太湖涉外法律服务论坛召开

（市司法局　供图）

国交通事故痕迹物证鉴定培训班暨交流研讨会在无锡市举行，近300名业内专家共同开展司法鉴定业务研究和学术研讨。市司法局加大司法鉴定执业监管力度，开展司法鉴定行业监督管理问题专项排查整治工作，组织专家对法医毒物、痕迹、电子数据等鉴定领域进行专项检查。开展司法鉴定2023年度能力验证和资质认定工作，鉴定机构报名率100%，应报项目通过率100%。

（田　杰）

【税务代理】 2023年，无锡市税务师行业协会会员单位有74家，均为税务师事务所；从业人员总数1209人，其中具有税务师职业资质516人、具有经济类高级职称50人。全市税务师行业会员单位经营业务收入4.35亿元。全市税务师行业所属会员单位，在开展纳税申报代理、税务咨询、专业税务顾问、税收策划、涉税鉴证、纳税情况审查等业务过程中，配合当地税务机关优化税收营商环境，助力落实新的组合式税费支持政策，帮助委托人（纳税人）及时、准确享受国家各类税收优惠政策，避免和防范日常生产经营核算中出现涉税风险。

（黄翌哲）

【会计服务】 3月，市财政局组织全市预算单位财务人员约2000人开展预算管理一体化下财务核算业务培训。4月，市财政局会同市公安局，联合开展“筑牢心盾”2023年无锡市财会人员反诈首场宣讲，全市各级预算单位以及代理记账机构1.1万人参加。5月，市财政局组织全市会计专业技术初高级资格考试，考试人数分别为初级23635人、高级332人，合格人数分别为初级3890人、高级186人。组织全市会计专业高级资格评审专题辅导，全市144人申报高级会计师，102人取得高级会计师资格，通过率70.83%；5人申报正高级会计师，4人取得正高级会计师资格，通过率80%。6月，聚焦产业政策、财务数字化转型等内容，市财政局组织开展全市“465”现代产业集群企业财务负责人培训，900余人次参加培训。8月，围绕医院内部控制、医保基金监管等内容，市财政局组织开展公立医院运营管理能力提升培训，市及市（县）区二级以上公立医院125人参加培训。9月，市财政局组织全市会计专业技术中级资格考试，考试人数11131人，合格人数1842人。10月，围绕政府会计核算、数据资产评估管理等内容，市财政局组织开展市级行政事业单位财务人员专题培训，323名财务人员参加。11月，采用线上线下相结合的方式，市财政局开展全市代理记账机构执业能力提升培训，150人参加线下培训，5000余人参与线上直播培训。全市有注册会计师及从业人员2159人，其中注册会计师执业会员818人。全年业务收入9.21亿元，比上年增加1.22亿元，增长15.27%。其中，鉴证业务收入6.15亿元、咨询及会计服务业务收入2.72亿元、涉税业务和其他收入0.34亿元，占比67∶29∶4。65家会计师事务所完成财务报表审计户数15442家、专项审计户数12944家、内部控制户数129家、验资户数1256家、资产评估户数76家、涉税鉴证户数1125家、工程预决算户数139家、其他鉴证户数740家、会计服务户数1727家、税务服务户数804家、咨询服务户数6321家、其他业务户数453家。

（市财政局　许文中）

【科技服务】 2023年，无锡市规模以上科技服务机构672家，实现营业收入915.16亿元，比上年增长14.93%。全市技术合同成交额497.48亿元，比上年增长11.13%，占全省技术合同成交额10.8%，居全省第三位。无锡市围绕公共安全、医疗卫生、农业科技、碳达峰碳中和、基础研究等领域的科技需求，组织实施一批关键技术攻关、创新成果转化以及科技示范工程项目。在公共安全领域，重点针对水生态环境治理、食品安全、生物安全等热点问题，立项支持4个科技示范项目，支持120万元；在医疗卫生领域，突出重点临床专科建设、医工结合创新等重点工作，立项支持30个项目，支持228万元；在农业科技领域，立项6个项目，支持170万元，农村科技服务超市完成示范新成果115项，培训116场次，培训5472人次，咨询3861人次，发布信息数989条，辐射带动农户7344户，增收总额3452.6万元，农业科技进步贡献率为73%；在太湖治理领域，探索太湖清淤淤泥与打捞蓝藻藻泥无害化处置、资源化利用，组织实施太湖清淤淤泥与打捞蓝藻藻泥资源化领域揭榜挂帅项目3项，支持金额780万元。围绕信息科学、工程与材料科学、生命健康科学及农业科学等领域，组织立项市级基础研究计划68项，支持金额340万元。

（万　磊　苏顺开　叶祥荣）

【检验检测】 2023年，无锡市共有资质认定的检验检测机构376家，比上年增长6.52%；营业收入42.02亿元，比上年增长4.97%。全市市场监管部门通过“双随机”检查、报告抽查、能力核查、标准动态跟踪等工作持续强化检验检测重点领域监管，查办相关案件21件、罚没款267.22万元。开展“世界认可日”活动，发布《无锡市检验检测服务业发展白皮书》《检验检测服务“465”现代产业集群重点产业链十条措施》，与行业主管部门签订联合监管协议。推进国家级、省级中心建设，省生物医药设备计量中心、营养食品质检中心获批成立，国家高端储能质检中心（江苏）高分通过国家市场监督管理总局验收，国家智能汽车交通运行安全质检中心在2023世界物联网博览会上揭牌成立，国家新能源汽车电驱电控及电子系统产业计量测试中心通过国家市场监督管理总局现场核查筹建，江苏省特殊化妆品质检中心获批筹建。开展检验检测促进产业优化升级行动，依托市检验检测技术联合创新平台服务企业近3万家，开展技术帮扶655次，解决产品质量问题505个，攻克技术难题130个，帮助企业降本增效5480.6万元。国家电线电缆质检中心推动检验检测国际互认等4个案例入选2023年长三角检验检测促进产业优化升级典型案例，数量居全省第一位；国家光伏质检中心深化"一测多证"服务，为全省唯一入选全国"检验检测促进经济社会创新发展"的优秀案例。

3月22日，第二届中国（无锡）会展目的地建设大会举行启幕仪式

（市贸促会　供图）

【广告业】 2023年，无锡市开展各类广告监测任务20项，各级广告监测平台发现642条线索，全部实现闭环处置。全系统查办各类广告案件409件，罚没款299万余元，传统媒体广告违法率居全省低位。开展全市户外广告专项整治，市市场监管局、市委网信办、市公安局、市城管局联合印发相关指导意见，规范公共场所户外电子显示屏商业广告导向管理。年内全市未发生重大导向广告违法案件。完成全市医疗美容行业突出问题专项治理。开展互联网广告领域治理工作，开展23家经营主体传统媒体广告发布情况检查、"三品一械"广告主企业抽查、广告经营发布单位抽查；联合市教育局、市卫健委、市地方金融监管局等部门开展校外培训、医美、金融等6项跨部门联合"双随机、一公开"抽查检查，抽查检查企业102家。建立广告监管提示制度，年内刊发广告监管重点工作提示5期。开展"广告宣法进园区进楼宇进企业进协会"活动5场，惠及企业300余家。公益广告作品在省第九届"紫金奖"获奖作品数量再创新高，获奖作品在全市园区、学校等地集中展播。

（束洁丹）

【会展业】 2023年，无锡市举办各类线下会展活动215场，展览总面积92.15万平方米。围绕"465"现代产业集群和促进消费两大核心目标，与北上广深等一线城市的会展资源对接，协调各方产业链主管部门，积极招展引会，不断引进并培育新的品牌会展项目落地无锡市。举办"465"现代产业主题会展活动80个。举办促消费主题活动44个。举办第二届中国（无锡）会展目的地建设大会，吸引近300名业内专业人士线下参会，12.8万人在线观看和互动。推进市会展集聚区建设，无锡国际会议中心启用，多个重点项目落地实施。编制《无锡市推进会展业高质量发展三年行动计划（2023—2025）》。为提升政策普及度和实施效果，通过锡企服务平台（惠企通）等渠道，以直播互动的形式详细解读会展奖补政策。年内，向符合条件的20个会展项目拨付奖补资金788.53万元。无锡市获"2022中国最具竞争力会展城市""中国最受青睐会奖目的地""2022年度中国最具影响力会展城市""2022年度金五星优秀会展城市"等称号。

（卢　珊）

【拍卖业】 2023年，无锡市拍卖行业稳步发展。举办各类拍卖会2067场，比上年增长55%；成交额40.84亿元，比上年增长42%。至年末，全市有拍卖企业87家，注册拍卖师82人。市商务局对全市拍卖企业及分公司的经营资格进行核查，合格企业59家。无锡市加大司法网拍力度，网上拍卖3909件，成交1810件，成交金额51.7亿元。全年通过税务司法协作机制，入库税款4.7亿元，其中司法拍卖入库税款2.85亿元，破产新生税费入库1.85亿元。先后开展年货节、"520锡引力"网拍周、"双十二"法拍盛典等活动，会同泰州市法院开展全省首个"跨江联动法拍购物节"。新吴区法院借助京东平台实现全省首个大宗股权分拆处置，丰富司法网络拍卖形式，提升拍品成交率。建立网络司法拍卖辅助工作"一案一评价"机制，网拍专员通过网络司法拍卖"智槌"系统评分模块，逐案评价网络司法拍卖辅助机构提供服务质量，作为网拍辅助机构入库选拔依据参考，持续优化无锡地区网拍辅助机构能力水平。开展网络司法拍卖工作专项评查，依托查阅电子卷、档案卷、网拍平台、回访当事人等方式，对1809

件执行案件进行重点评查，确保网拍工作依法依规开展。

（李　锋　沈　静）

居民服务业

【住宿】 2023年，全市住宿业营业额60.76亿元，其中限额以上住宿业主营业务收入36.55亿元。至年末，全市有星级饭店21家，其中五星级饭店10家、四星级饭店6家、三星级饭店5家。全市有等级旅游民宿5家，其中甲级2家、乙级1家、丙级2家。

（顾厚文　周　文）

【餐饮】 2023年，全市餐饮业营业额429.81亿元，其中限额以上餐饮业主营业务收入117.77亿元。限额以上餐饮业主营业务收入中，正餐70.94亿元、快餐34.02亿元、星级酒店15.1亿元。年内，由市商务局和市烹饪餐饮行业协会主办、无锡商业职业技术学院和无锡餐饮行业学院承办的2023年无锡市餐饮职业技能竞赛举行，历时2个月近万名餐饮从业人员参与岗位练兵活动，285名选手进入“中式面点师”“中式烹调师”“西式面点师”“餐厅服务员”“茶艺师”5个赛项的决赛。无锡市进入“黑珍珠餐厅”首次拓城名单，君来湖滨饭店·渔餐厅、无锡苏宁凯悦酒店·悦府65楼中餐厅、贰拾壹.show（日航饭店）成为无锡市首批黑珍珠餐厅。江阴市忠义街、宜兴市氿街和湖滨区商业街入选首批“江苏味道”美食街区。无锡市完成《精致餐饮导则》《清水油面筋》《无锡小笼包》3项团体标准制定。

（顾厚文　方少昇）

【无锡君来酒店管理集团有限公司】 2023年，无锡君来酒店管理集团有限公司（以下简称“君来集团”）完成营业收入9.9亿元，利润总额2534万元。至年末，君来集团总资产30.57亿元，所有者权益12.57亿元，管理企业15家。连续四年蝉联“中国饭店集团60强”，获2023年度中国旅游协会突出贡献奖，列红丝绒数字营销创新巅峰榜全国25强酒店集团第九位。君来湖滨饭店获评“无锡市市长质量管理优秀奖”，“湖滨智能酒店”项目获评2022年度“无锡市数字化转型三星级场景”并入选“2022数字无锡建设优秀实践成果”，君来湖滨饭店文明旅游案例被文化和旅游部评选为“全国第一批文明旅游宣传引导优秀案例”，《匠心造产品，诚信铸品牌》入选“新华信用”品牌信用建设典型案例。君来太湖饭店被授予“江苏省放心消费创建示范单位”称号，获评“2022—2023中国旅游住宿业金光奖”。君来集团持续完善酒店标准化建设，搭建数字化菜品库，完成各类重大会议活动百余场。首次会同市人力资源社会保障局联合举办“无锡工匠·2023年无锡市餐饮行业职业技能竞赛暨君来集团厨王争霸赛”活动。与全国知名餐饮品牌“小大董”达成全面战略合作，首次将“大董烤鸭”“董氏葱烧海参”引入江苏。与香港LUBUDS餐饮集团、延安旅游（集团）签订战略合作协议。首次承办“珠联璧合龙凤呈祥·无锡香港美食节”和“寻味江南·香港无锡美食节”，获评2023年度无锡海外联谊会、港澳台海外文化传播示范案例。湖滨饭店·渔餐厅获评无锡市首家“黑珍珠一钻餐厅”和“金梧桐·二星餐厅”。湖滨饭店、太湖饭店通过五星级饭店评定性复核；湖滨饭店、太湖饭店、梁溪饭店获评“无锡老字号”。“荣家宴”由无锡荣氏家族的家常菜、年节菜和宴请菜提炼而成，是荣氏家族餐饮菜肴的精华所在。2021年，无锡君来集团太湖饭店和荣氏企业文化研究会联手，打造“荣家宴”春、夏、秋、冬四季宴，将其作为锡帮菜的品牌正式推出。11月，君来太湖饭店为保护和传承荣家菜制作技艺，着手对“荣家宴”进行商标注册，对“荣家菜”“一品锅”制作技艺进行非遗代表性项目申报。

（华敏敏　黄　珏　宋　娇）

【家政服务】 2023年，无锡市家政行业提质扩容，持续优化“锡惠嫂”家庭服务平台建设，聚集家政企业266家、家政从业人员8136人。举办第三届“锡惠嫂”无锡市家庭服

12月12日，第三届“锡惠嫂”无锡市家庭服务职业技能大赛家政职业经理人直播带岗

（市妇联　供图）

务职业技能大赛，新设家政职业经理人直播带岗比赛，通过"无锡女性"视频号、无锡广电"慧直播"、"无锡云聘"抖音直播间等平台现场直播，向全社会展现当代家政人专业化、职业化新风采，搭建企业和求职者就业"云"桥，累计点击量10万人次以上，"无锡云聘"直播间为2万名以上"粉丝"提供就业机会，实现"专业赛事+新就业"的双向融合。上线"锡惠嫂"数字IP形象，具有辨识度、亲和力的卡通人物融入"家政流动市集"，进入全市500个基层网点。培育建成省、市级巾帼家政服务社区示范工作站5家，申报全国首批巾帼家政服务标准案例1个。无锡市家庭服务业协会新进会员30余家，新增3家专委会，开展"一技在手，前程无忧"职业技能大赛，整理收纳师500人、保育师500人、母婴护理员350人参加技能大赛。市家庭服务业协会会同滨湖区蠡湖街道美湖社区开展社区"一刻钟便民生活馆"试点建设。

（唐科红　丁　琳）

邮政·快递

【概况】 2023年，无锡市邮政行业业务总收入（不包括邮政储蓄银行直接营业收入）127.58亿元，比上年下降1.5%。邮政寄递服务业务总量2.82亿件，比上年增长6.05%；业务收入3.4亿元，比上年增长1.35%。函件业务量750.37万件，比上年增长7.29%。包裹业务13.12万件，比上年增长7.1%。订销报纸业务13848.22万份，比上年增长0.14%；订销杂志业务368.25万份，比上年下降0.35%。汇兑业务2.52万笔，比上年下降12.2%。

年内，快递业务量8.18亿件，比上年下降14.89%；业务收入103.67亿元，比上年下降4.12%。同城快递业务量8529.4万件，比上年增长13.84%；实现业务收入5.3亿元，比上年增长19.13%。异地快递业务量7.3亿件，比上年下降17.33%；实现业务收入62.61亿元，比上年下降10.05%。中国港澳台地区及国际快递业务量206.89万件，比上年下降11.8%；实现业务收入7.51亿元，比上年下降10.03%。同城、异地、中国港澳台地区及国际快递业务量分别占全部快递业务量的10.42%、89.32%和0.26%，业务收入分别占全部快递收入的5.11%、60.4%和7.24%。无锡市、江阴市和宜兴市快递业务量分别完成60862.26万件、17004.16万件和3951.92万件，占全部快递业务量的74.39%、20.78%和4.83%；快递业务收入分别完成85.27亿元、13.32亿元和5.08亿元，占全部快递业务收入的82.25%、12.85%和4.9%。快递与包裹服务品牌集中度指数CR8为86.32，比上年下降0.63。年内，无锡人均快递业务量109件，比上年下降15.5%；人均快递支出1384元，比上年下降4.49%。

【农村寄递物流基础设施建设】 2023年，市邮政管理局推进农村寄递物流基础设施建设，加快"交通运输+邮政快递+农村社区"融合，新建交邮融合路线2条和镇级服务中心、村级寄递物流综合服务站4个。完成省民生实事20个村级寄递物流综合服务站建设，其中宜兴湖㳇镇项目获补助142万元。联合市商务部门将县域邮政快递企业新建或改建项目纳入县域商业体系建设支持范畴，全市三级寄递物流相关项目48个，总投资额12.12亿元。指导邮政企业投入资金270.34万元，新建9个乡镇共配中心，优化改造2个直投中心，累计建成县中心2个、乡镇中心19个、村级站点2467个。联合市农业农村局、市商务局、市交通运输局等部门在全省率先开展邮政快递业高质量助力乡村振兴发展项目评优工作，全市10个项目入选。

【"快递进厂"项目建设】 2023年，《无锡市现代服务业优质高效发展2023年工作要点》将申通、圆通、极兔、佳利达等5家快递企业纳入全市重点培育企业项目库。市邮政管理局联合市工业和信息化局开展全市快递业与制造业融合发展示范项目遴选，10个快递业与制造业融合发展示范项目入库。市邮政管理局指导顺丰快递在商业综合体等地打造4家快递公共服务中心，形成"购物+快递"一站式服务。无锡空港经济开发区获评全国首批"快递业与制造业融合发展试点先行区"。

【"快递出海"项目建设】 2023年，市邮政管理局推动快递企业加密航班、恢复航线建设，保持无锡至芝加哥、无锡至莱比锡2条洲际货运航线，每周6班。组织举行无锡至首尔货运航线推介会，推动快递企业拓展国际快递货物业务种类。无锡硕放机场国际航空货邮吞吐量超过1.25万吨，其中国际快件量4500吨，占国际货邮吞吐量的36%。完善跨境基础设施建设，完成DHL快递无锡口岸建设，建成专用快件监管仓。

【邮政行业生态环保治理】 2023年，市邮政管理局助力无锡市创建全国绿色货运配送城市，建成1个一级绿色货运配送示范节点（场站）、4个二级绿色货运配送示范节点（场站）、220个三级绿色货运配送示范站点。推动邮件快件包装减量化、标准化、循环化、无害化，推进过度包装和塑料污染治理，电商快件不再进行二次包装比例为98%，使用可循环快递包装的邮件快件超过1000万件，回收瓦楞纸箱约800万个。

【邮政快递业安全监管】 2023年，市邮政管理局完成重大活动寄递安全服务保障工作，推进寄递安全生产标准化建设，首创邮政快递企业三级安全生产标准。开展行政约谈

10次，行政处罚59起，罚款20.25万元。推广安全生产责任险，实现主要品牌和主要邮件快件处理场所全覆盖，投保人数超1万人。开展“清风·快递市场秩序整顿”专项行动和违法失信行为专项治理，促进市场主体健康发展。完成5家市、县（区）邮政安全发展中心委托执法，共建航空货邮运输安全管理三方联动机制。联合市公安部门开展邮政快递专用电动三轮车规范管理、联合市烟草专卖局开展打击寄递渠道涉烟违法活动，联合市城管部门指导末端网点严格落实“门前五包（包卫生、包美化、包秩序、包设施、包绿化）”责任制。

（郑　彤）

11月8日，无锡市“快递上地铁、空铁轨联运”项目启动　（赵丹于　摄）

【“空铁轨联运”物流示范线】 11月8日，无锡市举行“快递上地铁、空铁轨联运”项目启动仪式，无锡市顺丰速运有限公司、中国邮政集团有限公司无锡市分公司（以下简称“无锡邮政公司”）和无锡地铁集团有限公司签约，共建“低空—高架—路面—地下管廊”的现代化立体城市物流体系，通过轨道交通运输快递，打造长三角首条“空铁轨联运”物流示范线。首批运输线路为地铁3号线，每日快件运送时间在11时和13时非高峰运营时段，线路覆盖无锡硕放机场站站点至无锡火车站站点，途经14站。定制带有静音与刹车功能的地铁运邮专用推车以及适合在地铁场景中快速交换的专用周转箱，地铁上由专人采取安全措施全程防护，在保障快递运输安全性的同时确保市民舒适出行。试运营期间，邮政快递企业每日运输同城快件约500件，快件通过地铁运输较道路运输可提前1小时送达。“快递上地铁”利用地铁非高峰时段富余运力开展快递运输，替代货车运输，在提升既有城市轨道交通资源利用效率的同时，一定程度上缓解路面交通压力，提升快递配送效率。

（郑　彤　浦　珏）

【快递行业人才队伍建设】 2023年，市邮政管理局联合市总工会、江南大学，开设“求学圆梦”邮政专班，搭建职业综合素质为核心的学历继续教育平台。“求学圆梦”邮政专班覆盖机械工程、国际贸易、工商管理等8个专业，满足快递企业管理人员及专业技术人员的学历提升需求，47名报名学员经过2023年全国成人高考后被江南大学录取。市总工会为每名专班学员提供“求学圆梦助学金”1500元，并设立励志奖学金。年内，开展快递员岗前培训和职业技能培训4022人次，91人通过快递工程专业技术资格职称申报评审，其中技术员21人、助理工程师61人、工程师9人。推动主要快递品牌企业职业技能等级认定，全市等级认定机构5家，新增97人通过等级认定，累计1834人通过等级认定。

【快递小哥关爱基金】 2023年，无锡市快递协会和无锡市锡商公益基金会共同设立“快递小哥关爱基金”，该基金是省内首个面向快递员群体的关爱基金，计划每年筹集50万元以上，用以资助求学深造、奖励评优先进、帮扶意外事故、救助重病儿童等项目。基金制定完善的运行监督机制和申报审核流程，开展快递企业爱心捐款、快递小哥“一日捐”等公益活动，为关爱基金募集资金，建立快递员群体互助帮扶机制。10月9日，“遇见一个美好的你”无锡快递小哥关爱基金公益徒步活动在尚贤河湿地公园举办。

【“暖蜂行动”慈善公益基金】 2023年，市邮政管理局与市慈善总会成立“暖蜂行动”慈善公益基金，开展对快递员群体鼓励和关爱帮扶方面的慈善公益项目。公益基金首批项目包含快递员群体赋能提升项目和快递员群体关爱帮扶项目，市慈善总会资助资金30万元。赋能提升项目主要针对快递行业从业人员学历继续教育和技能提升激励方面开展活动。关爱帮扶项目主要针对快递行业从业人员因病（伤）、因残、意外等导致生活困难的家庭进行帮扶，由快递企业摸排后根据其家庭困难程度和综合工作表现筛选出困难人员予以救助帮扶。

【快递员群体合法权益保障】 2023年，市邮政管理局联合市红十字会向300名有实际困难的快递员赠送价值3万元的医惠锡城保险；联合市总工会、团市委慰问一线网点和“梦想小屋”改造家庭，推进“梦想小屋蜂巢计划”;联合团市委为快递员送上防暑降温物资,组织举办快递行业青年子女夏令营、儿童剧观赏、亲子观影等活动。无锡市快递行业劳动争议调解中心有效预防和调解快递员劳动争议,累计服务1000余人次。

（郑　彤）

【服务乡村振兴】 2023年,无锡邮政公司实施集农村电商、普惠金融、寄递物流等于一体的综合服务方案,构建邮政惠农协同生态建设。年内,开发信用村35个,打造中邮惠农示范社6个、中邮惠农示范企业5个;发放“融资E”惠农贷款1.8亿元,全省第一;帮助销售农产品4200万元、寄递8014.5万元。推进三级物流体系建设,完成1个县级共配中心、13个乡镇级共配中心建设;打造交邮联运线路5条、开通客运场站1个,覆盖建制村14个;实现邮快合作建制村覆盖率100%,快递进村4071万件,邮快合作代收代投社会件1046万件。

【“互联网+”帮促助农活动】 2023年,在省农业农村厅、省委网信办、省商务厅、省邮政管理局联合开展的公益助农行动中,无锡邮政公司、江阴邮政公司获评省“互联网+”帮促助农活动典型案例。无锡邮政部门全面加快农村寄递物流体系建设,持续推进快递进村工作,积极参与“互联网+”帮促助农活动,以网点精访为切入点,走访1600余家家庭农场,完善家庭农场信息,宣传邮政助农惠农政策。为288家重点标记客户加办家庭农场随手记App,以方便及时掌握农产品销售对接及物流运输、金融服务等需求。线上推选优质农产品在省公司邮乐网等平台上架,通过邮乐App等渠道开辟线上直播。线下开发“澄心邮礼”等地方特产卡券,建设农产品展览馆。年内,开展线下展销、直播等活动30余场,帮助销售农特产品100余万元。常态化开展邮乐优鲜社区团购活动,通过邮乐优鲜App,做好产品甄选、团长培育等活动。

【快递业与制造业融合发展】 2023年,无锡邮政公司新增百万元级以上制造业物流项目5个,新增数量全省第一;千万元级项目开发数全省第一。12月,在国家邮政局、工业和信息化部联合主办的快递业与制造业融合发展现场发布会上,“中国邮政速递物流股份有限公司无锡市分公司服务红豆集团”项目入选首批“快递业与制造业深度融合典型项目”名单。无锡邮政公司针对红豆集团的邮政服务需求,不局限于传统的“点对点”运输模式,充分运用在快递物流、邮务、金融、分销等方面的专业服务能力,直接将服务送进工厂,并逐步将服务延伸至制造企业的生产、销售、售后等各个环节,全方位提供解决方案,实现与制造业的深度融合。

【跨境服务】 2023年,无锡邮政公司为全市企业打造快捷便利的跨境绿色通道,通过无锡机场口岸申报跨境出口货量107.1万件,跨境通关货量全省第一,成为无锡机场口岸跨境电商直邮零售进出口(9610)出口货量第一的物流企业,报关能力大幅提升。结合无锡机场口岸日本、美国、德国、英国、韩国等航线资源,创新开发多路向的跨境空运、空派产品,推出日本、韩国2条航线实现当日启运、当日运抵的快速通关服务及3小时限时通服务。密切关注跨境电商客户信息,实地走访规模跨境电商客户,重点推介最新跨境通关模式,跨境电商货量发运占比比上年增长93.3%,每小时处理跨境报关数据15000条,比上年增长96.7%。

【助农专项活动】 5月26日,由腾讯游戏和中国邮政集团有限公司江苏省分公司举办的“天龙邮缘,侠义助农”大型公益助农专项活动在宜兴市举行。活动以《天龙八部手游》侠义文化为切入点,依托腾讯与邮政线上渠道与影响力,助力销售宜兴市优质农产品——宜兴大闸蟹。活动现场还原《天龙八部手游》场景,将宜兴邮政雅达溪山邮驿打造为“天龙驿站”观光打卡点。

【绿色邮政行动】 2023年,无锡邮政公司践行绿色发展理念,创新推进绿色邮政建设行动。在邮政集团公司2022年回收复用瓦楞纸箱行动评选中,无锡邮政公司及所辖宜兴邮政公司分别获评先进地市奖和明星县公司,是省邮政系统唯一一家市县公司均获表彰的单位。无锡邮政公司与小得环保科技(无锡)有限公司共同研发可循环使用的机动车号牌、国税发票封套,采用PC材料,防火、耐磨、抗冲击,可重复使用60次。全年使用可循环包装的邮件快件数量200万件,回收复用瓦楞纸箱41万个,减少包装废弃物及碳排放;创新开发搭载RFID芯片的“可循环邮袋”,推动邮政行业绿色发展“9218”重点工程。开展绿色邮政行动系列品牌建设活动,丰富邮政品牌的绿色内涵。宜兴邮政公司在“全国节能宣传周”期间,开展邮生活扫码、寄递营销码拉新等节能环保活动。

【警营集邮活动】 1月10日,由江阴市公安局主办,江阴市警察协会、江阴市集邮协会承办的“邮票中的公安精神传承——江阴公安集邮展”开幕仪式举行,全国首个集邮警营文化工作室——张烨集邮工作室揭牌仪式同时举行。邮展汇集来自省内外公安文联集邮收藏协会、江阴市集邮协会会员的47框集邮作品,以独特的邮票视角展现历史和社会的发展变迁,讲述人民警察的故事。

【“太湖e警”公安政务服务平台】 3月,无锡市推出“太湖e警”公安政

3月20日，无锡邮政公司与拈花湾景区联合开展“为你花开满城，春日明信片邮寄”活动　（赵丹于　摄）

务服务平台，无锡邮政公司会同市公安部门将邮政服务操作前置汇入公安系统，为全市公安分局及派出所提供平台邮寄功能，实现办证群众、公安、邮政三方信息互通，并保护市民隐私。该项线上便民平台邮寄业务，实现无锡市公安系统9个警种160个事项“全程网办”，发件量4120件。

【“樱花邮局”品牌打造】 2023年，是无锡邮政公司开办“樱花邮局”的第12年，围绕线下造景、线上增量，推进文化升级，沉淀品牌价值。3月20日，无锡邮政公司与拈花湾景区联合开展“为你花开满城，春日明信片邮寄”活动，首批定制明信片1万枚供游客免费领取。九木杂物社与无锡邮政公司共同打造中邮文创X九木杂物社《初樱》限定套装，杂物社开设樱花城市主题店，将初樱联名系列产品融入实体店活动。樱花系列产品融入中国邮政微邮局“春日邮园会”主题营销，借助产品系列优势、线下活动与中国邮政微邮局联合开展樱花季主题直播，累计观看人数2.3万人。无锡“樱花邮局”入选省交通运输与旅游融合发展典型案例。

【联合国邮票《国际茶日》】 5月21日，“紫砂从这里走向世界”——联合国邮票《国际茶日》发行暨蜀山游驿启用仪式在宜兴市丁蜀镇蜀山古南街举行。《国际茶日》邮票由联合国邮政管理局发行，是联合国以茶为主题首次发行的邮票，全套共10枚，其中6枚为茶叶、4枚为茶器。在茶器邮票中，2枚展示宜兴紫砂壶的风采，一枚展示清末民国初期制壶大家范大生1926年制作的《东坡提梁壶》，另一枚展示范大生后裔、当代制壶名家范伟群创作的《无相壶》。活动现场配套发行《一壶风范》宣传邮册3420册。

【第25届集邮展览】 9月26日，由无锡邮政公司、无锡学院、无锡市集邮协会联合主办的无锡市第25届集邮展览在无锡学院举行。邮展为市级综合类竞赛性集邮展览，展出邮集52部、140框，内容涵盖文化传统、邮政历史、邮政用品、集邮专题、极限集邮、集邮文献、签名封片等类别。

（浦　珏）

编辑　胡　慧

综 述

【金融业发展】 2023年，无锡市金融工作连续第二年获省政府督查激励，被评为金融服务实体经济、防范化解金融风险、维护良好金融秩序成效好的地方，宜兴市获评江苏省“2020—2022年度金融生态优秀县”称号。年末，全市社会融资规模增量3479.33亿元，比上年多增94.13亿元。全市本外币各项存贷款余额合计4.98万亿元，比年初增加5500.62亿元，存贷款余额合计比上年增长12.41%，增速排名省内第12位。其中，存款余额2.72万亿元，比上年增长11.45%；贷款余额2.26万亿元，比上年增长13.59%。无锡市地方金融监管局坚持金融服务实体经济主基调，加快促进产融结合，统筹金融发展与安全，打好防范化解重大金融风险攻坚战。4月，出台《市政府关于进一步促进上市公司高质量发展的实施意见》，揭牌启用北交所无锡服务基地，实现沪深北三大交易所服务基地全覆盖。组建上市公司高质量发展服务专班，摸清企业金融需求，有针对性提供上市服务，落地上市公司高质量发展专项基金及集成电路、新能源、生物医药等专项基金，协同各类社会资本加大对“465”现代产业集群提供精准支持和服务。年内，全市直接融资发行额2194.92亿元，比上年增长21.6%，其中通过境内资本市场IPO、定增、可转债等方式累计直接融资254.83亿元，金额居全省第二位，比上年增长6.2%。新增境内外上市企业14家，其中A股上市公司11家，数量居全国第六位。6月，出台《无锡“金融会客厅”专项行动方案》，创新打造“金融会客厅”新型金融服务对接平台，起草支持民营经济、科创企业等政策文件，常态化开展“创投无锡”“普惠金融园区行”等专项行动，推动金融机构为处在不同发展阶段企业带来“精准化”“多元化”金融利好。根据“两新”、专精特新等重点企业融资需求，打造“锡创融”“专新融”等政银产品，加大优质金融产品供给力度。10月，印发《无锡市数字人民币试点工作实施意见》等文件，采取发放消费券、拓展支付新功能等方式，推动数字人民币推广和应用。至年末，全市数币钱

表34　2023年无锡市金融运行统计表

行业	指标	金额（亿元）	比上年增长（%）	新增金额（亿元）	指标	金额（亿元）
银行业	各项存款余额	27237.18	11.45	2798.61	新增住户存款	1822.47
					新增非金融企业存款	783.15
	各项贷款余额	22581.68	13.59	2702.01	新增短期类贷款	937.65
					新增中长期贷款	1698.64

行业	指标	金额（亿元）	比上年增长（%）	指标	金额（亿元）	比上年增长（%）
保险业	保费收入	542.43	10.08	财产险收入	133.96	6.07
				人身险收入	408.47	11.46
	保费支出	148.27	18.75	财产险赔付	75.80	17.45
				人身险赔付	72.47	20.12

续表 34

<table>
<tr><td rowspan="5">资本市场</td><td rowspan="2">直接融资</td><td colspan="2">A 股 IPO 融资（亿元）</td><td>定增融资（亿元）</td><td>公司债（亿元）</td><td>可转债（亿元）</td><td colspan="2">定增（新三板）融资（亿元）</td></tr>
<tr><td colspan="2">148.94</td><td>64.92</td><td>692.51</td><td>73.99</td><td colspan="2">3.74</td></tr>
<tr><td rowspan="3">上市挂牌</td><td colspan="2">年内新增上市企业（家）</td><td>境内上市企业（家）</td><td>累计上市企业（家）</td><td>科创板上市累计（家）</td><td colspan="2">新三板挂牌企业（家）</td></tr>
<tr><td rowspan="2">14</td><td>境内 11</td><td rowspan="2">122</td><td rowspan="2">203</td><td rowspan="2">15</td><td colspan="2" rowspan="2">288</td></tr>
<tr><td>境外 3</td></tr>
<tr><td rowspan="5">地方金融行业</td><td colspan="2">小额贷款</td><td colspan="2">融资担保</td><td colspan="2">典　当</td><td colspan="2">融资租赁</td></tr>
<tr><td rowspan="2">余额（亿元）</td><td rowspan="2">72.21</td><td rowspan="2">余额（亿元）</td><td rowspan="2">236.08</td><td>典当总额（亿元）</td><td>29.67</td><td>租赁资产总额（亿元）</td><td>520.91</td></tr>
<tr><td>典当余额（亿元）</td><td>11.45</td><td>投放额（亿元）</td><td>281.55</td></tr>
<tr><td colspan="4">商业保理</td><td colspan="4">地方资产管理公司</td></tr>
<tr><td colspan="3">发放商业保理融资款（亿元）</td><td>310.48</td><td colspan="2">当年累计处置不良资产额（亿元）</td><td colspan="2">145.61</td></tr>
</table>

（市地方金融监管局）

包累计月活数约 400 万个，线下受理数币商户门店数约 21 万个。推进国家绿色金融改革创新试验区创建，宜兴市获批首批省级绿色金融创新试点。落地全市首个“基金＋产业园区＋产业”金融招商样板项目，科勒资本首只人民币 S 基金落地经开区，推动全国首单私募专精特新创新债、首单知识产权全生命周期综合保险等一批特色创新金融产品发行。2 月在中国澳门举办金融雅集第三季专场活动，8 月在阿联酋首都阿布扎比举办无锡—阿布扎比金融合作交流会，促成金融项目签约近 290 亿元；举办集成电路产业融合发展论坛、上市公司与创投机构交流会、港交所拟上市企业研讨会等多场产融对接活动。

（康冬舟）

【货币政策落实】 2023 年，中国人民银行无锡市分行灵活运用再贷款政策工具，推动金融机构打造“再贷款＋村村贷”“再贷款＋红色先锋贷”“再贷款＋征信”等“再贷款＋”模式，对符合政策导向的涉农、民营和小微企业提供优惠信贷支持。发挥好再贴现政策工具引导作用，助力企业盘活票据资产、增强资金流动性。全年累计办理再贷款 171.1 亿元、再贴现 234.3 亿元，再贷款余额 171 亿元、再贴现 82.61 亿元。持续释放 LPR 改革红利，推动金融机构让利实体经济，引导贷款利率持续下行，全市一般贷款平均利率 4.10%，企业贷款加权平均利率 3.97%，比上年下降 32 个基点。进一步发挥存款利率市场化调整机制作用，推动降低金融机构负债成本，全市定期存款加权平均利率 2.16%，比上年下降 17 个基点。在全市推行企业登记“同城通办”，实现企业登记跨区域、跨层级办理。推动电子营业执照银行账户应用工作，全市银行机构使用电子营业执照完成银行开户 1.75 万户。国债服务提档升级，年内全辖累计销售储蓄国债 28.04 亿元，整体销售量全省领先，累计办理国债提醒兑付 5555.59 万元。指导银行机构落实降低账户服务收费等 7 项措施，累计惠及全市小微企业和个体工商户 200 余万家。推动银行机构建立误收费容错机制，实现快速便捷退费。至年末，全市法人银行累计降费 1692.39 万元，惠及小微企业和个体工商户 9.81 万家（户）。提高退税业务办理效率，至年末，全辖完成各类退税业务 161.32 万笔，金额 600.25 亿元。

【普惠金融】 2023 年，中国人民银行无锡市分行聚焦重点领域，优化融资模式，有力支撑实体经济。制造业金融方面，紧跟无锡市“465”产业集团建设，促推制造业与金融业深度融合，联合召开全市产融发展大会，推动银行机构与 4209 家制造业企业达成授信合作意向 2791 亿元，授信金额再创新高。引导金融机构突出对高端先进制造业的支持，为制造业转型升级和提质增效提供金融保障。年末，全市制造业贷款余额 4185.37 亿元，比上年增长13%；新增481.55亿元，比上年多增37.02亿元。科创金融方面，出台《金融支持科技创新企业专项行动实施方案》，构建推动“科技—产业—金融”良性循环模式。建立科技型企业名录库，引导金融机构创新“投联贷”“科创e贷”等特色信贷产品，优先加大对入库企业的融资支持。全年通过“锡创融”产品累计支持570家科技型企业获得低息贷款30.35亿元；支持科技型企业获得2495笔票据融资65.48亿元。年末，全市科技型中小企业、高新技术企业贷款余额1954.03亿元，比上年增长13.24%。落地全国首笔可持续发展挂钩混合型科创票据。小微金融方面，发放普惠小微贷款激励资金4.56亿元，全市普惠小微贷款比上年增长26.67%，高于各项贷款增速13.08个百分点。推进金融服务乡村振兴建设，探索打造江阴乡村振兴数字化金融服务平台，持续扩大乡村振兴领域信贷投入，创新推出“无锡天鹏农贸贷”“宜兴城旅渔业贷”等涉农信贷产品。年末，全市农担业务在保余额14.04亿元，规模继续保持苏南前列。

【金融创新改革】 2023年，中国人民银行无锡市分行推动绿色金融纵深发展，加强行业协同，成立无锡市绿色金融同业自律机制。推动全国首单转型碳资产债券、全国首单绿色碳资产债券、全省首单EOD项目绿色公司债券、全省首笔符合《中欧共同目录》的绿色债券落地无锡市，全市累计发行绿色债券规模超130亿元。年末，绿色贷款增速39%，超出全市贷款增速20个百分点。发放苏碳融资金23.3亿元，支持绿色企业467家；办理绿色再贴现82.13亿元、支持绿色企业303家。运用碳减排工具资金21.87亿元，年内减碳效应262.07万吨。推动金融科技发展成势，推进数字人民币试点工作，围绕“太湖购物节”，开展数币消费券活动33场次，撬动当地消费20亿元。“灵锡”App成为全国首个聚合数币支付、数币优惠、数币地图、数币小课堂等功能的城市级服务平台，朝阳农贸市场落地全省首个数币聚合支付码应用场景。全市累计开立数字人民币个人钱包250万个，对公钱包13万个，累计消费157万笔、78.7亿元，累计转账300万笔、94亿元。加速推进“金易链”平台建设，推进“开户码”场景应用，至年末，“开户码”累计查询次数突破100万次，查询数据量突破8000万条。推动外汇改革提质增效，促进贸易新业态规范发展，支持银行丰富资金结算模式，提供安全高效低成本的资金结算服务。全年无锡市支持65家企业办理新型离岸国际贸易收支业务，计68.6亿美元，实现离岸转卖、全球采购、委外加工境外采购、境外工程第三国采购4类业务全覆盖。优化优质企业贸易外汇收支便利化试点结构，至年末，累计试点企业、试点业务较年初分别增长222%和55%，中小微企业、服务贸易企业占比较年初分别提升17.5和17.3个百分点。

（毕凤君）

【基金发展】 2023年，全市新增注册基金1044亿元，注册基金总规模增至5543亿元。备案登记的私募基金管理人148家，管理备案基金552只、规模1108.88亿元，比上年分别增长88.75%、26.46%。推进股权投资基金集聚发展，持续完善基金服务生态圈，天使投资基金服务范围更广、市场化程度进一步提高，与板块陆续合作成立子基金，市场化合作基金增至6只。上市公司高质量发展基金及支持集成电路、生物医药、新能源等专项基金落地，协同社会资本进一步加大对重点产业精准支持和服务。尚贤湖基金PARK入选全国十大特色基金小镇，省级创投集聚示范区再增3个，总数增至7个。太湖人才种子基金，天使子基金，集成电路、新能源、生物医药等重点产业专项基金，科勒资本人民币S基金等一批基金项目落地。涵盖种子、天使、创投、私募、产业、并购、S基金、QFLP基金等股权投资全链条服务更趋精准，基金生态更趋完善。根据清科数据显示，全年无锡发生股权投资案例240余个，投资金额541亿元，比上年增长64.9%，无锡股权投资活跃度继续居全国前十位。以“创投无锡”品牌为核心，常态化开展创投无锡路演、“长三角一体化”金融人才大讲堂、“雅聚太湖湾”金融人才雅集等专项服务。至年末，“创投无锡”活动累计举办144期，帮助1300个国内外项目登台路演，促成133个项目获得融资61.23亿元。

【无锡QFLP试点工作】 2023年，全市新增QFLP基金12只，新增基金注册规模约20亿美元，其中单只基金最大规模9.6亿美元，连续3年新增数量和新增规模居全省首位。市地方金融监管局联合市市场监管局、市商务局、人民银行无锡市分行、江苏证监局无锡监管办等部门继续全力推进QFLP（合格境外有限合伙人）试点工作，凭借良好的产业基础、灵活有力的政策支撑、优质的营商环境，打造QFLP集聚高地，擦亮QFLP试点无锡品牌。无锡市作为全省首个在全域开展QFLP试点的城市，自2021年7月开展试点实践以后，QFLP基金实现江阴市、宜兴市、梁溪区、锡山区、惠山区、滨湖区、新吴区、经开区八大板块全覆盖。参与无锡市QFLP的管理人（GP）有IDG资本、春华资本、华平资本、源码资本、光远投资、ESR、一村资本等国内外知名私募基金管理人；QFLP的投资者来自开曼群岛、英属维尔京群岛、新西兰、新加坡、百慕大群岛、根西岛、美国、毛里求斯等国家和中国香港地区。年内，无锡QFLP基金迎来首笔股权投资收益分配，总额4756万元，该笔收益是IDG资本在无锡市成立的全省首只“QFLP+S”基金——无锡宝亿的投资所得。至年末，全市累计落地QFLP基金30只，累计注册规模超47亿美元，累计数量和规模居全省第一位。

表 35　2023 年末无锡市金融机构（含外资）本外币信贷收支分地区统计表

项目	无锡		江阴		宜兴	
	余　额（亿元）	比年初增加（亿元）	余　额（亿元）	比年初增加（亿元）	余　额（万美元）	比年初增加（万美元）
一、各项存款	27237.18	2798.61	5998.81	623.59	4092.58	527.24
（一）境内存款	27129.26	2775.21	5983.69	621.49	4088.80	526.07
1. 住户存款	11845.00	1822.47	2483.56	336.59	2133.83	306.65
（1）活期存款	2750.67	−35.05	644.77	−2.78	419.34	−8.80
（2）定期及其他存款	9094.34	1857.52	1838.78	339.37	1714.49	315.45
2. 非金融企业存款	11132.38	783.15	2713.48	250.76	1535.30	150.98
（1）活期存款	3049.45	−51.11	655.03	−31.41	349.74	−26.27
（2）定期及其他存款	8082.93	834.26	2058.45	282.17	1185.56	177.25
3. 机关团体存款	3069.74	−110.82	653.81	−13.37	357.03	45.26
4. 财政性存款	211.19	−1.24	19.33	−18.82	20.18	−1.39
5. 非银行业金融机构存款	870.95	281.65	113.51	66.32	42.46	24.56
（二）境外存款	107.92	23.39	15.12	2.10	3.78	1.17
二、金融债券	89.79	5.00	47.58	—	—	—
其中：境外发行	—	—	—	—	—	—
三、卖出回购资产	—	—	—	—	—	—
四、借款及非银行业金融机构拆入	—	—	—	—	—	—
五、联行往来（净）	—	—	—	—	—	—
六、应付及暂收款	618.23	56.74	130.84	9.92	95.79	9.40
七、各项准备	492.86	1.23	107.61	−4.31	63.55	−0.73
八、所有者权益	877.41	114.76	237.71	44.71	108.50	16.92
其中：实收资本	161.58	7.63	35.22	—	19.71	0.36
九、其他	−568.45	−359.09	80.56	53.35	−177.86	−9.90
资金来源总计	28747.03	2617.24	6603.11	727.25	4182.56	542.92

续表 35

项目	无锡		江阴		宜兴	
	余　额（亿元）	比年初增加（亿元）	余　额（亿元）	比年初增加（亿元）	余　额（万美元）	比年初增加（万美元）
一、各项贷款	22581.68	2702.01	4865.10	615.19	3163.72	539.55
（一）境内贷款	22543.24	2686.71	4852.34	610.98	3151.22	527.29
1. 住户贷款	5820.32	201.88	879.07	39.39	656.28	38.84
（1）短期贷款	1113.28	47.62	154.59	2.78	175.41	17.97
消费贷款	515.20	−4.10	44.64	—	35.72	2.72
经营贷款	598.08	51.72	109.95	2.78	139.70	15.25
（2）中长期贷款	4707.03	154.26	724.48	36.61	480.87	20.87
消费贷款	3804.95	−29.15	553.41	−3.82	361.29	−7.28
经营贷款	902.08	183.41	171.07	40.43	119.58	28.15
2. 企（事）业单位贷款	16722.92	2495.33	3973.27	571.59	2494.94	488.45
（1）短期贷款	6103.06	900.53	1623.79	143.80	1098.86	186.36
（2）中长期贷款	9103.96	1544.38	2008.57	391.30	1125.11	238.91
（3）票据融资	1514.41	56.08	339.52	40.55	270.97	63.18
（4）融资租赁	—	—	—	—	—	—
（5）各项垫款	1.49	−5.65	1.39	−4.06	—	—
3. 非银行业金融机构贷款	—	−10.50	—	—	—	—
（二）境外贷款	38.45	15.30	12.76	4.21	12.49	12.27
二、债券投资	1303.49	120.93	519.21	34.89	131.71	21.81
其中：境外债券	0.71	−0.20	—	—	—	—
三、股权及其他投资	291.13	−0.85	93.24	16.58	0.01	—
四、买入返售资产	27.47	13.48	—	—	—	—
五、存放非银行业金融机构款项	5.93	1.00	4.37	0.69	0.08	0.05

续表 35

项目	无锡		江阴		宜兴	
	余　额（亿元）	比年初增加（亿元）	余　额（亿元）	比年初增加（亿元）	余　额（万美元）	比年初增加（万美元）
六、联行往来（净）	4345.90	−219.16	1077.01	53.33	864.16	−21.02
其中：境内存放二级准备金	190.26	6.85	9.27	2.29	5.82	1.13
七、金银占款	—	—	—	—	—	—
八、中央银行外汇占款	—	—	—	—	—	—
九、应收及预付款	91.86	4.10	30.12	8.45	12.25	3.60
十、投资性房地产	1.08	−0.11	1.06	−0.10	—	—
十一、固定资产	98.49	−4.15	12.99	−1.76	10.63	−1.07
资金运用总计	28747.03	2617.24	6603.11	727.25	4182.56	542.92

（中国人民银行无锡市分行）

表 36　2023 年末无锡市金融机构本外币存贷款统计表

金融机构	各项存款			各项贷款		
	余　额（亿元）	比年初增加（亿元）	比年初增长（%）	余　额（亿元）	比年初增加（亿元）	比年初增长（%）
全市合计	27237.18	2798.61	11.45	22581.68	2702.01	13.59
市　区	17145.79	1647.78	10.63	14552.87	1547.27	11.90
江　阴	5998.81	623.59	11.60	4865.10	615.19	14.48
宜　兴	4092.58	527.24	14.79	3163.72	539.55	20.56
中资大型银行	12647.23	1867.16	17.32	9864.98	1602.29	19.39
工商银行	2254.32	417.52	22.73	1984.27	363.38	22.42
农业银行	3377.82	501.61	17.44	2144.62	321.48	17.63
中国银行	2573.05	412.32	19.08	2170.35	382.05	21.36
建设银行	2397.74	342.21	16.65	2104.45	362.11	20.78

续表 36

金融机构	各项存款			各项贷款		
	余　额（亿元）	比年初增加（亿元）	比年初增长（%）	余　额（亿元）	比年初增加（亿元）	比年初增长（%）
交通银行	1150.57	76.16	7.09	856.62	65.10	8.22
邮储银行	893.73	117.33	15.11	604.67	108.18	21.79
中资中型银行	7270.14	158.11	2.22	7043.12	320.89	4.77
农发银行	41.57	−8.63	−17.19	306.57	30.65	11.11
中信银行	690.95	38.06	5.83	595.00	41.58	7.51
光大银行	356.75	−110.15	−23.59	1014.92	84.74	9.11
华夏银行	308.72	−126.67	−29.09	479.68	−68.27	−12.46
广发银行	187.30	−81.43	−30.30	165.08	−11.75	−6.64
平安银行	259.81	0.82	0.32	205.19	−6.44	−3.04
招商银行	762.75	28.76	3.92	715.84	39.73	5.88
无锡浦发	241.27	−30.28	−11.15	276.93	40.16	16.96
江阴浦发	342.04	−15.57	−4.35	192.35	1.83	0.96
兴业银行	550.33	85.54	18.40	470.26	34.29	7.86
民生银行	360.40	18.84	5.52	327.34	−13.64	−4.00
北京银行	116.82	−15.07	−11.43	305.47	17.76	6.17
上海银行	125.82	3.85	3.15	228.24	3.43	1.52
江苏银行	2925.61	370.05	14.48	1760.24	126.81	7.76
中资小型银行	6844.91	788.27	13.01	5443.33	807.23	17.41
恒丰银行	141.38	28.58	25.34	212.60	122.14	135.02
浙商银行	144.70	26.89	22.82	122.21	41.21	50.88
渤海银行	87.30	−10.21	−10.47	80.91	7.89	10.80
南京银行	925.75	58.45	6.74	694.85	64.89	10.30

续表 36

金融机构	各项存款			各项贷款		
	余额（亿元）	比年初增加（亿元）	比年初增长（%）	余额（亿元）	比年初增加（亿元）	比年初增长（%）
宁波银行	914.22	185.58	25.47	899.48	173.80	23.95
长江银行	19.05	3.51	22.56	17.27	−2.52	−12.73
苏州银行	76.03	−2.34	−2.99	114.37	17.71	18.33
无锡农商	1857.67	232.28	14.29	1130.01	126.94	12.66
江阴农商	1277.69	126.53	10.99	859.80	101.05	13.32
常熟农商	75.59	6.39	9.23	158.61	22.65	16.66
张家港农商	85.93	13.86	19.23	131.02	16.90	14.81
江南农商	53.68	−12.41	−18.78	55.83	8.99	19.19
宜兴农商	805.35	83.71	11.60	616.23	55.85	9.97
民泰村镇	12.74	1.67	15.12	11.38	1.11	10.76
中银富登村镇	2.12	0.73	52.98	5.11	−0.68	−11.69
兴福村镇	15.56	4.08	35.52	14.20	2.35	19.81
浦发村镇	13.32	0.89	7.20	13.45	−2.66	−16.49
阳美村镇	58.76	5.06	9.42	53.03	4.83	10.01
锡商银行	278.07	35.03	14.41	252.95	44.78	21.51
财务公司	80.81	−13.33	−14.16	84.81	−14.62	−14.70
国联财务	54.02	−4.39	−7.52	41.51	−2.22	−5.08
红豆财务	19.36	−0.90	−4.43	27.80	−3.00	−9.73
华西财务	7.33	2.61	55.18	11.49	−0.40	−3.36
三房巷财务	0.09	−10.64	−99.13	4.00	−9.00	−69.23
外资银行	184.90	−3.46	−1.84	152.94	−5.95	−3.74
上海商业储蓄银行	7.59	4.99	191.76	6.23	−1.11	−15.10

续表 36

金融机构	各项存款			各项贷款		
	余　额（亿元）	比年初增加（亿元）	比年初增长（%）	余　额（亿元）	比年初增加（亿元）	比年初增长（%）
汇丰银行	41.01	4.26	11.60	34.65	5.59	19.25
东亚银行	—	—	—	—	—	—
瑞穗银行	41.79	-11.18	-21.10	19.45	-4.34	-18.23
三菱银行	32.48	0.43	1.33	29.52	3.38	12.94
新韩银行	11.87	-0.79	-6.21	15.80	-1.02	-6.09
南洋银行	50.15	-1.18	-2.29	47.29	-8.46	-15.17
国联信托	—	—	—	8.00	4.00	100.00

（中国人民银行无锡市分行）

【2023无锡金融赋能大会暨中阿（无锡）产业金融峰会】 12月8日，2023无锡金融赋能大会暨中阿（无锡）产业金融峰会举办。会上，中国驻阿联酋大使张益明视频祝贺，无锡市委书记杜小刚、阿联酋塔克投资主席穆罕默德·阿尔达赫里致辞。迪拜金融服务局原主席赛义卜·艾格纳作主题演讲，迪拜商会中国创新中心主席、迪拜海豚控股集团总裁哈姆丹·杜勒，上百位来自中东投资机构、国内外知名投资机构、重要交易所和各大金融机构以及企业代表出席峰会。无锡市与中国国际金融股份有限公司签署战略合作协议，开展多层次、多领域、全方位的金融业务合作。包括梁溪区国联金沙江商业空天产业基金、江阴市新能源产业投资基金、宜兴市QFLP基金、沙特光伏逆变器项目、智能网联自动驾驶先导段片区开发等项目在内的27个项目集中签约，总金额超350亿元，涉及科技创新、绿色发展、开放合作、海外投资、智能制造等领域。峰会期间，举办一系列活动，包括2023尚贤夜话——投资机构闭门交流会、“创投无锡”中东投资项目专题路演、“雅聚太湖湾”赴美IPO发展交流会、“出海迪拜、拥抱中东”无锡—迪拜企业家论坛、产融定向对接会（惠山）等。

（康冬舟）

12月8日，2023无锡金融赋能大会暨中阿（无锡）产业金融峰会举办

（市地方金融监管局　供图）

银　行

【概况】 2023年，全市社会融资规模新增3479.33亿元。年末，全市各项存款余额27237.18亿元，比上年增长11.45%；各项贷款余额22581.68亿元，比上年增长13.59%。全年各

项存款新增2798.61亿元，各项贷款新增2702.01亿元。无锡市非金融企业在银行间市场发行债务融资工具245笔，发行规模1181.82亿元，比上年多发185.66亿元、增长18.64%。年末，全市银行业金融机构50家，其中政策性银行1家、大型银行6家、股份制商业银行13家、城市商业银行7家、民营银行1家、外资银行6家、农村中小金融机构11家、非银机构5家，银行业总资产规模3.09万亿元。

（毕凤君　姜耀琪）

3月7日，农发行无锡市分行与锡山区政府战略合作签约仪式举行

（农发行无锡市分行　供图）

【中国农业发展银行无锡市分行】 2023年，农发行无锡市分行作为全市唯一的农业政策性银行顾大局、求突破、谋创新，助力无锡地方经济发展“走在前、挑大梁”。投放保交楼贷款，助力无锡市保交楼成效走在全省前列；开展城中村改造攻坚行动，在住房城乡建设部推送首批清单后，2小时、5个项目、2.46亿元实现即时投放，拿下全省首单、投放笔数占全省71.4%，跑出“无锡速度”。全行贷款首次迈入300亿元大关，余额、投放均创历史新高；围绕粮食收储、高标准农田、仓储设施、农村路网、水利建设精准发力，全年支持地方重大项目18个、金额139.4亿元。投放全系统首个生态环境部EOD（以生态环境为导向的开发模式）入库项目，入选农发行总行典型案例；投贷联动支持锡山区老旧小区改造项目，入选农发行总行模式创新汇编；投放全省系统内首笔支持整域推进高标准农田项目。3月7日，农发行无锡市分行与锡山区政府开展战略合作签约。年末，该行本外币各项存款余额41.57亿元，本外币各项贷款余额306.57亿元。

（朱星钢）

【中国工商银行无锡分行】 2023年，工行无锡分行主动对标“十四五”规划、长三角一体化等战略规划，抢抓省市两级重大投资、重大项目源头，加大银政企对接力度，推进综合化金融服务。助力无锡“465”现代产业集群建设，加强对上市拟上市企业、国家高新技术企业、专精特新、战略性新兴产业、绿色等重点领域的信贷支持。8月4日，工商银行无锡分行、无锡市创新投资集团有限公司、工银资本管理有限公司共同签署基金战略合作协议。至年末，该行贷款规模较年初增加363亿元，创历史新高，增长22.42%，其中制造业贷款较年初增加159亿元、增长40.48%；战略性新兴产业贷款较年初净增212亿元、增长146.92%；专精特新贷款较年初净增9亿元、增长48.6%；绿色贷款较年初增加134亿元、增长50.52%。全年新批项目贷款77个，获批金额超680亿元，比上年增加126亿元；累计投放项目贷款166亿元。围绕无锡市打造“无难事、悉心办”最优营商环境城市目标，持续加大对小微企业的扶持力度，落细落实减税降费和助企惠企政策。完善数字普惠产品体系，加快推进数字供应链的落地。贯彻落实乡村振兴战略，推广“种植e贷”等特色创新产品，打通涉农普惠服务新渠道。至年末，该行普惠客户数近12600户，较年初增加3560户；普惠贷款余额较年初增加75亿元、增长43.81%。全年投放小微贷款超500亿元，创历史新高。落实“保交楼、稳民生”工作部署，加强保障性住房项目拓展储备，向新市民等刚需客群提供快速受理、审批、放款的绿色通道；加快推动水电、燃气、交通等民生重点领域的数字人民币支付场景落地上线，提高群众日常生活便利性。承接好各类惠民惠农补贴、稳岗就业补贴和社会保障救助资金。发挥“工行驿站”便民、惠民作用，持续完善网点内部适老产品与功能。严格落实信贷“三查”制度，加强信贷监测分析，突出大户风险联防联控，警惕线上业务风险上升苗头，精准制定防控措施。年末，该行本外币各项存款余额2254.5亿元，本外币各项贷款余额1984.28亿元。

（周省蒙　施文涵）

【中国农业银行无锡分行】 2023年，农行无锡分行深入落实省农行与市政府新一轮战略合作协议，支持无锡经济高质量发展。至年末，制造业贷款净增142亿元，增速27.53%，高于各项贷款增速10个百分点。规模以上企业、国家级、省级专精特新“小巨人”企业信贷合作率分别较年初提升7个、8个和11.2个百分点。项目贷款保持全市同业领先，累计发放

8月4日，工商银行无锡分行、无锡市创新投资集团有限公司、工银资本管理有限公司共同签署基金战略合作协议（工行无锡分行 供图）

350亿元，比上年多放169亿元；全年审批项目91个、832亿元，比上年多增10个、168亿元。普惠贷款净增81亿元，比上年多增17亿元。全年个人掌上银行月活客户净增23.7万户，居全市金融同业领先；净增有效场景716个，比上年多增288个。围绕助力数字乡村建设，为市供销社上线“农资电子监管系统”，覆盖下游全部门店；为宜兴湖㳇镇洑西村上线“美丽村民积分系统”。全年数字人民币个人钱包开户数、月活数均居全市同业第一，并在不动产交易、慈善捐赠、文旅消费、公共资源交易等领域，实现全省、全市多项“首单应用”。自2009年起，农行无锡分行“金钥匙”奖学金连续15年资助无锡市贫困大学生770人，累计发放奖学金231万元。年末，该行本外币各项贷款余额2145亿元、较年初增加322亿元，其中实体贷款投放288亿元、比上年多投放154亿元。

（胡晓峰）

【中国银行无锡分行】 2023年，中国银行无锡分行优化资金供给，把更多金融资源用于促进科技创新、先进制造、绿色发展和中小微企业，为经济社会提供高质量金融服务。配合科技部火炬中心举办“企业创新积分贷——走进高新区”首场活动，和无锡高新区、江阴高新区结对合作；利用科技金融中国银行总行试点业务优势，做大科技金融资产规模，年末科技金融业务余额212.3亿元，新增27.3亿元；科技企业客户数1537户，新增304户。10月15日，中央电视台财经频道播出中国银行无锡分行支持高新技术企业发展，为企业提供综合多元服务的典型案例。11月12日，中央电视台财经频道《超级生产线》播出中国银行无锡分行授信支持科技型企业、助力科技自立自强的成效。年末，绿色金融贷款余额434亿元、新增150亿元，新增额居市内同业四行第一；普惠贷款余额358亿元、新增115亿元，普惠户数19220户、新增6077户。全面布局养老金、社保卡、企业年金、养老特色网点等重点工程，累计发行第三代社保卡有效卡量5.98万张，全年代发金额7.89亿元。全年新开个人数字钱包28万个、对公钱包1.4万个，实现118个企业数币代发。连续6年服务中国国际进口博览会，累计为来自20余个国家和地区的900余家参展商、采购商提供贸易与投资对接服务，达成意向合作84项，意向合作金额11.2亿元。全年该行国际结算业务量285亿美元、跨境人民币实现829亿元。落实支付便利性政策要求，打造适老化服务特色网点，增配适老服务设施，设置敬老爱心窗口；手机银行设置“银发专区”。助力恢复和扩大消费，锚定无锡市“太湖购物节”系列活动，顺应客户消费趋势，在增强消费能力、创新消费场景、改善消费条件、做实消费保障等方面下功夫，开展“有声有色、有颜有料”系列促进消费活动。年末，该行本外币贷款余额2170亿元、较年初增加383亿元，市场规模居市内同业四行第一。

（殷国勇 李 允）

【中国建设银行无锡分行】 2023年，建行无锡分行参与省、市级重大项目营销，先后落地省发展改革委重大项目6个、政策性金融工具支持项目1个；围绕无锡市构建“465”现代产业集群部署要求，紧盯特色园区、产业集群等改造项目，获批园区提档升级项目14个，授信总额127亿元；在系统内率先实现EOD项目突破，获批EOD项目6个，授信总额105亿元。年末，普惠金融贷款余额330亿元，较年初增加83亿元，普惠贷款客户新增、“惠懂你”App授信客户新增均列省行系统第一；涉农贷款余额478亿元，较年初增加96亿元；住房租赁探索服务模式，与建信住房服务（江苏）有限责任公司、无锡惠山科创产业集团有限公司签订全面战略合作协议，落地未来健康科技园人才公寓项目招投标工作合作签约；绿色金融贷款新增117.2亿元，增速48.9%，高于各项贷款增速28.2个百分点。财富管理方面，家族信托管理规模新增列省行系统第一，保险金信托管理规模新增列省行系统第二。新增梁溪科技城项目资金专户等资格类账户11户、江阴霞客湾财政审计局等重点机构账户7户，先后中标江阴市和无锡市区（县）惠民惠农财政补贴资金一卡通代发资格，覆盖率列省行系统第一；社保卡新增7.4万张，新增量排名市内四行第二，增速列省行系统第一。全年债券承销 49.5 亿元，承销额创历年新高，排名市内四行第一，落地全国首单混合科创类 REITs。10 月 18 日，推动建信金融资产投资有限公司、无锡产业发展集团有限公司和中国建设银行江苏省分行三方签约落地规模 100 亿元的建源锡产股权投资基金，成为无锡地区首只市场化债转股基金，是建行系统内首个在地级市设立的百亿基金。与国联人寿全面合作，落地省行系统首单保险资管产品托管，规模新增 50 亿元。国际业务落地省行系统首单“银行投保福费廷”业务、创新模式“跨境银团直贷通”业务和委托式关税保函。在建行系统内首个采用商银 SaaS（软件即服务）模式实施并中标中国电子系统工程第二建设有限公司供应链金融平台项目。试点推广商品房交易“带押过户”，落地全市首单商贷、公积金转押贷业务。推进数实融合，先后承接 20 余期政府消费券数字货币项目，涵盖市辖所有区（县），带动消费金额近 19 亿元。为市人民医院、市税务局、天惠超市，等客户及“灵锡”“最江阴”“看宜兴”等平台搭建数币应用场景，新增对公活跃钱包 4.42 万户，个人活跃钱包 35.86 万户，数币活跃商户 0.76 万户。年末，该行各项贷款余额 2108 亿元、较年初增加 364 亿元，其中个人住房贷款余额、投放及新增均列全市金融机构首位；一般性存款日均余额 2229 亿元、较年初新增 482 亿元；一般性存款时点余额 2387 亿元、较年初新增 385 亿元。

（李　勰）

【交通银行无锡分行】 2023 年，交通银行无锡分行主动切入区域经济发展热点，围绕省、市重点项目和重点产业集群开展“清单化”营销对接，人民币对公实质性贷款增加 65.68 亿元，创 10 年来最高。获批各类重点项目金额 227.6 亿元，比上年增加 110 亿元。其中，储备省、市重点项目 12 个，获批 5 个，累计投放 43.24 亿元，为“465”现代产业集群提供授信 163.95 亿元。发挥集团综合经营优势，提高社融总量，满足市场主体多元化资金需求，联合交银国际落地江苏省首单地方国企点心债券、无锡市首单日元债；联合交银国际、交银国信共同营销 25 亿元产业投资基金和 20 亿元股权基金托管资格；联合交银金租，为科技型企业、国家级园区投放融资租赁款 10.1 亿元，推进科技金融租赁业务扩面增量。围绕重点领域加大信贷资源投放，优化资产结构。年末，该行制造业中长期贷款 59.46 亿元、战略性新兴产业贷款 89.34 亿元、绿色信贷 59.22 亿元、涉农贷款 276.04 亿元等重点信贷指标分别较年初增长 26.31%、19.37%、47.92%、3.28%，首次实现全面正增长。支持长三角重大基础设施项目建设，全年投放基建基金配套融资项目 5 个、金额 5.26 亿元。民营企业客户数较年初增加 319 户，民营企业新发放贷款在公司类贷款中占比提升至 70.59%。房地产开发贷款较年初增长 19.68%，高于对公实质性贷款增幅。科技金融授信客户数比上年增长 23.29%，科技型企业贷款比上年增长 25.5%。普惠两增贷款较年初增加 26.02 亿元，任务完成率 162.6%，线上产品、产业链、及政府助贷基金占比分别较 2021 年末提升 8.39、6.37 和 6.61 个百分点。产业链融资业务量较年初增长 78.54%，智慧金服收款量 27.6 亿元，比上年增长 59%。外币存款日均余额、国际业务净收入、跨境贸易融资投放比上年分别增长 43.41%、40.82%、21.20%，其中，外币对公存款日均增量位列系统第二，带动存款净收入比上年增长 149.75%。财富管理收入比上年增长 2.9%，零售客户 AUM（个人客户金融总资产）比上年增长 7.5%，达标沃德客户数、私人银行客户数比上年分别提升 7.7%、8.2%，零售非息净收入比上年增加 1497 万元。把握市场热点，加大消费金融供给支持力度，创新业主贷、汽车场景消费贷、车位场景消费贷等特色场景建设，满足群众日常消费需求。在城市 App 中上线系统内首单政务平台电子钱包，为居民提供综合化金融服务窗口。走进乡村、学校、养老公寓等开展现场宣教 333 次，树立“小手拉大手”“交暖夕阳”等特色金融宣教品牌，做好重点群体消费者权益保护。推进数字化场景建设，加强数字金融双向赋能与江阴市人民法院、904 医院搭建系统收费平台；联合市大数据管理局在“灵锡”App 上线“信用就医”专项服务，

10 月 18 日，中国建设银行江苏省分行、建信金融资产投资有限公司、无锡产业发展集团有限公司三方签约落地规模 100 亿元的建源锡产股权投资基金

（建行无锡分行　供图）

合作医院扩展至4家;完善预售房资金监管、水费缴费等手机银行场景建设,设计"汽车场景消费贷""车位场景消费贷""洋马农机贷"等创新产品,满足不同市场主体多元化金融需求。加大数币推广运用,成功落地代发、缴税、党费管家、金服平台等数币收缴场景,并与无锡、江阴农商行达成2.5层数币合作协议。全年累计推荐对公有效户116.2户,个人养老金预约1365户,对公基本户钱包1676.2户,对私数币钱包2.4万户。年末,该行本外币各项存款余额1150.57亿元,本外币各项贷款余额856.62亿元。

(沈子扬)

【中国邮政储蓄银行无锡市分行】2023年,邮储银行无锡市分行持续加大对地方实体经济支持力度,支持重点工程、重大项目建设,为实体企业纾困解难。小额贷款年净增17.92亿元,消费贷款年净增10.11亿元;小企业贷款年净增13.41亿元。推进农户普遍授信、特色产业开发和涉农公司业务,涉农贷款净增32.76亿元,创历史同期新高。公司贷款年净增51.6亿元,创历年新高,公司贷款规模超170亿元。3月10日,该行与无锡市梁溪区人民政府、无锡梁溪科技城管理局的战略合作签约仪式举行,邮储银行无锡市分行分别与无锡市梁溪科技城发展集团、无锡市梁溪城市发展集团有限公司、无锡市梁溪产业发展集团有限公司、无锡市梁溪文旅发展集团有限公司、无锡市梁溪资产经营管理有限公司进行授信合作签约,授信总额度200亿元。7月28日,该行与市农业农村局、市文广旅游局、团市委签订休闲农业与乡村旅游发展合作协议。年末,该行各项存款年净增117.33亿元,余额893.73亿元;各项贷款年净增111.36亿元,余额突破600亿元大关,达604.67亿元。资产质量整体平稳可控,不良率0.47%。

(谈晓英)

【江苏银行无锡分行】2023年,江苏银行无锡分行发挥地方骨干银行在服务无锡高质量发展中的特色优势,为无锡经济运行贡献金融力量。制造业贷款较年初增加51.6亿元,完成全年目标的114.67%;绿色信贷余额较年初增加74.87亿元,完成全年目标的149.74%。普惠实贷较年初增加50.71亿元,增速高于全部贷款增速13.14%;科技贷款余额267.18亿元,较年初增加52.01亿元;微贷业务日均贷款较年初增加3.63亿元,完成全年目标的121.1%;普惠口径涉农贷款较年初增加12.61亿元,完成全年目标的252.14%。加大对中小外贸企业支持力度,"苏贸贷"余额近10亿元;推进直融间融互促共进,累计承销债务融资工具94.59亿元,落地可持续挂钩的混合科创票据等多个市场首单。年末,该行各项贷款余额1760.75亿元、排名全行第一,市场份额7.8%、居同业第一方阵。

(夏世杰)

【无锡农村商业银行】2023年,无锡农村商业银行立足无锡制定覆盖产业集群核心企业及其上下游小微企业的综合金融服务方案,构筑细分市场差异化核心竞争力。服务节能环保、生物、高端制造装备等战略性新兴产业企业,累计发放贷款35亿元。加大对涉农、小微等重点领域和薄弱环节的支持力度,至年末,涉农及小微企业贷款占比80.75%,民营和制造业企业贷款分别较年初增加84.77亿元和34.04亿元,分别增长17.74%和11.72%。推进绿色金融债券募集资金使用,支持企业低碳转型,发行并投放绿色项目16个、金额5亿元。推广"大数据+网格化+铁脚板"工作模式,开展园区、市场、商圈、楼宇、村社金融服务走访行动,提升普惠金融覆盖面和服务可得性,全年个人信贷客户数净增2.33万户。年末,该行资产规模2349.56亿元,各项存款余额1941.28亿元、增长12.42%,各项贷款余额1430.38亿元、增长11.22%。

(张婷婷)

【上海浦东发展银行无锡分行】2023年,浦发银行无锡分行响应上级行金融业减费让利号召,落实外部监管减费让利要求,将减费让利侧重于小微企业,真正释放金融活力,促进小微企业高质量发展,帮助中小企业减少资金负担。把科技金融作为战略主赛道深入推进,支持战略性新兴产业

3月10日,邮储银行无锡市分行与无锡市梁溪区人民政府、无锡梁溪科技城管理局的战略合作签约仪式举行 (谈晓英 供图)

和科技型企业，以科技赋能，打造“绿色+”发展新范式，探索“绿色+科创”“绿色+普惠”“绿色+供应链”“绿色+跨境”特色金融服务，强化科技赋能绿色金融数智化经营。年末，全行绿色信贷余额72.76亿元，比上年同期增长39.68%。6月，该行落地企业IPO募集资金托管业务，提升公司一般结算性存款。7月，该行独立发行某发展（集团）有限公司2023年度第四期中期票据，该票据自启动到发行成功仅6个工作日，是中国银行间市场交易商协会发布《关于进一步加强银行间债券市场发行业务规范有关事项的通知》后全行首单余额包销债券，分行通过自营总行代分行投资占比20%。12月，上海浦东发展银行独家主承销的长三角先进制造业企业2023年度第一期集合短期融资券发行成功，该集合票据是围绕长三角一体化发展国家战略，采用“统一产品设计、统一券种冠名、统一信用增进、统一发行注册”的创新直接融资工具发行方式，无锡分行辖内客户某电气股份有限公司作为该期债务融资工具的联合发行人之一，发行规模2亿元，由中债信用增进投资股份有限公司提供交易型增信担保，通过市场化金融工具创新，有效降低民营企业增信成本、减少融资担保条件，为民营企业经营发展注入新动能。年末，该行资产规模余额275.22亿元，各项存款余额238.02亿元，各项贷款余额276.93亿元。

（徐　军）

【招商银行无锡分行】 2023年，招商银行无锡分行服务区域经济发展大局，围绕绿色金融、新型基础设施建设、城市更新等领域的金融需求，灵活运用金融产品，提供综合金融服务，加大对实体经济支持力度，月均FPA（客户融资总量）1197亿元。年末，普惠小微贷款余额104.05亿元，全年净增20.55亿元、增长24.62%。支持普惠小微客户12071户，居全市股份制银行第一。全年实现营业净收入24.72亿元，比上年增长0.7%。年末，该行人民币各项存款余额737.37亿元、增长14.0%，市场份额3.00%，存款增量、增速排名全市股份制银行第一。其中，储蓄存款市场份额2.17%，对公存款市场份额3.7%，均居全市股份制银行第一位。人民币一般性贷款余额574.12亿元、增长12.7%，市场份额3.17%，居全市股份制银行第二位。其中，零售贷款市场份额4.45%，稳居全市股份制银行第一位。

（沈　潮）

【中信银行无锡分行】 2023年，中信银行无锡分行坚持轻型发展战略导向，以打造价值银行为目标，以客群建设为根本，以结构优化为路径，持续推进可持续、高质量发展。12月15日，该行协助中国中信集团有限公司与无锡市政府签署新一轮战略合作框架协议，综合融资能力和规模不断扩大。债券承销量首次突破120亿元，市场规模保持当地可比同业第一位，落地全国首单“团金宝”数币代发业务，发行江苏省首笔可持续挂钩永续中期票据，主承销无锡首单混合型科创票据。作为无锡市唯一一家外汇展业试点银行，率先在无锡市开展外汇展业试点工作。保持审慎理性的经营逻辑，主动调整信贷结构，前置风险防控措施，至年末，该分行贷款不良率0.25%，问题贷款率0.41%。年末，该行全口径自营存款日均691亿元，比年初增70亿元；自营贷款时点595亿元，比年初增加42亿元，其中投向实体经济领域的信贷增量占比超70%，制造业贷款增速31%，在当地可比同业中排第二位。

（瞿峥屹）

【兴业银行无锡分行】 2023年，兴业银行无锡分行坚持走“转型之路”“专业之路”和“科技之路”，总体经营情况稳中向好。科创金融加大对战略性新兴产业、先进制造业、科创企业的金融支持，全年为近500家科创企业提供信用支持超130亿元。绿色金融发挥领先优势，推广“环保贷”“节水贷”“环保担”等特色产品，全年累计投放绿色贷款超30亿元。普惠金融扶持中小微企业发展，根据企业不同发展阶段提供“兴速贷”“创业贷”“连连贷”以及风险补偿基金牵头的“苏信贷”“普惠贷”“新科贷”“滨科贷”等产品，惠及更多普惠市场主体，全年普惠贷款余额17.33亿元，新增5.86亿元。养老金融提供老年友好型服务，锡山支行、宜兴支行、分行营业部等获评省、市惠老示范网点和适老网点。数字金融为群众生活提供便利，先后落地无锡朝阳农贸数币聚集区、无锡客运集团窗口数币购票、无锡市政新能源充电桩、烟草订烟数币支付等场景。年末，该行本外币各项存款余额526.66亿元，本外币各项贷款（不含贴现）余额455.8亿元。

（林万华）

【苏州银行无锡分行】 2023年，苏州银行无锡分行以“苏式匠心”助力科创企业高质量发展。8月，该行与无锡高新区（新吴区）某数字企业签订数据知识产权质押融资合作协议，落地无锡市首单数据知识产权质押融资业务。加强与无锡高新区合作，发布150亿元“苏赢兴吴”金融计划，举办高新区知识产权政策辅导会议，为科创企业提供知识产权证券化融资与质押融资服务。至年末，该行合作科创企业数量超260家，授信金额超18亿元，比年初增长超30%，用信金额超15亿元。年末，该行本外币各项存款余额76.03亿元，本外币各项贷款余额114.37亿元。

（李　霁）

【华夏银行无锡分行】 2023年，华夏银行无锡分行结合无锡“长三角先进制造核心区、技术创新先导区、绿色生态标杆区和综合交通枢纽区”发展定位，制定实施“有扶有控”的差异化信贷政策，为无锡区域的重点产业提供融资支持。聚焦无锡"465"现代产业集群发展需求,组建专业营销队伍垂直服务当地主流产业,建立标准化的科创企业评定标准,进行量化打分、靠档分类、标准授信,升级金融产品和服务,打造线上线下相结合、前中后台为一体的金融服务机制,深入制造型企业、产业园区、重点核心企业,推动多渠道融资供给,扩大社会融资总量,全年累计信贷投放560.1亿元。落地全国首单创投类专精特新科技创新公司债券投资业务,落地无锡市首单绿色科技创新公司债券投资业务;落地无锡地区首个AA+级客户的保债计划撮合业务,项目注册金额27亿元,累计落地22亿元;对无锡地区仅有的2户AAA级DFI发行人的债券主承销商业务实现全覆盖,并发行分行首笔中长期DFI债券2亿元;落地首笔制造业租赁撮合业务3.2亿元,是分行单笔金额最大的绿色能源储能租赁撮合项目。加大绿色信贷投放力度,主动对接无锡绿色信贷业务重点项目,支持节能环保、清洁能源等领域的优质小微企业,对绿色信贷业务优先审批、优先放款,至年末,为80余家企业提供绿色金融融资服务,累计投放76.93亿元,绿色金融占比20.34%。年末,该行本外币各项存款余额309.71亿元,本外币各项贷款余额479.68亿元。

(杜蓉蓉)

保 险

【概况】 2023年,全市保险业共实现原保险保费收入518.61亿元,比上年增长12.85%,保费收入居全省第三位,占全省的10.83%。其中,财产险保费收入132.82亿元,比上年增长7.89%;人身险保费收入385.79亿元,比上年增长14.66%,产、寿险规模均居全省第三位。全市保险业赔款和给付158.76亿元,比上年增长27.15%。其中,财产险赔款支出77.51亿元,比上年增长20.11%;人身险赔款和给付81.25亿元,比上年增长34.68%。全市保险业累计提供风险保障49.95万亿元,比上年增长56.02%。其中,财产险承担36.99万亿元的风险保障,比上年增长46.20%;人身险期末有效保险金额12.96万亿元,比上年增长93.03%。

按无锡市2023年地区生产总值15456.19亿元计算,无锡保险深度3.36%,比上年增长0.27个百分点。按照无锡市户籍人口520.95万人计算,无锡市保险密度9955.08元,比上年增加1100.53元。年末,全市有保险主体86家。其中,财产险公司30家(含出口信用保险),人身险公司56家(含阳光电销中心1家、外资人身险公司20家)。保险专业中介法人机构11家,保险专业中介分支机构127家,分支机构中含保险经纪机构16家、保险代理机构98家、保险公估机构13家。全行业从业人员4.12万人。

(姜耀琪)

表37 2023年无锡地区各财产险公司业绩统计表

序号	财产险公司名称	保费收入(万元)	比上年增长(%)	市场占比(%)
1	人保股份	461810.92	6.60	34.77
2	平安财险	349717.75	2.60	26.33
3	太保财险	272490.79	12.04	20.52
4	国寿财产	66220.27	12.69	4.99
5	中华联合	32996.37	−23.30	2.48
6	中国信保	21364.16	0.00	1.61
7	紫金财产	16504.50	20.25	1.24
8	大地财产	16297.04	29.74	1.23
9	阳光财产	15104.60	0.14	1.14

续表 37

序号	财产险公司名称	保费收入（万元）	比上年增长（%）	市场占比（%）
10	太平保险	13048.42	−6.91	0.98
11	华安财险	11256.63	19.61	0.85
12	永安产险	8222.25	42.49	0.62
13	英大财产	7037.67	11.99	0.53
14	中银保险	5755.43	5.13	0.43
15	国任财险	3178.27	1.03	0.24
16	长安责任	3014.73	−13.79	0.23
17	富德财产	2941.82	5.41	0.22
18	大家财险	2358.92	13.06	0.18
19	亚太财险	2127.49	−25.78	0.16
20	安诚产险	1621.16	36.24	0.12
21	泰山财险	1489.22	10.76	0.11
22	永诚产险	1233.12	541.84	0.09
23	渤海产险	1031.58	−13.62	0.08
24	浙商财产	507.08	64.43	0.04
25	都邦产险	270.28	−8.45	0.02
26	安信农业	18.06	199.77	0.00
27	安盛天平	8759.04	−3.59	0.66
28	华泰财产	1354.70	15.91	0.10
29	国泰产险	502.71	−4.44	0.04
合　计		1328234.99	7.89	100.00

（国家金融监督管理总局无锡监管分局）

表 38　2023 年无锡地区各人身险公司业绩统计表

序号	人身险公司名称	保费收入（万元）	比上年增长（%）	市场占比（%）
1	中国人寿	832757.53	2.70	21.59
2	太保寿险	395282.74	6.50	10.25
3	平安寿险	358581.65	11.73	9.29
4	国联人寿	207783.37	6.99	5.39
5	前海人寿	193077.35	25.66	5.00
6	君康人寿	183148.33	17.07	4.75
7	大家人寿	153644.47	23.82	3.98
8	泰康人寿	144660.04	30.28	3.75
9	太平人寿	142326.96	20.87	3.69
10	和谐健康	102196.95	122.81	2.65
11	中邮人寿	85139.04	0.00	2.21
12	利安人寿	65762.89	−0.93	1.70
13	人保寿险	50472.68	−5.30	1.31
14	新华人寿	47287.27	−12.09	1.23
15	百年人寿	41090.74	−3.59	1.07
16	富德生命人寿	37762.53	11.46	0.98
17	农银人寿	32493.19	9.03	0.84
18	信泰人寿	29634.59	−6.95	0.77
19	国华人寿	26820.32	−15.53	0.70
20	阳光人寿	25253.61	62.42	0.65
21	建信人寿	21132.42	1.91	0.55
22	东吴人寿	17766.69	37.26	0.46
23	英大人寿	17600.80	−24.24	0.46
24	民生人寿	8999.17	3.91	0.23
25	招商仁和	8691.68	2.19	0.23
26	人保健康	7414.36	31.62	0.19

续表 38

序号	人身险公司名称	保费收入（万元）	比上年增长（%）	市场占比（%）
27	长城人寿	6089.10	55.86	0.16
28	横琴人寿	5490.13	339.59	0.14
29	幸福人寿	5072.90	14.52	0.13
30	光大永明	4941.14	−0.32	0.13
31	平安养老	4693.33	−60.33	0.12
32	泰康养老	3687.71	9.71	0.10
33	合众人寿	2207.51	−8.16	0.06
34	太平养老	1687.68	−4.07	0.04
35	国寿存续	1415.15	−16.08	0.04
36	外资人身险公司	585845.55	20.96	15.19
合计		3857911.59	14.66	100.00

（国家金融监督管理总局无锡监管分局）

【中国人民财产保险股份有限公司无锡市分公司】 2023年，人保财险无锡市分公司发挥国有骨干金融企业担当责任，提升农业保险工作质效，履行保险服务乡村振兴职责，为农业增产、农户增收、农业现代化建设提供保障，开办农险险种49个，农险参保农户9.7万户次，为农业生产提供风险保障19.61亿元，保障金额比上年增长5.56%。创新开办乡村振兴专属产品，包括乡镇公共财产、责任等多方面专属风险保障，提供保额4.47亿元。保障主粮生产，开办水稻类保险产品7个，涉及水稻制繁种、气象指数、倒伏等多方位保障，承保水稻种植区37506.67公顷，提供风险保障4.74亿元；开办小麦保险产品5个，承保小麦种植区36160公顷，提供风险保障3.54亿元；在宜兴市率先创新开办玉米完全成本保险，助力宜兴市实现小麦、水稻、玉米3大主粮作物完全成本保险的全面覆盖，实现承保区域内主粮作物应保尽保。助力属地农业产业升级，开办桃类保险产品4个，承保全辖水蜜桃种植区4306.67公顷，为农户提供病虫害、气象等多样性的风险保障1.94亿元，逐步实现无锡名品“阳山水蜜桃”产业的全链深度保障。创新开发商业性古树名木救护保险，有效开拓农业保险服务新领域。响应中央“鼓励发展渔业保险”要求，开办水产养殖类保险产品5个，承保规模超60万尾（亩），为辖内水产养殖业提供有效保障超2亿元。在宜兴市首次新增推广政策性池塘淡水鱼养殖保险，投保面积47.2公顷，保费增收26.5万元。创新开发落地乡村振兴专属产品5个，为乡镇提供专属风险保障超4亿元，解决以往农村公共服务设施、村集体财产、标准农田、乡村厕所等损毁后修复、重建资金保障的痛点。推进警保联动，创新快处快赔新模式，着力构建绿色交通、快速交通和安全交通，带头响应车险综合改革“降费、增保、提质”目标要求，承保汽车险客户数86万户。其中，承保新能源车辆9.2万辆，比上年增长67.4%。全年线上理赔办理率比上年提升18.61%。通过设立“温暖驿站”“保障畅通”服务，向所有客户包括非人保客户提供保险咨询、协助报案、路线导航、交通事故快速处理等便民服务。深化政企合作，长期护理保险项目支付6229.83万元，受益4996人次。全年无锡市城乡居民大病保险（市区）参保80931人次、13910人享受大病保险待遇12991万元，涉及医疗总费用115457.97万元，通过大病保险补偿比例提高11.25%。首席中标无锡地铁6号线工程保险，独家承保无锡中环高浪路二期改造项目、首席承保无锡新锡路等标志性项目以及中铁十九局、龙圣海洋船舶险等大型项目。全年新大工程项目保费2411万元,排名全省第一。进一步完善环责险“无锡模式”,构建“保险＋服务＋科技＋理赔”服务模式,创新开办生态环境损害赔偿保险。年末,环责险承保企业2461家,环评服务企业2717家,项目总保费2747万元,承保数量和保障金额居全国地市级第一位。承保全国首单商业秘密被侵权损失保险,为工装自控工程(无锡)有限公司提供风险保障100万元,降低企业维护商业秘密成本。以保险手段支持知识产权强企建设,与无锡小天鹅电器有限公司签订全国首单知识产权海外维权保险,为其提供170万元的知识产权海外维权保险保障,提高无锡企业海外生存能力。落地全省首单专利实施失败费用损失保险,为无锡特殊食品与营养健康研究院有限公司某一益生菌产业化项目提供累计30万元的保险保障,保障其专利成果顺利转化。承保全国首单知识产权全生命周期综合保险服务项目,续保无锡市市县级以上文物意外损害修复保险,中标无锡市城乡常住居民住房财产保险、无锡市灾害救助保险(宜兴片区)以及全省首单农村垃圾回收处理责任保险。年末,该公司有支公司9家、专业保险部16个。全年公司实现全险种保费收入46.18亿元,其中车险保费32.82亿元、非车非农保12.59亿元、农险保费7742万元,累计承担风险9.97万亿元,处理各类案件87.57万起,支付赔款25.84亿元,上缴各类税款14383.95万元。

(汤震宇)

【中国人寿保险股份有限公司无锡市分公司】 2023年,中国人寿无锡市分公司融入多层次社会保障体系建设,多措并举在服务国家发展大局上出实绩。中标第四轮无锡市城乡居民大病保险市区第一标段的首席承保人、筹建大病保险运营中心、成为“锡引力”年金发展联盟理事长单位,为政府的民生实事工程提供专属保险保障。承办或参与涵盖计生系列保险、老年人保险、女性安康保险、军人保险、特困人群保险、特殊群体保险等多个涉及社会民生的政策性业务,全年家庭健康保险实现参保20.68万人;安康关爱保险实现参保98.8万人,年承保覆盖率约70%。全面推动长期护理保险、大病保险、退休人员住院医疗互助保险等社会民生项目的健康运行,全年城乡居民大病保险服务市区参保人数385.65万人;长期护理保险服务参保人数167.5万人;退休人员住院医疗互助保险参保人员55.8万人。承办省人力资源社会保障厅的新就业形态就业人员职业伤害保障试点委托项目,配合市医疗保障制度深化改革,推广“医惠锡城”“江苏医惠保1号”等城市定制型商业医疗保险惠民项目。为中国人寿健康养老产业投资公司与无锡市太湖新城发展集团有限公司全面合作100亿元基金项目搭建沟通桥梁,助力国寿智慧医疗基金落地无锡市。聚焦数字金融,加快推动数字化转型,推动科技专利运用转化,全年申报科技专利19件,申报数全省领先。聚焦理赔服务时效,E化服务应用扩面,全年实现理赔件数50万件,支付赔款6.65亿元,获赔率99.3%。重疾一日赔提供1665人次“确诊即可赔”服务,给付金额近1亿元,理赔服务时效由报案至理赔金到账缩短至1.24天。全年“中国人寿”App线上服务量93.21万人次,比上年增长24.45%,保全E化率99%。推广保全管家服务,个人长险无纸化投保率100%。年末,该公司下辖5家综合性支公司,在无锡全辖共有83家分支机构。全年公司实现保费收入近85亿元,比上年增长3.16%,市场份额稳居无锡寿险市场首位,个险首年期交处市场领先地位,银保首年期交在“老七家”(国寿、平安、太平、新华、泰康、太保、人保)寿险公司中居第一位。

(曹　钰)

【中国太平洋财产保险股份有限公司无锡分公司】 2023年,太平洋产险无锡分公司以新发展理念为指引,加强科技创新,落实风险减量,参与社会治理和民生项目,服务政府治理工

10月20—23日,太平洋产险无锡分公司作为2023世界物联网博览会唯一战略合作保险服务商,助力打造“零碳物博2.0”　（葛兆君　供图）

作报告获市领导批示。落地全国首单既有建筑质量缺陷保险，协助打造建筑全生命周期领域保险的“无锡样板”；承保无锡地铁S2线和6号线工程保险项目、无锡地铁运营保险服务项目、锡澄路快速化改造工程项目、软件园新增标段建工保险项目；中标滨湖区胡埭镇平安企业创建保险服务项目；创新新一轮危化安责险推进方案，在全国安责险制度建设领域打造升级优化、科学先进且可持续的“无锡安责险2.0”模式。承保2023—2025年度无锡市城乡居民大病保险项目、无锡市灾害救助责任保险项目、无锡市城乡常住居民住房财产保险项目，做好民生保障。推进农业保险全产业链模式，在2024—2026年城区农业保险承保机构遴选项目中达成片区首席，在原有经营辖区的基础上，新增硕放街道区域，扩大政策性农业保险经营区；以地方优势特色农产品为主导，实施“一县一品”“一县多品”策略，签约宜兴国际旅游度假区某小镇一揽子保险项目，与周庄镇人民政府就为民利民惠民的乡村振兴举措签订《携手共进，共富民生》合作协议，上报的宜兴市洑西村入选2023年中国太保产险“十大美丽乡村”。践行ESG（环境、社会和公司治理）理念，作为连续2届的世界物联网博览会唯一战略合作保险服务商，与无锡市人民政府签署深化物联网推广应用战略合作协议；创新碳普惠模式，使用无锡市居民在绿色出行、绿色消费过程中所产生的碳普惠自愿减排量抵消活动碳排放，中和2023世界物联网博览会4776吨的碳排量，助力打造“零碳物博2.0”。作为该届物博会金融行业唯一参展商，打造特色物联网科技展厅，集中展现太平洋保险在绿色低碳、风险减量、智慧服务方面的成果，4天累计吸引近1万人次参与；落地全市首单水生态领域“水质无忧”保险保单；协助打造全省首个零碳“低碳日”活动。制定《金钥匙新理赔服务项目工作方案》，打造服务品牌的新征程。年末，该公司下辖中心支公司2家、支公司8家、营销服务部22家。全年公司实现保费收入27.2亿元，增速12.04%，市场份额提升1.08个百分点，在太平洋产险总公司2023年机构经营管理考核中获A+。

（葛兆君）

“六一”儿童节前夕，太平洋寿险无锡分公司走进无锡市儿童福利院举办“情牵儿福娃，益路向未来”关爱特殊儿童公益活动　（孙雯玉　供图）

【中国太平洋人寿保险股份有限公司无锡分公司】 2023年，太平洋寿险无锡分公司坚持客户导向，加快转型升级，立足客户对“产品＋服务”的多元化需求，专业提供覆盖全生命周期的风险保障解决方案以及健康保障、养老传承、财富管理等服务；医保“江阴模式”运行良好，参与城乡居民大病保险、长护保险、“医惠锡城”城市定制型商业医疗保险等民生项目，加强对乡村、老年人、贫困边缘人员的健康保险保障工作。3月，续标无锡市城乡居民大病保险项目（江阴标段），保障人数约148万人，保费规模3.7亿元，服务期限为2023年4月1日至2025年12月31日。5月，太平洋产、寿险无锡分公司实施“车险精英俱乐部”项目并举办启动仪式，推出覆盖承保理赔、专班客服、增值服务、荣誉特权、激励政策的权益体系，并实施定期回溯机制。履行社会责任，“六一”儿童节前夕，走进无锡市儿童福利院举办“情牵儿福娃，益路向未来”关爱特殊儿童公益活动，向孩子们捐款捐物；8月，向无锡市儿童医院在职员工赠送意外伤害保险保障，人均保额21万元；9月、12月，公司先后向惠山区慈善会捐赠17万元，用于支持贫困救助、残疾人关爱等工作；10月，向新吴区慈善总会捐赠0.8万元；11月，向无锡灵山慈善基金会捐赠2.97万元，支付300名特需人群参加“医惠锡城”普惠版的费用；12月，向无锡市江阴暨阳教育发展基金会捐赠50万元，支持当地教育事业发展，向盐城市阜宁县永昌村捐助19万元，用于乡村振兴帮促。开展消费者权益保护宣教活动，聚焦“一老一少”重点人群，丰富线上线下宣教平台，持续向公众、客户输出金融消费领域的权益保护知识，组织开展进社区活动，聚焦老年群体，创新开展情景话剧、公益讲座等互动活动；在惠山古镇广场、宜兴市丁蜀镇陶瓷市场设立展台开展金融宣教活动；走进长庆路社区开展“关爱老年人、宣教进社区”活动，为老年居民进行一对一的脑健康公益筛查；走进无锡市广勤中学开展“金融进校园、携手护青春”主题活动。全年通过“太平洋寿险无锡分公司”官微及“江阴市长期护理保险”公众号发布宣教主题推文80篇次。年末，该公司下设江阴、宜兴、锡山、滨湖、惠山、新区、梁溪支公司7家、营销服务部26家。全年公司实现保费收入39.53亿元，处理赔案超1.4万件，赔付金额超2.6亿元，实际缴纳税费3830万元。公司连续12年获评“江苏省文明单位”称号。

（孙雯玉）

【中国平安财产保险股份有限公司无锡分公司】 2023年，平安产险无锡分公司提升金融服务质效，完善生态体系建设，客户经营与服务取得新的发展。个人客户数超76万人，企业客户数超6万家，“平安好车主”App用户数超195万人；完善消费者权益保护管理机制与体系，全年投诉化解率95%，有效投诉件比上年改善44%。重视小微企业风险保障，为4.95万家小微企业客户提供风险保障金额6119亿元，赔款支出超7000万元，提供风控灾害预警服务2.3万次。参与重点基建工程建设项目，为无锡至宜兴城际轨道交通工程（S2线）、滨江路、锡澄路、新锡路等重点基础设施项目提供风险保障超92亿元。加大科技型企业精准对接，为350余家高新技术企业提供涵盖人员、设备、产品、知识产权等企业经营全场景全链路的保险服务，提供风险保障67亿元。为以物联网、集成电路、生物医药为主的专精特新产业成长保驾护航，为271家物联网企业提供保险保障超176亿元，为集成电路产业重点企业提供保险保障超325亿元，为133家生物医药企业提供保险保障超47亿元。助力乡村振兴，持续开展“乡风文明100行动”，与宜兴市棠下村等7个村建立党建共建关系，累计捐赠乡村振兴基金15万元，助力乡村党群服务中心升级、医疗服务改善；捐赠防灾减损资金3万元，助力农业生产防灾减损；推动“保险+”模式探索，借助“平安好车主”App开展助农直播活动，协助水蜜桃销售金额超15万元。年末，该公司有营业网点26个，其中市级分公司或中心支公司3家、支公司4家、营业部或营销服务部19个，从业人员701人。公司全年实现保费收入35亿元，比上年增长2.6%；赔款支出22.5亿元，比上年增长5.3%；承保利润1.6亿元，纳税3.42亿元。

（蒋　力）

【中国平安人寿保险股份有限公司无锡中心支公司】 2023年，平安人寿无锡中支公司坚持不懈防范化解金融风险，合规经营，走高质量发展之路，保持稳健经营，增进民生福祉。多次举办公益活动，履行社会责任。3月9日，走进无锡地铁开展“3·15”消费者权益保护公益宣传活动，围绕“共筑诚信消费环境，提振金融消费信心”主题，向市民普及金融消费知识；6月7日，与无锡平安产险、平安银行无锡分行、无锡平安普惠等单位联合开展防范非法集资宣传进社区、进校园活动，围绕反洗钱、防范非法集资、反网络电信诈骗等主题，与在校师生及社区居民进行宣传交流，普及基础金融知识，提升风险防范意识；7月，举办“7·8”全国保险公众宣传日活动，联合兄弟机构走进湖滨苑社区、鸿桥苑社区，设立咨询台，向居民发放“防非反诈”知识单页，增强社区中老年群体的防非与反诈骗意识，提升社区居民金融素养；7月8日，参与由无锡保险行业协会统一组织的“走进惠山古镇广场”保险宣传活动，邀请无锡市公安局新闻中心、经侦支队，围绕“保险力量，警保联动筑‘心盾’”主题，开展反诈知识互动培训；12月21日，2023年度“平安新闻工作者关爱保障计划”在无锡市落地，为第33届中国新闻奖一等奖获得者——无锡广播电视集团《一访定心》栏目获奖主创人员赠送“专属保险服务卡”。年内，开展“热血传万里·家家共平安”无偿公益献血志愿者活动。年末，该公司有营业网点17个，其中市级中心支公司1家、支公司3家、营销服务部13个，从业人员2134人。全年公司实现保费收入358581.65万元，理赔23924.11万元，生存满期给付32376.66万元，年金给付20975.94万元，纳税3478.22万元。

（王乐天）

【泰康人寿保险股份有限公司无锡中心支公司】 2023年，泰康人寿保险有限责任公司江苏无锡中心支公司总保费收入超14亿元，其中个险营销承保8.7亿元，银行保险承保5.7亿元。全年理赔总计赔付2215件，赔付金额3715.7万元。续收保费业务增长较快，全年续收保费9.2亿元，续期业务品质良好。年末，公司有四级机构3家、五级网点2个。

（张　艳）

证券·期货·信托

【概况】 2023年末，全市有法人证券公司2家、证券分支机构163家，法人期货公司1家、期货分支机构31家。年内，全市新增境内外上市公司14家，注册生效1家，过会3家。其中，新增A股上市公司11家，排名全国第六；新增境外上市公司3家，排名全省第一；平均市值（剔除金融类）93亿元，排名全省第一。全市上市公司累计数增至203家，其中A股上市公司总数增至122家，排名全国第八，拟上市企业60家，排名全省第二。上市公司通过资本市场融资近300亿元，金额排名全省第二。风险上市公司占比全省最低，且无高风险上市公司。市政府出台支持上市公司高质量发展专项政策，成立上市服务专班，以“金融会客厅”为载体，开展上市公司摸底调查，一对一研商20余家市值低于50亿元的上市企业，“一企一策”给出金融服务方案。开展两批次上市及再融资奖励申报，落实资金扶持1150万元，惠及15家上市企业。全年证券交易额9.33万亿元，比上年增长2.8%。

（康冬舟）

【国联证券股份有限公司】 2023年，国联证券面对市场下行压力，抢抓机遇、主动作为。泛财富管理战略布局实现重要突破，收购国联基金管理有限公司，取得公募基金牌照，缩短业务和团队培育周期，丰富产品和服务体系；获批设立资管子公司，努力建成综合性资产管理平台；财富管理业务完成组织架构优化调整，为深化业务转型做好铺垫；固收获得银行间债券市场做市商资格，行业竞争力和排名持续提升。投资银行业务方面，IPO保荐家数上升至行业第21位，北交所承销家数和承销金额分别居行业第12位和第15位。财富管理业务方面，两融业务日均规模突破100亿元，市占率创公司历史新高，探索独立投顾和分布式投顾服务等新业务模式。公司资产管理业务受托资金1172.93亿元，比上年增长14.94%；资管公募大集合产品业绩连续2年排名同类企业前三分之一，消费金融ABS规模保持行业第一梯队。国联基金非货规模突破1000亿元，上线首只养老FOF基金。固收交易量突破6万亿元，交易规模比上年增长36%。股权衍生品量化交易运行稳健，自研策略和FOF配置收益率均排名市场前列。全年通过股权、债券、资产证券化等业务合计为实体经济融资超900亿元，再创历史新高；国联通宝资本投资有限责任公司新设国联硕盈、国联通达等5只基金，新增管理规模12.72亿元；华英证券有限责任公司完成天键股份创业板IPO项目，成为赣南革命老区第一单，推动科强股份、海达尔等专精特新“小巨人”企业在北交所上市，发行全国首单“专项用于集成电路”公司债券，“23渭南绿色债”创西北地区同评级、同品种债券历史最大发行规模、最低发行利率。公司在无锡地区年内股债融资规模近200亿元，综合市占率排名第一。全年国联证券实现营业收入29.55亿元，比上年增长12.68%；实现归母净利润6.71亿元，比上年下降12.51%。年末，资产总额871.29亿元、归母净资产177.69亿元，比上年分别增长17.14%、6.01%。合规风控能力获得认可，分类评价保持A类A级，入选中国证券监督管理委员会证券公司“白名单”，获中诚信AAA主体信用评级。年内，公司获中央国债登记结算有限责任公司“2023年度债券业务锐意进取机构”、上交所债券市场优秀交易商以及中国外汇交易中心“市场影响力机构”、“市场创新业务机构”等称号，获《中国证券报》“金牛奖”2个、《证券时报》“君鼎奖”5个、《每日经济新闻》“金鼎奖”4个、新华财经“金谘奖”2个、CNABS资产证券化年会“金桂奖”3个等多个奖项。

（周　敏）

表39　2023年无锡新增境内外上市公司一览表

序号	所属区域	企业名称	上市板块	上市时间	股票代码	股票名称	首发融资额（亿元）	行　业
1	新吴区	无锡日联科技股份有限公司	科创板	3月31日	688531	日联科技	30.24950	工业检测
2	滨湖区	柏诚系统科技股份有限公司	上交所主板	4月10日	601133	柏诚股份	15.15800	建设工程
3	锡山区	江苏恒尚节能科技股份有限公司	上交所主板	4月19日	603137	恒尚节能	5.19400	建筑外装饰工程
4	惠山区	无锡海达尔精密滑轨股份有限公司	北交所	5月9日	836699	海达尔	1.29410	制造业
5	锡山区	无锡鑫宏业线缆科技股份有限公司	创业板	6月2日	301310	鑫宏业	16.33200	线缆
6	新吴区	科笛生物医药（无锡）有限公司	港交所	6月12日	HK2487	科笛－B	4.23000	生物医药

续表 39

序号	所属区域	企业名称	上市板块	上市时间	股票代码	股票名称	首发融资额（亿元）	行　业
7	滨湖区	无锡锡南科技股份有限公司	创业板	6月27日	301170	锡南科技	8.50000	汽车零部件
8	锡山区	无锡市金杨新材料股份有限公司	创业板	6月30日	301210	金杨股份	11.93140	电池壳
9	江阴市	慧居科技股份有限公司	香港联交所主板	7月10日	02481	慧居科技	2.50000	供热
10	宜兴市	江苏恒兴新材料科技股份有限公司	上交所主板	9月25日	603276	恒兴新材	10.29000	化学试剂
11	江阴市	江苏科强新材料股份有限公司	北交所	9月26日	873665	科强股份	1.88000	塑胶机械
12	新吴区	药明合联生物技术有限公司	港交所	11月17日	02268	药明合联	37.44512	生物医药
13	锡山区	无锡晶海氨基酸股份有限公司	北交所	12月12日	836547	无锡晶海	2.97000	生物医药
14	惠山区	无锡灵鸽机械科技股份有限公司	北交所	12月19日	833284	灵鸽科技	0.97000	计量设备

（市地方金融监督管理局）

【华泰证券股份有限公司无锡分公司】 2023年度，华泰证券无锡分公司做好财富管理转型，财富管理与机构业务“双轮驱动”，服务好无锡市场客户。以客户为中心，准确把握客户多元化诉求和差异化特征，以专业服务为客户创造价值。财富业务方面，持续拓展买方基金投顾业务，推出高净值客户专属定制wefund的服务，通过构建私募产品组合满足客户资产配置需求。机构业务方面，围绕打造私人银行家队伍，聚焦重点业务，以专业服务为客户创造价值。全业务链合作业务方面，在债券联合承揽业务上与投行进一步协同聚力，实现全年债券承销10单，累计金额63.98亿元。参与2单IPO项目，参与2单增发及可转债项目。在投资者教育方面，线上开展“扬帆梁溪·共赢投资”周末讲堂活动，多次举办直播活动，参与投资者超1万人次。线下活动方面，在上交所和华泰证券公司投教基地的指导和支持下开展客户活动，举办“全面注册制”主题大讲堂活动3次，向投资者介绍全面注册制的改革历程和主要内容，参与客户200余人；开展“我是股东”投资者走进上市公司活动，邀请20余名投资者参与，更好搭建上市公司与投资者沟通和交流平台；走进社区，为60余名投资者开展“走近全面注册制”及“守住钱袋子，护好幸福家”主题讲座，帮助投资者树立理性的消费理念，提升自我防范能力；在无锡学院开展校园专场活动，向200余名学生传递校园反诈知识、介绍资本市场体系、详解证券行业。华泰证券无锡分公司下辖江阴福泰路证券营业部和无锡解放西路证券营业部举办成立30周年庆活动。

（于文诗）

【国联期货股份有限公司】 2023年，国联期货客户权益与营业收入规模稳步上升，主要经营指标增速继续领先市场平均增速。经纪与财富管理业务升级转型，推动构建三大营销与服务体系，不断创新业务模式，提升专业化服务能力。客户结构显著优化，机构客户日均权益比上年增长106%，占比公司日均权益超70%，其中金融机构业务日均权益规模占比超50%。资产管理业务方面，产品展现良好的抗风险能力，存续产品都实现年化正收益，部分产品收益率排名同类产品前1.65%，FOF类产品收益率排名同类产品前20%。子公司国联汇富资本管理有限公司业务优势进一步提升，“保险＋期货”业务覆盖面扩大，“保险＋期货”项目名义本金比上年增长41.63%，赔付金额比上年增长35.13%。公司连续2年获得行业评价A类A级，排名从49位上升至39位。全年客户日均权益同比增长69.91%，年内客户权益峰值创历史规模新高。累计成交量市占率比上年增长55.59%，累计成交额市占率比上年增长50.22%。全年公司累计营业收入241979.5万元，比上年增长11.77%；利润总额6441.81万元，比上年增长24.96%。

（马　丽）

【国联信托股份有限公司】 2023年，国家金融监督管理总局下发的《关于规范信托公司信托业务分类的通知》（简称“三分类”）落地实施，信托监管继续加强，信托行业处在跨越转型的关键时期。国联信托股份有限公司（以下简称“国联信托”）围绕监管导向，以“稳增长、促转型、控风险”为中心思想，推进市场化改革，秉持资产管理和财富管理双轮驱动，寻找增量突破，全面推动创新转型。资产管理信托方面，做大标品业务规模，年末标品信托规模201.29亿元，目标任务完成率100.65%；布局标品权益业务，与《中国基金报》独家合作开发“中基私募指数”，开展自主管理的私募证券投资基金FOF业务。资产服务信托方面，持续开拓预付类资金服务信托业务，设立无锡市民办学校招生收费信托，完成缴费4248.64万元，拓展“锡预付”资金监管运营场景，学科类、非学科类培训机构托管资金约2340万元；落地123亿元的企业破产重整信托，为全国首单破产清算领域内的破产服务信托，实现与破产清算程序的有效衔接，有助于最大程度保护债权人利益，助力地方破产企业资产处置。公益慈善信托方面，全年签约成立慈善信托11单、落地6单，慈善信托设立总规模近1亿元。全年公司实现营业收入7.19亿元，实现利润总额6.00亿元，信托规模881.53亿元。

（张　雯）

其他非银行金融机构

【概况】 2023年，全市其他非银行金融机构保持健康规范发展，经营网点174个，从业人员1900余人，客户总数超17万户。各地方金融组织发挥便捷、灵活等行业特色支持地方经济发展，小贷公司、典当行、融资租赁、商业保理4个行业累计发放各类融资款超762亿元，比上年增长超30%。无锡财通融资租赁有限公司再度入选全市纳税百强榜单，排名从上年第72升至第59，资产总额超430亿元、比年初增长28.7%，稳居全省商业租赁公司首位，并跻身全国商业租赁公司前25名。无锡市城发商业保理有限公司获第二届（2023）商业保理行业创新发展大会创新先锋奖，并凭借“建筑供应链＋保理云平台＋保理ABS”业务模式入选十大经典创新案例企业。

【融资担保】 2023年，全市有融资担保机构26家，其中法人机构16家（含政府性融资担保机构3家）、分支机构1家，住房置业担保机构1家。融资担保机构在保余额236.08亿元（不包括住房置业担保）。其中，融资性担保余额175.41亿元，比上年增长6.85%，小微企业在保余额166.39亿元。融资担保在保笔数2916笔，新增担保笔数2681笔，其中小微企业2875笔，新增2651笔。

【小额贷款】 2023年，全市有小额贷款公司62家，其中，农村小额贷款公司53家、科技小额贷款公司7家、互联网科技小额贷款公司2家。至年末，全市小额贷款公司贷款余额72.21亿元，比年初增加3.65亿元，全年累计发放贷款140.14亿元，贷款客户3633户。

【融资租赁】 2023年，全市有融资租赁公司11家，融资租赁行业资产总额520.91亿元，其中融资租赁资产总额418.9亿元，全年累计融资租赁投放额281.55亿元。

【商业保理】 2023年，全市有商业保理公司13家，商业保理行业资产总额228.7亿元，应收账款余额302.02亿元，发放保理融资款214.98亿元，全年累计发放310.05亿元。

【典当】 2023年，全市有典当行62家，其中法人企业41家、分支机构21家。至年末，典当余额11.46亿元，比年初下降4.94%，累计实现典当总额29.67亿元，比上年增长17.72%。

（康冬舟）

金融业监管

【地方金融监管】 2023年，无锡市成立市金融风险化解委员会，建立健全全市金融投资领域风险排查化解、防范和处置非法集资等工作机制。用好民营企业融资会诊帮扶机制，协调化解重点企业风险，银行信贷风险处置大步推进，累计稳定企业信贷超

300亿元。至年末，全市银行不良贷款率0.64%，低于全省0.06个百分点。成立无锡市防范非法集资联盟，建立涵盖银行、证券、社区的投资者教育基地，持续开展防范和处置非法集资宣传活动，牵头组织“八进”（进农村、进社区、进家庭、进机关、进学校、进企业、进网点、进网格）等活动7000余场次，覆盖面超50万人次。落实“领导包案”重点案件12件，存量案件实现案结事了60件，新立涉嫌非法集资刑事案件涉案人数、案件数、涉案金额数连续6年同比下降。坚持“强监管、稳发展、谋提升”的监管理念，提升地方金融机构发展质量，服务小微、“三农”的质效，至年末，“7+4”类地方金融机构（“7”指小额贷款公司、融资担保公司、区域性股权市场、典当行、融资租赁公司、商业保理公司、地方资产管理公司，“4”指地方各类交易场所、开展信用互助的农民专业合作社、投资公司、社会众筹机构）174家、资产总规模超1230亿元，新增融资担保（含发债担保）189.66亿元，比上年增长4.35%。

（康冬舟）

【银行业监管】 2023年，全市银行业各项贷款增长2798.61亿元，制造业贷款占比24.40%、居全省第一位。国家金融监督管理总局无锡监管分局落实稳增长系列政策，印发《金融服务助力经济运行率先整体好转》《金融支持经济持续回升向好》等专项文件，出台20项具体举措，促进改善市场预期。落实助企纾困政策，推动发放纾困增产增效专项资金贷款23.7亿元，累计减免费用超6500万元。鼓励政策性出口信用保险“应保尽保”、信保基金项下外贸小微贷“能贷尽贷”，惠及4000余家外贸小微企业。出台《支持“465”现代产业集群发展三年行动计划（2023—2025年）》和《支持集成电路产业高质量发展指导意见》，开展“科技金融深化年”活动，打造“1+N”金融产品体系，精准服务1.8万家科技型企业，年末全市科技型企业贷款余额较年初增长24%。实施“绿色金融工程”，年末全市绿色信贷余额较年初增长37%。组织“走万企，提信心，优服务”活动，打造“金融会客厅”品牌，建立市、市（县）区两级联动工作体系，促进市场主体全覆盖对接。推动开展金融支持民营企业高质量发展行动，年末新发放民营企业贷款占公司类贷款比重51.19%。巩固扩大乡村振兴试点示范工作成效，建立专项考核评价体系，配备金融顾问659人，年末试点乡镇贷款余额较年初增长35.87%。指导辖内银行机构持续盘清风险、压降存量、严控增量，全年处置不良贷款127.28亿元，年末银行业不良贷款余额143.78亿元，不良贷款率0.64%、比上年下降0.02个百分点。

【保险业监管】 2023年，国家金融监督管理总局无锡监管分局推动危化建工交通领域安责险全覆盖，种植业农业保险全覆盖；推动环责险覆盖22个行业，累计保障金额居全国地级市第一位。指导成立2家财产险科技支公司，批复设立中国出口信用保险公司无锡营业部，聚焦科创及外贸领域提供风险保障。开展人身保险“惠民工程”，持续提升大病保险、长护保险经办水平，服务失能人员25.37万人次，14.69万人次实时享受大病保险补助待遇。深化专属商业养老保险试点工作，年末承保人数和保费收入分别较年初增长12.5%和196.13%。

（姜耀琪）

【征信管理】 2023年，中国人民银行无锡市分行持续提升征信促融水平，创新征信促融模式，推广“锡信码”项目，项目需求累计金额超4.8亿元，相关经验入选全国2023品牌信用建设经典案例。持续推进无锡地方征信平台“白名单”应用，推动地方征信平台为金融机构提供全市在营企业的大数据分析服务，累计提供154万家次。深化长三角征信链平台数据合作，全市金融机构查询量73965笔次。创新碳排放权、收费权等权利质押融资，全市动产融资余额1995亿元。加大“政采贷”推动力度，促成融资2.24亿元。

（毕凤君）

编辑　何　峰

旅游业

综 述

【旅游接待与收入】 2023年，无锡市接待国内游客12711.97万人次，比上年增长64.7%；接待旅游、参观、访问及从事各项活动的入境过夜旅游者19.01万人次，比上年增长284%。实现旅游总收入1581.08亿元，比上年增长29.2%。其中：旅游外汇收入3.32亿美元，比上年增长280.2%；国内旅游收入1558.16亿元，比上年增长28%。至年末，无锡市文化旅游发展集团有限公司（以下简称“市文旅集团”）资产总规模103.87亿元，比上年增加5.23亿元、增长5.3%；实现经济总收入16.3亿元，比上年增加2.43亿元、增长17.52%；实现考核利润总额0.14亿元，比上年扭亏1.49亿元、增长110.37%；景区购票游园446.73万人次，比上年增加320.55万人次、增长254.04%。

（周 文 张思鸿）

【旅游度假区管理】 2023年，无锡市修改完善《旅游度假区践行新发展理念考核评价细则》，突出对各项特色指标进行考评，推动各旅游度假区全力服务无锡市打造新发展理念实践示范区。在2022年江苏省旅游度假区发展评价结果中，无锡市7家旅游度假区平均得分744.11分，排名居全省第二位。其中，无锡太湖国家旅游度假区、宜兴阳羡生态旅游度假区、无锡江南古运河旅游度假区、无锡阳山生态休闲旅游度假区获评等级为优秀，无锡鸿山旅游度假区发展进位明显，受到省文化旅游厅的通报表扬。

（周 文）

【文体旅融合发展】 2023年，市文旅集团根据《市属国有文化体育企业深化改革实施方案》要求，完成无锡市体育产业发展集团有限公司（以下简称“市体育集团”）、无锡文发文化发展集团有限公司（以下简称“无锡文发集团”）电影院、演出经纪公司的股权划拨、资产划转和部分产证办理，促进无锡市文化、体育、旅游产业融合发展。将各类文化演艺、体育竞赛等资源融入太湖山水和人文，整合打造独特的文旅场景，为游客、乐迷、体育爱好者等提供全新体验。举办太湖音乐节、“行走的园林”音乐会，引入“2023于文文‘魔方视界’巡回演唱会”、王心凌巡回演唱会、伍佰巡回演唱会、德云社张鹤伦·郎鹤炎相声专场、笑星巨匠喜乐荟等大型商演活动，承办广电家装节、惠民购车节等商品展会，通过“文旅＋演艺”促进消费。举办太湖鼋头渚赛艇邀请赛、惠山古镇“2023无锡中韩电竞邀请赛”等体育赛事，推进文体旅融合发展。围绕首店经济、舌尖经济、文创经济、颜值经济、网红经济等打造全新商业场景，鼋头渚旅游集团开设澄澜堂中式茶文化馆等“一店一特色”品牌店，引进科学家咖啡等头部品牌；惠山古镇入驻乔尔·卢布松、大隐书局、老舍茶馆、五里关火锅、科学家咖啡，惠山居等首店网红业态及文化主理人业态，从产品、视觉、空间上提档升级；梅园打造“莫奈庄园”火锅餐饮品牌，周边配套“一棵树”酒吧，将景观与餐饮有机结合，

2023年，梅园打造“莫奈庄园”火锅餐饮品牌

（无锡市梅园公园管理处 供图）

"莫奈庄园"在微信公众号、小红书、微博、抖音等网络平台引发较高点击量。策划举办夜赏樱花、郁金香光影奇妙夜、熊猫机甲电音节、国潮音乐啤酒节、国庆中秋水上烟花大会等城市夜间消费节庆活动,首次开展"赏菊夜游"活动,打造沉浸式、体验式文旅融合新兴项目,丰富夜间旅游消费场景,激发夜间经济。开展以"我在无锡粉你"为主题的新媒体旅游达人采风活动,作品总阅读及互动量2342万人次;开展"无锡文旅全员营销季"活动,以"我为无锡文旅代言"为主题开展海量短视频营销宣传;建立新媒体矩阵,开通"无锡文旅集团"总直播间,打造"无锡文旅""乐游无锡"微信视频号、抖音号,开展无锡文旅十周年惠民直播等,进一步宣传推广和提升无锡品牌与无锡城市形象。参与"一带一路"建设,推进文化旅游对外合作,加强中外文旅融合交流,向世界彰显"太湖明珠"山水底蕴,凸显"江南盛地"人文风雅。到中国粤港澳大湾区、新加坡、马来西亚、泰国、日本和韩国等地招商推介,围绕文旅项目、旅游推广、园艺景观、电竞比赛、民宿开发、夜间经济等主题拜访当地相关文旅企业,抢抓市场发展先机。年内,市体育集团获江苏省体育产业示范单位、第二届全国体育创新科技大赛铜牌等荣誉。

(张思鸿)

旅游资源

【概况】 无锡山水秀美,人文景观众多,旅游资源丰富。太湖之滨有鼋头渚、蠡园、梅园等以自然景观著称的梅梁胜迹;惠山之麓有惠山古镇、寄畅园、天下第二泉等以山、泉、亭、桥、祠庙等体现历史人文特色的锡惠胜迹;运河之畔有以清名桥历史文化街区、南禅寺景区为代表的运河文化旅游资源,还有以荡口古镇为代表的古镇旅游资源、以阳山桃花源景区为代表的乡村旅游资源、以善卷洞为代表的溶洞旅游资源、以滨江要塞旅游区为代表的红色旅游资源。至2023年末,全市共有旅游等级景区46家,其中AAAAA级旅游景区4家、AAAA级旅游景区26家、AAA级旅游景区11家、AA级旅游景区5家。

2023年,宜兴市陶祖圣境景区、宜兴市张公洞旅游景区、无锡市中华赏石园景区3家单位通过省文化旅游厅组织的AAAA级及以上旅游景区评定性复核,宜兴竹海风景区通过省文化旅游厅组织的年度抽查复核。宜兴陶瓷博物馆获评2023年度江苏省智慧旅游景区。宜兴中超利永紫砂艺术创意产业园创成江苏省工业旅游区。无锡市持续开展旅游等级景区常态化监管,每月对全市旅游等级景区进行全覆盖暗访,全年完成1072次。

(周　文)

【中央广播电视总台无锡影视基地】 中央广播电视总台无锡影视基地始建于1987年,下辖唐城、三国城、水浒城三大景区,占地约80公顷,可使用太湖水域面积200公顷,是国内建成最早的影视拍摄基地和文化旅游胜地。唐城景区为首批国家AAA级旅游景区;三国水浒景区为首批国家AAAAA级旅游景区、首批全国影视指定拍摄景地和首批全国低碳旅游实验区。无锡影视基地三大景区风景优美,樱风荷韵,春棠秋苇,四时花景相映。影城内建有桃园、吴王宫、甘露寺、卧龙岗、赤壁栈道、水寨码头、宋皇宫、太尉府、紫石街、清明上河街、水泊梁山、唐宫唐街、御花园等体现秦汉、唐宋风貌的几十个景点。

2023年,无锡影视基地打造沉浸式、休闲式消费环境,加强数字化智慧景区建设,推动门票经济向消费经济转变。围绕各大节日,挖掘三国、水浒文化内涵,策划"三国水浒古春节——兔潮大会""在诗词里过元宵""女神驾到·约会三国水浒城""三国品梅节""太湖边,落日下,我在三国遇见TA""相聚水浒城——共赴江湖盛会""红嘴鸥观赏季"等一系列特色活动。创新节目形式,推出"缉拿逃犯""让我们联盟吧""三国六夫人""水浒巡游""拍案惊喜"等互动性强的节目,以增强游客的参与感和体验感。从音乐、舞美、灯光等多维度对舞台剧《洛神赋图》进行焕新升级,提升演艺品质;在文化研学方面,推出以"榫卯结构"为主题的研学活动;探索"旅游+动漫"新模式,与央视动漫集团有限公司合作,以动漫电影《棉花糖和云朵妈妈1宝贝"芯"计划》为桥梁,共同策划举办"遇见三国,邂逅水浒——暑期穿越名著精彩游"动漫主题活动。年内,无锡影视基地接待《唐宋八大家》《校园美育》《中华成语故事》《极品皇太子》《枕梦渡》等22个剧组和短视频拍摄。无锡影视基地获评江苏省旅游协会2022年度先进会员单位,入选大众点评2023年"必玩榜"。

(王　硕)

【灵山景区】 灵山景区始建于1994年,坐落于风光秀丽的太湖之滨,是集湖光山色、佛教文化、历史遗存、建筑艺术于一体的国家AAAAA级旅游景区、世界佛教论坛永久会址。景区占地面积约30公顷,以佛祖释迦牟尼四相成道为主轴线,集中展示汉传、藏传、南传三大佛教语系主题文化景观,是中国当代著名的佛教文化圣地。灵山大佛于1997年落成开光,高88米,为世界最高的露天青铜释迦牟尼立像;大型音乐动态群雕"九龙灌浴",气势恢宏、震人心魄;世界级佛教文化艺术殿堂——灵山梵宫,珍奇斗艳、美轮美奂;《地涌宝塔》展演与《吉祥颂》音乐情景演出,虚幻奇美、震撼视听;藏传佛教文化的艺术殿堂——五印坛城,庄严肃穆、如法如律;特色禅修之所——灵山精舍,禅意空灵、幽静雅致。

2023年,灵山景区把握市场复苏机会,升级产品、优化服务、创新活动。举办"乐游无锡,金兔纳福"文

3月3日,"畅游长三角,生活更美好"2023无锡(灵山)春游季启动仪式在灵山景区举办 (尹 超 供图)

旅系列活动、三月三"畅游长三角,生活更美好"2023无锡(灵山)春游季等活动;五月佛诞节期间举办浴佛典礼、千人行脚、佛教文化艺术论坛、佛教音乐会等系列文化活动;灵山博物馆将展览活动与灵山文化有机结合,举办"湖光胜迹、墨韵流芳"无锡画坛百年名家作品展,"天花烂漫"佛教文化艺术邀请展等,成为景区文旅融合的新举措。与王星记扇庄、万事利、朱炳仁铜等品牌商合作开发文创产品,实现资源共享与整合,提升产品品质;引入苏锡常首家亚运会特许零售店,获得中央电视台体育频道、央视体育客户端、江苏卫视、无锡电视台等媒体推荐报道;通过灵山博物馆落地非遗进景区计划,将锡绣、剪纸等非遗展示与景区经营相结合,增加游客体验。以文化体验升级商业场景,梵宫出口处商业空间升级,"梵华·有礼"区域重装开业,与梵宫格调有机融合,优化产品布局,成为具有博物馆气质的文创空间;灵山祥符禅寺前放生池完成净化改造并放养锦鲤;蔬食馆内部重新装修,改善用餐环境和服务设施。

(尹 超)

【鼋头渚景区】 鼋头渚景区为太湖第一名胜,因有巨石突入湖中,状如浮鼋翘首而得名。首批国家AAAAA级旅游景区、国家级风景名胜区、国家级文明风景名胜区,是世界四大赏樱基地之一。其前身为1917年杨翰西构筑的别墅园林"横云山庄",此后王心如、何辑伍、蔡缄三等人在此兴建园墅,新中国成立后实施大规模景区开发建设。景区面积约500公顷,主要景点有充山隐秀、太湖仙岛、十里芳径、横云山庄、藕花深处等。广福寺建于萧梁,为南朝四百八十寺之一。1988年所建的中日樱花友谊林位于鹿顶山下,为著名的赏樱胜地。

2023年,无锡太湖鼋头渚旅游集团有限公司坚持鼋头渚、蠡园、银鸥三大板块发展一体谋划、一体推进,建立鼋旅集团融媒体中心"大V孵化群",提升品宣营销效应;联合推出"樱桃之恋"等一系列组合产品,开发水上快速专线、文创雪糕套盒、皮划艇定向赛事联合品牌直播等适应游客消费需求的新产品;开展2023中国·无锡太湖鼋头渚国际樱花节、2023鼋气嘉年华、中秋、国庆水上音乐烟花大会等花事节庆活动。年内,景区获江苏省风景名胜区最受欢迎十佳景点、华侨文化交流基地等荣誉。

(黄 艺)

【惠山古镇景区】 惠山古镇景区位于惠山北麓,是国家AAAAA级旅游景区。景区面积3.5平方千米,其中核心区域1.09平方千米,由原锡惠公园(锡惠名胜区)和惠山历史文化街区合并而成,分为文物古迹区、锡惠名胜区、历史文化街区和山林保护区4个部分。其中,锡惠名胜区又称锡惠景区,是国家重点风景名胜区。惠山老街被评为中国历史文化名街,惠山祠堂群被列入中国世界文化遗产预备名单。景区文物古迹众多,山水林泉俱佳。有风景名胜景点200余处,有良渚锡山先民遗址、战国春申君饮马处、南朝惠山寺庙园林、唐代天下第二泉、宋代金莲桥、明代寄畅园、愚公谷、二泉书院和碧山吟社,有建于唐代至民国的118个祠堂及园林,有无锡露天历史博物馆之称。景区还有中国最佳植物专类园——中国杜鹃园。

2023年,惠山古镇景区通过举办国潮灯会、音乐游园会、第14届中国菊花展览会、国潮跨年活动等文化活动,营造多维沉浸式体验场景,引领打造文化赋能、文旅共荣的惠山新形态。年内,景区获评江苏省放心消费创建示范区域、国家AAAAA级旅游景区影响力100强、江苏文旅消费人气目的地、江苏省科普教育基地、第14届中国菊花展览会开拓创新奖等荣誉。

(张 雯)

旅游项目建设

【景区建设】 2023年,市文旅集团围绕"景区景观质量三年提升"目标任务,以各公园(景区)为实施主体,完成鼋头渚太湖仙岛污水管网提升工作,完成蠡园标识导览系统提升、惠山古镇休闲片区整体规划、鼋头渚景区和梅园公园业态策划方案的编制工作。蠡湖景区启动实施蠡湖景区先导段渤公岛整治提升项目，通过理水、疏林、复生境的策略，构建蠡湖景区良好的生态本底，计划于2024年3月底完成并向公众开放。鼋头渚景区打造聂耳亭活化利用工程，将聂耳亭景点和党建品牌融合，以“红色+科技、革命文物、研学、景区形象”四维共同体模式，加强红色、科技研学的实践与探索；完成兰苑停车场道路提升改造项目，路面将“山水樱花”的“水”元素以水波纹造型融入，配以帕米孔夜光石，呈现自然纹理效果。无锡市首个婚姻登记户外颁证基地、滨湖区青年交友联谊基地在蠡湖景区建成。

（张思鸿　王文富）

【惠山国家森林公园惠民为民项目建设】 2023年，惠山国家森林公园实施惠山国家森林公园“微幸福”民生工程项目，将5.8千米盘山公路、二茅坪、三茅坪处等周边设施作为重点建设项目，总投资约3400万元，打造“碳惠”步道，提升休闲驿站、卫生间便捷式、智能化服务，全线疏通排污管道2025米，保证每1千米有1个休憩亭，每2千米有1个休闲驿站，并增设导向牌、垃圾桶200余处，在山顶新建120立方米水箱1个，对沿路老旧水箱进行翻新处理。对二茅坪沐香阁和三茅坪惠山文化展示馆进行提升改造，重新优化空间布局将惠山文化展示馆打造成展示惠山千年历史和民俗文化的新场所，馆内新增休憩座椅、人文书籍图册，增加供儿童参观学习的微型博物馆、惠山文化展示屏；展示馆二楼还全新打造“无锡城市之巅328.98”的网红景点。在二茅坪、三茅坪外围增设休闲健身器材13个、自动贩卖机14台、便民移动餐车2处、便民小火车10辆等便民设施项目；引进“儿时的记忆”“山上的豆花铺”网红豆腐花餐饮。全年接待各类民间集体登山活动20余次，主办、承办大型登山活动12次，吸引参与游客3万余人。

（张思鸿）

【君来湖滨饭店首开“水上赏樱专线”】 2月，君来湖滨饭店开设“水上赏樱专线”，培育酒店消费新亮点。酒店码头直达鼋头渚景区，每日有4班船来回，一路观赏蠡湖山水风光，感受无锡历史文化魅力，避开交通拥堵路段。

（黄　珏）

旅游推介

【旅游宣传推介】 2023年初，无锡市文广旅游局在灵山景区举办2023“乐游无锡，金兔纳福”文旅系列活动启动仪式，推出“福兔闹新春”景区促消费活动、锡有好物潮市集、万味奇遇美食节等10项文旅促消费系列主题活动。2月，组织到中国香港、中国澳门开展“明珠辉映·会心相逢”系列文旅推介活动，签订7个合作协议，设立无锡文化旅游（香港）推广中心，“无锡面向港澳推出旅游大礼包”成热议话题，抖音话题热度近500万次。4月，举办“国际体验官乐游无锡”活动，邀请来自俄罗斯、韩国、塞尔维亚、刚果（布）的6位国际网红成为“乐游无锡国际体验官”，相关视频和推文在国内主流媒体和脸书（Facebook）、油管（You Tube）等海外平台发布20篇次。5月，组团到日本、泰国开展文旅宣传推介活动，设立“无锡文化旅游（东京）推广中心”，与日、泰两国相关政府机构、旅游企业进行交流。年内，无锡市先后在上海市、杭州市、西安市、成都市举办“乐游无锡”文旅招商推介活动，东林书院与徐家汇书院结为友好书院，推出成都话版的《我在无锡等你》宣传片，在成都市邀请国家金牌导游担任“无锡文旅推介官”。到广州市、深圳市、杭州市、上海市、青岛市、长沙市等地参加“水韵江苏·有你会更美”文旅消费季省外集中推广活动。组团参加在昆明市举行的中国国际旅交会、在苏州市举行的第五届大运河文化旅游博览会，无锡馆现场表演锡剧、评弹和非遗技艺，开展手冲咖啡、集章换礼等互动项目。制作并推出新版《GO无锡》全域文旅指南、中英文双语版手绘无锡旅游地图，在全市200余家文旅场所发放。

【特色旅游线路】 2023年，无锡市推出“无锡梦华录”6条文化新游线，通过马蜂窝和微信、抖音等平台持续推广，传播量120万次。“乐游锦绣江南”“梦里江南·难忘江湖”“江鲜山珍”无锡美食寻味3条3日游游线入选“水韵江苏”长江文化旅游精品线路，推荐“重温东进序曲·赓续锡流血脉”“缅怀革命先贤·感悟星火力量”“追忆要塞往事·寻访渡江印记”3条长三角革命文物主题游径。推出华氏义庄、梅园、清名桥历史街区、东林书院、宝界双虹等首批“无锡慈善打卡点”，形成全市首条city walk慈善打卡路线。

【乡村旅游】 2023年，无锡市进一步建立健全乡村旅游重点村梯队发展机制，推进国家级、省级乡村旅游重点村（镇）建设。宜兴市龙池村、乾元村入选江苏省乡村旅游重点村，惠山区万马村、锡山区谢埭荡村入选江苏省乡村旅游重点村培育单位。大坊桥村、阳山村、阖闾社区3个村庄入选2023年度乡村旅游驻村辅导员行动计划，湖㳇镇入选2023年乡村旅游驻村辅导员工作站试点单位。宜兴“春季漫天锦绣之旅”线路入选2023年中国美丽乡村休闲旅游行（春季）精品景点线路。5月19日，在宜兴市西渚镇白塔村举办“大地欢歌·乐游田野”乡村旅游节开幕式，推出6条“和美乡村”精品旅游线路，包括宜兴山水文化之旅、江阴意趣乡野之旅、锡山锡心乡伴之旅、惠山相约蜜桃之旅、滨湖湖田野营之旅和新吴文化寻根之旅；发布无锡市十大最美古道（步道），包括惠山森林公园登山步道、江阴绿道、宜兴廿三湾贡茶古道、环城古运河健身步道、宛山湖生态步道、阳山河步道、状元古道、峄嶂古道、大

2023 年，无锡市十大最美古道（步道）发布。图为惠山森林公园登山步道
（惠山国家森林公园　供图）

溪港湖湾亲水环线、尚贤河全民健身步道。

（周　文）

【第 14 届中国菊花展览会在无锡市举办】 10 月 26 日至 11 月 26 日，第 14 届中国菊花展览会在无锡市惠山古镇景区、梅园景区举办。该届菊展是无锡市继 1992 年、2007 年之后第三次承办全国性菊展，以“江南盛地，菊耀神州”为主题，在惠山古镇景区、梅园景区分设主、分会场，总布展面积约 12 万平方米。菊展期间来自北京市、上海市、天津市、重庆市、南京市、杭州市、成都市、郑州市、开封市、武汉市、长沙市、济南市、福州市等 41 个（家）城市及单位参展，打造独具特色的大型室外景点 20 组，标准展台 39 组，送展作品 1217 件，展出各类花卉 80 余万盆。菊展利用自然景观糅合山水之美与人文之美，室外景点气势宏大、制作精美，凸显各城市最高的展览艺术水平；标准展台以小见大，展示城市生活的缩影与写照。各展区坐落于江南古典园林中，依山傍水、疏密有致，在景观设计和布局上更贴近当代游客的需求，开放的绿地空间满足人们亲近自然、休闲游憩的愿望；完善的基础配套设施及区域智慧化管理进一步提升广大游客的游览舒适度和便捷性。首创“日游 + 夜赏”的模式，以《山海经》瑞兽为创作灵感，引入非物质文化遗产自贡彩灯 6 组。该届菊展是中国菊花展览历史上首次以企业（无锡市惠山古镇文化旅游发展有限公司）为主体举办，为全国菊展的市场化运作提供示范，游览高峰 1 天破 100 万人次，1 周破 1000 万人次。

（周笑一）

【无锡影视基地旅游节庆活动】 1 月 21—27 日，无锡影视基地举办以兔年为主题的特色三国水浒古春节活动——“兔潮大会”，开展新春市集、NPC 拜年互动以及演出等活动。2 月 5 日，承接新年活动与廉政活动，推出“在诗词里过元宵”活动，以文会友，通过传承和弘扬诗词文化，让游客体验诗词艺术的独特魅力和传统文化的深厚底蕴。3 月 4—12 日，推出“女神驾到·约‘惠’三国水浒城”活动，策划“女神有礼”“女神换装”“女神驾到”“女神丽影”和“女神留步”系列活动。3 月 19 日，与无锡汇跑体育有限公司开展深度合作，以 2023 无锡马拉松赛事的专项服务商身份，借助赛事进行景区宣传推广。3 月至 5 月，推出以“三国文化旅游节之春日有喜”为主题的春季活动，开展门票优惠促销活动，与携程网合作开展超级福利社活动；编创《舞动樱花》《汉风舞韵》以及《海棠花开踏歌行》等节目，推出“萌娃踏青”春季定向打卡活动，让游客欣赏美景，体验三国文化的魅力。4 月 5 日，以“三国文化旅游节”为契机，策划清明节踏青活动，开展大型实景演出、沉浸式互动体验、特色美食集市以及踏青游园等活动。4 月 17 日，推出《群英宴》沉浸式轻解谜游戏，以《水浒传》为创作蓝本，再现原著中的经典人物与情节。5 月 1 日，引入《长生诀》沉浸式体验

7 月 7 日，无锡影视基地将雾森场景融入三国水浒景区内的多个池塘。图为凤仪亭水榭仙气打卡地
（无锡影视基地　供图）

11 月，鼋头渚景区举办"鸥遇橘子洲"冬季观鸟节 （无锡太湖鼋头渚旅游集团有限公司 供图）

项目，通过人际交互与角色扮演的形式，将影视与综艺元素相融合，打造"沉浸娱乐＋影视＋综艺"的全新互动模式，为游客提供线下实景沉浸式体验。5 月 20 日，举办"520 表白季"活动，以"汉婚"文化为核心，展示汉代婚礼的仪式和风俗。6月 10—18 日，举办第六届三国品梅节，以"初夏遇见梅好"为主题，邀请多位抖音知名达人进行现场直播。6 月 22—24 日，携手央视动漫大电影《棉花糖和云朵妈妈 1 宝贝"芯"计划》，共同策划并推出"宝贝'芯'计划，影城'趣'成长"动漫主题活动。6月 28 日，推出"穿越"为主线的主题活动——"遇见三国，邂逅水浒——暑期穿越名著精彩游"，活动由国风研学、动漫活动、美食露营、沉浸式体验和回忆老照片 5 大产品构成，为游客提供沉浸式的名著体验之旅。7 月 3 日，推出数字形象"鼎鼎"的廉政文化参观专线，推动廉政旅游建设。7 月 7 日，在夏日赏荷之际，将雾森场景融入三国水浒景区内的凤仪亭水榭、御花园荷花池、虹桥等多个池塘，营造出如梦如幻的仙境氛围，吸引大量游客驻足观赏，成为摄影爱好者的拍摄胜地。8 月 22 日，七夕节之际，策划"太湖边，落日下，我在三国遇见 TA"主题特色活动，为游客打造充满影城特色的夏日回忆。9 月 1—28 日，在第 39 个教师节到来之际，实施面向全国教育工作者的免票入园活动。9 月 19 日，滨湖区图书馆三国水浒特色馆在三国城香宁宫二楼揭牌，实现由传统景点向文化公共空间的创新转变。9 月至 11 月，推出秋季主题活动"相聚水浒城——共赴江湖盛会"，由"快意江湖""风云江湖""逍遥江湖"和"奇市江湖"4 大主题板块构成，包括美陈打卡、英雄召集、欢乐巡游、擂台比武、浪漫夕阳、烧烤露营、团建轰趴、美食市集等多种活动形式。10 月 29 日，协办国缘 V3 城市精英无锡障碍挑战赛，开展跨行业合作。11 月 10 日，承办由阿里灵犀互娱自研的 SLG 手游《三国志·战略版》第二届龙虎争霸赛决赛之夜大型活动，来自全国近 500 名游戏玩家参加。

（王 硕）

【鼋头渚景区花事节庆活动】 3 月至 5 月，鼋头渚景区举办 2023 中国·无锡太湖鼋头渚国际樱花节，开展 2023 无锡国际赏樱周暨中日樱花友谊林建设 36 周年纪念活动，"三人行"顾青蛟、许惠南、蒋循国画作品展，Pink 音乐节，夜樱 disco 等年轻化、多元化子活动。2023 无锡"国际月"暨国际赏樱周期间，《人民日报》、《新华社》、中央电视台新闻频道、《中国日报》、《新京报》等主流媒体报道宣传无锡太湖鼋头渚樱花花事，景区夜赏樱花活动被中央电视台《新闻联播》栏目报道。5 月 1 日，2023 无锡太湖鼋头渚兰花·盆景艺术作品首拍会在江南兰苑举办，拍卖会上展出春蕙兰铭品、山水盆景等兰花作品 60 件、盆景作品 20 件。拍卖会以全新方式向社会各界展示江南兰苑悠久的兰文化历史和底蕴，为兰花产业发展提供新的发展突破口。8 月 18—27 日，举办首届主题为"鼋气人生，我渚夏日"的 2023 鼋气嘉年华夜游活动，以打造大自然场景与蹦迪碰撞专属空间站为切入点，激发鼋头渚夜经济活力。9月 29 日、10月 1 日、10 月 3 日、10 月 5 日，举办 2023 太湖鼋头渚中秋、国庆水上音乐烟花大会，主题为"璀璨鼋头渚，醉美夜太湖"，烟花燃放首次创新融入水上无人机表演秀，丰富"全国最美赏月地"品牌内容，并被中央电视台《新闻联播》《天下财经》等栏目报道。11 月

10月26日至11月26日，第14届中国菊花展览会在无锡市惠山古镇景区、梅园景区举办。图为室外景点“北京”（惠山古镇景区　供图）

中下旬至2024年2月，举办以“鸥遇橘子海”为主题的冬季观鸟节，策划一系列游园活动，吸引游客在暖阳之中，水天之间，游湖观鸟，发现独属于鼋头渚的冬日之趣。

（黄　艺）

【惠山古镇景区花事节庆活动】 1月21—28日，惠山古镇景区举办卯兔欢乐国潮年新春主题活动，开展流光溢彩·灯会、卯兔迎春·花会、国潮集市嘉年华、围炉煮茶话岁月、祈福·撞钟、一架飞虹惠山上、绘泥兔等系列展陈或手作体验；举办寄畅园国风演奏、惠山一舞惊古今、瑞狮欢舞共欢腾、甜蜜兔子趣巡游、锦绣江南指尖秀等一系列演艺活动。2月14日，以“这是无锡”为主题，为游客们打造一场“一站式”的大型沉浸式演出，活动现场，一对演员身着红妆进行一场跨越千年的传统婚礼仪式。2月21日，在2023无锡—香港科创产业融合发展交流会上，策划打造无锡市文旅集团展区，发挥无锡地标性景区的优势，将江南园林的韵味和特色融入展区设计之中。展区以江南园林为基调，白墙黑瓦与绿植小景交相辉映，“天下第二泉”等标志性元素被复刻到现场，2位身着汉服的绣娘展演国家级非遗项目无锡精微绣。3月5日，举办游惠山、学雷锋等惠民活动，推出“小锡姐姐寄畅园免费讲解”“携手关爱中心志愿者服务”等公益项目，指导银铃合唱团、乐善堂志愿者主办“弘扬雷锋精神演唱会”。3月31日，“古法烹茶·风雅品茗”主题活动在惠山古镇碧山吟社举办，参与者们环亭而坐，注泉于鼎，以古法烹煮二泉水，细品春茶的香醇。4月15日至5月4日，举办“Nanci囡茜春日缱绻”文化活动，开放秦园街、绣嶂街、尊贤街等核心区域，展出Nanci囡茜系列形象。4月15日，举办草坪音乐会，以“品味岁月金曲，聆听‘花样年华’”为主题，邀请乐队独立创作人肖斯塔在映山湖畔开唱。4月15日，第24届无锡市花杜鹃花节暨2023惠山古镇国风潮玩艺术节在西神广场开幕。8月22日，举办七夕古风游园会暨情缘互动夜活动，10余位NPC身着凤冠霞帔，演绎着传统佳节的神韵，游客们参与一场古风巡游体验。12月31日，策划举办“惠山古镇·灵动之约——国潮跨年展”，集COS聚集大会、国潮实景、超嗨国乙夜场、超人气嘉宾互动以及王者荣耀比赛等活动于一体。

（薛淳尹）

【梅园景区旅游节庆活动】 2月13日至3月15日，梅园景区举办2023中国无锡梅花文化旅游节暨港澳文化交流节，以自然山水、梅花盛景、非遗手作、特色演出、新奇体验为主要内容，配合开展老字号年货节、非遗

3月20日至4月6日，梅园景区举办2023郁金香欢乐游园会主题活动（无锡市梅园公园管理处　供图）

戏曲展演、创意短视频大赛、梅花禅意茶会等文化旅游活动。3月20日至4月6日，举办2023郁金香欢乐游园会主题活动，打造主题特色郁金香花海景观，融入声光电、叠加科技新鲜元素，呈现一场全新的花事欢乐游园盛会。4月29日至5月1日，举办梅园熊猫机甲电音节，汇集国内DJ大咖登台演艺，让游客感受充满科技和动感的音乐世界。9月15日至11月15日，举办2023无锡梅园"奇幻秘境"金秋灯会，以"奇幻秘境"为主题，为灯会活动注入文化性、参与性、互动性、趣味性，将场景灯群贯穿整场灯会，给游客全新的赏灯体验。10月26日至11月26日，设立第14届中国菊花展览会分会场，承办百菊赛和插花艺术2个项目，百菊赛项目有37个城市(单位)报名参加，插花艺术项目有23个城市(单位)报名参加，共79件作品参赛。年内，香港隆源控股有限公司董事局主席、梅园创建人荣德生之孙荣智健及荣氏亲属共游梅园，在思源台种下象征寄思家乡、不忘桑梓的"同心梅树"；承办"新时代新江苏——2023范长江行动香港传媒学子江苏行"，2023年全国"智力猎狐"无线电测向亲子赛(江苏无锡站)暨第七届无锡市中小学生无线电测向比赛，江苏·无锡孩子王第三届孕婴童文化艺术节等活动。

(无锡市梅园公园管理处)

【蠡园景区花事节庆活动】 4月，蠡园景区举办2023中国·无锡第二届范蠡文化节，开展范蠡文化论坛、打造范蠡特色景观小品展、创作主题曲《蠡之问》、举行商学院皮划艇精英挑战赛等活动，深挖范蠡故事，提高场景化体验，让商道文化融入更加"可亲近、可触摸、可互动"元素，塑造蠡园特色品牌。春季举办桃花节，桃花展景观布置在保持"桃红柳绿"传统景观特色的基础上，继续以水景桃花自然景观为主体，各重要节点布置景观小品，营造桃花烂漫的蠡园春景。夏季举办荷花展，以新中式国风为主题，推出千步长廊网红打卡点，融入缸荷布景、书法纱幔、竹编艺术、古色屏风等元素，纱帘与屏风错落分布，20组缸荷小品点缀其间，使江南韵味的园林景观与旖旎多彩的夏日风荷融为一体。秋季举办金葵花展，以金葵花、云朵为主要元素，推出"云端上的向日葵"系列活动；在彩虹走廊两侧、西部广场、东部草坪以及层波叠影等片区种植10万余株向日葵，在向日葵花海中以七彩风车点缀，营造童话感氛围。

(鲍颖飞)

7月14日至8月27日，无锡动物园举办"觅光之旅"夏季狂欢夜活动

(无锡动物园　供图)

【无锡动物园旅游节庆活动】 1月22日至2月5日，无锡动物园举办"卯兔迎新春，萌兔贺新禧"——兔年新春生肖活动。开展萌兔满堂·奇趣兔展，玉兔纳福·兔兔选美，兔飞猛进·龟兔赛跑，卯兔接福·寻找兔儿爷，兔个好运·新春送锦鲤，兔个开心·猩宝双满月，新春联欢·阿熊音乐会，新春科普·兔兔知多少，新春迎宾·萌宠大巡游等活动，为游客提供全新的游园体验。7月14日至8月27日，举办一年一度的夏季狂欢夜活动，主题为"觅光之旅"。对景区内所有的灯光进行升级，开启"琉光奇境"中国首个动物园科技艺术驻留项目，通过发掘中国关注动物自然生态的科技艺术创作者，以设计艺术、数字艺术、动物行为学、生态学等，用不同的角度和手段，运用不同的艺术形式，如声音、数字影像、装置等，呈现关于动物与自然的信息和故事。景区全新推出数字灯光秀、夏夜阿熊音乐节、萌宠T台秀、欢乐大马戏、尊享露营生日会、动物园奇妙夜、阿熊美食市集等夜游活动，成为夏夜市民娱乐新地标。

(张思鸿)

旅游公共服务与管理

【旅行社管理】 2023年末，全市有旅行社319家，其中出境社36家。有星级旅行社25家，其中五星级旅行社3家、四星级旅行社2家、三星级旅行社11家、二星级旅行社8家、一星级旅行社1家。年内，市文广旅游局出台《2023"乐游无锡"旅行社奖补工作方案》，拓展客源市场，加快旅游市场全面复苏。无锡市争取省级旅行社企业奖补资金

2023年，湖滨饭店、太湖饭店、宜兴宾馆通过五星级饭店评定性复核。图为湖滨饭店外景　　（君来集团　供图）

203万元，惠及全市10家旅行社，规模和数量居全省第三位；市级支持品牌旅行社建设奖励资金20万元，惠及3家旅行社。

【导游行业管理】2023年末，全市有导游7499人，其中特级导游1人、高级导游45人、中级导游224人、初级导游7229人。市文广旅游局组织开展2023无锡市导游大赛，是2017年以后无锡首次举办专业导游赛事，进入决赛的20名选手被授予"乐游无锡——旅游接待专员"称号。推选优胜选手参加2023年全国导游大赛省级选拔赛，最终无锡参赛团体获优秀组织奖，3名选手分别获1枚银牌、2枚铜牌。

【旅游星级饭店管理】2023年末，全市有星级饭店21家，其中五星级饭店10家、四星级饭店6家、三星级饭店5家。湖滨饭店、太湖饭店、宜兴宾馆通过五星级饭店评定性复核，宜兴荆溪宾馆、宜兴国际饭店通过四星级饭店评定性复核，取消无锡金陵大饭店五星级，无锡大饭店四星级，欣旺大酒店、宜兴陶都大饭店、江阴新扬子大酒店三星级旅游饭店资格。

【等级旅游民宿管理】2023年，无锡市推进实施旅游民宿国家标准，培育等级旅游民宿品牌，引导旅游民宿健康发展，制定出台《关于进一步加强旅游民宿安全管理工作的意见》《无锡旅游民宿消防及结构安全指南》《无锡市民宿（农家乐）行业管理实施细则》等一系列文件，培育以江南水乡、运河风情、湖光山色等为主题的民宿集聚区。年内，宜兴上川一舍被评为甲级旅游民宿，滨湖小米的家客栈、宜兴心味原色客栈新评为丙级旅游民宿。至年末，全市有等级旅游民宿5家，其中甲级2家、乙级1家、丙级2家。

【旅游厕所质量评定】2023年，市文广旅游局制定《无锡市旅游厕所质量评定工作实施方案》，开展旅游厕所新标准培训宣贯工作，组织旅游厕所质量评定。完成首批454座旅游厕所的质量评定工作，其中156座旅游厕所评定为Ⅰ类，298座旅游厕所评定为Ⅱ类。

【文旅信用建设】2023年，无锡市入选2023—2024年文化和旅游市场信用经济发展试点地区名单，是江苏省唯一入选的试点地区，承担推进信用品牌建设试点任务，形成信用品牌培育机制，培育一批品牌化、明星级的信用应用产品与服务。在全市旅行社行业开展信用评价试点工作，公布54家商务信用等级旅行社，其中AAA级16家、AA级10家、A级12家、B级14家、C级2家。

（周　文）

编辑　何　峰

房地产开发经营

【房地产开发投资】 2023年，无锡市区房地产开发投资887.86亿元、比上年下降9.70%，其中住宅投资703.75亿元，比上年下降11.09%。江阴市房地产开发投资206.66亿元、比上年下降5.79%，其中住宅投资178.49亿元、比上年下降2.97%。宜兴市房地产开发投资169.39亿元、比上年下降8.02%，其中住宅投资127.22亿元，比上年下降10.73%。

【房地产项目建设】 2023年，无锡市区房地产施工面积3027.17万平方米，比上年下降14.11%，其中住宅2000.72万平方米，比上年下降16.40%；新开工面积494.12万平方米，比上年下降17.19%，其中住宅349.01万平方米，比上年下降0.53%；竣工面积470.81万平方米，比上年下降15.49%，其中住宅301.85万平方米，比上年下降25.32%。江阴市房地产施工面积1129.61万平方米，比上年下降10.82%，其中住宅944.80万平方米，比上年下降12.65%；新开工面积131.19万平方米，比上年下降13.62%，其中住宅99.51万平方米，比上年下降25.87%；房地产竣工面积254.10万平方米，比上年增长1.71%，其中住宅215.99万平方米，比上年下降3.24%。宜兴市房地产施工面积846.53万平方米，比上年下降1.29%，其中住宅565.49万平方米，比上年下降9.09%；新开工面积143.08万平方米，比上年下降4.46%，其中住宅77.89万平方米，比上年下降10.29%；房地产竣工面积113.17万平方米，比上年下降28.66%，其中住宅83.01万平方米，比上年下降34.54%。

（华恒祺）

表40　2023年无锡市房地产开发情况统计表

指　标	单　位	数　值	比上年增长（%）
房屋施工面积	万平方米	5003.29	−11.4
#住宅	万平方米	3510.85	−14.3
#新开工面积	万平方米	767.65	−14.5
房屋竣工面积	万平方米	838.08	−13.2
#住宅	万平方米	600.84	−20.3
竣工房屋价值	亿元	653.55	8.2
#住宅	亿元	498.68	−2.2

（市统计局）

【商品房交付使用验收】 2023年，无锡市市区完成商品房交付使用竣工验收项目115个，建筑面积999.49万平方米，6.39万套。其中，毛坯住宅建筑面积134.65万平方米，0.957万套；成品住宅建筑面积454.35万平方米，3.92万套；非住宅面积123.8万平方米，1.38万套。江阴市完成商品房交付使用竣工验收项目35个，建筑面积309.3万平方米，2.54万套。其中，毛坯住宅建筑面积151.02万平方米，1.24万套；成品住宅建筑面积134.85万平方米，1.01万套；非住宅面积23.43万平方米，0.29万套。宜兴市完成商品房交付使用竣工验收项目29个，建筑面积196.55万平方米，1.29万套。其中，毛坯住宅建筑面积79.83万平方米，0.61万套；成品住宅建筑面积54.17万平方米，0.46万套；非住宅面积46.77万平方米，0.25万套。

（高天宇）

【房地产开发企业资质管理】 2023年，无锡市有123家房地产开发企业申报办理相关资质，其中经市级住建部门审核后，市行政审批局审批的二级资质116家。至年末，无锡市房地产开发企业有一级资质企业2家、二级资质企业721家。

（许德育）

【项目开发建设管理】 2023年，市住房城乡建设局加强商品房综合开发管理，在新建项目中提出公共服务设施、建筑节能、绿色建筑、绿色施工、可再生能源利用、成品住房、海绵城市以及产业现代化等建设要求。房屋交付前，按照建设要求进行公共服务设施核实，确保所有建设内容按质按量配置到位。全年办理《项目建设条件意见书》32项，涉及住宅面积227.36万平方米、18402户，公共服务设施配置面积7.57万平方米；完成公共服务设施核验36项，涉及住宅面积226.43万平方米、17213户。

(郭维军)

房地产市场

【商品房新增供应】 2023年，无锡市区商品房新增供应296.56万平方米，比上年下降9.07%，其中住宅229.16万平方米，比上年下降22.13%。江阴市商品房新增供应面积68.35万平方米，比上年增长1.50%，其中住宅61.72万平方米，比上年增长8.59%。宜兴市商品房新增供应面积48.25万平方米，比上年下降14.47%，其中住宅43.82万平方米，比上年增长14.77%。

【新建商品房成交】 2023年，无锡市区商品房成交面积347.75万平方米，比上年下降15.92%；成交金额698.54亿元，比上年下降22.45%。其中，商品住房成交面积259.50万平方米，比上年下降17.73%；成交金额598.10亿元，比上年下降19.41%。江阴市商品房成交面积103.73万平方米，比上年下降39.82%；成交金额140.62亿元，比上年下降31.36%。其中，商品住房成交面积86.94万平方米，比上年下降39.84%；成交金额125.03亿元，比上年下降30.99%。宜兴市商品房成交面积55.35万平方米，比上年下降8.81%；成交金额75.12亿元，比上年下降8.06%。其中，商品住房成交面积41.05万平方米，比上年下降13.74%；成交金额58.68亿元，比上年下降10.31%。

【二手房交易】 2023年，无锡市区二手房成交420.75万平方米，比上年增长13.54%；备案金额582.69亿元，比上年增长15.18%。其中，二手住房成交面积400.75万平方米，比上年增长14.36%；备案金额566.26亿元，比上年增长15.92%。江阴市二手房成交面积127.95万平方米，比上年增长10.86%；备案金额101.76亿元，比上年增长20.57%。其中，二手住房成交面积116.51万平方米，比上年增长9.33%；备案金额96.22亿元，比上年增长21.27%。宜兴市二手房成交面积148.49万平方米，比上年增长29.04%；备案金额87.75亿元，比上年下降33.14%。其中，二手住房成交面积为123.59万平方米，比上年增长23.37%；备案金额76.02亿元，比上年增长28.70%。

(华恒祺)

【存量房产交易】 2023年，无锡市区存量房成交面积430万平方米，成交44042套，备案成交均价13896元/平方米。其中：梁溪区存量房成交面积99.91万平方米，成交11779套，备案成交均价13510元/平方米；滨湖区存量房成交面积98.49万平方米，成交9637套，备案成交均价17093元/平方米；新吴区存量房成交面积83.98万平方米，成交8928套，备案成交均价12973元/平方米；惠山区存量房成交面积77.4万平方米，成交7224套，备案成交均价12233元/平方米；锡山区存量房成交面积70.15万平方米，成交6474套，备案成交均价12894元/平方米。全年网签备案前10名存量房小区是阳光壹佰国际城、曹张新村、沁园新村、长泰国际社区、溪岸景园二区、金禧家园、绿景雅苑、理想城市花园、橡树湾邸、凤凰璟园。

【房产经纪和中介机构】 2023年，无锡市(不含江阴市、宜兴市)工商可查询房产经纪和中介名称公司3054家，无锡房地产业协会统计经营活跃公司1191家，有网签资格公司165家，从业人员约8300人。无锡优房房产经纪有限公司、无锡龙创房地产经纪有限公司、无锡我爱安源房地产经纪有限公司、无锡好邻居房地产经纪有限公司、无锡市朴邻房产经纪有限公司5家公司被评为2023年度无锡市房地产经纪机构信用等级A类。

(过　焰)

房地产市场监管

【楼市政策调控】 3月，无锡市出台《关于进一步促进房地产市场健康发展若干措施的通知》(“新锡十条”)，围绕供需两端，坚持“房住不炒”定位，提出支持新市民、新就业人员和外来人才在无锡刚性购房需求等10条政策措施。8月，出台《支持房地产企业经营发展激励措施的通知》，主要对土地出让、预售资金监管、行政审批服务优化、实施奖励政策等8个方面进行激励，进一步优化营商环境、提振房企信心。9月，出台《关于促进我市房地产市场平稳健康发展若干政策措施的通知》(“锡二十条”)，从供、需、管切入，围绕6个方面系统性加强对房地产行业发展的支持，并全面取消无锡限购政策。

(赵　柯)

【房地产市场监测系统优化】 2023年，市房地产市场管理和监测中心完善优化房地产市场监测系统建设、运维，通过充分融合运用大数据技术和GIS(地理信息系统)技术，动态整合房地产开发、房屋销售、网签交易等各个环节的信息，汇集全市(含9个横向部门和江阴市、宜兴市)以及苏州、南京、杭州、合肥等城市的相关房地产市场数据，建立起包含70余项指标、超500万条数据的资源仓库，实现对房地产市场运行态势的可视化呈现，提升房地产市场动态监测分析水平，为房地产市场调控政策的制定与实施提供数据支撑和决策依据。年内，该系统获评2022数字无锡建设优秀实践成果，获2023年度江苏省测绘地理信息科技进步三等奖、江苏省优秀测绘地理信息工程三等奖等奖项。

【预售资金监管技术省内率先运用】 2023年，无锡市成为全省首个在商品房预售资金管理中应用电子签章的城市，率先实现商品房预售资金申请、审核、拨付全程"网办"，使每笔资金的拨付周期提速50%以上，在确保资金安全合规使用的前提下，助力房地产开发企业缩短资金回笼周期，提高资金使用效率。年内，该项业务在万科集团、国联集团、建发集团、中信集团等的开发项目中应用。

【基于交易资金监管的"带押过户"推行】 2023年，市住建部门依托成熟的资金监管服务，对二手房资金监管业务进行全流程再造，在保证交易安全的前提下，将买卖双方的还款解押环节置于交易登记环节之后，缩短二手房交易时间，提高交易过程和资金的安全性，为当事人节省高额的垫资成本。年内，联合市自然资源规划部门，实现商业贷款、纯公积金贷款和组合贷款的多种适用场景，满足交易当事人不同需求。至年末，市区20家存量房交易资金监管服务银行受理"带押过户"监管业务3753笔，涉及监管资金53.42亿元。

（慕　早）

物业管理

【业主自治组织建设】 3月，《无锡市物业管理委员会组建运行办法（试行）》出台，推动住宅小区业主自治组织（业主委员会、物业管理委员会）组建率提升。该办法明确物业管理委员会组建条件、组建程序、工作职责、运行规则等，并配套制定工作规则和示范文本，确定由街道办事处（镇人民政府）负责指导监督物业管理委员会的组建和运行。年末，全市住宅小区业主自治组织组建率超35%，其中老旧小区超94%。

【物业管理提升行动】 12月，《无锡市住宅小区物业管理水平全面提升行动实施方案》出台，从健全工作机制、完善配套政策、强化联合执法、推动自治管理、规范行业发展、落实长效机制6个方面，明确21项主要任务，推进政府依法履职和治理创新，完善住宅小区业主自治管理机制，提高物业管理服务市场化规范化水平，加快构建"业主自治有序、政府监管有力、行业自律有章"的工作格局，提升全市住宅小区物业管理水平，推动物业服务向高品质和多样化升级，满足居民群众不断增长的美好居住生活需要。首次建立以市政府主要领导为组长，市政府分管领导为副组长，各板块、部门主要领导为组员的无锡市住宅小区物业管理水平全面提升行动领导小组，统筹推进各项工作开展。

【物业示范项目创建】 2023年，市住建部门开展物业示范项目创建活动，指导督促物业服务企业提升项目管理水平，推动全市物业管理服务水平提升。年内，全市创建省级示范物业管理项目20个、省级宜居示范居住区13个、党建引领省级示范点10个、市级示范物业管理项目74个、市级"先锋物业"10个、党建引领市级示范点20个。

（唐雄明）

【群租房管理】 2023年，市公安局开展流动人口集中住宿区治理"双月会战"，登记流动人口集中住宿区出租房间10.82万余间（套）、流动人口13.35万人，整改治安隐患、消防隐患2522处。全市集中住宿区管理力量"一警三员"（社区民警，网格员、调解员、协管员）配备率100%，落实管理者、承租人、房主、物业、租赁企业"五方责任"。牵头开展全市群租房安全管理"五个一"（一房、一图、一账、一通道、一套安全设施）百日攻坚和群租房消防安全整治提升行动，联动消防、住建、燃气、供电等部门检查群租房、疑似群租房5.9万户次，整治整改安全隐患5337处，打通消防逃生通道4129处，新配备消防设备器材26417件、新补充配备个人逃生"四件套"（灭火器、防烟面罩、多功能手电筒、逃生绳）18610套，群租房租户逐人配备率100%。加强宣传防范教育，发送群租房安全宣传提醒短信82.9万余条，全市群租房保持安全事故"零发生"。

（耿永军）

编辑　何　峰

城市规划

【市级国土空间总体规划】 2023年，《无锡市国土空间总体规划》先后通过市政府常务会议、市委常委会、市人大常委会审议。5月，通过省级层面组织的专家论证，并征求23个省有关部门的意见，修改完善后，于7月初上报省政府。7月下旬，经国务院同意，江苏省除省会南京外，将无锡、苏州、常州纳入由国务院审批国土空间总体规划的指定城市范围。8月1日，省长许昆林主持召开省国土空间规划委员会会议，原则同意无锡市国土空间总体规划上报国务院审批。8月中旬，该规划按照省规委会意见修改完善后，由省自然资源厅上报自然资源部开展初审工作。8月下旬，省政府正式行文，将该规划转报国务院审批。年末，国务院将该规划分发至国家部委开展联合审查工作。

【新一轮详细规划编制】 2023年，无锡市在全省范围内率先启动新一轮详细规划的单元划分工作，在详细规划单元和街区两个层次的基础上，创新性地提出次分区的概念，用于落实上位总体规划要求，统筹各类专项规划，向下传导详细规划单元管控要求，开展梁溪科技城等重点地区详细规划编制的具体探索实践。

【城镇空间布局规划】 2023年，无锡市着眼长江经济带发展、共建“一带一路”、长三角区域一体化、上海大都市圈空间协同等国家战略机遇，加快建设长三角世界级城市群的重要中心城市，主动参与上海大都市圈建设，强化与上海市的联动发展，融入区域创新网络，共建环太湖生态湖区、创新湖区。加强与苏州、常州两市协同发展，促进科技创新深度融合，共同打造苏锡常国际大都市区。保护沿江绿色发展带，打造大运河文化带，强化区域生态、交通、文化、公

表41 2023年无锡市城市建设情况统计表

指 标	单 位	2023年	2022年
城市道路			
城市道路长度	千米	4127	4091
城市道路面积	万平方米	7804	7708
城市路灯数	盏	290010	291250
公共交通			
年底运营车辆	辆	2844	3007
年底运营线路网长度	千米	5867	5875
运客总数	万人次	14605	13218
供水			
年底水厂	个	6	6
年底生产能力	万立方米/日	245	245
全年供水总量	万立方米	48293	48409
天然气			
年底管道长度	千米	9347	8737
全年供气总量	万立方米	130308	125429
液化气			
全年供气总量	吨	18313	25847
天然气、液化气普及率	%	100	100

（市统计局）

共设施共建共享。以打造践行新发展理念高质量发展示范区为追求，在市域形成“一轴一环三带、一体两翼两区”的城镇空间格局，即通过“太湖长江发展轴”和“太湖湾生态科创环”，串联“沿江发展带”“沪宁发展带”和“宁杭发展带”，形成以无锡市区为一体，江阴、宜兴为两翼，锡澄、锡宜两个协同发展区为两区的总体结构。规划形成“1+2+N”的市域城镇体系，强化多中心、网络化、组团式、生态型的城镇发展格局，引导外围新市镇沿重要交通廊道组团式发展。

【产业空间布局规划】 2023年，市自然资源规划局以打造“465”现代产业集群为引领，优化全市产业空间布局。划定产业区块保护线，引导战略性新兴产业、先进制造业、生产性服务业等产业项目在产业区块线内集中布局，至2035年全市保障产业用地不少于40000公顷。以太湖湾科创带为核心，构建“一带多点”的市域创新空间结构。强化锡澄方向与梁溪科技城、霞客湾科学城的纵向衔接，推动锡宜方向与培源科学城、陶都科技新城等的横向衔接，串联蠡湖未来城、洗砚湖生态科技城、宛山湖生态科技城、太湖湾科创城等科创功能区，促进高品质科创空间连片成势，实现创新资源高效配置，凸显无锡市在环太湖科技创新圈中的引领作用。强化建设用地节约集约利用，推进资源总量管理及科学配置，形成以强度换空间、向存量要增量的资源利用模式，引导资源向“发展快、发展好、单位产出高”的优势地区倾斜。推动存量空间整合优化，开展产业用地全域更新行动，推动布局散乱工业用地向城镇开发边界内、向产业园区内集聚，提高存量用地产出效益；加强土地立体开发利用，科学提高土地利用强度。

【高品质城市规划研究】 2023年，市自然资源规划局专题研究并制定高品质城市规划设计要素控制标准，提高建设项目规划设计水平与方案审查能效。启动《无锡市国际化街区规划布局与建设指引》编制，6月，组织相关人员到深圳市、杭州市考察调研；开展无锡市高品质宜居社区建设规划标准研究，与市住房城乡建设局、市市政园林局联合印发《进一步加强无锡市高品质住区建设管理的实施方案》，为市区高品质住区的规划建设提供指引。市政府出台《大运河无锡段核心监控区国土空间管控细则（试行）》，划定大运河核心监控区保护“红线”，实施分级分类管控，提升大运河保护管理水平。深化管控要素研究，编制完善《无锡市建设项目停车配建指标规定（2023版）》等规范性文件，结合无锡实际引导项目实施。

【城市公共设施配置规划】 2023年，市自然资源规划局耦合城市空间结构，推进高等级公共服务设施集聚，优化重大公共服务设施布局，强化重大公共服务设施区域辐射力。提高城乡基本公共服务水平，合理布局教育、医疗、文化、体育、殡葬等设施，完善“15分钟社区生活圈”，打造全龄友好型社区。构建形成全天候、系统性、现代化的城市运行安全保障体系，预控应急用地和大型危险品存储用地，完善防灾减灾设施和应急设施。系统化推进新型基础设施、智慧城市、海绵城市规划建设，提升城市排水排涝能力和区域防洪能力，增强城市综合承载力。

【指导城市更新规划编制】 2023年，市自然资源规划局结合近两年无锡城市更新规划实践，吸收南京、苏州等城市发布的城市更新规划编制技术标准，对已有的《无锡市城市更新规划编制指南》进行修改完善。加强更新规划编制前的体检评估与产权调研工作，突出对微更新地块的规划引导，并将取得较好实效的城市更新实施方案中的做法吸收进入编制指南。指导各地编制城市更新单元空间规划，配合属地政府做好城市更新规划编制工作，组织召开惠山古镇、运河湾、古运河（东门段）等城市更新空间单元规划以及相应的控规管理单元动态更新论证会。年末，规划成果通过市国土空间规划委员会审议，相应的控规动态更新上报市政府审批。

【交通体系优化调整】 2023年，市自然资源规划局结合综合交通规划，研究形成快速路中环和货运绕城公路方案，组织中国城市规划设计研究院完成南北快速通道方案研究，提出南部射线及运河组合快速通道、铁路组合通道等，从体系上进一步优化快速路网络。协同市地铁集团开展轨道网络及站点的深化研究，进一步优化完善轨道交通网络。结合蠡湖未来城发展定位，指导蠡湖未来城综合交通规划，配合稳定蠡湖未来城的综合交通体系。根据大运河景观规划建设的需要，组织对运河东（西）路行人过街开展专题研究，提出详细规划方案，构建安全畅通的滨河慢行交通体系。结合城市设计开展蠡湖新城枢纽站、太湖新城南站等高质量、高标准的TOD开发研究。配合开展无锡硕放机场综合交通枢纽规划方案研究工作，稳定轨道换乘中心方案，为机场总规修编提供规划边界条件。

【市政民生工程规划研究】 2023年，市自然资源规划局结合专项规划编制，开展燃气高压内环优化、西气东输管线惠山段迁改、芙蓉分输站接入管线、梁溪区垃圾转运站等课题的研究。承担的城市生命线地下管网交互场景建设的部分相关工作，按照省、市生命线相关建设要求，完成基础底图的保障、地下管网交互系统的建设等相关阶段性工作。年内，完成全市道路红线“一张图”、市政黄线“一张图”的数据录入市政道路数字平台系统工作，持续更新完善相关数据，提高规划审批工作效率。指导各分局推进区级黄线规划研究，完善对市政设施的规划管控工作；综合交通模型通过专家论证，逐步投入使用。

【规划规范化管理实施】 2023年，无锡市区核发建设项目用地预审与选址意见书326件，建设用地规划许可证506件，建设工程规划许可证1102件，乡村建设规划许可证16件。市自然资源规划局印发《关于加强详细规划编制和实施管理的通知》，规范无锡市详细规划编制工作，强调控制性详细规划的法定地位，要求提高详细规划的编制水平，严格规划实施监督管理。依据《国土空间规划城市设计指南》等标准指南，研究制定《城市设计技术管理规定》，增强城市设计的科学性与实用性，明确总体城市设计、分区城市设计、区段城市设计、地块城市设计的主要编制内容与要求，确保城市设计的有效实施。轨道交通方面，完成4号线二期、5号线、5号线二期部分规划手续的办理，推进S2、6号线的站点方案制定。道路交通方面，完成高浪路快速化二期、钱荣快速路（G312—梅园立交）工程一期、钱胡路（钱荣路—西环线）快速化、新锡快速路（胶阳西路—锡虞路）、通江大道一期等项目部分“一书两证”核发工作，加快形成快速中环，推进锡澄、锡宜一体化重点道路建设。市政管线方面，完成西气东输131阀室新增下载点、西气东输新吴段迁改、G312等道路管线、4号线二期等轨道管线、220千伏扬名等变电站等项目的规划审批工作。

（刘梦蛟）

城市更新

【城市更新重点项目】 2023年，无锡市全面推进重点城市更新项目建设，新增梁溪区小娄巷片区老旧小区改造、湖滨工业园“工业上楼”、江阴市霞客湾马镇片区“嵌入式园博”更新3个江苏省城市更新试点项目。至年末，全市有省级城市更新试点项目10个。稻香片区老旧街坊改善更新、火车站南广场片区更新2个项目获2023年度省城乡建设发展专项资金（历史文化保护利用和城市特色风貌塑造）奖励，其中稻香片区以“锡式生活、稻香烟火”为核心目标，从“宜居、宜业、宜游、宜养、宜学”5个方面，将智慧社区、开放社区、生态低碳等现代社区元素融入片区更新，彰显无锡文化特色，打造连片改造示范点；火车站南广场片区更新重点建设古运河东门段“水陆锡径”城市文化主题体验线路，打造无锡运河魅力带，带动古运河及老城片区整体的文脉复兴。加快推进13个重点更新单元建设，高铁江阴站、运河汇、运河外滩、周新老街等先导示范段项目竣工，其中周新老街完成项目建筑风貌、配套设施、道路交通、商业文化的整体改造提升，将文化艺术融入街区建设，多维度形成街区新业态。

（朱仁杰）

【海绵城市建设】 2023年，无锡市完成《无锡市海绵城市建设管理条例》立法，完成《无锡市海绵城市专项规划》修编以及《无锡市海绵城市建设项目评价标准（试行）》等多项技术标准、创新课题的研究，建立完善海绵城市规划、建设、运维等全生命周期管控体系。推进海绵项目建设，太湖湾科创城、锡东新城高铁商务区等示范片区建设向全域化、纵深化推进，至年末，全市193个入库项目建成170个，累计建成区海绵达标面积151.34平方千米，占建成区面积的42.0%。加大海绵城市建设宣传推广力度，开展《无锡市海绵城市建设管理条例》宣贯、“市民最喜爱的‘十大海绵项目’”评选、海绵设施（排水）管理进小区等活动。4月，在由住房城乡建设部、财政部、水利部组织的2022年海绵示范城市建设工作绩效评价中，无锡市蝉联A档次。

（陆 佳）

【老旧小区改造】 2023年，市住建部门制定出台《进一步加强城镇老旧小区改造工程建设管理的实施意见》《无锡市老旧小区改造工程质量安全管理工作导则》等，完善老旧小区改造质量安全管理体系，联合市纪委开展老旧小区改造工程质量专项检查行动，压实工程质量监管的主体责任，推动老旧小区改造全面发展。年内，全市完成老旧小区改造166个、面积1053万平方米，改造规模继续

2023年，稻香片区实施老旧街坊改善更新项目 （唐雄明 供图）

蝉联全省第一位。对稻香片区、小娄巷片区、西园里片区等10个老旧小区集中区域实施连片改造,其中稻香社区入围全国首批“完整社区”试点,小娄巷片区入选住房城乡建设部老旧小区改造联系点、省级城市更新试点。

(唐雄明)

【房屋征收工作】 2023年,无锡市房屋征收工作围绕重大基础设施、重点工程、民生保障、城市更新、土地出让、生态优化等项目征收需求,制定年度工作方案,分解落实征收任务,完善房票补偿安置政策,上线数字房票系统,推动货币化与房票结算补偿安置。征收工作推进中,加强每季度专项督查、不定期随机督查、重点项目跟踪督查,试行跨年度分阶段考核机制,并引入第三方机构辅助实施项目验收及日常管理,保障项目建设实施用地进度要求。年内,全市完成征收项目768个,面积1338万平方米,开具房票1482张,去化商品住房619套,去化面积6.51万平方米。

(李　洋)

【既有住宅加装电梯】 2023年,无锡市以“建设一批、谋划一批、储备一批”的方式,督促各区摸排加装电梯需求,建立加装电梯项目库,加强矛盾协调化解,推动加梯工作规模化、项目化发展。举办加装电梯集中开工仪式,承办全省城镇老旧小区改造暨加装电梯工作现场推进会,通过网络媒体宣传、居民座谈交流、印刷宣传册等方式,加强对加装电梯工作的宣传,扩大加装电梯工作知晓度和影响力。严格质量安全监管,建立第三方工程管理机构常态化巡查机制,完善落实月通报制度,督促整改加梯工程质量安全隐患,保障运营安全。年内,全市完成既有住宅加装电梯385部,数量居全省第一位。

(唐雄明)

【城市道路景观品质提升】 2023年,市市政园林局按照“一路一景观”的目标,推进城市道路绿化品质提升工作,完成鑫明路、汉江路、梁南路等29条道路绿化提升改造,以及大通路、观山路、五湖大道等30条道路的行道树树穴整体整治工作。无锡照明股份有限公司推进光影艺术与城市更新融合,11个照明设计施工项目获国际、国家级荣誉。其中,太湖隧道标志塔夜景照明设计获2023美国缪斯(MUSE)设计奖铂金奖,蠡湖景区西施庄夜景照明工程获第八届亚洲照明设计奖“优异之光”奖,中山路文商旅融合综合实验区提升工程四期项目照明工程获第18届中照照明奖二等奖。

(市市政集团　市市政园林局)

城市重点工程

【概况】 2023年,无锡市有续建城市重点道路桥梁项目12个、总里程60千米。其中,快速路项目8个,总里程53千米,快速路在建总里程创历史之最,全年建成道路28千米;有续建社会事业项目8个、总建筑面积16.9万平方米。推进“快速中环”成环成势,南线高浪路快速化改造一期

2023年,中山路文商旅融合综合实验区提升工程四期项目照明工程获第18届中照照明奖二等奖

(无锡照明股份有限公司　供图)

2023年，无锡市劳动保障权益服务中心业务大楼竣工　（华栋梁　供图）

（蠡湖大道—菱湖大道）建成通车、二期（菱湖大道—长江南路）主线通车，高浪西路（蠡湖大道—缘溪道）快速化改造主线贯通，东北线312国道锡山段（锡虞立交—通江大道）建成通车，望江立交西接线（通江大道—惠山大道）段加紧桥梁主体结构施工，新吴段（飞凤路—金城东路）主线贯通。加速市域一体化项目建设，锡澄一体化项目凤翔快速路北延（堰裕路南侧—江阴界）主线贯通，锡宜一体化项目341省道无锡马山至宜兴周铁段竺山湖隧道主体结构及附属工程全部完成。区域"断头路"打通，菱湖大道（旺庄西路—运河西路）、迎龙路（人民西路—五爱路）建成通车。社会事业项目建设方面，无锡市粮食和物资应急保障服务中心、无锡市第二人民医院急诊大楼改造、无锡市救助管理站易地建设、无锡创业大学、无锡知识产权法庭等建成投用，无锡市劳动保障权益服务中心业务大楼、无锡市市北高级中学综合楼竣工，无锡美术馆完成地下室主体结构施工。新开工新锡快速路北延（锡虞路南侧—江阴界）、中环312国道段配套工程、通江大道快速化改造一期（瞻江立交—望江立交）、312国道锡沪路至锡虞立交段、312国道凤翔北路至广石西路段、环太湖高速公路改建一期（互通改造）以及市革命烈士陵园改造及环境提升、市盲聋学校迁址新建、市人大代表之家、梁溪区生活垃圾转运站、旅游商贸高等职业技术学院现代酒店服务业教学与实训综合大楼、立信高等职业技术学校体育馆建设等项目。

年内，无锡市城市重点工程在工程质量、设计品质、新技术新工艺应用、安全文明施工等多个领域获多项国家级、省级荣誉，其中，无锡广电数字动漫创业服务中心二期获2022—2023年度中国建设工程"鲁班奖"（国家优质工程）、市委党校新校区和蠡湖大道快速化改造一期获2022—2023年度国家优质工程奖，市委党校新校区安装工程入选2023—2024年度第一批中国安装工程优质奖（中国安装之星），无锡美术馆获评"十四五"国家重点研发计划项目科技示范工程（"低碳建筑"类型）等。

【高浪路快速化改造一期隧道段新建工程】 该工程西起蠡湖大道学府立交，向东穿越五湖大道、立信大道、贡湖大道、南湖大道及瑞景道后伸出地面，全长5.72千米，宽29.5～29.9米（标准横断面），双向6车道（标准横断面），为城市快速路；地面辅道宽55.5米（标准横断面），双向6车道（标准横断面），为城市主干路。建设单位为无锡市城市重点建设项目管理中心，设计单位为上海市政工程设计研究总院（集团）有限公司、无锡市政设计研究院有限公司，施工单位为中铁隧道集团三处有限公司、中铁一局集团有限公司、无锡市第三市政建设工程有限公司，监理单位为江苏苏科建设项目管理有限公司、无锡太湖明珠建设咨询有限公司、江苏华宁工程咨询有限公司。工程于2020年6月开工，2023年末完工，计划2024年2月初通车。

【312国道（锡虞立交—通江大道）改扩建工程】 该工程起点位于锡虞立交西侧，沿现状312国道走向，高架上跨锡港路、中元路和通江大道，止于通江大道西侧的锡山区、惠山区区界处，全长3.24千米；主线按照一级公路标准建设，高架桥梁宽33米，双向6车道；地面辅道按照城市主干路标准建设，双向6车道。建设单位为无锡市交通运输局，设计单位为江苏中设集团股份有限公司、中设设计集团股份有限公司，施工单位为无锡大诚建设有限公司、无锡交通建设工程集团有限公司，监理单位为江苏中源工程管理股份有限公司。工程于2021年3月开工，2023年末完工，计划2024年1月通车。

【菱湖大道新建工程】 该工程北起旺庄西路，南至运河西路，全长1.4千米，宽40米，双向6车道，为城市主干路；同步新建一座跨京杭运河大桥（批准命名为"菱湖大桥"），长623米，宽40.5米，最大跨径183米，包括北引桥及主桥2个部分，其中主桥为三跨中承式系杆拱桥。建设单位为江苏无锡经济开发区建设局、无锡市新吴区重点建设项目管理中心，设计单位为同济大学建筑设计研究院（集团）有限公司、无锡市政设计研究院有限公司，施工单位为湖南路桥建设集团有限责任公司、无锡市市政设施建设工程有限公司、无锡交通建设工程集团有限公司，监理单位为江苏东南工程咨询有限公司。工程于2020年8月开工，2023年7月通车。

【迎龙路(人民西路—五爱路)新建工程】 该工程北起人民西路，南至五爱路，全长828米，宽30米，双向4车道，为城市次干路。建设单位为无锡市城市重点建设项目管理中心，设计单位为无锡市政设计研究院有限公司，施工单位为无锡市第三市政建设工程有限公司，监理单位为无锡市市政建设咨询监理有限公司。工程于2022年12月开工，计划2024年2月初通车。

【无锡市粮食和物资应急保障服务中心新建工程】 该工程位于新吴区城南路丰年桥东北方向、沪宁城际铁路西侧，总用地面积74243平方米，主要建设内容包括新建散装平房仓5栋、浅圆仓6座、提升塔、成品粮低温库、生产辅助用房、物资储备仓库、应急服务中心等，总建筑面积45102.03平方米，其中地上建筑面积42361.98平方米、地下建筑面积2740.05平方米。建设单位为江苏无锡国家粮食储备库，设计单位为国粮武汉科学研究设计院有限公司，施工单位为江苏邗建集团有限公司，监理单位为中咨工程管理咨询有限公司。工程于2021年12月开工，2023年10月竣工。

【无锡市第二人民医院急诊大楼改造工程】 该工程位于梁溪区中山路68号市第二人民医院内，主要建设内容为对急诊大楼进行装修改造，改造面积25581.38平方米。建设单位为无锡市卫生健康委员会，设计单位为无锡轻大建筑设计研究院有限公司，施工单位为江苏中轩建设有限公司、无锡市工业设备安装有限公司、江苏元奕城市建设有限公司，监理单位为江苏赛华建设监理有限公司。工程于2021年12月开工，2023年5月竣工。

【无锡市救助管理站易地新建工程】 该工程位于梁溪区常兴路与常瑞路交叉口西北侧、通益路东侧，总用地面积12247平方米，主要建设内容包括新建3层建筑3栋，即流浪乞讨人员救助管理站、未成年人保护中心和反家庭暴力庇护所以及行政办公、后勤保障用房等，总建筑面积11719.18平方米，其中地上建筑面积10224.11平方米、地下建筑面积1495.07平方米。建设单位为无锡市民政局，设计单位为江苏博森建筑设计有限公司，施工单位为仁诚建设有限公司，监理单位为无锡中粮工程科技有限公司。工程于2021年12月开工，2023年11月竣工。

【无锡市劳动保障权益服务中心业务大楼新建工程】 该工程位于梁溪区塘南一支路4-1号，主要建设内容为拆除原市职业培训指导中心大楼4栋，新建地上6层、地下1层业务大楼1栋，总建筑面积14407平方米，其中地上建筑面积11554平方米、地下建筑面积2853平方米。建设单位为无锡市人力资源和社会保障局，设计单位为无锡市建筑设计研究院有限责任公司，施工单位为江苏无锡二建建设集团有限公司，监理单位为无锡同济建设监理咨询有限公司。工程于2021年12月开工，2023年8月竣工。

【无锡市市北高级中学综合楼新建工程】 该工程位于梁溪区广石西路987号市北高级中学内，总用地面积6864平方米，主要建设内容为新建6层综合楼3栋，总建筑面积11128平方米。建设单位为无锡市教育局，设计单位为无锡市建筑设计研究院有限责任公司，施工单位为江苏天亿建设工程有限公司，监理单位为江苏天孚建设管理有限公司。工程于2023年1月开工，2023年12月竣工。

【无锡创业大学改造工程】 该工程位于惠山区华学环路6号无锡技师学院内，主要建设内容为利用已有建筑建设工匠学院和创客学院，装修改造面积15123.9平方米。建设单位为无锡市人力资源和社会保障局，设计单位为江苏博森建筑设计有限公司，施工单位为江苏楷正建设有限公司，监理单位为无锡市五洲建设工程监理有限责任公司。工程于2021年12月开工，2023年3月竣工。

【无锡知识产权法庭改造工程】 该工程位于新吴区和风路32-6号，主要建设内容为利用已有建筑建设无锡知识产权法庭(含国际商事法庭)，改造面积4957.6平方米。建设单位为无锡市中级人民法院，设计单位为无锡市建筑设计研究院有限责任公司，施工单位为无锡兢腾建筑装饰工程有限公司，监理单位为无锡建设监理咨询有限公司。工程于2022年11月开工，2023年4月竣工。

(华栋梁)

市政设施

【市政设施检测】 2023年，无锡市有市管道路102条，面积1017.65万平方米；市管桥梁374座，面积379.4万平方米；声屏障47.2千米；管辖隧道14条，长30.48千米；地下人行通道6条，长697.9米。全年开展市政工程质量监督检测批次496个、不合格批次15个，监督检测抽检总体合格率97%。其中，常规监督抽查检测342批次、不合格批次9个，抽检合格率97.4%；管道视频监督抽查检测93批次、不合格批次6个，抽检合格率93.5%；信息登记材料专项抽查检测61批次，无不合格批次，抽检合格率100%。年内，无锡市桥梁养护管理工作被省住房城乡建设厅评为2022年度全省城市桥梁和地下道路养护管理工作评价第一等次。

(市市政园林局)

5月，无锡市锡虞西路排水设施实施养护作业

（无锡市市政设施建设工程有限公司　供图）

【市政设施养护】 2023年，无锡市市政设施建设工程有限公司完成全市166条主次干道、326座桥梁、32座高架桥梁和21座公铁立交桥养护维修工作。全年完成道路养护9.68万平方米、人行道养护7.25万平方米、桥梁养护1486座次，累计疏通管道2164.9千米，疏通窨井5.35万座、雨水井12.88万座，养护维修合格率100%。蠡湖大道高架桥、兴竹排水泵站、枕溪桥、锡虞西路排水设施等养护维修项目被评为2023年度江苏省市政设施优质养护片。无锡照明股份有限公司做好城市照明设施运维保障工作，全年维护总灯盏数48.5万盏，处理运行故障1619起，亮灯率98%，运行故障率低于0.8%，设施完好率94%，抢维修服务及时率99%。联合江南大学共建"智慧照明AIOT数字化平台及AI算法技术研发中心"。

（市市政集团）

【市政设施管理制度规范】 11月29日，经江苏省第十四届人民代表大会常务委员会第六次会议批准，《无锡市城市道路管理条例》完成第二次修订并予以公布，主要对条例中部分内容与上位法不一致、桥下空间的合理利用存在限制、规划建设与后期养护管理等方面提出修改建议。年内，市市政园林局制定出台《无锡市市级政府市管道桥投资项目管理办法》《无锡市市管道桥养护管理考核办法》《无锡市市管隧道养护管理考核办法》《明确道路品质提升（大修）项目既有管线安全保护相关管理要求》《无锡市市管道路桥梁隧道突发事件应急预案》等管理制度文件，进一步规范全市市政设施管理。组织召开《江苏省工程质量安全手册实施细则市政工程之道路桥梁隧道综合管廊篇（2022版）》集中宣贯培训会议推进工程质量管理标准化建设，加强手册应用的示范引领。开展强制性通用规范和《市政工程施工质量管理用表汇编》的宣贯工作，强调通用规范的严肃性和强制性，明确市政工程施工质量管理要求，提高市政工程施工资料管理的整体水平。

【道路品质提升】 2023年，市市政设施管理部门按照市委、市政府有关城市道路整治提升工作部署，打造无锡道路品质提升样板。长江北路（学前东路—太湖大道段）品质提升项目，按照《无锡市道路品质提升细则》，全线新铺沥青玛蹄脂（SMA）路面，整体拓宽人行道，升级地下管网，道路两侧以大乔木为景观绿化，项目于2月开始实施，12月建成通车。通惠西路（青石路—惠山横街段）品质提升项目，以"绿色、人文、智慧"的建设理念，体现惠山古镇元素，建设一条集交通、展示、旅游等功能于一体的古风大道，项目于3月开始实施，12月建成通车。

【梁溪大桥受损梁体维修应急工程】 4月11日，梁溪大桥运河西路段因事故造成10片T梁不同程度损伤，市政府决定实施梁溪大桥受损梁体维修应急项目。项目内容包括对受损最严重的北起第4、第5片梁进行拆除更换，其他梁体采用加固维修的方式进行处置，并对受损区域进行封闭、修复、涂装等处理。工程实施将预制好的2片T梁精准地放置在预定位置，完成受损T梁的拆除与更换任务，提前10天恢复桥面交通，这是无锡市市政设施养护史上首次对跨运河桥梁实施整体换梁工作。

【市政工程质量监督】 2023年，市市政工程质量监督管理中心受理监督注册工程122项，监督注册工作量68.1亿元。全年开展监督抽查498次、监督抽测258次、监督抽检76次，监督检测496批次，发出整改通知书190份，发出停工通知书2份；完成工程竣工备案初审17项，竣工验收公示92项，质监档案归档83份，组织专项巡查4次，巡查在建工程20个，发出巡查通报4份。根据凤翔路快速路北延项目等装配式桥梁结构的特点，加强对骨架成型和模板拼装质量的监督检查，加大对现场拼装、坐浆施工和连接部位灌浆施工的监管力度，对现场拼装灌浆全过程实行视频影像资料留存制度，规范施工人员操作行为，反映实体质量真实情况。做好凤翔路北延、北尖公园水处理厂等一批市政重点工程项目的质量监督工作，落实参建各方主体质量责任，加强重点工程质量过程管理，全年组织开展市政重点项目质量专项检查4次，抽查在建重点工程20个，针对各参建质量责任主体抽查内容872项，符合项为732项，检查项总体符合率83.9%。开展市政工程质量常见问题专项治理，提升透水混凝土人行道施工品质，加强人行道路基和基层的施工质量控制，严控透水混凝土配合比设计和现场摊铺浇筑质量，保障人行道透水功能，合理优化伸缩缝和膨胀缝设置，消除井周应力集中裂缝的产生，注重侧平石安装细节处理，提高人行道的整体美观度和行走舒适度；采用灌浆复合沥青路面改善路口车辙现象，在大空隙基体沥青混合料面层中灌入具有高流动性的水泥基灌浆材料，形成复合路面结构，缓解路口车辙的产生。

【混凝土质量专项检查】 2023年，市市政工程质量监督管理部门开展混凝土质量专项检查4次，抽查在建项目18个，抽查预拌混凝土生产企业16家，共抽查内容746项，符合项为643项，检查项总体符合率86.2%。抽检混凝土原材32个批次，抽检合格率100%。现场回弹抽测混凝土强度10个部位，抽测合格率100%。通过强化混凝土质量管理主体责任，规范混凝土生产和使用行为，保障市政工程混凝土结构主体质量安全。

【市政工程质量检测机构监管】 2023年，市市政工程质量监督管理部门加强市政工程领域质量检测机构监管，每半年开展一次专项检查工作，分别针对检测机构质量体系运行情况、见证取样检测执行情况、综合报告制度落实情况以及材料检测和实体检测质量行为情况进行抽查。全年检查检测机构12家，抽查内容1068项，符合项为939项，检查项符合率87.9%。

（市市政园林局）

公用事业

【供气】 2023，无锡市区天然气管网敷设到所有乡镇，市区实现“西气”“川气”双气源供气。无锡市天然气年用气量27.52亿立方米。其中，市区全年天然气用量12.63亿立方米，江阴市全年天然气用量8.62亿立方米，宜兴市全年天然气用量6.27亿立方米。无锡市天然气总用户数239.17万户。其中，市区天然气用户1644584户，江阴市天然气用户464109户，宜兴市天然气用户283047户。无锡市新增天然气用户105448户，其中民用101461户、公服3724户、工业企业263户。全市天然气汽车加气站有23座，其中CNG加气站12座、C–LNG加气站4座，LNG加气站7座。年内，全市CNG加气站累计销售天然气3287万立方米，LNG加气站累计销售天然气2148万立方米。市区全年天然气气化率93%。完成老旧燃气管网改造21.54千米，“瓶改管”1.4万户，管道气居民用户金属包覆软管和自闭阀安装更换61.3万户，实现市区151.3万户“管阀”2件套加装全覆盖。

【供水】 2023年，无锡市最高日供水能力为260万立方米，市区四大净水厂全部达到城市供水深度处理工艺要求，基本形成全市优质、安全、足量的城市供水体系构架。全市新建城市供水管网（DN75以上）73.77千米，投资12170万元；改造管网（DN75以上）181.83千米，投资19991万元。全市总供水量9.21亿立方米。其中，无锡市区总供水量5.29亿立方米，最高日供水量160.58万立方米（2023年7月12日），日均供水量155.79万立方米。江阴市以长江水为主要水源，日供水能力为110万立方米，年供水量2.6186亿立方米，最高日供水量84.46万立方米，日均供水量71.74万立方米。宜兴市以横山水库、油车水库等为水源地，日供水能力为60万立方米，年供水量1.3011亿立方米，最高日供水量约43.12万立方米，日均供水量35.65万立方米。年内，无锡市完成对出厂水、管网水、二次供水泵房等城市供水设施水质355点次、5713个检测项目数据的抽样检测，按《生活饮用水卫生标准》（GB 5749—2022）进行检测分析，涉及97项全分析、43项常规全分析和常规7项水质指标，检测结果均符合国家标准，综合合格率100%。持续开展市管道路市政消火栓安全检查与抽查，加强日常执法监管力度，保障养护资金拨付及时，确保市管道路市政消火栓完好率。对排水设施水质抽样检测360批次，对市区三大污水处理厂进水水质进行比对检测，三大污水处理厂进水稳定；对全市33个排水水质远程监管系统监测站点进行全面检查，均符合运行考核要求。完成居民住宅二次供水泵房改造81个，完成城市自来水老旧管网改造50.8千米，完成农村供水设施改造20433户，完成屋顶水箱改造850个。

（市市政园林局　市市政集团）

【供电】 2023年，无锡市全年全社会用电量864.07亿千瓦时，比上年增长3.69%。国网无锡供电公司售电量801.33亿千瓦时，比上年增长3.05%。全社会用电负荷超过1500万千瓦，电网调度最高负荷1451.7万千瓦。全年发展总投入30.2亿元，其中固定资产投资27.56亿元，投产35千伏及以上主变容量117万千伏安、线路长度145.61千米。

国网无锡供电公司高标准推进新型电力系统建设，500千伏凤城—梅里和陆桥加强线路工程属地工作完成；220千伏文台变电站、万安变电站等27个主网工程按期投产；利港电厂百万机组、江阴燃机二期、西区燃机二期送出工程取得阶段性成果。投运配农网工程4300余个。推进4个智慧配电网示范项目，国网无锡供电公司入选国网系统国际一流配电网先行示范区。配网自愈能力提升，压降故障停电3.2万时·户。打造新吴区新型电力系统综合示范区，实现营配调规数据融合贯通。建成零碳转型、区域自治的广盈微电网项目，绿电自给率60%。选取白塔村为试点，构建低碳乡村新型能源体系。助力新能源产业，全年新增新能源装机量100.4万千瓦，比上年增长38.82%。新建充电站91座、充电桩585个，充电量比上年增长61.8%。服务外向型企业，完成绿电交易6.52亿千瓦时，比上年增长167%，指导13个项目申领成功全国首批分布式光伏绿证。年内，公司获评国网配电无人机自主巡检示范区，110千伏高巷变电站、春雷变电站获全国电力行业优秀工程设计一等奖。

【供电创新服务】 2023年，国网无锡供电公司参与编制《无锡市优化营商环境条例》，发布服务重大项目10项举措，为德力佳二期、华虹二期等重要客户提供专属用能服务，为“四线四路”（“四线”指地铁4号线二期、5号线及锡宜S2线、锡澄S1线，“四路”指锡宜及沪武高速扩建、锡太高速、江阴靖江长江隧道南接线）交通工程主动优化停电、迁改计划。完成省市重点项目送电164项，建成“开门接电”示范区7个，节省高低压客户办电成本5.78亿元。开展频繁停电问题专项治理，频繁停电工单比上年下降25%。完成架空线路入地59.37千米，市区范围废旧杆塔基本清除。统筹解决老旧小区电梯用电、汽车充电等民生难题，开展“电靓乡村振兴路”主题行动，推进“绿色乡村”等4类12项重点任务落实。建成桃源村等3个国网级“村网共建”电力便民服务示范点。推广乡村电气化项目674个，消除农村用电隐患297处。

国网无锡供电公司坚持以改革促发展、以创新解难题，完成农电员工持股问题整改，做到依法合规、平稳有序；尖峰电价、第三监管周期输配电价、购售同期调整平稳过渡。完成市场化交易电量565.49亿千瓦时，平稳承接500千伏变电监控类业务。年内，国网无锡供电公司获评国家知识产权优势企业，公司所属电力北斗应用实验室挂牌江苏省工程研究中心；“高压电缆自动化无损施工检测成套装备”专利获第48届日内瓦国际发明展金奖，“变电站监控系统网络安全主动高效防控实用技术创新及应用”成果获国家电网有限公司科技进步二等奖，“电缆隧道无人机精准定位与多策略融合自主巡检技术”成果获中国电力发展促进会科学技术一等奖，“以零碳为目标的变电站全生命周期减碳管理”项目获第30届全国企业管理现代化创新成果二等奖，“法定计量检定授权机构管控软件的研制”“便携式三相电能表快速上电装置的研制”2项QC成果分别获第48届国际质量小组会议（ICQCC）金奖和中国职工技术协会一等奖，智库7篇论文被第24届东亚及西太平洋电力工业协会大会录用。

（高　君）

【城市照明】 2023年末，无锡市照明设施总量1098431盏。其中：中心城区市管总灯盏数261220盏；锡山区73719盏、惠山区156380盏、新吴区395123盏、马山国家旅游度假区18107盏；江阴市88427盏、宜兴市105455盏。全年实际发生电费1.63亿元，节约电费2627.01万元，节电率13.82%。其中：梁溪区电费2853.56万元，占全市电费的17.32%；滨湖区电费2158.84万元，占全市电费的13.18%；经开区电费1293.65万元，占全市电费的7.9%；锡山区电费3564.12万元，占21.76%；惠山区电费3161.02万元，占19.3%；新吴区电费3345.28万元，占20.43%。全年中心城区亮灯率99.81%，设施完好率98.70%；锡山区亮灯率99.71%，设施完好率97.60%；惠山区亮灯率99.77%，设施完好率98.37%；新吴区亮灯率99.82%，设施完好率98.58%。

【污水处理】 2023年，无锡市52家污水处理厂总处理规模280.3万吨/日。其中，市区21家污水处理厂处理规模179.25万吨/日，江阴市21家污水厂处理规模64.05万吨/日，宜兴市10家污水处理厂处理规模37万吨/日。年内，全市52家城镇污水处理厂实际处理水量8.04亿吨，其中市区处理5.25亿吨、江阴市处理1.65亿吨，宜兴市处理1.14亿吨。年末，全市污水主管网总长度9224.15千米，其中江阴市管网长度2017.48千米、宜兴市管网长度1876.53千米、市区管网长度5330.14千米。

【公共服务热线】 2023年，无锡市社会公共服务热线平台受理各渠道报修电话5226件。其中，市民报修1132件，“12345”服务热线接报490件，“12319”服务热线（含“110”）接报332件，数字城管接报3272件，及时处理率100%。

（市市政园林局）

【市政新能源产业建设】 3月6日，江苏鑫明新能源投资发展有限公司成立，年内投资建成4个工商业用户侧储能电站项目，工商业储能总规模15.25兆瓦时。6月25日，无锡市市政公用产业集团参与投资的盘古钠祥钠离子电池研发总部及制造基地项目签约落户锡山经济技术开发区。该项目总投资26.2亿元，规划用地13.33公顷；与新能源头部企业深圳科士达科技股份有限公司合资设立科士达首个华东地区生产基地，共同布局充电设备及锂电池储能产品制造，7月，首期项目充电设备制造项目开始运行。年内，市市政集团推进分布式光伏发电项目建设，建成投运澄西水源厂、芦村污水处理厂、永新污水处理厂等8个分布式光伏发电项目，装机容量9.63兆瓦。

8月8日，芦村污水处理厂分布式光伏电站项目并网发电

（无锡市水务集团有限公司　供图）

【**无锡市市政公用产业集团**】2023年，无锡市市政公用产业集团完成营业收入140.02亿元，实现利润总额6.73亿元，完成现价工业总产值50.98亿元，比上年分别增长5.36%、10.15%和4.85%，居中国服务业企业500强第371位。全年实施重大投资项目40个，完成投资35.25亿元，投资完成率106.4%。围绕水电气暖等民生主业项目，申报中央预算内资金和政策性开发性金融工具项目，获中央资金2.6亿元，其中获2023年重点流域水环境综合治理、燃气管道更新改造等中央资金1.08亿元，获批专项债券1.52亿元。落实市委、市政府《关于降低实体经济企业成本促进经济平稳健康发展的实施意见》《关于贯彻落实省政府推动经济率先整体好转若干政策措施实施方案的通知》要求，全年为无锡市实体经济降低水气成本2.1亿元，为小微企业和个体工商户办理缓交水气费用2712万元。推出《2023优化供水营商环境实施细则4.0》，完善水气协同报装、零材料无感报装和“不动产＋水气”联动过户服务，拓展“灵锡”App等平台“亮证办水办气”功能，水气业务实现“一窗式”“一码式”通办；年内完成营业厅互办业务1.22万笔，“962181”热线平台话务量161万个，热线服务满意率超96%。推进新能源汽车公共充电桩项目，建成投运全市规模最大的“光储超充停”一体化公共充电站永定桥旗舰站和“光储充放”一体化智能超级充电站向阳路示范站，至年末，累计建成市政充电站410座，充电桩5548台，提供充电服务超530万次，充电量超1.18亿千瓦时，无锡市公共充电市场占有率超70%。

【**无锡市水务集团有限公司**】2023年，无锡市水务集团有限公司完成总供水量5.29亿立方米，平均日供水量145万立方米，自来水出厂水质合格率、水质综合合格率、尾泥安全处置率均为100%，主要水质指标优于新国标（GB 5749—2022）；完成主城区污水处理量2.31亿吨，出水稳定达到新省标（DB32/ 4440—2022），水质排放综合合格率100%，污泥安全处理率100%。

【**无锡华润燃气有限公司**】2023年，无锡华润燃气有限公司新建燃气中高压管网55.1千米，发展居民用户8.31万户，累计用户数162.58万户，供应天然气12.8亿立方米。全市6000户餐饮用户实现“灶、管、阀、警、传、码”6件套全覆盖；其他非居用户实现长寿命软管、燃气泄漏报警器、电磁切断阀全覆盖安装，全部接入智慧燃气安全监管云平台进行远程监控。推进智慧燃气建设，利用SCADA系统、MOSAIC系统等监测手段，保障场站、调压站、工商业用户等约1300个站点的压力、流量等运行数据的正常远传及监控。配合市市政园林局完成《无锡市城市生命线安全工程建设试点实施方案》编制、数据专项治理及在线数据接口开发等汇聚治理工作，对燃气管网关键点位补充必要的监测设备。推进市区瓶装气市场整合，牵头成立无锡润利能源有限公司，取得燃气经营许可证，形成无锡市瓶装气市场“两家主体（另一家为无锡市联丰燃气有限公司）、良性竞争”格局。

【**无锡西区燃气热电有限公司**】2023年，无锡西区燃气热电有限公司完成发电量13.86亿千瓦时，供热量59.4万吨，供热服务及时率100%，市民满意率100%。完成会西地块大庄河、运河西路双河大桥和通惠西路等8条热网管道改造提升。余热锅炉烟气脱硝改造工程建成投运，机组氮氧化物排放浓度从28毫克/标准立方米降低至16毫克/标准立方米。探索市政电动专用车配套充换电基础设施运行模式，年充电量120万千瓦时，每年能够节约标准煤120吨，减少二氧化碳排放33吨。

【**无锡市政公用环境检测研究院有限公司**】2023年，无锡市政公用环境检测研究院有限公司做好全市3个水源地（南泉水厂、锡东水厂、锡澄水厂）、4座净水厂（雪浪水厂、锡东水厂、中桥水厂、锡澄水厂）以及供水范围内120个管网点、500个二次供水点的水质检测和全市21家污水处理厂进水、出水、污泥、废气、噪声等检测工作。全年完成水质检测样品2万个，出具检测数据11.7万个、检测报告5800份。

（市市政集团）

城市绿化

【概况】 2023年，无锡市各级绿化部门围绕国家生态园林城市创建和公园城市建设目标，推动高品质绿色空间建设，推进城市园林绿化高质量发展。市区新增城市绿地306.55万平方米，建成区绿化覆盖率44.52%，建成区绿地率41.46%，建成区公园绿化活动场地服务半径覆盖率94.62%，城市人均公园绿地面积15.28平方米。按期高质量完成省政府为民办实事“乐享园林”项目10个，市区完成新改建各类公园游园91个，道路绿化提升改造29条。年内，市市政园林局推进成立第13届江苏省园博会工作领导小组，建立市、县两级工作联系制度，督促指导江阴市开展前期相关工作，编制完成《第13届江苏省园艺博览会总体方案》和园博园总体规划方案，总体方案经省政府办公厅审定印发。承办省住房城乡建设厅组织召开的第13届江苏省（无锡）园艺博览会转型发展专家咨询座谈会，做好紫金奖·第13届省园博会专项赛道的宣贯推介工作。完成全市范围内城市绿地外来入侵物种的普查工作，掌握无锡市绿地外来物种入侵状况和发生趋势。

【国家生态园林城市创建工作】 2023年，无锡市围绕创成国家生态园林城市的工作目标，完成市级考察线路2条、考察点位18个，各区备选考察线路2条、考察点位16个。编制创建国家生态园林城市考核点位宣传手册以及桥下空间、口袋公园、公园绿地开放共享、海绵城市建设等图册，通过《无锡日报》《江南晚报》等媒体和市市政园林局微信公众号等线上平台发布宣传报道近15篇，宣传国家生态园林城市建设成果。

【省“乐享园林”项目建设】 2023年，无锡市有10个项目纳入江苏省“乐享园林”民生实事项目建设，其中口袋公园项目6个、滨水绿岸项目2个、其他类型项目2个。全年新（改）建绿地面积29.1公顷，总投资50594万元，年末项目全部完成并向社会开放。在省住房城乡建设厅组织的2022年度“乐享园林”活力空间项目评价暨高品质绿色空间实践项目评选工作中，第二批50项“江苏省公众喜爱的高品质绿色空间实践项目·乐享园林”名单公布，无锡市东林书院外弓河游园、南长街游园、福巷口袋公园（江阴）、锡澄运河特色空间塑造（江阴）、双氿三河宜居活力水岸（宜兴）、梁溪河十里画廊示范段、太湖广场更新7个项目入选，入选项目数量居全省首位。

【城市公园绿地建设】 2023年，市市政园林局围绕公园绿地“十分钟服务圈”建设目标，推进各类公园、游园和口袋公园建设。无锡市区完成万丰游园、知雨游园、蠡河小游园、八士市民公园、白荡公园二期、人民公园、迎晖游园、鸿山寒儒桥游园、伯渎河桃气堡儿童乐园等各类新（改）建公园游园91个，其中儿童友好型公园14个，提升公园绿地的均衡性、可达性和便民性，在全市构建数量达标、分布均衡、功能完备、品质优良的公园体系。年末，无锡市与东南大学共建“梅园”项目完成全部建设工程；无锡植物园一期启动区完成建设，在原红沙湾生态园的基础上进行提升改造，完成疏林透湖、管道开挖、路面铺装等工作，以及翠驿听泉、醉红映山、泓湾夕照、紫阳迎夏、野隐观澜、乡土瓜果园、樱花茶田7个专类园和重要景点建设，对接上海辰山植物园，完成园内植物管理系统调研。

【公园绿地开放共享】 2023年，根据住房城乡建设部、省住房城乡建设厅开展公园绿地开放共享试点工作相关通知要求，无锡市开展公园绿地开放共享工作，出台《无锡市公园绿地开放共享实施方案》，推进全域试点，成为江苏省首批公园绿地开放共享试点城市群。市市政园林局制定公园绿地开放共享工作计划，公布第一批开放共享公园绿地点位52个，制定开放共享公园地图；编制出台《无锡市公园绿地开放共享工作导则》，规范全市公园绿地开放共享工作，指导推进示范点建设。创新提出“双园长制”（责任园长、市民园长）和开放共享公园绿地评价体系，设计开放共享公园绿地LOGO，强化开放共享公园绿地的标识性，提升开放共享公园绿地的景观品质和服务水平。

【高品质公园管理】 2023年，《2023年无锡市城市公园管理工作要点》印发，明确关于高品质公园管理的工作要求。市市政园林局编制完成《无锡市高品质公园评价实施方案》，作为无锡市高品质公园考核评价依据。年末，对申报的高品质公园进行评价，公布2023年无锡市高品质公园名单，金匮公园、友好园、运河艺术公园等32个公园被评为首批无锡市高品质公园。通过推进高品质公园评价，以点带面推动全市公园品质、服务、环境整体提升。

（市市政园林局）

【古树名木保护管理】 2023年，《无锡市绿化委员会办公室关于进一步优化古树名木周边环境的通知》印发，对优化完善古树名木周边环境，提出明确要求。7月，《无锡市区第一批古树名木后备资源保护名单》公布，完成建档挂牌工作，加强市区古树名木及后备资源的保护管理。市自然资源规划局按照《无锡市古树名木保护办法》要求，加强日常巡查，及时掌握古树名木生长和环境变化状况，对经开区、惠山区、滨湖区、新吴区等上报的16株古树(后备古树)，组织市古树名木专家进行现场勘察，提出保护复壮意见，并督促落实。年内，古树名木抢救复壮省级试点样树项目6株。市市政园林局贯彻落实《江苏省城市古树名木保护管理规定》，完善城市古树名木及后备资源的图文档案和电子信息数据库，做到"一树一档"精确管理。按照属地管理原则和古树名木权属、生长环境等情况，落实养护单位或养护责任人。9月，开展全市古树名木及后备资源的普查工作，对各区古树名木普查专员进行普查专题培训。至年末，全市有古树名木867株，后备古树85株。

（刘梦蛟　市市政园林局）

【第24届无锡市花——杜鹃花节】 4月15日，市市政园林局会同市文明办、市文旅集团举办第24届无锡市花——杜鹃花节。以体现"市民的节日"为目标，围绕"推进绿色发展、建设美丽家园"主题，开展杜鹃花精品展、市花节广场宣传活动、市花送"身边好人"代表、"市花小天使"评选等活动，提升广大市民的参与度，丰富市民群众的文化生活，展现无锡市园林绿化水平。

【参加第12届江苏省(连云港)园艺博览会】 4月26日，第12届江苏省园艺博览会在连云港市开幕，展期1个月。无锡市参会展园通过建设"桑""蚕""丝""绸"4个主题区域，展示桑蚕丝绸产业和文化内涵。该届园博会无锡市获各类奖项17个。其中：无锡展园"江南丝韵"获造园艺术奖展园综合一等奖、展园单项建筑小品奖；选送的"太湖明珠、江南盛地"获花卉花艺一等奖；无锡市人民政府获组织工作奖；无锡市市政和园林局获表现突出集体称号；在园林园艺专题展览中，无锡市获插花、盆景、组合盆栽、园艺产品等各类奖项10余个。

【无锡市园林绿化行业插花花艺师职业技能竞赛】 9月27日，无锡市园林绿化行业插花花艺师职业技能竞赛在梅园公园举办。竞赛由市市政园林局、市人力资源社会保障局、市总工会主办，经初赛选拔，各市(县)区、市文旅集团、市城建发展集团等10个代表队41名选手参加决赛。竞赛分为理论考试和技能操作两部分，技能操作现场，选手须在90分钟内完成统一命题、自由命题插花作品各1件。最终产生无锡市首批插花花艺师高级工，推选出5名选手代表无锡市参加2025年省住房城乡建设厅举办的全省百万城乡建设职工职业技能竞赛决赛。获得竞赛前三名的选手，由市总工会授予"无锡市五一创新能手"称号，由市人力资源社会保障局授予"无锡市技术能手"称号。

4月15日，第24届无锡市花——杜鹃花节开幕式现场开展"市花小天使"评选等活动

（惠山古镇景区　供图）

【无锡市园林绿化行业职工职业技能竞赛】 9月，根据省住房城乡建设厅、省总工会、省教育厅要求，市市政园林局组织开展2023年无锡市园林绿化行业职工职业技能竞赛活动，各市(县)、区园林绿化行政主管部门、市文旅集团、城建发展集团等单位10支代表队40名选手参加比赛，推选竞赛前五名选手参加省职工职业技能竞赛。10月，在省职工职业技能竞赛中，无锡代表队获评团体第四名。

【园林绿化废弃物处置】 2023年，市市政园林局下发《关于进一步加强园林绿化有机废弃物资源化利用工作的通知》，加强工作推动和考核。年末，无锡市建成园林绿化有机废弃物处置点6个，园林绿化有机废弃物年处理能力15万吨，基本建成"收、运、处、用"一体化全过程运行体系，园林绿化有机废弃物收集率100%，资源化处置利用率95%，达到环太湖地区城乡有机废弃物处理利用示范区目标任务要求。

（市市政园林局）

城市公交

【概况】 2023年，无锡市持续深化公交、地铁"两网"融合发展，加快构建"地铁送到站、公交接回家"的"零距离"公交接驳体系，新辟及优化调整公交(微巴)线路35条，新增更新低入口及低地板新能源公交车200辆，新改建适老化公交站台57座；开通响应式公交线路16条，线路运行时间平均缩短 6 ～ 9 分钟，营运效率提升 23%。推动公交进医院、进校园、进社区，开通轨道高频接驳线、通勤微巴、就医专线、护学公交等定制公交线路 105 条，在全省率先试点动态公交服务，订单成交率 95% 以上。全省首条开进机场的跨市域毗邻公交线路——苏锡公交 1 号线开通，年内发送旅客 19.38 万人次。在全省率先实现全市域毗邻县（区）公交通达率 100%。开展公交、地铁“多码整合”，“无锡交通码”上线，在全省率先实现公交、地铁“一码通乘”。推动南北公交实现互通互惠，无锡、连云港两地“交通一卡通”实现互通互惠待遇。年内，无锡市入选全国公交都市创建示范城市名单，获评江苏省公交优先示范城市、全国绿色出行创建达标城市，绿色出行比例 70.1%，绿色出行服务满意率 95.1%。

无锡市公共交通集团有限公司（以下简称“无锡公交集团”）有常规公交线路 271 条，微型巴士线路 22 条，定制公交线路 105 条，合计 398 条线路。运营车辆 2599 辆，日均营运班次 9211 个，日均客流 45 万人次，全年完成营运里程 11720 万千米。“锡巴士”定制公交日常运营的定制线路 94 条，其中校园定制 31 条、企业定制 62 条、专线定制 1 条，涉及企业、单位 56 家，日均营运班次 415 个，日均载客 1.08 万人次，实现各行政区域全面覆盖。开通护学微巴 13、15、16、17、21、22 号线 6 条线路，“护学微巴线”“动态公交”等公交营运新模式获中央电视台《朝闻天下》《正点财经》栏目报道。完成 2023 锡山宛山湖马拉松赛事接驳定制公交保障任务。无锡公交集团充电场站建设项目推进至第四期，全年完成麦德龙、东北塘、港下、阳山 4 个充电站、72 个充电桩建设并投运。无锡公交集团获江苏省五一劳动奖状、江苏省企业文化优秀成果二等奖、无锡市第二届“步弓石杯”廉洁文化作品一等奖、中国交通报社“百强好故事”奖。

（吴小芹　谈　磊）

【出租车网约车】 2023 年，无锡市区有巡游出租车公司 21 家，巡游出租车 4040 辆（含 38 辆个体车），许可巡游车驾驶员 11046 人，注册驾驶员 5774 人。市区依法许可网约车平台公司 32 家，实际运营 31 家；许可网约车 2.37 万辆，注册报备车辆 2.03 万辆；许可网约车驾驶员 4.46 万人。市交通运输局强化网约车许可管理，落实网约车平台公司主体责任，应用网约车信息平台，实施网约车车辆、驾驶员网上信息报备。实际运营网约车平台注册报备率及驾驶员注册报备率均在 90% 以上。年内，通过开展“护航”等专项行动，采取暗访排查、线上线下查处等方式，加强行业监管，查获网约车行业各类违法案件 2218 起，对网约车平台非合规派单立案 1140 起。

（孙　斌）

【公交营运新模式获中央电视台报道】 12 月 4 日，中央电视台新闻频道《央视财经》栏目报道无锡公交集团“动态公交”、公交站点“响应式停靠”试点运行的新闻。无锡公交集团推出 16 条线路试行公交站点“响应式停靠”，其中 7 条线路全线实施“响应式停靠”，9 条线路实施部分站台“响应式停靠”。“响应式停靠”是指根据乘客的实际需求停靠站点，车厢内安装 6 个“按铃”，分布在车厢前部竖杆上、下车门旁竖杆上、车厢后部横杆上，方便乘客就近按铃下车。“动态公交”实行“互联网 + 公交”的网上预约运营模式，市民用手机打开动态公交服务页面，即可在线叫车；无锡首批“动态公交”在经开区、惠山区各 12 平方千米区域内运行。无锡动态公交 App 注册用户超 7000 人，常用付费用户 2500 人，乘客平均出行距离约 2.3 千米，应答时间在 3 ～ 5 分钟。

【苏锡公交 1 号线开通】 3 月 10 日，苏锡毗邻公交一体化先行暨苏锡公交 1 号线开通仪式在无锡硕放机场举行。苏锡公交 1 号线区别于以往毗邻公交在既有线路延伸的模式，是苏州、无锡两地新辟的第一条城际枢纽公交线路，由两地公交企业共同运营，沟通联结无锡硕放机场和苏州高新区城铁站两个枢纽站，接驳换乘无锡地铁 3 号线和苏州轨道交通 3 号线。该线路全程 66.8 千米（单程 33.4 千米），设站点 8 个，投放纯电公交车辆 10 辆（无锡新吴区公交、苏州公交各 5 辆），车长 8.5 米，班次间隔 30 ～ 45 分钟，共 20 班次，单程运营 95 分钟。该条线路的开通，满足两地居民的公交出行需求，促进苏锡毗邻区域协同发展。

（朱　印）

【定制公交“健康专线”开通】 10 月 25 日，无锡公交集团联合无锡市第二人民医院推出的 3 条免费“健康专线”开通。该线路往返于新吴区坊前、惠山区玉祁街道、锡山区锡北镇与无锡市第二人民医院南、北院区，为就诊群众提供便利。

【巴士电站梅园站、盛岸站上线运营】 11 月 28 日，巴士电站梅园站、盛岸站上线运营。巴士电站主要满足新能源车主充电需求，解决新能源车辆“充电难”的问题，打造“三公里充电服务圈”。该电站选用国内一线品牌直流充电设备，同时配备 12 米 ×3.5 米大车位。

（谈　磊）

【公交候车亭升级改造】 2023 年，无锡公交集团完成市区 57 座公交候车亭的改造，主要涉及惠河路、清扬路、中山路、龙光路（古华山路）等人流量较大的公交站点。此次改造的公交候车亭电子信息屏从原先的 LED 屏升级为 LCD 屏，实现公益宣传、电子报站功能；部分公交候车凳材料改为木质与不锈钢相结合，加长加宽凳面；部分公交候车亭配备 AED（自动体外除颤器），提升公共场所应急救护能力。自 2019 年起，

8 月 3 日，宜兴市多个新型多功能公交候车亭建成投用

（市综合交通运输学会　供图）

无锡公交集团交通场站公司开启新式候车亭试点，累计改造候车亭 200 余座。8 月 3 日，宜兴市多个新型多功能公交候车亭建成投用，其中宜兴市党群服务中心红色公交候车厅侧重党建宣传功能，新型多功能化公交站牌实时显示经停线路的运行情况，市民可随时掌握公交车的行驶轨迹。候车亭配备共享充电、自动售货机、智能公交站牌、夜间照明等设备。

（谈　磊　管　浩）

【江阴市新增 3 条毗邻公交线路】 4 月 30 日，江阴市开通毗邻公交 325 路支线，该线路延伸至常熟尚湖南村坝站，停靠站点 8 个，日发班次 4 班；常熟市毗邻公交 319 路延伸至江阴顾山吉麦隆站，停靠站点 4 个，日发班次 5 班。9 月 26 日，继江阴“昌达路”与张家港“长江西路”打通后，江阴城市公交 12 路延伸至张家港高峰公交首末站，成为江阴、张家港两地之间的第 3 条毗邻公交，设立站点 23 个，日发 58 班。11 月 13 日，江阴市镇村公交 509 路延伸至常州武进区郭家村公交站停靠运行，停靠站点 29 个，日发班次 6 班。江阴市实现毗邻县（市、区）公交化通达率 100%。

【江阴市获省级城乡公交一体化达标县】 8 月，江苏省交通运输厅发布的第二批“城乡公交一体化达标县（市、区）”名单，江阴市被确定为城乡公交一体化达标县（市、区），成为继宜兴市之后，无锡市第二个建成县（市、区）。江阴全市公交线路 159 条，行政村到市区（区域中心）公交直达率 84.3%，3A 级以上景区公交通达率 100%，城乡交通运输一体化水平连续 3 年获评省级 5A，形成“线网层次多元化、城乡网络一体化、换乘衔接便捷化”的城乡公交一体化服务体系。

（朱怡洁）

地　铁

【概况】 2023 年，无锡市新开工轨道交通项目 4 个，续建轨道交通项目 2 个，完成轨道交通投资 79.6 亿元；至年末，累计开通地铁线路 4 条，运营里程 112 千米、车站 80 座、换乘站 7 座。全年运送乘客 1.85 亿人次，比上年增长 54.38%，单日最高客流首破 110 万人次；通车以后累计运送乘客 10.13 亿人次。列车正点率、运行图兑现率等关键指标均超 99.9%，实现连续安全生产 3820 天。无锡地铁集团有限公司实现票务收入 2.87 亿元，比上年增长 47%，客流稳步提升；增设升级爱心驿站 4 座，继续实施“贴心服务”项目，启动长三角首条空铁轨三方物流联运示范线。新增定制公交、微循环线路、接驳专线等公交线路 17 条，优化 36 个站点的非机动车停车位，地铁出入口 150 米范围内公交站台覆盖率 81%，实现手机 App 扫码支付互联互通，兼容各大银行在线支付，落地数字人民币、交通部“一码通”等场景应用。6 月 28 日，由无锡地铁集团有限公司与中车时代电气股份有限公司、中铁第四勘察设计院集团有限公司合作成立的无锡时代智能交通研究院挂牌江苏省博士后创新实践基地。年内，长三角交通媒体合作联盟成立大会、第 14 届城市轨道交通江浙合约联合会议、“党建‘融’出精彩、产业‘链’向未来”无锡轨道交通产业链党建发展论坛暨新华红思享会走进无锡地铁活动在无锡市举办，无锡地铁集团与中国矿业大学产学研合作基地揭牌，无锡地铁集团作为无锡市国资系统唯一一家获评江苏省产改试点企业，无锡地铁三阳商业街蝉联江苏省放心消费创建示范区域，职工钮海彦出席中国工会第十八次全国代表大会。无锡地铁 3 号线工程站后综合工程机电安装 2 个工区获 2021—2022 年度第二批中国安装工程优质奖（中国安装之星），无锡地铁 4 号线一期工程土建 01、06、07、08 标及具区路车辆段 5 个项目获江苏省建筑工程质量最高荣誉奖——江苏省优质工程奖“扬子杯”。申报的《“三度聚力”以高质量党建引领轨道交通高质量发展》特色党建工作法入选 2023 年度全国企业党建创新优秀案例（无锡唯一）、《城市轨道交通企业基于建设全生命周期和经营全过程的数字化管理》获第 29 届全国企业管理现代化创新二等成果、《“家文化”护航轨道交通民生事业》

获 2022—2023 年度全国企业文化优秀成果二等奖。

【首次实现轨道交通“五线共建”】 2023 年，无锡市第三期城市轨道交通规划全面启动实施，形成地铁 4 号线二期、5 号线、6 号线、无锡至宜兴城际轨道交通工程（S2 线）、无锡至江阴城际轨道交通工程（S1 线）“五线共建”局面，在建里程超 150 千米。1 月 6 日，地铁 5 号线开工，全长 29.5 千米，设车站 24 座，串联蠡湖未来城、无锡中心城区和高新区，是一条旅游、文化、经济的骨干线路。1 月 6 日，S2 线开工，全长 60 千米，设车站 9 座，串联宜兴城区、马山国际旅游岛和太湖新城，标志着无锡市轨道交通“一体两翼”的“双翼”工程全部实施，推动锡澄、锡宜协同发展。12 月 30 日，地铁 6 号线开工，全长 24.26 千米，设车站 18 座，途经无锡经开区、滨湖区、梁溪区及新吴区，与全网多条地铁线、市域线形成换乘，串联贡湖湾湿地公园、奥体中心、蠡湖风景区、市妇儿中心和三阳广场等城市重要板块，成为加强中心城区和太湖新城双核联动的重要纽带。地铁 4 号线二期为续建项目，全长 8.3 千米，设车站 6 座，均采用地下方式敷设，全线进入土建施工阶段，年内无锡新区站率先封顶，首台盾构机始发。S1 线为续建项目，全长 30.4 千米，设车站 10 座，与地铁 1 号线贯通运营，连通锡、澄两地，于 2023 年 10 月 7 日启动为期 3 个月的试运行。

【无锡“工匠号”地铁专列首发】 4 月 26 日，无锡“工匠号”地铁专列首发暨无锡工匠杯·第六届无锡技能精英大赛启动仪式在地铁 1 号线市民中心站举行，地铁 1 号线文化宫站打造的“匠意无锡”工匠主题地铁站亮相。

【无锡地铁线网日客流首破 100 万人次】 4 月 29 日至 5 月 3 日，无锡地铁线网总客流 384.3 万人次，其中，5 月 2 日线网日客流量 102.06 万人次，创历史新高，展现假日经济韧性和城市发展活力。无锡地铁综合考虑大客流、环境天气等因素，科学有效做出运力规划，采取压缩行车间隔、延长高峰期时长、持续 5 天延长运营 1 小时、增加备用车数量等手段，提升假期出行效率。结合足球赛事、车展会展等场景，在周边车站增配支援人员，设置缓行通道、配置暖心服务台、增加出行导向、预售回程车票，开展车站爱心驿站服务、无包安检通道、“地铁 + 公交”专项接驳等特色服务项目，为各类出行场景提供无忧畅行保障。

【无锡地铁 3 号线一期工程获国家级奖】 12 月 10 日，2023 年度中国建筑行业技术创新大会暨 2022—2023 年度中国建设工程鲁班奖颁奖大会在北京市召开，无锡地铁 3 号线一期工程获“鲁班奖”（国家优质工程）。12 月 25 日，无锡地铁 3 号线一期工程入选第 20 届第二批中国土木工程“詹天佑奖”。在 2016 年无锡地铁 1 号线工程获国家优质工程金质奖后，无锡市轨道交通再获 2 个国家级荣誉，无锡地铁实现国家级工程奖大满贯，即国家优质工程金奖、“鲁班奖”、“詹天佑奖”。无锡地铁 3 号线一期工程于 2016 年 3 月 30 日启动建设，2020 年 10

9 月 22 日，全国首届城市轨道交通 TOD 发展大会在无锡市召开（无锡地铁集团　供图）

月28日建成通车，全长28.5千米，设21座地下车站。项目建设过程中实施全国首条顶管法联络通道等多项首创工艺，应用建筑业10项新技术中的10个大项52个子项，获中国建设工程“鲁班奖”等工程质量奖项6个，获省部级科技进步奖14个，形成省部级工法15项，优秀QC成果28个，授权发明专利9件，实用新型专利82件，发表论文30余篇。

【**无锡城轨交通多元融合可持续发展示范项目启动**】 6月16日，由国家发展改革委指导、中国城市轨道交通协会立项的无锡城轨交通多元融合可持续发展示范项目启动。该示范项目聚焦“引流、增收、降本”3个方向，通过“区域、四网、线路、多交、绿智、系统、站城、文旅、业务”9大融合，促进轨道交通“规划—建设—运营—经营—管理”的全链条综合提升，进一步提升无锡市新一轮轨道交通的建设水平和服务质量，助力打造智慧公共交通体系。示范项目共有课题52个，年内结题10个，2024年、2025年计划各结题21个，涉及绿色城轨、智能交通等新质生产力的课题有21个，占比40%。11月14日，苏锡常都市圈轨道交通融合发展规划在无锡市启动，中国城市轨道交通协会、苏锡常城轨企业聚焦区域协同、站城一体、产城融合等方面，共商城市轨道交通可持续投资、可持续建设、可持续经营方案，助力建设“轨道上的都市圈”。

【**全国首届城市轨道交通TOD发展大会在无锡市召开**】 9月22日，全国首届城市轨道交通TOD发展大会在无锡市召开，全国51个城轨交通城市代表团和城轨交通TOD全产业链700余名代表参会。大会发布《中国城市轨道交通协会关于进一步鼓励和发展城市轨道交通场站及周边土地综合开发利用(TOD)的指导意见》，是首份以协会名义制定出台的指导TOD开发的重要文献，总结各地具有引领性、示范性、可借鉴、可复制的TOD开发成果。21个优质示范案例获表彰。《中国城市轨道交通TOD发展报告(1997—2023)》和《中国城轨交通TOD指数报告》在会上发布。

【**长三角首条“空铁轨联运”物流示范线在无锡市启动**】 11月8日，无锡地铁集团联合中国邮政集团有限公司无锡市分公司、无锡市顺丰速运有限公司，在无锡地铁3号线硕放机场站举行“快递上地铁，空铁轨联运”绿色配送合作项目启动仪式，长三角首条“空铁轨联运”物流示范线上线，探索“地铁+物流”创新共赢模式。

【**无锡城市轨道交通第三期建设盾构始发**】 11月12日，无锡市城市轨道交通第三期建设首台盾构始发现场会在地铁4号线二期净慧西道站举行，标志着无锡市新一轮轨道交通建设迈入盾构区间施工阶段。无锡市城市轨道交通第三期建设规划包含地铁4号线二期、地铁5号线、地铁6号线，总长62千米，计划使用55台盾构机。该次始发的盾构机命名为“初心号”，其掘进区间为净慧西道站至华庄站右线，全长1352.45米，线路出净慧西道站沿震泽路向西直行，区间下穿袁塘桥、万红桥，止于华庄站。

【**无锡地铁“文化客”获评江苏省科普教育基地**】 11月27日，江苏省哲学社会科学界联合会公布2023年省级社科普及基地复评创建结果，无锡地铁“文化客”入选2023年度江苏省科普教育基地。该基地是集文化、休闲、公益、知识于一体的地铁公共文化空间，包括人民医院站“文化客·音阅空间”、三阳广场站“文化客”视界空间、惠山古镇站“文化客”艺术空间、吴都路站“文化客”艺享艺术空间，曾获江苏省最美公共文化空间打造对象、2021年度江苏省基层工会服务职工优质项目一等奖等荣誉，成为承载市民乘客精神生活和社交活动的新型文化空间。基地与无锡市8所院校共同成立“文化客”创研社，举办“锡”望青春数字文创青年设计大赛、“百年峥嵘、续写辉煌”公益广告设计大赛等文创赛事，合力打造城市品牌建设和先进文化传播的地铁公共阵地。

(王瑞婷)

城市管理

【**概况**】 2023年，无锡市接续打造“全国最干净城市”，市城市管理委员会办公室持续深化“一委、一办、一平台”(市城管委、市城管委办和城市运管服平台)系统治理体系建设，调整城市精细化管理考核办法和任务书，增补市城市管理委员会成员单位，全市街道(镇)完成城管委实体化运作；动态优化共性指标53个和特色指标43个，构建完善打造“全国最干净城市”底册清单和责任清单302.1万个；加快城市运行管理服务平台建设，推进城市管理“一网统管”。开展全市域覆盖的日常信息采集和实地检查，全年平台流转案件224.49万件，按期结案率99.31%，全市“最干净街道(镇)”优秀率76%。9月，全国城市管理宣传培训暨城市精细化管理交流座谈会在无锡市举办，无锡工作经验《“一委、一办、一平台”系统治理体系推进打造“全国最干净城市”》被住房城乡建设部向全国推广。年内，市城管局被评为江苏省爱国卫生运动70周年表现突出集体。

(芮　睿)

【**城市管理创新**】 2023年，市城管部门推进“城管进社区”基层基础战略实施，建立健全“城管进社区”制度化规范化体系。市城管局牵头组建“城管进社区”课题组，开展问卷调查、座谈调研、实地走访等工作，形成题为《无锡“城管进社区”顺应人民美好生活向往新需求》的调研报告，刊发于国家发展改革委《改革内参》。编印《无锡市“城管进社区”工作指引（试行）》，构建“1+N”（1名城管/综合执法队员+N名城管协管队员）和“N+1”（N个社区+1名城管/综合执法队员）挂钩进驻模式，强化组织体系建设，整合各种社区工作力量，构建“群管群治”多方参与城市管理的格局。组织开展“城管进社区”专题培训，依托城市运行管理服务平台和城管智能识别系统，初步形成社区单元数据底座，对18类显见性城市管理问题进行智能识别预警，助力社区问题及时发现和解决。至年末，全市共计285名城管执法人员和1518名城管协管队员，挂钩进驻到742个社区，累计在社区接办并解决热点难点问题2.2万余件。

（王美玉　蒋　涵）

【市容环境面貌提升】 2023年，无锡市启动区域性综合提升，构建“1个总体方案+18个专项方案+151个提升单元”工作框架，“一单元一策”完成61个单元的区域性综合提升，实施提升专项数559个。市城市管理局梳理更新城市家具底册，在82个项目更新改造中推广运用《城市家具导则》，覆盖率超75%。完成背街小巷品质提升30条、桥下空间利用提升108处，新建或改造提升公共休憩座椅2303处。新改建城市公厕100座、农村公厕120座。推进环卫作业一体化工作，落实常态化保洁，打造“席地而坐”城市客厅，按照“室外环境、室内标准”，实施道路、广场、绿地等平面深度保洁，城市家具等立面精洗保洁，墙角砖缝等剖面精准保洁，以更加精细化的保洁作业提升环境品质，全年完成30个高标准深度保洁区域“席地而坐”城市客厅建设。支持湖滨商业街、小娄巷、梅里古镇、周新老街等34个特色街区设置高品质商业外摆位，鼓励各地结合街区形态、业态禀赋打造外摆示范特色街区，带动夜经济繁荣发展。开展春季踏青祭扫暨无锡“国际月”（国际赏樱周）、扮靓锡城·迎五一、“净美无锡，喜迎双节”等综合性环境提升保障行动；加强建筑垃圾运输处置事中事后监管，着手调整水陆中转运输换装点核准模式，规范完善工程泥浆车辆准入标准，启用新吴区建筑渣土水陆换装点，投运经开区建筑垃圾资源化利用项目，会同公安交警、住建等部门开展联合执法检查。年内，全市开展建筑垃圾运输处置专项整治行动10759次，出动执法人员47160人次，出动执法车辆12677辆次，检查渣土运输车辆30917辆次，发现问题且立案查处2992起，罚款金额1281.2余万元。拆除违法建设470.62万平方米、违法户外广告设施15.21万平方米，消除户外广告和店招标牌设施隐患问题603处，开展安全检测抽检户外广告设施20处、5578平方米；查处机动车违停38.26万起，查处不文明养犬行为1394起，排查废弃汽车线索28337辆，确认并处置废弃汽车656辆。

（芮　睿　范　虹）

【停车管理服务优化】 2023年，市城管部门聚焦“停车难”“停车贵”“停车乱”等民生难题，推动出台《无锡市机动车停车便民惠民十项措施》，机动车免费停放时长延长至30分钟以上；推动市人民医院、市第二人民医院、市中医医院3家重点医院各腾出300个、280个、300个职工停车泊位供就诊患者使用，按计划推进“停车就诊联动”智慧场景、医院周边道路交通优化提升、诱导系统等项目建设，3家重点医院就诊患者停车费用平均下降三分之一；市第二人民医院联合市公交集团推出3条免费公交专线（路），打通市民就医“最后一公里”。年内，完成1003个停车场“先离场后付费”场景建设，注册用户52万人，向市民提供停车引导服务超过167万次；新增停车泊位2万个，8873个停车泊位实现错时共享，完成提升改造停车场24个。

（芮　睿）

【垃圾分类】 2023年，无锡市加快垃圾分类设施建设，全市新增完成分类设施建设的居民小区708个，市区居民小区垃圾分类投放设施覆盖率92%，全市公共机构、公共场所实现全覆盖。建成投运经开区建筑垃圾资源化利用厂和惠联飞灰填埋场二期，梁溪区生活垃圾转运站项目开工建设，惠联餐厨废弃物处置扩建项目建设施工完成总体进度的90%，推进锡东厨余项目前期工作。完善分类收运体系，配备“四分类”（可回收物、有害垃圾、易腐垃圾、其他垃圾）垃圾收集（转运）车1562辆，统一接入市级网络监管平台，满足全市收运需求，强化垃圾前分后混、混装混运等问题实时监管。加强宣传引导和执法保障，通过多种宣传形式一月一主题推动垃圾分类意识深入人心，全年开展宣传活动3814场次，参与垃圾分类活动志愿者1.04万余人次，3名无锡选手代表江苏省参加全国城市生活垃圾分类知识大赛总决赛获团体赛二等奖。对不按规定投放垃圾的开出罚单6813张，处罚金额71.7万余元。全年无锡市区处置生活垃圾（其他垃圾）186.17万吨，日均处置5100.52吨，无害化处理率保持100%；收运处置餐厨废弃物18.27万吨、易腐垃圾（有机垃圾）7.29万吨、厨余垃圾3.39万吨。无锡市在住房城乡建设部垃圾分类评估中，一季度进入全国二档，实现提档升级，二季度排名全国二档第18位，排名稳步上升。

（芮　睿　邱海军）

【建筑垃圾管理】 2023年，全市环卫部门加大工程渣土车辆运输监管力度，规范工程渣土运输车辆密闭改装，118家单位2030辆车入库备案。规范装修垃圾管理，建立装修垃圾运输企业目录库，全年113家单位615辆运输车入库备案，推进装修垃圾全量资源化工作。全年市区处置建筑垃圾154.98万吨，其中梁溪区43.23万吨、锡山区24.56万吨、惠山

10月,环卫作业车辆清扫路面　　(范　鑫　摄)

区11.19万吨、滨湖区13.91万吨、新吴区23.32万吨、经开区38.77万吨。

(王　成)

【道路保洁】2023年,无锡市城市环境科技有限公司完成道路保洁作业里程95.44万千米,隧道保洁作业里程2.85万千米,清理无主垃圾367.82吨,打捞河道垃圾596吨,完成道路清洁保障令58次。

(市市政集团)

【城市运行管理服务平台建设】2023年,市级城管部门推进城市精细化管理数字化转型,坚持"科技之智"与"规则之治"相结合,开展城市运行管理服务平台建设工作,助力打造"最干净城市"。在"智慧城管"项目建设的基础上,完善数据底座、加强数据赋能,提升物联网智能感知综合应用能力,拓展城管综合执法监督、管执联动、指挥调度等应用场景建设,覆盖无锡市以及6个区的城市运行管理业务,推动城市管理"一网统管"。无锡市城市运行管理服务平台项目于2022年11月完成立项,总投资为2099.34万元,计划2024年底完成建设。2023年4月完成项目招标,5月启动项目工程建设工作,年内完成平台框架和综合执法、沿街商户管理、智慧停车、指挥协调等大部分子系统建设,开展系统功能优化和数据对接工作。年末,城市管理大数据中心整合汇聚城市管理领域多条线基础数据12.5亿余条,梳理整合城市精细化管理图层66个,整合汇聚15个业务子系统、8个业务专题,开放共享数据超7.3亿条。实施常态化的数字城管驻场联席办公机制,全年召开联席会议13次,解决疑难争议案件259件,优化采集标准22类,细化处置规范15个,压实属地管理责任,推动全市市容面貌和居住环境的优化。

(王美玉　蒋　涵)

【城管执法能力建设】2023年,市城管局推进开展城管领域行政执法规范化建设专项行动,全市完成执法人员培训1303人次、协管人员培训5590人次,培训完成率100%。排查突出问题54个,清退违规人员23人;排查外包协议69份、岗位职责37个;梳理长效制度94个,保持74个、修订1个、废止7个、新增12个。排查群众反映的执法行为不规范问题32个、反复举报投诉的城市管理突出问题90个,均制定整改措施,完成整改。宣传贯彻《江苏省城市市容和环境卫生管理条例》,配合做好全省集中宣传日活动,开展普法活动近300场次。年内,市城管局被省住房城乡建设厅评为行政执法普法月表现突出集体。

(芮　睿)

编辑　何　峰

乡村振兴

镇村规划

【镇村规划编制】 2023年，市自然资源规划局启动《无锡市乡村空间资源利用与建设管理规划》编制工作，梳理全市乡村空间资源及现有乡村规划，为无锡市下一步开展乡村地区国土空间规划编制提供依据，通过公开招标的方式确定江苏省城镇与乡村规划设计院有限公司为规划的编制单位。为助推全市“美丽农居”建设工作，市自然资源规划局指导各地编制村庄规划，全市399个有规划发展村的行政村全部完成村域规划编制并通过专家论证，其中313个取得批复或通过规委会审议。探索无规划发展村的行政村村域规划编制工作，引导各地以镇为单位，编制“多规合一”村庄规划或通则式规划管理规定，实现村庄规划的全域全覆盖。推进规划师下乡工作，开展“土地情、下乡谈”主题沙龙等活动，规划师和区、镇（街道）村庄规划工作人员共同交流村庄规划及乡村振兴的实践经验，将“多规合一”村庄规划编制落到实处。

【乡村分类布局】 2023年，市自然资源规划局科学确定村庄分类和布局，引导农村人居环境分类整治，为建设具有浓厚乡土风情、富于江南吴韵水乡特色、承载诗意乡愁和展现时代特征的美丽乡村，在规划设计中注重完善城乡一体化的公共服务和道路交通体系，营造便利舒适的乡村社区生活圈，提升乡村地区基本公共服务均等化水平，促进城乡融合发展。

【农业园区布局优化】 2023年，市自然资源规划局以五大现代农业产业园、五大城乡融合先导区、六大美丽乡村示范带为重点，统筹优化区级科技园、镇级产业园、村级特色园、城乡融合先导区布局，推进“三园一区一居”（农业科技园、农业产业园、农业特色园，城乡融合先导区，美丽农居）建设。

（刘梦蛟）

镇村建设

【概况】 2023年，江阴市、宜兴市、锡山区、惠山区的建制镇总数为29个，其中江阴市10个、宜兴市13个、锡山区4个、惠山区2个。纳入村镇建设统计范围的有28个镇（宜兴市丁蜀镇不在统计范围），366个行政村，与上年保持不变，5728个自然村，比上年减少96个。全市镇域面积216038.6公顷，比上年增加249公顷；建成区面积22544.9公顷，比上年增加225公顷。镇域户籍户数533707户，比上年增加3816户；户籍人口1677852人，比上年增加2752人；建成区户籍户数197268户，比上年减少1423户；户籍人口616159人，比上年减少472人；常住人口972632人，比上年减少16245人。

【村镇基础设施建设】 2023年，无锡市建制镇建成区建设投资市政公用设施14.45亿元；建成区范围内自

2023年，惠山区阳山镇火炬村老古潭、小老古潭获评江苏省传统村落

（顾小江　供图）

来水供水普及率100%,常住人口燃气普及率97.31%;道路长度1483千米;建成区绿地面积4831.46公顷,其中公园绿地面积592.7公顷、绿化覆盖率29.31%。有公共厕所630座;各类环卫专用车辆设备数633辆;有村镇污水处理厂42座,年污水处理总量14772万立方米。全市村庄内道路长度3147.9千米,集中供水行政村比例100%,生活垃圾无害化处理行政村比例100%。

【现代"美丽农居"建设】 2023年,市住建部门围绕农村住房条件改善目标,通过强化督促指导和全过程闭环管理、开展乡村建设带头工匠业务培训和"万师下乡、万村和美"建设行动,坚持高标准规划先行、基础设施先行、农村人居环境整治提升先行,编印《万师下乡、万村和美协同共建助力无锡农房建设高质量发展暨现代"美丽农居"示范点建设项目成果汇编》,强化技术服务和成果引领,高质量推进示范点和目标规划发展村建设。年内,全市按计划新启动165个规划发展村庄现代"美丽农居"建设,完成69个;完成农村住房条件改善16951户,完成1980年及以前建的农房改善11112户。

【特色田园乡村建设】 2023年,市住建部门按照"谋划一批、储备一批、实施一批"的工作思路,调整充实"十四五"期间省、市级特色田园乡村创建项目储备库,分年度、分梯度有序推进特色田园乡村建设。出台《无锡市特色田园乡村建设管理办法(试行)》,建立特色田园乡村建设运营和长效管理机制,进一步规范建设和创建工作。落实规划设计全过程陪伴制度,强化过程指导和服务,开展集中汇报交流和建设成果多点位、多平台、多频次宣传,发布专题游览线路等活动,并完成第一批至第三批省级特色田园乡村"回头看",推动特色田园乡村建设水平提升。至年末,全市新增市级特色田园乡村18个,累计建成111个,新增省级特色田园乡村13个,累计建成54个,省、市级特色田园乡村实现全市涉农市(区)县全覆盖,宜兴市阳羡生态旅游度假区特色田园乡村示范区入选第一批江苏省特色田园乡村示范区培育试点名单。

(顾小江)

【美丽乡村建设】 2023年,无锡市打造美丽乡村样板,以乡村建设美学导则为指引,与清华大学、中央美院等高校院所合作发布乡村艺术作品。4月起,举办"乡逢是首歌——无锡美丽乡村音乐纪录"系列活动,通过音乐展示形式,挖掘乡村文化,呈现属于普通村民的自由浪漫和蓬勃生命力,展示无锡美丽乡村建设成果。7月,举办"甜蜜乡遇——2023无锡农旅(上海)推介会",以江南歌舞表演、宣传视频展示、现场互动推介等多元形式全方位展示无锡品质乡村、品牌农业,进一步深化两地农旅交流互动,吸引更多上海市民到"太湖明珠"赏江南盛地,领略无锡乡村的田园生产美、乡村生态美、康居生活美。

(市农业农村局)

2023年,江阴市南闸街道观西村陶湾获评江苏省特色田园乡村

(顾小江 供图)

【重点及特色镇建设和传统村落保护】 2023年,无锡市将重点及特色镇发展示范项目建设和传统村落保护发展,纳入乡村振兴战略和城镇建设高质量大局系统谋划和推进落实。市住房城乡建设局强化部门联动,遴选并组织推荐国家级、省级传统村落和国家传统村落集中连片保护示范县、省传统村落集中连片保护示范县、省级重点及特色镇发展示范项目,指导各板块开展保护发展和建设,落实挂牌保护制度,保持传统村落的完整性、真实性、延续性。至年末,全市有9个传统村落入选第六批中国传统村落名录村落名单,累计入选11个,7个村落入选第六批江苏省传统村落,累计入选47个,宜兴市入选国家传统村落集中连片保护利用示范县和省级传统村落集中连片保护利用示范县,是年度全省唯一入选国家级的示范县。江阴市长泾镇和宜兴市太华镇两个省级重点及特色镇发展项目完成建设并通过省级验收,宜兴市太华镇列入2023年省级重点及特色镇发展示范项目(全省共3个镇入选)。

【农村房屋安全隐患排查整治】 2023年,无锡市推进行政村集体土地上农房房屋安全隐患排查整治,落实市、区、镇、村四级联动机制,进一步压实属地责任,通过倒排工作计划、畅通沟通渠道、周报月报通报制度、定期巡查和随机抽查相结合、重点区域定向督导等工作措施，完成全部1189户经排查并鉴定为C、D级危房消险解危。组织市（县）、区分组互查，开展排查整治情况"回头看"，及时发布预警信息，重点做好台风、暴雨等极端天气，重大节假日等重要时间段安全巡查，保证农房住用安全。

（顾小江）

乡村产业

【乡村产业载体建设】 2023年，无锡市新增获批创建国家农业产业强镇1个、中国美丽休闲乡村1个、省级出口农产品示范基地1个、全国农村创业优秀带头人典型案例2例。惠山区阳山镇、江阴市璜土镇、宜兴市万石镇、锡山区东港镇入选首批国家农业产业强镇。

【现代农业园区建设】 2023年，无锡市推进区级科技园、镇级产业园、村级特色园"三园"建设，按照建机构、组公司、整资源的思路，引导市（县）区、镇（涉农街道）、村（涉农社区）三级统筹特色资源和产业布局，引领乡村产业发展。年内，新认定无锡市农业产业园9个、农业特色园28个，形成以5个省级以上农业园区为核心、17个农业产业园区为骨干、一批农业特色园为重点的三级梯队发展格局。

【乡村产业融合发展】 2023年，无锡市加快促进农业与互联网产业、加工业、旅游业等融合发展。3家全产业链链主企业、7家全产业链骨干企业、7名农村创业带头人入选省农业高质量发展"四个一"建设工程。全市新认定省级农业龙头企业6家、市级农业龙头企业20家，农产品加工产值1361亿元。举办"苏韵乡情"乡村休闲旅游农业无锡专场推介活动1场，9类农产品入选省"苏韵乡情、百优乡产"推介名单。"以花为约、共赴花海"漫天锦绣之旅精品线路获农业农村部推介。联合抖音集团组织开展数字影像能力专题培训，203名休闲农业从业人员参训。

【乡村产业振兴行动】 2023年，无锡市制定下发《无锡市促进乡村产业振兴三年行动方案（2023—2025年）》，以"五园五区六带"规划为指引、以现代农业园区为载体、以农业农村重大项目为抓手，优化乡村产业空间布局，增强稳产保供能力，初步构建多元化食物供给系统，提升农业科技装备水平。构建由"优质稻麦、精细蔬菜、特色果品、精品园艺、特种水产、生态畜禽"6大主导产业以及未来食品、生物农业等多个特色产业组成的"6+N"无锡现代农业产业体系。

（市农业农村局）

农村改革

【承包地宅基地管理】 2023年，市农业农村局、市自然资源规划局按照职责分工，强化业务协同，共同推进不动产统一登记与土地承包合同管理工作衔接，联合印发《无锡市农村土地承包经营权纳入不动产统一登记实施方案》，完成确权登记成果资料共享，开展农村土地承包经营权日常登记，维护群众土地承包权益。5月25—26日，全省农村宅基地管理工作推进会在宜兴市召开。宜兴市、惠山区推进省级宅基地线上审批和农村闲置宅基地及闲置住宅流转线上交易2项试点工作，年内全市审批宅基地1022宗。

【农村金融改革创新】 2023年，无锡市进一步优化"惠农贷"利率机制，加强对粮食生产和农业品牌支持力度，利率分别优惠40个基点和20个基点，"惠农贷"发放贷款157笔、7003万元。继续做大政策性农业融资担保规模，至年末，无锡地区农业信贷担保业务在保余额14.04亿元，全年市级财政为1385户农业经营主体减免担保费564万元。开展农业保险服务能力提升和产品创新活动，新增落地创新险种5个，年内，全市农业保险保费1.28亿元，比上年增长14.3%，为农业生产提供55.75亿元的风险保障。

【金融服务乡村振兴合作联盟】 2023年，市农业农村局、中国人民银行无锡分行联合开展农业农村重大项目银企对接服务工作，创设金融机构"一项目一授权一方案"重大项目专项服务模式以及"改善农村人居环境项目贷""四好农路贷"等精准服务重大项目的专项金融产品，全市农业农村重大项目贷款利率较普惠贷款利率优惠近20个基点，支持项目35个。组织"锡望乡间、聚金惠农"金融服务乡村振兴系列活动宜兴专场对接会和惠山专场项目签约会，推动金融服务乡村振兴成员单位组建"红心惠农"党建联盟，全年市级金融服务乡村振兴合作联盟新增1亿元以上乡村振兴信贷项目34个。

（市农业农村局）

强村富民

【新型农村集体经济发展】 2023年，全市村级集体总收入83.3亿元，村均收入1126万元，其中经营性收入791万元。无锡市开展市级"一村一策"发展新型集体经济示范村创建，认定江阴市周庄镇山泉村、宜兴市官林镇南庄村等10个"一村一策"发展新型集体经济示范村，落实财政专项激励资金210万元。11月，市委农办、市农业农村局举办全市"强村富民"工作学习观摩会，探索村级集体经济转型发展新路径，江阴市璜土镇璜土村、宜兴市芳桥街道金兰村、宜兴市张渚镇善卷村等党组织书记分享壮大集体经济、增强民生福祉的

2023 年，厚桥街道谢埭荡村入选全国乡村治理示范村

（锡山区政府办　供图）

"金点子"，全市 70 名村（涉农社区）党组织书记参与观摩交流。全年落实 2023 年度省级发展新型农村集体经济项目 12 个，争取省级以上补助资金 720 万元。

【经济薄弱村帮扶】 2023 年是无锡市第十轮集体经济相对薄弱村帮扶的收官之年。该轮帮扶以增加经营性资产、提升自身造血能力为主要导向，推进"一村一产业项目"建设，夯实稳定增收的产业基础。加强财政资金支持，市级财政每年设立 4000 万元专项资金对村集体和合作组织参与的经济发展类项目进行精准帮扶，全年市级扶持产业项目 45 个，总投资约 1.5 亿元，惠及 58 个村。2021—2023 年，全市共扶持产业项目 112 个，项目总投资 5.9 亿元左右，实现产业项目全面覆盖，市级单位部门累计扶持或协调资金约 0.65 亿元，形成全社会参与的良好氛围，100 个集体经济相对薄弱村完成脱困转化任务，集体经济均衡发展水平提升，带动、服务和保障能力提高。

【农村集体"三资"管理】 2023 年，全市各级产权流转交易机构在省平台累计完成各类农村产权交易 24454 宗，成交金额 30.4 亿元，其中涉及企业租赁集体资产的有 3735 宗，资金 10.01 亿元。成交项目数比上年度增长 50.27%，成交金额比上年增长 49.12%。持续推进村级集体资金违规出借和资产出租问题专项清理整治工作，开展"两项清理回头看"工作，新增纳入管理问题 1399 个，涉及金额 3.12 亿元。至年末，新增问题整改 824 个，追缴到账金额 0.86 亿元。规范村级资产财务管理、产权流转交易、税务等，全年培训基层业务人员 330 人次。

【高素质农民培育】 2023 年，无锡市坚持需求导向、产业主线、分层实施、全程培育，坚持生产技术技能、产业发展能力、农民素质素养协同提升，培育高素质农民 5073 人，培育乡村产业振兴带头人"头雁"11 人。无锡益健生态农业科技有限公司总经理奚鹏列入省新农人典型。坚持把农民教育办在基地、把技能培训办在田间，新增 11 家省级高素质农民培育实训基地（田间学校）。至年末，全市省级实训基地累计 20 家。

（市农业农村局）

乡村治理

【概况】 2023 年，无锡市促进自治法治德治智治融合，加快构建和谐有序、充满活力的乡村善治格局。惠山区洛社镇获评全国乡村治理示范镇，江阴市华士镇曙新村、宜兴市芳桥街道金兰村、锡山区厚桥街道谢埭荡村、滨湖区胡埭镇鸿翔村获评全国乡村治理示范村。江阴市"'积'起治理千重浪，'分'享乡村和与美"入选全国乡村治理典型案例，江阴市月城镇"'民情帮帮团'打造共治共享'连心桥'"、宜兴市新街街道谢桥社区"'五一自治法'激发乡村治理大能量"入选江苏省乡村治理典型案例。

【农村环境卫生专项整治行动】 2023 年，无锡市印发《关于在全市集中开展"三清三治"农村环境卫生专项整治行动的通知》《无锡市"三清三治"农村环境卫生专项整治行动工作方案》，按照Ⅰ类村（主要包括基础设施完备、人居环境舒适的村庄）提质提效、Ⅱ类村（主要包括面广量大的中间村）常治长效、Ⅲ类村（主要包括发展基础相对薄弱、人居环境改善任务较重的村庄）整治整改的思路，推进"三清三治"（清理各类垃圾、清理违建乱放、清理家河家塘，治理农村厕所、治理农村污水、治理农田风貌）农村环境卫生专项整治行动。建立落实市委督查、交叉检查、全覆盖暗访等工作机制，对全市 6961 个自然村开展全覆盖拉网式集中清理整治。至年末，96.16% 的Ⅲ类村成功转化为Ⅱ类及以上村庄，全市纳入农村人居环境整治提升的自然村长效管护合格率 97.31%。

（市农业农村局）

编辑　何　峰

生态建设

环境质量

【生态质量】 2023年，无锡市生态质量指数（EQI）为55.92，比上年改善0.05，生态质量综合评价为“二类”，各市（县）、区生态质量指数处于37.94～63.59。其中，宜兴市、滨湖区（含经开区）处于二类水平，江阴市、惠山区、锡山区处于三类水平，新吴区和梁溪区处于四类水平。

【大气环境质量】 2023年，全市空气质量综合指数3.78，空气质量优良天数比率82.5%，连续5年无重污染天。

图8　2023年无锡市生态质量指数（EQI）及与2022年对比情况图

（市生态环境局）

图9　2023年无锡市优良天数比率及与2022年对比情况图

（市生态环境局）

空气质量　全市环境空气质量优良天数比率为82.5%，比上年改善3.6个百分点；各市（县）、区优良天数比率介于78.7%～82.8%，改善幅度介于0.3～4.4个百分点。全市环境空气中臭氧最大8h第90百分位浓度（O_3-90per）167微克/立方米，比上年改善6.7%；细颗粒物（$PM_{2.5}$）和二氧化硫（SO_2）年均浓度分别为28微克/立方米和8微克/立方米，与上年持平；可吸入颗粒物（PM_{10}）、二氧化氮（NO_2）和一氧化碳（CO）年均浓度分别为50微克/立方米、32微克/立方米和1.2毫克/立方米，较上年分别上升2.0%、23.1%和9.1%。

按照《环境空气质量标准》（GB 3095—2012）二级标准进行年度评价，各市（县）、区环境空气质量6项指标中，细颗粒物、可吸入颗粒物、二氧化氮、二氧化硫和一氧化碳浓度均达标，臭氧浓度均未达标。

酸雨　2023年，全市酸雨频率15.5%，较上年上升2个百分点，降水年均pH值为5.57。其中，市区酸雨频率26.4%，较上年上升0.8个百分点；江阴市酸雨频率11.5%，较上年上升2.8个百分点；宜兴市酸雨频率3.6%，较上年上升1.3个百分点。

降尘　2023年，无锡市降尘年均值为2.4吨/平方千米·月，较上年上升4.3%。其中，江阴市、宜兴市、梁溪区、锡山区、惠山区、滨湖区、新吴区和经开区降尘年均值分别为2.9、2.0、3.4、2.1、2.1、2.3、2.3和2.3吨/平方千米·月。

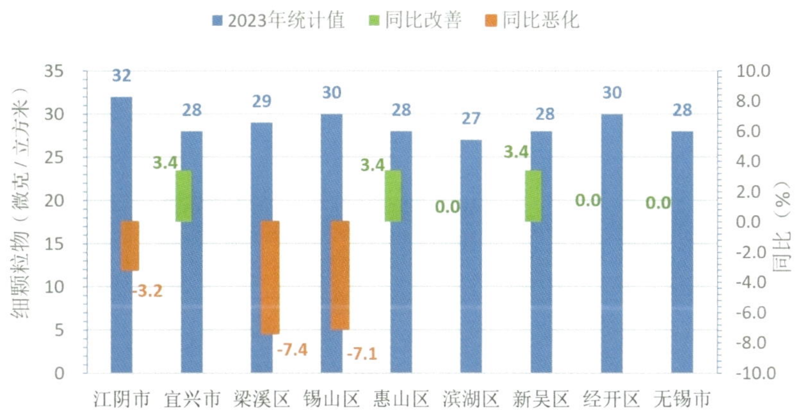

图 10　2023 年无锡市细颗粒物年均值及与 2022 年对比情况图

（市生态环境局）

图 11　2023 年无锡市臭氧最大 8h 第 90 百分位浓度及与 2022 年对比情况图

（市生态环境局）

【水环境质量】 2023 年，全市地表水环境质量持续改善。国考、省考河流断面水质优Ⅲ比例 100%，太湖湖心区首次达到Ⅲ类；国省考断面、通江支流和出入湖河流全面消除劣Ⅴ类；连续 16 年实现太湖安全度夏。全市 6 个"十四五"地下水环境质量国考区域点位水质达标率 83.3%。

国省考断面　纳入"十四五"国家地表水环境质量考核的 25 个断面中，年均水质达到或优于《地表水环境质量标准》（GB 3838—2002）Ⅲ类标准的断面比例 88.0%，比上年改善 4 个百分点，无劣Ⅴ类断面。纳入江苏省"十四五"水环境质量目标考核的 71 个断面中，年均水质达到或优于Ⅲ类标准的断面比例 95.8%，比上年改善 1.4 个百分点，无劣Ⅴ类断面。

饮用水水源地　全市有 7 个县级以上集中式饮用水水源地，分别为贡湖沙渚、锡东、横山水库和油车水库水源地（4 个湖库型水源地）；长江小湾、肖山和西石桥水源地（3 个河流型水源地）。2023 年，全市 7 个集中式饮用水水源地水质均达标（湖库不计总磷）。年度取水总量为 8.34 亿立方米，其中：自太湖取水 3.38 亿立方米，占 40.5%；自长江取水 4.37 亿立方米，占 52.4%；自各水库取水 0.59 亿立方米，占 7.1%。

表 42　2022 年、2023 年无锡市降水酸雨发生监测数据统计表

年　度	无锡市		市　区		江阴市		宜兴市	
	降水平均 pH 值	酸雨频率（%）	降水平均 pH 值	酸雨频率（%）	降水平均 pH 值	酸雨频率（%）	降水平均 pH 值	酸雨频率（%）
2022	5.78	13.5	5.48	25.6	5.99	8.7	6.22	2.3
2023	5.57	15.5	5.35	26.4	5.79	11.5	5.89	3.6

（市生态环境局）

太湖无锡水域 2023年，太湖无锡水域总体水质处于Ⅳ类水平，定类指标总磷浓度为0.054毫克/升，比上年改善8.5%；氨氮浓度为0.06毫克/升，与上年持平，达到Ⅰ类标准；高锰酸盐指数和化学需氧量浓度分别为3.5毫克/升和15.1毫克/升，分别达到Ⅱ类和Ⅲ类标准，比上年恶化2.9%和9.4%；总氮作为单独评价指标，浓度为1.12毫克/升，达到Ⅳ类标准，比上年改善5.1%；湖体综合营养状态指数53.4，比上年改善1.6，处于轻度富营养状态。

年内，26条出入湖河流水质类别处于Ⅱ～Ⅲ类，其中，小溪港、大溪港、壬子港、长广溪、望虞河、大港河、黄渎港、林庄港和庙渎港9条河流水质类别符合Ⅱ类，其余17条河流水质类别符合Ⅲ类。

长江流域无锡段 2023年，长江干流无锡段水质类别为Ⅱ类，稳定达到优级水平；全市9条通江支流除新沟河水质类别为Ⅲ类外，其余8条支流水质类别均为Ⅱ类。

地下水 2023年，全市6个“十四五”地下水环境质量国考区域点位5个水质达到或优于《地下水环境质量标准》（GB/T 14848—2017）Ⅳ类标准，达标率83.3%，其中2个达到Ⅲ类标准；3个“十四五”地下水环境质量国考风险点位水质与上年持平。

【土壤环境】 2023年，无锡市5个“十四五”国家土壤环境监测网背景点位质量状况良好，各项污染物含量均低于《土壤环境质量农用地土壤污染风险管控标准（试行）》（GB 15618—2018）中的风险筛选值。根据单项污染指数评价，单项污染指数Pi范围为0.0003～0.59，均处于无污染等级。

【声环境】 2023年，全市声环境质量总体较好，昼间和夜间声环境质量保持稳定。

区域声环境 2023年，全市昼间区域环境噪声平均等效声级为57.1分贝(A)，较上年上升0.9分贝(A)；昼间区域环境噪声总体水平等级为三级。其中，江阴市总体水平等级为二级，宜兴市、锡山区、惠山区、滨湖区（含经开区）和新吴区总体水平等级为三级，梁溪区总体水平等级

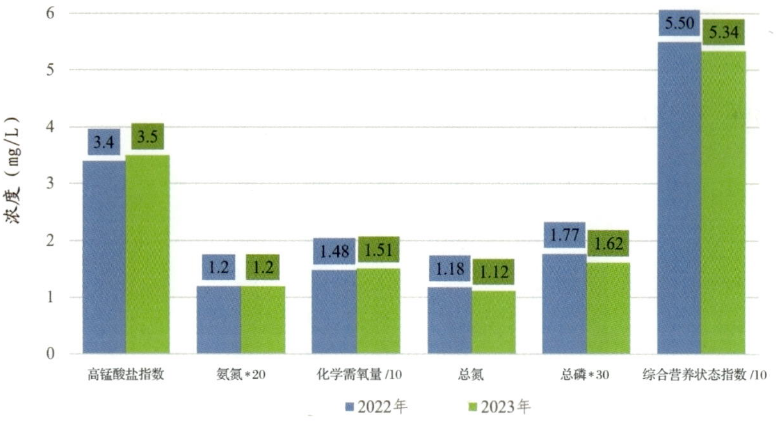

图12 2022年、2023年太湖无锡水域水质主要指标情况图

（市生态环境局）

图13 2023年无锡市昼间区域环境噪声平均等效声级及与2022年对比情况图

（市生态环境局）

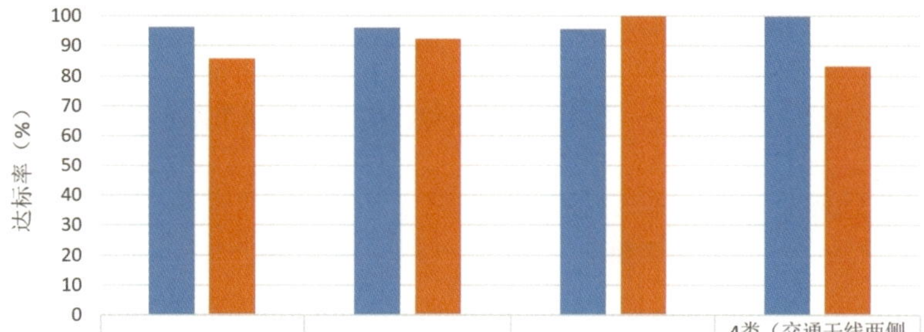

	1类（居住区）	2类（混合区）	3类（工业区）	4类（交通干线两侧区域）
昼间	96.4	96.2	95.8	100
夜间	85.7	92.3	100	83.3

图14 2023年无锡市各类功能区声环境质量达标率情况图

（市生态环境局）

图 15　2023 年无锡市昼间道路交通噪声平均等效声级及与 2022 年对比情况图

（市生态环境局）

为四级。全市昼间区域环境噪声声源主要为社会生活噪声占比 53.9%，交通噪声占比 32.8%、工业噪声占比 9.6%、建筑施工噪声占比 3.7%。

根据《环境噪声监测技术规范 城市声环境常规监测》（HJ 640—2012）规定，区域环境噪声夜间监测每 5 年 1 次，2023 年按规定开展夜间监测。全市夜间区域环境噪声平均等效声级为 49.7 分贝 (A)，较上一轮监测（2018 年）恶化 3 分贝 (A)；夜间区域环境噪声总体水平等级为三级，其中江阴市、宜兴市、锡山区、惠山区和新吴区总体水平等级为三级，滨湖区（含经开区）总体水平等级为四级，梁溪区总体水平等级为五级；全市夜间区域环境噪声声源主要为社会生活噪声占比 55.5%，交通噪声占比 33.2%，工业噪声占比 7.6%，建筑施工噪声占比 3.7%。

功能区声环境　2023 年，全市功能区声环境质量昼间、夜间平均达标率分别为 96.9% 和 90.6%，较上年分别下降 1.5 和 3.2 个百分点。1 ～ 4 类功能区声环境质量昼间达标率分别为 96.4%、96.2%、95.8% 和 100%，夜间达标率分别为 85.7%、92.3%、100% 和 83.3%。

道路交通声环境　全市根据《环境噪声监测技术规范城市声环境常规监测》（HJ 640—2012）规定，道路交通噪声夜间监测每 5 年 1 次，2023 年按规定开展夜间监测。2023 年，全市昼间道路交通噪声平均等效声级为 68.1 分贝 (A)，与上年持平，道路交通噪声强度等级为二级；全市夜间道路交通噪声平均等效声级为 58.4 分贝 (A)，较上一轮监测（2018 年）改善 0.2 分贝 (A)，道路交通噪声强度等级为二级。

【辐射环境】　2023 年，全市辐射环境国省控监测点监测结果表明，γ 辐射空气吸收剂量率和 γ 辐射累积剂量率均处于本底水平；地表水、土壤和环境空气样品中放射性核素的含量水平均在江苏省天然本底水平涨落范围内；重点饮用水水源地取水口水中总 α、总 β 放射性水平符合《生活饮用水卫生标准》（GB 5749—2022）要求；环境中 2 个省控点电磁辐射监测结果均低于《电磁环境控制限值》（GB 8702—2014）中公众曝露控制限值的要求。

【农村环境】　2023 年，全市在江阴市、宜兴市、锡山区、惠山区、滨湖区 10 个村庄开展农村环境质量监测。

农村环境空气　全市开展空气质量监测的村庄共 10 个，空气质量优良天数比率 80.3%。污染物浓度均达环境空气质量二级标准。

农村水环境　全市开展县域地表水监测的断面 11 个，地表水水质全部达到或优于Ⅲ类，达标率 100%。

（市生态环境局）

太湖治理

【概况】　2023 年，太湖无锡水域水质、藻情达到 2007 年以来最好水平，蓝藻水华比上年减少 40 次，平均集聚面积比上年下降 46.2%，最大集聚面积比上年减少 21.3%。太湖实现连续 16 年安全度夏和高水平“两保两提”。“两保”指确保饮用水安全、确保不发生大面积水质黑臭，“两提”指不断提升生态环境治理现代化水平，提高流域防洪保安与水资源配置能力。实现“五个首次”:2007 年以来，首次被评为“良好”湖泊；综合营养状态指数首次低于 55；首次未发生异常水体；湖心区水质首次达到Ⅲ类；贡湖湾首次未出现蓝藻水华。

无锡市制定出台《推动太湖无锡水域水质根本性好转三年行动方案 (2023—2025 年)》，包括 1 个总方案和 9 个子方案，推进涉磷涉氮和印染企业整治、全市域排污口排查整治、农业农村污染治理、城镇污水集中收集处理率提升、新一轮河道治理、太湖清淤、生态修复、太湖应急防控、滆湖治理 9 个方面重点工作，实施九大类 169 项年度治太重点工程，完成年度投资超 110 亿元，再创历史新高。完成涉磷企业整治验收 1114 家。以太湖西部区水质提升为重点，推动全市 13 条主要入湖河道制定实施“一河一策”。谋划建设市级“数字太湖”智慧感知平台，开展城市生命线“太湖水质安全”风险场景监测建设，构建多层级跨部门监测预警机制。

（市生态环境局　市水利局）

【太湖清淤】　2023 年，无锡市完成太湖生态清淤 350 万立方米，超额完

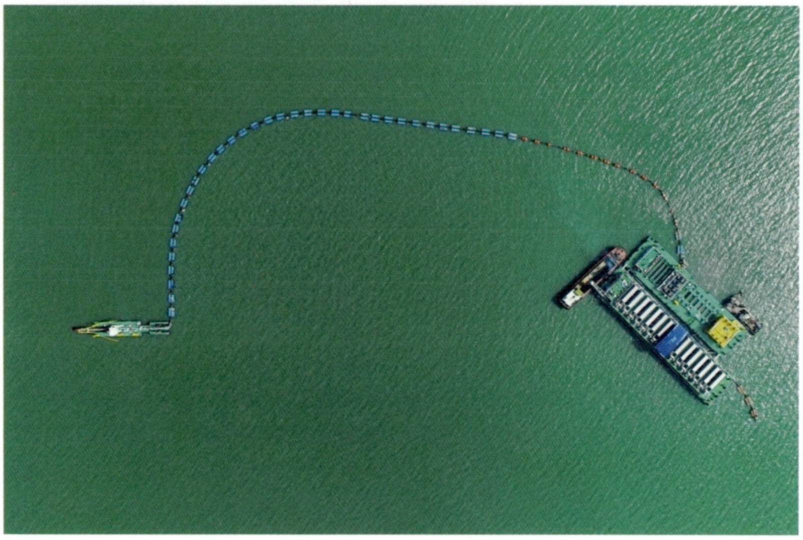

2023 年，“太湖之星”新型高效生态清淤固淤一体化环保装备船（平台）下水试运行
（市水利局　供图）

成省、市下达的 280 万立方米清淤任务。太湖梅梁湖、贡湖、西岸湖区等清淤工程开工，梅梁湖湖滨生态湿地带试点工程启动建设，“太湖之星”新型高效生态清淤固淤一体化环保装备船（平台）下水试运行；开展入太湖河道治理，13 条主要入湖河道水质全部达到Ⅲ类及以上水平，其中 4 条河道水质达到Ⅱ类；开展近岸岸基清理等太湖安全度夏“夏病冬治”各项工作。

【蓝藻处置】 2023 年，无锡市以饮用水水源保护区、湖泛易发区、风景名胜区、居民聚集区和交通干道沿线等为蓝藻打捞重点区域，落实蓝藻集聚面积与责任人挂钩机制，压紧压实属地工作责任。全年打捞蓝藻 53.52 万吨，产出藻泥 1.59 万吨，比上年分别下降 74.2%、81.47%，藻泥无害化处置率 100%。落实无锡湖州太湖蓝藻防控合作协议；杭州亚运会期间，无锡市调拨加压控藻船 2 艘，到湖州市协助加强太湖蓝藻应急防控。

【蓝藻防控能力建设】 2023 年，无锡市组建打捞队伍 76 支，落实常态打捞人员 961 人、应急打捞人员 662 人；配备吸藻船 117 艘、蓝藻运输船 73 艘、藻水分离船 15 艘（含 1 艘长臂打捞分离船）、水草打捞船 43 艘。配备藻水分离站 13 座、岸基移动分离设施 2 套、移动藻水分离车 5 辆、蓝藻磁捕船等藻水分离设施（装备）1 艘，总处理能力 12.05 万吨藻水 / 日，其中岸基分离能力 6.75 万吨藻水 / 日、水上分离能力 5.3 万吨藻水 / 日。建成投用加压控藻井 11 口，加上加压控藻船、加压控藻平台等装备，加压控藻能力为 92.33 万吨藻水 / 日。全市在贡湖、梅梁湖、竺山湖等水域设置 115 千米离岸围隔。

（李冰如）

水资源保护

（参见《水利》类目）

土地资源保护

【概况】 2023 年末，无锡市有土地总面积 462747 公顷。其中，湿地 538.53 公顷、耕地 80402.61 公顷、园地 19378.34 公顷、林地 69157.24 公顷、草地 6609.72 公顷、城镇村及工矿用地 141410.36 公顷、交通运输用地 15587.94 公顷、水工建筑用地 1256.51 公顷、水域 123051.79 公顷、其他土地 5353.66 公顷。

【耕地保护“三提两严”行动】 2023 年，市政府出台《无锡市耕地保护“三提两严”行动方案》，以“提增数量、提优布局、提升质量”为目标、“严格执法、严守底线”为保障，部署开展耕地种植现状及后备资源调查、耕地整治恢复、整区域推进高标准农田建设、耕地布局优化集聚提升、耕地保护监管激励 5 大专项行动。提出至 2025 年，全市恢复耕地不少于 6 万亩（4000 公顷），力争千亩以上集中连片耕地不少于 30%，30 亩（2 公顷）以上集中连片耕地不少于 60%，划定永久基本农田储备区 3 万亩（2000 公顷）；新建高标准农田 23 万亩（15333.33 公顷），粮食产量稳定在 11 亿斤以上。全面遏制耕地“非农化”，防止耕地“非粮化”，实现新增违法用地“零增长”。年内，市自然资源规划局探索形成《双循环格局下耕地保护“三提两严”创新策略研究》《新形势下耕地保护“三提两严”路径探索研究》等研究成果。

【最严格的耕地保护制度落实】 2023 年，无锡市贯彻上级关于严格保护耕地的决策部署，加强耕地用途管制，落实耕地占补平衡和进出平衡，加强节约集约用地和存量盘活利用，推动土地整治新增耕地，确保实现耕地净增加，落实耕地保护和粮食安全责任。市自然资源规划局严格规范临时用地涉及耕地和永久基本农田复垦方案论证审查，完成 2022 年设区市政府耕地保护责任目标自查工作报告，结合无锡市耕地保护“三提两严”行动，部署开展新一轮耕地后备资源调查评价工作。完成 2022 年耕

2023年，无锡市实施整区域推进高标准农田建设专项行动。图为宜兴市芳桥街道高标准农田

（市农业农村局　供图）

地质量分类和年度更新成果上报自然资源部工作。完成《2023年度耕地进出平衡总体方案》编制工作，计划实施“耕地转进”面积1233.33公顷。开展耕地整治恢复摸排，组织惠山区、锡山区等地制定耕地整治恢复实施方案，宜兴市编制徐舍镇耕地有序恢复和集聚提升保护专项规划。

【土地整治项目管理】 2023年，市自然资源规划局强化土地整治项目入库审查，严格新增耕地验收认定，加强无人机测绘和国土调查云引用。完成2022年申请入库项目复核验收工作，最终确认合格项目322个，确认新增耕地460公顷。全年无锡市申请土地整治入库项目488个，规模973.33公顷，按计划实施审核验收。制定出台《无锡市土地整治项目建设标准、复核认定标准和监督监管要点（试行）》等文件，强化补充耕地项目入库、实施、验收和后期管护管理。赴苏州市等地学习土地整治项目第三方复核验收经验做法，规范土地整治项目实施验收和后期管护。完成宜兴市高塍镇省以上投资土地整治项目省级验收。

【永久基本农田特殊保护】 2023年，市自然资源规划局应用国土调查云、无人机等信息手段，规范开展重大项目涉及永久基本农田占用补划和实地踏勘工作。组织开展永久基本农田储备区划定工作，在“三区三线”（“三区”指生态、农业、城镇空间，“三线”指生态保护红线、永久基本农田保护红线和城镇开发边界）划定永久基本农田的基础上，综合本地区实施土地综合整治、高标准农田建设、耕地占补平衡、进出平衡等新增耕地，按保护任务0.5%～1%比例划定永久基本农田储备区，年内划定永久基本农田储备区380公顷。

【耕地保护补偿激励】 2023年，无锡市健全耕地保护激励机制，修订《无锡市耕地保护补偿激励办法》，逐步提高补偿激励范围和标准。统筹土地出让收入3500万元和上级返还新增建设用地有偿使用费8584万元用于耕地保护补偿激励，合计下发9类耕地补偿激励资金1.11亿元和生态补偿资金0.71亿元。

【生态补偿】 2023年，无锡市完成年度生态补偿申报审核工作，贯彻实施《无锡市生态保护补偿条例》。全市生态补偿面积27420公顷，生态补偿资金1.53亿元。其中，永久基本农田5933.33公顷，市属蔬菜基地373.33公顷，水稻田6206.67公顷，阳山水蜜桃种质资源保护区780公顷，红豆杉种植资源保护区166.67公顷，县级公益林3453.33公顷，省级公益林6806.67公顷，重要湿地20个（省级以上湿地5个，县级湿地15个）2120公顷，集中式饮用水水源保护区面积1066.67公顷，重要水源涵养区66.67公顷，清水通道维护区453.33公顷。

【国土空间生态保护修复】 2023年，《无锡市国土空间生态保护和修复规划（2021—2035年）》编制完成。市自然资源规划局组织6个市（县）、区编制完成县级生态保护和修复规划；印发《无锡市国土空间生态保护和修复专项行动方案（2023—2025年）》，统筹建立无锡市国土空间生态保护和修复专项工作组，协同推进全市生态保护和修复工作，申报省级生态修复重大工程。推进历史遗留矿山生态修复，按要求完成2023年度历史遗留矿山核查工作，完成年度矿山地质环境保护和土地复垦"双随机、一公开"监督检查工作；指导宜兴市加快实施太湖流域水源涵养区历史遗留废弃矿山生态修复示范工程。

【国土空间全域综合整治项目】2023年，惠山区洛社镇全域土地综合整治国家试点项目完成投资1.63亿元，各项工程实施进度基本完成，通过验收的建设用地整治项目3个，完成复垦的项目3个。滨湖区雪浪街道南湖村等国土空间全域综合整治项目完成实施方案编制并通过市级预审。

（刘梦蛟）

湿地资源保护

【概况】2023年，无锡市完成湿地修复面积166.67公顷，主要为太湖流域湿地生态修复。市自然资源规划局加强太湖、长江等河湖、湿地保护与修复工作，牵头编制新一轮太湖综合治理行动湿地保护修复年度计划。推进湿地小区建设，建设完成滨湖区马山太湖湿地保护小区、锡山区北横荡湿地保护小区等湿地保护小区9个。年末，全市湿地保有量10.75万公顷，湿地总面积占辖区面积的22.5%；累计建成梁鸿、蠡湖、长广溪3个国家湿地公园，太湖大溪港、宜兴太湖、宜兴云湖、江阴芙蓉湖、锡山宛山荡、惠山古庄6个省级湿地公园，39个湿地保护小区，湿地保护修复覆盖全市域，湿地保护率52.7%，居全省第二位。

【省级湿地公园创建】2023年，市自然资源规划局推进窑港口湿地保护小区升级省级湿地公园，相关申报材料经市政府上报省政府。江阴窑港口长江省级湿地公园位于江阴市西北部，规划范围西起桃花港，东至文富北路，北部到长江江面江阴市市域边界，南面参考省级重要湿地保护边界。

【湿地保护修复工程】2023年，市自然资源规划局开展推进长广溪湿地公园二期C、D段工程建设工作，明确无锡市滨湖国有资本投资有限公司作为长广溪国家湿地公园的管理运营主体，制定启动C、D地块建设的工作方案，对湿地公园总体规划进行修编并报国家林草局审核同意，衔接国土空间规划、"三区三线"以及自然保护地，明确未来分区功能方向。无锡长广溪国家湿地公园于2016年被批准为国家湿地公园，总面积为375.19公顷，为无锡市第三家国家级湿地公园，全工程分2期建设，至年末尚余二期C、D段未建成。

【湿地保护管理】2023年，市自然资源规划局加大湿地管控力度，对地铁5号线、6号线、S2线等重大线性工程涉及湿地和湿地公园的议题召开专题会议，指导实施单位编制相关方案和报告。开展涉及重要湿地和湿地公园的各级各类卫星拍摄照片的核查工作，包括违规侵占国家湿地公园等自然保护地问题排查整治专项行动中的疑似问题图斑排查整治，省生态环境厅下发的开展国家湿地公园生态环境问题线索排查整改工作，国家林草局核实处理国际重要湿

2023年，无锡市推进自然保护地保护。图为自然保护地太湖国家级风景名胜区无锡片区蠡湖景区景色

（市文旅集团　供图）

地、国家湿地公园疑似问题的核查，省林业局核实部分自然保护区、湿地公园人类活动遥感监测，省人大开展全省湿地"一法一条例"执法检查转来的遥感监测人类活动线索，省林业局自然保护地信息系统中涉及湿地公园的问题图斑核查。核查涉及违规问题即知即改，不留死角。其中，省人大湿地"一法一条例"执法检查，市人大湿地"一法两条例"执法检查均对无锡市湿地保护工作给予高度评价。

（刘梦蛟）

自然保护地保护

【概况】 3月，无锡市自然保护地整合优化方案上报省林业局和国家林业和草原局待批。按照自然资源部、国家林草局和省自然资源厅、省林业局的部署要求，无锡市自2019年起先后对自然保护地、风景名胜区进行两轮整合优化和一轮整合汇总，拟设自然保护地11个，其中包含自然保护区1个（宜兴龙池山地方级自然保护区），风景名胜区1个（太湖国家级风景名胜区无锡片区，含马山景区、梅梁湖景区、蠡湖景区、锡惠景区、阳羡景区及泰伯庙和泰伯墓2个独立景点），地质公园1个（无锡阳山火山地方级地质公园），森林公园3个（宜兴国家级森林公园、江阴要塞地方级森林公园、宜兴太华山地方级森林公园），湿地公园5个（梁鸿国家级湿地公园、长广溪国家级湿地公园、大溪港地方级湿地公园、宛山荡地方级湿地公园、宜兴太湖地方级湿地公园），总面积65726.31公顷，占全市陆域总面积的14.20%。

【《无锡市关于建立健全自然保护地体系的实施意见》印发】 6月28日，市委办、市政府办联合印发《无锡市关于建立健全自然保护地体系的实施意见》。意见从目标任务、构建体系、推动发展、创新管理、强化监管等方面，明确20条具体举措推进全市自然保护地体系建设，统筹推进风景名胜区、湿地、森林公园等自然保护地共谋共建。

【自然保护地综合执法模式建立】 7月，根据省生态环境厅、省自然资源厅、省林业局等6个部门关于自然保护地生态环境保护实施综合执法的文件精神，市生态环境局、市自然资源规划局、市交通运输局、市水利局联合印发《无锡市加强自然保护地生态环境保护综合执法工作实施方案》，明确对全市自然保护地生态环境保护实施综合执法，要求市生态环境、自然资源、交通运输、水利部门和自然保护地管理机构，根据文件规定各司其职、各负其责，共同做好自然保护地生态环境保护综合执法工作。

（刘梦蛟）

森林资源保护

【概况】 2023年，无锡市继续推进现代林业高质量发展建设，加强林业资源保护管理、城乡一体绿美提升、绿色低碳转型提升，遵循自然、适地适树的总体原则及国土绿化与彩色化、珍贵化和效益化相结合的树种选择要求，依托路、河、公园"两带一园"，科学优化林分结构，提升林木质量，协同推进降碳、减污、扩绿、增长，全面协调可持续发展。全年无锡市完成造林面积1283.58公顷，其中净增造林面积465.04公顷（灌木林面积14.27公顷）、低产低效林改造面积195.56公顷、更新造林面积211.71公顷、封山育林面积411.27公顷。长江沿岸新增造林10.66公顷，完成1000米范围森林质量提升10.66公顷，培育珍贵彩色树种60万株。全市林木覆盖率由上年的27.93%提升至27.98%，作为高质量考核指标居全省第二位。滨湖区、宜兴市、江阴市林木覆盖率绝对值排名全市前三，江阴市、惠山区、新吴区增幅居前三位。

【林长制工作】 2023年，无锡市建立起管理职责明确、运行机制顺畅的市、市（县）区、镇（街道）、村（社区）四级林长制体系。全市有林长1180人、护林员1700余人，其中市级林长3人、市（县）区级林长37人、镇（街道）级274人、村（社区）级林长866人，林长制覆盖每片林区。全市森林资源保护形成"横到边、纵到底"的全链条、全域覆盖新模式，以最严制度实现山有人管、林有人造、树有人护、火有人防、责有人担。

【义务植树】 2023年，全市开展线上线下义务植树宣传咨询活动280余场次，发放各类宣传材料2万余份；组织线上线下义务植树活动400余场次，参与人数57.6万余人，植树130余万株，营建纪念林29个。

【森林抚育】 2023年，无锡市完成森林抚育面积2069.25公顷。无锡市以道路绿化、河道绿化、公园绿地、山林为主要抚育对象，调整原有林分结构、增加混交林比例、改善苗木生长环境、提升林分的生态功能等级和森林景观品质；结合各地实际情况，通过多部门配合，形成日常管护机制，落实推进抚育管护。

【林业有害生物防控】 2023年，市自然资源规划局重点做好林业有害生物的监测预警和防范控制，松材线虫病发病面积、病死树数量均控制在正常范围内。全域未发现美国白蛾疫情。乡镇级疫点数量控制目标完成进度100%，发生面积压缩目标完成进度141.1%，超额完成中期目标任务。推进病虫害无公害防控示范区建设，推广应用灯诱、释放生物天敌等各种技术、措施，无公害防控林业有害生物。依托智慧大林业背景，以远程监控技术、无人机监测、互联网技术、数据分析技术为基础，探索建立无锡市林业有害生物智能物联网监测系统，科学、准确及时防控林业有害生物。

（刘梦蛟）

生物资源保护

【概况】 2023年末，无锡市完成全市生物多样性本底调查，全市累计记录物种3770种，其中维管植物1483种、陆生昆虫943种、陆生脊椎动物394种、水生生物950种。全市物种数约占全省记录物种数（6903种）的54.6%，在全省各地级市层面属于第一梯队。累计记录物种数比上年全市动植物普查结果大幅增加，其中维管植物由1189种增加至1483种，陆生脊椎动物由314种增加至394种。各类新近发现记录物种超40种，其中桃花水母藏身于宜兴市竹海镜湖，近20年长江无锡江阴段首次发现新生幼豚，长广溪湿地的西方秧鸡、马山湿地的疣鼻天鹅、蠡湖国家湿地公园的凤头鹰等数十种罕见鸟类和震旦鸦雀、卷羽鹈鹕、黄嘴白鹭、黄胸鹀等珍稀鸟类被发现。域内分布国家重点保护野生动植物95种，包括银缕梅、金钱松、银杏、白颈长尾雉、长江江豚等国家一级保护野生动植物12种，水蕨、野大豆、虎纹蛙、白琵鹭、貉等国家二级保护野生动植物83种。分布中国生物多样性红色名录收录的濒危物种92种，包括苏铁、青头潜鸭等极危物种4种，秤锤树、脆蛇蜥等濒危物种19种，易危物种南京椴、北草蜥、獐等23种，近危物种黄檀、黑斑侧褶蛙、寿带等46种。根据《江苏省生物多样性红色名录（第一批）》，统计出保护物种56种，占全省总数的66.7%；根据《江苏省生态环境质量指示物种清单（第一批）》，初步统计出无锡市生态环境质量指示物种90种，约占全省总数的76.3%。

（市生态环境局）

【生物多样性保护】 2023年，无锡市制定出台《无锡市生物多样性保护规划（2023—2035年）》，明确到2025年，初步建立无锡市生物多样性保护管理体系；到2035年，实现人与自然和谐共生的现代化，生物多样性保护政策、制度和观测体系完善，形成“一圈两区八廊多点”［“一圈”指太湖生物多样性保护圈，“两区”指长江（江阴）水生生物保护功能区、宜兴丘陵陆生生物保护功能区，“八廊”指8条物种迁徙廊道；“多点”指湿地公园、森林公园及风景名胜区等节点］生态保护空间格局。无锡市与湖州市、苏州市、常州市共同倡议，成立环太湖生物多样性保护联盟。围绕国际生物多样性日主题“从协议到协力：复元生物多样性”，通过开展贡湖湾生物多样性观测站揭牌仪式、纸质媒体和微信微博宣传等形式，呼吁市民参与生物多样性保护，促进人与自然和谐共生。年内，无锡市野生动物救护中心接收及指导救护动物70余批100余只，收容的动物中有相当部分是公安执法系统收缴的违法运输、饲养的爬行动物，以及弃养动物。在处理过程中，对于没有条件妥善饲养的数量庞大的动物，及时上报上级主管部门通过调剂到有条件的单位收养，解决证据保全和后续处理的问题。

（市生态环境局　市自然资源规划局）

【淡水水生生物监测】 2023年，无锡市在太湖无锡水域、饮用水水源地和重点流域28个地表水断面和1个集中式饮用水水源地开展淡水水生生物监测，与上年相比，淡水水生生物环境质量有所提升。其中：底栖动物监测到71种，主要优势种为河蚬和太湖大螯蜚，生物多样性均值为2.56，水生生物评价等级为良好；着生藻类监测到126种，主要优势种为异极藻、微囊藻，生物多样性均值为3.22，水生生物评价等级为优秀；浮游植物监测到94种，主要优势种为微囊藻、假鱼腥藻、平裂藻，生物多样性均值为2.90，水生生物评价等级为良好；浮游动物监测到后生浮游动物50种，主要优势种为螺形龟甲轮虫，生物多样性均值为4.07，水生生物评价等级为优秀。

（市生态环境局）

【野生动植物资源补充调查】 2023年，无锡市野生动植物资源补充调查工作完成。野生植物资源调查记录到无锡地区维管植物共157科571属1189种（含种下等级和栽培种）。其中，蕨类植物19科28属46种，裸子植物6科11属14种，被子植物132科532属1129种。野生动物资源调查记录到鸟类18目61科264种，哺乳动物6目14科26种，爬行动物2目7科16种，两栖动物1目3科8种。调查初步掌握全市野生动植物资源家底，为开展自然保护地保护、野生动植物保护、重要物种栖息地保护提供有力技术支撑依据。

【野生动物日常监测】 2023年，无锡市峄嶂猛禽监测点建成投用。市自然资源规划局组织无锡市观鸟爱好者组成无锡市峄嶂猛禽监测队，开展日常猛禽迁徙监测工作，迁徙季的2个月，形成监测记录110篇，记录到猛禽20种、2213只次。

（刘梦蛟）

【长江流域禁捕退捕】 2023年，无锡市继续做好2443名建档立卡退捕渔民安置保障工作，退出率、社保安置率、就业安置率均为100%。压实重点水域所涉镇、园区、企业、码头等主体责任。与苏州市张家港市、泰州市靖江市、常州市新北区等制定长江干流禁捕执法协作共管协议，消除城市边界执法盲区。配齐执法人员和渔政巡护员，提升执法人员和渔政巡护员的业务能力和专业素养。提升完善长江禁捕信息化防控平台——江盾平台，优化二期超图建设项目方案。第四轮省农村改革试验区任务

“江阴市长江十年禁渔快速响应机制”稳步推进，标准护渔板房、护渔智能警戒设施投入使用。江阴市农业综合行政执法系统升级改造项目完成，新型渔政执法船“江盾号”投入使用，完善水陆空一体的快速响应机制。开展长江流域重点水域“四清四无”（“四清”指清船、清网、清江、清湖，“四无”指无捕捞渔船、无捕捞网具、无捕捞渔民、无捕捞生产）“回头看”专项行动，长江禁捕春季联合执法行动，江阴、靖江、张家港、常州新北区“两岸四地”打击长江刀鲚非法捕捞专项整治联合执法行动等专项整治行动，提升横向协作和纵向联动能力。

（市农业农村局）

【长江禁捕市场监管】 2023年，市市场监管局在巩固“长江禁捕、打非断链”专项行动基础成果上，开展长江刀鲚等非法捕捞、渔获物市场禁售、春季护渔等专项执法行动，严厉查处“长江禁捕、太湖退捕”期间各类非法捕捞渔获物禁售违法违规行为。协调行政审批部门对6201户涉渔市场主体进行登记事项变更，对2140户涉渔市场主体营业执照予以注销。检查市场、商超、餐饮单位、涉渔食品生产单位8826家次，监测网络涉渔经营主体23.47万余个，监测商品交易信息279.71万余条，立案查办各类涉渔案件4起，罚没金额10万元。江阴市市场监督管理局与上海市崇明区市场监督管理局制定“长江禁捕、打非断链”专项行动联动执法工作机制。江阴市市场监督管理局和无锡市市场监督管理局徐卫元在“长江禁捕、打非断链”专项行动中，作为表现突出的集体和个人被国家市场监管总局通报表扬。

（束洁丹）

【“中国渔政亮剑2023”专项执法行动】 2023年，无锡市组织开展“中国渔政亮剑2023”专项执法行动，加强水域生态文明建设，推进渔业高质量发展，严厉打击渔业违法行为。全市渔政执法机构出动执法人员10715人次，出动执法车辆2179辆次、执法船艇914艘次，印发宣传材料2643份，开展媒体宣传28次，清理取缔涉渔“三无”（无船名船号、无船舶证书、无船籍港）船舶11艘，清理违规网具3963张（顶）。查办违法违规案件107起，其中电力捕鱼案件24起，查获涉案人员109人，查获渔获物209.08千克，行政罚款14.75万元。

【水生野生动物保护专项执法行动】 2023年，无锡市组织开展水生野生动物保护专项执法行动，对全市水生野生动物人工繁育、展演展示、经营利用场所和单位进行全覆盖执法检查。主要检查水生野生动物人工繁育许可证、经营利用许可证的有效期及年审记录，核对现有水生野生动物品种、数量，确保与许可信息一致，询问引种渠道和销售渠道。全市出动执法人员156人次，检查水生野生动物人工繁育和经营利用场所（单位）55家。

（市农业农村局）

【外来入侵物种防控】 2023年，市农业农村局组织开展农业外来入侵物种普查工作，通过工作部署、技术培训、质量控制等措施，按时完成普查工作任务，摸清无锡市农业外来入侵物种的种类数量、分布范围、发生面积与危害程度等情况。通过组织召开外来入侵物种防控会议、下发防控通知、开展工作督导等形式，推进防控工作，遏制外来入侵物种蔓延势头，有效保护无锡市生物安全、生态安全和农业生产安全。

市自然资源规划局以县域为单位，继续开展森林、湿地生态系统外来入侵物种普查外业调查工作，至年末，普查工作全面结束，市级和县级均形成工作报告和技术报告。无锡市完成调查路线长度4476.29千米，覆盖面积215.7平方千米，按照调查覆盖面积需要覆盖总调查面积的10%来计算，完成率100%。完成样地数487个，标记样方2268个，设样线394条。按照国家和省普查要求，完成采集、制作、鉴定标本500余套，详细记录各项普查内容，留下影像资料。无锡市外来入侵物种普查共计发现41种外来入侵物种，其中重点外来入侵物种15种、其他外来入侵物种26种。

（市农业农村局　市自然资源规划局）

节能减排

【概况】 2023年，无锡市单位地区生产总值能耗下降4.98%，规模以上工业增加值能耗下降10.5%，超额完成省下达的节能目标任务，为生态文明建设和促进经济高质量发展做出积极贡献。《无锡市2023年节能与工业绿色发展工作要点》印发，分解落实节能与工业绿色发展工作目标及重点任务。市工业和信息化局推动73个节能与循环经济重点项目建设，竣工后可实现年节能12.3万吨标准煤。组织开展工业节能诊断工作，组织第三方服务机构对1010家企业实施免费节能诊断。组织重点用能单位报告2022年度能源利用状况，371家重点用能单位年度节能量50万吨标煤，实施节能项目（措施）332个。

【绿色制造】 2023年，无锡市推进工业企业绿色制造体系建设，新增国家级绿色园区1个、绿色工厂13家、绿色供应链5个、绿色设计示范企业2家，新增省级绿色工厂65家、绿色园区2个。至年末，全市累计建成国家级绿色工业园区4个、国家级绿色工厂39家、国家级绿色供应链管理企业8家，7家企业被评为工业和信息化部绿色设计示范企业，35个产品被工业和信息化部认定为绿色设计产品；累计建成省级绿色工厂129家，省级绿色园区2个。加大重点行业清洁生产技术推行力度，63家企业实施自愿性清洁生产审核。加强再生资源综合利用，新增3家再生资源综合利用行业规范条件企业。

（肖俊英）

【城乡建设领域碳达峰行动】 2023年，市住房城乡建设局制定《无锡市城乡建设领域碳达峰实施方案》，以绿色低碳发展为导向，发展绿色低碳城市、绿色低碳社区，推动绿色建筑向更高质量迈进，建设绿色低碳县城和乡村，构建城乡建设领域绿色发展新格局。锡东新城入选江苏省首批城乡建设碳达峰碳中和先导区。

【绿色建筑】 2023年，全市城镇绿色建筑占新建建筑的100%，新建民用建筑（居住建筑和公共建筑）全部执行二星级及以上绿色建筑标准，单体建筑面积2万平方米以上的大型公共建筑及高品质住区建筑均按照绿色建筑三星级标准设计建造，欧美同学会海归小镇9号楼成为省内综合体量最大的零能耗建筑。年内，全市新增绿色建筑面积1349.34万平方米、太阳能光热应用面积932.49万平方米、浅层地能应用面积13.22万平方米、太阳能光伏装机容量19.4兆瓦，新建超低能耗建筑14.03万平方米，既有建筑绿色节能改造完成138.16万平方米，新增节能量16.4万吨标准煤，新增碳减排量43.4万吨标准煤，获得民用建筑能效测评标识项目83栋，开展能耗统计项目1145个。开展绿色建筑项目评价87个，其中中航雷达与电子设备研究院研发中心建设项目1～4号楼和江南大学宜兴研究生院一期（国际交流中心）获三星级运行标识，无锡职业技术学院（产教融合大楼二期）、无锡国联金融大厦和无锡朗诗青春未来家园1～3号楼、5～12号楼获二星级运行标识。中航雷达与电子设备研究院研发中心项目获2023年度“江苏省绿色建筑创新项目”三等奖，基金PARK二期、光子芯谷等8个项目获省级绿色建筑补助资金1800万元。

（刘　柳）

【新墙材和散装水泥推广】 2023年，全市完成新墙材产量55.1亿标块，新墙材占墙材总量的100%。全市散装水泥供应量1431.5万吨，预拌砂浆生产量191.4万吨。推进“禁黏”乡镇1个，完成32家新墙材企业和6家预拌砂浆企业的认定备案工作。至年末，全市累计有12家新墙材和预拌砂浆企业通过国家星级绿色建材产品认证。

（陈园园）

【节水建设】 2023年，无锡市持续加大对非居民单位的节水指导，为企事业单位和建设单位提供现场技术支持和指导100余人次，提出节水建议50多项，进一步提高非常规水资源利用率和生产用水重复利用率水平。市市政园林局严格落实新改扩项目节水“三同时”（与主体工程同时设计、同时施工、同时投产使用）制度，年内全市许可备案节水设施方案60件，新增雨水利用设施78座，涉及各类建设项目总占地面积345万平方米，新增雨水蓄水池容积2.89万立方米。无锡市自2009年被授予国家级“节水型城市”以后，分别于2013年、2017年、2022年以优异成绩通过国家级“节水型城市”复查工作。

（市市政园林局）

【污染物减排】 2023年，无锡市推进主要污染物总量减排工作，开展高排放车辆淘汰、钢铁企业超低排放改造、包装印刷行业综合治理、火（热）电企业深度治理、锅炉窑炉深度治理、储罐挥发性有机物治理、污水处理厂提标等污染物排放削减工程项目，全年累计减排氮氧化物5683吨、挥发性有机物3747吨、化学需氧量6250吨、氨氮588吨。

（市生态环境局）

污染防治

【空气污染防治】 2023年，市生态环境局牵头制定出台《无锡市臭氧污染治理三年专项行动方案（2023—2025年）》，制定《无锡市2023年大气污染防治工作计划》，推进实施大气污染防治工程项目5294个。加快推进活性炭再生中心、水性共享钣喷中心、溶剂回收中心、源头替代联盟服务中心、燃烧法技术和装备研究中心“五大中心”建设。推动14家国有热电、垃圾焚烧、危废焚烧企业超低排放深度治理，完成1233家包装印刷、铸造等重点行业企业提标改造。推动以最严标准落实施工工地“六个百分百”要求（工地周边100%围挡、裸土100%覆盖、出入车辆100%冲洗、施工现场道路100%硬化、拆除工程100%洒水、渣土车辆100%密闭运输），试点推广施工工地“天幕作业法”“绿色全电工地”。

【水污染防治】 2023年，市生态环境局牵头制定《无锡市2023年水生态环境保护工作计划》，实施水污染治理重点工程150个。开展重点河道“解剖式”溯源排查，聚焦岸上问题、根源问题实施长效管理。推进重点水体消黑消劣、动态清零。持续开展省级以上工业园区水污染整治专项行动，开工建设工业污水处理厂7家。完成高标准农田建设8000公顷、规模以上养殖池塘改造4653.33公顷、退渔3380公顷。新改建自然村生活污水治理工程340个，提前2年实现农村生活污水治理率100%，农村生活污水治理“锡山模式”获全国推广。

【土壤和地下水污染防治】 2023年，市生态环境局牵头制定印发《无锡市2023年土壤和地下水污染防治工作计划》，推进落实土壤和地下污染防治年度重点任务993项。完

2023年，无锡市实施水污染治理重点工程，完成高标准农田建设8000公顷。图为锡山太湖水稻示范园　　（市农业农村局　供图）

成土壤污染重点监管单位周边土壤和地下水监测134家、土壤污染隐患排查“回头看”53家。推进202个优先监管地块风险管控，实施12个重点地块土壤污染风险管控和修复工程，严格建设用地准入管理，重点建设用地安全利用得到保障。深化国家土壤污染防治先行区建设探索，梁溪区先行区建设年度成效居全国前列。实施地下水调查评估项目3个，全市9个地下水国考点位水质保持稳定。

【废弃物处置】 2023年，市生态环境局牵头制定印发《无锡市“无废城市”建设年度工作计划》，推进全域“无废城市”建设，推动形成多场景固废管理模式，统筹推进环太湖地区城乡有机废弃物处理利用示范区建设。全年无锡市危险废物（含医疗废物）产生量103.4万吨，利用量75.0万吨，利用率72.5%；处置量为27.4万吨，处置率26.5%；贮存量0.96万吨。年内纳入江苏省危险废物动态管理系统中的危险废物经营单位（含集中收集试点）有74家，至年末，在有效期企业66家，全市利用处置能力共计298.6万吨/年。全年无锡市一般工业固体废物产生量1227.5万吨，综合利用量1186.8万吨（含综合利用往年贮存量9.0万吨），综合利用率96%；处置量39.1万吨（含处置往年贮存量0.7万吨），处置率3.2%；累计贮存量11.3万吨。年末，小微企业危险废物集中收集覆盖全市企业12456家、医疗废物集中收运体系覆盖市区所有小型医疗机构1546家。

（市生态环境局）

【城市废物处置】 2023年，无锡市城市环境科技有限公司安全焚烧工业危废14945.74吨，焚烧医疗废物7217.19吨，填埋工业危废7872.16吨，填埋焚烧飞灰25843.04吨，处理渗滤液30.51万吨，运输蓝藻藻泥5012.3吨，处理粪便52634吨。开展小微企业危废、小型医疗机构医废收集项目，服务小微企业2488家、小型医疗机构1603家。自主开发信息管理平台与市卫生健康委医疗收集系统完成数据对接，率先在全省实现医废转移联单电子化，助推医废全流程信息化管理质效提升。

（市市政集团）

环境监管

【生态环境应急管理】 2023年，市生态环境局在全省率先上线环境应急隐患排查管理系统，推动隐患排查向制度化、标准化、精细化、信息化转变。13家重点园区、1727家重点环境风险企业隐患排查完成率100%，市、市（县）区两级排查实现全覆盖。基本建成全市“1+8+N”（1个全市总体方案，8个区县方案和N条河流）水污染应急防范体系，完成16个重点园体系建设，21条省重点河流完成处置方案编制，135家重点管控环境风险企业完成三级防控现状评估。率先在全省出台市、区、镇三级应急物资储备标准，全市建设完善应急物资库59个，涵盖不同规格应急物资7大类550种。

【生态环境执法监管】 2023年，市生态环境局推进“绿刃2023”生态环境保护专项行动，出动执法人员55498人次，检查各类企业24461家次。推进非现场监管，利用各类监测监控数据异常线索办理环境违法案件129件。强化行政执法与刑事司法衔接，查获涉嫌污染环境罪案件33起，采取强制措施109人。制定涉企轻罚免罚清单，对166起轻微违法案件不予处罚，减轻处罚494起。试点推行环境处罚学习积分补过制度，完成全省首例“学法积分”抵扣罚款。建立健全正面清单长效管理机制，对纳入正面清单的企业实施动态管理，对符合条件的171家企业推行差异化监管，统筹做好执法和帮扶工作。上线“万家企业学环保法2.0”学法平台，注册用户4.7万人。组织专家团队定期上门为企业提供政策法律咨询、专业技术服务，走访企业30余家，“青绿法援大讲堂”巡回普法宣讲活动累计参训企业1500余家。

（市生态环境局）

编辑　何　峰

河湖长制

【河湖长制工作】 2023年，无锡市下发《2023年河长制工作目标任务书》《2023年全市河湖长制工作要点》《河道垃圾分类投放工作方案》，编制完成18条市级河道“一河一策”和《无锡市幸福河湖建设方案》。全市各级河长累计履职157727次，巡河解决问题17236个。

【河长湖长全覆盖】 2023年，全市5635条河流、35个湖泊、19座水库实现河长湖长全覆盖。落实市级总河长2人，副总河长3人，市级河长15人；市（县）、区级总河长14人，副总河长17人，河长132人；镇（街道）级总河长138人，副总河长152人，河长669人。全市设立覆盖所有河湖的河长制管理公示牌块5863。

【河道环境综合整治】 2023年，无锡市河流型断面水质优Ⅲ比例连续2年保持100%，是全省唯一监测到国、省考断面Ⅰ类水质的设区市。推进552条环境综合整治河道水质达标攻坚行动，552条河道水质优Ⅲ比例97.1%。启动新一轮598条河道治理专项行动，598条河道水质优Ⅲ比例70.6%。完成入湖河道一、二级6条劣Ⅴ类支浜整治和5条生态河道整治。推进“三清三治”农村环境卫生专项整治、农村河道垃圾清理、水葫芦清剿和消黑消劣专项行动，河湖环境面貌持续向好。完成中央生态环境保护督察督办梁溪区信访事项1个和2022年省安全度夏通报的3个未整改到位问题的整改销号任务。

【跨界河湖联保联治】 2023年，无锡市与苏州市、常州市、湖州市联合签订《环太湖四城市河湖长制协作机制》，深化联合河长制，联动处理跨界河湖相关涉水问题。锡山区与相城区成立联合河长制工作站。加强跨界河湖联保联治，建立整治黑臭水体、劣Ⅴ类水体工作机制，强化水体治理和长效管护，实现动态清零。10月，承办太湖流域片河湖长制工作交流会暨太湖局与苏浙沪闽皖省级河长办协作机制联席会议。

（李冰如）

美丽河湖建设

【《关于深化美丽幸福河湖行动（2023—2025年）的实施意见》印发】 2023年，市政府办公室印发《关于深化美丽幸福河湖行动（2023—2025年）的实施意见》，确定12项重点任务，即加快“两河”整治提升、实施水系连通工程、开展新一轮河道轮浚、深化入河排口专项整治、攻坚污水处理提质增效、加强农业农村污染治理、深化船舶污染整治、抓好圩区闸站管理、优化畅流活水调度、推进滨水景观建设、加强河湖长效管理、弘扬传承河湖水文化，解决制约河湖水质提升和环境改善的

10月，太湖流域片河湖长制工作交流会暨太湖局与苏浙沪闽皖省级河长办协作机制联席会议在无锡市召开　（市水利局　供图）

瓶颈问题。明确至"十四五"规划期末，全市全面消除黑臭水体和劣Ⅴ类河道，城市建成区基本消除Ⅴ类河道，国、省考河流断面水质优Ⅲ比例稳定达到100%，552条重点河道水质优Ⅲ比例稳定达到90%以上。国、省考断面所在的54条河道中，一级支浜水质持续达到或优于Ⅲ类，二级支浜水质持续达到或优于Ⅳ类，其中60%达到或优于Ⅲ类。城市生活污水集中收集处理率100%，农村生活污水治理覆盖率100%。"两河"整治提升工程基本完成。到2025年，全市新增2000条以上美丽幸福河湖，列入《江苏省骨干河道名录》《江苏省湖泊保护名录》的48条河道、28个湖泊以及城市建成区、镇村居民聚集区的河道全面建成美丽幸福河湖；到2030年，基本实现全市域美丽幸福河湖全覆盖。

【美丽幸福河湖建设】 2023年，无锡市将美丽幸福河湖建设质效纳入高质量发展考核评价体系、河长制工作纳入日常督察考核、河湖治理"红黑榜"纳入对各乡镇(街道)考核。每季度组织召开工作推进会，市各成员单位围绕住家船舶、"三无"船舶、长江太湖排污口排查整治，河湖岸线基础设施建设，船舶污染治理，非法围网管桩清除等任务各司其职，加强行业监管和技术指导，形成推动合力。年内，市美丽河湖办发布美丽幸福河湖"红黑榜"9期，评出红榜河道100条、黑榜河道56条。全市累计出动打捞船只52621艘次、车辆19368辆次、人员120726人次，打捞清理水葫芦66193.2吨。对各地区开展河道轮浚、水系连通工程督查检查，基本完成28项水系连通和69项河道轮浚任务，超额完成建设680条美丽幸福河湖的年度任务。

【"两河"整治提升工程】 2023年，无锡市编制印发《"两河"亮化提升工作实施导则》《"两河"沿线绿化整治提升实施标准》等，为岸线整治提升提供规范标准。至年末，梁溪河景观整治提升工程、新吴区"三水汇"科技生态公园、京杭运河经开区段(含新吴区飞地)整治工程完成。新吴区完成运河西岸高浪路至通锡高速段景观提升和堤防建设工程；惠山区完成京杭运河绿色现代航运综合整治、洛社段北岸滨河岸线整治等岸线整治堤防达标建设工程；梁溪区完成北塘大街岸线整治和堤防达标建设工程。

【生态河湖建设】 2023年，市水利局着眼打造空间完整、功能完好和生态良好的最美河湖水域岸线，加强河湖空间严管严控，推动水域改革试点、河湖生态修复，完善河湖管理保护机制。建立遥感动态监测问题发现、交办、处置和反馈机制，对县区级以上1600千米重要河湖，开展月度高分辨率卫星遥感核查；推进全省唯一以全市域为单位的水域保护试点，启动河湖水域矢量化建库、清单化管理，刚性约束全市"水域面积不减少"总目标；印发《关于开展全市重点水域监测评估的通知》，对无锡市河湖水域状况进行全方位检测，建立无锡市水域监测评估体系，将水域监测评估结果作为河长制工作评价、领导干部自然资源资产离任审计的重要依据；加强堤防工程险工险段排查与工程整改，落实度汛预案，部署开展水普、

2023年，梅梁湖水利风景区入围第三批水利部高质量发展典型案例推荐名单。图为梅梁湖景色 （市水利局 供图）

灾普堤防数据复核，提升堤防安全运行水平。

【水文化建设】 2023年，无锡市以“两河”整治提升、新一轮太湖治理、蠡湖深度治理等重点河湖整治为牵引，注重挖掘特色元素，融合产业发展、水文化传承弘扬等建设内容，提升美丽幸福河湖行动生态效益、社会效益、文化效益、经济效益。梅梁湖水利风景区入围第三批水利部高质量发展典型案例推荐名单，宜兴龙珠水库入选省级水利风景区候选名单。依托太湖—梅梁湖泵闸群省级水情教育基地，推出生态蠡湖线、科技治太线2条“水利＋文旅”研学线路，让市民群众走进水利风景区、感受河湖治理成果。中央电视台、《人民日报》、《新华日报》、《中国水利报》、《无锡日报》等媒体专题报道无锡河湖长制工作和幸福河湖建设成效共360余篇。

（李冰如）

水利工程建设与管理

【水利建设发展】 2023年，无锡市完成各类水利投资52.24亿元，完成率100.37%，比上年增长4.48%，14个市级政府投资项目完成投资22.22亿元，完成率100.23%，太湖生态清淤（二轮二期）工程2023年度工程、梅梁湖蓝藻离岸防控工程2022—2023年度（二期）、线泾浜节制闸改造工程等新开工项目启动建设，开工率100%；新孟河延伸拓浚、环太湖大堤剩余工程等流域性工程建成。无锡水利建设获省政府真抓实干督查激励，连续3年在省水利建设质量工作考核中获第一等次。

【水利工程监督管理】 2023年，市水利局构建更加科学高效的工程管理体系，促进水利工程管理由粗放到规范、由规范向精细、由传统经验管理向现代科学管理转变。全市9家水利工程管理单位中，建成省级以上水利工程管理单位8家，其中国家级水利工程管理单位2家，省级以上水管单位建成率89%；全市17座小水库中，有16座达到省规范化管理标准，创建率94.1%。九里河水利枢纽和北兴塘水利枢纽创成省精细化管理一级工程，白屈港套闸等10个水利工程创成省精细化管理二级工程。油车水库等6个水利工程通过省精细化管理二级工程评价。

【环太湖大堤剩余工程无锡段】 该工程投资概算12.32亿元，其中：宜兴市境内工程概算投资8.45亿元，主要建设内容为堤防加固35.85千米包括护岸加固28.67千米、新建挡浪板20.67千米、加高挡浪板13.32千米、堤脚排水沟21.77千米；修改建堤顶道路长度32.83千米；新建跨港渎桥梁10座；新建口门建筑物1座，包括港堤护岸加固4.36千米、新建3.01千米，以及湖西滨湖37个圩区达标建设等。滨湖区境内工程概算投资3.52亿元，主要建设内容为堤防加固15.59千米；护岸加固14.41千米；新建挡浪板11.75千米、防浪墙0.70千米，堤脚排水沟7.75千米，修改建堤顶道路14.64千米；新建跨港渎桥梁1座；处理口门建筑物7座、拆除重建泵站1座，加固闸站3座。经开区境内工程概算投资3405万元，原址拆除重建枢纽闸站1座。工程于2019年12月开工建设，至2023年末基本完工。

【新桃花港江边枢纽工程】 该工程总投资2.2亿元，主要建设内容为拆除老闸，新建泵站1座，排水流量每秒48立方米，装机3台（套），单机设计流量均为每秒16立方米，总装机容量2700千瓦。新（扩）建水闸1座，孔口净宽28米；节制闸共设3孔，两侧边孔闸孔净宽均为8米，中间孔为通航孔，闸孔净宽12米。扩挖内河侧河道387.6米，长江侧两岸堤防加固336.8米。工程于2021年12月开工建设，2023年完工。

【锡澄运河（黄昌河—长江段）整治工程河道工程】 该工程总投资15亿元，主要建设内容为拓浚河道11.22千米（不包括定波水利枢纽段0.66千米），拆建（加固）护岸24.58千米，拆建（加固）堤防21.38千米，拆除重建跨河桥梁3座、加固1座、利用3座，新建支河桥梁9座，新建防汛道路9.03千米和附属建筑物工程等。工程于2020年12月开工建设，一期、二期工程基本完成，2023年推进三期工程建设。

【京杭大运河（无锡段）整治提升工程】 该工程总投资200亿元，主要内容为实施堤防达标建设、港口码头整治、水环境治理、三道贯通与水岸重塑、绿化景观打造、重要节点公园建设、文旅资源保护开发利用等重点项目。2023年末，征收拆迁任务基本完成，南尖公园先导段、经开区段（含新吴区飞地）、“三水汇”科技生态公园建成开放，江南运河文化公园首开区竣工。

【蠡湖水环境深度治理工程】 该工程总投资19.3亿元，对蠡湖进行深度治理，主要内容为周边入湖河道整治、口门建筑物等水利设施整治改造、湖体生态清淤和修复及生态补水等。2023年，排查环蠡湖及入湖河道沿线排口1043个，整治问题排口14个，基本完成流域范围内24个提质增效达标区建设，滨湖区完成39个排水区块专项整治；完成蠡湖生态清淤40万立方米；滨湖区、经开区和梁溪区完成流域内16条河道整治（含10条主要入湖河道），完成蠡园小型水体整治。

【太湖生态清淤（二轮二期）工程无锡市区2022年度工程】 该工程总投资3.6亿元，主要对梅梁湖中北部湖区及月亮湾湖湾开展生态清淤，清淤规模200万立方米，实施年限为2022—2023年，2022年完成清淤79万立方米，2023年完成清淤121万立方米。

（李冰如）

农村水利

【农村水利建设】 2023年，无锡市以深入推进乡村振兴战略实施为引领，加强农村生态河道建设，巩固农业水价综合改革成果；以深化农村基础设施改革为目标，加强农村水利基础设施建设；以提高防洪排涝能力为重点，突出加强圩区建设，以“三清三治”水环境专项整治为抓手，提升农村水环境治理成效。市水利局制定《农村水利设施管护标准》，明确农村河道、灌排泵站、闸站圩堤、塘坝管护责任、标准、考核内容。全市各级投入农村水利建设及管护资金约1.85亿元，主要用于农村圩区建设、灌溉工程建设、农村河道综合整治及农村水利设施管护等。全年共疏浚农村河道212万立方米，新建、提升改造灌溉站、圩口闸59座，加高加固圩堤3千米。组织开展农村圩区基本情况调查。滨湖区、锡山区、惠山区、宜兴市获评全省农村水利工程管护优秀等次。

【农村生态河道建设】 2023年，无锡市推进农村生态河道建设，投入资金2.98亿元，建设农村生态河道102条、长度243.74千米，年增长率9.94%，建设完成5条环太湖入湖河道支流支浜生态河道。开展“三清三治”农村水环境专项整治行动，对全市农村河道及家河家塘进行集中整治和常态化管护，打捞垃圾，水草12.84万吨。滨湖区、惠山区、锡山区、江阴市获评全省农村河道长效管护第一等次。

【农业水价综合改革】 2023年，无锡市设立市（县）、区农业水价综合改革补助专项资金128万元。全市用于农业水价综合改革各级资金913.5万元，推进全市农业水价综合改革成果巩固提升。全市域完成2023年度农田灌溉水有效利用系数测算分析成果报告。推广“苏灌通”农业用水管理信息系统在农业水价综合改革工作中的应用。

【水土保持】 2023年，市水利局推进《无锡市水土保持条例》立法进程。开展水土保持问题清单事项“回头看”，完善新增水土保持问题清单，查处水土保持违法违规项目。建成“无锡市水土保持数据采集及业务决策平台”，实现水土保持属性数据和空间数据的网络化采集、传输、审核、管理及实时在线更新，完善水利“一张图”内容。无锡市水土保持目标完成情况评估结果连续4年获评省考核优秀等次，宜兴市创成国家级水土保持示范县，锡山区安北小流域创成国家级水土保持示范工程，百合、东港北、安北、宗言、万张、胡埭6个小流域获评省级生态清洁小流域。

（李冰如）

水资源管理

【水资源管理创新】 2023年，无锡市深化水权改革，完成水权交易11单，交易水量23.28万立方米，交易金额19.79万元。滨湖区挂牌全省首宗水权公开交易，是全国水权交易系统新平台上线后首单挂牌。推进水资源论证区域评估，完成2个省级开发区水资源论证区域评估，实施2个开发区取水许可告知承诺制审批。开展县域水资源管理规范化试点建设，锡山区、滨湖区获批全省首批试点建设单位。滨湖区水利局自主开发的全省首款取水节水政务服务App“滨水管家”获水利部网站刊登并向全国推广。锡山区取用水智慧化管理平台建设获省级优秀水资源成果奖一等奖。

【饮用水保障】 2023年，全市7个集中式饮用水水源地全部完成标准化建设，运行状况良好。完成江阴市白屈港绮山湖应急水源地、利港地下水应急水源地和龙珠水库水源地标准化建设，白屈港绮山湖应急水源地保护区划分方案获省政府批复同意。完成水源地视频监控信息推送、接入省平台工作。

【取用水规范管理】 2023年，无锡市完成取水口规范化建设任务342个，超额完成省下达的目标任务。宜兴市水资源管理和节水智能监管平台项目通过验收，实现非农取水户水量100%在线监控。锡山区通过取水信息系统，完善取水户电子档案库，实现取水许可、“一户一档”、计划申请、监测预警、用水统计、规费征缴全过程“一网通管”。推进水利部灌区监测计量体系建设，完成中小型灌区渠首取水口监测计量8个。

【节水型社会建设】 2023年，惠山区、滨湖区、新吴区获评第六批国家级节水型社会建设达标县（区）。梁溪区国家级县域节水型社会达标建设通过省级审查。新吴区再生水利用配置试点建设在水利部组织的中期评估中获优秀等次。高新区综合保税区通过省水利厅、省工业和信息化厅组织的联合验收，获评省级节水型工业园区。完成省市（县）级节水型载体创建任务69个，超额完成省下达的目标任务。开展“塑料丝、绳及编织品制造”“塑料包装箱及容器制造”两类产品市级用水定额制定，发布定额值6个，填补省内行业空白。推进市级“节水贷”，自2020年启动以后，指导节水型企业办理节水贷33笔，累计发放贷款总额7.55亿元。

（李冰如）

11 月 2 日，市水利局联合市中级人民法院、市检察院、市公安局等 5 个部门开展太湖执法巡查活动。图为对涉太湖水事问题协同会商处置

（市水利局　供图）

水利行业管理

【水利营商环境优化】 2023 年，市水利局印发无锡市水行政审批全过程服务与监管工作配套文件，围绕服务、审查、审批、监管推出工作全过程流程图，以提升水利政务服务效能，优化水利营商环境。协调推进解决地铁 5 号线二期、地铁 6 号线、锡宜轨交 S2 线、312 国道改建、惠西大道西延、市盲聋学校、“两河”整治、江阴远景能源绿港项目、江阴澄星石庄热电备用汽源引气工程、蠡湖未来城、梁溪科技城等重点工程涉水事项技术和审批难点问题。

【水利行业科技创新】 2023 年，无锡市参与的“滨湖城市河网防洪与水环境智能调控技术与应用研究”项目获江苏省水利科技进步奖一等奖，基于研究成果建设的“城市河网水环境提升智能管理平台”在阿里云部署运行，可为水利、生态环境等部门提供预报和调度服务。参与的“基于高频微波与智能算法的高时空分辨率降水监测研究与应用”项目获江苏省水利科技进步奖一等奖，项目率先在江阴市建立全国首个规模性微波链路测雨网络，示范应用实战效果得到地方政府及相关行业部门认可。

【水行政执法】 2023 年，市水利部门开展“利剑”专项执法行动，统筹推进防汛保安、水资源、水工程、水土保持、河湖保护、长江禁采 6 个分项执法行动。制定落实《无锡市打击非法侵占岸线水面问题专项执法行动实施方案》，推进河湖突出问题整改；开展重点水域联合巡查、环湖重点水事现场执法与宣传、“贯彻落实长江保护法‘利剑’守护水清江澜”执法宣传系列活动，保障河湖安全秩序。市水利监察支队获评 2023 年度行政执法先进单位，受到市委依法治市办公室表彰。

【河湖保护专项执法】 2023 年，市水利局印发《无锡市河湖保护专项整治行动工作方案》，排查全市省骨干名录河道、省保护名录湖泊水域岸线开发利用行为，严肃查处遏制妨碍河道行洪、侵占水域岸线等各类“四乱”（乱占、乱采、乱堆、乱建）违法违规问题，维护河湖健康生命。市水利局、市中级人民法院、市检察院、市公安局、市司法局 5 个部门联合印发《河湖安全保护专项执法行动实施方案》，推进线索移交、立案查处工作，该项工作入选全市“十大法治事件”，工作成果在市民中心展出。无锡市在全省专项行动推进会上作经验交流。

【长江采砂管理】 2023 年，落实《中华人民共和国长江保护法》和《长江河道采砂管理条例》，落实行政首长负责制，将长江水域岸线及生态空间管控、长江保护范围内项目依法落实水土保持责任情况和沿江企业取用水等内容纳入联动执法范围，实现长江保护工作全覆盖、无盲区。年内，全市组织日常长江巡查 365 次，联合农业农村、长航公安、海事等部门组织联合巡江行动 31 次，开展打击“砂霸”专项行动，加强行政执法与刑事司法有效衔接，依法保障长江采砂管理秩序稳定可控。

（李冰如）

编辑　何　峰

综　述

【科技发展】2023年，全市科技系统实施创新驱动核心战略和产业强市主导战略，统筹推进建载体、育主体、攻技术、聚资源、优生态等重点工作，持续为“强富美高”新无锡现代化建设提供强劲科技支撑。全市科技进步贡献率超69%、连续11年居全省设区市第一位，全社会研发投入占地区生产总值比重升至3.38%。滨湖区、无锡高新区（新吴区）、江阴高新区因推动科技政策落实和科技体制改革成效明显等获省政府办公厅督查激励。

无锡市制定出台《打造国内一流具有国际影响力的产业科技创新高地行动方案》，按照“定3年、谋8年、展望13年”的思路，升级制定产业科技创新高地“八大行动”方案，以实施科创企业“领航行动”、创新载体“筑基行动”、创新平台“提能行动”、关键技术“攻坚行动”、成果转化“加速行动”、人才引育“登峰行动”、开放合作“攀升行动”、创新生态“优化行动”为抓手，加快打造国内一流具有国际影响力的产业科技创新高地。年内，无锡高新区综合排名升至全国第18位、连续4年实现进位，集成电路制造创新型产业集群入选国家级创新型产业集群；江阴高新区获评国家创新积分试点优秀工作单位；宜兴国际环保展示中心入选生态环境部与科技部联合评选的第八批国家生态环境科普基地。宜兴市入选全国第二批创新型县（市）建设名单，宜兴市、锡山区入选第二批江苏省创新型示范县（市、区）建设名单，惠山高新区西站物流园获批“生产服务型国家物流枢纽”，滨湖区创建省级高新区方案上报省政府。至年末，全市新建省级院士工作站4家，累计建成省级院士工作站30家，数量居全省第二位。

（冯　蕾　白二飞　乔　健）

【科技投入】2023年，市级科技创新创业资金7.03亿元，包括支持重大创新平台建设、支持大院大所科技合作、支持企业关键技术攻关、支持科技孵化载体建设、加速科技成果转移转化、培育壮大创新型企业集群、深化企业国际合作、推动科技保险服务创新、支持发展生物医药产业9类专项计划，涵盖产业前瞻与共性关键技术研发、重大科技成果转化、科技创业载体建设和运营、新型研发机构建设和运营、高新技术企业培育奖励、现代生物医药专项等多个专项，全年立项市级科技计划项目425个。市科技局改革科技计划项目组织实施方式，探索以“揭榜挂帅”方式开展市“太湖之光”科技攻关（产业前瞻及关键技术研发）重点项目，揭榜成功4个项目，给予400万元财政资金支持。全市获国家、省科技经费5.50亿元，其中获国家科技经费1.62亿元，获国家重点研发计划立项支持项目12个，获省重点研发计划（产业前瞻与关键核心技术）项目立项项目11个、省重大科技成果转化专项立项项目12个、省自然科学基金立项项目74个。

（戴晓斌　自　勇　王春耕　苏顺开　胡大君）

【科技人才】2023年，全市入选国家重大人才工程A类项目4人，实现无锡零的突破；入选国家重大人才工程B类项目9人，为上年度的3倍。入选江苏省“双创”人才31人、“双创”团队4个，入选数量居全省前列。“太湖人才计划”立项数量295个，创该计划实施以后新高。

（陶佳漪　李海宁）

【科技金融】至2023年末，无锡市天使投资引导基金累计完成项目立项147个，其中87个股权项目实现投决、49个股权项目完成出资，合计金额20610万元。设立总规模5000万元的市创新创业种子基金，针对成立2年以内的种子期科技型企业实施不超过200万元的小额投资，完成项目立项27个，其中19个项目完成投决，12个项目实现出资，累计金额2290万元。会同各市（县）、区成立合作直投基金，江阴直投基金累计完成5个项目出资，合计2400万元；宜兴合作直投基金累计完成2个项目出资，合计2000万元；新吴区、梁溪区合作直投基金完成工商注册，基金规模均为1亿元；惠山区、锡山区合作直投基金完成投决，滨湖区合作直投基金完成立项。推动建立社会化子基金，出资3500万元引导设立集萃科技基金，总规模3亿元；一村同威基金、凯联医疗基金完成天使管委会投决，无锡—新加坡天使基金、集萃盈峰基金完成基金管理人投决，协砺基金等7个社会化子基金完成管理人立项，2022年成立的鼎祺中肃基金累计完成7个项目出资，合计金额3400万元。年内，市科技风险补偿贷款持续扩容，全市发放科技风险补偿贷款108亿元，比上年增长6.8%，其中“锡科贷”（无锡市独立开展的市科技型中小企业风险补偿贷款）99.25亿元、“苏科贷”（与省合作开展的江苏省科技成果转化风险补偿贷款）8.75亿元，获贷企业1728家。其中，市信保基金项下合作银行当年发放科技风险补偿贷款105.14亿元，比上年增长6.50%；在贷余额112.08亿元，比上年增长11.17%；获贷企业1719家，比上年增长5.91%；入库企业2706家，比上年增长2.97%。

（夏　婷）

【外籍高层次人才引进】 2023年，市科技局外国人来华工作许可窗口累计办理外国人来华工作许可事项4066件，其中，发放外国人来华工作许可通知474份，办理外国人来华工作证3592张（含外国人来华工作证延期）。3名外国专家获2023年度“江苏友谊奖”；6个外国专家项目获2023年度省科技计划专项资金（创新支撑计划科技人才）项目立项，资助金额300万元、居全省第二位。

（李海宁）

创新平台载体

【苏南国家自主创新示范区建设】 2023年，根据省科技厅发布的全省高新区创新驱动发展综合评价情况通报，无锡高新区、江阴高新区、宜兴环科园、惠山高新区（筹）排名分别为第2位、第12位、第40位、第50位。无锡高新区获苏南国家自主创新示范区建设专项资金高新区奖励补助资金1350万元。全市103家企业获评江苏省高新技术产业开发区瞪羚企业。

（白二飞）

【工程技术研究中心建设】 2023年，无锡市新认定市级工程技术研究中心424家，新增省级工程技术研究中心74家。至年末，全市市级以上工程技术研究中心累计2435家，其中省级工程技术研究中心775家、国家级6家，省级以上工程技术研究中心总数居全省第二位。

（万　磊）

表43　无锡市2023年度新增省级工程技术研究中心一览表

序号	名称	依托单位
1	江苏省高储能高安全智能锂离子电池工程技术研究中心	远景动力技术（江苏）有限公司
2	江苏省冶金余热利用装备工程技术研究中心	无锡翔龙环球科技股份有限公司
3	江苏省风电叶片用自动化生产设备工程技术研究中心	江阴市科诚技术有限公司
4	江苏省高稳定环保同轴电缆工程技术研究中心	江阴凯博通信科技有限公司
5	江苏省（雷博）工业半导体设备工程技术研究中心	江苏雷博微电子设备有限公司
6	江苏省高精度检测技术服务工程技术研究中心	江苏澄信检验检测认证股份有限公司
7	江苏省结构生物学创新药物发现工程技术研究中心	无锡佰翱得生物科学股份有限公司
8	江苏省高性能动力与储能锂离子电池工程技术研究中心	联动天翼新能源有限公司
9	江苏省高性能镀膜靶材制备工程技术研究中心	梭莱镀膜工业（江阴）有限公司
10	江苏省智能网联新能源商用车工程技术研究中心	江苏前晨汽车科技有限公司
11	江苏省液氮生物容器装备工程技术研究中心	江苏深绿新能源科技有限公司
12	江苏省母婴益生菌菌株研究及产业化工程技术研究中心	江苏新申奥生物科技有限公司
13	江苏省工业互联网智能控制工程技术研究中心	海澜智云科技有限公司
14	江苏省（祥瑞）不锈钢精线工程技术研究中心	江阴祥瑞不锈钢精线有限公司

续表 43

序号	名称	依托单位
15	江苏省铝材精深加工与智能化工程技术研究中心	江阴鼎鑫铝业有限公司
16	江苏省能源装备用超大型金属锻件工程技术研究中心	江阴市恒业锻造有限公司
17	江苏省汽车自动化工装及控制设备工程技术研究中心	江阴名旭模塑有限公司
18	江苏省（锋菱）超硬工具工程技术研究中心	江苏锋菱超硬工具有限公司
19	江苏省高性能工程塑料管材工程技术研究中心	江苏海威塑业科技有限公司
20	江苏省城乡规划设计工程技术研究中心	江阴市城乡规划设计院有限公司
21	江苏省精密滚子轴承工程技术研究中心	无锡沃尔德轴承有限公司
22	江苏省环太湖蓝藻打捞—干化—资源化利用工程技术研究中心	江苏金山环保科技有限公司
23	江苏省集成电路级大直径半导体硅片工程技术研究中心	中环领先半导体材料有限公司
24	江苏省 PBT 纤维低碳绿色制造工程技术研究中心	无锡市兴盛新材料科技有限公司
25	江苏省 SCR 脱硝减污降碳工程技术研究中心	国能龙源催化剂江苏有限公司
26	江苏省（宇盛）特种电缆工程技术研究中心	宇盛电气有限公司
27	江苏省滑动轴承工程技术研究中心	宜兴市环宇轴瓦制造有限公司
28	江苏省工业烟气除尘脱硫脱硝治理工程技术研究中心	宜兴市海纳环境工程有限公司
29	江苏省（琳杰）三废焚烧炉及锂电新材料生产设备工程技术研究中心	江苏琳杰环境科技有限公司
30	江苏省（金丝利药业）宠物生物药工程技术研究中心	江苏金丝利药业股份有限公司
31	江苏省纯无油超高速空气悬浮压缩机工程技术研究中心	江苏海拓宾未来工业科技集团有限公司
32	江苏省污染防治标准与装备化工程技术研究中心	江苏泰源环保科技股份有限公司
33	江苏省（启创）污水深度脱氮除磷工程技术研究中心	江苏启创环境科技股份有限公司
34	江苏省（宇星）新型铁基材料工程技术研究中心	江苏宇星科技有限公司
35	江苏省（恩纳基）半导体封测装备工程技术研究中心	恩纳基智能科技无锡有限公司
36	江苏省晶硅太阳能电池用金属化浆料工程技术研究中心	江苏日御光伏新材料科技有限公司
37	江苏省（宸瑞）新能源薄膜电容器工程技术研究中心	无锡宸瑞新能源科技有限公司
38	江苏省微光夜视装备工程技术研究中心	江苏北方湖光光电有限公司
39	江苏省高效太阳能电池激光装备工程技术研究中心	帝尔激光科技（无锡）有限公司
40	江苏省放射外科机器人工程技术研究中心	江苏瑞尔医疗科技有限公司
41	江苏省紫杉烷类抗肿瘤药物工程技术研究中心	无锡紫杉药业股份有限公司

续表 43

序号	名称	依托单位
42	江苏省泛半导体智能制造设备工程技术研究中心	拉普拉斯（无锡）半导体科技有限公司
43	江苏省大功率半导体激光工程技术研究中心	无锡亮源激光技术有限公司
44	江苏省物料智能配混系统装备工程技术研究中心	无锡理奇智能装备有限公司
45	江苏省智慧城轨工程技术研究中心	江苏中车城市发展有限公司
46	江苏省混合动力总成技术工程技术研究中心	无锡明恒混合动力技术有限公司
47	江苏省先进储能技术工程技术研究中心	烯晶碳能电子科技无锡有限公司
48	江苏省航空发动机单元体及核心部件制造工程技术研究中心	无锡市润和机械有限公司
49	江苏省新型流体输送工业管道工程技术研究中心	无锡市新峰管业有限公司
50	江苏省先进新能源动力及驱动系统工程技术研究中心	无锡凌博电子技术股份有限公司
51	江苏省企业级高性能互连芯片工程技术研究中心	无锡众星微系统技术有限公司
52	江苏省模拟集成电路工程技术研究中心	江苏润石科技有限公司
53	江苏省国产化半导体薄膜沉积设备工程技术研究中心	无锡尚积半导体科技有限公司
54	江苏省综合能源数字化工程技术研究中心	朗新科技集团股份有限公司
55	江苏省热成像模组及应用工程技术研究中心	无锡英菲感知技术有限公司
56	江苏省绿色智能包装工程技术研究中心	无锡市前程包装工程有限公司
57	江苏省（鑫巨宏）光学器件工程技术研究中心	无锡鑫巨宏智能科技有限公司
58	江苏省物联网智慧环境监测预警工程技术研究中心	江苏江达生态环境科技有限公司
59	江苏省智能化断路器操作机构工程技术研究中心	无锡凯绎科技有限公司
60	江苏省车辆测试设备工程技术研究中心	宝克（中国）测试设备有限公司
61	江苏省光掩模工程技术研究中心	无锡迪思微电子有限公司
62	江苏省液晶显示模组工程技术研究中心	无锡夏普显示科技有限公司
63	江苏省晶圆直写光刻设备工程技术研究中心	无锡影速半导体科技有限公司
64	江苏省高精度自动化测试设备工程技术研究中心	无锡沃德倍斯科技有限公司
65	江苏省（航征）智能传感工程技术研究中心	无锡航征科技有限公司
66	江苏省高速柔性包装装备工程技术研究中心	无锡同联机电工程有限公司

续表 43

序号	名称	依托单位
67	江苏省高端紧固件工程技术研究中心	无锡市标准件厂有限公司
68	江苏省直流无刷电机智能驱动工程技术研究中心	英迪迈智能驱动技术无锡股份有限公司
69	江苏省高压自愈式电容器工程技术研究中心	无锡市电力滤波有限公司
70	江苏省汽车驱动部件工程技术研究中心	无锡胜鼎智能科技有限公司
71	江苏省金属表面处理工程技术研究中心	无锡申康机械设备有限公司
72	江苏省轻量化高性能汽车滑轨及部件工程技术研究中心	无锡诺飞高新技术有限公司
73	江苏省声学滤波器工程技术研究中心	无锡市好达电子股份有限公司
74	江苏省智能网联汽车座舱域控制器工程技术研究中心	无锡车联天下信息技术有限公司

（市科技局）

【科技企业孵化载体建设】 2023年，全市新增市级以上孵化载体97家，其中国家级科技企业孵化器3家、省级众创空间12家、省级科技企业孵化器5家；无锡锡山智能硬件众创社区、无锡滨湖信息安全技术众创社区入选省科技型创业企业孵育计划，立项数居全省第三位，立项金额800万元；9家科技企业孵化器在省绩效评价中被评为优秀。

（白二飞）

表44 无锡市2023年度新增国家级科技企业孵化器一览表

序号	载体名称	运营单位
1	无锡高新区集成电路设计企业孵化器	无锡国家集成电路设计基地有限公司
2	中科智慧信息产业园孵化器	无锡中皓禾创孵化管理有限公司
3	无锡太湖科技中心	无锡龙世太湖科技发展有限公司

（市科技局）

表45 无锡市2023年度新增省级众创空间一览表

序号	载体名称	运营单位
1	慧界长三角研究院	慧界物联网技术研究院（无锡）有限公司
2	和陶创客	宜兴和陶科技创业有限公司
3	瑞尔陶瓷智能装备众创空间	无锡市瑞尔陶瓷智能装备科技有限公司
4	大公坊丨雪浪小镇共享国际创新中心	大公坊雪浪科技（无锡）有限公司
5	蓝皓云空间	无锡蓝皓云空间科技服务有限公司
6	苏信众创空间	无锡苏信院资产经营管理有限公司
7	喀斯玛（无锡）科创中心	喀斯玛汇智（无锡）科技有限公司

续表 45

序号	载体名称	运营单位
8	京东智能城市(长三角)数字经济创新基地	无锡联东汇智信息科技有限公司
9	江苏智慧无夕创客空间	江苏智慧无夕企业管理有限公司
10	大学城海创人才中心	无锡市宸心创业服务有限公司
11	创成汇(宜兴)国际人才科创中心	宜兴创成汇创业服务有限公司
12	健盟众创空间	无锡健盟众创空间有限公司

(市科技局)

表 46　无锡市 2023 年度新增省级科技企业孵化器一览表

序号	载体名称	运营单位
1	国合环保产业科技企业孵化器	国合千庭控股有限公司
2	清华无锡研究院集成电路专业孵化器	清华大学无锡应用技术研究院
3	朗新科技产业园孵化器	无锡朗易软件产业发展有限公司
4	太湖湾信息技术产业园孵化器	无锡经开太湖湾信息技术产业园有限公司
5	雪浪小镇科技园	无锡经开雪浪小镇未来园区有限公司

(市科技局)

【省级新型研发机构建设项目立项】 2023 年,“无锡市南京大学锡山应用生物技术研究所建设项目”获江苏省新型研发机构建设项目立项,获省拨资金 2000 万元。该研究所由无锡市与南京大学共建,主要围绕生物医药产业战略研究、关键技术研发、成果转化应用、技术标准研制、高端人才培养、产业赋能等领域展开科研,立足生物材料与医疗器械、核酸药物等研究方向,打造高端研发和服务平台,促进核心技术转化为实际应用产品。

(朱　莹)

【无锡市产业创新研究院建设】 3 月,无锡市产业创新研究院揭牌成立。年内,无锡市产业创新研究院初步完成组织建设,建立基本制度框架,开展全市新型研发机构评估工作,参与现有新型研发机构建设管理和新建新型研发机构建设方案论证,以“虚拟基金模式”引进香港城市大学吕坚院士团队共建香港城市大学无锡先进纳米材料产业技术创新中心。市政府与江苏省产研院签署《共同推进无锡市产业创新研究院建设合作协议》,推进省、市产研院深度合作。由省产研院推荐、市产研院推动,先进涡轮动力技术与装备研究所落地惠山高新区。制定《无锡市产业创新研究院先导技术预研项目实施办法》,立项先导技术预研项目 18 个。市产业创新研究院作为全市科技改革的“试验田”,整合政产学研力量,建立有组织的产业创新体系,探索有利于出成果、引人才、育产业的新机制。

(杨振铨)

【宽视场巡天望远镜精密光电系统研发基地落户江阴市】 5 月 7 日,清华大学宽视场巡天望远镜(MUST)精密光电系统研发基地在江阴市签约落户。清华大学党委副书记过勇,无锡市委常委、江阴市委书记许峰,清华大学无锡应用技术研究院院长郑永平等出席签约仪式。MUST 项目团队围绕基地建设、技术研发、成果转移转化等内容,推进与宽视场巡天望远镜大型光电设备建设紧密相关的关键技术研发和产业化,加速空天科技、高端光学装备制造等领域人才集聚,打造科学前沿研发平台和成果转化应用基地。

(王春耕)

【香港城市大学无锡先进纳米材料产业技术创新中心落地滨湖区】 12 月 29 日,无锡市滨湖区、香港城市大学吕坚院士团队、江苏省产业技术研究院、无锡市产业创新研究院4方共建香港城市大学无锡先进纳米材料产业技术创新中心签约仪式在滨湖区举行。该创新中心引进香港城市大学优势领域的产业化创新项目,集聚杰出科学家开展高水平科学研究,推动无锡市科创企业与香港城市大学技术深度融合、成果加快转化。

（杨振铨）

高新技术产业

【高新技术产业产值】 2023年,全市实现高新技术产业产值13318.31亿元,比上年增长8.7%;高新技术产业产值占规模以上工业总产值比重为52.32%,比上年提高1.88个百分点,创历史新高。

（潘慧治）

【创新主体培育】 2023年,全市高新技术企业认定申报3571家,有效期内高新技术企业6325家。做好科技型中小企业入库评价工作,对符合条件的科技型中小企业做到“应评尽评”,全年评价入库企业12451家,入库总数居全省第三位,仅次于苏州市、南京市。培育建设首批市级创新联合体48家,无锡威孚高科技集团股份有限公司等4家企业入围省创新联合体建设试点,入围数量居全省第二位。

（虞健勇　潘慧治　叶利群）

【高新技术产业园区】 参见“园区经济”类目。

科技成果

【37个项目获省科学技术奖】 2023年,无锡市有37个项目获2022年度江苏省科学技术奖,其中一等奖3个、二等奖11个、三等奖22个和企业创新奖1个,获奖总数比上年增长20%,其中由无锡市单位牵头完成的项目有23个。无锡华润上华科技有限公司获企业技术创新奖。

【5个项目获无锡市腾飞奖】 2023年,依据《无锡市腾飞奖实施办法》相关规定,5个项目获无锡市腾飞奖,分别是无锡帝科电子材料股份有限公司“基于纳米材料的高导电高导热新型电子浆料的研发及产业化”、江南大学附属医院“‘四化’模式下的公立医院价值医疗体系建设与应用”、江苏雅克科技股份有限公司“LNG储运用增强阻燃绝热保温板材国产化”、江阴兴澄合金材料有限公司“超高强度耐久型桥梁缆索绿色高效成套技术研究与应用”、无锡市东林小学“小学语文素养表现型教学的实践探索”。

（乔　健）

表47　无锡市获2022年度江苏省科学技术奖项目一览

序号	项目名称	完成单位	等级	排名
1	复杂精密零部件多感知融合的高速高精测量关键技术及装备	无锡富瑞德测控仪器股份有限公司	一等	4
2	新能源汽车动力系统关键零部件智能加工技术及生产线	无锡贝斯特精机股份有限公司	一等	1
3	前列腺癌精准诊疗策略的创新性研究与临床应用	无锡市第二人民医院、江南大学、无锡市申瑞生物制品有限公司	一等	1、4、5
4	图像质量评价与提升关键技术	江南大学	二等	3
5	基于生物质本征特性的共热解理论与气化技术应用	江苏太湖锅炉股份有限公司	二等	2
6	船用高止裂韧度特厚钢板关键制造技术及应用	江苏新扬子造船有限公司	二等	3
7	大型能源装备用超大厚度钢板连铸替代模铸关键技术创新及产业化	江阴兴澄特种钢铁有限公司	二等	1
8	高效定制化动力锂电池高精卷绕装备关键技术及产业化	无锡先导智能装备股份有限公司、蜂巢能源科技（无锡）有限公司	二等	1、4
9	道路交通安全风险防控关键技术创新及应用	公安部交通管理科学研究所、江苏中路交通发展有限公司	二等	2、5
10	室内呼吸道传染病传播机理与建筑环境防控方法	无锡菲兰爱尔空气质量技术有限公司	二等	7

续表 47

序号	项目名称	完成单位	等级	排名
11	基于 SiP 封装的设施农牧业高可靠性生境传感系统创制及应用	江苏长电科技股份有限公司	二等	1
12	基于糖链重构、晶态转变、颗粒修饰的淀粉功能特性调控	江南大学	二等	1
13	优异功能菌选育与微生物肥料创制	江阴市鹏鷂联业生物科技有限公司	二等	4
14	数字化放疗摆位及验证系统的创建和临床应用	江苏瑞尔医疗科技有限公司	二等	3
15	高可靠高性能电源管理 IC 关键技术及其产业化	江南大学、无锡力芯微电子股份有限公司	三等	1、2
16	面向公众服务的数字交管身份认证关键技术和规模应用	公安部交通管理科学研究所、无锡华通智能交通技术开发有限公司	三等	1、3
17	神经模糊智能：从广义模糊系统、过移与协同到深度可解释学习	江南大学	三等	1
18	无水介质衣物护理关键技术的研发与产业化	无锡小天鹅电器有限公司	三等	1
19	自主先进中轻型商用车尾气排放后处理系统关键技术与应用	无锡恒和环保科技有限公司	三等	1
20	LNG 储运用增强型绝缘保温复合材料研发及产业化	江苏雅克科技股份有限公司	三等	1
21	高品质耐热聚乳酸新材料创制关键技术及应用	江南大学	三等	1
22	高效太阳能电池用多元纳米导电银浆的研发及产业化	无锡帝科电子材料股份有限公司	三等	1
23	万吨级高品质熔体直纺 PBT 纤维成套技术与装备开发	无锡市兴盛新材料科技有限公司	三等	1
24	大涵道比涡扇航空发动机大叶片研发及应用	无锡透平叶片有限公司	三等	1
25	高柔性高可靠性超大规模智能仓储立体库关键技术及应用	无锡凯乐士科技有限公司	三等	1
26	建立系统数学模型的新型辨识理论与方法	江南大学	三等	1
27	重载稻麦收获机多维感知与智能化控制关键技术及应用	无锡卡尔曼导航技术有限公司	三等	1
28	软碎地层巷（隧）道工程围岩精细化注浆改性理论与成套技术	中铁十九局集团第六工程有限公司	三等	3
29	长三角地区城市水体复合污染控制与修复技术及其应用	江南大学、无锡恒诚水利工程建设有限公司	三等	3
30	暗纹东方鲀抗寒新品种选育及产业化体系关键技术创新与应用	中国水产科学研究院淡水渔业研究中心	三等	2
31	青虾新品种选育与规模化示范推广	中国水产科学研究院淡水渔业研究中心	三等	1
32	补肾益精之“生新”层面的细胞学基础在肾虚型骨质疏松症中作用及应用	江南大学附属医院、江南大学	三等	1、2
33	骨肿瘤纳米影像检测技术及治疗策略的创新研究	无锡市人民医院	三等	1
34	脊柱脊髓损伤的基层临床诊疗体系建立及推广应用	无锡市锡山人民医院	三等	1

续表 47

序号	项目名称	完成单位	等级	排名
35	缺陷型精神分裂症神经认知与神经影像特征研究	无锡市精神卫生中心	三等	4
36	胃癌关键调控靶点的探索及临床诊疗新模式的建立	无锡市第二人民医院	三等	1
37	无锡华润上华科技有限公司		企业创新奖	

（市科技局）

科技合作交流

【科技国际合作】 2023年，全市获省国际合作项目立项4个，对上争取经费510万元。推进与粤港澳大湾区的创新合作，到中国香港举办科技交流活动，无锡香港科创中心揭牌成立。与香港城市大学、香港科技大学、澳门大学、澳门科技大学等7所港澳知名高校建立市校、校地或重大项目合作关系，共建香港城市大学（无锡）科技创新中心、香港科技大学锡港协同创新中心、香港理工大学无锡科技创新研究院、澳门—无锡离岸孵化中心、澳门无锡国际创新创业中心等平台和载体。继续推进与欧美发达国家、“一带一路”共建国家和地区的创新合作。

（李　雯）

【无锡市与中国药科大学签署战略合作协议】 10月7日，无锡市人民政府与中国药科大学签署市校战略合作协议。市委书记杜小刚，省药品监督管理局局长田丰，中国药科大学党委书记金能明、校长郝海平等出席签约仪式。双方约定在科研攻关、创新孵化、产业赋能、人才培养等方面开展合作，建立科技成果转化运行新机制，围绕重大创新平台建设、科研能力建设、产业技术创新等方面，开展应用基础研究、关键技术攻关、创新成果转化、创新产品孵化等合作；中国药科大学与无锡市企业建立人才委托定向培养机制，推动与国际知名高校、头部企业等开展合作，吸引国内外创新资源向无锡集聚；合作举办高层次产业交流活动，依托双方资源优势共同举办学术论坛、产业研讨会等活动。

（杨振铨）

5月8日，“合作共赢·携手未来”2023中韩（无锡）科技创新合作交流会在韩国首尔市举行

（市科技局　供图）

【中韩（无锡）科技创新合作交流会】 5月8日，“合作共赢·携手未来”中韩（无锡）科技创新合作交流会在韩国首尔市举行，无锡市市长赵建军出席活动并致辞。中国驻韩国大使邢海明致辞，韩国驻沪前总领事金胜镐出席大会，韩国电子通信研究院本部长金载镐、大韩贸易投资振兴公社IK代表金太亨等致辞。无锡（首尔）商务创新交流中心在会上揭牌成立。无锡高新区与韩国成均馆大学签约共建中韩（无锡）科技创新中心，无锡产业创新研究院与韩国电子通信研究院签署战略合作协议，24个总投资约19.7亿美元的合作项目现场签约。

（李　雯）

【2023未来技术合作（无锡）大会】 8月22日，2023未来技术合作（无锡）大会在无锡市举行，市委书记杜小刚为长三角生命健康领军人才基地揭牌。中国科学院院士程和平、丁汉，中国工程院院士陈卫，北京大学未来技术学院院长肖瑞平出席。科技部高新司副司长梅建平视频致辞，中国产学研合作促进会党委副书记丁玉贤致辞。东南大学副校长孙立涛领衔发布《未来技术与产业发展无锡倡

8 月 22 日，2023 未来技术合作（无锡）大会在无锡市举行，会上发布《未来技术与产业发展无锡倡议》（市科技局 供图）

议》。省疾病预防控制中心副主任朱风才，首批设立未来技术学院高校、科研院所、研发和技术转移机构代表等参加活动。大会以“迎接新变革，合作向未来”为主题，除未来技术主论坛外，还举办未来技术成果对接洽谈会，无锡市企业、科研院所、投资机构等 100 余家单位与各未来技术学院及相关高校对接洽谈未来技术成果项目 138 个；北京大学、清华大学、东南大学、华中科技大学分别举办专题学术沙龙活动，促进校地双方技术、产业、人才与投资的交流合作。

【2023 北京（无锡）科技合作洽谈会】 11 月 27 日，2023 北京（无锡）科技合作洽谈会在北京市举行，深入对接京津冀科技创新资源，推动长三角与京津冀政产学研深度融合。科技部科技成果转化促进司二级巡视员陈宏生到会致辞，无锡市副市长周文栋致辞，北京—无锡合作创新基地授牌，无锡各市（县）、区与京津冀地区高校、科研院所以及龙头企业开展产学研对接，达成意向合作项目 89 个，投资总额 147.6 亿元。

（王春耕）

无锡梁溪科技城

【概况】 2023 年，无锡梁溪科技城作为全省首家法定机构，健全完善以“理事会 + 管理局 + 派驻纪检监察组”三位一体架构为支撑、以市属国企科技城集团为开发建设实施主体的运营管理模式。探索完善“人事代理 + 雇员 + 员额”的全口径人员管理体系，建立一支“90 后”占比 50%，海外留学人才占比 35% 的高素质专业化干部队伍。6 月，完成授薪员额制改革，实行企业年金制。无锡梁溪科技城获评中国产学研合作创新示范基地、长三角北斗空间信息产业创新示范基地、海峡两岸食品科技产业（无锡）合作试验区、省级现代服务业高质量发展集聚示范区等。

【空间规划】 2023 年，无锡梁溪科技城规划形成“一带一核三片，一轴一廊两心”的产城融合空间结构。“一带”为寺头河中央公园活力带，“一核”为科技城核心区，“三片”分别为黄巷产城融合标杆区、西漳创新服务生活区、通江科技创新产业集聚区，“一轴”为锡澄路都市综合服务轴，“一廊”为通江大道城市门户形象走廊，“两心”分别为庄前科技客厅活力中心和塘头企业总部服务中心。完成无锡市区在国土空间规划背景下开展的第一个详细规划，即核心区单元和瞻江单元详细规划；完成市政、交通、公共服务设施、中央公园景观带设计等 9 个专项规划编制，并启动儿童友好和青年发展、地下空间、绿色低碳等 5 个专项规划。为加快构建城北地区门户形象，推动梁溪科

11 月 27 日，2023 北京（无锡）科技合作洽谈会在北京市举行（市科技局 供图）

技城融入区域创新发展的新格局，开展梁溪科技城中央活力区详细城市设计方案征集工作。率先在全市出台“新七通一平”（“七通”分别为网络通、算力通、数据通、产业通、服务通、标准通、机制通，“一平”为城市智慧大脑平台，配套安全管理和运营管理为主体的两大保障体系）数字新基建发展规划。加速推进总建筑面积超170万平方米的长三角北斗空间信息数字产业示范园、未来智算产业园等4个特色园区建设。全年投资完成率138.54%，居全市科技新城第一位。

【项目招引】 2023年，无锡梁溪科技城围绕以数字经济为核心，构建以“数字＋智造”“数字＋科技”“数字＋服务”的“1+3+X”的产业体系，明确空间信息、机器人、智能传感器、人工智能、食品科技5个产业生态圈作为招商主攻方向，累计落地快仓智能机器人全球总部基地、迈瑞康检示范基地等20个行业领军项目，总投资超50亿元。搭建以百亿级科创产业母基金、百亿级数字经济产业母基金为主导的产业基金体系，集聚基金总规模超200亿元。

【项目建设】 2023年，无锡梁溪科技城数字经济总部产业园和数字科技创新港两大商办科创载体项目进入地下室主体结构全面施工阶段，至年末完成产值超4亿元。无锡人工智能协同创新基地项目于三季度完成立项备案、项目方案、图纸设计及招投标工作，并在10月举办的昇腾人工智能高峰论坛上正式启动，仅用2个余月时间完成外立面幕墙、机房、展厅、办公等区域的改造提升工作。北滨路消防站易地新建工程作为梁溪科技城第一个开工的公益性项目，主体结构封顶；瞻江立交桥下空间提升改造工程完工；刘潭派出所临时业务用房项目于12月底前交付使用；中央公园景观带项目于12月底前启动EPC总承包招标工作。

【科技创新】 2023年，无锡梁溪科技城主动融入长三角科技创新共同体，聚集上海交大（无锡）数字经济产业技术高等研究中心、浙江大学（无锡）智能光电芯片研究中心、江苏智慧航空研究院等7家科创平台，成立长三角北斗空间信息产业技术创新发展联盟。聘任徐冠华、吴一戎、龚健雅等8位院士为产业发展顾问，借力“最强大脑”发展“院士经济”，推动更多新技术、新成果在科技城落地开花。布局上海、北京、深圳等地多个科创协同中心。建设人工智能基础设施，联合华为技术有限公司打造智能算力中心，重点建设无锡人工智能计算中心和无锡人工智能生态创新中心2个中心，打造公共算力服务平台、应用创新孵化平台、产业聚合发展平台、科研创新和人才培养平台4个生态平台，首期规模100P的算力于12月底上线运行。

（无锡梁溪科技城管理局）

科研院所

【中国船舶科学研究中心】 2023年，中国船舶科学研究中心践行“中国载人深潜精神”，初步构建“一主一副、五基地”发展新格局。协同推进“锡沪＋沿海省市”7地发展规划布局论证建设，国内首座大型冰水池完成基坑浇筑，大型耐波性操纵性综合水池建设通过竣工验收，上海黄浦区科研楼入驻办公，青岛大型外压试验系统建设项目通过竣工财务决算审计，千岛湖人举力浮船坞建设项目开工，连云港分中心实质化运行，南海分中心注册成立。船舶工业CAE软件推广应用实现国产化自主可控。牵头研制的“奋斗者”号全海深载人潜水器项目获第七届中国工业大奖。

【中国航发控制系统研究所】 2023年，中国航发控制系统研究所加强与全国重点科研院所、院校的深化合作，与华中科技大学共同申报成功“电能高密度转换”国防科技重点实验室。基于航发微电子技术联合实验室，推进多功能、系统一体化的自主芯片研制。与中国民用航空飞行学院共同筹建“发动机控制系统维修护联合技术研究中心”，建立产品维修培训领域的合作基础。推进70条型号技术问题和29条专业发展需求的解决，突破26项关键技术，提炼形成176项研发体系要素成果的运用。成果专利数量创新高，获国防科技进步奖1个、航发集团科技进步奖6个，获国防企协管理创新奖2个，申请发明专利145件。

【中国航空工业集团公司雷华电子技术研究所】 2023年，中国航空工业集团公司雷华电子技术研究所（以下简称“雷达所”）打造科技创新平台，与南京航空航天大学、西北工业大学共建联合创新中心，打造射频探测领域领先创新力。全年科技创新成绩显著，获省部级以上科技成果奖励9项；完成专利申请164件，发明专利占比超97%；研发投入强度保持13%以上的高水平。民用航空方面，自主知识产权的有源相控阵体制气象雷达实现装机验证；机扫气象雷达等2项产品通过中国民航适航（CAAC）认证，气象雷达天线部件首次通过FAA认证并实现C919装机应用；国产综合监视系统填补国内空白，整体技术能力达到并超过国际先进水平。雷达所与滨湖区政府签署民用航空电子系统战略合作协议，加快推进民机装备从研发向产业化发展，打造世界第三家飞行环境监视系统产业中心。非航空产业方面，发挥航空分系统产业链分链长作用，吸引中航光电科技股份有限公司等优质配套企业分部落地无锡市。依托雷华科技平台，融入无锡“465”现代产业集群，围绕大交通、大安全领域高端装备需求，打造形成水域监测、航道管理、机场保障等多款综合探测装备并实现

公安部交通管理科学研究所 （市科技局　供图）

市场化应用,非航空产业规模首次突破2亿元。

【中国船舶集团有限公司第七〇三研究所无锡分部】 2023年,中国船舶集团有限公司第七〇三研究所无锡分部(以下简称"无锡分部")围绕自主可控和国产替代装备、风光电储分布式新能源、热能工程应用等领域产品的创新与研发,拓展应用市场,加快推动科技创新成果高效转化,完成"孔盘式水力测功器""应急柴油发电机组动态性能检测仪""1E级全数字柴发励磁控制器设计"3个创新基金项目所内立项;"蒸汽伺服排放装置"项目完成配机验证试验和产品交付,"多能互补智能微电网智能控制系统"创新基金项目完成结题评审,其中"多能互补智能微电网智能控制系统"应用于新疆玛东油田3号井新能源供电示范项目,累计运行580余天;《中国石油报》头版头条对该项目进行宣传报道,通过创新基金项目转化的智能微网系统、电储能装置等创新产品在示范项目中得到充分验证,提升无锡分部在新能源装备领域核心技术的自主可控能力。无锡分部通过国家高新技术企业复审,联合所部申报先进船舶发动机技术全国重点实验室和热能动力技术全国重点实验室等国家级创新平台,省燃气轮机试验及检测技术工程研究中心获授牌认定,30兆瓦级叶轮式高速水力测功器获省首台(套)重大装备认定并入选省重点推广应用两新目录。年内累计受理专利42件,其中发明专利35件。完成近100项动力、电力装备及系统的总装总调和试验验证任务,中标综合电力系统、综合执法舰动力系统等多个动力电力系统联调试验任务。完成国家重大工程"广东廉江核电""福建宁德核电""华能山东石岛湾核电"等多个核电项目的设备供货和现场调试,进一步巩固国内中低功率柴油发电机组的优势定位,海外核电市场取得新突破,签订巴基斯坦等多个海外核电项目。

【公安部交通管理科学研究所】 2023年,公安部交通管理科学研究所(以下简称"交科所")以深化交通事故预防"减量控大"为重点,聚焦事故预防、规范执法、便民利企、从严治警"四项建设"和无锡市太湖湾科创带决策部署,结合国家和省部级重点研发计划项目实施,加强交通安全管控技术基础研究,推进人工智能、电子证照、车联网和自动驾驶等新技术研发应用,推进道路交通安全治理体系和治理能力现代化,获省部级科技奖励5项。国家智能汽车交通运行安全质量检验检测中心在世界物联网大会上获正式授牌,列入无锡市首批"465"现代产业质量基础设施一站式公共服务平台,"车联网(智能网联汽车)智能系统级测试验证平台"入选2023年江苏省检验检测促进产业优化升级十佳案例。加快推进国家智能交通综合测试基地二期建设,形成自动驾驶运行安全、高级安全辅助驾驶、车联网及网联功能、软硬件在线及信息安全测试平台并开展实车测试。制定、修订《智能网联汽车运行安全测试技术要求》《道路交通管控设施数字身份及认证通用规范》等技术标准,协助江苏省和无锡市制定智能网联汽车测试应用政策，推进车联网数字身份规模应用，助力智能汽车产业高质量发展。健全完善以交管综合应用、集成指挥、大数据研判、互联网服务“四大平台”为核心的信息化架构体系，实施基于交管“12123”App的轻微交通事故视频快处、交管业务跨省通办等“我为群众办实事”新举措，创新无接触自助办、24小时线上办、人机智能办、视频互动办等便民利企新模式。参展第11届中国国际警用装备博览会和第13届中国道路交通安全产品博览会，参加世界物联网大会和中国智能交通年会，不断提升科研平台质量和行业影响力。

【中国电子科技集团公司第五十八研究所】 2023年，中国电子科技集团公司第五十八研究所研制成功申威SW-WX4000型64核高性能服务器CPU产品，该产品集成64个申威自主研发的第四代高性能处理器核心。控制类DSP建立高可靠设计技术平台，在可重构内置逻辑单元（CLB）、高分辨率脉宽调制器（HRPWM）、高可靠安全微控制器架构等关键技术方面取得突破。芯粒互联技术围绕异构集成系统中多芯粒互联开展布局与研究，创新提出芯粒间互联通信协议，突破不同接口间高效互联关键技术，建立多芯粒互联设计与仿真验证平台。突破大容量MRAM高可靠读写控制技术，MRAM存储器设计容量突破64MB，并为256MB等更大容量MRAM存储器研制奠定基础；“异构可配置多通道HBM控制器IP”针对可集成于FPGA器件的HBM高带宽数据存储控制器研制的需求，突破高带宽存储控制器架构设计。完成首款32位车规级MCU电路CKS32K148的研发，广泛应用于汽车电子领域、工业控制领域。“集成电路与微系统全国重点实验室”于1月获批成立。全年获科技成果奖项24个，其中国际领先水平3个、国际先进14个、国内领先水平7个；获国防科技进步二等奖1个、国防科技进步三等奖1个、集团奖6个。完成专利申请329件，其中发明专利申请274件；专利授权185件，其中发明专利授权122件。

【江苏省原子医学研究所】 2023年，江苏省原子医学研究所科研中心建成启用，建有合成热室25个，实现研究所平台能级跨越提升；在2023年江苏省重大科研基础设施和大型科研仪器开放服务绩效评价中获评良好。产出新型放射性药物候选化合物3个；新增第一完成单位科研项目18个，其中国家级科研项目2个、省级科研项目2个；获全国商业联合会科技进步二等奖1个、江苏医学科技奖二等奖1个、江苏医学科技奖青年科技奖1个、江苏医药科技奖杰出青年奖1个、江苏医药科技进步二等奖1个。发表SCI收录论文37篇，其中第一作者单位16篇；影响因子5以上的SCI论文15篇，其中第一作者单位9篇。授权专利24件，其中国家发明专利22件。新药研发的中试量产协同发力，建设肿瘤诊断药物中试研发平台，建成投用新药洗烘灌联动线和注射用水生产线。开发3个新型正电子试剂盒品种；初步形成甲状腺快速诊疗系列化产品3项，胃功能系列快速诊断产品1项；研发成功荧光染色液1项。在江苏省技术合同登记认定服务平台办理并通过1项技术合同认定。

【江苏省血吸虫病防治研究所】 2023年，江苏省血吸虫病防治研究所获各类科研项目立项31个，其中包括国家重点研发计划课题1个，国家自然科学基金重点国际（地区）合作研究项目1个、国家自然科学基金面上项目2个及国家自然科学基金青年科学基金项目1个，市厅级项目19个，项目总经费1108万元。立项项目质量、数量及金额均创历史新高。以第一单位获各类科技奖项4个，包括中华医学科技奖青年科技奖1个、省医学引进新技术一等奖1个、省预防医学会科学技术奖三等奖2个。发表论文48篇，其中SCI论文19篇、高质量期刊论文7篇。新增专利15件，牵头制定地方标准1项，主编专著2部，参编专著3部。与江苏硕世生物科技股份有限公司联合研发的疟原虫抗原检测试剂盒和恶性疟原虫抗原检测试剂盒，分别取得国家药品监督管理局（NMPA）签发的医疗器械注册证，正式获批上市，该成果为各级各类医疗卫生机构和疾病预防控制机构开展疟原虫抗原检测提供有效、可靠的技术产品。中国首个基于宏基因组测序数据的寄生虫基因组鉴定平台建成投用，该平台纳入257种寄生虫参考基因数据库，采用图形化的操作界面，实现基因组数据上传、分析与结果反馈能力，加速寄生虫基因组鉴定。

（万　磊）

编辑　何　峰

综 述

【教育发展质量】 2023年，无锡市出台《加快建设现代化教育强市，构建高质量教育体系，努力办好人民满意教育三年行动纲要（2023—2025年）》及系列配套文件，强化教育的基础性、战略性支撑作用，加快建设现代化教育强市，构建高质量教育体系，努力办好人民满意的教育。基础教育发展水平持续提升，全市普惠性幼儿园覆盖率93.66%，新增省、市优质园55所，省、市优质园在园幼儿占比提升至92.29%，义务教育优质均衡达标比例提升至91.41%、居全省第二位。市委教育工委印发《无锡市党建引领教育高质量发展三年行动计划（2023—2025年）》，按照“一年强基改作风、两年突破见成效、三年全面上台阶”的总体思路，开展政治领航、支部筑垒、先锋担当、全域提升、双百双争、融合增效、惠民暖心、引领助力、品牌赋能、集成优化10项行动。推进中小学校领导体制改革，加快建立中小学校党组织领导的校长负责制，全市应改革学校班子调整到位342所，改革到位率86%。深化“立德树人”先锋行动，开展基层党建“书记项目”，新增7个省级“一校一品”党建文化品牌项目。承办2023年度全国普通高中“双新”示范区建设总结交流会，无锡示范区建设经验向全国推广，高品质示范高中数量居全省第一位，高考质量再攀新高。无锡市获基础教育2022年国家级教学成果奖一等奖2个、二等奖4个，数量在全省乃至全国均位居前列。产

表48　2023年无锡市教育经费收入统计表

项　目	全　市		江阴市		宜兴市		市　区	
	金额（万元）	占全市教育总经费的比例（%）	金额（万元）	占该市教育总经费的比例（%）	金额（万元）	占该市教育总经费的比例（%）	金额（万元）	占市区教育总经费的比例（%）
国家财政性教育经费	2787377	77.54	558626	79.61	393540	84.48	1835211	75.61
民办学校中举办者投入	727	0.02	647	0.09	0	0.00	80	0.00
捐赠收入	6268	0.17	1359	0.19	1812	0.39	3097	0.13
事业收入	393759	10.95	76930	10.96	33528	7.20	283301	11.67
其中：学费收入	329203	9.16	45209	6.44	31245	6.71	252749	10.41
其他教育经费	77374	2.15	18938	2.70	5690	1.22	52746	2.17

（市教育局）

表 49　2023 年无锡市教育事业统计表

类别	学校数（所）	班数（个）	毕业生数（人）	招生数（人）	在校学生数（人）	毕业班学生数（人）	教职工数（人）	
							总数	其中：专任教师
普通高等学校	13	—	47046	56641	173438	49521	11247	8359
中等专业学校	16	—	16583	16555	51386	16760	5917	5004
普通中学	213	6518	87776	103391	291800	90935	28406	25435
高中	51	1997	29118	33674	92753	28240	—	8545
初中	162	4521	58658	69717	199047	62695	—	16890
小学	235	11432	69464	85581	488059	79292	31030	29280
特殊教育学校	9	155	290	380	1670	345	498	403
幼儿园	603	6693	80041	54278	186587	68884	28622	15398
成人高等学校	—	—	14628	21605	41522	19706	—	—
成人中等职业学校	—	—	13	5	10	5	—	—
技工学校	15	756	6237	7775	25404	6340	1651	1348

（市教育局）

教融合发展实现新突破，东南大学集成电路学院落户无锡市，南京邮电大学无锡校区项目启动实施，无锡职业技术学院升本步入申报轨道，无锡市集成电路产教联合体入选首批国家级市域产教联合体。建成苏锡常都市圈职业教育高质量发展样板，无锡市第三次被省政府表彰为“职业教育改革发展成效明显的设区市”。

（市教育局）

【全市教育高质量发展大会】 11 月 23 日，全市教育高质量发展大会召开，为市委、市政府时隔 5 年再次召开的教育全局性会议。会议提出要以“走在前、做示范、多作贡献”的担

11 月 23 日，全市教育高质量发展大会召开　　（宦　玮　摄）

当作为，推动教育高质量发展，办好人民满意的教育，在新征程上高标准建设现代化教育强市，为全面推进中国式现代化无锡新实践夯实“教育基石”。市委书记杜小刚到会讲话，并与市长赵建军共同为新成立的无锡一中梁溪分校、无锡一中太湖新城分校、天一中学新吴分校和锡山高中滨湖分校4所市属高中揭牌。大会为担任中小学班主任满30年的教师代表颁发荣誉证书，向各市（县）、区党委下发《优化教育资源供给三年行动计划（2023—2025年）工作目标任务书》。

【全面育人】 2023年，无锡市教育系统落实立德树人根本任务，推进大中小学思政课一体化建设，组织开展百节思政“金课”展评工作，“锡引领航：无锡大中小学思政课一体化建设共同体构建”获评省大中小学思政课一体化建设区域综合示范项目。开展爱国主义教育，实施“行走课堂”“实践课堂”“融合课堂”，精心设计重要节庆重大仪式教育内容，上好“开学第一课”“毕业课”。推动品格提升工程“扩面创优”，加大培育指导力度，全年新增5个省级项目。11月14日，《中国教育报》刊文《跑好立德树人“接力赛”》报道无锡市推进思政课一体化建设纪实。12月20日，《新华日报》刊文专题报道《无锡市发布中小学“三全育人”三年行动计划——6大专项行动15条举措构建育人路径》。市委办公室、市政府办公室出台《关于全面加强和改进新时代学校体育工作的实施意见》《关于全面加强和改进新时代学校美育工作的实施意见》，进一步加强学校体育工作、深化美育改革，促进学生全面发展健康成长。开展大学生“四季”校园活动，首次举办高三学生集体毕业典礼、大中学生田径运动会、大学生科技节。举办校园足球冠军赛、“百灵鸟”艺术展演、“班班有歌声”合唱展演等50余项体艺活动，遴选建设100个课后服务体育活动基地和美育体验基地，形成融合育人新样态。在全国第七届中小学生艺术展演活动中，无锡市教育系统获一等奖6个、优秀组织奖3个，数量均列全省第一。推进学生心理健康工作，实施“心向阳光·润心”行动，开展“万名教师访万家”，构建家校协同育人格局。开展劳动教育实践，组织“劳动润心志·实践砺成长”系列活动，实施“打造最干净校园”三年行动（2023—2025年），彰显劳动教育综合育人价值。

【“双百项目”攻坚行动】 3月，市委教育工委、市教育局启动“双百项目”（《市委教育工委市教育局2023年百项重点任务》《市教育局直属院校2023年百项重点任务》）攻坚行动，各直属院校、事业单位、机关处室锚定年度重点目标任务，采取项目化清单化方式，确定年度241个重点攻坚项目，明确责任分工，细化落实举措，加快推动项目落地见效。启动“争当先锋、争做模范”的“双争”行动，推动干部、党员和广大骨干教师在“双百项目”攻坚行动中争先进、创一流。8月，市委教育工委、市教育局组织召开“双百项目”攻坚行动中期汇报会，通过亮目标进度、晒举措成效，盘点项目推进情况，推动攻坚行动加压发力。年末，在全面回顾、总结提炼攻坚行动经验成效的基础上，组织开展精品项目评选工作，确定并公布精品项目26个、优秀项目37个。

【教师队伍建设】 2023年，无锡市实施《无锡市新时代强师行动计划（2023—2025年）》，启动“种子工程”“青苗工程”“拔节工程”“孕穗工程”“金穗工程”五大工程，健全教师全周期培养体系。印发《“太湖教育优才”引育实施办法》，升级“太湖教育人才计划”，加大人才引育力度，开展“锡教引才名校行”活动，举办教育系统引进高层次青年人才集中签约仪式，全市新入职教师中世界排名200强高校和国内“双一流”高校优秀毕业生占比近40%。在南京大学、华中师范大学等高校设立引才工作站，举办“种子工程”研修营，推动引才关口前移。推进“我为良师”全员行动，办好名师大讲堂和公开大课堂，引导教师躬耕教坛、潜心育人。启动“未来校长”培养计划，选拔后备干部、青年教师到粤港澳大湾区跟岗锻炼，“未来教育领导者”项目研究成果获《中国基础教育》刊发推介。构建“苏教

2023年，市教育局推进“我为良师”全员行动。图为无锡市“我为良师”大讲堂第二期开讲
（王　磊　摄）

名家”“锡教名家”贯通培养机制，全市新增国家级教学名师1人、省教学名师16人、正高级教师44人，5人入选新一批“苏教名家”培养对象。市教育局发布《无锡市关爱激励教师若干举措》，从健全教师激励机制、完善教师引育体系、强化教师待遇保障、减轻教师工作负担、关爱教师身心健康、改善教师工作条件等方面，制定关爱激励教师系列举措，弘扬尊师重教社会风尚，营造教师躬耕教坛、潜心育人的良好环境。

【教育资源供给与保障】 2023年，无锡市按照“迎高峰、早布局、优供给、促满意”的思路，编制印发《无锡市“十四五”教育设施布局规划》和《无锡市优化教育资源供给三年行动计划(2023—2025年)》，有序提升学位供给水平。年内开工新建义务教育学校19所、幼儿园12所，完成新建高中1所、改扩建高中3所。启动新一轮高中建设布局，出台《无锡市高质量实施集团化办学三年行动计划(2023—2025年)》和《无锡市加强市区普通高中学位供给实施方案》，推进优质教育资源辐射共享，优化高中跨区域办学，揭牌新设4所市属高中并启动建设，稳步加大普通高中学位供给。市教育局牵头设立运行无锡教育发展基金，宣传动员社会各界支持教育，为优秀高中毕业生颁发“新锡望”励志奖学金，发挥激励教师积极性的新渠道作用，助力无锡教育引才育才。增强教育政策普及率和群众知晓度，整理汇编教育惠民服务相关政策，通过“无锡市教育局”官网和“无锡教育”微信公众号进行发布，编印《教育惠民服务手册》，让市民能够“一站式”了解教育相关政策。健全校园安全责任体系，开展消防和用电安全、燃气安全、危化品安全、校车和交通安全、防溺水和汛期安全等专项整治，加强校舍及工程施工安全管理，开发运行全市校园安全管理“啄木鸟”平台，落实隐患排查和销号整改，维护教育系统安全稳定。

【教育数字化建设】 2023年，市教育局印发《无锡市教育数字化三年行动计划(2023—2025年)》，推动数字教育新环境、数据治理新生态、智慧教学新模式、数字人才新梯队、教育评价新体系“五项工程”建设。1月12日，无锡市教育数字化工作会议召开，会议贯彻落实教育部“国家教育数字化战略行动”，部署教育数字化转型升级工作，推动以数字化赋能教育高质量发展。1月15日，围绕“以教育数字化推动教育现代化”主题，市教育局机关处长论坛开讲。年内，无锡市全面优化入学服务，以数字化赋能入学服务场景，升级打造“锡学通”入学服务平台。平台汇集政策资讯、学区地图、注册报名、线上查验、教育缴费、数据中心等核心功能，实现入学“一次办、一网办、掌上办”，实现市区幼儿园、中小学入学报名全覆盖，服务学生16.5万人。优化数字基础环境建设，打造智慧教育新样板，梁溪区、新吴区、经开区获评省智慧教育样板区培育区域。

【教育对口支援与南北协作】 2月8日，市教育局举行第二批“组团式”援疆教育人才行前培训动员会。2月11日，31名援疆教师组成4支队伍，分别到新疆霍城县江苏中学、霍城县职业技术学校、阿合奇县同心中学和伊犁丝路职业学院，开展为期一年半的支教工作。61名教师到青海省海东市、陕西省延安市继续开展支教工作。11月8日，新疆阿合奇县中小学(幼儿园)10名管理人员到无锡市开展为期10天的跟岗培训。10月，连云港市幼儿园园长骨干教师、中小学教师培训管理者100人到无锡市进行为期5天的集中研修，无锡、连云港两地教育部门根据南北协作所需，为研修量身定制课程，开展14场主题报告，围绕育人能力素养提升、“四有”好教师团队建设、市(县)区教师队伍梯队培养、校园环境课程资源整合、价值引领教师专业成长等主题，研讨师德修养、课程教学评价和教师发展策略路径，助力教师专业发展和素质提升。

【教育综合改革】 2023年，无锡市推进依法治教，加强教育地方性法规建设，完成《无锡市教育督导条例》修订，启动《无锡市职业教育条例》立法工作。强化教育改革系统性设计，研制出台《无锡市深化新时代教育评价改革实施方案》，实施阶段性评估，持续推进教育领域综合改革。优化外来务工人员子女入学政策，实现到无锡市工作满6个月的人员子女95%能上公办学校，其余均实现购买学位入学。推进“双减”提质增效，优化课后服务内容，江南中学等4所学校获评省“双减”示范创建学校。发挥“双减”工作联席会议机制作用，进一步加强学科类隐形变异培训防范治理，开展“监管护苗”专项行动，加强市、区两级常态化联合巡查、联合执法，加大查处力度，市教育局对违规培训机构开出“首张罚单”。深化教育督导体制机制改革，健全复查制度和问责机制，形成管理闭环，加强常态化挂牌督导以及“双减”“关爱青少年生命健康”等专项督导，推动构建良好教育生态。

【苏港澳基础教育合作联盟成立】 7月21日，苏港澳基础教育合作联盟成立仪式在无锡市举行。香港特区行政长官李家超，江苏省人民政府副省长徐缨，澳门特区政府社会文化司司长欧阳瑜，教育部港澳台办公室一级巡视员陶洪建，无锡市人民政府市长赵建军，江苏省教育厅厅长、党组书记、省委教育工委书记江涌等分别在现场或以视频形式致辞。苏港澳基础教育合作联盟在江苏省教育厅、中国香港教育局、中国澳门教育及青年发展局共同支持下，由江苏省港澳台教育交流中心、无锡市教育局、香港教育工作者联会和澳门中华教育会共同发起。联盟成立仪式由江苏省教育厅、无锡市人民政府主办，江苏省港澳台教育交流中心、无锡市教

7月21日，苏港澳基础教育合作联盟成立仪式在无锡市举行（王　磊　摄）

育局承办。成立仪式后，举行苏港澳基础教育合作联盟首届理事单位会议和江苏省、中国香港、中国澳门三地校长座谈会。

【打造“最干净校园”行动】 2023年，市教育局、市城管局联合印发《无锡市打造“最干净校园”三年行动计划（2023—2025年）》，并于6月29日启动打造“最干净校园”行动。各地各校通过加强学习宣传引导、开展系列主题活动等方式，增强师生“干净”意识，营造校园“干净”氛围，致力于公共环境更加整洁有序、景观环境更加典雅精美、办公环境更加高效干净、学习环境更加积极阳光、生活环境更加舒适温馨、文化环境更加文明向上，并将打造“最干净校园”行动延伸至家庭和社会，实现人人参与，共同打造“全国最干净城市”。11月16日，市教育局、市城管局联合召开无锡市打造“最干净校园”现场推进会，无锡市辅仁高级中学、无锡市积余实验学校、无锡市东亭实验小学分别代表不同学段学校交流打造“最干净校园”的做法经验，与会人员实地观摩无锡市辅仁高级中学打造“最干净校园”工作成果。

（市教育局）

学前教育

【概况】 2023年，无锡市有幼儿园603所，全年招收幼儿54278人，在园幼儿186587人，毕业幼儿68884人。全市学前三年毛入园率超98%。拥有教职工28622人，其中专任教师15398人。各幼儿园均做到班班配备“两教一保”（2名专任教师和1名保育员），各类人员持证上岗率100%。推进学前教育普及普惠安全优质发展，全面实施幼儿园服务区制度。

【学前教育发展提升行动计划】 2023年，市教育局等10个部门发布《无锡市“十四五”学前教育发展提升行动计划》，提出以发展普及普惠健康优质的学前教育为重点，通过“优化布局，扩大公益普惠资源覆盖面”“强化治理，健全政府主导的管理体制”“保障权益，打造高素质教工队伍”“儿童为本，整体提升保育教育质量”等举措，营造良好的学前教育发展生态，构建更高质量的学前教育公共服务体系。

【学前教育普及普惠优质发展】 2023年，全市学前三年毛入园率100%，公办园在园幼儿占比65.95%，比上年提升3.1个百分点，普惠性幼儿园覆盖率93.66%，新增省、市优质园55所，省、市优质园在园幼儿占比提升至92.29%。开展国家县域学前教育普及普惠县创建，梁溪区、滨湖区、新吴区、经开区被教育部认定为学前教育普及普惠县，覆盖面全省领先。新吴区被教育部评为完善普惠性学前教育保障机制实验区。

【幼儿园课程游戏化项目】 5月10日，2023年无锡市区域推进幼儿园课程游戏化现场研讨会召开。会议提出推进幼儿园课程游戏化项目建设，实行系统规划、跟踪管理、沉浸式教研，将游戏理念融入课程建设全过程，形成环境创设、游戏设计、活动组织、生活环节融为一体的幼儿园课程。9月25—27日，2023年江苏省幼儿园课程游戏化建设项目专题培训研讨活动在无锡市举办，省内13市幼教专干、教研员及省幼儿园课程游戏化项目建设园教师代表100余人参加。年内，新增省级课程游戏化项目3个、市“指南”实验园15所。市教育局组织对2019年市“指南”实验园开展结项评估，10所幼儿园被评为优秀等次。在2020—2021年幼儿园课程游戏化项目省级视导中，无锡市获得优秀的比例居全省首位。

【幼小衔接工作】 5月，无锡市幼儿园与小学科学衔接现场推进会召开，与会专家和省、市幼小衔接试点园（校）领导代表共商幼小衔接推进策略，助力儿童平稳健康发展。会议总结推广无锡推进幼小科学衔接的3项举措：从“问题导向”到“系统建构”，巩固研究成果，筑牢“榫卯之力”，“谋篇布局”整体规划幼小衔接顶层设计；从“内涵理解”到“重点把握”，基于教育规律，涵养“榫卯之韧”，“向内深耕”积极探索幼小衔接攻坚之策;从“实验研究”到“全面推进”,主动创新实践,糅合“榫卯之劲”,“同频共振”不断释放幼小衔接研究效能。

（市教育局）

义务教育

【概况】 2023年,无锡市有小学235所,全年招生85581人,在校小学生488059人,毕业学生79292人;小学拥有教职工31030人,其中专任教师29280人。全市有初中162所,全年招生69717人,在校初中生199047人,毕业学生62695人;初中拥有专任教师16890人。全市九年义务教育巩固率100%。

【义务教育优质均衡发展】 2023年,义务教育优质均衡达标比例提升至91.41%,居全省第二位。市教育局召开全市义务教育优质均衡发展现场推进会,根据监测结果形成问题清单,督促各地整改。滨湖区、新吴区通过国家义务教育优质均衡发展县实地验收,江阴市入选江苏省义务教育优质均衡发展县(市、区)。深化第三批新优质学校培育,举办新优质学校素养课堂展示系列活动。

【中小学工程教育】 2023年,无锡市率先以设区市为单位,整体系统实施中小学工程教育。4月,市委办公室、市政府办公室印发《无锡市关于推进中小学工程教育的指导意见》,部署构建具有无锡特色的新时代中小学工程教育体系。全市各校落实指导意见要求,创新育人路径,优化课程资源,建强师资队伍,持续提升学生科学素养和创新能力。3月24日,《江苏教育报》头版头条刊文《为科技强国培育“未来工程师”》专题报道无锡市中小学工程教育开展情况。9月,无锡市30所中小学与50家高校、科研院所、高科技企业通力合作,80名科学家、工程师走进校园,同开“工程教育开学第一课”,将抽象的理论知识转化为鲜活生动的教学实践,提升学生工程素养,营造工程教育的浓厚氛围。《江苏无锡推进中小学科学教育培育未来卓越工程师》入选全国中小学科学教育工作优秀案例,无锡市作为全省唯一设区市入选首批全国中小学科学教育实验区。

【“双减”工作】 2023年,全市中小学“双减”工作现场推进会先后2次在宜兴市、经开区召开。市教育局指导各地各校强化课后服务课程设置平台管理机制,遴选276家第三方机构参与学校课后服务,按时足额发放课后服务补贴。市教育督导部门开展“五项管理”(作业、睡眠、手机、课外读物、体质健康管理)飞行检查。各地在课堂教学、作业管理、课后服务、科学教育等方面,坚持立德树人和“五育”并举,无锡市4个案例被省教育厅列为“双减”工作成效显著典型案例。江苏省无锡师范学校附属小学《“角落教室”解决课后服务活动空间不足问题》入选2022中国基础教育典型案例。

【规范民办义务教育发展】 2023年,无锡市做好民办义务教育学校在校生规模调控工作,结合学校发展和规范办学情况,合理设定各校招生计划。持续做好10所民办学校政府购买服务工作,确保购买资金按时到位。实施民办学校规范办学“强基、攻坚、提升”三年行动计划(2023—2025年),加强民办学校举办者法治教育,开展市区民办学校规范办学(园)积分制管理和年度检查综合考核,强化结果运用,推动整改提升。加强教育收费管理,探索实施民办学校招生收费信托监管,加大教育收费抽查整治力度,维护群众利益。

【学生心理健康和家校共育】 2023年,无锡市在全省率先举办“心向阳光·润心”行动推进会,印发《无锡市中小学心理健康“心向阳光”三年行动计划(2023—2025年)》,明确5个100%目标,即3年内实现心理防护网络覆盖率、课程活动开展率、教师培训率、专职教师配备率、心理辅导室标准化率100%,落实心育课程、心育网络、心育师资、心育联动等15项举措。开展心理健康教育专项调研督导,制定《无锡市中小学心理健康和生命健康关爱工作重点事项清

2023年,无锡市实施中小学工程教育。图为“大国工匠”锡师附小校友顾秋亮为学生上工程课

（周　虹　摄）

单》，明确行政部门任务16项、学校任务29项，无锡做法获省政府办《信息简报》刊登，专题文章《撑起“心理防护伞”，无锡呵护学生心理健康有妙招》获新华社报道。推进全市“万名教师访万家”活动，构建家校协同育人格局，共同呵护学生生命健康，全年中小学教师入户家访学生35.4万人。

【中小学《开学第一课》】 9月4日，无锡市中小学《开学第一课》通过新华社新闻信息中心、无锡教育电视台以及“无锡教育”微信公众号等网络媒介现场直播，全市中小学生通过大屏、电视、网络同上一堂课。《开学第一课》以“强国有我，筑梦未来”为主题，从传统文化、科学家精神、工程教育、非遗传承、抗逆力培养、家国情怀等方面展开，中国载人航天工程专家、中国探月工程专家、学成返锡青年人才、非遗传承人、无锡市最美书香家庭代表、清华大学2023级无锡籍新生等登上讲台，用各自奋斗拼搏的故事，引导广大中小学生点燃科技梦想、筑牢信仰根基、争当理想的追梦人。

【校门口的“幸福空间”】 2023年，无锡市实施校门口“幸福空间”民生项目，为接送孩子的家长提供临时休憩、遮阳避雨的场所，缓解上下学校园周边交通拥堵，保障学生安全，打造中小学（幼儿园）校门口“幸福空间”234个。

（市教育局）

普通高中教育

【概况】 2023年，无锡市有普通高中51所，全年招生33674人，在校高中生92753人，毕业学生28240人；普通高中拥有专任教师8545人。年内，天一中学宛山湖分校建成并招生。

【普通高中新课程新教材实施国家级示范区建设】 4月12日，2023年度普通高中新课程新教材实施国家级示范区（校）建设工作总结交流会在无锡市召开，教育部党组成员、副部长王嘉毅出席会议并讲话，参会人员实地考察无锡市6所普通高中课程教学改革情况，部分省、市和学校交流实施普通高中新课程新教材的经验做法，无锡示范区建设经验被教育部向全国推广。自2020年获批“双新”国家级示范区以后，无锡市锚定三年建设目标，在落实国家课程、开发校本课程和变革课堂教学等方面探索实践，10月17日，《新华日报》发表文章《无锡：高质量建设国家级“双新”示范区》，专题报道3年来无锡国家级“双新”示范区建设成果。

【高品质示范高中建设】 2023年，江苏省南菁高级中学、江苏省天一中学通过省高品质示范高中综合评价现场考察。全市11所高中申报新一轮江苏省高品质示范（特色）高中，其中，3所高中进入新一轮省示范高中现场答辩环节，6所高中进入省特色高中网评环节。至年末，全市累计有3所高中通过省高品质示范高中综合评价现场考察。

【拔尖创新人才培养】 2023年，无锡市推进拔尖创新后备人才培养。对接知名高校，与清华大学、北京大学、南方科技大学等高校，建构高校与高中“双高合作”的联合发现和培养的实践模式；依托5所竞赛基地校，进一步完善“市校协同、校校合作”的五科（数学、物理、化学、生物和信息学）竞赛集约化培育模式；推进强基计划、综合评价、英才计划等，扩宽拔尖创新后备人才培养新赛道。年内，无锡市五科竞赛有14人进入省集训队，在国赛中获金牌4枚、银牌9枚，其中天一中学的陈怿白入选奥数国家集训队。无锡市连续2年有学生进入国家集训队。

（市教育局）

特殊教育

【概况】 2023年，无锡市有特殊教育学校9所，全年招生380人，在校学生1670人，毕业学生345人；特殊教育学校有教职工498人，其中专任教师403人。

【特殊教育融合发展】 2023年，市教育局组织举办全市特殊教育骨干教师培训班，举行市特殊教育青年教师基本功大赛，无锡市特殊教育学校教师朱苏娜的《观潮》入选首届全国特殊教育教师教学基本功展示案例。10月16日，无锡市召开“十四五”融合教育提升行动推进会暨高质量融合教育师资培训，无锡市融合教育研修工作组、“澄心融”教育联盟揭牌成立。组织特殊教育专家委员会成员为有需求的适龄特殊需要儿童提供教育评估与安置，听障学生单独中考纳入无锡市区中招体系。梁溪区教育局申报成功江苏省融合教育示范区建设项目，宜兴市阳羡幼儿园、无锡市新吴区春星小学申报成功江苏省融合教育示范校项目，宜兴市特殊教育学校、惠山区特殊教育学校申报成功江苏省特教学校专业能力建设项目。

【特殊教育发展提升行动】 2023年，市教育局联合市发展改革委、市残联等7个部门制定并出台《无锡市“十四五”特殊教育发展提升行动计划》，计划到2025年全面建成布局合理、学段衔接、普特互补、普职融通、医教结合的高质量特殊教育体系，从普及学前教育、巩固义务教育、扩大高中阶段教育、发展高等教育、创新管理机制、深化特殊教育高质量发展、加强特殊教育师资队伍专业发展、健全激励机制、扩大资源建设等多维度全方位发力，不断完善特殊教育体系建设，深化特殊教育高质量发展，为每一个特需孩子提供适切而优质的教育。

【特殊教育学校学生作品巡展暨爱心义卖活动】 6月，市教育局等9个部门联合举办"以爱为源，润物无声"特殊教育学校学生作品巡展暨爱心义卖活动，现场展出全市10所特殊教育学校学生的书法、绘画、素描、木工、衍纸、手工马赛克、精微绣、泥人等作品2600余件，通过活动，更好地带动全社会关心关爱特殊需要儿童成长，锚定特殊教育"一个孩子都不能少"的发展目标，给予孩子们更多的获得感、幸福感、安全感。

【市盲聋学校启动建设】 8月，无锡市盲聋学校启动建设，市委书记杜小刚、市长赵建军和师生、家长代表等参加启动仪式。该学校实行15年一贯制规划，设立从学前教育到职业高中的27个班，容纳学生300人，建设中融入绿色建筑、海绵城市、无障碍设计等专项内容，旨在让孩子们在"家门口"接受高质量特殊教育、练就高水平职业技能。该项目是无锡市补齐视障类残疾人公共教育服务短板的重要举措。

（市教育局）

2023年，江苏省暨无锡市职业教育活动周举办。图为无锡市职业院校技能和非遗项目展示现场（华乙诺 摄）

中等职业教育

【概况】 2023年，无锡市有中等职业学校16所、技工院校15所，全年招生24330人，在校生76790人，毕业学生23100人；拥有教职工7568人，其中专任教师6352人。全面启动职业教育高质量发展"五项行动"（优化资源布局、构建现代体系、提升内涵质量、创新产教融合、赋能城市发展），推动制定"一地（校）一案"。完成《无锡市职业教育条例》制定省、市人大联动调研工作。年内，举办江苏省暨无锡市职业教育活动周、"传承工商精神，推进创新创业"系列活动、大中专院校创新创业大赛、中职学校技能大赛以及教学能力比赛、班主任能力比赛。无锡参赛选手参加江苏省职业院校技能大赛（中职组）获金牌45枚，参加2023年全国职业院校技能大赛（中职组）获金牌11枚；参加省职业院校教学能力比赛（中职组）获金牌5枚，参加全国职业院校技能大赛教学能力比赛（中职组）获金牌2枚；参加省职业院校技能大赛中职班主任能力比赛获金牌2枚，参加全国职业院校技能大赛班主任能力比赛获金牌2枚；在省职业院校创新创业大赛中，获金牌10枚，市教育局连续6年获优秀组织奖；在省中职学校"文明风采"活动中，获最佳作品奖64件，数量居全省第一位。

【职业教育发展】 2023年，无锡市提高职业学校办学水平，组织开展全市中等职业学校教师、教学"双教提能"年活动和公共基础课程"新课标、新教材"教学质量提升活动，4所学校通过省五年制高职办学单位人才培养工作水平评估，5所中职学校接受市级综合督导，无锡机电高等职业技术学校、江苏省无锡交通高等职业技术学校通过江苏省中等职业学校领航计划建设单位期满考核，江苏省锡山中等专业学校通过江苏省优秀中等职业学校培育建设单位验收。年内，全市职业教育方面获2022年职业教育国家级教学成果奖一等奖1个、二等奖8个（中职2个）；获批省现代职教体系贯通培养项目114个，省中等职业学校第二批优质专业15个（全省151个），省首批现场工程师专项培养计划项目7个，省职业教育专业教学资源库6门（中职2门）、数量居全省第一位，省职业教育一流核心（线下）课程1门（全省中职5门）；获评省职业院校德育和思想政治工作特色案例9个、省"三全育人"典型中职学校3所。锻造"双师四能"教师队伍，获评首批国家级职业教育教师教学创新团队2个、2023年"苏教名家"培养工程培养对象1人，入选教育部新时代职业学校名校长培养计划（2023—2025年）1人，入选第二批省中等职业学校班主任工作室2个。

【职业教育产教融合】 2023年，无锡市深化产教融合，加快构建现代职业教育体系。对上争取省市共建无锡产教城协同创新示范区，无锡市集成电路产教联合体入选首批28家国家级市域产教联合体，培育市级市域产教联合体10个，打造市级重点产业产教融合共同体10个，在锡高职学校牵头成立云智物联、集成电路、物联网、数字商贸、半导体、数智商贸等全国性行业产教融合共同体。全市入围省职业教育示范性虚拟仿真实训基地培育项目6个、省职业教育校企合作典型生产实践项目4个、首批省职业教育教师企业实践基地6个、省第五批产教融合型试点企业26家。

（市教育局）

普通高等教育

【概况】 2023年，无锡市有普通高等学校13所，全年招生56641人，在校学生173438人，毕业学生49521人，在锡高校应届毕业生就业率95.49%，留锡就业率36.41%；拥有教职工11247人，其中专任教师8359人。年内，全市高校获国家级教学成果奖10个，建成国家级一流本科课程16门，建成江苏省高校优秀科技创新团队5个，获批江苏省高等学校基础科学研究、哲学社会科学研究重大项目27个，获批省级产教融合型品牌专业和省级产教融合重点基地建设项目8个。举办首届无锡市大学生科技节。

【高等教育资源】 2023年，市政府办公室印发《无锡市推进高校高质量发展三年行动计划（2023—2025年）》，制定无锡高校“333”建新提质工程（建设3所职业技术大学，办优3所本科高校和3所本科高校无锡校区），加快培育和引进一流大学资源。深化无锡市与南京邮电大学、南京理工大学、江南大学等市校合作共建。实施《无锡学院“十四五”发展规划》，加速推进无锡学院三期工程建设，致力打造一流创新应用型大学。省教育厅与无锡市签订共同支持无锡太湖学院创新发展协议，谋划建设高质量无锡太湖大学。推动东南大学集成电路学院落户无锡市，微纳系统国际创新中心重大科研平台建成运行。

【高等教育内涵发展】 2023年，全市高校综合实力持续增强，办学水平提升。江南大学食品、轻工、设计、纺织4个学科获评“中国顶尖学科”，酿酒工程等6个专业排名全国第一，教授金征宇当选为中国工程院院士。无锡科技职业学院与华润微集成电路有限公司牵头组建的无锡市集成电路产教联合体入选首批国家级市域产教联合体，与南京邮电大学组建全国半导体行业产教融合共同体。无锡学院车联网、无锡职业技术学院数字化设计与制造、无锡科技职业学院集成电路3个学院获批工业和信息化部“专精特新产业学院”建设立项。江南大学、无锡学院、太湖学院有6个专业入选省级卓越工程师教育培养计划2.0专业立项建设计划。

（市教育局）

【江南大学】 2023年，江南大学分解落实《奋进计划》目标任务，制定发布学科培优进位、博士授权倍增、高层次人才双百、人才培养提升、科研平台强基、数智校园增效、开放办学拓源、无锡医学院高质量发展8个专项实施方案；开展任期目标责任制改革研究，完善指标体系，科学编制第八轮任期发展目标。学校通过教育部本科教育教学审核评估，本科教育教学的6大方面成效获专家组高度评价；实施“时代新人铸魂工程”，推进“三全育人”示范学院创建，2个项目获批教育部思政工作精品项目，“大思政课”建设经验获《光明日报》报道，11门课程上线新华网“新华思政”全国高校课程思政教学资源服务平台；A类学科竞赛获奖项550个，获中国国际大学生创新大赛金奖1个，1人获省“最美大学生”称号，2名国家奖学金获得者获《人民日报》报道，辅导员队伍获省级奖项14人次；申报开设合成生物学、电子封装技术、智能制造工程3个新兴专业，建成全过程教学管理与服务系统，获评国家级教学成果奖4个、一流本科课程14门；试行研究生科学道德与学风建设考核指标体系，创建高水平学术交流品牌“江南讲坛”，分学科模块化开展导师培训，修订133个研究生专业培养方案，新增省研究生工

12月7日，首届无锡市大学生科技节开幕（华乙诺 摄）

作站 11 个；益生菌与营养健康教师团队入选教育部第三批全国高校黄大年式教师团队。学校牵头成立太湖湾高校媒体融合共享联盟，获评省书香校园建设示范点。

全年到账科研经费突破 12 亿元，社会资源年度筹资逾 1800 万元，高分通过二级保密资格认定，主办的期刊 *Food Bioscience* 上升至中科院期刊分区表大类 1 区，《服装学报》入编《中文核心期刊要目总览（2023 年版）》。牵头国家重点研发计划立项 5 个、课题 24 个，获批国家自然科学基金项目 173 个。敖金平教授团队牵头负责的“氮化镓微波毫米波无线能量转换芯片关键技术研发”项目获得立项，该项目是学校作为主持单位获得的首个千万级江苏省重点研发计划重点项目。制定《技术转移分中心和校企联合研发平台管理办法》，签约千万级横向科研项目 22 个，与山西、广西等地政府单位签订战略合作协议 17 项，成立贵州从江百香果研究院，开展连云港、盘锦技术转移分中心建设，助力黑龙江齐齐哈尔、安徽合肥、宁夏、内蒙古等高等教育研究院建设。人文社科项目获国家社科基金重大项目立项 3 个、历史学重大专项立项 1 个、国家艺术基金项目立项 4 个，获批马克思主义理论博士后流动站，智库报告获党和国家领导人肯定性批示 2 次，被省部级以上媒体采纳 32 篇，1 人当选为教育部高校哲学社会科学自主知识体系建设战略咨询委员会委员，食品安全风险治理研究院连续 12 年在教育部《高校智库专刊》发布报告，《江南大学学报（人文社会科学版）》入选 CSSCI 扩展版来源期刊。推进 6 个学科创新引智基地建设，获批教育部国际合作联合实验室 1 个、省级优秀外国专家工作室 1 个，新增科技部高层次外国专家引进计划 10 项、“一带一路”创新人才交流外国专家项目 1 个，获评省涉外管理工作先进单位，参与苏英、苏加、苏港澳高校联盟建设，加入中国—白俄罗斯大学联盟，新增本科及本硕直通联合培养项目 6 个，开展教育部内地与港澳高等学校师生交流计划（简称“万人计划”）和对中国台湾教育交流项目，连续 6 年获评省来华留学生教育先进集体。

推进与部、省、市共建工作，开展“十四五”规划实施情况中期评估，实现与无锡市各板块产业联动全覆盖，服务无锡社会治理工作获省委书记信长星肯定，贯通无锡市 6 家附属医院科研教学资源，医学学科升至中国医学院校科技量值（STEM）榜单第 41 位。牵头编纂《无锡史》。10 个学科进入 ESI 全球排名前百分之一，其中农学学科跻身 ESI 全球排名前万分之一，食品学科连续 5 年蝉联世界第一，纺织学科排名世界第二。实施“百名英才计划”等优化引聘体系，新增院士 1 人、领军人才 9 人、青年人才 13 人。加速布局“一体两翼”建设，与宜兴市政府签订深化教育合作协议，与江阴市政府推进市校协议及备忘录约定，在宜兴研究生院布局环境生态、化工材料等学院学科，在江阴校区筹建集成电路、智能制造、数字科技与创意设计、纤维工程与装备技术等学院学科。

（汤敏霞）

【无锡学院】　无锡学院是经教育部批准，由江苏省人民政府管理、无锡市人民政府举办、南京信息工程大学支持办学的公办普通本科高校，是江苏省硕士学位授予立项建设单位，在校本科生 1.2 万余人、留学生近 300 人，与南京信息工程大学联合培养研究生 700 余人。设有 14 个教学单位、6 个硕士点（与南京信息工程大学联合培养）、45 个本科专业。物联网工程、电子信息工程、自动化、金融工程等 17 个专业入选国家级和省级一流本科专业建设点；电子科学与技术、控制科学与工程、网络空间安全、管理科学与工程 4 个学科入选江苏省“十四五”重点学科。2023 年，学校获国家级教学成果奖 2 个，获批“十四五”教育强国推进工程储备院校，2023 软科中国大学综合排名比上年提升 135 名，在同批转设高校（2021 年 2 月，南京信息工程大学滨江学院转设为无锡学院）中居第一名。

持续完善物联网、集成电路、智能制造、数字经济等“5+5”（围绕物联网 5G、集成电路、智能制造、环境生态、人文管理 5 个优势产业链，设立网络空间安全、新能源与新材料、环境遥感地理信息、城市轨道交通工程和示范性软件 5 个学院）学科专业布局，构建“强势工科、高质量理科、特色文科”的多学科协调发展体系，新设集成电路设计与集成系统、应用统计学、应急管理 3 个专业，把学科链、专业链嵌入地方产业链。金融工程专业获批省产教融合品牌专业，电气工程及其自动化专业获批省卓越工程师教育培养计划 2.0 专业。加强电子信息、机械、数字经济、气象 4 个专业硕士学位授权点建设，基本达到硕士学位授予单位与授权点的申报条件。组建 10 个传感网相关的科研团队，“实时工业物联网”团队获批省高校优秀科技创新团队。全年获批纵向项目 108 个，其中国家和省部级项目 10 个；与企业签订横向合同 193 个，比上年增长 135.37%。发表论文 174 篇，申请专利 423 件，其中发明专利 172 件；获得专利授权 129 件，其中发明专利授权 38 件、实用新型专利授权 43 件、国际专利 3 件。登记软件著作权 157 件，比上年增长 227%。学校获中国商业联合会服务业科技创新奖一等奖、国家地理信息科技进步二等奖等。

提升教育对外开放水平，服务“一带一路”和无锡城市国际化建设。与俄罗斯新西伯利亚国立技术大学共建中外合作办学机构“无锡学院新西伯利亚学院”，通过教育部答辩。与美国乔治梅森大学等 30 余所境外高校建立学分互认、保荐硕士项目等友好合作关系。引进澳大利亚新南威尔士大学中国人才奖学金项目等优质出国交流项目 20 余个。举办无锡学院首届留学教育展，澳大利亚八校联盟、英国兰卡斯特大学和莫斯科国立大学等24所境外大学参展。获批全市唯一一个AP（Advanced Placement）考试授权考点，举办2023年AP考试。

推进产教融合“1+5”（1个二级学院对接1个市机关单位、1名双聘院士、1个科研平台、1家高端企业和1个高校院所）行动升级计划，实现产教融合发展模式从“引企入校”到“送教入企”的转变，进一步构筑校地深度融合。无锡传感网国家大学科技园通过科技部验收，获批省级众创空间和市级众创空间各1个，园区有在孵企业68家、在园毕业企业6家，其中25家通过省科技中小型企业审核认定，获批新吴区“飞凤人才”计划项目4个。与市委组织部、吉林大学、无锡国专历史研究会等30余家政产学研单位签署合作协议，建成智能仪器产业学院等9个现代产业学院和智能气象装备协同创新中心等5个研究中心。网络空间安全实训基地获批国家级全民数字素养与技能培训基地；车联网产业学院获批工业和信息化部“专精特新产业学院”、省重点产业学院，并通过教育部国家现代产业学院答辩；车联网产教融合重点基地获批省产教融合重点基地建设点；智能供应链产业学院获批京东产业学院；车联网产教融合共同体、智能制造现代产业学院、测控技术与仪器专业3个项目获批市产教融合重点项目。校企合作有实质性技术交易的企业超100家，其中无锡当地企业占比超50%。

年内，学校引进博士（副教授）以上高层次人才173人，包括国家级人才2人、全球前2%顶尖科学家2人、江苏省杰出青年基金获得者1人、环境工程学院院长和网络安全与信息化学院院长各1人、学术带头人4人，专任教师博士化率74.15%，比上年增长7.48%，在全省同类高校中居首位。实施领军人才“托举计划”、中青年骨干教师“育英计划”，发掘培养学科领军人才和中青年学术带头人，推进师资队伍“精英化、工程化、团队化、国际化”建设，4名教师入选省“青蓝工程”，14名教师入选省“科技副总”，3名教师入选“太湖人才计划”。

年内，学校在全国招生3100人，其中在江苏省招生1950人，省内生源占比62.9%，比上年提升5.9%，生源结构进一步优化。在省内同类公办高校中，历史类和物理类分数线均排名第一，物理化学组分数线排名第四。开展“书记校长访企拓岗促就业”专项行动，访企拓岗559家，与上市企业实施教育部供需对接就业育人项目6个，新增航天新气象科技有限公司等10家就业实习基地，就业实习基地总数139家。2023届毕业生高质量就业率95.08%。学校获2023年排行榜竞赛国家级奖项43个、省级奖项241个，获奖总数比上年增长37%。其中，多项竞赛取得历史性突破：获“挑战杯”中国大学生创业计划竞赛国赛银奖，获全国大学生电子设计竞赛国家级一等奖2个、二等奖2个，获全国大学生机器人大赛国家级一等奖1个，获全国大学生电子商务“创新、创意及创业”挑战赛国家级一等奖1个，获全国高校商业精英挑战赛国家级一等奖1个、三等奖1个。

（朱　岚）

【无锡太湖学院】 无锡太湖学院是经教育部批准建立的全日制、多学科应用型本科高校。2023年，学校从海内外新引进高层次人才319人，4名教师入选2023年省“青蓝工程”优秀青年骨干教师培养对象、1名教师入选2023年省“青蓝工程”中青年学术带头人培养对象，1人入选无锡市有突出贡献中青年专家。在江苏省微课教学竞赛中，获二等奖2个、三等奖1个。获批省级重点教改课题1个、一般课题2个，获批数量、质量居全省同类高校首位。在2023软科中国大学排名中，学校居全国同类高校前列、江苏省同类高校第一名。

学校招生专业有41个，涵盖工、经、管、艺、医、文、法7大学科门类，设有物联网工程学院、商学院、艺术学院、外国语学院、健康与护理学院、苏格兰学院、马克思主义学院等二级学院11个，建有工科、经管、艺术、护理、计算机应用与外语学习、创新创业6大实验实训中心，拥有国家级一流本科专业建设点5个、江苏省一流本科专业建设点18个。年内，增设集成电路设计与集成系统、数据科学与大数据技术、智能建造3个专业。计算机科学与技术、通信工程2个专业获批江苏省卓越工程师教育培养计划2.0专业，物联网工程、机械工程2个专业获批江苏省产教融合品牌专业，1个专业入选无锡市产教融合示范专业。《数据结构》《江南传统文化创新实践》2门课程获批国家级一流本科课程。《素养提升英语》入选“十四五”职业教育国家规划教材。

国际合作不断拓展，与意大利都灵美术学院签署合作框架协议，达成合作举办无锡太湖学院都灵美术学院意向；与韩国草堂大学签署谅解备忘录，联手加强师生交流、学术交流和学生培养；与意大利都灵理工大学洽谈合作空间。与英国、新西兰驻华（驻沪）使领馆官员举行会谈，促进中英、中新两国高水平大学的学术交流与合作。年内有145名学生到英国西苏格兰大学学习；一批2023届毕业生考取悉尼大学、利物浦大学、首尔大学、诺丁汉大学等国际知名高校研究生。学校通过省教育厅“江苏高校对外合作与交流高质量发展单位”综合评估。

持续推动产教深度融合，出台《无锡太湖学院服务无锡高质量发展三年行动计划暨实施方案（2023—2025）》，服务地方经济社会发展。全年新增三类校企合作基地68个，其中实习实训基地56个、工程实践基地7个、协同创新基地5个，获批江苏省本科高校产教融合重点基地1个；聘任产业教授33人，有1人获聘省级产业教授；新增产业学院8个、

无锡太湖学院全景图　　　　（无锡太湖学院　供图）

各类产教融合平台16个，其中6个获市级以上立项；到政府、行业、企业挂职锻炼教师21人次。年内举办线上、线下各类招聘会、宣讲会248场，参会企业2686家，提供优质就业岗位22529个。2023届毕业生年终就业落实率96.36%，就业地区主要分布于江浙沪一带，占就业总数的74.65%。有13名毕业生入选江苏省乡村振兴计划志愿者、11名毕业生入选西部计划，服务国家乡村振兴战略。学校获评江苏省高校毕业生就业工作量化督导A等高校。

科研水平稳步提高，学校“智能机器人与专用设备技术重点实验室”获批无锡市首批重点实验室，江苏省高校哲学社会科学重点研究基地“苏南产业转型创新发展研究中心”通过验收，获中国发明协会创新奖等省部级科研奖3个。全年获批国家自然科学基金等各级纵向科研项目96个，其中省高校重大项目4个。备案企事业单位委托横向科研项目168个，到账科研经费3890.36万元，全年科研活动总经费4986.47万元。发表SCI、SSCI等高质量学术论文245篇，授权国家发明专利等知识产权115件。在2023年中国民办本科院校科研竞争力排行榜上，学校科研竞争力与水平评价居全国民办高校第13位，被评为A+级，居全省同类高校第一位。

年内，学校组织学生参加学科竞赛，获“挑战杯”、“互联网+”大学生创新创业大赛等省级以上学科竞赛奖项286个，获奖学生932人。一批2023届毕业生考上北京师范大学、中央民族大学等国内知名高校研究生。学生获批省级大学生创新创业训练计划项目60个，评选校级项目30个，参与学生426人。依托大创项目在省级以上期刊发表论文57篇，授权专利15件，获省级以上学科竞赛奖项21个，制作创新型作品8件。学生参加创新创业赛事13场，遴选创新创业项目596个，其中入园孵化26个、转移孵化14个，获市厅级以上奖励103项。承办“创响无锡”全市大中专院校创新创业大赛，学校获奖总数和本科赛道一等奖数均为全市第一。承办江苏省数据安全技术应用职业技能竞赛、“领航杯”江苏省大学生信息技术应用能力比赛暨人工智能大赛等赛事，以及无锡市大学生十佳科技社团评选活动。全年开展各类活动4389项，参与217785人次；提供志愿服务9213人次，累计时长59905小时。10支团队被列为暑期“三下乡”社会实践活动省级重点团队，社会实践活动团队和个人获省级荣誉4项。学校获评全国学校急救教育试点学校、江苏省绿色校园，获江苏省水效领跑者、江苏大学生志愿服务乡村振兴计划优秀组织奖等荣誉。

（王吉祥）

【无锡职业技术学院】 无锡职业技术学院是国有公办的省属全日制普通高等职业院校。学校前身是1959年3月原农机部创办的无锡农业机械制造学校；1979年3月更名为江苏省无锡机械制造学校；1999年7月经教育部批准升格为普通高等专科学校，更名为无锡职业技术学院，隶属江苏省。2009年学校通过首批“国家示范性高等职业院校”建设项目验收，2012年开始试办四年制高职本科教育，2018年入选江苏省卓越高职院校建设单位，2019年入选中国特色高水平学校建设单位（A档）。2023年，学校有1人入选教育部新时代职业学校名师（名匠）名校长培养计划（2023—2025年），1人

无锡职业技术学院　　（无锡职业技术学院　供图）

获评江苏省教学名师，首批国家级职业教育教师教学创新团队——物联网应用技术团队通过验收并获评考核优秀等次。在2023年省高校“青蓝工程”培养对象选拔中，入选优秀教学团队1个、中青年学术带头人2人、优秀青年骨干教师4人。学校在2023年度江苏省地方普通高校（高职高水平组）综合考核中连续第五年蝉联第一等次，在中国高职高专院校竞争力排行榜中居全国第二位，被评为国家级职业学校校长培训基地。

加强对外交流，打造“留学锡职”品牌，服务“一带一路”倡议，在江苏省高校对外合作与交流高质量综合评价中获评A+，获评省涉外办学工作先进单位，在来华留学生高等教育质量认证中以第一名成绩获得6年认证有效期；中泰项目（无锡职业技术学院与泰国达信罗勇职业技术学院）入选教育部“中国—东盟职业教育卓越合作伙伴”项目。10月16—18日，由无锡职业技术学院、印度尼西亚特里莎克蒂旅游学院特里沙克迪旅游大学联合主办的第四届国际旅游学术会议在马来西亚吉隆坡召开，该会议是学校首次在境外主办的国际性会议。

坚持产教融合，获批省高校优秀科技创新团队1个、省工程技术研究开发中心1个、省高校自科重大项目1个、教育部人文社科基金项目1个；获中国标准创新贡献奖、江苏省第17届哲学社会科学优秀成果奖等省部级科研成果奖3个。全年实现专利转化238件。牵头成立无锡市智能制造与物联网市域产教联合体、全国云智物联行业产教融合共同体、全国机械行业工业软件与数字化制造产教融合共同体，获批工业和信息化部中小企业发展促进中心“专精特新产业学院”1个。

坚持立德树人，在第九届全国大学生物理实验创新竞赛中获一等奖1个、二等奖3个、优秀奖1个，并获优秀组织奖；在全国大学生数学建模竞赛获专科组全国一等奖3个、二等奖4个，另获美国大学生数学建模竞赛一等奖2个、二等奖2个。在全国职业院校技能大赛中获一等奖2个、二等奖1个，在金砖国家职业技能大赛（南非主赛区）中获一等奖1个。“黄金甲”项目在中国国际大学生创新大赛（2023）冠军争夺赛中获金牌。在江苏省第七届大学生艺术展演中获一等奖2个、二等奖5个。

年内，学校获国家级教学成果奖一等奖1个、二等奖1个；教师在省高校思政课教学展示、体育教师教学基本功比赛、艺术教师基本功展示、军事课教师授课竞赛、数学基础课青年教师授课竞赛等省级教学比赛中累计获特等奖1个、一等奖7个、二等奖10个、三等奖12个。首批现场工程师专项培养计划项目获国家级推荐1个、江苏省立项2个。入选首批“十四五”职业教育国家规划教材26部、职业教育国家在线精品课程6门。《吴韵祥瑞图》获评教育部高校思想政治工作质量提升综合改革与精品建设项目“高校原创文化精品”，学校牵头的大中小学思政课一体化建设项目入选全省高校示范项目。

（瞿孙平）

社会教育

【概况】 2023年，无锡市完善学习型社会推进机制，入选首批全国学习型城市网络城市名单。举办2023年无锡市暨新吴区全民终身学习活动周，江苏电视台城市频道专题宣传无锡市终身教育成果《十年耕耘结硕果、接续奋斗谱新篇》。加强四级社区教育体系建设，建成第二批无锡市教育现代化示范性居民学校11家，新增502个无锡市新时代文明实践中心（所、站）数据上线“无锡学习在线”终身学习平台、累计1310个。开发完成社区教育、老年教育特色课程16门、碎片化线上视频课程15门，整合线上、线下课程累计180门，入选省老年教育学习资源库子库项目8个（全省65个），入围省社区教育特色品牌建设项目3个。

【社会服务面扩大】 2023年，无锡市举办中小学生暑期社区“七彩公益安心托班”，项目列入“2023年为民办实事项目”。推出“爱心暑托班”精品项目215个，实际开班295个，服务学生12276人。市教育局会同市委宣传部（市全民阅读办）、市文广旅游局、市体育局、市总工会、团市委等部门创新打造"'锡·青'夜校"公共服务特色项目，服务中青年群体。实施应对人口老龄化国家战略，承办江苏省老年教育服务能力提升培训班2期，推动出台《关于推动新时代老年教育高质量发展的实施方案》，打造"锡银学堂"老年教育品牌项目。推进"三优六进"（"三优"指优秀师生、优质课程、优良服务，"六进"指进机关、进社区、进部队、进行业、进学校、进网络）送教进社区（乡村）85场，培训5000人次。

【无锡开放大学】 2023年，无锡开放大学牵头成立无锡市终身教育联盟，推动开放教育、社会教育、职业教育"三教融合"，成立乡村振兴学院、"锡新"学院、"双拥"学院等专业培养学院。建设"星辰"学院，创新打造服务锡城中青年群体的具有时代印记、区域影响、无锡特色的"星辰"夜校。推动社会教育理论研究，无锡市哲学社会科学招标课题（社会教育发展专项）立项60个。助力打造"锡银学堂"品牌，推进乐龄学院"1+N"办学模式改革，成立乐龄学院荣巷分院、蠡湖分院、耘林分院。全年培训、考试服务、学历教育学生近4.5万人次。

（市教育局）

招生和考试

【中考工作】 2023年，无锡市中考报名59342人，比上年增加1816人，再创新高。各市（县）、区教育局做好防范手机作弊专项治理工作，发挥考试指挥中心作用，实现考试指挥、视频巡查和突发事件及时处置。加强阅卷管理，制定详细工作方案，从硬件设备、软件系统、培训指导和过程管理等方面强化保障措施。阅卷期间举行开放日活动，邀请媒体、家长代表和教育行风监督员到现场参观，接受社会监督。通过"江苏政务服务"App、"灵锡"App、"无锡教育"微信公众号、"无锡数字教育"微信公众号等平台，多渠道发布中考成绩和分数段统计，方便考生第一时间查询。通过招生指南、志愿填报工作会、现场咨询活动、电视直播等多种形式宣传招生新政，指导考生填报志愿。采用动态口令卡进行志愿填报、查询录取和志愿征求，保证信息安全和公平公正。

【高考工作】 2023年，无锡市有参加高考考生25076人，比上年增长4.32%。无锡市对标教育部、省教育厅工作要求和省考试院考务工作细则，对手机防控、安全保密、考试实施、宣传引导、考生服务等方面逐项梳理、逐条研究、逐个落实，确保高考安全平稳顺利实施。召开高考考务及送考工作会议，强化考试安全管理，排查风险，制定预案，加强标准化考点设施设备的维护更新与检查，实现全市高考考点智能安检门和手机存储柜全配备。强化考务工作培训，按照"严密组织、严格管理、严肃纪律"的要求，做到布置工作到位、规范操作到位、落实职责到位。强化各考点的考前督查，重点对防范手机作弊专项治理、组考方案和准备工作进行检查。提升考试信息服务能力，按照考试时间节点及时发布工作动态、考试提醒和考生须知，城区学校提供线上VR（虚拟现实技术）看考点服务。通过进校宣讲、线上咨询、电视直播等方式，为考生和家长提供政策解读和志愿填报指导服务。

【其他教育考试】 2023年，根据省、市统一部署，市教育局、市教育考试院完成研究生考试、成人高考、自学考试、中职职教高考、全国计算机等级考试、中小学教师资格考试、大学英语四六级考试等工作。研究生考试报考人数略有下降，有考生14574人，比上年减少1399人。成人高考报名33049人，比上年减少7877人。自学考试新生注册20045人，报考总规模83398人次、176515科次，比上年考试规模略有下降。参加中职职教高考人数11252人，比上年增加2633人、增长30.55%。全市组织6项15次社会考试，总规模301897人次，比上年增长17.21%。其中，全国英语等级考试（PETS）11786人次、全国计算机等级考试（NCRE）88185人次、中小学教师资格考试（NTCE）32551人次、剑桥少儿英语（CYLE）1107人次、大学英语四六级考试（CET）118511人次、书法艺术水平考级49757人次。

（市教育局）

编辑　何　峰

公共文化

【概况】 4月2日,无锡市重点公共文化设施开工仪式举行,总建筑面积42.6万平米、总投资60亿元的无锡美术馆、无锡交响音乐厅和无锡市文化艺术中心3个文化新地标项目同时开工建设。市委、市政府成立无锡市重点公共文化设施建设领导小组,建立月报制度,推进三大场馆建设工作。至年末,全市有公共图书馆8个,文化馆8个,乡镇(街道)文化站75个。新建、改建基层综合性文化服务中心6个,继续动态实现全市行政村(社区)综合性文化服务中心覆盖率100%。锡山区文体中心开工建设,新吴区伯渎河文体中心、江阴新桥镇文体中心等一批重点区级文化场馆功能设施提升改造,完善区、镇(街道)、村(社区)三级公共文化设施网络。布局建设锡剧艺术中心等111家公益性小剧场,55个"艺术拾珍·美好空间"建成开放。

全年无锡市开展群众性文艺演出和展览5198场次、小剧场演出3774场次,送戏下乡3258场次。依托各级文化馆(站)等群众文化阵地,组织举办各类艺术普及、艺术培训和文艺志愿活动,举办社会艺术培训3970班次、讲座1441场次。公共数字文化服务城乡覆盖率100%。首创"太湖之秋"全民艺术共享月活动,完成1场开幕式、10场1000人区级活动以及1000场戏曲曲艺、非遗传习、艺术鉴赏、艺术普及、小型音乐会、团队风采展等艺术沙龙活动。全年常态化开展"我们的中国梦"——文化进万家活动,完成2023年为民办实事惠民演出300场次。年内,15个项目获2023年度省"最美公共文化空间"称号,15支团队入选2023年度省"优秀群众文化团队"培育对象;3个优秀文化活动品牌、17支优秀群文团队、28名优秀群文骨干入选江苏省第三批群众文化"百千万"工程;锡剧《红豆》入选第三批江苏省小剧场精品剧目;《问需于民,精准对接——深化公共文化供给侧结构性改革的江阴实践》获评江苏省公共文化服务高质量发展十佳案例;江阴月城镇双泾村入选文化和旅游部"四季村晚"示范展示点。

(周　文　李跃光)

【无锡市图书馆】 2023年,无锡市图书馆接待读者334万余人次,流通图书近312万册次,举办各类读者活动350余场次,吸引线上线下市民、读者近205万人次。举办"书香四月'盒'你共读"2023年读者嘉年华、"YUE书香"夏日文化生活荟等主题推广活动,打造"东林文化讲坛""阅美运河文化季"等主题活动,不断提供优质文化供给。举办"金匮之藏,缥缃万卷"锡图典籍文化推广等活动,展示古籍保护成果。联合社会力量新建运河书香分馆、尚贤分馆,新增网借图书智能投递点5个、图书流动站6个。年内,被评定为国家一级图书馆。

【无锡博物院】 2023年,无锡博物院修护文物329件(套),征集文物、资料631件(套)。推出"江河辉映——中原与江南青铜时代考古文物展""掇菁撷华——无锡历代名家书画精品展"等各类展览32个。全年举办各类活动330余场次,自媒体年点击量1717万余次。年内,"来试人间第二泉——惠山茶会人文主题特展"获第20届(2022年度)全国博物馆十大陈列展览优胜奖,"江河辉映——中原与江南青铜时代考古文物展"获第21届(2023年度)全国博物馆十大陈列展览精品奖推介项目,"与古为新——锡博2020艺术新空间特展"获江苏省博物馆十大精品展览优胜奖。"无锡博物院"微博获2023年度江苏文旅自媒体联盟"十佳创新力新媒体账号",无锡博物院获评江苏省文明旅游示范单位。

(周　文)

【全民阅读】 2023年,无锡市举办"全民阅读春风行动"、"世界读书日"、第13届江苏书展无锡分展场、太湖读书月等重点活动,举办各级各类阅读推广活动超10000场次。承办中宣部东部地区全民阅读立法工作会议。持续擦亮"钟书阅读"本土文化品牌,办好"钟书·夜读"线上特色栏目,指导江苏有线无锡分公司推出《钟书阅读》电视视听节目,实现手机端和电视端阅读精品内容覆盖。完成市委、市政府"为民办实事"项目100个"钟书房"公共阅读空间矩阵建设任务,以创新手段推行多业态市场化融合运维成为鲜明特色,"钟书

4月21日，无锡市2023"世界图书日"系列活动暨"钟书"阅读季正式启动

（市委宣传部　供图）

房"+咖啡、+茶吧、+花店、+文旅等模式"网红"出圈，中宣部、江苏省委宣传部领导多次到无锡市现地调研，建设"钟书房"做法获中宣部《宣传工作》推介，被评为全省宣传思想文化工作创新奖。

（徐　姜）

【全民艺术普及】 2023年，无锡市公共文化艺术发展中心开展"西水公益学堂"全民艺术普及培训，举办春、夏、秋三期培训共90个班，锡剧、剪纸、惠山泥人、九连环等非遗普及班次持续开展；联合省内行业专家面向全市15支优秀群文团队进行集中辅导培训400人次。梁溪区持续开展"欢乐艺课堂"全民艺术普及培训品牌项目，课程涵盖曲艺、舞蹈、音乐、戏曲、非遗等门类。锡山区加强团队培育，全年举办讲座、培训891场次，惠及10万人次。惠山区开展"锡剧进校园"活动，"桃娃小锡班"累计上课2300余次，"吴韵雅集"公益普及推广项目累计开展活动420场次，创新开设"周末课堂""夜间课堂"，解决年轻人的艺术学习需求。新吴区开展"玉兰传芳"公益课堂58期，举办"吴风雅韵"评弹进社区90场次、公益讲座31场次，满足基层群众优质文化服务需求。

【文化惠民】 2023年，市图书馆围绕"悦读阅有味"、"4·23"世界读书日、"公共图书馆服务宣传周"等主题，举办300余场阅读活动。市公共文化艺术发展中心组织"唱支山歌给党听"群众合唱展演、"一颗红心永向党"群众广场舞展演，牵头全市基层文化馆（站）开展首届无锡市"文化馆服务宣传周"，推出107场活动，吸引超100万人参与。江阴市到新疆霍城县开展送文化"春雨工程"，开展"我们的中国梦"——文化进万家主题惠民活动，为基层送戏送演出85场次、送评弹255场次，服务群众10万余人次。宜兴市开展"礼赞新时代，奋进新征程"2023宜兴市文化服务全域联动，完成镇际互动演出54场次，送电影下乡3004场次。梁溪区打造"梁辰美景，溪有人间"文艺精品进基层系列演出，举办"第七届无锡原创音乐节""海岛音乐节"等音乐活动，把更多优质的公共文化服务融入商圈，形成"文化+经济"多元业态的消费场景。锡山区持续建设"阿炳小舞台"文化惠民工程，举办第十届锡山区阿炳文化艺术节，全年演出1914场次。惠山区开展"鲲鹏迭变谱新篇"2023年惠山区"百姓大舞台"等3项主题惠民巡演，实施"民生微幸福，惠畅小剧场"文化惠民工程，全区45个小剧场累计演出超2000场次，服务群众约100万人次。新吴区开展"新吴春光美""星耀新吴"优秀群众文艺团队选拔、"五月欢歌，畅响新吴"群众文艺会演、"白玉兰"文化惠民工程巡演等区级大型文化惠民演出36场次。经开区开展"乐游经开，遇见美好""'樱'你而美""无锡国际冰淇淋文化节"等文旅促消费活动，促进文旅产业发展。

【公共文化数字化建设】 2023年，无锡市依托数字文化云平台实现线上报名、网络直播、开放式艺术普及等形式丰富的数字化服务，开展线上直播、数字藏品拍卖等数字互动形式，自制宜兴紫砂、惠山泥人、摄影等门类慕课共200分钟。惠山区线上展播阳山桃花节、玉祁锡剧节、《追梦路上》等节目，累计开展文化活动线上直播178场次，线上观看近200万人次。新吴区依托"新吴区图书馆"官网、微信公众号实现图书馆服务随时查，阅读随时看，活动随时约，打造口袋图书馆，所属分馆全部应用物联网技术，实现图书自助借还、自助杀菌、自动分拣。

【"情韵江南"群众文艺展演】 2023年，全市开展"情韵江南"群众文艺展演活动273场次，线上观看人数超100万人次，线下观众近20万人次，以高品质的群众文化产品服务群众，实践文化惠民、文化乐民。其中，"唱支山歌给党听"群众合唱展演、"一颗红心永向党"群众广场舞展演由国家公共文化云平台全程直播，惠及全国观众15万余人次。

【第四届文化场馆月】 7月15日至8月15日，无锡市举办第四届文化场馆月活动。全市以"博物知旅，'馆'你好玩"为主题，以"文化惠民，赋能发展"为目标，线上线下开展展览和社教活动674场次，其中特色主题活动80场次，东林书院"知遗拾趣"非遗会心雅集、无锡市图书馆“妙手书医”古籍修复体验等活动,吸引市民及周边城市游客前来打卡,活动参与人数43.18万人次,回馈市民游客文化场馆好礼超1000份。

【第七届无锡市“群芳奖”评奖活动】 无锡市“群芳奖”每两年举办一届,是与全国、省群众文艺政府最高奖“群星奖”“五星工程奖”接轨的重要群文活动,是无锡市政府文化部门主办的唯一一项全市综合性群众文化品牌赛事活动。2023年,第七届无锡市“群芳奖”共评出获奖作品159件,其中音乐作品20件、舞蹈作品17件、戏剧(小戏、小品)作品19件、曲艺作品16件、广场舞作品12件、合唱作品15件、美术作品30件、书法作品30件。

(周　文)

文学艺术

文学

【文学创作】 2023年,无锡文学界聚焦重大现实题材,实施精品创作。黑陶的诗集《在阁楼独听万物密语》获首届中国艾青诗歌奖,散文集《百千万亿册书》获首届杨升庵文学奖,散文《在江南凝视》获第18届十月文学奖。徐风的纪实文学《忘记我》获第八届江苏紫金山文学奖报告文学奖、第五届南钢杯江苏报告文学奖、江苏省第12届精神文明建设“五个一工程”奖。阮夕清的短篇小说《窗外灯》获第八届江苏紫金山文学奖短篇小说奖。迟慧的全国优秀儿童文学奖获奖作品《慢小孩》获第八届江苏紫金山文学奖荣誉奖。夏坚勇的《承天门之灾》获第五届《钟山》文学奖长篇作品奖,《庆历四年秋》获第六届朱自清散文奖优秀作家奖。王顺法的《凰川湾里的中国》获第十届冰心散文奖。周国忠的《东方部落》获第十届冰心散文奖提名奖。陆阳的《走进清口的沧桑》获江苏省作家协会等主办的“漂母杯”全国散文大赛二等奖。王学芯的组诗《彼此的彼此》获第五届《钟山》文学奖诗歌诗评奖,组诗《第五级台阶》获《作家》杂志第三届《作家》诗歌奖,组诗《路边的城市记录》获第六届刘伯温诗歌奖。

【文学活动】 9月2—27日,由中国作家协会网络文学中心、省作家协会主办,市委宣传部、滨湖区人民政府承办,市文联、江南大学人文学院、无锡山水城管委会协办的“网络文学视听转化研讨会暨网络作家培训班”在无锡市举行。会上发布“网络文学IP创作扶持计划”,该计划聚焦中华优秀文化、人民美好生活、科技创新和科幻、人类命运共同体、经典之美5个主题,扶持网络文学IP短剧作品50部。年内,市文联组织2021—2022年度“无锡太湖文学奖”征稿以及评选活动。

(周静怡)

戏剧·曲艺

【概况】 2023年,无锡市锡剧院创排、首演锡剧《红豆》《蔡风仪》等,复排滑稽戏《祝枝山选女婿》,打磨提升锡剧《涓生之路》。锡剧《涓生之路》入选国家艺术基金和省舞台艺术精品创作扶持工程重点投入剧目;锡剧《红豆》包揽紫金文化艺术节小剧场单元(第二届)“优秀剧目奖”等5个奖项,获评第三批江苏省小剧场精品剧目。小品《婆婆妈妈》参加首届江苏省曲艺小品推优会演获金奖,与弹词《范蠡与西施》共同入选2023江苏省小剧场演出季优秀剧目(曲艺类)巡演。

【送戏下乡】 2023年,无锡市各级实施送戏下乡、送演出下乡、送培训下乡合计3258场次,观众超145万人次。江阴市“澄艺快递”公共文化服务精准配送366场次,服务群众40万人次。宜兴市开展文化志愿服务村村行优秀文艺小分队流动演出和村级文艺团队联动演出,全年送演出下乡463场次。锡山区、惠山区、滨湖区、新吴区分别以“阿炳小舞台”“惠畅小剧场”“幸福小剧场”“吴歌台”等为阵地,鼓励优秀群众戏剧团队在小剧场进行演出,让农民群众在欣赏到戏剧演出的同时,也让更多的文艺爱好者有场地排练、有舞台表演、有机会出彩。

(周　文)

3月26日,锡剧《红豆》在紫金文化艺术节小剧场单元(第二届)南京国民小剧场演出

(周　文　供图)

【首届江苏省曲艺小品推优会演活动在无锡市举行】 4月1—2日，由江苏省曲艺家协会、无锡市文联、无锡高新区党工委（新吴区委）宣传部主办的首届江苏省曲艺小品推优会演活动在“中国曲艺之乡”无锡市硕放街道举行。活动内容包含首届江苏省曲艺小品推优会演终评决赛、曲艺小品推优会演点评会以及“贯彻二十大，奋进新征程”首届江苏省曲艺小品推优会演颁奖仪式暨惠民演出。2场推优会演集结省内各地12个优秀曲艺小品，作品既弘扬主旋律又接地气，既反映时代精神又反映人民生活。点评会上，专家评委们结合参赛作品，就如何提高曲艺小品的创作进行专业点评与指导。

4月1—2日，首届江苏省曲艺小品推优会演颁奖仪式暨惠民演出在无锡市硕放街道举行 （市文联 供图）

【延安曲艺团到无锡市采风交流】 4月12—15日，延安市曲艺家协会副主席、延安市曲艺馆馆长张小宁率延安知名曲艺艺术家代表团一行13人，到无锡市开展采风交流活动。4月12日，在无锡市梁溪饭店开展“延安·无锡”南北曲艺交流座谈会，就两地文化现状、人才培育以及曲艺发展等方面进行交流。江苏省曲艺家协会副主席、无锡市曲艺家协会主席夏吉平，延安市曲艺馆馆长张小宁，延安市曲艺家协会副主席贺连善，无锡市曲艺家协会名誉主席张建平，无锡市曲艺家协会副主席王伟坪等参加座谈。4月14日晚，举办阿福喜乐会“延安·无锡曲艺交流专场”展演。

【第五期无锡市曲艺中青年骨干培训班】 4月15—19日，第五期无锡市曲艺中青年骨干培训班在江阴市月城镇举办。江苏省文联主席章剑华应邀授课，无锡市文联党组书记、主席杨建作开班动员。邀请专家作“曲艺演出中的诗化意象”“曲艺的特点与美质”“漫谈上海独脚戏的表演艺术”“漫谈评弹演员的说与唱”“如何讲好故事”5个专题讲座和辅导。4月17日晚，无锡市曲艺中青年培训班的名家新秀为月城镇居民开展一场以“贯彻二十大、奋进新征程”为主题的惠民演出活动。

11月7日，第四届“无锡戏剧奖”决赛在无锡大剧院举行。图为金奖获得者顾正阳表演锡剧《珍珠塔·跌雪》 （市文联 供图）

【第四届“无锡戏剧奖”决赛】 11月7日，由市委宣传部、市文联主办，市戏剧家协会承办的第四届“无锡戏剧奖”决赛暨颁奖演出在无锡大剧院举行。作为2023太湖文化艺术季活动之一，第四届“无锡戏剧奖”决赛共有25名选手参赛，最终评出金奖1个、银奖5个、铜奖10个和优秀奖8个，无锡市锡剧院、江阴市锡剧评弹艺术传承中心、宜兴市锡剧艺术传承发展中心获优秀组织奖。

【第三届无锡市故事会大赛】 11月26日，由市文广旅游局、市文联主办，市曲艺家协会承办的第三届无锡市故事会大赛在无锡大剧院落幕。

大赛分“故事征文”和“故事讲演”两大内容。“故事征文”收到故事文本27篇，最终评选出文本金奖2个、银奖3个和铜奖4个。“故事讲演”有29个节目参加初赛，13个节目入围决赛，最终评选出讲演金奖1个、银奖2个、铜奖3个和优秀奖7个。

（周静怡）

音乐·舞蹈

【概况】 2023年，无锡市歌舞剧院舞剧《歌唱祖国》入选江苏省新时代舞台艺术优秀剧目巡演；舞剧《10909》入选第14届全国舞蹈展演，舞蹈《能不忆江南》获第14届全国舞蹈展演优秀作品、第13届中国舞蹈“荷花奖”古典舞提名奖、第二届“长三角”专业舞蹈展演最高奖项“优秀表演奖”；舞蹈《道路》获第二届“长三角”专业舞蹈展演最高奖项“优秀创作奖”。舞剧《10909》等10个项目入选2023年度江苏艺术基金。无锡市民族乐团创排《诗情话乐》国风剧场音乐会、《爱的无言歌》、《逐梦良宵》等原创作品。2月，大型民族交响史诗《光明行》到哈尔滨市、长春市、沈阳市、大连市巡演。民族交响音画《梦华江南》获2023紫金文化艺术节大型音乐作品奖。11月25日，无锡市歌舞剧院（江苏民族舞剧院）的舞蹈《能不忆江南》《一意拈花》《天涯共此时》、歌舞《永远的江南》，无锡市民族乐团的唢呐独奏《百鸟朝凤》等节目亮相第21届布里斯班中华文化艺术节。年内，无锡市举办无锡交响乐团启动仪式，艺术总监兼首席指挥林大叶等核心人员受聘，举办无锡交响乐团首演暨2024新年音乐会，首部无锡城市主题交响乐作品《无锡序曲》完成首演。

（周　文　李跃光）

【第二届“无锡音乐奖”决赛】 7月28—29日，由市文联主办、市音乐家协会承办的第二届“无锡音乐奖”决赛举办。“无锡音乐奖”是无锡市音乐最高奖项。第二届“无锡音乐奖”评选设声乐（美声、民族、流行）、竹笛2个类别。决赛以现场演唱（奏）形式进行，最终评出一等奖4个、二等奖8个、三等奖12个及优秀奖13个。

【祖国·我的最爱——刘婷个人演唱会】 11月13日，2023太湖文化艺术季暨第22届中国上海国际艺术节无锡分会场“梦想艺术汇”之“祖国·我的最爱——刘婷个人演唱会”在无锡大剧院举行。活动由市委宣传部、市文联主办，市音乐家协会承办。演唱会分为“雅音缤纷”“诗韵流长”“群英芳华”“祖国·我的最爱”四个篇章。刘婷演唱《梦想》《无锡是个好地方》《祖国我的最爱》等曲目。

（周静怡）

11月25日，无锡市歌舞剧院、无锡民族乐团亮相第21届布里斯班中华文化艺术节

（周　文　供图）

【无锡太湖音乐节】 9月16—17日，无锡上乙演出有限公司承办2023无锡太湖音乐节在无锡融创乐园举办，观众超4万人次。通过邀请知名艺人和乐队，结合艺术创作与表演，展示无锡市的音乐文化资源和现代都市魅力，增强城市品牌影响力。音乐节的举办直接拉动城市消费，提升城市文化市场活跃度，成为推动文化旅游融合发展的重要平台。

（张思鸿）

美术·书法·摄影

【概况】 2023年，无锡美术馆（无锡市书画院《书画艺术》杂志社）入选国家级书画展作品9件次，入选省级书画作品展作品8件次，其中2件获奖。举办“艺术与生活美学”“艺兰文化‘云传播’”“笔端造化——中国山水画赏析”“从丹青到水墨——中国山水画略谈”“嘎嘎咯咯——一起来写生”“中国画写生与创作”“与艺术对话：达利的超现实绘画”“无锡的桥——水印木刻工作坊”等公益讲座，以专业性、学术性不断满足人民群众日益增长的文化需求。郭瑞卿中国画《金声玉振》《曲廊怀碧图》分别入选第五届全国中国画作品展、第六届哈尔滨美术双年展。汤震宇的《流逝的风景之一》入选第25届全国版画作品展览。期刊《书画艺术》出版发行6期，增刊2期。

【“灵秀南通·大美无锡”摄影作品联展在南通市举办】 5月26日至6月25日，“灵秀南通·大美无锡”摄影作品联展在南通市启东美术馆举办。展出无锡市、南通市具有代表性、艺术性的102名摄影家的102幅摄影作品，其中无锡市50件作品、南通市52件作品，从民俗、风光、纪实、人文、城市等不同角度,展示无锡市、南通市的地域风光和各具特色的历史文化内容,呈现城市文化魅力和市民的美好幸福生活景象。

【第三届“无锡美术奖”作品展】 5月30日至6月30日,“第三届无锡美术奖”作品展在无锡东方美术馆举行。该届作品展共收到投稿作品270余件,经评审委员会评选和监审委员会的监审,最终入选作品83件,其中美术奖作品10件、提名奖作品10件。入选作品题材丰富、风格多样,包含国画、油画、版画、雕塑、水彩粉、综合材料、漆画等多个画种,作品有内涵有深度,在主题上、形式表现上充满新意,描绘无锡的美好生活,反映无锡美术家们坚持以人民为中心的创作导向。

【第四届“无锡书法奖”作品展】 7月23—30日,由市文广旅游局、市文联主办的第四届“无锡书法奖”作品展在无锡博物院举办。该届作品展评出入展作品64件,其中总分排名前10的作品获第四届“无锡书法奖”,作者分别是顾志杰、单公俊、艾宏伟、巫忠兴、徐兴国、江阚阚、沈嘉涵、王涛、吴永明、汪海洋;总分排名前11～20的作品获第四届“无锡书法奖”提名奖。“无锡书法奖”每两年评选一次,近年来无锡中青年书法家持续涌现,创作梯队逐步形成,创作后劲不断增强。

【吉狄马加自撰楹联书法展】 3月25日,由中国诗书画研究会、无锡市文联、惠山区委宣传部主办的吉狄马加自撰楹联书法展在无锡市阳山镇开幕。展览展出吉狄马加的80余幅自撰楹联书法精品,展现中华优秀传统文化的独特魅力。

【素履以往——程伟书法陶刻作品展】 6月17—27日,由江苏省书法家协会、无锡市文化广电和旅游局、无锡市文联、江苏报业传媒书画院主办的“素履以往——程伟书法陶刻作品展”在无锡市文渊坊举办。中国书法家协会会员程伟,任江苏省书法家协会理事,无锡市书法家协会副主席、篆隶专业委员会主任,江苏报业传媒书画院常务副院长等职务。展览是程伟退休后的首次作品展,以“素履以往”为主题,展出作品50余件,涵盖书法、陶刻等,以汉隶、楚简等书体形式书写,多为诗词、楹联、吉语。

【艺圃苔岑——苏东坡赏心十六乐事书印展】 7月30日至8月30日,由市文联主办的艺圃苔岑——苏东坡赏心十六乐事书印展在无锡市二亩半艺术空间举行。该次展览的作品在创作过程中的一大亮点,就是使用鸟虫篆。鸟虫篆是将笔画作鸟虫形,将文字与鸟虫融为一体,其装饰性强,颇具观赏性。活动主创人为顾大可,展览以诗、书、印的形式集中反映苏东坡题材属首创,汇集秦印、汉印等多种风格,与苏东坡十六趣事相呼应,也将苏东坡的“生活的艺术化”转化为“艺术化的生活”。

【运河丝路情——张掖市无锡市中国画作品交流展在张掖市举办】 8月29日至9月15日,由张掖市文广旅游局、张掖市文联、无锡市文联主办,张掖市美术家协会、无锡市美术家协会、无锡市国画院、张掖书画院、张掖市美术馆承办的运河丝路情——张掖市无锡市中国画作品交流展在张掖市美术馆举办。展出无锡市、张掖市的中国画作品120幅,作品集中展现张掖、无锡中国画创作的最新面貌。作品以“立万象于胸怀、传千祀于毫翰”的笔触,聚焦运河、丝路文化传承创新主题,从不同角度生动讲述“江南运河”和“丝绸之路”,抒写江南、丝路深厚的文化底蕴、两地城乡面貌发生的历史性巨变,描绘江南和丝路富集的物产资源、浓郁的民俗风情、壮美的自然风光,礼赞两市人民奋发图强的雄心、铿锵前行的步伐、推动高质量发展的成果。

【盛世传芳——当代中国书画作品研究展】 9月9日至10月15日,盛世传芳——当代中国书画作品研究展在无锡博物院举办。展览由中国艺术研究院、无锡市人民政府主办,由“盛世之美”(中国画)和“书写华章”(书法)两部分构成,展出42名中国艺术研究院以及国内各地代表性艺术家的国画、书法作品93件。“盛世传芳”系列展览是由中国艺术研究院与无锡市人民政府共同打造的一个学术展览品牌,名称取自齐白石对联“好人才应逢盛世,名师弟都合传芳”,展现中国传统书画核心精神和高超技艺的薪火相传、守正创新。

【艺术凤凰——凤凰艺都美术馆馆藏作品展】 9月15日至10月8日,由市委宣传部、市文广旅游局、市文联指导的艺术凤凰——凤凰艺都美术馆馆藏作品展在无锡市凤凰艺都美术馆举办。展览以作品链的形式,以线带面,让观众较为深入地了解每位艺术家及其创作风格,以“观看”为途径,构建与作品对话的桥梁,为观众带来独特的审美体验。“艺术凤凰”系列展览,从多个维度持续为观众奉献凤凰艺都美术馆历年来的精品收藏。

【纪念延安双拥运动80周年暨抗美援朝战争胜利70周年影像展】 10月25日至11月25日,由市双拥办、市老干部局、无锡军分区政治工作处、市文联、梁溪区委宣传部、梁溪区文联主办的纪念延安双拥运动80周年暨抗美援朝战争胜利70周年影像展在无锡运河汇举办。展览展现抗美援朝那段艰苦卓绝、波澜壮阔的历史,弘扬伟大的抗美援朝精神,传承红色基因,持续巩固拥军爱民、军民团结、军地协作、共促发展的良好局面。

【"太湖秋韵"无锡国画名家邀请展】 10月28日至11月18日,由市委宣传部、市文广旅游局、市文联主办的"太湖秋韵"无锡国画名家邀请展在无锡东方美术馆举办。展出无锡国画名家杨雨青、周胜荣、陈建国、陈亮、承强、鲍金荣、吴宇华等16名优秀老中青画家作品80幅,体现江南山水人文和画家的不同艺术特点及艺术成果。作品展示祖国的名山大川、人文景观、青山绿水以及城乡建设新气象、新风貌,涵盖山水、花鸟、人物等种类,呈现无锡当代美术清新、典雅、俊逸的江南地域画风,与灵秀精致、包容大气的太湖山水。

【"水墨悟道"——周胜荣中国画展】 11月12—30日,由省美术家协会、省中国画学会、市委宣传部、市文广旅游局、市文联主办的"水墨悟道"——周胜荣中国画展在无锡市文渊坊举办。画展汇聚周胜荣历年精心创作的35幅山水画作品,展现无锡秀丽的太湖山水和气象雄浑的祖国山川,通过不同的艺术视角,采用多种表现手段,在遵循笔墨规律的基础上,表现自然山水的本真之性。

(周静怡)

【逸韵和光——2023·中国画作品展】 11月12—26日,逸韵和光——2023·中国画作品展在无锡市举办。该展览由中国美术家协会、江苏省文学艺术界联合会、无锡市人民政府主办,秉承2021年首届"倪云林"全国美术作品展提炼的主题——"逸韵和光",得到全国美术界参与。自2023年8月起面向全国公开征稿后,收到投稿作品5764件。中国美术家协会邀请国内权威美术家组成评选委员会,遴选出98件作品参展。

(周　文)

【中国百家金陵画展收藏作品展在无锡市举办】 2023年,省委宣传部、省文联开展优秀文艺成果共享工程,推出中国百家金陵画展收藏作品展。11月21—30日,该作品展在无锡东方美术馆开展,也是首次在无锡市举办。中国百家金陵画展收藏作品展是省、市文联文艺惠民的一项重要活动,通过引进高层次的文艺展览展示,将艺术送到群众身边,让更多的基层群众分享优秀艺术成果,丰富文化生活。展览汇集历届中国百家金陵画展收藏作品75件,涵盖中国画、油画、版画,既有充满时代气息的城市图景,也有充满江南韵味的水乡园林,题材丰富,形式多样。

12月12—30日,"丹青曲缘"全国著名画家曲艺家美术作品联展在无锡东方美术馆举办

(市文联　供图)

【"匠心筑梦"无锡市职工书法作品展】 11—12月,由市总工会、市文联主办的"匠心筑梦"无锡市职工书法作品展在无锡市工人文化宫职工文化艺术中心举办。展出的79幅获奖作品,都是职工爱好者用心书写的心灵之作,浸润着对生活、对艺术的独特诠释,以及对美好未来的憧憬和追求。

【"丹青曲缘"全国著名画家曲艺家美术作品联展】 12月12—30日,由市文联主办,市曲艺家协会、市美术家协会、新吴区文联承办的"丹青曲缘"全国著名画家曲艺家美术作品联展在无锡东方美术馆举办。画家与曲艺家的联合展出,推动中国传统文化的传承与发展,促进艺术的交流与融合;是静态与动态艺术碰撞融合的新尝试。艺术家的作品通过色彩、线条、构图等艺术元素,展现出对传统文化的理解和表达以及对现代社会的思考和关注。

(周静怡)

文化遗产保护

【概况】 2023年,无锡市持续推进鸿山国家考古遗址公园、阖闾城遗址公园建设,完成鸿山墓群安防工程,完成阖闾城遗址龙山石室土墩墓保护修缮工程。组织申报国家、省文物保护专项资金项目,获批18个项目2763万元。年末,全市有全国重点文物保护单位34处,省级文物保护单位74处,市(县)级文物保护单位359处;有38处不可移动文物、134件(套)可移动文物入选江苏省革命文物名录。有非遗代表性项目379

个，其中国家级11个、省级69个、市级168个、县(区)级131个；非遗项目代表性传承人588人，其中国家级9人、省级54人、市级337人、县(区)级188人，基本形成国家、省、市、县(区)四级非物质文化遗产保护体系。6人入选“2023福布斯中国杰出匠人TOP100”名录。有国家级非遗生产性保护示范基地1个、省级非遗生产性保护示范基地3个、市级非遗生产性保护示范基地18个；省级非遗传承示范基地2个、市级非遗传承示范基地46个；省级非遗工坊5家，市级非遗工坊15家，市(县)区级非遗工坊29家。

表50　无锡市国家级非遗代表性项目及传承人一览表

序号	项目类别	项目名称、批准批次及时间		传承人、批准批次及时间	
1	民间文学	梁祝传说	国（一）（2006年）	—	—
2	民间文学	吴　歌	国（一扩）（2008年）	张浩生	国（三）（2009年）
3	传统音乐	道教音乐（无锡道教音乐）	国（二）（2008年）	尤武忠	国（三）（2009年）
4	传统戏剧	锡　剧	国（二）（2008年）	王建伟	国（五）（2018年）
5	传统美术	竹刻（无锡留青竹刻）	国（一扩）（2008年）	乔锦洪	国（三）（2009年）
6	传统美术	泥塑（惠山泥人）	国（一）（2006年）	喻湘涟	国（一）（2007年）
				王南仙	国（一）（2007年）
7	传统美术	苏绣（无锡精微绣）	国（二）（2008年）	赵红育	国（三）（2009年）
8	传统技艺	宜兴紫砂陶制作技艺	国（一）（2006年）	汪寅仙	国（一）（2007年）
				徐秀棠	国（四）（2012年）
				吕尧臣	国（四）（2012年）
				周桂珍	国（五）（2018年）
9	传统医药	中医传统制剂方法（致和堂膏滋药制作技艺）	国（三）（2011年）	刘柏生	国（五）（2018年）
10	传统技艺	陶器烧制技艺（宜兴均陶制作技艺）	国（四）（2014年）	李守才	国（五）（2018年）
11	民　俗	庙会（泰伯庙会）	国（四）（2014年）	—	—

说明：国(一)指国家级第一批名录，其余以此类推　　　　（市文广旅游局）

【考古研究】 2023年，无锡市落实考古前置工作，完成考古调查勘探项目71个，调查勘探面积约593万平方米；完成发掘项目19个，发掘面积约32584平方米，其中丁梗、天墩、埚坟墩等遗址考古为无锡地域文明探源提供重要实证。天墩遗址入选江苏2023年度十大“田野考古示范项目”。9月，考古发掘现场文物保护国家文物局重点科研基地华东工作站落户无锡市。加强科技考古，通过对马鞍遗址墓葬人骨的提取分析，首次获得无锡地区马家浜时期古人类基因组数据(DNA)。开展考古成果研究阐释，《无锡梅里遗址考古报告》出版。

【“百宅百院”活化利用工程】 2023年，无锡市继续推进“百宅百院”活化利用工程，完成活化利用项目38个，其中20个项目探索市场化运行，11个项目由各板块国有企业主动承担，社会参与度逐步提高。对上年度45个项目进行评星定级，及时总结推广优秀案例。邀请知名艺术家到无锡市对活化利用项目写生采风，举办“焕新·如故——无锡文化遗产保护主题艺术展”，用艺术作品集中反映无锡市文化遗产保护利用成果。《“百宅百院”活化利用，无锡古建老宅“活”出精彩》入选《2023世界运河城市论坛创新案例集》。

无锡市东林书院和名人故居管理中心实施东林书院环境提升、“会

9月，考古发掘现场文物保护国家文物局重点科研基地华东工作站揭牌仪式在无锡市举行（周　文　供图）

心美学空间”、“锺书客厅”等项目改造，优化空间布局，细化景观布置，策划“东林会心雅集”“锺书客厅”“庭院回响·无锡有戏”等系列活动83场次，打造“江南园林音乐会”、“东林拾忆”小剧场，引领东林书院、钱锺书故居和文渊坊成为古厝活化利用的典范。全年接待游客人数突破跃升至160万人次。组织面向青少年、亲子家庭的“小书童”游书院等主题研学项目16场次，体现“新古宅·乐生活”的美好景象。推动“文旅＋科技＋体验”多元业态融合，在锺书客厅引入全息投影、经典阅读等数字革新体验。时尚化理念设计“状元之路”“遇见锺书”“小书生”等11个系列文创产品。结合古宅特色文化，开发书院特色美食和茶宴，打造极具民国风格的“锺书茶饮”，全方位塑造集休闲、赏景、观演等功能于一体的游园空间。

（周　文）

【《无锡市区历史建筑保护管理办法》通过审议】 12月，《无锡市区历史建筑保护管理办法》经市政府第33次常务会议审议通过。办法进一步规范历史建筑的确定标准及保护利用要求，确立预先保护制度，明确历史建筑保护主体责任，填补无锡市在历史建筑保护、修缮、利用等全过程管理中法治层面的空白，为历史建筑保护提供政策法规保障。

【历史建筑保护与管理】 2023年，无锡市开展历史建筑保护利用图则的编制工作，重点划定历史建筑保护范围，明确历史建筑核心保护价值要素及保护要求，将市区历史建筑纳入规划管理，实现历史建筑的有效保护，促进其合理利用。年末，市区236处历史建筑保护利用图则全部完成编制并获市政府批复。开展《无锡市历史建筑修缮导则》编制工作，研究制定具有无锡特色的历史建筑修缮技术标准和具体操作流程，为历史建筑保护修缮提供技术支撑。

市区236处历史建筑全部完成标志牌设立和测绘建档工作，结合无锡市区历史建筑信息管理平台建设，将历史建筑保护名录、影像资料、测绘档案等信息全部纳入平台管理，为每处历史建筑建立数字档案，并对档案信息进行动态管理和维护。在“灵锡”App建立历史建筑公众展示平台，通过主页面搜索“历史建筑”进入相应模块，方便群众全方位浏览历史建筑。

【历史建筑活化利用】 2023年，无锡市鼓励将历史建筑的修缮利用与城市更新、乡村振兴结合，促进文旅融合发展，市区236处历史建筑的活化利用率85%。探索多样化的活化利用途径，丽新纺织印染厂旧址改造为梁溪区党校，开源机器厂旧址改造为现代商业办公综合体运河外滩，辅仁中学旧址利用为王选事迹陈列馆，严家桥粮仓利用为唐氏工商业展览馆，秦巷当铺利用为村史馆等。

（刘梦蛟）

【博物馆发展】 至2023年末，全市备案博物馆64家，居全省第二位。其中，国家一级博物馆1家，为无锡博物院；国家二级博物馆4家，分别为江阴市博物馆、宜兴市博物馆、鸿山遗址博物馆、宜兴市陶瓷博物馆。落实《关于开展全省国有文物单位盘库建档专项行动的通知》，启动全市24家文物系统国有博物馆盘库建档工作。“5·18”国际博物馆日活动期间，无锡博物院开展“画境:Art and Health”“青春之声——博物馆专场音乐晚会”“江南生活美学系列活动”等主题活动6场次，参与人数近3万人次；无锡市东林书院和名人故居管理中心举办“遇见美好——东林书院 & 名人故居古风游园”活动，到东林书院、钱锺书故居、薛福成故居、顾毓琇纪念馆、文渊坊等地打卡参观的游客有5000人次。

【“百匠千品”非物质文化遗产传承创新工程】 2023年，《无锡市“百匠千品”非物质文化遗产传承创新工程三年行动计划(2023—2025年)》出台，推出首批30名“薪火百匠”和160个“非遗精品”。完善以“薪火百匠”为核心的非遗代表性传承人的培育培养体系，扶持惠山泥人、留青竹刻、精微绣等国家级非遗项目开展带徒传习，累计培养23名非遗传习对象。全市70所中小学校开办二胡、锡剧等传承课堂，开设非遗特色班，累计培训13万余人次。

江南大学、无锡开放大学、无锡商业职业技术学院等高校设有国家级非遗传承人工作室18个，有824名学生与名师结对。

【非遗文旅融合发展】 2023年，无锡市推进无限定空间非遗进景区。拈花湾景区获评江苏省第二批无限定空间非遗进景区示范单位。发布"吴之源"新吴非遗文化体验游、运河水弄堂非遗特色休闲游等8条"乐游无锡"非遗旅游线路，串联120个传承传习点，涉及168个非遗项目，推动历史文化遗址、非遗集聚街区、非遗工坊和非遗村落融合发展。惠山古镇非遗泥人研学游、中国陶都·陶醉之旅非遗旅游线路入选江苏省非遗精品旅游线路。

【"文化和自然遗产日"主题系列活动】 6月9—11日，无锡市举办2023年"文化和自然遗产日"主题系列活动。围绕"漫游赏非遗""品购享非遗""沉浸传非遗""互鉴知非遗"四大特色主题推出86场、158项非遗主题活动，引导群众畅享非遗购、探访非遗味、共赴非遗游。首个市级"数字非遗"主题频道在"无锡博报"客户端上线，用户可在该频道直观浏览体验无锡所有非遗项目、查询无锡非遗相关信息。"数字非遗"频道推出5个精品栏目，包括《热点资讯》《非遗名录》《数字非遗》《24节气》和《非遗般的无锡》，运用图、文、音视频等多媒体手段，传播优质的非遗内容，展示无锡非遗文化魅力。

【2023中国大运河非遗旅游大会暨惠山泥人文化艺术节】 9月27—29日，2023中国大运河非遗旅游大会暨惠山泥人文化艺术节在惠山古镇举办。大会由文化和旅游部非物质文化遗产司指导，中国非物质文化遗产保护协会、江苏省文化和旅游厅、无锡市人民政府主办，以"畅游甜美运河·乐享非遗之魅"为主题，包括开幕式、"遇见运河"泥人工坊、"二泉赏月"非遗雅集、非遗美食汇、园林实景锡剧表演、传统戏曲展演、"锡作雅韵"非遗艺术展等5大板块10项重点活动。开幕式上举行无锡市"百匠千品"评选活动的颁奖仪式，30名代表性传承人获评无锡非遗传承创新"薪火百匠"，160个非遗项目获评"精品项目"。首部以惠山泥人为题材的微电影《塑说》首映，发布大会原创主题歌曲《一团和气》、首部惠山泥人元宇宙作品《万相归塑》，上演大型人屏互动节目《七色奇谭》。现场体验累计超30万人次，线上受众突破20万人次，线上传播量超1亿次。

【江河辉映——中原与江南青铜时代考古文物展】 3月5日至6月4日，江河辉映——中原与江南青铜时代考古文物展在无锡博物院举办。展览由河南博物院、无锡博物院、无锡市文物考古研究所、无锡市鸿山遗址博物馆联合协办，分为"礼定中原""战车上的和平""玉饰陶饮"3个单元，展出110件(套)中原地区和江淮流域考古出土的中国青铜时代(夏商周时期)重要文物。展览以考古成果实证黄河和长江流域文明的交流融合，以出土文物阐释中华民族从多元走向一体的历史进程，是"让文物活起来"的生动实践。

（周　文）

大运河文化带和大运河长江国家文化公园建设

【建设规划】 2023年，无锡市实施大运河文化保护传承利用实施规划，编制形成《长江国家文化公园无锡段建设保护规划》(征求意见稿)，发布实施全省首部滨水空间地方性法规《无锡市大运河梁溪河滨水公共空间条例》，出台省内首个水利遗产保护利用规划《无锡水利遗产保护利用规划》，持续完善文旅发展、生态治理、码头整治、堤防达标等专项规划。

【项目建设】 2023年，无锡市聚焦文脉传承、风貌保护、民生热点等重点领域，推进实施全市87个大运河长江文化保护传承利用项目。实施地域文明探源工程，持续开展鸿山遗址、吴家浜古城遗址的考古勘探工作，建设鸿山国家考古遗址公园考古体验中心，完成丁埂遗址等发掘项目18个，推动惠山古镇参加"江南水乡古镇"联合申遗，永泰丝厂旧址(中国丝业博物馆)入选首批省级工业遗产名单。完成天上村前特色历史文化街区建设，获中央预算资金2000万元。实施"百宅百院"活化利用工程，完成徐霞客故居、钱锺书故居等38个活化利用项目。重点推动江南运河文化公园、国乐岛等重大运河长江项目，全面实施"两河"整治提升工程，打造运河艺术公园等"新运河十二景"，运河艺术公园焕新获《人民日报》关注报道，梁溪河综合整治提升工程入围全国2023年度绿色发展十大案例。加快推进城市更新行动，启动建设无锡古运河(东门段)等13个重点更新单元，完成江阴"一江一河"城市景观T台改造提升工程，对外开放鲥鱼港等公园10个。

【文旅融合】 2023年，无锡市依托运河沿线工业遗产，建成开放运河汇、红船场等文创园区。发挥无锡市大运河文旅发展基金作用，投资大运河电视剧《北上》等项目。举办中国大运河非遗旅游大会、首届中国大运河文化摄影展等运河长江品牌活动，完成《无锡运河丛书》初稿，推动电视剧《北上》、纪录片《长江逐浪》拍摄工作，《探索大运河人文经济共生"无锡新实践"》等3个案例入选首批长三角人文经济典型案例，《运河汇城市更新》等3个项目入选《2023世界运河城市论坛创新案例集》，荡

2023 年，无锡市运河艺术公园完成改造　　（锡　轩　供图）

口古镇、梅里古镇创成省级夜间文旅消费集聚区。

（谢记科）

【长江国家文化公园建设】 2023 年，无锡市推进《长江国家文化公园无锡段建设保护规划》编制工作。鸿山国家考古遗址公园、阖闾城遗址博物馆、鼋头渚景区、宜兴市湖㳇镇洑西村入选文化和旅游部推出的 10 条长江主题国家级旅游线路。江尾海头、徐霞客故居、梅里古镇等 10 处景观入选江苏省“长江百景”。

（周　文）

文化产业

【概况】 2023 年，无锡市实现文化产业增加值 701.71 亿元，占地区生产总值的 4.54%，实现规模以上文化产业营收 1554.67 亿元，比上年增长 0.6%，利润总额 89.54 亿元，比上年增长 69.3%。至年末，全市规模以上文化企业 1010 家，比上年净增 78 家。全年召开 3 次文化产业高质量发展协调推进领导小组会议，加大文化产业招商力度。举办文化产业专题培训会 2 次，覆盖全市基层一线和重点文化企业、园区，提高从业人员整体能力。分主题召开企业家座谈会，推进数字文化发展、产业园区扶持、落地项目建设，搭建文化产业交流的平台。落实《无锡市推进文化产业高质量发展三年行动计划（2022—2024 年）》《关于推动无锡市文化产业高质量发展的若干政策》，发布《2023 年度无锡市文化产业发展扶持资金项目申报指南》，惠及 97 个文化产业项目，兑现扶持资金 3981.87 万元。江苏卓易信息科技股份有限公司获第 15 届“全国文化企业 30 强”提名，闻泰科技（无锡）有限公司等 6 家企业入选第五届江苏民营文化企业 30 强，数量占全省五分之一；邦道科技有限公司等 6 家企业入选第五批江苏省重点文化科技企业，数量占全省七分之一。全年对上争取省级文化和旅游发展专项资金 710.47 万元，有 8 家企业、2 个项目入选 2023—2024 年度国家文化出口重点企业和重点项目名单，数量在全省居前列。

（庞　勋　周　文）

【文化数字化赋能】 2023 年，无锡市制定出台《关于贯彻落实国家文化数字化战略实施方案》，制定 8 项重点任务、建立 4 个方面保障措施，整合全市各类数据文化优势资源，打造以无锡文化数字化智慧驾驶舱、无锡文化专网、无锡专业分中心为主的文化数字化体系，力求打破信息壁垒，促进文化产业转型升级和提质增效。梳理制定《2024—2025 年度文化数字化应用重点场景建设清单》，围绕数字

5 月 27 日,2023 无锡(粤港澳大湾区)文化产业合作大会在深圳市举行　　(锡　轩　供图)

文化平台建设、场馆数字化提升、城市数字文化体验、数字文化产业 4 大类别,列出 48 个文化数字化应用重点场景,搭建起文化数字化体系的"四梁八柱"。

(庞　勋)

【文化消费促进】 2023 年,无锡市举办第 13 届中国(无锡)国际文化艺术产业博览交易会,现场交易额超 1.32 亿元,一批重点文旅产业项目签约成功,投资总额 157.99 亿元;会场首次设立"文心汇聚,数领未来"数字主题馆,突出数字文化的主题,集结电子竞技、智能演艺装备、元宇宙等新技术应用类文化企业,全方位展示文化产业最新技术、最新创意和最新成果。荡口古镇历史文化街区、梅里古镇获评第三批省级夜间文化和旅游消费集聚区建设单位。升级"西水市集""文渊雅集"等沉浸式消费品牌,"西水市集"举办"在岛屿里逛春天""非遗大集""福城雅汇"3 期专场活动,"文渊雅集"开展迎春音画展演、微醺创意市集、潮玩周末文化节等文化消费主题活动。

【文化产业示范试点建设】 2023 年,江苏卓易信息科技股份有限公司入选第 15 届"全国文化企业 30 强"提名,为江苏 13 个设区市所属文化企业中唯一入选企业。宜兴市获评第二批江苏省文化和旅游产业融合发展示范区建设单位。无锡蓉运壹号文化创意产业园区、无锡 1969 创意工场被确定为江苏省文化产业示范园区创建单位。江苏新广联科技股份有限公司、无锡拈花湾文化投资发展有限公司、江苏凤凰画材科技股份有限公司被确定为江苏省文化产业示范基地创建单位。

【文化产业招商】 2023 年,全市加大文化产业招商力度。5 月、11 月先后到粤港澳大湾区和成渝地区开展文化产业专题招商活动,在粤港澳地区签约成功 38 个项目,在成渝地区近 20 个项目取得实质性进展,"无锡(成渝地区)文化产业招商中心""无锡市文化创意人才协同创新赋能中心"揭牌。新增 500 万元以上文化产业投资项目 324 个,投资总额 829.82 亿元,其中 1 亿元以上项目 94 个、10 亿元以上项目 23 个。6 个项目入选江苏省 2023 年重点文化和旅游产业项目。

(庞　勋　周　文)

【第九届无锡市唐鹤千卓越青年文化创意人才奖评选】 无锡市唐鹤千卓越青年文化创意人才奖每两年一评。2023 年,无锡仓圣影业有限公司孙吉顺、无锡市东林文旅发展有限公司陈乐燕、无锡拈花湾文化投资发展有限公司陈琪等 10 人入选第九届无锡市唐鹤千卓越青年文化创意人才奖。

(周　文)

【元宇宙融媒设计联合创新实验室成立】 10 月 25 日,由市工业和信息化局指导,江南大学设计学院和无锡广播电视集团(台)联合发起的元宇宙融媒设计联合创新实验室成立仪式在江南大学举办,中国移动咪咕互动娱乐有限公司等 16 家科技企业为首批理事会成员单位。成立仪式上,元宇宙融媒设计联合创新实验室负责人、设计学院教授吴祐昕解读实验室的重要内容,包括实验室的工作内容、工作目标、实验室优势以及媒体和高校在元宇宙融媒创新中扮演的角色。发布《基于信息可视化技术的元宇宙融媒设计蓝皮书》。实验室将围绕发展数字经济、推动数实融合，在元宇宙前沿人才培育、元宇宙媒体传播融合、元宇宙应用场景打造、元宇宙品牌数字营销多元等方面打造一个集学、媒、产、消的四方平台，促进院校、媒体、产业、品牌等在平台上协同创新。

（陈　啸）

文化市场管理

7月11日，无锡市2023年"绿书签行动"启动暨宜兴市"扫黄打非·护苗"专项行动重点项目发布式在宜兴环科园国际环保展示中心举行（徐　姜　供图）

【扫黄打非】 2023年，市"扫黄打非"战线开展"五大专项行动"，推进"六个专项整治"（重点方向有害出版、"独立出版"等非法行为、网上非法宗教出版物、网络书店销售非法出版物、网络传播淫秽色情信息、涉未成年人不良动漫），全年出动13277人次，检查各类经营场所3950余家次，查缴非法出版物20000余册，封堵网站162个，查处网络有害信息8753条。查办行政刑事案件152起，申请全国、全省挂牌督办案件10起，数量居全省第一。举办"绿书签行动"启动式，组织开展重点活动525项。举办全市非法出版物集中销毁行动，销毁近年来查缴的各类非法出版物49种、5万余册。举办原创文艺作品展演，市区联动，主题鲜明，形式多样。推动"扫黄打非"基层站点与司法机关、全民阅读、新时代文明站所、邮政企业、精神文明建设、融媒体中心等多个平台融合融入，发现、举报、协助打击非法有害出版物、网络有害不良信息、非法宗教传播活动45起，6家单位获评省"扫黄打非"示范点，数量居全省前列。市"扫黄打非"办连续4年蝉联全省先进集体。

（徐　姜）

【文旅场所专项整治】 2023年，市文化市场管理部门持续拓展"文旅E家"社会监督范围和检查力度，打造完整的安全责任链条，对安全生产五大责任特别是企业主体责任和岗位行为责任的落实进行在线监管，"构建文旅e家新机制，凝聚社会监管新合力"被评为全市网络综合治理示范项目优秀案例。规范和促进行业健康发展，全年"剧本杀"备案剧本8637个，剧本备案率100%。35家密室逃脱场所全覆盖安装"一键开灯、一键解锁"装置，确保突发情况下应急逃生。推动旅游安全、人员密集场所消防安全、高风险游乐项目安全、大型文化演出活动安全和燃气安全、既有建筑安全专项整治行动。对全市景区内水上项目进行全覆盖检查，排查出水上码头35个，各类船舶623条，其中游览船舶568条、作业船舶55条。

（周　文）

编辑　何　峰

新闻出版

【概况】2023年，无锡市有23种期刊，其中主管单位市级8种、省级5种、国家级10种。1653家印刷复制企业、1307家发行单位、75种内部资料出版物等完成年检换证工作。至年末，全市发行单位销售总额18.2亿元，印刷企业工业总产值294.8亿元。组织开展报纸核验与社会效益评价、记者证年检、内部资料管理、报纸审读等传媒监管工作，召开各级各类专题会议。无锡报业发展有限公司“重大活动资讯服务平台”项目、江苏卓易文化发展有限公司“数字平台建设”项目，分别获省级现代服务业（新闻出版）发展专项资金扶持80万元、120万元。完成各类行政许可、变更事项7件。依托高校专业人才和记者优质资源，升级扩容审读员队伍，加大对报刊单位所属移动客户端、微博、微信等新媒体的深度监测力度，加强与省出版物审读中心联动，全年组织开展“面对面”集中审读4次、“点对点”专项审读28次，形成审读意见120篇。组织版权宣传周活动；开展版权登记培训，新设宜兴市、惠山区、新吴区版权登记服务点3个，实现各板块全覆盖，全年一般作品著作权登记量超1.6万件。推动紫砂版权保护与促进工作，宜兴卓易紫砂版权保护平台建设形成规模。征集版权典型案例4起，“8·05”涉嫌侵犯视听作品著作权案入选2022年度省打击侵权盗版十大典型案件。无锡市4家企业参加第九届中国国际版权博览会。5家企业获评省版权示范企业，数量为历年最多。做好营商环境动态监测，完成“双公示”和“互联网+监管”等行政管理工作。

（徐　姜）

表51　2023年无锡市出版期刊一览表

序号	期刊名	刊期	刊　号	地　址	出版单位	主办单位	主管单位
1	太湖	双月	CN32-1016/I	无锡市复兴路122号3楼	无锡市公共文化艺术发展中心	无锡市文化广电和旅游局	中共无锡市委宣传部
2	中华核医学与分子影像杂志	月	CN32-1828/R	无锡市梁溪区大娄巷23号	《中华医学杂志》社有限责任公司	中华医学会	中国科学技术协会
3	江南论坛	月	CN32-1405/C	无锡市雪浪街道南象山路2号	《江南论坛》编辑部	中共无锡市委党校	中共无锡市委党校
4	今商圈	半月	CN32-1820/F	无锡市太湖新城金融二街1号	无锡锡报期刊传媒有限公司	无锡锡报期刊传媒有限公司	无锡日报报业集团
5	现代铸铁	双月	CN32-1112/TG	无锡市惠山经济开发区北惠路55号	《现代铸铁》编辑部	无锡一汽铸造有限公司、中国机械工程学会	一汽铸造有限公司
6	电子与封装	月	CN32-1709/TN	无锡市建筑西路777号B1栋	《电子与封装》编辑部	中国电子科技集团公司第五十八研究所	中国电子科技集团公司

续表 51

序号	期刊名	刊期	刊　号	地　址	出版单位	主办单位	主管单位
7	粮食与食品工业	双月	CN32-1710/TS	无锡市滨湖区惠河路186号	《粮食与食品工业》编辑部	无锡中粮工程科技有限公司、中国粮油学会	中粮工程科技有限公司
8	江南大学学报（人文社会科学版）	双月	CN32-1665/C	无锡市蠡湖大道1800号江南大学蠡湖校区32#	《江南大学学报（人文社会科学版）》编辑部	江南大学	教育部
9	服装学报	双月	CN32-1864/TS	无锡市蠡湖大道1800号江南大学蠡湖校区31#	《服装学报》编辑部	江南大学	教育部
10	创意与设计	双月	CN32-1794/TS	无锡市蠡湖大道1800号江南大学蠡湖校区32#	《创意与设计》编辑部	江南大学、中国轻工业信息中心	教育部
11	书画艺术	月	CN32-1522/J	无锡市复兴路122号3楼	《书画艺术》杂志社	《书画艺术》杂志社	无锡市文化广电和旅游局
12	现代车用动力	季	CN32-1642/TH	无锡市滨湖区钱荣路15号	《现代车用动力》编辑部	无锡油泵油嘴研究所	无锡市油泵油嘴研究所
13	中国血吸虫病防治杂志	双月	CN32-1374/R	无锡市滨湖区梅园杨巷117号	《中国血吸虫病防治杂志》编辑部	江苏省血吸虫病防治研究所	江苏省卫生健康委员会
14	机械职业教育	月	CN32-1457/G4	无锡市滨湖区高浪西路1600号	《机械职业教育》编辑部	中国机械工业教育协会、无锡职业技术学院	江苏省教育厅
15	科学养鱼	月	CN32-1131/S	无锡市滨湖区山水东路9号	《科学养鱼》杂志社	中国水产学会、中国水产科学研究院淡水渔业研究中心、全国水产技术推广总站	中国科学技术协会
16	船舶力学	月	CN32-1468/U	无锡市滨湖区山水东路222号	《船舶力学》编辑部	中国船舶科学研究中心、中国造船工程学会	中国船舶重工集团公司
17	无锡职业技术学院学报	双月	CN32-1678/Z	无锡市滨湖区高浪西路1600号	《无锡职业技术学院学报》编辑部	无锡职业技术学院	江苏省教育厅
18	石油实验地质	双月	CN32-1151/TE	无锡市蠡湖大道2060号	《石油实验地质》编辑部	中国石油化工股份有限公司石油勘探开发研究院、中国地质学会石油地质专业委员会	中国石油化工集团有限公司
19	无锡商业职业技术学院学报	双月	CN32-1644/Z	无锡市惠山区钱胡路809号	无锡商业职业技术学院学报编辑部	无锡商业职业技术学院	江苏省教育厅
20	江苏陶瓷	双月	CN32-1251/TQ	宜兴市丁蜀镇丁山北路196号	《江苏陶瓷》编辑部	江苏省陶瓷研究所有限公司	江苏省科学技术厅

续表 51

序号	期刊名	刊期	刊　号	地　址	出版单位	主办单位	主管单位
21	食品与生物技术学报	月	CN32-1751/TS	无锡市蠡湖大道1800号江南大学蠡湖校区31#	《食品与生物技术学报》编辑部	江南大学	教育部
22	秀江南	月	CN32-1816/GO	无锡市太湖新城金融二街1号	无锡锡报期刊传媒有限公司	无锡锡报期刊传媒有限公司、江南晚报社	无锡日报报业集团
23	城市党报研究	月	CN32-1874/G2	无锡市太湖新城金融二街1号无锡报业大厦19楼	无锡锡报期刊传媒有限公司	无锡日报报业集团	无锡日报报业集团

说明:表内期刊按刊号前后顺序排列

（市委宣传部）

【无锡日报报业集团】 2023年,无锡日报报业集团做好贯彻落实中共二十大精神及习近平总书记对江苏重要讲话重要指示精神等重大主题宣传,推出《牢记嘱托,感恩奋进,走在前列》《新时代新征程新伟业》《学思想、强党性、重实践、建新功》等系列专栏;宣传好产业强市、文化强市、美丽无锡建设等全市重点工作。全年在报纸刊登原创新闻报道超1.3万篇,媒体融合作品《非凡十年·十个维度看无锡》获评第26届江苏新闻奖,5件作品获江苏好新闻一等奖,4件作品获全国晚报赵超构新闻一等奖。《无锡日报》"太湖周刊·阅读版"栏目获评无锡市"钟书·阅读"示范项目,与中央电视台联合打造的以无锡国专为题的纪录片《风雨国学录》于11月10日开机。紧盯民生话题,集团媒体最先关注山东12岁女孩小吕急需换肺事件,无锡日报无锡观察新媒体平台报道阅读量超150万次,《江南晚报》微信端阅读量最高1条突破18万人次;跟踪报道"微幸福"民生工程、"市长在线·民声留言板",在报、网、端、微刊发相关融媒体报道200余篇;推出"网事悉心办""小南来帮办"栏目,报道31期。扩大对外传播,"IP WUXI"无锡城市形象传播平台上线运营;构建媒体型智库优势,统筹做好太湖湾智库建设;加强网评阵地建设,"太湖潮"网评阵地案例入选中国报业协会新媒体(客户端)发展大会主旨报告优秀案例。无锡新传媒网10篇稿件、"太湖e评"6篇稿件获全网推送;近1700篇报道在《人民日报》客户端、新华社客户端、《人民日报》(海外版)、《光明日报》、《解放日报》、《新华日报》等主流媒体播发。年内,在中国报协组织的2023年全国副省级和地市级百家党报报纸出版质量评测中,无锡日报报业集团(无锡日报社)获评第一名。

集团全年实现经营收入超5亿元,创10年来新高,媒体收入比上年增长11%,近4年平均增幅13%,经济稳定向好。持续开展活动营销,拓展汽车、旅游等新行业,逐步形成包含车展、宠物展、教育展、青少年足球赛、康养论坛、财经论坛在内的"三展一赛双论坛"品牌活动新格局,全年开展大型品牌活动21场次。集团获得第二届"艺术点亮城市"运河文化艺术季暨运河艺术公园整体开园仪式整个项目的承办权;与市行政审批局共同搭建"无难事、悉心办"企业服务平台,该项目作为无锡市优化营商环境6.0方案的重要内容和创新举措,被列入市长挂钩联系攻坚突破事项进行重点推进。年内,集团获2022年度全国传媒经营"金推手"5项大奖。期刊《城市党报研究》全年编发论文近280篇,搜集整理新闻资讯110条,荐书4部。"城市党报研究"微信公众号全年更新推文101条,粉丝数比上年增长40%,阅读量比上年增长27%。

（无锡日报报业集团）

【《无锡日报》】 2023年,《无锡日报》做好贯彻落实习近平总书记重要讲话重要指示精神的宣传报道。围绕学习贯彻习近平总书记参加第十四届全国人大二次会议江苏代表团审议重要讲话精神,开设"牢记嘱托,感恩奋进,认真学习贯彻习近平总书记在全国两会上的重要讲话精神"专栏。围绕贯彻落实习近平总书记两次考察江苏重要讲话重要指示精神,做好无锡市贯彻落实情况的相关报道,推出《始终沿着习近平总书记指引的方向奋力推进中国式现代化无锡新实践》等重点报道,开设"牢记嘱托,感恩奋进,走在前列——深入学习贯彻习近平总书记考察江苏重要讲话精神"专栏,刊发系列报道。围绕贯彻中共二十大精神,开设《新时代新征程新伟业》《牢记嘱托感恩奋进,走在前列》《强信心,稳经济,促发展》等多个贯穿全年的重点专题专栏,展现中国式现代化无锡画卷的生动实践。针对第二批主题教育的开展，根据各阶段时间表，提前做好报道计划、分解任务，组织精干力量投入报道工作，及时报道市委的重大部署和重要活动。开设《学思想、强党性、重实践、建新功》等专栏，推出系列评论文章、学习笔谈、调研札记等宣传报道。聚焦市委、市政府中心工作，加强全媒体报道策划，省两会期间推出特别报道专版，连线代表委员开展视频访谈，策划推出奏响"四敢"强音的反响报道。结合无锡市促经济相关政策措施的发布，通过制作长图、短视频海报等新媒体产品对政策进行解读，推出系列反响报道；做好"双湾融合·共创未来"主题系列活动的宣传报道，各平台刊发稿件100余篇。围绕2023年世界物联网博览会、太湖湾生命健康未来大会、全球锡商大会、太湖人才峰会等重大会议活动，及时开设相关专题专栏，强化新媒体宣传，多角度多平台展现各类会议活动情况。强化理论评论和重大活动报道"评论+"的报道模式，持续形成舆论场上的热点。做好无锡市文化高质量发展大会宣传，挖掘文化高质量发展相关报道，专访著名历史学家许倬云，发布《万里望故乡，深情写山河》等融媒体产品；推出融媒体作品《见字如面—— 一笺书信寄宅院》，通过寄送"书信"的方式，实现历史与现代隔空"互动"。深入一线开展蹲点调研报道，在《无锡日报》、无锡日报微信公众号、无锡观察新闻客户端和无锡新传媒网推出"高质量发展无锡实践蹲点调研""专精特新'小巨人'企业蹲点调研"专栏专题，推出《江上追鱼人》等近70篇融媒体稿件，其中4篇蹲点调研稿件获全省推送。做好民生报道，回应大众关切，在微信端开通"微幸福"和"市长在线·民声留言板"链接入口，深入一线倾听民声民意，在报、网、端刊发相关融媒体报道200余篇；针对就医停车难、惠老助餐等群众关注的热点、难点，展开连续报道，推动相关问题缓解。对市第二人民医院和市人民医院腾出职工车位让给就诊者的报道得到广泛关注，引发连锁效应，市中医医院以及市第八人民医院、市第九人民医院都主动腾出院内职工车位让给就诊者，受到省委第三巡回督导组的关注肯定。

（无锡日报无锡观察）

【《江南晚报》】 2023年是《江南晚报》创刊30周年。30年来，《江南晚报》秉承"主流、好看、有用"的办报宗旨，新闻采编、发行管理、品牌运营等各项工作，在全国同类报纸中名列前茅，自2007年起一直位列全国晚报20强。1月1日，"三十而励，用新为你"庆祝江南晚报创刊30周年主题活动在锡惠公园九龙壁广场举行，现场共同回顾《江南晚报》创办以来的历程，民生问题观察员"小江"和民生帮办服务员"小南"的卡通形象发布，举行《百姓心向党》新书首发仪式。围绕重大主题、不同节点、社会热点开展新闻策划，推出"新春走基层""2023起步快跑""激发消费新活力，点燃城市烟火气""移风易俗，创新爱的表达""谁知老人心""小修小补是生活"等系列报道和新闻专栏。开展市两会、人才峰会、江苏发展大会和锡商大会、2023世界物联网博览会等重大主题和重大活动宣传，实现全平台发布。"聚焦无锡两会"专题新闻注重从晚报定位、民生角度，解读市两会代表、委员的建言建议，发布主流有用的政务信息。"2023起步快跑"系列报道，聚焦2023年开局无锡经济迎来复苏的春汛，深入企业一线，围绕无锡企业发展潜力和韧性，从企业家、员工们的努力、希望与梦想上感受无锡经济的高质量发展。继续做好"创典范城市惠万千百姓""寻找身边好人""岗位学雷锋建功新时代""网事悉心办""德耀锡城""天天3·15""小南来帮办""微幸福在身边"等新闻专栏。加强媒体深度融合，创新报道方式，打造爆款图文和视频。根据"太湖云享"网络访谈活动安排，围绕产业强市、科技创新、营商环境、人才招引、民心工程、智能制造、文旅复苏、外贸突围、精细化管理、夜经济、太湖湾科创带等主题展开网络访谈，通过线上线下联动的"现场"互动交流，直面痛点、难点，助力纾难解困，共谋发展之道，为中心工作开展建言献策。年内，"太湖云享"完成83名人物专访短视频的发布，视频号播放量接近65万次，全网总传播量超6000万次。联合市港航事业发展中心，在全省首创水运文化视频专题片《老李说港航》，探访无锡市的水运风光，品味运河人文历史，感受现代化水运发展。年内发布视频《鼋渚春涛映灯塔》等9集，该专题被"学习强国"无锡学习平台、"省交通行业"微信公众号转载。推出《无锡

7月22日，"IP WUXI"微信公众号上线，启动无锡视觉形象建设2023年度重点项目

（江南晚报社 供图）

城市故事》《敢闯敢干 / 三百六十一行》系列短视频，改编歌曲音乐 MV《杨梅醉李声声蜜》《青年吟》，创制长图漫画《母亲节》《长江》等。壹线融媒新闻中心运营，通过“新闻 + 政务服务商务”的形式，以全域融媒社区建设为抓手，深入到镇（街道）、社区，打通服务基层的“最后一公里”，助力无锡各板块和报业集团高质量发展。推进新媒体平台的运维，注重“二泉月”微信公众号整体性，与报纸版面内容形成互补，增加更多的历史文化内容，将晚报副刊的优质内容，每日通过新媒体方式进行传播。拍摄、制作“江南·文学之声”作家客厅系列新媒体栏目，请作家发“声”朗读自己作品，发“声”表达自我文学观念，通过图文影音等形式多平台发布，接续江南文脉，提升城市人文形象，营造城市文学文化氛围，并为无锡当代文学留下具有历史意义的影像资料，年内推出 6 期。在市委宣传部、市委网信办的支持下，5 月，创建“IP WUXI”城市形象宣传新媒体平台，定位为无锡城市形象宣传的窗口，以品质化、文艺化、时尚化、视觉化为外在表现，以无锡的社会与经济、人文与风景、时尚与掌故、创新与科技等可阅读的细节为主要呈现内容，展示无锡城市底蕴，体现无锡时代精神。7 月 22 日，“IP WUXI”微信公众号上线，启动无锡视觉形象建设 2023 年度重点项目；组织成立“IP WUXI”创作联盟，9 月 28 日，在“遇见无锡”城市视觉展首展现场展出创作联盟成员的作品；12 月 29 日，“IP WUXI”城市形象资源库上线，助力更多内容创作者生产更多无锡城市形象宣传内容。

（江南晚报社）

广播·电视

【概况】 2023 年，全市广电媒体把宣传贯彻落实习近平新时代中国特色社会主义思想作为重中之重，以宣传中共二十大精神为主线，开设“学思想、强党性、重实践、建新功”“高质量发展无锡实践”“强信心、稳经济、促发展”等各类专栏专题 100 余个，播出 2000 余篇专栏专题报道，反映无锡经济社会各方面所取得的成就，展示广大党员干部群众学习党的创新理论、践行党的初心使命、服务人民群众的精神风貌。开展改革开放 45 周年、“一带一路”倡议提出十周年、“七一”等重要时间节点宣传，深化中华民族传统文化、社会主义核心价值观、乡村振兴、长三角一体化、安全生产等主题宣传。以《一访定心》《一帮到底》《搭把手》等融媒栏目为抓手，推动建设性舆论监督向纵深发展。推进乡镇“一镇一品”电视平台建设，提升高品质内容供给水平，完成 16 个智慧广电乡镇建设并通过省级验收。全市 1 万余个应急广播终端累计播发超 4 万余次、时长超 1 万小时。修订完善《无锡市文化广电和旅游局广播电视和网络视听安全播出应急预案》，组织 4 次安全大检查和 7 次安全播出应急演练，完成全年广播电视安全播出保障工作。年内，市文广旅游局开展行业专项检查 6 次，严肃查处并责令整改宣传管理问题 3 个、违规网站 2 个、违规播放广告问题 6 个；开展境外电视传播秩序专项整治行动，联合文化执法部门检查 15 家单位境外卫星电视使用管理情况，及时纠正违规问题 3 个，办理境外卫星电视案件 21 起，收缴违法销售的卫星电视地面接收设施 300 余套，宜兴市被评为创建全省境外卫星电视传播秩序专项整治工作先进单位；联合相关部门打击治理“黑广播”4 起。指导 348 家企业完成“广播电视节目制作经营许可证”年审换证、61 家企业新申领“广播电视节目制作经营许可证”，38 家单位办理“接收卫星传送的境外电视节目许可证”申请、延续、变更等政务服务事项；指导企业申报省级广播电视发展专项资金，5 个项目获扶持资金 784 万元。无锡教育电视台申领成功国家广电总局颁发的播出许可证。

年内，全市广电系统有 16 件作品获评省广播电视节目一等奖；《“请给我 10 分钟”的表态背后》等 8 件作品获评省广电局季度优秀新闻作品和创新创优节目；网络动画片《茶婆婆渔婆婆蚕婆婆》获评国家广电总局优秀网络视听作品，全网浏览量超 10 亿次，点赞量超 850 万次；系列纪录片《长江逐浪》入围广电总局网络视听精品扶持工程项目；网络音频节目《南国红豆别样红》等 23 部作品入选前三季度全省重点网络视听项目库，获奖数量居全省第一位。无锡广播电视台“城市媒体超融合综合业务平台”项目获评省广播电视科技创新优秀项目，《联播无锡》《太湖明珠江南盛地》等 4 个作品获评省广播电视节目录制技术优秀作品一等奖。《一访定心》专栏获第 33 届中国新闻奖一等奖，是地市级媒体唯一获该奖项的作品；《南国红豆别样红》在中央广播电视总台《中国之声》播出。

（周　文）

【无锡广播电视集团】 2023 年，无锡广播电视集团（台）连续 9 年蝉联“TV 地标”全国“最具实力城市台”。以宣传中共二十大精神为主线，做好主题教育宣传，开设《新时代新征程新伟业》《中国式现代化无锡新实践》《牢记嘱托，感恩奋进，走在前列》《学思想、强党性、重实践、建新功》等专栏。围绕全市重要节点、重要会议、重大活动，推出全国和省市两会、产业强市高质量发展、锡商大会、太湖人才峰会、“双湾融合，共创未来”、物博会、新能源大会等主题专栏，播出各类主题报道 3000 余篇。向中央广播电视总台和江苏省广播电视总台发稿 1000 条次，其中在中央广播电视总台发稿 96 条，22 条被中央电视台《新闻联播》栏目播发；与市信访、行政审批等部门携手，完善“定期会商、协同策划、联动发力、工作闭环”协作机制，进一步完善“一访定心”等工作平台。

集团全年经营收入比上年增长6%。完成无锡（伦敦）投资说明交流会、第一届中欧产业投资峰会等50余个大型活动的执行；融入全市“美食之都，购物天堂”“太湖购物节”等IP，策划无锡广电“住房旅游消费展览会”“家装节”等促消费活动；完成《我等海风拥抱你》《留学生公寓》《双花镜》等微短剧摄制，《我等海风拥抱你》入选国家广电总局年度网络视听节目精品创作传播工程；首部院线电影《泰伯》制作完成，《小巷大法官》开机。与中央电视台电影频道（CCTV-6）合作，摄制首部频道定制数字电影《黄金谷》；启动“‘锡有MCN’深化垂类运营计划”，开展线上线下本地生活和直播电商活动180余场，完成50家本地企业产品直播，成交金额570余万元。“七夕”抖音直播冲进全国周榜前50位。派出4人全程参与“腾讯视频”在中国澳门举行的总时长6小时的星光大赏的多平台直播工作。研发制作的裸眼3D视频《林深见鹿 樱你而来》登陆无锡中央车站折角大屏。《三个婆婆》《嗨！三宝》《沙孩儿》3部原创系列动画亮相杭州第19届中国国际动漫节。参与运营的苏南（惠山）数字文化中心开园并入选2023年无锡市“市级直播电商基地”。

年内，集团72件作品获得年度江苏新闻奖、江苏好新闻奖、省级广播电视节目奖，其中选送的《空中法援》《无锡警方》分别被评为2022年度江苏省广播电视优秀法治广播栏目和优秀法治电视栏目，电视新闻直播《“江山多娇——探访国家文化公园”融媒直播运河篇》获第26届江苏新闻奖。原创动画《太湖少年》《嗨！三宝》登陆中央电视台；音频作品《南国红豆别样红》《百宅百院“火”出圈，文化自信正当时》，动画片《江南奇谭》，短视频《见义勇为，中国好邻居，为你们点赞》《平原微光》，微电影《快递森林》，网络纪录片《与鸟同飞》入选省重点网络视听项目；无锡市首档电视理论节目《理响无锡》以及《炼“废”为“金”：对话胡建民》入选省广播电视创新创优节目。创作的《奶奶的财宝袋》《给长辈的祝福》分别获评省第六届社会主义核心价值观动画短片创作大赛精品短片和优秀短片，无锡广电热线传媒网络有限公司获评优秀组织单位。作品《强国复兴有我——一颗螺丝》在第五届江苏省广告行业设计制作职业技能竞赛暨全省“紫金奖”公益传播设计大赛——影视公益广告设计制作职业组比赛中获银奖。无锡广电集团被评为省第35届科普宣传周优秀单位，“2023年全国科技活动周暨无锡市第35届科普宣传周‘科普之光’主场活动”被评为优秀活动项目。报送的“2023小小朗读者大赛”获中国广播“创新金伙伴”奖，“2023无锡住房旅游消费展览会”获中国广播“区域金伙伴”奖。王凡被中国侨联、国务院侨办表彰为全国归侨侨眷先进个人。

（陈　啸）

表52　2023年无锡广播频率及自办节目一览表

广播频率	栏　目	时　段	时长（分）
新闻综合频率	无锡早新闻	7:00—8:15（周一至周五）	75
		7:00—8:00（周六、周日）	60
	萧萧新闻	8:15—9:00（周一至周五）	45
		8:00—8:30（周六）	30
	无锡晚高峰	17:30—18:30（每日）	60
经济频率	104早新闻	7:00—8:00（每日）	60
音乐频率	早安无锡	7:00—9:00（每日）	120
	七彩金曲怀旧风	9:00—10:00（周一至周五）	60
交通频率	1069直播无锡	7:00—9:00（每日）	120
	1069晚高峰	17:00—19:00（周一至周五）	120
	1069晚高峰	17:00—18:00（周六）	60
	大李小李有道理	9:00—10:00（周一至周五）	60

续表 52

广播频率	栏　目	时　段	时长（分）
梁溪之声频率	梁溪早班车	7:00—8:00（周一至周五）	60
	一炮双响	9:00—10:00（周一至周日）	60
都市生活频率	寻医问药	9:00—10:00（周一至周五）	60
	我心飞翔	19:30—20:40（周一至周六）	70

（无锡广电集团）

表 53　2023 年无锡电视频道及自办节目一览表

电视频道	栏　目	时　段	时长（分）
新闻综合频道	第一看点	18:00—18:20（每日）	20
	无锡新闻	18:30—19:00（每日）	30
	联播无锡	21:15—21:35（每日）	20
	悦谈	21:15—21:35（周六）	20
	锡企潮立太湖湾	21:35—21:50（周一至周五）	15
	第一房产	21:35—21:55（周日）	20
都市资讯频道	今晚 60 分	21:00—22:00（每日）	60
	阿福聊斋	18:15—19:15（每日）	60
	发现	22:30—22:50（周六）	20
	健康好生活	17:45—18:00（每日）	15
经济频道	扯扯老空	19:10—19:40（每日）	30
	金色年华	19:40—20:00（每日）	20
	无锡财税	17:19—17:24（周六）	5
	党的生活	13:30—13:47（周日）	17
娱乐频道	童心童梦	4:30—4:46（每日）	16
	牛娃来了	19:30—19:55（周六、周日）	25

（无锡广电集团）

【《一访定心》栏目获第 33 届中国新闻奖一等奖】 11 月 6 日，第 33 届中国新闻奖评选结果揭晓，无锡广电集团《一访定心》栏目获得新闻专栏一等奖，时隔 27 年再度问鼎中国新闻奖一等奖，是 73 个一等奖获得者中唯一的地市级媒体作品。栏目作为“建设性舆论监督服务融媒体专栏”，以“媒体报道 + 信访落实 + 共治共建”为基本模式，在市信访局、市行政审批局支持下，构建协同发力、为民办事的工作平台，倾力在政府、部门、媒体和百姓之间架设沟通、理解的桥梁，探索共建共治共享社会治理新格局的无锡路径。3 年来，栏目累计收集线索、案例2800余条（件），播出730期，涉及问题592个，采访市民近2300人，协调职能部门1038次，解决问题533个。

【新春开学季融媒体全景直播】 2月6日，无锡广电集团推出“春风扬帆·梦想起航——开学啦”直播，时长3小时，围绕微巴护学、早高峰路况、校园新气象、开学第一课等话题进行连线报道，点播量20万次。采制报送的《无锡公交集团开通护学专线》在中央电视台《朝闻天下》栏目播出。

【无锡广电接入百度“文心一言”】 2月16日，无锡广电集团成为百度“文心一言”大语言模型对话机器人的首批先行体验官，通过AI智慧探索人工智能内容产品及服务，赋能媒体融合创新变革。该项目是百度对话式语言模型技术在国内城市媒体的首次落地应用。

【《我爷爷翻译了〈共产党宣言〉》获省党员教育作品奖】 2月，第16届江苏省党员教育作品观摩交流活动评选结果公布，无锡广电集团创作的文献纪录片《我爷爷翻译了〈共产党宣言〉》获二等奖。该片讲述无锡籍革命家秦邦宪（博古）的后人寻访前辈足迹，重温峥嵘岁月的故事。

【无锡广电“树桩组合”加入“中国海量原创音乐联盟”】 3月，无锡广电都市生活广播原创音乐组合“树桩组合”加入“中国海量原创音乐联盟”。树桩组合由主持人苏阳和庄昊于2014年发起，发行《树桩的春天》《平常一天》2张原创专辑。其中，歌曲《太湖的风》被江苏卫视选播，歌曲MV登上“学习强国”江苏学习平台。

【无锡广电作品入选全省少儿精品节目】 4月，省文明办、省广播电视局组织的2022年度江苏省广播电视少儿精品节目评审中，无锡广电集团4件作品入选，分别是《才艺对对碰》获评广播优秀栏目，《科学第一问》获评电视优秀节目，《牛娃来了》获评电视优秀栏目，《三个婆婆》获评优秀动画片。

【无锡（东京）经贸文化合作交流会在日本东京举办】 5月11日，由无锡广电集团全程策划执行“无锡旅情，携手未来”无锡（东京）经贸文化合作交流会在日本东京举办。索尼、日立、电装、神户制钢所、柯尼卡美能达等日本企业、中日友好机构代表等近300人参会。该活动是无锡广电集团首次跨国策划执行大型活动，现场总金额15.4亿美元的26个项目集中签约。

【2023年中国广播电视学术年会在无锡市举办】 5月24—26日，由中国广播电视社会组织联合会主办，江苏省广播电视协会协办，无锡广电集团、中广联合会城市广播电视学术研究基地承办的2023年中国广播电视学术年会在无锡市举办。国家广电总局、各省（市、自治区）广播电视局、广播电视协会学会、广电媒体、企业、高等院校和研究机构的领导和专家学者200余人参会。

【无锡广电原创动画作品首次参加国际影视内容展销】 5月29—31日，无锡广电原创动画《太湖少年》《茶婆婆渔婆婆蚕婆婆》《成长不烦恼》等作品亮相2023WCM莫斯科春季世界内容市场中国馆，向俄罗斯及其他国家和地区内容买家进行展示。

【“开启6000年盲盒”考古现场直播】 6月2日，无锡广电集团推出“开启6000年盲盒”——“无锡马鞍遗址马家浜文化墓葬考古探源”现场直播，为央视网、新华社现场云等27家国家级、省级媒体提供信号，并通过Facebook的CCTV中文账号和YouTube“中华国宝”频道面向海外直播。直播吸引310余万人次观看，相关微博话题阅读量超820万次，全网传播总量突破1500万次。

【“为青春击掌”大型全媒体新闻直播行动】 6月7日，无锡广电集团策划推出“为青春击掌”大型全媒体新闻直播行动。多路采访队伍在无锡交警支队交通指挥中心和全市各高考考点接力直播，围绕考试安全、交通保障、城市降噪、温情服务等话题，直击各界全力护航，为考生加油鼓劲。

【首届“创未来”融媒创新项目大赛】 6—11月，无锡广电集团举办首届“创未来”融媒创新项目大赛。共有53个项目团队参赛，从初赛复赛，到分享沙龙，最终有12个项目进入决赛路演。《鲲哥创事记》等一批紧跟时代、富有新意的融媒项目脱颖而出。

【参加2023中国新媒体技术展】 7月11日，2023中国新媒体技术展在湖南省国际会展中心开幕，无锡广电集团在现场设置展位，展示城市媒体超融合综合业务平台、AI智能型3D超写实虚拟数字主播“甜熙”等新技术新应用。

【“心心向‘锡’，浓‘农’欢喜”助农直播】 7月19日，无锡广电集团推出“心心向‘锡’，浓‘农’欢喜”助农直播。无锡广电的主播们向全国网友推荐无锡农产品好物，数小时的直播累计吸引24万人次观看，“锡”字号农产品当天交易5778单、销售额35万元。

【网络新闻评论微信公众号“龙光塔下”上线】 7月21日，“龙光塔下”微信公众号上线，“龙光塔下”网络评论工作室揭牌。该微信公众号致力于探索网络评论工作思路，升级产品制作模式，创新网络话语形态，做出有深度、有力度、有温度的网络评论。

【“一带一路上的无锡力量”新闻行动】 8月，由市侨联、市外办、无锡广电集团联合组织开展“一带一路上的无锡力量”新闻行动。无锡广电派出专业记者团队，与市侨联、市外办工作人员一起到泰国、马来西亚、越南、老挝等国家，采访在这些国家建厂或设置海外仓的无锡企业，展现无锡融入“一带一路”，在文化交流、经济合作、科技创新等方面取得的成就。

【无锡广电原创纪录片在多平台上线】 8月28日起，无锡广电集团旗下无锡广新影视动画技术有限公司摄制的《夕阳更暖》《电波寻踪》《甜蜜的事业》3部纪录片入选《行业影像志》第二季，节目在中国教育电视台、爱奇艺纪录片频道等播出。《行业影像志》由中国教育电视台、中国视协行业电视委员会等单位发起制作。

【无锡广电消费咨询公益小站成立】 9月，“无锡广电阿喜帮忙媒体咨询监督公益小站”和“无锡广电品质家装联盟线上咨询公益小站”成立。消费咨询公益小站是无锡市2023年为民办实事项目，在市市场监管局、市消保委的指导下建立。以“公益、公信、公心”为宗旨，在全市多个与百姓生活关联度高、专业性强的消费领域提供专业咨询解答，为理性消费、科学消费保驾护航。

【“戏剧的热爱”话剧展演季】 10月20日至11月4日，由无锡广电集团自主策划、主办的“戏剧的热爱”话剧展演季在无锡音乐厅举办。《愿无岁月可回首》《疯狂黄金岛》《诅咒小说家2.0》3部全新剧目上演，经过原创剧本征集、演员招募、编导和演员互选等环节，打造广电文化新品牌。

【无锡广电技术创新项目获国家新闻传媒行业最高层次科技奖项】 10月，中国新闻技术工作者联合会发布2023年“王选新闻科学技术奖”项目奖奖励决定，无锡广电集团报送的“城市媒体超融合综合业务平台”项目获“王选新闻科学技术奖”一等奖，“无锡广电AI数字人融合生产平台”项目获“王选新闻科学技术奖”三等奖。

【无锡市首届少儿新年音乐会】 12月2日，无锡市首届少儿新年音乐会在无锡音乐厅落幕。音乐会由无锡广电集团全程策划执行，邀请无锡金桥学生交响乐团与无锡洛可可青少年交响乐团480余名小乐手参与出演。“无锡博报”视频号线上全程直播，点击量超25万次。

【《作风面对面》开播十周年主题活动】 12月28日，《作风面对面》开播十周年主题活动在无锡广电集团举行。活动现场展示大型全媒体问政直播栏目《作风面对面》十年回顾宣传片，由无锡广电虚拟主播甜熙发布新一年度的“幸福加力”计划和2024年度节目上线计划，首批民情博评员代表受聘上岗。2013年，《政风面对面》上线，2016年更名为《作风面对面》。十年来，《作风面对面》栏目以“倾听民声、直面问题、聚焦作风、立行立改”为宗旨，与“12345”政府热线品牌叠加、融合发展，推进机关作风转变，提升行政服务效能，助力打响无锡市“无难事、悉心办”营商环境品牌，成为国内同类型节目中开办时间最长的节目之一。至年末，《作风面对面》累计组织860次市级部门(单位)、900次街道(镇)，完成976次电台及网络直播、217场大型电视直播，网络直播关注人数累计超3000万人次，互动点赞量累计超2000万次，采访市民近1万人次，协调职能部门2138家次，解决问题7238个次，问题解决率超95%。

【《对话企业家——上市公司特别季》上线】 12月28日，市地方金融监管局、无锡广电集团联合出品的全媒体访谈节目《对话企业家——上市公司特别季》上线。节目聚焦无锡实施创新驱动核心战略和产业强市主导战略，对话6名企业家，分别是迪哲医药股份有限公司董事长张小林、无锡日联科技股份有限公司董事长刘骏、江苏科强新材料股份有限公司董事长周明、无锡智能自控工程股份有限公司董事长沈剑标、奥波环境新能源(无锡)有限公司董事长张建岗、无锡灵鸽机械科技股份有限公司董事长王洪良。

(陈　啸)

12月2日，无锡市首届少儿新年音乐会在无锡音乐厅举办

(无锡广电集团　供图)

【第11届江苏影视论坛在无锡市举行】 10月19—20日，由江苏省电视艺术家协会、无锡市文学艺术界联合会主办，无锡广播电视集团（台）、无锡市影视家协会承办的“助力乡村振兴，光影与你同行”第11届江苏影视论坛暨2023江苏电视艺术家环省行活动首站在无锡市举行。活动期间，省视协传达学习中国视协七次全国代表大会精神，邀请专家分享电视节目、纪录片创作经验，组织考察锡山区羊尖镇乡村振兴成果，来自省广电总台、各地市广电和各设区市影视家协会的代表50余人参加活动。

（周静怡）

电　影

【概况】 2023年，无锡市落实电影产业高质量发展的若干政策，对重点国产影片、电影后期制作、影院电影放映等14个项目进行奖励扶持，继续支持无锡国家数字电影产业园提档升级。全年新招引影视文化企业81家，新增规模以上企业6家，完成电影制作40部，通过电影剧本（梗概）备案、立项21部。2部无锡出品影片《封神第一部：朝歌风云》《八角笼中》获票房48亿元，占暑期档全省出品影片票房的99.96%。《封神第一部》获2023年第36届中国电影金鸡奖最佳故事片、最佳男配角、最佳摄影奖3项大奖，创江苏影史新纪录。年末，全市在册影院131家，实现电影票房收入5.45亿元，占全省票房的10.55%，比上年增长0.39个百分点，增幅居全省第二。有3家影院进入全省票房排名前10，其中无锡金逸影城荟聚店票房居全省首位，电影市场复苏加快。

【电影公共服务】 2023年，无锡市推出观影惠民季，联合中国建设银行无锡分行发放30万元观影补贴，同步开展数字人民币推广，提振电影市场信心。实施电影进校园“光影育人”工程，在全市部署10所中小学开展电影进校园试点，助力学校美育工作。举办2023年度无锡市影院技术培训活动，安排专业力量对城区30家影院售票系统、设备质量进行抽查巡检，保障电影事业产业安全健康发展。

【主题电影活动】 7—12月，市委宣传部组织在全市开展“光影盛宴，传承经典”红色主题观影活动，各级党政机关和群众团体共计8.5万余人次观看《在烈火中永生》《红旗谱》等红色主题影片1000余场次。支持影院在非档期举办国家大剧院国际歌剧电影展、伊朗阿巴斯电影回顾展等艺术电影展映活动。

【2023中国·江苏太湖影视文化产业投资峰会在无锡市举行】 6月20日，2023中国·江苏太湖影视文化产业投资峰会暨电影科技周在无锡市举行。峰会以“数字引领、智能跨越”为主题，中国最大电影级巨幕拍摄屏现场点亮；无锡国家数字电影产业园与中国电影科技研究所合作建设“5G智慧虚拟摄影联合实验室”发布，作为实验室三大核心平台的5G智慧虚拟摄影中心、AIGC影视科创中心、影视智能算力中心同步揭牌，由该实验室参与完成的《面向影视制作的虚拟预演参考框架》标准项目入选“国家重点研发计划”；《无锡国家数字电影产业园发展规划》发布；“苏影保3.0”专项金融服务发布，总规模近30亿元的江苏华莱坞数字文化产业基金、无锡滨湖沄柏数字文化基金、喜马拉雅喜莱坞影视文化基金集中签约；无锡国家数字电影产业园与北京联瑞影业有限公司、北京京西文化旅游股份有限公司、众合千澄影业有限公司等10家重点影视科技企业签署战略合作协议。

（李宏放）

【第11届无锡微电影节颁奖典礼】 9月15日，第11届无锡微电影节颁奖典礼暨“我的美好生活”第12届无锡微电影（短视频）大赛启动仪式在无锡大世界影城中山路IMAX激光厅举行。市新闻出版局（版权局）、市委宣传部、市文广旅游局广播电视处、上海电影技术厂，以及市文旅集团等部门领导出席活动。电影节通过各渠道收到海内外参赛短片作品203部，创历史新高，获投票总数近30万次，网络点击数量超220万次，最终评选出奖项12个。

（张思鸿）

2023中国·江苏太湖影视文化产业投资峰会暨电影科技周在无锡市举行

（锡　轩　供图）

网络传播

【概况】 2023年,无锡市与新华社江苏分社签署战略合作协议,共建新华社无锡城市品牌传播和智库研究中心,推进中央广播电视总台江苏总站苏南记者站实体化运作,举办2023中国新媒体蓝皮书发布会暨新媒体发展研讨会。制定《无锡市加快推进媒体深度融合发展联席会议机制》,明确19个部门单位、8个板块共计35项重点目标任务,梳理9个媒体深度融合发展重点实施项目,首次评选推出无锡市媒体融合创新案例,产生特等奖1个、十佳案例10个和典型案例19个。加快推进广电媒体融合发展,江阴市融媒体中心入选2023年度全国广播电视媒体融合先导单位,"最江阴"城市综合服务平台入选长三角广播电视媒体融合典型案例,《发现》《江阴时刻》节目获评省广播电视媒体融合优秀产品品牌。至年末,全市有近30家新媒体平台获得国家互联网新闻信息服务许可资质,10余家知名商业新媒体平台及超100家10万人以上用户群的自媒体落户无锡市,形成政务发布、生活资讯、民生论坛、评论引导、直播服务、县域融媒等全方位、立体化、全域性宣传矩阵格局。

(戈 铮 周 文)

【媒体融合发展】 2023年,无锡日报报业集团加强全媒体传播体系建设,成立重要政务全媒体新闻中心,完成主要领导重点政务报道近550篇。创新打造太湖湾智库、"IP WUXI"无锡城市形象传播平台、5G演播厅、"融媒轻骑兵"等媒体深度融合发展项目,宣传阵地不断壮大。"无锡日报报业集团垂直类媒体深度融合机制创新"项目入选国家新闻出版署第三届中国报业深度融合发展创新案例。研发成功并投入使用的智慧薪资云平台系统,在2023中国报业媒体技术创新发展大会上获全国报业技术赋能媒体融合优秀案例。集团各媒体平台视频号发布视频3600余条,原创率90%以上,主要媒体每日在客户端、微信公众号、视频号等移动端上发布原创内容超100篇,3篇原创微信作品获转发阅读量超10万次,26部视频作品浏览量超10万次。集团利用自身新媒体矩阵以及人民号、澎湃号、上观号等传播平台,多角度讲好"无锡好故事",近1700篇报道在《人民日报》客户端、《人民日报》(海外版)、《新华每日电讯》、中国日报网、《光明日报》、《新华日报》等中央、省级主流媒体上播发;稿件《这个盛夏,在伦敦遇见无锡》被国内12家主流媒体转发;"无锡观察"依托澎湃号发布的无锡重点新闻,浏览量超10万次的产品有188篇;《无锡日报》微博传播量超10万次的原创作品18条,关注人数突破100万人。

无锡广电集团"无锡博报"和"无锡博报生活"微信公众号关注人数突破100万人,"无锡博报"客户端新增用户4.1万人。开发"健康无锡""数字无锡""数字非遗"等一批新媒体频道、专区。启动"博报合伙人"计划,吸引16个专业领域KOL入驻,超15万人次参与生活圈话题互动。有100余篇融媒作品登陆新华社、央视频、"学习强国"江苏平台等平台,《秋天的收获》第三篇"人大议事"组合报道,被20余家中央、省级媒体转载,总传播量超500万次。无锡广电集团在第三届中国广电媒体融合发展大会(全国广播电视媒体融合典型案例交流会)作题目为《从"做法"到"章法",打开城市广电转型之路》的主题交流。

(无锡日报报业集团 无锡广电集团)

【中国人民大学媒体融合实验室无锡创新中心成立】 9月8日,无锡广播电视集团(台)与中国人民大学媒体融合实验室签约共建无锡创新中心。中国人民大学媒体融合实验室作为中国高校第一家媒体融合实验室,由教授宋建武领衔,致力于探索媒体融合的业务模式、关键技术及其产品及服务的研发、运营设计及评估,是国内领先、具有学科融合特点的创新型研究基地和人才培养基地。中国人民大学媒体融合实验室无锡创新中心成立后,将依托人民大学媒体融合实验室专业研创力量,重点对无锡广电新媒体传播矩阵建设运营展开规划评估,并开展媒体融合相关业务模式、关键技术和产品服务的研发、评估及运营等,培养媒体深度融合发展所需人才。

(陈 啸)

【"太湖讲习所·开学第一课"暨"锡音潮涌"融媒体采访活动】 3月8日,"太湖讲习所·开学第一课"暨"锡音潮涌"融媒体采访活动在无锡学院启动。启动仪式现场发布无锡市互联网行业"e企学习"讲师团名单,无锡学院"太湖讲习所——青年学习社"、无锡学院"太湖讲习所——经典诵读网络文化工作室"揭牌成立。中国新闻网、上观新闻、澎湃新闻、东方网、我苏网等媒体以"践行'四敢'担当勇作为,书写工商名城新荣光"为主题,探访无锡众多知名企业,通过实地探访与深度报道相结合的形式,展现无锡激活工商基因、赓续工商血脉、传扬工商精神的风貌,以媒体视角展现中国式现代化无锡实践。

【无锡"国际月"之国际媒体网络达人无锡行活动】 3月20日,无锡"国际月"之国际媒体网络达人无锡行活动举办。活动由无锡市委网信办、无锡市外事办公室、环球网联合主办,邀请意大利《晚邮报》驻华代表、日本《读卖新闻》记者、美国《哈佛商业评论》负责人、越南《人民报》记者等国际媒体人士,以及韩国、泰国、土耳其、乌兹别克斯坦籍网络达人参与。采访团先后走进无锡荡口古镇、红豆集团有限公司、无锡一棉纺织集团有限公司、"一带一路"跨境电商产业园、无锡凤凰画材进出口有限公司、鼋头渚景区等地，用镜头和文字记录下江南水乡的运河文化历史与企业数智化、绿色化、国际化发展的故事，感受无锡樱花自然之美与工业文明的交融，见证“一带一路”上的无锡风景。活动产生新闻报道16篇，在海内外社交媒体平台发布内容20余篇，并吸引200余家海外媒体报道，全球传播量近1亿次。

【“金色光影”2023中柬友好年短视频大赛】 3月20日，“金色光影”2023中柬友好年短视频大赛在无锡市启动。大赛由中国公共外交协会、国务院国资委新闻中心、环球网联合主办，中国驻柬埔寨大使馆支持，无锡市委网信办、无锡市外事办公室、锡山区委网信委、中柬文化交流联盟、北京外国语大学柬埔寨研究中心、柬埔寨西哈努克港经济特区协办。该活动也作为第五届“一带一路”百国印记短视频大赛的重点海外分赛区（柬埔寨分赛区），为共建“一带一路”倡议提出十周年献礼。大赛启动以后受到海内外各界的广泛关注，一部部视频作品记录中柬交流历史中的友好时刻，讲述两国人民在“一带一路”倡议下共同发展的美好故事，也汇聚成中柬民心相通的“金色光影”，为两国人民心意相通与紧密交流注入新活力，增强海内外受众尤其是青年一代对当代中国形象的多维度认知。至8月底，经过专家从作品主题契合度、视频作品质量、创意与立意等方面综合评选，有24部作品胜出。其中，无锡参赛作品《“一带一路”上的“千里马”》获“绿色光影”一等奖；《“一带一路”渊源长，仁心催开友谊花》《柬埔寨的中国校长》分别获“友好光影”二、三等奖。

【“中国式现代化无锡新实践·2023长三角主流媒体看无锡”活动】 5月10—13日，“中国式现代化无锡新实践·2023长三角主流媒体看无锡”活动举办。沪、苏、浙、皖三省一市的媒体记者到无锡市，共同感受“太湖明珠，江南盛地”的独特魅力，了解无锡如何为中国式现代化贡献方案和智慧。启动仪式上，无锡市政府新闻办向参与该次新闻行动的媒体代表颁授“城市推荐官”荣誉牌，新民晚报社苏南工作室、澎湃新闻无锡运营中心揭牌。采访团分成2条线路，探访无锡生态环境和营商环境，为无锡代言，为城市发声。

7月21日，2023中国新媒体蓝皮书发布会暨新媒体发展研讨会在无锡市举行

（肖冬灵　供图）

【第五届太湖网络传播创新大会暨“太湖澎湃”世界会客厅思享汇活动】 5月10日，第五届太湖网络传播创新大会暨“太湖澎湃”世界会客厅思享汇在无锡市举行，邀请业界和学界的专家学者代表，从理论和实践相结合的角度作主旨演讲，分享他们关于网络传播创新的前瞻观点和深度思想。无锡—澎湃新闻共建IP——“澎湃会客厅in无锡”“澎湃下午茶in无锡”启动，并举行首场线下沙龙。澎湃新闻政治新闻部、港澳台新闻部总监陈良飞与上海交通大学长聘教授、博士生导师童清艳作主旨演讲。

【中国新媒体蓝皮书发布会暨新媒体发展研讨会】 7月21日，中国新媒体蓝皮书发布会暨新媒体发展研讨会在无锡市举行。大会以“全媒数智赋新能，深融发展谋新高”为主题，由中国社会科学院新闻与传播研究所、省委网信办、市委网信委主办。会上发布《中国新媒体发展报告（2023）》、2023年度《我国县区级元宇宙产业园发展报告》。市委宣传部（市政府新闻办）、澎湃新闻、无锡日报报业集团签订“IP WUXI”城市形象资源共享平台战略合作框架协议。区级融媒体中心规范化建设滨湖示范点项目签约仪式举行。

【2023世界物联网博览会“智联世界，融合赋能”全媒体新闻行动】 10月12日，2023世界物联网博览会“智联世界，融合赋能”全媒体新闻行动在无锡市启动。20余家媒体接连走访无锡中科德芯感知科技有限公司、无锡电力北斗综合示范区、太湖水稻示范园等采访点位，以第一视角记录无锡物联网发展的最新动态，通过全媒体矩阵融合传播，全方位呈现物联网作为无锡第一大产业集群的现状。

（肖冬灵）

编辑　何　峰

综　述

【医疗卫生机构】 2023年，无锡市拥有登记注册的医疗卫生机构3437家，比上年增加252家，其中医院218家、社区卫生服务中心（卫生院）106家；全市医疗床位数55125张，平均每千人口拥有医疗床位10.58张（按户籍人口算）。年末，全市有卫生人员86556人，比上年增加4286人，其中卫生技术人员69927人、执业（助理）医师27000人、注册护士31496人，平均每千人口拥有卫生技术人员13.42人（按户籍人口算）。全市各级医疗机构全年完成诊疗6096.99万人次，出院138.19万人次，平均每门诊人次医疗费用308.51元，平均每一出院病人医疗费用11189.37元。国家消化系统疾病临床医学研究中心江苏省分中心、国家标准化癌症筛查与早诊早治无锡分中心、上海市精神卫生中心长三角一体化无锡中心等“国字号”科研平台落地无锡市。无锡市连续两年以全国第二、全省第一的位次获评“健康城市建设样板市”称号，创成首批全国婴幼儿照护服务示范城市。

（邵振斐）

【医疗卫生改革】 2023年，无锡市印发《关于深入学习福建省三明市医改经验进一步深化医药卫生体制改革的实施方案》《关于推动全市公立医院高质量发展的若干措施》。在2022年度国家三级西医医院绩效考核中，全市参加考核医院排名平均提升62位，7家医院实现提级。市妇幼保健院蝉联全国妇幼保健机构五强，市中医医院保持在A级以上行列。全市三甲医院数扩至12家，市属医院实现三甲全覆盖。自2021年成为按疾病诊断相关分组付费（DRG）国家示范点城市以后，全市形成以浮动费率法为代表的DRG付费体系。年内，实现符合条件的、具备住院服务资质的医疗机构DRG付费改革全覆盖。全市建成医联体29个，其中城市医疗集团5个、县域医共体6个、专科医疗联盟16个、远程医疗协作网2个，实现二级以上公立医院和基层医疗卫生机构全覆盖和规划区域全覆盖。

（毛枭娇）

【卫生健康合作交流】 2023年，市卫生健康委推进“一带一路”卫生健康领域合作，选派中国（江苏）第19期援圭亚那医疗队队员16人、中国（江苏）第19期援马耳他医疗队队员3人；选派第六批、第七批援柬埔寨医生驻点支援西港特区社区卫生服务中心，医疗援柬项目入选省外事办公室“小而美”项目清单；与日本东京医科大学医院签订人才研修协议，全市有44名医疗卫生人才出国（境）进行长期研修。全市与北京、上海、南京等9个城市开展医疗卫生合作项目145个。

【卫生健康对口支援与结对帮扶】 2023年，无锡市卫生健康委向新疆阿合奇县、霍城县派出3支医疗队，并捐赠医疗设备。在东西部协作方面，无锡市与青海省海东市签订《两

6月19日，无锡市与国家癌症中心战略合作框架协议签约仪式举行，国家标准化癌症筛查与早诊早治无锡分中心揭牌成立　（市卫生健康委　供图）

表 54　2023 年无锡市卫生健康事业统计表

项　目	数　量	比上年增加	比上年增长（%）	项　目	数　量	比上年增加	比上年增长（%）
卫生机构（家）	3437	252	7.91	卫生人员（人）	86556	4286	5.21
医院（家）	218	15	7.39	卫生技术人员（人）	69927	3616	5.45
社区卫生服务中心（卫生院）（家）	106	−9	−7.83	执业（助理）医师（人）	27000	1141	4.41
医疗床位（张）	55125	2917	5.59	注册护士（人）	31496	1849	6.24
平均每千人口医疗床位（张）	10.58（户籍）	0.52	5.19	平均每千人口卫生技术人员（人）	13.42（户籍）	0.64	5.03

项　目	指　标	数　值
户籍人口	总数（万人）	520.95
	出生率（‰）	4.88
	死亡率（‰）	9.63
	自然增长率（‰）	−4.75
医疗服务	诊疗总人次（万人）	6096.99
	出院总人次（万人）	138.19
	出院者占用总床日（万日）	1308.22
	住院病人手术人次（万人）	57.75

项　目	指　标	数　值
卫生费用	卫生事业费（万元）（统计范围调整为大市）	1213939.00
	卫生事业费与上年比增长率（%）	−10.53
	卫生事业费占财政支出百分率（%）	8.70
	卫生系统资产（万元）	2989355.52
	卫生系统基建投资（万元）（统计范围调整为大市）	68727.12
	平均每门诊人次医疗费用（元）	308.51
	平均每一出院病人医疗费用（元）	11189.37

（市卫生健康委）

市医疗卫生东西部协作工作协议》，就“组团式”帮扶计划、青年人才研修计划、干部人才能力提升工程、专家人才“海东行”活动、特色中医交流活动达成合作。海东市第二人民医院建成无锡市龙砂医学流派研究院海东分院，举办河湟中藏医药大讲堂活动。无锡市与陕西省延安市签订《锡延卫生健康高质量发展合作协议》，无锡市直属单位与延安市医疗机构建立新一轮 4 对对口帮扶、6 对党建结对，延安市首批 5 家公立医院分别成为无锡市肿瘤专科联盟、精神专科联盟和感染性疾病专科联盟 3 个医疗联盟成员单位。南北帮扶方面，无锡市各级医院先后派出 9 批次 26 人次到连云港市开展帮扶工作，举办多次义诊活动，惠及群众 1200 余人次，在东海县人民医院、灌云县人民医院开设 13 个名医工作室。江南大学附属医院与东海县人民医院合作共建江南大学附属医院肿瘤医学中心东海县协作中心。

（张　瑜）

疾病防控

【医防融合体系建设】 2023年，无锡市市、县两级挂牌成立疾病预防控制局，全市196家医疗机构设立公共卫生科，83个街道、850个社区成立社区公共卫生委员会，明确全市二级以上医院公共卫生职能共性清单和市级医院个性任务清单，将疾控机构人员派驻至综合医院和传染病专科医院。健全定点医院诊断治疗、基层医疗卫生机构随访管理、疾控机构全程督导管理的医防融合服务体系。建立卫生行政部门、疾控机构、医疗机构定期会商机制，试点开展公卫临床协作融合项目，实现重大公共卫生项目一体化管理。

【传染病防控】 2023年，无锡市开设全国首家结核潜伏感染诊疗门诊，实施国家、省级“无核社区”创建工作，对结核病患者的家庭密切接触者开展筛查与潜伏感染治疗，并将重心下沉至社区，持续压减结核发病率，2023年发病率比2020年下降15.8%。推广分子生物学诊断新技术，肺结核病原学检测阳性率由2021年的69.40%提升至2023年的83.90%，肺结核病原学检测阳性率连续多年保持全省第一。创建全省首家线上艾滋病自愿咨询检测（VCT）门诊，开诊以后经线上自愿咨询检测的人数是线下门诊的3.5倍。开设艾滋病防控医防融合门诊，做到新发病例快速治疗，全市病例发现率、抗病毒治疗率和成功治疗率均超95%。搭建涵盖科普知识宣传、心理咨询、行为干预、预约检测、暴露前后预防等服务的传染病防控综合性服务平台，在高危人群常用的交友软件中开辟官方科普宣传阵地。建立完善疾病监测网络，及时反馈医院监测信息，指导医疗机构明确诊断合理用药。加强丙肝病例规范管理，通过发放爱心检测卡和免费核酸检测等举措，减轻病人治疗负担，提高转诊到位率和治疗率。

【公共卫生服务优化】 2023年，全市通过“无锡疾控”“育苗通”微信小程序进行在线预约接种疫苗，提升社区卫生服务中心和社会医疗机构成人预防接种服务能力，全年通过在线平台预约成功并完成接种253846人次。市卫生健康委指导宜兴市和梁溪区高分通过国家级慢性病综合防控示范区复评审工作，获国家卫生健康委通报表扬。做好重性精神疾病线索调查、甄别诊断、随访管理。全市严重精神障碍患者规范管理率97.55%，在册患者规律服药率84.45%，规范面访率94.76%。对全市23所小学的6～9岁儿童实施窝沟封闭12965颗，53所幼儿园幼儿实施涂氟13195人。

（沈　澄）

5月31日，无锡市疾病预防控制局成立　（市卫生健康委　供图）

基层卫生

【基层医疗卫生服务体系】 2023年，全市有49家基层医疗卫生机构开展硬件提档升级建设，建成投入使用的有37家。全市乡村振兴考核指标县域医共体建设水平推进会召开，指导推动各地认真落实省卫生健康委、省医疗保障局、省药品监管局等6个部门印发的《关于全面推进紧密型县域医疗卫生共同体建设的实施意见》，江阴市、宜兴市、锡山区、惠山区围绕“县域医共体建设水平”“优质服务基层行基层机构达到国家推荐标准覆盖率”“基层医疗卫生机构诊疗量情况”3类指标开展监测评价，滨湖区围绕“优质服务基层行基层机构达到国家推荐标准覆盖率”“基层医疗卫生机构诊疗量情况”2类指标开展监测评价。

【基层医疗卫生服务能力】 2023年，市卫生健康委组织开展全市村卫生室服务能力评价工作，新增省基层内分泌特色科室协同孵化中心1个、省社区医院5家、省农村区域性医疗卫生中心相关功能中心8个、省甲级村卫生室64家、省基层卫生人员实训基地推荐标准建成单位3家、市级基层医疗卫生机构特色科室62个。组织开展省、市基层卫生骨干人才年度考核。全市有26名社区卫生服务中心（乡镇卫生院）骨干人员及25名乡村医生参加国家级培训项目（基层卫生人才能力提升）培训，有60名全科师资和护理师资参加省级培训项目（基层适宜卫生技术师资）培训。组织开展基层卫生人员实训基地评价工作。7名符合救助条件的困难乡村医生获得救助资金3.6万元。锡山区东港镇卫生院报送的案例入选2022年全国基层医疗卫生队伍建设典型案例。

【国家基本公共卫生服务项目管理】 2023年，全市到位国家基本公共卫生服务项目资金8.01亿元，人均107.07元，超过国家和省定标准；国家基本公共卫生服务项目经费实际拨付到村级金额占乡、村两级总经费的比例为43.92%。全市建立居民健康档案677.64万份，建档率90.6%。对慢性病人与老年人实施动态健康管理，65周岁及以上老年人城乡社区规范健康管理服务率64.86%。管理高血压患者66.63万人，高血压患者基层规范管理服务率74.38%；管理2型糖尿病患者21.58万人，2型糖尿病患者基层规范管理服务率74.45%。年内，4家基层机构被评为全国基层糖尿病规范化管理中心，新增1家省基层内分泌特色科室协调孵化中心。

【家庭医生签约服务】 2023年，市卫生健康委印发《关于赋能家庭医生推进签约服务高质量发展的实施意见》。全市开放家庭医生工作室112个，组建家庭医生团队1225支、4655人；建有专家工作室或联合病房的基层医疗卫生机构数60家，基层专家工作室诊疗数77227人次；建成联合病房28个，开放床位数284张，完成手术430台次。新增1家省基层慢病运动健康干预优秀实施单位。全市920人次的中、重度失能患者享受到"在家住院""医保报销"的政策实惠，医保支付比例超95%，实现家庭病床服务的全覆盖。无锡市推进家庭病床的做法获国家卫生健康委《基层卫生健康工作专刊》、《健康报》、中央电视台《朝闻天下》栏目、《新华日报》、《中国人口报》专题报道，并在第12届全国基层卫生大会、2023年度全国农村卫生发展大会、2023年度全省基层卫生健康工作会议作典型经验交流。梁溪区北大街街道梨花家庭医生团队和宜兴市宜城街道社区卫生服务中心勇超家庭医生团队获评江苏省"十强"家庭医生团队。

（王　炎）

妇幼保健

【妇幼健康服务体系】 2023年，无锡市妇女儿童医疗保健中心启动建设，锡山区妇幼保健院完成建筑施工，惠山区妇幼保健院主体建筑完成封顶，江阴市妇幼保健院加快新建项目建设。无锡市妇幼保健院2021年、2022年连续2年在全国三级妇幼保健院绩效考核中排名第五位。无锡市妇幼保健院创建成为首批国家婚前保健特色专科建设单位、省更年期保健实训基地、省"两癌"筛查实训基地、省妇幼中医特色建设单位，江南大学附属医院创成省乳腺癌筛查实训基地，宜兴市妇幼保健院创成省儿童早期发展基地、省妇幼中医特色建设单位。

【母婴安全保障】 7月14日，全市母婴安全工作会议召开，签订母婴安全工作目标责任书，落实母婴安全保障责任。市卫生健康委制定《无锡市新生儿安全风险与评估管理工作方案》，开展新生儿安全风险评估和分级分类管理。开展孕产妇和新生儿危急重症救治体系评估，以"四不两直"方式对全市所有救治中心以及部分助产机构进行飞行演练，促进危急重症救治能力提升。全市孕产妇死亡率、婴儿死亡率和5岁以下儿童死亡率均控制在低位水平。

【妇女儿童健康】 2023年，全市完成适龄妇女"两癌"筛查44.3万人次，年度目标任务完成率105.4%。市卫生健康委推进省政府民生实事项目——初一女生HPV疫苗免费接种工作，全年初一女生HPV疫苗首剂接种率91.81%，超额完成省定目标任务。落实消除艾滋病、梅毒、乙肝母婴传播工作，在省内率先开设"母婴阻断一体化门诊"，为感染孕产妇及所生婴儿提供"一站式"干预治疗、孕产期保健、儿童保健等服务，改善感染孕产妇及儿童就医体验。10月，无锡市作为江苏省推荐城市迎接国家卫生健康委现场评估，并获得高度认可。11月，无锡市作为唯一地级市代表在全国消除母婴传播工作会议上作交流发言。健全儿童保健服务质量管理制度，0～6岁儿童健康管理率98.62%，儿童眼保健和视力检查覆盖率98.62%。推进儿童孤独症筛查，筛查率97.15%，阳性随访干预率100%。实施出生缺陷防治工程，落实出生缺陷三级预防措施，婚前医学检查率96.05%，孕前优生检查目标人群覆盖率117.25%，产前筛查率97.04%，新生儿疾病筛查率97.99%，持续实现产前筛查和新生儿疾病筛查愿筛尽筛全覆盖。

（曾永红）

老龄健康

【老年医疗服务网络建设】 2023年，市卫生健康委推进常住人口50万人以上涉农地区老年病医院建设，建成市（县）区级老年病医院5家，其中民营2家；二级及以上公立综合性医院老年医学科建成率93%。继续开展老年友善医疗机构建设，全市经省确认的老年友善医疗机构226家，建成率95%，其中优秀比例30%；2项工作提前完成省老龄健康"十四五"建设规划任务。全市建成省十佳老

11月2日，无锡市全民癌症防控行动正式启动 （市卫生健康委 供图）

年营养病房1家、省优秀老年营养病房2家，老年营养病房建设单位3家。

【医养结合设施建设】 2023年，市卫生健康委印发《无锡市基层医疗机构医养结合能力提升行动方案》，总结推广社区卫生服务中心（乡镇卫生院）利用闲置床位设置公立护理院试点工作经验，推进市区扩面工作，建成运行公建公营护理院8家，除经开区外实现市（县）区全覆盖。开展医养结合示范县（市、区）和示范机构创建工作，建成国家级医养结合示范区1个、省级培养地区1个、国家级医养结合示范机构1家、省级示范机构培养单位3家。至年末，全市建成护理院80家。

【老年人健康管理项目】 2023年，市卫生健康委推进老年人健康体检资源整合，按照国家基本公共卫生服务项目管理要求，规范做好65周岁及以上常住老年人健康管理项目，优化老年人健康管理信息系统。完成65周岁及以上老年人城乡社区规范健康管理71.17万人次。与国家癌症中心深化合作，在前期癌症筛查试点基础上，市政府启动实施“无锡市全民癌症防控行动”，65周岁以上老年人在原每年度健康体检基础上，增加3年1次的免费癌症筛查。

【老年医学科老年综合评估工作】 2023年，无锡市印发《关于规范全市老年医学科老年综合评估工作的通知》，统一规范全市二级及以上老年医学科开展老年人综合评估工作，22家医疗机构参与评估，823名在院老年人接受老年综合能力评估。无锡市参赛团队获省老年能力评估与健康管理技能竞赛团体三等奖，获个人三等奖2个、个人优秀奖1个。

（郁卫平）

职业健康

【职业病危害因素监测和防治】 2023年，市卫生健康委组织开展21种重点职业病危害因素监测工作，完成210家企业工作场所职业病危害因素监测任务，区（县）覆盖率100%。开展重点职业病监测和职业健康监护工作，全市完成职业健康检查512365人次。开展职业病危害专项治理，整治重点行业企业2984家。建成尘肺病康复站9家，全市累计有参与尘肺病康复患者1405人，累计康复服务25739人次。开展江苏健康企业建设和“职业健康达人”评选活动，完成重点人群职业健康素养监测与干预工作任务。完成150家重点企业职业健康风险隐患排查与帮扶工作，经开区探索建设职业健康管理示范园区。4月19日，在全国职业健康工作会议上，以《夯实基础，重点发力，全面推进职业健康事业高质量发展》为题作交流发言。8月，在国家职业病及危害因素监测工作研讨会上交流监测工作经验。年内，开展《中华人民共和国职业病防治法》宣传周活动。

【职业健康技能竞赛】 8月，首届2023年无锡市职业健康技能竞赛举办，江阴市代表队获职业卫生技术服务专业团体一等奖、梁溪区代表队获职业健康检查和职业病诊断专业团体一等奖。年内，无锡代表队参加江苏省职业健康技能竞赛和首届长江三角洲区域职业健康技能竞赛，获省赛个人一等奖、团体二等奖和长江三角洲区域赛个人二等奖。

【职业健康监管信息系统】 2023年，无锡市职业健康监管信息系统投入使用，完成省级试点任务“无锡市职业健康监管信息化系统建设”。全市纳入存在职业病危害的企业信息30602家，接入检测记录32608家次，体检数据96.6万人次，实现卫生健康行政部门、卫生监督机构、技术支撑机构、用人单位信息共享、互动管理。

（李红建）

健康促进

【“健康无锡”建设】 2023年，全国爱国卫生运动办公室对全国407个地级及以上市和直辖市辖区2022年度健康城市建设工作进行评价，共评选出40个全国健康城市建设样板市，无锡市再次以全国第二、全省第一的名次获评健康城市建设样板市，为推进健康中国行动提供“无锡模式”。年内，无锡市连续第六年

11月11日，2023无锡健康文化大会暨江苏省中医药宣传月无锡专场活动在梅园景区启动　（市卫生健康委　供图）

举办“无锡健康文化大会”。举办首届市民健康科普活动周活动，在地铁1号线运行改版后的“健康无锡号”健康科普专列，在无锡广电融媒体开通“健康‘锡’引力”科普品牌栏目。无锡市被全国爱国卫生运动办公室列为健康中国行动宫颈癌综合防治试点市。无锡市卫生健康宣传教育中心建成投用。无锡市新建成省健康促进医院9家，实现市属医院省健康促进医院全覆盖；新建成省健康县（市、区）1个、省健康镇6个、省健康社区（村）87个。至年末，全市有省健康镇40个、省健康社区（村）649个，省健康镇、村（社区）覆盖率全省最高，并在全省率先实现省健康县（市、区）全覆盖。无锡市“健康细胞”建设的经验做法在全国推广。12月，省健康办通报2022年健康江苏建设考核结果，无锡市被评为优秀等次。

【卫生健康创建】 3月，无锡市在全国爱卫办组织的新一轮国家卫生城市复审中，首批通过暗访检查。11月，在全国爱卫办组织国家卫生县、国家卫生镇复审抽查中，宜兴市、宜兴张渚镇通过暗访检查。无锡市是全省唯一通过国家卫生城市、国家卫生县、国家卫生镇复审的设区市。

【病媒生物防制与禁控烟工作】 2023年，无锡市爱国卫生运动委员会办公室对通过验收的92个病媒生物防制示范小区予以确认。市爱卫办联合市卫生健康委、市教育局、市公安局、市交通运输局、市文广旅游局、市市场监管局、市体育局、市机关事务管理局等部门，印发《关于开展2023年无锡市公共场所控制吸烟专项检查的通知》，对学校、医疗卫生机构、公共交通工具、网吧、党政机关等公共场所控制吸烟进行专项检查。

（邬先赞）

中医药发展

【中医药传承创新】 2023年，市卫生健康委、市发展改革委等9个部门制定《无锡市基层中医药服务能力提升工程“十四五”行动计划》，启动无锡地方中医药立法调研。市卫生健康委（市中医药管理局）推动中医医联体建设，通过“府院合作”，市中医医院成立无锡市中医医院梁溪分部和惠山分部、江苏省中医流派研究院龙砂医派分院，《龙砂医派》出版发行，在海东市、宿迁市等地成立龙砂医派研究院分院和推广工作站4个。3月，江苏省中医退行性骨关节病临床医学创新中心在市中医医院挂牌，1200平方米创新中心综合实验室投入使用。6月，香港中文大学师生中医药访学研修班在市中医医院举办，该项目被评为2023锡港澳青年人文交流示范项目。7月，2023年全国中医医政工作会议在无锡市召开。8月，世界中医药学会联合会五运六气专委会年会和海外师承班在无锡市举办，500余名海内外中医界人士参与。9月22日，无锡市中医药高质量发展大会召开，王新陆国医大师血浊研究工作室揭牌。年内，市中医医院分别与香港中文大学中医学院、上海中医药大学附属曙光医院、江苏省中医院签订合作协议。与香港注册中医医师协会、澳门大学中华医药研究院、瑞士中医药大学等机构开展交流活动。年内，获批地市级以上中医药科技项目33个，发表中医药相关高质量学术论文22篇，获中医药相关科技成果奖项6个、转让成果6个。

【中医药服务能力建设】 2023年，全市新增省级中医重点专科建设单位11个。江阴市中医院、宜兴市中医医院分别通过三级甲等中医医院评审，江阴市、宜兴市通过全国基层中医药工作示范县省级评审。开展等级中医馆建设评价，省中医药管理局确认无锡市基层五级中医馆增至18家，四级中医馆增至21家，四级及以上中医馆占比46%。能够开展6类以上中医非药物疗法的社区卫生服务中心、乡镇卫生院占比100%，能够开展4类以上中医非药物疗法的社区卫生服务站、村卫生室占比85%。

【中医药便民惠民】 2023年，无锡市开展中医药特色便民惠民服务“九个一”活动、中医药健康促进专项行动、江苏省中医药宣传月活动等，各级医疗卫生机构举办健康咨询、健康义诊、文化讲座、科普宣传等活动近400场次，直接参与3万余人次；线上宣讲26期，点击（赞）量110余万次。市卫生健康委联合市教育局举办“我

9月22日，无锡市中医药高质量发展大会召开，无锡市中医医院分别与香港中文大学中医学院、上海中医药大学附属曙光医院进行合作签约

（市卫生健康委　供图）

爱中医药”文创产品设计征集活动，收集作品4400余件，评选出获奖作品800余件。“无锡名中医工作室地图”“基层卫生医疗机构五级中医馆地图”通过二维码扫描上线，方便市民群众就近求医问病。

（叶志超）

卫生法规与监督

【卫生健康法治建设】 2023年，市卫生健康委完成法治无锡建设“一规划两方案”（“一规划”指《法治无锡建设规划（2021—2025年）》，“两方案”指《无锡市贯彻落实〈法治政府建设实施纲要（2021—2025年）〉实施方案》《无锡市法治社会建设实施方案（2021—2025年）》）和“八五”普法中期评估各项工作任务。《无锡市公立医院法治建设评价工作实施方案》印发，开展全市二级以上公立医院法治建设评价工作，公立医院法治建设工作经验获全省推广。完成《无锡市精神卫生条例》修订立法调研，开展中医药立法调研。组织申报地方标准和标准化试点项目，获省、市地方标准立项项目各2个。完成重大行政执法决定法制审核30件，政策措施公平竞争审查30件，规范性文件合法性审查2件。对现行有效的33件规范性文件进行清理，经清理确认继续有效的有24件。强化法律顾问审查工作机制，全年法律顾问完成合同审查84件，提供法律咨询22次，办理行政复议案件3件、行政应诉案件3件。推进公职律师管理，制定《无锡市卫生健康委员会公职律师管理办法（试行）》，依程序申报公职律师1人。《无锡市卫生健康委员会行政执法证件管理制度》印发，规范执法人员资格管理。

【卫生健康行政审批】 2023年，市卫生健康委加强权力事项动态管理，对行政权力事项动态调整情况进行认领和确认，开展权责清单应用执行情况监督评估。承接省委托行政许可事项6项。落实“证照分离”等优化审批服务措施，提升政务服务规范化水平。落实首问负责、一次性告知、限时办结、延时服务等制度措施。推进“好差评”管理，窗口服务好评率100%。聚焦政务服务便利化，优化政务服务流程，依申请办理的行政许可事项、公共服务事项可网办率100%。公共场所卫生许可、职业病诊断医师资格证书核发事项实现“全程网办”。落实诊所备案管理，推进全市诊所备案改革。推进医师护士执业注册“全程网办”。推进新生儿出生“一件事”改革。卫生健康证照列入市级电子证照目录18项、列入市级政务服务电子证照共享目录9项。完成“苏服办”移动端标准应用事项接入和功能完善。全年行政许可累计办件12003件。

（周海川）

【卫生健康综合监管】 2023年，市卫生健康委开展打击非法行医、非法应用人类辅助生殖技术、抗（抑）菌制剂非法添加、非法医疗美容、学校饮用水和采光照明、“放心游”、“舒心住”等各类专项整治。全市完成国家、省、市“双随机”抽查任务5829件，实施部门联合“双随机”抽查任务475件。处理举报投诉949起，作出行政处罚697起，移送司法机关案件5起，罚没款1160.04万元。“法润百千万，卫监护你行”法治宣传活动贯穿全年，无锡市的做法经验在全国推广。实施基于“信用＋风险分类”的职业用人单位分级分类监管，建成学校卫生监督、餐饮具集中消毒服务单位监督2个专业省级实训基地。无锡市选送的案例《某医院实验室未向卫生健康主管部门备案案》获评国家疾控局2020—2022年度全国医疗卫生机构传染病防治卫生监督优秀案例，《某餐具清洗消毒服务部未对消毒餐具进行逐批检验、检验合格后出厂案》《某房产开发商销售无卫生许可批件的水质处理器案》2件案例获评国家疾控局2020—2022年度公共卫生监督优秀案例。

（司马骏）

医政药政管理

【医联体建设】 2023年，无锡市印发《关于进一步推进无锡市医疗联合体建设的指导意见》，将4个城市医疗集团调整为5个，挂牌成立江南大学附属医院西漳分部、华庄分部，市中医医院梁溪分部、惠山分部等，成立府院合作管理委员会，推动紧密型医联体实质化运作。制定《专科医疗联盟分级诊疗技术方案》并组织培训。挂牌成立首批医联体儿科工作室，推动儿科优势医疗资源扩容和下沉基层。各医联体到基层成员单位开设医生工作室共271个，服务91794人次；带动基层成员单位开展新技术项目89个、科研协作项目59个；医联体龙头医院协助15家基层成员单位开展日间服务。

【医疗服务能力建设】 2023年，无锡市有省级临床重点专科68个，省级临床重点专科建设单位2个，市级临床重点专科113个，市级临床重点专科建设单位5个。《无锡市改善就医感受提升患者体验主题活动实施方案（2023—2025年）》印发，细化评估指标31项，汇总项目清单2218项。推行诊前检查、输液复诊门诊、挂牌基层儿科工作室等举措，儿科门急诊、输液排队平均等候时间均压缩至30分钟以内。优化就医流程、缩短排队时间等做法经验获《人民日报》《健康报》等媒体宣传报道。加大"互联网+"服务，全年互联网医院处方总量比上年增长47.9%，药品配送增长45.9%。制定《无锡市进一步改善护理服务行动计划实施方案（2023—2025年）》。全市有专科护士培训基地34个、专科护士临床实践基地10个，全年培养老年护理专业护士176人、医疗护理员597人；有21家医疗机构开展"互联网+护理服务"试点工作，全年服务1766人次。年内，无锡市护理人员临床护理技能竞赛举办，全市35家医疗机构的25组参赛队、100名选手参赛，江阴市参赛队获团体一等奖，江阴市杨玉立获个人一等奖。

【平安医院建设】 2023年，无锡市制定《2023年全市平安医院建设工作要点》，明确平安医院建设工作目标要求。全市二级以上医疗机构配备专（兼）职投诉管理人员124人，受理投诉1870次，涉及医疗纠纷655起，比上年下降3.5%。全市成立8家医疗纠纷人民调解组织，全年受理调解案件370件，调解成功349件，调解成功率94.32%。

【医疗机构管理】 2023年，市卫生健康委对12家二级医院组织开展医院评审工作。印发《无锡市全面提升医疗质量行动计划实施方案（2023—2025年）》《2023年医疗质量持续改进工作方案》，组织开展医疗质量与安全等专项检查34家次。利用无锡市医疗机构限制临床应用技术申报系统加强限制类技术备案管理，累计审核121家次医疗机构的备案信息462条。加强医疗美容备案项目审核，全年审核6家医疗机构的备案项目170个。每季度开展重点科室、重点部门感控督查，全年督查医疗机构93家，口腔医疗机构72家（含6家二级口腔医院），医疗美容机构34家。推进院感监测信息系统建设，全部三级医院及61.40%的二级医院安装院感监测信息系统。新增市级质控中心12个，动态调整质控中心主任12人，发布质控报告4期，发布2023年版市级质控指标589项。开展全市医疗机构检验实验室室内质量控制和室间质评工作，组织对全市12家独立医学实验室现场质控督查。

【血液供应管理】 2023年，全市全血采集46393人次，采集血液15.18吨；血小板采集5768人次，采集8261个治疗量；新增"应急献血爱心联盟单位"8家，动员44家计划外爱心单位献血1222人次。完善全市临床用血联网平台，实时掌握全市血液采集和临床供应情况，实现全市临床用血联网平台和公卫数据中心数据联通；全年临床供应红细胞15.62吨、血小板8451个治疗量。实现医疗机构血费直免系统全覆盖，全年完成医院血费直报审核支付651人次、58.93万元。无锡市连续八次获评"全国无偿献血先进市"称号。

（张梓威）

【国家基本药物制度落实】 2023年，全市公立医疗卫生机构基本药物整体配备使用比例全面达标。市卫生健康委加强基本药物配备使用管理，坚持优先配备使用基本药物为主导的用药模式，每月定期分析全市公立医疗机构基本药物配备使用情况，督促指导各地各单位自觉对标找差，不断完善管理制度。对基本药物配备使用达标的医疗机构，不设置层层加码的考核限制，切实满足群众用药需求。

【药学服务内涵提升】 2023年，全市有无锡市人民医院、江南大学附属医院、无锡市妇幼保健院、江阴市人民医院4家国家级临床药师培训基地，全市二级以上公立医院有170人取得临床药师资格，其中三级医院134人、二级医院36人，所有三级医院和区级医院均开设药学门诊服务。响应省卫生健康委"家庭药师进万家"活动，契合基层家庭医生团队服务，推进居家药学服务，入户服务1568个家庭。无锡市选派3名家庭药师骨干参加家庭药师职业技能竞赛省级决赛，获个人二等奖1个、三等奖1个。

（朱洪斌）

医学科技与教育

【卫生健康"三名"战略】 2023年，市卫生健康委继续推进卫生健康"三名"（名院、名科、名医）战略，制定出台《无锡市卫生健康医疗科技能力提升三年行动实施方案（2023—2025）》，按照"一年见成效、两年出成果、三年上台阶"的总体部署，统筹推进名院"登峰计划"、名科"攀登计划”、名医“倍增计划”，实施15项行动。印发《无锡市“双百”中青年医疗卫生拔尖人才培养计划(2023—2025年)》，遴选第二届“双百”中青年拔尖人才和后备拔尖人才242人。年内，全市医疗卫生系统获批国家自然科学基金项目40个、经费1445万元，获批省自然科学基金项目14个、经费410万元，获批省卫生健康委重点项目4个、面上项目11个、指导项目7个，立项市级重大项目25个、面上项目58个、青年项目74个、适宜技术53项、科普项目19个，获省科学技术一等奖1个、二等奖2个、三等奖3个，获省卫生健康委新技术引进评估一等奖7个、二等奖43个，获市腾飞奖1个，开展科技成果转化12项、转化总金额104万元。

【医学教育】 2023年，市卫生健康委组织高级住培师资到四川大学华西医院和浙江邵逸夫医院开展培训，委托第三方组织专家开展全市国家住培基地评估督导；全年住院医师通过规范化培训结业考核377人，通过率92.84%。全市举办各级各类继续医学教育项目741个，其中国家级、省级继续教育项目348个，市级参评项目460个，送教下乡项目17个。完成紧缺人才培训和全科转岗培训17人，新招收农村订单定向医学生95人。

(孙道崎)

【人才队伍建设】 2023年，市卫生健康委根据《无锡市卫生健康医疗科技能力提升三年行动实施方案(2023—2025)》，实施名医“倍增计划”，强化政策支撑，激发人才动能。12月28日，全市医疗卫生科技与人才高质量发展大会召开，市委书记杜小刚为上海市精神卫生中心长三角一体化无锡中心揭牌。全市选派6名高层次人才参加省科技厅、省卫生健康委高层次人才理想信念专题教育培训班。召开市卫生健康委人才工作专题推进会2次，开展“太湖人才计划”医学专家团队和医疗卫生高层次人才年度绩效考核，并落实结果运用。组织开展2023年“太湖人才计划”医学专家团队和高端人才增选工作，新增医学专家团队7个、高端人才6人。到全国知名医学院校开展高层次人才引进和校园招聘，全年发布高端紧缺、通用类、其他类专技人才招聘公告共217个岗位，引进省级以上重点专(学)科带头人2人；引育博士人才100人，其中毕业于“双一流”及知名医学院校83人。定向招聘抗疫一线编外人员58人。选派“太湖人才计划”医学专家团队所在科室青年骨干60人到带头人单位以及国内知名医疗机构研修学习。举办2023年太湖人才峰会之卫生人才主题交流会移植技术及人才专场活动。全年新增享受政府特殊津贴专家1人，省“双创”人才1人，江苏特聘医学专家1人，省卓越博士后计划1人，省“双创”博士17人、数量保持全省前三，市有突出贡献中青年专家3人，入选中国博士后科学基金面上项目8人。

引建国医大师(施杞、王新陆、丁樱)、全国名中医(汪受传、黄煌)、岐黄学者(季光)工作室(站)。推选第五届无锡市名中医11人，建立16个第二批无锡市名中医工作室及32个基层工作站。举办龙砂医派青年骨干人才培训班、中医药科研创新能力培训班、中医药文化宣传培训班、基层卫生技术人员中医药培训班，培训人员350余人。承办江苏省“西学中”人才培养项目无锡班，参训105人。举办首届全市中药调剂技能竞赛，近300名选手参与，10名选手获无锡技能精英大赛奖项。入选全国中药特色技术传承人才培养对象和中医药国际交流人才库成员各1人。

(朱涵莹　叶志超)

12月28日，全市医疗卫生科技与人才高质量发展大会召开

(市卫生健康委　供图)

【生物安全】 2023年，市卫生健康委贯彻落实市委、市政府关于开展全市经济社会重点领域安全风险排查化解工作要求，加强全市一级医疗卫生机构病原微生物实验室生物安全备案管理工作，报送“基层医疗卫生机构生物安全实验室的备案管理”治理课题。至年末，全市有上报备案生物安全实验室305个，其中医疗卫生系统197个、疾控系统13个、科研系统5个、教育系统4个、出入境系统3个、采供血机构3个、各类企业80个。

(孙道崎)

编辑　何　峰

体育设施

【概况】 2023年，无锡奥林匹克体育中心开工建设，成为无锡体育事业发展的标志性工程。锡山区文体中心、新吴区伯渎河体育中心等一批公共体育场馆启动建设，江阴市新桥文体中心竣工投用。江阴市体育中心入选国家体育总局评选的首批公共体育场馆开放服务典型案例名单（全国33家）。年内，全市利用城市闲置用地新建公共体育设施项目160个，新改扩建体育公园（广场）21个，新建成健身步道120千米，“10分钟体育健身圈”进一步提质扩容，全市人均体育场地面积4.6平方米。

【无锡奥林匹克体育中心项目】 2月9日，无锡奥林匹克体育中心项目在经开区开工建设。项目总用地56.7公顷，总建筑面积46.7万平方米，总投资约69亿元。项目规划建造6万座体育场、1.8万座体育馆、2000座游泳馆和全民健身中心以及包含商业、酒店等在内的7万平方米文商体旅综合体，打造成为项目多样、业态丰富、功能完善的现代化大型体育综合体。

【新增2家省级示范体育公园】 2023年，省体育局、省发展改革委、省住房城乡建设厅联合发布《关于命名“江苏省示范体育公园”的通知》，无锡市金匮体育公园、无锡市锡山区云林生态体育公园入选，全省共27家。金匮体育公园建成于2010年，占地面积63.89公顷，建有健身步道5.5千米、登山步道1.2千米、露营场地8.5公顷、水域面积4.8公顷、灯光篮球场1片、足球场2片、网球场4片。锡山区云林生态体育公园建有贯穿场地的步道2.5千米，彰显“运动主题景观+多元体育运动+延展运动产业”理念，为区域性健身运动场地。

【新增2家省级最美乡村健身公园（广场）】 2023年，锡山区厚桥街道市民广场、滨湖区胡埭村西河头公园入选2023全省最美乡村健身公园（广场），全省共26家。锡山区厚桥街道市民广场总面积5000平方米，拥有五人制足球场1片、标准门球场2片，设置休憩座椅、电子屏幕、休闲长廊等配套设施。滨湖区胡埭村西河头公园配置乒乓球、羽毛球、桌上冰壶、太极、广场舞、健身步道、健身器材等体育场地设施，年内服务群众6万余人次。

（周妮雯）

青少年体育

【概况】 2023年，无锡市创成国家高水平体育后备人才基地3个、国家体育后备人才基地2个。命名新一轮无锡市体育传统特色项目学校（幼儿园）194所，评选首批无锡市体教融合项目实践基地10个。无锡青少年运动员参加第一届全国学生（青年）运动会，获金牌13枚、银牌7枚、铜牌10枚；参加省青少年锦标赛，成绩居全省前列，无锡市获评全省竞技体育后备人才输送和贡献突出单位。年内，无锡市省运会新周期队伍组建率80%，完成省注册运动员2440人；“市队校办”12个项目落户26所学校。承办篮球、足球、击剑等省级以上青少年比赛15项，举办无锡市小学生阳光体育联赛、青少年阳光体育十大联赛、小学生校园足球超级联赛等一批青少年品牌赛事。无锡市梅村实验小学、江阴市第二中学、无锡市东北塘中学、无锡市江南中学、江阴市徐霞客中学、无锡市市北高级中学、无锡市天一实验小学、无锡市新吴区旺庄实验小学、宜兴市蒋南翔实验小学、无锡市东林小学10所学校被评为无锡市首批体教融合项目实践基地（中小学校体育特色项目）。

【参加第一届全国学生（青年）运动会】 11月15日，第一届全国学生（青年）运动会在广西南宁落幕，无锡市139名运动员参加公开组26个大项、85个小项，校园组6个大项、25个小项的比赛，在柔道、现代五项、射击、橄榄球、羽毛球、足球、赛艇、击剑、垒球等项目中获得金牌13枚、银牌7枚、铜牌10枚。金牌数占全省金牌总数的13.5%，参赛贡献度居全省前列，为江苏代表团获金牌榜排名第一贡献无锡力量。其中，张佳骏在田径中学组200米半决赛中跑出20秒90，创造新的全国青年纪录；决赛中以20秒96夺冠，在打破全国中学生纪录的同时，成绩双超大学组甲、乙组冠军。13 岁的邓雨萧在中学组女子游泳 400 米混合泳中游出 4 分 51 秒 16 的成绩，远超该项目运动健将水平。许亚辉等 8 人助力江苏队首次获得全国综合性运动会男子足球冠军。

【阳光体育联赛】 2023 年，无锡市举办小学生阳光体育联赛、青少年阳光体育十大联赛两大品牌赛事，共计开展 27 项次比赛，涵盖羽毛球、乒乓球、游泳等大众项目，击剑、滑雪、体育舞蹈（街舞）、跆拳道等时尚项目，棋类、武术（套路）、射击等传统项目，滑板、竞技体适能、滑板等少儿项目，覆盖幼儿园、小学、初中、高中等多个学段，构建多层次、广覆盖、全龄段参与的赛事活动体系，助力青少年在体育运动中享受乐趣、增强体质、健全人格、锻炼意志，全市约 1.2 万名学生参与。

【无锡市小学生校园足球超级联赛】 3 月 5 日，2022—2023 赛季无锡市小学生校园足球超级联赛（以下简称“小超联赛”）决赛在无锡体育中心落幕。小超联赛是无锡市自主创办的校园足球 IP 赛事，连续举办 5 届。该届联赛有 15 所小学、390 名球员组队参赛，历经 10 轮、61 场比赛，无锡市查桥实验小学获得联赛冠军，无锡市广益中心小学、江苏省无锡师范学校附属小学分别获亚军、季军。

【“亚足联女足日”女孩足球节惠山站】 3 月 11 日，“亚足联女足日”女孩足球节惠山站活动在江苏省锡山高级中学实验学校第一小学举行。活动由亚洲足球联合会、中国足球协会主办，江苏省锡山高级中学实验学校第一小学的 64 名女足小球员分成 8 组，轮流参加采蘑菇、推土机、小足球回家、保龄足球 4 项趣味运动。

【2023 年中国马术场地障碍青少年冠军杯赛海澜飞马水城站】 3 月 18—19 日，2023 年中国马术场地障碍青少年冠军杯赛揭幕战在江阴海澜飞马水城举办。赛事由中国马术协会主办，巡回赛途经上海、北京、广东、深圳、四川等地。揭幕战设置少年 B 组 0.90 ～ 1.05 米、少年 A 组 1.10 ～ 1.20 米、青年 B 组 1.10 ～ 1.20 米和青年 A 组 1.20 ～ 1.30 米共计 4 个级别的个人赛，全国 270 对人马组合同场竞技。孙瑞睿一人揽获少年 A、B 组桂冠，量子星、尤彦贺分别获青年 A、B 组冠军。

【2023 中国家庭帆船赛（无锡站）】 5 月 19—20 日，2023 中国家庭帆船赛（无锡站）在鼋头渚景区举办。全国各地的 39 个家庭、100 余名选手参赛，赛事为期 2 天，设 Hobie T1 和 Hobie T2 两个组别，来自南京的玄风美人鱼队和无锡梦龙队分别夺得两个组别的冠军。赛事期间，参赛家庭一同参加水手之夜活动。

（周妮雯）

【2023 年全国少儿游泳俱乐部“海豚之星”锦标赛在无锡市举办】 5 月 20—21 日，海娜斯顿杯 2023 年全国少儿游泳俱乐部“海豚之星”锦标赛在无锡体育中心游泳跳水馆举办。北京市、上海市、山东省、天津市、重庆等全国各省、市的 51 支队伍、1000 余名小运动员参加。自 2007 年以来，无锡游泳跳水馆连续多年举办少儿游泳比赛，2012 年升格为全国少儿游泳邀请赛暨《全国游泳锻炼标准》达标赛，2015 年比赛再次升格，成为全国少儿游泳锦标赛。最终，上海杨少体、常奥体育、宜体青少分别获总团体前三名，上海杨少体、宜体青少、南京体校分别获男子团体前三名，上海杨少体、常奥体育、宜体青少分别获女子团体前三名。

【江苏省青少年篮球锦标赛（13 ～ 14 岁组）在无锡市举办】 7 月 3—9 日，2023 年江苏省青少年篮球锦标赛在市体育公园体育馆和市体育运动学校举办。省内 8 个地市的 7 支男队、6 支女队共 200 余名运动员及教练参加。经过 7 天的比赛，最终，苏州队、常州队、无锡队分别获女子组前三名，常州队、苏州队、南京队分别获男子组前三名。

（张思鸿）

【江苏省青少年足球锦标赛（U14 组）在无锡市举办】 7 月 6—12 日，2023 年江苏省青少年足球锦标赛（U14 组）在无锡市举办。赛事由省

7 月 6—12 日，2023 年江苏省青少年足球锦标赛（U14 组）在无锡市举办

（市体育集团　供图）

9月15—17日，第一届全国学生（青年）运动会（公开组）三人篮球女子组预赛在市体育公园举办　　（市体育集团　供图）

体育局、省教育厅主办，省内10个地市的9支男队、8支女队共373名运动员参加。比赛分专项竞赛和体能竞赛两个部分。其中，体能竞赛设置垂直纵跳、30米直线冲刺、坐位体前屈、折返灵敏和立定跳远5项，成绩占各组别小组赛成绩30%。历经8天角逐，最终，苏州队、常州队、南通队分别获女子组前三名，苏州队、无锡队、常州队分别获男子组前三名。

【“奔跑吧·少年”2023年华东十城市青少年跆拳道邀请赛】 7月8—9日，“奔跑吧·少年”2023年华东十城市青少年跆拳道邀请赛暨长三角青少年跆拳道邀请赛在无锡太湖国际博览中心B4馆举办。福州、杭州、合肥、青岛、温州、无锡等地的260余名青少年跆拳道选手参赛。比赛按照年龄划分为14～15岁、12～13岁和10～11岁三个竞赛组别，并为男女各个组别设置多个不同的公斤级比赛。邀请赛共产生金牌29枚。

【参加江苏省青少年游泳锦标赛】 7月15—20日，2023年江苏省青少年游泳锦标赛在徐州奥体中心举办。比赛按年龄分为11～12岁组、13～14岁组、15～17岁组，全省13个地级市的近700名运动员参赛。无锡市86名运动员参赛，获金牌23枚，居全省金牌榜第一位。其中无锡运动员周沫获得10枚金牌，成为无锡历史上单次省级比赛中夺金最多的运动员。

（周妮雯）

【全国青少年棒球锦标赛（U18组）在无锡市举办】 8月9—16日，2023年全国青少年棒球锦标赛（U18组）暨中国中学生棒球锦标赛（高中组）在无锡市举办。全国各地的16支高中生棒球队伍、300余名运动员参赛。最终，中山市东升高级中学、南京市江宁高级中学和无锡市东北塘中学分别获前三名。

【江苏省青少年体适能锦标赛（趣味田径、触式橄榄球）在无锡市举办】 8月16—24日，2023年江苏省青少年体适能锦标赛（趣味田径、触式橄榄球）在无锡市江苏省太湖高级中学举办。全省各地的200余名青少年运动员参赛。最终，南京队、无锡队、苏州队分别获趣味田径项目前三名；盐城队、南京队分别获触式橄榄球项目7～8岁组前两名；南京队、徐州队、泰州队分别获触式橄榄球项目9～10岁组前三名；无锡队、盐城队、苏州队分别获触式橄榄球项目11～12岁组前三名。

【第一届全国学生（青年）运动会三人篮球女子组预赛在无锡市举行】 9月15—17日，第一届全国学生（青年）运动会（公开组）三人篮球女子组预赛在市体育公园举行。全国17个省（市）的19支球队参加。经过3天的比赛，最终，武汉队、福州队、苏州队分别获前三名。

（张思鸿）

群众体育

【概况】 2023年，无锡市推进运动友好型城市建设，举办“跃动锡城”全民健身运动会、首届企业运动会、“魅力江苏、最美体育”系列活动，举办社区运动会吸引200余个社区的100余万居民参与关注。开展元旦迎新、春节体育大联欢、重阳登高、全民健身日等主题活动，形成贯穿全年、层次分明、富有活力的全民健身赛事活动集群。开展石锁、太极拳（剑）、健身气功等全民健身项目进校园、进企业、进机关活动100余次，举办科学健身知识讲座10余场，体质监测服务市民超3万人次。11月，第17届中国围棋棋王争霸赛第一阶段比赛在惠山区开赛。市第九人民医院、市中医医院、滨湖区雪浪街道社区卫生服务中心获得省级运动促进健康中心授牌，至年末，全市累计建成市级运动促进健康中心（站、点）11家。全市经常参加体育锻炼人数比例41%，国民体质监测合格率93.5%，每万人拥有社会体育指导员数49人。

【体育社会组织建设】 4月21日，无锡市体育总会召开第六届会员代表大会，选举产生新一届理事会及其领导机构。年内,1家协会获评全国群众体育先进单位,7家单位获评江苏省群众体育先进单位,3家协会获评5A级社会组织等级,1家协会获评4A级社会组织等级,8家协会取得3A级社会组织等级。至年末,全市有市级体育协会53家、体育类民办非企业单位89家、体育基金会1家,县级体育协会175家、民办非企业单位135家,涵盖广场舞、健身气功、石锁、击剑、篮球、电子竞技等多个项目,构建形成点线结合、覆盖广泛、功能齐备的体育社会组织服务体系。

【2023新春体育大联动】 2023年春节期间,市体育局举办"2023新春体育大联动"活动,农历初一至初六,在各大景区、广场、商业综合体举行传统体育表演、智力运动赛、家庭亲子接力赛、广场健身舞展演、电子竞技赛、街舞表演等,为市民献上新春"体育大餐",体旅融合促消费,打造运动过年新风尚,获《人民日报》头版头条报道。

【2023无锡太湖女子半程马拉松】 4月9日,2023无锡太湖女子半程马拉松在无锡太湖国家旅游度假区开跑。比赛设置21.0975千米半程马拉松、8千米健康跑、5千米亲子跑3个组别,全国各地的7000余名选手参赛。王文田以1小时21分9秒的成绩夺得半程马拉松冠军。每名完赛跑友获得一份"数字健康卡",可在无锡市7家社区共享健身房免费使用1年。

【参加江苏省第二届智力运动会】 4月19日,江苏省第二届智力运动会闭幕式在镇江市举行。作为4年一届的全省最高水平的智力运动综合性赛事,省内13个设区市的109支运动队、1516名运动员参赛。无锡代表团141名运动员参与国际象棋、象棋、掼蛋、魔方、飞镖、五子棋、围棋、国际跳棋、桥牌全部9个大项的比赛,获得16枚金牌、15枚银牌、15枚铜牌,总分497分,取得全省金牌数第三,奖牌数、总分第二的成绩。无锡市代表队获优秀组织奖、体育道德风尚奖。

【2023年中国美人鱼公开赛(无锡站)】 4月24—25日,中国美人鱼公开赛(无锡站)在无锡融创乐园海世界举办。"美人鱼潜水"作为集自由潜水、蹼泳、花样游泳、瑜伽和舞蹈于一身的潮流水上运动项目,极具观赏性与技巧性。比赛汇聚全国60余位美人鱼选手,超半数为首次参赛,北京米星获团体冠军,赵鑫获男子组冠军,杨玥雯莎获女子组冠军。

【2023年江苏省"长江经济带"全民健身大联动无锡分会场】 6月10日,2023年江苏省"长江经济带"全民健身大联动无锡分会场暨"行走古运河"健康无锡健步走活动在无锡市清名桥畔举办。健步走活动全程4.4千米,300名健身爱好者从清名桥经跨塘桥码头,掉头南下塘,过伯渎桥、古韵坊、翠華停骖牌坊等景点再返回清名桥。

【跃动锡城·全民健身运动会水上赛事休闲季系列活动端午龙舟赛】 6月22日,跃动锡城·2023全民健身运动会水上赛事休闲季系列活动端午龙舟赛在鼋头渚充山水域举行。比赛设置12人制标准龙舟200米直道竞速项目,18支参赛队通过2轮比拼争夺前6名席位。最终,惠山区文体旅龙舟队获第一名,福道缘龙舟队、瑞泰通善队分别获第二名、第三名。

【2023中国·无锡首届大运河文化带城市龙舟邀请赛】 6月23日,2023中国·无锡首届大运河文化带城市龙舟邀请赛暨无锡市职工龙舟比赛在惠山区玉祁街道举行。南京、苏州、扬州、连云港等城市的6支龙舟队与无锡当地的10支龙舟队、近200名选手参赛。最终,玉祁街道代表队、无锡代表队、连云港市赣榆区代表队分别获大运河文化带城市龙舟邀请赛前三名,苏州蔚蓝企业管理有限公司龙舟队、玉祁街道职工龙舟队、江阴市科创青阳龙舟队分别获职工龙舟比赛前三名。

【"奇妙夜梁溪"2023城市定向挑战赛】 7月22日,"奇妙夜梁溪"2023城市定向挑战赛在无锡市太湖广场开赛。挑战赛围绕文化、体育、旅游、商业4大业态,设计奇妙文体、奇妙商圈、奇妙旅游、奇妙亲子4条线路,每条线路长度8～12千米,包含起终点设置6个打卡点位。无锡市和长三角周边城市的2000余名运动爱好者参加,参赛者以徒步、骑自行车或乘坐城市公共交通等方式到达各线路点位,沿途畅游梁溪地标景点,收获运动、游戏、市集、音乐节等多种体验。

【无锡市2023首届企业运动会】 7—11月,无锡市2023首届企业运动会在全市综合体育馆、体育场、综合广场等场地开展,运动会设置三人制篮球、五人制足球、气排球、乒乓球、羽毛球、网球、室内铁人三项、皮划艇、慢投垒球和城市定向赛10个项目,近200家企业、3000名选手参与。企业运动会由市政府主办,市委宣传部、市委台办、市人力资源社会保障局、市商务局、市国资委、市体育局、市总工会、市工商联和各市(县)区人民政府共同承办,旨在营造宽松、友好、亲商的城市发展氛围,为企业搭建同场竞技的平台。

【2023第二届无锡市魔方运动会】 8月20日,2023第二届无锡市魔方运动会(夏季赛)举行。赛事由无锡市魔方运动协会、无锡市梁溪区脑力运动协会主办,设置三阶、二阶、金字塔、枫叶等项目,南京、苏州、南通、常州、常熟等地的选手共计158人参加,比赛成绩优异的运动员获得进入市级魔方预备队资格。

【参加2023年江苏省健身气功站点联赛】 8月28日,2023年江苏省健身气功站点联赛在张家港市开赛。比赛分为个人赛和集体赛,设置健身气功·易筋经、五禽戏、六字诀、八段锦等项目,全省37支队伍、192人参赛。无锡3支参赛队伍在集体赛中获一等奖3个、二等奖1个、三等奖2个;在个人赛中,无锡选手严承卓、陈雪娇分别获五禽戏、六字诀第一名,魏海虎、殷浩分别获八段锦第三名、第四名。

【跃动锡城·2023全民健身运动会健身气功站点联赛】 10月14日,跃动锡城·2023全民健身运动会健身气功站点联赛在惠山区全民健身中心体育馆举行。全市21支站点代表队、167人参赛。最终,惠山区玉祁街道、惠山区西漳公园、锡山区云林文化广场、江阴市徐霞客镇代表队分别获五禽戏、八段锦、大舞、引养身功十二法集体项目一等奖;31名选手获得六字诀、易筋经、马王堆引导术个人项目前8名。

【2023年中国铁人三项联赛江苏无锡站】 10月15日,2023年中国铁人三项联赛江苏无锡站在无锡市"蠡湖之光"举行,全国各地近800名运动员参赛。作为全国A+级铁三赛事,比赛设置全程分龄组和半程分龄组共26个组别,全程组比赛距离按奥运会标准设置,游泳、自行车、跑步分别为1.5千米、40千米和10千米;半程组相应减半。无锡市220人参赛,无锡选手本杰明、林成丹分别以1小时55分32秒、1小时58分44秒的成绩获男子全程组冠军和亚军,无锡市铁人三项运动协会获男子全程和女子半程2个团体项目冠军。

【2023"无锡杯"三人篮球联赛】 10月29日,2023"无锡杯"三人篮球联赛总决赛在惠山区悦尚奥莱落幕。"无锡杯"三人篮球联赛是无锡市首个以地域为划分、以职业化办赛标准打造的群众三人篮球品牌赛事。比赛历时半年,经8站巡回、216场比赛,吸引300余名运动员参与和超10万名篮球爱好者关注。总决赛上,梁溪队以16 :13战胜经开队,获2023"无锡杯"三人篮球联赛冠军,经开队与惠山队分别获亚军、季军。总决赛期间,赛事举办地所在商圈访客量同期增长25.8%。

【2023"无锡杯"足球联赛】 11月11日,2023"无锡杯"足球联赛在无锡体育中心闭幕。该届联赛历时183天,8支球队、221名球员进行60场对决。最终,江阴队卫冕冠军,经开队获亚军,新吴队获季军,锡山队获第四名。经综合评选,经开队徐璟辉、滨湖队姜何获评最具人气球员,陆磊获评最佳裁判员,翁晓洁获评最佳教练员,江阴队沈子超获评最佳守门员,经开队张雨琦获评最佳射手,江阴队蔡明哲获评最佳球员。

10月15日,2023年中国铁人三项联赛江苏无锡站在无锡市"蠡湖之光"举行
(周妮雯 供图)

【参加第11届江苏省创编广场舞(健身操)交流比赛】 11月26日,由省体育局、省体育总会主办的第11届江苏省创编广场舞(健身操)交流比赛在盐城市落幕。比赛为期2天,全省13个设区市的广场健身舞代表队参赛。无锡代表队以音乐优美、舞姿灵动、动作编排新颖并兼具民族特色,获得规定套路《母亲是中华》特等奖、自选套路《美丽无锡等你来》一等奖,队伍获最具风采奖。

【2023年全国太极拳公开赛总决赛在江阴市举行】 12月18—20日,2023年全国太极拳公开赛总决赛在江阴海澜飞马水城举行。该赛事是太极拳列入世界非物质文化遗产3年后首次举行的全国性太极拳公开赛,比赛由国家体育总局武术运动管理中心、中国武术协会、江苏省体育局、无锡市人民政府主办,全国23个省(市、自治区)的153个代表队、800余名运动员参赛。参赛选手为通过全国太极拳公开赛在陕西省举办的西部赛区、重庆市举办的南部赛区、河南省举办的东部赛区、河北省举办的北部赛区,4个分站赛选拔出的优胜者,代表全国太极拳最高水平。最终,决出个人冠军46个、对练冠军1个和集体项目冠军5个。

【无锡宜兴2023阳羡100越野挑战赛】 11月18—19日,无锡宜兴2023阳羡100越野挑战赛在宜兴市举办。赛事设置100千米、50千米、30千米和5千米4个组别,

11月18—19日，无锡宜兴2023阳羡100越野挑战赛在宜兴市举办

（周妮雯　供图）

1400余名越野跑爱好者参赛，是省内首个报名人数超过1000人的越野赛。越野赛道途经竹海公园、国家森林公园、龙池山自行车公园、窑湖小镇、龙珠水库等风景区，串联龙脊线、龙太环线、乌石古道、茶马古道等徒步线路。游培泉、徐美玲分别以11小时45分17秒、13小时21分05秒的成绩夺得100千米男子组、女子组冠军。

（周妮雯）

竞技体育

【概况】 2023年，无锡运动员在全国及以上综合和单项比赛中获冠军43个。其中，在杭州第19届亚运会获6枚金牌、2枚银牌、1枚铜牌，为中国队实现马术、围棋项目亚运会金牌零的突破；在成都市举办第31届世界大学生夏季运动会（以下简称“成都大运会”）获4枚金牌、4枚银牌、2枚铜牌。王飞龙获游泳世锦赛跳水金牌，金维娜、罗欣檂所在的中国女篮夺得亚洲杯冠军。省棒球队获全国锦标赛冠军，实现国内棒球赛事大满贯。无锡女足获2023年全国女足锦标赛亚军。无锡吴钩足球俱乐部首次征战中国足球协会甲级联赛。无锡市申办成功2024世界体育舞蹈联合会（WDSF）世界青年霹雳舞锦标赛、2025年世界青年击剑锦标赛、2025年世界跆拳道锦标赛主办权。

【国家级跆拳道赛事在无锡市举办】 1月7日，全国跆拳道锦标系列赛和全国跆拳道冠军赛在无锡市落幕。两项比赛均为全国级高水平赛事，且为杭州亚运会积分赛事。全国跆拳道锦标系列赛有30支队伍、300余人参赛；全国跆拳道冠军赛由全国32支代表队、排名最前列的265名运动员参赛。中央电视台体育频道（CCTV-5）6次对赛事进行专题报道，奥运冠军郑姝音、赵帅参与赛事直播解说，吸引近100万人次观看。

【2022年世界跆拳道大满贯冠军系列赛在无锡市举行】 4月3日，2022世界跆拳道大满贯冠军系列赛暨奥运直通卡赛（延期举办）在无锡太湖国际博览中心落幕。该项赛事是中国永久落户的首个，也是目前唯一一个奥运直通卡赛，设置完全独立于跆拳道奥运积分的大满贯积分，拥有每个奥运周期各级别大满贯积分榜首8个直通名额。赛事为期5天，16个国家及地区的439人参赛，跆拳道国家队全数出击，奥运会、世锦赛、洲际赛冠军名将参赛。中国队左菊、宋洁、骆宗诗、肖树楠包揽4个女子级别冠军。世界跆拳道联盟主席赵正源、韩国跆拳道主席杨镇芳、中国跆拳道协会主席管健民等到场观赛指导，现场1300个观赛位座无虚席，无锡“跆拳道之城”名片更加亮眼。

4月3日，2022世界跆拳道大满贯冠军系列赛暨奥运直通卡赛在无锡太湖国际博览中心落幕

（周妮雯　供图）

【**2023 年全国女子举重锦标赛在无锡市举行**】 4 月 15—19 日,2023 年全国女子举重锦标赛在无锡太湖国际博览中心举行。全国 30 支代表队、134 名运动员在 10 个公斤级别比赛中展开角逐。中央电视台体育频道(CCTV-5)对赛事进行现场直播,总时长 20 小时。在女子 45 公斤级比赛中,来自福建省体校队的徐璐莹和广东队的魏茜茜分别以 81 公斤、79 公斤刷新该级别抓举世界青年纪录。

【**江苏省棒球队获全国棒球锦标赛冠军**】 4 月 20 日,2023 年全国棒球锦标赛在仪征市落幕。“省队市办”江苏省棒球队 2 ∶1 反超战胜上海队夺冠,是江苏省棒球队自 2002 年建队以后取得的第一个全国锦标赛冠军。江苏省棒球队实现全运会、全国锦标赛、全国冠军赛、全国青年锦标赛棒球赛事的全满贯。

【**2023 年中国棒球联赛无锡站开赛**】 5 月 15 日,由国家体育总局手曲棒垒球运动管理中心、中国棒球协会主办的 2023 年中国棒球联赛首个分站赛无锡站在市体育专业运动队管理中心棒球场开赛。北京、天津、上海、江苏、广东、四川、河南、山东、天津体院、河北体院的 10 支代表队,约 350 人参赛。联赛设置无锡、成都和天津 3 个分站,共开展 106 场比赛。最终,上海红鹰以 9 战全胜的佳绩获得无锡站冠军,江苏钜马以 8 胜 1 负战绩排名第二,北京猛虎以 7 胜 2 负排名第三。

【**2023 赛季中国三人篮球联赛在无锡市开赛**】 6 月 9 日,2023 赛季中国三人篮球联赛在无锡大剧院南广场开赛,中国篮球协会主席姚明视频祝贺,中国篮球协会副主席徐济成等出席开幕式。该联赛是由中国篮球协会主办的国内最高级别的三人篮球赛事,包括中国男子三人篮球超级联赛、中国男子三人篮球超级联赛卫星赛及中国女子三人篮球联赛。2023 赛季从 6 月持续至 11 月,39 支队伍在全国 17 座城市展开角逐。无锡惠汕队获男子三人篮球超级联赛(无锡赛区)第二名。

【**2023 年亚洲击剑锦标赛在无锡市举行**】 6 月 17—22 日,2023 年亚洲击剑锦标赛暨巴黎奥运积分赛在无锡太湖国际博览中心举行,亚洲及太平洋地区的 29 支国家和地区代表队、近 400 名选手参加。赛事设男子及女子花剑、重剑、佩剑的个人赛及团体赛 12 个项目,中国队获 2 枚金牌、3 枚银牌、6 枚铜牌。

6 月 17—22 日,2023 年亚洲击剑锦标赛暨巴黎奥运积分赛在无锡太湖国际博览中心举行 (周妮雯 供图)

【**无锡 2 名运动员助力中国女篮亚洲杯夺冠**】 7 月 2 日,中国女篮以 73 ∶71 力克日本队,时隔 12 年再夺女篮亚洲杯冠军。无锡运动员金维娜、罗欣棫随队出战,助力中国女篮夺冠。决赛中,金维娜首发上场,命中全场首球,上场 23 分钟拿下 2 分、5 篮板、1 助攻。半决赛对阵澳大利亚队的比赛中,金维娜 4 投 3 中帮助中国队强势拉开比分;小组赛对阵韩国队的比赛中,金维娜投出首个三分球打开局面,助力中国队以小组第一出线,获得 2024 年巴黎奥运会资格赛入场券。出身于篮球世家的罗欣棫是首次参加国际比赛,年龄虽小但球风硬朗,敢打敢拼,展现了无锡姑娘的气势和风采。

【**2023 年 WDSF 亚洲体育舞蹈节在无锡市落幕**】 7 月 23 日,由世界体育舞蹈联合会、亚洲体育舞蹈联合会、中国体育舞蹈联合会和无锡市人民政府共同举办的 2023 年 WDSF 亚洲体育舞蹈节在无锡太湖国际博览中心落幕。舞蹈节以世界标准舞锦标赛、世界体育舞蹈大奖赛(无锡站)、中国体育舞蹈公开系列赛(无锡站)“三赛合一”的创新形式举办。赛程为期 4 天,来自 39 个国家和地区的 1700 余名选手参赛。中国选手阎棒棒、杜玉君组合获得 WDSF 世界体育舞蹈大奖赛(拉丁舞)季军,袁绍阳、祁崇萱组合获得 WDSF 世界标准舞锦标赛第六名,均创下中国选手历史最好成绩。赛事期间,由世界体育舞蹈联合会设立的,首个集世界、洲际、中国三位一体的联合总部基地——世界体育舞蹈(无锡)中心揭牌,启动培育自主品牌“中国无锡体育舞蹈节”。

【**王飞龙夺得 2023 世界游泳锦标赛跳水首金**】 7 月 15 日,在日本福冈县举行的 2023 世界游泳锦标赛混合双人 10 米跳台比赛中,无锡运动员王飞龙搭档世界冠军张家齐以 339.54 分夺冠,夺得 2023 世界游泳锦标赛首枚跳水金牌。2008 年出生、年仅 14 岁的王飞龙是无锡市自主选拔培养的运动员，2022 年入选国家跳水队。

【无锡运动员参加成都大运会】 8 月 8 日，在四川省成都市举行的第 31 届世界大学生夏季运动会落幕，中国代表团总计获得 103 枚金牌、40 枚银牌、35 枚铜牌，创造参加大运会的历史最好成绩。无锡 7 名运动员参赛，获 4 枚金牌、4 枚银牌、2 枚铜牌。其中，在女子乒乓球比赛中，无锡运动员赵尚搭档钱天一以 4 ：3 战胜何卓、王晓彤夺得女双冠军，并与队友配合获得乒乓球女子团体冠军，成为大运会“双金王”；田径运动员隋高飞获得男子 4×100 米接力金牌，羽毛球运动员谭强获得男子双打金牌。

【於之莹首获中国女子围棋“名人”头衔】 8 月 22 日，第三届中国女子围棋名人战在内蒙古鄂尔多斯市落幕。无锡运动员於之莹执黑中盘击败周泓余，以 2 ：1 逆转夺冠，首获“名人”头衔。名人战系列赛事由中国围棋协会与人民日报社共同主办，32 位棋手通过 5 轮比赛决出挑战者，与女子“名人”头衔拥有者周泓余进行三番棋比赛。於之莹在挑战者决定战中力克唐奕，夺得挑战权。决胜局后半盘，於之莹抓住周泓余在中腹的失误确立优势，并在此后行棋稳健，最终至 175 手取胜。

【第 11 届环太湖国际公路自行车赛在无锡市开赛】 9 月 14 日，2023 第 11 届环太湖国际公路自行车赛暨长三角穿越赛在无锡市“蠡湖之光”开赛。赛事设 4 个赛段，首站无锡滨湖绕圈赛全程 88.8 千米，以“蠡湖之光”为赛段起终点，20 支世界顶尖职业车队的 120 名选手从梁湖路出发，途经渔港立交、神骏桥、千波桥、七里风光堤等景点。意大利选手 ZANONCELLO Enrico 获无锡赛段冠军。

【无锡运动员参加杭州亚运会】 9 月 23 日至 10 月 8 日，第 19 届亚运会在浙江省杭州市举行。22 名无锡市培养和输送的运动员参加 10 个大项、13 个分项、21 个小项的比赛，共计获得 6 枚金牌、2 枚银牌、1 枚铜牌。无锡市参赛人数占江苏省参赛人数的 21%，居全省第二位；获得金牌数占江苏省获得金牌数的 20.6%，居全省第三位。孙华东、包英凤所在的中国队获得马术三项赛团体冠军，实现马术项目进入亚运会 40 余年后，中国队首次摘金的历史性突破。韦奕苦战九轮获男子国际象棋项目金牌。吴依铭、於之莹携手夺得女子围棋团体项目金牌。金维娜、罗欣棫所在的中国队卫冕女子篮球项目冠军。

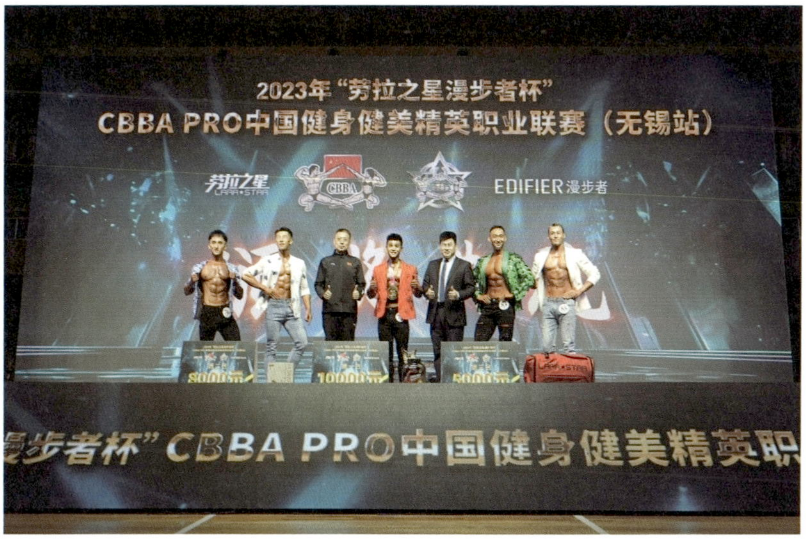

11 月 18—19 日，2023 年“劳拉之星漫步者杯”CBBA PRO 中国健身健美精英职业联赛（无锡站）在锡山区天一体育馆举办　（市体育集团　供图）

【2023 国际篮联 3×3 世界巡回大师赛（无锡站）】 11 月 4—5 日，2023 国际篮联 3×3 世界巡回大师赛（无锡站）在惠山区悦尚奥莱广场举办。比赛由国际篮联授权，中国篮协支持，无锡市人民政府主办，无锡市体育局、惠山区人民政府共同承办。UB 惠汕队、中国武汉队、乌兰巴托队等 13 支三人篮球职业队参赛。最终，Paris (6) FRA 队摘得冠军。

（周妮雯）

【中国健身健美精英职业联赛（无锡站）】 11 月 18—19 日，2023 年“劳拉之星漫步者杯”CBBA PRO 中国健身健美精英职业联赛（无锡站）在锡山区天一体育馆举办，比赛设置古典健美、男子健体、传统健美、男子健身模特、女子健身模特、健身比基尼、女子形体 7 个大项 21 个组别，全国 18 个省级行政区的 42 个城市的运动员参赛。最终，潘志斌获男子健体冠军，曹淼获健身比基尼冠军，张玉鑫获古典健美冠军，郜博获男子健身模特冠军，曹婧获女子健身模特冠军，王森贵获传统健美冠军。

（张思鸿）

【2023 世界跆拳道大满贯冠军系列赛暨奥运直通卡赛在无锡市落幕】 12 月 17 日，2023 世界跆拳道大满贯冠军系列赛暨奥运直通卡赛在无锡市落幕，8 张跆拳道运动奥运直通卡产生。中国队获 3 枚金牌、3 枚银牌、4 枚铜牌，取得女子 3 个级别、男子 1 个级别的 4 张巴黎奥运会入场券。国际奥委会主席巴赫向赛事发来贺信，祝贺跆拳道大满贯在中国的跆拳

道运动之都——无锡，将8名跆拳道运动员送上通往巴黎奥运会的首班车，并表示希望无锡大满贯赛事越办越好，为世界级的跆拳道运动员，带来更多机会，打造更大的舞台。赛事期间，世界跆拳道联合会主席赵正源、中国跆拳道协会主席管健民、无锡市人民政府副市长秦咏薪作为三方代表签署2025世界跆拳道锦标赛主办城市协议。

（周妮雯）

体育产业

【概况】 2023年，无锡市发布首批6大类、41个“体育消费活力场景”项目榜单，为市民提供优质的体育消费选择，11个项目入围2023年江苏省体育消费场景典型案例，2023无锡足球消费季等一批主题活动引领时尚体育赛事与体验性消费新风潮。无锡市在全省率先开展智慧体育产业城市建设试点，举办2023世界物联网博览会无锡智慧体育展。新增省体育服务综合体1个、省体旅融合发展示范基地1个、中国体育旅游十佳项目1个、精品项目2个，长三角地区体育旅游精品项目1个。全市体育彩票销量42.53亿元，比上年增长35.89%。2022年无锡市体育产业总产出806.43亿元，同比增长6.0%；增加值264.34亿元，同比增长6.66%，占全市同期地区生产总值的1.78%;2022年无锡市居民体育消费总规模221.3亿元，人均体育消费2954.8元。

【无锡马拉松】 3月19日，2023无锡马拉松（以下简称“锡马”）鸣枪开赛。该届锡马与全国马拉松锦标赛、布达佩斯世锦赛选拔赛、杭州亚运会选拔赛、大运河马拉松系列赛“五赛合一”，成为历届锡马以及当年度国内马拉松赛事整体等级最高，吸引15万人报名、3.3万名选手参加。肯尼亚运动员Enock ONCHARI以2时07分19秒的成绩夺得男子组冠军，创造无锡马拉松新的赛会纪录。何杰、杨绍辉分别获第二名、第三名，打破尘封逾15年的全国纪录。白丽以2小时26分33秒的成绩夺得女子组冠军，成绩刷新赛会纪录，埃塞俄比亚运动员Chernet Misganaw TAKELE、Koren Jelela YAL分别获第二名、第三名。3名中国运动员达标布达佩斯世锦赛和巴黎奥运会，1262名全马选手跑进3小时。现场指挥部34家成员单位集中办公，5139名志愿者、3968名安保、1240名医护人员沿线服务，继续保持零重大事故，体现“双金赛事”办赛水准。中央电视台体育频道（CCTV-5）全程直播160分钟，展示蠡湖、十里芳堤、贡湖湾湿地等城市之美，聚焦宣传集成电路等现代产业发展成果。该届锡马参赛与观赛人员有22万人，其中外地跑者占比80%，拉动文旅、餐饮、交通等各类消费1.95亿元。

【智慧体育产业】 7月，无锡市获批开展智慧体育产业城市建设试点，成为省内首个且唯一试点城市。10月，2023世界物联网博览会无锡智慧体育展在无锡太湖国际博览中心举行，展出的智能骑行、AI对弈、VR滑雪、全民高尔夫等各类体验项目受到群众喜爱。位于新吴区的无锡智慧体育产业园是国内首家、全球第四家智慧体育特色产业园，至年末，入园企业累计130余家，在体育用品智能制造、体育服务消费等领域形成多层次、多样化应用场景。

【3个项目入选工业和信息化部智能体育典型案例】 2023年，工业和信息化部电子信息司发布2022年度智能体育典型案例名单，涉及智能体育产品、智慧体育场馆解决方案、智能户外运动设施解决方案、运动健身App及平台等方向项目100个。无锡市《基于全民健身场景的体育公共服务智能治理和智慧应用服务平台》《竞技体育训练数字化应用平台》2个项目入选智能体育运动健身App及平台典型案例，该方向省内仅2项；《数字化全生态智慧体育场馆解决方案》入选智慧体育场馆解决方案典型案例。

【11个案例入选省体育消费场景典型案例】 9月28日，省体育局公布2023年江苏省体育消费场景典型案例名单，分为时尚运动与户外营地、体育休闲旅游基地、体育健身场馆、体育融合创新、数字体育消费、时尚赛事与体育消费主题活动6大类消费场景，其中精品案例20个、典型案例80个。无锡市11个案例入选，其中，2023无锡足球消费季、无锡海澜飞马水城马术运动与休闲旅游场景、无锡热雪奇迹“四季滑雪”时尚运动场景、2023无锡马拉松4个案例获评精品案例。

【新增1家省级体育服务综合体】 2023年，省体育局公布江苏省第六批体育服务综合体认定名单，新吴区BOB运动街区入选。该街区位于新吴区江溪路富力城富力星光里街区内，全馆面积5000平方米，拥有篮球、游泳、健身、羽毛球、乒乓球、瑜伽、台球等运动场地，是新吴区规模最大的室内综合性运动场所。至年末，全市有9家省级体育服务综合体，分别是无锡华润万象城、江阴市体育中心、无锡体育中心、惠山区全民健身中心、乐运体育商业综合体、无锡融创茂、太湖新城体育公园、无锡八佰伴中心、新吴区BOB运动街区。

【长三角地区体育旅游精品项目】 11月1日，2023年长三角地区体育旅游精品项目榜单发布，无锡“宜城杯”全国动力冲浪板锦标赛暨全国动力冲浪板联赛（宜兴站）入选体育旅游精品赛事。该项赛事在宜兴市东氿水域举办，是国内动力冲浪板的最高规格赛事，比赛期间举办水上运动器材展览会、非遗产品展览、体育文化展演、水上嘉年华和民俗市集等系列活动，推动区域体育旅游融合发展。

【中国篮球协会与无锡市人民政府签署战略合作协议】 11月5日，中国篮球协会与无锡市人民政府在惠山区阳山镇签订战略合作协议，中国篮球协会主席姚明、江苏省体育局副局长刘彤、无锡市人民政府副市长秦咏薪等出席签约仪式。中国篮球协会授予无锡市体育局“服务热心周到、保障坚强有力”锦旗，向惠山区政府颁发“荣誉证书”，授予无锡市惠汕体育发展有限责任公司“突出贡献单位”称号，表彰无锡市在国际篮球领域的突出贡献和国家队建设中的杰出表现。在中国三人男篮冲奥的过程中，无锡市承办多项奥运积分赛事，与中国篮协一起组织起9支三人男篮冲奥队伍，征战世界各地国际篮联各级奥运积分赛事，将中国国家排名从2022年的第45名提升到2023年的第3名，锁定中国三人男子篮球队奥运资格。

【足购精彩·2023无锡足球消费季】 7月22日至8月1日，足购精彩·2023无锡足球消费季在无锡海岸城举办。活动分为内场、外场两大区域，内场区域集合观赛、音乐、市集和足球主题展，穿插少儿足球秀、谁是真球迷、颠球挑战等互动，外场区域开展“足球嘉年华”系列活动，设置3V3笼式足球挑战赛、足球游戏体验区、合影打卡区、女足世界杯特色互动打卡等，增加更多体验感和趣味性，打出集观赛、竞技、休闲、娱乐、公益、健身于一体的消费“组合拳”。

（周妮雯）

4月15日，鼋头渚景区举办2023无锡太湖鼋头渚赛艇邀请赛

（无锡太湖鼋头渚旅游集团有限公司　供图）

【蠡湖水上运动赛事运营】 2023年，无锡银鸥文化体育发展有限公司运营执行蠡湖水上运动赛事，促进文体旅产业融合发展。1月，举办蠡湖新春第一划；4月4日，举办“樱桃之恋”鼋头渚樱花节皮划艇定向赛；4月15日，举办2023无锡太湖鼋头渚赛艇邀请赛；5月19—21日，举办2023中国家庭帆船赛（无锡站）；5月27日，在鼋头渚充山码头区域举办“光大杯”2023年全市统一战线纪念“五一口号”发布75周年龙舟赛；7月27日至8月2日，举办江苏省青少年帆船锦标赛；8月18—21日，在鼋头渚充山水域首次举行省级专业赛事江苏省青少年皮划艇锦标赛，全省7个城市，100余名运动员、教练员、裁判员参加；9月25日，举办长三角（5+10）城市首届职工皮划艇邀请赛；10月15日，举办2023中国铁人三项赛，该赛事首次落地无锡市。

（白香香）

编辑　何　峰

综　述

【就业总量】 2023年，市人力资源社会保障局加快推进高质量就业先行区建设，全力推动就业创业工作开展。全市城镇新增就业16.37万人，就业登记总量313.62万人，企业吸纳就业251.43万人，失业人员实现就业6.54万人，就业困难人员实现就业2.4万人，扶持成功创业2.7万人。就业创业工作省内唯一连续6年获省政府督查激励，无锡市连续4年获评年度最佳促进就业城市，《江苏省无锡市依托产业发展支撑充分就业》于11月6日刊载于《人民日报》。

【就业结构】 2023年，全市企业就业参保登记人员总数251.43万人。从户籍来看，无锡市户籍141.93万人，省外户籍73.23万人，省内市外户籍36.27万人；从产业来看，第二产业就业人数121.08万人，第三产业就业人数130.06万人。

【公共就业服务体系建设】 2023年，市人力资源社会保障局全面升级"1+8+N"四级公共就业服务体系，构建"全覆盖""零距离"的公共就业创业服务圈。印发《关于加快推进基层公共就业服务平台建设的实施意见》，探索设立零工驿站、星光驿站、培训小屋等多元服务矩阵。全年新建成22个街道（镇）公共就业服务中心、128个社区（村）就业服务站、14个星光驿站，依托基层就业服务平台开展就业服务活动903场次，筹集就业岗位10.09万个，提供各类就业创业服务12.5万人次。结合"家门口"就业服务站建设，合理布局规范运行零工市场，支持灵活就业和新就业形态发展。5家零工市场全年开展线上线下招聘会145场，提供岗位3.79万个次，达成意向10518人。

【劳务品牌建设】 2023年，市人力资源社会保障局加快劳务品牌建设，全年新增劳务品牌5个。至年末，累计建成11个省级劳务品牌、16个市级劳务品牌，吸纳就业超25万人。

（孙皓晨）

2023年，香楠社区就业创业服务站为市民提供就业服务

（市人力资源社会保障局　供图）

重点群体就业

【高校毕业生就业】 2023年，市人力资源社会保障局聚焦青年发展型城市建设，多措并举促进高校毕业生高质量就业。实施"三年五万，职引未来"青年就业见习计划，全年新开发高质量就业见习岗位2.4万余个，新增省级就业见习示范基地9个，组织见习人员上岗9903人。开展见习对接招聘会，促进人岗匹配。开展离校未就业实名制调查，2023届离校未就业毕业生实名制调查核实率达100%，去向落实率91.03%，发放求职创业补贴426.75万元。实施"四送"进校园活动、青年就业护航、"就在无锡，青春扬帆"青年就业服务基

层行等行动，组织就业服务专家深入街道、社区，对辖区内离校未就业高校毕业生等青年开展职业指导、心理辅导、政策宣介等活动。首次开展数字经济领域高校毕业生就业工作情况研究，为拓展数字经济等新就业领域、促进高校毕业生等青年群体高质量充分就业提供有效参考。

【困难群体就业援助】 2023年，市人力资源社会保障局围绕就业困难人员等重点群体开展就业援助专项行动，上线就业援助系统，实现全流程服务、闭环管理，促进援助对象稳定就业。新创设城乡公益性岗位，安置困难人员8605人，发放社会保险补贴和公益性岗位补贴5.46亿元，零就业家庭实现动态清零。实施重点群体"培训+就业"全链服务行动，开展社会化就业技能培训5277人，发放社会化就业技能培训补贴696.86万元。

（孙皓晨）

【退役军人就业创业】 2023年，市退役军人事务局以实施就业优先战略为主线，优化退役军人就业创业环境，实现退役军人稳定就业、精准就业。组织招聘活动27场次，跨区域招聘6场次，367家企事业单位提供4647个工作岗位，帮助有就业意愿的退役军人100%就业。先后组织50多家企事业单位到甘肃、新疆等省、自治区和江苏连云港等市参加专场招聘活动，450余名退役军人达成到无锡就业、创业意向，并与新疆阿合奇、霍城两地签订就业创业结对共建协议。年内，择优遴选退役军人承训机构12家，至年末，市、(县)区两级有退役军人承训机构52家、就业创业示范基地66家，其中2家与"465"现代产业集群重点企业组成的"培训+就业"实践联盟签约。梁溪区率先在社区建立"乐业培训小站"，打造常态化、特色化"培训+就业"零距离服务矩阵；锡山区从精准匹配供需两端出发开展订单式就业培训，让有需求的退役军人和用工企业实现"双向奔赴"。江阴、宜兴、梁溪、惠山等市（县）区军创园均投入运营，形成以华腾军创科技园为代表的"军创矩阵"。至年末，全市退役军人创办企业和个体工商户的数量双双超万家，全年营业收入2996.43亿元，利润28.78亿元，税收净入库86.91亿元。

（陈国兵）

【残疾人就业】 2023年，全市精准实施残疾人按比例就业全国联网认证年审工作，年审用工单位3415家、残疾职工11472人。联合税务、人社、财政等部门，依托"2023年创响江苏春风行动暨就业援助月""走访拓岗"等专项活动，走访残疾人家庭968户，各类机构、企业456家。举办线上+线下招聘50次，提供岗位1025个。全市应届残疾人毕业生调查和服务完成率均为100%，就业率达100%。全市完成新增残疾人实名制就业1308人，净增残疾人就业1320人，残疾人实名制培训1862人次，均超额完成省定目标任务。就业年龄段残疾人就业率67.46%，居全省前列。

（李　洋）

【"关爱·圆梦"工程】 2023年，市总工会继续实施"关爱·圆梦"工程，连续5年被列入市政府为民办实事项目。年内，募集爱心企业661家，确认"关爱·圆梦"实习基地21家，帮助2073名困难家庭学生和青年学子勤工俭学。

（丁　一）

就业促进

【就业政策体系】 2023年，市人力资源社会保障局聚焦"高质量充分就业"目标，构建"大就业"工作格局，出台《全面推进高质量就业先行区建设行动方案》等文件，优化完善就业政策措施体系。打出"降、贷、返、补、提"政策组合拳，推进就业政策"直补快办""免申即享"。全年发放稳岗返还资金6.22亿元，惠及企业13.04万家；发放一次性扩岗补助4528.2万元，惠及企业1.09万家次；降低失业保险费率，为企业减负39.91亿元；发放技能提升补贴5428.06万元。扩大"苏岗贷"合作金融机构范围，达成授信超过1280笔，发放贷款超过37.09亿元，贷款余额、授信户数、新增客户均为全省第一；帮助贷款企业稳定用工岗位超过3.1万个，新增用工岗位约4000个。

【区域劳务协作】 2023年，市人力资源社会保障局先后组织50余家企业到连云港市、宜宾市、毕节市、西宁市开展劳务协作专场活动，劳务协作基地拓展至43个。全年累计开展劳务协作专场招聘活动达50余场次，异地发布岗位3.8万余个。深入开展"春风行动"，完善"点对点"用工服务保障机制，组织全省首架包机送工服务。通过包机、包车、包列，为重点用工企业输送8600余人。2023年，全市企业吸纳外来人员109.51万人，其中初次到无锡就业15.66万人。

【校企合作】 2023年，市人力资源社会保障局举办2023全国百所院校无锡行活动，为全国129所院校和300余家重点企业搭建对接平台。全市人社部门累计开展校企对接276次。

（孙皓晨）

全民创业

【创业扶持政策】 2023年，市人力资源社会保障局实施全民创业行动推进计划，优化完善创业政策措施体系，加大对创业群体的政策扶持

3 月 31 日，第五届"创响无锡"全民创业大赛正式启动

（市人力资源社会保障局　供图）

力度。优化富民创业担保贷款经办银行遴选办法，全年发放富民创业担保贷款 4.05 亿元，比上年增长 290.71%。全年扶持成功创业 27043 人，创业带动就业 14.67 万人。

【创业人才引育】 2023 年，市人社部门到山西太原工业学院等院校推介无锡创业环境，与湖北工业大学、中国矿业大学等 10 所高校签署创业人才引育合作协议。7 月 13 日，举办锡创荟·青年创业人才嘉年华活动，吸引更多人才到无锡创业。

【创业基地建设】 2023 年，市人力资源社会保障局实施创业基地能力提升计划，培育认定市级创业孵化基地 9 家，新备案省级创业示范基地 6 家，新增 1 家乡村振兴就业富民基地。完善创业基地考核机制，开展基地"护航前行，创就未来"派员建站行动，提升基地服务质效。

【创业赛事活动】 3 月，市人力资源社会保障局举办第五届"创响无锡"全民创业大赛项目赛和标兵赛，超 790 个项目和个人报名参赛。年内，开展"创响无锡"系列创业活动 348 场，惠及 1.88 万人次。无锡市选拔的优秀创业项目和个人获得省"创响江苏"项目赛一等奖 1 个、标兵赛三等奖 1 个、优胜奖 5 个。

（孙皓晨）

职业技能培训

【技能人才队伍建设】 2023 年，市人力资源社会保障局推动完善技能人才培养、使用、评价、激励制度，加快培育新时代无锡工匠和高素质技能劳动者。实施差异化阶梯式培训补贴政策，更新发布 2023 年度补贴性培训职业目录和高技能人才紧缺职业目录，开展补贴性职业技能培训 12.11 万人次。深度对接产业需求，开展集成电路、云计算大数据、新材料等领域项目制培训近万人次。试行新就业形态技能培训支持政策，无锡市入选人力资源社会保障部新业态新模式从业人员技能培训工作重点联系城市。全年培养企业新型学徒 1.2 万人，无锡市入选并参与人力资源社会保障部和国际劳工组织优质学徒制培训与终身学习项目。全市新增技能人才 11.27 万人、高技能人才 4.49 万人、数字技能人才 2.63 万人，技能劳动者总量 138.96 万人，高技能人才总量 55.61 万人，高技能人才占比全省领先。

【技能人才评价】 2023 年，市人力资源社会保障局加快技能评价主体培育，新增技能等级认定备案机构 194 家。扩大技能评价规模，全年新增职业技能评价取证 11.27 万人次，比上年增长 26.8%，创历史新高。深化高技能人才与专技人才贯通发展，新增专业技术人才取得职业技能等级 633 人。推行"新八级工"制度，远东电缆有限公司入选全省首批企业首席技师评聘试点单位，新增特级技师 14 人、首席技师 1 人。

【高技能人才培育】 2023 年，市人力资源社会保障局健全重点载体建设体系，拟订高技能人才专项公共实训基地建设政策，新增省、市高技能人才重点项目 36 个。打造高能级载体，江苏省无锡技师学院获评首批江苏省全民数字素养与技能培训基地，入围国家高技能人才培训基地候选单位。备战第 47 届世界技能大赛，工业 4.0 再次入选世赛国家集训牵头基地，信息网络布线、数控铣三度入选世赛国家集训基地。以苏澳两地技能人才交流合作为契机，在无锡挂牌设立全省首个"苏澳人才交流培养基地"。加快江苏省无锡技师学院集成电路特色产业学院建设，推动实施各级各类职业培训和技能实训。

【领军技能人才培育】 2023 年，市人力资源社会保障局选树首批无锡大工匠 10 人、无锡工匠 25 人，培育市先进制造领军技能人才 9 人、市技能大师工作室 10 个、市企业首席技师 29 人。组织参加高层次竞赛，在第二届全国职业技能大赛中取得 1 银 1 铜和 10 项优胜奖的历史最好成绩。举办无锡工匠杯·第六届无锡技能精英大赛，指导市（县）区、行业部门举办职业技能竞赛 66 场，岗位练兵 7 万余人。深化"千人千企服务团"培训赋能行动，拓展重点产业链技能人才结对服务企业至333家。开展无锡技能状元访谈、校园技能节、技工院校集体毕业典礼等“工匠日”系列活动，增强技能人才职业美誉度和从业荣誉感。

【技工院校建设】 2023年，全市技工院校招收新生9878人，输送毕业生6116人，创近5年新高。江苏省无锡技师学院牵头成立无锡市首个技工院校联盟，入选省高水平技工院校，新建省级品牌特色专业群1个、市级重点专业3个、特色专业5个。实施技工院校全覆盖式规范办学量化评估，分批次实施校长、骨干教师、新教师等专题培训373人。

（孙皓晨）

【残疾人职业技能培训】 2023年，市残联为残疾人开设CAD机械绘图、视频剪辑、直播运营等77个技能培训项目，制定订单式、定岗式、个性化培训方案，采取“线上＋线下”的模式有效提升残疾人职业技能和就业适应能力。在江苏省第七届残疾人职业技能竞赛暨残疾人展能节活动中，无锡残疾人代表团获团体总分第一名。承办江苏省第七届残疾人职业技能竞赛暨残疾人展能节活动，无锡残疾人代表团获团体总分第一名。在全国第七届残疾人职业技能大赛中，无锡7名选手为江苏队贡献获奖分值居全省第一位。3月，在法国梅斯的举办第十届国际残疾人职业技能竞赛中，王俊获按摩项目金奖，陈忠庆获陶艺项目第四名。

（李　洋）

劳动权益保障

【和谐劳动关系引领】 2023年，市人力资源社会保障局践行“和谐引领，互利共赢”理念，统筹企业发展和劳动者权益保障，统筹劳动纠纷化解与用工和谐宣导，推动全市劳动关系和谐稳定发展。开展新时代和谐劳动关系创建活动，18家企业与2个工业园区、乡镇（街道）获评江苏省优秀劳动关系和谐企业与工业园区、乡镇（街道），293家企业、7个工业园区（商业综合体）获评无锡市和谐劳动关系企业、工业园区（商业综合体）。出台《关于对和谐劳动关系企业联合实施正向激励的意见》，给予和谐劳动关系企业信用应用、指导扶持、表彰荣誉、人才培养、监察督导、福利关爱等6方面、31项激励措施。开展用工和谐“锡心讲”系列法治宣传活动，获评“2023年度无锡市优秀普法项目”。

3月，陈忠庆参加第十届国际残疾人职业技能竞赛（宜兴市残联　供图）

【欠薪治理】 2023年，市人力资源社会保障局加大根治欠薪工作力度。成立根治欠薪工作专班，建立工程建设领域劳动监察执法分工协助机制，全面畅通拒不支付劳动报酬案件移交流程，向公安机关移送欠薪案件18件。实施“举报投诉7×24小时响应”“多部门联合接访”“重大欠薪案件领导包案”“挂牌督办”“提级办理”5项制度，组建护薪监督员队伍，推广工资台账标准化模板，全市661个项目初步实现农民工工资“月结月清”，拖欠农民工工资举报投诉案件结案率100%。全年为1.26万名劳动者追回欠薪8902万元。

【企业薪酬调查】 2023年，市人力资源社会保障局依托近2600家省、市级企业的样本数据，形成无锡市2023年度企业薪酬调查成果。12月，首次召开企业薪酬调查成果研讨交流会，发布无锡市技能人才、集成电路产业企业工资价位信息等成果，为企业合理确定工资水平、完善薪酬分配体系提供针对性指导意见。

【职业伤害保障】 2023年，市人社部门实施“赋权区县、两级联动”工伤预防新模式。8月31日，启动2023“工伤预防，为美好生活护航”主题宣传活动，通过交通安全专题宣讲、互动式预防培训、线上直播等形式开展工伤预防宣传，覆盖人数超10万人，参培企业工伤发生率下降30.83%。建立新业态从业人员职业伤害保障“三合一”体系，在全市初步实现职业伤害保障“一站式服务”模式，为职业伤害人员开通劳动能力鉴定“绿色通道”。实施“有锡有望”职业康复“3+1”服务项目，在全省率先提出“工伤康复管理与服务规范”。通过“身心健康—技能培训—职业规划”的职业康复全链条服务，帮助120余名工伤患者实现再就业、就好业。

（孙皓晨）

8月31日，启动“工伤预防，为美好生活护航”主题宣传活动　（市人力资源社会保障局　供图）

【工会劳动保护】 2023年，市总工会以“安康杯”竞赛为载体，深入开展工会劳动保护主题活动，组织职工参加争做“职业健康达人”等活动；加强安全培训工作，全市工会开展职业健康知识进企业活动1500场次，组织班组长安全培训1.1万人。提高职工参与度，12.1万名职工参加全市工会“安全隐患随手拍”活动。加强高温天气劳动保护，全市工会筹集2359万元开展夏季安康“三送”工作。加强劳动关系矛盾隐患排查，组织专题培训，增强普法宣传，开展五一劳动法治宣传服务月、“以法护‘新’·与‘新’同行”、“送法进工地”等活动。连续16年开展工会劳动法律监督活动，纵横联动向新业态、非建会企业拓展。

（丁　一）

人力资源市场管理

【人力资源市场秩序规范】 2023年，市人力资源社会保障局联合市公安局、市市场监督管理局开展打击人力资源市场违法违规行为“雷霆行动”，整治“黑中介”、非法职业中介活动等市场乱象。经全面摸底排查，共关闭非法人力资源机构98家，责令限期改正57家，没收违法所得0.82万元，补申报缴纳社保129人次、76.89万元，支付工资报酬156人次、125.38万元。

【劳务派遣行业分类监管】 2023年，市人力资源社会保障局开展劳务派遣单位劳动保障信用等级评价，评出劳务派遣信用等级A级单位11家、B级519家、C级765家（含未参加核验和评价单位274家），并对A级单位予以激励，对参加核验并评为C级的单位发放行政建议书，将128家拒不参加核验单位列入不予延续劳务派遣行政许可名单。

（孙皓晨）

编辑　葛　红

居民收入

【概况】 2023年，无锡市实施“稳增长、强信心、护主体、增动能”行动，稳增长、稳就业、稳物价等政策效应逐步释放，经济稳中向好，居民收入稳定增长。全年居民人均可支配收入为69016元，分别高于全国、全省平均水平29798元、16342元；比上年增加3193元，增长4.9%，增速较上年提高0.4个百分点。其中，工资性收入44069元，经营净收入7497元，财产净收入7220元，转移净收入10230元，“四项收入”比上年分别增长5.0%、4.1%、3.8%、5.4%。分城乡看：城镇常住居民人均可支配收入76644元，增长4.5%，增速较上年提高0.5个百分点；农村常住居民人均可支配收入44617元，增长6.4%，增速较上年提高0.6个百分点。城乡收入差距持续缩小，城乡居民收入比值由上年的1.75缩小至1.72，低于全省（2.07）和全国（2.39）水平。

（张　睿）

【城镇居民收入】 2023年，无锡市城镇常住居民人均可支配收入76644元，高于全国城镇居民平均水平（51821元）24823元，高于全省城镇居民平均水平（63211元）13433元；比上年增长4.5%，增速较上年提高0.5个百分点。

人均工资性收入49282元，比上年增长5.0%，占可支配收入的比重达64.3%，拉动可支配收入增长3.2个百分点，支撑作用明显。工资性收入稳定增长主要得益于：就业形势保持稳定，全市城镇新增就业16.37万人；强化企业与人才对接，推动重点企业与特色院校、优势专业紧密合作，实现供需精准匹配；统筹多渠道资金保障就业政策落实，全力推进高质量充分就业；加大富民创业担保贷款发放力度，全市新增发放富民创业贷4.1亿元；发放稳岗返还资金6.2亿元，惠及参保企业13万家次、参保职工173.8万人次。

人均经营净收入7511元，比上年增长2.4%。促进增收的主要因素：市场主体活力逐步回稳，新登记企业5.46万家；持续引进重大产业项目，支持培育专精特新“小巨人”企业、数字经济应用示范、智能化建设等项目，国家级、省级专精特新企业数量位列全省第二位；营造更优营商环境，增加38项优化提升举措，为企业生产经营创造良好条件。

人均财产净收入8278元，比上年增长3.6%，增速较上年下降1.4个百分点。主要原因：受国内外经济形势、银行降息等影响，居民投资理财收益较上年有所下降；房地产市场遇冷，新建商品房价格、二手住宅销售价格连续数月环比下降，影响居民房屋虚拟租金收入。

人均转移净收入11573元，比上年增长4.5%，对可支配收入的贡献率15.1%。转移净收入的快速增长得益于：夯实企业职工基本养老保险省级统筹基础，扩大政策目标人群，助推更多无缴费能力困难人员“续保”；加强低收入人口动态监测和精准帮扶，城乡低保标准提高至每人每月1095元，特困人员基本生活保障标准提高至每人每月1645元，惠及市区低保和特困对象1.5万人。

（仲正园）

【农村居民收入】 2023年，无锡市农村常住居民人均可支配收入44617元，高于全国平均水平（21691元）22926元，高于全省平均水平（30488元）14129元；比上年增长6.4%，增速较上年提高0.6个百分点。

人均工资性收入27395元，比上年增长4.9%，对收入增长的贡献率为47.3%，拉动可支配收入增长3.0个百分点，拉动力和贡献率均居“四项收入”之首。主要得益于：全市各级部门积极落实惠企稳岗系列政策，自5月起阶段性降低企业职工基本医疗保险单位缴费费率；鼓励青年人才返乡创业，并给予金融贷款支持，以创业带动就业，保障有就业意愿的农村劳动力实现就业；持续开展夏季、冬季根治欠薪行动，严格惩治欠薪企业，保障农村居民工资收入稳中有增。

人均经营净收入7451元，比上年增长9.7%。主要得益于：无锡市从培育新型农业经营主体、推进农村产业融合、强化农业农村人才支撑等方面，推进农业龙头企业提档升级，新增国家级农民合作社示范社8家；制定《关于加快推进高素质农民培育工作的通知》，全年培育高素质农民3750人，提高农村劳动者就近就业能力和辐射带动能力。

人均财产净收入为3837元，比

表 55　2023 年无锡市居民家庭人均可支配收入统计表

指　标	收入值（元）	增幅（%）	占比（%）
全市居民收入	69016	4.9	100.0
1. 工资性收入	44069	5.0	63.9
2. 经营净收入	7497	4.1	10.9
3. 财产净收入	7220	3.8	10.5
4. 转移净收入	10230	5.4	14.8
城镇居民收入	76644	4.5	100.0
1. 工资性收入	49282	5.0	64.3
2. 经营净收入	7511	2.4	9.8
3. 财产净收入	8278	3.6	10.8
4. 转移净收入	11573	4.5	15.1
农村居民收入	44617	6.4	100.0
1. 工资性收入	27395	4.9	61.4
2. 经营净收入	7451	9.7	16.7
3. 财产净收入	3837	5.2	8.6
4. 转移净收入	5934	10.5	13.3

（国家统计局无锡调查队）

上年增长 5.2%。主要得益于：全市从深化农村土地制度改革、发展农村集体经济、规范农村产权流转交易、引导农村居民入股等方面，促进财产净收入增长；全市 195 家股份经济合作社建立集体补助机制，惠及参保人员 1.5 万余人。

人均转移净收入为 5934 元，比上年增长 10.5%，增幅居“四项收入”之首。主要得益于：在全市范围内推广城乡居民基本养老保险集体补助试点，建立起覆盖全市农村居民、城乡统一接轨的社会保障体系；农村居民养老金、最低生活保障标准不断提高，最低生活保障标准提高至每人每月 1095 元。

（王　俊）

居民消费

【概况】 2023 年，新冠疫情对居民消费的影响逐渐减弱，消费品市场环境稳定，居民消费潜力释放，发展和享受型消费持续恢复，居民生活消费支出稳步增长。通信器材类、体育娱乐用品类、烟酒类、金银珠宝类商品等消费增长较快，新能源汽车销量快速增长，法定节假日和暑期出游人数增多，带动交通通信类消费增长。文旅消费市场活跃，节假日、暑期出游人数较多，观看文化、体育类演出、电影等人次较多，文化娱乐消费支出快速回升。全年居民人均生活消费支出 44450 元，比上年增加 3069 元，增长 7.4%。分城乡看：城镇常住居民人均生活消费支出 48409 元，增长 6.9%；农村常住居民人均生活消费支出 31785 元，增长 9.9%。

（王　俊）

【城镇居民消费】 2023 年，无锡城镇常住居民人均消费支出 48409 元，比上年增长 6.9%。一季度、上半年、前三季度、全年增幅依次为 7.5%、8.4%、7.8%、6.9%，增幅先扬后抑。全年增幅低于全省平均增幅（7.1%）0.2 个百分点，低于全国平均增幅（8.6%）1.7 个百分点。

餐饮消费持续升温，舌尖经济动能强劲。2023 年，无锡城镇常住居民人均食品烟酒类消费支出 12829 元，比上年增长 5.6%，对消费增长的贡献率为 22.0%。恩格尔系数为 26.5%，较上年降低 0.3 个百分点。

交通通信需求释放，绿色消费快速增长。2023 年，无锡城镇常住居民人均交通通信消费支出 7697 元，比上年增长 9.6%。

文旅行业异军突起，旅游消费强势复苏。2023 年，无锡城镇常住居民人均教育文化娱乐消费支出 6438 元，比上年增长 11.0%，带动文旅市场延续复苏势头。

（仲正园）

【农村居民消费】 2023 年，无锡农村常住居民人均生活消费支出 31785 元，比上年增加 2865 元，增长 9.9%；高于全省平均水平 6756 元，是全国平均水平的 1.7 倍。分消费类别，八项消费均实现同比增长。

居民消费的主要去向仍然是生存型消费，包括食品烟酒、衣着和居住。其中：食品烟酒类消费支出 9599 元，比上年增长 5.7%；衣着类消费支出 2320 元，增长 1.5%；居住类消费支出 6866 元，增长 9.4%。三类消费占生活消费的比重分别为 30.2%、

表 56 2023 年无锡市居民生活消费支出统计表

指标	全体居民		城镇居民		农村居民	
	支出值（元）	增幅（%）	支出值（元）	增幅（%）	支出值（元）	增幅（%）
生活消费支出	44450	7.4	48409	6.9	31785	9.9
1. 食品烟酒	12060	5.7	12829	5.6	9599	5.7
2. 衣着	2913	2.0	3098	2.0	2320	1.5
3. 居住	10154	6.1	11182	5.5	6866	9.4
4. 生活用品及服务	2474	4.5	2711	3.2	1716	11.9
5. 交通通信	6969	10.8	7697	9.6	4641	17.1
6. 教育文化娱乐	5760	12.2	6438	11.0	3592	19.5
7. 医疗保健	2616	9.3	2808	8.8	2002	11.7
8. 其他用品和服务	1504	10.3	1646	11.1	1049	6.7

（国家统计局无锡调查队）

7.3%、21.6%，合计占比为 59.1%。

发展和享受型消费潜力释放。其中：教育文化娱乐类消费支出 3592 元，比上年增长 19.5%；交通通信消费支出 4641 元，增长 17.1%；其他用品及服务消费支出 1049 元，增长 6.7%。

（王 俊）

市场物价

【概况】 2023 年，无锡居民消费价格（CPI）比上年上涨 0.6%，物价运行结构性特征显著。其中：服务价格上涨 1.8%，是拉升 CPI 的主要因素；食品价格下降 0.2%，工业消费品价格下降 0.8%。扣除食品和能源的核心价格指数运行平稳，比上年上涨 1.1%。无锡居民消费价格涨幅高于全国（0.2%）0.4 个百分点，高于全省（0.4%）0.2 个百分点，高于苏南五市平均涨幅 0.1 个百分点。

【消费价格运行】 2023 年，无锡各月 CPI 指数同比前高后低，环比降多涨少，服务类价格涨幅居前。

各月同比情况：一季度同比价格从高位快速回落，4 月起保持低位震荡运行。全年峰值在 1 月，同比上涨 2.5%；谷值在 7 月，同比转为持平；峰谷值相差 2.5 个百分点。影响价格走势的因素主要是同期基数偏高，2022 年受俄乌战争影响，汽油、柴油等能源价格出现大幅上涨，7 月、12 月受疫情影响，鲜菜、鲜果等食品价格上涨。2023 年，随着翘尾影响减弱，常态化运行阶段的食品和能源供应充足，价格逐步回落，对 CPI 同比下拉作用较为明显。

各月环比情况：各月环比呈“三涨一平八降”。1 月、7 月和 9 月，受节日和季节性因素影响，环比分别上涨 1.0%、0.7% 和 0.5%；12 月，环比持平；其余 8 个月，环比均为下降，降幅 0.1% ～ 0.6%。2 月环比降幅最大，为 0.6%。

【八大类商品及服务价格】 2023 年，无锡八大类商品和服务价格呈“七涨一降”。其中：其他用品及服务、医疗保健、教育文化娱乐价格涨幅较大，分别上涨 3.9%、3.6% 和 2.5%；交通通信价格下降 3.0%，对指数起到平抑作用；生活用品及服务、居住、衣着、食品烟酒 4 个大类价格涨幅 0.2% ～ 1.5%。

【食品价格】 2023 年，无锡食品价格由上年同期上涨 2.7% 转为下降 0.2%，食品 14 个分类“七涨七降”。猪肉、鲜菜、水产品等主要食品市场供应充足，价格均呈下降走势。

全年无锡猪肉价格下降 7.0%，影响 CPI 下降约 0.10 个百分点。其中：2022 年 11 月至 2023 年 7 月，受生猪产能持续释放影响，无锡猪肉价格环比出现“9 连降”，降幅 0.3% ～ 10.1%。8 月，猪肉价格阶段性反弹，环比上涨 7.8%。9—11 月，市场消费疲软，猪肉价格再度转降。11 月，同比下降 26.3%，为年内最低值。

全年无锡鲜菜价格由上年同期上涨 0.2% 转为下降 3.7%。其中：1—2 月，节日消费叠加寒潮天气影响，鲜菜价格同比分别上涨 10.8% 和 4.3%；3—5 月，蔬菜大量上市，鲜菜价格同比分别下降 9.7%、21.3% 和 7.3%；6 月，受台风、暴雨等天气影响，鲜菜价格同比上涨 7.4%；7—8 月，极端天气影响减弱，加之上年疫情抬高同期基数，鲜菜同比价格下降；9—10 月，秋季蔬菜上市，市

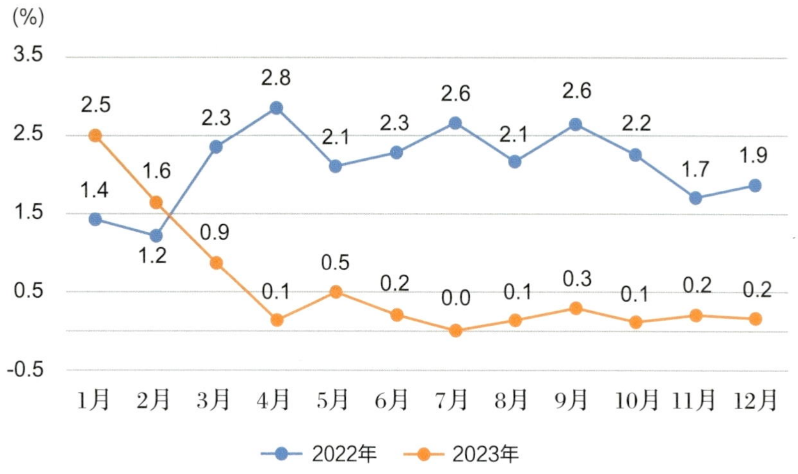

图 16　2022 年、2023 年无锡 CPI 各月同比涨跌幅示意图

(国家统计局无锡调查队)

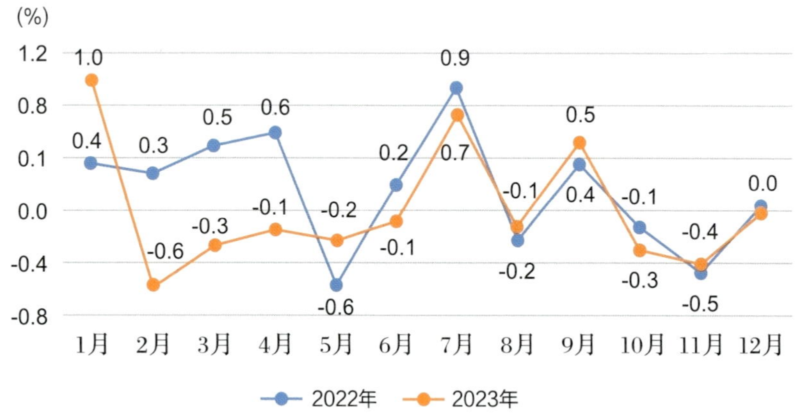

图 17　2022 年、2023 年无锡 CPI 各月环比涨跌幅示意图

(国家统计局无锡调查队)

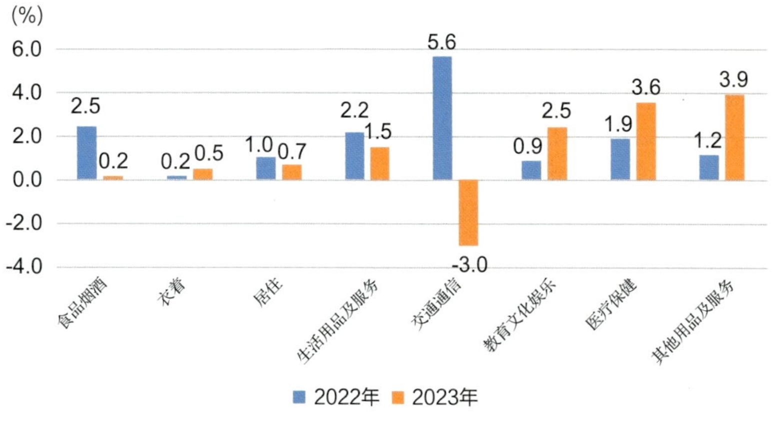

图 18　2022 年、2023 年无锡 CPI 八大类同比涨跌幅示意图

(国家统计局无锡调查队)

场供应充足;11—12 月,受雨雪降温天气影响,同比分别上涨 3.1% 和 3.8%。

【服务价格】 2023 年,无锡服务价格上涨 1.8%,拉升 CPI 约 0.76 个百分点,是影响指数上涨的主要因素。出行类服务价格回升,其他住宿、宾馆住宿、飞机票、长途汽车、交通工具租赁费等价格涨幅 3.1% ~ 20.7%,共计影响指数上涨约 0.07 个百分点;文娱消费势头强劲,电影及演出票、其他旅游、旅行社收费、网络文娱服务等价格涨幅 2.8% ~ 10.4%,共计影响指数上涨约 0.20 个百分点;家庭服务需求旺盛,装潢维修费、家政服务、母婴护理服务、车辆修理与保养等价格涨幅 3.2% ~ 13.2%,共计影响指数上涨约 0.18 个百分点。

全年医疗服务价格上涨 4.3%,涨幅较上年扩大 1.7 个百分点。1 月和 11 月,无锡公立医疗机构部分医疗服务价格调整,治疗类、康复类、诊断类医疗服务价格分别上涨 14.0%、1.9% 和 0.9%。

【工业消费品价格】 2023 年,无锡工业消费品价格由上年的上涨 3.3% 转为下降 0.8%。其中,汽油、小汽车、家电等大宗商品价格下降是拉低指数的重要因素。受国际原油价格波动影响,能源价格由上年的上涨 11.4% 转为下降 3.0%,汽油、柴油价格分别下降 5.6% 和 6.0%。受国六排放标准 6b 阶段实施落地影响,燃油车价格下降 3.6%。受碳酸锂等原料价格下降,加之现金补贴、购置税减免等政策促进,新能源小汽车价格下降 10.5%。此外,通信工具、文娱耐用消费品、家用器具价格分别下降 4.2%、2.8%、0.6%。

(李　颖)

编辑　葛　红

社会保险

【养老保险】 2023年末,全市企业职工基本养老保险参保人数300.86万人,其中市本级197万人、江阴市66.5万人、宜兴市37.36万人;机关事业单位养老保险参保人数13.84万人,其中市本级8.58万人、江阴市2.96万人、宜兴市2.3万人。企业职工养老保险收入479.76亿元,支出397.91亿元。完成市区62.1万名企业退休人员和5.24万名机关事业单位退休人员待遇调整及补发工作,市区企业退休人员养老金增至3283元,市区城乡居民基础养老金增至每人每月645元。优化“贴息续保”政策,市区243人成功接续养老保险关系,累计授信总额1215万元。推进城乡居民基本养老保险集体补助试点,至年末,全市497家村集体经济组织完成实施备案,惠及参保人员2.5万余人,补助金额400余万元。

【失业保险】 2023年末,全市职工失业保险参保人数263万人,失业保险金最低标准由每月1613元提高至1643元。全市失业保险基金收入20.62亿元,支出20.08亿元。市区在领失业保险金人员21208人,占全市在领人数的57.42%。

【工伤保险】 2023年末,全市职工工伤保险参保人数280.87万人,其中市区189.74万人、江阴市59.82万人、宜兴市31.31万人。工伤保险收入155172.22万元,支出159523.21万元。

【企业年金】 2023年,市人力资源社会保障局开展企业年金提升年专项行动。11月22日,市人力资源社会保障局会同各企业年金受委托管理机构举办“益企荟才利民生,凝心聚力促发展”——“锡引力”年金发展联盟启动仪式,全市新增建制企业45家,覆盖职工1500余人。率先建立“惠山工匠”激励年金计划,增强工匠人才与企业黏性,首批41名“惠山工匠”享受激励年金。

【在保服务】 2023年,市人社部门不断完善市区两级“大综窗+小专窗”经办服务的基础上,下沉42项业务至街道(镇)办理,叠加银行金融场景,创新推进企业参保登记、灵活就业人员参保、自助资格认证在银行网点“一件事”办理。

【社保基金监管】 2023年,市人力资源社会保障局开展社保基金管理巩固提升三年行动,全面构建社保基金风险“人员防、制度防、技术防、机构防、数据防、资金防”综合工作体系。完成部、省下发的预警数据核查工作,组织工伤死亡疑点数据核查“回头看”,严格落实死亡证明、火化证明、户口注销信息“三必查”。委托第三方会计师事务所对市本级工伤保险基金管理情况开展专项审计,对全市2022年度企业职工基本养老保险基金、失业保险基金进行安全评估,规范经办行为,堵塞基金管理漏洞。全年追回各项违规待遇754.02万元。9月,与市大数据管理局实现死亡

11月22日,举办“锡引力”年金发展联盟启动仪式

(市人力资源社会保障局 供图)

信息等 7 项数据共享，至年末，暂停 1408 名疑似死亡人员待遇。

（孙皓晨）

【医疗保险】 2023 年末，全市基本医疗保险参保总人数 650.49 万人，其中职工医保 437.46 万人、居民医保 213.03 万人；生育保险参保人数 269.78 万人。医保基金总支出 276.3 亿元，其中职工医保支出 243.4 亿元、居民医保支出 32.9 亿元，职工医保和居民医保政策范围内住院医疗费用报销比例稳定在 85% 和 70% 左右。巩固城乡居民大病保险保障水平，调整筹资标准，政策范围内支付比例稳定在 60% 以上，全年 15.94 万人次享受大病保险待遇 2.98 亿元。推动国家医保谈判药品（以下简称“国谈药”）落地执行，第一时间将新增国谈药同步纳入门诊特殊保障用药范围，进一步提高报销限额，对院内使用国谈药实施倾斜性结算办法，推动国谈药进医院。提高职工住院、医用材料医保支付、职工大额医疗费用补助等其他医保待遇，扩大门诊特殊病病种范围、提高保障水平，降低患者负担。阶段性降低职工医保与灵活就业人员参加职工医保缴费费率，全年为用人单位和灵活就业人员减负 21.56 亿元。

【门诊统筹政策优化】 2023 年，无锡市在医保基金运行平稳前提下，降低门诊统筹基金使用门槛，提高最高支付限额，并将全市所有定点零售药店、门诊部所提供的用药保障服务纳入门诊保障范围，全年超过 7000 万人次受益。同步施行医保个人账户家庭共济举措，家庭成员发生的符合医保个人账户使用范围的费用，可通过家庭共济进行分担。全年有 146.55 万人次通过家庭共济方式分担费用 1.78 亿元。

【多元医疗保障】 2023 年，市医保局助力社区居家“332”服务行动，打造“锡心医养”城市品牌。完善长期护理保险制度，全市累计 6 万人次享受长护险待遇，全年发放待遇 3.1 亿元。牵头出台家庭病床医保结算办法，推动社区卫生服务中心在有医疗需求的中度、重度失能老年人家庭建立家庭病床，推进老年人家庭医生签约及上门服务，为独居老人、慢性病患者提供就医便利。支持社区卫生服务中心（镇卫生院）创建护理院，护理院按规定纳入医保定点协议管理并单列结算，实施按床日付费结算办法。推行与基本医疗保险相衔接的普惠型健康保险，指导共保体公司优化完善“医惠锡城”，推进“江苏医惠保 1 号”的宣传及服务，全年省、市两级惠民保险产品受益 15444 人次。

【医保基金监管】 2023 年，无锡市加强基金监管制度体系建设，构建以医保部门为主导、多部门参与的医保基金齐抓共管的高效运行机制。开展 8 批次分层分级专项检查，打击“虚假住院”“篡改患者基因检测结果违法报销靶向药”等违法行为。综合运用大数据、视频图像分析、区块链等智能化、信息化手段，建立覆盖定点医药机构、医生、参保人员等多维度的智能审核体系，堵住医保基金“跑冒滴漏”。搭建门诊统筹结算数据分析模型，对数据异常医疗机构上门发放《数据异常提醒函》，及时约谈、督促整改。5 月 19 日，市医保局召开全市医保基金监管警示教育大会。全年现场检查定点医药机构 4165 家，处理 2500 家，公开曝光典型案例 505 例，处理处罚违规资金 1.19 亿元。

【医保公共服务】 2023 年，全市建成“15 分钟医保服务圈”省级示范点 36 个、市级示范点 39 个，村（社区）医保公共服务点 1176 个，保持镇（街道）、村（社区）全覆盖。推进高频事项进村（社区），6 个高频事项可在村（社区）直接办理，13 个事项可帮办代办。深化“政医合作”，在 11 家医院设立医保服务站，方便群众“院内办”。深化综合柜员制、大市一体化经办及“前台受理、后台办理”模式，让参保人员“进一扇门，取一个号，排一次队”，享受更优医保服务。推进“互联网 +”服务，保持医保服务事项网上可办率 100%。优化“12393”医保服务热线，实现个人账户余额查询、基金违法举报、最新政策解读等“一键直达”，全年呼入 53.54 万次。首次举办全市医保经办服务练兵比武，市医保中心代表江苏省参加国家

5 月 19 日，全市医保基金监管警示教育大会召开，参会者在“信用承诺签名墙”签字

（市医保局 供图）

医保系统行风建设专项评价，综合评定全国第一。

【医保支付方式改革】 2023年，市医保局推进按疾病诊断相关分组（DRG）付费国家示范点城市建设，率先构建以DRG运行监测为基础、专项稽核为重点、绩效考核为导向的基于大数据的三维过程管理体系，实现189家定点医疗机构DRG付费改革全覆盖，获评全国第一批医保经办结算清算典型案例。在DRG付费年度结算方案中，进一步优化费率设置与考核清算系数，新增药品（医用耗材）专项预算评价、扶持专科发展、扶持国谈药进院、全力保障新冠治疗等协同支撑政策。邀请国家DRG专家、市级学科专家对所有病组权重进行逐一论证、调整，使付费标准更加贴近临床需求与实际。

【医药集中带量采购】 2023年，市医保局完成市级医用耗材联盟带量采购接续工作，平均降幅15.37%，最大降幅60.18%，部分产品价格低于外省省级集采价格。通过重点监测、集采基金预付和结余留用考核等多项措施，推动国采冠脉支架接续等各级各类集采落地执行，有效减轻患者负担。开展地产企业创新产品推荐挂网工作，推动创新成果尽快转化临床应用、助力市场拓展。

【医疗服务价格改革】 2023年，市医保局出台无锡市公立医疗机构医疗服务价格总量调控与动态调整实施意见，明确价格调整的触发机制、评估规则与实施步骤，并调整90项医疗服务项目价格，平均增长40.2%。开展口腔种植价格专项治理，规范整合口腔种植类医疗服务价格项目、落地种植体系统集采和牙冠挂网结果，公立医疗机构单颗常规种植牙全流程平均费用降至6000元左右。通过全流程价格监测与异常警示等机制，引导、督促民营医疗机构认真履行价格承诺。

（俞　翔）

住房保障

【保障性住房建设】 2023年，无锡继续推进市区保障房项目建设。龙塘岸后五巷B块项目完成投资1.5亿元，累计完成投资9.5亿元；新街家园二期项目完成投资5.5亿元，累计完成投资10.2亿元；惠景家园二期项目完成投资1.0亿元，累计完成投资4.1亿元；东璟家园F1项目完成投资2.0亿元，累计完成投资5.1亿元。全市棚户区改造新开工11633套（间），基本建成4736套（间）；保障性租赁住房新开工（筹集）33437套（间），基本建成20190套（间）。

【廉租住房保障】 2023年，无锡市区申请廉租住房保障、享受廉租住房租金补贴的对象为家庭人均月可支配收入在2937元以下、人均住房建筑面积在18平方米以下的低收入住房困难家庭，其中符合低保（特困）、家庭人均建筑面积在15平方米以下的住房困难家庭可申请廉租房实物配租。申请廉租房租金补贴标准为：低收入家庭按每平方米20元计算，低保特困家庭按每平方米25元计算，不足500元的补足500元，放弃廉租房实物配租的，补贴标准增加20%。市区城镇中等偏下收入住房困难家庭申请公共租赁住房保障标准为：申请人家庭人均月可支配收入4699元（含）以下且申请之日前5年内未在市区范围内取得过任何拆迁安置补偿的无房家庭。年内，市住房保障部门组织8批次公（廉）租房保障对象选房，累计配租356户，实际入住341户，发放公（廉）租房租赁补贴1502户。

（蒋　丹）

【公积金管理】 2023年，全市新增住房公积金缴存单位15314家，新增缴存职工22.88万人；归集住房公积金（含新职工住房补贴）342.3亿元，比上年增长5.64%；提取住房公积金243.85亿元，比上年增长18.79%；发放住房公积金贷款3.91万笔、178.25亿元，比上年分别增长52.73%、49.11%。至年末，全市住房公积金开户单位数14.54万家，开户职工数292.59万人，住房公积金归集余额962.32亿元，住房公积金贷款余额817.42亿元。

（邬秉斌）

社会福利

【困境儿童保障】 2023年，无锡市散居孤儿养育标准由每人每月2590元调整至2670元，集中孤儿养育标准为每人每月2880元不变。为全市困境儿童实施“四色管理”，建立“一人一档”。强化医疗救助保障，引入海力士基金会、市红十字会等慈善力量，实施为困境儿童购买商业补充保险和在无锡定点医疗机构就医提供免费住院医疗服务等项目，加大困境儿童对基本医疗保障外的需求满足。

【困境儿童关爱服务】 2023年，无锡市首次设立市级儿童福利类慈善项目，实施“事实无人抚养成长关爱计划”“市儿童福利院类家庭”“市儿童福利院学才艺”等项目。针对事实无人抚养儿童，实施“慈善助力守童心，爱心课程护‘苔花’”项目，该项目被纳入2023年无锡市“微幸福”民生工程重点项目。建成省级示范性镇（街道）未成年人保护工作站（关爱之家）10家，实现专业社会组织引入率100%，建成投入使用率100%，服务覆盖儿童超1.2万人次。拟定并实施民政部行业标准《儿童福利机构特殊教育服务规范》，推进儿童福利机构标准化建设。“‘慈善＋儿童’，构建关爱困境儿童全社会支持体系”项目成功入选无锡市2023年度儿童友好“十件大事”；“‘溪’心护童陪伴计划，社工助力困境儿童健康成长”获评2023年全省高质量民政事业发展优秀成果。

（乔亚奇）

【残疾人民生保障】 2023年，无锡市将残疾人托养、康复、教育、无障碍建设纳入低收入人口动态监测系统建设“3610行动”中，市民政局、市财政局、市残联联合制定《关于加强困难残疾人生活补贴和重度残疾人护理补贴发放管理工作的通知》，进一步规范残疾人两项补贴覆盖对象和办理流程，将更多残疾人纳入保障范围。至年末，全市享受困难残疾人生活补贴2.35万人，发放补贴约21680万元；享受重度残疾人护理补贴3.2万人，发放补贴约5650万元。全市开展残疾人家庭无障碍改造272户，改造资金170万元。

（钱青艳　李　洋）

【残疾人托养】 2023年，全市新增16～59周岁无业智力、精神和重度肢体残疾人托养588人。全市残疾人托养机构全年为5829名有托养需求的残疾人提供托养服务。其中，市残疾人托养中心累计收住317人，年末在住148人。

【“暖冬助残”活动】 2023年，市残联会同市文明办、《无锡日报》、《江南晚报》联合发起“暖冬助残，爱漫锡城”活动，全市累计开展活动901场次，参与活动的爱心人士19519人次，捐赠款物总计480万元，为2.2万余名残疾人打造专属的“微幸福”。

（李　洋）

社会救助

【城乡居民生活保障】 7月1日起，无锡市城乡居民最低生活保障标准由每人每月1075元提高至1095元，实现低保标准连续15年增长。出台《无锡市特困人员认定办法》，细化收入财产规定、简化审核确认流程、缩短申办周期、完善动态管理规定。特困人员基本生活标准由每人每月1625元调整至1645元。散居孤儿养育标准由每人每月2590元调整至2670元，集中孤儿养育标准为每人每月2880元不变。全年发放最低生活保障金1.15亿元、特困人员救助供养8123.70万元、临时救助资金323.52万元。

（李　莉）

【流浪乞讨人员救助】 2023年，全市各救助管理站做好站内照料、寻亲送返、街面巡查、落户安置、源头治理等工作，提升救助水平。全年救助流浪乞讨人员825人次，护送返乡113人次，寻亲成功2人，并将1名长期滞留人员安置为特困供养人员。以“科技赋能筑大爱，温情救助守初心”为主题，开展救助管理机构“6·19开放日”活动，提升公众对救助管理工作的知晓度。

【市救助管理站易地新建工程竣工投用】 11月21日，市救助管理站易地新建工程完成竣工验收，12月28日搬迁至新站。新站位于梁溪区通益路118号，2022年1月开工建设，占地1.2万平方米，总建筑面积1.1万平方米，总投资6200多万元，建有救助管理机构、未成年人救助保护中心和反家庭暴力庇护所，设置床位200张。

（钱青艳）

【医疗救助】 2023年，无锡市健全重特大疾病医疗保险和救助制度，编制出台《市政府办公室关于健全重特大疾病医疗保险和救助制度的实施意见》及实施细则，提高医疗救助对象医保政策范围内费用救助比例和年度门诊救助限额，对负担过重的困难群众实行倾斜救助保障。全年资助3.81万名医疗救助对象免费参加居民医保，救助困难群众44万余人次，支出8261万余元。继续对低保对象、困境儿童两类困难群体提供免费住院医疗服务，全年向2402名困难人员发放帮扶费用123万元。“特殊困难群体精准帮扶”项目获评无锡市第四届“民心工程奖”金奖。

（俞　翔）

【教育救助】 2023年，无锡市受助学生累计18.97万人次，投入经费1.67亿。其中：学前教育阶段政府资助发

2023年建成的无锡市救助管理站　　（市建管中心　供图）

放5769人次、939万元；义务教育阶段发放生活补助32147人次、2368万元，为17002人次和8352人次免除在校午餐费和实践活动费共计1485万元，为24434人次免除课后服务费733万元；高中教育阶段发放国家助学金4498人次、514万元，为1534人次和1173人次特别困难高中学生免除学费与住宿费共计200万元，为3199人次免除课后服务费96万元；中职阶段发放助学金5519人次、551.9万元，为88925人次免除学费9781.75万元。启用“无锡市阳光资助系统”，对由民政、残联、乡村振兴等部门先行认定的特殊困难学生数据，实现教育资助“免申即享”，取消申请手续，取消证明材料，累计受益25050人次。制定《无锡市家庭经济困难学生发展型育人指导意见》，构建保障型资助与发展型资助并重的“一体两翼”资助服务体系，形成“解困—育人—成才—回馈”的良性循环。发挥奖学金的激励作用，评选“中职国家奖学金”58人，每人6000元；评选“优才奖学金”59人，每人2000元；评选“中小学励志奖学金”250人，每人2000元。开展“锡望永助”资助育人主题活动，评选“无锡优秀资助工作者”46人。

（市教育局）

【慈善救助】 2023年，市慈善总会积极开展扶贫济困，参与应急救助，助力社会公益。全年募集慈善资金和物资1.19亿元，实施慈善项目77个，支出慈善款物7173.6万元。建成启用无锡慈善大讲堂，挂牌成立中华慈善总会家风传承与慈善信托委员会（无锡）研修基地。4月12日，无锡慈善晚会暨第一届“无锡慈善奖”颁奖典礼举行，76个爱心企业、爱心个人、慈善组织、慈善项目和优秀慈善工作者受表彰。省慈善总会会长李小敏出席并讲话，市委书记杜小刚启动2023年无锡首批慈善项目。11月22日，召开第六次会员大会，选举产生新一届理事会，成立无锡市慈善联合会，实行与总会“两块牌子、一套班子”运行机制，省慈善总会会长李小敏和市委书记杜小刚出席大会并发表讲话。年内，市慈善总会获评江苏省先进社会组织、首届“无锡慈善奖”最具影响力慈善组织。

推进“慈善+基金”“慈善+信托”“慈善+财富管理”等新模式，拓宽善款募集渠道。新增“长电科技环保与健康慈善基金”“怡庭悦老慈善基金”“九州大药房慈善基金”等爱心企业冠名基金和“蒋云南爱心慈善基金”“爱心劳模朱金山慈善公益基金”等个人冠名基金。设立全国首支以碳普惠绿色发展为核心的“无锡碳普惠绿色发展公益慈善信托”、全市首个“个人财富管理+慈善信托”的“蒋云南慈善信托”、全国首个以专利许可和著作权使用许可为委托财产的“东方云峰知识产权慈善信托”以及“国联证券公益慈善信托”等慈善信托。打造数字慈善新业态，优化升级“无锡善捐”网捐平台，6月正式开通数字人民币捐赠功能，9月正式开通电子捐赠票据功能。组织2023年江苏慈善专场活动和腾讯“99公益日”活动，开展“慈善一日捐”活动，市委书记杜小刚、市长赵建军等主要领导带头捐款，全年网络募款金额总计5396万元，参与网络捐款32万余人次。

组织开展元旦、春节“送温暖、献爱心”活动，针对患重病支出型困难等家庭实施精准帮扶，支出金额176.32万元，受助811人次。开展“关爱环卫、情暖锡城”环卫工人春节慰问活动，资助40万元，惠及500人次。实施企业军转干部救助项目，支出72.1万元，惠及困难退役军人214人次。开展中华慈善总会的“慈善药品援助”项目，发放援助药品10096盒，价值7224.8万元，受益6248人

4月12日，2023无锡慈善晚会暨第一届“无锡慈善奖”颁奖典礼举行。图为受表彰人员合影（市慈善总会　供图）

次。组织“苏慈助医”项目，为低保特困群体提供医保政策范围内免费住院医疗服务，发放救助金109.5万元，救助1834人。深化“心手相连·锡沪慈善双诊行”系列服务活动，实施开展市妇幼保健院“守护天使早产儿救助”项目、市精卫中心“绿丝带精神疾病慈善病区”项目、市八院“多维联动安宁疗护服务慈善救助”项目、明慈医院“爱心之旅——先心病筛查救助”等项目，由上海专家到无锡为3名困难患者进行会诊手术。与市民政局共同发起“为爱充电，冬暖夏凉”慈善救助项目，为梁溪区6000余户次困难家庭发放一次性水电费补贴37.6万元。联合市邮政管理局设立“暖蜂行动慈善公益基金”，资助30万元实施快递员群体赋能提升和关爱帮扶项目。开展“牵手圆梦”慈善助学项目，资助贫困学生140人，发放助学金41.5万元。与市少年宫共同打造“阳光下的善行”慈善关爱儿童系列项目，资助21.95万元。联合市委老干部局和市老年大学实施“锡阳正红”助老项目，开展抗美援朝老战士困难家庭适老化改造等4个项目，资助27.68万元。与无锡农村商业银行合作开展“关爱百岁老人”项目，每月为全市300多位百岁老人发放300元尊老金补贴，共计122.64万元。联合市残联打造“筑梦护航”和“幸福到家”残疾人就业帮扶系列项目，实施开展“慈善助残幸福快车”“特校毕业生就业赋能”“电商筑梦计划”等项目，帮助有一技之长的残疾人在“家门口”创业就业。

积极参与应急救助。8月京津冀发生洪涝灾害后，市慈善总会第一时间组织市慈善志愿服务总队“999”应急救援队日夜兼程驰援涿州，全市慈善会系统拨付善款530.2万元支援当地抗洪救灾。甘肃、青海、新疆等地发生地震后，及时发布网上捐助项目，支援地震灾区款物354.8万元。

（叶　琦）

5月30日，市红十字会、市儿童医院、卓胜微公司举行卓胜微红十字儿童关爱基金三方签约仪式　（市红十字会　供图）

【红十字救助】 2023年，市红十字会聚集社会公益力量，“锡红公益联盟”成员单位扩充至51家。举行红十字“人道万人捐”活动，举办全市“以爱之名、点亮锡望”2023年捐赠人联谊活动，全年募集款物7751万元，列全省首位。建立基本生活救助、专项救助、急难救助等分层分类的救助体系，常态化开展“博爱送万家”和无锡市精准帮扶“3610”行动，实施精准救助5170余万元，惠及困难群众10.3万余人。创新设立“卓胜微红十字儿童关爱基金”，为360余名困境儿童提供医保政策范围内免费住院医疗服务。运用“互联网+公益”形式开展资源动员、品牌传播，以“博爱+”为主系列，推动“锡心博爱伴你行”“锡心守护救在身边”等18个爱心项目参与“5·8人道公益日”“99公益日”网络众筹活动，募集爱心款348万元。市红十字会获2023年度省“5·8人道公益日”“99公益日”活动贡献奖，“锡心守护救在身边”项目获省“网络人气项目奖”和“筹款优秀项目奖”。优化实施红十字“帮你回家”定位手环公益项目，全年为易走失困难老人免费配发手环330个。市红十字会与同阿合奇县红十字会签订《2023—2025年对口支援红十字会事业发展框架协议》。年内，援助新疆阿合奇、陕西延安、青海海东等地款物270余万元；会同红豆集团共同援助湖北英山县100万元款物，建设3个博爱卫生站和1个养老食堂。

（刘　森）

编辑　葛　红

人口家庭

【人口】 2023 年，无锡市常住人口 749.50 万人。全市监测出生数 34574 人，出生率 4.74‰；死亡数 45504 人，死亡率 6.21‰；人口自然增长率 –1.47‰。

【出生人口监测与服务】 2023 年，全市监测出生数 34574 人，出生率 4.74‰，出生人口性别比 110.07（女性人口为 100）。其中：一孩 20789 人，占 60.13%；二孩 11767 人，占 34.03%；三孩及以上 2018 人，占 5.84%。全市生育服务登记 37029 例，其中一孩登记 24017 例、二孩登记 11559 例、三孩登记 1453 例。

【育龄妇女生育意愿调查】 2023 年，市卫生健康委委托国家统计局无锡城市调查队，采用线下和线上结合的方式，在全市范围内对 15 ~ 49 周岁的育龄妇女进行生育意愿问卷抽样调查，回收有效问卷 6836 份，形成《2023 年无锡市育龄妇女生育意愿抽样调查报告》。调查显示：在愿意结婚和已婚的 6245 名女性中，打算生育子女平均数为 1.29 个，理想生育子女平均数为 1.59 个；愿意生育“三孩”的有 1049 人，不愿意生育“三孩”的有 5150 人，分别占 16.80%、82.47%；已育三孩的有 46 人，占 0.74%。影响女性生育因素前五位分别是孩子教育问题、孩子生活养育成本、孩子生活照顾问题、房贷车贷压力、工作压力大精力不足。

5 月 31 日，托育机构保育员带领小朋友开展室外活动

（市卫生健康委　供图）

【3 岁以下婴幼儿照护】 2023 年，市委、市政府将托育服务发展列为年度重点工作目标任务，并制定细化实施方案督查推进。市政府成立无锡市“一老一幼”工作协调小组及托育服务发展工作专班，重点推进普惠托育体系建设。全年新增普惠托育机构 24 家，省、市普惠托育机构总数增至 79 家，其中省普惠托育机构 49 家。至年末，全市开展托育服务的机构 452 家，可提供 3 岁以下婴幼儿托位数 32325 个，每千人口拥有婴幼儿托位 4.3 个。年内，无锡市获评首批全国婴幼儿照护服务示范城市，惠山区获省政府普惠托育真抓实干成效明显地区督查激励。开发建设无锡市托育服务管理系统，通过政府门户和卫生健康委微信公众号，市、县级管理员通过系统可适时了解机构的运营和收托情况，托育机构可通过系统或机构端及时填报和修改信息，市民在“健康无锡”微信公众号上可查看托育机构详细信息，按需选托。

【计划生育家庭保障】 2023 年，全市审核独生子女父母一次性奖励 5.72 万人，审核通过并发放奖励金 2.06 亿元；发放农村奖励扶助金 1.69 亿元，发放特别扶助金 1.6 亿元；市级计划生育公益金帮扶项目发放扶助金 595 户、172.4 万元。春节期间，开展计生特殊家庭关怀关爱活动，发放慰问金及物资约700.3万元。协调开展2023年计生特殊家庭眼健康筛查项目，筛查904人。2月，国家卫生健康委人口家庭司副司长杨金瑞一行实地察看荣巷街道“暖心家园示范点”，充分肯定无锡市特扶对象联系人制度、就医绿色通道、家庭医生签约等工作。《用心用情做好计划生育特殊家庭帮扶工作》在国家《卫生健康工作交流》刊发。

（杨璐瑛）

【人口管理】 2023年，全市公安机关办理各类户口登记业务68.95万件，受理身份证申请51.84万件，审核办理门楼牌编制申请3778件，编制门楼牌12.2万枚。落实长三角区域跨省（市）户口迁移“一站式”办理、长三角户籍信息证明事项网上办理、同等城市间户籍准入年限积累互认、全国范围内户口迁移“跨省通办”、省内户口迁移“一站式”办理等“放管服”改革服务措施。对本市无住房户籍人口试行经常居住地登记户口制度，解决该群体因人户分离需多地往返奔波办理社会福利等事务的实际困难。依托“太湖e警”公安政务服务平台，在全省率先实现户口登记事项全流程“不见面”在线受理反馈和以电子身份证明替代的免证办理服务，年内线上受理户口事项申请8.83万件，办结8.77万件，办结率99.31%。

加强流动人口管理，开展“流动人口及落脚点清源攻坚”等专项攻坚行动，新登记流动人口197.76万人次，注销205.71万人次，年末，全市有流动人口355.51万人、落脚点147.66万个。将居住证办理期限由15个工作日缩减至7个工作日，全年制发居住证8.73万张、签注40.05万次。利用灵锡App“入学查验”模块，为流动人口子女入学提供线上查询服务15.95万余人次。

（耿永军）

【收养管理】 2023年，无锡市（县）、区民政部门按照法定机构、法定文件、法定程序、法定时限要求，落实国内收养评估指标体系，保障被收养儿童的权益。全年完成收养登记15例，解除收养登记2例，撤销收养登记1例。

（乔亚奇）

【婚姻登记】 6月1日起，实施离婚登记“跨省通办”试点工作。至此，内地居民结婚登记和离婚登记均实现“跨省通办”。2023年，全市办理结婚登记30746对，登记合格率保持100%；受理离婚申请15953对，办理离婚登记11391对。其中：跨区办理结婚登记3882对，离婚登记915对；跨市办理结婚登记3033对，离婚登记561对；跨省办理结婚登记2234对，离婚登记341对。

【殡葬管理】 2023年，无锡市继续推行节地生态葬式葬法改革，弘扬厚养礼葬新理念，倡树文明殡葬新风尚。3月9日，由市民政局、市文明办联合主办的无锡市首届集体生态安葬暨“文明祭祀、绿色清明”启动仪式在青龙山公墓举行，20户家庭参与可降解骨灰盒葬。10月27日，无锡市第16次骨灰撒海活动在东海指定海域举行，110名逝者实行海葬，其姓名镌刻在青城公墓海葬纪念苑。

（钱青艳）

老龄事务

【老龄人口】 2023年末，全市60岁以上户籍老龄人口148.25万人，占总人口的28.46%。老龄人口中，60～69岁706678人，70～79岁560802人，80～89岁184535人，90～99岁29888人，100岁及以上636人。

【“敬老月”系列活动】 10月，全市开展“敬老月”活动，社区以上开展敬老活动2100余次，参与敬老服务19万余人次，慰问老年人80万余人次，投入资金4500余万元。

【“锡阳红”服务品牌】 5月，市老龄办协同无锡广播电视集团（台）等部门创新开展“锡阳红”大舞台活动，每个周末走进一个街道社区开展活动，整合全市老年文化资源，丰富基层社区老年文化生活。至10月末，先后在全市19个街道举办活

3月9日，举办无锡市首届集体生态安葬暨“文明祭祀 绿色清明”启动仪式

（市民政局　供图）

8月6日，新吴区旺庄街道举办“锡阳红”大舞台活动（市老龄办　供图）

动，总计598支社区老年艺术团队近1.6万人参加演出。年内，成功举办“2023无锡老年新春联欢会”演出活动。“锡阳红”老年人权益保障中心开展爱老护老活动50余次，线下普法宣传70余次，发布典型案例、反诈知识、反诈小视频等200余篇次，宣传报道（含转载）400余篇，维护老年人合法权益。

【老年友好型社区建设】 2023年，无锡市持续推进“安康关爱行动”，全市参加老年人意外伤害保险98.81万人，覆盖率70.1%。开展老年人运用智能技术专项普及培训66676人次，培训率133.35%，连续3年超额完成省定任务。对市区80个老年文体特色团队予以经费扶持。宜兴市张渚镇善卷村、梁溪区山北街道会西社区、锡山区羊尖镇严家桥村、滨湖区河埒街道水秀社区、新吴区江溪街道太湖花园第二社区、经开区华庄街道旺安社区获评全国示范性老年友好型社区；江阴市申港街道创新村等17个社区获评省级老年友好型社区建设单位，超额完成省定年度1%以上社区创建任务。8家单位获评江苏省第四届“敬老文明号”。

（陈建忠　张兴堂　李冬梅）

【退休人员管理】 2023年，市人社部门打响“锡阳乐·社保情”退管服务品牌，组织暖心认证宣传季、风尚达人传播季、急救互助推广季、老物新传展示季4个全市性活动，市、区退管机构协同举办活动1300余场、63.64万人次参加。依托大数据筛选，优化退休人员社保待遇领取资格认证服务，构建信息比对为主、社会化服务与远程认证服务相结合的资格认证新模式，推出无声办、掌上办、活动办、社银办、上门办、现场办、提醒办、单位办等认证八大举措，资格认证宣传搬上无锡电视台方言节目《阿福聊斋》。年内，全险种资格认证总人数90.54万人，综合认证率99.44%。

（孙皓晨）

养老事务

【概况】 2023年，全市有备案养老机构154家，床位4.2万张，居家养老服务机构1122家，日托床位2.1万张。1月，市政府启动《无锡市居家养老服务条例》立法工作，经调研、起草、立法会商、征求意见、专家论证等程序，9月形成《无锡市居家养老服务条例（草案）》，10月市人大常委会进行初次审议。5月，国务院办公厅发文对2022年落实有关重大政策措施真抓实干成效明显地方进行通报，无锡市入选“养老兜底保障、发展普惠型养老服务、完善社区居家养老服务网络等工作成效明显的地方”名单，成为全国10个入选城市之一。

【养老服务消费促进】 3月，以市政府办名义在全省率先出台《关于促进养老服务消费的若干政策措施》，从有效扩大养老服务消费供给、有力强化养老服务消费保障、不断夯实养老服务消费基础等3个方面，推出12条促进养老服务消费的具体举措。发动养老服务机构和企业让利，首批8家品牌养老企业（机构）率先提供300万元的养老消费优惠（体验）券，在与老年人日常生活紧密相关的餐饮、老年用品、康复护理服务等方面设计出优惠方案，撬动老年群体消费。

【“锡心医养”社区居家“332”服务行动】 2023年，无锡市“锡心医养”社区居家“332”服务行动取得初步成效。年内，出台街道（镇）综合性养老服务中心建设、公立护理院建设等9项政策以及长期护理保险失能等级评估等6项配套文件，新建及提升改造街道综合性养老服务中心11个，实现城市街道全覆盖。在全省首创依托基层医疗卫生机构设置护理院并建成8家，加快建设“锡心医养”市级呼叫中心和养老指挥调度中心。选树全市首批12个基层实践创新点，发挥示范引领作用。

（蔡坤强）

社区建设

【“五社联动”机制创新试点】 2023年，无锡市2个区、7个镇（街道）被确定为全省首批“五社联动”机制创新试点，全年实施依托专业基金会为托管主体的社区基金项目175个，涉及社区治理、乡村振兴、困境人群关爱等众多基层社会治理领域，累计筹集资金总额486万元。联合市委组织部评选市级优秀社区工作者40人，提升社区工作者的职业荣誉感。在全市范围组织开展全市优秀村规民约和居民公约的征集评选活动，引导村（居）民有序参与城乡社区治理。开展2023年度社区治理创新项目征集，评选出获奖项目成果32个，调动基层参与社区治理创新的积极性。

【社区综合服务设施提升】 2023年，市民政局推动20个社区综合服务设施改造提升项目列入省、市政府2023年为民办实事项目，提升社区服务的硬件水平，优化居民日常服务供给。全年建设总面积25383.6平方米，惠及城乡居民52810户。

【“全科社工”职业技能竞赛】 9月，市民政局举办无锡工匠·2023年无锡市“全科社工”职业技能竞赛，进一步加强城乡社区工作者队伍建设，推广社区全科社工服务模式。在各市（县）区进行初赛的基础上，大赛评出一等奖3人、二等奖5人、三等奖8人，一等奖获得者同时获得“无锡市技术能手”称号。

（王彩霞）

社会组织管理

【社会组织培育】 2023年，全市登记社会组织6021个，其中社会团体1879个、民办非企业单位4090个、基金会52个。市民政局出台《无锡市促进社会组织高质量发展扶持办法》，评选并资金扶持10个社会组织培育示范基地，30个社会组织品牌项目和46个AAAA及以上等级社会组织。加强社会组织规范化建设，全面使用社会组织评估数字平台，社会组织评估覆盖率59.69%。至年末，全市有AAAAA级社会组织21个、AAAA级168个。无锡市慈善总会、无锡市企业联合会、江阴市青年点点爱心港、宜兴市陶瓷行业协会、无锡市锡山区乐助社工事务所被评为江苏省先进社会组织。

9月26日，无锡工匠·2023年无锡市“全科社工”职业技能竞赛举办

（市民政局 供图）

【社会组织公益服务】 2023年，市民政局建立“锡望益起来”社会组织公益服务项目数字平台，编制数字公益地图，实现公益服务便民化智慧化。举办首届“锡商有爱”创优公益项目征集活动、无锡“中国好公益”品牌项目推介暨专项交流活动和第二届“为爱行走”公益徒步暨全市社会组织展示交流活动，带领10余家社会组织参加长三角一体化背景下社会组织高质量发展论坛，讲述无锡社会组织故事，宣传无锡社会组织品牌。

【社会组织党建】 2023年，全市严格落实社会组织党建工作“六同步”，无锡市总商会党员之家、无锡市网络社会组织培育服务基地、无锡市滨湖区社区治理创新中心3个社会组织孵化基地获评全省社会组织党建工作示范点。

（赵 倩）

民族宗教事务

【民族事务】 2023年，无锡市在全省率先开展“红石榴村村结对”、旅游促进各民族交往交流交融夏令营。全市50家企业参与“红石榴就业行动”，吸纳各族群众到无锡务工8000余人。《中国民族报》第2版专题报道无锡市包机助力曲靖务工人员返岗的新闻。江阴市组织开展无锡江阴·伊犁霍城“澄霍同心·石榴红”民族团结主题活动暨“多一克温暖”走进霍城活动；滨湖区成立“湖湾石榴红”民族工作联盟，举办滨湖—阿合奇文化教育交流项目启动仪式，网易同步推送，点击量达192万余次；新吴区与吉林省延吉市开展交流学习，并就两地民族团结进步工作签署战略合作协议。锡山·化隆·水城·钟山三省四地“红石榴就业行动”直播带岗招聘活动，入选国家民委“中国共产党民族工作

4月10日，无锡市基督教中国化文化展览馆揭牌　（市民宗局　供图）

光辉历程和伟大成就主题展”展陈案例，海澜集团、新日公司相关工作入选国家民委“各族群众互嵌式发展计划典型案例”、各族青少年交往交流计划2023年全国试点示范项目。江阴市、惠山区和中国电子系统工程第二建设有限公司获评全省民族团结进步示范区示范单位，明慈医院等7家单位获评全省“红石榴家园”精品单位和“红石榴就业行动”示范企业。

【宗教事务】 2023年，无锡市加强宗教活动场所规范管理。6月14日，举办宗教领域“安全生产月”启动仪式暨应急演练活动，提升全市宗教领域安全意识和避险逃生能力。10月18日，全市宗教活动场所规范化管理工作推进会召开，举行《宗教活动场所制度汇编》发放仪式、“全国宗教界先进集体”奖牌和荣誉证书颁发仪式和安全工作专家聘任仪式。

【全国少数民族参观团到无锡参观考察】 9月25—26日，以国家民委副主任、党组成员边巴扎西为团长的全国少数民族参观团到无锡参观考察。本次参观团是新中国成立以来的第61个全国少数民族参观团，成员来自全国31个省、自治区、直辖市和新疆生产建设兵团，包括56个民族、150人。参观团参观中国船舶集团第702研究所和神威·太湖之光国家超级计算机无锡中心，对无锡在经济、科技、社会、民生等领域的发展成果表示赞赏。

【市道教协会第五次代表会议召开】 9月19日，无锡市道教协会召开第五次代表会议，选举产生无锡市道教协会新一届团体领导班子。江苏省道教协会会长尹菊芳，市政府副秘书长殷毅，市委统战部副部长、市民宗局局长张文伟出席会议并讲话。无锡市相关职能部门负责人、各市（县）区民宗局负责人及全市道教界代表共130余人参加会议。

【市佛教协会第十次代表会议召开】 9月20日，无锡市佛教协会在祥符禅寺三圣殿召开第十次代表会议，选举产生无锡市佛教协会新一届团体班子。江苏省佛教协会会长秋爽，市政府副市长卢敏，市委统战部副部长、市民宗局局长张文伟等出席会议并讲话。无锡市相关职能部门负责人、各市（县）区民宗局负责人及全市佛教界代表共180余人参加会议。

【无锡市基督教中国化文化展览馆揭牌】 4月10日，全省首家以基督教中国化为主题的文化展览馆在无锡市基督教堂揭牌。市委常委、统战部部长周常青，市委统战部副部长、市民宗局局长张文伟，各市（县）区、经开区分管负责人，全市性宗教团体负责人及市基督教两会班子成员参加活动。该馆浓缩了基督教自唐朝传入中国1300多年间自觉融入中华文化，到新时代系统推进中国基督教中国化的历史进程，诠释宗教中国化的深远意义。

（朱奕奕）

编辑　葛　红

公共安全

应急管理

【应急指挥体系建设】 2023年，无锡市与浙江省湖州市、安徽省宣城市等地建立突发事件应急联动工作机制，推动应急与气象、生态环境、无锡监狱系统战略合作，互通专业救援力量配置，联合防范应对灾害事故，共同降低区域灾害事故损失。建立内部突发事件应对处置流程，细化调度流程和内容，提升应急处置效率。出台《无锡市应急管理系统值班工作规范（试行）》，完善各级应急指挥中心规范化、标准化、智能化建设，常态化组织市、县（区）、镇（街道）三级应急指挥调度拉练和通信联通测试。按照“红、橙、黄、蓝”预警等级，制定台风、暴雨、冰冻等11类自然灾害“安全应急提醒”模板。全年发布安全应急提醒83期，值班提示、安全提示、天气预警短信172次、50290条，靶向发送对象10万多人次。

【应急预案体系建设】 2023年，无锡市启动第二轮预案编修工作，完成《无锡市雨雪冰冻灾害应急预案》等10个市级专项预案修订。年内，完成7个、推进32个市级专项预案数字化改造。

【应急队伍建设】 2023年，市应急管理局加强重点行业领域应急力量建设，新增2支专业骨干应急队伍和1支社会应急队伍，形成“14+10”的市级应急救援力量体系。不定时拉动救援队伍，在重要节点、节假日和极端天气等时段，组织各救援队伍前置备勤。定时更新全市救援队伍指挥通讯录，编制全市救援队伍分布图。以宜兴丁蜀通用机场为依托，推进航空应急救援保障基地建设。开展救援技能大练兵活动，第一时间调度蓝天救援队、999救援中心等5支队伍参与河北涿州严重洪涝灾害现场救援。

【应急救援演练】 2023年，市应急委员会办公室统筹安排全年重点演练项目，组织实施演练计划，指导参加2023年江苏省公路特长水下隧道应急演练、无锡地铁运营突发事件应急演练、2023年宜兴芳桥街道民房坍塌事故等应急救援演练。市应急管理局牵头组织开展2023年无锡市雨雪冰冻地质灾害综合应急演练，完善应急预案，锻炼应急队伍，磨合应急机制，强化应急准备。全市各级举行应急演练1304场。

（邵曰坚）

【应急物资储备】 2023年，无锡市在省内率先构建“市＋市（县）区＋街镇＋社区＋家庭”物资多元储备格局，制定街镇、社区物资储备标准，开展应急物资储备标准化街镇（社区）创建。举办2023年度无锡市应急物资储备宣传暨物资储备标准化社区启动仪式，选树梁溪区黄巷街道民丰社区为全市首个应急物资储备标准化社区，推出家庭基础、火灾、地震、洪涝4个版本应急包。市粮食和储备局出台《关于改革完善体制机制加强我市应急物资储备安全管理的行动方案》《无锡市应对疫情医疗物资保障工作方案》等制度，提升应对

11月15日，无锡市开展雨雪冰冻地质灾害综合应急演练

（市应急管理局 供图）

突发事件能力和应急物资保障水平。充实总价值近 300 万元的帐篷、折叠床、移动厕所等应急物资及 2300 件应急物资储备，向民丰社区、蓝天救援队等重点区域和一线单位前置应急物资。向 36 家单位发放 110 万件防疫物资。做好元旦、春节期间肉类和蔬菜储备，以及日常冻猪肉储备等重要商品管理。

年内，市应急管理局开展全市救灾物资储备调查摸底，对市级救灾物资盘库清点，制定《应急物资储备基本规范》地方标准，储备市级通用性应急物资 70 余种、6 万余件，落实储备能力企业 50 家。做好救灾物资前置、下沉工作，将总价值 40 余万元的应急物资前置到基层街道、社会救援组织，调拨 500 万元应急物资支援青海海东抗震救灾。

（梅欢从　邵曰坚）

【红十字应急救护】 2023 年，市红十字会强化应急救援队实体化运行，组织开展 2023 年应急救援综合演练和“预防溺水·救在身边——‘博爱泳安’公益项目防溺水设备发放仪式暨水域救援演练”活动。完成“强化党建引领、打造救援尖兵”“书记项目”，组织全市 11 支救援队开展防灾避险“三进”活动 300 余场，成功保障无锡马拉松、中国家庭帆船赛等大型赛事活动 31 场，受益群众 10 万人次。常态化组织救援队赴灵山景区、太湖鼋头渚、三国城等 8 个景区救护站开展应急救护服务，为锡惠古镇等国家 AAAAA 级旅游景区红十字救护站配备价值 2 万余元的应急救护器材。深化“红十字生命教育”行动，完成市政府为民办实事项目“公益性应急救护培训 + 公共场所 AED 配置”，全年完成救护员、初级救护员、心肺复苏（CPR+AED）取证培训 3.17 万人、普及培训 13.8 万人，在学校、政务服务大厅等重要场所新配置 AED（自动体外除颤仪）90 台，累计配置 438 台，并纳入灵锡健康地图。依托全市 10 个应急救护培训基

10 月 9 日，2023 国际应急医学救援论坛暨应急医学救援装备技术博览会开幕式在无锡举行

（市应急管理局　供图）

地、11 个学校生命健康安全体验馆（教室），采取“精讲 + 实操”“体验 + 互动”的形式，强化应急救护培训。宜兴市红十字人道教育中心获评中国红十字会总会“红十字生命教育示范基地”，无锡太湖学院红十字应急救护培训基地获评省红十字应急救护培训示范基地。

（刘　森）

【应急医学救援论坛暨装备技术博览会举办】 10 月 9—11 日，2023 国际应急医学救援论坛暨应急医学救援装备技术博览会在无锡太湖国际博览中心举办。论坛由国家应急医学研究中心、应急管理部国际交流合作中心、中国职业安全健康协会联合主办，应急总医院、江南大学附属医院等承办，市应急管理局、市卫生健康委等部门协办，以“应急医学救援，护佑人民生命”为主题，中国工程院院士、解放军总医院生命科学院院长付小兵任大会名誉主席，参加人员涵盖国内外相关政府部门、国内外应急医学救援相关单位、社会救援力量、红十字国际委员会等领域。院士付小兵、陈卫、蒋建新作主题发言。论坛配套举办应急医学救援装备技术博览会，展出应急医学救援、救治、转运、通信、训练、智能服务、职业健康等各领域先进装备技术。

（邵曰坚）

防灾减灾

【概况】 2023 年，市应急管理局制订《无锡市极端暴雨综合救援和避险安置工作方案（暂行）》，细化实化应急处置措施、转移避险、任务分工；制定《无锡市应急管理局防汛抗旱防台应急响应工作方案》，明确内部应急处置工作流程。指导江阴市高新区寿山社区、宜兴市芳桥街道华阳村、惠山区堰桥街道天丰社区、新吴区新安街道净湖社区和硕放街道硕望社区开展全国综合减灾示范社区创建，落实市级以奖代补资金 20 万元。全市举办开展防灾减灾宣传活动 932 场，发放宣传资料 23.4 万余册。推进第一次全国自然灾害综合风险普查，开展自然灾害综合风险普查评估与区划相关权重指标制定工作，做好协调同步和数据共享。启动新一轮灾害救助责任保险和城乡常住居民住房财产保险工作，在重点公共场所布设 12 个智慧自救互救急救站，建立培训 1900 余人的灾害信息员队伍。新建应急避难场所 2 处，完成 5 处应急

避难场所功能校验。至年末，全市城区建成中心级应急避难场所4处、固定级应急避难场所48处，选定区、镇（街道）、村（社区）三级自然灾害转移安置场所1400多处。

（邵曰坚）

【气象灾害防御】 7月20日，无锡遭遇短时强降水、雷暴大风等强对流天气，其中锡山区安镇街道6小时降水量超200毫米，24小时雨量达251.0毫米，部分地段出现严重内涝。04时50分，市气象局发布暴雨橙色预警信号，市气象灾害应急指挥部8时20分启动气象灾害（暴雨）Ⅲ级应急响应，会同市应急局、市文广旅游局启动全市应急广播系统播发预警信息，向锡山区发布重大灾害预警信息全网短信142万人次。市城运中心、市防汛办、市应急局、市市政和园林局、市公安局、锡山区政府等及时针对暴雨天气开展行业部署安排和应急救灾工作。

12月14—17日，全市出现强寒潮天气，48小时最低气温降幅超过12℃。12月18日，全市范围出现暴雪，宜兴大暴雪。市气象局发布暴雪橙色预警信号，市雨雪冰冻应急指挥部启动雨雪冰冻灾害Ⅳ级响应。公安交警部门启动高等级雨雪勤务，在城市环路、主干道、高速公路山区道路以及交通枢纽等重点部位部署充足警力，保障道路安全通畅；城管部门对全市重要道路、桥梁进行清理积雪、铺设草垫，城管队员、环卫工人全员上岗；交通运输管理部门出动执法车（船）进行巡查，沿途撒播融雪剂、工业盐等融雪材料。

（马境菲）

【防汛抗旱】 2023年，无锡市在省内率先印发城市防范应对极端暴雨工作指导意见，制定实施方案、重点工程项目清单和防洪避险预案；在全省建成首个防汛防台秒响应应用场景，推出面向公众的险情“随手拍”App。全市储备防汛袋412万只、木材1361立方米、块石2.74万吨、土工布32.16万立方米、排水泵和移动泵车1774台、通用救灾物资60种23687件，组建巡查抢险队伍971支2.3万人，落实应急救援队伍22支3708人。开展汛前隐患排查整治，加强防汛抢险指挥调度，发布洪水预警9次，启动应急响应8次，太湖发生2次编号洪水，长江高潮位超警10天，京杭运河、锡澄运河水位超警3次，宜兴西氿水位超警2次，横山水库超汛限1次。有效应对“6·18”“7·19”等10次强降雨过程和台风“杜苏芮”“卡努”影响，全市抢排涝水14.12亿立方米，确保城市安全有序运行。全省首笔堤防灾害保险赔付金落地京杭大运河梁溪段。

（李冰如）

【地质灾害防治】 2023年，全市发生突发地质灾害险情5起，其中宜兴市1起、锡山区2起、滨湖区2起，等级均为小型。年内，组织地质灾害应急调查21次，出动地质灾害防治专家和技术人员34人次；各级自然资源规划部门开展“三查”（汛前全面排查、汛中巡查、汛后复查），出动人员3772余人次。协助地方政府推进地质灾害工程治理，江阴市长江沿岸黄山北坡、南闸街道谢园村通达石料场、宜兴市张渚龙池山风景区澄光禅寺大雄宝殿南侧、滨湖区雪浪山东坡、灵山三圣殿、滨湖区委党校等6处地质灾害列入市级年度地灾治理方案。组织开展省级地勘资金（地质灾害防治类）申报，江阴长江沿岸黄山北坡、滨湖区马山三圣殿2个治理工程分别获得150万元、100万元省级资金支持。强化群测群防体系建设，加强对群测群防员的业务指导和培训。加强与市应急、气象等部门协作，联合发布地质灾害气象风险预警及提示信息2则，发送短信1517条。充分利用新闻媒体，结合“4·22”世界地球日、“5·12 ”防灾减灾日、“10·13”国际减灾日、安全生产月等时间节点，广泛开展地质灾害法律法规、防灾避险自救等基本知识的宣传普及活动。会同省地质调查院、无锡电视台，联合拍摄8期《无锡地质遗迹》。

【地质灾害隐患排查】 2023，市自然资源规划部门以市（县）、区为单元开展全市地质灾害隐患排查。全市查明地质灾害隐患点95处，以崩塌、滑坡为主，级别主要为小型。与上年相比，因工程治理核减4处、新增1处。按灾害类型划分，崩塌74处、滑坡13处、地面塌陷4处、地裂缝4处；按行政区域划分，江阴市36处、宜兴市14处、梁溪区5处、锡山区13处、惠山区7处、滨湖区19处。其中，重要地质灾害隐患点12处，主要分布在江阴市、宜兴市和滨湖区，其次为锡山区和惠山区。5—9月汛期，组织全市开展地质灾害隐患再排查，发现隐患立即与属地政府对接，指导做好地质灾害防护工作。

（刘梦蛟）

【防震减灾】 2023年，市住房城乡建设局强化“韧性”城市建设理念，高质量完成《无锡市城市抗震防灾规划（2021—2035）》修编工作，督促各地区、各成员单位推进落实各项防震减灾任务，获评江苏省防震减灾组织领导工作先进单位。加强震情趋势会商研判分析，编写《无锡市2024年度地震趋势研究报告》，获评江苏省地震趋势研究报告评比第一名。组织实施无锡市地震监测台网系统上云项目，实现地震行业专网、台站数据专线与市级政务网之间的数据互通，并加强地震观测资料管理，“市级测震台网资料与产出”和“市县形变学科钻孔倾斜”获省级评比第三名。配合完成江苏省烈度速报和预警工程项目无锡市4个基准站、2个基本站及2个一般站的基本建设工作。依托宜兴高塍镇鱼塘、江阴兴澄特钢厂动物园新建2个地震宏观观测点，实现无锡地震宏观观测点市域全覆盖。升级优化局地震应急指挥中心，完成年度地震“12322”平台的灾情速报演练任务，高效处置上海青浦区“6·15”3.1级地震事件波及影响。开展防震减灾宣传系列活动，健全完善科普教育网络体系，提升社会抗震防灾意识，无锡市防震减灾科普馆成功创建省防震减灾科普教育基地。

（蔡晓儒　李渊明）

安全生产

【概况】 2023年，无锡市连续第四年把安全生产工作会议作为全年第一个全局性会议，年内召开市委常委会会议、市政府常务会议、安全生产专题会议31次，研究部署安全生产工作。修订《无锡市安全生产条例》，出台《市安全生产委员会工作规则》，提高安委会运行效能。建立“1+4”督查督办机制，上下联动完成对全市75个镇（街道）全覆盖巡查，指导各镇（街道）实施87个达标提升项目。修订《镇（街道）安全生产监测评价及“红黑榜”评比办法》，每季度开展“红黑榜”考评，累计评出“红榜”镇（街道）18个、“黑榜”镇（街道）14个。统筹推进重点行业领域风险专项整治巩固提升年、基础建设强化推进年和重大事故隐患专项排查整治行动，提升事故灾害应对处置能力。加强新业态安全监管，研究制定10个新业态监管职责分工。探索安全生产责任险风险防控服务示范建设，规范服务标准和保险事故预防费用管理办法。全年发生各类安全生产事故76起，死亡51人，比上年分别下降5%、5.6%，连续22年实现“双下降”。

【重点行业风险专项整治】 2023年，无锡市围绕危化品、冶金工贸、城镇燃气、消防等13个行业领域，落实25条风险整治措施，化解一批重大安全风险，整治一批突出问题隐患。指导相关部门开展旅游景区、旅游包车、水路交通、医院消防、液化天然气、废品回收站6个安全专项行动，推动开展燃气安全专项整治。吸取“11·20”火灾事故教训，部署开展百日冬季安全风险排查整治行动，对“两易一密一新”（易燃、易爆、人员密集、新业态新领域）场所开展安全风险排查整治。

【重大事故隐患排查治理】 2023年，无锡市制定印发《全市重大事故隐患专项排查整治行动实施方案》。市安委办印发相关行业领域《重大事故隐患判定标准汇编》，研发运行企业重大事故隐患报告系统。全市排查整改重大事故隐患2346个，市、市（县）区两级挂牌督办重大事故隐患41个，行政处罚8387次，“一案双罚”372件，曝光、约谈、联合惩戒企业1140家。

【“老大难”问题集中攻坚】 2023年，市应急管理局针对消防、“厂中厂”、电气线路等49个“老大难”问题，协调推进全市各级领导干部挂钩攻坚，按照“项目化、清单化、节点化、责任化”要求，细化318条具体举措，一月一调度推进落实。全市排查出“厂中厂”6841处、生产经营单位25348家，发现存在突出问题的“厂中厂”生产经营单位22140家、突出问题75173个。工业企业电气线路安全方面，专项排查企业43594家，完成专兼职电工配备32613家，实施老旧线路、设备改造16988家，完成电气线路智能化监测设备安装10070家。

【危化品安全生产监管】 2023年，市应急管理局开展危化品企业老旧装置更新改造三年行动，推进14家企业、23套危化品老旧装置更新改造。审核危化品建设项目8个，开展危化品生产许可证现场核查25家次，生产企业事中事后监督检查25家。督促全市227家化工（危化品）、医药企业主要负责人开展“一述三评”，审计二级标准化达标企业13家，评审申报三级标准化达标创建企业10家。开展苯乙烯、重氮化企业安全“回头看”，督促8家企业整改隐患29个。开展液化烃储罐区专项整治，对2家较高风险企业开展验收，督促整改问题9个。对75家园区外化工企业开展安全整治提升，排查整改隐患1313个、重大隐患14个。开展两轮重大危险源企业督导检查，3个化工园区均通过省政府复核认定。

6月3日，无锡市第30个“安全生产月”活动启动

（市应急管理局　供图）

【冶金工贸企业安全生产监管】 2023年，市应急管理局对5家钢铁企业、40家高温熔融金属企业和20家涉爆粉尘企业进行现场诊断抽查，发现各类隐患914个，并督促整改。开展违规动火专项执法检查，查处违法行为47起，罚款132.71万元。实施全市390家重点工贸企业火灾防控应急、消防联合检查，督促整改各类隐患1964个，立案查处24家，罚款6.26万元。推动全市1260家劳动密集型工业企业安装简易烟感装置4.8万余个，完成823家企业推广应用委外作业“红马甲”制度，创建示范企业53家。加强事故警示提醒，发出预警提示37次，发出梅雨季节、高温时段安全防范提示21次。

（邵曰坚）

【特种设备安全生产监管】 2023年，市市场监管局部门现场检查特种设备生产、使用单位1.2万家次，发现并整改安全隐患6374个，立案查处320起，处罚金额1140.03万元。对850台老旧电梯进行安全评估；整合资源，持续升级以签约维保为主、网格救援为辅、消防救援为保障的“96333”电梯三级救援体系，全年处置电梯困人故障8605起，成功解救被困人员15489人。推进流动叉车综合整治，发放牌照2200张。推行码头吊智慧监管，扫除高风险设备安全盲区。开发自动比对小程序，对气瓶信息进行自动审核查验。创新作业人员线上线下联动培训机制，培训特种设备作业人员7.54万人次。

（束洁丹）

【建筑施工安全生产监管】 2023年，市住建部门持续开展轨道交通工程、集中生活区、高处坠落等施工安全专项整治行动，强化盘扣式脚手架等新技术运用，制定有限空间、旧改工程、临时集中生活区等安全管理制度，严格安管人员和特种作业人员考核培训。加大对违法违规行为和事故处理的力度，对发生安全事故的项目，在落实顶格处罚的基础上，推出警示教育“三三三”制度，即：项目部全体管理和作业人员开展不少于3天的培训教育；企业针对安全管理制度上的漏洞，制作不少于30分钟的警示教育视频；住建部门召开不少于300名从业人员参加的现场警示教育大会，倒逼企业落实主体责任。全年整治消除一般隐患3.2万个、重大隐患86个，发出隐患整改通知书4536份、问题移交单290份，行政处罚200起、罚款349.95万元，发布典型案例12起，培训考核从业人员2.6万人次。保险公司为全市建筑业企业提供安全生产责任保额165.8亿元，风险防控机构协助各级安全监管部门开展各类风险防控服务2401次。

（刘东亮）

【电力行业安全生产】 2023年，国网无锡供电公司坚持电网风险先降后控，六级及以上风险压降63项、管控265项。高质量完成重大事故隐患治理218项，实现重大、较大隐患动态清零，一般隐患有效管控。开展特高压满送保电通道巡视3500余次、带电检测2800余次，消除异物挂线等缺陷171处。排查整改99座变电站网络安全隐患。开展不停电作业1.6万余次，创新实施发电作业500余次，用户平均停电时间同比下降35.94%。完成成都大运会、杭州亚运会等跨省支援保电任务，完成国家网络攻防实战演习和“网安”行动保障任务。修订《安全生产奖惩规范》，评选无违章班组411班次、无违章员工3700余人次，兑现各类奖金近460万元。省、市两级查纠违章339起，约谈单位5家，通报批评2人。严格安全准入，1支协作队伍和127名人员被纳入“负面清单”管理。

（高　君）

【安全生产监管执法】 2023年，市应急管理局强化精准执法、专项执法和执法督查，分季度开展劳动密集型企业“生命通道”、有限空间、动火作业、外包外租作业等专项执法行动。全年执法检查企业12283家，事前立案4147件，重大隐患立案1084件，事前罚没金额1.24亿元。组建执法督查分队，对18个镇（街道）开展执法监督指导，对21个赋权镇（街道）进行案卷评查，对执法工作不力的镇（街道）进行约谈。组织梳理公示行政权力282项，实施2个街道委托执法，加强合法性、合规性审查，推动行政处罚双公示修复90家，全局行政复议零撤销，行政诉讼零败诉。

【安全生产监管队伍建设】 2023年，市应急管理局加强基层安全生产监管队伍建设，全市镇（街道）配备在编安全监管执法人员403人、在编消防监管人员152人。出台《无锡市镇（街道）专职安全员管理办法（试行）》，建立健全岗前培训制度，911名专职安全员全部持证上岗。推动全市4.4万余家工业企业配备班组专（兼）职安全员6.4万余人，9万余家“九小场所”配备消防安全员10.1万余人。组织全市应急干部大练兵三年行动，4支执法队伍被省应急厅认定为达标单位。

【安全生产监管平台建设】 2023年，市应急管理局深化无锡市安全生产监管平台建设应用，开设账号7036个，录入履职信息1.7万余条，监督检查对象12万余个、隐患60万余个、问题1946个，发送报警信息3.5万余条、提醒短信19万余条。推进应急管理部“互联网＋特种作业人员综合管理服务”无锡试点，开发应用“焊接与热切割作业用工平台”“锡芯焊”电焊智慧开关，对企业动火作业进行全流程监管。建立无锡市“厂中厂”安全管理信息系统，实现厂中厂底数动态管理。

【安全生产宣传教育】 2023年，无锡市举办“人人讲安全，个个会应急”主题安全生产月活动，开展安全咨询、网络直播、VR体验等系列活动

1812场次，应急科普“五个一”宣传活动359场次。拓展“百团进百万企业千万员工”专题宣讲和重点行业领域“企业主要负责人说安全”活动，开展安全生产专题学习1072场次、专题宣讲1452场次，参与企业员工25万人次。强化高危行业人员安全培训考核，培训生产经营单位各类人员17.5万余人。推进危化企业工伤预防能力三年提升培训工程，为492名危化企业的一线班组长提供个性化培训。

（邵曰坚）

交通安全

【概况】 2023年，市公安局交警支队构建警务运行新体系，建成情报作战厅和赋能支援厅，聚合应用各类研判平台系统，开展交通态势、交通警情、交通违法和拥堵节点、秩序乱点、事故黑点分析研判，指导查获涉酒、涉毒以及精神病重点“失驾”人员无证驾驶215起，查获假套牌报废车、疲劳驾驶、货运载人等重点违法1565起。完善指挥处置和警情快反机制建设，构建“1+1+4+N”作战指挥体系，制定勤务调度令、工作督导令、复盘回溯令等15个警务实战指令集，将市区道路分为69个交警勤务责任区，设置84处路面屯兵点，重大敏感警情实行一警多派、就近派警，联动属地公安派出所、警务工作站力量一体处置，城区重要敏感警情平均到场时间压缩至2分30秒以内。构建风险防控新体系，全链条开展事故调查处置，全方位清剿整改安全隐患，发挥市、区两级道路交通安全委员会组织、牵头、协调作用，压紧压实交通安全责任。构建执法监督新体系，统一执法规范标准，试行一般程序远程速裁与自主快办，对部分行政案件实行掌上速裁、快速办理，开展积案清理行动，加强执法监管中心实体化运作。构建综合治理新体系，严管重查交通违法，加强应急联动确保道路畅通，推进车驾管业务“放管服”改革，实施“e路通”道路交通事故线上线下一体化处理新机制，开展“平安回家”交通安全宣传行动。

【车辆驾驶员管理】 2023年，全市有机动车2717460辆、驾驶员3182481人，非机动车5408256辆。市公安局交警支队在全省率先实现车辆驾驶员管理业务办理市、县同权，应用“太湖e警”交警政务平台，将34项高频交管业务下放至8个市（县）、区级政务服务中心和107个派出所“综合服务窗口”，实现市、区、镇三级车辆管理服务全覆盖。创建全国首个车驾管业务社会化服务平台，在“警邮车管所”、银行、汽车4S店、二手车交易市场等处建立722家车驾管业务代办网点，市区社会机构代办机动车注册登记、转移登记业务占比分别为97.2%和99.6%，实现交管业务“共同办、网上办、自助办、就近办、一次办”。应用“听我一言”民意诉求服务平台，解决群众意见建议、举报投诉、违法申诉、业务咨询等交管诉求，全年解决交通类疑难问题1200余个。

【道路交通综合治理】 2023年，无锡市发挥市、区两级道路交通安全委员会作用，落实会商研判、盯办督办、领导到场、“红黑榜”警示通报等机制，全年“红榜”表扬73个镇（街道）、“黑榜”警示50个镇（街道），推动镇（街道）领导到场开展事故调查、隐患排查706次。公安交警部门严查严管交通违法，紧盯“客货危面”（客车、货车、危险品运输车、面包车）等重点车辆，酒驾醉驾、飙车炸街、“三超一疲劳”（超速、超员、超载、疲劳驾驶）等重点违法，节假日、周末、夜间等重点时段，分波次、分专题开展全市性、区域性整治行动，全年现场查处各类交通违法316.7万余起，其中酒驾醉驾、超载等重点违法11.5万

表57 2023年无锡市机动车、驾驶员统计表

区域	机动车（辆）				驾驶员（人）
	汽车	摩托车	其他机动车	总计	
市区	1519981	15439	6189	1541609	1851140
江阴市	627753	53470	3431	684654	813661
宜兴市	405868	84086	1243	491197	517680
合计	2553602	152995	10863	2717460	3182481

（市公安局交通警察支队）

表 58　2023 年无锡市非机动车统计表

单位：辆

自行车	三轮车	残疾车	电动自行车	合　计
2768134	6867	657	2632598	5408256

（市公安局交通警察支队）

余起。结合文明典范城市、最干净城市、城市管理示范(县)等创建,组建执法“尖刀队”,整治具有本地化特点的闯红灯、翻护栏、乱穿马路、逆行等“十类交通违法行为”和工程车、电动车违法,全年开展尖刀执法行动460次,查处显见交通违法行为71.3万余起。推行外地车辆17项轻微交通违法“只纠正、不处罚”执法模式。开展“平安回家”交通安全宣传行动,在全市各中小学校、幼儿园组织“特殊家长会”和“主题班会”活动2435场,受教育人数30余万人;在全市老年人群体开展“美丽乡村行”巡回宣讲活动1100余场次,签订交通安全责任书34万余份,全年纠正老年人各类交通违法行为15.3万余人次;加强对快递、外卖、代驾等新业态从业人员群体交通安全宣传教育。通过“行走的百科全书”“交警在现场”“慧出行”等节目,普及交管业务、发布出行线路、宣传创新举措。围绕易发生拥堵、事故的重点地区、节点路段、高峰时段,细化完善疏堵保畅方案预案,落实人流车流控制疏导措施,加强部门协作、区域协同和多方联动,实现迅速干预、提前导控、未堵先疏。

【智慧交管建设】 2023年,市公安局交警支队开展智慧交管建设,推进公安交通管理工作数字化转型。开展“城市交通最强大脑”建设,建成新一代交通信号控制中心,联网联控全市2097个路口交通信号机,汇聚互联网、社会面等11类、96项交通数据集成“交通超图”,对全市路网实时监测、融合分析、精准优化、可视干预、联网控制交通运行状况,精细化组织区域交通,实现交通路网全域优化。年内,快速路车均延误指数下降12.2%,干线停车延误次数下降20.1%,拥堵警情数下降15.8%,高峰时段平均车速提高9.1%、路口通行效率提升9.5%。打造“现代智慧城市示范路”,综合运用各种交通工程技术手段,完成全市50处常发性交通堵点、秩序乱点路口信号控制单点优化,在全市66条主要通勤干道设置“绿波带”,启用1处可变速和6处快速路下匝道路口可变车道,在商超、医院、农贸市场、大型综合体、夜经济繁华路段以及中小学幼儿园等周边设置10494个可变、限时停车泊位。围绕管理机制、疏堵保畅、风险防范、勤务实战、执法办案和自主技术创新6个方面,打造数字化交警队,年内10个中队获评数字化示范交警中队。建立毒驾、精神病人、非法营运、高危驾驶人、失(限)驾5类数据库,完成老年人骑电动车风险预警等12个模型建设。应用高危异常驾驶人分析对比模型,注销吸毒人员、精神障碍患者驾驶证44本,对依法吊销、注销驾驶证的82人和记满12分的368人抄告交通部门取消从业资格或督促道路交通运输企业解除聘用。构建全要素上图、全流程可视、全环节督导的智能化交通安保新模式,全年完成各类大型活动交通安保活动135场次。

【道路安全风险防控】 2023年,全市各级交警部门加强道路安全风险防控体系建设,开展道路交通事故预防“减量控大”工作,道路交通死亡人数连续20年下降。开展交通死亡事故全链条深度调查处置,落实一个工作专班、一条调查指令、一张隐患清单、一套整改策略和一份评估报告制度,从驾驶人、车辆、道路、企业管理、行业监管和交通管理等方面调查分析存在的安全隐患、管理漏洞、监管盲区和工作缺失,通过调查整改安全隐患3235个。实施重点驾驶人健康状况监测预警、源头风险综合画像等制度,分级落实隐患企业约谈通报、警示曝光等措施,全年约谈、整改高危风险企业1534家,曝光黑榜工程运输企业134家,处罚多次超载运

2月17日,梁溪大队交警晚高峰疏导交通　　(陈　诚　摄)

输企业负责人814人。开展道路隐患专项排查整治，整改5处公安部、江苏省和30处市级、70处区级挂牌督办道路隐患点段。完成3197条主次干道人行横道规范化、精细化、品质化提升，完成110条人行横道关爱工程。会同市政园林、交通运输、城管等部门开展违规占道施工整治，巡查发现隐患47个，立案查处施工单位负责人28人。规范设置交通隔离护栏228.8千米。排查治理高速公路交通安全隐患，整改提升132处路段安全设施，更换高速公路中央双向三波板护栏248.9千米、路侧双向三波板护栏189.7千米。加强农村道路安全设施建设，国省道平交路口"三个一"(一条停止线、一个爆闪灯、一块警示标牌)设置率100%。

（耿永军）

【交通运输安全监管】 2023年，市交通运输局开展"天网""安澜""蓝盾""迎国庆护亚运"等各类交通运输安全执法行动25次，检查5.1万次，检查车船40.5万辆(艘)次、企业2903家次，立案处罚1.65万件。围绕逐利执法、执法不规范、执法方式简单僵化、执法粗暴、执法"寻租"5类问题，开展运输执法领域突出问题专项整治，形成问题线索清单、自查问题清单各27条，整改率100%。塑造安全生产"无锡品牌"，水上交通、工程建设、港口营运和铁路、民航、邮政寄递等领域保持零事故；开展企业风险辨识评估管控机制，重点货物装载源头"两张清单"基数居全省首位；推进全省"重型载货车辆智能监控设备安装应用"试点，形成"平台运营服务商+保险公司+N"的推广模式，完成全市重型货车智能视频监控设备安装10149辆，车辆月度高风险报警总数下降36.4%。开发行业安全风险报告系统，完成试点填报"两客一危"企业166家，推行"苏运码"，实现全市重点营运车辆数字化监管6400多辆，客运车辆安装主动防控设备2950辆。推进"线上线下一体化"精准治超，开发应用超限超载治理信息化平台，开展精准执法78次，实施治超"非现场执法"874起，普通公路超限率降至0.02%，保持全省最低水平。实施农村公路安防工程154.4千米，桥梁安全评估119座，实现交通运输部"十三五"存量危桥清零目标。完成江阴市暨南大道、澄鹿路事故路段2条省级挂牌路段整改和安全提升。开展公路安全督查检查95次，隐患整改175个。加强水上安全监管，53艘无锡籍游艇实现AIS安装全覆盖。开展船舶燃油抽检1195艘次，港口船舶水污染物接收实现"应收尽收"，转运处置率达到98%。开展铁路沿线环境治理，整改闭环各类铁路沿线环境问题1127处，京沪高铁无锡段全线创成长三角"铁路沿线安全环境治理示范线"。完成《无锡市公路条例》立法并颁布施行，修订出台《无锡市网络预约出租汽车经营服务管理实施细则》。微视频《每一步》获全省交通运输安全生产微电影微视频一等奖。

【"天网"治超专项行动】 9月11日，市交通执法部门联合交警部门，在全市开展为期2个月的"天网"治超领域专项执法行动。该行动在锡山超限检测站启动，依托国省道、高速公路出入口等重点路段和固定超限检测站、动态监测设施等重要节点，设置检查点，通过多轮次叠加、多形式联动、多区域协同，形成重拳治超的管控格局。江阴严查暨南大道沿长江地带上海方向、汽渡等重要节点运输车辆；宜兴依托省际卡口，在G104宜兴收费站、S342太华等区域设置检查点，联合浙江省、安徽省执法力量，突出对跨省违法超限超载运输行为的查控；锡山区以区域道路节点为重心，在S340高铁高架桥附近路段设置检查点，加大区域交界处违法超限超载运输行为的打击力度；惠山区依托G312洛社公安检查站，严查常州方向入锡车辆；滨湖区依托滨湖超限检测站，加大对故意绕行逃避检测、短途超限超载运输情形严重等重点路段的流动查控力度；新吴区以S230、S58沪常高速出入口为主，打击高速违法超限超载运输车辆。行动当天，全市出动路警联合执法人员220人次，检查车辆258辆，查处超限超载车辆38辆，卸驳载货物326.5吨。专项行动期间，累计出动路警联合执法人员7297人次，检查车辆6547辆，查处超限超载车辆1485辆。

【"蓝盾2023"专项执法行动】 3月15日，市交通运输局执法部门启动为期7个月的"蓝盾2023"专项执法行动，对42家公路水运工程建设、施工、监理单位进行全面考核。行动期间，派出检查人员592人次，开展质量监督检查54次、行业安全检查64次、工地实验室专项检查11次，发出整改通报187份，发现问题1457个，监管记分36起，约谈10起，行政处罚3起，重点在建交通工程质量安全监督执法覆盖率100%，确保问题整改率100%。

（吴小芹　李　勋）

【规范内河通航秩序专项行动】 10月18日，市交通综合执法局在全市组织开展规范内河通航秩序专项行动，通过"船艇+电子"巡航、无人机等监管措施，加强对辖区桥梁附近水域的巡航力度，重点对船舶标志标识不规范、船舶封舱措施不到位、船舶外观形象不达标、船舶乱停乱靠、"三无"船舶和具有超载等重大违法违规行为的船舶进行严厉打击，保障水路交通安全。行动期间，出动执法人员1139人、执法艇3714艘次，巡航里程13294千米，立案查处691起。

（李　勋）

【交通事故分析研判】 2023年，全市发生交通事故1253起，死亡333人，伤948人，直接经济损失1000.73万元。与上年相比，事故数、死亡数、伤人数分别下降7.66%、3.48%、5.86%，经济损失上升24.88%。宜兴市发生2起一次死亡3人的交通事故。交通事故发生数、死亡数、伤人数，由高至低，按时段分析，依次为上午（6—12时）、下午（12—18时）、晚上（18—24时）、凌晨（0—6时）；按道路分析，依次为城市道路、农村道路、普通国省道路、高速公路；按道路隔离设施情况分析，依次为无隔离设施道路、中央隔离加机非隔离、中心隔离、机非隔离；按交通方式分析，依次为小型客车、电动自行车、普通摩托车；按人员年龄分类分析，依次为中年（44～59周岁）、青年人（19～35周岁）、中青年（36～44岁）、老年人（60周岁以上）、未成年人（0～18周岁）；导致事故的机动车违法行为依次为未按规定让行、酒后（醉酒和饮酒）驾驶、无证驾驶、违反交通信号、超速行驶；导致事故的非机动车违法行为依次为未按规定让行、违反交通信号、逆行、违法占道行驶；导致事故的行人违法行为主要是行人不按规定横过机动车道、违反交通信号。

（耿永军）

消防安全

【概况】 2023年，无锡市成立由市委书记、市长任组长的消防安全整治提升领导小组，出台《2023年无锡市消防安全整治提升工作方案》及6个子方案，推动解决消防安全“老大难”问题，系统提升城市本质消防安全水平。市委、市政府召开各类消防工作会议40余次，将老旧小区消防安全改造、市政消火栓建设及修复等消防安全建设事项纳入十项人代会票决产生的重点民生实事项目。市政府印发《无锡市2023年各市（县）、区政府和市消防安全委员会成员单位消防工作任务清单》，将消防安全水平纳入对各市（县）、区高质量考核与镇（街道）高质量发展监测评价体系。市级消防委员会办公室（以下简称“消委办”）实体化运行并成立专项指导处、综合协调处、督查巡查处3个内设科室，落实会议部署、实地督察、考核通报制度。全市75个镇（街）消委办常态化实体化运行，共配备专职人员278人，其中事业编和公务员编制136人。与市应急、公安部门联合开展重大危险源企业、劳动密集型企业、“厂中厂”隐患排查治理等专项行动，与市公安、市场监管等部门开展电动自行车“全链条”整治，市民政、教育、商务、卫健委等部门落实重点领域风险报告制度。全年检查单位2.3万家余次，督促整改火灾隐患4.1万个，发出临时查封决定书147份，责令“三停”单位269家，罚款3375.7余万元，推动26家重大火灾隐患整改销案。年内，启动修订《无锡市消防条例》，颁发实施《无锡市历史街区消防安全规定》，制定《无锡市动火作业安全管理规定》。

【消防基础设施建设】 2023年，市消防救援支队将消防安全治理融入市政府城市数字场景建设，上线运行“消防隐患智感知”平台，接入物联网设备5.19万个，采集全市6.5万余家单位、1.4万余栋建筑信息，月均接收探测器动作信号170余万条，累计发现单位隐患数量6.26万个，提前监测606起真实火警。加快消防安全智能感知设施建设，年内安装独立式感烟火灾探测报警器12.7万个、简易喷淋装置3005套、电动车集中充电装置5809套、电梯智能阻车系统1792套、电气火灾监控系统3522套，推动2684家设有自动消防设施的单位接入全市建筑消防设施联网监测系统。推动市委政法委印发《关于印发深化“九小”场所安全生产网格化治理工作实施意见的通知》，将消防安全检查纳入网格化联动处置体系，推动全市14.6万余个“九小场所”（小生产加工企业、小商店、小歌舞娱乐场所、小美容洗浴场所、小旅馆、小网吧、小诊所、小培训机构、小餐馆）配备专兼职消防安全员14万余人，配备消防安全“五件套”13万余套。

【消防接警救援】 2023年，全市接警19017起，其中火灾扑救5624起、抢险救援4402起、社会救助6507起、公务执勤833起、其他1651起，比上年增长0.04%。全市消防队伍出动19329队次，出动车辆34074车次，出动人员184464人次，抢救被困人员273人，疏散被困人员147人，抢

5月25日，消防救援支队组织开展水域救援专业队伍实战拉动演练

（市消防救援支队　供图）

救财产价值约1.17亿元，保护财产价值约3.46亿元。

（华　颐）

【公安派出所消防安全监管】 2023年，市公安局召开专门会议推进全市公安派出所消防安全监管工作。会同市消防救援支队对全市消防安全重点单位集中调整和明确分级管理，按照《江苏省公安派出所日常消防监督检查范围》，落实公安派出所对全市三级消防安全重点单位的消防监督管理职责。开展消防安全隐患“清源”行动、“生命至上、隐患必除”消防安全专项行动、消防安全监管领域重大事故隐患专项排查整治、电动自行车消防安全专项治理、“九小”场所消防安全整治提升等专项攻势，整改消防隐患8352个，办理消防拘留案件78起，抄送消防救援部门查处1647家。会同消防救援部门开展集中培训2期110人，组织派出所专管民警轮训35次121人；走访单位场所5万余家次，发放宣传资料7万余份，举办消防演练417场次。开展派出所“全警进网格，入户送平安”消防安全宣传活动，提升消防安全工作群防群治水平。

（耿永军）

【森林防火】 2023年，市应急管理局制定《无锡市基层森林防灭火十二条硬措施》，组织各部门和单位开展联合巡查，发动镇（街道）、村（社区）干部分片包干，对36个森林防火镇（街道）和森林经营单位的256个场所、676个护林哨（卡口）等进行检查，发现隐患143个。督促森林经营单位清理上山道路两侧、景点周围、林缘边、墓区（坟区）周边10米范围内可燃物0.63万公顷。组织各级森林消防队伍、各森林经营单位利用引水上山设施设备喷水湿林，协调气象部门做好人工降雨准备，降低森林火险等级。组织开展无锡市森林火灾应急预案桌面推演，提高各级各部门联动协同能力。采购森林火灾救援物资装备13类、849台（套）共计133.21万元，向重点林区、市级机动扑救队伍调拨森林消防机具设备285台（件、套）共计44.29万元。

在春节、清明节等重点时期，林区集中散坟地、人员密集重大森林景区、森林火情易发多发地段等重点区域，市自然资源规划局部署森林防火力量，加强监督检查。在进山入林道口设立森林防火检查站，对进山人员进行安全检查，收缴火种。在林区开展打击违法用火行为专项行动，加强林区民俗用火、家事用火、生产生活用火的监管。在进山入林道口悬挂横幅568条，设置宣传牌182块、发放宣传手袋、资料传单、手册等2万余份。投入5000余万元，新建林火视频监测云台87个，提升森林防火监测范围。新建蓄水池30个，新增蓄水量2200立方米，新建消防管道60千米。

（邵曰坚　刘梦蛟）

【火灾分析研判】 2023年，全市发生火灾5624起，死亡11人，受伤4人，直接财产损失4658.16万元。与上年相比，火灾起数下降22.94%，死亡人数上升120%，受伤人数下降63.64%，直接财产损失数增长14.76%。火灾事故发生数，最高时段为18—20时，有866起；行政区划由高至低依次为江阴市1653起、宜兴市958起、惠山区647起、锡山区638起、梁溪区603起、新吴区578起、滨湖区409起、经开区138起；起火场所主要为居住场所1995起、交通工具720起、垃圾废弃物485起；发生区域主要为集镇镇区2920起、农村1058起、城市市区964起；火灾成因主要为遗留火种1883起、电气故障1743起、用火不慎933起。

【消防宣传教育】 11月，全市消防救援部门开展“119”消防宣传月系列活动，举办习近平总书记授旗训词5周年图片展，举行应急处置实战化演练，在全市开展形式多样的宣传活动。年内，制定《无锡市消防救援支队消防救援站开放工作考评办法》，举办消防救援站开放活动400余次，接待参观群众1.5万余人次。持续擦亮“萌橙会”消防小卫士、“消防老兵宣讲团”等消防宣传“金字招牌”，推出无锡消防与无锡地铁的联名品牌。组织“消防老兵宣讲团”志愿宣传队走进田间地头，开展“老兵消防说”农村宣传教育活动。举办“春风润三月，红门展芳华”首届无锡消防女粉丝参观体验活动，邀请无锡消防忠实女“粉丝”与消防员开展互动。联合行业部门推进消防志愿服务，成立“飞凤巾帼消防志愿服务队”等特色消防志愿服务队；联合市教育部门，举办无锡市第一届校园消防运动会活动，推进消防安全“开学第一课”活动、消防宣传“进军训”活动。借助“农村大喇叭”广播，将农村消防宣传“村村响”工程纳入农村广播专项文化宣传内容。推出原创消防主题系列绘本《超级消防队》第三季，举办绘本发放活动。邀请9名社会知名人士和代表人物拍摄消防宣传公益海报，录制消防宣传公益短片，营造人人关注、支持、参与消防的浓厚氛围。

（华　颐）

农产品质量安全

【概况】 2023年，市农业农村局提高抽检频次，增加监测参数，全市食用农产品定量检测千人抽检率1.89批次，农产品快速检测18万批次。加强乡镇监管能力建设，全市建成五星级乡镇监管站4家、四星级乡镇监管站27家。规范乡镇日常巡查，加大重点产品、关键节点巡查检查频次，全年乡镇巡查检查2.7万次。健全完善监管体系，建成152家承诺达标合格证服务站点，免费为农户提供快速检测、出具承诺达标合格证服务。落实食用农产品产地准出，确保“带证上市”。协同推进“治违禁、控药残、促提升”三年行动、豇豆农残攻坚治理、“两鱼”专项治理，推进农产品质量安全水平提升。年内，全市查办各类农产品质量安全案件54件，罚款3.47万元。

【水产品质量安全监管】 2023年，全市水产品质量安全专项检查共出动检查人员444人次，检查苗种场20家次，养殖场246家次，投入品生产、经营单位10家次，水产养殖户11家次，行政处罚6起，处罚金额2.87万元，没收违法所得4878.2元。强化水产养殖病害测报，设水产病害测报点21个，测报种类13个，测报面积331.72公顷。全年发布水产养殖病害测报信息10期、重大动物疫情监测报告8期。

【农产品和农药产品质量抽查】 2023年，市农业农村局按照省、市统一部署，对部分地产食用农产品质量安全开展监督抽查工作。全年市级抽查农产品、水产品、畜禽产品378批次，抽查农药产品140批次。

（市农业农村局）

8月7日，省食安办对无锡市开展创建国家食品安全示范城市进行初评

（市市场监管局　供图）

食品药品安全

【概况】 2023年，无锡市以创成国家食品安全示范城市为目标，健全体制机制，提升产业发展，落实食品安全属地管理责任和企业主体责任“两个责任”，提升食品安全治理现代化水平，牢牢守住不发生重大食品安全事故和系统性区域性食品安全风险的底线。城乡居民食品安全满意度继续保持在80分以上，食品抽检率达到9.58批次/千人。推进药品监管能力标准化建设，深化药品安全巩固提升行动，落实药品质量安全主体责任，强化日常监管、信用监管、分级监管和智慧监管。召开全市首次市药安委成员（扩大）会议、市药安委联络员会议，推进药品安全社会共治。

【国家食品安全示范城市创建】 2023年，无锡市全力争创国家食品安全示范城市，将其列入市委市政府重点工作。市食品安全委员会办公室梳理完善创建台账资料，对创建点位组织两轮次全方位检查、总结上报12项“示范引领”项目，开展2023年无锡市食品安全满意度调查与研究分析。营造创建氛围，布局机场、公交、地铁宣传矩阵，拍摄创建系列短视频，组织全市食品安全宣传周活动。8月7—9日，省食品安全委员会办公室对无锡市开展国家食品安全示范城市创建省级初评，11月17日在省政府网站公示创建初评结果，认为无锡市已达到国家食品安全示范城市标准，拟向国务院食品安全委员会办公室推荐为“国家食品安全示范城市”。

【食品生产企业主体责任落实】 2023年，市市场监管局紧扣关键重点，落实食品生产企业安全主体责任。3月，组织召开无锡市食品生产企业落实食品安全主体责任推进会。9月，组织召开部分炒货食品及坚果制品生产企业责任约谈会暨企业专题培训会，对近3年有过不合格产品或风险监测有问题的16家炒货食品及坚果制品生产企业主要负责人开展现场集体责任约谈，督促指导企业完善管理制度、查找问题原因、落实隐患整改。研究制定白酒、食用植物油、肉制品和糕点4类重点食品《食品安全风险暨防控措施清单》，开展日管控、周排查、月调度。2023年，实现全市食品生产企业食品安全总监应配实配率100%，食品安全员平均配备率2.43人/家。

【特殊食品监管】 2023年，市市场监管局推动全市特殊食品生产经营企业建立健全食品安全主体责任体系，19家特殊食品生产企业和82家大中型销售企业、连锁销售企业总部食品安全总监和食品安全员100%到位，“日管控、周排查、月调度”工作机制100%建立，特殊食品生产企业自查报告率、问题整改率均达到100%。纽迪希亚、恒益健康、费卡华瑞3家企业的6个特殊医学用途配方食品通过国家食品药品监管总局注册审批。推动一体化综合监管平台特殊食品数据搭建，完善特殊食品经营单位重点分类数据库。至年末，全市特殊食品经营者19359家(其中保健食品经营者19107家)，特殊医学配方食品经营者741家，婴幼儿配方乳粉经营者2811家。组织实施特殊食品专项清理整治行动，部署开展缓解体力疲劳功能保健食品风险排查工作和巩固保健食品行业专项清理整治行动成果工作。组织开展全市特殊食品经营优质规范店建设，年内评选出特殊食品经营环节优质规范店52家。组织各地开展"保健食品五进宣传"系列活动，开展培训19场，免费发放特殊食品消费提示牌6600多张。

【推进食品产业高质量发展】 2023年，市市场监管局牵头起草并印发《无锡市食品产业高质量发展三年行动计划(2023—2025年)》《无锡市食品产业高质量发展2023年工作要点》。7月5日，召开首次全市食品产业高质量发展工作会议，副市长周文栋出席会议并讲话。年内，牵头举办"双链融合促消费、锡食共享扩内需，首届无锡市食品行业产销对接交易会"，探索"地产+销售+品牌"融合新方式，构建"1+2+8+N"无锡食品产销对接联盟，推动全市食品产业链和供应链深度融合。

【疫苗质量安全监管】 2023年，市市场监管局加强疫苗储运、接种环节的监管检查，切实保障疫苗质量安全、流向可控。全年检查各级疾控中心13家次、疫苗接种点197家次，责令整改6家次。

【药品质量安全监管】 2023年，市市场监管局开展药品质量日常监管检查，全年出动检查人员5937人次，检查零售药店2888家次，责令整改259家次。加强网络药品销售监管。根据药品零售的新情况新业态，指导企业及时完成药品网络销售备案和首次报告，全年报告开展网络药品销售的药店1555家。

【化妆品监管】 2023年，市市场监管局完成化妆品一号多用违法行为专项整治，组织2544家化妆品经营企业完成自查，检查企业986家次，约谈企业3家，责令整改13家，立案16起。深化"5·25安全用妆宣传周"主题活动，原创科普微视频《勿将玩具化妆品作彩妆》，以全国排名第二的成绩，被国家总局评为2023年市场监管优秀科普微视频。到中小学开展以牙膏的安全使用为主题的科普宣传。

【医疗器械监管】 2023年，市市场监管局加强地产新冠病毒抗原检测试剂和医用防护口罩的质量保供，完成农村地区涉疫医疗器械稳价保质专项行动工作。开展医疗器械质量检查，检查生产企业126家次，整改69家次；检查经营企业2211家次，整改293家次；检查使用单位983家次、整改42家次。开展医疗器械质量安全专项整治，检查医美、青少年近视、辅助生殖、网销、集采中选、无菌植入等经营使用单位4934家次，查处案件16起，罚没款17.32万元。年内，市市场监管局举办第一类医疗器械生质量管理提升和"三品一械"广告审查培训班，承办全省医疗器械经营使用监管法规培训班，组织开展应急演练。

【食品、药品、医疗器械、化妆品抽检监测】 2023年，全市市场监管系统完成食品安全抽检监测任务8.38万批次，其中食品安全监督抽检任务8.13万批次，发现不合格食品1602批次，不合格率1.97%。市本级完成食品安全监督抽检任务1.08万批次，发现不合格食品208批次，不合格率1.93%。市本级开展食品安全"你点我检"专项抽检活动，根据投票结果抽检各类食品600批次，检出不合格食品1批次。全年向社会捐赠抽检合格备份食品958批次，价值3.5万元。完成市级药品抽检902批次、化妆品抽检206批次、医疗器械27批次，完成国、省级器械抽检21批次，处置不符合规定药械化产品22批次。开展全市膏方用中药饮片、储存于集中代煎中心的中药饮片、疫情防控用医疗器械专项监督抽检。市局抽检处获评省药监局"2023年药品、医疗器械、化妆品抽检工作表现突出的单位"。

【服务医药产业发展】 2023年，市市场监管局积极争取药品与医疗器械审评检测"双服务站"落户无锡。4月27日，省药监局审评中心首个服务站在惠山区揭牌；5月23日，省医疗器械检验所无锡惠山服务站落户惠山经开区。惠山区成为全省首个也是唯一既拥有审评服务站、又拥有检验服务站的区域。年内，江苏省食药检院无锡联合实验室挂牌成立，省生物医药设备计量中心建成投入使用；省医疗器械检验所、市市场监督管理局、新吴区政府签订省医疗器械检验所无锡检验室共建协议；市药检中心与费卡华瑞建立"肠内外营养制剂质量研究与评价联合实验室"；无锡市获批筹建全国首个中药配方颗粒技术标准创新基地；推动全国唯一特殊食品领域市场监管技术创新中心二期建设。举办全市首届中药鉴别职业技能竞赛，支持中药传承创新发展。成立无锡市生物医药知识产权联盟，发布无锡市高端医疗器械产业导航成果。推进"民生药事驿站"建设，以零售药店为载体，为市民提供药事便民服务，该项目获2023年无锡市"微幸福"民生工程银奖。

（束洁丹）

公共卫生安全

【突发公共卫生事件处置】 2023年，市卫生健康委加强紧急医学救援基地日常管理和建设，新增无锡市精神卫生中心为市级心理干预紧急医学救援基地，完善市级紧急医学救援基地布局和专业种类。建立健全医疗救援工作机制，强化紧急医学救援院外与院内无缝衔接和有效联动。举办无锡市第十六届突发公共卫生事件现场医疗救援培训、举行2023年无锡市突发公共事件医疗卫生救援应急演练暨登革热疫情应急处置演练。加强突发公共卫生事件应急处置的沟通与协调，做好预案启动和分级响应、区域联动、信息报告等工作。全年报告突发公共卫生事件（Ⅳ级）24起，报告相关信息（未分级事件）9起。无较大及较大以上突发公共卫生事件发生，事件均得到及时有效处置。开展日常风险评估和重大活动专题风险评估，全年编制市级突发公共卫生事件风险评估12期。组织开展安全生产大检查，全系统排查隐患6262个，到期整改率100%。

（胡云峰）

【公共卫生监测】 2023年，全市举办94场学生营养宣讲进校园系列科普讲座，召开学生营养专家组指导会议5次，提出相关建议24条，推动学生餐向更安全卫生、营养美味、标准规范的方向发展。实施全市中小学因病缺课监测，全年各地中小学网络直报覆盖率100%，预警信息35263次，均及时处置。推进学生健康体检监测、教学环境卫生监测、伤害监测以及学生常见病和健康影响因素监测与干预工作。

（王　泳）

无线电安全

【概况】 2023年，市无线电管理部门加强日常监管，开展无线电管控监测1万多小时，完成省里下达的多个频段监测任务，及时发现识别或查处不明信号8个。开展常态化随机抽查，年内组织无线电发射设备销售备案检查35家、在用台站检查37家，发现违法问题11起。结合不法分子利用无线电实施新型考试作弊，邀请相关领域技术权威单位组织理论知识培训及相关反作弊演练，提升重要考试无线电反作弊能力。全年圆满保障全国司法职业资格考试、公务员招录考试、全国高考等重要考试31场次。

10月，无锡市开展水上通信秩序整治　　（市工业和信息化局　供图）

【水上通信秩序整治】 2023年，无锡市贯彻落实省工业和信息化厅等九部门联合印发的《关于在江苏省范围内开展水上无线电秩序联合整治专项行动的通知》，制定无锡辖区联合行动方案，建立由工信、公安、交通运输、农业农村、市场监管及江阴海事、出入境、长江通信管理处等单位组成的无锡市水上无线电监管联席会议制度。8月起，先后组织开展5次联合执法行动，以及沿江台站核查、“黑广播”查处2次配合行动，共检查港口（码头）13个、通信设备市场2处、企业（个体户）73家、船舶47艘，查处“黑广播”案3起，发现并纠正各类违法问题26起，其中无线电设备销售检查立案查处2起，发放无线电管理法规宣传册150余份。市工业和信息化局无线电管理处被评为2023年江苏省水上无线电秩序联合整治专项行动先进集体。

【民航信号干扰查处】 2023年，因无人机及反无人机新兴业态的兴起，民航GPS信号干扰时有发生。市工业和信息化局加强摸清监测排查时各种信号特征规律，在积累前期排查（或协助省内排查）多起民用航空GPS信号干扰经验的情况下，经过多手段、多形式排查测试，在辖区查获全省首起触发式无人机反制设备干扰民航GPS信号案，为全省乃至全国排查此类不明干扰提供宝贵经验，并为使用无人机勘测单位和无人机爱好者破解不明坠损机困扰。为此，华昕设计集团专门赠送锦旗，中国民用航空江苏安全监督管理局发信致谢。

【重大活动保障工作】 2023年，全市无线电管理突出安全监管重点，强化空中电波秩序管控，加强监测数据分析应用，及时预警干扰隐患，保障无线通信畅通。通过重点区域监测及辖区常态化监测，开展赛前培训及电磁环境摸排，制定有针对性的保障方案，先后保障杭州亚运会、环太湖国际公路自行赛、无锡马拉松赛、中甲联赛（无锡15场次）的无线电安全。其中，选派郑彰参与杭州第19届亚运会保障工作。郑彰连续奋战36天，出色完成无线电安全保障任务，受到工业和信息化部通报表彰。

（叶　军）

网络和信息安全

【网络安全监管】 2023年，市公安局网络安全保卫部门开展打击整治网络谣言和集中整治网络直播、短视频乱象等专项行动以及夏季治安打击整治"清网2023"行动、互联网销售危险化学品专项治理、网络安全"护网"专项会战，侦破网络安全保卫部门管辖的12类案件570起，公诉网络犯罪嫌疑人1115人。推进网络黑灰产犯罪侦查中心建设，建设虚拟币追踪溯源和态势感知平台，侦办"1·29"利用虚拟币转移资金地下钱庄案、利用抖音平台发布负面虚假信息网络水军案等重大网络黑灰产案件21起，7起案件入选公安部、省公安厅典型案例和重大有影响案件，"章某雇佣'网络水军'网暴他人案"入选公安部依法惩治网络暴力违法犯罪10起典型案例。整治网络乱象，对违规IDC（互联网数据中心）云平台、重点互联网企业、公共上网场所等网络运营者实施行政处罚231起，其中10起案件被省公安厅评为精品案件。落实网络安全监管，运用"掌上端"小程序新增采集互联网运营主体基础信息1.9万余家。打造网络空间超级地图，监测预警各类网络安全风险隐患1265个，编发网络安全通报738期。在全省率先建立公共电子屏多部门联合管控机制，完成全市2592块户外大屏基础信息核对维护工作。

（耿永军）

【政务云安全】 2023年，市大数据管理局开展应用系统和政务云安全排查，持续提供网络资产梳理、基线核查、安全渗透测试等云安全技术服务，对政务云环境进行7×24小时监测，圆满完成各项安全重保工作。全年发现可疑网络攻击行为1286971起，通过多方综合研判溯源、安全设备主动拦截、使用单位及时处置等措施，均未产生进一步安全事件。

6月15日，主办单位向参与队伍发放"网安2023"无锡行动授权证

（市大数据管理局 供图）

【数据安全】 2023年，市大数据管理局发布无锡市公共数据分类分级地方标准，研究推进公共数据全生命周期安全管理规范，"无锡市公共数据分类分级应用实践"被国家信息中心评为2023数字政府建设创新优秀案例。无锡率先在全国获得政务场景下数据安全能力成熟度（DSMM）三级认证，获评中国信息通信研究院等颁发的大数据"星河"案例之数据安全标杆案例。定期开展城市大数据中心月度安全扫描，做好节假日以及全国两会、"网安2023"行动期间数据安全值守。全年未发生数据安全事故。

（张国辉）

【"网安2023"无锡行动】 6月15日，"网安2023"无锡行动启动。此次行动由省委网信办指导，市委网信办、市公安局联合主办，国联集团、市信息化协会承办，国家互联网应急中心江苏分中心、市教育局提供支持。市委网信办前期对全市重要的互联网资产、数据资产进行全面核查，遴选19家网络和数据安全技术支撑单位，并组织开展网络和数据安全工作自查。行动邀请25支网络安全技术检测队伍，采用资产探测、漏洞扫描、渗透测试等方式，对重要网站或系统进行远程技术检测，查找是否存在关键业务中断、重要信息系统被控制、敏感数据泄露等重大网络和数据安全风险隐患，评估相关单位网络和数据安全管理水平。启动仪式上，向参与行动的队伍颁发授权书。市委网信办采用事件通报、专项检查、联合督查等方式，对行动发现的问题隐患进行闭环整改。

（肖冬灵）

编辑 葛 红

新当选两院院士

【金征宇】 男，汉族，1960年5月出生，江苏扬州市人，中国民主同盟盟员，中国工程院院士，江南大学食品学院教授、博士生导师。金征宇院士是中国食品科学与工程领域著名学者，第十二届全国人民代表大会代表，全国优秀科技工作者，教育部食品科学与工程类专业教导委员会主任。

金征宇长期从事食品工程领域淀粉深加工方向的科研教学工作，深耕淀粉深加工领域30余年，在科学研究、人才培养、社会服务和国际交流等方面成果突出，贡献卓著。他带领团队系统研究淀粉的精细结构与转化规律，阐明淀粉形成有序化结晶复合物的规律与调控机制，提出淀粉结晶功能调控的新理论、新方法，创新糊精环化三维结构的柔性化新理论，首次提出“弹簧糊精”的概念、柔性结构与制备技术，开发出“预混＋反应＋落料”一步挤压制备交联类、酯类变性淀粉新工艺，完成硬脂酸淀粉酯、琥珀酸淀粉酯、阳离子淀粉、交联淀粉等传统淀粉衍生物的干法制备，首创挤压机工业化生产功能性变性淀粉、配合营养米、碎米高值化利用等加工新模式，实现淀粉类食品挤压加工与装备的升级换代。2023年11月，当选为中国工程院院士。

（市科协）

政府特殊津贴获得者

【毛军华】 男，1967年6月生，研究员级高级工程师，无锡华光环保能源集团股份有限公司副总经理、装备事业部党委书记兼总经理。长期从事绿色节能环保发电和供热设备的研发工作，主持完成多项科研项目攻关，多个高效节能低污染的环保产品达到国际先进水平或国内同类产品领先水平，填补相关产品的国内空白。曾获江苏省五一劳动奖章、江苏省劳动模范和江苏省“333”高层次人才培养工程青年科学技术带头人等称号，获中国机械工业科学技术奖、江苏省科学技术奖、江苏省机械工业科学技术进步奖等奖项，获专利数十件。2023年，享受政府特殊津贴。

【华东】 男，1967年1月生，主任医师、教授、博士生导师，南京医科大学附属无锡人民医院、肿瘤诊疗中心学科带头人。深耕恶性肿瘤综合治疗，围绕临床问题特别是肿瘤耐药、肿瘤免疫方面开展科学研究和临床转化工作，率先在市内开展CIK细胞免疫技术等一系列新技术，并在省内最早开展TP53基因疗法。曾获江苏省科技进步奖、江苏省新技术引进奖、江苏省医学科技奖及江苏省五一劳动奖章，获评全国卫生计生系统先进工作者、江苏省有突出贡献中青年专家，入选江苏省“333人才培养工程”第二层次人选、江苏省医学重点人才。2023年，享受政府特殊津贴。

【周晔珺】 女，1964年2月生，研究员级高级工程师，无锡一棉纺织集团有限公司原党委书记、董事长（已退休）。从事纺织行业40年，把“传承＋创新，追求卓越”作为企业的核心理念，围绕建设“世界一流棉纺织企业”和“实现企业梦圆百年”奋斗目标，用创新推动企业转型升级，成功走出一条传统纺织向现代纺织的转化之路，企业长期保持全国棉纺织行业排头兵地位。曾获中国纺织行业科学技术进步一等奖、技术发明一等奖、国家级企业管理现代化创新成果奖、中国纺织行业管理创新成果大奖等奖项，获评中国纺织工程学会会士、全国优秀企业家、中国纺织技术带头人、全国棉纺织科技先进工作者、全国纺织行业年度创新人物、全国纺织工业劳动模范等。2023年，享受政府特殊津贴。

【张天贺】 男，1981年2月生，高级讲师、计算机网络管理员高级技师，江苏省无锡技师学院信息工程系主任兼信息管理中心主任。参与人力资源和社会保障部多项课题研究和一体化教学改革任务，主编出版教材2本，参编出版教材3本。牵头主持世界技能大赛信息网络布线项目中国集训基地、国家级高技能人才培训基地、江苏省高技能人才专项公共实训基地建设。担任国家、省级技能竞赛裁判及裁判长近20场次，多次获评优秀裁判员，多次指导选手参加国家和省、市职业技能大赛并取得优异成绩。曾获评江苏工匠、江苏技能大师、江苏省技术能手。2023年，享受政府特殊津贴。

【范泽锋】 男，1976年6月生，江苏省第十二、十三届政协委员，正高级工艺美术师、高级技师，宜兴市丁蜀镇西望村党支部书记、村委会主任，宜兴爱宜艺术陶瓷有限公司艺术总监。专注宜兴紫砂事业发展和乡村振兴，将其任西望村党支部书记的全部报酬捐出成立西望村党员关爱基金，个人慈善捐赠超500万元。带徒传艺380人，合作社孵化成立680多家个人工作室、5个综合性产业基地、26个艺术创作团队，年销售额超5.6亿元。曾获评江苏工匠、江苏省有突出贡献中青年专家、江苏省技术能手、江苏省乡土人才三带名人、江苏省传统技艺技能大师、江苏省陶瓷艺术大师。2023年，享受政府特殊津贴。

【宋树新】 男，1983年4月生，高级工程师、高级技师，无锡贝斯特精机股份有限公司工程技术部部长、首席技师。专注机械加工及工艺优化，在技术革新方面获得国家实用新型专利12件。作为无锡市技能大师工作室领办人，先后培养8名工艺技术人员、12名新产品开发人员，带领团队集中开展技术攻关，中间壳生产线的年产能由8万件提升至16万件，压壳生产线年产能由9万件提升至15万件。曾获评江苏工匠、江苏省卓越技师、无锡大工匠。2023年，享受政府特殊津贴。

（市人力资源社会保障局）

先进人物

【陈桂平】 男，1975年8月生，中共党员，高级工程师，无锡小天鹅电器有限公司高级工程师。他作为公司项目主要技术人员，累计开发产品234款，销量超过700万台，实现销售额127亿元。主持开发新产品平台，参与设计的产品获评国家级新产品、江苏省高新技术产品，带领团队申请专利200余件。曾获江苏省五一劳动奖章和中国轻工业联合会科技进步二、三等奖。2023年4月，获全国五一劳动奖章。

【赵成旺】 男，1981年1月生，中共党员，无锡恒业电热电器有限公司研发部部长。他出身农村，通过苦练技能成为焊接能手。通过自学软件，实现向技术研发的转型，先后为航空、航天等领域提供设备研发50余台(套)，获得专利52件。曾获评全国优秀农民工。2023年4月，获全国五一劳动奖章。

【杨申申】 男，1981年8月生，中共党员，研究员，中国船舶科学研究中心水下工程研究开发部主任。作为中国载人深潜团队核心人员，他参加多型载人潜水器的研发工作；负责人多次远赴西太、东太、南海、印度洋等海域，为潜水器应用进行技术保障，保持着出海次数最多、保障时间最长的纪录。积极拓展深潜技术在检测和救援等领域应用和成果转化，发表论文20篇，授权专利40余件，获省部级特等奖3项、一等奖2项。曾获评江苏省劳动模范。2023年4月，获全国五一劳动奖章。

【何小明】 男，1986年10月生，中共党员，高级工程师，无锡宏源机电科技股份有限公司技术中心常务副主任。他先后完成诸多高新项目开发，获授权国家发明专利3件、国家实用新型专利1件。主持开发的相关产品，结束了中国化纤高新设备完全依赖进口的局面，被列入江苏省首台(套)重大装备认定项目，累计为企业增加6000余万元的经济效益。参与开发的“HY-7高速弹力丝机”等产品，出口至10多个国家和地区。曾获江苏省五一劳动奖章。2023年4月，获全国五一劳动奖章。

（市总工会）

【甘霖】 男，1988年7月生，中共党员，国家超级计算无锡中心主任助理、研发部部长，清华大学高性能计算研究所副所长、地球系统数值模拟教育部重点实验室副主任。致力于超级计算机应用软件研究，为“中国芯”量身打造系统与软件生态，支撑“九章”量子计算机、全球气候变化研究等重大工程。入选国家高层次青年人才计划、江苏省科协青年人才托举工程、中国计算机学会青年人才发展计划等。曾获评全国青年岗位能手标兵、中国好人、江苏最美科技工作者，获“IEEE高性能专委会杰出新人奖”、高性能计算应用国际最高奖“戈登·贝尔奖”、“清华—浪潮计算地球科学青年人才奖”等荣誉。2023年4月，获中国青年五四奖章。

（团市委）

江苏省五一劳动奖章获得者

赵明勇　江阴海达橡塑股份有限公司汽车天窗事业部塑料挤出部门经理
刘　锋　国网江苏省电力有限公司江阴市供电分公司六级职员
沈　艳（女）　贝德服装集团股份有限公司业务二部经理
王国平　双盾环境科技有限公司净化班组班组长
方杨平　江苏国信协联能源有限公司电气一次班技术员
宗根林　宜兴均陶工艺有限公司技术员
周　璐（女）　无锡市惠山泥人厂有限责任公司首席设计
杨文斌　世星科技股份有限公司研发部员工
徐科威　无锡市坪湖净水科技有限公司总经理
周富林　江苏智联天地科技有限公司技术员
丁林鑫　无锡英吉曼自动化科技有限公司总经理
查加福　雄宇重工集团股份有限公司工程班长
丁　浩　无锡宝诚汽车销售服务有限公司售后技术总监
陈　杰　英飞凌科技（无锡）有限公司产品与测试工程部高级经理
刘　岚（女）　无锡经济开发区太湖街道社区卫生服务中心主任
戴启江　无锡市辅仁高级中学党政办副主任、德育处副主任
虞　萍（女）　无锡市第五人民医院发热门诊、留观病区及隔离病区科护士长
李　勇　无锡交通建设工程集团有限公司无锡交通工程分公司高浪路快速化改造项目常务副经理
顾　妍（女）　无锡市中级人民法院立案二庭庭长
胡思敏　海鹰企业集团有限责任公司工程技术保障部班组长
张　伟　中国船舶科学研究中心水下工程研究开发部员工
范友良　宜兴市范友良紫砂艺术馆馆长
徐旨胜　中国移动通信集团江苏有限公司无锡分公司网络部网信安支撑班班长
高建祥　江苏丽天石化码头有限公司储运部总调度

江苏省五一劳动荣誉奖章获得者

佘　昕（新西兰）　江阴宝柏包装有限公司董事长
下村秀树（日本）　住化电子材料科技（无锡）有限公司董事长

（市总工会）

全国优秀共青团员

缪聿文　江阴农村商业银行股份有限公司计划财务部职员
李　珂（女）　无锡市滨湖区胡埭镇卫生院护士

全国优秀共青团干部

李松嵘（女）　无锡市梁溪区广益街道团工委书记
马似香（女）　宜兴市少先队总辅导员

中国青年五四奖章获得者

甘　霖　国家超级计算无锡中心主任助理、研发部部长

江苏青年五四奖章获得者

朱　虹　无锡市锡山区东港镇山联村党总支书记、主任
唐忠宝　江南大学马克思主义学院教授、博士生导师
蒋承志　远东控股集团党委书记、董事局执行主席、首席执行官

江苏青年五四奖章提名奖获得者

吴子岳　无锡鸣石峻致医疗科技有限公司董事长、总经理
吴学明　无锡市顺丰速运有限公司收派员
鄢龙志　江苏集萃华科智能装备科技有限公司两机事业部总经理助理

（团市委）

全国三八红旗手

吴奇敏　江苏省宜兴紫砂工艺厂正高级工艺美术师

江苏省三八红旗手标兵

崔慧然　无锡透平叶片有限公司技术副总监兼工艺研究所所长

江苏省三八红旗手

袁　愔　无锡市公安局梁溪分局南禅寺派出所所长
朱英艳　无锡经济开发区华庄街道和韵社区党总支书记、居委会主任
蒋彩霞　中国船舶科学研究中心研究员
刘蓓蓓　无锡市梁溪区清名桥街道五星家园第一社区党总支书记、居委会主任
王文进　无锡市新吴区社会工作协会副会长兼秘书长
高慧枫　无锡市西漳中学副校长
李　勤　无锡市洛社中心小学校长、书记
周菊英　周菊英紫砂艺术馆馆长
徐　静　远东复合技术有限公司首席技术官

（市妇联）

表59　2023年无锡市接收安置的荣立个人战时三等功（含）和个人二等功（含）以上退役军人一览表

姓名	性别	出生年月	政治面貌	荣誉名称	所获荣誉时间	安置地
林铸明	男	1963.10	中共党员	个人二等功	2012	梁溪区
张金林	男	1964.07	中共党员	个人二等功	2001、2010、2015	滨湖区
王文勇	男	1964.10	中共党员	个人二等功	2008、2014	滨湖区
倪黄全	男	1965.12	中共党员	个人二等功	2003、2012	滨湖区
周锦标	男	1966.02	中共党员	个人二等功	2002	江阴市
蒋文伟	男	1972.01	中共党员	个人二等功	2013	滨湖区
张　军	男	1972.10	中共党员	个人二等功	2014	滨湖区
王潭深	男	1972.12	中共党员	个人二等功	2008	滨湖区
刘天水	男	1974.11	中共党员	个人二等功	2019	江阴市
顾国祥	男	1980.08	中共党员	个人二等功	2008	新吴区
丛湘建	男	1981.02	中共党员	个人二等功	2019	经开区
陈　龙	男	1989.10	中共党员	个人二等功	2017	经开区

（市退役军人事务局）

逝世人物

【张满达】 男，汉族，1937年9月生，江苏无锡人，中共党员，研究员，中国核医学研究领域的卓越代表之一、江苏省核医学研究与临床应用事业的带头人，曾任江苏省原子医学研究所所长。

张满达主持研制出国内第一台放射性同位素扫描机、5000克镭当量电子计时“钴治疗机、放射性磷酸”铟注射液，组织研制成功心、脑、骨等多个人体器官组织显像剂。领导创办《中华核医学杂志》，主持建成卫生部核医学实验室、核医学国家重点实验室，带领江苏省原子医学研究所发展成为集科研、临床、科技开发、信息于一体的综合性核医学研究基地。1988年获评国家级有突出贡献的中青年专家称号，1991年享受国务院特殊津贴，2013年获中国核医学医师终身成就奖，曾获评全国卫生先进工作者、江苏省劳动模范。2023年3月1日在无锡逝世，享年86岁。

（市卫生健康委）

【李钊】 男，汉族，1940年2月3日生，河北石家庄人，中共党员，中国工程院院士，著名的地雷、爆破技术领域专家，中国微电子工业技术的奠基者与开拓者之一。1959年入学哈尔滨军事工程学院工程兵系，1964年毕业于西安工程兵学院地雷爆破系。历任解放军某研究所助理研究员、高级工程师、研究室主任、处长、副总工程师、所长，总装科技委兼职委员，中国兵工学会工程装备分会主要领导等职务。

李钊主要从事低爆技术领域和工程装备研究工作，是中国地雷领域的领军人物和火箭布雷技术装备的开拓者。20世纪70年代，他在国际上首次提出一种新的地雷耐爆原理，设计出在核、化爆炸冲击波多次作用下均不失效的“多次耐爆引信”。80年代，主持中国人民解放军某型火箭布雷系统的研制，研究成果达到国际先进水平。90年代，主持完成“抛撒布雷系统”的研制，填补中国人民解放军近程机动、快速布设防坦克雷场、防步兵雷场和混合雷场装备的空白。先后获得国家科技进步奖一等奖1项、二等级1项；军队科技进步奖一等奖1项、二等级2项。1986年立个人二等功1次，1987年当选为中共十三大代表，1990年获评国家"有突出贡献的中青年专家"，1991年获国家政府奖励津贴，1994年晋升为专业技术少将。2023年1月24日，在江苏无锡逝世，享年83岁。

（市科协）

【钱海皓】 男，汉族，1944年7月生，江苏无锡人，中共党员，中国人民解放军著名军制学专家。1961年7月在上海入伍，国防大学基本系第一期指挥员班毕业，研究员、博士生导师，曾任解放军军事科学院军制研究部副部长、部长，科研指导部部长，2003年7月起任副院长。2008年，当选为第十一届全国政协委员。编著有《军队组织编制学》《武器装备学》《中国军事制度史》等，多次承担和主持国防和军队建设方面的重大研究任务。1995年，被授予少将军衔。2003年，被授予中将军衔。2023年12月31日，在北京逝世，享年79岁。

（市档案史志馆）

先进集体

全国五一劳动奖状

红豆集团有限公司

全国工人先锋号

国家税务总局江阴市税务局华士税务分局
中辰电缆股份有限公司交联班组
无锡神冲锻压机床有限公司技术创新综合班组
雄宇重工集团股份有限公司擦窗机焊接班组

江苏省五一劳动奖状

江苏力博医药生物技术股份有限公司
江苏可奈力机械制造有限公司
江苏冠杰建设集团有限公司
无锡欣盛包装材料科技有限公司
凯龙高科技股份有限公司
无锡市第九人民医院
卡特彼勒（中国）机械部件有限公司
无锡市公安局
无锡市中心血站
无锡市人力资源和社会保障局
无锡地铁运营有限公司
无锡市公共交通集团有限公司
无锡天鹏集团有限公司
中国邮政集团有限公司江苏省江阴市分公司
国网江苏省电力有限公司无锡市新吴区供电分公司

江苏省工人先锋号

江阴华润制钢有限公司钢管厂张减机组
江苏云蝠服饰股份有限公司毛衫车间整烫组
江阴市人民医院感染科
无锡市明珠电缆有限公司中压车间交联挤塑班组
江苏瑞鼎环境工程有限公司焚烧炉车间冷作1组
宜兴港华燃气有限公司客户服务部民用组
宜兴市急救中心急救科
无锡丽华快餐管理有限公司五爱分公司
展鹏科技股份有限公司电气研发部
无锡华厦家居港建材市场有限公司安保部
德力佳传动科技（江苏）有限公司结构件精加工班组
无锡市正隆祥机械制造有限公司数控机加工班组
无锡普天铁心股份有限公司纵剪班组
江苏毅合捷汽车科技股份有限公司整机生产班组
无锡戴卡轮毂制造有限公司凯斯曼技术质量部
无锡威卡威汽车零部件有限公司氧化车间氧化一线一组
无锡市新峰管业有限公司生产部冷推班组
无锡方盛换热器股份有限公司设备部
博世动力总成有限公司喷油器体硬加工区域
朗新科技集团股份有限公司企业发展部
无锡夏普电子元器件有限公司液晶统辖第四生产部品质课
无锡华美集团有限公司机修班组
无锡市方成彩印包装有限公司膜包车间组
无锡市社会福利中心特困人员供养部
无锡市江南中学语文学科组
无锡市急救中心钱桥分站（防疫专用分站）
无锡华光环保能源集团股份有限公司装备事业部容器车间自动焊接班组
无锡市医疗保障基金管理中心窗口服务部
中航无锡雷达技术有限公司产品集成部
无锡华润上华科技有限公司fab1扩散部注入组
无锡透平叶片有限公司机加车间三工段B班
江苏省广电有线信息网络股份有限公司无锡分公司综合管理部后勤服务科
无锡市城市重点建设项目管理中心宜兴马山工程项目管理办公室
中国铁路上海局集团有限公司无锡站运转车间整车区调车班
中国工商银行股份有限公司无锡分行特殊资产处置中心
中船澄西船舶修造有限公司研发部总体科
中国电子科技集团公司第五十八研究所国产化DSP主板项目组

（市总工会）

全国五四红旗团委

江南大学附属医院团委

全国五四红旗团支部

国家税务总局江苏省无锡市惠山区税务局团总支
无锡市新吴区新安街道新安花苑第五社区团支部

江苏青年五四奖章集体

深海技术科学太湖实验室毁伤与防护研究所爆炸与冲击青年科研团队

（团市委）

编辑　葛　红

江阴市

【概况】 江阴市北枕长江,南近太湖,东接常熟、张家港,西连常州。交通便捷,是大江南北的重要交通枢纽和江海联运、江河换装的天然良港。总面积986.97平方千米,其中陆地面积829.66平方千米、水域面积157.31平方千米(长江水面56.7平方千米,沿江深水岸线长35千米),城市建成区面积125平方千米。2023年末,辖10个镇、7个街道,设192个村民委员会(以下简称“村委会”)、82个社区居民委员会(以下简称“居委会”),有江阴国家高新技术产业开发区、江苏江阴临港经济开发区和江苏江阴—靖江工业园区。户籍人口126.7万人,常住人口178.51万人。江阴市人民政府设在澄江中路9号。2023年,江阴市获评首批全国县域经济商业“领跑县”、全国消费品工业“三品”战略示范城市、数字化推动高质量发展示范市、第四批社会信用体系建设示范区、中国创新百强县第六和中央农作物秸秆综合利用重点县,连续第二年获评全国信访工作示范县,蝉联全国县域经济基本竞争力“二十一连冠”。

【经济发展】 2023年,江阴市实现地区生产总值4960.51亿元,比上年增长5.9%;一般公共预算收入248.29亿元,支出255.62亿元。完成固定资产投资886.3亿元,增长4.8%。新增外资及港澳台资项目67个,实际使用外资及港澳台资11亿美元。新批境外投资项目26个,对外投资总额4.5亿美元。年末金融机构各项本外币存款余额5998.81亿元,贷款余额4865.1亿元。

农业 2023年,江阴市农林牧渔及农林牧渔服务业总产值67.15亿元。全年粮食种植面积1.92万公顷,总产量13.18万吨,其中谷物12.55万吨。蔬菜种植面积1.24万公顷,总产量40.15万吨。水果种植面积0.25万公顷,产量77786吨。出栏生猪3.23万头,猪肉产量2783吨;牛奶产量4812吨,水产品产量20107吨。

工业 2023年,江阴市实现规模以上工业总产值7014.1亿元,比上年增长4.6%;增加值1524.1亿元,增长8.0%;利润514.63亿元,增长16.2%。工业百强企业营业收入4790.49亿元,增长6%。海澜集团有限公司、中信泰富特钢集团股份有限公司开票销售超1000亿元,江苏新长江实业集团有限公司、三房巷集团有限公司开票销售超500亿元,远景能源有限公司、江苏阳光集团有限公司开票销售额300亿元。

商贸服务业 2023年,江阴市实现社会消费品零售总额711.7亿元,比上年增长1.9%;其中,限额以上零售额258.01亿元(批发和零售业239.88亿元、住宿和餐饮业零售额18.13亿元)。实现进出口总额1572.91亿元,规模与上年持平;其中出口1052.39亿元,下降2.1%;进口520.52亿元,增长4.3%。

【城乡建设】 2023年,江阴市轨道交通项目建设取得重大突破。沪宁沿江高速铁路通车运营,沪宁沿江高铁江阴站启用,每日开行动车组列车20列;锡澄轨道交通S1线试运行;江阴靖江长江隧道右线贯通,南接线全面开工建设。沪武高速扩建江阴先导段全面施工,长山大道快速化改造一期具备通车条件,滨江路快速化改造工程(城区段)、锡澄路快速化改造(塘头桥—顾桐路)加快推进,暨南大道以南段与凤翔路北延完成顺接。江苏江阴港港口集团股份有限公司5号码头、通用码头改扩建工程开工建设,被列入国家首批港口功能优化提升交通强国试点项目。申张线全线三级航道整治提升工程全面推进,纺织大桥建成通车。全年征收拆迁完成346.1万平方米,其中主城区74.91万平方米;完成无锡市房屋征收攻坚拔点项目51个;启动安置房建设120万平方米,建成35万平方米。

【生态建设】 2023年,江阴市$PM_{2.5}$平均浓度31.8微克/立方米,空气质量优良天数比率80.3%。18个国、省考河道断面优Ⅲ比例持续保持100%,其中10个断面监测达到Ⅱ类水质。土壤环境质量总体保持稳定。林木覆盖率25.11%;城市建成区绿化覆盖面积5533公顷,覆盖率44.3%;建成区绿地面积5123公顷,其中公园绿地面积652公顷。

【科技创新】 2023年,江阴市有各类专业技术人员70.75万人,比上年增长3.01%。发明专利授权量1494

件，万人有效发明专利40.96件。有效期内高新技术企业1002家，国家科技型中小企业2365家，省科技企业上市培育计划企业3家，入选省独角兽企业1家、潜在独角兽企业2家、瞪羚企业12家，市雏鹰企业17家、瞪羚企业27家、准独角兽企业6家。高新技术产业产值2718.52亿元，占规模以上工业总产值的38.8%。全年获批省院士工作站1个、省工程技术研究中心21个、无锡市工程技术研究中心101个、无锡市重点实验室2个，新建江阴市工程技术研究中心116个。获评国家重点研发计划1项，省科技成果转化专项资金项目5个，省重点研发计划产业前瞻与关键核心技术项目3个，省碳达峰碳中和科技创新专项资金、省国际科技合作、省创新支撑计划科技人才、省企业重点实验室验收后补助、苏南国家自主创新示范区建设专项资金项目各1个，省产学研合作项目26个。入选国家级重大人才计划A类项目2个，省"双创计划"创业类团队1个、创业类人才5人、科技创新类人才1人、科技副总15人，无锡"太湖人才计划"创业领军人才46人、创新人才3人。获评2022年度省科学技术奖4项。

【社会事业】 2023年末，江阴市有各级各类学校286所，其中幼儿园（办班点）158所（个）、小学55所、九年一贯制学校8所、初中32所、普通高中12所、中等职业学校2所、行业企业办高级技工学校1所、普通高等学校2所（含南京理工大学江阴校区，以下简称"南理工江阴校区"）、特殊教育中心校1所、成人教育中心校15所（不含成人培训机构）。公办学校在职员工17348人，其中公办专任教师14189人；在校学生242314人（不含南理工江阴校区），在园幼儿39899人。组建扩容教育集团9个，义务教育公办学校集团化办学覆盖率54.02%。义务教育优质均衡达标率由上年87.5%提升至90.63%。小学入学率、巩固率、毕业率均保持100%；初中生入学率、巩固率、毕业率分别为100%、99.1%、98.8%。南理工江阴校区面向全国招收全日制本科生370人、研究生2631人，年末有学生5300余人。江阴职业技术学院录取全日制专科生2469人，应届毕业生2553人；成人继续教育录取2570人，非全日制在籍学生5759人，当年毕业2622人。有各类医疗卫生机构710个，其中医院39家、卫生院15家、社区卫生服务中心12个，开放床位9520张，有卫生技术人员13039人。有县级艺术表演团体2个，文化馆1个，图书馆1个。新增"艺风微书房"4个，3个公共文化空间完成提升改造，锡剧评弹艺术馆建成开馆。中医诊疗法（任氏疡科）、针灸（朱氏针灸）、汤包制作技艺（江阴蟹黄包制作技艺）、麦秆剪贴（江阴麦秆画 ）和珠绣5个项目入选第五批江苏省非物质文化遗产名录。全年组织开展文体惠民活动3500余场，市公共文化艺术发展中心艺术剧场获评第三批江苏省示范小剧场，江阴市公共文化艺术发展中心（图书馆）再次获评国家一级馆；组织开展各类非遗展示展演、网络直播活动100余场次。7个镇、街道完成智慧广电（乡镇）建设并通过省级验收，实现智慧广电（乡镇）建设全覆盖。新增体育公园5个，新建步道29.8千米，"体育三进校园"累计送教练进校园448人次。举办群体赛事活动900余项次，开展青少年体育竞赛30项次，承办全国成人游泳锦标赛等省级以上体育竞赛30项次，在省级以上体育竞赛中获得82枚金牌。江阴市获评江苏省幼儿体育示范区，业余体校获评国家高水平体育后备人才基地（2021—2024）。全年完成体彩销售12.19亿元。

9月28日，沪宁沿江高铁及江阴站通车运营　（丁家骏　摄）

【人民生活】 2023年，江阴市居民人均可支配收入73861元，比上年增长4.7%。其中：城镇居民人均可支配收入84952元，增长4.3%；农村居民人均可支配收入47846元，增长6.3%，农民收入连续第24年蝉联全省同类城市第一。城镇居民人均生活消费支出44685元，增长6.8%；农村居民人均生活消费支出32120元，增长9.9%。企业职工基本养老保险在职参保人数66.5万人，工伤、失业保险、医疗、生育保险参保人数分别为59.82万人、57.06万人、98.43万人和58.73万人；城乡居民基本养老保险参保人数2.81万人，医疗保险参保人数50.28万人。年末，有养老机构23家，养老床位6956张。全年发放城乡居民最低生活保障2388人、2236.25万元，发放特困人员救助供养860人、1480.33万元，实施直接医疗救助12.07万人次、2271.93万元，实施临时救助307人、109.57万元，国家抚恤、补助各类优抚对象人数4722人。

【江阴市获评首批全国县域经济商业“领跑县”】 11月25日，首届数字经济时代县域商业创新发展大会在浙江省杭州市举办，会上公布首批123个全国县域商业“领跑县”典型案例，江阴市位列其中。江阴市全面落实商务部关于建设县域商业体系的决策部署，强化政策引导，注重消费驱动，城乡商贸流通网络体系不断完善，县域商业发展水平不断提升。至2023年末，有提升型县域综合商贸服务中心8个、提升型乡镇商贸中心46个，覆盖率100%，村级便民商店覆盖率100%；提升型县级物流配送中心2个，镇(街道)邮政、快递网点覆盖率100%；邮政综合便民服务站、村级寄递物流综合服务站行政村覆盖率100%；农贸市场58个，完成标准化改造41个，标准化改造率71%。进一步构建完善市(县)、镇、村三级商贸体系，形成以南门八佰伴、印象汇、万达广场等重点商贸综合体为代表的城区商贸核心，以海澜飞马购物中心、红豆万花城、吉麦隆连锁超市为代表的乡镇商贸中心，以便利商店、夫妻老婆店为代表的村级商贸网点。

【江阴市获评全国消费品工业“三品”战略示范城市】 12月，工业和信息化部公布2023年消费品工业“三品”战略示范城市名单，江阴市以纺织业、纺织服装服饰业、化学纤维制造业3个特色优势产业入选。江阴市围绕消费品工业“三品”(增品种、提品质、创品牌)战略，以产业强市为引领，围绕“345”现代产业体系，加快构筑高端纺织服装千亿级特色产业链。作为首批十大纺织产业基地市，江阴市纺织服装产业拥有海澜集团有限公司、江苏阳光集团等行业龙头企业，形成周庄化纤、新桥精纺、顾山内衣、长泾粗纺、祝塘针织服装等特色产业集群。搭建平台载体，全市消费品工业中，分别有省、市级院士工作站9个、12个，省级重点实验室2个，国家级、省级工程技术研究中心2个、134个，国家、省级企业技术中心4个、73个，工业设计中心6个。推进智改数转，有省级智能车间23个、智能工厂2家，星级上云企业122家，两化融合贯标49个，省互联网标杆工厂2家，全国质量标杆1个、省质量标杆3个。至2023年，有高新技术企业462家，省级民营科技企业234家，国家、省、市级专精特新“小巨人”企业共60家，国家制造业单项冠军2个，形成科技型中小企业、高新技术企业、瞪羚企业、“小巨人”企业梯队发展的良好态势。

【江阴市获评数字化推动高质量发展示范市】 11月30日，由中国通信企业协会等单位主办的2023(第四届)数字化转型推动高质量发展大会在海南省海口市举办，江阴市获评2023年数字化推动高质量发展示范市。江阴市围绕数字中国建设工作总体部署，构建以“一局一中心一公司”(江阴市大数据管理和政务服务局、城运中心、大数据股份有限公司)为核心的大数据建设和推进体制，形成数字化建设从规划、建设到运营的闭环，城市治理“一网统管”，便民利企服务“一网通办”，政务办公“一网协同”，市民生活“一网触达”。持续升级“最江阴”App服务效能，推动新生入学登记、线上医疗等近2100个应用“一端集成”。聚焦城市治理和数字生活场景，打造智慧水利、智慧政务、智慧医疗等30个应用；聚焦基层治理场景，打造江阴“澄心治”现代社区数字化平台，入选全国新时代“枫桥经验”优秀案例；聚焦产业数字化和数字产业化场景，重点推动星级上云企业、智能制造标杆企业等建设。在全国县级市中率先建设政务物联网平台，获评2023年中国移动数字政府样板工程。

【江阴市入选第四批社会信用体系建设示范区】 8月7日，国家发展和改革委员会办公厅、中国人民银行办公厅联合印发通知，确定全国68个地区为第四批社会信用体系建设示范区，江阴市位列其中。江阴市紧扣全国社会信用体系建设示范区创建主线，构建规范化、精准化信用监管机制，深化信用惠民便企服务，推动全市信用体系建设高质量发展。在2020—2023年全国城市信用监测排名中，始终位列全国县域城市第一方阵。推进信用平台资源上联国家、省级平台，下通47余个政府部门单位和各镇(街道、园区)。创新设计全市信用监管服务一体化平台个性化功能，推进信用承诺、合同履约、个人信用评价、信用报告查询、信用状态标识等功能模块上线运行，实现行政审批、市场监管等行业监管重点业务环节信用线上查网上办。落实分级分类差异化监管，构建信用嵌入事前事中事后全流程监管体系。在行政管理及公共服务、财政扶持资金审核等重点事项中实行信用审核，创新推行政府采购、工程建设招投标领域应用第三方信用报告，创新安全生产、水利交通、家居建材等34个重点行业、重点领域信用评价监管应用制度55项，公开共享行业信用评价信息20万余条。推广应用“澄易贷”综合信用服务平台，推动中小微企业贷款提质扩面。

(朱其涛)

宜兴市

【概况】 宜兴市地处江苏省西南端、沪宁杭三角中心，东临太湖并与苏州太湖水面相连，东南临浙江省长兴县，西南接安徽省广德市，西接常州市溧阳市，西北毗连常州市金坛区，北与常州市武进区相傍。滆湖镶嵌宜兴和武进之间，三氿（东氿、团氿、西氿）相伴市区。地势南高北低，西南部为低山丘陵，最高峰为黄塔顶，海拔611.5米；东部为太湖渎区，适宜种植各种蔬菜；北部和西部分别为平原区和低洼圩区，是宜兴主要粮油产地。总面积1996.6平方千米。2023年末，辖13个镇、5个街道，设206个村委会、104个居委会，有国家级的中国宜兴环保科技工业园、宜兴经济技术开发区、宜兴阳羡生态旅游度假区以及省级的江苏宜兴陶瓷产业园区。户籍人口105.93万人，常住人口128.46万人。宜兴市人民政府驻地设在宜城街道陶都路8号。2023年，宜兴市获评全国“两山”实践创新基地、传统村落集中连片保护利用示范县、首批全国县域商业“领跑县”、国家级水土保持示范县、全国科普示范市，通过全国基层中医药工作示范县评审，继续保持综合实力、工业、创新、旅游全国百强县市前十位。

【经济发展】 2023年，宜兴市实现地区生产总值2337.53亿元，比上年增长6.2%；一般公共预算收入140.8亿元，支出178.37亿元。完成固定资产投资662.58亿元，增长9.6%。新增外资及港澳台资项目35个，实际使用外资及港澳台资4.4亿美元。新批境外投资项目16个，对外投资总额超1亿美元。年末金融机构各项本外币存款余额4092.58亿元，贷款余额3163.72亿元。

农业 2023年，宜兴市实现农林牧渔业总产值90.33亿元，比上年增长2.1%。全年粮食种植面积5.22万公顷，总产量35.99万吨。经济作物播种面积2.29万公顷，造林面积173公顷。蔬菜播种面积1.65万公顷，总产量61.59万吨；茶叶总产量3940吨，水果总产量3.33万吨，干果总产量1596吨。出栏生猪6.46万头，猪肉产量4960吨；禽肉产量1862吨，水产品产量7.22万吨。

工业 2023年，宜兴市1493家规模以上工业企业实现产值5349.6亿元，营业收入4862.75亿元，增加值982.64亿元，利润总额263.3亿元。全市规模以上工业六大重点行业实现产值4375.27亿元，工业总产值百强企业完成产值3821.93亿元。有工业总产值超1亿元企业548家，其中超10亿元企业78家、超100亿元企业11家。

商贸服务业 2023年，宜兴市实现社会消费品零售总额590.9亿元，比上年增长7.1%。其中，限额以上消费品零售额239.55亿元（批发和零售业223.02亿元、住宿和餐饮业16.52亿元）。实现进出口总值79.96亿美元，其中出口44.79亿美元、进口35.17亿美元。

【城乡建设】 2023年，宜兴市医疗中心、金城小学、东氿中学、学府路实验小学改造工程、市公共法律服务中心等项目完工交付。双氿三河滨水空间品质提升工程一期对外开放。芳塍路及蒋巷路东延、汇智路及蒋巷南路西延等道路建成，360省道茗岭段绿化工程完成，开展农村道路交通安全专项整治。全年有13个村被命名为省级、无锡市级特色田园乡村，阳羡生态旅游度假区特色田园乡村示范区入选全省首批培育试点名单。新改建二类农村公厕50座，推进79个村美丽农居建设，改善农村住房条件8000多户。持续加强传统村落保护工作，全市累计有29个村庄被列入江苏省传统村落名录、6个行政村被列入中国传统村落名录。加强园林绿化精细化管理，推进国家生态园林城市创建。东氿新城省级宜居示范街区获中国人居环境范例奖，宜兴市入选全省唯一中国传统村落集中连片保护利用示范县。

【生态建设】 2023年，宜兴市完成大气治理工程1189项，$PM_{2.5}$平均浓度28微克/立方米，比上年下降3.4%，创监测后最好水平；空气质量优良天数比率82.2%，比上年提升

2023年，宜兴市获评全国“两山”实践创新基地。图为宜兴市新庄街道航拍图

（宜兴生态环境局 供图）

3.4 个百分点，优良天数改善率居全省前列。完成太湖滆湖清淤 304 万立方米，实施农村污水治理工程 70 个，完成生态修复 366.67 公顷(5500 亩)，新建美丽幸福河湖 298 条，31 个国、省考断面优Ⅲ率 93.5%，创 2007 年后最好水平，连续 16 年实现太湖安全度夏。宜兴城区新增绿地面积 48.37 公顷，人均公园绿地面积 15.64 平方米，建成区绿化覆盖率 43.47%。

【科技创新】 2023 年，宜兴市拥有各类专业技术人员 14.89 万人，比上年增加 0.57 万人。专利授权总量 7568 件，万人发明专利拥有量 40.75 件。年内有效高新技术企业 854 家，科技型中小企业评价入库 2547 家。新增省级众创空间 4 家、省级专业孵化器 1 家，新增省级院士工作站 3 家。实现高新技术产业产值 2294.31 亿元，占规模以上工业产值比重 42.9%。新增无锡市三类企业培育入库企业 353 家，其中雏鹰企业 210 家、瞪羚企业 135 家、准独角兽企业 8 家。有国家级众创空间 1 家，新增无锡市级科创载体 16 家。立项江苏省外国专家工作室 2 个、无锡市“太湖人才计划”项目 32 个、“陶都英才”项目 53 个。宜兴市入选江苏省创新型示范县(市)和国家创新型县(市)建设名单，继续保持全国科技创新百强县(市)前十位。

【社会事业】 2023 年，宜兴市有高等院校 2 所、中等技术学校 2 所、普通高中 9 所、普通初中 37 所、小学 62 所、幼儿园 109 所、特殊教育学校 1 所，公办专任教师 1.17 万人，在校学生 13.05 万人，在园学生 2.81 万人。小学和初中普及率 100%，初中毕业生升学率 99%，九年义务教育巩固率 100%，普及高中阶段教育。有医疗卫生机构 653 家，其中公立医院 8 家、公共卫生机构 8 家、镇(街道)卫生院(社区卫生服务中心)18 家，开放床位 7967 张，有医疗卫生技术人员 1.17 万人。宜兴市人民医院搬迁新址，投入运行。宜兴市中医医院晋升为三级甲等。有县级艺术表演团体 1 个，文化站(馆)19 个；县级公共图书馆 1 个，藏书 105.7 万册；电影放映单位 24 个，放映场次 21.2 万次，票房收入 6545.3 万元。宜兴市文化中心各场馆全年举办各类活动及培训 1803 场，到馆人数 150 万人次。有体育场 5 个、体育馆 18 个、游泳池 58 个。全年举办全国性赛事 6 项、省级比赛 2 项、县(市)级 16 项。全年体育彩票销售 6.89 亿元。

【人民生活】 2023 年，宜兴市居民人均可支配收入 61349 元，比上年增长 5%。其中：城镇居民人均可支配收入 72399 元，增长 4.6%；农村居民人均可支配收入 40633 元，增长 6.5%。居民人均生活消费支出 39034 元，增长 7.8%。其中：城镇居民人均生活消费支出 44471 元，增长 7.1%；农村居民人均生活消费支出 28841 元，增长 9.8%。年末，企业职工基本养老保险、工伤、失业、医疗、生育保险参保人数分别是 55.16 万人、31.31 万人、29.73 万人、60 万人、30.79 万人，居民养老保险、医疗保险人数分别是 38.38 万人、49.07 万人。城乡居民最低生活保障标准提高至每人每月 1095 元，最低工资标准每人每月 2280 元。全年慈善机构接收捐赠款 5978.68 万元。宜兴市慈善会救助困难群众、学生约 12.06 万人，救助支出 5114.35 万元。

【宜兴市获评全国“两山”实践创新基地】 10 月，生态环境部公布第七批“绿水青山就是金山银山”实践创新基地，宜兴市上榜，成为无锡市首个获得该称号的县(区、市)，也是无锡市首个同时获得国家生态文明建设示范区和“两山”实践创新基地两项称号的县(区、市)。宜兴市坚持生态立市、绿色发展，充分利用区域生态、经济与文化等资源，创新“绿水青山”保护修复模式，拓展产业生态化和生态产业化的“绿水青山”与“金山银山”双向转化路径。其中，在山水林田湖草系统保护修复方面，坚持两湖同治、河岸共治、区域联治。至 2023 年末，太湖西岸千亩湿地群串珠成链，133.33 公顷(2000 亩)“水下森林”在“三氿”茁壮成长，200 个美丽示范河湖绽放光彩；创新实施“矿地融合 2.0”，“残山剩水”变城市公园。依托良好的自然禀赋和生态优势，宜兴市通过聚焦新兴产业发展、延伸生态加工业、升级民宿康养产业、打造美丽田园乡村风光、培育农业品牌等举措，不断提升生态经济，“山、水、陶、竹、茶”等宜兴特色焕发新活力，城市污水处理概念厂、“零碳厕所”、“全省首个零碳示范园”等引领性的绿色低碳生态产品为全国探索低碳之路打造“宜兴样板”，集成电路、新能源、生命健康三大新兴产业快速发展。完善生态环境质量考核的新体系，推动生态产品总值考核与地区生产总值考核并行的“双考核”制度。2023 年，颁发《宜兴市建立健全生态产品价值实现机制省级试点工作方案》，为在低山丘陵地区形成省内可复制、可推广的宜兴实践指明方向、明确路径。

【宜兴市获评传统村落集中连片保护利用示范县】 4 月，住房和城乡建设部办公厅、财政部办公厅发布 2023 年传统村落集中连片保护利用示范县(市、区)名单，全国 35 个县(市、区)上榜，宜兴为全省唯一入选的县级市，并获得国家级奖补资金 3000 万元。宜兴市不断投入市财政资金用于传统村落的保护发展、康居村建设工程、特色田园乡村建设等工作，通过传统村落集中连片保护利用，紧扣“留住乡亲、护住乡土、记住乡愁”精神，将珍贵的历史文化遗产与现代文明结合，以点带面地激发乡村片区自我造血式可持续发展，建设宜居宜业和美乡村，为全国同类地区创新实践提供借鉴。宜兴市的 6 个国家级传统村落(张渚镇祝陵村、徐舍镇芳庄村、周铁镇洋溪村、太华镇胥锦村、丁蜀镇三洞桥村、新庄街道茭渎村)、23个省级传统村落集中连片,凝练了苏南地区典型的自然地貌、民俗技艺、建筑风貌、环境肌理等文化印记,自然山水环境与村庄风貌相互掩映,形成独特风景。

【宜兴市获评全国县域商业"领跑县"】 11月,首届数字经济时代县域商业创新发展大会在浙江省杭州市举办,宜兴市被列为第一批全国县域商业"领跑县"。宜兴市采取措施完善县域商业网络体系,因地制宜新建、改造一批商超餐饮等服务网点,引导"梦想城"、大润发、大统华、好鲜生等大型商超向乡镇延伸,整合闲置资源,对接电商、文化、餐饮、仓储物流等现代服务业,打造卓易文化紫砂街、陶瓷进出口基地、氿街、47号餐饮一条街。至2023年末,建成商贸中心59家,覆盖全市18个板块。加快对农贸市场的升级改造进程,打造邻里中心和一站式社区商业中心。构建农产品现代流通体系,完善农村邮政公共服务体系,全市乡镇80%以上的物流快递实现统一分拣、配送,农村电商服务行政村100%覆盖。探索建设"农产品上行"新模式,打造云湖富硒基地电商平台,培育农村电商直播人才,打通优质农产品线上线下销售渠道。

【宜兴市获评全国科普示范县(市、区)】 1月,在中国科学技术协会组织的评选中,宜兴市获评2021—2025年度全国科普示范县(市、区),宜兴市科技馆获评2021—2025年度第一批全国科普教育基地。宜兴市深入推进全民科学素质提升,完善科普组织网络,加强科普设施建设,提升科普宣传效能,打造富有特色的"科普之光""科普之窗""科普之声"等品牌,形成科普工作全社会参与、全领域开展、全地域覆盖、全媒体传播的科普工作新格局。宜兴市科技馆的规模、档次和影响力在全国县级科技馆中领先。至2023年末,全市有国家级科普示范村(社区)1个、科普教育基地4个;省级科普示范镇(街道)3个、科普示范村(社区)15个、科普惠农服务站15个、科普教育基地12个、科技特色学校7所;无锡市级科普示范镇(街道)18个、科普示范村(社区)70余个、科普教育基地44个、科技特色学校24所,形成较为完善的科普示范体系。

(吴　艳)

梁溪区

【概况】 梁溪区位于无锡市中部,总面积72.12平方千米。2023年末,辖崇安寺、清名桥、惠山、北大街、扬名、广益、山北、黄巷、瞻江9个街道,设148个居委会。户籍人口80.45万人,常住人口98.59万人。区人民政府设在解放南路688号。

【经济发展】 2023年,梁溪区实现地区生产总值1624.13亿元,比上年增长6.3%;一般公共预算收入58.4亿元,增长6.9%;完成固定资产投资346.35亿元,增长19%,增幅居全市首位。新批外资及港澳台资项目22个,实际使用外资及港澳台资1.36亿美元。新批境外投资项目6个,中方协议投资额0.26亿美元,增长477.95%。入选2023年"赛迪百强区""赛迪投资竞争力百强区"。

工业　2023年,梁溪区实现规模以上工业总产值347.02亿元、增加值99.4亿元,比上年分别增长4.0%和4.5%。完成工业投资29.01亿元,增长136.2%。物联网入库企业营业收入100.24亿元,增长13.1%;集成电路入库企业产值15.74亿元,增长14.8%;软件和信息服务业入库企业销售收入45.64亿元,增长16.1%。发展空天产业,招引商业火箭生态链、卫星制造生态链、空间信息应用生态链"链主"级企业东方空间、天兵科技、银河航天、凯瑞星通、紫微科技等企业。

商贸服务业　2023年,梁溪区实现社会消费品零售总额780.89亿元,比上年增长6.9%,总量保持全市首位。实现进出口总额34.2亿美元,其中出口31.5亿美元、进口2.68亿美元。限额以上网络零售额突破20.97亿,增长28.22%;跨境电商出口额8.3亿美元,增长46.4%,梁溪区电商产业园获国家电子商务示范基地A级评价。举办"聚首梁溪"——2023梁溪区首店经济发展大会,制定《梁溪区首店经济发展三年行动计划(2023—2025)》,全年引进品牌首店137家。获评第三批"长三角高铁旅游小城",旅游接待3100万人次,旅游收入530亿元。限额以上住宿业企业52家,实现销售额6.4亿元,增长39.8%;限额以上餐饮业企业81家,实现销售额20.7亿元,增长32.1%。

【城市建设】 2023年,梁溪区出台老城厢复兴发展实施意见,推进中心商务区"1+4"更新片区以及南长街古运河、惠山北坡等重点更新单元城市更新,总投资33.27亿元。编制完成龟背壳、老东门、江尖公园、运河湾、太湖广场等片区城市更新规划、梁溪区城市色彩规划以及龟背壳、运河湾、古运河(东门段)等片区城市设计。改造利用低效产业用地60.4公顷。完成房屋征收5816户(家)、161.44万平方米,完成项目清点74个。15条区级道路建成通车,2条道路完成提升。实施海绵城市项目119个,禾嘉苑、马夹浜项目获江苏省海绵城市优秀工程项目二等奖。完成老旧小区宜居化改造75个、283万平方米,小娄巷片区入选全市唯一2023年城镇老旧小区改造住建部联系点项目,6个改造小区获评省级宜居示范住区。18个居民住宅区完成二次供水泵房改造,既有住宅增设电梯110台。新建停车场10个,新增停车泊位2474个,增加错时共享停车位800个,新增停车泊位动态信息联网34182个,"先离场后付费"用户注册总量全市第一。实施中心商务区箱体美化工程，5条道路实施大修同步景观节点绿化提升改造。盛新大桥运河东路侧等14座桥下空间品质提升，改造工程获无锡市第四届“民心工程奖”金奖。拆除违法建设34.23万平方米、违规户外广告2.68万平方米。

【生态建设】 2023年，梁溪区实施年度大气治理项目532个，$PM_{2.5}$平均浓度28.5微克/立方米，比上年上升4.0%；空气质量优良天数比率81.1%，比上年上升3.3个百分点。推进新一轮太湖综合治理，9个年度太湖治理重点工程项目全部完成。国、省考断面水质优Ⅲ比例保持100%，61条综合整治河道优Ⅲ比例90%。建立污染地块名录，污染地块安全利用率100%。编制发布省内首个针对污染地块地下水修复的标准依据，梁溪科技城土壤修复及数字科创产业融合发展项目成为全省首个以土壤污染防治为主体的EOD项目。“梁溪北尖公园净水厂全地埋节地模式”入选省节地模式（技术）先进典型案例。推进“无废城市”建设，无锡光电新材料科技园一般工业固废收集转运中心建成投用。455家企业、413家医疗机构被纳入小微企业危险废物和小型医疗机构医疗废物集中收集体系全流程监管。编制《梁溪区生物多样性本底调查项目技术报告》，累计记录物种1406种。新增绿地面积75.4公顷，新、改建游园22座，完成11处城市绿化增色添藤品质提升工程，新建屋顶绿化4公顷，义务植树近5万株。瞻江街道获评第六批江苏省生态文明建设示范街道。

【科技创新】 2023年，梁溪区高新技术产业产值90.57亿元，占规模以上工业产值的26.1%。新增科技型企业831家，目标完成率全市第一。科技型中小企业评价入库577家，比上年增长7.4%。有效高新技术企业281家，增长5.6%。雏鹰企业入库39家，瞪羚企业入库24家，准独角兽企业入库4家。认定江苏省技术先进型服务企业1家，备案创新联合体3家，实现建区以来零的突破。建设高品质产业载体117.8万平方米。建成投用梁溪智脑，赋能打造三大领域共22个智能化应用场景；集聚上海交大（无锡）数字经济产业技术高等研究中心、浙江大学（无锡）智能光电芯片研究中心等8家高能级科创平台；与南京大学合作建设南创数智研究院，设立海外院士工作站（无锡）；建成投用江南古运河旅游度假区（北京）联合创新中心、梁溪广益创新中心（北京）、无锡扬名（清远）飞地孵化器、深溪协同创新中心4个科创飞地。完善全产业孵化链条，新增功能完备科创载体面积20.95万平方米，申报认定市级众创空间4家、科技企业孵化器3家、异地孵化器1家。成立区人才集团、梁溪海外人才工作站（法国），全年新增高层次人才1200人，引进外国高端人才40人。7人入选国家级重大人才工程A类，12人入选市“太湖人才计划”。获评2023年度江苏省知识产权建设示范区。

【社会事业】 2023年，梁溪区有小学38所、初中11所、九年一贯制学校8所、特殊教育学校1所，在校学生75928人；幼儿园99所，在园幼儿23506人。年内，学校竣工4所、启用8所、开工建设5所。义务教育学校标准化建设达标率100%。有医疗卫生机构535家，开放床位13581张，卫生技术人员17481人，执业（助理）医师6469人。与市中医医院开展“府院合作”，共建市中医医院梁溪分部。强化医联体网格化管理，优化家庭医生签约服务，建成省级普惠托育项目2个，首家公办护理院广益护理院投入运行，梁溪区实现国家基本公共卫生服务市级绩效考核十连冠。完善博物馆免费开放政策，丰富文物博物研学活动，开展全民公益艺术普及培训、群众特色文化团队基础培训等文化惠民活动。利用闲置用地建设4处9个公共文化体育设施项目，更新室外健身路径395条，“10分钟体育健身圈”提档升级。完成3处文保单位修缮工作，打造“百宅百院”活化利用项目5个。

【人民生活】 2023年，梁溪区居民人均可支配收入7.42万元，比上年增长4.5%。新增城镇就业25564人，支持自主创业3540人，援助就业困难人员再就业3745人。企业职工基本养老保险在职参保人数39.65万

4月28日晚，多媒体光影芭蕾舞剧《二泉映月》全球首演

（梁溪区档案史志馆　供图）

人，城乡居民基本养老保险参保人数0.78万人。全市首个新业态公共就业服务中心揭牌成立，建成家门口就业服务站15个，启用人才公寓2000余套，打造区级青年驿站2家。居民低保标准提高至每人每月1095元，全年发放低保救助金3999.13万元，为优抚对象发放补助资金8900万元。发放困境儿童基本生活补贴6124人次、700余万元，发放残疾人“两项补贴”79676人次、2484余万元。新建5个区域性助餐中心、20个助餐点，建成并运营街道养老服务综合体13家，新增养老床位超1200张。完成家庭适老化改造401户，高龄、经济困难失能老年人养老服务保障覆盖率106.12%，重点空巢独居老年人关爱探访率100%。募集社区慈善公益基金2246.2万元，“社区基金”和社区慈善工作站惠及2万余人次。

【八所新校集中启用】 8月30日，梁溪区8所新校集中启用仪式举行。无锡市东林中学人民路校区、无锡市梁溪区东林惠畅实验学校、无锡市梁溪区扬名实验学校、无锡市梁溪区明德实验学校、无锡市梁溪区积余实验学校运河分校、无锡市梁溪区鑫悦幼儿园、无锡市梁溪区融溪幼儿园和鳝尾巴规划幼儿园正式启用，总投资20.02亿元，总建筑面积26.13万平方米，新增学位10590个。8所新校均采用“名校（园）+新校（园）”的集团化办学模式，新校与总校共享共建教育资源，同步教育教学管理，推动广益、山北、扬名、清名桥、北大街、瞻江6个街道教育优质均衡发展。

【梁溪区第二届发展大会】 11月10日，梁溪区第二届发展大会举行。大会以“城市原核，潮涌未来”为主题，以“1+5+N”形式，召开发展大会主会议，举办低空经济、数字经济、空天产业发展、千帆大模型暨百度智能云、昇腾人工智能5个分领域论坛，开展N场商贸洽谈、资源推介、闭门交流等活动。会上，上海交通大学（无锡）数字经济产业技术高等研究中心（院）、浙江大学（无锡）智能光电芯片研究中心、江苏智慧航空研究院揭牌，国联梁溪消费科技基金、梁溪科技城东方通数字经济产业母基金、国联金沙江空天产业基金、梁溪文化大消费基金成立，央视总台纪录片《无锡国专》开机。涵盖科技人才平台、空天产业、智能制造、商贸服务、文旅融合、金融基金等领域的100个重点项目进行集中签约，总投资380亿元。分论坛围绕“新经济形式下的AI赋能制造业发展之路”“智赋百业，算引未来”等主题作主旨演讲。

（高珂婷）

锡山区

【概况】 锡山区位于无锡市东北部，总面积399.11平方千米。2023年末，辖羊尖、鹅湖、锡北、东港4个镇和东亭、安镇、东北塘、云林、厚桥5个街道，设66个村委会、66个居委会，有国家级锡山经济技术开发区、无锡锡东新城商务区。户籍人口51.92万人，常住人口99.8万人。区人民政府设在锡州中路1号。

【经济发展】 2023年，锡山区实现地区生产总值1259.86亿元，比上年增长6.3%；一般公共预算收入122.04亿元、增长9.2%，其中税收收入首次迈上百亿台阶，达到100.09亿元。完成固定资产投资550亿元，增长7%。新增外资及港澳台资项目74个，实际使用外资及港澳台资4.82亿美元。新批境外投资项目31个，对外实际投资总额1.4亿美元。上线“锡企服务平台”，建成全市首个政务服务社区“24小时自助服务厅”，“东北小哥”点赞锡山营商环境受到广泛关注。成立全市在沪首家区级商会，与上海长宁区实施联动发展合作。深化“漕湖—鹅真荡”生态绿色一体化协同发展示范区建设，协调推进与江阴市、惠山区、新吴区市域一体化发展。

农业　2023年，锡山区实现农林牧渔总产值30.24亿元，比上年增长2.7%。粮食种植面积7090公顷，粮食生产总量5.04万吨，创历史新高；水产品养殖面积478公顷，总产量6578吨。加快推进全域高标准农田和市属蔬菜基地建设，恢复耕地266.67公顷，建成高标准农田506.67公顷，启动市属蔬菜基地建设91.2公顷，浙江大学—无锡锡山现代农业联合研究中心成功签约，“锡山大米”获全省首个水稻碳标签证书。

工业　2023年，锡山区规模以上工业总产值突破2300亿元，达到2367.49亿元，比上年增长6%；增加值660.46亿元，增长8.1%。坚持“产业集群+特色专业园区”发展道路，“四新四强”产业集群营业收入突破2100亿元，3个园区入选全市首批特色产业园区，新材料产业园被认定为省级化工园区，电动车及零部件产业集群入选国家中小企业特色产业集群。启动建设无锡（锡山）钠电产业园，全市首个美妆类产业园区开园，获批筹建省特殊化妆品质量监督检验中心。推进“项目建设突破年”活动，全年签约超亿元项目146个，落地协议3000万美元以上产业项目10个，备案总投资10亿元以上重大产业项目21个，超百亿元项目一汽远景智能电池完成备案，范德威尔项目被纳入全国重点外资项目。华晟新能源、隆达超合金等69个超亿元项目竣工。“智改数转网联”加快推进，创建市级以上智能制造标杆272个，新增省级智能制造示范工厂6家，红豆男装5G全连接工厂入选国家首批5G全连接工厂，入选国家级智能制造优秀场景5个，数字经济核心产业全年营业收入突破500亿元。新增恒尚节能、鑫宏业线缆、金杨新材料、晶海氨基酸4家上市公司，新增股权融资总额70.8亿元。

商贸服务业　2023年，锡山区实现社会消费品零售总额296.46亿元，比上年增长 11.1%。举办四季主题消费促进活动超百场，招引特斯拉、东来顺等区域首店超 30 家，在全市率先发行数字人民币惠民券，无锡荟聚、八佰伴中心创成全市首批数字化商圈示范单位，锡东新城商务区、V-PARK 现代服务业集聚区获评省级服务业高质量发展集聚示范区。全年外贸进出口总值 67.18 亿美元，其中进口 13.14 亿美元、出口 54.05 亿美元。

【城乡建设】 2023 年，锡山区国土空间总体规划形成报批成果，宛山湖生态科技城核心区城市设计及重点专项规划通过评审。支持锡太高速、G312 国道快速化、锡暨大道等重点道路建设，开工建设华夏路北延、锡沪路城市化改造一期等道路，完成大成路快速化隧道主体工程，完成锡甘路、东亭路等 9 条道路提升改造，新改建农村道路 21 条，圆满完成农路提档升级三年行动计划。加快打造"全国最干净城市"标杆区，完成 7 个区域性综合示范单元提升，打造 9 个"席地而坐"示范区域，全域实现环卫一体化作业。云溪人家、东顺苑二期等 5 个安置房项目竣工，建设筹集保障性租赁住房 3553 套。完成既有住宅加装电梯 50 台，全面完成三年计划确定的 172 个老旧小区改造目标任务、惠及 4.88 万户。完成房屋征收 172 万平方米，形成净地 361.53 公顷，盘活产业用地 217.53 公顷。开展"三清三治"农村环境卫生专项整治行动，农村人居环境长效管护合格率 95% 以上，完成 26 个村庄"美丽农居"建设，创成 2 个省级、3 个市级特色田园乡村，东港镇获评首批国家农业产业强镇，厚桥街道谢埭荡村入选全国乡村治理示范村。

【生态建设】 2023 年，锡山区完成 783 项大气治理重点工程项目，$PM_{2.5}$ 平均浓度 29.9 微克 / 立方米，空气质量优良天数比率达 79.5%。启动新一轮太湖治理"1+7"专项行动，国、省考断面和市考河道水质优Ⅲ比例均达 100%。建成美丽幸福河湖 83 条，完成东港污水处理厂三期扩建工程，投用锡东工业污水处理厂，完成 187 个农村污水治理项目。锡东新城获评全省首批城乡建设碳达峰碳中和先导区，云林科创中心成为全市首个低碳园区。锡北运河流域整治及绿色发展项目成为全市首个同步入选国家库、融资并开工实施的 EOD 项目。

【科技创新】 2023 年，锡山区开展"科技创新突破年"活动，获评江苏省创新型示范区，入选第一批全省商业秘密保护创新试点城市。有效期内高新技术企业 782 家，科技型中小企业评价入库 1480 家，426 家企业获评创新型中小企业。高新技术产业产值 1276.92 亿元，占规模以上工业产值的 53.9%。在建科创载体面积超 200 万平方米，建成投用 40.3 万平方米，设立比利时鲁汶（无锡）创新中心，长三角（无锡）国际人才港、映月湖科技园一期建成投用。新认定备案市级以上科创载体 9 家；新增国家级专精特新"小巨人"企业 19 家；入库培育雏鹰、瞪羚、准独角兽企业分别为 138 家、68 家、9 家，吉姆西半导体成为全区首个省独角兽企业。

【社会事业】 2023 年，锡山区有各类学校 40 所，在校学生 95841 人。新建、改扩建各类学校 29 所，投用安镇实小水岸校区等 10 所学校。组建天一实验教育集团，成立卓越教育发展基金会、拔尖创新人才早

2023 年，锡山区完成宛山湖生态科技城核心区城市设计。图为宛山湖鸟瞰图　　（锡山区政府办　供图）

期培养中心和南京师范大学锡山家庭教育研究中心，天一中学获批“丘成桐少年班”。有医疗卫生机构309家，开放床位3523张，卫生技术人员5001人。开工建设区中医医院新院区和锡山人民医院东亭分院改扩建工程，建成锡山人民医院二期、鹅湖分院和区精神卫生中心。开工建设区文体中心，举办2023锡山宛山湖马拉松、区第五届运动会等重大体育赛事，启动无锡市慈善博物馆建设，打造月溪书院等5个文保点“百宅百院”活化利用示范工程，获评省书香城市建设示范区。

【人民生活】 2023年，锡山区城镇居民人均可支配收入73077元，比上年增长4.3%；农村居民人均可支配收入45079元，增长6.4%。新增城镇就业1.9万人，帮扶就业困难人员就业再就业2900人。企业职工基本养老保险、城乡居民基本养老保险参保人数分别为32.73万人、2.56万人。成功创建全市城区首个“15分钟医保服务圈”省级示范区。在全省首创“锡心育匠”培训直通车，建立全市首批“培训+就业”实践联盟，在全市率先实现镇（街道）公共就业服务中心全覆盖，发放稳岗就业政策扶持资金1.24亿元。养老机构12家，养老床位3258张，羊尖、东港养老服务中心完成主体工程；开展“锡心医养”社区居家“332”服务行动，有标准化居家养老中心（站）100个。建成全市首家公建民营社区托育中心，每千人婴幼儿托位数达4.3个。开展低收入人口动态监测和精准帮扶“3610”行动。

【长三角（无锡）电动车跨境电商产业园启用】 10月12日，长三角（无锡）电动车跨境电商产业园在映月湖科技园正式启用。该园是锡东新城商务区携手阿里巴巴集团资源打造的以电动车跨境贸易为核心的跨境电商专业服务平台和跨境电商人才培养基地，规划到2025年，形成本土跨境电商平台雏形，孵化6家亿级跨境电商卖家，打造10家跨境电商品牌，培养1000名跨境电商人才，实现10亿元以上跨境出口额。

【“大音希声”海内外纪念阿炳诞辰130周年国乐盛典举行】 12月17日，“大音希声”海内外纪念阿炳诞辰130周年国乐盛典在锡山区举行。整场国乐盛典由序片及“追忆·袅袅余音”“仰止·千古绝唱”“天籁·美美与共”3个主要篇章、10个节目构成。海内外22名演奏家及无锡民族乐团登台表演，重新演绎《二泉映月》，共同打造一台充满温情的国乐盛典旅程。

（印宏绯）

惠山区

【概况】 惠山区位于无锡市区西北部，总面积324.88平方千米。2023年末，辖洛社、阳山2个镇和堰桥、长安、钱桥、前洲、玉祁5个街道，设51个村委会、70个居委会，有国家级无锡惠山经济开发区、江苏省惠山高新技术开发区和无锡市（藕塘）职教园区。户籍人口55.46万人，常住人口89.95万人。区人民政府设在文惠路8号。

【经济发展】 2023年，惠山区完成地区生产总值1276.03亿元，比上年增长6.1%；一般公共预算收入121.27亿元，增长8.3%；社会消费品零售总额356.36亿元，增长14.3%。完成固定资产投资532.16亿元，增长7.4%；其中工业投资220.1亿元，增长12.4%。新批外资及港澳台资项目49个，到位外资及港澳台资4.39亿美元。新批境外投资备案项目31个，中方实际投资额0.93亿美元。2023年，惠山区入选中国产学研合作创新示范区，惠山经开区入选全国先进制造业百强园区，智能基础零部件制造产业集群入选全国首批中小企业特色产业集群，西站物流园区获批生产服务型国家物流枢纽，惠山国家现代农业产业园通过认定。

农业 2023年，惠山区农林牧渔业总产值28.56亿元，比上年增长2.2%。粮食种植面积2081公顷，总产量1.37万吨，其中水稻0.83万吨、小麦0.49万吨。商品蔬菜播种面积1687公顷，形成以速生叶菜为主，茄果类、瓜类为辅的产业特色。水蜜桃种植面积2346公顷，产量3.6万吨；葡萄种植面积75.2公顷，产量1286吨。年末生猪存栏0.79万头，全年出栏0.11万头；各类家禽年末存栏3.92万羽，全年出栏7.05万羽。水产养殖面积248.27公顷，水产品产量4068吨。休闲渔业接待人数超10万人次，产值1805万元。惠山国家现代农业产业园入选国家现代农业产业园十大典型模式，建成项目28个，完成投资20.73亿元。惠山区蝉联全省乡村振兴战略实绩考核第一等次，阳山镇获评国家农业产业强镇。省农科院无锡分院挂牌启用，国家数字种植业（水蜜桃）创新应用基地获批建设。

工业 2023年，惠山区完成规模以上工业总产值2738.83亿元，比上年增长5.7%；“三新四强”产业集群完成规模以上营业收入1665.3亿元，增长4.4%。完成工业投资220.1亿元，其中高技术产业投资85.8亿元、智能制造投资51.8亿元。实施超亿元的区级重点工业项目101个（新建58个、续建43个），完成投资165.5亿元。无锡（前海）跨境电商综合服务平台项目揭牌，打造全省首个RCEP跨境电商公共服务中心。国际型铁路物流中心建成投用，全年开行中欧班列45列、海铁联运班列105列，发送货物3670标准箱；水运江苏京杭大运河（惠山段）项目获国家开发银行全省首单授信。未来健康科技产业园获评海峡两岸食品科技产业（无锡）合作试验区，高端装备产业园、生命科技产业园被认定为无锡市首批特色专业园区。无锡新大力电机有限公司和无锡京运通科技有限公司获2023年国家级绿色工厂称号，江苏毅合捷汽车科技股份有限公司获工业和信息化部2023年度A级国家绿色工厂“企业绿码”，无锡海达尔精密滑轨股份有限公司、无锡灵鸽机械科技股份有限公司在北京证券交易所上市。

商贸服务业 2023年，惠山区实现社会消费品零售总额356.36亿元，比上年增长14.3%，比全市平均增幅高7.4个百分点。完成进出口总值48.1亿美元。完成服务贸易总额5.25亿美元，服务外包离岸执行金额9.26亿美元、服务外包在岸执行金额4.3亿美元。有规模以上文化企业63家，营业收入102.15亿元，利润4.74亿元。锡西文创园完成音乐直播带货活动，主控出品超级网剧《悦香甜心》，启动“醉美稍塘”生态农业影视文化旅游项目，腾讯云（无锡）数字经济产业基地项目落户惠山。全年接待游客1134万人次，旅游总收入35.2亿元。

【城乡建设】 2023年，惠山区启动澄锡惠三地联动发展合作，西环线北延、凤翔快速路北延主体贯通，轨道交通S1线惠山段建成运行。新建公共停车场10个，新增停车泊位2805个。完成房屋征收项目104个，完成拆迁面积223.79万平方米；完成保障性租赁住房筹集3134套（间），改造老旧小区18个。提档升级农村公路91千米，惠山区获评“四好农村路”全国示范县，洛社镇获评第三批全国乡村治理示范村镇，阳山镇火炬村老古潭被命名为江苏省传统村落。至年末，有国家级传统村落2个、省级传统村落5个，省级特色田园乡村10个。

【生态建设】 2023年，惠山区$PM_{2.5}$浓度28.1微克/立方米，比上年下降4.1%；空气质量优良天数比率82.8%，比上年提高1.5个百分点。国、省考断面及67条新一轮综合整治河道水质优Ⅲ率均保持100%，其中直湖港阳山大桥断面、锡澄运河惠澄大桥断面水质达到Ⅱ类标准。新增成片造林24.91公顷、低值林改造53.67公顷，全民义务植树8万株，全区林木覆盖率24.26%。建成阳山镇狮子山长腰山森林步道7.3千米，并入选第三批省级森林步道。建成锡澄运河、锡北运河、锡溧运河、直湖港、横泽河、咸塘河、太平港7个湿地保护小区。开展低效建设用地整治，新增耕地254公顷。大美阳山生态环境修复与农文旅融合开发项目获省内国家库EOD首笔贷款。成功创建洛社镇万马村松坟头等4个省级绿美村庄。

【科技创新】 2023年，惠山区高新技术产业产值1213.56亿元，占规模以上工业总产值的44.5%。认定高新技术企业968家，培育入库雏鹰企业133家、瞪羚企业72家、准独角兽企业8家，科技型中小企业评价入库1416家，省科技企业上市培育计划3家。新增国家级专精特新“小巨人”企业19家，省级专精特新中小企业94家，国家企业技术中心1个，省级工程技术研究中心2个，省潜在独角兽企业2家，国家知识产权优势企业3家。天津大学无锡研究院启用。新建科创载体超100万平方米，无锡航空航天产业园、新经济产业园、科创人才金融港、先进制造业产业园开建，未来健康科技产业园一期完工，循环经济产业园、科学仪器产业园开园。实施智能制造项目103个，企业智能制造投入86.4亿元，智慧物流装备产业集群入选省级中小企业特色产业集群名单。江苏楷益智能科技有限公司的“食品加工高效专用前处理智能装备研发及示范”项目获国家重点研发计划项目立项，中微腾芯获省科技成果转化项目1000万元资金支持。举办第二届太湖湾院士创新大会，签约院士项目8个，李贺军院士项目一期投产，叶林院士项目产业园启用。入选国家重大人才工程项目13个、省“双创计划”人才项目8个。

【社会事业】 2023年，惠山区有各级各类公立学校105所，在编专任教师9207人，在校学生13.08万人。省锡中教育集团成立。启动首届惠山教育读书节活动，全区学校新增图书25万册。有医疗卫生机构416家，开放床位2757张，执业（助理）医师2076人，卫生技术人员4940人（全科医生529人）。年内建成嵌入式医养结合型公立护理院2家，惠山区获评第一批全国医养结合示范区、江苏省基层卫生健康综合试验区。全区有文化馆1个、文体站7个、图书馆8个，大红门美术馆入选江苏省“最美公共文化空间”打造对象。举办首届全民阅读大会、天上村前读书节，“民生微幸福，惠畅小剧场”文化惠民工程被评为江苏省文化馆公共文化服务优秀案例，入选省“百千万工程”优秀群文品牌。秦巷当铺获评市级首批“百宅百院”活化利用工程五星级项目，薛暮桥故居获评市级首批“百宅百院”活化利用工程十佳案例。汤面制作技艺（无锡老式面）和豆腐制品制作技艺（阿四百叶）入选第五批省级非遗项目。原创锡剧《追梦路上》、广播剧《锡道阳山》获无锡市第十届精神文明建设“五个一工程”奖。大型锡剧《太湖春早》入选“2023—2025江苏省舞台艺术、美术书法创作行动计划”。《钱桥街道志》获评江苏省一等镇村志。全年新建、改建各级各类体育公园23个、多功能运动场37片，公共体育设施总面积312.38万平方米。承办无锡杯三人篮球联赛总决赛（惠山站）、2023国际篮联三人篮球挑战赛（无锡惠山站）、2023国际篮联三人篮球世界巡回大师赛（无锡站）、全国围棋个人竞标赛、江苏省青少年围棋竞标赛、全国“惠山杯”围棋争霸赛、阳山半程马拉松等体育赛事。

【人民生活】 2023年，惠山区城镇居民人均可支配收入74760元，比上年增长4.4%；农村居民人均可支配收入45132元，增长6.3%。城镇

9月28日，中欧班列笼车国际联运班列首发开行

（惠山区交通运输局　供图）

居民人均消费支出40045元，增长6.9%；农村居民人均生活消费支出24211元，增长1.1%。城镇新增就业21555人，城镇失业人员再就业7538人，就业困难人员再就业2962人，新创设城乡公益性岗位安置困难人员1716人。新建标准化"家门口"就业服务中心（站）17个，帮扶困难群体就业人数1063人；开发见习岗位3999个；发放富民创业担保贷款3558万元，支持各类创业3333人。年内评出"惠山工匠"13人，激励年金每人1万元。企业基本养老保险在职参保人数33.96万人，居民养老保险参保人数3956人。享受居保基础养老金15557人、征地补偿金45548人、老农保养老金2912人，全区支付待遇金额7.75亿元。全区有养老机构15家，居家养老服务中心120家，日间照料中心31家。推进"惠老助餐模式"，打造"惠爱"助餐品牌，纳入无锡市老年人助餐服务提升综合示范区。有中央厨房10个、爱心餐厅67个、助餐点51个，实现城乡助餐服务网络体系全区域覆盖。

【解放动力超级工厂投产暨奥威16L机产品下线】 2月26日，解放动力在无锡惠山基地举行解放动力超级工厂投产暨奥威16L机产品下线仪式。解放动力超级工厂项目总投资12.27亿元，具备2万台16L发动机生产能力和6万台天然气发动机试验能力。奥威16L发动机集成10大创新技术，其中4项技术国际领先。最高功率750马力，比国际主流动力高10%；发动机B10寿命200万千米，比国际主流品牌高10%；换油周期20万千米，远超12万千米的行业平均水平。

【笼车国际联运班列首发】 9月28日，中欧班列笼车国际联运班列从无锡西站物流园的无锡国际铁路物流中心出发，经霍尔果斯口岸出境，最终抵达哈萨克斯坦，全程15天。这是无锡市首次通过笼车运输商品车全程出境，将帮助企业开拓中亚地区新增市场。

（章淑君）

滨湖区

【概况】 滨湖区位于无锡市区西南部，总面积572.65平方千米。2023年末，辖胡埭镇和马山、雪浪、蠡园、河埒、荣巷、蠡湖6个街道，设7个村委会、71个居委会，有无锡太湖国家旅游度假区和江苏省无锡蠡园经济开发区、无锡山水城2个省级开发区。户籍人口37.87万人，常住人口65.52万人。区人民政府设在金城西路500号。

【经济发展】 2023年，滨湖区实现地区生产总值1100.58亿元，比上年增长6.5%；一般公共预算收入103.9亿元、增长6.9%。完成固定资产投资345.9亿元，增长13.5%。新增注册资本超千万元企业1568家，落地备案10亿元以上重大产业项目6个、50亿元以上项目1个，实施5000万元以上重大项目143个。新增外资及港澳台资项目30个，实际使用外资及港澳台资3.6亿美元；新批境外投资项目19个，对外直接投资2.72亿美元。

农业　2023年，滨湖区实现农林牧渔业总产值6.02亿元，比上年增长0.3%。建成高标准农田107.47公顷。粮食种植面积225.5公顷，总产量1487吨，连续4年实现"双增"；蔬菜种植面积290.7公顷，总产量5186吨；水果种植面积1421公顷，总产量22404吨。实施省级"马山杨梅"国家农产品地理标志保护示范标杆工程，自主开发"滨湖区农村集体资产综合管理平台"，建成股份经济合作社"三资"数据库。开展"三清三治"专项整治，高水平实施7个自然村分类整治提升，获评省级传统村落2个，胡埭镇鸿翔村入选全国乡村治理示范村。

工业　2023年，滨湖区实现规模以上工业总产值930.5亿元，比上年增长6.2%；增加值406.6亿元，增长6.7%。生命健康、集成电路、软件信息、职能网联汽车等优势产业营收规模均超百亿元，数字影视、"两机"、低碳环保、创意设计等特色产业产值分别增长25%、10%、16.6%、10%。完成工业投资76.5亿元，其中制造业投资74.79亿元。新增柏诚股份和锡南科技2家A股上市公司，光子芯谷创新中心一期加快推进、二期成功签约。弘元绿能入围中国制造业企业500强，中航动控、信捷电气等4家企业跻身中国机械500强。

商贸服务业 2023年，滨湖区实现社会消费品零售总额320.5亿元，比上年增长12.4%；规模以上服务业营业收入200.68亿元，增长2.6%；服务业增加值占地区生产总值比重62.7%，采木工业互联网入选中国服务业企业500强。有规模以上文化企业136家，完成营业收入130.38亿元，增长33.43%；新增投资500万元以上文化旅游项目27个。拈花湾入选全国首批"5G+智慧旅游"应用试点项目。出台促进外贸稳规模优结构"10项措施"，全年外贸进出口总值34.5亿美元，其中出口26亿美元、进口8.5亿美元；跨境电商进出口总值4.99亿美元，增长53.5%。

【城乡建设】 2023年，滨湖区完成国土空间总体规划编制，运河湾片区城市更新实施方案通过专家论证，红沙湾、九龙湾、荣巷等重点区域规划建设有序推进。深化工业园区"六抓六促"腾退低效用地，新增可利用成片工业熟地26.67公顷。处置批而未供土地46.73公顷，转用征收土地78.93公顷。完成房屋征收120万平方米，改造老旧小区70万平方米，既有住宅加装电梯60部。无锡太湖植物园启动区完成建设，梁溪河景观带整治提升工程（"十里画廊"）全面完工，东蠡湖人行天桥、佛笑桥等竣工通行，稻香社区入选全国首批完整社区建设试点。深入推进"最干净城区"建设，建成省级垃圾分类达标小区50个，新增公共停车泊位1293个，新（改）建小游园15个、公厕20座，提升改造桥下空间10处，最干净镇（街道）建设优良率稳居全市前列。

【生态治理】 2023年，滨湖区实施年度大气治理项目831个，$PM_{2.5}$平均浓度26.8微克/立方米，绝对值保持全市最优；空气质量优良天数比率82.2%、比上年提升4.4个百分点。10个国、省考断面水质全部达标，101条水环境综合整治重点河道水质优Ⅲ比例达100%。实施蠡湖支浜深度治理，建成市级美丽幸福河湖29条，农村河道长效管护、农田水利工程管护绩效位列全省76个涉农县（市、区）"双第一"，创成国家级节水型社会建设达标区。制定实施滨湖区推动太湖无锡水域水质根本性好转"1+5"三年行动方案，10个治太重点工程、太湖二轮二期生态清淤滨湖段任务全面完成。太湖湖心区水质2007年以来首次达到Ⅲ类，太湖北部区总磷总氮浓度创近10年最好水平。深化"无废城市"建设，医疗废物无害化处置率100%。

【科技创新】 2023年，滨湖区新认定高新技术企业313家，有效高新技术企业累计740家。入选国家级专精特新"小巨人"企业17家，新招引科技型企业1415家，新增市雏鹰、瞪羚、准独角兽企业182家。高新技术产业产值714.9亿元，占规模以上工业总产值的76.8%。制定出台《滨湖区院所经济高质量发展实施意见（2023—2025年）》，民用航空电子系统、国家级船舶动力电力试验基地、龙江广瀚燃气轮机等院所关联项目签约落地，太湖实验室海洋装备技术协同创新中心、中航光电无锡分公司揭牌成立，清华大学智能产业创新中心落地，院所经济税收贡献5.5亿元，增长37%。升级出台"滨湖之光"人才政策4.0版，新增高层次人才2095人、高技能人才4608人，新入选国家重大人才工程（A类）18人。新认定新型研发机构2个，建成功能完备科创载体22万平方米。

【社会事业】 2023年，滨湖区有各级各类学校28所（中小学），在校学生41741人。完成重点片区教育设施布局调整，签约落地省锡中滨湖分校，引进金桥教育集团，全国义务教育优质均衡发展区、国家县域学前教育普及普惠区通过国家评估认定实地核查。有医疗卫生机构374家，开放床位12261张，执业（助理）医师4049人，卫生技术人员10978人。改造提升医疗卫生机构6家，市九院挂牌苏州大学微创骨科研究中心、江南大学无锡医学院教学医

2023年，唐村大桥下被改造为全市首个汽车主题桥下空间

（滨湖区政府办　供图）

院，国家新闻出版署中医药知识挖掘与出版创新服务重点实验室落户市第二中医医院，市第六人民医院等6家医疗卫生机构完成改造提升。落实文化高质量发展8个专项行动，新建“钟书房”11家，完成“百宅百院”活化利用项目5个。建设实施公共体育项目81个，成功运营环太湖国际公路自行车赛、中国铁人三项联赛、中国家庭帆船赛等精品赛事的无锡站比赛。

【人民生活】 2023年，滨湖区城镇居民人均可支配收入76516元，比上年增长4.8%；农村居民可支配收入44617元，增长5.7%。举办“智汇滨湖”全民创业大赛，落实公益性岗位、社保“两项补贴”4000万元，城镇新增就业1.65万人、帮助困难人员就业1710人，新引进大学生1.5万余人。制定落实低收入人口动态监测和精准帮扶8项政策清单，发放各类救助资金2100万元。居民低保标准提高至每人每月1095元，全年发放低保救助金239.95万元。有养老机构15家，养老床位4205张，养老机构护理型床位占比100%；居家适老化改造项目通过省民政标准化建设试点验收，水秀社区入选全国老年友好示范社区。有3岁以下婴幼儿照护服务机构20家，建成省级未成年人保护站（关爱之家）2家。

【新一轮国资国企改革启动】 2023年，滨湖区新一轮全区全域国资国企改革正式启动，滨湖建发集团、滨湖资产集团、滨湖产业集团改组成立，由无锡市滨湖国有资产联合投资有限公司控股。其中，建发集团专注于城市综合开发建设，资产集团主攻国有资产运营管理，产业集团致力于产业投资运营。该次改革实现滨湖国资从“1”到“1+3+N”的深化，为打造靓丽太湖湾、活力科创带提供更加坚强的国企力量保障。

（靳瀚宁）

新吴区

【概况】 新吴区位于无锡市东南部，总面积219.79平方千米。2023年末，辖旺庄、硕放、江溪、梅村、鸿山、新安6个街道，设5个村委会、114个居委会，有无锡国家高新技术产业开发区、江苏无锡空港经济开发区，以及星洲工业园、无锡高新区综合保税区、无锡新加坡工业园、无锡太湖国际科技园。户籍人口41.34万人，常住人口72.85万人。区人民政府设在新安街道和风路28号。2023年，新吴区获评国家生态文明建设示范区、全国首批完善普惠性学前教育保障机制实验区、全国首批自然资源节约集约示范区、国家级节水型社会建设达标区。

【经济发展】 2023年，新吴区实现地区生产总值2515.69亿元，比上年增长6.1%；人均地区生产总值34.58万元，居全省县（市）区第一；一般公共预算收入262.2亿元，总量全市第一。完成固定资产投资804.62亿元，增长9.4%。新增企业法人7849户，其中内资企业法人7761户。新批外资项目110个，其中超3000万美元重大项目15个；实际使用外资及港澳台资11.44亿美元，总量全市第一，其中高技术产业实际使用外资及港澳台资8.12亿美元。年末金融机构各项本外币存款余额2284.59亿元，贷款余额1848.18亿元。新增上市企业3家，科创板上市企业累计10家。

农业　2023年，新吴区实现农林牧渔业总产值1.09亿元，比上年增长4.4%。粮食种植面积1020公顷，总产量6944.71吨；蔬菜种植面积245.73公顷，总产量5402吨；水果种植面积115公顷，总产量2400吨；绿色食品比重81%，全市领先。深化“智慧+绿色”示范区建设，入选国家级数字农业农村“三新”优秀项目1个。连片式打造“吴韵江南”美丽乡村风光带，大坊桥村姚更上、金家里、寒儒桥被评为江苏省特色田园乡村。

工业　2023年，新吴区实现规模以上工业总产值6508.71亿元，比上年增长4.9%。无锡高新区建成国家级集成电路制造创新型产业集群，居中国集成电路园区综合实力第二位，并跻身国家生物医药产业园区综合竞争力前20强；物联网MEMS传感器产业集群入选省级中小企业特色产业集群。全年新批亿元以上项目145个，总投资1087亿元，其中超10亿元项目18个、超50亿元以上项目3个（含超100亿元项目2个）。导入中国中小企业发展促进中心专精特新企业培育基地（无锡）等优质平台，新增认定国家级专精特新“小巨人”企业33家、省级专精特新企业215家，累计认定各类单项冠军、专精特新企业534家。

商贸服务业　2023年，新吴区实现社会消费品零售总额426.86亿元，比上年增长1.8%。完成规模以上服务业营业收入650.02亿元，增长9%；增加值954.47亿元，增长5.1%。实现进出口总值3563.92亿元，其中进口2128.51亿元、出口1435.41亿元，比上年分别下降7.7%和8.9%。服务外包执行金额45.14亿美元，增长11.6%。打造国家广告产业园、电子竞技产业基地、吴越文化数字科创谷、无锡1969创意工厂4个特色文化产业园区集群。百联奥特莱斯获评全市首批数字商圈商街（商店）示范单位，梅里古镇获评省级示范步行街、省级夜间文化和旅游消费集聚区。

【城乡建设】 2023年，新吴区完成无锡太湖湾科创城、无锡新加坡科创城、无锡中欧产业创新区等重点地区城市设计，无锡中欧产业创新区和无锡新加坡科创城正式启动。太湖湾国际文化艺术中心暨交响音乐厅、伯渎河体育中心、伯渎河文化中心等重大设施加快推进。京杭运河无锡段跨度最大桥梁——菱湖大桥建成通车;加快建设高浪路快速化改造、G312新区段快速化改造和地铁4号线二期、5号线等重大基础设施工程,春达路、黄山路等7条道路竣工;完成拆迁面积150万平方米,市级攻坚拔点项目36个。完成风雷嘉苑一期等7个小区、5387套安置房建设。改造安置房小区6个、180万平方米,既有住宅加装电梯42台;在老旧小区及安置房小区安装电动车充电位6000个、新能源车充电桩500个;新增"垃圾四分类"小区12个、省达标小区45个;完成新都会等14个小区二次供水改造,惠及居民8800户。打造"席地而坐"城市客厅24处,新增绿道10千米;打造区域性综合提升单元10个;新增公共停车泊位1478个,落实错时共享停车场12个、泊位935个。建设美丽示范街区15个,桥下空间提升工程改造16处,新建、改建各类公园、游园15个。完成章家浜、坊南等10个自然村更新改造,启动谈更上和南黄家湾等4个村落"美丽农居"建设。

【生态建设】 2023年,新吴区完成涉气项目411个,$PM_{2.5}$浓度为28.4微克/立方米,比上年下降0.7%;空气质量优良天数比率为80.6%,提高3.2个百分点。建成美丽幸福河湖35条,完成太科城片区全域水生态修复工程,国、省考重点断面优Ⅲ比例100%、优Ⅱ比例50%,38条市级新一轮整治河道优Ⅲ比例100%,水源地地表水环境质量达到Ⅲ要求。推进太湖治理工程14个,太湖流域新吴水域水质达Ⅲ类,成为全市首个实现蓝藻零打捞区域,太湖实现连续16年安全度夏。完成涉磷企业规范化整治1033家、入河(湖)排污口整治357个,改造管网12千米。开展"无废城市"建设,完成首轮环境化学物质统计调查。新增绿地46公顷,人均公园绿地面积15.01平方米。新增造林面积95.2公顷,林木覆盖率保持在21.8%以上。年内,建成国家第六批节水型社会建设达标县(区),再生水利用配置试点获国家中期评估优秀。

【科技创新】 2023年,新吴区高新技术产业实现产值4813.67亿元,比上年增长7.4%,占规模以上工业总产值比重为74.0%。新招引科技企业2976家,国家科技型中小企业年入库数量2503家;新认定高新技术企业超过600家,有效期内高新技术企业1525家。入围中国潜在独角兽企业榜单企业9家,上榜中国物联网"新物种"企业榜单企业7家;入选省、市独角兽、潜在独角兽、瞪羚企业分别为76家和72家。2家企业获中国专利奖,无锡宝通科技股份有限公司获省长质量奖提名奖。认定省市级工程技术研究中心81个,获批无锡市重点实验室6个,新增12个首台(套)重大装备。入围省新型研发机构12家,成立比利时、德国、韩国、新加坡等异地创新中心6个,推进以粤港澳大湾区、美国、欧盟等创新资源集聚区为主的"10+X"个全球离岸创新中心建设。引进中国药科大学无锡创新研究院,香港理工大学无锡科技创新研究院揭牌启用,北京大学长三角未来技术生命健康研究院、北京大学无锡EDA研究院、江南大学无锡特殊食品与营养健康研究院等相继投用。集成电路设计企业孵化器、中科智慧信息产业园孵化器入围国家级科技企业孵化器名单,建有省级以上科技企业孵化器20家、众创空间22家、科技企业加速器4家、孵化链条3家。加快"高新金融谷"建设,投放风险补偿类科技贷款19.3亿元,新增基金136家,注册规模192.5亿元。新增国家级智能制造示范工厂1家、优秀场景1个、工业互联网平台1家、5G全连接工厂1家;新增省级智能制造示范工厂3家、工业互联网标杆工厂6家、智能制造领军服务机构1家,智能制造能力成熟度蝉联全省县(市、区)第一。全年完成产学研技术合同备案110件,7个项目入围2022年度江苏省科学技术奖励,登记技术合同成交额378亿元。全年专利授权数11956件,比上年下降15.3%。新招引科技人才项目355个;国家重大人才工程有效申报数189个,入选国家重大人才工程A类项目16人、B类项目7人;新招引科技人才项目2017个、高层次人才超3100人、外籍高端人才1030人。

【社会事业】 2023年,新吴区新建、改扩建中小学6所,调整组建20个教育集团。有各级各类学校(不含幼儿园)48所,义务教育学校在校学生6.99万人,中高等职业学校在校生2.4万人;幼儿园70所,在园幼儿2.25万人。入选全国首批完善普惠性学前教育保障机制实验区,创成省智慧教育样板区培育区域。大桥实验学校清晏校区无锡高新区(新吴区)太科城实验学校、金桥教育集团鸿山校区无锡市新吴区金鸿实验学校等投用,无锡科技职业学院牵头的集成电路产教联合体入选首批国家级市域产教联合体。有各类卫生医疗机构283家,其中综合医院5家、社区卫生服务中心(卫生院)7家、社区卫生服务站(村卫生室)36家、护理院8家,有卫生技术人才4988人,医疗床位4409张。推进以瑞金医院无锡分院为龙头、7家社区卫生服务中心为成员单位的区域医联体建设,瑞金长三角健康研究院挂牌成立。鸿山医院(鸿山街道社区卫生服务中心)、区中医医院(江溪街道第二社区卫生服务中心)新址启用,梅村街道社区卫生服务中心创成江苏省社区医院。有文化馆1个、博物馆3个、美术馆4个、文化站6个、影剧院13个;有区、街两级图书馆总馆1个、分馆50个。有体育健身设施8360个,健身场地面积304万平方米。成立全市首个区级"全域善治"社区基金发展联盟,建成5个街道级社区基金;成立新吴区社会协同发展创新中心,组建区级首批社会工作专家智库,区级综治中心"一站式"服务平台在全市率先揭牌运行。

6月9日，首届无锡鸿山国家考古遗址公园文化艺术周启动

（新吴区融媒体　供图）

【人民生活】 2023年，新吴区居民人均可支配收入75300元，比上年增长4.6%；生活消费支出41249元，增长7.0%。企业职工基本养老保险人数56.69万人，城乡居民基本养老保险参保0.44万人。新增就业岗位3.9万个，城镇新增就业2.2万人。城乡居民最低生活保障对象112户、167人，覆盖面100%；社会困难户临时救助、特困救助、低保救助、慈善救助、残疾人"两项补贴"覆盖人群45926人次。丰富"慈善+救助"帮扶项目内涵，推出慈善结对项目10余个；在全市率先为709名困难群众购买"江苏医惠保"1号保险。有养老机构7家，年末床位数3107张，在院人数983人。打造全市首个"适老生活体验馆"和首家社区"智慧餐厅"，养老机构提档升级2家，新启用社区助餐点10个。打造全市首个园区托育点，建成托育机构45家，有3岁以下婴幼儿托位数3485个，每千人托位数超4.5个；建成省、市示范机构5家、普惠托育机构9家，新增托位690个。

【鸿山国家考古遗址公园考古体验中心项目启动】 6月9日，以"千古江河脉，一梦到吴越"为主题的2023年"文化和自然遗产日"无锡系列活动暨首届鸿山国家考古遗址公园文化艺术周启动仪式在新吴区举行，鸿山国家考古遗址公园考古体验中心项目启动。该项目位于鸿山国家考古遗址公园内西北部，占地6300平方米，总建筑面积4500平方米，规划设置游客服务中心、公众考古体验中心、考古工作站三大功能区，建成后挂江苏省吴文化考古研究基地牌子。

【新吴区综治中心一站式服务平台启用】 8月18日，全市首家区级综治中心一站式服务平台——新吴区综治中心一站式服务平台启用。平台运行"1+5+N"新模式，以区综治中心为主阵地，融合区社会矛盾纠纷调处服务中心、人民来信来访接待中心、诉讼与非诉讼对接中心、公共法律服务中心、网格化服务管理指挥中心5个职能中心，进驻公安、检察、法院、司法、教育、人社、住建等N个条线力量，将行政资源、司法资源、社会资源集中一处，形成"中心吹哨、部门报到"的运行机制，实现矛盾调处化解"一平台通办"。

【华虹无锡集成电路研发和制造基地二期项目启动】 6月8日，华虹无锡集成电路研发和制造基地二期项目签约仪式在南京举行，6月30日开工，12月24日主厂房钢屋架启动吊装。该项目总投资67亿美元，新建一条月产能8.3万片的12英寸特色工艺集成电路芯片生产线。华虹无锡一、二期项目建成达产后，将成为国内技术最先进、生产规模最大的12英寸特色工艺研发和制造基地。

（李　河）

江苏无锡经济开发区

【概况】 江苏无锡经济开发区（以下简称"无锡经开区"）位于无锡市区南部，南拥贡湖湾湿地，北抱蠡湖和梁塘河湿地，东连蠡河湿地，西临长广溪湿地，中轴线上有尚贤河湿地。总面积56.6平方千米。2023年末，辖华庄、太湖2个街道，设42个居委会，户籍人口21.3万人，常住人口37.1万人。无锡经开区管委会设在清舒道77号。2023年，获评国家级学前教育普及普惠县、江苏省智慧教育样板区培育区域，入围江苏省知识产权建设示范园区。

【经济发展】 2023年，无锡经开区实现地区生产总值381.86亿元，比上年增长5.9%；一般公共预算收入35.5亿元，支出48.44亿元。完成固定资产投资216.84亿元，其中工业投资8.06亿元。实际使用外资及港澳台资7332万美元，完成对外投资1085万美元。有上市企业5家，储备上市企业20余家。"一镇五园"产业发展格局全面形成，太湖湾信息园启动区一期、国家传感园一期完成改造，国际会展园、跨境电商产业园启动建设。举办2023全球招商合作大会、智能网联汽车生态大会等招商活动70余场，引进超亿元投资项目14个，包括总投资50亿元的国电投新型钠离子电池及储能项目、总投资10亿元的优必选工业人形机器人总部项目。尚贤湖基金PARK新增基金注册规模582亿元、总规模超2100亿元,招引QFLP基金6.6亿美元,中科创星、普洛斯资本等15家头部机构先后入驻,全年全口径纳税5.5亿元。

工业 2023年,无锡经开区113家规模以上工业企业实现总产值197.66亿元,比上年增长5.9%;增加值55.52亿元,增长9.1%;主营业务收入177.29亿元,利润总额8.27亿元。数字经济核心企业营收199.7亿元,增长26.4%。物联网、软件与信息技术服务、集成电路等重点产业规模分别为91.6亿元、57.71亿元、6.9亿元,增幅分别为47.7%、25.7%、14.2%。加快“智改数转”步伐,规模以上工业企业开展数字化诊断服务38家,实施智能化改造项目5个,新增省星级上云企业27家,省智能制造示范车间5个。雪浪云工业互联网平台成为全市首个国家级“双跨”工业互联网平台,太湖科技中心入选国家级科技企业孵化器,无锡零界净化设备股份有限公司、无锡市明鑫数控磨床有限公司入选国家级专精特新“小巨人”企业,全区国家级、省级专精特新中小企业32家。

商贸服务业 2023年,无锡经开区实现社会消费品零售总额83.93亿元,比上年增长15.5%。实现进出口总值9.9亿美元,增长6.3%,其中进口9亿美元、出口0.9亿美元。无锡江南大悦城、周新里一期次开区竣工开业,打造经开商业“金名片”。深化“GO经彩,乐开怀”品牌影响力,举办多场区级“太湖购物节”促消费活动。信成花园社区、无锡新泽文商旅投资发展有限公司获评商务部全国“一刻钟便民生活圈”典型案例,景贤社区、太湖国际社区、玖玖城社区入选“一刻钟便民生活圈”示范社区。

【城市建设】 2023年,无锡经开区“美丽经开”建设“三年五提升”行动收官,“一带两镇三园”城市更新有序推进,完成征收拆迁面积93.8万平方米。高品质建成面仗港等12条美丽幸福河湖,提升美化立德道等11条重要道路,完成周新苑二期等老旧小区更新改造,提标建设水乡苑等3个小区。兴梁道街心广场新建工程获2023美国IDA国际设计大奖银奖。中瑞低碳生态城“双碳”技术创新示范中心、“零碳环”、国际会议中心、国际网球中心竣工投用,K11购物艺术中心、华庄粮仓开工建设,无锡奥体中心、市文化艺术中心、市美术馆等地标建筑落地国际社区。提升城市管理水平,华庄街道、太湖街道获评2023年度打造“全国最干净城市”工作优秀街道(镇)。

【生态建设】 2023年,无锡经开区高质量完成96个大气污染防治项目,强化工地扬尘管控,$PM_{2.5}$平均浓度29.5微克/立方米,空气质量优良天数比率81%。国、省考断面水质达标率继续保持100%,优Ⅱ比例分别为33.3%、50%,小溪港、大溪港平均水质达Ⅱ类。完成4个太湖治理重点工程,连续第16年实现太湖安全度夏。加强固危废规范化管理,加快“无废城市”建设,土地复绿6处、约46万平方米。

【科技创新】 2023年,无锡经开区高新技术产业产值125.12亿元,比上年增长22.46%,占规模以上工业总产值比重63.3%。完成欧美同学会海归小镇(无锡·物联网)等科创载体建设,横琴粤澳协同创新中心启用,无锡经开区数字孪生平台入选2023年度全国数字孪生技术应用典型实践案例,智慧城市一期项目入选2023年智慧江苏重点工程项目名单。推进规模以上、创新三类、高新技术、专精特新、上市后备等五类企业“培优工程”,新增高新技术企业48家,新增入库科技型中小企业361家,安超云软件有限公司获评省级软件企业技术中心。南京专利代办处无锡工作站投入使用,全区发明专利授权量524件,创历史新高。重点引育院士1人、国家级人才15人、省市高层次人才24人、市领军人才团队1个。

【社会事业】 2023年,无锡经开区有各级各类学校41所,在校学生4.2万人。新建学校3所,新增学位1500余个。推进华东师范大学基础教育创新改革试验区建设,市一中太湖新城分校落地,集团化办学覆盖率超60%。有医疗卫生机构162家,开放床位1993张,执业(助理)医师656人。完成“府院合作”签约,江南大学附属医院华庄分部揭牌。加强文化阵地建设,区级新时代文明实践中心揭牌启用,改造11个核酸小屋为文明驿站。开展文体惠民活动350余场次,华庄街道旺安社区入选2023年全国示范性老年友好型社区。建成尚贤河11人制灯光球场,金匮公园获评首批江苏省示范体育公园,10分钟体育生活圈建设项目荣获无锡市第四届“民心工程奖”银奖。

【人民生活】 2023年,无锡经开区完成10大类30项为民办实事项目。围绕“1+4”基层治理新体系,推动便民服务站“全科窗口”42个社区全覆盖。新增城镇就业6500人,城镇调查失业率控制在5%以内。出台《无锡经济开发区居家养老工作方案》,提高惠老助餐补贴标准,申请人数近3000人。有区级养老机构7家、街道日间照料中心2家、社区居家养老服务中心35家、社区居家养老床位270张,护理型床位2829张。深化“夹心层”群体一体化救助,建立困境儿童营养补贴机制,全年发放低保金630.7万元、特困供养金63.9万元、困境儿童生活及营养补贴(含孤儿)237.2万元。全年完成65周岁及以上老年人胸部CT平扫检查1.9万余人。

【无锡奥林匹克体育中心一期项目开工】 2月9日,无锡奥林匹克体育中心一期项目开工。该项目位于无锡经开区,毗邻贡湖湾、尚贤河“双

9月13日，全国首批、江苏唯一海归小镇——欧美同学会海归小镇（无锡·物联网）启用

（无锡经开区管委会　供图）

湿地”，占地约50万平方米，建筑面积41.4万平方米，规划建成拥有6万座体育场、1.8万座体育馆、2000座游泳馆和全民健身中心的无锡城市新地标。

【无锡智能网联汽车生态大会召开】 3月31日，无锡智能网联汽车生态大会在无锡经开区召开。会上，无锡市智能网联汽车产业创新联盟揭牌，无锡经开区与吉利控股、浙江大华、中国汽车工程学会签署合作协议，涵盖智能汽车操作系统、主动降噪、座舱显示及核心零部件等细分领域的12个智能网联汽车生态链项目落户无锡智能网联汽车生态产业园。

【欧美同学会海归小镇（无锡·物联网）启用】 9月13日，欧美同学会海归小镇（无锡·物联网）全球合作发展大会在无锡经开区举行。会上，全国首批、江苏唯一海归小镇——欧美同学会海归小镇（无锡·物联网）启用。小度科技IoT总部项目、吉利（无锡）创新中心等8家企业入驻，小拍智能AIGC、心言绘世大模型等投资总金额10.12亿元的16个项目签约。小镇与长三角欧美同学会物联网产业联盟揭牌成立，法国巴黎综合理工学院校友会（无锡）、哥伦比亚大学校友会（无锡）、法中孵化器联盟协会签署合作协议，10名代表成为小镇首批“全球推广大使”。

（张念娇）

编辑　葛　红

组织机构及负责人名录

市级机构及负责人名录

中共无锡市委员会

书　　记　杜小刚
副 书 记　赵建军
　　　　　朱爱勋（至1月）
　　　　　陆志坚（5月任）
常　　委　杜小刚
　　　　　赵建军
　　　　　朱爱勋（至1月）
　　　　　陆志坚
　　　　　柏长岭（至5月）
　　　　　周凤琴（女）
　　　　　王作才
　　　　　高　飞（6月任）
　　　　　蒋　敏（女）
　　　　　许　峰
　　　　　周常青
　　　　　李秋峰
秘 书 长　陆志坚
副秘书长　相　江（常务副秘书长）
　　　　　曹国光
　　　　　戴　泉
　　　　　张映雪（女）
　　　　　黄维恭
　　　　　马　剑
　　　　　刘　俊（12月任）

无锡市人大常委会

主任、党组书记　杜小刚
党组副书记　徐　劼
　　　　　　曹佳中
副 主 任　徐　劼（负责日常工作）
　　　　　曹佳中
　　　　　袁　飞
　　　　　高亚光（女）
　　　　　沈　建（至12月）
　　　　　封晓春（副主任候选人，12月提名）
党组成员　袁　飞
　　　　　沈　建
　　　　　王传军
　　　　　蔡叶明
　　　　　黄蓉华
　　　　　陆　洪
秘 书 长　陆　洪
副秘书长　管海燕（女）
　　　　　杨智敏
　　　　　高　佩
　　　　　李祖坤
　　　　　陆卫东（兼）
　　　　　卢　益

无锡市人民政府

市长、党组书记　赵建军
副 市 长　蒋　敏（女，党组副书记）
　　　　　张　镇
　　　　　秦咏薪
　　　　　张立军
　　　　　马　良
　　　　　周文栋
　　　　　卢　敏（女）
秘 书 长　陈寿彬
副秘书长　孙协军
　　　　　李亚萍（女）
　　　　　徐　政
　　　　　胡　逸（兼）
　　　　　张千山
　　　　　彭红宇
　　　　　黄伟祥（兼）
　　　　　殷　毅
　　　　　张晓波（兼）
　　　　　顾文龙

政协无锡市委员会

主席、党组书记　项雪龙
党组副书记　张叶飞（1月任）
　　　　　　周常青（兼）
　　　　　　叶勤良
副 主 席　张叶飞（1月任）
　　　　　叶勤良
　　　　　韩晓枫
　　　　　许立新
　　　　　吴建元
　　　　　吴红星
　　　　　毛加弘（女）
　　　　　顾铮铮（女）

党组成员　许立新
吴建元
陈锡伦
钱文琴（女）
秘 书 长　钱文琴（女）
副秘书长　吕益华（兼）
邵鹤鸣
吕勤彬
吴春林
褚一波
龚备英（女）
孙　明（女，兼）
肖剑峰（兼）
王　萍（女，兼）
曹罕硕（兼）
钱　玲（女，兼）
殷亚红（女，兼）
邵康奕（兼）

中共无锡市纪律检查委员会 无锡市监察委员会

书记（主任）　周凤琴（女）
副书记（副主任）
刘葱葱（女，至3月）
章树军
边静玉（女）
靳佳高（8月任）
纪委常委　李　晓
罗功新
沈　伟
周俊鹏
胡君松
监委委员　沈　伟
周俊鹏
胡君松
李育桢（至5月）
沈　健
黄成荣（12月任）

无锡市中级人民法院

院长、党组书记　钱　斌
党组副书记　蒋　飞
李勇忠
副 院 长　蒋　飞
李勇忠
杨志钢
陈靖宇
徐振华
政治部主任　王　健

无锡市人民检察院

检察长、党组书记　朱良平
党组副书记　何洪辉
荀小军
副检察长　何洪辉
荀小军
蒋伟平（女，至8月）
李　营（女）
政治部主任　方　俊
检察委员会专职委员
陈　江
雷海亮（12月任）

市委工作机构

市委办公室（市档案局）

主　　任　相　江
副 主 任　王　续（兼）
刘　俊（至12月）
殷　伟（女）
许　铭
沈晓军
邹　烨（12月任）
市档案局局长　相　江（兼）

市委组织部（市委非公企业和社会组织工委、党建办，市公务员局）

部　　长　柏长岭（至5月）
高　飞（6月任）
副 部 长　戴美忠（常务副部长）
林茂松
余俊慧（女）
严健媛（女，兼）
何　莹（女，兼）
王　勇
市委党建办主任　林茂松（5月任）
市委党建办副主任　徐　锋
市公务员局局长　林茂松（至5月）
王　勇（5月任）
市委“两新”工委书记　余俊慧（女）
市委“两新”工委副书记
吴　涛（兼）
许　岗（兼）
徐艳萍（女，兼）
张　贤（女，兼）
市考核办副主任　王　勇

市委宣传部（市政府新闻办、市文明办、市新闻出版局、市版权局）

部　　长　李秋峰
副 部 长　陆惠玲（女，常务副部长，至8月）
蔡文煜（9月兼职改任常务副部长）
商　明
高　燕（女）
娄子丹
市新闻出版局（市版权局）局长
陆惠玲（女，兼，至8月）
市新闻出版局（市版权局）副局长
顾必成
市新闻办副主任　朱　瑛（女）
市文明办主任　商　明
市文明办副主任　吴昌应

市委统一战线工作部（市政府侨务办公室）

部　　长　周常青
副 部 长　金卓青（女，常务副部长）
许　岗（兼）
张文伟（兼）
赵俊明
刘　列（女）
李庆华
市侨办主任　赵俊明
市侨办副主任　王　菲

市委政法委员会

书　　记　朱爱勋（至2月）
副 书 记　钱　斌（兼）
朱良平（兼）
张　镇（兼）
邹立群（常务副书记）
郑　逸
徐竹芃（女）

陈若愚
政治部主任　严　华
市法学会专职副会长　毛吉晨

市委研究室
主　　任　黄维恭
副 主 任　江玉杰
　　　　　郑立平
　　　　　石光旭（5月任）
市委深改办副主任　朱建新

市委网络安全和信息化委员会办公室（市互联网信息办公室）
主　　任　蔡文煜
副 主 任　蹇　俊
　　　　　鲁新龙
　　　　　陈晓星
　　　　　齐克团
　　　　　左保春（兼）
　　　　　权　辉（兼）
　　　　　倪示远（兼）

市委机构编制委员会办公室（市事业单位登记管理局）
主任（局长）　何　莹（女）
副 主 任　曾照英（女）
　　　　　蒋运钧（5月任）
　　　　　许　磊（5月任）
市事业单位登记管理局副局长
　　　　　毕东升

市委台湾工作办公室（市政府台湾事务办公室）
主　　任　陈明辉
副 主 任　蔡卫红
　　　　　秦　俊
　　　　　邵　雷（12月任）

市委市级机关工作委员会
书　　记　谢　军
副 主 任　诸　军
　　　　　虞　艳（女，至12月）
　　　　　彭　梅（女）
　　　　　强洪权
　　　　　刘宗桥（12月任）
市级机关纪监工委书记　胡华东

市委巡察工作办公室
主　　任　李　晓
副 主 任　杨　蕾（女）

市委老干部局（市委离退休干部工作委员会）
局长、市委离退休干部工委书记
　　　　　严健媛（女）
副 局 长　章　雷（女）
　　　　　胡泽服
　　　　　陈晓海
　　　　　蒋凌燕（女）
市委离退休干部工委副书记
　　　　　姜殿祥

市委机要保密局（市国家保密局、市国家密码管理局）
局　　长　张耀斌
副 局 长　邹海峰
　　　　　尹晓旭

市人大机关

市人大法制委员会
主任委员　曹佳中
副主任委员　李　赢
　　　　　　何云彪

市人大财政经济委员会
主任委员　沈　建
副主任委员　陈晓华
　　　　　　孙文华

市人大社会建设委员会
主任委员　王传军
副主任委员　高　佩
　　　　　　陆卫东
　　　　　　许建军（12月任）

市人大监察和司法委员会
主任委员　袁　飞
副主任委员　何云彪
　　　　　　邹立群

市人大开发区委员会
主任委员　曹佳中
副主任委员　朱　雄
　　　　　　孙文华

市人大常委会办公室
主　　任　蒋　健
副 主 任　任义好
　　　　　吴长青
　　　　　张　樱（女）

市人大常委会研究室
主　　任　朱　雄
副 主 任　林寿清

市人大常委会法制工作委员会
主　　任　李　赢
副 主 任　李红卫
　　　　　姚爱军

市人大常委会监察和司法工作委员会
主　　任　何云彪
副 主 任　叶　照

市人大常委会经济工作委员会
主　　任　陈晓华
副 主 任　江　涛

市人大常委会农村经济工作委员会
主　　任　朱　伟
副 主 任　许建军（至12月）
　　　　　张　弘（12月任）

市人大常委会教育科学文化卫生工作委员会
主　　任　陆卫东
副 主 任　朱　琳（女）

市人大常委会民族宗教侨务外事工作委员会
主　　任　徐惠娟（女）
副 主 任　陈荣文

市人大常委会环境资源城乡建设工作委员会
主　　任　任金富

副 主 任　丁　洁（女）

市人大常委会人事代表联络工作委员会

主　　任　严巍巍
副 主 任　冯伟东
　　　　　叶长渭

市人大常委会预算工作委员会

主　　任　孙文华
副 主 任　黄宇回

市人大常委会办公室信访处

处　　长　张徐东（5月任）

市政府工作机构

市人民政府办公室（市政府研究室）

党组书记　陈寿彬
主任、党组副书记　孙协军
副 主 任　马晓东
　　　　　罗安斌
　　　　　单婷婷（女）
　　　　　俞震旦（至4月）
研究室主任　孙协军（兼）

市发展和改革委员会

主任、党组书记　曹文彬
副 主 任　钱喜中
　　　　　潘彬宾
　　　　　杨晓妮（女）
　　　　　俞勇军
　　　　　周叔军
　　　　　胡科伟（5月任）
　　　　　缪学军（兼，2月任）
市委军民融合发展办副主任
　　　　　李　涛
　　　　　胡科伟（至5月）
　　　　　吴意中（女，5月任）

市教育局（市委教育工作委员会与市教育局合署办公）

市委教育工委书记　范　良
局长、市委教育工委副书记
　　　　　宋新春
副 局 长　任克奇
　　　　　陈　曦
　　　　　萧　晶（女）
　　　　　潘　鹰
市政府教育督导室副主任　冯益民

市科学技术局

局长、党组书记　赵建平
副 局 长　侯海峰（党组副书记）
　　　　　邹建春
　　　　　刘　红（女）
　　　　　朱华章
　　　　　鲍　静（女）

市工业和信息化局（市物联网发展办公室）

党组书记　吴　燕（女）
局长（主任）、党组副书记　冯爱东
副 局 长　张国斌
　　　　　左保春
　　　　　张　弦（5月任）
　　　　　秦晓华
　　　　　何锐玲（女）
市物联网发展办公室副主任
　　　　　张　弦（至5月）
　　　　　肖　彬（5月任）

市民族宗教事务局

局长、党组书记　张文伟
副 局 长　程　鹏
　　　　　徐　敏
　　　　　廖举鹏

市公安局

党委书记、局长、督察长　张　镇
党委副书记　胡　杨
　　　　　　胡　晓
副 局 长　胡　杨（常务副局长）
　　　　　胡　晓
　　　　　施冬冬
　　　　　王国强
　　　　　王庆春（至5月）
　　　　　陈　宙
政治部主任　吴俊松

市民政局

党委书记、局长　周立军
副 局 长　徐艳萍（女）
　　　　　杨建荣
　　　　　李　恒
　　　　　沈黎生
　　　　　陈莺歌（女）

市司法局

局长、党组书记　谢海华
副 局 长　杨　军
　　　　　张文新
　　　　　魏晓晗（女）
　　　　　李永军
　　　　　姜　科（至5月）
　　　　　王　骏（5月任）
市委全面依法治市办副主任
　　　　　丁如意
政治部主任　张文新

市财政局

局长、党组书记　赵　鞠（女）
副 局 长　蒋晓鸣
　　　　　浦向民
　　　　　谷占彬
　　　　　蒋明珠（女）
　　　　　蔡曙东

市人力资源和社会保障局

党委书记、局长　张映雪（女）
副 局 长　包晓东（党委副书记）
　　　　　沈　挺
　　　　　孙　伟（至7月）
　　　　　韩　永
　　　　　余仁昌
　　　　　高　枫
　　　　　孔祥年（12月任）

市自然资源和规划局（市林业局）

局长、党委副书记　席永清
党委书记、副局长　郑　强
副 局 长　任　颐（至9月）
　　　　　徐丽华（女）
　　　　　陈　艳（女）
　　　　　马卫明
　　　　　李安国（至9月）
　　　　　孙　电
　　　　　邱宏杰（9月任）

市生态环境局（市太湖水污染防治办公室）
局长、党组书记　彭红宇
副 局 长　顾　岗（党组副书记至6月，副局长至7月）
李秋宇
周　山
李　冰
市太湖水污染防治办公室副主任
奚　河
总工程师　王海明

市住房和城乡建设局（市地震局）
党委书记、局长　陈雪峰
副 局 长　李先光（党委副书记）
孙晓鹏
朱烨昕（至4月）
施冬雷
翟卫武（12月任）
市地震局副局长　刘韶岭

市市政和园林局
局长、党组书记　尤志斌
副 局 长　孙美萍（女）
张　剑
徐炳香
王兰兰（女）
王林俊
董保强（5月任）

市城市管理局（市城市管理综合行政执法局）
局长、党组书记　周爱明
副 局 长　周　炜（党组副书记）
贡佳鸣
周　峰
陈忠明
朱双清
邹　波
市城市管理综合行政执法局副局长
范洪强

市交通运输局（市地方铁路建设办公室）
党委书记、局长（主任）　俞　刚
党委副书记　尹南方（至8月）
副 局 长　刘永强
徐锡良
华向阳（女）
姜　科（5月任）
施　阳（女）
陈　东（兼）
市地方铁路建设办公室副主任
周冠华（12月任）

市水利局
局长、党组书记　张海泉
副 局 长　吴伟君（党组副书记）
金雪林
兰秀凯
蒋勤芳（女）
叶海舟
总工程师　周　吉

市农业农村局（市乡村振兴局）
局长（主任）、党组书记　吴立刚
副局长（副主任）　陈　松
陆建军
黄华晟
副 局 长　王　岩（12月任）
总农艺师　徐　斌
市委农办副主任　王　盛
总畜牧兽医师　姚　静（女）
市乡村振兴局副局长　张晓庆（女）

市商务局（市口岸办公室）
局长（主任）、党组书记　赵　强
副局长（副主任）　袁开坤
石松哲
副 局 长　钟　渊
季安娜（女）
市口岸办副主任　刘西有
黄　珺

市文化广电和旅游局（市文物局）
党委书记、局长　蒋蕴洁（女）
副 局 长　柳永红（党委副书记）
孔祥年（至12月）
平伟东
刘　烈
尹　躜
钱勤学（12月任）

市卫生健康委员会（市中医药管理局）
党委书记、主任（局长）　笪学荣
党委副书记　王新华
副 局 长　徐　雯（女，兼）
陈恩品
周　卉（女）
刁文凯
过　忆
市中医药管理局副局长
徐　雯（女）

市退役军人事务局
局长、党组书记　邱少波
副 局 长　常亚敏
虞　艳（女，12月任）
傅　强
张　赟
吕　江（5月任）
王颐然（9月任）
江　涛（兼）

市应急管理局
党委书记、局长　陈荣明
副 局 长　胡才鸿（党委副书记）
张　敏
徐孝力
华文明
杨　鑫
杜　波
朱弘成
金雪林（兼）
市安委办副主任　钱　韵（女）

市审计局
局长、党组书记　杨百海
副 局 长　谢浩峻
唐盈洁（女）
陶　剑
陈　磊（女）
总审计师　钱　芳（女，至5月）

市政府外事办公室(市政府港澳事务办公室)
主任、党组书记　詹　熠
副 主 任　叶　净(女)
张　睿
咸贞玉(女)

市政府国有资产监督管理委员会
党委书记、主任　张建春
副 主 任　赵　民(党委副书记)
岳　旦(女)
吴　婷(女)
陈　栋

市行政审批局(市政务服务管理办公室)
局长(主任)、党组书记　蒋群联(女)
副局长(副主任)　陈　波
包松林
夏慎洁(女)
郑　虎
朱国富
刘继先

市市场监督管理局(市知识产权局)
局长、党组书记　周建辉
副 局 长　于文霞(女)
邹伟明
胡　勇
周凌晶(女,5月任)
陈　彬
叶建平
魏　磊
市知识产权局副局长　王　英(女)
总工程师　谢　刚

市体育局
局　　长　陈　奕(女)
党组书记　杨宇华
副 局 长　杨宇华
袁伟强
李海红
吴一骁
太铁斌

市大数据管理局
局长、党组书记　胡　逸
副 局 长　权　辉
成志强
袁禄来
颜春水
左保春(兼)

市统计局
局长、党组书记　邢益新
副 局 长　叶再熙(党组副书记)
杨晋超
王　骏(至5月)
梅婧秋(女,5月任)
总统计师　朱玲燕(女)

市医疗保障局
局长、党组书记　李　江
副 局 长　徐　叶(女)
王海阳
黄　晔(女)
刘剑飞

市信访局(市委信访局)
局长、党组书记　张晓波
副 局 长　陈　剑
乐小松
夏志伟
张健峰
朱　芳(女)
信访督查专员　陈学海
王朝晖(女)
徐晓东

市粮食和物资储备局
党委书记　陈　熹
局　　长　惠　莲(女)
副 局 长　王　元
薛　钦
庄勤松
总工程师　冯玲娜(女)

市国防动员办公室(市人民防空办公室)
主任、党组书记　缪学军(2月任)
副 主 任　蒋仁宝(2月任)
朱　俊(2月任)
胡建军(2月任)
胡建人(2月任)
刘　巍(2月任)
冯　涛(5月任)

市地方金融监督管理局(市政府金融工作办公室)
局长(主任)、党组书记　顾　伟
(至11月)
副局长(副主任)　徐耀峰
张泓骏
百　炼(女)

市机关事务管理局
局长、党组书记　宗　翡(女)
副 局 长　张牧原
赵胜龙
吴海军
姜永军

市政府驻北京联络处
主　　任　王　续
副 主 任　丁　丽(女)

市政府驻南京办事处
主　　任　马晓东

市政协机关

市政协办公室
主　　任　吕益华(至12月)
徐　艳(女,12月任)
副 主 任　于洪钟
陆晋红(女)
徐　艳(女,至12月)
夏广莉(女)

市政协研究室
主　　任　许麟秋
副 主 任　胡　蕙(女)

市政协提案委员会
主　　任　吴竹频
副 主 任　余唐洪
冯　涛(12月任)
任克奇(兼)
孙　明(女,兼)

陈 灏(兼)
周 炜(兼)
江菊敏(女,兼,9月任)

市政协经济科技和农业农村委员会
主　　任 吴满良
副 主 任 胡新兵
左保春(兼)
冯晓明(兼)
刘 红(女,兼)
许 岗(兼)
吴伟君(兼)

市政协人口资源环境和城乡建设委员会
主　　任 周学东
副 主 任 蒋 波
马卫明(兼)
王国新(兼)
刘玉海(兼)
孙晓鹏(兼)
李秋宇(兼)

市政协文教卫体委员会
主　　任 施正洲
副 主 任 任英齐
匡 辉(兼)
过 栋(兼)
陈 奕(女,兼)
陈烈蓉(女,兼)
徐新宇(女,兼)

市政协社会法制委员会
主　　任 沈仲良
副 主 任 唐 瑛(女)
沈 挺(兼)
沈黎生(兼)
郑 逸(兼)
施宇星(兼)
胡 杨(兼,9月任)

市政协学习文史委员会
主　　任 符菊成
副 主 任 王 兵(兼)
杨志钢(兼)
张佐宇(兼)
赵 波(兼)
程 述(兼)

市政协港澳台侨外事民族宗教委员会
主　　任 李继军
副 主 任 李晓红(至5月)
李 涛(兼)
张文伟(兼)
陈明辉(兼)
于洪钟(5月任)
詹 熠(9月任)

市政协委员工作委员会
主　　任 汪克强

市委、市政府直属事业单位

市委党校、市行政学院
校长(院长) 柏长岭(兼,至7月)
高 飞(兼,7月任)
常务副校长(副院长)、校务委员
金 政
副校长(副院长)、校务委员
谭 军
王 兵
成大江
吴文勤
王福波
教育长、校务委员 周及真(女)

市档案史志馆
馆长、党组书记 张曙峰
副 馆 长 徐俊文
盛 铁
接玉松
孙海东
吴 刚

无锡日报报业集团(无锡日报社)
党委书记、总裁(社长) 陈锡初
总编辑、党委副书记 江菊敏(女)
副 总 裁 江菊敏(女)
吴晓亮(至5月)
葛 明
王粤海
朱 琰(5月任)
伍诚达(5月任)
副总编辑 吴晓亮(至5月)
葛 明
王粤海
朱 琰(5月任)
伍诚达(5月任)
纪委书记 李立群(女)

市供销合作总社
党委书记、主任 吴 芳(女)
副 主 任 吕 军
韩家武
徐 婧(女)
段 欣
监事会主任 俞建新(至5月)
丁 懿(5月任)

市住房公积金管理中心
党总支书记 沈峥杰
主　　任 周德春

市城市重点建设项目管理中心(市城市重点工程建设办公室)
党委书记、主任 黄伟祥
副 主 任 翟卫武(至12月)
沈 扬
周平方
杨 凯(12月任)
总工程师 唐 华(5月任)

市轨道交通规划建设领导小组(指挥部)办公室
主　　任
副 主 任 张 军

无锡广播电视集团(无锡广播电视台)
党委书记、总裁(台长) 陈秋峰
总编辑、党委副书记 赵 波
副总裁(副台长) 赵 波
陈 宏
许 扬
黄志东
王 晓
顾志坚
副总编辑 许 扬
黄志东

纪委书记　朱荣欣
总会计师　许　扬
总工程师　任树倩（女）

无锡学院
党委书记　杨建新
院　　长　张永宏
党委副书记　张永宏
　　　　　　匡　辉
副 院 长　梁惠娥（女）
　　　　　曹广喜
　　　　　胡剑凌
　　　　　左同宇
　　　　　徐军海
纪委书记　王友明

无锡科技职业学院
党委书记　张国华
院　　长　孙兴洋
党委副书记　孙兴洋
　　　　　　华裕良
副 院 长　韩　宁（女）
　　　　　邹洪芬（女）
　　　　　王锡刚
纪委书记　范　式

无锡城市职业技术学院
党委书记　郁宝荣
院　　长　瞿立新
党委副书记　瞿立新
　　　　　　俞力元
副 院 长　俞力元
　　　　　田建军
　　　　　高　勇（女）
纪委书记　吴开勇

中国企业管理无锡培训中心
主　　任　李建秋
党委书记　梅亚萍（女）
副 主 任　梅亚萍（女）
　　　　　姚　辉

江苏省农业科学院无锡分院（无锡市农业科学院）
院　　长　朱方林（兼）
党委书记　陆建军（兼）

人民团体·民主党派

无锡市总工会
主　　席　陈德荣（至8月）
　　　　　周常青（12月任）
党组书记　吴　涛
副 主 席　吴　涛
　　　　　施宇星
　　　　　沈晓萍（女）
　　　　　陈一方（女）
　　　　　于立鹏
　　　　　张　军（挂职，至12月）
　　　　　包晓东（兼，至12月）
　　　　　方　涛（挂职，12月任）
　　　　　高　枫（兼，12月任）
　　　　　袁彩凤（女，兼）

共青团无锡市委员会
书　　记　薛皓月
副 书 记　沈景倩（女）
　　　　　胡海龙
　　　　　钱月霜（女，挂职）
　　　　　甘　霖（兼）
　　　　　孙晨光（兼）

无锡市妇女联合会
主席、党组书记　夏　琰（女）
副 主 席　杭向丽（女，党组副书记）
　　　　　朱秀娟（女）
　　　　　朱　芳（女）
　　　　　徐艳萍（女，兼，至9月）
　　　　　戴敏君（女，兼，至9月）
　　　　　卫　蕾（女，兼，至9月）
　　　　　赵　岚（女，挂职，9月任）
　　　　　萧　晶（女，兼，9月任）
　　　　　顾燕芳（女，兼，9月任）
　　　　　莫若理（女，兼，9月任）
市政府妇女儿童工委办公室主任
　　　　　尤　琛（女，12月任）

无锡市科学技术协会
主席、党组书记　黄丽侠（女）
副 主 席　张鹏飞
　　　　　陆　骏（女，至8月）
　　　　　王　镇
　　　　　吴立群（5月任）
　　　　　徐卫民
　　　　　胡满峰（挂职）
　　　　　许　敏（兼）
　　　　　赵建平（兼）
　　　　　惠　莲（女，兼）
　　　　　笪学荣（兼）
　　　　　李廉水（兼）
　　　　　何春荣（兼）
　　　　　王晓东（兼）
　　　　　王长君（兼）

无锡市归国华侨联合会
党组书记、主席　李　涛
副 主 席　余海光
　　　　　郝朝勇
　　　　　包晓东（兼，至5月）
　　　　　尹　健（兼）
　　　　　陈一方（女，兼，5月任）
　　　　　唐冠玉（兼，5月任）

无锡市文学艺术界联合会
主席、党组书记　杨　建
副 主 席　吴立群（至5月）
　　　　　卢俊峰
　　　　　周　军（5月任）
　　　　　李　曦（9月任）
　　　　　过旭明（兼）
　　　　　刘仲宝（兼）
　　　　　许益民（兼）
　　　　　梁　元（兼）
　　　　　曹建平（兼）

无锡市哲学社会科学界联合会
主席、党组书记　李明新
副 主 席　孟　菲（女）
　　　　　帅建军
　　　　　刘　俊（兼）
　　　　　谭　军（兼）
　　　　　罗安斌（兼）
　　　　　俞　波（兼）
　　　　　刘焕明（兼）

无锡市残疾人联合会
理事长、党组书记　周皖红（女）
副理事长　徐　斌

姚沛声
潘 俊(女)
韩庆东(兼)
李 韵(女,兼)

无锡市工商业联合会
主　　席 周海江(兼)
党组书记 许 岗
副 主 席 许 岗
张振华
俞 波
蒋谊春
刘启雄
周 江(兼)
温秀芳(女,兼)
刘海涛(兼)
李洪耀(兼)
张庆卿(兼)
冯建昌(兼)
曹洪海(兼)
段 涛(兼)
刘 红(女,兼)
王荣明(兼)
高小萍(女,兼)
胡才鸿(兼)
张 贤(女,兼)
华国平(兼)
窦正满(兼)
杨 飞(兼)
蒋承志(兼)
唐冠玉(兼)
吴 强(兼)
戴 润(兼)
杨建良(兼)
徐雪宏(兼)
张立新(兼)

中国国际贸易促进委员会无锡市委员会(中国国际商会无锡商会)
会长、党组书记 钱 前
副 会 长 王雪松
龚智杰
邹惠之

无锡市红十字会
会　　长 秦咏薪(兼)
党组书记、常务副会长 陈烈蓉(女)
副 会 长 周 彬
张 志
丁宁凯(挂职,12月任)
商 明(兼,至12月)
杨百海(兼,至12月)
顾文龙(兼)
吴昌应(兼,12月任)
强洪权(兼,12月任)
任克奇(兼)
吴俊松(兼,12月任)
沈黎生(兼)
谷占彬(兼,12月任)
虞 艳(女,兼,至12月)
刁文凯(兼)
普 俊(兼)
监 事 长 唐家梁(兼,至12月)
朱 琳(女,兼,12月任)

无锡市台湾同胞联谊会
会　　长

中国国民党革命委员会无锡市委员会
主　　委 徐 雯(女,兼)
副 主 委 杨志钢(兼)
保海燕(女,兼)
孙 明(女)

中国民主同盟无锡市委员会
主　　委 高亚光(女,兼)
副 主 委 陈 奕(女,兼)
杨中浩(兼)
肖剑峰
康 振(兼)

中国民主建国会无锡市委员会
主　　委 毛加弘(女,兼)
副 主 委 王 萍(女)
冼 薇(女,兼)
陈卫宏(兼)
徐耀峰(兼)
沈黎生(兼)
戴 旻(女,兼)

中国民主促进会无锡市委员会
主　　委 惠 莲(女,兼)
副 主 委 康立为(兼)
曹罕硕
田耀旗(兼)
王 岩(兼)

中国农工民主党无锡市委员会
主　　委 韩晓枫(兼)
副 主 委 张 琦(兼)
夏加增(兼)
钱 玲(女)
赵 鹏(兼)

中国致公党无锡市委员会
主　　委 吴红星(兼)
副 主 委 殷亚红(女)
诸育新(兼)
庞洪亮(兼)
刘 朗(兼)

九三学社无锡市委员会
主　　委 卢 敏(女,兼)
副 主 委 任克奇(兼)
何云彪(兼)
李 崎(女,兼)
徐新宇(女,兼)
邵康奕
时 平(兼)

中央、省直属部门和外地主要驻锡机构

国家税务总局无锡市税务局
局长、党委书记 曹筱三
副 局 长 邵 峰
陈 灏
陈 熙
吕 超
纪检组长 张 惠(女)
总经济师 严 郓
总会计师 李 青

无锡市气象局
局长、党组书记 葛余同

副 局 长　马志强
施德锋
纪检组长　张　新（女）

无锡海关

党委书记、关长　蔡嘉福
副 关 长　沙锦锋
王　斌（11 月任）
吴方玲（女，至 11 月）
陶伟东（至 9 月）
缉私分局局长　宋　平（至 11 月）
南京海关党委第四派驻纪检组组长
张　俊

国家统计局无锡调查队

党组书记、队长　潘荣军（至 3 月）
游立华（3 月任）
副 队 长　沈　旦（至 3 月）
钱劲松
刘　红（女，3 月任）
吴俊华
纪检组长　江兆成

无锡市邮政管理局

党组书记、局长　陈　东
副 局 长　张　亮
姚健华（女）
纪检组长　张　亮

无锡出入境边防检查站

党委书记、站长　杨建忠
副 站 长　王亚兵（至 7 月）
胡忠华
李正林（8 月任）
政治处主任　刘　卉（女）

中国人民银行无锡市分行（原中国人民银行无锡市中心支行，2023 年 8 月机构更名）

党委书记、行长　刘耀庭
副 行 长　黄　华
朱　敏
纪委书记　朱丽彬
党委委员　黄　华
朱丽彬
朱　敏
丛　勇
工会主任　丛　勇（至 8 月）

国家金融监督管理总局无锡监管分局（原中国银行保险监督管理委员会无锡监管分局，2023 年 7 月机构更名）

党委书记、局长　胡　宏
副 局 长　赵　峰
祁　耀
万俊杰
纪委书记　陈　光

江苏利电能源集团

党委书记、董事长　朱建刚
总 经 理　赵建国
总会计师、党委副书记　赵建国
副总经理　朱震亚
石云峰
王晓斌
龚敏峰（7 月任）
纪委书记　谢恭明
总工程师　王晓斌

国网江苏省电力有限公司无锡供电分公司

总经理、党委副书记　完　善
党委书记、副总经理　陈　晟
党委委员　顾志强
蒋永平（至 11 月）
杨　波
荆建忠
吴　威
徐建楠
陈志刚
副总经理　顾志强
杨　波
吴　威
陈志刚
纪委书记、工会主席　徐建楠
总会计师　荆建忠
总工程师　张　涛

中国邮政集团有限公司无锡市分公司

党委书记、总经理　吕雪松
副总经理　柳高远（兼工会主席，至 2 月）
黄定清
戴　斌
郭　权（兼工会主席，2 月任）
周　艳（女，4 月任）
纪委书记　戴　斌

中国电信股份有限公司无锡分公司

党委书记、总经理　叶　辉
副总经理　邹易风（兼工会主席，至 10 月）
苏大勇（10 月任）
刘中云
夏　杰（兼工会主席，10 月任）
时新建
陈　青
纪委书记　丁　旭

中国移动通信集团江苏有限公司无锡分公司

党委书记、总经理　余　冰
副总经理　陈　瑛（女，至 11 月）
张剑斌
黄　坚（兼工会主席）
王鹏亮
王南春子（女，11 月任）
冯新华（11 月任）
纪委书记　张剑斌

中国联合网络通信有限公司无锡市分公司

党委书记、总经理　穆世军（至 2 月）
夷淑华（2 月任）
纪检组长　刘葆春
副总经理　钱　彬（至 2 月）
黄　锦（2 月任）
陈　妙（女）
吴昕烨

无锡华润微电子有限公司

总　　裁　李　虹
党委书记　王小虎

副 总 裁　马卫清
姚东晗(女,党委副书记,至2月)
段　军
李　舸
吴国屹
庄恒前
纪委书记　刘　伟

一汽解放汽车有限公司动力总成事业部

党委书记　钱恒荣(至12月)
董亚洲(12月任)
总经理、党委副书记　倪牟淳
党委副书记、纪委书记、工会主席
王志宇(至11月)
副总经理　黄成海
夏卫东
李欲晓
黄南翔
刘江唯

无锡市盐业有限公司

总 经 理　万泽湘(至12月)
周　军(12月任)
副总经理　季宏宁(女,至5月)
沈保平

江苏省无锡市烟草专卖局(江苏省烟草公司无锡市公司)

党组书记、局长、经理
刘丽妮(女)
纪检组长　周海亮
副 局 长　潘彦峰
副 经 理　韩剑操
王宗建(至12月)
苏　雨(12月任)
工会主席　王旭明

中国石化销售股份有限公司江苏无锡石油分公司

党委书记、纪委书记、工会主席
黄建伟(至5月)
经理、党委副书记　姚　菲
副 经 理　黄建伟(至5月)
史红飞(女)
乐滕贤

中国石油天然气股份有限公司江苏无锡销售分公司

党委书记、纪委书记、工会主席
张久明(至11月)
陈光华(11月任)
经理、党委副书记　赵晓东
党委委员　胡建兵
高　山
徐津宁
查　敏(7月任)
副 经 理　高　山
徐津宁

中国铁塔股份有限公司无锡市分公司

党委书记、总经理　丁　静
副总经理　王建春
唐武军
纪委书记　王建春

江苏省广电有线信息网络股份有限公司无锡分公司

党委书记、总经理　朱瑞娟(女)
副总经理　杨宏宇
赵晓光
赵宇晖(至11月)
纪委书记　王　伟

江南大学

党委书记　朱庆葆(至9月)
吴正国(9月任)
校　　长　陈　卫
党委副书记　陈　卫
符惠明(至9月)
戴月波
刘　淼
常委、副校长　顾正彪
吴正国(至9月)
张影陆(女)
堵国成
马　鑫
倪松涛
纪委书记　刘　淼

无锡职业技术学院

党委书记　龚方红
院　　长　周桂瑾
党委副书记　周桂瑾
杨雪琴(女)
副 院 长　强伟纲
吴慧媛(女)
储开峰
奚茂龙
纪委书记　李　衔

无锡商业职业技术学院

党委书记　张志祥
院　　长　徐汉文
党委副书记　徐汉文
桂海进(女)
副 院 长　周丙洋
冯颀军
朱璋龙
纪委书记　郑传东

江苏信息职业技术学院

党委书记　孔　捷
院　　长　张　瑜
党委副书记　辛春晖(女)
张　瑜
副 院 长　孙　萍(女)
徐振邦
宋丽娜(女)
纪委书记　刘文平

无锡工艺职业技术学院

党委书记　魏　萍(女,至7月)
丁　钢(7月任)
院　　长　孙振球
党委副书记　孙振球
冯　萍(女)
副 院 长　吴岳军
谢建平(至8月)
沙　峰(8月任)
陈　珊(女,8月任)
王　超(8月任)
纪委书记　江庆华(至8月)
周　妍(女,8月任)

江苏省税务干部学校

党委书记、校长　蔡　剑
副 校 长　郁　岚(女)
殷　杰

东南大学无锡校区

党委书记　王　强
常务副校长　张继文(至10月)
党委副书记　殷　缨(女)
副 校 长　朱　真
秦文虎
殷　缨(女,兼)

南京理工大学江阴校区

党工委书记兼副校长　易文斌
副 校 长　梅锦春(至1月)
龚建龙

江苏省无锡交通高等职业技术学校

党委书记、校长　李　虎(至7月)
李　进(7月任)
党委副书记　朱雨兰(女)
副 校 长　耿兴华
范次猛
倪依纯(至10月)
纪委书记　邢　勇(至7月)

中国水产科学研究院淡水渔业研究中心

主　任　徐　跑
党委书记　戈贤平(至9月)
党委副书记　徐　跑
副 主 任　戈贤平(至9月)
邴旭文
徐钢春
徐　生(3月任)
胡海彦(6月任)
纪委书记　邴旭文

华中科技大学无锡研究院

院　长　丁　汉
副 院 长　孙　瑞(女)
王立成
浦栋麟

公安部交通管理科学研究所

党委副书记、所长　孙正良
副 所 长　潘汉中(至4月)
俞春俊
刘东波
吴晓东
赵振科
蔡　岗
纪委书记　潘汉中(至4月)

中国银行股份有限公司无锡分行

党委书记、行长　陈新宏(至9月)
陶继勇(11月任)
副 行 长　何顺炜
张　勇
伍晓玲(女)
陈　涛(女)
丁　毅(至2月)
王　峰(5月任)
纪委书记　颜志宏(至10月)
傅爱民(11月任)

中国建设银行股份有限公司无锡分行

党委书记、行长　韩　勇
副 行 长　丁永明
梁　柱
夏思奇
柳成安
驻无锡分行纪检组组长
朱贵银(至11月)
李文辉(11月任)
党委委员　丁永明
梁　柱
夏思奇
柳成安
李文辉(11月任)
张　伟(11月任)
合 规 官　周伟洪

中国农业银行股份有限公司无锡分行

党委书记、行长　刘淮金
党委副书记　周学军
副 行 长　周学军
黄黎琴(女,至7月)
盛　霞(女)
吴雅英(女)
顾　健
纪委书记　邹林刚(至1月)
冷　冀(女,1月任)

中国工商银行股份有限公司无锡分行

党委书记、行长　汪　超(女)
党委副书记　谢晓东(至10月)
副 行 长　谢晓东(至10月)
戴　政
蒋　俊
张晔蕴(女)
郝　捷(至12月)
陈利涛(8月任)
纪委书记　叶文亮
党委委员　谢晓东(至10月)
戴　政
蒋　俊
张晔蕴(女)
郝　捷(至12月)
陈利涛(8月任)
叶文亮
陈晓锋(11月任)
行长助理　陈利涛(至8月)
杜　敏(1月任)

交通银行股份有限公司无锡分行

党委书记、行长　闫春阳(6月任党委书记,8月任行长,至9月)
谢金海(10月任)
副 行 长　廉伟红(女)
黄大海(至4月)
于海龙
张　峰
张素珍(女)
纪委书记　廉伟红(女,至3月)
方经伟(4月任)

中国农业发展银行无锡市分行

党委书记、行长　董亚婷(女)
副 行 长　陶　翔
张　法
董积微(9月任)
许　晔(女,至9月)

招商银行股份有限公司无锡分行
党委书记、行长 余晓燕(女)
副 行 长 孙荣海
邢 军(至3月)
黄小明(至5月)
冀苏泓(至6月)
党委委员 孙荣海
陆明宇(6月任)
刘 明(8月任)
行长助理 江晓华(至8月)
陆明宇(9月任)
刘 明(11月任)

江苏银行股份有限公司无锡分行
党委书记、行长 王卫兵
党委副书记 金建明
副 行 长 金建明
徐长平
徐长军(4月任)
马海英(女,4月任)
纪委书记 徐长平

无锡农村商业银行股份有限公司
党委书记、董事长 邵 辉
党委副书记、行长 陶 畅(至11月)
陈红梅(女,11月任)
纪委书记、监事长 陈步杨
副 行 长 王永忠
何建军
陈 稔
曹燕青
陈红梅(女,至11月)
胥焱冰

中国人民财产保险股份有限公司无锡市分公司
总 经 理 陈 德(至8月)
卢勇其(8月任)
副总经理 朱 勇
赵碧川(挂职,至10月)
谭 力(9月任)
纪委书记 谭 力(9月任)
总经理助理 唐志明
陈少军(9月任)
卞晓丹(10月任)

中国人寿保险股份有限公司无锡市分公司
党委书记、总经理 钟小白
副总经理 吴小平
陈 波(至10月)
徐国华
胡 俊(7月任)
王 莉(女,10月任)
纪委书记 胡 俊
总经理助理 胡 俊(至7月)

中国太平洋财产保险股份有限公司无锡分公司
党委书记、总经理 范 帆(女)
副总经理 田 群
胡柯丹(女)
于伟治
纪委书记 田 群
总经理助理 顾 新

紫金财产保险股份有限公司无锡分公司
总 经 理 李 莉(女)
副总经理 陈宇峰
总经理助理 沈朝阳(11月任)

江苏省信用再担保集团有限公司无锡分公司
总 经 理 安 方(至12月)
副总经理 吴 烨(女)

华泰证券股份有限公司无锡分公司
党总支书记、总经理 陆 融
副总经理 易子龙

(市委组织部)

市(县)区机构及负责人名录

江阴市

中共江阴市委员会
书 记 许 峰
副 书 记 包 鸣
陈兴华
常 委 程 政
靳佳高(至9月)
孙林祥(9月任)
王 琪
吴莉萍(女)
黄 宇
郁秋皓
张韶峰
顾文瑜

江阴市人大常委会
主 任 计 军
副 主 任 徐盛希
赵巧新
张国兴
许 晨(女)

江阴市人民政府
市 长 包 鸣
副 市 长 王 琪
尹志华
朱晓峰(至5月)
陈涵杰
许 昌
杭 成
翟 菁(赴陕西工作)
朱烨昕(4月任,赴新疆工作)
金丹菁(女)
魏 锋
曹兴华(女,挂职,至8月)

政协江阴市委员会
主 席 邵文松
副 主 席 陈兴初
张晓东
叶韩清
钱 晴(女)
时 平

中共江阴市纪律检查委员会
书 记 靳佳高(至9月)
孙林祥(9月任)

江阴市监察委员会
主 任 靳佳高(至10月)
孙林祥(10月任代理主任)

宜兴市

中共宜兴市委员会

书　　记　封晓春
副 书 记　胡小坚
　　　　　沈晓红（女）
常　　委　吴爱军
　　　　　马　钟
　　　　　周　峰
　　　　　虞仁军
　　　　　张静红（女）
　　　　　张　敏
　　　　　任　飞
　　　　　钱　怡

宜兴市人大常委会

主　　任　许伟英（女）
副 主 任　何晓进（12月提议免）
　　　　　裴焕良
　　　　　温秀芳（女）
　　　　　钱　靖（女）

宜兴市人民政府

市　　长　胡小坚
副 市 长　周　峰
　　　　　张　敏
　　　　　张　毅
　　　　　周　杰
　　　　　刘　英（女）
　　　　　杨中浩
　　　　　张达志
　　　　　金　磊
　　　　　陈卫能
　　　　　俞震旦（4月任）
　　　　　曹林华（挂职，8月免）

政协宜兴市委员会

主　　席　周中平
副 主 席　朱晓晔
　　　　　周　斌
　　　　　洪　雅（女）
　　　　　范燕慧（女，兼）
　　　　　薛　强（兼）

中共宜兴市纪律检查委员会
（宜兴市监察委员会与其合署办公）

书　　记　张静红（女）

梁溪区

中共梁溪区委员会

书　　记　朱　刚
副 书 记　周子川
　　　　　陈锡明
　　　　　赵东坡（挂职，至9月）
常　　委　孙林祥（至9月）
　　　　　许　宁
　　　　　方　华
　　　　　刘东亚
　　　　　缪建平
　　　　　戴　雁
　　　　　周卫国
　　　　　周晓红（女）
　　　　　丁达伟（9月任）
　　　　　宗春燕（女，9月任）

梁溪区人大常委会

主　　任　陈锡明
副 主 任　唐斌彪（党组书记）
　　　　　任震宇
　　　　　姚　凯
　　　　　虞焕军

梁溪区人民政府

区　　长　周子川
副 区 长　缪建平（常务副区长）
　　　　　丁达伟
　　　　　许　诺
　　　　　张　瑜
　　　　　吴　磊
　　　　　辛　乐
　　　　　王湘玲（女）
　　　　　赵　磊（11月任）
　　　　　蒋明珠（女，挂职）
　　　　　马　杰（挂职，至4月）

政协梁溪区委员会

主　　席　张　莉（女）
副 主 席　蒋文伟（党组副书记）
　　　　　李　波（女）
　　　　　秦惠芬（女）
　　　　　吴红武（女）
秘 书 长　陈晓慧（女，至11月）
　　　　　孙晓娜（11月任）

中共梁溪区纪律检查委员会
（梁溪区监察委员会与其合署办公）

书　　记　孙林祥（至9月）
　　　　　宗春燕（女，9月任）

锡山区

中共锡山区委员会

书　　记　方　力
副 书 记　顾文浩
　　　　　葛　敏（挂职）
　　　　　徐　悦
常　　委　张爱军
　　　　　周文伟
　　　　　陶　波
　　　　　周建伟
　　　　　张　琳
　　　　　陈利群
　　　　　华　炜
　　　　　钱　斌

锡山区人大常委会

主　　任　章红新
副 主 任　窦　虹
　　　　　朱洪元
　　　　　石国洪
　　　　　王立新
副主任候选人　孟静卫（12月提名）

锡山区人民政府

区　　长　顾文浩
副 区 长　葛　敏（挂职）
　　　　　周建伟
　　　　　徐涵明
　　　　　保海燕
　　　　　徐　磊
　　　　　谢乐章
　　　　　陆晓波
　　　　　鲍雪峰（6月任）
　　　　　代　星（挂职）

政协锡山区委员会

主　　席　言国强
副 主 席　李佩东
　　　　　毛　晨
　　　　　朱卓君

史锡联
钱锡忠
副主席候选人　陈旭东（12月提名）
郭明州（12月提名）

中共锡山区纪律检查委员会
（锡山区监察委员会与其合署办公）
书　　记　陈利群

惠山区

中共惠山区委员会
书　　记　吴建元
副 书 记　程　松
史文剑（挂职）
吴虹娟（女）
常　　委　吴建元
程　松
史文剑（挂职）
吴虹娟（女）
袁漪韬（女）
史国洪
孟　栋
何国清
黄建平
徐立峰
吴建东
茅春荣（女）

惠山区人大常委会
主　　任　计佳萍（女）
副 主 任　吴建明
郑德友
张晓阳
童伟峰

惠山区人民政府
区　　长　程　松（1月任）
代 区 长　程　松（至1月）
副 区 长　史文剑（挂职）
何国清
赵　磊
田红保
邱晓东
虞　洁（女）
沈　斌

政协惠山区委员会
主　　席　邓加红（女）
副 主 席　耿国平
蒋军民
薛　颖（女，兼）
张荷斌
谈　斌

中共惠山区纪律检查委员会
（惠山区监察委员会与其合署办公）
书　　记　黄建平

滨湖区

中共滨湖区委员会
书　　记　孙海东
副 书 记　李　平
高　扬（挂职）
贾效兵
常　　委　陈　瑶（女）
王颐然（至8月）
章晓明
张跃跃
陈　虎
王路新
赵　华
吴　波
朱　敏
滕晓启（8月任）

滨湖区人大常委会
主　　任　赵虹路（女）
副 主 任　倪守红
王伟伦
李明东
吴石松

滨湖区人民政府
区　　长　李　平
副 区 长　高　扬（挂职）
王路新
张跃跃（至5月）
徐新宇（女）
孙　伟（9月任）
姚旭江
胡　巍
倪俊仿
郑天羽
蒋维维（女，1月任）

政协滨湖区委员会
主　　席　宋　晓
副 主 席　周　军
李敏慧（女，兼）
诸育新
蒋仲元
许大为

中共滨湖区纪律检查委员会
（滨湖区监察委员会与其合署办公）
书　　记　陈　瑶（女）

新吴区

中共新吴区委员会
书　　记　崔荣国
副 书 记　章金伟
洪延炜（至12月）
李　芬（女，挂职）
常　　委　刘　霞（女）
顾国栋
罗功新
韩　杨
李伟敏（女）
丁洪军
王庆春
朱晓峰（5月任）
陈　龙

新吴区人大常委会
主　　任　余银龙
副 主 任　祝君乔
黄家传（兼）
张文荣
叶志浩

新吴区人民政府
区　　长　章金伟
副 区 长　李　芬（女，挂职）
丁洪军
顾国栋

孙　磊
华艳红（女）
吴　珂
冼　薇（女）
李桂林
赵　宏
周　卉（女，挂职）

政协新吴区委员会
主　　席　焦夕莲（女）
副 主 席　朱晓红
　　　　　肖伟民（兼）
　　　　　平　江
　　　　　金　燕（女）
　　　　　曹建兴

中共新吴区纪律检查委员会
（新吴区监察委员会与其合署办公）
书　　记　罗功新

无锡经济开发区

中共无锡经济开发区工作委员会
书　　记　杨建平
副 书 记　俞政业
委　　员　李晓军
　　　　　冯志超
　　　　　秦　艳（女）
　　　　　陈国权
　　　　　杨燕敏

无锡经济开发区管委会
主　　任　杨建平
副 主 任　秦　艳（女）
　　　　　陈国权
　　　　　杨燕敏
　　　　　孙　伟（挂职，至7月）
　　　　　任晓杰（挂职，至9月）
　　　　　王　杰（挂职，12月任）

中共无锡经济开发区纪律检查委员会
书　　记　冯志超

无锡经济开发区人大工作联络委员会
主　　任　俞政业

（各市〈县〉、区委组织部）

重要文献选编

政府工作报告（摘要）

——在无锡市第十七届人民代表大会第三次会议上

（2024年1月17日）

赵建军

一、2023年工作回顾

一年来，全市上下坚持以习近平新时代中国特色社会主义思想为指导，深入学习贯彻习近平总书记对江苏工作重要讲话重要指示精神，在省委、省政府和市委坚强领导下，牢牢把握高质量发展首要任务，完整准确全面贯彻新发展理念，坚持稳中求进工作总基调，坚决扛起“走在前、做示范、多作贡献”责任担当，“强富美高”新无锡现代化建设迈出坚实步伐。

一年来，我们牢记嘱托、感恩奋进，无锡现代化建设图景越来越清晰。一年之内，习近平总书记亲自参加江苏代表团审议、两次亲临江苏考察，广大干部群众感到无上光荣、无比振奋。全市上下坚定不移沿着总书记指引的方向勇毅前行，全面落实“四个走在前”“四个新”重大任务，发展新动能新优势持续增强，高质量发展继续走在前列，推动中国式现代化无锡新实践实现良好开局。

一年来，我们扭住关键、攻坚克难，经济回升向好的基础越来越稳固。积极应对疫情影响、需求承压、预期偏弱等叠加挑战，深入实施“稳增长、强信心、护主体、增动能”行动，出台促进经济回升向好22条、民营经济21条、外贸16条等系列政策，主要预期目标全面完成。预计全市地区生产总值近1.55万亿元、增长6%左右，人均GDP有望保持全国大中城市首位，一般公共预算收入1195.4亿元，规上工业总产值突破2.5万亿元，固定资产投资、社会消费品零售总额等指标增速苏南领先，实际使用外资突破40亿美元。

一年来，我们坚守初心、实干为民，民生幸福画卷的底色越来越厚重。聚焦民生“点线面”，扎实推进“十百千”工程，民生领域支出占比近80%，居民消费价格保持在合理水平；健康无锡、教育强市建设深入推进，困难群体帮扶、养老等工作体系性进一步增强，停车管理、物业服务等难题加速破解，环卫工人有了“爱心早餐”，加装电梯实施数和竣工数跃居全省首位；太湖无锡水域水质和藻情创2007年以来最好水平，成为全省$PM_{2.5}$平均浓度和空气质量优良天数唯一“双达标”城市，美好生活更加可触可感。

成绩和荣誉是对奋斗最好的肯定。一年砥砺前行，无锡“中国企业500强”等四张榜单入围企业数继续全省领先，科技进步贡献率有望实现全省“十一连冠”；全国文明城市测评获“优秀”等次，获评营商环境最佳口碑城市、国家知识产权强市建设示范城市、全国市域社会治理现代化试点合格城市，蝉联中国最佳引才城市、最佳促进就业城市、最具幸福感城市；荣膺信用建设成果观摩会城市组全国第一，国家层面促进民营经济发展壮大、国际产业投资合作、乡村振兴示范创建等现场会在锡成功召开，全市上下凝聚力、战斗力、创造力进一步提振，干事创业精气神高涨有力。一年来主要做了以下几方面工作：

（一）在精准发力中实现经济稳定向好。着力发挥有效投资关键作用，完善落实项目建设“54321”推进机制，大力实施开竣工“五百工程”，入选省重大项目数连创新高、投资完成率178.2%、全省领先，市重大产业项目完成投资超1500亿元、增长9.8%，新签约合作央企11家，新备案超10亿元项目91个，新开工竣工重大项目数均创近年新高、较年初计划增长66%和13.8%；务实举办促进民营经济高质量发展大会，两批次面向民间资本推介重点工程项目221个。着力发挥消费基础性作用，“太湖购物节”品牌持续打响，启动打造“美食之都·购物天堂”，接待游客人次较2019年增长24.2%；出台促进房地产市场平稳健康发展一揽子政策，在全省率先发布高品质住区2.0版本，“保交楼”成效走在全省前列。着力发挥企业主力军作用，力促“上量、上规、上市、上云、上榜”，新登记经营主体增长11.7%、总量超113万户，年度新增规上工业企业663家、全省第二，新增A股上市企业11家、总数全国第八，培育省星级上云企业首超1000家、“雪浪云”获评国家跨行业跨领域工业互联网平台，国家专精特新“小巨人”企业达232家、升至全省第二，入选省“链主”企业37家、占全省1/4。着力发挥金融撬动支持作用，制造业贷款余额占比保持全省前列，注册基金总规模突破5500亿元，上市公司、集成电路、新能源等基金实质运作，获批的专项债券额度全省最多、中央预算内资金项目数历年新高。

（二）在系统施策中做强现代产业集群。构建夯实“网状”产业集群和“链式”优势产业链，制定落实19个重点产业发展三年行动计划，高水平举办2023世界物联网博览会、国际新能源大会等重大品牌活动，战略性新兴产业、高新技术产业产值占规上工业比重达41.8%、51.8%，培育壮大6个营收超2000亿元产业集群、较上年增加4个，国家和省级中小企业特色产业集群数量均为全省第一。发布生物医药产业发展专项政策，“一分中心两检验室”、P3实验室加快推进，落地超亿元项目78个。瞄准工业软件和信息技术应用创新主攻方向，省级信创先导区数量全省第二。聚力打造“新能源装备之都”，新能源规上企业产值增长30%。实施全国首部数字化转型促进条例，创建各类智能制造标杆1900余个，中信泰富特钢成为我市第3家全球灯塔工厂。

（三）在实战实效中推动创新驱动发展。科技型中小企业、高新技术企业分别达12453家、6310家，入选省独角兽、潜在独角兽企业39家。获批省工程技术研究中心74家、企业技术中心113家、均创历年新高，布局建设市级重点实验室、创新联合体80家，“奋斗者”号完成极限深潜，企业研发投入占营业收入比重达1.79%，全社会研发投入占GDP比重升至3.4%。完善太湖湾科创带建设运作机制，八大科技新城完成投资210亿元，建成投用功能完备科创载体350万平方米、科创飞地48家。市产业创新研究院成立运行。出台实施新时代人才强市意见，建设筹集国际人才公寓超1万套，引进大学生10.5万人、高层次人才1.3万人。

（四）在与时俱进中深化改革扩大开放。实施优化营商环境条例，行动方案6.0版及230项重点改革事项落地见效，“个转企”改革省级试点顺利推进，“无难事、悉心办”锡企服务平台上线运行，“三提三即”改革助力421个项目审批提速，兑现各类助企惠企资金达350亿元。高质量完成第五次全国经济普查单位清查，国家统计局干部教育基地在锡落地。深度参与上海大都市圈建设，对接粤港澳大湾区成功做法获全省推广，第一时间支持青海海东抗震救灾，与连云港等地帮扶协作合作取得明显成效。积极融入“一带一路”交汇点建设，成功举办无锡“国际月”暨国际赏樱周等活动，完成对外投资中方协议投资额26.6亿美元、全省第二。扎实开展“千企万人海外商洽拓订单行动”，进博会成交额全省第二，完成外贸进出口7065亿元。启动布局“15+N”全球招商服务平台体系，举办粤港澳、新日韩、英沙阿等招商活动363场，签约合作项目1852个。硕放机场快速脱离道工程投用、国际快件量全省第一，中欧班列海关监管场所落成，上港ICT无锡中心启动运作。

（五）在内外兼修中展现美丽无锡风采。自然资源节约集约示范城市建设扎实推进，处置批而未供、盘活存量用地3.7万亩。制定实施区域骨干路网三年建设计划，锡宜高速改扩建、长江隧道南接线等市域一体化道路全面开工。沪宁沿江高铁开通运营，无锡步入全域高铁。加速推进“五线共建”“六航齐治”，地铁6号线、硕放机场配套设施工程开工建设，锡澄S1线开通在即。古运河（东门段）等13个重点城市更新单元扎实推进，改造老旧小区1053万平方米、全省最多，实施房屋征收1338万平方米，滨湖稻香社区入选完整社区建设全国试点。接续推进最干净城市建设，全面实施“城管进社区”，新改建公园游园73个、打造“席地而坐”示范区30个，实施108座桥下空间品质提升工程，新增绿地306公顷。创新推出机动车停车便民惠民十项措施，1003个停车场实现“先离场后付费”、年增注册用户53.2万人，3家试点医院“停车难”明显缓解。启动实施耕地保护“三提两严”行动，建成高标准农田12万亩、历年最多，粮食生产再获丰收。开展“三清三治”农村环境卫生专项整治，新增省特色田园乡村13个。第二轮中央生态环境保护督察反馈问题、国家长江经济带警示片披露问题完成年度整改任务。空气质量优良天数达300天以上；太湖首次被生态环境部评为良好湖泊，无锡水域2007年以来首次全年未发生湖泛，湖心区近年来首次实现年度Ⅲ类水质，生态清淤一体化装备平台建成投用。

（六）在直面关切中改善提升民生福祉。市人大代表票决关注的民生实事项目高标准实施到位，“微幸福”民生工程重点督办事项办结满意率100%，“市长在线·民声留言板”办理群众诉求3.1万件、建议超5000条。城镇新增就业16.4万人，发放失业保险稳岗返还资金6.2亿元。新建义务教育学校、幼儿园31所，启动建设市盲聋学校；与江南大学合作共建一流大学深入推进，东南大学集成电路学院落户无锡。国家消化系统临床研究中心江苏分中心、癌症筛查与早诊早治无锡分中心揭牌成立，互联网医院增至18家，以全国第二名获选健康城市建设样板市。国防动员体制改革实施到位，出台122项退役军人优待清单，烈士陵园改造工程加快推进。完成“百宅百院”活化利用项目38个，市文化艺术中心开工建设，国际会议中心建成投用。非遗传承保护利用持续加强，泥人、精微绣、留青竹刻等销售增长69%。无锡马拉松获广泛关注。启动实施住宅小区物业管理全面提升行动，业委会或物管会覆盖率提升20个百分点。深入开展安全生产风险专项整治巩固提升年行动，持续攻坚消防、燃气、“厂中厂”等领域49个突出问题，事故起数和死亡人数连续“双下降”。坚持和发展新时代“枫桥经验”，深化“精网微格”工程，加力打击电信网络诈骗等违法犯罪，进京越级上访量全省最少。

过去一年，我们始终坚持以党的政治建设为统领，全面加强政府自身建设，进一步筑牢坚定拥护“两个确立”、坚决做到“两个维护”的思想根基和落实能力，始终同以习近平同志为核心的党中央保持高度一致。高标准高质量开展学习贯彻习近平新时代中国特色社会主义思想主题教育，大兴调查研究，务实解决问题，更好推动发展。坚定树立和践行正确政绩观，坚决防治统计造假，持续防范化解政府性债务风险和地方金融风险。深入开展重点领域专项审计，厉行节约过紧日子，获评全国政务信息工作优秀单位。政府工作报告明确的150项年度重点工作全面完成，46项工作获得国务院和省政府办公厅督查激励通报。市人大代表建议、政协委员提案的办理满意率均达100%。

二、2024年主要工作

今年政府工作的总体要求是：坚持以习近平新时代中国特色社会主义思想为指导，全面贯彻党的二十大精神和习近平总书记对江苏工作重要讲话重要指示精神，深入落实中央经济工作会议部署，按照省委十四届五次全会和省委经济工作会议提出的目标要求，根据市委十四届六次全会安排，坚持稳中求进工作总基调，统筹推进“五位一体”总体布局、协调推进“四个全面”战略布局，完整准确全面贯彻新发展理念，加快服务全国构建新发展格局，全面落实“四个走在前”“四个新”重大任务，锚定目标、奋发进取，扎扎实实、踏踏实实，巩固和增强经济回升向好态势，更好统筹发展和安全，努力在高质量发展上走在前列、在推进中国式现代化中走在前做示范多作贡献，不断谱写“强富美高”新无锡现代化建设新篇章。

综合各方面因素，今年全市经济社会发展的主要预期目标：地区生产总值增长5.5%左右，一般公共预算收入增长4%左右，固定资产投资4550亿元，社会消费品零售总额增长6.5%左右，外贸进出口稳中提质，实际使用外资38亿美元，城镇新增就业13万人，居民人均可支配收入与经济增长基本同步，居民消费价格涨幅控制在省定范围内，节能减排、水和大气环境质量等约束性指标完成省下达目标，粮食产量保持基本稳定。

实现上述目标，我们要始终牢记坚持高质量发展是新时代的硬道理、推进中国式现代化是最大的政治，坚持稳中求进、以进促稳、先立后破，全力稳预期、稳增长、稳就业，聚焦转方式、调结构、提质量加力求“进”，围绕新格局、新动能、新机制加快构“立”，推动无锡各项事业蹄疾步稳、行稳致远。重点把握好以下几点：

——始终保持一往无前的闯劲。坚信所有的美好都是奋斗出来的，坚决扛起“走在前、做示范”的使命担当，抓住一切有利时机，利用一切有利条件，抓紧干、拼命冲、奋力闯，全力战胜前进道路上的各种困难挑战，以“踏平坎坷成大道”的奋斗姿态和“越是艰险越向前”的斗争精神，不断打开事业发展新天地。

——始终保持一切唯实的干劲。坚决把抓落实作为首要任务，干在实处、务求实效，有效统筹当前和长远、整体和重点、速度和质量、发展和安全，坚持宏观思维、中观思路、微观操作相衔接，目标导向、问题导向、结果导向相一致，苦干实干做好打基础、利长远、增后劲的事，认真顶真推动各项工作快推进、快落实、快见效，确保发展实绩得到人民认可、经得起历史检验。

——始终保持一以贯之的韧劲。坚定“一张蓝图绘到底”，强化产业为基、创新为要、企业为根、项目为王、环境为金，谋划用好牵引性撬动性强的工作抓手，加强动态调度、闭环管理，努力以发展韧性和工作确定性应对形势变化的不确定性，一步一个脚印把党中央决策意图和省市委部署要求付诸行动、见之成效。

——始终保持一心为民的亲劲。坚守“江山就是人民，人民就是江山”，树牢造福人民的政绩观，把为全市人民创造高品质生活作为最大任务，把市民群众的身边事、烦心事、具体事当作自己的家事，心里装着群众、工作贴近群众、评判交给群众，设身处地把好事办好、实事办实、难事办妥，不断增强人民群众的获得感幸福感安全感。

新的一年，我们将重点做好以下九个方面工作：

（一）聚力稳定经济运行，坚决当好重要压舱石。

夯实企业支撑。加强“链主”型企业、头部准头部企业引育，支持本土企业做大做强、提质发展，鼓励龙头企业发挥“头马效应”，推动我市企业各类榜单入围数稳中有升。深入实施专精特新中小企业“三赋”行动，新增国家专精特新“小巨人”企业80家以上，培育制造业单项冠军企业5家。加强中小微企业服务指导，持续推动“个转企”“小升规”“小升限”，新增规上工业企业500家以上。支持大企业孵化生态圈、投资链接上下游企业；举办产业链对接活动100场以上，持续完善大中小企业融通创新生态。

做大项目增量。更加突出开工、竣工和实物工作量，加力推进省重大项目建设，市重大产业项目完成投资1450亿元、其中工业投资超1000亿元。强化产业链招商、“一把手”招商、资本招商、机构招商、乡贤招商，新备案超10亿元项目80个以上，其中超50亿元15个、超100亿元8个，市重大产业项目新开工110个、竣工100个。发挥政府投资带动放大效应，强化政府专项债券、特别国债项目和政策性资金争取，加快布局一批新型基础设施。深化央地合作，“一企一专班”服务推动投资落地。落实促进民间投资12条措施，实施政府和社会资本合作新机制，努力让民间资本愿投、敢投、快投。

激发消费潜力。制定新一轮国际消费中心城市创建行动计划。顺应极致化消费升级趋势，大力发展数字消费、绿色消费、健康消费、水上消费，积极培育智能家居、体育赛事、国货“潮品”等消费新增长点；着力打造首店首秀、夜经济，供给更多沉浸式、体验式消费场景。优化完善政策措施，推动构建房地产发展新模式。实施现代服务业高质量发展三年行动，加快恒隆二期、K11购物艺术中心等重点项目建设，推进农副产品批发市场迁建。出台支持平台经济发展实施意见，完善电子商务扶持政策，大力发展总部经济、会展经济、直播经济。

强化金融赋能。加强“科技—产业—金融”高水平循环顶层设计，推动金融机构存贷款规模突破5万亿元，巩固提升制造业贷款占比，力促科技型企业贷款余额增长12%，发放“锡科贷”“苏科贷”100亿元以上。出台金融支持科技型企业政策措施，有力提供面向初创期、轻资产、无利润等成长型企业、中小微企业的金融产品和服务。发挥上交所、深交所、北交所在锡服务基地作用，力促新增境内外上市企业数量保持全省前列；落实上市企业再融资和并购重组支持政策，实现50亿元以下市值公司“一对一”研商服务全覆盖。发挥基金的风口引领、项目研判、企业引进等综合作用。全面强化金融监管，有效治理恶意拖欠账款和逃废债等行为。

（二）聚力强化创新驱动，加快形成新质生产力。

育强创新主体。制定实施强化企业科技创新主体地位行动方案。支持国有资本、龙头企业、专业基金参与创新孵化器建设，招引落地科技型企业1万家，科技型中小企业评价入库达1.4万家，净增高新技术企业1000家。支持把更多实验室建在企业中，新增市级以上企业研发机构超500家、布局建设企业主导牵头的市级重点实验室10家以上，来自企业的发明专利授权量占比达到75%以上。制定企业创新联合体建设实施方案，组建生态型、任务型、平台型创新联合体10个，让企业成为科技创新的主要出题人、牵头答题人、阅卷评判人。

建好载体平台。强化苏南自主创新示范区引领作用，扎实推进环太湖科创圈建设，争取更多创新平台、重大项目落户太湖湾科创带，完成梁溪科技城、蠡湖未来城等新城投资170亿元以上，建成投用功能完备的科创载体160万平方米。加快创建国家集成电路封装测试技术创新中心。制定落实支持市产业创新研究院建设专项政策，统筹摸排企业真实有效需求，打造“科技创新服务体”和“产业技术加速器”。加力发展院所经济，“一院一策”“一所一园”打破院所与社会、企业的“围墙”，放大技术溢出、人才溢出、“公司溢出”效应。加快山水东路科创谷规划建设，协力打造标杆示范。

优化科创生态。强化市科技创新委员会职能作用，深化科技及人才发展体制机制改革，推动“有目的创新”与“有组织创新”融合共进。迭代编制“卡脖子”技术清单，务实推进“揭榜挂帅”“赛马制”等科研项目组织，实施产业前瞻及关键技术研发、重大科技成果转化项目100项以上。聚焦科技成果“最初一米”和转化“最后一公里”，以市场化程度、企业参与度不断提升技术成熟度和转化成功率，组建技术转移联盟，建设一批概念验证中心、中试基地，完成技术合同成交额600亿元。加强知识产权高水平创造、保护和运用，加大商业秘密保护力度。升级提质太湖人才计划和太湖人才峰会，引进创新创业人才（团队）200个以上。深化青年发展型城市建设，落实高校毕业生留锡率挂钩支持政策，新引进大学生10万人以上。

（三）聚力强链补链延链，深入推进新型工业化。

提优整体竞争力。实施重点产业链高质量发展行动，推动“465”现代产业集群和“3010”重点产业链建设走深走实。建设认定特色产业园区15家以上，实现重点产业集群发展促进机构全覆盖。把传统产业作为必须坚守的基本盘，支持引导轻工、纺织、化工、建材、机械加工等传统行业企业加快向技术工艺高峰攀升、向价值链高端迈进、向产业链上下游延伸、向海外全球化布局。制定落实未来产业培育发展实施意见，全力抢拓人工智能、量子科技、商业航天、人形机器人、合成生物等未来产业新赛道，更好以未来产业开创产业未来。全面提升生产性服务业竞争力，培育两业融合发展标杆。

提高全局显示度。深化物联网“一感两网”建设，加强制造业、交通物流、城市治理等领域应用牵引和供需对接，高标准推进国家传感网创新示范区、车联网先导区建设，推动物联网产业集群向世界级跃升。持续引育落地芯片设计、IDM、第三代半导体项目和细分领域头部企业，争创国家级战略性新兴产业集群。支持生物医药“链主”企业提速发展，打通“学术—创新—产业”融合转化路径，做大做厚企业矩阵。聚焦EDA、CIM、CAX等工业软件发展，深化省级信创先导区建设，力促软件和信息技术服务业规模增幅达10%。用好促进新能源产业发展政策，加快新型光伏电站、氢能车船、虚拟电网等应用场景建设，规划建设超充站快充站4000个、建成3公里汽车充电服务圈。支持节能环保、特色新材料、汽车及零部件等优势产业打造“杀手锏”、焕发新活力，巩固提升全国位次。

提速推进数字化。全方位打造数实融合强市，深入实施数字经济核心产业加速行动，力争数字经济核心产业增加值占GDP比重达到12.2%左右。加力实施数字化免费诊断、实现规上工业企业全覆盖，推广100个以上“小快轻准”解决方案，开展200家“升级版”企业数字化深度诊断，完成企业智能化重点项目投入240亿元。加快数字化转型促进中心建设，实施20个年度重点场景。注重以“网联”放大“智改数转”效应，加快建设城市新型算力中心，统筹算力券支持大模型发展，推动5G、千兆光网、移动物联网深度覆盖。加强数据要素市场建设，健全数据流通交易管理体系，培育数商120家以上。

（四）聚力深化改革开放，全力畅通内外双循环。

推进重点领域改革。积极服务构建全国统一大市场，深化要素市场化改革，促进资源要素高效流动。实施国有企业改革深化提升行动，推动国企做强做优主业、增强核心功能。加强工业企业资源利用绩效评价结果运用，推进低效用地再开发等试点，打造节地改革升级版。全面推开功能区建设，优化生产力空间布局，打造一批示范性功能区。制定实施产业空间优化焕新行动方案，强化“产业园区＋连片净地＋工业上楼”，打造50个重大产业集中连片区、50个新型工业集约聚合区。规范实施机构改革，深化行政执法体制改革，推动职能配置更优化、运行管理更高效。

打造最优营商环境。坚持“无难事、悉心办”，突出小切口、抓关键，持续建设市场化法治化国际化一流营商环境，打造“投资无锡”标志品牌。切实落实“两个毫不动摇”，倾力支持民营企业、个体工商户等经营主体，培育一批标杆民营企业，落实好市场准入、要素保障、公平执法、权益保护等方面举措，力促民营企业增强信心、放手发展。深化“一网通办”“三提三即”等改革，推行“高效办成一件事”集成服务。健全政企常态化沟通交流机制，持续完善“三专班一平台”服务体系，为企业提供精准服务、专业服务、增值服务。

提升开放发展能级。落实建设

世界聚合力双向开放枢纽无锡行动方案，深化推进全方位、高水平、制度型开放。推动外贸稳规模、优结构，落实贸易便利化举措，提高“锡品锡货”市场占有率；深化“跨境电商+产业带”发展模式，创新发展数字贸易，推动市场采购等新业态占比稳步提升；积极应对欧盟碳边境调节机制，鼓励发展绿色贸易。推动外资拓增量、引总部，开展精准招商“敲门行动”，引导优质外资企业增资扩能、利润再投、延链补链、提升能级，推动更多外资地区总部、研发中心和国际功能性平台布局无锡；建强用好“国际月”等对外平台，完善加密全球经贸交流服务网络。推动本土龙头企业强配置、谋布局，培育一批具有全球资源整合力、引导力的本土跨国公司；务实推动“一带一路”产能合作，支持柬埔寨西港特区高质量发展，积极参与中阿（联酋）产能合作示范园建设，打造更多标志性工程和“小而美”项目。

（五）聚力优化空间布局，切实增强综合承载力。

融入区域一体发展。落实接轨上海大都市圈行动方案，对接融入沿沪宁产业创新带、宁杭生态经济带建设。深化长三角-粤港澳（无锡）科创产业融合发展区建设，打造长三角与大湾区战略联动走廊支点。积极服务省“1+3”重点功能区建设，深化苏锡常都市圈发展对接机制，推进苏锡、锡常协作示范区建设和锡常泰跨江联动发展。扎实推进东西部协作和对口支援合作，加快无锡连云港工业园区建设发展。实施新一轮国土空间总体规划，加快锡澄锡宜一体化发展。

完善现代交通体系。深化推进“双联双提”工程，着力降低社会物流成本，加快打造现代化物流枢纽示范城市。开工建设锡太高速、暨南大道西延等市际连接工程，建成通车凤翔快速路北延、宜马快速通道等市域一体化项目，提速推进高浪西路快速化改造、312国道新吴段、钱荣快速路一期等节点工程。谋划地铁环线规划建设，加快推进地铁4号线二期、5号线、6号线和锡宜S2线建设，运营好锡澄S1线；开工建设盐泰锡常宜铁路。加密“通江达海”内河集装箱航线网，加强无锡（江阴）港与上海港等沿海港口、长江中上游港口的对接合作，开工建设京杭运河无锡段“三改二”工程，打造更具特色的“水运无锡”。加快机场改扩建及配套设施工程，高质量建设国际邮件互换局、DHL国际快件运营中心，与苏州协力推进临空经济示范区建设；积极优化航线网络和货源组织，力争客货运吞吐量分别达920万人次、14.5万吨。推动中欧班列扩能提效，实现内外贸笼车班列常态化运行，做强西站物流园枢纽功能。

提升城市功能品质。高质量实施城市更新行动，扎实开展城市体检，统筹推进保障性住房建设、城中村改造等工程，新增既有住宅加装电梯400部以上；实施改造109个、424万平方米老旧小区，提前完成“十四五”老旧小区改造任务，同时对已改造小区启动“回头看”。加快推进城市生命线安全工程，全面完成国家海绵示范城市创建任务。深化最干净城市建设，实施30条背街小巷和25座桥下空间提升改造，实现居民小区生活垃圾分类投放设施全覆盖；新改建公园游园50个，全力创建国家生态园林城市。实施自来水厂工艺改造、直饮水入小区等试点工程，完成二次供水改造项目100个。

推进乡村全面振兴。大力实施耕地保护“三提两严”行动，深入推进整区域高标准农田建设试点，拓展全域土地综合整治试点，扎实推动“小田变大田”，建成高标准农田11万亩，确保粮食播种面积稳定在122万亩以上，持续提升粮食稳产保供和收储能力。新建和改造绿色蔬菜保供基地1万亩，稳定生猪生产和畜禽水产养殖，切实做好“菜篮子”保供稳价。育好用好“新农人”队伍，因地制宜发展生态循环农业、高效精品农业，做足做好“土特产”文章。学习运用“千万工程”经验，推动规划发展村庄全部启动现代“美丽农居”建设，打造省级宜居宜业和美乡村100个。稳步推进集体经营性建设用地入市试点，开展村级经济“双挂钩”行动，力促村均集体经济经营性收入达到800万元。

（六）聚力绿色低碳转型，持续擦亮生态高颜值。

守护太湖碧水安澜。坚持把太湖治理作为系统性标志性工程，全面落实“1+9”行动方案，持续强化外源减量、内源减负和生态修复、应急防控、能力提升，实施年度投资超百亿元治太项目，更高水平实现“两保两提”。紧盯控源截污和减磷控氮，“一河一策”抓好入湖河流治理，全面推进沿河湖污染源排查整治，高水平建设“一圈一带一区”，建成27块污水处理提质增效达标区，加快蠡湖及其32条支浜水环境治理。紧抓生态清淤和活水引流，完成太湖、滆湖清淤520万立方米，稳步实施和评估湖滨湿地带试点，畅通太湖引排通道。紧扣科技支撑和规律把握，加快建设太湖治理数字化平台，唱响新时代“太湖美”。

深化污染防治攻坚。纵深推进长江经济带污染治理“4+1”工程，毫不动摇抓好长江“十年禁渔”。持续推进全域美丽河湖建设和“两河”整治提升，全面稳定消除劣V类河道和黑臭水体。强化$PM_{2.5}$和臭氧浓度“双控双减”，扩大重点行业超低排放改造范围，对868家铸造、水泥等涉工业炉窑企业开展新一轮提标整治，实现空气质量持续向好。落实“无废城市”建设任务，建成投运惠联餐厨废弃物处置扩建工程。持续提升生态环境基础治理能力，实现城市生活污水集中收集率90%

以上、农村生活污水治理设施正常运行率85%以上。

加快绿色低碳转型。深入实施“双碳”系列专项行动，聚焦零碳技术、低碳企业、近零碳园区三大重点，加快中瑞低碳生态城、零碳科技产业园等建设，前瞻开展碳足迹认证、绿色认证和绿电溯源，支持建设碳核算服务平台，推动能耗双控逐步转向碳排放双控。加强绿色低碳技术攻关和应用示范，实施重点节能与循环经济项目60个以上，新增绿色制造标杆不少于35个。开展大规模国土空间绿化行动，加强生物多样性保护。完善生态保护补偿、损害赔偿、绿色金融等政策措施，扎实推进江阴、宜兴生态产品价值实现机制省级试点，支持江阴建设生态环境治理现代化县域示范。

（七）聚力文化强市建设，更好塑造名城新形象。

推动文化传承赓续出新。立足创造性转化、创新性发展，深入实施江南文脉“四个一百”工程和无锡地域文明探源工程，加强钩沉梳理、守正创新，更好传承谱写当代华章。加快推进《无锡史》编纂和“百宅百院”活化利用、文化遗产活态传承等工程，精心举办第四届江南文脉论坛、中国国际智能传播论坛，高质量建设大运河和长江国家文化公园，建强用好中国民族工商业博物馆、荣巷历史街区。

推动文化事业普惠出彩。大力践行社会主义核心价值观，高质量推进精神文明创建。加快市文化艺术中心、乡贤文化交流中心等建设，研究启动无锡博物院、市图书馆改造提升工程，持续提高现有场馆运营服务水平。建强用好“钟书房”等文化空间，争创全省首个书香城市群。组织“无锡国专”纪录片等作品摄制，办好太湖文化艺术季等重点活动。加大政府购买服务力度，提质扩面开展送戏、送展览下基层活动，稳步提升公共文化服务标准化、均等化水平。

推动文化产业硬核出圈。加快“两山一湾”等重大文旅项目建设，支持宜兴实施“东坡文化”提升项目、打造主题品牌活动，着力打造二胡文化等国乐品牌。加大文化产业专题招商力度，加强无锡旅游策划组织和推介宣传，打造更多文旅“拳头产品”。办好第二届中国非物质文化遗产保护年会，大力实施“百匠千品”非遗传承创新工程，促进锡剧繁荣发展，支持紫砂、泥人、精微绣等传统文化精品创意化、规模化、品牌化发展。落实文化数字化战略，争创国家文化大数据体系建设示范城市。

（八）聚力推进共同富裕，携手创造幸福好日子。

多元拓宽富民渠道。制定出台提高城乡居民收入政策措施，着力扩大中等收入群体规模。坚持减负、稳岗、扩就业并举，大力支持高校毕业生、退役军人、农民工等重点群体就业创业。扎实推进低收入人口动态监测和精准帮扶“3610行动”、全民参保扩面专项提升行动，发挥慈善在第三次分配中的重要作用，加强大额医疗支出困难对象救助帮扶，努力让百姓生活后顾无忧。落细落实常住地提供基本公共服务制度，扎实推动农民工纳入城镇住房保障，让新市民更好融入城市生活。

全力打造教育强市。优化新城、功能区中小学布局，开工新建义务教育学校14所、幼儿园9所，加快4所优质高中建设步伐。支持名校组建教育集团，开行、优化学校定制公交线路30条，打造校门口等候区160个。实施本科高校“333”建新提质工程，加力推动江南大学优势学科和创新资源合作、溢出、产业化，深化与东南大学、南京理工大学、南京邮电大学市校合作，推动组建无锡职业技术大学、无锡师范高等专科学校、无锡机电职业技术学院，探索推动国际高水平大学合作办学。推动出台职业教育条例，建设10所省优秀中等职业学校。完善终身教育体系，办好老年大学、青年夜校等平台。

加快建设健康无锡。制定落实医疗机构设置规划，加快市妇儿中心建设，启动实施市公共卫生中心、江大附院南院区二期、南医大无锡医学中心三期。出台提升基层卫生服务能力若干措施，进一步夯实分级诊疗体系，加强机制创新、打造试点样板，启动24家基层医疗卫生机构提档升级。深化实施医疗卫生“三名”战略，积极创建省级区域医疗中心，鼓励我市医院与上海医疗机构、本地医药企业深度合作，提升医疗水平和科研能力。深入开展爱国卫生运动，强化重大传染病及慢性病防治，在18岁以上常住居民中常态化开展癌症防控行动，加强职业病危害专项治理。推动中医药传承创新发展，打造南京中医药大学直属附属医院及临床医学院，打响“龙砂医派”名片。办好无锡马拉松、世界跆拳道等赛事，广泛开展全民健身活动。

精心呵护重点群体。出台人口高质量发展实施意见，着力稳定人口规模、优化人口结构。大力实施托育服务扩容提质行动，新增普惠托育机构20家，确保镇街覆盖率提升至85%以上、每千人口婴幼儿托位数达4.5个，建设儿童友好试点社区30个。推动出台居家养老服务条例，深化“锡心医养”社区居家“332”服务行动，新建、提升社区助餐服务点50家，实现城乡社区养老服务站全覆盖，开展国家安宁疗护试点。出台无障碍环境建设三年行动计划，常态开展独居老人探访关爱，为残疾人提供精准康复服务，加强对环卫工人、快递小哥、外卖骑手、网约司机等群体关心关爱，协同社会力量提供便利。

今年，我们将接续推进民生服务“十百千”行动，更大力度办好为民办实事项目、“微幸福”民生工程和“民声留言板”，加强人大代表票决民生实事项目的清单化管理、项目化推进、闭环化落实，以实际行动强化为民服务、兑现民生承诺。

（九）聚力加强基层治理，织密筑牢城市安全网。

紧抓不放安全生产。牢记“安全生产必须警钟长鸣、常抓不懈”，完善大安全、大应急工作机制，开展治本攻坚三年行动，持续提升本质安全水平。加强危化品、冶金工贸等重点行业领域常态化隐患排查，纵深推进火灾防控联合执法、燃气安全专项整治等重点行动，持续攻坚“两易一密一新”“厂中厂”“九小场所”等突出问题，提高隐患排查质量，坚决防范事故发生。深化实施自然灾害应对能力提升工程，筑牢基础设施等防范应对全链条，加强救援队伍建设和实战演练。

提升社会治理效能。深入推进“精网微格”工程，持续加强集宿区人口管理，不断完善基层治理平台。推动住宅小区业委会或物管会覆盖率提高到70%，探索建立质价相符的物业服务价格调整机制，持续提升群众满意度。加力攻坚中心城区和重点场所停车难题，新增停车泊位1万个以上，开通200个“先离场后付费”停车场、新增注册用户30万人。协同健全社工等服务体系，引导社会组织高质量发展。

切实守护安定和谐。践行和发展新时代“枫桥经验”，深入开展信访问题源头治理三年攻坚行动，用心用情用力做好“送上门来的群众工作”。抓好欠薪、就学、房地产等领域风险防范，加强地方政府、国有企业债务管理。常态化开展扫黑除恶，扎实推进新一轮“雪亮工程”建设，坚决打击电信网络诈骗等犯罪行为，全力争创全国禁毒示范城市，倾力守护群众平安。提升民族宗教事务现代化治理能力。抓好国防动员、国防教育、退役军人服务管理等工作，争创全国双拥模范城“九连冠”。

三、全面加强政府自身建设

各位代表！踏上新征程，面对时代之变、发展之需、群众之盼，全市政府系统一定勇毅砥砺前行、肯干苦干实干，努力用“辛苦指数”“清廉指数”换取全市人民的“幸福指数”“满意指数”。

我们一定永葆忠诚之心。深刻领悟“两个确立”的决定性意义，增强“四个意识”、坚定“四个自信”，把坚决做到“两个维护”体现在贯彻落实上、体现在工作实效上、体现在日常言行上，不断提高政治敏锐性和政治判断力、政治领悟力、政治执行力。巩固拓展主题教育成果，切实把习近平新时代中国特色社会主义思想转化为坚定信念、锤炼党性、指导实践的强大力量。完善落实机制、创新方式方法，不折不扣推动党中央决策和省市委部署落地见效。

我们一定严守法治之规。落实全过程人民民主，主动接受人大法律监督、工作监督和政协民主监督，自觉接受监察、司法、社会、舆论监督，加强审计监督、统计监督，让权力在制度中约束、阳光下运行。坚持科学民主立法制规，严格执行重大行政决策程序规定，加大关系群众切身利益的重点领域执法力度，提升依法行政效能。强化契约精神，坚持诚信施政，确保政策刚性兑现、承诺说到做到。

我们一定昂扬奋进之姿。弘扬“四下基层”优良作风，深入扎实调查研究，更好听取意见、找到办法。始终保持“夙夜在公、只争朝夕”的拼搏精神，加强思想淬炼、政治历练、实践锻炼、专业训练，着力增强推动高质量发展本领、服务群众本领、防范化解风险本领，以顽强斗争闯出新天地、干成新事业。坚持高质量发展，坚持出实招求实效，坚持打基础利长远，凡事多做“应不应该”价值判断、绝不只看“可不可以”技术条件，事不避难、定了就办、办就办好，绝不把困难和麻烦推给企业、留给群众。

我们一定弘扬清廉之风。坚持严于律己、严负其责、严管所辖，一体推进不敢腐、不能腐、不想腐，加强对权力集中、资金密集、资源富集领域的监督，坚决整治群众身边的腐败和不正之风。锲而不舍落实中央八项规定及其实施细则精神，坚决纠治形式主义、官僚主义。健全为基层减负长效机制，让基层干部有更多精力谋发展、抓落实。大力弘扬艰苦奋斗作风，严控一般性支出，压缩论坛等活动，推动政府过紧日子常态化，把更多财力用在“三保”紧要处。

统计资料

表 60　2023 年无锡市国民经济和社会发展主要指标一览表

指　　标	单　　位	数　　值	比上年增长（%）
土地面积			
行政区划面积	平方千米	4627.47	—
人口就业			
年末总人口（户籍）	万人	519.95	0.4
年末总人口（常住）	万人	749.50	0.1
常住人口城镇化率	%	83.3	(+0.2 点)
国民经济核算			
地区生产总值	亿元	15456.19	6.0
第一产业	亿元	136.50	2.4
第二产业	亿元	7376.85	6.9
第三产业	亿元	7942.84	5.3
人均地区生产总值（常住人口）	元	206278	5.9
农　业			
农林牧渔业总产值	亿元	223.39	2.6
粮食产量	万吨	56.41	1.4
油料产量	万吨	0.94	23.4
水产品产量	万吨	10.33	0.9
工　业			
规模以上工业总产值	亿元	24765.26	5.1
规模以上工业增加值	亿元	6005.31	7.8
规模以上工业营业收入	亿元	24096.93	1.7
规模以上工业利润总额	亿元	1771.37	12.6
规模以上战略性新兴产业（制造业）总产值	亿元	10537.91	5.4

续表60

指　标	单　位	数　值	比上年增长（%）
规模以上高新技术产业总产值	亿元	13318.31	8.7
服务业			
规模以上服务业营业收入	亿元	2336.15	7.5
规模以上数字经济核心产业营业收入	亿元	7012.33	4.3
交通运输、邮电通信、用电			
邮电业务总量	亿元	257.83	1.7
客运量	万人次	9575.07	47.0
货物运输量	万吨	25219.86	18.8
全社会用电量	亿千瓦时	864.07	3.7
#工业用电	亿千瓦时	615.03	3.9
城乡居民生活用电	亿千瓦时	97.09	−5.5
固定资产投资			
固定资产投资	亿元	4412.10	8.3
#工业投入	亿元	1715.18	9.6
房地产投资	亿元	1263.91	−8.9
国内贸易			
社会消费品零售总额	亿元	3567.55	6.9
开放型经济			
进出口总值	亿美元	1004.17	−9.2
#出口总值	亿美元	662.19	−8.9
实际使用外资及港澳台资	亿美元	41.20	7.7
旅　游			
旅游总收入	亿元	1581.08	29.2
接待境内游客数	万人次	12711.97	64.7
接待入境旅游数	万人次	19.01	284.0
市场物价			
居民消费价格指数		100.6	（−1.5点）
消费品价格指数		99.6	（−3.3点）

续表 60

指　标	单　位	数　值	比上年增长（%）
财政金融			
一般公共预算收入	亿元	1195.42	5.5
一般公共预算支出	亿元	1390.19	1.8
金融机构本外币存款余额	亿元	27237.18	11.5
#住户存款	亿元	11845.00	18.2
金融机构本外币贷款余额	亿元	22581.68	13.6
保费收入	亿元	542.43	10.1
上市公司数	家	202	（+14 家）
文化教育卫生			
公共图书馆	个	8	—
博物（纪念）馆	个	64	—
普通高等学校在校学生数	人	173438	4.3
普通中学在校学生数	人	291800	4.4
卫生机构床位数	张	55125	5.6
卫生技术人员数	人	69927	5.5
城市建设			
城市道路长度	千米	4127	0.9
城市道路面积	万平方米	7804	1.2
科技			
专利授权量	件	55953	−18.8
发明专利授权量	件	11750	39.2
人民生活			
城镇常住居民人均可支配收入	元	76644	4.5
农村常住居民人均可支配收入	元	44617	6.4

（市统计局）

市辖区地名命名更名

2023 年，无锡市区命名居民区 52 个、建筑物 4 座、道路 83 条、隧道 1 条，地名属性调整 23 条。

表 61　2023 年无锡市区地名命名、更名一览表

序号	类别	标准地名	隶属辖区	地理位置
居民地				
1	居民区	春熙雅苑	梁溪区	位于山北街道管理区域内，东至会西河，南至江海路，西至会西路，北至社岗路
2	居民区	扬花苑	梁溪区	位于瞻江街道管理区域内，东至全丰路，南至锡龙路，西至西汀河，北至任钱路
3	居民区	景熙雅苑	梁溪区	位于北大街街道管理区域内，东至通沙路，南至锡沪路，西至通江大道，北至广勤路
4	居民区	诗语溪园	梁溪区	位于山北街道管理区域内，东至广惠路（规划名称），南至惠华新村小区围墙界线以北，西至石门路，北至新惠路
5	居民区	上棠雅园	梁溪区	位于扬名街道管理区域内，东至运河西路，南至盛新里住宅小区围墙以北，西至建乐家园小区围墙以东，北至建运路
6	居民区	山色溪光院	梁溪区	位于惠山街道管理区域内，东至惠山浜，南至沿山河，西至通惠西路，北至盛岸路
7	居民区	水樾澜庭南区	梁溪区	位于广益街道管理区域内，东至规划道路，南至规划道路，西至通益路，北至广益路
8	居民区	水樾澜庭北区	梁溪区	位于广益街道管理区域内，东至无名小路与广益小区相隔，南至广益路，西至通益路，北至丁村浜
9	居民区	礼樾馨园	梁溪区	位于扬名街道管理区域内，东至南湖大道，南至芦雅路和中国电信股份有限公司无锡分公司，西至规划道路，北至规划道路
10	居民区	檀境雅园	梁溪区	位于黄巷街道管理区域内，东至中国电信无锡北塘分局围墙西侧，南至规划道路，西至全丰路，北至江海路
11	居民区	沁雅嘉园	梁溪区	位于清名桥街道管理区域内，东至兴源中路，南至冷渎港，西至塘南路，北至人民东路匝道
12	居民区	品源澜庭	梁溪区	位于广益街道管理区域内，东至广南路，南至在建公园与上马墩路相隔，西至广谐路，北至尤渡河和规划道路
13	居民区	扬蠡苑	梁溪区	位于扬名街道管理区域内，东至红星路，南至园林新村北及东侧围墙和规划道路，西至空地与马蠡港相望，北至太湖西大道
14	居民区	宸溪雅苑南区、宸溪雅苑北区	梁溪区	位于广益街道管理区域内，南区：东至规划道路，南至北兴塘河，西至规划道路，北至通益路；北区：东至中元路，南至通益路，西至天鹏西路（规划名称），北至食品南路（规划名称）
15	居民区	兰香和园	锡山区	位于鹅湖镇管理区域内，东至荡北路，南至蘅芳路，西至新杨路，北至新园路（鹅湖镇）
16	居民区	谈更上新居	锡山区	位于鹅湖镇管理区域内，东至六步港河，南至金更上自然村，西侧为农田，北至南青荡

续表 61

序号	类别	标准地名	隶属辖区	地理位置
17	居民区	和居雅园	锡山区	位于东北塘街道管理区域内，东至锦旺苑围墙界线以西，南至芙蓉四路，西至锦旺路，北至东政路
18	居民区	春光苑三期	锡山区	位于安镇街道管理区域内，东至盛源北路，南至经一路，西至春光苑一期二期，北至查桥中学围墙以南
19	居民区	水岸佳苑五区	锡山区	位于安镇街道管理区域内，东至走马塘西路，南至益林路，西至鑫安南路、安镇实验小学水岸校区围墙以东，北至安镇实验小学水岸校区围墙以南、石园变电站（110 千伏）围墙以南
20	居民区	金牛苑三期	锡山区	位于安镇街道管理区域内，东至金牛路，南至镇北路 1 号至 9 号门面房以北，西至新锡路，北至山韵街
21	居民区	东玥花苑	锡山区	位于安镇街道管理区域内，东至规划道路，南至东翔路，西至九里河，北至万泉路
22	居民区	育慧苑	锡山区	位于羊尖镇管理区域内，东至新羊大道，南至东陈浜，西至规划路，北至西陈村
23	居民区	宛湖东苑	锡山区	位于锡山经济技术开发区管理区域内，东至蚂蚁桥村，南至规划道路，西至鑫河（羊尖镇），北至规划道路
24	居民区	育德苑	锡山区	位于羊尖镇管理区域内，东至陈许路，南至育才西路，西至规划道路，北至东陈浜
25	居民区	柳岸雅园	锡山区	位于羊尖镇管理区域内，东至港羊路与羊尖村，南至锡沪路与羊尖村，西至严羊河，北至马墅河
26	居民区	福安状元里	滨湖区	位于胡埭镇管理区域内，东至胡埭路，南至环镇南路，西至胡山路，北至民盛路
27	居民区	山湖嘉院	滨湖区	位于雪浪街道管理区域内，东至许舍路，南至兴阳路，西至规划河道，北至规划河道
28	居民区	凤起汀兰园	滨湖区	位于雪浪街道管理区域内，东至前杨道，南至新红河，西至鑫湖大道，北至和风路。
29	居民区	天明家园一期	惠山区	位于堰桥街道管理区域内，东至规划道路，南至天丰路，西至惠山大道，北至锡沪高速
30	居民区	明桂雅庭	惠山区	位于堰桥街道管理区域内，东至纵二路（规划道路），南至横二路（规划道路），西至纵一路（规划道路），北至横一路（规划道路）
31	居民区	明香雅庭	惠山区	位于堰桥街道管理区域内，东至西元路，南至横二路（规划道路），西至纵二路（规划道路），北至横一路（规划道路）
32	居民区	熙和雅园	惠山区	位于堰桥街道管理区域内，东至西元路（规划道路），南至天景路（规划道路），西至纵二路（规划道路），北至天丰路
33	居民区	舜柯南园	惠山区	位于钱桥街道管理区域内，东至上秦巷浜，南至钱胡路，西至钱桥大道，北至舜柯中心路
34	居民区	长禧璟园	惠山区	位于长安街道管理区域内，东至惠景路，南至华惠路，西至规划道路，北至规划道路
35	居民区	辉竹和景院东区、辉竹和景院西区	惠山区	位于洛社镇管理区域内，东至河道与永辉路相邻，南至洛竹路，西至规划河道，北至河道与栖景澜园相邻；西区东至规划道路，南至洛竹路，西至河道与新长铁路相邻，北至河道与栖景澜园相邻
36	居民区	悦章澜庭东区、悦章澜庭西区	惠山区	位于钱桥管理区域内，东地块，东至钱威路，南至规划道路，西至北湖路，北至乐多花园和港龙商务中心；西地块，东至北湖路，南至上伟路规划延伸段，西至江盛规划延伸段，北至规划河道。
37	居民区	青韵璟园	新吴区	位于旺庄街道管理区域内，东至兴源南路，南至规划道路，西至城南路，北至规划道路
38	居民区	熙乐景园	新吴区	位于江溪街道管理区域内，东至新阳路，南至规划道路，西至协新浜（河道），北至锡义路

续表 61

序号	类别	标准地名	隶属辖区	地理位置
39	居民区	欣风家园	新吴区	位于江溪街道管理区域内，东至兴源中路，南至学前东路，西至规划道路，北至后杨巷路
40	居民区	生林花园	新吴区	位于新安街道管理区域内，东至袁塘桥河，南至震泽路，西至华谊路，北至和风路
41	居民区	申芯华庭	新吴区	位于新安街道管理区域内，东至净慧西道，南至弘毅路，西至惠景路，北至清源路
42	居民区	红蕾佳苑二期	新吴区	位于旺庄街道管理区域内，东南至香山路和规划待建小学，西南至珠江路、规划待建小学和空地，西北至龙山路，东北至湘江路
43	居民区	南站花园一期	新吴区	位于江溪街道管理区域内，东至塘南路，南至规划河道，西至市残联东围墙以东，北至塘南三支路
44	居民区	凤乐馨兰苑	经开区	位于太湖街道管理区域内，东至兴梁道，南至大通路，西至邹家弄浜，北至周新路
45	居民区	青塘雅苑	经开区	位于太湖街道管理区域内，东至规划道路，南至规划道路，西至贡湖大道，北至隐秀路
46	居民区	湖境澜庭	经开区	位于华庄街道管理区域内，东至南湖大道，南至干城路，西至贡湖大道，北至规划道路
47	居民区	悦喜瑞园	经开区	位于太湖街道管理区域内，东至贡湖大道，南至新园路，西至规划道路，北至大通路
48	居民区	安和雅苑	经开区	位于华庄街道管理区域内，东至规划道路，南至清源路，西至公园路，北至规划道路
49	居民区	星誉雅园	经开区	位于华庄街道管理区域内，东至规划道路、南至清源路、西至信成道、北至钓桥港
50	居民区	畅意雅院	经开区	位于华庄街道管理区域内，东至规划道路，南至震泽路，西至南湖大道，北至规划道路
51	居民区	凯发苑六期	经开区	位于华庄街道管理区域内，东至怡园路、南至和风路、西至锡拖路、北至科研路
52	居民区	映湖玖园	经开区	位于太湖街道管理区域内，东至新园路，南至梁东路，西至五湖大道，北至规划道路
建筑物				
1	广场	臻汇商业广场	惠山区	位于堰桥街道管理区域内，东至锡澄路，南至恒惠路，西至惠怡路，北至政和大道
2	广场	璟隆广场	新吴区	位于梅村街道管理区域内，东至锡义支路，南至新锦支路，西至新锦路，北锡义路
3	广场	欣旺广场	新吴区	位于旺庄街道管理区域内，东至新吴区交警大队围墙以西，南至天山路，西至湘江路，北至旺庄路
4	工业园区	万峰科技园西区	滨湖区	位于胡埭镇管理区域内，东至舜耕路，南至钱胡路，西至无锡弘元半导体材料科技有限公司围墙，北至上海申美饮料食品有限公司围墙
道　路				
1	道路	方巷路	梁溪区	位于山北街道管理区域内，在盛岸东路北面、新惠路南面，东西走向，东至广惠路（规划名称），西至石门路，长 426 米，宽 16 米
2	道路	新惠支路	梁溪区	位于山北街道管理区域内，在石门路东面、护渎河西面，南北走向，南至石惠路，北至新惠路，长 168 米，宽 12 米
3	道路	清南路	梁溪区	位于清名桥街道管理区域内，在无锡市儿童医院南侧、康园北侧，东西走向，东至通扬南路，西至清扬路，长 732 米，宽 6 米
4	道路	金钩桥北路	梁溪区	位于清名桥街道管理区域内，在无锡市南长街小学东侧、长街居委会西面，南北走向，南至扬名路，北至永乐路，长 280 米，宽 14 米

续表 61

序号	类别	标准地名	隶属辖区	地理位置
5	道路	丛桂南路	梁溪区	位于清名桥街道管理区域内，在通扬南路东面、南长街西面，南北走向，南至红光路，北至新光路，长 400 米，宽 24 米
6	道路	乐育路	梁溪区	位于惠山街道管理区域内，在九曲基河东面、无锡市连元寄畅小学西侧，西南至新惠路，东北至运河西路，长 230 米，宽 20 米
7	道路	竢实路	梁溪区	位于惠山街道管理区域内，在无锡市连元寄畅小学东侧、凤翔南路西侧，西南至新惠路，东北至运河西路，长 175 米，宽 20 米
8	道路	浒溪路	梁溪区	位于惠山街道管理区域内，在人民西路南面、无锡市湖滨中学北面，东西走向，东至迎龙路，西至建业路，长 338 米，宽 14 米
9	道路	田禾路	梁溪区	位于惠山街道管理区域内，在通惠西路西面、腐乳浜东面，南北走向，南至新惠路，北至运河西路，长 178 米，宽 12 米
10	道路	广庭路	梁溪区	位于广益街道管理区域内，在无锡地铁 3 号线广瑞站东面、锡源尚院西侧，南北走向，南至锡沪中路，北至振奋路（规划延伸段），长 302 米，宽 14 米
11	道路	竞志路	梁溪区	位于广益街道管理区域内，在广瑞路东面、无锡市东林中学人民路校区西侧和南侧，北起锡沪中路，向南至崇正路，沿学校外墙折向东至振奋路，全长 680 米，宽 16 米
12	道路	竞学路	梁溪区	位于广益街道管理区域内，在锡沪中路南面、无锡市东林中学人民路校区北侧，东西走向，东至振奋路，西至竞志路，长 250 米，宽 9 米
13	道路	芦兰路	梁溪区	位于扬名街道管理区域内，在熙祥雅苑西侧、芦庄东面和南面，南北走向，南至芦村河，北至芦祥路，长 155 米，宽 10 米
14	道路	芦新路	梁溪区	位于扬名街道管理区域内，在芦庄一区东侧、南湖大道西面，南北走向，南至芦雅路，北至庙湾浜，长 173 米，宽 14 米
15	道路	扬鑫路	梁溪区	位于扬名街道管理区域内，在太湖西大道南面、马鑫港东面，东起红星路，向西 201 米后折向南至中南路，全长 308 米，宽 14 米
16	道路	建运支路	梁溪区	位于扬名街道管理区域内，在运河西路西面、建乐路东面，南北走向，南至盛新里小区北侧围墙，北至建运路，长 130 米，宽 8 米
17	道路	融禾路	梁溪区	位于黄巷街道管理区域内，在江海东路南面、锡澄路东面，东起惠勤路，向西 288 米后折向南至广益路，全长 537 米，宽 13 米
18	道路	凤溪东路	梁溪区	位于黄巷街道管理区域内，在江海西路南面、苏盾河北面，东西走向，东至凤鸣路东侧 145 米处空地，西至中国电信黄巷分局东侧围墙，长 216 米，宽 9 米
19	道路	凤溪西路	梁溪区	位于黄巷街道管理区域内，在江海西路南面、苏盾河北面，东西走向，东至中国电信黄巷分局西侧围墙，西至全丰路，长 268 米，宽 9 米
20	道路	锡龙路	梁溪区	位于瞻江街道管理区域内，在刘潭河南面、锡宁路北面，东西走向，东至锡澄路，西至凤翔北路，长 1400 米，宽 5 ～ 10 米
21	道路	任钱路	梁溪区	位于瞻江街道管理区域内，在刘潭三村南侧、刘潭新村北侧，东西走向，东至锡澄路，西至小蒋巷，长 1300 米，宽 4 ～ 10 米
22	道路	石澄一支路	梁溪区	位于瞻江街道管理区域内，在刘潭河北面、邵巷浜南面，西起石澄路，向东 373 米，折向北至天河路（规划延伸段），全长 483.5 米，宽 7 米
23	道路	泉水路	锡山区	位于安镇街道胶山村委会管理区域内，在胶山古寺北面，南北走向，南至翠峰路，北至锡虞路，长 828 米，宽 5 米
24	道路	蓉庄路	锡山区	位于东北塘街道裕蓉居委会管理区域内，在友谊北路西面、蓉裕路东面，南北走向，南至芙蓉三路，北至锡港路东北塘东段，长 750 米，宽 12 米

续表 61

序号	类别	标准地名	隶属辖区	地理位置
25	道路	泾桂路	锡山区	位于锡北镇管辖区域内，在政丰路西面、三小坝浜东面，南北走向，南至丰惠路，北至泾声路，长 400 米，宽 24 米
26	道路	启泰路	锡山区	位于东港镇东青河村委会管理区域内，在无锡兴达泡塑新材料股份有限公司西侧，南北走向，南至锡港南路，北至锡北运河，长 470 米，宽 15 米
27	道路	天荣路	惠山区	位于堰桥街道管理区域内，在天秀路南面、天丰路北面，东西走向，东至凤元路，西至凤汇路，长 545 米，宽 15 米
28	道路	天秀路	惠山区	位于堰桥街道管理区域内，在天石路（规划延伸段）南面、天荣路北面，东西走向，东至凤元路，西至凤汇路，长 545 米，宽 15 米
29	道路	凤元路	惠山区	位于堰桥街道管理区域内，在凤雨路东面、天明路西面，南北走向，南至天丰路，北至天石路（规划延伸段），长 511 米，宽 15 米
30	道路	凤雨路	惠山区	位于堰桥街道管理区域内，在凤汇路东面、凤元路西面，南北走向，南至天丰路，北至天石路（规划延伸段），长 578 米，宽 15 米
31	道路	凤汇路	惠山区	位于堰桥街道管理区域内，在惠山大道东面、凤雨路西面，南北走向，南至天丰路，北至天石路（规划延伸段），长 416 米，宽 15 米
32	道路	西漳西路	惠山区	位于堰桥街道管理区域内，在沪宜高速公路（S48）南面、天锦路北面，东西走向，东至西漳路，西至惠暨大道，长 750 米，宽 21 米
33	道路	友谊街	惠山区	位于长安街道管理区域内，在长安居委会北面、长宁路南面，东西走向，东至长东大桥，西至惠畅路，长 1800 米，宽 20 米
34	道路	高田路	惠山区	位于长安街道管理区域内，在政和大道南面、欣惠路北面，东西走向，东至惠源路，西至吴韵路，长 470 米，宽 12 米
35	道路	锡陆路	惠山区	位于钱桥街道管理区域西部，跨东风居委会、稍塘居委会和盛峰居委会，东起东风桥，向西 1500 米，折向南至稍塘路路口，再折向西至阳山大桥，全长 5500 米，宽 13 米
36	道路	张湾路	惠山区	位于钱桥街道管理区域内，在青龙山北麓、钱桥大道与钱胡路交叉口西面，南北走向，南至张湾山林区，北至钱胡路，长 520 米，宽 6 米
37	道路	道士湾路	惠山区	位于钱桥街道管理区域内，在青龙山北麓、张湾路西面，南北走向，南至煤气灌装站，北至钱胡路，长 710 米，宽 11 米
38	道路	舜柯中心路	惠山区	位于钱桥街道管理区域内，在钱胡路北面、舜南路南面，东西走向，东至舜柯家园二期北门，西至钱洛路，长 1950 米，宽 7 米
39	道路	志勤路	惠山区	位于钱桥街道管理区域内，在新藕路东面、显山路西面，南北走向，南至洋溪路（规划延伸段），北至园区北路（规划名称），长 611 米，宽 18 米
40	道路	祁吉路	惠山区	位于玉祁街道管理区域内，在芙蓉村委会西面、新沟河北面，东西走向，东至蓉丰路（规划名称），西至锡西大道（规划延伸段），长 529 米，宽 13 米
41	道路	健科路	惠山区	位于玉祁街道曙光村工业园管理区域内，在沪蓉高速玉祁收费站东面，南北走向，南至唐平路，北至沪蓉高速南侧绿化带，长 600 米，宽 10 米
42	道路	智园路	惠山区	位于玉祁街道管理区域内，在蓉丰路东面、中澜港西面，南北走向，南至祁北路，北至芙蓉村委会丁家村，长 670 米，宽 18 米
43	道路	蓉丰路	惠山区	位于玉祁街道管理区域内，在锡西大道东面、智园路西面，南北走向，南至祁北路，北至芙蓉村委会孙家村，长 1400 米，宽 10 米
44	道路	祁北支路	惠山区	位于玉祁街道管理区域内，在中澜港东面、武玉路西面，南北走向，南至新沟河，北至祁北路，长 290 米，宽 8 米

续表 61

序号	类别	标准地名	隶属辖区	地理位置
45	道路	新雅路	惠山区	位于洛社镇管辖区域内，在洛城大道东面、洛城东路西面，南北走向，南至新顺路，北至星河路，长 330 米，宽 15 米
46	道路	腾跃路	惠山区	位于洛社镇管辖区域内，在钢管厂河东面、钱洛路西面，南北走向，南至府前路（规划名称），北至倪巷自然村，长 340 米，宽 6 米
47	道路	香桂路	惠山区	位于洛社镇管辖区域内，在惠常路（G312）南面、府前路（规划名称）北面，东西走向，东至钱洛路，西至腾跃路，长 630 米，宽 8 米
48	道路	眺溪路	滨湖区	位于河埒街道管理区域内，在梁溪河南侧、月秀东园北面，东西走向，东至湖滨路，西至临浜路，长 260 米，宽 6 米
49	道路	临浜路	滨湖区	位于河埒街道管理区域内，在钱家桥河东侧、水榭天成雅园西侧，南北走向，南至建筑路，北至梁溪河，长 267 米，宽 16 米
50	道路	陶巷路	滨湖区	位于河埒街道管理区域内，在康悦熙园东侧、誉品华府西侧，南北走向，南至梁清路，北至梁溪路，长 472 米，宽 11 米
51	道路	协民路	滨湖区	位于河埒街道管理区域内，在开源大桥西面、机床新村东侧，南北走向，南至湖滨路，北至运河西路，长 310 米，宽 7 米
52	道路	北福路	滨湖区	位于河埒街道管理区域内，在湖滨路西面、北华路东面，南北走向，南至北桥人家西区东南角外墙，北至建筑路，长 179 米，宽 10 米
53	道路	润蓓路	滨湖区	位于河埒街道管理区域内，在无锡市滨湖实验幼儿园西侧、达汇街东面，南北走向，南至梁清路，北至万千巷，长 289 米，宽 8.5 米
54	道路	郁巷路	滨湖区	位于荣巷街道管理区域内，在盛荣雅园南侧、山语银城西区北面，东西走向，东至丹桂路，西至荣巷龙山路，长 278 米，宽 14 米
55	道路	雪港支路	滨湖区	位于蠡园街道管理区域内，在银湖路东面、独月路西面，南北走向，南至雪港路，北至环太湖公路，长 350 米，宽 8 米
56	道路	马鞍路	滨湖区	位于胡埭镇管辖区域内，在马鞍河南面、乌鹊浜北面，东西走向，东至刘闾路，西至芙蓉南路，长 1100 米，宽 5.2 米
57	道路	和韵路	新吴区	位于旺庄街道管理区域内，在和韵上院南侧、古运河东面，东西走向，东至菱湖大道，西至城南路，长 500 米，宽 24 米
58	道路	皓学路	新吴区	位于硕放街道管理区域内，在无锡市硕放中学南侧、长江东路北面，东西走向，东至通祥路，西至裕丰路，长 321 米，宽 14 米
59	道路	裕典路	新吴区	位于硕放街道管理区域内，在无锡市硕放中学北侧、天樾雅苑和君诚悦府南侧，东西走向，东至薛典路，西至裕丰路，长 620 米，宽 24 米
60	道路	文源路	新吴区	位于硕放街道管理区域内，在东环路（G312 国道）西面、薛典路东面，西起薛典路，向东 200 米至东环路，折向东南沿东环路 400 米至走马塘，折向南沿走马塘 300 米后折向西，沿走马塘向西至薛典路，全长 1796 米，宽 20 米
61	道路	锦程路	新吴区	位于硕放街道管理区域内，在无锡市梅村高级中学空港分校北侧、和润路南面，东西走向，东至文源路，西至薛典路，长 517 米，宽 24 米
62	道路	和润路	新吴区	位于硕放街道管理区域内，在文源路西南面、锦程路北面，东西走向，东至文源路，西至薛典路，长 423 米，宽 20 米
63	道路	通善路	新吴区	位于硕放街道管理区域内，在通祥路东面、薛典路西面，南北走向，南至盈发路，北至振发路，长 210 米，宽 12 米
64	道路	双梅路	新吴区	位于硕放街道管理区域内，在长江南路东面、机场路西面，南北走向，南至硕梅西路，北至新梅路，长 490 米，宽 24 米
65	道路	硕韵路	新吴区	位于硕放街道管理区域内，在新吴区硕放实验小学南侧、新吴区吉祥幼儿园北侧，东西走向，东至薛典路，西至燕村路，长 377 米，宽 8 米
66	道路	兴雷路	新吴区	位于江溪街道管理区域内，在风光里北面、风雷居委会南面，东西走向，东至兴源中路，西至后杨巷，长 470 米，宽 20 米

续表 61

序号	类别	标准地名	隶属辖区	地理位置
67	道路	苏石路	新吴区	位于江溪街道管理区域内，在东风苑东面、财富商业广场西面，南北走向，南至太湖东大道，北至张巷，长 480 米，宽 10 米
68	道路	张塘巷路	新吴区	位于鸿山街道管理区域内，在通锡高速公路东面、鸿山路西面，南北走向，南至泰伯大道，北至鸿泰苑二区南门，长 255 米，宽 8 米
69	道路	泓澄路	无锡经开区	位于华庄街道泓澄居委会管理区域内，在贡湖苑中间，东起信成道，向西 210 米至庙桥港，折向西南沿庙桥港 110 米，再折向东南至具区路，全长 650 米，宽 20 米
70	道路	明志路	无锡经开区	位于华庄街道管理区域内，在和风路南面、震泽路北面，东西走向，东至蠡河，西至南湖大道，长 1500 米，宽 20 米
71	道路	永前道	无锡经开区	位于华庄街道管理区域内，在南湖大道东面、瑞景道西面，南北走向，南至清源路，北至吴都路，长 1700 米，宽 24 米
72	道路	蠡河道	无锡经开区	位于华庄街道管理区域内，在瑞景道东面、蠡河西面，南北走向，南至和风路，北至南霞路，长 2100 米，宽 16 ～ 20 米
73	道路	贤德道	无锡经开区	位于华庄街道管理区域内，在观顺道东面、立信大道西面，南北走向，南至具区路，北至清源路，长 735 米，宽 14 米
74	道路	泓源道	无锡经开区	位于华庄街道管理区域内，在信成道东面、观顺道西面，南北走向，南至清源路，北至清晏路，长 354 米，宽 14 米
75	道路	薛居桥路	无锡经开区	位于华庄街道管理区域内，在和畅路南面、秀水河北面，东西走向，东至瑞景道，西至西凤道，长 400 米，宽 10 米
76	道路	望舒路	无锡经开区	位于华庄街道管理区域内，在具区路北面、清源路南面，东西走向，东至贡湖大道，西至清舒道，长 456 米，宽 15 米
77	道路	清韵路	无锡经开区	位于华庄街道管理区域内，在贡湖大道西面、具区路北面，西起清舒道，向东 200 米，折向北至清源路，全长 568 米，宽 15 米
78	道路	金信路	无锡经开区	位于太湖街道管理区域内，在华盛苑南侧、周新中路北面，东西走向，东至立信大道（规划延伸段），西至五湖大道，长 1141 米，宽 20 米
79	道路	延弼路	无锡经开区	位于太湖街道管理区域内，在金石西路南面、华盛苑北侧，东西走向，东至立信大道（规划延伸段），西至五湖大道，长 1089 米，宽 30 ～ 34 米
80	道路	利农道	无锡经开区	位于太湖街道管理区域内，在五湖大道东面、立信大道（规划延伸段）西面，南北走向，南至周新西路，北至金石西路，长 1052 米，宽 20 米
81	道路	三乡图道	无锡经开区	位于太湖街道管理区域内，在信成道东面、观顺道西面，南北走向，南至和风路，北至雪丰路，长 320 米，宽 14 米
82	道路	隐秀东路	无锡经开区	位于太湖街道管理区域内，在金城新村南面、芦庄五区北面，东西走向，东至青塘雅苑景观河（梁溪区界），西至贡湖大道，长 273 米，宽 28 米
83	道路	仁周路	无锡经开区	位于太湖街道管理区域内，在新园路北面、大通路南面，东西走向，东至贡湖大道，西至德贤道，长 178 米，宽 15 米
隧 道				
1	隧道	五里湖隧道	滨湖区 无锡经开区	跨滨湖区蠡园街道、蠡湖街道、雪浪街道和经开区太湖街道、华庄街道，北起景宜路与环湖路交叉口，向南下穿太湖西大道后沿环湖路西侧至双虹路穿越五里湖后折向东，经长广溪大桥沿高浪西路继续向东至瑞景道，全长 13.5 千米，宽 29.1 ～ 33.6 米
地名属性调整				
1	道路（起止点）	社岗路	梁溪区	位于山北街道管理区域内，东西走向，原东至会东路，西至会丰路。现调整为东至皋桥路，西至会西路，长 830 米，宽 16 米
2	道路（起止点）	红光路	梁溪区	位于清名桥街道管理区域内，东西走向，原东至通扬南路，西至运河东路。现调整为东至南长街，西至运河东路，长 750 米，宽 25 米

续表 61

序号	类别	标准地名	隶属辖区	地理位置
3	道路（起止点）	古华山路	梁溪区	位于惠山街道管理区域内，原东南至锡山大桥，西北至通惠西路。现调整为东南至锡山大桥，西北至凤翔南路，长 1700 米，宽 30 米
4	道路（起止点）	工艺路	梁溪区	位于北大街街道管理区域内，原东南至亭子桥，沿古运河往西北至北新河，沿北新河转向东北至陈白头桥。现调整为东南至亭子桥，沿古运河往西北至德福弄，长 1400 米，宽 16.1 米
5	道路（起止点）	梁中路	梁溪区	位于扬名街道管理区域内，东西走向，原东至南湖大道，西至大桥东路（规划名称，现名章村路）。现调整为东至南湖大道，西至章村浜，长 900 米，宽 3.5 米
6	道路（起止点）	金港大道	锡山区	位于东港镇管辖区域内，南北走向，原南至东港路，北至勤新路。现调整为南至锡港路东湖塘东段，北至张东路，长 4750 米，宽 20 米
7	道路（起止点）	天丰路	惠山区	位于堰桥街道管理区域内，东西走向，原东至寺头社区，西至凤翔路。现调整为东至严埭港，西至惠暨大道，长 5000 米，宽 30 米
8	道路（起止点）	天锦路	惠山区	位于堰桥街道管理区域内，东西走向，原东至惠山大道，西至凤翔路。现调整为东至惠山大道，西至西漳西路，长 3600 米，宽 24 米
9	道路（起止点）	舜柯中心路	惠山区	位于钱桥街道管理区域内，东西走向，原东至舜柯家园二期北门，西至钱洛路。现调整为东至舜柯家园南门向东 80 米绿化带，西至钱洛路，长 2250 米，宽 7 米
10	道路（起止点）	天港路	惠山区	位于洛社镇管辖区域内，东西走向，原东至洛藕路，西至钢铁大道（规划名称）。现调整为东至新长铁路，西至钢铁大道（规划名称），长 3080 米，宽 23 米
11	道路（起止点）	蠡溪路	滨湖区	跨蠡湖街道、蠡园街道、荣巷街道、河埒街道，南北走向，原南至环湖路，北至梁溪路。现调整为南至环湖路，北至大池路，长 5700 米，宽 51 米
12	道路（起止点）	新瑞路	新吴区	跨硕放街道、旺庄街道，东西走向，原东至乐星路，西至新辉环路（与尚德路对接）。现调整为东至无锡威孚高科技集团股份有限公司西侧围墙（锡坤路规划延伸段），西至新辉环路（与尚德路对接），长 620 米，宽 20 ～ 30 米
13	道路（起止点）	薛古路	无锡经开区	位于华庄街道管理区域内，东西走向，原东至南湖大道，西至贡湖大道。现调整为东至蠡河道，西至贡湖大道，长 1875.65 米，宽 15 ～ 20 米
14	道路（起止点）	华庄文教路	无锡经开区	位于华庄街道管理区域内，南北走向，原南至丰茂路，北至具区路。现调整为南至丰茂路，北至清源路，长 800 米，宽 10 ～ 20 米
15	道路（起止点）	怡园路	无锡经开区	位于华庄街道管理区域内，南北走向，原南至震泽路，北至吴都路。现调整为南至清源路，北至吴都路，长 1572 米，宽 10 ～ 20 米
16	道路（起止点）	锡拖路	无锡经开区	位于华庄街道管理区域内，南北走向，原南至震泽路，北至吴都路。现调整为南至震泽路，北至和畅路，长 1355 米，宽 15 ～ 24 米
17	道路（起止点）	信成道	无锡经开区	跨华庄街道、太湖街道，南北走向，南至方庙路，北至金石西路。现调整为南至具区路，北至金石西路，长 5200 米，宽 20 米
18	道路（起止点）	兴梁道	无锡经开区	跨华庄街道、太湖街道，南北走向，原南至和畅路，北至周新东路。现调整为南至震泽路，北至周新东路，长 3900 米，宽 20 ～ 25 米
19	道路（起止点）	雪丰路	无锡经开区	位于太湖街道管理区域内，东西走向，原东至观顺道，西至锡南公路。现调整为东至观顺道，西至万顺道，长 1726 米，宽 20 ～ 25 米

续表 61

序号	类别	标准地名	隶属辖区	地理位置
20	道路（起止点）	梁南路	无锡经开区	位于太湖街道管理区域内，东西走向，原东至南湖大道，西至兴梁道。现调整为东至南湖大道，西至贡湖大道，长 1322 米，宽 15 ～ 20 米
21	道路（起止点）	鼎新道	无锡经开区	位于太湖街道管理区域内，南北走向，原南至梁南苑 B 区西南角，北至周新东路。现调整为南至梁南路，北至周新东路，长 1225 米，宽 20 米
22	道路（起止点）	西绛道	无锡经开区	位于太湖街道管理区域内，南北走向，原南至闪溪河，北至周新西路。现调整为南至大通路，北至周新西路，长 430 米，宽 14 米
23	道路（起止点）	德贤道	无锡经开区	位于太湖街道管理区域内，南北走向，原南至天禧家园 C 区地下车库出口，北至新园路。现调整为南至天禧家园 C 区地下车库出口，北至大通路，长 728 米，宽 5 ～ 15 米

（市住房城乡建设局　市民政局）

编辑　葛　红

说 明

该索引为综合性主题索引，包括正文部分43个附录和类目的内容。索引标目按汉语拼音字母顺序排列，同音字按声调顺序，同音同声者按第二字拼音字母顺序排列。标目后数字为页码，字母a为左栏，b为中栏，c为右栏。

C

D

E

F

G

H

J

K

L

M

R

S

X

Z